Silvana Deilen

Optische Gliederung von Komposita in Leichter Sprache

Silvia Hansen-Schirra / Christiane Maaß (eds.)

Easy – Plain – Accessible

Vol. 11

Silvana Deilen

Optische Gliederung von Komposita in Leichter Sprache

Blickbewegungsstudien zum Einfluss visueller,
morphologischer und semantischer Faktoren
auf die Verarbeitung deutscher Substantivkomposita

Frank & Timme

Verlag für wissenschaftliche Literatur

ISBN 978-3-7329-0834-9
ISBN E-Book 978-3-7329-9126-6
ISSN 2699-1683

Herstellung durch Frank & Timme GmbH,
Wittelsbacherstraße 27a, 10707 Berlin.
Printed in Germany.
Gedruckt auf säurefreiem, alterungsbeständigem Papier.

www.frank-timme.de

Zugleich Dissertation Johannes Gutenberg-Universität Mainz
Erstgutachterin: Prof. Dr. Silvia Hansen-Schirra
Zweitgutachter: Prof. Dr. Arne Nagels
Drittgutachter: Prof. Dr. Walter Bisang
Datum der Disputation: 8. November 2021

Inhaltsverzeichnis

Abkürzungen

AIC	Akaike Information Criterion
AOI	Area of Interest
AVWS	Auditive Verarbeitungs- und Wahrnehmungsstörung
BGG	Behindertengleichstellungsgesetz
BITV	Barrierefreie-Informationstechnik-Verordnung
BMAS	Bundesministerium für Arbeit und Soziales
BS	Bindestrich
CI	Cochlea-Implantat
dB	Dezibel
DGS	Deutsche Gebärdensprache
DWDS	Digitales Wörterbuch der Deutschen Sprache
EEG	Elektroenzephalografie
EOG	Elektrookulografie
ES	Einfache Sprache
fMRT	Funktionelle Magnetresonanztomographie
ILSMH	International League of Societies for Persons with Mental Handicap
IQ	Intelligenzquotient
KG	Kontrollgruppe
KMK	Kultusministerkonferenz
LMM	Linear Mixed Effects Model
LQ	Lesequotient
LS	Leichte Sprache
LS+	Leichte Sprache Plus
Mp	Mediopunkt
MWT-B	Mehrfachwahl-Wortschatz-Intelligenztest
N+N	Substantiv-Substantiv
NMÜ	Neuronale maschinelle Übersetzung
RWT	Regensburger Wortflüssigkeitstest
S	Standard
SGB	Sozialgesetzbuch

SLS	Salzburger Lese-Screening
TM	Translation Memory
TMT	Trail Making Test
UN-BRK	UN-Behindertenrechtskonvention
VgV	Vergabeordnung
WAIS	Wechsler Intelligenztest für Erwachsene
WCAG	Web Content Accessibility Guidelines
ZG	Zielgruppe

© Frank & Timme   Verlag für wissenschaftliche Literatur

1 Einleitung

„Die Sprache ist die Quelle der Missverständnisse."

Antoine de Saint-Exupéry

1.1 Ausgangspunkt und Motivation der Arbeit

„Am Alpenostrand sind tagsüber wieder stürmische Böen zu erwarten" (UWR 2020). Dass die meisten geübten Leser beim Lesen des Satzes ins Stolpern geraten, ist einem wesentlichen Merkmal der deutschen Sprache – nämlich der Vorliebe für die Komposition – zu verdanken. Komposita sind im Deutschen hochproduktiv, was insbesondere darauf zurückzuführen ist, dass der deutschen Kompositionsfreudigkeit keine Grenzen gesetzt sind. Die fehlenden Restriktionen bzgl. der Wortlänge und der semantischen Relationen spiegeln sich u. a. in Form von beinahe endlosen Wortbildungen (*Verkehrswegplanungsbeschleunigungsgesetz, Eierschalensollbruchstellenverursacher*) sowie in zahlreichen nicht-lexikalisierten Neubildungen wider, die im entsprechenden Kontext selbst dann spontan verstanden werden, wenn sie zuvor noch nie gehört bzw. gelesen wurden. Dass Neubildungen wie *Apfelschorlenglas* oder *Gemüsemuffel* in der Regel sofort verstanden werden, ist darauf zurückzuführen, dass die Bedeutung des Kompositums aus den Bedeutungen der einzelnen Konstituenten hergeleitet werden kann. Doch manchmal geraten Leser ins Nachdenken: Ab welcher Temperatur hat man Lampenfieber? Und müsste Kindergarten nicht eigentlich Kinderhaus heißen? Da Komposita wie *Lampenfieber* und *Kindergarten* allerdings in ihrer konventionellen Bedeutung so weit lexikalisiert sind, dass sie im mentalen Lexikon einen Ganzworteintrag besitzen und demnach in gleicher Weise verarbeitet werden wie Simplizia, spielt die wortwörtliche Bedeutung im alltäglichen Sprachgebrauch meist keine Rolle. Erst bei Bewusstmachung der zugrundeliegenden Strukturen kommen Fragen auf.

Während sowohl neugebildete als auch lexikalisierte Komposita von unbeeinträchtigten Lesern ohne Probleme verstanden werden, ist nicht davon auszugehen, dass dies Menschen mit Leseeinschränkungen ebenso problemlos gelingt. Würde bspw. die Bedeutung des Kompositums *Eselsbrücke* analog zu *Autobrücke* aus den Bedeutungen der Konstituenten abgeleitet werden, käme es, um auf das eingangs genannte Zitat zurückzukommen, zweifelsohne zu Missverständnissen. Neben Missverständnissen, die durch ein irreführendes Zusammenfügen der Konstituentenbedeutungen entstehen, können Missverständnisse jedoch auch auf fehlerhafte Segmentierungen zurückzuführen sein. So ist es denkbar, dass gerade ungeübte Leser bei dem Satz „das (großartige) Frühstück wird in der ehemaligen Metzgerei mit Altbaucharme [...] serviert" (Wind 2019: 91) die korrekte Morphemgrenze im ersten Lesedurchgang verfehlen und den Satz somit beim ersten Lesen nicht verstehen.

Zur Vermeidung potenzieller Missverständnisse wird empfohlen, Komposita in Leichter Sprache für Personen mit Leseeinschränkungen optisch zu gliedern, wobei in der Forschung und Praxis die Segmentierung mit dem Bindestrich (*Hand-Tasche*) mit der Gliederung mit dem Mediopunkt (*Hand·tasche*) konkurriert. Dass die Segmentierung in der aktuellen Praxis unterschiedlich gehandhabt wird, ist insbesondere darauf zurückzuführen, dass die in der Wissenschaft aufgestellten Segmentierungsregeln und -restriktionen größtenteils noch der empirischen Überprüfung bedürfen. So ist die Regel, Komposita mit Mediopunkt zu segmentieren, zwar theoretisch fundiert, es gibt bislang allerdings keine empirischen Befunde, welche die theoretischen Annahmen hinreichend stützen und dazu dienen könnten, die aus der Praxis stammende Regel der Segmentierung mit dem Bindestrich belastbar anzuzweifeln.

Dieses Desiderat bildet den Ausgangspunkt für die vorliegende Arbeit. Im Rahmen der Arbeit werden Blickbewegungsstudien durchgeführt, in denen die beiden Segmentierungsmöglichkeiten von Komposita in Leichter Sprache einander gegenübergestellt und hinsichtlich ihres verständnisfördernden Potenzials verglichen werden. Zur Beantwortung der nach wie vor offenen Frage, ob bzw. unter welchen Bedingungen sich eine morphologisch komplexitätsreduzierte segmentierte Schreibweise positiv auf die Verständlichkeit auswirkt, wird darüber hinaus auch die unsegmentierte Standardschreibweise getestet. Durch das Präsentieren von unterschiedlich komplexen Komposita sowie Komposita, deren Bedeutung sich nicht aus der Bedeutung der einzelnen Konstituenten erschließen lässt, wird zudem der Frage nachgegangen, ob die Segmentierung nur ab einer bestimmten wortinternen Komplexität erfolgen sollte bzw. nur dann verständnisfördernd ist, wenn die Bedeutung des Kompositums im direkten Bezug zur Bedeutung der Konstituenten steht. Vor dem Hintergrund, dass Komposita in der Regel in einem sprachlichen Kontext verarbeitet werden und bei der Verarbeitung somit die morphologische und die syntaktische Ebene interagieren, werden neben den wortbasierten auch satzbasierte Experimente konzipiert. Anhand von Experimenten auf Wort- und Satzebene soll zudem untersucht werden, ob sich die Einbettung in syntaktisch komplexitätsreduzierte Sätze auf die Verarbeitung morphologisch komplexer Wörter auswirkt.

Die Verarbeitung von Komposita wird in der Wissenschaft anhand von unterschiedlichen Aufgaben untersucht. Zu den Standardaufgaben zählen die lexikalische Entscheidungsaufgabe, die Benennungsaufgabe sowie die in der vorliegenden Arbeit gewählte Leseaufgabe bei gleichzeitiger Blickbewegungsmessung, wobei letztere die zur Analyse kognitiver Prozesse geeignetste Methode darstellt (vgl. Morris 1994). Dass die kognitiven Prozesse am besten mit der Blickbewegungsmessung im Rahmen von Leseexperimenten abgebildet werden können, ist darauf zurückzuführen, dass die Blickbewegungsmessung eine detaillierte Abbildung der zeitlichen Abläufe und Phasen der Verarbeitungsprozesse ermöglicht, wohingegen die lexikalische Entscheidungs- oder Benennungsaufgabe jeweils nur einen konkreten Zeitpunkt der Verarbeitung widerspiegelt. Für die vorliegende Arbeit wurde ein multimethodischer Ansatz gewählt, in dem zusätzlich zu den anhand von Eye-Tracking-Daten gemessenen zeitlichen Abläufen und Phasen der Verarbeitungsprozesse u. a. auch die Lesekompetenzen und kognitiven Fähigkeiten der Probanden berücksichtigt und statistisch ausgewertet wurden. Somit soll im Rahmen der Arbeit auch der Frage nachgegangen werden, ob sich Zusammenhänge zwischen Lesekompetenzen bzw. unterschiedlichen kognitiven Fähigkeiten und der kognitiven Verarbeitung von Komposita aufzeigen lassen.

Damit das mit der Leichten Sprache (LS) verbundene Ziel, bestimmten Adressatengruppen kommunikative und gesellschaftliche Teilhabe zu ermöglichen, erreicht wird, ist eine wissenschaftliche Erforschung des Konzepts der LS und ihrer effektiven Implementierung unerlässlich. Zwar stößt die LS, u. a. aufgrund ihrer wachsenden gesellschaftlichen Bedeutung als interdisziplinärer Forschungsgegenstand, bereits auf großes wissenschaftliches Interesse; da die empirische Überprüfung der Wirksamkeit der postulierten Regeln und Restriktionen jedoch erst vereinzelnd realisiert wird, fehlt es dem Konzept bislang noch an einer umfassenden empirisch fundierten Grundlage. Für eine flächendeckende Akzeptanz und evidenzbasierte Weiterentwicklung der LS ist es somit unerlässlich, die theoretisch fundierten Regeln anhand von kognitionswissenschaftlichen Studien empirisch zu validieren. Dies gilt auch für die oben genannte Regel, Komposita in LS optisch zu gliedern. Hier gilt es u. a. zu untersuchen, ob die Segmentierung womöglich zu einem Zielkonflikt zwischen Perzipierbarkeit bzw. Lesbarkeit und Verständlichkeit führt.

Zwar wurden in den letzten Jahren bereits erste empirische Studien zur Verarbeitung von mit Mediopunkt segmentierten Komposita durchgeführt (Wellmann 2018; Gutermuth 2020, s. Kap. 3.7), hierbei gilt es jedoch zu beachten, dass die Studien teilweise methodische Defizite aufweisen, die sich insbesondere auf das verwendete, zu wenig kontrollierte Stimulusmaterial und einen geringen Stichprobenumfang beziehen, so dass die Studien nur eine bedingte Generalisierung der Ergebnisse erlauben. Da es folglich noch an Grundlagenforschung zur kognitiven Verarbeitung von mit Mediopunkt segmentierten Komposita fehlt, wird die Studie sowohl mit Probanden[1] ohne Leseeinschränkungen als auch mit prälingual hörgeschädigten Schülern als Vertreter der primären Zielgruppe LS durchgeführt. Studien mit prälingual hörgeschädigten Schülern wurden in der LS-Forschung bislang nur im Rahmen einer fragebogenbasierten Vorstudie zur Verständlichkeit von Negation durchgeführt (vgl. Bredel et al. 2016). Eine Blickbewegungsstudie zur empirischen Regelvalidierung mit der Zielgruppe prälingual hörgeschädigte Schüler liegt bislang nicht vor. Die empirische Regelüberprüfung ist jedoch für die Zielgruppe von erheblicher Bedeutung, denn mit der größeren Heterogenität dieser Gruppe, die u. a. auf die frühere Diagnostik, die bessere hörtechnische Versorgung und infolgedessen die unterschiedlichen audiologischen Voraussetzungen zurückzuführen ist, steigen die Herausforderungen an das sprachliche Angebot sowie der Bedarf an entsprechenden Forschungsergebnissen. Ziel

....

1 Aus Gründen der besseren Lesbarkeit wird in dieser Arbeit das generische Maskulinum verwendet, welches sich jedoch stets auf alle Geschlechter bezieht.

© Frank & Timme   Verlag für wissenschaftliche Literatur

der vorliegenden Arbeit ist es somit, einen weiteren Beitrag zur Schließung der bestehenden Forschungslücken zu leisten.

1.2 Aufbau der Arbeit

Die Arbeit gliedert sich in vier Hauptteile, deren Aufbau im Folgenden kurz umrissen werden soll. Der erste Hauptteil widmet sich dem komplexitätsreduzierten Konzept der LS. Nach einer Definition des Konzepts wird ein Überblick über die Entstehung und Entwicklung der LS in Deutschland gegeben. Der Entstehungskontext ist für die Arbeit insofern von besonderer Relevanz, als er den Ursprung der LS in der Praxis verdeutlicht und aufzeigt, dass die genannte Regel der Gliederung von Komposita mit Bindestrich bereits früh von Praxisvertretern erarbeitet wurde. Dieser Regel, die schon lange Bestand hat und in zahlreichen Texten umgesetzt wurde, wurde somit erst sehr spät durch den aus der Wissenschaft stammenden Vorschlag der Segmentierung mit Mediopunkt Konkurrenz gemacht. Die dadurch angestoßene Diskussion bildet folglich den Ausgangspunkt dieser Arbeit. Im Anschluss wird die aktuelle rechtliche Situation des Konzepts dargestellt, welche das Recht auf eine Segmentierung von Komposita weiter festigt. Anschließend wird die LS von anderen verständlichkeitsoptimierten Reduktionsvarietäten abgegrenzt und das Konzept der LS in der Translationswissenschaft situiert. Im darauffolgenden Kapitel wird auf die verschiedenen Zielgruppen eingegangen, für die LS als Instrument zur Überwindung von Kommunikationsbarrieren fungiert. Nachdem die Funktionen des Konzepts näher erläutert werden, wird der Blick auf die Struktur der LS gerichtet, wobei der Schwerpunkt auf dem wissenschaftlich fundierten Regelwerk der Forschungsstelle Leichte Sprache liegt. Im Anschluss werden zentrale Merkmale der Qualitätssicherung von LS-Texten herausgearbeitet. Angesichts der Tatsache, dass sowohl in der Öffentlichkeit als auch in der Wissenschaft Kritik an der LS ausgeübt wird, werden abschließend zudem einige zentrale Kritikpunkte dargestellt und diskutiert.

Der daran anschließende zweite Hauptteil führt in das Thema der Wortbildungsmorphologie ein. Nach Abgrenzung der Komposition von anderen Wortbildungsverfahren und Darstellung der verschiedenen Kompositionsarten werden zentrale Merkmale der für diese Arbeit relevanten Kompositionsverfahren herausgearbeitet. Die theoretischen Ausführungen eröffnen schließlich den Blick auf den zentralen Forschungsgegenstand der Arbeit: die Segmentierung von Komposita mit Bindestrich bzw. Mediopunkt. Nach Darstellung der Funktionen des Bindestrichs im deutschen Sprachsystem und der Verwendung des Bindestrichs in LS liegt der Fokus des darauffolgenden Kapitels auf den theoretischen Ausführungen zum Mediopunkt. Die Regeln zur Segmentierung von Komposita werden vor dem Hintergrund sprach- und kognitionswissenschaftlicher Erkenntnisse sowie zentraler Erkenntnisse aus der Verständlichkeitsforschung näher erläutert, wobei davon ausgehend bisherige Forschungsergebnisse zur Verarbeitung, Akzeptanz und Verwendung von Komposita in LS zusammengetragen werden. Auf Grundlage der theoretischen Ausführungen wird anschließend ein umfassender Überblick über psycholinguistische und kognitionswissenschaftliche Theorien und empirische Befunde zur Verarbeitung von Komposita bei ungestörter und gestörter Sprachverarbeitung gegeben. Hierbei werden bestehende Modellvorstellungen gegenübergestellt und diskutiert, wobei der Blick insbesondere auch auf die Erkenntnisse aus der Blickbewegungsforschung gerichtet wird. Im letzten Teil des Kapitels wird auf die Bedeutung des Kontextes in der Kompositionsforschung eingegangen, da diese u. a. die Motivation für die Konzeption des empirischen Teils liefert.

Der dritte Hauptteil der Arbeit befasst sich mit der Methode der Blickbewegungsmessung. Hierbei werden zunächst die Anwendungsgebiete der Eye-Tracking-Forschung skizziert und anschließend die Funktionsweise des Verfahrens erläutert. Ausgehend von zentralen Befunden der Blickbewegungsforschung bietet das darauffolgende Kapitel einen Überblick über wesentliche Parameter, die zur Analyse der beim Lesen ablaufenden kognitiven Prozesse herangezogen werden. Im weiteren Verlauf des Kapitels werden zentrale Erkenntnisse und theoretische Modellierungen aus der kognitionswissenschaftlichen und psycholinguistischen Leseforschung herausgearbeitet, bevor am Ende des Kapitels die Grenzen der Methode aufgezeigt werden. Diese ersten drei Hauptteile stellen den theoretischen Teil der Arbeit dar und dienen als Fundierung für die im nachfolgenden Kapitel aufgestellten Hypothesen. Aus den drei Theorieteilen leitet sich folglich die Motivation für den empirischen Teil ab, welcher den vierten Hauptteil der Arbeit bildet.

Im empirischen Teil wird anhand von vier Eye-Tracking-Experimenten sowie einem Lesetest und einer neuropsychologischen Testbatterie der Frage nachgegangen, welchen Einfluss die Faktoren optische Segmentierung, Morphemanzahl, semantische Transparenz und Kontext auf die kognitive Verarbeitung von Komposita haben. Zu Beginn des empirischen Teils wird näher auf die Zielgruppe der Schüler mit hochgradiger Hörbehinderung eingegangen. Anschließend werden die Ergebnisse des Vortests zur Ermittlung der Lesefertigkeit präsentiert, welche den Ausgangspunkt für die Einteilung der Zielgruppe in lesestärkere und leseschwächere Probanden bilden. Daraufhin werden die Ergebnisse der neuropsychologischen Testbatterie dargestellt und in Relation zu den Lesefertigkeiten gesetzt. Im darauffolgenden Hauptteil des Kapitels wird die oben genannte Fragestellung im Rahmen von vier Eye-Tracking-Experimenten beantwortet. Aus den Ergebnissen wird anschließend ein tentativer Modellierungsvorschlag abgeleitet. Im abschließenden Teil des Kapitels werden die neuropsychologischen Fähigkeiten in Relation zu den Blickbewegungsdaten gesetzt und somit mögliche Zusammenhänge zwischen kognitiver Leistung und kognitiver Verarbeitung von Komposita aufgezeigt und diskutiert. Im letzten Kapitel der Arbeit wird ein Gesamtfazit aus den Erkenntnissen des empirischen Teils gezogen. Hierbei werden die zentralen Ergebnisse in Beziehung zu bisherigen Forschungsergebnissen gesetzt und vor dem Hintergrund der theoretischen Erkenntnisse diskutiert. Nach einer kritischen Reflexion der Datenerhebungsmethode werden zudem Schwächen der Studie aufgezeigt. Ausgehend von den gewonnenen Forschungsergebnissen und Erkenntnissen, den bestehenden Forschungslücken und den Fragen, welche die Studie aufgeworfen hat, wird abschließend ein Ausblick auf weitere Forschungsfragen sowie damit verbundene potenzielle Folgestudien gegeben.

2 Leichte Sprache

> „In human cognition, not all things that appear
> to be easy are necessarily simple."
>
> *Gary Libben*

2.1 Definition

Nach aktuellem Forschungsstand ist LS „eine Varietät des Deutschen, die gegenüber dem voll ausgebauten Standarddeutschen eine erhöhte Wahrnehmbarkeit und Verständlichkeit für Personen mit Leseeinschränkungen aufweist" (Bredel/Maaß 2019: 251). Es handelt sich somit um eine adressatenorientierte Form der Barrierefreien Kommunikation, die bestimmten Zielgruppen den Zugang zu Informationen ermöglicht, die ihnen sonst verschlossen blieben. Als Instrument für die kommunikative und gesellschaftliche Teilhabe von Menschen mit Leseeinschränkungen ist das inklusionsorientierte Konzept der LS mittlerweile rechtlich verankert (s. Kap. 2.3). Die rechtliche Verankerung und die damit verbundenen gesellschaftlichen Konsequenzen (z. B. für Behörden) haben dazu beigetragen, dass Leichte Sprache, geschrieben mit großem L, mittlerweile ein Eigenname und somit ein Begriff ist, der „als etabliert gelten [kann]" (Bock 2015d: 134). Darüber hinaus erfährt das aus der Praxis heraus entstandene Konzept zunehmend wissenschaftliches Interesse und ist mittlerweile als Teil des interdisziplinären Forschungsfelds Barrierefreie Kommunikation fest in der Wissenschaft etabliert. Angesichts des im Mittelpunkt stehenden Ziels der kommunikativen Inklusion wird LS auch als „primär funktional bestimmte[] Varietät" (Bock 2015b: 11) bzw. „Vermittlungsvarietät" (ebd.) definiert. LS ist durch eine erhebliche, systematische Komplexitätsreduktion sowohl hinsichtlich des „grammatischen und lexikalischen Inventars" (Bredel/Maaß 2016a: 488) als auch hinsichtlich des beim Adressaten vorausgesetzten Weltwissens gekennzeichnet, weshalb sie auch als „regulierte Reduktionsvarietät" (ebd.: 58) bezeichnet wird. Auf die sprachlichen Besonderheiten, die eine Barrierefreie Kommunikation ermöglichen, wird in Kap. 2.8 eingegangen. Die derartig perzeptions- und verständlichkeitsoptimierten LS-Texte sollen jedoch nicht anstelle von standardsprachlichen Texten existieren, sie sollen also kein „Teil des Universal Design" (Maaß 2019: 284) sein, sondern lediglich ein zusätzliches Textangebot darstellen (vgl. ebd.). Das im Zuge der Empowerment-Bewegung von Menschen mit Behinderungen entstandene Konzept der LS wurde ursprünglich für einen ganz bestimmten Adressatenkreis entwickelt, und zwar für Menschen, denen aufgrund einer kognitiven oder sensorischen Beeinträchtigung der eigenständige Zugang zu schriftlichen Informationen verschlossen und somit zugleich gesellschaftliche Teilhabe verwehrt blieb (vgl. Seitz 2014: 4; Bredel/Maaß 2016a: 65; Kilian 2017: 190). Mit der zunehmenden öffentlichen Wahrnehmung des Konzepts und des Potenzials von LS ist der ursprüngliche Adressatenkreis jedoch nach und nach erweitert worden. Als primäre Adressaten werden heute zwar nach wie vor Personen mit einer Leseeinschränkung genannt, jedoch bezieht sich dieser Begriff nicht mehr nur auf Personen mit einer geistigen oder sensorischen Behinderung. Auf die Adressatengruppen, für die LS heute als Hilfsmittel fungiert, wird in Kap. 2.6 näher eingegangen.

2.2 Entstehung und Entwicklung in Deutschland

Das Konzept der LS hat seinen Ursprung in der US-amerikanischen Selbstvertretungsorganisation *People First*, die sich seit 1974 für die Rechte und Selbstbestimmung von Menschen mit geistiger Behinderung einsetzt. Auf der Agenda von *People First* steht auch die Forderung nach barrierefreien Informationen und kommunikativer Integration (vgl. People First 2015). Dieser Forderung wird in der englischsprachigen Welt vor allem mit dem *Easy-to-Read*-Konzept Rechnung getragen. Die *Easy-to-Read*-Bewegung hat sich mittlerweile auch sprachübergreifend etabliert. Entsprechende *Easy-to-Read*-Regularien werden heute von mehreren Organisationen in unterschiedlichen Sprachen veröffentlicht, wie z. B. von dem 2005 gegründeten *Easy-to-Read-Network*, dessen Mitglieder aus ca. 30 Staaten stammen, und der 1988 gegründeten Europäischen Vereinigung der ILSMH (*International League of*

Societies for Persons with Mental Handicap), wobei letztere für die europäische und insbesondere die deutsche LS-Bewegung von zentraler Bedeutung ist. Die Organisation, die heute unter dem Namen *Inclusion Europe* bekannt ist, hat bereits 1998 die erste in deutscher Sprache vorliegende Handreichung zur Erstellung leicht verständlicher Texte herausgebracht (vgl. Edler 2014: 2). Im Rahmen des 2007 initiierten Projekts *Pathways – Wege zur Erwachsenenbildung für Menschen mit Lernschwierigkeiten* entwickelte Inclusion Europe unter Beteiligung von acht Staaten schließlich ein umfassendes frei zugängliches Regelwerk mit sprachübergreifenden Prinzipien für verständliche Texte, welches in 16 europäischen Sprachen veröffentlicht wurde (s. Kap. 2.8.1) (vgl. Inclusion Europe 2016).

Von ebenso essenzieller Bedeutung für die LS-Bewegung im deutschsprachigen Raum war das von 1997–2001 laufende Bundesmodellprojekt „Wir vertreten uns selbst!". Im Mittelpunkt des von Menschen mit geistiger Behinderung getragenen Projekts stand die Forderung nach verständlicher Sprache als Grundvoraussetzung für mehr Teilhabe und Selbstbestimmung von Menschen mit geistiger Behinderung. Um die Öffentlichkeit auf die im Alltag existierenden Verstehenshürden aufmerksam zu machen, nahmen die am Projekt beteiligten Menschen u. a. an politischen Veranstaltungen teil, bei denen sie, sobald sie mit unverständlichen Formulierungen konfrontiert wurden, eine rote Karte mit dem Stoppschild und der Aufforderung „Halt! Leichte Sprache" in die Höhe hielten. Das Projekt führte schließlich zur Gründung des Netzwerks *Mensch zuerst – Netzwerk People First Deutschland e. V.*, dem deutschen Ableger der erwähnten Selbstvertretungsorganisation *People First*. Das Netzwerk setzt sich seit 2001 für kommunikative und gesellschaftliche Partizipation von Menschen mit geistiger Behinderung ein und hat 2008 *Das neue Wörterbuch für Leichte Sprache: Halt! Leichte Sprache* herausgegeben, welches über 400 Einträge enthält (vgl. Edler 2014: 3; Bredel/Maaß 2016a: 197).

Ein weiterer entscheidender Fortschritt für die Entwicklung und Etablierung der LS in Deutschland stellte die Gründung des *Netzwerks Leichte Sprache* im Jahr 2006 dar, welches sich aktiv für das Projekt LS und das Erstellen, Übersetzen und Überprüfen von barrierefreien Kommunikationsangeboten einsetzt. Im Jahr 2009 veröffentlichte das Netzwerk ein eigenes, frei zugängliches Regelwerk, das in Zusammenarbeit mit Menschen mit Behinderung erarbeitet wurde (s. Kap. 2.8.1). Dass das Regelwerk überwiegend aus der Praxis heraus entstanden ist und weder Sprach- noch Übersetzungswissenschaftler „in nennenswerter Form an der Genese beteiligt [waren]" (Bredel/Maaß 2016a: 82), lag u. a. daran, dass es sich bei dem Konzept der LS bis dato um ein reines Praxisphänomen handelte, welches das Forschungsinteresse noch nicht auf sich gezogen hatte.

Da sowohl in dem 2007 veröffentlichten Regelwerk von Inclusion Europe als auch in dem 2009 veröffentlichten Regelwerk vom Netzwerk Leichte Sprache der Bindestrich als Segmentierungshilfe eingeführt wurde und alternative Segmentierungsmöglichkeiten nicht vorhanden waren, bestand lange Zeit Konsens darüber, „lange Wörter" (Inclusion Europe 2009: 23) mit Bindestrich zu trennen. Angesichts der wachsenden Bedeutung rückte die LS jedoch in den darauffolgenden Jahren vermehrt in den Fokus der Wissenschaft und führte schließlich zur Gründung der *Forschungsstelle Leichte Sprache* an der Universität Hildesheim, an der das Konzept LS seit 2014 aus sprach- und übersetzungswissenschaftlicher Perspektive untersucht wird. Ziel der Forschungseinrichtung ist es, basierend auf sprach- und übersetzungswissenschaftlichen Grundlagen und anhand von Erkenntnissen der theoretischen Grammatik, der Verständlichkeitsforschung, der Erforschung des Erstspracherwerbs sowie unter Einbeziehung der Zielgruppen, die LS wissenschaftlich zu fundieren und gemäß den interdisziplinären Erkenntnissen zu modifizieren und zu erweitern. Im Mittelpunkt der Forschung steht zudem die Erarbeitung von theoretisch fundierten Regeln, die als Handlungsorientierung für Übersetzer fungieren. Die erarbeiteten Regeln wurden 2015 als Regelkatalog mit dem Titel *Leichte Sprache. Das Regelbuch* veröffentlicht und sind auf der Webseite der Forschungsstelle frei zugänglich (s. Kap. 2.8.2.). Mit dem im Regelwerk eingeführten Vorschlag, Komposita mit Mediopunkt zu gliedern, wurde 2015 somit dem Bindestrich erstmals eine konkurrierende Alternative gegenübergestellt und dadurch die dieser Studie zugrundeliegende Debatte der Kompositazergliederung angestoßen.

Die Verfasserin des Regelbuches und Leiterin der Forschungsstelle, Prof. Dr. Christiane Maaß, ist zudem die Mitautorin des 2016 vom Dudenverlag herausgegebenen Grundlagenwerks *Leichte Sprache. Theoretische Grundlagen*.

Orientierung für die Praxis. In diesem ersten theoretisch orientierten Handbuch zur LS wird unter Einbezug von Erkenntnissen aus diversen Fachbereichen, wie der Kognitionswissenschaft, der Psychologie und der Fachkommunikationsforschung, eine umfassende wissenschaftliche Beschreibung für das Konzept LS geliefert. Zudem werden konkrete Handlungsempfehlungen formuliert, die jedoch größtenteils noch der empirischen Überprüfung bedürfen. Auch an anderen Hochschulen wird die LS vermehrt zum Gegenstand der Forschung. Das steigende Forschungsinteresse spiegelt sich z. B. in Form von diversen Forschungsprojekten wider, die sich zum einen der theoretischen Fundierung und zum anderen dem Desiderat der empirischen Überprüfung widmen. Eines dieser Projekte ist das interdisziplinäre Projekt LeiSA (Leichte Sprache im Arbeitsleben) der Universität Leipzig, im Rahmen dessen empirische Untersuchungen zu Textverstehen und -verständlichkeit bei Menschen mit geistiger Behinderung und funktionalen Analphabeten durchgeführt wurden (vgl. Bock/Lange 2017: 253 ff., s. Kap. 3.7).

Das aus der Praxis heraus entstandene und primär von Selbstvertretungsorganisationen getragene Konzept hat sich somit zu einem interdisziplinären Forschungsgegenstand entwickelt, das infolge der wachsenden Bedeutung mittlerweile nicht mehr nur von der Sprach- und Übersetzungswissenschaft, sondern auch von den Sozial- und Erziehungswissenschaften untersucht wird. Abschließend ist festzuhalten, dass heute weitgehend Konsens darüber besteht, dass es für die Weiterentwicklung der LS als barrierefreie Varietät dem Austausch zwischen Forschung und Praxis bedarf (vgl. Bredel/Maaß 2016b: 25; Bock et al. 2017a: 13, 21 f.; Seidel/Michel 2017: 504 ff.).

Der seit den 90er Jahren wachsende gesellschaftliche Diskurs um die LS hat das Bewusstsein für die Notwendigkeit der Barrierefreien Kommunikation gestärkt. Damit einhergehend wurde zugleich auch ein rechtlicher Diskurs angestoßen, der dazu geführt hat, dass das Konzept in den vergangenen zwei Jahrzehnten eine zunehmende rechtliche Abstützung erfahren hat. Die Gesetzesänderungen, die zu der rechtlichen Verankerung der LS geführt haben, werden im Folgenden skizziert.

2.3 Die Verankerung der Leichten Sprache im deutschen Recht

Eine wesentliche Grundlage für die gleichberechtigte Teilhabe von Personen mit Behinderungen am gesellschaftlichen Leben wurde mit dem 2002 in Kraft getretenen Behindertengleichstellungsgesetz des Bundes (BGG) geschaffen. Ziel des Gesetzes ist es, „die Benachteiligung von behinderten Menschen zu beseitigen und zu verhindern sowie die gleichberechtigte Teilhabe von behinderten Menschen am Leben in der Gesellschaft zu gewährleisten und ihnen eine selbstbestimmte Lebensführung zu ermöglichen" (§ 1 Abs. 1 BGG 2002). Zwar findet die LS in dem Gesetz angesichts der bis dato noch nicht vorhandenen Etablierung noch keine Berücksichtigung, jedoch wird festgelegt, dass hör- und sprachbehinderte Menschen „das Recht [haben], mit Trägern öffentlicher Gewalt [...] über andere geeignete Kommunikationshilfen zu kommunizieren, soweit dies zur Wahrnehmung eigener Rechte im Verwaltungsverfahren erforderlich ist" und „[d]ie Träger öffentlicher Gewalt [...] dafür auf Wunsch der Berechtigten [...] die Übersetzung durch Gebärdensprachdolmetscher oder die Verständigung mit anderen geeigneten Kommunikationshilfen sicherzustellen und die notwendigen Aufwendungen zu tragen [haben]" (§ 9 Abs. 1 BGG 2002). Während das BGG die Ansprüche von Menschen mit Behinderungen auf Bundesebene regelt, wurden die Inhalte auf Landesebene in den darauffolgenden Jahren durch jeweils eigene, jedoch sprachlich und inhaltlich eng am BGG orientierte Landesgleichstellungsgesetze umgesetzt.

Ein weiterer Meilenstein zur Etablierung und rechtlichen Verankerung der LS stellte die Ratifizierung des Übereinkommens der Vereinten Nationen über die Rechte von Menschen mit Behinderungen dar, in dem der Begriff *Barrierefreiheit* ausdrücklich auf Kommunikation bezogen wird. Die 2006 von der Generalversammlung der Vereinten Nationen verabschiedete und 2009 in Deutschland in Kraft getretene Konvention, die inzwischen von 177 Staaten ratifiziert wurde, ist ein „universelle[s] Vertragsinstrument" (UN-BRK 2017: 4), welches die Menschenrechte für die Lebenssituation von Menschen mit Behinderungen konkretisiert, um so ihre Chancengleichheit in der Gesellschaft zu fördern (vgl. ebd.: 8). Eine zentrale Voraussetzung hierfür ist demnach der uneingeschränkte Zugang zu Information und Kommunikation, woraus sich die Forderung nach sprachlicher und medialer Barrierefreiheit ergibt. In Artikel 2 der UN-Behindertenkonvention (UN-BRK) wird die Bereitstellung von Texten in einfacher Sprache (original: *plain language*) gefordert. Angesichts der Forderung nach Barrierefreier Kommunikation für Menschen mit Behinderungen ist jedoch davon auszugehen, dass *plain language* nach dem heutigen Stand treffender mit *Leichte Sprache* zu übersetzen ist und die fehlende Erwähnung der LS auf die im Jahre 2006 ebenfalls noch nicht vorhandene Etablierung des Konzepts zurückzuführen ist. Dass einfache Sprache demnach in der UN-BRK nicht im Sinne eines festen Konzepts zu verstehen ist, wird u. a. an der inkonsistenten Verwendung der Adjektive *einfach* und *leicht* deutlich. Obgleich das Konzept der LS noch nicht namentlich genannt wird, ist die UN-BRK für die Entwicklung der LS in Deutschland von zentraler Bedeutung, denn mit der Ratifizierung des Übereinkommens hat die Bundesregierung das Recht auf Barrierefreie Kommunikation anerkannt und sich zur Bereitstellung von entsprechenden Kommunikationsangeboten verpflichtet.

Der erste Gesetzestext, in dem LS explizit als Kommunikationsmittel erwähnt und damit rechtlich verankert wird, ist die 2011 in Kraft getretene Verordnung zur Schaffung barrierefreier Informationstechnik nach dem Behindertengleichstellungsgesetz, die sog. Barrierefreie-Informationstechnik-Verordnung 2.0 (BITV 2.0). Diese reformierte Fassung der 2002, nach der Verabschiedung des BGG erlassenen BITV legt fest, dass Internetauftritte und -angebote von Behörden der Bundesverwaltung seit dem 22. März 2014 Informationsangebote in LS enthalten und somit der Forderung nach barrierefreier Informationsvermittlung nachkommen müssen, wobei im Anhang konkrete Vorgaben zur Gestaltung von Texten in LS formuliert werden (s. Kap. 2.8.1). Die BITV 2.0 ist auch für die Debatte um die Kompositasegmentierung von besonderer Relevanz, da durch die Verordnung 2011 erstmals die Vorgabe, zusammengesetzte Substantive durch Bindestrich zu trennen, rechtlich verankert wurde. Hierbei ist allerdings zu beachten, dass der Umfang der in LS bereitzustellenden Informationen auf ein Minimum begrenzt ist. Gemäß § 3 Abs. 2 BITV 2.0 sind die Träger öffentlicher Gewalt dazu verpflichtet, auf der Startseite ihres Inter- oder Intranetangebotes „Informationen zum Inhalt, Hinweise zur Navigation sowie Hinweise auf weitere in diesem Auftritt vorhandene Informationen in [...] Leichter Sprache [bereitzustellen]." Sie sind jedoch nicht dazu verpflichtet, die

Inhalte selbst in LS anzubieten. Konkret bedeutet dies, dass die Rezipienten teilweise nur darüber informiert werden, was sie auf der Seite lesen könnten, wenn sie die Standardsprache beherrschten. Die BITV 2.0 wurde zwar in vielen Fällen fristgerecht implementiert, das Angebot in LS geht jedoch auch im Jahr 2021 oftmals nicht über die obligatorischen Informationen hinaus. Dass die BITV 2.0 allerdings nach wie vor nicht von allen Bundesbehörden umgesetzt wurde, lässt sich am Beispiel des Webauftritts der Bundeswehr veranschaulichen:

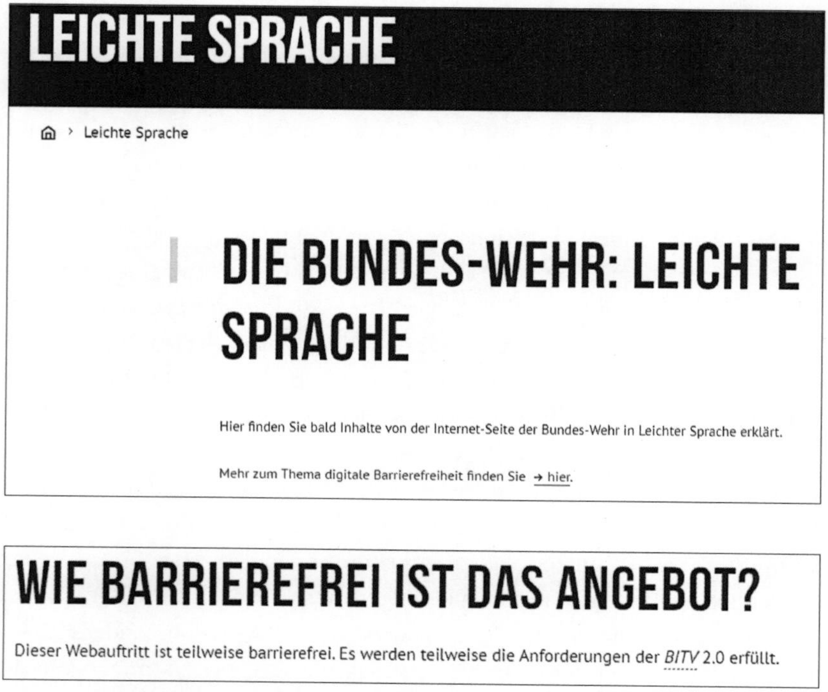

Abb. 1: Webauftritt der Bundeswehr in Leichter Sprache

Damit die in der BITV 2.0 formulierten gesetzlichen Anforderungen in der Praxis möglichst einheitlich umgesetzt werden, wurde darüber hinaus ein DIN-Ausschuss zur Erarbeitung der DIN SPEC (PAS) „Empfehlungen für Deutsche Leichte Sprache" gegründet. Mit der DIN SPEC (PAS) sollen den am Erstellungsprozess beteiligten Personen einheitliche Empfehlungen für das

Verfassen, Übersetzen und Gestalten von Texten in LS zur Verfügung gestellt werden (vgl. DIN SPEC (PAS) 2020: 6). Die Handreichung soll somit eine Basis für einheitliche, funktionale Texte bilden, die den Erwartungen der Adressatenschaft entsprechen. Ziel der DIN SPEC (PAS) ist es, die gesetzlichen in der BITV 2.0 formulierten Anforderungen an Texte in LS „zu erfüllen und zu präzisieren" (ebd.: 7). Im Geschäftsplan der DIN SPEC (PAS) wird ausgeführt, dass die DIN SPEC (PAS) sowohl Empfehlungen auf den unterschiedlichen Ebenen des Sprachsystems (Zeichen-, Wort-, Satz- und Textebene, Layout) und allgemeine Empfehlungen zur Erhöhung der Textverständlichkeit und -lesbarkeit als auch einen Prüfprozess zur Qualitätssicherung enthalten soll (vgl. ebd.). Das Projekt spiegelt zugleich die in den vergangenen Jahren vermehrt zu vernehmende Forderung nach einem verstärkten Austausch zwischen Wissenschaft und Praxis wider. So setzt sich der hierfür gegründete DIN-Ausschuss u. a. aus Vertretern der Praxis, wie der Lebenshilfe oder der Caritas, Vertretern der Praxis-Regelwerke (capito, Netzwerk Leichte Sprache) sowie aus Wissenschaftlern unterschiedlicher Disziplinen und Übersetzern zusammen (vgl. ebd.: 4 ff.). Darüber hinaus wurde auch der Öffentlichkeit (d. h. sowohl Einzelpersonen als auch Organisationen) die Möglichkeit geboten, sich an dem Projekt zu beteiligen und an den Empfehlungen mitzuwirken (vgl. ebd.: 3; Miles-Paul 2020).

Eine weitere explizite gesetzliche Forderung nach LS findet sich in dem sog. Nationalen Aktionsplan 1.0, den der Bundestag 2011 zur Umsetzung der in der UN-BRK festgelegten Maßnahmen verabschiedet hat. Eines der zentralen Ziele des Nationalen Aktionsplans 1.0 ist es, Menschen mit Behinderungen durch eine barrierefreie Gesellschaft die „gleichberechtigte Teilhabe am politischen, gesellschaftlichen, wirtschaftlichen und kulturellen Leben" (BMAS 2011: 10) zu ermöglichen. Der Nationale Aktionsplan 1.0 stellt ein „Maßnahmenpaket" (ebd.: 12) dar, mit dem Lücken zwischen Gesetzeslage und Praxis geschlossen werden sollen. Die über 200 Maßnahmen des Nationalen Aktionsplans 1.0 wurden in den darauffolgenden Jahren kontinuierlich weiterentwickelt. Im Jahr 2016 wurde die zweite Auflage, der sog. Nationale Aktionsplan 2.0, verabschiedet, der auf den Maßnahmen des ersten Aktionsplans aufbaut und diesen durch 175 Maßnahmen ergänzt. Gemäß dem Nationalen Aktionsplan 1.0 sind die Vorgaben der UN-BRK in zwölf Handlungsfeldern zu erfüllen, wobei das Konzept der LS in zwei der zwölf Handlungsfeldern erwähnt wird: Zum einen wird in dem Handlungsfeld „Frauen" unter dem Unterpunkt „Schutz vor Gewalt" betont, dass „Informations- und Hilfsangebote in sogenannter Leichter Sprache ausgeweitet werden [sollen]" (ebd.: 66) und zum anderen wird in dem Handlungsfeld „gesellschaftliche und politische Teilhabe" das Ziel formuliert, „alle öffentlich zugänglichen Informations- und Kommunikationssysteme barrierefrei zu gestalten und insbesondere auch den Anforderungen an Leichte Sprache gerecht zu werden" (ebd.: 87). In der konkreten Praxis soll sich dies in einem verstärkten Angebot von Inhalten in LS widerspiegeln, die von den Behörden auf Internetseiten und in Form von Broschüren bereitgestellt werden und durch die der Zugang zu den Informationen auch hör-, lern- und geistig behinderten Menschen ermöglicht werden kann. Für die „einheitliche[] Umsetzung" (ebd.: 195) dieser Maßnahme soll vom Bundesministerium für Arbeit und Soziales (BMAS) in Zusammenarbeit mit den Mitgliedern des Netzwerks Leichte Sprache ein Leitfaden für LS entwickelt werden. In der zweiten Auflage des Aktionsplans wird zudem die „Erarbeitung eines Grundstocks für Erläuterungen zu Bescheiden, Vordrucken und weiteren Dokumenten in Leichter Sprache" (BMAS 2016: 169) gefordert.

Dieser Aspekt wird auch in der Novellierung des BGG (2016) aufgegriffen, welches eine weitere wesentliche gesetzliche Verankerung der LS darstellt. In den Erläuterungen zum Entwurf des neuen BGG wird ausgeführt, dass „das BMAS im Jahr 2017 die Entwicklung von Erläuterungen in Leichter Sprache, insbesondere die Entwicklung standardisierter Textbausteine, [...] unterstützt. Ein Grundstock von Erläuterungen [...] soll in Leichter Sprache erstellt und den Behörden als Basis zur Verfügung gestellt werden" (Deutscher Bundestag 2016: 4). Die Erstellung der standardisierten Textbausteine erfolgt durch Übersetzungsbüros in Zusammenarbeit mit den verantwortlichen Behörden. In § 11 des novellierten BGG von 2016 wird LS dann, zusammen mit dem Aspekt der Verständlichkeit, in einem eigenständigen Paragrafen eingeführt, in dem Träger öffentlicher Gewalt zur Bereitstellung von Informationen in LS verpflichtet werden. Zudem wird von der Bundesregierung darauf hingewirkt, dass „Kompetenzen [der Träger öffentlicher Gewalt S.D.] für das Verfassen von Texten in Leichter Sprache auf- und ausgebaut werden." Dass das Konzept der LS im Nationalen Aktionsplan 2.0 und im novellierten BGG, im Unterschied zum Nationalen Aktionsplan 1.0, nicht mehr mit ‚sogenannt' eingeführt wird, zeigt, dass sich die LS in den vergangenen Jahren sowohl in der deutschen Sprache als auch in der Gesellschaft, der Politik und im Rechtswesen zu einem fest etablierten Begriff entwickelt hat. Zudem gibt es in jedem Bundesland länderspezifische, am BGG orientierte Koalitionsverträge, in welchen die Umsetzung der Anliegen der UN-BRK in unterschiedlichem Ausmaß berücksichtigt wird. Ein Überblick über die Situation in den Bundesländern findet sich auf der Seite des Deutschen Instituts für Menschenrechte[2].

Lang (2019) nennt darüber hinaus weitere Rechtstexte, welche für die Barrierefreie Kommunikation von Relevanz sind. Hierzu zählt das Gesetz zur Verbesserung des Onlinezugangs zu Verwaltungsleistungen (Onlinezugangsgesetz – OZG), welches Bund und Länder dazu verpflichtet, bis Ende 2022 ein gemeinsames digitales Verwaltungsportal aufzubauen, so dass künftig von einer zentralen Internetseite auf sämtliche Verwaltungsleistungen zugegriffen werden kann. Der Portalverbund hat dabei einen barrierefreien Zugang zu gewährleisten. Auch das Gesetz gegen Wettbewerbsbeschränkungen sieht vor, dass bei der „Erstellung der Leistungsbeschreibung [...] die Zugänglichkeitskriterien für Menschen mit Behinderungen oder die Konzeption für alle Nutzer zu berücksichtigen [sind]" (§ 121 Abs. 2 GWB). Ebenso wird in der Verordnung über die Vergabe öffentlicher Aufträge (Vergabeordnung – VgV) erwähnt, dass die im Vergabeverfahren eingesetzten elektronischen Mittel barrierefrei ausgestaltet sein müssen (§ 11 VgV), so dass Barrieren dem Einreichen eines Angebots nicht entgegenstehen. Zudem wird betont, dass „die [...] Zugänglichkeit der Leistung insbesondere für Menschen mit Behinderungen" als Zuschlagskriterium fungieren kann, was bedeutet, dass sich ein barrierefreier Zugang positiv auf die Auswahlchancen des Wettbewerbers auswirkt (§ 58 Abs. 2 Nr. 1 VgV). Die Forderung nach barrierefreier Ausgestaltung und barrierefreier elektronischer Kommunikation findet sich auch im Gesetz zur Förderung der elektronischen Verwaltung (E-Government-Gesetz – EGovG, § 16) sowie im Gesetz zur Förderung des elektronischen Rechtsverkehrs mit den Gerichten (u. a. § 31a, § 191a, § 130a).

Die genannte BITV 2.0 orientiert sich dabei stark an den *Web Content Accessibility Guidelines* (WCAG) 2.0. Hierbei handelt es sich um Richtlinien für

---

2   https://www.institut-fuer-menschenrechte.de/monitoring-stelle-un-brk/monitoring/koalitionsvertraege/ (04.06.2020).

barrierefreie Webinhalte. Die Grundlage der Barrierefreiheit im Web stellen vier Prinzipien dar, welche sich in ähnlicher Form auch in der BITV 2.0 wiederfinden: Demnach müssen Webinhalte wahrnehmbar, bedienbar, verständlich und robust sein. Diese vier Prinzipien werden anhand von zwölf Richtlinien konkretisiert. Mit diesen wird z. B. empfohlen, Textalternativen für Nicht-Texte zur Verfügung zu stellen, „wie zum Beispiel Großschrift, Braille, Symbole oder einfachere Sprache" (WCAG 2.0 2009), sämtliche Funktionalitäten von der Tastatur aus verfügbar sowie Inhalte leichter auffindbar zu machen. Darüber hinaus werden für jede Richtlinie anwendungsbezogene Erfolgskriterien, d. h. Anweisungen zum Erreichen der Barrierefreiheit bereitgestellt. Im Juni 2018 wurde von der *Web Accessibility Initiative* (WAI) die weiterentwickelte Version der Empfehlungen, die WCAG 2.1, verabschiedet, welche 17 neue Erfolgskriterien enthält und dabei verstärkt die Bedürfnisse von kognitiv Beeinträchtigten, Seh- und Lernbehinderten adressiert. Ein weiterer Schwerpunkt der WCAG 2.1 liegt auf der Nutzung mobiler Geräte.

Auch die Richtlinie (EU) 2016/2102 des Europäischen Parlaments und des Rates vom 26. Oktober 2016 über den barrierefreien Zugang zu den Websites und mobilen Anwendungen öffentlicher Stellen ist darauf ausgerichtet, den digitalen Zugang zu Verwaltungsleistungen zu erleichtern. Mit der Richtlinie wird festgelegt, dass Websites und mobile Anwendungen öffentlicher Stellen die Anforderungen an einen barrierefreien Zugang erfüllen müssen. Websites und mobile Anwendungen müssen demnach, in Anlehnung an die WCAG 2.0, wahrnehmbar, bedienbar, verständlich und robust gestaltet sein. Darüber hinaus sind öffentliche Stellen u. a. dazu verpflichtet, einen „Feedback-Mechanismus" einzurichten, über den die Nutzer Mängel mitteilen oder zusätzliche Informationen anfordern können. Die Richtlinie führte zu bedeutenden, im Juni 2018 in Kraft getretenen Änderungen im BGG. So wird in den ergänzten Paragrafen § 12a–12d u. a. festgelegt, dass die öffentlichen Stellen des Bundes eine Erklärung zur Barrierefreiheit ihrer Websites oder mobilen Anwendungen zu veröffentlichen sowie die obersten Bundesbehörden alle drei Jahre Bericht über den Stand der Barrierefreiheit zu erstatten haben.

Darüber hinaus wird die Barrierefreie Kommunikation auch im Sozialgesetzbuch (SGB) explizit thematisiert. So haben Leistungsträger dafür zu sorgen, dass ihre Verwaltungs- und Dienstgebäude frei von „Kommunikationsbarrieren sind" (§ 17 Abs. 1 Nr. 4). Menschen mit Hör- und Sprachbehinderungen haben zudem das Recht, in Deutscher Gebärdensprache oder über „andere geeignete Kommunikationshilfen zu kommunizieren" (§ 17 Abs. 2), ohne dass sie die dabei entstehenden Kosten zu tragen haben. Die 2018 in Kraft getretene novellierte Fassung des neunten Buches des SGB enthält Vorschriften zur Rehabilitation und Teilhabe von Menschen mit Behinderungen. Mit den Vorschriften soll die Selbstbestimmung und die wirksame, gleichberechtigte Teilhabe von Menschen mit Behinderungen am Leben in der Gesellschaft vorangetrieben werden. Demnach haben Menschen mit Behinderungen einen Anspruch auf „Leistungen zur Förderung der Verständigung" (§ 82), um ihnen die Kommunikation mit der Umwelt „aus besonderem Anlass zu ermöglichen oder zu erleichtern" (§ 82). Dies kann durch Gebärdendolmetscher oder „andere geeignete Kommunikationshilfen" (§ 82) geschehen. Darüber hinaus haben Menschen mit Behinderungen einen Anspruch auf eine behinderungsgerechte Gestaltung der Arbeitsplätze (§ 164 Abs. 4 Nr. 4) sowie auf Nachteilsausgleiche (§ 209). Nachteilsausgleiche können im schulischen Kontext bspw. in Form von sprachlich optimierten Prüfungsaufgaben gewährt werden (vgl. Rink 2014).

Die gleichberechtigte Teilhabe und Selbstbestimmung von Menschen mit Behinderungen wird auch mit dem 2017 in Kraft getretenen Bundesteilhabegesetz gestärkt. Das Bundesteilhabegesetz besteht aus vier Stufen, welche von 2017–2023 in Kraft treten sollen. Es handelt sich dabei um Änderungen des SGB, die neben dem genannten Bereitstellen von barrierefreien Informationen bspw. eine Stärkung der Teilhabe im Arbeitsleben, eine verstärkte Mitwirkung der Menschen mit Behinderungen in Werkstätten für Menschen mit Behinderungen sowie eine optimierte Eingliederungshilfe umfassen.

2.4 Abgrenzung zu anderen Reduktionsvarietäten

2.4.1 Einfache Sprache

Im Diskurs um verständlichkeitsoptimierte Reduktionsvarietäten taucht häufig der Begriff *Einfache Sprache* auf, der vermehrt in Abgrenzung zu *Leichter Sprache* gebraucht wird. Obgleich eine eindeutige Abgrenzung der beiden Praxisphänomene mangels empirischer linguistischer Erforschung und allgemein anerkannter Definitionen schwierig ist, lassen sich die beiden Sprachformen dennoch anhand von bestimmten Kriterien voneinander unterscheiden. Die Einfache Sprache (ES) ist durch einen komplexeren Sprachstil, längere Sätze und eine weniger streng geregelte optische Gestaltung gekennzeichnet. Zudem werden „sämtliche im Alltag gebräuchlichen Begriffe […] als bekannt vorausgesetzt" (Kellermann 2014: 7) und der Texterstellung liegt im Gegensatz zur LS kein Regelkatalog zugrunde. Bock (2014) führt die folgenden drei Dimensionen auf, in denen sich LS und ES unterscheiden: die Zielgruppengröße und -spezifik, die sprachliche Komplexität sowie die Normiertheit und Kodifizierung (vgl. Bock 2014: 20 ff.). Während bei LS „eine Orientierung auf bestimmte Adressaten erkennbar [ist]" (ebd.: 23), wird mit der ES eine größere und weniger spezifische Zielgruppe adressiert. So richten sich Texte in ES primär an Menschen mit eingeschränkter Lesekompetenz, die jedoch nicht die deutlich stärker gelenkte LS benötigen. Zudem zeichnet sich ES durch eine höhere inhaltliche und sprachliche Komplexität aus, die auf allen Ebenen des Sprachsystems (Morphologie, Syntax, Semantik, Text und Diskurs) zum Ausdruck kommt. Da es für die ES bislang keine Regelwerke oder Leitlinien gibt, sind die Texte weniger streng normiert und kodifiziert als die LS-Texte. Angesichts dessen, dass sich beide Reduktionsvarietäten durch eine gleiche Zielstellung – nämlich die adressatenorientierte Kommunikationsoptimierung – auszeichnen, sollten sie „weniger in Opposition zueinander als vielmehr auf ein und demselben Kontinuum gedacht werden" (Lange/Bock 2016: 123). Diese Vorstellung vertreten auch Bredel/Maaß (2016a), die ES als ein flexibles System betrachten, „das in Abhängigkeit von den Zwecken und den intendierten Adressat(inn)en unterschiedlich komplex sein kann" (Bredel/Maaß 2016a: 531). Bredel/Maaß (2016a,b) skizzieren einen ersten Vorschlag für die Operationalisierung von verschiedenen Schwierigkeitsstufen des dynamischen Systems ES (vgl. Bredel/Maaß 2016a: 530 ff.; Bredel/Maaß 2016b: 186 ff.). Dabei vergleichen sie das System der ES mit einem Schubladenmodell. So gibt es für jede sprachliche Kategorie (z. B. Wortschatz oder Satzbau) übereinander angeordnete Schubladen, die jeweils sprachliche Mittel enthalten, deren Komplexität von oben nach unten graduell zunimmt. Während in den LS-Texten generell nur in die oberen Schubladen gegriffen wird, können die Texte in ES auf den einzelnen Ebenen des Sprachsystems durch unterschiedlich komplexe Mittel angereichert werden

(s. Kap. 6.4). Ein entscheidender Vorteil der ES liegt darin, dass diese aufgrund des näher an der Standardsprache orientierten Layouts und den akzeptableren Satzstrukturen weniger Stigmatisierungspotenzial bietet (vgl. Hansen-Schirra/ Maaß 2020). Die ES hat somit ein hohes Akzeptanzniveau und wird in der Gesellschaft als „benutzerfreundlich" (Maaß 2020: 230), „bürgernah" (ebd.) und „Kommunikation auf Augenhöhe" (ebd.) beschrieben. Da sie allerdings auch deutlich komplexer ist als die LS, stellt sie für die primäre Zielgruppe von LS kein geeignetes Mittel zur Überwindung der Kommunikationsbarrieren dar und schafft somit nur bedingt Zugang zu Informationen (vgl. ebd.: 230).

Dass die ES durch eine höhere Komplexität gekennzeichnet ist als die LS, wurde von Hansen-Schirra/Gutermuth (2018) auch im Rahmen eines korpuslinguistischen Vergleichs bestätigt. Hierfür wurden Webseiten des Ministeriums für Soziales, Arbeit, Gesundheit und Demografie in Rheinland-Pfalz in LS und ES übersetzt und anschließend einer korpuslinguistischen Analyse unterzogen. Diese ergab, dass der ES-Text weniger Wörter enthielt als der LS-Text und letzterer angesichts dessen, dass in LS bestimmte Konzepte zu explizieren sind (s. Kap. 2.8.2), auch mehr Wörter enthielt als der Originaltext (vgl. Hansen-Schirra/Gutermuth 2018: 16). Die Anzahl der Types, also der „neu eingeführten Lemmata" (ebd.: 16 f.), war jedoch im LS-Text am geringsten. Wider Erwarten ergab die Analyse allerdings, dass die lexikalische Dichte in dem LS-Text am höchsten, die Kompositadichte jedoch am geringsten war. Die höhere lexikalische Dichte in dem LS-Text im Vergleich zum ES-Text ist damit zu erklären, dass Komposita in LS durch mehrere kurze Wörter ersetzt werden, wodurch zwar die Kompositadichte sinkt, die lexikalische Dichte jedoch steigt (vgl. ebd.: 17). Der Vergleich bestätigt zudem die Annahme, dass die durchschnittliche Phrasen- und Satzlänge mit abnehmendem Schwierigkeitsgrad der Texte sinkt, d. h. Phrasen und Sätze in ES deutlich länger sind als in LS. Die korpuslinguistischen Ergebnisse wurden durch eine Pilotstudie zur Lesbarkeit der Textvarietäten validiert. In dieser wurden die Blickbewegungen von acht kognitiv beeinträchtigten Teilnehmern aufgezeichnet. Die Auswertung ergab, dass der LS-Text deutlich schneller gelesen wurde als der ES-Text, was somit insbesondere auf die maximale syntaktische und phrasale Komplexitätsreduktion zurückzuführen ist (vgl. ebd.: 18). Zudem ergab die Studie, dass sich die Segmentierung von Komposita mit Mediopunkt ebenfalls positiv auf das

Leseverhalten auswirkte (vgl. ebd.: 19). Es handelte sich allerdings lediglich um eine rein deskriptiv ausgewertete Pilotstudie, die es anhand von weiteren empirischen Studien zu erweitern gilt.

Zwischen LS und ES besteht somit ein Trade-off: Während die ES weniger stigmatisierend, aber dafür auch schwerer verständlich ist, ist die LS zwar leicht verständlich, dafür aber mit einem erheblichen Stigmatisierungspotenzial verbunden. Um die Vorteile der LS mit den Vorteilen der ES zu kombinieren, schlägt Maaß (2020) das Konzept der Leichten Sprache Plus vor, auf das im Folgenden näher eingegangen wird.

2.4.2 Leichte Sprache Plus

Der Vergleich von LS und ES hat bereits gezeigt, dass komplexitätsreduzierte Varietäten vor dem Dilemma stehen, die Dimensionen Verständlichkeit und Wahrnehmbarkeit auf der einen Seite mit den Dimensionen Akzeptabilität und Stigmatisierungspotenzial auf der anderen Seite zu vereinbaren. So führen die Textqualitäten, die die maximal verständlichkeitsoptimierten und wahrnehmbaren Texte in LS auszeichnen, automatisch auch dazu, dass sich die Texte maximal von den Standardtexten unterscheiden. Diese auffällige Abweichung von der Norm erfüllt zwar eine symbolische Funktion (s. Kap. 2.7), sie führt jedoch zugleich dazu, dass die Akzeptabilität des Konzepts geschwächt und das Risiko der Stigmatisierung erhöht wird (vgl. Maaß 2020: 229). Wie in Kap. 2.4.1 aufgezeigt, ist die ES, die weniger auffällig ist als die LS, deutlich akzeptabler und birgt somit weniger Stigmatisierungspotenzial. Die vier Kategorien Wahrnehmbarkeit und Verständlichkeit auf der einen und Akzeptabilität und Stigmatisierungsgefahr auf der anderen Seite, die auf den ersten Blick nicht kompatibel sind, sollen mit dem Konzept der Leichten Sprache Plus (LS+) miteinander vereinbart werden. Die Notwendigkeit der Entwicklung der LS+ ist insbesondere darauf zurückzuführen, dass das Stigmatisierungsproblem der LS ernst zu nehmen ist, die ES sich jedoch für die primäre Zielgruppe als zu komplex erweist. Das Dilemma zwischen Verständlichkeit und Akzeptabilität wird in der LS+ dadurch gelöst, dass auf die sprachlichen Mittel verzichtet wird, die in der LS die größten Akzeptanzprobleme und Abwehrreaktionen seitens der Öffentlichkeit auslösen. Die LS+ ist allerdings komplexitätsreduzierter als die ES, so dass der Zugang zu Informationen gewährleistet bleibt. Mit der LS+ wird somit eine leicht wahrnehmbare, verständliche und akzeptable Sprachvarietät geschaffen, welche von den verständlichkeitsoptimierenden Prinzipien der LS und den akzeptableren Strukturen der ES profitiert (vgl. Hansen-Schirra/ Maaß 2020; Maaß 2020). Das gesamte Varietätenspektrum lässt sich folglich als Kontinuum mit zwei Extrempolen betrachten. Während die Standardsprache den einen und die stark reduzierte, statische und umfassend regulierte LS den anderen Extrempol bildet, liegen die LS+ sowie die ES in diesem dynamischen Modell zwischen den beiden Extrempolen (s. Abb. 2).

Leichte Sprache   Leichte Sprache Plus   Einfache Sprache   Standardsprache

Abb. 2: Das Varietätenspektrum als Kontinuum

Mit dem flexiblen Konzept der LS+ soll somit ein Gleichgewicht geschaffen werden zwischen den Eigenschaften Wahrnehmbarkeit und Verständlichkeit auf der einen Seite und Akzeptabilität und Risiko der Stigmatisierung der Zielgruppe auf der anderen Seite:

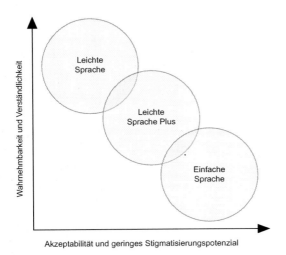

Abb. 3: Profil der Leichten Sprache, der Leichten Sprache Plus und der Einfachen Sprache im Überblick

Die Gefahr der Stigmatisierung wird dabei dadurch verringert, dass die Merkmale, die die Stigmatisierung auslösen (s. Kap. 2.10), nicht mehr in den Vordergrund gestellt werden. Die LS+ fügt sich somit ebenso wie die ES in die Standarderwartungen ein. Allerdings ist auch hier ein Dilemma zu konstatieren, denn Texte, die sich auf den ersten Blick nicht von der Norm unterscheiden, können von der Zielgruppe weniger leicht als leicht verständliche Texte erkannt werden und sind somit schwieriger auffindbar (vgl. Maaß 2020: 210).

Das Ziel der LS+ ist es folglich, Menschen mit Kommunikationsbeeinträchtigungen anhand von leicht wahrnehmbaren und verständlichen Texten Zugang zu Informationen zu ermöglichen und durch das Meiden von unakzeptablen Strukturen zugleich die Akzeptabilität der Texte zu steigern sowie das Stigmatisierungspotenzial zu reduzieren. Für die Modellierung ist es somit erforderlich, die Merkmale von LS zu identifizieren, die für die Verständlichkeit und Wahrnehmbarkeit weniger von Bedeutung sind, dafür allerdings mit einem erhöhten Stigmatisierungsrisiko einhergehen und die es folglich zu vermeiden gilt (vgl. ebd.: 234). Dabei ist allerdings zu beachten, dass es auch Merkmale LS gibt, die für die Wahrnehmbarkeit und Verständlichkeit von erheblicher Bedeutung sind, aber trotzdem wenig akzeptabel sind und mit einem hohen Stigmatisierungsrisiko einhergehen (vgl. ebd.). Das daraus resultierende Dilemma gilt es anhand von theoretisch fundierten Annahmen und empirischen Studien zu lösen. Hierbei wird bereits deutlich, dass es für das Erstellen von Texten in LS+ und den Umgang mit derartigen problematischen Strukturen professioneller Übersetzer bedarf. Maaß (2020) liefert eine theoretische Modellierung für LS+, die als Orientierung für Übersetzer fungiert. Die Modellierung der LS+, die bislang rein theoretisch ist und noch der empirischen Überprüfung bedarf, basiert auf dem Schubladenmodell der ES. Für die Modellierung der LS+ wird untersucht, welchen Einfluss die einzelnen Merkmale der LS auf die vier Kategorien Wahrnehmbarkeit, Verständlichkeit, Akzeptanz und Stigmatisierungsgefahr sowie auf drei textuelle Dimensionen (Beitrag zur Textkohärenz, Sprachökonomie und Ästhetik) haben, so dass davon ausgehend eine Übersetzungsstrategie abgeleitet werden kann, mit der die einzelnen Kategorien miteinander vereinbart und in ein ausgeglichenes Verhältnis gebracht werden können (vgl. ebd.: 234 ff.). Anhand des Modells kann so bspw. der Einfluss einzelner Strukturen auf die Akzeptabilität kalkuliert werden. Durch ein systematisches und strategisches Reduzieren der einzelnen Merkmale kann die Akzeptabilität erhöht werden, wobei zugleich anhand der in der Tabelle angegebenen Werte die Wahrnehmbarkeit und Verständlichkeit des Textes für die Nutzer gewährleistet werden kann.

So wird auf morphologischer Ebene die Wahrnehmbarkeit von Komposita zwar durch das Anzeigen der Morphemgrenzen erhöht, die Segmentierung mit einem orthografisch irregulären Bindestrich wirkt sich jedoch negativ auf die Akzeptabilität aus und geht mit einer erheblichen Stigmatisierungsgefahr einher (vgl. ebd.: 241). Da darüber hinaus angenommen wird, dass die Segmentierung nur unter bestimmten Voraussetzungen (s. Kap. 3.6) verständnisfördernd ist und sich diese zudem negativ auf die Textästhetik auswirkt, wird in LS+ auf die Segmentierung von Komposita verzichtet. Obgleich der Mediopunkt deutlich weniger Stigmatisierungspotenzial birgt (s. Kap. 3.6.2.1), wird er in LS+ nicht verwendet. Dies ist damit zu begründen, dass er nicht zum Zeichenrepertoire der Standardsprache gehört und somit den Standarderwartungen nicht entspricht (vgl. ebd.: 242). Komposita werden in LS+ folglich nur dann mit Bindestrich gegliedert, wenn dessen Verwendung mit den amtlichen Regeln der deutschen Rechtschreibung kompatibel ist (s. Kap. 3.5.1). Der Verzicht auf den Mediopunkt in LS+ kann auch durch die Ergebnisse von Gutermuth (2020) begründet werden, die aufzeigen, dass für Menschen mit Migrationshintergrund auf die Segmentierung von Komposita verzichtet werden kann, sofern diese in einen auf der phrasalen, syntaktischen und textuellen Ebene komplexitätsreduzierten Text eingebettet sind (s. auch Kap. 3.7). Die Komplexitätsreduktion auf den anderen sprachlichen Ebenen führt in diesem Fall zu einer Kapazitätsentlastung des Arbeitsgedächtnisses, was die Dekodierung komplexerer morphologischer Strukturen ermöglicht (vgl. Gutermuth 2020: 228). Inwiefern dieser Effekt auch bei anderen Zielgruppen auftritt, gilt es anhand von weiteren empirischen Studien zu prüfen.

Zwar kann die LS+ flexibel an die Bedürfnisse der Zielgruppe angepasst werden, da sie jedoch nicht für alle Zielgruppen leicht verständlich und auffindbar genug ist, ist sie kein Ersatz, sondern lediglich eine Ergänzung zur LS. Hierbei ist allerdings zu beachten, dass der Vorteil der Anpassung an die Standarderwartungen dazu führt, dass die LS+ im Unterschied zur LS keine Symbolfunktion erfüllt und die Texte angesichts dessen, dass sie keine Beteiligung der Zielgruppe am Textproduktionsprozess verlangen, auch nicht als Symbol für Partizipation fungieren (s. Kap. 2.7). Trotz der fehlenden Symbolfunktion kann die LS+ aufgrund der leichten Verständlichkeit, des geringen Stigmatisierungspotenzials und der höheren Akzeptabilität als ausgewogenste der drei Varietäten angesehen werden. Mit der LS+ wird den Lesern somit ebenso wie mit der LS der Zugang zu Informationen und eigenständiges Handeln ermöglicht. Da die LS+ allerdings weniger Stigmatisierungspotenzial birgt, ist sie als Instrument für die kommunikative Inklusion besser geeignet als die LS. Während die LS+ theoretisch schon sehr differenziert modelliert ist, steckt sie in empirischer Hinsicht jedoch noch in den Kinderschuhen.

2.4.3   Bürgernahe Sprache

Im folgenden Kapitel wird zudem noch auf die Bürgernahe Sprache sowie auf eine von Wolfer (2017) durchgeführte Rezeptionsstudie zur Verständlichkeit von Rechtstexten eingegangen. Die Darstellung und Abgrenzung der Bürgernahen Sprache motiviert sich aus der Tatsache, dass die Bürgernahe Sprache in Deutschland bereits im Jahre 1984 eingeführt wurde und heutzutage verschiedene, von öffentlichen Körperschaften herausgegebene Handbücher und Empfehlungskataloge existieren, welche darauf abzielen, „das gegenseitige Verständnis und die Zusammenarbeit von Behörden und Privatpersonen zu fördern" (Bundesverwaltungsamt [4]2002: 6). Es handelt sich somit um Maßnahmen, die zu einer besseren Verständlichkeit von Dokumenten der öffentlichen Verwaltung beitragen sollen (vgl. Schubert 2013).

Die Bürgernahe Sprache, wie sie z. B. in dem Handbuch *Bürgernahe Verwaltungssprache* des Bundesverwaltungsamtes oder dem Ratgeber *Freundlich, korrekt und klar – Bürgernahe Sprache in der Verwaltung* des Bayerischen Staatsministeriums des Innern gefordert wird, ist somit eine weitere Reduktionsvarietät, die ebenfalls anhand der aufgeführten Kriterien von den zuvor genannten Formen der Kommunikationsoptimierung abgegrenzt werden kann. Eine entsprechende Abgrenzung findet sich bei Bock (2014), die die Bürgernahe Sprache zusätzlich zu den drei erwähnten Dimensionen (s. Kap. 2.4.1) anhand dreier weiterer Dimensionen von LS und ES unterscheidet. Auf diese Dimensionen – intendierter Kommunikationsbereich, Fachsprachlichkeit/Themen, Übersetzung/Texterstellung – wird im Folgenden näher eingegangen.

Die Bürgernahe Sprache ist ein „durch Schreibempfehlungen vereinfachtes Deutsch für den schriftlichen Gebrauch" (Schubert 2016: 22). Im Unterschied zur LS und ES richtet sie sich nicht an spezifische Zielgruppen, sondern an „alle Bürger" (Bock 2015a: 85). Während LS und ES den Anspruch haben, universell in allen Kommunikationsbereichen und Themengebieten anwendbar zu sein, ist die Bürgernahe Sprache auf die Kommunikationsbereiche Verwaltung und Recht beschränkt. Die Bürgernahe Sprache ist demnach keine Reduktionsvarietät der Standardsprache, sondern eine Reduktionsvarietät von bestimmten Fachsprachen, nämlich der Rechts- und Verwaltungssprache. Im Gegensatz zu LS und ES, die sowohl alltägliche als auch fachliche Inhalte zugänglich machen, zielt die Bürgernahe Sprache ausschließlich darauf ab, fachsprachliche Inhalte für Laien verständlich zu machen. Es handelt sich somit stets um eine Experten-Laien-Kommunikation. Da die Leser von Texten in Bürgernaher Sprache in ihren Lesefähigkeiten nicht eingeschränkt sind, ist diese im Vergleich zu LS und ES sprachlich und inhaltlich komplexer. Ein striktes Regelwerk liegt nicht vor, es gibt jedoch Normkodifizierungen in Form von Leitfäden, Regellisten und Ratgebern (vgl. Schubert 2013). Bock (2014) spricht dabei von einer dem Kommunikationsbereich geschuldeten „ausgeprägten Normierung" (Bock 2014: 25), die sich in den Praxisempfehlungen und Checklisten widerspiegelt. Eine weitere Dimension ist die der „Übersetzung oder Texterstellung" (ebd.: 26). Bock (2014) führt aus, dass es bei allen drei Varietäten sowohl Texte gibt, die als intralinguale Übersetzungen betrachtet werden können, als auch Texte, die neu, d. h. ohne Ausgangstext produziert werden. Im Unterschied zu LS und ES handelt es sich bei Texten in Bürgernaher Sprache eher um Modifizierungen als um Übersetzungen, da meist keine parallele Ausgangsfassung vorliegt, wie es insbesondere bei LS der Fall ist. Die in Bürgernaher Sprache verfassten Texte basieren zwar auf einem Ausgangstext, dieser wird aber laut Bock (2014) eher abgeändert als übersetzt. Nur in bestimmten Fällen, wie bei erläuternden Broschüren zu Gesetzen, kann man „im weiteren Sinne […] von ‚Übersetzungen' der Inhalte für den Normalbürger sprechen" (ebd.: 26). Weitere Informationen zur Ausgestaltung der Bürgernahen Sprache finden sich bei Schubert (2013) und Maaß (2020).

Auch Wolfer (2017) geht der Frage nach, wie sich komplexitätsreduzierte Reformulierungen auf den Lese- und Verstehensprozess von Rechtstexten auswirken. Dafür verwendete er Sätze aus Urteilen des Bundesverfassungsgerichts, welche sich entweder aufgrund von Nominalisierungen, komplexen Nominalphrasen oder einer komplexen syntaktischen Struktur als schwer verständlich erwiesen. Zu jedem Satz wurden zwei reformulierte Versionen erstellt, in denen die jeweilige Komplexitätsart in zwei unterschiedlichen Reformulierungsstufen aufgelöst wurde, so dass neben dem Originaltext eine moderat und eine stark reformulierte Version existierte (vgl. Wolfer 2017: 91 f.). Die Analyse von Blickbewegungsdaten ergab, dass sich sowohl die Transformation von Nominalisierungen in verbale Strukturen als auch die Auflösung von komplexen Nominalphrasen positiv auf die Verarbeitung der Texte auswirkt. Wolfer (2017) führt den leseerschwerenden Effekt von komplexen Nominalphrasen auf die oftmals exzessiv eingesetzten langen und ineinander verschachtelten rechtsangeschlossenen Genitivattribute zurück. So waren die reformulierten Texte, in denen die postmodifizierenden verschachtelten Genitivattribute aufgelöst wurden, im Vergleich zu den Originaltexten zwar länger, sie wurden aber dennoch nicht signifikant langsamer gelesen als die kürzeren, komplexeren Originaltexte (vgl. ebd.: 281 f.). Für die syntaktisch komplexen Sätze zeigte Wolfer (2017) auf, dass die moderat reformulierten Texte insgesamt schneller gelesen wurden als die Originaltexte. Eine zu starke Auflösung der Inhalte in viele Einzelsätze, wie es bei der stark reformulierten Version der Fall war, erwies sich allerdings als kontraproduktiv, was daran sichtbar wurde, dass die Probanden in dieser Version deutlich häufiger auf zuvor gelesene Textstellen zurücksprangen. Dies führt Wolfer (2017) darauf zurück, dass beim Auflösen eines syntaktisch komplexen Satzes in mehrere Teilsätze die referenzielle Komplexität steigt. Während Referenzen (z. B. Relativpronomen oder Proformen) in den Originaltexten stets auf Koreferenten innerhalb des Satzes verweisen, gehen Referenzen in den reformulierten Texten oftmals über die Satzgrenze hinaus, was zu einer verstärkten Notwendigkeit führt, durch Zurückspringen im Text den korrekten Bezug zu ermitteln. Das Auflösen von syntaktisch komplexen Sätzen in mehrere Einzelsätze führt somit zu einem Zielkonflikt, denn einerseits werden kürzere Sätze zwar schneller verarbeitet, andererseits gehen zu viele kurze Sätze mit einem erhöhten kognitiven Verarbeitungsaufwand für referenzielle Ausdrücke einher (vgl. ebd.: 288 f.). In diesem Fall verlagert sich somit die Komplexität von der Satz- auf die Textebene. Bei der Auflösung der

© Frank & Timme   Verlag für wissenschaftliche Literatur

Nominalisierungen in verbale Strukturen war eine derartige Komplexitätsverlagerung von der lexikalischen auf die syntaktische Ebene hingegen nicht zu konstatieren. Für die Verarbeitung juristischer Fachsprache zieht Wolfer (2017) das Fazit, dass Nominalisierungen, die deutlich langsamer gelesen werden als alle anderen Nomen, den Leseprozess verzögern und in verständlich formulierten Rechtstexten durch alternative Konstruktionen wie verbale Konstruktionen ersetzt werden sollten. Vor dem Hintergrund, dass die Nominalphrasen in den reformulierten Texten insgesamt schneller gelesen wurden, schlussfolgert er zudem, dass die Reformulierung von Genitivattributen einen positiven Effekt auf die Verarbeitung von Nominalphrasen hat und postmodifizierende, verschachtelte Genitivattribute somit in sprachlich optimierten Rechtstexten zu vermeiden sind. Zur Optimierung der Verständlichkeit bietet es sich stattdessen an, die Inhalte in Teilsätzen zu formulieren (vgl. ebd.: 287 f.). Wolfer (2017) weist jedoch auch auf die Notwendigkeit hin, die an der Erstellung von Rechtstexten beteiligten Personen schon früh in den Formulierungsprozess mit einzubeziehen, da bei einer späteren Nachbearbeitung der Formulierungen die inhaltliche Unverständlichkeit nur noch schwer zu beheben ist. Folglich ist es nur durch frühe interdisziplinäre Zusammenarbeit möglich, den Textinhalt zu sichern und gleichzeitig die sprachliche Komplexität zu reduzieren (vgl. ebd.: 289). Für die Verständlichkeitsforschung und Erforschung von komplexitätsreduzierten Varietäten sind die Ergebnisse von Wolfer (2017) von besonderer Relevanz, da sie aufzeigen, dass die einzelnen Effekte auf den unterschiedlichen sprachlichen Ebenen miteinander in Beziehung stehen und die Integration der verschiedenen Effekte Einblicke in die Interaktion zwischen den einzelnen Ebenen des Sprachsystem gewährt.

2.5 Situierung in der Translationswissenschaft

Für eine professionalisierte Übersetzungspraxis und das Anfertigen funktionaler Texte ist es unerlässlich, die LS als Gegenstand der Translationswissenschaft zu betrachten. Aufgrund dessen wird die Textproduktion in LS im folgenden Kapitel aus übersetzungswissenschaftlicher Sicht betrachtet, wobei der Blick zudem auf unterschiedliche Kommunikationsbarrieren gerichtet wird, die es für funktionale Zieltexte zu überwinden gilt.

Die Motivation für die Situierung der LS in der Translationswissenschaft gründet in dem sich wandelnden Translationsbegriff, der aufgrund der sich verändernden Marktanforderung vermehrt auch das intralinguale Übersetzen als Überwindung von Kommunikationsbarrieren inkludiert (vgl. Hansen-Schirra/ Maaß 2019). Diese „Neukonzeptualisierung von Translation" (ebd.: 4) führt gleichzeitig auch zu einem sich wandelnden Berufsbild des Übersetzers. So ist es zwar nach wie vor die Aufgabe des Übersetzers, Sprachbarrieren zu überwinden, diese Barrieren bestehen jedoch nicht mehr nur zwischen verschiedenen Sprachen, sondern auch innerhalb einer Sprache. Aus dieser „Uminterpretation" (ebd.: 8) der Übersetzerrolle ergibt sich wiederum ein spezifisches Handlungsprofil für Übersetzer. Es gehört somit zu den Aufgaben der Translationswissenschaft, sowohl die „akademisch examinierten Translator(innen)" (ebd.) als auch Textproduzenten ohne übersetzerischen Hintergrund auf das wachsende Übersetzungsvolumen im Bereich der Barrierefreien Kommunikation vorzubereiten und damit die Textpraxis zu professionalisieren. Für funktionale Zieltexte, die an den kommunikativen Bedarfen der Rezipienten ausgerichtet sind, ist es daher erforderlich, das Erstellen von LS-Texten in der Translationswissenschaft anzusiedeln. Das Aufzeigen von Ähnlichkeiten zwischen inter- und intralingualer Übersetzung und die Klassifizierung der LS als besondere Form der Experten-Laien-Kommunikation erlaubt es zugleich, die in der Translationswissenschaft gewonnenen Forschungserkenntnisse auf die LS anzuwenden. Aus der Situierung in der Translationswissenschaft lassen sich somit funktionale Übersetzungsstrategien sowie unterschiedliche Phasen des Übersetzungsprozesses ableiten, welche die Professionalisierung der Textpraxis weiter vorantreiben.

Nach Jakobsen (1959) wird in der Übersetzungswissenschaft zwischen der intralingualen, der interlingualen und der intersemiotischen Übersetzung unterschieden (vgl. Jakobsen 1959: 233). Bei der intralingualen Übersetzung werden die Sprachzeichen durch andere Sprachzeichen derselben Sprache wiedergegeben, es handelt sich somit um einen Transfer innerhalb derselben Sprache. Die intralinguale Übersetzung bezieht sich hingegen auf die Übersetzung von einer Sprache in einer andere, d. h. die Sprachzeichen einer Sprache werden in Sprachzeichen einer anderen Sprache transferiert. Im Gegensatz zur intralingualen Übersetzung findet somit ein Sprachwechsel statt. Die intersemiotische Übersetzung ist wiederum die Übertragung verbaler Zeichen in ein nonverbales Zeichensystem (z. B. die Umsetzung von Sprachzeichen in Bilder). Da mit der Übertragung von Texten aus dem Standarddeutschen in LS, d. h. in eine stark vereinfachte Varietät des Deutschen, keine Sprachgrenze, sondern eine „Varietätengrenze innerhalb einer Einzelsprache überschritten [wird]" (Bredel/Maaß 2016a: 182), fällt das Übersetzen in LS in den Bereich des intralingualen Übersetzens (vgl. ebd.: 185). Ein weiteres Merkmal der LS-Texte ist, dass die Übersetzungen überwiegend in den Bereich der Experten-Laien-Kommunikation fallen. Diese wird gemäß dem Modell der prototypischen Kommunikationskonstellationen von Kalverkämper (1998) der fachexternen Kommunikation zugeordnet (vgl. Kalverkämper 1998: 35). Die fachexterne Kommunikation bezieht sich auf die Kommunikation zwischen Gruppen mit unterschiedlichen Wissensvoraussetzungen, d. h. auf die fächerübergreifende Kommunikation, bei der sich ein Fachmann „mit fachlichen Inhalten in einer entsprechend aufbereiteten Auswahl und sprachlicher Darstellungsweise [an interessierte Laien wende[t]]" (ebd.: 35). Bei der Übersetzung eines fachlichen Textes für Laien ist es die Aufgabe des Übersetzers, das Wissensgefälle zwischen dem Experten, der meist der Produzent des Ausgangstextes ist, und dem Laien, also dem Rezipienten des Zieltextes zu überbrücken. Der Übersetzer stellt damit einen sog. „common ground" (Stalnaker 2002: 701 ff.; Pickering/ Garrod 2004: 178), d. h. eine gemeinsame Wissensgrundlage zwischen den Kommunikationspartnern her, die als Ausgangspunkt für die Vermittlung von neuem Wissen dient. Angesichts der eingeschränkten Lesekompetenzen und fehlenden Texterfahrung der primären Adressaten bedürfen die LS-Texte jedoch einer besonderen Aufbereitung, d. h. einer erheblichen sprachlichen Vereinfachung mit dem Ziel der maximalen Verständlichkeit. Das intralinguale Übersetzen in LS ist somit eine Sonderform der Experten-Laien-Kommunikation, denn aufgrund der mangelnden Zugänglichkeit zur Schriftsprache ist „der Common Ground zwischen den Produzent(inn)en des Ausgangstexts und den Adressat(inn)en des Zieltexts sehr klein" (Bredel/Maaß 2016a: 188). Eine weitere Besonderheit ist, dass sich die Kommunikation nicht, wie es für die fachexterne Kommunikation üblich ist, nur auf fachliche Inhalte beschränkt.

Im Gegensatz zur regulären Experten-Laien-Kommunikation sind den primären Adressaten nämlich nicht nur administrative, rechtliche oder politische, sondern auch alltagssprachliche Texte verschlossen. Die Tatsache, dass das Wissensgefälle zwischen Ausgangstext-Produzent und Zieltext-Rezipient auf unterschiedlichen Ebenen (Fachwissen, Texterfahrung, schriftsprachliche Kompetenzen, teilweise auch Sprachfähigkeit, visuelle, auditive Wahrnehmungsfähigkeit und kognitive Fähigkeiten etc.) besonders stark ausgeprägt ist, führt dazu, dass die Anforderungen an LS-Übersetzer äußerst anspruchsvoll sind. So muss der Übersetzer nicht nur über textspezifisches Fachwissen sowie über Kenntnisse der unterschiedlichen Textsorten bzw. Textsortenkonventionen verfügen, sondern auch ein ausgeprägtes Wissen über die Bedarfe und Wissensvoraussetzungen der Rezipienten besitzen. Dass der common ground zwischen Textproduzent und -rezipient äußerst klein ist, liegt einerseits an Kommunikationsbarrieren, die vom Text ausgehen, und andererseits an Perzeptionseinschränkungen auf der Rezipientenseite, die sich auf den Textverstehensprozess auswirken. Texte als Kommunikationsangebote können unterschiedliche Kommunikationsbarrieren mit sich bringen, welche je nach Ausmaß und Rezipientenmerkmale das Textverständnis einschränken oder verhindern können. Diese acht textinhärenten Kommunikationsbarrieren nach Schubert (2016) und Rink (2019, 2020) werden im Folgenden skizziert.

Eine *Wahrnehmungsbarriere* liegt vor, wenn ein zur Informationsaufnahme erforderlicher Sinneskanal in seiner Funktion so stark beeinträchtigt ist, dass eine erfolgreiche Textrezeption über diesen Wahrnehmungskanal (Auge, Ohr, Tastsinn) nicht möglich ist. Fehlt dem Rezipienten hingegen das für das Textverstehen benötigte Fachwissen, liegt eine *Fachbarriere* vor. Eng damit verbunden ist die *Fachsprachenbarriere*, die auftritt, wenn der Rezipient die im Text verwendete Fachsprache nicht versteht. Eine *Kulturbarriere* liegt vor, wenn das für das Textverstehen benötigte kulturelle Wissen nicht vorhanden ist. Kulturelles Wissen bezieht sich bspw. auf Wissen über kulturspezifische Textsortenkonventionen, welches zum Erkennen und Verstehen bestimmter Textsorten erforderlich ist. Eine *Kognitionsbarriere* besteht, wenn die inhaltliche und syntaktische Komplexität des Textes die Verarbeitungskapazität des Rezipienten überschreitet, diese mit dem sinnentnehmenden Lesen des Textes also kognitiv überfordert sind. Eine *Sprachbarriere* liegt dann vor, wenn die

Sprache des Textes nicht in dem Maße beherrscht wird, wie es für das Verstehen des Textes erforderlich ist. Diese manifestiert sich insbesondere dann, wenn die Zielsprache nicht die Erstsprache des Rezipienten ist (vgl. Rink 2020: 137 ff.). Bei den *Medienbarrieren* unterscheidet Rink (2020) zwischen drei unterschiedlichen Ausprägungen: Die ersten beiden Arten treten auf, wenn das zur Informationsaufnahme erforderliche Sinnesorgan (Auge, Ohr) nicht funktionsfähig ist. So ist die Medienbarriere phonisch, wenn Menschen aufgrund einer Hörbehinderung einen phonisch realisierten Text nicht rezipieren können, bzw. grafisch, wenn Menschen „nicht lesen können" (ebd.: 140) oder aufgrund einer Seheinschränkung einen grafisch vorliegenden Text nicht rezipieren können. Der Unterschied zu der Wahrnehmungsbarriere besteht darin, dass Menschen ohne Lesefähigkeiten den grafischen Text zwar wahrnehmen können (es besteht somit keine Wahrnehmungsbarriere), diesen aber aufgrund der grafischen Medienbarriere nicht lesen können. Die dritte Ausprägung der Medienbarriere ist das Medium selbst, also das „Trägermedium als Übermittler von Informationen" (Rink 2019: 32), welches für den Rezipienten nicht zugänglich ist. Als Grund für den fehlenden Zugang nennt Rink (2020) „Faktoren wie *Alter, soziale Schicht, Infrastruktur* oder *Endgeräte*" (Rink 2020: 141). Diese acht Kommunikationsbarrieren gehen somit vom Text aus. Der Textverstehensprozess ist allerdings eine komplexe konstruktive Handlung, bei der aufsteigende (bottom-up) und absteigende (top-down) Prozesse[3] interagieren. Demnach gibt es ebenso Merkmale auf der Rezipientenseite, die sich auf den Textverstehensprozess auswirken. So kann die Perzipierbarkeit, die eine Voraussetzung für das Textverstehen ist, bspw. durch eine Sinnesbehinderung (Seh- oder Hörschädigung) beeinträchtigt sein (zu Personen mit Sehschädigung s. Rink 2019; zu Personen mit Hörschädigung s. Kap. 2.6.4 und 5.2). Die beiden Sinnesbehinderungen können auch zusammen vorkommen, was zu äußerst spezifischen kommunikativen Textanforderungen führt. Darüber hinaus liegen spezielle Kommunikationsbedarfe bei Personen mit Verstehensein-

---

3   Bottom-up-Prozesse sind textgeleitet, d. h. sie werden durch Textmerkmale gesteuert. Top-down-Prozesse beziehen sich auf die Integration der neuen Informationen in das bereits vorhandene Erfahrungs- und Weltwissen; sie sind also durch die Rezipientenmerkmale (Vorwissen etc.) geprägt (vgl. Kußmaul [3]2015: 29).

schränkungen vor, wie bei den Zielgruppen LS (s. Kap. 2.6). Die Kommunikationseinschränkungen können auch in Kombination auftreten, woraus je nach individueller Ausprägung ein spezifischer Kommunikationsbedarf resultiert. Je nach Ausprägung der Barriere wird das Textverstehen mehr oder minder beeinträchtigt, es handelt sich nicht um eine „absolute[]" (Rink 2019: 45), sondern eine graduelle „(Verstehens-)Grenze" (ebd.) und somit um ein „dynamisches Konzept" (ebd.). Rink (2019) veranschaulicht den Zusammenhang zwischen den aufgezählten Kommunikationsbarrieren und den verschiedenen Formen von Beeinträchtigungen in einem von ihr entwickelten Barriereindex:

Barrieretyp		Adressat. im K.typ 5	Adressat(inn)en im Konstellationstyp 5' (fachliche Laien mit Kommunikationseinschränkungen)							
		(fachliche Laien)	Sehschäd.	prälinguale Hörsch.	Geist. Behind.	Demenz	Aphasie	Lernschwierigk.	DaZ/DaF	Funkt. Analph.
Wahrnehmungsb.		0	1	1	0	0	0	0	0	0
Kognitionsb.		0	0	0	1	1	0	0	0	0
Motorikb.		0	0	0	0	0	0	0	0	0
Sprachb.		0	0	1	0,5	0,5	1	0	1	0
Kulturb.		0	0	1	0	0	0	0	1	0
Fachb.		1	1	1	1	1	1	1	1	1
Fachsprachenb.		1	1	1	1	1	1	1	1	1
Medienb.	phonisch	0	0	1	0	0	0	0	0	0
	grafisch	0	1	1	1	0	0	1	0	1
	Medium	0	1	1	0	1	0	0	0	0
Barriereindex (BI)		2	5	8	4,5	4,5	3	3	4	3

Abb. 4: Barrieretypen und Adressatentypen; Barriereindex aus Rink (2020: 143)

Bei der Sinnes- und Medienbarriere werden zusätzliche Unterteilungen vorgenommen. Die auditive bzw. phonische Barriere bezieht sich dabei auf das „Hören" (Rink 2019: 46), die visuelle bzw. grafische Barriere auf das „Sehen" (ebd.) und die haptische Barriere auf das Perzipieren des Textes mittels Tasten (Brailleschrift). Wie erwähnt, kann auch das Medium selbst zur Barriere werden, und zwar dann, wenn es für die Rezipienten aufgrund der genannten Faktoren nicht zugänglich ist oder nicht genutzt werden kann. Angesichts der Relevanz für diese Arbeit wird im Folgenden lediglich auf die Gruppe der Personen mit prälingualer Hörschädigung näher eingegangen (für eine detaillierte Beschreibung der anderen Adressatenprofile s. Rink 2020).

Der Zielgruppe der prälingual Hörgeschädigten (s. Kap. 2.6.4) wird der höchste Barriereindex (8) zugeordnet. So liegt in dieser Gruppe nicht nur eine auditive Sinnesbarriere (1), sondern darüber hinaus noch eine Fach- (1), Fachsprachen- (1), Kultur- (1), Sprach- (1) sowie drei Medienbarrieren (3) vor. Die Fach- und Fachsprachenbarriere resultiert daraus, dass den Personen das zur Texterschließung notwendige Wissen über fachliche Themen und damit einhergehend das notwendige Fachsprachenwissen fehlt. Die Lesekompetenzen der Betroffenen sind erheblich vermindert, was dazu führt, dass neben den auditiven Textangeboten in vielen Fällen auch grafische Medienangebote nicht rezipiert werden können. Zudem verwehren die begrenzten Rezeptionsmöglichkeiten oftmals auch die Nutzung bestimmter Medien. Das Beherrschen der Schriftsprache ist somit stark eingeschränkt, was dazu führt, dass sie mit bestimmten Textsortenkonventionen der „Mehrheitsgesellschaft" (Rink 2019: 49) nicht vertraut sind. Dies erklärt wiederum die Sprach- und die Kulturbarriere. Das aus dem Barriereindex abgeleitete Barriereprofil ermöglicht es, die für die Zielgruppe bestehenden Barrieren und damit ein spezifisches Anforderungsprofil zu ermitteln, welche es dann für eine Barrierefreie Kommunikation „zu bearbeiten respektive zu kompensieren" (ebd.: 53) gilt.

Zur Überwindung der Kommunikationsbarrieren des Ausgangstextes stehen dem Übersetzer sprachliche, mediale und konzeptuelle intralinguale Übersetzungsstrategien zur Verfügung. Sprachliche Kompensationsstrategien dienen dazu, die Verständlichkeit des Textinhaltes durch Reduktion der Wort-, Satz- und Textkomplexität zu erhöhen. Mit den medialen Kompensationsstrategien soll hingegen die „Perzeption, d. h. die Wahrnehmbarkeit der Textoberfläche" (ebd.: 60) gesteigert werden. Dies kann u. a. durch typografische Gliederungsmittel wie Hervorhebungen, Segmentierungen und Einrückungen erreicht werden. Zu den medialen Kompensationsstrategien zählt auch die „multimodale Aufbereitung von Text" (ebd.: 61), die insbesondere für die Zielgruppe mit eingeschränkter Hör- oder Sehfähigkeit notwendig ist. Konzeptuelle Kompensationsstrategien dienen wiederum der Reduktion der kognitiven Komplexität. Kognitive Komplexität kann nicht nur über die sprachlichen und medialen Kompensationsstrategien, sondern darüber hinaus auch durch „strukturelle Eingriffe" (ebd.: 61) reduziert werden, welche zu einer verständlichkeitsoptimierten Informationsdarbietung beitragen. Hierzu gehören auf metatextueller Ebene bspw. eine vorangestellte Zusammenfassung des Textes (u. a. in LS) oder das zusätzliche Bereitstellen von Audio- oder Videoangeboten.

Aufgabe des Übersetzers ist es somit, die adressatenspezifischen Barrieren und Bedarfe zu identifizieren und die im Ausgangstext enthaltenden Barrieren unter Anwendung der jeweils angemessenen Übersetzungsstrategien zu überwinden. Angesichts des geringen common grounds zwischen dem Produzenten des Ausgangstextes und dem Empfänger des Zieltextes ist es zugleich die Aufgabe des Übersetzers, das für das Textverständnis erforderliche Sprach-, Welt-, Erfahrungs- und Diskurswissen zu präsupponieren und, sofern es bei den Adressaten nicht vorausgesetzt werden kann, im Zieltext einzuführen. Da der Übersetzer somit Wissenslücken antizipiert und den Text an die Wissensvoraussetzungen der Leser anpasst, fungiert er als „Kenner(in) der Zielgruppe und Experte/Expertin für ihre kommunikativen Bedürfnisse" (Bredel/Maaß 2016a: 208). Mit dem Übersetzer als vermittelnder „professionell handelnde[r] Experte[]" (Siever 2010: 148) steht das intralinguale Übersetzen in LS als Überwindung von Barrieren damit im Einklang mit dem sich in der Translationswissenschaft vollzogenen Paradigmenwechsel hin zu einem handlungsorientierten Paradigma. Gemäß der einflussreichsten Handlungstheorie, der Skopostheorie (Reiß/Vermeer 1984), ist der Ausgangspunkt einer Übersetzung die Frage nach dem Zweck des Zieltextes. Da die Translation von dem in der Zielsituation zu erfüllenden Zweck bestimmt wird, ist es „wichtiger, daß ein […] Translat(ions)zweck erreicht […], als daß eine Translation in bestimmter Weise durchgeführt wird" (Reiß/Vermeer 1984: 100); kurz gesagt: „Der Zweck heiligt die Mittel" (ebd.: 101). Auch in der funktionalen Theorie des translatorischen Handelns von Holz-Mänttäri (1984) wird Übersetzen als Expertenhandeln definiert. Aufgabe des Übersetzers ist es demnach, das Informationsangebot an den spezifischen kommunikativen Bedarfen der Leser auszurichten, wobei es je nach Zieltextfunktion und Bedarfen der Adressaten unterschiedliche Möglichkeiten bzw. im Falle des intralingualen Übersetzens Kompensationsstrategien gibt, den Ausgangstext funktionsgerecht und situationsadäquat zu übersetzen. Auch in dem Ansatz des funktionalen Übersetzens nach Nord (1993) wird die Funktionsgerechtigkeit als zentrales Merkmal der Zieltext-Qualität aufgeführt. Diese ist dann erreicht, wenn das Translat in der

Zielsituation den angestrebten oder geforderten Zweck erfüllt. Die skoposabhängige Anbindung an den Ausgangstext determiniert dabei, welche Elemente bewahrt und verändert werden können bzw. müssen (vgl. Nord 2011: 17). Darüber hinaus wird betont, dass die kommunikative Funktion des Zieltextes von der Funktion des Ausgangstextes abweichen kann (funktionsvariierende Übersetzung) (vgl. ebd.: 23 f.). Auch aus den von Nord ([4]2009) erarbeiteten Phasen des Translationsprozesses lassen sich Handlungsempfehlungen für den intralingualen Übersetzungsprozess ableiten. So ist die Voraussetzung für eine funktionsgerechte Übersetzung die Interpretation des Übersetzungsauftrags und der Zieltext-Vorgaben sowie die Ausgangstext-Analyse. Der Übersetzer orientiert sich bei der Textproduktion nicht retrospektiv am Ausgangstext, sondern prospektiv an den Zieltext-Vorgaben, d. h. er analysiert im ersten Schritt die Zieltext-Faktoren, die für die Umsetzung des Skopos in der Zielsituation von Bedeutung sind. In der darauffolgenden Ausgangstext-Analyse sind die textexternen und -internen Merkmale des Textes herauszuarbeiten, die mit Blick auf die angestrebte Funktion für die Gestaltung des Zieltextes relevant sind. In der dritten Phase, der Transferphase, wird eine Translationsstrategie entworfen, d. h. übersetzungsrelevante Elemente werden mit Blick auf die Zielsituation bearbeitet und zielsprachliche Mittel unter Berücksichtigung des Skopos prospektiv ausgewählt. Erst im Anschluss erfolgt die Formulierung des Zieltextes, die von der Qualitätskontrolle gefolgt wird (vgl. Nord [4]2009: 35 ff.).

Im Gegensatz zu früheren, rein ausgangstextbezogenen Ansätzen führen die genannten funktionalistischen Translationstheorien angesichts der ausgeprägten Orientierung an den Empfängerbedingungen und dem Übersetzungszweck zu einer „Entthronung des Ausgangstextes" (Siever 2010: 342). Diese produktionsorientierten Translationstheorien lassen sich auch auf das intralinguale Übersetzen in LS anwenden, da sich das translatorische Handeln sowohl beim inter- als auch beim intralingualen Übersetzen nicht am Ausgangstext, sondern an den Kommunikationsbedarfen der Rezipienten orientiert. Auch beim Übersetzen in LS geht es somit weniger um die Äquivalenz, sondern mehr um die Adäquatheit des Zieltextes, d. h. das Ziel der Übersetzung ist nicht die Übereinstimmung mit dem Ausgangstext, sondern die Übereinstimmung mit dem Zweck. Diese Adäquatheit des Zieltextes gilt es bei der intralingualen Übersetzung auch bei dem „Dilemma" (Maaß 2015a: 130) der Informationsauswahl zu berücksichtigen. So ist eine Übernahme von allen Informationen meist nicht möglich, da dies aufgrund der additiven Verfahren dazu führen würde, dass der Zieltext um ein Vielfaches länger wäre als der Ausgangstext und somit für Kritik am Konzept der LS sorgen und bei der Leserschaft auf wenig Zustimmung stoßen würde. Folglich gilt es vor der Übersetzung in Abstimmung mit dem Auftraggeber und unter Berücksichtigung der Textfunktion und der situativen Merkmale (Zielgruppe, Medium, Anlass etc.) die zentralen Aussagen und Aussageabsichten des Textes festzulegen. Informationen, die als nebensächlich eingestuft werden und für die Textfunktion bzw. die Aussageabsicht nicht relevant sind, können z. B. online als Zusatzangebote bereitgestellt werden. Darüber hinaus gilt es beim Übersetzen zu beachten, dass nicht alle standardsprachlichen Textsorten in LS übernommen werden können. Die für eine Textsorte charakteristischen Textsortenkonventionen beziehen sich nicht nur auf die Makro-, sondern auch auf die Mikrostruktur, d. h. auch auf Lexik, Grammatik, Stil, Register und Phraseologie, wobei die Bandbreite der lexikalischen, syntaktischen und phraseologischen Mittel in den einzelnen Textsorten selektiv ausgeschöpft wird. Das in LS stark begrenzte lexikalische und grammatische Repertoire führt jedoch zu einer lexikalischen und syntaktischen Homogenisierung der Texte. Da die Differenzierung der Textsorten und -konventionen in der Standardsprache insbesondere über die sprachlichen Mittel erfolgt, die in LS nicht lizenziert sind (s. Kap. 2.8), können die sprachlichen Merkmale einer Textsorte größtenteils nicht übertragen werden. Die fehlende lexikalische und syntaktische Diversität hat zur Folge, dass Textsortenzugehörigkeit nur noch schwer erkennbar ist bzw. Textsorten auf sprachlicher Ebene nur eingeschränkt gestaltet und umgesetzt werden können (vgl. Bredel/Maaß 2016a: 512 f.). Dies wird vor allem dann problematisch, wenn die Textfunktion nicht an der sprachlichen Oberfläche erscheint, sondern sich ausschließlich durch die Textsortenzugehörigkeit erschließen lässt, wie bspw. bei Amtstexten, die ein Handeln des Adressaten erfordern, ohne dies explizit zu erwähnen (vgl. Maaß 2015a: 154). Aufgrund des nur begrenzt vorhandenen sprachlichen, sachlichen und intertextuellen Wissens, das zur Erschließung der Textsorte und -funktion erforderlich ist, sind die primären Adressaten unter Umständen nicht in der Lage, die Textinformationen als Handlungsaufforderung zu interpretieren (vgl. Bredel/Maaß 2016a: 489). Folglich ist es die Aufgabe des Übersetzers, die Textfunktion zu versprachlichen. Hierbei ist zu beachten, dass es, im Unterschied zur interlingualen Übersetzung, oft nicht möglich ist, funktionskonstant zu übersetzen und die Übersetzung daher häufig mit einem Funktionswandel einhergeht. So kommt z. B. Rechtstexten eine rechtliche Absicherungsfunktion zu; die LS-Version erfüllt diese Funktion hingegen nicht. Grund hierfür ist, dass ein Text nur dann rechtsverbindlich ist, wenn er bestimmte Standards erfüllt und Formulierungen enthält, diese jedoch angesichts ihrer Komplexität in der LS-Version nicht übernommen werden können (vgl. Maaß 2015a: 141). Dem LS-Text kommt somit eher der Status eines vermittelnden Paralleltextes mit Informationsfunktion zu (vgl. Bock 2014: 32 f.). Es handelt sich folglich nicht um performative Texte „mit denen Rechtshandlungen durchgeführt werden" und an die „grundsätzlich Rechtsfolgen geknüpft [sind]" (Wiesmann 2004: 83), sondern um informative Texte, mit denen keine „Rechtsfolgen beabsichtigt [sind]" (ebd.). Die „Mehrfachfunktionalität von Textsorten" (Bock 2014: 32) wird somit reduziert. Weist die Übersetzung nicht dasselbe Funktionsspektrum auf wie der Ausgangstext, muss dies transparent gemacht werden. Hierfür eignet sich z. B. ein entsprechender Hinweis am Textanfang (vgl. Maaß 2015a: 141 f.). Der Übersetzer fügt damit einen „Haftungsausschluss für Texte [ein], deren Ausgangsversion rechtsverbindlich war" (ebd.: 141).

2.6   Zielgruppen

Zur Ermöglichung von gesellschaftlicher Partizipation und Selbstbestimmung wurde die LS ursprünglich für Personen mit einer geistigen oder sensorischen Behinderung entwickelt. Auch das im BGG verankerte Recht auf LS bezieht sich explizit auf diese Adressatengruppe: „Menschen mit geistigen Behinderungen und Menschen mit seelischen Behinderungen" haben das Recht auf „Bescheide, Allgemeinverfügungen, öffentlich-rechtliche Verträge und Vordrucke in Leichter Sprache" (§ 11 BGG 2016). Da dieser ursprüngliche Adressatenkreis jedoch in den vergangenen Jahren mehr und mehr ausgeweitet wurde, gehören zu den primären Rezipienten heute verschiedene, heterogene Personenkreise mit Lese- und Verstehenseinschränkungen, denen der Zugang zu standard- und fachsprachlichen Texten aufgrund von unterschiedlichen Barrieren verwehrt ist. So nennen Bredel/Maaß (2016a) als primäre Adressaten zum einen Personen mit Lernschwierigkeiten, Personen mit geistiger Behinderung sowie von prälingualer Gehörlosigkeit oder von Aphasie betroffene Menschen; zum anderen erweitern sie den Adressatenkreis um Personen, „deren Lesefähigkeit deutscher schriftsprachlicher Texte ohne Vorliegen einer Behinderung erheblich eingeschränkt ist" (Bredel/Maaß 2016a: 140). Hierzu gehören „funktionale Analphabet(inn)en" und „Personen mit geringen Deutschkenntnissen (L2-Lerner[innen]/Deutsch als Zweitsprache)" (ebd.). Von den primären sind die sekundären Adressaten zu unterscheiden. Sekundäre Adressaten haben keine Beeinträchtigung der Lesefähigkeit; LS stellt für sie somit kein Mittel zur Partizipation und Selbstbestimmung dar und sie sind folglich nicht im gleichen Maße auf LS-Angebote angewiesen wie primäre Adressaten. Dass das Angebot von sekundären Adressaten dennoch wahrgenommen wird, liegt u. a. daran, dass die direkte sinnentnehmende Rezeption von fachsprachlichen Texten, bspw. aus dem juristischen, medizinischen oder technischen Bereich, auch Lesern mit durchschnittlichen Lesekompetenzen aufgrund mangelndem Fachwissen häufig Schwierigkeiten bereitet. Die „schnelle Informationsentnahme" (Bredel/Maaß 2016b: 40) aus dem LS-Text ist allerdings nicht immer auf fehlendes Fachwissen zurückzuführen, sondern kann auch aus Gründen der Zeitersparnis erfolgen (vgl. ebd.: 40 f.). Der LS-Text stellt in diesem Fall die leichter und schneller zugängliche Variante dar, von der auch durchschnittliche Leser profitieren, wobei die Texte für diese Adressaten in sprachlicher Hinsicht „in jedem Fall zu leicht [sind]" (ebd.: 46).

Da bei der Weiterentwicklung der LS jedoch nur die Bedürfnisse der primären Adressaten berücksichtigt werden, wird die sekundäre Adressatenschaft im Folgenden außer Acht gelassen. Bevor auf die heterogenen Personengruppen der primären Adressatenschaft näher eingegangen wird, ist es zunächst erforderlich, zwischen den Begriffen *geistige Behinderung* und *Lernschwierigkeit* zu differenzieren, da der in der Praxis verwendete Begriff *Lernschwierigkeit* nicht mit dem der Fachliteratur und der aktuellen Gesetzgebung zugrundeliegenden Definition des Begriffs übereinstimmt.

Die Bezeichnung *Menschen mit Lernschwierigkeiten* wurde von mehreren Selbstvertretungsorganisationen, wie z. B. dem Netzwerk Leichte Sprache, als

© Frank & Timme   Verlag für wissenschaftliche Literatur

Synonym für die als stigmatisierend empfundene Bezeichnung *geistige Behinderung* eingeführt:

Wir wollen nicht „geistig behindert" genannt werden.
Wir sind Menschen mit Lern-Schwierigkeiten
(vgl. Mensch zuerst – Netzwerk People First Deutschland e. V. 2020)

Diese Eigenbezeichnung hat sich in der LS-Praxis weitgehend durchgesetzt und wird in allen drei Praxisregelwerken der Bezeichnung *geistige Behinderung* vorgezogen. Der in den Regelwerken und der LS-Praxis verwendete Ausdruck *Menschen mit Lernschwierigkeiten* bezieht sich somit überwiegend auf Menschen mit geistiger Behinderung. Diese Eigenbezeichnung ist für die Erforschung und Weiterentwicklung der LS jedoch insofern problematisch, als sich das im Sinne der Selbstvertretungsorganisationen verwendete Konzept *Lernschwierigkeit* „nicht mit der im wissenschaftlichen Diskurs üblichen Begrifflichkeit [deckt]" (Bredel/Maaß 2016a: 146). Während eine geistige Behinderung auf eine organische Schädigung des Gehirns zurückzuführen ist und der Intelligenzquotient (IQ) der Betroffenen kleiner als 70 ist, wird die Bezeichnung *Menschen mit Lernschwierigkeit* in der Wissenschaft für Menschen verwendet, die einen IQ von mind. 70 aufweisen (vgl. Kunze [6]2010: 90) und bei denen „eine in ihrer Person oder in ihrer Situation (familiäres Umfeld, Schule) begründete, umfängliche Beeinträchtigung des schulischen Leistungsvermögens vor[liegt]" (Bredel/Maaß 2016a: 146). Die Bezeichnungen haben somit definitionsgemäß unterschiedliche Referenten und können nicht als Synonyme angesehen werden. Folglich beziehen sich auch die von Bredel/ Maaß (2016a) genannten Adressatengruppen *Personen mit Lernschwierigkeiten* und *Personen mit geistiger Behinderung* auf zwei unterschiedliche Zielgruppen und können nicht synonym verwendet werden. Da der Terminus *geistige Behinderung* sowohl in der Forschung als auch in der Gesetzgebung etabliert ist, wird auch in dieser Arbeit die fachlich korrekte Bezeichnung *geistige Behinderung* verwendet und die Bezeichnung *Menschen mit Lernschwierigkeiten* ausschließlich für Personen verwendet, auf die die genannten Kriterien zutreffen. Obgleich sowohl die Bezeichnung *geistig behinderte Menschen* als auch die Bezeichnung *Menschen mit geistiger Behinderung* fachlich und politisch korrekt sind, wird letztere heute bevorzugt verwendet. Die Bezeichnung *Menschen mit geistiger Behinderung* wird als weniger stigmatisierend empfunden, da hier bewusst der Mensch vor der Behinderung genannt und ‚das gemeinsame Mensch sein' in den Vordergrund gestellt wird (vgl. Schmid 2003: 17). Die geistige Behinderung wird somit „als sekundäres Merkmal oder als Kennzeichen einer besonderen Lebenslageproblematik" (Neuhäuser/Steinhausen ⁴2013: 18) betrachtet. Diese Entwicklung spiegelt sich auch in der reformierten Fassung des BGG wider, die im Unterschied zur ersten Fassung von 2002 nicht mehr mit „Gesetz zur Gleichstellung behinderter Menschen", sondern mit „Gesetz zur Gleichstellung von Menschen mit Behinderungen" betitelt ist.

Im Folgenden werden die einzelnen Zielgruppen näher dargestellt, wobei auf die Zielgruppe Menschen mit prälingualer Hörschädigung nochmals ausführlicher in Kap. 5.2 eingegangen wird.

2.6.1 Personen mit Lernschwierigkeiten

Lernschwierigkeiten werden definiert als „Probleme der Informationsaneignung durch ein Individuum" (Zielinski 1996: 369) und können durch endogene oder exogene Faktoren bedingt sein. Endogene Bedingungsfaktoren liegen in der betroffenen Person selbst „und sind im engeren oder im weiteren Sinne auf das Lernen als solches bezogen" (Bredel/Maaß 2016a: 149). Zu den häufigsten durch endogene Bedingungen verursachten Lernschwierigkeiten gehört die Legasthenie, eine Lese-Rechtschreibschwäche, deren Ursache „in einer neurobiologischen Hirnfunktionsstörung [liegt], die entwicklungsbiologisch oder zentralnervös begründet ist" (Langenfeld 2006: 8). Eine Legasthenie ist folglich nicht auf eine Intelligenzminderung, unzureichende familiäre und schulische Lernanregungen oder andere körperliche, psychische oder neurologische Erkrankungen zurückzuführen (vgl. Warnke et al. 2002: 12). Bei mangelnder Förderung äußert sich die Legasthenie in einer erhöhten Anzahl von Lesefehlern und einem verlangsamten Lesetempo. In Deutschland sind laut dem Bundesverband Legasthenie und Dyskalkulie etwa drei bis acht Prozent der Kinder und Erwachsenen von Legasthenie betroffen. Langenfeld (2006) schätzt die Zahl, basierend auf diesen Daten, auf ca. 470.000 Schüler (vgl. Langenfeld 2006: 7). Exogen bedingte Lernschwierigkeiten sind hingegen auf das soziale Umfeld der Betroffenen zurückzuführen. Laut Heimlich (²2016) stammen

90 % der Kinder mit Lernschwierigkeiten aus bildungsfernen Elternhäusern. Obgleich der soziale Status der Eltern – Heimlich (²2016) spricht in diesem Zusammenhang von der „sozialen Unterschicht" (Heimlich ²2016: 70) – in der Regel nicht monofaktoriell für die Lernschwierigkeit verantwortlich ist, wirkt er sich, bedingt durch fehlende Förderung, oft negativ auf die Entwicklungsverläufe aus. Einer Lernschwierigkeit liegt in vielen Fällen jedoch ein Zusammenspiel aus endogenen und exogenen Faktoren zugrunde. So können vor der Einschulung vorliegende, aber nicht zwingend durch das soziale Umfeld bedingte Entwicklungsverzögerungen zu Lese- und Rechtschreibproblemen in der Schule führen, die bei mangelnder Förderung Auslöser für wiederkehrende Versagens- und Frustrationserlebnisse sind. Texte in LS stellen für diese Zielgruppe ein probates Mittel dar, sowohl alltägliche als auch fachliche Texte ohne Frustrationserlebnisse zu lesen. Da insbesondere die durch das soziale Umfeld verursachten Lernschwierigkeiten, im Gegensatz zu einer geistigen Behinderung, durch geeignete Förderung und ein entsprechendes Lernangebot vermindert und überwunden werden können, kann die Zielgruppe nicht nur von der Partizipations-, sondern auch von der Lernfunktion der LS profitieren (s. Kap. 2.7).

2.6.2 Personen mit geistiger Behinderung

Eine geistige Behinderung wird durch eine organisch-genetische oder anderweitige Schädigung des Gehirns verursacht, die bei den Betroffenen zu einer ausgeprägten Beeinträchtigung ihrer intellektuellen Fähigkeiten führt, „was wiederum Auswirkungen auf ihr Lernen und ihre Lebensgestaltung hat" (Fornefeld ⁵2013: 58). Bei der geistigen Behinderung wird zwischen prä-, peri-, postnatalen und unbekannten Ursachen unterschieden, die jeweils zu unterschiedlichen Arten und Ausprägungen der Behinderung führen. Die verschiedenen Behinderungsarten und Grade der Behinderung werden in der Literatur nach unterschiedlichen Kriterien klassifiziert. Zu den zentralen Kriterien gehören die Ätiologie, der IQ und der aus der Behinderung resultierende individuelle Hilfebedarf. Gemäß den Angaben der Bundesvereinigung Lebenshilfe leben in Deutschland ca. 450.000 Menschen mit geistiger Behinderung. Die LS stellt für diese Zielgruppe ein entscheidendes Mittel zur gesellschaftlichen Teilhabe und Selbstbestimmung dar (vgl. Bredel/Maaß 2016a: 151 ff.).

2.6.3 Personen mit Demenz

Bei einer Demenz handelt es sich um eine erworbene Hirnschädigung, die durch ein Nachlassen kognitiver Leistungen gekennzeichnet ist. Die kognitiven Defizite äußern sich in nachlassendem Denk-, Urteils-, Aufmerksamkeits- und Sprachvermögen sowie in Störungen der Orientierungs- und Gedächtnisfunktionen und führen zu einer erheblichen Beeinträchtigung der gewohnten Lebensführung. Demenzen treten überwiegend im höheren Alter auf und stellen eine der häufigsten Alterserkrankungen des Gehirns dar (vgl. Hacke [13]2010: 570; Lehrner et al. [2]2011: 376). Die Prävalenz, d. h. „die Häufigkeit der Fälle zum Zeitpunkt einer Untersuchung" (Hacke [13]2010: 570) der Demenzkranken in Deutschland wird auf ca. 1,3 Mio. Personen geschätzt (vgl. ebd.). Von der Prävalenz ist die Inzidenz zu unterscheiden, d. h. die Anzahl der Neuerkrankungen pro Jahr. Die Inzidenz demenzieller Störungen nimmt mit zunehmendem Alter stark zu: Schätzungen zufolge leiden 5–10 % der über 65-Jährigen, 30–40 % der über 80-Jährigen und 30–60 % der über 90-Jährigen an einer Demenz (vgl. ebd.). Aufgrund der höheren Lebenserwartung und des zunehmenden Anteils älterer Menschen ist zu erwarten, dass diese Zahlen in den kommenden Jahren weiter ansteigen. Der durch die Demenz bedingte progressive Abbau der sprachlichen und kognitiven Fähigkeiten wurde von dem Sprachwissenschaftler und Neurolinguisten Michael Schecker umfassend erforscht. Zu den Abbauphänomenen, die bereits bei einer leichten Demenz zu beobachten sind, zählt Schecker (2003) neben den Wortfindungsstörungen die nachlassende Fähigkeit, „ein ganzheitliches Textverständnis zu entwickeln" (Schecker 2003: 283) sowie „bei bildhaften Ausdrücken und indirekter Redeweise das Gemeinte aus dem Gesagten abzuleiten" (ebd.). Mit zunehmendem Fortschritt der Krankheit ist weiterhin ein Rückgang der Verarbeitung und Produktion von syntaktisch komplexen Strukturen und sprachlichen Ausdrucksmitteln zu beobachten (vgl. ebd.: 283 f.). Ziel der Untersuchungen von Schecker (2003) ist es, eine Korrelation zwischen den Auffälligkeiten der Sprachverarbeitung und der Progressivität der Demenz herzustellen. Auf Basis der Erhebungsdaten geht er davon aus, dass demente Personen Aktivkonstruktionen länger verarbeiten können als Passiv- und bestimmte Formen von Reflexivkonstruktionen und parataktische Aneinanderreihungen länger verstanden werden als hypotaktische Strukturen. Zudem dokumentiert er u. a., dass definite nominale Vollformen besser zugänglich sind als definite Pronomina und dass nebenordnende, reihende Konjunktionen (*und dann, und dann*) länger verstanden werden als mehrteilige Ausdrücke (*zum einen, zum anderen; erstens, zweitens*) (vgl. ebd.: 289).

Die Ergebnisse sind für die LS-Forschung von erheblichem Nutzen: Um dementen Personen die sinnentnehmende Lektüre von Texten und die gesellschaftliche Teilhabe möglichst lange zu ermöglichen, bietet es sich somit an, bei der Erstellung von LS-Texten auf die zuerst abgebaute sprachliche Struktur zu verzichten und stattdessen auf die sprachlichen Mittel zurückzugreifen, die auch in späteren Demenzstadien noch kognitiv verarbeitet werden können.

2.6.4 Menschen mit hochgradiger Hörbehinderung

Nach Angaben des Deutschen Gehörlosen Verbundes leben in Deutschland etwa 80.000 Gehörlose. Bei den meisten von ihnen handelt es sich um prälingual Gehörlose. Damit ist die Gruppe der hochgradig schwerhörigen oder gehörlosen Menschen in Deutschland zwar relativ klein, aber „in sich äußerst heterogen" (Hennies 2019: 201). Von prälingualer Gehörlosigkeit spricht man, wenn die Gehörlosigkeit bzw. hochgradige Schwerhörigkeit bereits bei der Geburt vorhanden oder noch vor dem Spracherwerb entstanden ist. Im Gegensatz zu Hörschädigungen, die erst nach dem Spracherwerb auftreten, geht sowohl eine prälinguale Gehörlosigkeit als auch eine hochgradige Schwerhörigkeit stets mit einer erheblichen Einschränkung des Lautspracherwerbs und folglich auch der schriftsprachlichen Kompetenz einher.

Ebenso wie bei der Zielgruppe der Menschen mit geistiger Behinderung werden auch für den Personenkreis der Gehörlosen, je nach Fachdisziplin, unterschiedliche Bezeichnungen verwendet (u. a. resthörige Menschen, taube Menschen, gehörlose Menschen), wobei laut Hennies (2019) keine der verwendeten Bezeichnungen „neutral" (Hennies 2019: 202) ist. In der Wissenschaft setzt sich mehr und mehr der Ausdruck *Menschen mit einer Hörbehinderung* durch, der sich zum einen an dem „einstimmigen Beschluss der Selbsthilfeverbände [...] auf der Sitzung des Dachverbands ‚Deutsche Gesellschaft der Hörgeschädigten' [...] 2016" (ebd.: 203) orientiert und zum anderen der „durch das Klassifikationsinstrument ICF (International Classification of Functioning, Disability and Health) der Weltgesundheitsorganisation (WHO) vorgegeben[en] [Begrifflichkeit]" (ebd.: 202) entspricht. Zur Differenzierung des jeweiligen Hörstatus werden darüber hinaus die Ausdrücke *gehörlos* und *schwerhörig* verwendet.

Menschen mit einer Hörbehinderung erwerben als Erstsprache die Gebärdensprache oder die Lautsprache, wobei in Einzelfällen auch ein paralleler Erwerb von Gebärden- und Lautsprache stattfindet. Menschen mit Hörbehinderungen, deren Erstsprache ausschließlich die Gebärdensprache ist, sind somit keine Muttersprachler des Deutschen, denn die deutsche Gebärdensprache (DGS) ist ein eigenes Sprachsystem, dessen eigenständige Grammatik erheblich von den Grammatikregeln des Deutschen abweicht. Seit der Empowerment-Bewegung der Gehörlosen (Ende des 20. Jahrhunderts) und der rechtlichen Anerkennung der DGS als „eigenständige Sprache" (§ 6 BGG) wird die Gebärdensprache, nachdem sie nach dem Beschluss des Mailänder Kongresses 1880 aus dem Unterricht verbannt wurde, heutzutage wieder in viele Hörgeschädigtenschulen miteingebunden. So wurde im Rahmen des in der Hörgeschädigtenpädagogik über 200 Jahre herrschenden „Methodenstreit[s]" (Jann 2000: 210) lange angenommen, dass sich die Gebärdensprache negativ auf den Erwerb der Laut- und Schriftsprache auswirkt. Da dies jedoch empirisch nicht nachgewiesen werden konnte, gilt diese Einstellung heute als „überholt" (Hennies 2019: 204). Der Anteil der Kinder mit einer Hörbehinderung, der die Gebärdensprache von den Eltern als natürliche Erstsprache erwirbt, ist sehr gering, was u. a. darauf zurückzuführen ist, dass 97,7 % der Kinder mit einer Hörbehinderung in hörenden Familien aufwachsen, die sich meist nur ungenügend auf die kommunikativen Bedürfnisse einstellen. Dies hat zur Folge, dass die Kinder „kommunikativ isoliert aufwachsen" (Bredel/Maaß 2016b: 36) und zum Teil erst beim Schuleintritt mit der Gebärdensprache vertraut werden. Folglich bleiben die insbesondere in der frühen Kindheit vorliegenden kommunikativen Potenziale hinsichtlich des primären Spracherwerbs bzw. bilingualen Erstspracherwerbs häufig ungenutzt (vgl. ebd.: 35 f.).

Dass der Einsatz der DGS in der Familie, der Frühförderung und den Hörgeschädigtenschulen „keine Selbstverständlichkeit [ist]" (Hennies 2019: 204 f.), ist auch durch die Entwicklung moderner Hörgeräte und Implantate (insb. dem Cochlea-Implantat [CI]) sowie der besseren Frühdiagnostik bedingt. Diese medizinisch-technischen Fortschritte haben dazu geführt, dass vermehrt dafür plädiert wird, selbst geringe Hörmöglichkeiten als Ressourcen auszuschöpfen. Trotz erheblicher Fortschritte in der hörtechnischen Versorgung zeigen empirische Studien, dass 30–50 % der Kinder mit Hörbehinderungen bereits vor dem Schuleintritt eine lautsprachliche Entwicklungsstörung oder -verzögerung aufweisen (vgl. ebd.: 205). Dies hat wiederum zur Folge, dass heutzutage in der Hörgeschädigtenpädagogik vermehrt anerkannt wird, dass sich sowohl bei Kindern mit als auch ohne Hörgerät bzw. CI ein paralleler Erwerb mehrerer Erstsprachen (d. h. Gebärden- und Lautsprache) positiv auf den Erwerb der Schriftsprache auswirkt und sich die beiden Sprachen gegenseitig ergänzen können (vgl. ebd.: 207).

Die eingeschränkte lautsprachliche Entwicklung spiegelt sich bei hörbehinderten Kindern auch in einer verminderten Schriftsprachkompetenz wider (s. Kap. 5.2). Die Schwierigkeiten mit der Schriftsprache sind auf verschiedene Faktoren zurückzuführen. Als nicht-deutsche Muttersprachler lernen Gehörlose die deutsche Schriftsprache wie eine Fremdsprache. Während hörende Kinder in der Schule das Lesen und Schreiben bereits bekannter Wörter lernen, stellen die Wörter für gehörlose Kinder Fremdwörter dar. Im Gegensatz zu hörenden Kindern ist ihnen beim Lesen und Schreiben somit kein Lautbild der Wörter präsent. Der Schriftspracherwerb wird zudem dadurch erschwert, dass die Gebärdensprache „grundlegend anderen Regeln folgt als die Grammatik gesprochener Sprachen" (Deutscher Gehörlosen-Bund e. V.). Bredel/Maaß (2016a) nennen als zentralen Grund für die schriftsprachlichen Defizite den „gesellschaftlichen Umgang mit Gehörlosigkeit" (Bredel/Maaß 2016a: 161), d. h. die Tatsache, dass Menschen mit Hörbehinderungen über ihr Defizit definiert werden und auch bei vielen Ärzten nach wie vor eine abwertende Haltung gegenüber der Gebärdensprache vorzufinden ist, die dazu führt, dass Eltern häufig zur oralen Erziehung angehalten werden (sog. hörgerichtete Methode) (vgl. ebd.). Laut Hennies (2019) ist jedoch nicht der Hörstatus, sondern die „darauf aufbauende lautsprachliche Kompetenz" (Hennies 2019: 208) der ausschlaggebende Faktor für die schriftsprachlichen Kompetenzen. Folglich wirken sich all diejenigen Faktoren, die den Lautspracherwerb beeinträchtigen, wie bildungsferne Elternhäuser, fehlende Frühförderung oder eine in Migrationsfamilien vorzufindende lautsprachliche Mehrsprachigkeit, zugleich auch negativ auf den Schriftspracherwerb aus.

In mehreren Studien konnte aufgezeigt werden, dass sowohl eine bessere Lautsprachkompetenz als auch höhere Gebärdensprachkompetenzen zu besseren schriftsprachlichen Kompetenzen führen (vgl. Chamberlain/Mayberry 2000). Die Ergebnisse lassen die Schlussfolgerung zu, dass die Schriftsprache sowohl auf der Gebärden- als auch der Lautsprache aufbaut und eine gut ausgebaute Erstsprache somit die Basis für das erfolgreiche Erlernen der Schriftsprache ist. Des Weiteren wirkt sich bereits im frühen Kindesalter ein ideenreicher, sprachfördernder Umgang mit schriftlichem Material (Kinderbüchern etc.) positiv auf den Schriftspracherwerb aus.

Wie Bosse/Hasebrink (2016) zeigten, nehmen schriftliche Informationsquellen, wie das Internet oder die Tageszeitung, im Alltag von Menschen mit Hörbehinderung einen zentralen Stellenwert ein und werden von der überwiegenden Mehrheit regelmäßig genutzt. Angesichts der stark eingeschränkten Lesekompetenzen, die mit dem Niveau funktionaler Analphabeten vergleichbar sind (vgl. Bredel/Maaß 2019a: 160), bleibt ihnen allerdings der Zugang zu einer Vielzahl von schriftsprachlichen Informationen verschlossen, wodurch ihnen wiederum die gesellschaftliche Partizipation erschwert wird. Aufgrund der geringen Lesefähigkeiten wird häufig angenommen, dass Menschen mit Hörbehinderungen kognitiv beeinträchtigt sind und bspw. nicht fähig sind, komplexe Sachzusammenhänge nachzuvollziehen. Die eingeschränkten schriftsprachlichen Kompetenzen stehen bei Menschen mit Hörbehinderungen jedoch in keinem Zusammenhang „mit ihren sonstigen (u. a. kognitiven, sprachlichen, sozialen oder berufsbezogenen) Kompetenzen" (ebd.). Für die Überprüfung der LS-Regeln ergibt sich daraus ein „für die Forschung günstiges isoliertes Auftreten von Rezeptionsproblemen" (Maaß et al. 2014: 59). Menschen mit Hörbehinderungen sollten folglich in Studien zur Wirksamkeit der Regeln miteinbezogen werden, da die Regelüberprüfung in diesem Fall „wirkungsvoll vom Verstehen des konkreten Einzeltexts und seines Gegenstands getrennt werden [kann]" (Bredel et al. 2016: 105). Wie Studien zur Lesekompetenz gezeigt haben, sind bei Menschen mit Hörbehinderungen insbesondere Probleme mit synthetischer Morphologie und komplexer Syntax zu konstatieren (vgl. Krammer 2001; Hennies 2009). Zudem haben Menschen mit Hörbehinderungen auf der Ebene des Textverständnisses Probleme bei der Interpretation von Metaphern und der Auflösung von Implikaturen. Diese

Erkenntnisse führen zu einem Dilemma: Einerseits werden komplexe Inhalte zwar in Anbetracht der guten kognitiven Fähigkeiten problemlos verstanden, andererseits bereitet die Vermittlung über eine komplexe Schriftsprache jedoch erhebliche Probleme. Dieses Problem lässt sich im Bereich der schriftlichen Kommunikation durch den Einsatz von LS in gewissem Maße beseitigen, denn mit dieser können komplexe Sachverhalte in sprachlich angemessener Form zugänglich gemacht werden. Die LS stellt für diese Zielgruppe somit ein probates Mittel zum Abbau kommunikativer Barrieren und zur Teilhabe am gesellschaftlichen Leben dar, wobei insbesondere bei dieser Zielgruppe zu betonen ist, dass der Einsatz von LS nicht zulasten des Inhalts gehen darf (vgl. Hennies 2019: 214).

2.6.5 Personen mit Aphasie

Aphasien (griech. aphasia = Sprachlosigkeit) sind zentrale Sprachstörungen, die nach Abschluss des primären Spracherwerbs infolge einer Hirnschädigung auftreten und zu Beeinträchtigungen „in den verschiedenen Komponenten des Sprachsystems (Phonologie, Lexikon, Syntax und Semantik)" (Weniger [2]2006: 356) führen. Die kommunikativen Beeinträchtigungen können sich auf „alle expressiven und rezeptiven sprachlichen Modalitäten: auf Sprechen und Verstehen, Lesen und Schreiben [erstrecken]" (Hartje/Poeck [6]2006: 93). Sind mindestens zwei dieser Modalitäten betroffen, spricht man von einer sog. multimodalen Aphasie; sind alle vier sprachlichen Modalitäten (Sprachproduktion, Verstehen, Schreiben und Lesen) betroffen, spricht man von einer sog. supramodalen Aphasie (vgl. Tesak [2]2005: 4). Sowohl bei multi- auch als bei supramodalen Aphasien können die linguistischen Ebenen Phonologie, Morphologie, Syntax und Semantik in unterschiedlichem Ausmaß beeinträchtigt sein. Über die Gesamtzahl der in Deutschland lebenden Aphasiker gibt es keine verlässlichen Zahlen, es ist jedoch davon auszugehen, dass „zu jedem gegebenen Zeitpunkt mindestens 100.000 Personen durch eine Aphasie behindert [sind]" (Huber et al. [2]2013: 25). Während 80 % aller Aphasien im Erwachsenenalter durch Schlaganfälle verursacht werden, werden Aphasien im Kindesalter in 80 % der Fälle durch Schädel-Hirn-Traumata nach Unfällen verursacht (vgl. Bundesverband Aphasie). Je nachdem, welches Gehirnareal von der Schädigung betroffen ist, wird zwischen vier Aphasietypen unterschieden.

Das Leitsymptom der motorischen Aphasie (auch Broca-Aphasie genannt) ist der Agrammatismus, also das Produzieren von kurzen, oft unvollständigen Sätzen, in denen häufig Flexionsformen und Funktionswörter fehlen. Typisch ist zudem ein verlangsamter, stockender Sprachfluss mit großer Sprechanstrengung (vgl. Grande/Hußmann [3]2016: 35; Hacke [13]2010: 83 f.). Das Sprachverständnis ist relativ gut erhalten, jedoch können Probleme mit dem Verstehen von syntaktisch invertierten Strukturen auftreten. Grande/Hußmann ([3]2016) führen als Beispiel die Sätze *Den Hasen sieht der Jäger* bzw. *Der Hase sieht den Jäger* an, in denen die Relation zwischen *Hase* und *Jäger* nur durch den Artikel bestimmbar ist (vgl. Grande/Hußmann [3]2016: 28). Bei Aphasikern, die Schwierigkeiten mit dem Verstehen grammatischer Morpheme (in diesem Fall dem Artikel) haben, können diese zu Problemen auf syntaktischer Ebene führen. Solche syntaktischen Probleme können teilweise über die sog. „Schlüsselwortstrategie" (ebd.) gelöst werden, die es ermöglicht, die Satzbedeutung über die Inhaltswörter zu ermitteln (vgl. ebd.). Voraussetzung dafür ist jedoch, dass es sich um semantisch nichtreversible Sätze handelt (*Frau, Blumen, gießt*). Sind Subjekt und Objekt jedoch wie in den Beispielsätzen austauschbar, ist das Verstehen der Inhaltswörter für das Satzverständnis nicht ausreichend (vgl. ebd.). Bei einer sensorischen Aphasie (auch Wernicke-Aphasie genannt) ist das Sprachverständnis erheblich beeinträchtigt; der Sprachfluss ist hingegen gut erhalten. Häufig kommt es zu einer unkontrollierten Sprachproduktion und unverständlichen Redebeiträgen, was daran liegt, dass der Satzbau aufgrund von fehlerhaften Wortstellungen, Satzabbrüchen und -verschränkungen sowie falschen Endungsformen stark gestört ist. Diese Veränderungen des Satzbaus werden Paragrammatismus genannt (vgl. Hacke [13]2010: 84; Grande/Hußmann [3]2016: 23 f.). Kennzeichnend für die amnestische Aphasie sind Wortfindungsstörungen bei flüssiger Spontansprache und korrekter Syntax. Da die Patienten in Hinblick auf das Sprachverständnis keine Auffälligkeiten aufweisen und das Lesen und Verstehen geschriebener Sprache nicht eingeschränkt ist, gehören amnestische Aphasiker nicht zu den Adressaten von LS-Texten. Bei der globalen Aphasie sind alle expressiven und rezeptiven Sprachfunktionen in gleich schwerem Ausmaß beeinträchtigt. Die Betroffenen können sich weder verständlich artikulieren, noch können sie sprachliche Äußerungen verstehen. Da sich dies sowohl auf die mündliche als auch auf die schriftliche Kommunikation bezieht, sind globale Aphasiker auch nicht zur Rezeption von LS-Texten in der Lage.

Aphasiker haben, ungeachtet der Aphasieform, nicht nur Probleme beim Produzieren und Verstehen von gesprochener Sprache, sondern auch Probleme beim Verstehen von Schriftsprache. Diese Schwierigkeiten können auf Graphem-, Wort-, Satz- oder Textebene auftreten (vgl. Grande/Hußmann ³2016: 29 f.) und führen in vielen Fällen dazu, dass „essentielle Informationselemente unentdeckt [bleiben] und […] eine falsche Kohärenz der Teilaussagen hergestellt [wird]" (Bindel 1993: 29). Obgleich empirische Untersuchungen noch ausstehen, gehen Bredel/Maaß (2016a) davon aus, dass motorische und sensorische Aphasiker von Texten in LS insbesondere aufgrund der Dekomposition von komplexen Sätzen, der Beschränkung auf den Grundwortschatz und den zahlreichen Explikationen profitieren (vgl. Bredel/Maaß 2016a: 166).

2.6.6 Funktionale Analphabeten

Als funktionale Analphabeten werden Personen bezeichnet, „die aufgrund unzureichender Beherrschung der Schriftsprache und/oder aufgrund der Vermeidung schriftsprachlicher Eigenaktivität nicht in der Lage sind, Schriftsprache für sich im Alltag zu nutzen" (Döbert-Nauert 1985: 5). Es liegt somit eine Diskrepanz zwischen den individuellen schriftsprachlichen Kompetenzen und den gesellschaftlichen Anforderungen vor, die dazu führt, dass die Betroffenen die Funktion der Schriftsprache nicht nutzen (vgl. Döbert/Hubertus 2000: 20 ff.). Diesen Erwachsenen, die trotz Durchlaufen der Schullaufbahn nur über geringe Lese- und Schreibkenntnisse verfügen, bleibt folglich der eigenständige Zugang zu einer Vielzahl von schriftsprachlichen Informationen verwehrt. Da die Betroffenen meist unerkannt bleiben wollen und ihre schwachen Lese- und Schreibkenntnisse, u. a. aus Angst, die Arbeit zu verlieren oder verspottet zu werden, so gut wie möglich verbergen, erweisen sich empirische Erhebungen als schwierig (vgl. Neu 2004: 10, 22; BMBF 2016; Löffler 2017: 279). Folglich konnte die Zahl der in Deutschland lebenden funktionalen Analphabeten in der Vergangenheit nur geschätzt werden. Dies änderte sich mit der 2011 von Grotlüschen/Riekmann durchgeführten und vom Bundesministerium für Bildung und Forschung geförderten leo.— Level-One Studie. In dieser erfolgte die Überprüfung der Lese- und Schreibkompetenzen indirekt im Rahmen einer standardisierten Haushaltsbefragung zu verschiedenen Aspekten der Lebenssituation und zum Weiterbildungsverhalten. Die Studie lieferte erstmals empirische Daten zu den in Deutschland lebenden funktionalen Analphabeten im erwerbsfähigen Alter (18 bis 64 Jahre). Grotlüschen/ Riekmann (2011) unterscheiden bei den Kompetenzniveaus zwischen vier Alphabetisierungs-Levels (Alpha-Levels). Personen, die dem Alpha-Level 1 zugeordnet werden, gelingt das Lesen und Schreiben maximal auf Buchstabenebene; ganze Wörter können sie nicht lesen. Hiervon sind ca. 0,6 % der Bevölkerung betroffen. 3,9 % der Bevölkerung befinden sich auf dem Alpha-Level 2; ihnen gelingt zwar das Lesen und Schreiben einzelner Wörter, sie können diese jedoch nicht zu Sätzen verbinden. Weitere 10 % der Bevölkerung liegen auf dem Alpha-Level 3, was bedeutet, dass sie Sätze lesen und schreiben können, jedoch nicht in der Lage sind, kurze, zusammenhängende Texte zu verstehen; sie erreichen somit die Textebene nicht. Personen, die dem Alpha-Level 4 zugeordnet werden, können kurze Texte lesen und schreiben, beherrschen jedoch keine korrekte Orthografie. Demnach erfolgt das Lesen und Schreiben auf Satz- und Textebene auch bei gebräuchlichen Wörtern langsam und/oder fehlerhaft. Hiervon sind weitere 25 % der Bevölkerung betroffen (vgl. Grotlüschen/Riekmann 2011: 4). Personen, die maximal die Alpha-Stufe 3 erreichen, werden in der Studie als funktionale Analphabeten bezeichnet. Grotlüschen/Riekmann (2011) kommen somit zu dem Ergebnis, dass kumuliert ca. 14,5 % der erwerbsfähigen Bevölkerung und somit ca. 7,5 Mio. Menschen vom funktionalen Analphabetismus betroffen sind (vgl. ebd.). Angesichts dessen, dass auch die Personen des Alpha-Levels 4 „[d]ie Rechtschreibung, wie sie bis zum Ende der Grundschule unterrichtet wird [...] nicht hinreichend beherrsch[en]" (ebd.: 2) und „[t]ypische Betroffene [...] das Lesen und Schreiben häufig [vermeiden]" (ebd.), ist festzuhalten, dass insgesamt ca. 40 % der erwerbsfähigen Bevölkerung (ca. 20,8 Mio. Menschen) nur gering literalisiert sind (ebd.: 4).

Funktionaler Analphabetismus kann auf verschiedene individuelle, gesellschaftliche, familiäre und schulische Einflussfaktoren zurückzuführen sein. In vielen Fällen wird die Leseschwäche jedoch durch einen Komplex aus frühkindlichen Entwicklungsstörungen, unzureichender Lesesozialisation in der Familie sowie mangelnder schulischer Förderung bedingt (vgl. Zurstrassen

2017: 63 f.; Hubertus/Nickel 2003: 720 f.). Die kommunikativen Beeinträchtigungen von funktionalen Analphabeten beschränken sich auf die schriftliche Kommunikation; mündlich können sie hingegen „meist uneingeschränkt kommunizieren" (Bredel/Maaß 2016a: 141). Sie verstehen daher weit mehr als nur den Grundwortschatz und sind aufgrund der Erfahrungen in der mündlichen Kommunikation auch mit syntaktischer Komplexität vertraut.

Da die Lesefähigkeiten der 300.000 Personen, die sich auf dem Alpha-Level 1 befinden, auch für das Lesen von LS-Texten nicht ausreichend sind, zählen streng genommen nur die 7,2 Mio. Personen der Alpha-Level 2 und 3 zu den primären Adressaten der LS. Darüber hinaus profitieren jedoch auch die dem Alpha-Level 4 zugeordneten Personen von Texten in LS, da diese ihnen den Zugang zu fachlichen Texten und die Teilhabe an der Schriftkultur erleichtern können.

2.6.7   Personen mit geringen Deutschkenntnissen

Zu den „Personen mit geringen Deutschkenntnissen (L2-Lerner[innen])" (Bredel/Maaß 2016a: 140) gehören in erster Linie Migranten, die Deutsch als Zweitsprache weitgehend ohne Unterweisung in einer deutschsprachigen Umgebung erwerben und direkt aktiv für die Alltagsbewältigung einsetzen (vgl. ebd.: 169). Mit dem Ziel, einen umfassenden Überblick über die Lebenssituation von Migranten in Deutschland zu gewinnen, wurde im Jahr 2006/2007 vom Bundesamt für Migration und Flüchtlinge die sog. RAM-Studie (Repräsentativbefragung ausgewählter Migrantengruppen) durchgeführt, in der Migranten aus den fünf größten ausländischen Nationalitätengruppen u. a. zu ihren Lese- und Schreibkompetenzen im Deutschen befragt wurden (vgl. Haug 2008: 11 f.). Obgleich es sich nicht um eine Evaluierung der Sprachkenntnisse anhand eines Sprachtests mit objektiven Kriterien, sondern um eine reine Selbsteinschätzung der Teilnehmer handelte, können die Ergebnisse einen groben Überblick über die Größe dieser Zielgruppe liefern.

Insgesamt 15,4 % der Befragten gaben an, deutsche Texte nur schlecht oder sehr schlecht lesen zu können. 19,1 % schätzten ihre Lesefähigkeit als mittelmäßig und 59,9 % als gut oder sehr gut ein. Die übrigen 5,6 % gaben an, über keine Lesefähigkeiten im Deutschen zu verfügen (vgl. ebd.: 24). Zu den potenziellen Adressaten von LS gehören demnach die 34,5 %, deren

Lesefähigkeiten als mittelmäßig, schlecht oder sehr schlecht einzustufen sind. Hochgerechnet entspricht dies ca. 1 Mio. Menschen, wobei sich die Angabe nur auf die fünf größten Migrantengruppen bezieht und die aus anderen Ländern stammenden Migranten noch zu addieren wären (vgl. Bredel/Maaß 2016a: 171). Angesichts dessen, dass die jährliche Anzahl der Zuwanderer von 2006 bis 2015 kontinuierlich gestiegen ist und sich von 2008 bis 2018 mehr als verdoppelt hat (vgl. Statistisches Bundesamt 2019b), ist anzunehmen, dass die Zielgruppe heute deutlich größer ist als zum Zeitpunkt der Befragung und noch weit mehr Menschen von den LS-Angeboten profitieren. Da die Texte angesichts der sprachlich unkomplizierten Darstellung von Sachzusammenhängen Migranten insbesondere zu Beginn ihres Aufenthaltes bei der Bewältigung von administrativen Hürden helfen und sie bei ihrem Zweitspracherwerb unterstützen, fungieren sie für diese Gruppe zugleich als Mittel der Integration.

Obgleich die Größe der einzelnen Zielgruppen grob geschätzt werden kann, ist eine Addition der Zahlen aufgrund von möglichen Kombinationen der Beeinträchtigungen nicht zweckmäßig (vgl. Bredel/Maaß 2016a: 143). Bei der Darstellung der primären Adressatengruppen wird deutlich, dass die Lese- und Schreibkompetenzen sowohl zwischen als auch innerhalb der einzelnen Gruppen erheblich divergieren und die Adressaten höchst unterschiedliche kommunikative Bedürfnisse und Anforderungen an die LS-Texte haben. Folglich stellt sich die Frage, ob das einheitliche, strikt regulierte Konzept LS für eine angemessene und zweckmäßige Kommunikation mit den heterogenen Zielgruppen geeignet ist oder das statische Konzept durch die „Ausarbeitung von Schwierigkeitsstufen ‚leichter Texte'" (Bock 2015b: 15) bzw. eine „gestufte Modellierung" (Kleinschmidt/Pohl 2017: 103) bereichert werden sollte. Damit verbunden ist auch die Frage, was LS leisten soll und kann, d. h. wozu die Leserschaft befähigt werden und was sie nach der Rezeption können und wissen soll (vgl. Bock 2014: 17, 42; Bock 2015c: 4). Um diese Frage beantworten zu können, wird im folgenden Kapitel näher auf die gesellschaftlichen Funktionen eingegangen, die dem Konzept LS zugeschrieben werden.

2.7   Funktionen

Die Kernfunktion der LS als barrierefreie Varietät ist es, schriftsprachliche Informationen so aufzubereiten, dass sie von Lesern mit geringen Lesekompetenzen eigenständig rezipiert und verstanden werden können. Vor dem Hintergrund der Zielgruppenheterogenität und den damit einhergehenden unterschiedlichen Lebenssituationen der Adressaten differenzieren Bredel/ Maaß (2016a) jedoch weiter zwischen drei zentralen Funktionen, die verdeutlichen, dass LS für die einzelnen Zielgruppen von unterschiedlichem Nutzen ist. Riegert/Musenberg (2017) schlagen vor, die Funktionen um eine vierte, didaktisch akzentuierte Funktion zu ergänzen. Während sich diese vier Funktionen ausschließlich auf die Rezipienten beziehen, führt Maaß (2020) noch die Symbolfunktion ein, welche die LS sowohl für die Textrezipienten als auch für die Textanbieter erfüllt.

Partizipationsfunktion

Für Personen, denen der sinnentnehmende Zugriff auf allgemein- und fachsprachliche Texte verwehrt ist, ist die LS ein Instrument zur Überwindung der Kommunikationsbarrieren, das ihnen den eigenständigen Zugang zu schriftlichen Informationen und damit die gesellschaftliche Teilhabe ermöglicht. Die Partizipationsfunktion entspricht somit der Forderung der UN-BRK, Menschen mit Behinderungen den Erwerb von „lebenspraktische[n] Fertigkeiten und soziale[n] Kompetenzen zu [ermöglichen], um ihre volle und gleichberechtigte Teilhabe an der Bildung und als Mitglieder der Gemeinschaft zu erleichtern" (UN-BRK 2017: 21). Durch die Bereitstellung von Informationen in zugänglicher und leicht rezipierbarer Form trägt die LS dazu bei, die mit der Standardsprache einhergehende und die gesellschaftliche Teilhabe erschwerende Barriere abzubauen (vgl. Bredel/Maaß 2016a: 56).

Lernfunktion

Während Personen mit Demenz oder geistiger Behinderung sowie Aphasiker und prälingual Gehörlose mit irreversiblen Störungen bzw. starken Kommunikationseinschränkungen dauerhaft auf LS angewiesen sind, benötigen L2-Lerner, ein Teil der Aphasiker und bei entsprechender Förderung auch ein Teil der funktionalen Analphabeten sowie Personen mit Lernschwierigkeiten LS nur übergangsweise. Im Sinne der Lernfunktion soll LS diesen Adressaten den „Weg in die Schriftlichkeit bahnen" (ebd.: 59) und sie schrittweise zum Rezipieren standardsprachlicher Texte befähigen. Verbunden mit der Lernfunktion ist auch das Setzen von Lernimpulsen und der Aufbau von Selbstvertrauen und Lesemotivation durch Textmaterial, das dem Leser die Möglichkeit bietet, seine Lesefähigkeiten auszubauen. Da bei den Betroffenen keine geistige Behinderung vorliegt, kann LS für diese Zielgruppen zum einen die Partizipation an der Informationsgesellschaft erleichtern und zum anderen zur Steigerung der Lesekompetenzen beitragen. Hierzu bedarf es jedoch Materialien in unterschiedlichen Schwierigkeitsstufen, mithilfe derer „die Scheu vor dem Lesen überwunden" (SPD-Fraktion 2012, zit. nach Bredel/Maaß 2016a: 57) und eine „positive ,Lesespirale'" (ebd.) in Gang gesetzt werden kann. Damit das Potenzial der LS voll ausgeschöpft werden und sie der Lernfunktion gerecht werden kann, ist es jedoch erforderlich, dass die Texte grammatisch und orthografisch korrekt verfasst werden und die Lernfunktion der LS nicht durch falsche Lernimpulse in Form von falschen Schreibweisen eingeschränkt wird (vgl. Maaß et al. 2014: 63; Maaß 2015a: 82 ff., 90; Bredel/Maaß 2016a: 56 f.; Bredel/Maaß 2017: 217).

Brückenfunktion

Die Lernfunktion geht eng mit der Brückenfunktion einher, da die LS im Sinne der Brückenfunktion ebenfalls als Durchgangsstation zur Rezeption standardsprachlicher Texte fungiert. LS stellt demnach ein Zusatzangebot dar, das den Rezipienten die Möglichkeit geben soll, Ausgangs- und Zieltext parallel zu nutzen, um so „vorübergehende oder lokale Verstehensprobleme mit Ausgangstexten zu beheben" (Bredel/Maaß 2016a: 57). Durch die Rezeption des sprachlich vereinfachten Textes sollen die Adressaten zur sprachlich komplexeren Standardversion hingeführt werden; mithilfe der LS-Texte wird also eine Brücke zwischen den Lesern und den schwierigen, in vielen Fällen fachsprachlichen Texten gebaut. Angesichts des damit einhergehenden Hin- und Herspringens zwischen den Versionen ist für die Brückenfunktion jedoch eine gewisse Strukturähnlichkeit von Ausgangs- und Zieltext erforderlich. Eine strukturelle Äquivalenz ist allerdings aufgrund der zahlreichen notwendigen

Erläuterungen und Exemplifizierungen sowie der layoutbedingten Zunahme des Textvolumens (s. Kap. 2.8.2) nicht immer zu erreichen.

Didaktisch-akzentuierte Funktion

Im Rahmen ihrer Überlegungen „zur didaktischen Bedeutung Leichter Sprache im inklusiven Unterricht" schlagen Riegert/Musenberg (2017) vor, die genannten Funktionen durch eine (fach-)didaktisch akzentuierte Funktion zu ergänzen. Diese bezieht sich nicht auf den Ausbau der sprachlichen Kompetenzen, sondern auf „fachbezogene Lern- bzw. Vermittlungsprozesse" (Riegert/ Musenberg 2017: 392). Da mit LS auch fachliche Informationen und komplexe Sachverhalte in leicht rezipierbarer Form zur Verfügung gestellt werden können, öffnet diese auch die Tür zur fachbezogenen Bildung im inklusiven Unterricht. Riegert/Musenberg (2017) verweisen jedoch auch auf die Grenzen der LS im inklusiven Fachunterricht, die zum einen in der Funktionalität bestimmter Textsorten (s. Kap. 2.8.2) und zum anderen in der notwendigen individualisierten Auslegung des Konzepts liegen. Damit die Texte von maximalem Nutzen sind, müssten sie an die Lernvoraussetzungen, Lesekompetenzen und Deutschkenntnisse der einzelnen Schüler angepasst werden, was wiederum eine aufwendige Erstellung von Materialien in unterschiedlichen Schwierigkeitsgraden erfordert. In diesem Kontext stellt sich auch die Frage, wie in Klassen, in denen Texte mit unterschiedlichen sprachlichen Schwierigkeitsgraden kursieren, eine adäquate Leistungsbeurteilung zu garantieren ist (vgl. Maaß 2015b: 8). Da der Einsatz von LS im inklusiven Unterricht bislang noch nicht hinreichend erforscht ist, können Antworten auf die Frage, „was Leichte Sprache in der Schule zu leisten vermag" (ebd.), nur unter Vorbehalt formuliert werden. Bei der Erforschung des didaktischen Potenzials LS sind jedoch nicht nur Leitlinien für die graduelle sprachliche Vereinfachung des Unterrichtsmaterials zu erstellen, sondern es gilt auch zu berücksichtigen, dass der Einsatz von „Unterrichtsmaterial in Leichter Sprache zusätzlich einer umfassenderen didaktisch-methodischen Einbettung bedarf, um Wirksamkeit zu erzielen" (Priebe 2017: 471). Die Etablierung der LS im inklusiven Unterricht ist somit ein Desiderat, dessen Bearbeitung jedoch primär zu den Aufgaben der Didaktik gehört (vgl. Maaß 2015b: 8).

Symbolfunktion

Im Unterschied zu den bisher genannten Funktionen bezieht sich die Symbolfunktion nicht nur auf die Textrezipienten, sondern auch auf die Textanbieter. Texte in LS gelten als Symbol für Menschen mit kognitiven Beeinträchtigungen (vgl. Maaß 2020: 132). Das Bereitstellen von Informationen in LS, die in auffälliger Weise von den Standardtexten abweichen, führt somit zugleich dazu, dass die Zielgruppe und ihre kommunikativen Bedarfe in der Öffentlichkeit verstärkt wahrgenommen werden (vgl. ebd.). Auch darüber hinaus haben LS-Texte, die unter Beteiligung von Menschen mit kognitiven Beeinträchtigungen erstellt wurden, einen symbolischen Charakter, denn sie werden als Symbol für Partizipation wahrgenommen (vgl. ebd.). Da die Gruppe der Menschen mit kognitiven Beeinträchtigungen LS-Texte als „ihre Texte" (ebd.) betrachtet, wird die LS auch innerhalb dieser Gruppe zu einem Symbol, das verstärkt zu einem Gefühl der Gemeinsamkeit beiträgt (vgl. ebd.). Ein breites öffentliches Angebot an Informationen in LS (z. B. auf der Website eines Bundesministeriums) symbolisiert somit zugleich, dass die Gruppe in der Öffentlichkeit sichtbar ist und aktiv am öffentlichen Leben teilnimmt.

Auf der anderen Seite erfüllt die LS jedoch auch für die Textanbieter eine Symbolfunktion. So verfolgen Organisationen und Unternehmen mit Texten, die in auffälliger Weise von der Norm abweichen, nicht nur das Ziel, barrierefreie Informationen zur Verfügung zu stellen, sondern sie symbolisieren damit auch, dass sie sich für das Thema Inklusion einsetzen und die gesetzlichen Vorgaben umsetzen, wodurch sie indirekt auch unbeeinträchtigte Leser adressieren (vgl. ebd.). Als Beispiel dafür lässt sich das Auslegen von Visitenkarten mit integriertem Brailledruck nennen. Organisationen stellen damit nicht nur ein barrierefreies Kommunikationsangebot für blinde Leser zur Verfügung, sondern sie zeigen zugleich allen anderen Lesern, dass sie die kommunikativen Bedarfe blinder Leser berücksichtigen. Angesichts dessen, dass die Zahl der erreichten unbeeinträchtigten Leser weit höher ist als die Zahl der blinden Leser, kann das Signalisieren von Inklusionsbemühungen als primäres, wenn auch indirektes Ziel angesehen werden (vgl. ebd.: 134). Barrierefreie Visitenkarten erfüllen somit primär eine symbolische Funktion. Dies kann auch auf die LS übertragen werden, da auch hier der symbolischen Funktion teilweise ein höherer Stellenwert beigemessen wird als der Funktion, Informationen zugänglich zu machen. Dies ist daran zu erkennen, dass das Angebot in LS häufig auf ein Minimum begrenzt ist und der Zugang zu komplexen gesellschaftlichen Themen somit häufig verschlossen bleibt. Auf diesen Kritikpunkt, dass die LS in diesen Fällen nur eine Aushängeschildfunktion erfüllt, wird in Kap. 2.10 näher eingegangen. Darüber hinaus werden unbeeinträchtigte Leser auch insofern indirekt angesprochen, als sie durch das sichtbare Textangebot in LS dazu gezwungen werden, anzuerkennen, dass Menschen mit kognitiven Beeinträchtigungen besondere kommunikative Bedarfe sowie ein Recht auf barrierefreie Informationen haben (vgl. ebd.: 133). Das andersartige Textangebot ist somit zugleich ein Symbol für die Rechte von Menschen mit kognitiven Beeinträchtigungen. Auch LS-Logos tragen zur Symbolfunktion bei, und zwar insbesondere solche, die, wie das Logo von Inclusion Europe, die Beteiligung der primären Zielgruppe am Textproduktionsprozess voraussetzen. Hierbei ist allerdings zu beachten, dass die Beteiligung der Zielgruppe ebenfalls primär eine symbolische Funktion erfüllt und nur in sehr begrenztem Maße zur Textqualität beiträgt (vgl. ebd.: 135). Diese symbolische Verwendung der Texte birgt jedoch einen entscheidenden Nachteil, denn Texte, die auf den ersten Blick als LS-Texte identifiziert werden, widersprechen dem mit der LS verfolgten Ziel der Inklusion. Zudem rufen LS-Texte bei unbeeinträchtigten Lesern häufig Abwehrreaktionen hervor und werden als Provokation empfunden. Diese Provokation, die teilweise beabsichtigt ist, steht ebenfalls im Widerspruch zu dem Inklusionsgedanken der LS, denn Inklusionsmaßnahmen sollten in der Gesellschaft nicht auf Widerstand treffen (vgl. ebd.: 133). Der Widerstand und die Stigmatisierung ist u. a. auf die Missachtung von orthografischen und grammatikalischen Regeln in LS-Texten zurückzuführen. Aus der Perspektive der Empowerment-Bewegung kann jedoch im Sinne der Symbolfunktion argumentiert werden, dass die offensichtliche Abweichung von der Norm (und damit auch falsche Bindestrichkonstruktionen) dazu dient, die Texte als andersartig zu kennzeichnen und in der Gesellschaft auf Menschen mit kognitiven Beeinträchtigungen aufmerksam zu machen (vgl. ebd.). Insgesamt ist somit zu beachten, dass das öffentliche Anbieten von Texten, die deutlich vom Standard abweichen, zwar einerseits dazu führt, dass die Gruppe in der Gesellschaft verstärkt wahrgenommen wird, jedoch zugleich auch das Risiko birgt, die dadurch sichtbar gemachte Gruppe zu stigmatisieren.

Die Stigmatisierung der Zielgruppe gilt es jedoch ebenfalls zu vermeiden, was wiederum nur möglich ist, wenn das Stigmatisierungspotenzial der Texte minimiert und z. B. auch falsche Bindestrichkonstruktionen vermieden werden. Da die Symbolfunktion ein erhebliches Risiko birgt, Stigmatisierungsprozesse auszulösen und nur schwer mit dem Inklusionsgedanken zu vereinbaren ist, ist festzuhalten, dass die Symbolfunktion die LS vor einen Zielkonflikt stellt. Es gilt somit vermehrt darauf hinzuarbeiten, dass das Erfüllen der Symbolfunktion nicht zulasten der Akzeptanz des Konzepts geht.

Im Unterschied zur LS wird die ES auf den ersten Blick nicht als von der Norm abweichende komplexitätsreduzierte Varietät wahrgenommen. Die ES erfüllt somit weder die symbolische Funktion, auf die kommunikativen Bedürfnisse von Menschen mit Leseeinschränkungen aufmerksam zu machen, noch kann sie symbolisch von Unternehmen verwendet werden, um ihre Inklusionsbemühungen sichtbar zu machen. Die LS+ weicht ebenfalls nicht in einer derart auffälligen Form von den Standarderwartungen ab, sondern verfolgt vermehrt das Ziel, sich den Standarderwartungen anzupassen, so dass die Symbolfunktion von der LS+ ebenfalls nicht erfüllt werden kann (vgl. ebd.: 232).

Im folgenden Kapitel soll nun aufgezeigt werden, mit welchen konkreten reduktiven und additiven Strategien die Kommunikationsbarrieren bearbeitet und damit perzeptions- und verständlichkeitsoptimierte Kommunikate in LS erstellt werden können.

2.8 Regeln der Leichten Sprache

Da die wissenschaftliche Erforschung der LS erst relativ spät begann, wurden die ersten Regelwerke von Arbeitsgruppen aus der Praxis und teilweise in Zusammenarbeit mit Menschen mit Behinderungen erarbeitet. Die Praxisregelwerke bieten zwar aus der Sicht der Praxisvertreter solide Handlungsempfehlungen für Übersetzer, wird das Konzept der LS jedoch aus dem Blickwinkel der Translationswissenschaft betrachtet, wird deutlich, dass die Regeln ohne jegliche Berücksichtigung psycholinguistischer sowie kognitions- und übersetzungswissenschaftlicher Grundlagen aufgestellt wurden und somit „intuitiv konzipiert sind" (Bredel/Maaß 2016a: 14). Angesichts der mangelnden Berücksichtigung wissenschaftlicher Befunde und Theorien bieten die Regelwerke aus sprach- und übersetzungswissenschaftlicher Sicht keinen ausreichend präzisen, wissenschaftlich fundierten Handlungsansatz für die Übersetzung in LS. Die Entwicklung von wissenschaftlich fundierten Regeln stellte ein dringendes Desiderat dar, das mit dem 2015 erschienenen Regelwerk der Forschungsstelle Leichte Sprache geschlossen wurde. Bevor das Regelwerk der Forschungsstelle differenzierter betrachtet wird, wird zunächst auf einige grundlegende Aspekte der Praxisregelwerke eingegangen. Aufgrund der fehlenden theoretischen Fundierung und der sprachwissenschaftlichen Defizite wird auf die Darstellung der einzelnen Regeln verzichtet; die aus der Praxis stammende Regel, die für die vorliegende Studie relevant ist, wird jedoch in Kap. 3.5 und 3.6 ausführlich diskutiert.

2.8.1 Praxisregelwerke

Die ersten Richtlinien für die *Erstellung von leicht lesbaren Informationen für Menschen mit geistiger Behinderung* wurden bereits 1998 von der europäischen Vereinigung der ILSMH veröffentlicht. Die Regeln wurden in den darauffolgenden Jahren mehrfach überarbeitet und ergänzt und bildeten die Grundlage für das erste öffentlich zugängliche, umfassende Regelwerk zur Leichten Sprache, das 2009 von Inclusion Europe unter dem Titel *Informationen für alle. Europäische Regeln, wie man Informationen leicht lesbar und leicht verständlich macht* herausgegeben wurde. Es handelt sich dabei um ein aus dem Englischen übersetztes Regelwerk, das im Gegensatz zu den anderen beiden Regelwerken sprachübergreifend und nicht eigens für das Deutsche konzipiert wurde. Die Regeln beziehen sich explizit auf die Informationsaufbereitung für „Menschen mit Lernschwierigkeiten" (Inclusion Europe 2009: 5). Entsprechend der in Kap. 2.6 vorgenommenen Begriffsabgrenzung handelt es sich somit um die Zielgruppe ‚Menschen mit geistiger Behinderung'. Weitere Zielgruppen werden, im Unterschied zu den anderen Regelwerken, nicht angesprochen. Die Broschüre ist zwar in LS verfasst, eine genauere Betrachtung zeigt aber, dass die aufgestellten Regeln in der Broschüre selbst nicht befolgt werden. So wird bspw. durch die Verwendung langer, teils zwei Nebensätze (und dementsprechend zwei Kommata) enthaltener Satzgefüge eindeutig gegen die Regel „Schreiben

Sie kurze Sätze. Machen Sie das so: [...] Machen Sie kein[] Komma" (ebd.: 17) verstoßen. Als Beispiel lässt sich folgender Satz anführen:

„Wie man Menschen mit Lernschwierigkeiten
am besten mit einbezieht,
können Sie in einer anderen Broschüre lesen,
die wir gemacht haben." (ebd.: 9)

Der Regelkatalog von Inclusion Europe ist der umfangreichste der drei Regelwerke; er enthält mit insgesamt 80 Regeln die meisten Vorgaben, gefolgt von dem Regelwerk des Netzwerks Leichte Sprache mit 70 und der Anlage 2 der BITV 2.0 mit 34 Regeln.

In der Praxis am stärksten verankert ist das Regelwerk des Netzwerks Leichte Sprache, das ebenfalls 2009 veröffentlicht wurde. Die Regeln wurden 2013 in aktualisierter, sehr ähnlicher Form auch vom BMAS als frei zugängliche Broschüre herausgegeben. Der *Ratgeber Leichte Sprache* richtet sich an Bundesbehörden und entspricht der gesetzlichen Forderung nach vermehrter Bereitstellung von Behördeninformationen in LS. Ebenso wie die Regeln von Inclusion Europe ist auch die Broschüre vom Netzwerk in LS verfasst. Neben „Menschen mit Lern-Schwierigkeiten" (BMAS 2013: 16) werden noch „Menschen mit der Krankheit Demenz" (ebd.), „Menschen, die nicht so gut Deutsch sprechen" (ebd.) und „Menschen, die nicht so gut lesen können" (ebd.) als Zielgruppen genannt. Sowohl das Regelwerk von Inclusion Europe als auch der Ratgeber des Netzwerks wurde in Zusammenarbeit mit Menschen mit geistiger Behinderung entwickelt.

In der zweiten, 2011 in Kraft getretenen Fassung der BITV werden ebenfalls Vorgaben zur Erstellung von Texten in LS gemacht. Die Vorgaben beschränken sich jedoch auf „Bereitstellung von Informationen in Leichter Sprache im Internet oder Intranet" (BITV 2.0 2011: Anlage 2, Teil 2) und die Ausführungen zur Texterstellung sind deutlich kürzer als die zuvor erwähnten Werke. Da es sich um einen rechtskräftigen Verordnungstext handelt, sind die Regeln nicht in LS verfasst. Eine Eingrenzung der Zielgruppe erfolgt zwar nicht, da die Vorgaben jedoch auf dem BGG basieren, ist anzunehmen, dass die Adressaten Menschen mit Behinderungen sind.

© Frank & Timme   Verlag für wissenschaftliche Literatur

Die in den drei Werken aufgestellten Regeln scheinen zwar auf den ersten Blick sehr ähnlich zu sein, bei genauerer Betrachtung weisen sie jedoch zum Teil erhebliche Unterschiede auf den verschiedenen Ebenen des Sprachsystems[4] auf. Der Vergleich zeigt, dass von den „120 unterschiedlichen Regeln, die in den drei Regelwerken aufgestellt werden, [...] nur 17 [konvergieren]" (Bredel/Maaß 2016a: 89). Bei allen drei Regelwerken ist zu konstatieren, dass ein Großteil der Regeln äußerst pauschal und unpräzise formuliert ist. Hierzu gehören z. B. die Regeln „Benutzen Sie einfache Wörter" (BMAS 2013: 22), „Benutzen Sie einen einfachen Satzbau" (ebd.: 45) und „Verwenden Sie leicht verständliche Wörter, die allgemein bekannt sind" (Inclusion Europe 2009: 10), bei denen jedoch keine konkreteren Angaben dazu gemacht werden, anhand welcher Kriterien zu entscheiden ist, welches Wort bzw. welcher Satzbau als einfach, bekannt und leicht verständlich angesehen werden kann. Nach ausführlicher Evaluierung der Regelwerke fassen Bredel/Maaß (2016a) zusammen, dass „[k]eines der Regelwerke [...] die Frage des Transfers standardsprachlicher Strukturen in Leichte Sprache [bearbeitet], keines [...] einen ausreichenden Handlungsansatz für die Übersetzung in Leichte Sprache [bietet], auch wenn alle drei Regelwerke eigentlich darauf angelegt sind, die Schaffung barrierefreier Texte zu befördern" (Bredel/Maaß 2016a: 108 f.).

An dieser Stelle sei noch kurz auf ein weiteres Regelwerk verwiesen, nämlich auf den *capito-Kriterienkatalog* des österreichischen Unternehmens atempo. Da das im Jahr 2000 gegründete Unternehmen ein kommerzielles Franchiseunternehmen ist, sind die Regeln nicht öffentlich zugänglich und können somit nicht näher begutachtet bzw. als Vergleichsbasis herangezogen werden[5]. Das Konzept basiert darauf, die Texte an die individuellen Kommunikationsbedürfnisse der einzelnen Zielgruppen in unterschiedlichen Situationen anzupassen. Demnach steht zu Beginn der Informationsbearbeitung die „genaue[] Analyse der Adressatengruppen, der Zielsetzung und des Kontextes

<hr>

4   Als Ebenen des Sprachsystems werden die morphologische, die semantisch-lexikalische, die syntaktische, die textuelle und die Diskursebene angesehen (vgl. Maaß et al. 2014: 60 ff.).

5   Ohne auf diesen Aspekt näher eingehen zu wollen, stellt sich natürlich die Frage, inwieweit die Tatsache, dass die Regeln nicht öffentlich zugänglich sind, sondern ausschließlich als Franchise vergeben werden, dem Konzept der Inklusion und dem Ziel des uneingeschränkten, eigenständigen Zugangs zu Informationen entgegensteht.

der Information" (Fröhlich 2017: 423). Mithilfe des Kriterienkatalogs, in dem unterschiedliche Informationsbarrieren für die einzelnen Zielgruppen aufgelistet sind, können so adressatengerechte Texte verfasst werden. Da es sich um ein Stufenmodell handelt, enthält der Katalog Kriterien zum Verfassen von Texten auf verschiedenen Sprachstufen. Die Informationsangebote können somit in unterschiedlichen Schwierigkeitsstufen angeboten werden, wobei sich das Konzept an den Kompetenzstufenbeschreibungen des Gemeinsamen Europäischen Referenzrahmens (GER) orientiert und dementsprechend zwischen „Leicht Lesen (LL) A1", „LL A2" und „LL B1" differenziert (vgl. ebd.: 427). Besonders hervorzuheben ist, dass sich das Unternehmen das „Potential der Digitalisierung für zielgruppengerecht verständliche Informationen" (ebd.: 429) zunutze macht. So entwickelte das capito-Netzwerk eine Anwendung, die es Unternehmen und Behörden ermöglicht, zielgruppengerecht mit Kunden bzw. Bürgern zu kommunizieren. Über eine App bekommen die Nutzer individuelle Schriftstücke wie Bescheide oder Anträge zugesendet und können anschließend in der App auswählen, in welcher Verständlichkeitsstufe (A1, A2, B1 oder Original) sie diese lesen und bearbeiten möchten (vgl. ebd.).

Auch bei der Weiterentwicklung der LS gilt es zu untersuchen, inwiefern die Digitalisierung Möglichkeiten bietet, Informationen zielgruppengerecht bereitzustellen und Informationsbarrieren abzubauen.

2.8.2   Regelwerk der Forschungsstelle Leichte Sprache

Zu den zentralen Zielen der 2014 gegründeten Forschungsstelle Leichte Sprache gehört die kritische Überprüfung, Modifizierung und Weiterentwicklung der in den Praxisratgebern postulierten Regeln. Die Forschungsstelle, die sich somit dem Desiderat der wissenschaftlichen Regelfundierung widmet, hat 2015 ein eigenes Regelwerk veröffentlicht, das auf den Praxisregelwerken basiert, sich jedoch „erstmalig eindeutig an Übersetzerinnen und Übersetzer wende[t]" (Maaß 2015a: 1). Da sich die LS in einem kontinuierlichen Entwicklungsprozess befindet, ist auch der Regelkatalog der Forschungsstelle kein abgeschlossenes, statisches Werk. So wird in dem 2016 erschienenen Handbuch zur Leichten Sprache eine umfassende, tiefgründige wissenschaftliche Grundlage für die Regeln geliefert und diese unter Einbezug von interdisziplinären Forschungsergebnissen weiter präzisiert und an den aktuellen Forschungsstand angepasst.

Angesichts dessen, dass die deutlich differenzierteren Regeln der Forschungsstelle, im Unterschied zu den aus der Praxis stammenden Regeln, auf Grundlage von interdisziplinären wissenschaftlichen Erkenntnissen erarbeitet wurden und somit – aus wissenschaftlicher Sicht – als solide Handlungsbasis für Übersetzer dienen, wird im Folgenden ein Überblick über einige der zentralen Regeln der Forschungsstelle gegeben. Die zusammengefasste Darstellung der Regeln auf den einzelnen Sprachebenen motiviert sich aus der Interaktion der sprachlichen Ebenen. So wurde in kognitionswissenschaftlichen Studien (u. a. Wolfer 2017; Gutermuth 2020) nachgewiesen, dass die Komplexitätsreduktion auf einer sprachlichen Ebene dazu führt, dass Kapazitäten frei werden, welche wiederum für die Verarbeitung von komplexeren Strukturen auf den anderen sprachlichen Ebenen genutzt werden können. Hinsichtlich der Komplexitätsreduktion in LS ist jedoch zu beachten, dass durch bestimmte Regeln zwar bspw. die Komplexität auf der Wortebene sinkt, die Komplexität dadurch jedoch nicht aufgehoben, sondern teilweise auf die syntaktische oder textuelle Ebene verschoben wird (s. auch Fandrych/Thurmair 1994). Die Anwendung der LS-Regeln führt somit häufig nicht zu einer kompletten Auflösung, sondern vielmehr zu einer Verlagerung der Komplexität von der einen auf die andere Ebene. Um Einsichten in diese Interaktion der Ebenen und damit den in LS bestehenden Trade-off zu gewinnen, werden die Regel nach den verschiedenen Ebenen des Sprachsystems geordnet: Die Darstellung beginnt mit der Zeichenebene und führt über die Wort- und Satzebene zur Textebene. Abschließend wird auf die Typografie und das Layout eingegangen. Hierbei ist allerdings zu beachten, dass die Ebenen nicht strikt voneinander abgegrenzt werden können, sondern sich gegenseitig durchdringen.

Zeichenebene

Zu den in LS zur Verfügung stehen Interpunktionszeichen gehören der Punkt, das Frage- und das Ausrufezeichen, der Doppelpunkt, die Anführungszeichen und der Mediopunkt (vgl. Maaß 2015a: 86). Das Komma, das der Markierung von Nebensätzen und der satzinternen Koordination dient, gehört nicht zum Zeichenrepertoire der LS. Grund hierfür ist zum einen das Nebensatzverbot, laut dem Satzgefüge aufgelöst und zu separaten Hauptsätzen umgeformt werden. Zum anderen sieht die LS vor, dass die Sätze jeweils nur eine Aussage enthalten, so dass auch das der asyndetischen Koordination dienende Komma keine Verwendung findet (vgl. Bredel/Maaß 2016a: 255). Aufzählungen werden stattdessen in einzelne Sätze umgewandelt oder aber durch Aufzählungszeichen wie Ordinalzahlen (1. / 2. / 3.) oder Aufzählungspunkte (bullet points; •) dargestellt. Da Aufforderungen in LS üblicherweise mit einem Punkt enden, kommt das Ausrufezeichen, das „dem Vorangehenden einen besonderen Nachdruck verleih[t]" (Duden [27]2017: 36), von den lizenzierten Interpunktionszeichen am seltensten vor. Rink (2014) schlägt vor, das Ausrufezeichen zur optischen Verstärkung von Handlungsanweisungen zu verwenden. Sie merkt jedoch auch an, dass dies „von den Adressaten beurteilt werden [müsste]" (Rink 2014: 48). Diese Aussage spiegelt den aktuellen Forschungsstand der LS wider, denn der genaue Einsatz und insbesondere die Wirkung des Ausrufezeichens auf die Zielgruppe stellt bislang noch ein Desiderat dar.

Wortebene

Die Wortebene umfasst die Morphologie und die Lexikologie[6]. Die Regeln auf Wortebene werden in Bredel/Maaß (2016a) durch weitere morphologische und lexikalische Besonderheiten ergänzt, auf die im Folgenden ebenfalls auszugsweise eingegangen wird.

Die in den Praxisregelwerken formulierte Regel, „einfache" (BMAS 2013: 22) bzw. „leicht verständliche" (Inclusion Europe 2009: 10) Wörter zu verwenden, ist als Handlungsempfehlung nicht ausreichend, denn ob ein Wort als einfach oder leicht verständlich angesehen wird, ist in hohem Maße abhängig von den individuellen „sprachlichen Erfahrungen und [...] bisherigen Möglichkeiten der aktiven und passiven sprachlichen Partizipation an gesellschaftlichen Diskursen" (Bredel/Maaß 2016a: 341). Demnach gilt es, das Kriterium der Einfachheit zu spezifizieren. Hilfreich für die Lexemauswahl in LS sind

---

6   Während sich die Morphologie mit der Wortbildung und den Wortstrukturen befasst und „Form, innere[] Struktur, Funktion und Vorkommen der Morpheme als kleinste[] bedeutungtragende Einheiten der Sprache" (Bußmann [3]2002: 450) untersucht, befasst sich die Lexikologie „mit der Erforschung des Wortschatzes (bes. mit der Struktur des Wortschatzes)" (Duden [8]2015: 1126).

Frequenzwörterbücher, die es ermöglichen, „eine Art von Grundwortschatz herauszufiltern" (ebd.: 341). Da dieser als kommunikative Basis dient, ist davon auszugehen, dass die Lexeme des Grundwortschatzes auch den Adressaten mit sehr geringem Wortschatzumfang bekannt sind. Bredel/Maaß (2016a) verweisen jedoch auch auf das Problem, dass die meisten Frequenzlisten auf schriftlichen Korpora basieren. Angesichts der konzeptionellen Orientierung der LS an der Mündlichkeit ist es fraglich, ob die schriftsprachliche Frequenz eines Wortes Rückschlüsse auf die Wortschatzkenntnisse der primären Adressaten erlaubt. Da Häufigkeitsfeststellungen somit „nur sehr bedingt hilfreich [sind]" (ebd.: 342) und auch eine subjektive Wortschatzselektion durch Zielgruppenvertreter oder Übersetzer wissenschaftlichen Kriterien nicht genügt, stellen Bredel/Maaß (2016a) zehn Kriterien auf, die der Lexemauswahl zugrunde gelegt werden können. Bei dieser „qualitative[n] Differenzierung des Wortschatzes" (ebd.) wird zunächst zwischen Inhalts- und Funktionswörtern[7] unterschieden. Zu den Inhaltswörtern gehören Substantive, Adjektive und Verben, zu den Funktionswörtern hingegen Präpositionen, Konjunktionen, Pronomen und Artikel. Adverbien, die in der Regel als Inhaltswörter klassifiziert werden, sind bei Bredel/Maaß (2016a) aufgrund ihrer Strukturierungsfunktion unter den Funktionswörtern aufgeführt. Bei der Auswahl der in LS geeigneten Inhaltswörter orientieren sich Bredel/Maaß (2016a) an der Prototypentheorie, die besagt, dass „bei Ausdrücken eines Bedeutungsfeldes einer der Ausdrücke im Begriffszentrum steht und sich alle anderen mehr oder weniger weit von ihm weg in die Peripherie bewegen" (Bredel/Maaß 2016a: 345). Ein Prototyp wird definiert als „die mentale Repräsentation eines typischen Mitglieds einer Kategorie" (Schwarz/Chur [4]2004: 49), wobei zu beachten ist, dass Prototypen in starkem Maße kulturspezifisch sind. Der Prototyp, also der „zentrale[] Kandidat[]" (Bredel/Maaß 2016a: 477) eines Wortfeldes, kann anhand folgender Kriterien bestimmt werden:

....

7   Ein Inhaltswort ist ein „Wort, das eine kontextunabhängige, selbstständige lexikalische Bedeutung hat" (Bußmann [3]2002: 111) und dessen „Hauptfunktion [...] die Kodierung von außersprachlicher Bedeutung [ist]" (Bredel/Maaß 2016a: 342). Funktionswörter sind hingegen sprachliche Elemente, die „primär grammatische (anstelle von lexikalischer) Bedeutung tragen" (Bußmann [3]2002: 232) und „vor allem syntaktisch-strukturelle Funktionen [erfüllen]" (ebd.).

- hohe Gebrauchsfrequenz
- große diskursive Reichweite
- Medienneutralität
- denotative Präzision
- konnotative Neutralität
- stilistische Neutralität
- keine Metaphorik
- morphologische, graphematische und phonologische Einfachheit
- (teilw. morphologische Irregularität)
- früher Erwerbszeitpunkt
- später Verlust

Die Kategorien sind hierarchisch angeordnet; eine hohe Gebrauchsfrequenz und eine denotative Präzision sind bspw. höher priorisiert als ein früher Erwerbszeitpunkt. Das Kriterium der hohen Gebrauchsfrequenz steht im engen Zusammenhang mit der großen diskursiven Reichweite, die gegeben ist, wenn der Prototyp die meisten Synonyme substituieren kann, „ohne dass der Text dadurch verfälscht würde" (Bredel/Maaß 2016b: 75). So kann *labern* in den meisten Kontexten durch *sprechen* ersetzt werden; andersherum ist dies nur in Ausnahmefällen möglich (vgl. ebd.). Die Medienneutralität bezieht sich darauf, dass der Prototyp sowohl der schriftlichen als auch der mündlichen Kommunikation angehörig ist. Entsprechend der denotativen Präzision sind Wörter mit präziser Bedeutung zu wählen; Homonyme und Polyseme sind folglich zu vermeiden. Stilistisch und konnotativ neutrale Wörter sind in LS deshalb geeignet, da sie im Gegensatz zu stilistisch und konnotativ markierten Wörter keine Nebenbedeutung enthalten, die der Leser eigenständig auswerten muss. Gleiches gilt auch für die kognitiv anspruchsvollen Metaphern. Prototypen lassen sich zudem an ihrer morphologischen Einfachheit erkennen; sie bestehen meist aus weniger Silben als periphere Vertreter (*sagen* vs. *aussprechen*, *dazwischenrufen*). Zusätzlich zu der phonologischen und graphematischen Einfachheit werden Prototypen früh gelernt und bei Sprachabbauprozessen wie Demenzen spät verlernt. Das Kriterium der morphologischen Irregularität bezieht sich auf das Flexionsverhalten vieler starker Verben. So weisen viele der fest im Wortschatz verankerten Verben morphologische Irregularitäten wie einen Stammvokalwechsel auf (*schlafen*, *essen*); da es sich jedoch häufig um prototypische Vertreter handelt, sollten sie angesichts der vielen hierarchiehohen Vorteile dennoch bevorzugt werden. Stehen dem Übersetzer also mehrere Lexeme zur Wahl, sollte das gewählt werden, das die meisten der hoch priorisierten Kriterien erfüllt (vgl. Bredel/Maaß 2016a: 347). Da Prototypen bestehende Frames aufrufen, die es gestatten, eine sprachliche Äußerung einzuordnen und zu verstehen, lassen sich mithilfe von Prototypen Verstehensprobleme auf lexikalischer Ebene vorbeugen. Durch die Komplexitätsreduktion auf lexikalischer Ebene werden wiederum Kapazitäten frei, die es dem Leser ermöglichen, sich verstärkt auf syntaktische und textuelle Schwierigkeiten zu fokussieren. Der Gebrauch von Funktionswörtern ist hingegen weniger stark kriteriengeleitet, sondern wird primär durch syntaktische Regeln beschränkt. So hat bspw. das Genitivverbot zur Folge, dass Präpositionen, die den Genitiv regieren, vom sprachlichen Repertoire der LS ausgeschlossen sind. Bei Präpositionen ist zu beachten, dass sowohl die semantische Heterogenität als auch die syntaktische Ambiguität die Gefahr der Fehlinterpretation birgt und somit zu Verstehensproblemen führen kann. Um potenzielle Verarbeitungshürden zu vermeiden, sollte die Mehrdeutigkeit durch eine eindeutige Formulierung aufgelöst werden.

Eine weitere Regel auf Wortebene ist das Verwenden von möglichst kurzen Wörtern. Die Regel leitet sich aus Erkenntnissen der Verständlichkeitsforschung ab, die belegen, dass der Verarbeitungsaufwand nicht nur von der Worthäufigkeit, sondern auch von der Wortlänge abhängt (vgl. Just/Carpenter 1980: 338). Dass die Fixationsdauer, also die Zeit, die ein Leser benötigt, um ein Wort zu verarbeiten, mit der Länge des Wortes ansteigt, liegt daran, dass „mehr visuell aufgenommene Informationen zu verarbeiten sind" (Kercher 2013: 74). Dies lässt sich u. a. damit begründen, dass lange Wörter häufig Inhaltswörter, d. h. die Träger der lexikalischen Bedeutung sind. Funktionswörter sind hingegen kurz und werden angesichts dessen, dass sie primär grammatische Bedeutung tragen, häufig übersprungen (vgl. ebd.: 73). Träger der inhaltlichen Bedeutung werden somit länger fixiert als Träger der grammatischen Bedeutung. In diesem Zusammenhang wurde von der Verständlichkeitsforschung auch belegt, dass die Textverständlichkeit mit dem Anteil der Funktionswörter in einem Text steigt (vgl. Bamberger/Vanecek 1984: 37). Um den Verarbeitungsaufwand der Inhaltswörter so gering wie möglich zu halten, sollten kurze Wörter bevorzugt und lange Wörter ggf. durch mehrere kurze Wörter ersetzt werden. Entsprechend den Erkenntnissen der Verständlichkeitsforschung hat die Wortlänge allerdings nicht nur Auswirkungen auf das Erfassen eines Einzelwortes oder -satzes, sondern spiegelt sich auch auf der Textebene wider, denn „Texte [sind] umso verständlicher […], je niedriger die durchschnittliche Buchstaben- respektive Silbenzahl pro Wort […] ist" (Bredel/Maaß 2016a: 128). Da „frequente Wörter überdurchschnittlich oft auch kurze Wörter sind" (ebd.), steht die Regel im engen Zusammenhang mit den Kriterien der Prototypentheorie. Aus Sicht der Prototypentheorie liegt ein weiterer Vorteil kurzer Wörter in ihrer morphologischen Einfachheit. Dennoch sind auch in LS morphologisch komplexe Wörter nicht immer zu vermeiden. Dass diese kognitiv schwerer zu verarbeiten sind als monomorphemische Wörter, wurde in der Leseforschung anhand von mehreren Studien belegt (u. a. Hyönä/Pollatsek 2000; Placke 2001), wobei zu betonen ist, dass die Forschungsergebnisse teilweise widersprüchlich sind (s. Kap. 3.8). Der erhöhte Verarbeitungsaufwand resultiert u. a. aus den einzelnen Wortbausteinen bzw. Morphemgrenzen, die korrekt erfasst werden müssen, sowie den semantischen Relationen zwischen den Konstituenten, die eigenständig hergestellt werden müssen. Diese Besonderheit von morphologisch komplexen Wörtern wird ausführlich in Kap. 3.3 behandelt. Um potenzielle Segmentierungsprobleme, wie sie bei den Komposita *Fahrerlaubnis* oder *Altbauerhaltung* denkbar sind, zu vermeiden, werden die Morphemgrenzen durch das Einfügen eines Mediopunktes angezeigt (s. Kap. 3.6).

Des Weiteren sind Fach- und Fremdwörter zu vermeiden. Ein Lexem gilt als phonologisch, graphematisch oder morphologisch fremd, wenn es „strukturell von der kanonischen Wortstruktur einer Sprache […] abweicht" (Bredel/Maaß 2016a: 348). So ist das Lexem *Theorie* bspw. in graphematischer Hinsicht fremd, die Lexeme *Kompositum* und *Realität* wiederum auf morphologischer Ebene (vgl. ebd.: 349). Auf morphologischer Ebene ist zudem zwischen der flexions- und der wortbildungsmorphologischen Fremdheit zu differenzieren. Bei den Lexemen *Kompositum* und *Kaktus* handelt es sich angesichts der nicht-nativen Pluralbildung (*-a, -een)* um flexionsmorphologische Fremdheit. Da hier die Gefahr besteht, dass die Pluralformen nicht als solche erkannt werden, sollte dem Lexem, sofern es unverzichtbar ist, eine Erläuterung hinzugefügt werden (*ist die Mehrzahl von*). Die Lexeme *Heterogenität* und *Realität* sind in wortbildungsmorphologischer Hinsicht fremd, da bei diesen ein fremder Ausdruck (*heterogen* bzw. *real*) mit einem nicht-nativen Derivationssuffix (*-ität*) verbunden ist. Die deutschen Entsprechungen *Verschiedenartigkeit* bzw. *Wirklichkeit* werden gemäß dem deutschen Wortbildungsmuster mit dem Derivationssuffix *-keit* gebildet. Da die native Wortbildung von deutschen Muttersprachlern früh erlernt wird und fest verankert ist, sind native Wörter leichter zu verarbeiten als Fremdwörter. Fach- und Fremdwörter gehören in der Regel nicht zum Grundwortschatz und sind somit meist auch keine Prototypen, so dass sie durch prototypische deutsche Entsprechungen ersetzt werden sollten (vgl. Maaß 2015a: 97). In Bredel/Maaß (2016a,b) wird diese Aussage jedoch relativiert und präzisiert, dass ein globales Fach- und Fremdwortverbot nicht sinnvoll ist. Grund hierfür ist, dass es sehr wohl Fach- und Fremdwörter gibt, die die zentralen Vertreter eines Wortfeldes bilden. So wäre es z. B. kontraproduktiv, *Biologie* durch *Lebenswissenschaft* oder *Telefon* durch *Fernsprecher* zu ersetzen (vgl. Bredel/Maaß 2016b: 78 f.). Lexeme, die das Zentrum eines Wortfeldes besetzen, sollten somit verwendet werden. Fremd- und Fachwörter, die zwar keine Prototypen, aber dennoch für die Textaussage unerlässlich sind, sollten erläutert werden, wobei darauf zu achten ist, dass die Erklärung in Leserichtung, d. h. nach und nicht vor dem Fach- bzw. Fremdwort steht (vgl. ebd.: 509 ff.).

Die Verwendung von Abkürzungen ist ebenfalls regelgeleitet, wobei sich das Abkürzungsverbot, im Unterschied zu den Praxisregelwerken, nur auf schriftbasierte Abkürzungen bezieht. Mit diesen werden Kollokationen, die in der Schriftsprache häufig vorkommen, abgekürzt. Während konventionelle Abkürzungen, wie *u. a.* oder *z. B.*, Lesern mit schriftsprachlicher Routine vertraut sind, können sie bei der Zielgruppe angesichts der geringen schriftsprachlichen Erfahrung nicht als bekannt vorausgesetzt werden. Davon zu unterscheiden sind Akronyme[8], die im Regelwerk der Forschungsstelle lizenziert sind. Bei Akronymen werden die Buchstaben einzeln ausgesprochen (ADAC),

---

8   Ein Akronym besteht „aus den Anfangsbuchstaben oder -silben der Konstituenten eines Kompositums oder einer nominalen Wortgruppe" (Bußmann ³2002: 44).

sie haben somit eine „eigenständige lautliche Realisationsform" (Maaß 2015a: 99). Akronyme und andere Kurzwörter, bspw. verkürzte Varianten wie *Kilo*, sind somit keine Verbindungen mehrerer Wörter wie *zum Beispiel*, sondern eigenständige Lexeme, die dem deutschen Wortschatz angehören. Da sie in der Sprachgemeinschaft fest verankert und in der gesprochenen Sprache hochfrequent sind, handelt es sich häufig auch um Prototypen. Folglich ist anzunehmen, dass Akronyme wie LKW oder WC auch den primären Adressaten geläufiger sind als die parallel existierenden Langformen. Konventionalisierte, schriftbasierte Abkürzungen müssen hingegen anhand von Textsortenerfahrung und Schriftsprachkompetenz aufgelöst werden und sind zu vermeiden.

Zu den darüberhinausgehenden, im Handbuch zur LS formulierten lexikalischen und morphologischen Empfehlungen gehört die Regel, Eigennamen angesichts ihrer Unübersetzbarkeit unverändert zu übernehmen (vgl. Bredel/ Maaß 2016a: 355). Der Grund für die Unübersetzbarkeit von Eigennamen ist, dass diese „keine Bedeutung [tragen], sondern [...] den Namensträger [identifizieren]" (Bredel/Maaß 2016b: 87). Ein Individuum wird also nicht durch bestimmte Eigenschaften identifizierbar, sondern dadurch, dass es mit einem semantisch leeren Namen etikettiert wird. Besteht die Gefahr, dass ein Eigenname für die Leser unbekannt ist und nicht identifiziert wird, sollte er als solcher ausgewiesen werden. Anderenfalls würden die Leser womöglich probieren, den Namen mit semantischem Gehalt zu füllen und somit einen „Dekodierprozess anstrengen, der ins Leere läuft" (Bredel/Maaß 2016a: 356). Dies gilt insbesondere für Lexeme, die Eigen- und Gattungsname zugleich sind (wie der Städtename *Essen*), da die Gefahr der Fehlinterpretation hier angesichts der scheinbaren Bekanntheit besonders groß ist. Auch die Morphologie von Eigennamen kann für Schwierigkeiten sorgen. So sind einige Eigennamen durch „komplexe[] Pluralkonzepte" (ebd.: 357) gekennzeichnet, die eine spezifische Interpretation erfordern. Da es für die korrekte Interpretation der spezifischen Pluralform ein bestimmtes Maß an Sprach- und Weltwissen bedarf, was nicht vorausgesetzt werden kann, sollte das mit der Pluralform aufgerufene Konzept expliziert oder paraphrasiert werden. Eigennamen, die mit Bindestrich geschrieben werden, sollten in LS ebenfalls mit Bindestrich geschrieben werden. Auf die Verwendung des Mediopunktes bei Eigennamen wird in Kap. 3.6.2.2 eingegangen.

Bei der Frage nach einer geschlechtergerechten Sprache gilt eines der Grundprinzipien LS, das besagt, dass „Verständlichkeit […] im Zweifelsfall andere Kriterien [schlägt]" (Maaß 2015a: 85). Demnach sollte eine geschlechtergerechte Sprache nur dann verwendet werden, wenn die Verständlichkeit durch diese nicht gefährdet wird. Wird durch geschlechtergerechte Sprache eine andere Regel verletzt, hat diese Regel Priorität – auf das Gendern kann in diesen Fällen verzichtet werden (vgl. Bredel/Maaß 2016b: 89). Da weibliche Personenbezeichnungen im Plural meist „zwei Silben länger [sind] als die männlichen" (Maaß 2015a: 85), steigt durch die Nennung beider Formen die Satzlänge und -komplexität sowie das schon grenzwertig hohe Textvolumen weiter an (vgl. Bredel/Maaß 2016b: 89). Die geschlechtergerechten schriftlichen Lösungen wie *AltenpflegerInnen*, *Altenpfleger/innen* oder *Altenpfleger(innen)* sind ebenfalls zu vermeiden, da sie eigenständig aufgelöst werden müssen. Das Auflösen und Verstehen der konventionellen Formen erfordert sprachliche und textuelle Kompetenz, die bei den Lesern nicht vorausgesetzt werden kann. Um der politischen Forderung nach geschlechtergerechter Sprache gerecht zu werden, kann am Textanfang darauf hingewiesen werden, dass sich der Text an alle Geschlechter richtet. Die genannten Empfehlungen werden in Bredel/Maaß (2016a) durch detaillierte Ausführungen zur Wortbildungsmorphologie ergänzt. Da die Wortbildungsmorphologie für die in dieser Arbeit durchgeführte Studie von zentraler Bedeutung ist, wird sie separat in Kap. 3 behandelt.

Satzebene

Die Regeln auf syntaktischer Ebene sind größtenteils Restriktionen, die zu einer erheblichen Begrenzung des grammatischen Inventars der LS führen. So gilt die Regel „Informationen verbal [auszudrücken]" (Maaß 2015a: 102) und den insbesondere für die Fachkommunikation typischen Nominalstil zu vermeiden. Grund hierfür ist, dass in nominal formulierten Sätzen die zentralen Informationen des Satzes in „teilweise sehr abstrakten Nomen liegen, die in Form von Genitivkonstruktionen oder Präpositionalgruppen aneinandergereiht sind" (ebd.). Die Aneinanderreihung nominaler Konstruktionen führt zudem zur Informationsverdichtung und zur Erhöhung der Satzkomplexität (vgl. Roelcke [3]2010: 87, s. auch Kap. 3.3.1). Um diese beiden verstehenserschwerenden Faktoren zu vermeiden, werden Formulierungen im Nominal-stil in verbale Strukturen überführt.

Auch Passivkonstruktionen sind in LS nicht lizenziert. Dies ist zum einen darauf zurückzuführen, dass Passiv- im Gegensatz zu Aktivkonstruktionen ein Hilfsverb erfordern. Angesichts der daraus resultierenden Satzklammer wird das bedeutungstragende, für die Satzverarbeitung benötigte Hauptverb erst am Satzende geliefert, was für Leser mit einer geringen Aufmerksamkeitsspanne zu Verstehensproblemen führen kann. Zum anderen wird die Rezeption von Passivkonstruktionen durch die Unterdrückung des Handlungsträgers (Agens) erschwert. Dem Leser fehlen somit „Informationen dazu, wer eine Handlung ausführt" (Maaß 2015a: 103). Ist ein Agens konzeptionell vorhanden, ohne dass es an der Textoberfläche erscheint, wird erwartet, dass es vom Leser mitinter-pretiert wird. Da die primären Adressaten Probleme haben, die nicht an der Textoberfläche realisierten Informationen dem Kontext zu entnehmen, sollte das Agens hinzugefügt werden. Ist das Agens unbekannt, ist ein tieferer Eingriff in die Textstruktur erforderlich, d. h. die Propositionen werden durch Para-phrasierungen oder Erläuterungen veranschaulicht (vgl. Bredel/Maaß 2016a: 315 f.). Da die Empfehlung, Passiv- durch Aktivkonstruktionen zu ersetzen, ein Merkmal der „stilistischen Einfachheit" (Christmann/Groeben 2019: 127) ist, konvergiert die Regel mit den Befunden der Verständlichkeitsforschung. Als weiterer Beleg für die Annahme, dass Passivsätze schwieriger zu verarbeiten sind, gilt ihr „relativ später Erwerb" (Bredel/Maaß 2016a: 314). Bredel/Maaß (2016a) beziehen sich auf eine Studie von Grimm (1975), die zeigte, dass „Kin-der [...] bis in die Schulzeit hinein die Agent-first-Strategie[9] [...] [bevorzugen]" (ebd.). Wie Lasch (2017) ausführt, ist bei der Vermeidung des Passivs jedoch zu beachten, dass Bredel/Maaß (2016a) „nur Passivformen mit *werden* (also Vorgangspassiv und unpersönliches Passiv) meinen, wenn sie über passivische Strukturen reflektieren" (Lasch 2017: 295). Gleiches gilt für die zitierte Studie von Grimm (1975), die sich ebenfalls nur „auf den Erwerb des Vorgangspassivs mit *werden* [bezieht]" (ebd.). Das Zustandspassiv mit *sein* wird hingegen früh erlernt und sollte laut Lasch (2017) demnach auch in LS keine Verstehenshürde

....

9   Gemäß der Agent-first-Strategie bevorzugen Rezipienten Sätze, in denen das Subjekt in der Satzfolge vor dem Objekt platziert ist (vgl. Broschart 2007: 94; Ingram 2007: 18 f.).

darstellen (vgl. ebd.: 295 ff.). Die Regel zum Genus Verbi bedarf somit evtl. einer Differenzierung. Hierfür müssen jedoch zunächst empirische Befunde vorliegen, denn es ist „keineswegs klar, ob man die Forschungsergebnisse zum Erstspracherwerb überhaupt auf ‚primäre Adressaten' der ‚Leichten Sprache' übertragen kann" (ebd.: 296).

Wie angedeutet, wird die LS durch das Genitivverbot von einem Vier- auf ein Drei-Kasus-System reduziert. Dass der Genitiv die Textrezeption für ungeübte Leser erschwert, liegt daran, dass er in der Umgangssprache immer seltener verwendet wird und dem Leser nicht so geläufig ist wie die häufiger vorkommenden Fälle Nominativ, Akkusativ und Dativ (vgl. Maaß 2015a: 105). Zudem wird er im Erstspracherwerb als letzter der Fälle gelernt (vgl. ebd.). Der Wegfall des Genitivs ist jedoch auch konstruktionsbedingt, denn der Genitiv „steht […] häufig ohne Präposition und muss folglich über die Kenntnis seiner Form erschlossen werden" (ebd.). Da der Genitiv in vier von sechs Fällen mit dem Artikel *der* markiert ist, dieser jedoch gleichzeitig den Nominativ Maskulinum Singular kennzeichnet, kann der Genitiv nur korrekt aufgelöst werden, wenn der Leser das grammatische Geschlecht des Substantivs kennt und den Artikel *der* als Genitivform identifiziert. Dies kann insbesondere bei Fremdwörtern und unbekannten Wörtern Probleme bereiten (zu den Ausnahmen des Genitivverbots s. Bredel/Maaß 2016a: 308).

Zudem wird empfohlen, in LS die Satzgliedfolge Subjekt-Prädikat-Objekt zu wählen. Bredel/Maaß (2016a) begründen dies mit Erkenntnissen der Verständlichkeitsforschung und des Erstspracherwerbs, die belegen, dass Rezipienten die Agent-first-Strategie bevorzugen (vgl. Bredel/Maaß 2016a: 301). Da die unmarkierte Agent-first-Strategie dem Leser die Strukturerkennung durch eine homogene Satzgliedstellung erleichtert und die Subjektvoranstellung zudem der Kohärenzsicherung dient, sollte die Subjekt-Objekt-Abfolge selbst dann gewählt werden, wenn in standardsprachlichen Texten aus Gründen der thematischen Progression die umgekehrte Abfolge gewählt wird. Wie angedeutet, kann die im Deutschen typische Satzklammer Probleme bereiten, wobei anzunehmen ist, dass die Verstehensprobleme umso größer sind, je weiter die Prädikatsteile auseinander stehen. Angesichts der Bevorzugung von analytischen Formen kommen zweiteilige Prädikate allerdings überaus häufig vor. Ein Nachteil von analytischen Formen ist, dass „die Struktur von Sätzen in Leichter Sprache systematisch mit der diskontinuierlichen Realisierung von Prädikatsteilen belastet [ist]" (ebd.: 418). Da die Trennung von finitem und infinitem Prädikatsteil – und damit die Trennung von grammatischen und semantischen Informationen – für Leser mit geringer Aufmerksamkeitsspanne zu Verarbeitungsproblemen führen kann, sollten, mit Ausnahme des Perfekts, einteilige Prädikate verwendet werden (vgl. ebd.: 419).

Des Weiteren sollte der Satzgehalt auf eine Aussage begrenzt sein. Da „[n]ähere Erläuterungen, Bedingungen, Einschränkungen, Ergänzungen oder auch Auflistungen von Einzelposten" (Maaß 2015a: 109) zusätzliche Aussagen darstellen, müssen diese in einzelnen Sätzen realisiert werden. Obgleich die Regel sowohl in zwei Praxisregelwerken (Inclusion Europe 2009: 17; BMAS 2013: 44) als auch im Regelwerk der Forschungsstelle postuliert wird, merken Bredel/Maaß (2016a) an, dass die Regel „im Wortsinn kaum umsetzbar [ist], weil sie über die Vermeidung von Nebensätzen und von Aufzählungen aller Art auch den Verzicht auf adjektivische Attribute nach sich zöge" (Bredel/Maaß 2016a: 105). Es geht somit vielmehr um „komplexitätsreduzierte Aussagen bzw. Sätze" (ebd.). Die Begrenzung von Sätzen auf eine Aussage bzw. auf komplexitätsreduzierte Aussagen wirkt sich erheblich auf die unterschiedlichen Sprachebenen aus. Auf syntaktischer Ebene hat sie zur Folge, dass satzinterne Koordination und Subordination nicht lizenziert sind und auf Zeichenebene das Komma vom Zeicheninventar der LS ausgeschlossen ist. Darüber hinaus spiegelt sie sich auf der Textebene wider, denn durch das Auflösen komplexer Strukturen in Einzelaussagen wird ein Gegenstand „in einer Vielheit von Einzelsätzen abgehandelt" (ebd.: 499), wodurch sich der Textumfang erheblich erhöht. Die Regel hat auf syntaktischer Ebene zudem zur Folge, dass die unterschiedlichen Arten von Satzgefügen mithilfe von Transformationsstrategien aufzulösen sind. Entsprechend der Regel „Gleiche Wörter für gleiche Sachverhalte" (Maaß 2015a: 131) plädieren Bredel/Maaß (2016a) für eine konsistente Anwendung der herausgearbeiteten Transformationsstrategien. Zur Verringerung des kognitiven Aufwands ist es somit erforderlich, semantische Relationen wie Konditionalität oder Konzessivität textübergreifend konsistent, d. h. mit den gleichen Konnektoren, zu verbalisieren (vgl. Bredel/Maaß 2016a: 391 ff.). Bei den hierbei häufig zum Einsatz kommenden textinternen Verweisen ist zu beachten, dass Verweise in Leserichtung (katadeiktische Textverweise) zu bevorzugen sind. Verweise entgegen der Leserichtung (anadeiktische Textverweise) sind schwerer zu verarbeiten als katadeiktische Verweise, da sie sich auf bereits Rezipiertes beziehen und dieser Bezug entgegen der Leserichtung eigenständig herzustellen ist. Sind die hierfür notwendigen Informationen im Arbeits- oder Langzeitgedächtnis nicht mehr zugänglich, muss der Leser den Leseprozess unterbrechen und die Leserichtung umkehren, um den Umfang des Rückbezugs zu ermitteln. Textinterne katadeiktische Verweise referieren hingegen auf noch nicht Rezipiertes; der Leseprozess kann somit in Argumentationsrichtung fortgesetzt werden, wobei der Verweis dem Leser „zugleich eine Vorausorientierung [gibt]" (ebd.: 511).

Zudem wird in LS der Konjunktiv vermieden. Da mit einem Satz im Konjunktiv kein direkter Bezug zur Wirklichkeit gegeben und konjunktivischen Aussagen „kein Wahrheitswert zugewiesen werden" (ebd.: 318) kann, sind sie für Personen mit Leseeinschränkungen schwerer auszuwerten. Die Transformation von konjunktivischen Aussagen erfordert verschiedene Strategien und richtet sich primär nach der Funktion, die der Konjunktiv im Ausgangstext übernimmt (vgl. ebd.: 318 ff.). Dabei ist zu beachten, dass der Modus Konjunktiv, der in der Standardsprache viele Funktionen erfüllt, in LS häufig nur mit größerem Formulierungsaufwand kompensiert werden kann.

Auch das Präteritum ist mit Ausnahme der Hilfsverben (*sein, haben*) und der Modalverben nicht lizensiert. Grund hierfür ist, dass in LS analytische Strukturen synthetischen Strukturen vorgezogen werden. Während bei analytischen Formen lexikalische und grammatische Informationen auf verschiedene Ausdrücke, in diesem Fall auf Hilfs- und Vollverb, verteilt sind (*hat gespielt*), sind bei synthetischen Formen lexikalische und syntaktische Informationen in einem Ausdruck gebündelt (*spielte*) (vgl. ebd.: 297). Mit der finiten Verbform werden hierbei sowohl alle fünf grammatischen Kategorien (Person, Numerus, Genus, Modus, Tempus) ausgedrückt als auch die semantischen Informationen transportiert. Im Präteritum können die Vielzahl von lexikalischen und grammatischen Informationen in einigen Fällen von lediglich zwei Buchstaben getragen werden (*aß*). Bei unregelmäßigen Verben (bspw. *essen*) wird die Verstehensproblematik dadurch verstärkt, dass die „morphologischen Informationen [...] aus der Kenntnis des regulären Flexionsparadigmas nicht ableitbar [sind]" (Maaß et al. 2014: 61). Es ist somit fraglich, ob die primäre

Zielgruppe das Morphem *aß* überhaupt dem Infinitiv *essen* zuordnen kann. Da die Verschmelzung von lexikalischen und grammatischen Informationen das Verstehen erschweren kann, ist die analytische Perfektform prinzipiell der synthetischen Präteritumform vorzuziehen. Im Perfekt sind die grammatischen Teilinformationen auf Hilfs- und Vollverb verteilt (*hat gegessen*): Während die finite Verbform des Hilfsverbs (*hat*) die grammatische Information transportiert, trägt das infinite Partizip (*gegessen*) die lexikalische Information. Ein Vorteil der Funktionsteilung ist, dass das infinite Partizip auch über das reguläre Präfix als Vergangenheitsform identifiziert werden kann und somit das Wiedererkennen der Vergangenheitsform sowohl von regelmäßigen als auch von unregelmäßigen Verben deutlich erleichtert wird. Das Erlernen und Wiedererkennen wird zudem dadurch vereinfacht, dass die finiten Verbformen von *sein* und *haben* für alle Verben identisch sind. Ein weiterer Vorteil der analytischen Perfektform ist, dass das Perfekt dem gesprochensprachlichen Repertoire angehört, das in LS dem geschriebensprachlichen vorgezogen wird (vgl. Bredel/Maaß 2016a: 327, 506, 514). Ausnahmen hiervon bilden die Hilfsverben sowie die Modalverben. Da diese „zentraler als die Gesamtheit der anderen Verben sind" (Maaß 2015a: 122) und auch in der gesprochenen Sprache überwiegend im Präteritum gebraucht werden, sind sie der Adressatenschaft bekannt und können somit auch leicht wiedererkannt werden. Obgleich das Präteritum prinzipiell durch das Perfekt ersetzt werden soll, ist zu beachten, dass dies nicht bei allen Textsorten problemlos möglich ist (vgl. Bredel/Maaß 2016a: 444 ff.).

Angesichts der konzeptionellen Orientierung an der Mündlichkeit wird auch das Futur, das in der gesprochenen Sprache auf dem Rückzug ist, in LS vermieden. Ein weiterer Grund hierfür ist die Ambiguität des Hilfsverbs *werden*. Durch die Vermeidung des Futurs können Verwechslungen mit dem Vollverb *werden* ausgeschlossen werden. Zur Darstellung von zukünftigen Sachverhalten dient in LS hauptsächlich das Präsens, wobei die zeitliche Situierung durch die Übernahme der Zeitangabe (*morgen, nächste Woche*) gesichert wird. Im Gegensatz zum Standarddeutschen, das über sechs Tempora verfügt, liegt in LS somit ein Zwei-Tempus-System vor (Präsens, Präsens Perfekt); Präteritum und Präteritum Perfekt werden durch Präsens Perfekt oder (historisches) Präsens ersetzt, Futur und Futur Perfekt durch Präsens bzw. Präsens Perfekt.

Zudem wird das in den Praxisregelwerken postulierte Metaphernverbot aufgehoben und präzisiert. Laut Bredel/Maaß (2016a) ist ein generelles Metaphernverbot weder umsetzbar noch sinnvoll, da Metaphern allen natürlichen Sprachen inhärent und für menschliches Denken und Sprechen zentral sind. Da bestimmte Metaphern aufgrund von fehlenden synonymischen Benennungsmöglichkeiten unvermeidlich sind, ist es erforderlich, zwischen verständniserleichternden und -erschwerenden Metaphern zu differenzieren. Verständniserleichternde Metaphern, d. h. solche, die „stark in unserem Denken verankert und damit für unser Sprechen alternativlos sind" (Maaß 2015a: 124), sind in LS lizenziert. Hierbei handelt es sich häufig um Ausdrücke zur Veranschaulichung von Sachverhalten oder Alltagsgegenständen, wie *Wasserhahn* oder *Tischbein*. Da diese zentrale Vertreter des Wortfeldes sind, ist anzunehmen, dass sie der Adressatenschaft bekannt sind; ein Ersetzen der Metapher durch nicht-metaphorische, periphere Vertreter wäre folglich kontraproduktiv. Verständniserschwerende Metaphern stehen hingegen nicht im Zentrum von Wortfeldern und werden somit auch nicht mit dem Grundwortschatz erlernt. Dass die eigenständige Erschließung von Metaphern, die nicht zum Grundwortschatz gehören, erheblichen kognitiven Aufwand erfordert, wurde von der kognitiven Linguistik umfassend belegt (für einen Forschungsüberblick s. Christmann/Groeben 2013; Von Stockhausen/Christmann 2015). Die korrekte Interpretation von Metaphern erfordert neben einem bestimmten Maß an Sprach- und Weltwissen komplexe kognitive Operationen, die, sofern die Metapher nicht mit dem Grundwortschatz erlernt wurde, für die Adressatenschaft eine Verständnishürde darstellen (vgl. Bredel/Maaß 2016a: 431). Zu den verständniserschwerenden Metaphern zählen metaphorische Redewendungen, wie *sich auf den Lorbeeren ausruhen* oder *Schlitzohr*, die weder leicht verständlich noch selbsterklärend sind, jedoch meist durch zentrale, stilistisch und konnotativ neutralere Vertreter aus demselben Wortfeld ersetzt bzw. paraphrasiert werden können. Ist die Metapher für das Textverstehen zentral und kann weder ersetzt noch durch einen Vergleich veranschaulicht werden, wird sie erläutert. Da die Erläuterung, mit welcher die inhärenten Konnotationen an die sprachliche Oberfläche, d. h. auf die Ebene der Denotation, geholt werden, teils sehr umfangreich ist, führen die bei verständniserschwerenden Metaphern erforderlichen additiven Strategien zu einer enormen Erhöhung des Textvolumens. Generell sollten Metaphern nur verwendet werden, wenn sie „transparent' [...], d. h., [...] mit unserer Lebenswelt verbunden und damit nachvollziehbar sind" (Maaß 2015a: 125). Es handelt sich somit um die jeweiligen Prototypen eines Wortfeldes, die denotativ präzise und konnotativ wie stilistisch neutral sind sowie eine hohe Gebrauchsfrequenz und eine hohe diskursive Reichweite aufweisen. Zwar verstoßen sie gegen das Kriterium „keine Metaphorik" (Bredel/Maaß 2016a: 477), jedoch sind die Regeln, „die für ihren Einsatz sprechen [...] hierarchiehöher als das Metaphernverbot, das dadurch außer Kraft gesetzt wird" (ebd.: 478).

Ebenso wie eine Sprache ohne Metaphorik ist auch eine Sprache ohne Negation nicht denkbar. Ähnlich wie bei Metaphern gilt es auch hier zwischen vermeidbarer und unvermeidbarer Negation zu unterscheiden. Negation ist vermeidbar, wenn der Sachverhalt mit einem direkten Antonym ausgedrückt werden kann. Gibt es hingegen kein direktes Antonym, sondern „beliebig viele, nicht antonymisch angeordnete Elemente" (ebd.: 462), von denen eines negiert wird, ist die Negation häufig nicht vermeidbar. Dass negierte Sätze schwerer zu verarbeiten sind als nichtnegierte Sätze, ist darauf zurückzuführen, dass die Negation stets auf einer „(nichtnegierten) semantischen Basis [operiert], deren Geltung außer Kraft gesetzt wird" (Bredel et al. 2016: 98) und folglich eine doppelte Auswertung des Satzes erfordert: Zum Verstehen der verneinten Äußerung muss der Rezipient zum einen wissen, „was der Fall ist, wenn der nichtnegierte Satz wahr ist" (ebd.) und zum anderen durch Anwendung des Negationsoperators wissen, „was der Fall ist, wenn der negierte Satz wahr ist" (ebd.). Vorstellungen und Geltungsbereiche müssen somit zunächst aktiviert und zugleich deaktiviert werden. Zur Verringerung des kognitiven Aufwands sollten negierte durch affirmative Sätze ersetzt werden (vgl. Maaß 2015a: 126). Ist die Negation unvermeidbar, gilt es die Negativität unter Anwendung verschiedener Übersetzungsstrategien möglichst verständlich auszudrücken (vgl. Bredel/Maaß 2016a: 462). Gemäß dem Grundprinzip „Analyse vor Synthese" (Maaß 2015a: 77) ist dabei die N-Negation der K-Negation vorzuziehen, denn bei dieser ist die grammatische Funktion der Negation mit einem eigenen, freistehenden Träger (*nicht*) ausgestattet. Bei der K-Negation verschmilzt der Negationsmarker hingegen mit dem indefiniten Artikel, so dass die Gefahr, dass der fusionierte Negationsmarker übersehen wird, deutlich höher ist als bei der N-Negation. Dementsprechend sollte auch auf Negationsausdrücke verzichtet werden, die neben der Negation „noch weitere Bedeutungen transportieren" (Bredel/Maaß 2016b: 149), wie die Lokaladverbien *nirgends* oder *nirgendwo*, sowie auf Negationsausdrücke, die in Wörter eingebettet sind, wie *unglücklich* oder *verunglücken* (vgl. ebd.). Um die Perzipierbarkeit der Negationsmarker zu erhöhen, werden sowohl freistehende N-Negationen als auch fusionierte K-Negationen fett gesetzt. Entsprechend der pragmatischen, diskursorientierten Komponente von Negation kann diese noch zahlreiche weitere Diskursfunktionen übernehmen, die in LS herausgearbeitet und übersetzt werden müssen (vgl. Bredel/Maaß 2016a: 464 ff.).

Die Reduktion des grammatischen Inventars wird somit durch additive Verfahren wie Erläuterungen und Exemplifizierungen kompensiert. Dabei gilt es jedoch zu beachten, dass Additionsverfahren zugleich die thematische Entfaltung behindern und das Textvolumen erhöhen. Die additiven Verfahren und damit einhergehend die Entscheidung, leseschwachen Personen einen deutlich längeren Text vorzulegen als den Ausgangstext, kann unter Umständen kontraproduktiv sein, da die Adressaten häufig nur über eine geringe Aufmerksamkeitsspanne verfügen. So können gerade ungeübte Leser durch zu viele Einschübe und Unterbrechungen die Textebene schnell aus dem Blick verlieren und sind folglich nicht mehr in der Lage, dem Argumentationsgang zu folgen. Um Probleme auf der Textebene zu vermeiden, sollten Additionsverfahren, die mit großem Formulierungsaufwand einhergehen, nur in Maßen eingesetzt werden (vgl. ebd.: 468).

Textebene

Das, was in der Standardsprache über die in LS nicht lizenzierten lexikalischen und grammatischen Kategorien ausgedrückt wird, verschiebt sich in LS auf die Textebene. Die Interaktion der sprachlichen Ebenen wird somit daran ersichtlich, dass sich die Reduktion des lexikalischen und grammatischen Inventars sowie die auf der Wort- und Satzebene getroffenen Entscheidungen auf der Textebene summieren. Die Auflösung bestimmter Strukturen führt folglich häufig dazu, dass die Komplexität von der einen auf die andere Ebene verlagert wird. Dennoch ist es auch in LS für den Leseprozess entscheidend, dass der Text nicht in isolierte Einzelaussagen zerfällt, sondern als strukturiertes

„sprachliches Gebilde" (Maaß 2015a: 129) mit einer klaren Informations- und Argumentationsstruktur zu erkennen ist. Zur Optimierung der Verständlichkeit auf der Textebene ist es zunächst erforderlich, die Bedeutung der vier zentralen Texteigenschaften Begrenzung, Kohäsion und Kohärenz, kommunikative Funktion und Ganzheit für die LS herauszuarbeiten (vgl. Brinker et al. [8]2014: 17 ff.).

Eine fehlende Begrenzung des LS-Textes wird zum Problem, wenn „ein Übertritt zwischen den Teiltexten mit einem Wechsel in die Standardsprache verbunden ist" (Bredel/Maaß 2016a: 484 f.). Dies ist der Fall, wenn eine Webseite nur in Teilen übersetzt ist und der Leser über Hyperlinks zu Texten in Standardsprache weitergeleitet wird. Um zu verhindern, dass die Rezeption durch Sprünge zwischen verständlichen und unverständlichen Informationen erschwert wird, sollten die Informationen eindeutig von den Bereichen der Standardsprache abgegrenzt werden und nicht in diese übergehen.

Auch in LS hängt das erfolgreiche Textverstehen in entscheidendem Maße von der Kohäsion und der Kohärenz des Textes ab. Als Kohäsion wird der syntaktisch-grammatische Zusammenhang des Textes bezeichnet; die Mittel zur Herstellung des Zusammenhangs auf der Textoberfläche werden Kohäsionsmittel genannt. Zu diesen gehören die Rekurrenz, also die „materielle Wiederaufnahme eines eingeführten Textelements" (Linke et al. [5]2004: 245), und die Substitution, d. h. die Wiederaufnahme eines Elementes durch ein ihm inhaltlich verbundenes Textelement mit demselben Referenten. Substitutionen umfassen Synonyme, Ober- und Unterbegriffe, Metaphern sowie Lexeme aus demselben Wortfeld (vgl. ebd.: 246 f.). Weitere Mittel zur mikrostrukturellen Textverknüpfung sind Pro-Formen, wie Adverbien oder Demonstrativpronomen, bestimmte Artikel, Ellipsen und Konnektive (ebd.: 247 ff.). Explizite Textverknüpfung wird durch metakommunikative Elemente geschaffen, d. h. durch Verweise auf andere Textstellen unter Zuhilfenahme stereotyper Formulierungen. Die Kohärenz bezieht sich hingegen auf die Tiefenstruktur, d. h. auf den inhaltlich-semantischen Zusammenhang des Textes. Ein kohärentes Textverständnis ergibt sich nicht allein auf der Textebene, sondern erfordert die Textarbeit des Rezipienten. Für das Herstellen von Kohärenz bedarf es somit außersprachlicher Wissensbestände, die aktiv in den Verstehensprozess miteingebracht werden. Zu diesen gehören Welt-, Erfahrungs- und Handlungswissen sowie konzeptuelle Deutungsmuster und Präsuppositionen (vgl. ebd.: 256 ff.). In LS-Texten wird das Herstellen von Kohäsion und Kohärenz dadurch erschwert, dass viele kohäsions- und kohärenzstiftende Mittel nicht zur Verfügung stehen. Da nicht alle Adressaten über das Welt- und Sprachwissen verfügen, das zur Verarbeitung von Substitutionen benötigt wird, ist z. B. neben den bereits genannten lexikalischen und grammatischen Restriktionen weder die pronominale Wiederaufnahme noch der Gebrauch von Synonymen und Hyperonymen lizenziert. Stattdessen wird überaus häufig auf die Rekurrenz zurückgegriffen. Da auch die außersprachlichen Wissensbestände, die in den Prozess des Textverstehens miteingebracht werden, nur begrenzt vorhanden sind, können auch Präsuppositionen sowie Welt- oder Sprachwissen voraussetzende Implikaturen zur Stiftung von Kohärenz nicht eingesetzt werden. Stattdessen muss die Art der thematischen Verknüpfung explizit signalisiert werden, wie bspw. durch Metakommunikation, Zwischenüberschriften und Einrückungen.

Die Funktion, die ein Text erfüllt, lässt sich anhand von Textsortenkonventionen, d. h. anhand von „charakteristische[n] Sprachverwendungs- und Textgestaltungsmuster[n]" (Reiß/Vermeer 1984: 177) erschließen. Diese kulturspezifischen Muster fungieren als Erkennungssignale, steuern die Erwartungen an den Text und erleichtern die Informationsaufnahme und -organisation und damit das Textverständnis (vgl. ebd.: 189). Konventionelle Formulierungen, die auf eine Textsorte und somit die Textfunktion verweisen und zugleich Orientierung liefern, sind in LS angesichts der oftmals inhärenten lexikalischen oder grammatischen Komplexität jedoch nur begrenzt verfügbar.

Da die Textfunktion „dem Text als Ganzem zu[kommt]" (Brinker et al. [8]2014: 96), ergibt sich das Textverständnis nicht aus der Addition der einzeln rezipierten Sätze, sondern der Rezipient muss den Text als Ganzheit und als in sich geschlossenes Gebilde erschließen. Dies bedeutet, dass er der Informationsstruktur folgen und die zentralen Aussagen identifizieren und in einen Gesamtzusammenhang einordnen muss. Das Folgen der Argumentationsstruktur und das Erfassen der Ganzheit wird dem Leser durch die Zuordnung des Textes zu einer Textsorte erleichtert. Das dafür erforderliche sprachliche, sachliche und intertextuelle Wissen kann jedoch bei den primären Adressaten aufgrund der mangelnden Erfahrung mit der erfolgreichen Rezeption verschiedener

Textsorten nicht vorausgesetzt werden. Die primären Adressaten können die Textfunktion somit nicht über die Textsorte erschließen, so dass diese z. B. mittels eines dem Text vorgestellten Abschnitts explizit zu verbalisieren ist. Da die LS bei der textuellen Entfaltung nicht auf die typischerweise verfügbaren Mittel wie Konjunktionen oder Textsortenkonventionen zurückgreifen kann, wird die thematische Entfaltung und damit ein schlüssiges, kohärentes sprachliches Gebilde durch additive Verfahren gesichert.

Da in LS stets gleiche Wörter für gleiche Dinge bzw. Sachverhalte verwendet werden, sind auf Textebene zudem Synonyme und Substitutionen zu vermeiden (vgl. Maaß 2015a: 131; Bredel/Maaß 2016b: 91). Dies ist darauf zurückzuführen, dass nicht davon ausgegangen werden kann, dass die Leser unterschiedliche Ausdrücke demselben Textreferenten zuordnen können. Die mit der Substitution eingeführten Informationen werden in LS in eigenständigen Sätzen realisiert. Da dies zu einem wachsenden Textvolumen und somit zu Problemen auf der Textebene führen kann, gilt es zu entscheiden, welche der zusätzlichen Informationen für die Aussageabsicht notwendig sind.

Die Regel steht im engen Zusammenhang mit den Empfehlungen zum Umgang mit Personalpronomen. Personalpronomen der ersten und zweiten Person sind lizenziert, Personalpronomen der dritten Person werden hingegen ersetzt. Die Hauptfunktion der Personalpronomen ist die „Wiederaufnahme von Textreferenten" (Bredel/Maaß 2016a: 369). Bei der Interpretation von Personalpronomen, die auf ein zuvor eingeführtes Textelement zurückverweisen, stellt sich dem Leser die Frage, worauf sich das Pronomen bezieht. Die Auflösung kann insbesondere dann zu Schwierigkeiten führen, wenn das „grammatische Geschlecht von den Erwartungen […] abweicht" (Maaß 2015a: 134), wie bei dem Substantiv *Mädchen* (Neutrum statt Femininum). Kann das Pronomen aus grammatischer Sicht mehrere Bezugswörter haben, wird der korrekte Bezug aus dem Kontext erschlossen. Da die Zuordnung zu dem korrekten Textreferenten „syntaktisches und konzeptionelles Wissen" (Bredel/Maaß 2016a: 371) erfordert, werden Personalpronomen durch die erwähnte Rekurrenz ersetzt. Diese erleichtert die Wiedererkennung des Referenten, da kein eigenständiger Bezug zu vorherigen Textstellen hergestellt werden muss und keine grammatisch kodierten Vorinformationen aktiviert werden müssen. Durch den Verzicht auf Personalpronomen der dritten Person, die als anadeiktische Textverweise gelten, werden somit auch keine Leseprozesse entgegen der Leserichtung hervorgerufen. Auf Textebene ist der Verzicht auf pronominale Anaphern jedoch problematisch, da durch diesen erheblich in die Textkohärenz eingegriffen wird (vgl. ebd.: 495). Als eines der wichtigsten kohäsionsstiftenden Mittel signalisieren Personalpronomen „Themenkonstanz und wirken damit in hohem Maße themenstabilisierend" (ebd.: 497). Die Wiederholung der Textreferenten löst bei durchschnittlichen Lesern zudem häufig „Abwehrreaktionen" (ebd.) aus und wirkt sich negativ auf die Akzeptabilität der LS aus. Dennoch wird die Verständlichkeit hier höher eingestuft als die durch den Verzicht generierten Probleme. Von der Regel ausgenommen ist die Höflichkeitsanrede *Sie*. Da die Gefahr besteht, dass die Höflichkeitsanrede *Sie* mit dem anaphorischen Pronomen *sie* verwechselt wird, das Siezen der erwachsenen Leserschaft jedoch zu den ethischen Grundprinzipien der LS gehört, kann diese Gefahr nicht durch den Ersatz von *Sie* mit *Du* beseitigt werden. Das Problem lässt sich folglich nur durch eine einheitliche Gestaltung der Texte lösen, in denen das Pronomen *Sie* keine anaphorische Funktion erfüllt, sondern ausschließlich der direkten Anrede dient.

Auf der Textebene wird weiter zum Einsatz von Zwischenüberschriften geraten. Diese zeigen die thematische Progression explizit auf, kündigen neue Themen an und ermöglichen eine Vorausorientierung. Ein weiteres Mittel zur Steigerung der Perzipierbarkeit und zur Gliederung des Textflusses sind Randglossen. Zudem ist der Einsatz von Textverweisen unverzichtbar, da diese „die sprachliche Oberfläche [vernetzen]" (Maaß 2015a: 138) und somit den logischen Zusammenhalt sowie die Struktur und Gliederung des Textes sichtbar machen. Als Teil der Metakommunikation sind inter- und intratextuelle Verweise zudem eines der zentralen Mittel zur Herstellung von Kohärenz, mit denen die nicht lizenzierten kohäsions- und kohärenzstiftenden Strukturen teilweise kompensiert werden können. Dennoch stellen Textverweise eine kognitive Herausforderung dar, da sie den Lesefluss unterbrechen und den Leser „zu komplexen Handlungen am Text auf[fordern]" (Bredel/Maaß 2016a: 483 f.). Generell wird dazu geraten, Textverweise der Leserichtung entsprechend auszurichten und demnach die Vorverweisung (Kataphorik) der Rückverweisung (Anaphorik) vorzuziehen. Angesichts der Bevorzugung von proximalen vor distalen Strukturen wird das Verstehen weiter durch Verweise erleichtert, die auf nahestehende Textteile referieren (proximale Verweise). Distale Verweise sind zu vermeiden, da sie den Leser dazu auffordern, auf weiter entfernte Stellen zurückzuspringen (vgl. ebd.: 510 f.). Mit der Vermeidung von anaphorischen und distalen Verweisen wird zudem der Split-Attention-Effekt verhindert. Dieser tritt auf, wenn die Aufmerksamkeit des Lesers zwischen mehreren, an verschiedenen Stellen stehenden Informationen aufgespalten werden muss, wodurch die Belastung des Arbeitsgedächtnisses erhöht und die kognitiven Kapazitäten für den Verstehensprozess vermindert werden.

Typografie und Layout

Bei der Typografie der LS-Texte ist zwischen der Makro- und Mikrostruktur zu unterscheiden. Die Makrostruktur dient primär der Informationsstrukturierung. Diese erfolgt u. a. durch Zwischenüberschriften, Absatzgestaltung, Bilder und Grafiken. Die typografische Mikrostruktur bezieht sich hingegen „auf die Nutzung der kleinsten typografischen Einheit, die Zeile" (ebd.: 265). Zur Steigerung der Perzipierbarkeit sind LS-Texte durch ein uniformes und leicht (wieder)erkennbares Format gekennzeichnet. Hierzu gehört, dass jeder Satz mit einer neuen Zeile beginnt. Dieser sog. Listenmodus wird in der Standardsprache nur für Aufzählungen mit unvollständigem Satzbau und fehlendem abschließendem Satzzeichen genutzt. Da listenmodale Sätze in LS jedoch grammatikalisch korrekt und syntaktisch vollständig sind und jeder Satz mit einem satzschließenden Satzzeichen endet, können die Texte nicht als rein listenmodal, sondern vielmehr als „Hybrid aus Text- und Listenmodus" (ebd.: 267) bezeichnet werden. Der Satz bildet in LS somit nicht nur eine syntaktische, sondern auch eine typografische Einheit. Angesichts der kurzen Satzlänge ist es meist möglich, einen Satz in einer Zeile darzustellen. Verläuft ein Satz über zwei Zeilen, darf dieser nur zwischen syntaktischen Gruppen, wie zwischen Nominal-, Präpositional- oder Verbalgruppen getrennt werden (vgl. Maaß 2015a: 144 f.). Zur übersichtlichen Textgestaltung gehört auch der Einsatz von Einrückungen. Da Einrückungen das Anfang und Ende einer Erläuterung oder eines Beispiels sichtbar machen, sind sie ein geeignetes Mittel, um den Verlust des textuellen Oberflächenzusammenhangs zu kompensieren und den Argumentationsgang anzuzeigen. Des Weiteren kann die visuelle Perzipierbarkeit mit serifenlosen Schriftarten gesteigert werden. Kursivdruck ist zu meiden, da er die Buchstabenform verändert und die Buchstabenerkennung erschwert (vgl. Bredel/Maaß 2016a: 228). Dies lässt sich durch Erkenntnisse der Leserlichkeitsforschung stützen, die belegen, dass „Kursivdruck […] z. T. die Lesegeschwindigkeit [beeinträchtigt]" (Groeben 1982: 175). Gleiches gilt für die ebenfalls nicht lizenzierte Versalienschreibweise, die aufgrund der einheitlichen Buchstabenhöhe die Leserlichkeit des Textes erschwert und die Lesegeschwindigkeit verlangsamt (vgl. Göpferich 1998: 81; Groeben 1982: 175). Zur Hervorhebung sind der Fettdruck und die Unterstreichung lizenziert. Der Fettdruck wird zum einen verwendet, um Ausdrücke zu markieren, die einer besonderen Verstehenssicherung bedürfen, wie Negationsmarker. Zum anderen wird der Fettdruck verwendet, um die Relevanz von Informationen hervorzuheben und Kernbegriffe thematisch zu fokussieren. Die Unterstreichung wird hingegen für textexterne Verweise genutzt.

Die typografische Makrostruktur wird zudem durch den Einsatz von Bildmaterial gestützt. Das Zeichensystem LS umfasst somit auch ikonische Zeichen wie Bilder und Diagramme. Ikonische Zeichen dienen in LS dazu, den Verstehensprozess zu unterstützen. So können zentrale Textinhalte oder schwierige Konzepte multikodal aufbereitet, d. h. durch eine andere Zeichenressource veranschaulicht und verdeutlicht werden (vgl. Bredel/Maaß 2016a: 295). Bilder sind allerdings nur zu verwenden, wenn eine Konvergenzbeziehung zwischen Bild und Text besteht (vgl. ebd.: 273). Divergente Bilder, d. h. Bilder, bei denen kein klar erkennbarer, eindeutiger Bezug zwischen Text- und Bildinformationen besteht, sind hingegen zu vermeiden (vgl. ebd.: 275). Zu den divergenten Bildern gehören auch Bilder mit rein dekorativer Funktion, da diese keine verstehensfördernde Wirkung haben, sondern lediglich dazu führen, dass der Leser abgelenkt und der Lesefluss gestört wird. Zudem muss die Bebilderung angemessen, gezielt, fachgerecht und an der Altersgruppe ausgerichtet sein. Eine „kindlich-naive[] Bebilderung" (Maaß 2015a: 84) ist in Texten, die sich an Erwachsene richten, zu vermeiden, da diese den Adressaten das Gefühl gibt, nicht als erwachsene Menschen ernst genommen zu werden. Zudem wird durch eine altersunangemessene Bebilderung die gesellschaftliche Akzeptanz des Konzepts erschwert. Bei der Anordnung der Bilder ist der erwähnte Split-Attention-Effekt zu berücksichtigen. So kann die verstehensunterstützende Wirkung der Bilder durch das integrierte Format gesteigert werden. Bei diesem wird das Bild nah am Text platziert, wodurch die simultane Verarbeitung der beiden Zeichencodes ermöglicht wird. Zu vermeiden ist hingegen das separierte Format, bei dem Bild und Text räumlich voneinander entfernt angeordnet sind, was einerseits dazu führt, dass das Herstellen der Text-Bild-Beziehung erschwert wird, und andererseits dazu führt, dass die Aufmerksamkeit zwischen den beiden Informationsquellen gespalten werden muss. Darüber hinaus werden zur Darstellung von komplexen Zusammenhängen in LS auch Visualisierungen wie Charts oder Diagramme verwendet (vgl. Bredel/Maaß 2016a: 281, 286 ff.).

Die genannten Regeln bilden die Grundlage für funktionale Texte, die den Lesern die eigenständige Rezeption und somit kommunikative und gesellschaftliche Teilhabe ermöglichen. Dafür folgt die LS auf allen Ebenen des Sprachsystems bestimmten Leitprinzipen, die für eine homogene und strukturierte Textqualität sorgen. Gemäß dem „Prinzip der maximalen Explizitheit" (Bredel/Maaß 2016a: 517) ist es die Aufgabe des Übersetzers, Verstehensschwierigkeiten zu antizipieren und Implikaturen, semantische Beziehungen, Ambiguitäten und nicht verbalisierte Intentionen anhand von additiven Strategien wie Exemplifizierungen, Erläuterungen und Paraphrasierungen an die sprachliche Oberfläche zu bringen. Ebenso spiegelt sich auf allen Ebenen das „Prinzip der Proximität" (ebd.: 516) wider. Demnach ist der LS-Text durch eine „maximale[] Nähe zum Leser" (ebd.) gekennzeichnet. So werden Potenzialität und Irrealität durch Konstruktionen ersetzt, die eine erfahrungsnahe Verarbeitung des Konzeptes ermöglichen. Dem entspricht auch die konzeptionelle Orientierung an der Mündlichkeit sowie der Einsatz von Vergleichen und Vergleichsgrößen, die ebenfalls zu einer alltagsnahen Rezeption beitragen. Zudem zeichnet sich die LS durch eine maximale Kontinuität aus, die durch textübergreifend konsistente syntaktische Muster sowie durch eine konsistente Wortwahl erreicht wird. Die Regeln lassen sich grob in „Strategien der Beschränkung (Reduktion)" und „Strategien der Erweiterung (Addition)" (Bredel/Maaß 2016b: 154 f.) unterteilen:

Strategien der Reduktion
Verzicht auf Fach- und Fremdwörter
Beschränkung auf den Grundwortschatz
Verzicht auf Satzgefüge
Verzicht auf Genitivkonstruktionen
Beschränkung auf Präsens
und Präsens Perfekt
Verzicht auf Konjunktiv
Verzicht auf Personalpronomen der dritten Person
Vermeidung von Synonymen und Substitutionen
Vermeidung des Passivs
Vermeidung des Nominalstils
Tendenzielle Vermeidung der Negation

Tab. 1: Strategien der Reduktion

Strategien der Addition
Erklärungen
Beispiele
Vergleiche
Nennung der Handlungsträger
Hinweise zur geschlechtergerechten Sprache
Hinweise zur Textsorte oder -funktion
Zwischenüberschriften
Randglosse
Diagramme
Charts
Bilder

Tab. 2: Strategien der Addition

Damit sichergestellt werden kann, dass es sich bei den Texten um regelkonforme, funktions- und adressatengerechte Übersetzungen handelt, werden derzeit unterschiedliche Verfahren der Qualitätssicherung eingesetzt, die im folgenden Kapitel skizziert werden.

2.9 Qualitätssicherung

Laut dem Netzwerk Leichte Sprache und Inclusion Europe ist ein Text nur dann ein Text in LS, wenn er zuvor einer Zielgruppenprüfung unterzogen wurde. Die Qualitätssicherung durch eine Zielgruppenprüfung wird in der Wissenschaft jedoch kontrovers diskutiert. Eine wesentliche Schwachstelle der derzeit praktizierten Zielgruppenprüfung ist, dass diese ausschließlich durch Menschen mit geistiger Behinderung erfolgt und die Heterogenität der primären Adressaten somit nicht berücksichtigt wird. Der Text gilt demnach als verständlich, wenn er von Menschen mit geistiger Behinderung verstanden wird. Lasch (2017) kritisiert in diesem Zusammenhang, dass „[a]n Objektivierung oder eine Übertragung auf andere Adressaten [...] überhaupt nicht zu denken [ist]" (Lasch 2017: 277). Für eine repräsentative Prüfung wäre es somit erforderlich, Vertreter verschiedener Adressatengruppen in die Prüfgruppe miteinzubeziehen. Darüber hinaus können die derart praktizierten Prüfungen „exkludierend wirken, weil sie einen großen Kreis der primären Adressat(inn)en ausschließen" (Bredel/Maaß 2016a: 177). Dennoch ist auch bei einer heterogenen Prüfgruppe das Urteil der Prüfer nach wie vor rein subjektiv und für eine seriöse Qualitätskontrolle nicht ausreichend. Zudem birgt auch die Prüfung durch eine heterogene Prüfgruppe „die Gefahr der Übergeneralisierung der Verstehensvoraussetzungen von Einzelpersonen" (Bredel/Maaß 2016b: 51). Daher wäre es auch bei einer heterogenen Prüfgruppe erforderlich, den Text im Anschluss anhand von objektiven Kriterien zu prüfen. Da eine zufällige Auswahl der Prüfer aus wissenschaftlicher Sicht nur schwer zu rechtfertigen ist, müssten für eine qualitativ hochwertige, professionelle Textprüfung zudem Kriterien für die Prüferauswahl erstellt werden. Hierbei könnte es sich z. B. um Hintergrund, Art und Schwere der Beeinträchtigung, Sprachkompetenzen sowie Lese-, Text(sorten)- und Prüferfahrung handeln.

Gemäß der internationalen Qualitätsnorm ISO 17100 aus dem Jahr 2015 ist die Revision ein zentraler Bestandteil der Qualitätssicherung für Übersetzungsdienstleister und sollte somit auch bei der intralingualen Übersetzung von LS-Texten umgesetzt werden. Revision wird definiert als „Überprüfung eines *zielsprachlichen Inhalts* […] im Vergleich mit dem *ausgangssprachlichen Inhalt* […] auf Eignung für den vereinbarten Zweck" (DIN EN ISO 17100 2015: 7). Aufgrund des fehlenden Vergleichs von Ausgangs- und Zieltext kann die derzeit praktizierte Zielgruppenkorrektur demnach nicht als Revision bezeichnet werden, denn die Prüfer zeichnen sich gerade dadurch aus, dass sie den Ausgangstext aufgrund ihrer geringen Lesekompetenzen nicht verstehen und folglich auch nicht beurteilen können, ob der Zieltext den Inhalt des Ausgangstextes korrekt wiedergibt.

Problematisch an der derzeitigen Prüfung ist zudem, dass die Textrezeption „häufig schwerpunktmäßig auditiv" (Bredel/Maaß 2016a: 177) erfolgt. Dass die Texte den Prüfern vorgelesen werden, widerspricht jedoch dem Prinzip der Barrierefreiheit und dem Ziel, die Informationen so aufzubereiten, dass sie „grundsätzlich ohne fremde Hilfe auffindbar, zugänglich und nutzbar sind" (§ 6 BGG 2016). Die Prüfsituation stellt somit keine authentische Rezeptionssituation dar, denn beim Vorlesen werden dem Text zum einen durch Stimmmerkmale, wie Tempo, Pausen und Intonation, paraverbale Informationen hinzugefügt. Zum anderen wird der Text oftmals satzweise vorgelesen, was dazu führt, dass die Verständlichkeit auf der Textebene nicht beurteilt werden kann. Ob der Text seine Funktion in der Zielsituation erfüllt, kann mit einer auditiven Rezeption somit nicht hinreichend geprüft werden. Für eine zielführende Textprüfung ist es folglich erforderlich, dass die Rezeptionsbedingungen der Prüfsituation weitgehend denen der Zielsituation entsprechen. Da es allerdings angesichts des stark ansteigenden Textvolumens in Zukunft weder möglich noch sinnvoll sein wird, jeden einzelnen Text einer professionellen, aufwendigen Zielgruppenkontrolle zu unterziehen, gilt es, alternative, effizientere Verfahren der Qualitätssicherung anzuwenden.

Aus Studien und Praxiserfahrungen ist bekannt, dass es unabhängig von der sprachlichen und kognitiven Einschränkung „immer wieder dieselben Phänomene [sind]" (Bredel/Maaß 2016a: 178), die den Adressaten Schwierigkeiten bereiten und die es demnach zu vermeiden gilt (s. Kap. 2.8.2). Anhand dieser theoretischen und empirisch gestützten Erkenntnisse lassen sich generalisierte Kriterien ableiten, die ein Text erfüllen muss, damit er als leicht verständlich klassifiziert werden kann. Die Prüfung, ob diese Kriterien erfüllt sind, kann auch von Übersetzern bzw. Lektoren durchgeführt werden. Bei einer wissenschaftlichen Textprüfung, wie sie bspw. an der Forschungsstelle Leichte Sprache durchgeführt wird, wird der Text zum einen auf Regelkonvergenz auf morphologischer, syntaktischer, semantischer und textueller Ebene geprüft und zum anderen die Funktionalität des Textes in der Zielsituation evaluiert. Wird der Text als regelkonform und funktional befunden, wird er mit dem Hildesheimer Prüfsiegel *Leichte Sprache wissenschaftlich geprüft* versehen. Neben dem Verständlichkeitssiegel der Forschungsstelle gibt es noch zwei weitere Prüfsiegel: das *Europäische Logo für Leichtes Lesen* von Inclusion Europe und das *Gütesiegel für Leicht Lesen* von capito. Die drei Prüfsiegel basieren allerdings auf unterschiedlichen Regelwerken und wenden unterschiedliche Prüfverfahren an. Mit heterogenen Regelwerken und Prüfsiegeln kann die erforderliche Homogenität der LS-Texte somit nicht erreicht werden. Für eine einheitliche Qualitätssicherung bedarf es hingegen der „Verwendung eines einheitlichen und offiziellen Gütesiegels für Leichte Sprache" (Kellermann 2014: 10). Nur so kann sichergestellt werden, dass Texte, die mit dem Gütesiegel ausgezeichnet sind, auch tatsächlich den Erwartungen des Lesers entsprechen. Werden Zielgruppenvertreter in die Qualitätssicherung miteinbezogen, sollten zudem „empirisch geprüfte Leitlinien zur Verfahrensweise von Verständlichkeitsprüfungen" (Seidel/Michel 2017: 505) entwickelt werden.

Auch in der DIN SPEC (PAS) „Empfehlungen für Deutsche Leichte Sprache" (s. Kap. 2.3) soll ein Prüfprozess zur Qualitätssicherung ausgearbeitet werden, dieser befindet sich jedoch noch in der Entwicklung.

Neben der Zielgruppenkontrolle werden zurzeit auch automatisierte Textprüfungen durchgeführt. So kann mit Tools wie der Software *TextLab* oder dem Programm *LanguageTool* geprüft werden, ob ein Text die morphologischen und syntaktischen Anforderungen der LS erfüllt. Hierfür wird die Silbenzahl pro Wort und die Wort- und/oder Aussagenanzahl pro Satz analysiert und der Text zudem auf das Vorkommen von bspw. Passiv- oder Genitivkonstruktionen sowie auf Abkürzungen und Fremdwörter geprüft (vgl. Multisprech 2019). Bei der Software *TextLab* wird die Textverständlichkeit anhand des Hohenheimer Verständlichkeitsindex berechnet und der Text mit einer Punktzahl versehen. Laut Bredel/Maaß (2016a) kann der Text als LS-Text klassifiziert werden, wenn er bei der Prüfung mind. 18 von 20 Punkten erreicht. Da die Tools jedoch auf morphologische und syntaktische Analysen begrenzt sind, ist es für eine professionelle Qualitätssicherung erforderlich, im Anschluss zu prüfen, ob der Text auch auf semantischer und textueller Ebene regelkonform und funktional ist.

In diesem Zusammenhang zeigen Hansen-Schirra et al. (2020) Möglichkeiten auf, CAT-Tools (Tools für die computergestützte Übersetzung) in den intralingualen Übersetzungsprozess miteinzubinden. Dass von diesen technischen Ressourcen bislang kaum Gebrauch gemacht wird, ist u. a. dadurch bedingt, dass das Übersetzen in LS mit einigen Besonderheiten verbunden ist, die dazu führen, dass CAT-Tools bislang nur eingeschränkt verwendet werden können. So sind beim intralingualen Übersetzen zwar Termini in Ausgangs- und Zieltext auch äquivalent (d. h. sie haben denselben Referenten); da ein Terminus der Standardsprache jedoch häufig nicht mit einem Terminus in LS, sondern mit einer Erläuterung, Paraphrase oder sogar einem Bild übersetzt wird, bezieht sich die Äquivalenz allerdings nicht auf die terminologische Ebene (vgl. Hansen-Schirra et al. 2020: 106). Zudem findet die Übersetzung häufig auf der konzeptuellen Ebene statt, und zwar dann, wenn im Zieltext z. B. ein Hyperonym verwendet wird, wobei hier keine vollständige, sondern nur eine Teiläquivalenz vorliegt. Damit Terminologiedatenbanken auch für das intralinguale Übersetzen als konsistenzsicherndes Mittel genutzt werden können, ist es erforderlich, die bestehenden Praktiken an die Bedarfe der LS-Übersetzung anzupassen und so bspw. weitere Eingabefelder für Paraphrasen oder Erklärungen hinzuzufügen (vgl. ebd.: 107 f.). Dies gilt auch für die Verwendung von Bildern, die in Terminologiedatenbanken bislang der konzeptuellen Ebene zugeordnet werden. Da aber in LS häufig auch Termini mit Bildern oder sogar Videos bzw. Mouseover-Elementen übersetzt werden, sollten diese für die Terminologiearbeit eher auf der terminologischen Ebene angesiedelt werden. Insgesamt sollten somit vermehrt Möglichkeiten zur intersemiotischen Übersetzung berücksichtigt werden. Auch der Einbezug von Translation-Memory Systemen (TMs) kann sich unter bestimmten Voraussetzungen zu einem festen Bestandteil des intralingualen Übersetzungsprozesses entwickeln. So bieten

TMs dem Übersetzer die Möglichkeit, von sog. *fuzzy matches* zu profitieren, d. h. von Übersetzungseinheiten, die bis zu einem vorher eingestellten Schwellenwert mit einem bereits übersetzten Segment übereinstimmen. Fuzzy matches erweisen sich insbesondere deshalb als hilfreich, da sie einerseits den Übersetzer entlasten und andererseits die textübergreifende Konsistenz auf Wort-, Satz- und Textebene sichern, die für LS-Rezipienten von besonderer Notwendigkeit ist (s. Kap. 2.8.2). Hansen-Schirra et al. (2020) schlagen jedoch vor, den Schwellenwert, d. h. die Übereinstimmungsquote, für LS-Übersetzungen herabzusetzen (vgl. ebd.: 113 f.). Probleme ergeben sich allerdings bei der Verwendung der Alignment-Funktion. Mit der Alignment-Funktion können vorhandene Übersetzungen in das TM importiert werden, wobei die Segmente im Ausgangstext den entsprechenden Segmenten im Zieltext zugeordnet werden. Hierfür ist es erforderlich, dass die Segmente des Ausgangstextes mit denen des Zieltextes übereinstimmen. Diese Voraussetzung ist bei Übersetzungen in LS angesichts der zahlreichen additiven und reduktiven Verfahren jedoch nicht erfüllt. Aufgrund der fehlenden Äquivalenz auf Satzebene ist ein 1:1 Alignment somit nicht realisierbar, was dazu führt, dass manuelle Korrekturen mit erheblichem Aufwand verbunden sind. Darüber hinaus zeigen Hansen-Schirra et al. (2020) auf, dass die in der interlingualen Übersetzung marktführende neuronale maschinelle Übersetzung (NMÜ) auch Automatisierungspotenziale im Bereich der LS bietet. Für die Entwicklung eines qualitativ hochwertigen NMÜ-Systems bedarf es jedoch großer Korpora von Texten in Standard- und Leichter Sprache, mit denen das System trainiert werden kann. Dass ein ausreichend großes Korpus von geeigneten Texten bislang noch nicht zusammengestellt werden kann, ist u. a. darauf zurückzuführen, dass sich nicht alle LS-Texte zum Training des Systems eignen. So können z. B. Texte, die nur als Zusatzmaterial bereitgestellt wurden, aufgrund des fehlenden Ausgangstextes nicht verwendet werden und auch stark reduzierte oder angereicherte Texte, die sich zu sehr vom Ausgangstext unterscheiden, sind für das Training nur bedingt geeignet. Die Problematik wird zudem dadurch verschärft, dass auch Texte, die nicht professionell angefertigt wurden bzw. nicht regelkonform sind und nicht den Anforderungen der Rezipienten entsprechen, nicht mit einbezogen werden können. Qualitativ unzureichende Übersetzungen sind somit doppelt problematisch, da sie einerseits ihren intendierten Zweck verfehlen und andererseits der Entwicklung eines für intralinguale Übersetzungen geeigneten NMÜ-Systems entgegenstehen. Darüber hinaus ist zu beachten, dass der Einsatz von NMÜ im Übersetzungsprozess stets eines professionellen Post-Editings bedarf (vgl. ebd.: 117). Da das Post-Editing jedoch beim intralingualen Übersetzen mit hohem Aufwand verbunden sein kann, stellt sich zugleich die Frage, inwiefern der Übersetzungsprozess durch ein effektives, professionelles Pre-Editing des Ausgangstextes beschleunigt werden kann. CAT-Tools erweisen sich somit für konsistente, qualitativ hochwertige Texte als äußerst vielversprechend. Damit die Potenziale dieser in der interlingualen Übersetzung fest etablierten Tools auch in der intralingualen Übersetzung voll ausgeschöpft werden können, bedarf es jedoch – neben einem ausreichend großen Korpus aus qualitativ hochwertig übersetzen Texten und bestimmten Systemanpassungen – professioneller, im Umgang mit CAT-Tools geschulter Übersetzer.

2.10 Kritik

Trotz des Aufschwungs, den die LS in den letzten Jahren erfahren hat, und der überwiegend sachlichen und das Konzept würdigenden Bewertung (vgl. Diekmannshenke 2017: 116 f.), bleibt die LS sowohl in der Öffentlichkeit als auch in der Wissenschaft von kritischen Stimmen nicht verschont. Da diese Aspekte bei der Weiterentwicklung und Etablierung des Konzepts zu berücksichtigen sind, werden die zentralen, wiederholt genannten Kritikpunkte im Folgenden thesenartig dargestellt.

Leichte Sprache provoziert und führt zu einem Sprach- und Bildungsverfall

Die Befürchtung, LS führe zu einer Absenkung der Sprach- und Bildungsstandards, wird sowohl in Interviews mit Bildungswissenschaftlern als auch in Beiträgen angesehener Kolumnisten geäußert (vgl. Ochsenbein 2014; Liessmann 2016). So wurde die LS von dem Bildungsexperten Rainer Bremer[10] in einem

---

10 Rainer Bremer war Leiter der Abteilung Internationale Berufsbildung, Innovation und Industriekultur am Institut Technik und Bildung der Universität Bremen und Mitglied der Gesellschaft Bildung und Wissen.

Interview der Neuen Zürcher Zeitung als bildungsfeindliches Konzept kritisiert, das eine „gefährliche[] Abwertung der sprachlichen Bildung" (Ochsenbein 2014: o. S.) mit sich bringen könnte. LS-Texte bestehen seiner Meinung nach aus „komische[n] Sätze[n] [...], die sich wie Parodien auf behinderte Menschen lesen" (ebd.). Eine ablehnende Haltung zeigt auch der Professor für Sprachwissenschaft Dr. Josef Bayer, der LS als „Teil eines fadenscheinigen Programms zur Absenkung unserer Standards" (Bayer 2016: o. S.) bezeichnet und die radikale Meinung vertritt, dass es bei der Forderung nach LS „trotz allen Behindertengetues um nichts anderes als um Migranten [geht]" (ebd.). Die LS führe zur „Anpassung an die Zuwanderer", denn „[n]icht die Migranten sollen angehalten werden, die Sprache des Gastlandes ausreichend zu lernen, sondern die Bevölkerung soll sich auf die Standards der Migranten einstellen" (ebd.).

Auch in Online-Diskussionsforen wird die LS von Laien teilweise stark kritisiert. So wurde die Ankündigung von Nachrichten in LS bspw. auf Facebook kommentiert mit „Nachrichten fuer die Dummen? Gibts das nicht schon? ‚RTL2News'?"[11]. Auch auf der Facebook-Seite der Neuen Zürcher Zeitung löste ein Beitrag zur LS teils abwertende Reaktionen aus: „Die geplante Verdummung der Bevölkerung", „Das ist wie die Rechtschreibreform dafür gedacht, die Menschen zu verblöden und durch die Angewöhnung an eine „leichte Sprache" von komplexeren Sachverhalten auszuschliessen, so dass sie einfacher steuerbar sind" oder „Wir sind im Micky Maus Zeitalter angekommen!"[12]

Sowohl die Beiträge von Wissenschaftlern und Kolumnisten als auch die von Laien geäußerten Kommentare zeigen, dass noch sehr viel Unkenntnis über die Entstehung und das grundsätzliche Anliegen der LS herrscht. Die Angst, LS könne die Standardsprache verflachen, ist laut Bock (2015b) auf ein „Normen-Missverständnis" (Bock 2015b: 11) zurückzuführen. LS wird demnach fälschlicherweise als „Sprachform für *alle* Leser verstanden", die „als neue (und bessere) allgemeine sprachliche Norm intendiert sei" (ebd.). Diese Vorstellung geht mit der Annahme einher, dass die LS zunehmend Eingang in die Standardsprache erhält und diese letzten Endes ersetzt. Kritiker übersehen

....

11   Vgl. https://www.facebook.com/deutschlandfunk/posts/guten-morgen-nachrichtenleicht-ist-wieder-da-unser-wöchentliches-informationsang/725302144167761/ (15.5.2020).
12   Vgl. https://www.facebook.com/nzz/posts/797882716920994 (15.5.2020).

hierbei jedoch häufig, dass Texte in LS die Ausgangstexte in keiner Weise ersetzen sollen, sondern lediglich ein Zusatzangebot darstellen. Da die Texte nicht anstelle von, sondern neben der Originalfassung existieren sollen, wird das Sprachangebot durch die LS somit nicht reduziert, sondern durch diese differenziert und durch „eine neue Facette" (Maaß 2015b: 6) bereichert. Auch ein Blick in andere europäische Länder zeigt, dass die Befürchtungen unbegründet sind. So werden bspw. in Schweden und Finnland schon seit den 80er Jahren Texte verschiedener Textsorten in stark vereinfachten Varianten bereitgestellt, ohne dass sich dies negativ auf die Verwendung der Standardsprache oder die Bildung der Bevölkerung ausgewirkt hat (vgl. ebd.: 6 f.).

Leichte Sprache ist primitiv

Ein weiterer oft zu vernehmender Kritikpunkt ist, „dass Leichte Sprache an Kindersprache erinnere" (Kellermann 2014: 10). Ein Vergleich zwischen Texten in LS und Texten in „Kindersprache" (Linz 2017: 247) zeigt jedoch, dass diese These nicht haltbar ist. So werden in Texten für Kinder semantische Relationen durch Satzgefüge ausgedrückt und auch die pronominale Wiederaufnahme der dritten Person bereitet Kindern keine Probleme. Die Texte sind somit syntaktisch deutlich komplexer als LS-Texte (vgl. Maaß 2016: 3 f.). Da syntaktisch komplexe Strukturen bereits in Büchern für Kinder ab vier Jahren enthalten sind[13], ist LS – um die Kritik des populären Kolumnisten Bastian Sick aufzugreifen – keine „Sprache, wie man sie aus Bilderbüchern für Kinder im Vorschulalter kennt" (Sick 2015: o. S.). Im Gegensatz zu LS ist die Sprache für Kinder „meist emotional gefärbt und hat manchmal einen ‚pädagogischen Klang'" (Kellermann 2014: 10). Weitere Unterschiede liegen in der Form der Adressierung und dem verwendeten Bildmaterial. Während Kinder in Texten geduzt werden, besteht in der Praxis und Wissenschaft Konsens darüber, dass erwachsene Adressaten in LS-Texten zu siezen sind. Darüber hinaus sind sich Praxis und Wissenschaft einig, dass die Bildauswahl in LS stets angemessen,

---

13 Als Beispiel seien hier die ersten beiden Sätze des Kinderbuches *Peterchens Mondfahrt* genannt: „‚Sumsemann' hieß der dicke Maikäfer, der im Frühling auf einer Kastanie im Garten von Peterchens Eltern hauste, nicht weit von der großen Wiese mit den vielen Sternblumen. Er war verheiratet gewesen; aber seine Frau war nun tot" (Von Bassewitz 2001: 6).

d. h. klar, eindeutig und schmucklos, sein sollte und die Bilder ausschließlich unterstützend hinzugefügt werden sollten. Sie sollen dazu dienen, komplizierte Textpassagen zu veranschaulichen, Zusammenhänge zwischen den Inhalten zu verdeutlichen oder Vorwissen zu aktivieren (s. Kap. 2.8.2). In Texten für Kinder werden Bilder jedoch in den meisten Fällen eingesetzt, um den Text abwechslungsreicher zu gestalten und die Lesemotivation zu steigern. Bei der Erstellung des LS-Angebots muss somit besonders sorgfältig darauf geachtet werden, dass die Texte keine Verstöße gegen diese beiden Grundsätze aufweisen und weder eine unangemessene Adressierung noch rein textbegleitende Zeichnungen den Eindruck der Infantilisierung nähren. Dass die LS trotz dieser offensichtlichen Unterschiede dennoch als eine primitive, auf kindliches Niveau zurückgeführte Sprachform wahrgenommen wird, ist zum einen auf die einfache Wortwahl und das Fehlen der gewohnten syntaktischen Komplexität zurückzuführen und zum anderen auf den Gebrauch von „rein evaluative[n]" (Linz 2017: 155) Adjektiven wie *gut, böse, schlimm*, die angesichts ihrer „moralischen Konnotationen" (ebd.) einen stilistischen und für eine bestimmte Textsorte unerwarteten Wechsel herbeiführen (vgl. ebd.: 154f.). Darüber hinaus führen auch die in den LS-Texten enthaltenen direktiven Sprechakte dazu, dass der Text fremd erscheint und nicht den Erwartungen des Lesers entspricht (vgl. ebd.: 155, 157). Dieses als „kommunikative Fremdheit" (Antos 2017: 139) bezeichnete Phänomen trägt auch maßgeblich zu dem nächsten Kritikpunkt bei.

Leichte Sprache hat ein Prestige- und Akzeptanzproblem

Insbesondere in den öffentlichen Diskussionen wird deutlich, dass LS „ein teilweise negatives Image besitzt bzw. die sprachliche Gestaltung der ‚Leichten Sprache' ein geringes Prestige hat" (Bock 2014: 33). Der Grund für das „Prestigeproblem" (ebd.: 34) liegt darin, dass die LS nicht als regulierte Varietät wahrgenommen wird, sondern primär in Abgrenzung zu der Standard- bzw. Bildungssprache betrachtet wird. Die Standardsprache ist wiederum mit hohem Prestige verknüpft und stellt die „‚bessere', ‚überlegene' [...] Sprachform" (ebd.) dar, von der die LS aufgrund ihrer stark reduzierten sprachlichen Gestaltung erheblich abweicht. Die LS als defizitär abgewertete Sprachform verstößt somit gegen ein „gewisses normatives Bildungs- und Sprachideal, das der Wertung zugrunde liegt und das verteidigt werden soll" (Bock 2015b: 10). Die Ablehnung der LS resultiert folglich zum einen aus der erwähnten kommunikativen Fremdheit und zum anderen aus der teils herrschenden Unkenntnis und Ignoranz. Statt die eigentlichen Ziele des Konzepts bei der Meinungsbildung zu berücksichtigen, stützen die Kritiker ihr Urteil auf den unmittelbaren, für sie ungewohnten Eindruck, „der von der sprachlichen Gestaltung der Texte herrührt" (Bock 2014: 33 f.). Somit übersehen Kritiker häufig auch, dass es für Menschen mit kognitiven oder sensorischen Behinderungen ein gesetzlich verankertes Recht auf Informationen in LS gibt (vgl. Maaß 2015b: 4 f.). Angesichts des teils niedrigen Ansehens der LS sind Personen, die auf sie angewiesen sind, potenziell einer Stigmatisierung ausgesetzt. Es besteht somit die Gefahr, dass „‚Leichte Sprache' [...] als ‚Dumm-Deutsch' abgelehnt werden [kann]" (Zurstrassen 2017: 65), was dazu führen kann, dass die Verwendung von LS-Texten von bestimmten Adressatengruppen verweigert wird. Maaß/Rink (2019) und Hansen-Schirra/Maaß (2020) verweisen ebenfalls darauf, dass neben der Perzipierbarkeit und Verständlichkeit auch die Akzeptanz für LS-Texte seitens der Adressaten für den Leseprozess von entscheidender Bedeutung ist. So wirken sich bestimmte Regeln (s. Kap. 2.8) negativ auf die Textästhetik aus, was dazu führt, dass die Texte von den Lesern als stigmatisierend empfunden werden. Auch hier ist somit ein Dilemma zu konstatieren: Einerseits können Texte, die auf den ersten Blick als LS-Texte erkennbar sind, den Lesern das Auffinden von verständlichen Informationen erleichtern, andererseits werden die Lesebeeinträchtigungen durch die auffällig abweichenden Texte bzw. den „eigenen Textkosmos" (Bredel/Maaß 2017: 220) in den Vordergrund gestellt.

Leichte Sprache verhindert sprachliche Lernfortschritte

Obgleich LS im Sinne der Lern- und Brückenfunktion Leser, die nicht dauerhaft auf eine vereinfachte Variante des Deutschen angewiesen sind, dazu befähigen soll, ihre Lesekompetenzen zu steigern, wird auch von Befürwortern kritisiert, dass das Konzept in seiner aktuellen Fassung einem Lernimpuls entgegensteht. Dies liegt an der „einseitige[n] Ausrichtung auf maximale Vereinfachung" (Bock 2015b: 9). Die Möglichkeit der Wortschatzerweiterung bleibt verwehrt, da sowohl in der Praxis als auch in der Wissenschaft dafür plädiert wird, „[g]leiche Wörter für gleiche Sachverhalte" (Maaß 2015a: 35, 131) zu verwenden. Durch das Synonymverbot, dass für „Nomen [...], Verben, Adjektive[] und [...] Konnektoren" (ebd.: 132) gilt, wird das Lernen unbekannter Wörter und somit die Erweiterung der lexikalisch-semantischen Kompetenz verhindert. Da das lexikalisch-semantische Wissen eine zentrale Komponente der Lesekompetenz und des Textverstehens ist, müsste sich der beabsichtigte Lernfortschritt auch in der lexikalisch-semantischen Kompetenz widerspiegeln. Dies führt zu einem weiteren Dilemma: Zum einen ist es im Sinne der Lern- und Brückenfunktion erwünscht, den Wortschatz der Leser auszubauen, zum anderen wird durch eine variierende Lexik das Textverstehen erschwert. Da die Verständlichkeit jedoch klar als primäres Ziel deklariert wird, gilt in diesem Fall der von Maaß (2015a) formulierte Grundsatz, der besagt, dass „Verständlichkeit [...] im Zweifelsfall andere Kriterien [schlägt]" (ebd.: 85). Damit sowohl das Potenzial der Leser als auch das Entwicklungspotenzial des Gesamtprojekts ausgeschöpft werden kann, ist es erforderlich, dass auch Leseanreize oberhalb des aktuellen sprachlichen Entwicklungsstandes der Leser existieren. Um dem Kritikpunkt, dass LS einer Kompetenzsteigerung entgegenwirkt, etwas entgegensetzen zu können, sollten verstärkt Möglichkeiten zur Weiterentwicklung angeboten werden. An diesem Kritikpunkt wird erneut die Notwendigkeit einer „kontinuale[n] Konzeptualisierung" (Kleinschmidt/Pohl 2017: 103) sichtbar, bei der die unterschiedlichen Wissensbestände und Lesekompetenzen stärker berücksichtigt werden. In dieser Hinsicht ist die Kritik an dem Konzept, das „eine Lösung für alle" (Bock 2015b: 12) schaffen möchte, also durchaus berechtigt.

Leichte Sprache ermöglicht nur scheinbar Zugang zu komplexen Themen
Der Vorwurf, dass LS nur scheinbar Zugang zu komplexen Themen wie politischen Debatten ermöglicht und die Barrieren bestehen bleiben, ist zum einen auf die in der BITV 2.0 festgelegte „Minimalforderung" (Bredel/Maaß 2016a: 78) und zum anderen auf die der LS zugesprochene „Aushängeschildfunktion" (Bock 2015b: 13) zurückzuführen. Vergleicht man Webseiten von Politikern und Bundesinstitutionen in LS und in der Originalfassung, wird deutlich, dass bei weitem keine inhaltliche Äquivalenz zwischen beiden Angeboten herrscht. Anstelle einer vollständigen Übersetzung werden oft nur „allgemeine Meta-Informationen zusammen[getragen]" (Bock 2015d: 135). Bei den Webseiten der Bundesbehörden liegt dies insbesondere an dem eng umgrenzten Umfang

der laut BITV 2.0 bereitzustellenden Informationen, der dazu führt, dass die Leser zwar allgemeine Informationen in LS erhalten, ihnen die Inhalte selbst aber verschlossen bleiben (s. Kap. 2.3). Eine ernsthafte Absicht, lesebeeinträchtigten Adressaten umfassenden Zugang zu Informationen zu ermöglichen, ist nicht zu erkennen (vgl. Bredel/Maaß 2016a: 78). Insbesondere im Bereich der Politik wird in diesem Zusammenhang die angesprochene Aushängeschildfunktion der LS kritisiert. Politiker und Parteien nutzen LS, um „ein bestimmtes Selbstbild zu transportieren" (Bock 2015a: 97 f.). Indem sie Informationen in LS anbieten, signalisieren sie, dass sie sich für Inklusion und Barrierefreiheit einsetzen. Dass es bei der Bereitstellung von „Kommunikationsangeboten mit Aushängeschildfunktion" (ebd.: 98) also nicht darum geht, Barrieren abzubauen bzw. Partizipation zu ermöglichen, hat auch zur Folge, dass die eigentliche Textfunktion des LS-Materials oftmals diffus bleibt (vgl. Bock 2014: 41 f.; Bock 2015d: 122). So hat Bock (2015d) anhand der Analyse von Wahlprogrammen aufgezeigt, dass in der LS-Fassung die Inhalte nicht nur sehr allgemein und vage formuliert werden, sondern zugleich auch ein konsequentes Vermeiden zentraler Schlagwörter zu konstatieren ist (vgl. Bock 2015d: 123 ff., 127 ff.). Diese Aspekte führen dazu, dass dem Leser komplexe Sachzusammenhänge verschlossen bleiben und ihm angesichts des fehlenden Vorwissens kein Zugang zu aktuellen politischen Debatten und Fragen und kein Anschluss an den allgemeinen Diskurs ermöglicht wird. Wenn also mit dem Wahlprogramm in LS nicht versucht wird, den Leser zu überzeugen oder anschlussfähig zu informieren, stellt sich zugleich die Frage, welche Funktion der Text stattdessen erfüllen und zu was der Leser konkret befähigt werden soll. Bock (2015d) konstatiert, dass der Text in LS nicht annähernd die gleiche Funktionalität wie die Originalfassung bietet und dem Leser lediglich „Zugang zu einer leichten Parallelwelt, nicht aber zur ‚allgemeinen' (Text-)Welt verschaff[t] [wird]" (ebd.: 122). Sie spricht in diesem Zusammenhang davon, dass die LS „Gefahr [läuft], selbst eine Sprachbarriere zu werden und die Abkopplung von der in schwerer Sprache verfassten Welt nur zu verschleiern" (ebd.). Wird diese Gefahr nicht gebannt, kann die Partizipation womöglich sogar erschwert werden, denn sie führt dazu, dass „die Trennung in zwei Welten, eine Welt der Behinderten und eine Welt der Nicht-Behinderten" (Bock 2015b: 14) nicht überwunden, sondern gefestigt wird. Die den LS-Texten inhärente semantische Vagheit und die Verwendung von Hyperonymen kann also die Entwicklung einer sowohl inhaltlich als auch sprachlich isolierten Parallelwelt vorantreiben. Es stellt sich somit auch hier die Frage, inwiefern die LS ihrer Lern- und Brückenfunktion gerecht wird, denn laut Bock (2015d) besteht vielmehr die Gefahr, dass dem Leser keine Brücke gebaut wird, sondern er, „in der leichten (Text-)Welt stehen gelassen [wird]" (Bock 2015d: 126).

Trotz dieser 2015 von Bock geäußerten Kritik ist anzumerken, dass auch bei den Parteien das Bewusstsein für LS in den letzten Jahren stärker gewachsen ist und Informationen zunehmend barrierefrei aufbereitet werden. Sowohl bei der Bundestagswahl 2013 als auch bei der Bundestagswahl 2017 stellten die etablierten Parteien Union (CDU/CSU), SPD, Linke, Bündnis90/Die Grünen und FDP ihre Wahlprogramme auch in LS bereit[14]. Ein Vergleich der LS-Fassungen von 2013 und 2017 zeigt, dass die 2017 veröffentlichten Wahlprogramme in LS deutlich umfangreicher, informativer und strukturierter sind als die vier Jahre zuvor erstellten Materialien[15]. Bei der Bundestagswahl 2017 war es ausschließlich die AFD, die unter den anschließend im Bundestag vertretenen Parteien kein Wahlprogramm in LS veröffentlichte. Dies ist insofern nicht verwunderlich, als die Ausgabe von öffentlichen Geldern für Wahlhinweise in LS von der AfD bereits 2015 stark kritisiert wurde. Es handle sich laut AfD-Politiker Thomas Jürgewitz um eine Verschwendung von Geldern, die lediglich die „Volksverdummung durch Absenkung des Bildungsniveaus auf das unterste Level fort[setzt]" (Jürgewitz 2015: 1).

Leichte Sprache stigmatisiert die primäre Zielgruppe

Wie bereits in Kap. 2.4.2 und Kap. 2.7 angedeutet, birgt die LS erhebliches Stigmatisierungspotenzial. Dies ist darauf zurückzuführen, dass kommunikative Behinderungen als Stigma wahrgenommen werden und Texte, die sichtbar von der Norm abweichen, diese kommunikativen Beeinträchtigungen offenlegen. Das offensichtliche Angewiesensein auf leicht verständliche und leicht

---

14 Für die Bundestagswahl 2013 stellte auch die Piratenpartei ihr Wahlprogramm in LS zur Verfügung.

15 Während die SPD Komposita im Wahlprogramm 2013 mit Bindestrich segmentierte, wurden die Komposita im Wahlprogramm 2017 mit Mediopunkt segmentiert.

auffindbare, jedoch zugleich wenig akzeptable Texte führt somit dazu, dass die Zielgruppe einem erhöhten Stigmatisierungsrisiko ausgesetzt ist (vgl. Maaß 2020: 208 f.). Jones et al. (1984) unterscheiden dabei zwischen sechs Dimensionen, die einem Stigma zugrunde liegen und Auswirkungen darauf haben, wie stark ein Stigma ausgeprägt ist. Dabei gilt zwar, dass je stärker eine Dimension ausgeprägt ist, desto höher ist die Stigmatisierung; damit eine Person stigmatisiert wird, müssen jedoch nicht alle Dimensionen erfüllt sein.

1. Kaschierbarkeit: Je stärker ein Stigma wahrnehmbar ist, desto stärker ist es ausgeprägt. Kann ein Stigma hingegen kaschiert werden, sinkt die Stigmatisierungsgefahr. Für LS bedeutet dies, dass Texte Zugang zu Informationen und kommunikative Inklusion ermöglichen sollen, ohne dabei die Aufmerksamkeit der breiten Öffentlichkeit auf sich zu ziehen. Dieses Ziel wird mit der LS+ verfolgt (s. Kap. 2.4.2). Bei Texten, die sich an die Standarderwartungen anpassen und damit die kommunikativen Beeinträchtigungen der Zielgruppe verbergen, besteht jedoch der Nachteil, dass sie auf den ersten Blick nicht als leicht verständliche Texte erkennbar sind und schwieriger aufgefunden werden (vgl. Maaß 2020: 210).

2. Dauer bzw. Entwicklung: Dauerhafte Merkmale werden stärker stigmatisiert als vorübergehende Beeinträchtigungen. So werden die Zielgruppen, für die LS nur eine Durchgangsstation darstellt, weniger stigmatisiert als Menschen mit kognitiver Beeinträchtigung, die dauerhaft auf LS angewiesen sind (vgl. ebd.: 211 f.).

3. Isolationspotenzial: Ein Merkmal ist umso stigmatisierender, je stärker dadurch die soziale Interaktion mit den Betroffenen gestört wird. Hier zeichnet sich ein Zielkonflikt ab: Durch das Veröffentlichen von LS-Texten wird gezeigt, dass die Betroffenen ohne die stark komplexitätsreduzierten Texte nicht am Diskurs teilnehmen können, was zur Stigmatisierung der Gruppe beiträgt. Gleichzeitig ermöglichen aber genau diese Texte die Teilhabe der stigmatisierten Personen und führen zur Überwindung der Isolation (vgl. ebd.: 212 f.).

4. Ästhetische Beeinträchtigung: Ein Stigma ist umso stärker ausgeprägt, je mehr es als abstoßend wahrgenommen wird. LS wird als abstoßend wahrgenommen, da die Verständlichkeit auf Kosten der Textästhetik geht (vgl. ebd.: 213).

5. Verursachung: Ein selbstverschuldetes Stigma wird als schwerwiegender wahrgenommen als eines, das nicht selbstverschuldet ist. So werden funktionale Analphabeten und Migranten diesbezüglich stärker stigmatisiert als Aphasiker oder Menschen mit kognitiver Beeinträchtigung. Das Stigma kann reduziert werden, indem darauf hingewiesen wird, dass die stigmatisierende Eigenschaft nicht selbstverschuldet ist und jeder bspw. durch einen Unfall oder Schlaganfall auf LS angewiesen sein kann. Aufzuzeigen, dass eine Dimension nicht zutrifft, bewirkt jedoch nicht, dass das Stigma komplett beseitigt wird, denn nicht-selbstverschuldete Beeinträchtigungen wie Demenz werden dafür in anderen Dimensionen (z. B. hinsichtlich des Isolationspotenzials) als stärker stigmatisierend wahrgenommen (vgl. ebd.: 214).

6. Gefährdung anderer: Das Stigma ist größer ausgeprägt, wenn von der stigmatisierten Gruppe eine potenzielle Gefahr ausgeht. Dies trifft auf die LS insofern zu, als befürchtet wird, dass diese das Standarddeutsche verdrängen und zur Norm werden könne. LS wird häufig als Bedrohung der Standardsprache wahrgenommen, was das Stigmatisierungspotenzial erheblich vergrößert und zu heftigen Abwehrreaktionen führt (vgl. ebd.: 214 f.).

Die LS weist somit bestimmte Eigenschaften und Merkmale auf, die in der Mehrheitsgesellschaft negative Zuschreibungen triggern und sowohl das Konzept als auch die primären Zielgruppen stigmatisieren. Zu den Eigenschaften, die das Stigmatisierungspotenzial erhöhen, ohne dabei die Textverständlichkeit zu verbessern, gehört z. B. eine naive Bebilderung, welche zugleich die Akzeptabilität des Konzepts erheblich mindert (vgl. ebd.: 217, 221). Gleiches gilt für die orthografisch irreguläre Verwendung des Bindestrichs. Obgleich der Mediopunkt weniger auffällig ist, trägt auch dieser dazu bei, dass sich die Texte von der Norm unterscheiden, so dass es auch hier zu prüfen gilt, inwiefern der

 © Frank & Timme   Verlag für wissenschaftliche Literatur

Mediopunkt stigmatisierend wirkt (vgl. ebd.: 220). Darüber hinaus wird das Stigmatisierungsrisiko durch mangelhafte Textqualität erhöht. Im schlimmsten Fall sind Texte, die nicht von professionellen Übersetzern angefertigt wurden, somit nicht nur für die Zielgruppe unverständlich, sondern tragen zugleich zur Stigmatisierung bei (vgl. ebd.: 222). Maaß (2020) führt aus, dass die Texte zwar häufig auch von den Behörden als qualitativ unzureichend befunden werden, diese jedoch nicht darauf hinweisen. Dass keine Fragen gestellt und die Textqualität nicht angezweifelt wird, ist darauf zurückzuführen, dass die Texte in Zusammenarbeit mit Vertretern der Zielgruppe erstellt wurden und damit bestätigt wurde, dass die Texte für die Gruppe verständlich sind (vgl. ebd.: 222 ff.). Zur Beseitigung dieser durch qualitativ inakzeptable Texte ausgelösten Abwehrreaktionen und Stigmatisierungsprozesse ist es erforderlich, anzuerkennen, dass die Stigmatisierungsgefahr auf bestimmte Eigenschaften zurückzuführen ist und es somit auch Strategien gibt, die Stigmatisierung zu mindern (vgl. ebd.: 224).

Das Angewiesensein auf LS geht somit mit einem Dilemma einher: Einerseits sind LS-Texte ein funktionales Mittel, um Kommunikationsbarrieren zu überwinden und Inhalte zugänglich zu machen. Andererseits führt das Offenbaren, dass eine bestimmte Gruppe auf LS angewiesen ist, zu einer Stigmatisierung der Gruppe und steht dem Ziel der kommunikativen Inklusion entgegen. Das Stigmatisierungsrisiko steigt dabei, wenn sich die Texte in auffälliger Weise von dem Standard unterscheiden und durch Verstöße gegen orthografische oder grammatikalische Regeln negativ auffallen. Dies kann dazu führen, dass die Texte nicht genutzt werden, entweder weil die Textanbieter befürchten, dass sie ihre Kunden dadurch stigmatisieren, oder weil die Zielgruppe die Texte aus Angst, stigmatisiert zu werden, nicht nutzt (vgl. ebd.: 210). Hierbei ist weder das Vorenthalten der Texte noch das Ignorieren der Stigmatisierungsgefahr eine Lösung. In LS kann die Stigmatisierungsgefahr vor allem durch eine Professionalisierung der Textpraxis reduziert werden (vgl. ebd.: 217). Darüber hinaus zeigt Maaß (2020) mit der LS+ eine weitere potenzielle Lösung dieses Dilemmas auf (s. Kap. 2.4.2).

Dem Projekt Leichte Sprache fehlt es an einer wissenschaftlich-theoretischen Fundierung sowie einer systematischen empirischen Überprüfung

Angesichts dessen, dass die LS aus der Praxis heraus entstanden ist und die ersten Regelwerke ohne wissenschaftliche Beteiligung entwickelt wurden, ist der Kritikpunkt der mangelnden wissenschaftlichen und empirischen Fundierung berechtigt. Mittlerweile ist das Praxisphänomen jedoch zum Gegenstand der Sprach- und Übersetzungswissenschaft geworden und es besteht Konsens darüber, dass die aus der Praxis intuitiv hergeleiteten Regeln wissenschaftlichen Prinzipien nicht genügen. Für die evidenzbasierte Weiterentwicklung des Konzepts ist es erforderlich, umfassende Grundlagenforschung zur Komplexität von LS zu betreiben und die Regeln aus sprach- und kognitionswissenschaftlicher Perspektive zu beleuchten und auf Grundlage von wissenschaftlichen Erkenntnissen zu modifizieren (für erste empirische Studien s. Kap. 3.7). Da dies jedoch eine komplexe, langjährige Forschungsaufgabe darstellt, wird es mit Sicherheit noch einige Jahre dauern, bis die mithilfe von empirischen Untersuchungen gewonnenen Erkenntnisse umfassend genug sind, um die Behauptung, der LS fehle es an einer wissenschaftlichen Fundierung und einer empirischen Überprüfung, widerlegen zu können.

Ein weiterer, damit zusammenhängender Kritikpunkt ist die heterogene Textqualität. Grund für die durchwachsene Textqualität ist zum einen, dass sich viele Auftraggeber nicht darüber bewusst sind, dass es für die Produktion von LS-Texten professioneller Übersetzer bedarf (vgl. Maaß et al. 2014: 54). Zum anderen ist LS kein geschützter Begriff und es gibt noch keine allgemein verbindlichen Regeln, so dass den Texten unterschiedliche, teils divergierende Regelwerke zugrunde liegen (s. Kap. 2.8). Ein sprachlich inkonsistentes Textangebot kann bei den Lesern dazu führen, dass zuvor aufgebaute Erwartungen (z. B. hinsichtlich der Schreibweise von Komposita) unter Umständen nicht erfüllt werden, was sich wiederum erschwerend auf das Textverständnis auswirken kann. Dadurch, dass viele Texte kein zufriedenstellendes Niveau aufweisen, wird zudem die gesellschaftliche Akzeptanz der LS erschwert. Für die Stabilisierung der Textqualität bedarf es somit eines empirisch fundierten, konsensfähigen und – sofern umsetzbar – verbindlichen Regelkatalogs, der sowohl bei Vertretern verschiedener Fachdisziplinen als auch bei Vertretern der Zielgruppen auf Konsens stößt. Ein solches Regelwerk liefert die Basis für eine professionalisierte Übersetzungspraxis und für regelkonforme und funktionale Übersetzungen, die für den Leser von maximalem Nutzen sind.

Qualitativ hochwertige Texte und eine wissenschaftlich-theoretische und empirische Fundierung sind somit zentrale Voraussetzungen dafür, dass den verschiedenen Kritikpunkten zielgerichtet und konstruktiv etwas entgegengesetzt werden kann. Bredel/Maaß (2016a) haben zwar eine umfassende wissenschaftliche Grundlage für die LS erarbeitet und darauf aufbauend konkrete Handlungsempfehlungen entwickelt, die Autorinnen selbst sind sich jedoch darüber bewusst, dass diese u. a. aufgrund der noch ausstehenden empirischen Überprüfungen nur einen Anfang darstellen. Dementsprechend heben sie hervor, dass „nach der Offizialisierung und Legalisierung nun also die Professionalisierung und Akademisierung der Leichten Sprache an[steht]" (Bredel/Maaß 2016a: 109) und der enge Kontakt und Austausch zwischen Wissenschaft und Praxis dabei wichtige Impulse geben wird (vgl. Bredel/Maaß 2016b: 25). Erste Ansätze, die für den Austausch zwischen Wissenschaft und Praxis stehen, sind z. B. die im Rahmen von Bachelor- und Masterarbeiten durchgeführten Pilotstudien mit Vertretern der primären Zielgruppen sowie deren Veröffentlichung in deutsch- und englischsprachigen Sammelbänden (vgl. Gros et al. 2021; Hansen-Schirra/Maaß 2020). Auch die populärwissenschaftliche Veröffentlichung „Leichte Sprache – Kein Regelwerk", die aus dem Projekt LeiSA (Leichte Sprache im Arbeitsleben) (s. Kap. 3.7) entstanden ist, zielt darauf ab, sprachwissenschaftliche Ergebnisse und Praxisempfehlungen populärwissenschaftlich aufzuarbeiten und die Ergebnisse somit für Interessierte ohne sprachwissenschaftliche Vorkenntnisse, d. h. „Übersetzungsbüros, Anbieter, Anwender und Auftraggeber im Praxisfeld ‚Leichte Sprache'" (Bock 2018: 9) zugänglich und praktisch anwendbar zu machen. Darüber hinaus hat in den letzten Jahren nicht nur der nationale, sondern auch der internationale Austausch einen rasanten Zuwachs erlebt, was u. a. an internationalen Konferenzen (z. B. Klaara – Conference on Easy-to-Read Language Research; BfC Swiss Conference on Barrier-free Communication; EASIT Multiplier Event 3 – Mehr Verständlichkeit für Alle) mit Teilnehmern und Vortragenden mit und ohne Behinderungen sowie der Einführung eines Internationalen Tages der Leichten Sprache (28. Mai) zu erkennen ist.

2.11   Zwischenfazit

In diesem ersten Hauptteil wurde das aus der Praxis heraus entstandene Konzept der LS als verständlichkeitsoptimierte Sprachvarietät definiert. Die LS, die inzwischen in Politik, Gesetzgebung, Praxis und Wissenschaft fest etabliert ist, ermöglicht Menschen mit besonderen kommunikativen Bedürfnissen den selbstbestimmten Zugang zu Kommunikationsangeboten und damit gesellschaftliche Partizipation. Da mit der LS Kommunikationsbarrieren innerhalb einer Sprache überwunden werden, ist das Übersetzen in LS im Bereich der intralingualen Übersetzung angesiedelt. Zur Überwindung der Barrieren kommen in LS einerseits additive Strategien zur Anwendung, wie Erläuterungen und Ergänzungen, anhand derer das fehlende Sprach- und Weltwissen der Leser kompensiert wird. Andererseits wird mithilfe von reduktiven Strategien die Komplexität auf der Wort-, Satz- und Textebene reduziert und somit die Verständlichkeit des Textes sowohl auf inhaltlicher als auch auf sprachlicher Ebene erhöht. Ein Nachteil an dem Konzept ist jedoch, dass die maximale Komplexitätsreduktion auf der Wort-, Satz- und Textebene zu Akzeptanzproblemen führt und erhebliches Stigmatisierungspotenzial birgt. Mit der LS ist es somit nicht möglich, eine hohe Verständlichkeit und Wahrnehmbarkeit der Texte mit der geforderten Akzeptabilität sowie einem geringen Stigmatisierungspotenzial zu vereinen. Aufgrund dessen wurden in den letzten Jahren weitere Sprachvarietäten entwickelt, wie die LS+, mit der ebenfalls der Zugang zu Informationen ermöglicht wird, jedoch auf sprachliche Strukturen verzichtet wird, die in der LS die größten Akzeptanzprobleme und Abwehrreaktionen auslösen. Das Akzeptabilitätsproblem der LS ist u. a. auch auf die Segmentierung von morphologisch komplexen Wörtern wie Komposita zurückzuführen. Daraus ergibt sich die Frage, woraus in LS die Notwendigkeit der Segmentierung resultiert, d. h. welche Eigenschaften von morphologisch komplexen Wörtern dazu führen, dass diese kognitiv schwerer zu verarbeiten sind und welche potenziellen Verständnishürden von morphologisch komplexen Wörtern im Vergleich zu Simplizia ausgehen. Diese Frage soll im folgenden Kapitel beantwortet werden. Dabei wird zunächst eine Übersicht über wesentliche Grundlagen der Wortbildungsmorphologie gegeben, wobei der Fokus auf der Komposition liegt. Aus den theoretischen Ausführungen wird schließlich die

Notwendigkeit der Segmentierung von Komposita in LS hergeleitet und die beiden konkurrierenden Ansätze zur optischen Gliederung hinsichtlich ihres verständnis- und akzeptanzfördernden Potenzials gegenübergestellt.

Um ein erstes Bewusstsein für die Relevanz der Komposita im Deutschen zu schaffen, soll an folgendem amüsanten, fiktionalen Beispiel veranschaulicht werden, was das Deutsche ohne ‚seine' Komposita wäre:

Ein Schüler bekommt die Aufgabe, einen Aufsatz über den Namenstag seines Vaters zu schreiben, ohne dabei zusammengesetzte Hauptwörter zu gebrauchen:

> In der vorigen Woche wurde bei uns der *Tag des Namens* meines Vaters gefeiert. Schon früh am *Morgen des Sonntags* begann der *Trubel des Tages des Festes*. Die *Kinder des Nachbarn* brachten *Sträuße der Blumen* und für meine Mutter eine *Schachtel der Pralinen*. Die Kinder bekamen *Torte des Obstes* mit *Sahne des Schlages*, dazu tranken sie *Saft der Beeren des Johannes*[16].

Obgleich das Beispiel stark überzogen ist, veranschaulicht es dennoch, dass Komposita eine zentrale Bedeutung im deutschen Sprachsystem zukommt und dass das Ersetzen langer durch mehrere kurze Wörter oftmals keine gleichwertige Alternative darstellt, sondern die alternativen Genitivkonstruktionen lediglich dazu führen, dass die Komplexität von der Wort- auf die Satzebene verschoben wird.

....

16 Über den Autor des Textes finden sich keine Angaben. Zitiert wurde ein Ausschnitt aus folgender Version: https://www.myheimat.de/neusaess/gedicht-d22156.html (28.08.2020)

3   Wortbildungsmorphologie

> „Die Bedeutung eines Wortes ist sein Gebrauch
> in der Sprache."
>
> *Ludwig Wittgenstein*

Die Morphologie „beschreibt die Bestandteile und den Aufbau komplexer Wörter" (Lüdeling ⁴2016: 79). Innerhalb der Morphologie wird zwischen der Flexion und der Wortbildung differenziert. Während sich die Flexionsmorphologie den grammatischen Formen widmet, beschäftigt sich die Wortbildungsmorphologie mit der Bildung neuer Lexeme[17]. Die Wortbildungsmorphologie stellt damit einen Teilbereich der Grammatik dar, der sowohl die zur Lexembildung zur Verfügung stehenden Verfahren als auch den „Bestand an wortgebildeten Lexemen und deren kommunikative Potenzen [umfasst]" (Fleischer/ Barz ⁴2012: 1). Zwar ist die Wortbildung prinzipiell ein „autonomer Bereich der Grammatik" (ebd.), jedoch ist diese Aussage nur bedingt gültig, denn die Ebenen der Wort- und Satzgrammatik sind auf vielfältige Weise miteinander verflochten und können nicht vollständig losgelöst voneinander betrachtet werden (vgl. ebd.). So werden die Wortbildungsprozesse einerseits durch phonologische, flexionsmorphologische und syntaktische Regularitäten bestimmt, andererseits wirkt sich aber auch die Wortbildung auf die einzelnen Bereiche der Grammatik aus[18]. Auch das Lexikon, also das „wichtigste Verfahren zur Gewinnung neuer Lexeme" (ebd.: 1), ist eng mit der Wortbildung verknüpft, denn zum einen tragen Wortneubildungen grundsätzlich zur Erweiterung des Lexikons bei und zum anderen ist das Lexikon eine „Art Filter für die Nutzung von Wortbildungsmodellen" (ebd.: 18), der die Akzeptabilität und Lexikalisierung von Neubildungen blockieren kann (vgl. ebd.: 18, 24). Aufgrund dieser

---

17 Ein Lexem ist eine „abstrakte Basiseinheit des Lexikons […], die in verschiedenen gramm. Wortformen realisiert werden kann" (Bußmann ³2002: 400). So sind die flektierten Formen eines Substantivs (Haus, Hauses, Häuser, Häusern) bspw. verschiedene Wortformen desselben Lexems (vgl. Lüdeling ⁴2016: 82).

18 Für eine ausführliche Darstellung der Interdependenzen s. Fleischer/Barz ⁴2012: 9 ff.

engen Wechselbeziehungen wird die Wortbildung als „Schnittstelle" (ebd.: 1) der Grammatikbereiche angesehen.

Der Terminus *Lexikon* bezieht sich nicht nur auf das Verfahren zur Lexemgewinnung, sondern auch auf die „gegenwärtig intersubjektiv verfügbare Gesamtmenge lexikalischer Einheiten" (ebd.: 17) und damit auf den Wortschatz einer Sprache. Die in dieser Gesamtmenge enthaltenen Einheiten sind lexikalisiert, d. h. gängig und gebräuchlich. Sie werden auch als *Lexikonwörter* bezeichnet und sind größtenteils in Allgemeinwörterbüchern definiert. Als *Lexikalisierung* bezeichnet man dementsprechend das „Festwerden neuer Bezeichnungen im Wortschatz oder – aus anderer Sicht – de[n] Übergang einer Bezeichnung in das sprachliche Wissen der Sprachteilhaber" (ebd.: 23). Laut Fleischer/Barz (⁴2012) handelt es sich bei ca. 70 % der neuen Wortbildungen um Okkasionalismen (Gelegenheitsbildungen), d. h. nur ca. 30 % der Wortbildungen werden lexikalisiert und gehen in das Lexikon ein (vgl. ebd.: 24). Die Lexikalisierung einer Neubildung basiert auf „bestimmten allgemeinen Prinzipien" (ebd.) und hängt von dem kommunikativen Nutzen ab. Ist der Begriff für die ganze Sprachgemeinschaft von Bedeutung, ist die Wahrscheinlichkeit der Lexikalisierung höher als bei Begriffen, die nur für einen Teil der Gemeinschaft relevant sind. Dementsprechend sind auch Wortbildungen mit Eigennamen meist nur okkasionell (*Berlinfahrt*). Ein weiterer ausschlaggebender Aspekt ist die Komplexität und Kontextabhängigkeit der Wortbildung. So sind hochgradig komplexe und stark kontextgebundene Bildungen weniger akzeptabel und weniger für die Lexikalisierung prädestiniert als gering komplexe und kontextunabhängige Bildungen. Eine Lexikalisierungs-Blockade stellen auch potenziell konkurrierende Bezeichnungen für einen Begriff dar, die bereits im Lexikon verankert sind und den Bezeichnungsbedarf somit bereits abdecken. So wird **Reiser* durch das bereits bestehende Lexem *Reisender*, **Großheit* durch *Größe* und **ungroß* durch *klein* blockiert (vgl. ebd.: 79). Ein weiterer die Lexikalisierung hemmender Grundsatz ist die Vermeidung von Homonymie. Lexeme, die mit einer bestimmten Bedeutung im Lexikon verankert sind, stellen generell ein Lexikalisierungshindernis für Neubildungen dar, die aus den gleichen sprachlichen Elementen bestehen. So wird aus dem Verb *schauen* nicht das Substantiv *Schauer* abgeleitet, da *Schauer* bereits in der Bedeutung *Regenguss* lexikalisiert ist.

Die wichtigsten Einheiten der Wortbildung sind Wörter, Affixe und Konfixe[19]. An wenigen Modellen sind darüber hinaus auch Syntagmen[20] und Sätze als Ausgangseinheiten beteiligt. Als Input für Wortbildungen fungieren jedoch nicht alle grammatischen Formen eines Wortes, sondern meist nur der Wortstamm, d. h. die Wortform ohne Flexionsendung (vgl. ebd.). Bei den Wortstämmen wird wiederum zwischen der Flexions-, der Derivations- und der Kompositionsstammform unterschieden. Die Flexionsstammform ist die grundlegende Form für die Wortflexion und zugleich die Grundstammform (*drama* in *der Anfang des Dramas*; *wind* in *die Stärke des Windes*). Die Derivationsstammform ist dementsprechend die dem Derivat zugrundeliegende Form (*dramat-* in *dramatisch*; *klag-* und *kläg-* in *klagbar* und *kläglich*; *wind-* in *windig*) und die Kompositionsstammform die „grundlegende Form für die Komposition" (Fuhrhop 1998: 23) bzw. die Form, die „für Vorderglieder von Komposita einschlägig ist" (Neef 2001: 440) (*drama* und *dramen* in *Dramabeginn* und *Dramenanalyse*; *klag* und *klage* in *Klaggeschrei* und *Klagemauer*; *wind* in *Windrichtung*) (s. auch Kap. 3.3.1). Die drei Stammformen können voneinander abweichen (*drama / dramat- / Drama/Dramen*) oder identisch sein (*wind*).

3.1   Begriffsabgrenzung

Neben der Wortbildung gibt es noch weitere „Verfahren zur Gewinnung neuer Bezeichnungen" (Fleischer/Barz [4]2012: 18), die im Folgenden von der Wortbildung abgegrenzt werden sollen. Es ist jedoch auch hier zu beachten, dass

---

19   Konfixe sind gebundene, wortbildungsspezifische Einheiten, die meist aus dem Eurolateinischen oder Englischen entlehnt sind (*therm-, bio-, -stat, -skop*). Sie können mit Wortbildungsaffixen (*thermisch*), Wörtern (*Thermohose*) oder anderen Konfixen (*Thermostat*) kombiniert werden (vgl. Fleischer/Barz [4]2012: 63 f.; Donalies [2]2005: 21 ff.). Konfixe sind zwar bedeutungstragend, da sie jedoch nicht frei in Texten vorkommen können (*die Therm, *das Skop), sind sie nicht wortfähig und „isoliert gesehen wortartenindifferent" (Fleischer/Barz [4]2012: 108).

20   Ein Syntagma (auch syntaktische Fügung, Wortgruppe, Phrase genannt) ist eine „strukturierte, aber noch unklassifizierte Folge von sprachlichen Ausdrücken, die aus Lauten, Wörtern, Wortgruppen, Teilsätzen oder ganzen Sätzen bestehen kann" (Bußmann [3]2002: 675).

die Verfahren auf vielfältige Weise zusammenwirken und die Grenzen oftmals verschwommen sind (vgl. ebd.: 18 ff.).

Wortbildung und Wortschöpfung: Bei der Wortbildung entstehen Lexeme auf der Basis von vorhandenem Sprachmaterial, d. h. Wortstämme, Affixe und Konfixe werden nach bestimmten Regeln verbunden. Im Unterschied dazu werden bei der Wortschöpfung neue Lexeme geschaffen, die in der Sprache noch nicht als bedeutungstragende Einheiten vorkommen (vgl. ebd.: 19). Man spricht folglich auch von Worterfindungen oder Kunstwörtern. Gerade bei Firmen- und Produktnamen lassen sich die Verfahren jedoch nicht immer eindeutig voneinander unterscheiden. Produktnamen wie *taft, aronal* oder *Pampers* sind Wortschöpfungen, da sie „weder aus natürlichen Sprachen noch aus dem allgemeinen Namenbestand übernommen [sind]" (Platen 1997: 44). Hingegen sind Produktnamen, die „an vorhandene Zeichen bzw. Zeichensegmente an[knüpfen]" (Fleischer/Barz ⁴2012: 20), wie bspw. *milka* aus *Milch* und *Kakao* oder *Persil* aus *Perborate* und *Silikate*, rein morphologisch betrachtet der Wortbildung zuzuordnen.

Wortbildung und Entlehnung: Ebenso wie indigene können auch entlehnte Lexeme als Ausgangseinheiten für Wortbildungen genutzt werden. Der Entlehnungsprozess hat teilweise Einfluss auf die indigene Wortbildung, wie an der Übernahme aus dem Englischen zu beobachten ist: Zum einen werden entlehnte Segmente wortbildungsaktiv (d. h. für Wortbildungen verwendbar) und können zur Ausprägung neuer Wortbildungsreihen führen (*-aholic* aus engl. *workaholic* zu *-oholic* in dt. *Schokoholic*). Zum anderen führen Entlehnungen zum Ausbau von indigenen Wortbildungsmodellen (vgl. ebd.: 21). Letzteres ist an den aus dem Englischen entlehnten Substantiven *Boom* und *Job* zu erkennen, die im Deutschen zunächst weiter zu Verben konvertiert wurden (*boomen, jobben*) und diese wiederum „die Produktivität der Konversion indigener Verben zu Substantiven anregen" (ebd.). So sind neben den Verben *drehen, treffen* und *klauen* auch die konvertierten Substantive *Dreh, Treff* und *Klau* in den deutschen Wortschatz eingegangen (vgl. ebd.).

<u>Wortbildung und Bedeutungsbildung:</u> Im Gegensatz zu der Wortbildung entstehen bei der Bedeutungsbildung keine neuen Lexeme, sondern „neue[] Bedeutungen im Sprachgebrauch" (Munske 2005: 1392). Lexeme, die ihren semantischen Gehalt ohne formale Veränderung verändert haben, sind bspw. *Netz* oder das aus dem Englischen entlehnte Lexem *surfen*, die in ihrer neuen Bedeutung auch wortbildungsaktiv sind (*Netzanbieter, Surfverhalten*). Da sich die semantischen Veränderungen jedoch erst nach dem Wortbildungsprozess vollzogen haben, ist die Entstehung neuer Bedeutungen nicht Gegenstand der Wortbildungslehre, sondern als eigenständiges „Verfahren der Wortschatzvermehrung" (Fleischer/Barz ⁴2012: 21) von dieser abzugrenzen. In metaphorischen Konzepten wirken Wort- und Bedeutungsbildung häufig auch zusammen. So bekommt das Erstglied *Reißverschluss* in dem Kompositum *Reißverschlussverfahren* eine metaphorische Bedeutung, die es als freies Lexem nicht hat (vgl. ebd.: 18).

<u>Wortbildung und Phrasembildung:</u> Sowohl bei der Wort- als auch bei der Phrasembildung werden aus bereits vorhandenen Ausgangseinheiten neue komplexe Bezeichnungen gebildet; beide Verfahren dienen folglich der Versprachlichung von Begriffen. Bei der Phrasembildung werden jedoch keine Wörter, sondern Phraseme, d. h. feste Wendungen und Wortgruppen, wie *Schwarzes Brett* oder *Elefant im Raum* gebildet (vgl. Donalies 2007: 4). Wort- und Phrasembildung sind zwei inter- und intralingual konkurrierende Verfahren. Interlingual wird dies daran deutlich, dass Begriffe, die in anderen Sprachen mit Phrasemen benannt werden, im Deutschen bevorzugt mit Substantiven ausgedrückt werden (engl. *statue of liberty*, sp. *estatua de la libertad*, dt. *Freiheitsstatue*) (vgl. ebd.: 3 f.). Innerhalb des Deutschen wird die Konkurrenz z. B. an dem Phrasem *Haus Gottes* sichtbar; ein Begriff, der ebenfalls als Substantiv *Gotteshaus* versprachlicht wurde. Diese parallele Existenz von Phrasem und Wortbildung aus denselben Ausgangseinheiten und mit derselben Bedeutung ist jedoch überwiegend auf den fachsprachlichen Gebrauch beschränkt (*Duales System – Dualsystem*). Im Allgemeinwortschatz sind diese bedeutungsgleichen, aber strukturell unterschiedlichen Bezeichnungen äußerst selten. In den meisten Fällen ist die jeweils andere Struktur zwar grammatisch möglich, jedoch nicht gängig (*schwarzes Brett* *Schwarzbrett; *Elefant im Raum* *Raumelefant).

Phraseme kommen nicht nur als freie Syntagmen vor (*am Hungertuch nagen*, *aus dem Häuschen sein*), sondern werden auch als Erstglied in Phrasenkomposita verwendet (*die Mal-sehen-was-kommt-Phase*). Eine Lexikalisierung ist hier jedoch angesichts der hohen Komplexität und dem geringen kommunikativen Nutzen nur in Ausnahmefällen zu erwarten, wie bspw. bei den weniger komplexen Bildungen *Kopf-an-Kopf-Rennen* oder *Nacht-und-Nebel-Aktion* (vgl. ebd.: 22 f.).

3.2 Wortbildungsarten

Bei den zur Wortbildung angewendeten Verfahren wird zwischen kombinierenden, intern verändernden und reduzierenden Wortbildungsarten unterschieden (vgl. Donalies 2011). Bevor in Kap. 3.3 ausführlich auf die Komposition eingegangen wird, soll zunächst ein Überblick über die anderen zentralen Wortbildungsverfahren gegeben werden.

Ein ebenso produktives kombinierendes Wortbildungsverfahren wie die Komposition ist die Derivation, auch Ableitung genannt, bei der ein Stamm mit einem Affix kombiniert wird. Der Stamm ist die einem Derivat zugrundeliegende Einheit, an die unmittelbar ein Flexionsaffix (Flexions-s, Präfix, Suffix etc.) angehängt wird. Das rechtsstehende Element (Suffix oder Stamm) bestimmt dabei die grammatischen Merkmale des Derivats. So ist *gemütlich* aufgrund des Suffixes -*lich* ein Adjektiv und *Gemütlichkeit* aufgrund des Suffixes -*heit* ein feminines Substantiv. Insbesondere in der Fachsprache wird deutlich, dass die Wortbildung erheblich von der griechischen und lateinischen Sprache beeinflusst wird. So haben sich im Deutschen zahlreiche entlehnte Einheiten wie *anti-*, *hypo-*, *hyper-*, *extra-*, *inter-*, *intra-*, *prä-*, *post-*, *multi-*, *makro-* oder -*itis* etabliert.

Die produktivste „intern verändernde[] Wortbildungsart[]" (Donalies 2007: 95) ist die Konversion, also „de[r] Übertritt von einer Wortart in eine andere" (Roelcke ³2010: 82). Zu den häufigsten Wortartwechseln gehört die Substantivierung von Infinitiven. Diese ist im Deutschen „unrestringiert" (Donalies 2007: 88), d. h. jedes Verb kann zu einem Substantiv konvertiert werden (*das Gehen*). In naturwissenschaftlichen Fachbereichen treten häufig auch konvertierte Namen auf, die zur Benennung wissenschaftlicher Entdeckungen und Erfindungen verwendet werden (*Röntgen, Parkinson*). Diese kommen nicht nur als freie Substantive und in Komposita (*Jackson-March, Röntgenstrahlung*) vor, sondern werden häufig auch zu Adjektiven oder Verben transformiert (*voltaisch, röntgen*).

Eines der zentralsten reduzierenden Wortbildungsverfahren ist die Kurzwortbildung, bei der „zu einem Ausgangswort eine verkürzte Variante gebildet [wird], die sich syntaktisch und semantisch nicht vom Ausgangswort unterscheidet" (Dipper et al. 2018: 95). Ein wesentlicher Unterschied zu den bisher genannten Wortbildungsarten ist, dass Kurzwörter eine gleichwertige Variante zu parallel existierenden Langformen darstellen (vgl. Donalies 2007: 98). Durch die Kurzwortbildung entstehen „Dubletten" (ebd.) wie *Azubi* oder *Kita*. Zu den Kurzwörtern gehören auch die Akronyme (s. Kap. 2.8.2). Einen Sonderfall stellen partielle Kurzwörter dar. Bei diesen handelt es sich um Komposita, deren Erstglied eine Kürzung aus einer längeren Vollform ist (*U-Bahn*) (vgl. Fleischer/Barz [4]2012: 84). Kurzwörter werden häufig mit Abkürzungen verwechselt, die jedoch nicht zur Wortbildung gehören. Grund hierfür ist, dass Abkürzungen rein „grafische Varianten [sind]" (Donalies 2007: 99). Abkürzungen wie *u. a.* werden nicht als einzelne Buchstaben, sondern als Langform ausgesprochen. Im Unterschied zu diesen konventionalisierten „Schreibgebräuche[n]" (ebd.) ist ein Kurzwort hingegen auch in der Mündlichkeit fest verankert und hat dort, im Gegensatz zur Abkürzung, „eine eigene Lautung" (ebd.).

Da die Perzeption und das Verstehen von Komposita den Fokus dieser Arbeit bilden, wird im Folgenden näher auf das Wortbildungsverfahren der Komposition eingegangen.

3.3　Komposition

Die produktivste Art der Wortbildung im Deutschen ist die Komposition, also die Kombination von mindestens zwei Morphemen, die auch als freie Morpheme[21] vorkommen. Durch die Komposition wird insbesondere der Wortschatz der Substantive, aber auch der Wortschatz der Adjektive erheblich bereichert. Dagegen macht die Verbbildung der deutschen Sprache von der Möglichkeit der Komposition nur wenig Gebrauch (vgl. Donalies 2007: 42). Laut Wellmann (1991) „[besteht] der deutsche Wortschatz […] zu etwa zwei Dritteln aus Nominalkomposita" (Wellmann 1991: 3). Vorteile der Komposition liegen in der „ausdrückliche[n] Spezifikation" (Roelcke [3]2010: 80), der Ausdrucksökonomie sowie in der Möglichkeit der syntaktischen Kompression (*Autotür, Facharzt*). Die starke Kompression führt jedoch gleichzeitig auch dazu, dass sprachliche Elemente, die innerhalb einer Phrase die semantischen Relationen zwischen den Konstituenten verdeutlichen, wegfallen. Durch den Wegfall von Präpositionen entstehen in einigen Fällen ambige Komposita, die wiederum im Widerspruch zu der in LS geforderten Eineindeutigkeit stehen. So ist bspw. ohne entsprechenden Kontext nicht ersichtlich, ob eine *Kunststoffzange* eine Zange *aus* oder *für* Kunststoff ist, ob ein *Holzhaus* ein Haus *aus* Holz ist oder ein Haus, *in dem* Holz gelagert ist, oder ob eine *Pferdebürste* eine Bürste *für* Pferde, eine Bürste *aus* Pferdehaaren oder eine Bürste *mit* Pferdemotiv bezeichnet. Auch bei im Wortschatz etablierten Komposita ist die lexikalische Spezifikation teils ungeklärt: So kann eine *Denkpause* laut Duden ([8]2015) sowohl eine Pause *zum* als auch eine Pause *vom* Denken sein. Da bestimmte Komposita „semantisch unterspezifiziert und […] unpräzise [sind]" (Niederhaus 2011: 50), trifft die ausdrückliche Spezifikation somit nicht auf alle Komposita zu. Dass insbesondere Substantivkomposita mehr als eine Lesart generieren können, macht Heringer (1984) an dem Kompositum *Fischfrau* deutlich, für das er mehr als elf mögliche Deutungen aufzählt (vgl. Heringer 1984: 2). Über die Begrenzung der semantischen Relationen zwischen den Konstituenten gibt es unterschiedliche Auffassungen. Einerseits vertreten viele Linguisten die Ansicht, dass die

....

21 Ein Morphem ist die kleinste bedeutungstragende Einheit, die entweder selbstständig, d. h. frei, oder unselbstständig, d. h. gebunden, vorkommt. Freie Morpheme treten als lexikalisch und grammatisch eigenständige Wortform auf; gebundene Morpheme treten nur als Affixe an freien Morphemen auf. Affixe, die an das Ende eines anderen Morphems gehängt werden, heißen Suffixe (*-heit*), Affixe, die vorne vor ein anderes Morphem gehängt werden, Präfixe (*ver-*). Affixe, die um ein anderes Morphem herum positioniert sind, werden Zirkumfixe (*ge-* und *-t* in *gesagt*) genannt.

Relation zwischen Erst- und Zweitglied prinzipiell semantisch offen ist und durch kontextuelle, situative und andere pragmatische Faktoren sowie durch konzeptuelles Wissen determiniert wird (u. a. Coseriu 1977; Heringer 1984; Olsen 2004; Donalies ²2005; Bücking 2010). Andererseits gliedern Ortner et al. (1991) mehr als 60.000 Komposita in über 30 semantische Haupt- und mehr als 100 Subtypen und legen damit eine „hochgradig differenzierende syntaktisch begründete Beschreibung von Komposita nach ihrer ‚Relationsbedeutung' vor" (Fleischer/Barz ⁴2012: 48). Bei der Modellierung von Komposita hat sich jedoch weder das eine noch das andere Extrem bewährt. Vielmehr hat sich weitgehend die Annahme durchgesetzt, dass es unumstritten zentrale, häufig vorkommende Relationen gibt, es „jenseits eines solchen Kernbestandes [...] aber strittig [ist], wie viele und wie genaue Differenzierungen man ansetzen soll, und ob das Inventar dieser Beziehungen universell sein soll oder nicht" (Eichinger 2000: 55). Eine Darstellung der dominierenden Relationstypen findet sich in Kap. 3.3.1.

Da die semantische Relation zwischen den Konstituenten an der Oberfläche nicht gekennzeichnet ist, ist sie deutlich weniger explizit als in Syntagmen und Sätzen. Während in Syntagmen und Sätzen die Möglichkeit besteht, die semantische Beziehung durch den Einschub weiterer Lexeme auf der gleichen Ebene zu verdeutlichen, kann die Relation zwischen den Konstituenten bei Komposita nur „durch den Übergang auf die Ebene des Syntagmas bzw. Satzes explizit gemacht werden" (Fleischer/Barz ⁴2012: 130). Dass Komposita trotz identischer unmittelbarer Konstituente und trotz struktureller und morphologischer Übereinstimmung (Substantiv + Substantiv) unterschiedliche konstruktionsinterne semantische Beziehungen haben können, zeigt folgendes Beispiel:

Kirschkuchen = Kuchen aus Kirschen
Hundekuchen = Kuchen bzw. Gebäck für Hunde
Geburtstagskuchen = Kuchen anlässlich eines Geburtstages
Baumkuchen = Kuchen, der früher an einer Holzstange über offenem Feuer gebacken wurde, bzw. Kuchen, dessen ringförmige Schichten den Jahresringen eines Baumes ähneln[22]

---

22 Über die Herkunft des Namens kursieren zwei Versionen.

Fertigkuchen = Kuchen, der bereits fertig ist
Pfannkuchen = in der Pfanne gebackene Mehlspeise

Die identische Bauweise von Komposita lässt folglich keine Rückschlüsse auf ihre Bedeutungsrelation zu. Je nach Bedeutungsverhältnis zwischen Erst- und Zweitglied wird zwischen verschiedenen Kompositionsarten differenziert, auf die in den nachstehenden Kapiteln näher eingegangen wird.

3.3.1 Determinativkomposition

Determinativkomposita, die den häufigsten und funktionalsten Typ darstellen, bestehen aus einem dominanten Determinatum und einem untergeordneten Determinans. Das Determinatum, auch Grundwort genannt, bildet stets die rechte Einheit des Kompositums. Es wird durch das Determinans, das die linke Einheit bildet, semantisch eingegrenzt und somit determiniert. Das Determinans wird folglich als Bestimmungswort bezeichnet. Zwischen dem bestimmenden Determinans und dem näher bestimmten Determinatum besteht ein hypotaktisches Verhältnis: Als wortschließendes Zweitglied bildet das Determinatum das Fundament des Gesamtkomplexes. Das vorangestellte Erstglied (Determinans) liefert intensivierende oder spezifizierende Zusatzmerkmale und schränkt „die Bedeutung gegenüber derjenigen des Wortes auf eine Subklasse ein" (Eichinger 2000: 117). Die Position von Erst- und Zweitglied ist ausschlaggebend für die Bedeutungsunterscheidung zwischen Komposita, die aus gleichen Lexemen bestehen (*Kurswechsel* vs. *Wechselkurs*; *Schuhhaus* vs. *Hausschuh*). Die Reihenfolge der Konstituenten ist zudem aus grammatischer Sicht relevant, denn das hierarchisch übergeordnete Grundwort legt die grammatischen Merkmale des Kompositums wie „Wortart, Genus und semantische Klasse" (ebd.) fest. So ist *Hochhaus* aufgrund des Zweitglieds *Haus* ein neutrales Substantiv und *haushoch* aufgrund des Zweitglieds *hoch* ein Adjektiv (vgl. Donalies 2007: 37; Lüdeling [4]2016: 86). Charakteristisch für Determinativkomposita ist folglich die Unvertauschbarkeit der Konstituenten (vgl. Donalies 2007: 62). Daran, dass der Plural von *Kirschtorte* nicht *Kirschentorte*, sondern *Kirschtorten* ist, wird deutlich, dass das Determinatum der einzige Wortteil ist, der flektiert wird. Das Determinans wird nicht flexivisch angepasst, es ist „für syntaktische Operationen unerreichbar" (ebd.: 39). Das

Determinatum bildet somit den „morphologische[n] Kopf" (Lüdeling [4]2016: 86) des Kompositums. Dieser ist zu unterscheiden von dem Kern, mit dem „das semantische Zentrum des Wortes gemeint [ist]" (Eisenberg [4]2013: 217). Ob der Kopf rechts oder links steht, ist sprachspezifisch. Da für das Deutsche das Prinzip der Rechtsköpfigkeit gilt, steht der Kopf im Deutschen grundsätzlich rechts (vgl. Donalies 2007: 39). In anderen Sprachen steht das Determinatum mitunter häufig links: So bezeichnet das spanische *coliflor* (sp. *col*, dt. *Kohl*; sp. *flor*, dt. *Blume*) keine **Kohlblume*, sondern einen *Blumenkohl*. Der Kopf ist zugleich auch die „Bezugsgröße für die Verwendung der Komposita im Satz" (Fleischer/Barz [4]2012: 85). Dies bedeutet, dass sich ein attributives Adjektiv stets auf das Zweit- und nicht auf das Erstglied bezieht. Determinativkomposita unterliegen dem Prinzip der Binarität und können in jeweils zwei Einheiten geteilt werden. Dies gilt für zweigliedrige genauso wie für zehngliedrige Komposita, denn „ganz gleich, wie komplex Determinativkomposita sind: Sie sind grundsätzlich binär strukturiert" (Donalies 2007: 37):

Kirsch(1)torte(2)
Straßenbahnfahrersitz(1)polster(2)

Bei der binär verzweigten Struktur von Determinativkomposita wird zudem zwischen links-, rechts- und beidseitig verzweigten Komposita unterschieden (vgl. ebd.).
Bei linksverzweigten Komposita ist das Erstglied der Gesamtstruktur hierarchisch untergliedert:

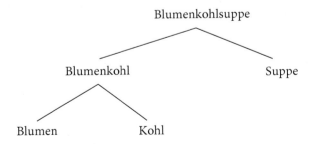

Bei rechtsverzweigten Komposita ist hingegen das rechte Element das komplexere:

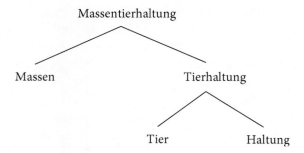

Bei beidseitig verzweigten Komposita ist sowohl das rechte als auch das linke Element mehrgliedrig (vgl. Donalies ²2005: 53 f.):

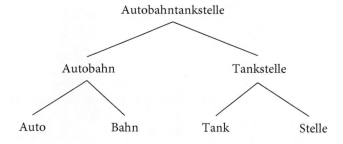

Laut Wellmann (1991) und Eisenberg (2002) sind dreigliedrige Komposita mehrheitlich linksverzweigt. Grund hierfür ist, dass diese im Vergleich zu rechtsverzweigten Komposita leichter zu bilden und zu verarbeiten sind und zudem „den morphologischen Kopf als unmittelbare Konstituente der Gesamteinheit [enthalten]" (Eisenberg 2002: 354). Bei viergliedrigen Komposita überwiegt hingegen die beidseitige Verzweigung (vgl. Wellmann 1991: 21; Berg 2006: 214 f.) Bei der Bildung von Determinativkomposita treten an der Fuge zwischen erster und zweiter unmittelbarer Konstituente häufig Fugenelemente auf (*Essen-s-ausgabe*). Fugenelemente sind „Einheiten, durch die sich die Erstglieder in Komposita von den entsprechenden Nominativ-Singular-Formen

© Frank & Timme   Verlag für wissenschaftliche Literatur

unterscheiden" (Fuhrhop 2000: 202). Als Fugenelemente finden sich folglich *-n*, *-s*, *-ns*, *-e*, *-er*, *-en*, *-ens* und *-es*, „also Flexive, die sonst den Plural bzw. den Genitiv Singular anzeigen" (Erben ⁵2006: 69), wobei diese als Fugenelemente keinen grammatischen Wert haben (vgl. ebd.). Laut Lüdeling (⁴2016) gehören Fugenelemente zum Bestimmungswort, was u. a. daran zu erkennen ist, dass sie bei der sog. Koordinationsellipse stets dem Bestimmungswort zugeordnet werden (*Krankheit-s-fall* → *Krankheits- und Todesfall*). Man spricht in diesem Fall auch von der Kompositionsstammform des ersten Elementes (vgl. Lüdeling ⁴2016: 88). Jedes freie Morphem hat mindestens eine Kompositionsstammform, manche auch mehrere (*Schweinefleisch, Schweinshaxe*) (vgl. ebd.). Bei der Determinativkomposition kann das Erstglied somit entweder in der reinen Stammform vorkommen oder mit einem Fugenelement verschmelzen und als Kompositionsstammform auftreten (*Tischbein, Tageslicht*). Die Kompositionsstammform hat dabei nicht die gleiche Bedeutung wie die gleichlautende Flexionsform des Morphems. So kann sich *Hunde* als Kompositionsstammform sowohl, wie die gleichlautende Flexionsform, auf *Hunde* in der Pluralform (*Hundefutter*) als auch auf *Hund* im Singular (*die Hundepfote*) beziehen. Auch an dem Kompositum *Sonneneinstrahlung*, welches die Einstrahlung *der* Sonne bezeichnet, wird deutlich, dass Fugenelemente semantisch leer sind und primär morphologische Funktionen haben (vgl. Donalies 2007: 30). Wird hingegen kein Element hinzugefügt, sondern ein morphologischer Bestandteil weggenommen, wie bei dem Kompositum *Sprachunterricht*, spricht man von einer sog. Subtraktionsfuge (vgl. Lüdeling ⁴2016: 88). Die Frage nach den Funktionen bzw. der Funktionslosigkeit von Fugenelementen wird kontrovers diskutiert. Während weitgehend Einigkeit darüber herrscht, dass Fugenelemente nicht der Kasus- und Numerusmarkierung dienen – da sie bspw. auch bei verbalen Erstgliedern vorkommen, die per definitionem weder Kasus- noch Numerusflexion haben – ist die Frage nach der „artikulatorische[n], prosodische[n], morphologische[n] oder semantische[n] Funktion von Fugenelementen" (Schlücker 2012: 9) nicht abschließend geklärt. Dennoch besteht laut Fleischer/Barz (⁴2012) Konsens darüber, dass den Fugenelementen vier primäre Funktionen zugeschrieben werden können, obgleich diese in verschiedenen Forschungsarbeiten unterschiedlich gewichtet werden (vgl. Fleischer/Barz ⁴2012: 189 f.). Die erste Funktion ist die prosodische Funktion, in der das Fugenelement „der rhythmischen Optimierung des Erstglieds" (Nübling/Szczepaniak 2009: 203) dient. Die zweite Funktion, die morphologische Gliederungsfunktion, bezieht sich auf das Kennzeichnen der Hauptfuge in mehrgliedrigen Komposita. Bei der Gegenüberstellung von Komposita mit unterschiedlich komplexen Erstgliedern wird deutlich, dass von der Gliederungsfunktion insbesondere bei mehrfach komplexen Lexemen Gebrauch gemacht wird (*Hofmauer* und *Friedhof|s|mauer*) (vgl. ebd.). Zudem kann das Erstglied über das Fugenelement entweder als Verb oder Substantiv klassifiziert werden: *Landklima* (Substantiv: *Land*) vs. *Land|e|bahn* (Verbstamm von *landen* + Fugenelement). Die vierte Funktion ist die semantische Differenzierung, von der häufig bei polysemen Erstgliedern (*Geschicht|s|buch* vs. *Geschicht|en|buch*) sowie bei homonymen Erstgliedern (*Gut|s|hof* [landwirtschaftlicher Großbetrieb] vs. *Güt|er|abfertigung* [Waren] vs. *Güteklasse*, *Gutpunkt* [Adj. gut]) Gebrauch gemacht wird (vgl. ebd.).

Laut Fuhrhop (2000) fungieren Fugenelemente zudem „als Öffner von geschlossenen Stämmen" (Fuhrhop 2000: 211). Fugenelemente (insb. die *s*-Fuge) dienen demnach dazu, Konstituenten, wie z. B. Derivationen mit bestimmten Suffixen, die für die Komposition unzugänglich waren (*Prüfling, Versicherung*), wieder kompositionsfähig zu machen (*Prüflingsnummer, Versicherungsagentur*). Borgwaldt (2013) nennt als häufigste Funktionen von Fugenelementen die Ausspracheerleichterung und die Markierung der Morphemgrenzen. Die Ausspracheerleichterung bezieht sich insbesondere auf silbische Fugenelemente, mit denen an der Konstituentengrenze auftretende „komplexe Konsonantencluster" (Borgwaldt 2013: 104) aufgelöst werden können (*Hund-e-hütte*). Da es allerdings ebenso Fälle gibt, in denen Konsonantencluster erst durch das Einfügen von Fugenelementen entstehen (*Liebe-s-beweis*), kann die Vermeidung von Konsonantenclustern nicht als generelle Funktion von Fugenelementen angesehen werden. Die grenzmarkierende Funktion kommt insbesondere bei Determinativkomposita mit mehr als zwei Morphemen zum Tragen. Das Fugenelement wird dabei meist an der Haupttrennfuge, also zwischen den unmittelbaren Konstituenten eingefügt, wodurch die binäre Struktur des Kompositums leichter zu erkennen ist. Mit den Fugenelementen können somit Garden-Path-Effekte (s. Kap. 3.6.2.2) verhindert und die Interpretation des Kompositums erleichtert werden. Aufgrund der zahlreichen Ausnahmen von den genannten Regeln sowie der Tatsache, dass ein Morphem mit unterschiedlichen Fugenelementen verschmelzen und sogar ein Kompositum mit wechselnden Fugenelementen auftreten kann (*Kindskopf, Kinderkopf*), bleibt allerdings festzuhalten, dass es nach wie vor nicht möglich ist, die unterschiedlichen Erscheinungsweisen und Funktionen der einzelnen Fugenelemente anhand von Regeln zu erklären bzw. anhand von Regeln vorherzusagen, welches Fugenelement in einem Kompositum vorkommt (vgl. ebd.: 105).

Zur Bildung von Determinativkomposita stehen somit zahlreiche Muster zur Verfügung, die insbesondere bei der determinativen Substantivbildung voll ausgeschöpft werden. In determinativen Substantivkomposita können Wörter aller Wortarten links ankombiniert werden. Die rechte Einheit ist stets ein Substantiv. Der prototypische und mit ca. 80 % häufigste Kompositionstyp ist die Substantiv-Substantiv-Komposition (N+N-Komposition), die „uneingeschränkt produktiv" (Günther 1981: 278) ist (vgl. Eichinger 2000: 115). Die hohe Produktivität ist auf die „nahezu unbegrenzten semantischen Möglichkeiten" (Fleischer/Barz ⁴2012: 130) der determinativen Substantivkomposition zurückzuführen. Die Regel zur Bildung von N+N-Komposita ist rekursiv, d. h. die Regel kann erneut auf ihr eigenes Ergebnis angewendet werden. Das Kompositum kann somit wieder die Basis für die Bildung eines noch komplexeren Kompositums sein. Die Rekursivität und damit die fehlenden Grenzen bzgl. der Wortlänge spiegeln sich häufig in einer „freizügige[n] Anwendung der Wortbildungsart" (Donalies 2007: 43) wider (*Rindfleischetikettierungsüberwachungsaufgabenübertragungsgesetz*). Fleischer/Barz (⁴2012) bezeichnen Komposita mit mehr als drei Grundmorphemen als „polymorphemische Komposita" (Fleischer/Barz ⁴2012: 138). Es handelt sich dabei meist um N+N-Komposita, die jedoch vorwiegend in der Schriftsprache und überwiegend in fachsprachlichen Kontexten vorkommen. Dennoch wächst die Zahl von polymorphemischen Komposita auch im nicht-fachgebundenen Gebrauch (*Fernsehdauerkonsum, Autobahnraststätte*) (vgl. ebd.: 139).

Die fachsprachliche Nutzung von polymorphemischen Komposita ist u. a. damit zu begründen, dass Komposita häufig als grammatische Metaphern bezeichnet werden können (vgl. Halliday/Matthiessen 1999). Bei einer grammatischen Metapher wird „eine semantische Aussage, die in der Regel durch eine bestimme grammatische Konstruktion oder Wortart ausgedrückt wird, durch eine andere Konstruktion realisiert" (Hansen-Schirra/Gutermuth 2018: 13). So führen grammatische Metaphern in Form von Komposita zwar zur syntaktischen Kompression, Ausdrucksökonomie und Kompaktheit des Textes, sie führen jedoch gleichzeitig auch dazu, dass die Informationsdichte des Textes erheblich zunimmt und das Textverstehen angesichts der Ambiguität und semantischen Unterspezifiziertheit von Komposita erschwert wird. Halliday/Matthiessen (1999) führen in diesem Zusammenhang aus, dass „the greater the degree of metaphor in the grammar, the more the reader needs to know in order to understand the text" (Halliday/Matthiessen 1999: 545). Die hohe Informationsdichte und Implizitheit sowie der mit der Komposition einhergehende Informationsverlust kann dabei durch die deutlich expliziteren und weniger ambigen kongruenten Realisierungen aufgelöst werden (vgl. ebd.: 230 f.). Da bei grammatischen Metaphern, in diesem Fall bei Komposita, bestimmte inhaltliche und grammatische Informationen nicht an der sprachlichen Oberfläche realisiert werden, sind sie in LS nicht geeignet. Bei der intralingualen Übersetzung von fachsprachlichen Texten in LS ist es somit erforderlich, die Metaphorisierung zu demetaphorisieren und die grammatische Metapher (wie z. B. komplexe, ambige Komposita) durch kongruente explizite syntaktische Konstruktionen (wie z. B. durch verbale Strukturen mit expliziten Informationen zum Agens etc.) zu ersetzen. Hansen-Schirra/Gutermuth (2018) weisen darauf hin, dass sich das Konzept der grammatischen Metapher auch zur Modellierung von Komplexität unterschiedlicher Sprachvarietäten eignet (vgl. Hansen-Schirra/Gutermuth 2018: 15). So ist die Fachsprache z. B. durch eine ausgesprochen hohe morphologische Komplexität gekennzeichnet (was u. a. an dem Gebrauch von polymorphemischen Komposita zu erkennen ist); in LS wird die morphologische Komplexität und damit die hohe Informationsdichte und Kompression hingegen durch die Auflösung von Komposita in explizite verbale Strukturen reduziert. Intralinguales Übersetzen in LS kann somit auch als ‚unpacking' der grammatischen Metapher bezeichnet werden, denn durch die Demetaphorisierung wird die Informationsdichte reduziert, die Ambiguität aufgelöst und somit das Verstehen des Textinhaltes erleichtert (vgl. Gutermuth 2020: 116).

Je nach Textsorte sind zwischen 80 % und 90 % der Substantivkomposita zweigliedrig, 9,4 % dreigliedrig und 1,5 % viergliedrig (vgl. Wellmann 1991:

© Frank & Timme   Verlag für wissenschaftliche Literatur

9, 13, 15, 20). Substantivkomposita zeichnen sich durch die Stabilität ihrer Wortstruktur aus, denn sie sind nicht nur expansionsfest, sondern auch „morphologisch und syntaktisch untrennbar" (Fleischer/Barz [4]2012: 127). Wortinterne Flexion kommt nur in Ausnahmefällen bei „Phrasenkomposita mit einem Erstglied aus Adjektiv und Substantiv vor, vgl. *aus der Kalten-Kriegs-Zeit*" (ebd.). Die Stabilität kann in bestimmten Kontexten durch die strukturelle Destruktion gelockert werden. Bei dieser wird ein in aufeinanderfolgenden Lexemen enthaltendes Kompositionsglied durch den Ergänzungsbindestrich ersetzt (*Ausgangs- und Zieltext, Textproduktion und -rezeption*), wobei die Einheiten nicht zwingend an der Morphemgrenze getrennt werden müssen (*Be- und Entlüftungsanlage*) (vgl. ebd.: 128 f.). Die Destruktion dient der Vermeidung von Redundanz auf der Ausdrucksseite.

Wie in Kap. 3.3 angedeutet, ist die semantische Relation zwischen Determinatum und Determinans formal nicht gekennzeichnet. So ist die Relation zwischen Determinatum und Determinans in den Komposita *Butterbrot, Butterkeks* und *Butterblume* trotz gleichem Determinans jeweils eine gänzlich andere. Das richtige Verständnis des Kompositums erfordert somit Sprach- und Sachkenntnis des Rezipienten. Ein Rezipient mit durchschnittlicher Sprachkompetenz hat gelernt, was ein Kompositum bedeutet, oder ist in der Lage, die Bedeutung aus dem Kontext oder der Situation zu erschließen (vgl. Erben [5]2006: 76). In den Fällen, in denen das Kompositum unbekannt, die einzelnen Konstituenten jedoch bekannt sind, wird der Rezipient „aufgefordert, aus der wortinternen Konstitution, der intertextuellen Erfahrung mit den Bausteinen und aus den Informationen des Kontexts ein Bild zu entwerfen, zu dem das Kompositum als Name passt" (Eichinger 2000: 15 f.). Bei fachspezifischen Komposita ist dies jedoch nicht immer ohne weiteres möglich, da diese teils einen „hohen Grad der Elliptizität aufweisen" (ebd.).

Im Folgenden sollen exemplarisch einige der dominierenden Relationsbedeutungen von substantivischen Determinativkomposita dargestellt werden. Hierfür ist es zunächst erforderlich, zwischen Komposita rektionaler und nicht-rektionaler Art zu unterscheiden. Rektionskomposita sind Determinativkomposita mit deverbalem Zweitglied, die eine „valenzgrammatisch bedingte semantische Leerstelle […] vom Verb mitbring[en]" (Fleischer/Barz [4]2012: 139). Da diese vom Verb eröffnete Leerstelle vom Bestimmungsglied ausgefüllt wird, lässt das Kompositum meist nur eine Lesart zu, die Beziehung zwischen den Konstituenten ist damit relativ eindeutig (*Steuererhöhung – Steuer erhöhen* [*erhöhen* + Akkusativ], *Radiohörer – Radio hören* [*hören* + Akkusativ]) (vgl. ebd.). Die Valenz des Grundworts liefert somit entscheidende Hinweise für die semantische Beziehung zwischen den Konstituenten. An den Komposita *Kettenraucher* und *Zufallshörer* wird jedoch deutlich, dass die Rektionslesart nicht auf alle Determinativkomposita mit deverbalem Zweitglied anwendbar ist. Bei Rektionskomposita unterscheiden Fleischer/Barz (⁴2012) drei dominierende Wortbildungsbedeutungen (vgl. ebd.: 141):

1) agentiv: A tut B: *Zugabfahrt*
2) thematisch: A wird von B hervorgebracht bzw. ist von der Handlung in B betroffen: *Kohleabbau*
3) zugehörig: A besetzt eine semantische Leerstelle, die B eröffnet: *Fußballfan*

Während der Interpretationsspielraum bei Rektionskomposita beschränkt ist, ist die Relation zwischen Erst- und Zweitglied bei Nichtrektionskomposita nicht grammatisch festgelegt, sondern muss vom Leser erschlossen werden (vgl. ebd.: 140). Demnach sind die Interpretationsmöglichkeiten hier deutlich vielfältiger. Fleischer/Barz (⁴2012) unterscheiden zwölf Haupttypen der Wortbildungsbedeutung[23] (vgl. ebd.: 141 f.):

1) Lokal
   1.1 B befindet sich in A: *Gartenbeet*
   1.2 B vollzieht sich in A: *Büroarbeit*
   1.3 B stammt von A: *Seewind*
   1.4 B führt zu A: *Kellertreppe*

---

23 Die Modellierung stellt jedoch nur eine von zahlreichen semantischen Klassifizierungsmodellen der Grundrelationen dar. So unterscheiden Fandrych/Thurmair (1994) bspw. nur zwischen drei Grundrelationen, an die sich anschließend „drei weitere, weniger frequente Relationen [anschließen]" (Fandrych/Thurmair 1994: 39); Ortner et al. (1991) differenzieren hingegen zwischen mehr als 30 Haupt- und mehr als 100 Subtypen.

2) Temporal
   A ist Zeitpunkt/Zeitraum, an dem B stattfindet/für den B gilt:
   Mittagspause
3) Final
   A gibt an, wofür B geeignet/bestimmt ist: *Sportschuhe, Fensterglas*
4) Kausal
   4.1 B verursacht A: *Tränengas*
   4.2 A gibt Ursache/Herkunft von B an: *Schmerzensschrei,*
       Bienenhonig
5) Komparativ
   5.1 B gleicht/ist wie A: *Patchworkfamilie*
   5.2 A gleicht/ist wie B: *Beifallssturm*
6) Possessiv
   A ist Besitzer von B: *Gemeindewald*
7) Partitiv/Adhäsiv
   7.1 A hat B: *Buchrücken, Vereinsmitglied*
   7.2 B hat A: *Henkelkorb, Rahmenerzählung*
8) Instrumental
   B funktioniert mithilfe von A: *Handbremse*
9) Material
   B besteht aus A: *Lederschuh*
10) Konstitutional
    A ist Bestandteil von B: *Blumenstrauß*
11) Graduierend
    A graduiert (vergrößert/verkleinert) B: *Riesenskandal, Zwerghuhn*
12) Explikativ
    B bezeichnet den Oberbegriff zu A (B ist A): *Auswertungsverfahren*

Angesichts der prinzipiellen Offenheit und Kontextabhängigkeit der Wortbildungsbedeutung ist zu betonen, dass eine eindeutige Zuordnung zu einer der zwölf Modifikationsarten nicht immer möglich ist und Mehrfachinterpretationen nicht auszuschließen sind. Trotz potenzieller Mehrfachinterpretationen hat sich jedoch bei lexikalisierten Komposita meist eine dominierende Lesart herausgebildet. So ist bspw. bei *Klassensprecher* die Bedeutung „von der Klasse gewählter Mitschüler, der die Interessen der Klasse vertritt" (Duden [8]2015: 1004) lexikalisiert und nicht die ebenfalls denkbare Bedeutung „jemand, der in der Klasse spricht". Das genannte Beispiel *Denkpause* zeigt jedoch, dass es durchaus lexikalisierte Komposita gibt, die mit mehreren Bedeutungen im Wortschatz verankert sind. Zudem ist zu beachten, dass viele der Ausgangseinheiten polysem sind und bei der Vereinigung mit weiteren Konstituenten „semantisch unterschiedlich [reagieren]" (Fleischer/Barz [4]2012: 48). In der Regel führt die Komposition allerdings zur Reduzierung oder Beseitigung von Polysemie. So ist in dem Kompositum *Strompreis* nur eine der laut Duden ([8]2015) drei möglichen Lesarten von *Strom* und nur eine der drei möglichen Lesarten von *Preis* aktiviert. Dass die Mehrdeutigkeit jedoch nicht komplett beseitigt wird, zeigt das Kompositum *Stromrichtung*, welches sowohl die physikalische Richtung des elektrischen Stroms als auch den geografischen Verlauf eines Flusses bezeichnen kann, bzw. das Kompositum *Kurswechsel*, das sich sowohl auf die Änderung der Fahrtrichtung als auch auf den Wechsel in einen anderen Kurs einer Bildungseinrichtung beziehen kann. Darüber hinaus kann die Komposition jedoch auch eine weitere Lesart generieren, die das freie Substantiv nicht besitzt (*Reichstag, Bundestag*).

Trotz der zahlreichen semantischen Möglichkeiten der Komposition erfordern unkonnotierte Wortbildungen eine „gewisse semantische Nähe der Konstituenten" (Fleischer/Barz [4]2012: 130). Unerwartete Neubildungen, d. h. Verbindungen aus Begriffen, die nicht miteinander in Beziehung stehen, sind meist auffällig oder stilistisch konnotiert und somit häufig in expressiven Textsorten zu finden (*Nachtsonne, Pflanzenfriedhof*). Semantisch bedingte Bildungsrestriktionen scheint es bei der determinativen Substantiv-Komposition kaum zu geben. Wie die Beispiele *Bücherbuch* (Buch über Bücher) oder *Kindeskind* (Enkelkind) zeigen, sind sogar Komposita „mit sich selbst" (ebd.: 148) prinzipiell möglich. Von den unendlich vielfältigen Beziehungen ist lediglich die Negation ausgeschlossen (vgl. ebd.). So kann ein *Holzschrank* ein Schrank *für, aus* oder *mit* Holz sowie ein Schrank *von* Frau Holz sein. Er ist jedoch kein Schrank, der nicht aus Holz ist (vgl. ebd.)[24]. Darüber hinaus gibt es „mehr

....

24 In Hinblick auf die Möglichkeiten der englischen Substantiv-Komposition ist Downing (1977) hingegen der Meinung, dass diese tatsächlich unendlich sind und folglich auch eine negative

oder weniger ausgeprägte Tendenzen der Meidung entsprechender Komposita" (ebd.). Es handelt sich jedoch nicht um Verbote, da ungewöhnliche, stilistisch konnotierte Bildungen, wie angedeutet, als Ausdruck von Expressivität mitunter funktional sein können. Tendenziell gemieden werden redundante und damit unökonomische Zusammensetzungen von Synonymen (*Spaßwitz, Bahn* [im Sinne von Eisenbahn] und *Zug* zu *Bahnzug, Weg* und *Gang* zu *Weggang*). Da Ausgangseinheiten oftmals mehrdeutig oder homographisch sind, gibt es allerdings Komposita, die neben der redundanten noch eine weitere Lesart haben (*Zugbahn* als meteorologischer Fachbegriff bzw. *Bahnzug* als Zugkraft an laufenden Bahnen oder *Weggang* von *Weggehen*). Weitere unübliche Verbindungen sind Komposita, in denen die erste Konstituente ein Hyperonym der zweiten ist (*Tierhund*). Ungeläufig sind auch Zusammensetzungen aus zwei Personenbezeichnungen wie *Schwesterfreund*. Von dieser Regel ausgenommen sind Kombinationen aus zwei Verwandtschaftsbezeichnungen (*Enkelsohn*), Rektionskomposita (*Polizistenausbilder*) sowie Komposita, in denen das Erstglied für eine Menschengruppe steht (*Familienvater*) (vgl. ebd.). Restriktionen bestehen auch bei Komposita, die als Ersatz für ein lexikalisiertes Phrasem fungieren sollen, da Wort- und Phrasembildung, wie erwähnt, konkurrierende Verfahren darstellen. Ein bedeutungsgleiches Nebeneinander ist nur in Ausnahmefällen vorzufinden (s. Kap. 3.1).

Während das Determinatum bei determinativen Substantivkomposita per Definition ein Substantiv ist, kann das Erstglied auch von anderen Wortarten besetzt werden. Da in diesen Fällen Elemente unterschiedlicher syntaktischer Klassen zusammengesetzt werden, ist der hypotaktische Aufbau deutlicher zu erkennen als bei den N+N-Komposita (vgl. Erben [5]2006: 75). So finden sich häufig auch determinative Adjektiv-Substantiv-Komposita, wobei das linksstehende Adjektiv simplizisch oder komplex (*Weißkohl, Endlosschleife*) sowie einheimisch oder entlehnt (*Hartbeton, Softeis*) sein kann (vgl. Donalies 2007: 46). Während laut Donalies (2007) lediglich „Adjektive mit den Suffixen -bar, -lich und -ig […] [üblicherweise] nicht als linke Einheiten verwendet

---

Beziehung zwischen den Konstituenten bestehen kann (vgl. Downing 1977: 840 f.). Als Beispiel führt sie das Kompositum *earthquake schools* an: „those which would be unsafe in the event of an earthquake" (ebd.: 825).

[werden]" (ebd.), sind laut Schlücker (2012) „morphologisch komplexe[] Erstglieder[] ([…] *Essbarbonbon)" (Schlücker 2012: 10) unzulässig. Die Tatsache, dass komplexe Adjektive jedoch durchaus vorkommen und in Komposita wie *Schnurlostelefon* fest etabliert sind, zeigt, dass auch morphologisch komplexe Adjektive in der Gegenwartssprache als Erstglieder verwendet werden. Laut Schlücker (2012) gilt dies zum einen für Adjektive mit *-los* und zum anderen für Adjektive mit *-ig* (*Niedriglohn*). Schlücker (2012) begründet diesen Wortbildungswandel damit, dass die häufige Verwendung des Wortbildungstyps dazu geführt hat, dass die Beschränkung auf simplizische Erstglieder gelockert wurde (vgl. ebd.: 11). Die semantischen Beziehungen der Adjektiv-Substantiv-Komposition sind deutlich beschränkter als bei der N+N-Komposition. Fleischer/Barz ([4]2012) unterscheiden zwischen zwei Hauptgruppen. In der ersten Gruppe wird mit dem Adjektiv eine herausragende Eigenschaft des Zweitglieds angegeben. Diese kann lokal (*Fernverkehr*) oder temporal (*Spätsommer*) sein oder sich auf die äußere Form, die Farbe etc. beziehen (*Flachland, Blaulicht*). In der zweiten Gruppe hat das Adjektiv eine verstärkende, intensivierende, vergrößernde oder abschwächende Bedeutung (*Großbetrieb, Hochglanz, Vollform, Kleingarten* etc.). Die Hauptgruppen sind jedoch nur exemplarische Prototypen, die durch zahlreiche Nebengruppen und Adjektive mit Sonderstellung (bspw. *Halb-*) zu ergänzen sind (vgl. Fleischer/Barz [4]2012: 156 ff.). Einen besonderen semantischen Gehalt haben „Verbindungen von Adjektiven mit Bezeichnungen der menschlichen Körperteile" (ebd.: 153). So beziehen sich Komposita wie *Blauauge* nicht nur auf das genannte Körperteil, sondern auf die Person. Verweist der Sprecher hingegen nur auf das entsprechende Körperteil, wird das „attributive Syntagma verwendet" (ebd.) (*blaues Auge*).

Die Verbindungen von Adjektiven und Nomina machen ca. 5 % der substantivischen Komposition aus, der Anteil der Kompositionen mit einem verbalen Erstglied liegt bei 8 % (vgl. Eichinger 2000: 115). Dass Adjektive und Verben deutlich seltener als Erstglieder fungieren, ist auf „bestimmte morphologische Eigenschaften dieser Wortarten zurückzuführen" (Fleischer/Barz [4]2012: 117). Während Substantive nahezu uneingeschränkt kombinierbar sind, sind Kombinationen mit adjektivischem oder verbalem Erstglied stärker beschränkt und oftmals nicht mit der Erstgliedposition kompatibel. Ferner ist bei substantivischen Erstgliedern die Möglichkeit zur Bildung von polymorphemischen Komposita stärker ausgeprägt als bei Adjektiven und Verben in Erstgliedposition (vgl. ebd.). Ebenso wie bei den Adjektiven kann das verbale Determinans simplizisch oder komplex (*Esslöffel, Nachschlagewerk*) sowie einheimisch oder entlehnt (*Kochtopf, Talkrunde*) sein (vgl. Donalies 2007: 50). Mit Ausnahme der finiten Formen bestimmter Modal- und Kopulaverben (*Ist-Zustand*) wird das Verb meist in der Stammform, d. h. ohne das Morphem *-en* des Infinitivs verwendet. Bestimmte Verben wie *fahren* kommen in verschiedenen Kompositionsstammformen vor (*Fahrschule, Fuhrunternehmen*) (vgl. Fleischer/Barz ⁴2012: 159). Bei Verben wie *rechnen* und *zeichnen* werden als Determinans die „kompositionsspezifischen Varianten *rechen-* und *zeichen-* verwendet" (Donalies 2007: 51) (*Rechenkette, Zeichentrick*). Zudem kann die einfache Stammform ein Fugen-e aufweisen, welches häufig auftritt, wenn der Verbstamm *b, d, g, s* oder *ng* als konsonantischen Auslaut hat (vgl. Erben ⁵2006: 75). Bei sonantischem Auslaut tritt das Fugen-e nicht auf (*Baukasten*) (vgl. ebd.). Bei der Verb-Substantiv-Komposition besteht in vielen Fällen eine „handlungsfunktionale Interpretation, die auf Zwecke oder Ursachen abhebt" (Eichinger 2000: 122). Das im Grundwort genannte Objekt wird in Hinblick auf den im Bestimmungswort genannten Vorgang funktionalisiert (*Bratapfel*). Trotz des häufigen Vorkommens bildet diese *für etwas*-Beziehung nur einen Teil der möglichen Relationen ab und stellt meist auch nur eine von mehreren Interpretationsmöglichkeiten dar. So ist bei dem Kompositum *Backofen* z. B. gleichzeitig auch die lokale Relation denkbar (*Ofen als Ort, an dem gebacken wird*). Die semantischen Beziehungen zwischen Verb und Substantiv sind vielfältiger als bei der Adjektiv-Substantiv-Komposition. Viele der zuvor für die N+N-Komposition dargestellten prototypischen Relationen finden sich auch bei der Komposition mit verbalem Erstglied, wobei die folgenden semantischen Relationen am häufigsten vorkommen (vgl. Fleischer/Barz ⁴2012: 162 f.):

1) Final: B ist geeignet/bestimmt für A: *Haltevorrichtung*
2) Aktivisch: B tut A: *Putzfrau*
3) Passivisch:
   A wird mit B getan: *Leihverpackung, Umhängetasche*
   A ist mit B getan worden: *Bratkartoffel, Mischgemüse, Spritzkuchen*
   Möglich sind auch beide Interpretationsarten: *Schlagsahne, Reibekäse*

4) Referenziell: A ist thematischer Bezugspunkt von B: *Sehvermögen*
5) Lokal: B ist Ort für A: *Bastelraum, Kochecke*

Verb und Substantiv können zudem in einem explikativen (A expliziert B: *Ausweichmanöver*), temporalen (B gibt Zeitpunkt/-raum für A an: *Sendetermin*), kausalen (A verursacht B: *Auffahrunfall*, B verursacht A: *Niespulver*) oder modalen (B hat A als Modus: *Laufschritt*) Verhältnis stehen. Darüber hinaus kommen noch andere Arten von determinativen Substantivkomposita vor, wie die Konfix-Substantiv-Komposita (*Thermohose*), die Adverb-Substantiv-Komposition (*Sofortmaßnahme*) oder die Phrase-Substantiv-Komposita (*Fünf-Sterne-Koch*). Die linke Position kann auch von einer Präposition besetzt werden, die den Kopf räumlich (*Vorzelt*) oder zeitlich (*Nachspiel*) determinieren kann. Zudem können Substantive durch Pronomina (*Wir-Gefühl*), Konjunktionen (*Dass-Satz*) und Interjektionen (*Aha-Erlebnis*) näher bestimmt werden (vgl. Donalies 2007: 54).

Neben der Substantiv-Komposition macht das Deutsche auch von der determinativen Adjektiv- und der determinativen Verb-Komposition Gebrauch, wobei die für die Substantiv-Komposition charakteristische „Vielfalt und Produktivität" (Fleischer/Barz [4]2012: 117) von diesen beiden Kompositionstypen nicht erreicht wird. Bei der Adjektiv-Komposition ist das Determinatum gemäß dem Prinzip der Rechtsköpfigkeit stets ein Adjektiv; das linksstehende Determinans ist häufig ein Substantiv (*fantasievoll, ruhebedürftig*). Wie in den Komposita *kirschrot* oder *kerzengerade* fungiert das substantivische Bestimmungsglied in vielen Fällen als „Bildspender eines Vergleichs oder einer Metapher" (Eichinger 2000: 123). Die Wortbildungsbedeutung ist damit häufig komparativ (*steinhart*) (vgl. Fleischer/Barz [4]2012: 47). Prinzipiell können jedoch Wörter aller Wortarten sowie Phrasen und Konfixe in Erstgliedposition stehen (vgl. Donalies 2007: 54). Bei den Verb-Adjektiv-Komposita sind Verbindungen mit *-fähig, -fest, -kundig, -sicher, -tüchtig* und *-bar* als Determinatum etabliert (*strapazierfähig, trinkfest, essbar*). Darüber hinaus kann das Grundwort auch durch eine Präposition determiniert werden (*übervorsichtig*). Bestimmte, besonders beliebte adjektivische Grundwörter, wie *-voll* (*hoffnungsvoll*) oder *-arm* (*fettarm*), nehmen im Deutschen „beinahe suffixartigen Charakter an" (Erben [5]2006: 77 f.). Determinative Verbkomposita sind für das

Deutsche kaum relevant. Sie kommen nur selten vor und finden sich vor allem in technischen Kontexten (*spritzgießen*).

Spezifisch für Determinativkomposita ist somit, dass sie einen rechtsstehenden Kopf haben, der die Grundbedeutung trägt, und einen linksstehenden „Nicht-Kopf" (Lüdeling [4]2016: 86), der „die Bedeutung des Kopfs näher [bestimmt]" (ebd.). Bei Determinativkomposita wird wiederum zwischen endo- und exozentrischen Komposita differenziert.

Im Normalfall wird das mit dem Kompositum Bezeichnete „mit der zweiten Konstituente angesprochen, weswegen für solche Fälle die Formel ‚(Ein) [AB] ist (ein) [B].' gilt" (Ortner 1991: 115). So ist ein *Kochtopf* ein Topf und eine *Lederjacke* eine Jacke. Trifft die Formel zu, spricht man von sog. endozentrischen Komposita. Bei diesen ist somit „im Regelfall der zweite (und allgemein der letzte) Bestandteil sowohl Kopf (hd) als auch Kern (nuk) der Gesamteinheit" (Eisenberg [4]2013: 217). Endozentrische Komposita sind morphosemantisch motiviert, d. h. die lexikalische Bedeutung ist in mehr oder weniger stark ausgeprägtem Maße aus der Bedeutung und Anordnung der Konstituenten sowie aus der semantischen Beziehung zwischen diesen erschließbar (vgl. Fleischer/Barz [4]2012: 44). Davon zu unterscheiden sind die sog. exozentrischen Komposita (von griech. *éxō* ‚außerhalb, außen, von außen her' und lat. *centralis* ‚in der Mitte befindlich') (vgl. Duden [5]2014: 264, 942). Exozentrische Komposita werden genauso zusammengesetzt wie endozentrische Komposita, im Gegensatz zu diesen bezeichnen sie jedoch „etwas außerhalb Befindliches" (Donalies 2007: 61). Liegt das Bezeichnete nicht innerhalb, sondern außerhalb des Kompositums, wird es von keinem der Kompositionsglieder genannt, was bedeutet, dass weder das Erst- noch das Zweitglied das Kompositum semantisch repräsentieren kann. Die Formel ‚(Ein) [AB] ist (ein) [B]' gilt in diesen Fällen nicht, denn ein exozentrisches [AB] ist weder ein [A] noch ein [B]. So bezeichnet *Weberknecht* keinen Knecht, sondern eine Spinnenart und *Schlüsselbein* weder einen Schlüssel noch ein Bein, sondern einen Knochen (vgl. Ortner et al. 1991: 519; Donalies 2007: 61). Auch Zusammenrückungen wie *Vergissmeinnicht* und *Vaterunser* sind häufig exozentrisch. Exozentrische Komposita sind demnach nicht morphosemantisch, sondern figurativ motiviert (vgl. Fleischer/Barz [4]2012: 43). Bei Komposita mit figurativer bzw. metaphorischer Motivation wird zwischen drei Typen unterschieden:

1. Komposita, bei denen sich die figurativ motivierte Lesart auf das ganze Kompositum (Erst- und Zweitglied) bezieht. Die Wortbildung ist dann „als Ganzes metaphorisiert [...] und in dieser Hinsicht metaphorischen Simplizia gleichgestellt" (ebd.: 142). Beispiele sind *Fuchsschwanz* (Handsäge) oder *Zitronenfalter* (Schmetterlingsart).
2. Komposita, bei denen nur das Zweitglied metaphorisch gebraucht wird. Das figurativ motivierte Zweitglied fungiert in diesen Fällen als „Bildspender" (ebd.) und das Erstglied als „Bildempfänger" (ebd.). Beispiele sind *Computervirus* oder *Reisewelle*.
3. Komposita, bei denen nur das Erstglied figurativ motiviert ist. In diesen Fällen ist das Erstglied der Bildspender und das Zweitglied der Bildempfänger. Beispiele sind *Patchworkfamilie* oder *Etuikleid*.

Exozentrische bzw. figurativ motivierte Komposita kommen nur als Substantive vor. Während die rechte Einheit folglich stets ein Substantiv ist, kann die linke Position von einem Substantiv, Adjektiv oder Verb besetzt werden. Ebenso wie endozentrische haben auch exozentrische Komposita einen rechtsstehenden Kopf, der Wortart und Genus festlegt. Da exozentrische Komposita, die im Ganzen figurativ motiviert sind, etwas anderes bezeichnen als die Teile, aus denen sie sich konstituieren, ist der Kern außerhalb der Konstruktion angesiedelt. Komposita, bei denen nur das Erst- oder Zweitglied metaphorisch gebraucht wird, stellen einen Sonderfall dar. Da in diesem Fall entweder das Erst- oder Zweitglied für das Ganze steht, liegt die Bedeutung nicht außerhalb des Kompositums. Sie sind somit nicht exozentrisch, sondern „komparativ-endozentrisch" (Ortner/Ortner 1984: 58). Anders ist es bei „Personenbezeichnungen mit metaphorischen Tier- oder Sachbezeichnungen als Zweitglied" (Fleischer/Barz [4]2012: 143) wie *Bücherwurm* oder *Pechvogel*. Obgleich sich die metaphorische Lesart hier ebenfalls nur auf das Zweitglied bezieht, sind die Komposita dennoch als Ganzes metaphorisiert und somit exozentrisch, denn weder das Erst- noch das Zweitglied kann für das Ganze stehen. Diese Art von exozentrischen Komposita, die sich meist auf Menschen oder Tiere beziehen, wird auch als Possessivkomposita bezeichnet, denn die Bezugnahme auf den Referenten ist indirekt und erfolgt über dessen charakterisierende Eigenschaft.

Laut Fleischer/Barz (⁴2012) lässt sich der Grad der Motivation aus dem Verhältnis von lexikalischer Bedeutung und morphosemantischer Motivationsbedeutung erschließen: Wenn sich die lexikalische aus der morphosemantischen Bedeutung ableiten lässt und diese weitgehend übereinstimmen, handelt es sich um eine voll motivierte Wortbildung (*Winterjacke*). Mit zunehmender Differenz sinkt der Motivationsgrad der Wortbildung. Liegt nur noch eine entfernte Verbindung vor, wie bei dem Kompositum *Zeitlupe*, spricht man von einer schwach motivierten oder demotivierten Wortbildung (vgl. ebd.: 45). So ist *Taschenbuch* stärker motiviert als *Armleuchter* und *Armleuchter* wiederum stärker motiviert als *Augenweide*, dessen lexikalische Bedeutung sich aus der morphosemantischen Motivationsbedeutung allein nicht erschließen lässt. Die Motivationsgrade wurden auf verschiedene Weise modelliert, wobei die Dreistufenskala (vollmotiviert – teilmotiviert – demotiviert) von Käge (1980) eines der am weitesten verbreiteten Modelle ist (vgl. Fleischer/Barz ⁴2012: 45). Die Dreistufenskala spiegelt die Motiviertheit der Wortbedeutung jedoch nicht angemessen wider, denn angesichts der „Dynamik des Wortschatzes" (ebd.) und der individuellen Wissensvoraussetzungen gibt es zwischen den beiden Extrempolen (voll- und demotiviert) nicht nur einen, sondern zahlreiche graduell abnehmende Motivationsgrade. Da die Übergänge zwischen den Abstufungen fließend sind, sollten die Motivationsgrade nicht als klar voneinander abgrenzbare Stufen, sondern vielmehr als Kontinuum betrachtet werden. Die Relevanz des individuellen Welt- und Sprachwissens lässt sich an dem Beispiel *Nachtisch* verdeutlichen. Kennt ein Rezipient das Wort *Tisch* lediglich in der Bedeutung *Möbelstück*, wird er die lexikalische Bedeutung von *Nachtisch* aus dessen morphosemantischer Motivationsbedeutung nicht ableiten können. Rezipienten, die mit der Polysemie des Wortes *Tisch* vertraut sind (*Möbelstück* und *Mahlzeit*) und denen das Lexem *Nachtisch* unbekannt ist, könnten die lexikalische Bedeutung hingegen aus der morphosemantischen Motivationsbedeutung erschließen. Der Motivationsgrad würde in diesem Fall somit unterschiedlich bewertet werden. Gleiches gilt für die Beurteilung des Motivationsgrades von Fremdwörtern (vgl. ebd.: 46). Je länger Wortbildungen im Wortschatz verankert sind, desto mehr werden sie ganzheitlich semantisch verarbeitet und desto weniger relevant ist die Motivationsbedeutung für das Wortverstehen. Verankerte Wortbildungen werden somit „wie ein primäres

Lexem als Ausdruck für ein bestimmtes Konzept verwende[t]" (ebd.: 51) und die lexikalische Bedeutung demnach nicht über die Motivationsbedeutung erschlossen. Da der Motivationsgrad im unreflektierten Sprachgebrauch keine Rolle spielt, werden demotivierte Wortbildungen nicht als störend empfunden. So ist eine *Augenweide* kein grasbewachsenes Stück Land und ein *Kindergarten* „eine Einrichtung, die ganz ohne Garten auskommen kann" (ebd.).

Endo- und exozentrische Komposita werden auch als semantisch transparente und semantisch opake Komposita bezeichnet (vgl. Placke 2001; Libben 2006; Berg 2006; Klos 2011; Seyboth 2014). Ebenso wie bei endozentrischen Komposita ist dabei bei transparenten Komposita stets ein eindeutiger Bezug zu den Konstituenten erkennbar (*Tischbein*). Opake Komposita wie *Hühnerauge* oder *Ohrfeige* haben hingegen keine semantische Relation zu ihren Konstituenten, denn im Gegensatz zu den transparenten Komposita liegt der Referent außerhalb der Denotation der zweiten unmittelbaren Konstituente. Die Verarbeitung von exozentrischen bzw. opaken Komposita ist deutlich anspruchsvoller, denn die Bedeutung des Kompositums kann weder aus dem Gesamtkomplex noch aus den einzelnen Lexemen erschlossen werden. Sie lässt sich „allenfalls ahnen oder aus erklärenden Kontexten schließen" (Donalies 2007: 61).

Daraus folgt, dass opake Komposita, sofern sie nicht zum Grundwortschatz gehören, für die LS-Leserschaft eine besondere Verstehenshürde darstellen und in LS nicht ohne Erläuterung verwendet werden können. Das Verstehen kann für die Adressaten zusätzlich dadurch erschwert werden, dass bestimmte Komposita transparent und opak zugleich sein können (*Schneebesen*).

Darüber hinaus gibt es im Deutschen noch drei weitere Arten von Komposita. Da diese jedoch für die Studie nicht relevant sind, sollen sie im Folgenden nur kurz erwähnt und von den Determinativkomposita abgegrenzt werden.

3.3.2 Kopulativkomposition

Während endozentrische Determinativkomposita stets durch ein subordinatives Verhältnis gekennzeichnet sind, bei dem die rechte durch die linke Einheit näher bestimmt wird, sind die Konstituenten bei Kopulativkomposita (von lat. *copulare* ‚vereinen, verbinden') semantisch gleichwertig. Die Konstituenten stehen somit nicht in einem hierarchischen, sondern in einem koordinierenden

Verhältnis zueinander, was impliziert, dass nur Wörter der gleichen Wortart kombiniert werden können (vgl. Fleischer/Barz ⁴2012: 149; Borgwaldt 2013: 103). Im Unterschied zu Determinativkomposita müssen Kopulativkomposita nicht binär sein, wobei nichtbinäre Komposita häufig zur Bezeichnung von Farbmustern verwendet werden (*weiß-rot-blaue Flagge*) (vgl. Donalies 2007: 62). Da sich die Bedeutung des Kompositums aus der Addition der Konstituentenbedeutung ergibt (*taubstumm, schwarz-weiß, Fürstbischof*), ließe sich bei den meisten Kopulativkomposita in der Fuge die koordinierende Konjunktion *und* einfügen (vgl. Lüdeling ⁴2016: 89). Die Tatsache, dass den Elementen „derselbe Grad an Informationswert zugerechnet wird" (Eichinger 2000: 141), impliziert auch, dass die Konstituenten prinzipiell ohne Bedeutungsveränderung umgestellt werden können, wie es bei den Komposita *katholisch-evangelisch* und *deutsch-chinesisch* der Fall ist. Dennoch ist „die Vertauschbarkeitsthese […] in dieser kategorischen Form nicht haltbar" (Breindl/Thurmair 1992: 46), denn in einigen Fällen wird mit der Anordnung eine obligatorische Reihenfolge beschrieben. So lässt sich die *schwarz-rot-goldene Flagge* nicht einfach als *schwarz-gold-rote Flagge* bezeichnen und auch bei der *rot-gelb-grünen Ampel* ist die Farbabfolge nicht frei vertauschbar. Zudem ist die Reihenfolge oftmals konventionalisiert (**stummtaub; *weiß-schwarz; *Hosenstrumpf*). Bei den Kopulativkomposita lassen sich drei verschiedene Arten unterscheiden, wobei im Deutschen nur von den ersten beiden Arten Gebrauch gemacht wird.

Am häufigsten kommen kopulative Zusammensetzungen wie *Kinocafé* vor, mit denen entweder Personen, Orte und Gegenstände bezeichnet werden oder Eigenschaften, die dem Referenten zugeschrieben werden, addiert werden (vgl. Donalies 2007: 64; Fleischer/Barz ⁴2012: 150). Kopulativ gelesen werden *Waisenkind, Radiowecker, Strumpfhose* oder *braunschwarz*. Mit Adjektiv-Adjektiv-Komposita kann so bspw. eine doppelte Bereichszuordnung zum Ausdruck gebracht werden (*medizinisch-technischer Assistent*) (vgl. Eichinger 2000: 142). Dennoch ist eine eindeutige Zuordnung zu den Kopulativkomposita teilweise schwierig, da viele dieser Komposita gleichzeitig auch determinativ interpretiert werden können (*Radiowecker*: Wecker mit Radiofunktion). Die Einheiten des Kopulativkompositums sind zwar lexikalisch gleichwertig, syntaktische Gleichwertigkeit ist hingegen nicht gegeben. Dies ist daran zu erkennen, dass auch Kopulativkomposita einen syntaktischen Kopf haben, der gemäß dem

Prinzip der Rechtsköpfigkeit rechts steht und demnach das Genus des Kompositums festgelegt und flektiert wird. Der zweite Typ, der ausschließlich kopulativ und nicht kopulativ und/oder determinativ gelesen werden kann, ist „im Wesentlichen auf Länderbezeichnungen wie *Österreich-Ungarn* […] beschränkt" (Donalies 2007: 65). Der dritte, im Deutschen nicht vorzufindende Typ wird in anderen Sprachen insbesondere für „Verwandtschaftsbezeichnungen" (ebd.) verwendet, anhand derer Einzelglieder in einem Ausdruck zusammengefasst werden (türk. *anababa*, wörtlich Mutter-Vater). Im Deutschen wird der Begriff häufig durch ein Hyperonym (*Eltern*) oder eine Aneinanderreihung mit *und* (*Mutter und Vater*) bezeichnet (vgl. ebd.).

3.3.3 Kontamination

Ein weiterer Kompositionstyp ist die Kontamination, bei der mindestens zwei Wörter zu einem neuen Ausdruck verschachtelt werden, wobei sich das Produkt lautlich, grafisch und semantisch von den einzelnen Lexemen unterscheidet (vgl. Scherer 2013: 159 f.). Kontaminationen bestehen meist aus Substantiven und stellen ein produktives Verfahren zur Bezeichnung von tierischen Hybriden dar. So ist bspw. ein *Liger* eine Kreuzung aus Löwe und Tiger (vgl. Donalies 2007: 67). Kontaminationen, die aus Konstituenten der gleichen Wortart bestehen, werden meist kopulativ gelesen (*ist sowohl Löwe als auch Tiger*). Bei Kontaminationen handelt es sich stets um Neuschöpfungen, von denen nur die wenigsten in die Standardsprache übergehen. Solche fest etablierten Kontaminationen sind zwar selten, aber dennoch gibt es Neuschöpfungen, die in Folge des Sprachwandels in den Duden aufgenommen wurden, wie die Kontaminationen *Tankini* (aus *Tanktop* und *Bikini*) und *Eurasien* (aus *Europa* und *Asien*). Ebenfalls etabliert sind aus dem Englischen entlehnte Kontaminationen wie *Smog* (aus *smog* und *fog*) und *Motel* (aus *motor* und *hotel*) (vgl. ebd.: 68). Bei Kontaminationen wird dem Rezipienten die Identifizierung der beteiligten Konstituenten angesichts der lautlichen und grafischen Veränderung erheblich erschwert. Eine zentrale Voraussetzung für die Dekodierung ist, „dass der Rezipient die in der Kontamination enthaltenen Wortstämme erkennen kann" (Scherer 2013: 160). Eine Segmentierung, die das Erfassen der Einzelbestandteile erleichtert, ist bei diesem Kompositionstyp nicht denkbar (**Kur-Laub, *Kur·laub*). Da somit weder die Perzeption noch das Verstehen durch eine Segmentierungshilfe erleichtert werden kann und kontaminierte Komposita keines der elf in Kap. 2.8.2 aufgeführten Kriterien der Lexemauswahl erfüllen, sollten sie in LS nicht verwendet werden.

3.3.4 Reduplikation

Als letzter Kompositionstyp ist die Reduplikation zu nennen, bei der durch Doppelung eines Wortes ein Kompositum entsteht (vgl. Donalies 2007: 68). Von der Reduplikation wird im Deutschen kaum Gebrauch gemacht. Die beiden Konstituenten eines Reduplikats sind dabei nicht komplett identisch, sondern unterscheiden sich meist in ihrem ersten Vokal (vgl. ebd.). Beispiele für Reduplikate sind *Mischmasch* (von *mischen*), *Wirrwarr* (von *wirr*) und *Krimskram* (von *Kram*).

Die hohe Produktivität der Komposition ist u. a. darauf zurückzuführen, dass sich alle vier Kompositionsarten zur Bildung von Okkasionalismen, d. h. zur Wortschöpfung eignen. Solche Gelegenheitsbildungen entstehen spontan aus der Situation heraus und werden nicht in die Standardsprache aufgenommen. Okkasionalismen (auch Ad-Hoc-Komposita genannt) dienen in einer Kommunikationssituation dazu, komplexe Sachverhalte möglichst kurz auszudrücken. Sie sind jedoch stets kontextabhängig, d. h. ihre Bedeutung lässt sich nur im jeweiligen Kontext bestimmen (s. Kap. 3.8.4). Beispiele für Okkasionalismen sind *Waldgruppe* (Gruppe, die in den Wald geht) oder *Pausenbrotprozess* (Prozess, in dem es um vergiftete Pausenbrote geht). Im Unterschied zu lexikalisierten Komposita erfüllen Ad-Hoc-Komposita weniger eine Benennungsfunktion, sondern mehr eine beschreibende Funktion: So dient das Ad-Hoc-Kompositum *Hundetasse* nicht der Benennung einer Subklasse von Tassen, sondern vielmehr der Beschreibung einer bestimmten Tasse in einer individuellen Situation (vgl. Schlücker 2012: 16 f.).

3.4 Zusammenfassung

Da Komposita stets aus mindestens zwei freien Morphemen bestehen, handelt es sich definitionsgemäß um morphologisch komplexe Wörter. Gemäß den in Kap. 2.8.2. dargestellten lexikalischen und morphologischen Regeln der LS verstoßen Komposita folglich gegen das Kriterium der morphologischen Einfachheit. Die morphologische Komplexität spiegelt sich in vielen Fällen auch in der Wortlänge wider, so dass Komposita häufig auch gegen die Regel, möglichst kurze Wörter zu verwenden, verstoßen (s. Kap. 2.8.2). Zudem stehen Komposita im Widerspruch zu der Regel *Nominalstil vermeiden*, dessen zentrales Merkmal „die extensive Ausnutzung der Möglichkeit zur Zusammensetzung […] komplexer Substantive" (Brandt 1988: 119) ist. Nicht nur in den Fachsprachen, sondern auch im Standarddeutschen ist eine ausgeprägte Neigung zu langen Komposita zu konstatieren. Da diese jedoch stets „morphologisch und semantisch komplex [sind]" (Bredel/Maaß 2016a: 494), gilt es, Komposita, die aus mehr als zwei Silben bestehen, in LS zu vermeiden. Angesichts der Schlüsselrolle der Komposita in der deutschen Sprache ist deren Vermeiden jedoch nicht immer möglich. Werden morphologisch komplexe Wörter im Zieltext übernommen, führt dies zu einem erhöhten Verarbeitungsaufwand, denn laut Bredel/Maaß (2016a) „[erschweren] lange Komposita die Perzeption und das Verstehen von Wörtern" (ebd.: 21). Wie in Kap. 3.8 aufgezeigt wird, resultiert der erhöhte kognitive Aufwand neben der semantischen Unterspezifiziertheit auch daraus, dass die Verarbeitung von Komposita kein stets nach dem gleichen Muster ablaufender Prozess ist, sondern Komposita teils ganzheitlich und teils einzelheitlich verarbeitet werden (vgl. Seyboth 2014: 272, 288 ff.). Die potenziellen Verarbeitungsschwierigkeiten können durch unterschiedliche semantisch-lexikalische und kontextuelle Faktoren bedingt sein. Einer der Gründe für den erhöhten kognitiven Aufwand bei Komposita ist, dass der Rezipient diese zunächst eigenständig in morphologische Einheiten zerlegen muss, bevor er anschließend die Bedeutung des komplexen Wortes erschließen kann. Das korrekte Erfassen der Morphemgrenzen ist somit eine zentrale Voraussetzung für die Wortverarbeitung. Erfahrene Leser profitieren hierbei von ihren guten Wortschatzkenntnissen, denn die korrekte Segmentierung ist insbesondere dann schwierig, wenn das Kompositum Morpheme enthält, die dem Leser unbekannt sind. Folglich stellt die Segmentierung für die LS-Leserschaft, die nur über geringe Wortschatzkenntnisse verfügt, eine erhebliche Verständnishürde und Quelle für Fehlinterpretationen dar. In LS werden die Segmentierungsprobleme durch das Anzeigen der Morphemgrenze verringert. In den Praxisregelwerken wird diesbezüglich die Regel aufgestellt, Komposita mit Bindestrichen zu trennen. Bredel/Maaß (2016a) wenden sich jedoch von diesem Vorschlag ab und „schlagen mit dem Mediopunkt einen alternativen, weniger belasteten Segmentierungsmarker vor" (Bredel/Maaß 2016a: 21).

Der Schwerpunkt des folgenden Kapitels liegt auf den Ausführungen zum Mediopunkt. Bevor auf den Einsatz des Mediopunktes eingegangen wird, werden zunächst die Empfehlungen der Praxisregelwerke und die Funktionen des Bindestrichs dargestellt.

3.5 Segmentierung von Komposita: Binde-Strich

Obgleich die drei in Kap. 2.8.1 genannten Praxisregelwerke zum Teil erhebliche Unterschiede auf den verschiedenen Ebenen des Sprachsystems aufweisen, so konvergieren sie auf morphologischer Ebene in der Verwendung des Bindestrichs:

> „Trennen Sie lange Wörter mit einem Binde-Strich. […]
> Beispiel […]
> Gut: Bundes-Gleichstellungs-Gesetz" (BMAS 2013: 26)

> „Wenn Sie lange Wörter benutzen müssen,
> trennen Sie die Wörter mit Binde-Strichen.
> Beispiel:
> Gleichstellungs-Gesetz" (Inclusion Europe 2009: 23)

Die beiden Regeln spiegeln die in Kap. 2.8.1 erwähnte Vagheit der Regelwerke wider. So wird in keinem der beiden Regelwerke spezifiziert, ab wann ein Wort als lang einzustufen ist. Unklar bleibt ebenfalls, ob die Regel auf Substantive beschränkt ist oder für alle Wortarten und Wortbildungsmuster gleichermaßen gilt. Im Vergleich dazu ist die Regel in der BITV 2.0 konkreter formuliert:

„Zusammengesetzte Substantive sind durch Bindestrich zu trennen."
(BITV 2.0 2011: Anlage 2, Teil 2)

Gemäß der BITV 2.0 sind Adjektive und Verben folglich nicht zu segmentieren. Aus der Restriktion auf zusammengesetzte Substantive lässt sich somit zunächst nur ableiten, dass die Regel für alle Substantive ungeachtet der Wortlänge bzw. Silbenzahl gilt. Die Frage, wie und nach welchen konkreten Kriterien die Wörter zu trennen sind (Morphem- bzw. Silbengrenze), wird jedoch in keinem der Praxisregelwerke beantwortet.

Die Regel, Komposita durch Bindestriche in ihre Einzellexeme zu trennen, lässt sich durch Befunde der Verständlichkeitsforschung untermauern, denn durch die sichtbare Morphemtrennung wird dem Leser das Auffinden der Wortfuge optisch vorweggenommen, was zu einer verkürzten Lesezeit und zu einem erleichterten Verständnis führt (vgl. Maaß et al. 2014: 63). Dennoch ist die in den Regelwerken genannte Empfehlung aus wissenschaftlicher Sicht kritisch zu betrachten. Um die in der Wissenschaft diskutierten Kritikpunkte nachvollziehen und ein umfassendes Verständnis für die Problematik entwickeln zu können, ist es zunächst erforderlich, auf die Funktionen und Anwendungsmöglichkeiten des Bindestrichs im deutschen Sprachsystem und in LS einzugehen.

3.5.1 Der Bindestrich im deutschen Sprachsystem

Gemäß der amtlichen Regelung der deutschen Rechtschreibung „[bietet] der Bindestrich [...] die Möglichkeit, anstelle der sonst bei Zusammensetzungen und Ableitungen üblichen Zusammenschreibung die einzelnen Bestandteile als solche zu kennzeichnen, sie gegeneinander abzusetzen und sie dadurch für den Lesenden hervorzuheben" (Rat für deutsche Rechtschreibung 2018: 45). In den zwölf Paragrafen zum Gebrauch des Bindestrichs wird zum einen zwischen Zusammensetzungen und Ableitungen mit bzw. ohne Eigennamen als Bestandteil und zum anderen zwischen obligatorischem und optionalem Gebrauch des Bindestrichs unterschieden (vgl. ebd.: 45 ff.).

Obligatorisch ist der Bindestrich in Komposita mit Einzelbuchstaben (*y-Achse*), Abkürzungen (*Kfz-Kennzeichen*) und Ziffern (*der 25-Jährige*). Besteht der vordere Teil der Zusammensetzung aus einer Ziffer und einem

Suffix, steht der Bindestrich nach dem Suffix (*eine 25er-Gruppe*). Da hierbei Teilausdrücke aus verschiedenen Zeichensystemen kombiniert werden, ist der Gebrauch des Bindestrichs in diesen Fällen auf die „Inkompatibilität der Einzelbestandteile" (Bredel/Maaß 2016a: 335) zurückzuführen.

Darüber hinaus wird der Bindestrich „in substantivisch gebrauchten Zusammensetzungen (Aneinanderreihungen)" (Rat für deutsche Rechtschreibung 2018: 47) gesetzt, wie bei der Zusammensetzung *Wort-für-Wort-Übersetzung*. In diesen Fällen werden die homogenen Wortbausteine syntaktisch miteinander verknüpft, „ohne dass das Ergebnis dieser Verknüpfung bereits ein Satz ist" (Bredel/Maaß 2016a: 335). Die irreguläre Wortbildungsstruktur wird durch den Bindestrich markiert, wobei alle einzelnen Bestandteile durch Bindestriche verbunden werden. Man spricht folglich von einer durchgekoppelten Schreibung bzw. dem „Durchkoppelungsbindestrich" (Bredel 2008: 116). Auch Komposita mit Syntagmen oder Sätzen als Erstglied werden in der Regel mit Durchkoppelungsbindestrich geschrieben (*Erste-Hilfe-Lehrgang*) (vgl. Fleischer/Barz ⁴2012: 193). Bei mehrteiligen Zusammensetzungen, die bereits einen Bestandteil mit Bindestrich enthalten (*UV-Strahlen*), wird ebenfalls durchgekoppelt (*UV-Strahlen-gefährdet*), auch wenn das Kompositum ohne den bindestrichhaltigen Bestandteil ohne Bindestrich geschrieben wird (*strahlengefährdet*). Auch „unübersichtliche Zusammensetzungen aus gleichrangigen, nebengeordneten Adjektiven" (Rat für deutsche Rechtschreibung 2018: 48), d. h. adjektivische Kopulativkomposita, werden mit Bindestrich geschrieben (*deutsch-englisches Wörterbuch*). Während der Bindestrich beim Vorliegen der genannten Bedingungen alternativlos ist, ist er in folgenden Fällen optional (vgl. ebd.):

1. bei Komposita, in denen der Bindestrich zur Hervorhebung bestimmter Einheiten dient (*Ich-Erzählung, Hoch-Zeit*).

2. bei langen, unübersichtlichen Komposita, in denen der Bindestrich zu einer übersichtlicheren Gliederung führt (*Haushalt-Mehrzweckküchenmaschine*).

3. bei ambigen Zusammensetzungen, in denen mit dem Bindestrich strukturbedingte semantische Missverständnisse vorgebeugt werden können (*Musiker-Leben* und *Musik-Erleben*).

4. bei Komposita mit drei gleichen Buchstaben an der Wortfuge, bei denen der Bindestrich das Auffinden der Morphemgrenze erleichtert (*See-Elefant, Bett-Tuch*). Fleischer/Barz (⁴2012) merken jedoch an, dass die Bindestrichschreibung nur bei Komposita empfohlen wird, bei denen an der Morphemgrenze drei gleiche Vokale zusammentreffen (*Schnee-Eule*). Bei drei gleichen Konsonanten (*Sauerstoffflasche*) wird vom Duden hingegen die Zusammenschreibung empfohlen (vgl. Fleischer/Barz ⁴2012: 193).

Bei Zusammensetzungen und Ableitungen mit Eigennamen ist der Bindestrich obligatorisch, wenn der zweite Bestandteil ein Eigenname ist oder die Zusammensetzung aus zwei Eigennamen besteht. Dies gilt u. a. für Personennamen (*Frau Müller-Beck*) und geografische Eigennamen (*Rheda-Wiedenbrück*). Bei Ableitungen bleibt der Bindestrich erhalten (*rheinland-pfälzisch*). Es ist jedoch zu beachten, dass es zahlreiche Zusammensetzungen gibt, die von diesen Regelungen ausgenommen sind und stattdessen getrennt oder zusammengeschrieben werden (*Bad Staffelstein, Neubeckum*). Darüber hinaus wird der Bindestrich bei Ableitungen von Titeln (*Gräflich-Pappenheimsche Gebiet*) und mehrteiligen Eigennamen (*Gauß-Markov-Theorem*) gesetzt. Auch bei mehrteiligen Zusammensetzungen, „deren erste Bestandteile aus Eigennamen bestehen" (Rat für deutsche Rechtschreibung 2018: 50), wird der Bindestrich, analog zu der Regel ohne Eigennamen, zwischen allen Bestandteilen gesetzt (*Alfred-Bozi-Straße*).

Bei Zusammensetzungen, deren erster Bestandteil ein Eigenname ist, kann der Bindestrich optional zur Hervorhebung des Eigennamens gesetzt werden oder, „wenn der zweite Bestandteil bereits eine Zusammensetzung ist" (ebd.: 51) (*Mozart-Geburtsstadt*). Fakultativ kann der Bindestrich ebenfalls gesetzt werden, wenn ein geografischer Eigenname von einem rechtsstehenden Substantiv näher bestimmt wird (*Köln-Messehalle*).

Die Funktion des Bindestrichs liegt folglich in der optischen Separierung einzelner Bestandteile eines komplexen Ausdrucks. Gehören die Bestandteile unterschiedlichen Zeichensystemen an oder ist die Zusammensetzung nicht das Ergebnis einer regulären Wortbildung, ist der Bindestrich obligatorisch. Werden mit dem Bindestrich einzelne Bestandteile optional hervorgehoben, dann etwa um eine Neumotivierung anzuzeigen (*Hosen-Träger, Schein-Werfer*) (vgl. Donalies 2007: 41) oder ein Wortspiel zu generieren (*Jemand der im Dreieck läuft hat Kreis-Laufprobleme, Die Maß-Nahme erforderte Maßnahmen*) (vgl. Rat für deutsche Rechtschreibung 2018: 48). Bei der Neumotivierung, wie sie in der Überschrift „Merkels Bahnhofs-Mission – Stuttgart 21 verändert Deutschland" vorzufinden ist (Spiegel 40/2010: 20, zit. nach Donalies 2011: 112*),* handelt es sich um eine mit dem Bindestrich erzielte Bedeutungsveränderung (vgl. Donalies 2011: 112). Diese lexikalisierten Komposita, die im Sinne einer nicht-lexikalisierten Lesart gedeutet werden sollen, kommen häufig in der Werbesprache oder in literarischen Texten vor (vgl. Klos 2011: 59 f.). Durch den Bindestrich wird dabei die Verknüpfungsstruktur gelockert und so die Aufmerksamkeit auf die autonome Bedeutung der Teilausdrücke gelenkt (vgl. Bredel 2008: 116). In den meisten Fällen dient der Bindestrich allerdings der übersichtlichen Gliederung oder der Vermeidung von Missverständnissen und stellt somit eine Lesehilfe dar. Unabhängig von der Funktion, die der Bindestrich in der Zusammensetzung erfüllt, stellt die Bindestrichschreibweise jedoch stets eine markierte Schreibweise dar (vgl. Neef 2005: 50; Fuhrhop 2008: 225).

Im Unterschied zu zusammengeschriebenen Komposita führt die Bindestrichschreibweise zu einer „Dekomposition des Leseprozesses" (Bredel/ Maaß 2016a: 334). Dies bedeutet, dass die separierten Teilausdrücke des Kompositums zunächst einzeln verarbeitet werden und „erst in einem zweiten Schritt [...] zu einem komplexen Ausdruck zusammengesetzt [werden]" (ebd.) Die Dekomposition des Leseprozesses bzw. „der Effekt, dass ein Trennstrich aus einem Wort zwei Wörter macht" (Geilfuß-Wolfgang 2007: 81), wurde in mehreren Leseexperimenten zur Rezeption von Komposita verdeutlicht (s. Kap. 3.8). Die Dekomposition des Leseprozesses wird durch die Binnenmajuskel verstärkt, da diese das nach dem Bindestrich folgende Morphem als einzelnen Teilausdruck innerhalb der Gesamtkonstruktion kennzeichnet. Der Bindestrich und die darauffolgende Binnenmajuskel stehen somit der ganzheitlichen Verarbeitung des Wortes entgegen. Die ganzheitliche Erfassung und Verarbeitung ist jedoch häufig eine zentrale Voraussetzung für die korrekte Interpretation des Kompositums. Dies gilt bspw. für Komposita, die keine autonome lexikalische Verarbeitung der Konstituenten erlauben (*Früh-Stück*) und für Komposita, bei denen das Erfassen des Modifizierungsverhältnisses zwischen den Elementen durch den Bindestrich erschwert wird (*Auto-Bahn, Ketten-Raucher*) (vgl. Bredel 2008: 116). Aufgrund dessen wird die durch den Bindestrich erzwungene Dekomposition des Leseprozesses im Standarddeutschen durch die genannten Paragrafen begrenzt.

Diese Restriktion ist in den Praxisregelwerken hingegen nicht gegeben, so dass die Segmentierung gemäß diesen unabhängig von den Eigenschaften des Kompositums erfolgt. Die Auswirkungen, die der dekomponierende Leseprozess auf das Verstehen des Gesamtkomplexes hat, werden dabei nicht berücksichtigt.

3.5.2 Der Bindestrich in Leichter Sprache

3.5.2.1 Funktionen und Vorteile des Bindestrichs

Wie in Kap. 3.5.1 aufgezeigt, dient der Bindestrich u. a. dazu, die einzelnen Bestandteile innerhalb der Komposition zu kennzeichnen. Der Bindestrich erfüllt somit primär eine Gliederungsfunktion. Die mit dem Bindestrich erzielte optische Gliederung führt dazu, dass die Zahl der Silben pro Segment verringert, das Arbeitsgedächtnis entlastet und das Lesen langer, komplexer Komposita erleichtert wird. Die optische Gliederung erhöht folglich die Lesbarkeit; ob sie zugleich auch das Verständnis erleichtert, gilt es jedoch noch anhand von empirischen Studien zu überprüfen (zur Differenzierung zwischen Lesbarkeit und Verständlichkeit s. Kap. 3.6.2.2). Darüber hinaus erfüllt der Bindestrich in LS auch eine Symbolfunktion. Wie in Kap. 2.7 erwähnt, führt die orthografisch irreguläre Verwendung des Bindestrichs dazu, dass sich die Texte auffällig von der Norm unterscheiden. Diese offensichtliche Entfernung von der Norm ist jedoch von den Praxisvertretern und der Empowerment-Bewegung gewünscht, denn sie hat zur Folge, dass die Rechte und besonderen kommunikativen Bedarfe von Menschen mit kognitiven Beeinträchtigungen in der Gesellschaft verstärkt wahrgenommen werden. Das Beharren auf dem Bindestrich als Segmentierungshilfe ist somit nicht nur mit der postulierten verständlichkeitsfördernden Wirkung, sondern auch mit der Symbolfunktion des Bindestrichs zu erklären (s. Kap. 2.7) (vgl. Maaß 2020: 133). Angesichts dessen, dass der Bindestrich als Segmentierungshilfe schon lange in LS-Texten etabliert ist, ist zudem davon auszugehen, dass er den Vertretern der Zielgrup-

© Frank & Timme   Verlag für wissenschaftliche Literatur

pe geläufiger bzw. vertrauter ist als der im Vergleich dazu verhältnismäßig ‚neue' Mediopunkt (s. Kap. 3.7).

3.5.2.2 Restriktionen und Nachteile

Der aus der Praxis stammende Vorschlag, Komposita mit Bindestrichen zu trennen, stößt in der LS-Forschung nicht auf Konsens. Grund hierfür ist, dass die mit der Bindestrichschreibung einhergehenden Probleme das Gesamtprojekt LS „auf mindestens drei Ebenen [gefährden]" (Bredel/Maaß 2017: 216). Diese Probleme werden im Folgenden dargestellt.

1. Verstehensproblem

Die fehlende Begrenzung der Regel führt dazu, dass die Separierung der Einzelausdrücke bei allen „lange[n] Wörter[n]" (BMAS 2013: 26, Inclusion Europe 2009: 23) bzw. allen „[z]usammengesetzten Substantiven" (BITV 2.0 2011: Anlage 2, Teil 2) vorzunehmen ist. Der semantische Gehalt der getrennten Elemente wird dabei außer Acht gelassen. Diese „mechanische Markierung[]" (Bredel/Maaß 2017: 216) der Wortfugen führt dazu, dass auch opake Komposita getrennt werden und somit Konstituenten freigestellt werden, denen kein autonomer semantischer Gehalt zugewiesen werden kann. Derartige „uninterpretierbare[] Einzelausdrücke" (ebd.) finden sich in Bindestrichschreibungen wie *Buch-Stabe* oder *Unter-Suchung*. Darüber hinaus kann die Freistellung der Konstituenten zu Fehlinterpretationen verleiten, wie z. B. in dem Kompositum *Haus-Arzt* (vgl. ebd.). Dass die Gefahr der falschen Assoziationen besonders hoch ist, ist darauf zurückzuführen, dass in diesen Fällen nicht das Wort als Ganzes, sondern zuerst der erste Einzelausdruck fixiert und verarbeitet wird. Bei Determinativkomposita wird das Grundwort, also das für das Verständnis erforderliche Fundament des Kompositums, somit erst fixiert, nachdem das Bestimmungswort bereits kognitiv verarbeitet wurde. Die Herstellung der hierarchischen semantischen Relation zwischen den Komponenten – entsprechend der Formel ein AB ist ein B – wird dadurch erheblich erschwert, da beim Lesen der ersten Konstituente womöglich bereits falsche Frames aufgerufen und falsche Einträge im mentalen Lexikon aktiviert werden.

Insbesondere bei stark lexikalisierten Wörtern, d. h. bei solchen, die „als ganze Elemente im Lexikon eines durchschnittlich gebildeten Sprechers vorgefunden werden [können]" (Eichinger 2000: 10), kann die mechanische, unreflektierte Isolierung einzelner Wortbestandteile zudem unerwünschte Lesarten generieren (*Haus-Halt, Hoch-Zeit, Schwer-Punkt, Ruck-Sack*). Ursache hierfür ist die irreguläre wortinterne Großschreibung, „die das Originalwortbild erkennbar verändert und zur Interpretation der Einzelausdrücke instruiert" (Bredel/Maaß 2017: 225). Das korrekte sinnentnehmende Lesen wird dabei insbesondere bei Wörtern erschwert, die auf den ersten Blick unbekannt erscheinen, denn beim Lesen unbekannter Wörter versucht der Rezipient, „in diesem neuen Wort [...] bekannte Lexeme zu entdecken" (Geilfuß-Wolfgang 2007: 69), aus denen er die Bedeutung des unbekannten Kompositums herleiten kann. Die Binnenmajuskel des rechtsstehenden Elementes führt dabei dazu, dass beide Konstituenten unbewusst als autonome Substantive klassifiziert werden, was jedoch zu falschen Annahmen verleiten kann (*Fahr-Zeuge*). In den Fällen, in denen mit dem Bindestrich eine irreführende Bedeutung der Einzelausdrücke aktiviert wird, führt die Bindestrichschreibung zu einer unmittelbaren Verzögerung des Leseflusses, denn nur durch das Zurückspringen im Wort bzw. Text gelingt es dem Leser, mithilfe des Ko- und Kontexts die richtige Bedeutung zu dekodieren. Die Beispiele verdeutlichen, dass der Bindestrich in vielen Fällen keine Lesehilfe darstellt und das Wortverstehen mit einer unreflektierten Anwendung der Regel somit in vielen Fällen nicht erleichtert, sondern behindert wird.

2. Übertragungsproblem

Das Übertragungsproblem resultiert größtenteils aus der „erzwungene[n] Großschreibung des Zweitbestandteils" (Bredel/Maaß 2017: 216). Durch die irreguläre wortinterne Binnenmajuskel wird der Wortkörper zerstört, was dazu führt, dass sich das Wort in LS optisch deutlich vom standardsprachlichen Wort unterscheidet. Es kommt somit zu einer „Verfremdung konventioneller Wortgestalten" (Bredel/Maaß 2016a: 338). In den Fällen, in denen die Bindestrichschreibung den orthografischen Regeln des Deutschen widerspricht, wird folglich eine falsche Schreibweise verinnerlicht. Durch die mechanische Markierung von Wortfugen geht zudem der Unterschied zu Wörtern, die gemäß den amtlichen Regeln korrekterweise mit Bindestrich geschrieben werden, verloren. Für ungeübte Leser ist es somit fast unmöglich, zu entscheiden, ob der Bindestrich korrekt ist oder nur aus Gründen der besseren Lesbarkeit eingesetzt wurde.

Darüber hinaus wird durch die irreguläre Schreibung die in Kap. 2.7 dargestellte Lernfunktion der LS eingeschränkt, denn durch eine falsch eingeübte Schreibweise werden zum einen falsche Lernimpulse gesetzt und zum anderen wird das Wiedererkennen der Wörter außerhalb des LS-Kontexts erschwert. Dies bestätigt auch Löffler (2015), die betont, dass wiederkehrende Wörter nur dann gespeichert werden, wenn sie „immer in (annähernd) derselben Form auftauchen" (Löffler 2015: 22). Orthografisch falsche Schreibungen wie „‚Fremd-Wörter' irritieren mehr als sie helfen" (ebd.). Leser, für die LS nur eine Durchgangsstation darstellt, werden somit zum ‚Umlernen' gezwungen, da sie sich im Laufe des Lernprozesses die verinnerlichte falsche Schreibweise wieder abgewöhnen und stattdessen die standardsprachliche Orthografie aneignen müssen. Diese Problematik lässt sich durch einen Grundsatz der lernpsychologischen Forschung untermauern, der besagt, dass „Umlernen [schwieriger] ist als Neulernen" (Löwe [6]1975: 152). Die Bindestrichschreibung wirkt sich zudem negativ auf die Brückenfunktion der LS aus, denn die Nutzung von LS-Texten zur Überbrückung von Verstehensproblemen wird durch die sich stark unterscheidenden Wortbilder erschwert (vgl. Bredel/Maaß 2017: 216). Auch die Partizipationsfunktion wird gefährdet, denn die Leser werden mit der gesonderten Schreibweise „auf Leichte-Sprache-Texte festgelegt" (ebd.). Die Bindestrichschreibung hat somit mehr exkludierendes als inkludierendes Potenzial (vgl. ebd.).

3. Akzeptanzproblem

Das Akzeptanzproblem, das als Folge der genannten Nachteile betrachtet werden kann, kommt insbesondere im inklusiven Unterricht zum Tragen. Dort ist die Anwendung der Regel insofern problematisch, als das Lehrpersonal zum Lehren falscher Schreibweisen angeleitet wird. Dies widerspricht nicht nur diversen pädagogischen und lernpsychologischen Grundsätzen, wie bspw., dass Umlernen schwieriger ist als Neulernen oder dass „an der Wandtafel keine Fehler stehen [dürfen]" (Meyer [12]2005: 36), sondern steht auch dem Inklusionsgedanken entgegen. Der „Sprung [der Leichten Sprache] in die inklusive Schule" (Bredel/Maaß 2017: 217) wird somit erheblich erschwert.

Problematisch ist zudem, dass die Rezipienten durch die bewusste Verwendung von fehlerhaftem Deutsch „diskreditiert werden" (Bredel/Maaß 2016b: 9). Die Entscheidung, dass die Leserschaft kein korrektes Deutsch benötigt, kann wiederum als Zeichen von mangelndem Respekt aufgefasst werden. Folglich kann die orthografisch falsche Schreibweise auch bei der Adressatenschaft zur Abwehr führen. Um dem entgegenzusteuern, müssen die Adressaten sowie die Funktionen der LS wertgeschätzt und ernst genommen werden. Hierfür ist es unabdingbar, inhaltlich und formal korrekte Texte zu erstellen (vgl. Maaß 2015a: 83). Darüber hinaus wirkt sich die irreguläre Bindestrichschreibung auch negativ auf das gesellschaftliche Ansehen des Konzepts in der Sprachgemeinschaft aus, denn durch orthografisch falsche Schreibungen „fühlen sich viele Gesellschaftsmitglieder von Leichter Sprache provoziert" (Bredel/Maaß 2017: 217). Eine negative Haltung der Gesellschaftsmitglieder wirkt sich wiederum negativ auf die Adressaten aus und verstärkt die „Stigmatisierungsvorwürfe[]" (ebd.). Die irreguläre Binnengroßschreibung und offensichtliche Entfernung von der unmarkierten Norm birgt folglich erhebliches Stigmatisierungspotenzial. Um die breite Akzeptanz der LS zu erreichen, ist es somit wichtig, dass diese „keine Angriffsfläche in Form von falscher Orthografie biete[t]" (Maaß 2015a: 84).

Ein weiterer Nachteil der Bindestrichschreibung ist die fehlende Differenzierungsmöglichkeit von wortinternen Hierarchien. Bei Determinativkomposita, die aus mehr als zwei freien Morphemen bestehen, sollte berücksichtigt werden, dass Determinativkomposita grundsätzlich binär verzweigen, was bedeutet, dass die Teilausdrücke nicht gleichwertig, sondern hierarchisch angeordnet sind (s. Kap. 3.3.1). Bei mehrgliedrigen Komposita bildet somit jeweils eine Komposition den Anknüpfungspunkt für die nächste (vgl. Bredel/Maaß 2016a: 336). Im folgenden rechtsverzweigten Kompositum bildet *Schreibtisch* das Fundament für die Gesamtkonstruktion *Holzschreibtisch*. Der Ausdruck *Holzschreib* existiert nicht; die Konstruktion ist folglich binär und nicht linear strukturiert.

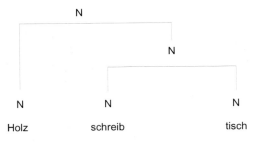

Abb. 5: Binäre Verzweigung

Dass das Grundwort *Schreibtisch* dem Bestimmungswort *Holz* hierarchisch übergeordnet ist, ist bei der Strukturierung mit dem Bindestrich nicht sichtbar (*Holz-Schreib-Tisch*), da bei dieser die interne Struktur durch die einheitliche Separierung der Morpheme durch den Bindestrich „nivelliert [wird]" (ebd.: 337).

Der Bindestrich verdeutlicht die Wortkomposition und erzielt damit einerseits eine leseerleichternde Wirkung. Andererseits führt die unreflektierte Anwendung der Regel zu irreführenden Trennungen und somit zur Beeinträchtigung des Leseprozesses. Die LS steht damit vor einem Dilemma: Zum einen stellen Komposita eine Verstehenshürde dar, so dass das Verstehen durch eine wortinterne Gliederung erleichtert werden muss. Zum anderen gilt in LS der Grundsatz „Falsches Deutsch vermeiden" (Maaß 2015a: 179), der durch die Gliederungshilfe nicht verletzt werden darf. Da eine mechanische Bindestrichschreibung nicht mit den amtlichen Regeln der deutschen Rechtschreibung kompatibel ist und auch die wortinterne binäre Struktur nur teilweise korrekt angezeigt werden kann, ist die Bindestrichschreibung somit häufig nicht akzeptabel. Die Forschungsstelle Leichte Sprache schlägt als alternative Lösung vor, den Bindestrich nur dort zu verwenden, wo er der Orthografie des Deutschen entspricht und in allen anderen Fällen auf den Mediopunkt zurückzugreifen. Dieser Vorschlag wird im Folgenden näher dargestellt und hinsichtlich seiner Vorteile und Grenzen begutachtet. Dabei soll zudem die Frage beantwortet werden, inwieweit der Mediopunkt dazu geeignet ist, die mit dem Bindestrich einhergehenden Probleme zu lösen.

3.6 Segmentierung von Komposita: Medio·punkt

3.6.1 Der Mediopunkt im deutschen Sprachsystem

Der Mediopunkt (·) ist ein Punkt auf „halber Versalhöhe" (Maaß 2015a: 89), der sich unter Windows über die Tastenkombination *ALT+0183*, unter Linux mit *Alt Gr+* und unter Mac über *ALT+SHIFt+9* erzeugen lässt. Obgleich der Mediopunkt kein offizielles Satzzeichen ist, wird er im Deutschen zu unterschiedlichen Zwecken genutzt, wie bspw., um listenförmige Informationseinheiten in einer Zeile voneinander zu trennen:

Alina Meier · Rubinstraße 12 · 56789 Dinsdorf

Dass es sich hierbei um eine gängige Darstellungsweise handelt, wird u. a. daran deutlich, dass diese auch in Word als Briefvorlage verwendet wird:

Daniel Mustermann · Musterstr 111 · 55555 Musterort

Textilshop GmbH
Frau Julia Mustermann
Musterstraße 22
11111 Köln

31. März 2021

Der Mediopunkt ist allerdings kein modernes, im Zuge der Digitalisierung entwickeltes, sondern ein sehr altes diakritisches Zeichen, das bis zur Einführung und Festigung des Wortzwischenraums (Leerzeichens) zur Markierung der Wortgrenzen genutzt wurde (vgl. Bredel/Maaß 2017: 217). Diese Funktion erfüllt er auch heute noch, und zwar insbesondere im Bereich der Grundschuldidaktik, wo er als Instrument zur Wortgrenzenmarkierung eingesetzt wird (vgl. ebd.: 218):

Abb. 6: Schülerschreibung zu Beginn des Schreiberwerbs (aus Weinhold 2000: 239)

Diese Schreibweise wird jedoch nur in der Anfangsphase gelehrt; am Ende der zweiten Klasse werden die Wortgrenzen bereits mit einem Spatium markiert (vgl. Schulentwicklung NRW 2008: 30; Saarland Ministerium für Bildung und Kultur 2009: 13). Dass sich der Mediopunkt in LS als wortinterne Gliederungshilfe anbietet, ist insbesondere darauf zurückzuführen, dass er, im Unterschied zum Bindestrich, im deutschen Interpunktionssystem bislang nicht besetzt ist (vgl. Maaß et al. 2014: 64).

3.6.2 Der Mediopunkt in Leichter Sprache

3.6.2.1 Funktionen und Vorteile des Mediopunktes

Der Mediopunkt wird im System der diakritischen Zeichen als *Mittelpunkt* bezeichnet. Da der Ausdruck *Mittelpunkt* jedoch mehrdeutig ist und die metaphorische Lesart (Mittelpunkt im Sinne von Zentrum bzw. Angelpunkt) bereits fest im Sprachsystem verankert ist, plädiert die Forschungsstelle Leichte Sprache für die Bezeichnung *Mediopunkt* (vgl. Maaß 2015a: 89 f.). Der Mediopunkt fungiert in LS als reines Perzeptionsinstrument zur Erfassung der Morphemgrenzen (vgl. ebd.: 91). Durch das Aufzeigen der Morphemgrenzen wird einerseits die Perzeption unterstützt und andererseits „dem Wortverstehen Vorschub [geleistet], indem vorher bekannte Begriffe im Wort freigestellt werden" (Maaß 2019: 274). Der Mediopunkt „kann für alle ‚unübersichtlichen' Stellen im Wort eingesetzt werden" (Maaß 2015a: 91) und somit sowohl bei Substantiv-, Adjektiv- und Verbkomposita (*Hand·tasche, über·setzen, plan·mäßig*) als auch bei Derivationen (*Wach·sam·keit*) verwendet werden (vgl. Bredel/Maaß 2017: 219). Da sich diese Arbeit jedoch ausschließlich mit der Segmentierung von Komposita beschäftigt, wird auf den Einsatz des Mediopunktes bei Derivationen nicht weiter eingegangen.

Mit dem Mediopunkt wird ebenso wie mit dem Bindestrich die morphologische Struktur komplexer Wörter sichtbar gemacht, im Unterschied zum Bindestrich wird das Wort nach dem Mediopunkt jedoch in Kleinschreibung fortgesetzt (vgl. Maaß et al. 2014: 64). Da durch den im deutschen Orthografiesystem unbesetzten Mediopunkt keine Rechtschreibregeln verletzt werden, bietet er den Vorteil, dass keine falschen Schreibungen gelernt werden und er einem korrekten Orthografieerwerb folglich nicht entgegensteht. Ein weiterer Vorteil des Mediopunktes ist, dass dieser aufgrund der regulären Kleinschreibung der Konstituenten „weitgehend wortbilderhaltend [ist]" (Bredel/Maaß 2017: 219). Da das Wort zudem „nur durch einen kleinen Punkt getrennt [wird]" (Maaß 2015a: 91), stellt der Mediopunkt im Vergleich zum Bindestrich einen weniger gravierenden Eingriff in die Wortgestalt dar. Dennoch wird der größere Abstand zwischen den segmentierten Elementen vom Auge wahrgenommen, so dass die Morphemgrenzen problemlos erfasst werden können (vgl. ebd.). Die bei der Mediopunktschreibung deutlich größere Nähe zum Originalwortbild (*Stimm-Zettel* vs. *Stimm·zettel*) wirkt sich wiederum positiv auf das Wiedererkennen der Komposita außerhalb des LS-Kontextes und somit auf die Lernfunktion der LS aus (vgl. ebd.). Dass die nach dem Mediopunkt folgende Kleinschreibung auch für die Leserlichkeit des Wortes von Vorteil ist, lässt sich anhand von empirischen Studien zur Perzipierbarkeit belegen, die gezeigt haben, dass Kleinbuchstaben besser lesbar sind als Versalien (vgl. Tinker 1963: 34, 57 ff.). Durch die Beibehaltung der Kleinschreibung wird zudem die Gefahr verringert, dass die Konstituenten als voneinander unabhängige Substantive interpretiert werden. Wie in Kap. 3.5.2 erwähnt, führt die deutliche optische Trennung und Großschreibung der Konstituenten bei der Bindestrichschreibung zur Dekomposition des Leseprozesses. Die Tatsache, dass die Mediopunktschreibung der Standardschreibung deutlich mehr ähnelt, gibt Grund zur Annahme, dass bei dieser auch die Dekomposition des Leseprozesses weniger stark ausgeprägt ist und im Gegensatz zur Bindestrichschreibung keine unerwünschten Lesarten von Einzelausdrücken generiert und keine Fehlinterpretationen aktiviert werden (*Auto-Bahn* vs. *Auto·bahn, Hoch-Zeit* vs. *Hoch·zeit*). Auf diese Hypothese wird in Kap. 5 näher eingegangen.

Ein weiterer Vorteil des Mediopunktes ist, dass er bei mehrgliedrigen Komposita, bei denen jeweils eine Komposition die Grundlage für die nächste bildet, die Markierung der wortinternen hierarchischen Struktur ermöglicht, wobei dies nur in Kombination mit dem Bindestrich möglich ist[25]. Das genannte Beispiel ließe sich dann wie folgt darstellen:

....

25 Für eine kritische Diskussion dieser Regel s. Kap. 5.3.1.

© Frank & Timme   Verlag für wissenschaftliche Literatur

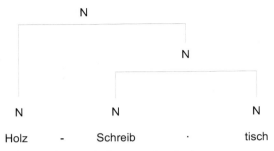

Abb. 7: Markierung der hierarchischen Struktur

Die Regel, die morphologische Struktur mit dem Mediopunkt und die interne hierarchische Struktur zusätzlich durch eine Kombination von Bindestrich und Mediopunkt anzuzeigen, lässt sich laut Scherer (2012) als „graphisch-morphologische Strategie" (Scherer 2012: 70) bezeichnen. Diese steht zwischen der primär grafischen Strategie, bei welcher die Priorität auf der Wahrnehmbarkeit des Kompositums als grafische Worteinheit liegt (*Dinkelbutterkeks*), und der primär morphologischen Strategie, bei welcher die Priorität auf der Verdeutlichung der Struktur der morphologischen Worteinheit liegt (*Dinkel-Butter-Keks*) (vgl. ebd.). Während mit der primär grafischen und primär morphologischen Strategie nur die grafischen oder morphologischen Merkmale des Kompositums fokussiert werden, lassen sich mit der grafisch-morphologischen Strategie sowohl grafische als auch morphologische Informationen vermitteln; das komplexe Wort bleibt trotz morphologischer Strukturiertheit als grafische Einheit erhalten (*Dinkel-Butterkeks* bzw. in LS: *Dinkel-Butter·keks*). Die mit der LS verfolgte grafisch-morphologische Strategie ist somit „geprägt von dem Bestreben [...], ein Maximum an Informationen über die morphologische Struktur eines Wortes zu liefern und dabei gleichzeitig die Einheit des graphischen Wortes zu wahren" (ebd.: 80).

Ausdrücke, die gemäß der unter 3.5.1 genannten Paragrafen im Standarddeutschen mit Bindestrich geschrieben werden, sollten auch in LS mit Bindestrich geschrieben werden (*Hartz-IV-Regelsatz*). Es sollten jedoch keine über die reguläre Schreibweise hinaus gehenden Bindestriche eingefügt werden, sondern die interne Strukturierung stattdessen weiter durch den Mediopunkt verdeutlicht werden:

*Hartz-IV-Regel-Satz
Hartz-IV-Regel·satz
*Arbeiter-Wohlfahrt-Versicherungs-Unternehmen
Arbeiter·wohlfahrt-Versicherungs·unternehmen

Die kombinierte Verwendung von Bindestrich und Mediopunkt ermöglicht es in diesen Fällen, die wortinterne Hierarchie darzustellen, ohne dabei gegen den Grundsatz, korrektes Deutsch zu verwenden, zu verstoßen.

An den Ausführungen wird deutlich, dass mit dem Mediopunkt nicht nur das Problem der fehlenden Möglichkeit zur binären Strukturierung gelöst werden kann, sondern auch ein Großteil der mit dem Bindestrich verbundenen Probleme behoben werden können: Dadurch, dass der Leser, wie Bredel/ Maaß (2017) annehmen, durch die wortbilderhaltende Kleinschreibung nicht zur irreführenden Interpretation der Einzelausdrücke instruiert wird und keine falschen Lesarten generiert werden, kann das unter 3.5.2 angeführte Verstehensproblem deutlich verringert werden. Da mit dem Mediopunkt die Wortfugen nur „sanft[] optisch[]" (Bredel/Maaß 2016a: 338) markiert werden und weder der Wortkörper „vollständig […] zerstör[t]" (ebd.: 337) noch „die wortgrammatische Struktur des Ausgangsausdrucks […] manipulier[t]" (ebd.) wird, lässt sich somit auch das Übertragungsproblem größtenteils umgehen. Angesichts der Nähe zum Originalwort und der Wahrung der korrekten Schreibweise ist der Mediopunkt auch mit der Lern- und Brückenfunktion kompatibel. Da mit dem Mediopunkt keine Rechtschreibregeln verletzt und somit keine falschen Lernimpulse gesetzt werden, ist die Mediopunktschreibung insgesamt deutlich akzeptabler als die orthografisch irreguläre Bindestrichschreibung.

Trotz der zahlreichen Vorteile des Mediopunktes ist zu beachten, dass dessen Verwendung nicht bei allen Komposita sinnvoll ist, denn eine unreflektierte Separierung der Einzelausdrücke kann, ebenso wie beim Bindestrich, unerwünschte Lesarten generieren und das Wortverstehen somit mehr behindern als erleichtern. Aufgrund dessen knüpfen Bredel/Maaß (2017) den Einsatz des Mediopunktes an vier Bedingungen, auf die im Folgenden näher eingegangen wird.

3.6.2.2 Restriktionen und Nachteile

Die Regel, die Wortbausteine mit dem Mediopunkt zu trennen, ist nicht auf alle Komposita anwendbar, sondern bedarf einer Differenzierung. Die Voraussetzungen, die für eine funktionale Verwendung des Mediopunktes erfüllt sein müssen, stützen sich auf Erkenntnisse „der Sprach und […] Sprachverarbeitungstheorie" (Bredel/Maaß 2017: 220). Bredel/Maaß (2017) weisen jedoch darauf hin, dass es sich um eine rein theoretische Modellierung handelt, die der empirischen Überprüfung bedarf. Die beim Einsatz einer Gliederungshilfe zu berücksichtigenden Kriterien sind die Wortlänge, die innere Wortstruktur, die Bedeutung der Teilausdrücke und die Bedeutung des Gesamtausdrucks.

1. Wortlänge

Wie in Kap. 2.8.2 erwähnt, nimmt die Rezeptionsgeschwindigkeit in Relation zur Wortlänge ab. Erkenntnissen der psycholinguistischen Forschung zufolge wird das Erkennen und Verstehen eines Wortes erschwert, wenn dieses aufgrund seiner Länge nicht mehr innerhalb von ca. 1,5 bis 2 Sekunden verarbeitet werden kann (vgl. Baddeley et al. 1975: 577, 586; Baddeley 2002: 86). Um dies zu vermeiden, werden in LS kurze Wörter präferiert (s. Kap. 2.8.2). Bei langen Komposita kann die optische Trennung der Teilausdrücke „das Arbeitsgedächtnis […] entlasten" (Bredel/Maaß 2017: 221) und so das Verstehen des Gesamtkomplexes erleichtern. In diesem Zusammenhang stellt sich die Frage, ab wann eine Trennung und somit eine Entlastung des Arbeitsgedächtnisses notwendig ist. Bredel/Maaß (2017) beziehen sich hierbei auf Forschungsergebnisse von Just/Carpenter (1980) und setzen die Grenze bei „mehr als 2 Silben" (ebd.). Zweisilbige Komposita, wie *Bahnsteig* oder *Hausarzt*, sind demnach ungegliedert in den LS-Text zu übernehmen. Die Zweisilbengrenze gilt jedoch nur für Komposita, da bei diesen, im Unterschied zu Derivationen, die Morphemgrenze stets identisch mit der Silbengrenze ist. Für die Verwendung des Mediopunktes bei Derivationen gelten andere Kriterien. Da diese bislang jedoch erst ansatzweise wissenschaftlich erarbeitet wurden und der Fokus der vorliegenden Arbeit auf der Komposition liegt, wird auf diese nicht weiter eingegangen. Von der Zweisilbengrenze ausgenommen sind Eigennamen, die ungeachtet ihrer morphologischen Komplexität ungegliedert übernommen werden. Grund hierfür ist, dass bei Eigennamen sowohl der Gesamtkomplex als auch die einzelnen Konstituenten semantisch leer sind (s. Kap. 2.8.2). In einigen Fällen sind die einzelnen Konstituenten allerdings mit der Formseite bekannter, gemeinsprachlicher Wörter deckungsgleich (*Mettmann, Braunfels, Eisleben, Falkensee, Wolkenstein*). Eine Freilegung der einzelnen Elemente wäre irreführend, denn aufgrund des vermeintlichen Verstehens der Konstituenten würde eine Fehlinterpretation eingeleitet und der Eigenname nicht mehr als solcher erkannt bzw. verarbeitet werden (vgl. ebd.: 220). Der Verzicht auf eine Gliederung gilt nicht für Eigennamen, die im Standarddeutschen mit Bindestrich geschrieben werden. Gemäß der Forderung nach korrektem Deutsch werden diese auch in LS orthografisch korrekt mit Bindestrich geschrieben (*Castrop-Rauxel*).

2. Innere Wortstruktur

Gemäß § 45 (3) (s. Kap. 3.5.1) wird der Bindestrich bei Zusammensetzungen mit zwei möglichen Morphemgrenzen zur Markierung der korrekten Lesart gesetzt. Diese „permanente Ambiguität" (ebd.: 221) ist zu unterscheiden von der „temporäre[n] Ambiguität" (ebd.: 222), bei der sich die zuerst identifizierte Morphemgrenze als falsch herausstellt und im weiteren Leseprozess korrigiert wird. So wäre es bspw. möglich, dass in dem Kompositum *Fahrerlaubnis* in einem Erstzugriff zuerst fälschlicherweise das Substantiv *Fahrer* gelesen wird. Beim Lesen des Wortrestes *laubnis* merken die Leser jedoch, dass die Interpretation falsch ist und eine Revision der Lesart erforderlich ist (vgl. Geilfuß-Wolfgang 2007: 77; Bredel/Maaß 2017: 222). Da die innere Wortstruktur in diesen Fällen nur scheinbar mehrere Lesarten zulässt und die Revision zur Aufklärung der Ambiguität führt, ist diese nur temporär. Bei Lesern mit geringen Lesekompetenzen und einer kurzen Aufmerksamkeitsspanne besteht allerdings die Gefahr, dass die Revision nach einer Fehlsegmentierung nicht mehr mühelos gelingt (vgl. Bredel/Maaß 2017: 222). Aufgrund dessen wird in LS sowohl permanente als auch temporäre Ambiguität durch eine wortinterne Gliederung aufgehoben (*Fahr·erlaubnis*).

Das Phänomen der temporären Ambiguität lässt sich dadurch erklären, dass bei komplexen Wörtern neben den Morphemgrenzen auch die Silbengrenzen potenzielle Trennstellen darstellen. Die LS orientiert sich hier an den Worttrennungsregeln, welche die Gleichschreibung von Morphemen vorsehen. Durch diese sog. Morphembeschränkung wird die „Erfassung der Bedeutung durch die Trennung möglichst wenig behindert [...], denn wird an Morphemgrenzen getrennt, bleiben die Morpheme, aus denen sich die Wortbedeutung ergibt, ungetrennt und gut erkennbar" (Geilfuß-Wolfgang 2007: 75). Bei der ungegliederten Schreibweise besteht jedoch die Gefahr, dass die Leser das morphologisch komplexe Wort an einer Silbengrenze trennen, die sie irrtümlicherweise als Morphemgrenze identifiziert haben. Das Verfehlen der Morphemgrenze leitet in diesen Fällen eine temporäre inkorrekte Interpretation ein. Diese irreführenden Trennungen auf Wortebene sind mit den „Garden-Path-Effekte[n]" (Geilfuß-Wolfgang 2007: 77) in der Syntax (Garden-Path-Sätze) vergleichbar (vgl. ebd.). Garden-Path-Sätze enthalten eine „lokale syntaktische Ambiguität" (Strohner 1990: 169), was bedeutet, dass ab einem bestimmten Wort im Satz zwei syntaktische Analysen möglich sind und erst der weitere Satzverlauf Aufschluss über die syntaktisch korrekte Lesart gibt. Sobald der Leser die Widersprüchlichkeit zwischen den neuen und den bereits rezipierten Informationen bemerkt, wird die erste syntaktische Analyse zugunsten der alternativen Analyse revidiert (vgl. Geilfuß-Wolfgang 2007: 77). Diese Theorie lässt sich gleichermaßen auf die Wortebene übertragen. Leser, die in dem Wort *Südengland* beim ersten Lesen das Substantiv *Süden* lesen, merken erst beim Weiterlesen, dass die morphologische Analyse mit dem Wortrest nicht vereinbar ist und revidiert werden muss (vgl. Bredel/Maaß 2017: 222). Diese Gefahr lässt sich durch die Markierung der Morphemgrenzen beseitigen.

Bei der inneren Wortstruktur sind zwei weitere Faktoren zu berücksichtigen: zum einen die Verkürzung und zum anderen die Anreicherung des Erstbestandteils gegenüber der Originalstruktur. So stellen in den Komposita *Sachbeschädigung* und *Augapfel* die Kompositionsstammformen nur verkürzte Versionen der Morpheme *Sache* und *Auge* dar (sog. Subtraktionsfuge); in den Komposita *Rettungswagen* und *Eintrittskarte* wird hingegen der erste Bestandteil durch ein Fugenelement ergänzt (s. Kap. 3.3.1). Bredel/Maaß (2017) unterscheiden nach Fuhrhop (1998) zwischen „paradigmischen und nicht paradigmischen Fugen" (Bredel/Maaß 2017: 222). Bei paradigmischen Fugenelementen stimmt die Kompositionsstammform mit der Nominativ-Plural, der Nominativ-Singular oder bei maskulinen und neutralen Erstgliedern mit der Genitiv-Singular-Form des Substantivs überein (*Geschichten* in *Geschichtenleser*, *Geburten* in *Geburtenrate*). Bei unparadigmischen Fugen stimmt die Kompositionsstammform hingegen mit keiner der genannten Flexionsformen überein (*Geschichts-* in *Geschichtsbuch*, *Geburts-* in *Geburtsort*) (vgl. Elshorbagy 2007: 8). In den Fällen, in denen der Erstbestandteil des Kompositums als Folge der Verkürzung bzw. der Anreicherung von dem Originalwort abweicht, ist empirisch zu prüfen, ob die Rezipienten mehr von der ungegliederten oder von der gegliederten, aber vom Originalwort abweichenden Schreibweise profitieren.

Wie in Kap. 3.6.2.1 aufgezeigt, kann die binäre Verzweigung mehrgliedriger Komposita mit einer Kombination von regulärem Bindestrich und Mediopunkt verdeutlicht werden (*Hartz-IV-Regel·satz*). Angesichts der Regel, Komposita erst ab drei Silben mit dem Mediopunkt zu gliedern, stellt sich die Frage, ob zweisilbige Komposita (*Facharzt*), die in einem Gesamtkomplex enthalten sind, ebenfalls zu gliedern sind. Diese Frage lässt sich jedoch aufgrund mangelnder empirischer Erkenntnisse bislang nicht beantworten. Bis zum Vorliegen empirischer Studien sind mehrere Schreibweisen möglich:

(1) *Narkose-Facharzt*
(2) *Narkose-Fach·arzt*
(3) *Narkose·facharzt*
(4) *Narkose·fach·arzt*

Unter Berücksichtigung der Regel „Möglichst kurze Wörter verwenden" (s. Kap. 2.8.2) ist jedoch auch die syntaktische Aufgliederung als fünfte Möglichkeit denkbar:

(5) *Facharzt für Narkose*

Die Variante **Narkose-Fach-Arzt* ist nicht legitimiert, da sie „mit der Orthografie des Deutschen unverträglich ist" (Bredel/Maaß 2017: 223). Es ist jedoch durchaus fraglich, wieso Bredel/Maaß (2017) die Schreibweisen (1) und (2) nicht als orthografisch falsch klassifizieren, denn der Bindestrich kann in dem genannten Beispiel durch keine der in Kap. 3.5.1 aufgeführten amtlichen Regeln der deutschen Rechtschreibung zum Gebrauch des Bindestrich gerechtfertigt werden. Demnach wird die Bindestrichschreibung auch weder im Duden noch im Kernkorpus des DWDS (Digitales Wörterbuch der deutschen Sprache) als optionale Schreibweise aufgeführt.

3. Bedeutung der Teilausdrücke

Zudem ist bei der Verwendung des Mediopunktes zu berücksichtigen, dass der gleiche Ausdruck in verschiedenen Gesamtkomplexen unterschiedliche Bedeutungen realisieren kann. Zum einen besteht die Möglichkeit, dass in verschiedenen Zusammensetzungen unterschiedliche „Bedeutungen des Ausdrucks [...] akzentuiert [werden]" (ebd.: 224), wie bei den Komposita *Haustür* und *Hausarzt*. Zum anderen kann der Bedeutungsinhalt jedoch auch grundsätzlich verschieden sein, wie es bspw. bei Homonymen der Fall ist (*Aktienkurs* vs. *Spanischkurs*; *Tonleiter* vs. *Tonmineralien*). Diese semantische Unabhängigkeit bei gleicher lautlicher Form kommt jedoch auch vor, wenn sich die flektierte Form eines Wortes mit der Lautgestalt eines weiteren Ausdrucks deckt (*Werkzeuge* vs. *Unfallzeuge*). Durch die optische Freilegung dieser Einzelausdrücke wird die Gefahr, dass die Morpheme aufgrund ihrer scheinbaren Bekanntheit falsch interpretiert werden, erhöht (vgl. ebd.). Angesichts der nach dem Mediopunkt folgenden Kleinschreibung ist das Problem zwar geringer ausgeprägt als bei der Bindestrichschreibung (*Werk·zeuge* vs. *Werk-Zeuge*), aber dennoch ist nicht auszuschließen, dass auch mit dem Mediopunkt falsche Lesarten eingeleitet werden. Problematisch ist der Mediopunkt auch bei Fällen, in denen durch die Segmentierung Wortbestandteile freigelegt werden, denen kein autonomer semantischer Gehalt zugewiesen werden kann (*suchung* in *Unter·suchung*), sowie bei Konstruktionen, in denen durch die Freistellung einem Bestandteil eine Bedeutung zugeschrieben wird, die er innerhalb der Gesamtkonstruktion nicht realisiert (*unter* in *Unter·suchung*). Ebenso wie bei der wortinternen Struktur gilt es auch hier anhand von empirischen Studien zu prüfen, ob die ungegliederte oder die gegliederte Schreibweise leichter verarbeitet wird. Bis zum Vorliegen entsprechender Studien wird „keine allgemeine Empfehlung gegeben" (Bredel/Maaß 2016b: 99). Der Übersetzer hat im Einzelfall zu entscheiden, ob der Vorteil der Perzeptionserleichterung oder der Nachteil der potenziellen Fehlinterpretation stärker gewichtet wird (vgl. ebd.).

4. Bedeutung des Gesamtausdrucks

Neben der Bedeutung der Teilausdrücke hängt die Verwendung des Mediopunktes auch von der Bedeutung des Gesamtausdrucks ab. Insbesondere bei stark lexikalisierten Komposita wie *Lampenfieber* ist die Segmentierung kritisch zu betrachten, da diese als eigenständige Ausdrücke im Lexikon verankert sind und demnach nicht dekompositionell, sondern als Ganzes verarbeitet werden (vgl. Bredel/Maaß 2017: 224). Da die Einzelbestandteile in diesen Fällen „keine transparente Semantik aufweisen […] und damit keine autonome lexikalische Verarbeitung zulassen" (Bredel 2008: 116), ist davon auszugehen, dass eine optische Freistellung der Einzelbestandteile eher irreführend als hilfreich ist. Dies gilt es allerdings ebenfalls anhand von empirischen Studien zu prüfen (vgl. Bredel/Maaß 2017: 225). Bis zum Vorliegen entsprechender Studien wird empfohlen, sich bei der Gliederung an der Zweisilbengrenze zu orientieren. Lexikalisierte Komposita wie *Handschuh* sollten demnach ungegliedert übernommen werden, und zwar auch dann, wenn sie Teil eines Gesamtkomplexes sind (*Plastik·handschuh* anstelle von *Plastik·hand·schuh*) (vgl. Bredel/Maaß 2016b: 99).

Auf Grundlage dieser vier Kriterien unterscheiden Bredel/Maaß (2017) schließlich zwischen der obligatorischen, der abzuwägenden und der dysfunktionalen Gliederung. Angesichts der Vielzahl der abzuwägenden Fälle und der noch ausstehenden empirischen Ergebnisse geben sie für Übersetzer zudem den Anhaltspunkt, den Mediopunkt „so häufig wie nötig und so selten wie möglich" (Bredel/Maaß 2017: 220) zu setzen.

Obligatorisch ist der Mediopunkt bei temporärer Ambiguität und bei mehrgliedrigen Komposita mit mehr als zwei Silben, wobei zur Verdeutlichung der hierarchischen Struktur bei letzteren auch die Kombination aus Mediopunkt und Bindestrich funktional sein kann. Der Bindestrich ist bei permanenter Ambiguität zu verwenden sowie bei „Wörter[n], die im Deutschen obligatorisch mit dem Bindestrich markiert werden" (ebd.: 226).

Abzuwägen und im Einzelfall zu entscheiden ist die Gliederung bei erweiterten und verkürzten Teilausdrücken (*Schafspelz*, *Erbmaterial*), bei Fällen, in denen die Interpretation einzelner Konstituenten von der Wortstruktur abhängt, in der sie vorkommen (*Hundehalter* vs. *Strumpfhalter*), bei lexikalisierten, opaken Zusammensetzungen (*Frühstück*) sowie bei Konstruktionen, in denen eine Gliederung un- oder fehlinterpretierbare Wortreste generiert (*haltung* bzw. *unter* in *Unterhaltung*). Die Frage nach der Funktionalität des Mediopunktes bedarf in diesen Fällen der empirischen Überprüfung. Bei der Entscheidung für oder gegen eine Segmentierung ist zu beachten, dass Perzipierbarkeit und Lesbarkeit zwar zentrale Voraussetzungen für das Wortverstehen sind, die Tatsache, dass der Leser das Wort gut wahrnehmen und lesen kann, allerdings nicht zwangsläufig bedeutet, dass er es auch besser versteht (zur Differenzierung zwischen Lesbarkeit und Verständlichkeit s. Kap. 3.6.2.2). Bei der Übersetzung ist somit zwischen Wortperzeption und -verstehen zu differenzieren. So kann mit dem Mediopunkt zwar die Perzeption erleichtert werden, es kann aber gleichzeitig zu einem Dilemma mit der Verständlichkeit des Wortes kommen. Laut Bredel/Maaß (2017) soll mit dem Mediopunkt zum einen die Perzeption unterstützt und zum anderen das Wortverstehen durch das Freistellen bekannter Konstituenten erleichtert werden (vgl. Maaß 2019: 274). Es ist jedoch fraglich, ob das Freistellen bekannter Begriffe stets verstehensfördernd ist oder nicht, wie aufgezeigt, unter bestimmten Voraussetzungen dazu führt, dass Bedeutungen der Konstituenten aktiviert werden, die für das Verstehen des Kompositums kontraproduktiv sind. Zudem besteht die Gefahr, dass der Leser das Wort auf den ersten Blick als unbekannt einstuft, was ihn ggf. dazu veranlasst, in dem unbekannten Wort nach bekannten Lexemen zu suchen, aus denen er die Bedeutung des Gesamtkomplexes ableiten kann (s. Kap. 3.5.2.2). In beiden Fällen würde die Freistellung von bekannten Begriffen zu Blickregressionen und zu einer Verlangsamung des Leseprozesses führen. Insbesondere bei den von Bredel/Maaß (2017) als „abzuwägende Fälle" (Bredel/Maaß 2017: 226) klassifizierten Komposita könnte sich die Freistellung von bekannten Begriffen somit als problematisch erwiesen, da in diesen Fällen die gute Perzipierbarkeit und Lesbarkeit des Wortes womöglich ein Hindernis für den Verstehensprozess darstellt. Die in dieser Arbeit untersuchten opaken Komposita stellen dabei nur einen dieser abzuwägenden Fälle dar. Zu untersuchen wäre auch, ob diese Problematik ebenso bei Komposita auftritt, die aus polysemen Konstituenten bestehen, in der Komposition jedoch nur eine der möglichen Bedeutungen aktiviert wird (*Orangen·schale*). Es gilt somit zu prüfen, ob der Vorteil der besseren Perzipierbarkeit und Lesbarkeit womöglich zulasten der Verständlichkeit geht.

Dysfunktional ist die Gliederung bei zweisilbigen Komposita (*Not·arzt*), bei Eigennamen (*Zwei·brücken*) sowie bei Wörtern, in denen die Silben- und Morphemgrenzen nicht zusammenfallen (*Be·ein·trächt·ig·ung*).

Insgesamt zeigt der Vergleich von Bindestrich und Mediopunkt auf, dass der Bindestrich mit Nachteilen belastet ist, die der Mediopunkt nicht in derselben Weise aufweist. Ein Problem, das jedoch auch mit dem Mediopunkt nicht beseitigt werden kann, ist, dass Texte mit Mediopunkt unmittelbar als LS-Texte klassifiziert werden. Die Leser werden folglich auch hier „auf einen eigenen Textkosmos verwiesen" (Bredel/Maaß 2017: 220). Die im Zusammenhang mit dem Bindestrich geäußerte Kritik, dass die gesonderte Schreibweise mehr exkludierendes als inkludierendes Potenzial hat und die Partizipationsfunktion gefährdet, ist somit auch hier berechtigt. Dennoch ist die exkludierende Wirkung insbesondere aufgrund der Wahrung der korrekten Orthografie geringer ausgeprägt, so dass der Mediopunkt dem Inklusionsgedanken weniger stark entgegensteht und folglich sowohl in der Erwachsenenbildung als auch in der inklusiven Schule eingesetzt werden kann.

Obgleich der Mediopunkt dem Bindestrich aus rein sprachwissenschaftlicher Perspektive überlegen ist, sollte nicht unerwähnt bleiben, dass auch der Mediopunkt insbesondere hinsichtlich der Symbolfunktion und der technischen Umsetzung mit Nachteilen behaftet ist. Dass der Mediopunkt nach wie vor von Praxisvertretern abgelehnt wird, ist u. a. darauf zurückzuführen, dass dieser angesichts der weniger auffälligen Entfernung von der Norm die Symbolfunktion der LS nicht in gleichem Maße erfüllt wie der Bindestrich (s. Kap. 2.7). Ein weiterer Grund für die Ablehnung des Mediopunktes ist, dass er in der Praxis von Screenreadern (d. h. Bildschirmleseprogrammen) und OCR-Programmen (d. h. Texterkennungsprogrammen) bislang nicht einheitlich erkannt wird bzw. von einigen Screenreadern mit vorgelesen wird und somit nicht als vollumfänglich barrierefrei bezeichnet werden kann (vgl. Initiative #BarrierefreiPosten 2019). Angesichts dessen, dass viele Adressaten von LS eine Mehrfachbehinderung haben, ist davon auszugehen, dass die technischen Schwierigkeiten beim Erkennen des Mediopunktes nicht nur für die eng definierte Gruppe der sehbehinderten Nutzer ein ernstzunehmendes praktisches Problem darstellen. Für eine flächendeckende Akzeptanz des Mediopunktes ist es somit erforderlich, dass diese mit dem Mediopunkt einhergehende praktische Barriere überwunden wird und der Mediopunkt die technischen Anforderungen der Barrierefreiheit erfüllt. Dies könnte bspw. erreicht werden, indem das Mediopunkt- bzw. Mittelpunktzeichen in den Screenreader-Programmen durch eine minimale Leseverzögerung ersetzt wird. Erst wenn die technischen Anforderung erfüllt werden und sich Screenreader-Nutzer den Text ohne technische Schwierigkeiten vorlesen lassen können, kann der Mediopunkt den Zugang zu Informationen ermöglichen und somit als barrierefrei bezeichnet werden.

Insgesamt ist in der Praxis nach wie vor eine äußerst heterogene Handhabung der wortinternen Gliederung zu konstatieren (s. Kap. 3.7). Diese ist problematisch, denn sie führt zum einen dazu, dass zuvor beim Leser aufgebaute Erwartungen hinsichtlich der Wortgliederung womöglich nicht erfüllt werden. Zum anderen wird die Lernfunktion geschwächt, denn das Lernen und Speichern neuer Wörter setzt voraus, dass diese stets in derselben Schreibweise auftreten (vgl. Löffler 2015: 22). Diese beiden Faktoren wirken sich somit nicht nur erschwerend auf das Textverständnis, sondern auch negativ auf die gesellschaftliche Akzeptanz der LS aus. Folglich ist auch die Homogenisierung der Wortgliederung ein Faktor, der dazu beitragen kann, dass sich „Leichte Sprache [...] zu einem potenten Instrument barrierefreier Kommunikation entwickeln kann" (Bredel/Maaß 2016a: 109). Für die Homogenisierung der Wortgliederung ist es wiederum unerlässlich, die wissenschaftlich fundierten Kriterien für Segmentierungen zu prüfen und zu verbreiten, „damit diese [...] nicht lediglich nach Gefühl [eingefügt werden], wie es zurzeit noch gängig zu sein scheint" (Hallik/Janssen 2017: 385).

Bevor im folgenden Kapitel näher auf Studien zur Verarbeitung, Akzeptanz und Verwendung von Komposita in LS eingegangen wird, soll zunächst noch eine terminologische Klärung der Begriffe ‚Lesbarkeit' und ‚Verständlichkeit' erfolgen, welche im Zusammenhang mit der Segmentierung von Komposita eine entscheidende Rolle spielen. Die ‚Lesbarkeit' eines Textes bezieht sich auf die formalen Merkmale der Textoberfläche und wird anhand von Lesbarkeitsformeln gemessen (ein Überblick über die verschiedenen Lesbarkeitsformeln, wie z. B. den Flesch-Index, findet sich bei Bredel/Maaß 2016a). Quantifizierbare Merkmale, die Rückschlüsse auf die Lesbarkeit eines Textes erlauben, sind z. B. die durchschnittliche Satz- und Wortlänge oder die durchschnittliche Silbenzahl pro Wort (vgl. Bredel/Maaß 2016a; Christmann/Groeben 1999, 2019). Die gute Lesbarkeit eines Textes ist somit eine Voraussetzung für dessen Verständlichkeit. Hierbei ist allerdings zu beachten, dass die Lesbarkeitsforschung die Textverständlichkeit nur ansatzweise messen kann, da in der Lesbarkeitsforschung inhaltliche und strukturelle Aspekte des Textes sowie die Verarbeitungsprozesse der Rezipienten völlig außer Acht gelassen werden (vgl. Christmann/Groeben 2019). So ist es z. B. möglich, dass inhaltlich komplexe, fachsprachliche Texte zwar aus kurzen Sätzen und Wörtern bestehen – sie sind somit leicht lesbar – sie aber aufgrund ihrer hohen Informationsdichte insbesondere für Rezipienten ohne Vorwissen nicht verständlich sind. Eine gute Lesbarkeit lässt daher nur bedingt Rückschlüsse auf eine gute Verständlichkeit zu, denn dass ein Text schnell gelesen wird, bedeutet nicht, dass er auch gut verstanden wird (vgl. Christmann/Groeben 2019: 124). Folglich wurde in der Verständlichkeitsforschung vermehrt auch der Versuch unternommen, kognitiv orientierte holistische Verständlichkeitsmodelle zu entwickeln, in denen neben Verständlichkeitsdimensionen, wie z. B. kognitive Gliederung und Ordnung, auch die Verarbeitungsprozesse der Rezipienten (d. h. Faktoren wie Motivation, Leseziele, Vorwissen etc.) berücksichtigt werden (ein Überblick findet sich bei Christmann/Groeben 1999). Die Verständlichkeit eines Textes beschränkt sich somit nicht auf dessen Lesbarkeit, sondern hängt darüber hinaus sowohl von rezipientenseitigen Faktoren als auch von textinhärenten Faktoren ab, die über die sprachlichen Oberflächenmerkmale (d. h. über die Lesbarkeit) hinaus gehen. Während sich die Lesbarkeit anhand von Lesbarkeitsformeln messen lässt, lässt sich die Textverständlichkeit z. B. anhand von Ratings messen (vgl. Hansen-Schirra/Gutermuth 2019: 168).

Für die vorliegende Studie bedeutet dies, dass die Segmentierung von Komposita zwar die Lesbarkeit der Wörter erhöht – d. h. die Wortgrenzen können besser erfasst und Wörter womöglich schneller gelesen werden – dies bedeutet aber im Umkehrschluss nicht, dass dadurch automatisch auch die Verständlichkeit steigt. So führt die Segmentierung zunächst nur dazu, dass die einzelnen Konstituenten leichter zu erkennen bzw. zu perzipieren sind und die Zahl der Silben pro Segment verringert wird, was die Lesbarkeit steigert (vgl. Maaß 2015a: 97). Dies bedeutet jedoch nicht, dass die Leser auch dazu in der Lage sind, die Konstituenten auch zu einer semantischen Einheit zu verknüpfen (vgl. Rink 2020: 76). Insbesondere bei opaken Komposita ist es somit denkbar, dass das Freilegen der Konstituenten zwar die Lesbarkeit, nicht aber die Verständlichkeit erhöht. Da in dieser Studie kein Rating, sondern lediglich eine Blickbewegungsmessung durchgeführt wurde, ist es anhand der Daten allerdings nicht möglich, zwischen ‚guter Lesbarkeit' und ‚guter Verständlichkeit' zu differenzieren. Folglich wird der Terminus ‚Verständlichkeit' als Oberbegriff gewählt, welcher in diesem Fall die Lesbarkeit inkludiert. In Anlehnung an Gutermuth (2020) wird somit in dieser Studie davon ausgegangen, dass die Geschwindigkeit „ebenfalls ein Indikator für Verständlichkeit darstellt" (Gutermuth 2020: 85), wobei die Verständlichkeit zusätzlich anhand eines Post-Stimulus-Distractor-Tasks verifiziert wird. Da es sich in dieser Arbeit um eine kognitionswissenschaftliche Studie handelt und der Verarbeitungsprozess bzw. der Verarbeitungsaufwand als großes Ganzes betrachtet wird, wird in der Auswertung folglich nur die „kognitive Verarbeitung" untersucht, welche sich somit sowohl auf die Lesbarkeit als auch auf die Verständlichkeit bezieht. Dennoch wäre es im Rahmen weiterer Studien (z. B. anhand eines Ratings oder einer Reproduktionsleistung) zu überprüfen, ob bei segmentierten Komposita Lesbarkeit und Verständlichkeit positiv korrelieren.

3.7 Studien zur Verarbeitung, Akzeptanz und Verwendung von Komposita in Leichter Sprache

Erste Befunde für mit dem Mediopunkt einhergehende Verarbeitungsvorteile lieferte die Studie von Wellmann (2018). In einer Studie mit fünf erstalphabetisierten Frauen untersuchte Wellmann (2018) die Verarbeitung von segmentierten und unsegmentierten Komposita. Sie kam zu dem Ergebnis, dass die Probanden Komposita mit Mediopunkt kürzer fixierten und somit schneller verarbeiteten als Komposita mit Bindestrich und unsegmentierte Komposita. Des Weiteren führten Komposita mit Bindestrich und unsegmentierte Komposita zu höheren Fehlerquoten als Komposita mit Mediopunkt. Die

Hypothese, dass der Mediopunkt das Verständnis und die Verarbeitung von morphologisch komplexen Wörtern fördert, wurde somit bestätigt (vgl. Wellmann 2018). Es gilt jedoch zu beachten, dass die Studie einige methodische Defizite aufweist und die Ergebnisse somit nur bedingt generalisierte Aussagen zulassen. Problematisch war bspw., dass die Lesekompetenzen der Probanden der Zielgruppe äußerst heterogen waren und es sich für die Probanden angesichts ihrer fehlenden Vertrautheit im Umgang mit Computern als schwierig erwies, den Cursor der Maus zu bewegen, ohne dabei bereits einen Mausklick auszuführen. Da es sich in der Studie um eine Wort-Bild-Zuordnung handelte, sind die Ergebnisse zu den Fehlerquoten somit nur bedingt zu interpretieren (vgl. Wellmann 2020: 36 f.). Zudem war die Stichprobe mit fünf Probanden der Zielgruppe und neun Probanden der Kontrollgruppe sehr klein, was bedeutet, dass nur bedingt statistisch belastbare Aussagen getroffen werden können. Ein weiterer Kritikpunkt ist, dass die Stimuli nicht hinreichend kontrolliert wurden (d. h. nur äußerst wenige Kontrollvariablen berücksichtigt wurden), was die Belastbarkeit der Ergebnisse ebenfalls schmälert.

Auch Düver (2015) untersuchte u. a. die Akzeptanz für verschiedene Schreibweisen von Komposita bei Menschen mit sprachlich-kognitiver Behinderung. Die Studie ergab, dass die Mehrheit der Probanden (45 %) Texte favorisierte, in denen die Komposita nicht segmentiert waren. Etwas mehr als 15 % der Probanden entschied sich für die Mediopunktschreibung und etwas weniger als 15 % für die Schreibung mit dem Bindestrich. Ein Viertel der Probanden wählte, trotz Frage nach dem leichtesten Text, mehr als eine Variante aus. Aus der mehrheitlichen Favorisierung der Standardschreibung und der hohen Anzahl an Mehrfachnennungen schließt Düver (2015), dass eine Segmentierung für die Mehrheit der Probanden aufgrund der guten Lesekompetenzen nicht zwingend nötig ist (vgl. Düver 2015: 38 f.). In einem weiteren Teil der Studie wurden drei Sätze in jeweils zwei Schreibweisen präsentiert. Die Probanden wurden dazu aufgefordert, anzukreuzen, ob sie den Satz mit Mediopunkt oder Bindestrich leichter verstehen. Bei dieser direkten Gegenüberstellung der Schreibweisen entschied sich ca. 60 % für die Mediopunkt- und 40 % für die Bindestrichschreibung (vgl. ebd.: 40). Düver (2015) kommt zu dem Schluss, dass bei der Zielgruppe „eine generelle Akzeptanz für den Mediopunkt […] vorliegt" (ebd.) und angesichts der mit dem Bindestrich einhergehenden Nachteile (falsche Lerneffekte etc.) auf die Verwendung des Mediopunktes hingearbeitet werden sollte. Dennoch wird aufgrund der Ergebnisse dafür plädiert, dass „[e]infache Komposita wie Fahrkarte oder Sitzplatz […] ohne Trennung realisiert werden [sollten] – das ist der unmarkierte Fall" (Lasch 2017: 282). Was aus linguistischer Perspektive mit „einfach" gemeint ist (Anzahl der Silben, Anzahl der Morpheme, Wortfrequenz), wird jedoch nicht weiter spezifiziert. Dass die unsegmentierten Komposita von den Probanden präferiert wurden, führt Lasch (2017) allerdings nicht auf die bessere Verständlichkeit der unsegmentierten Variante zurück. Stattdessen nimmt er an, dass sich die Probanden gegen die Markierung entschieden, „weil der Text dadurch dem, was als unmarkierte Norm gilt, näher rückt und somit weniger Stigmatisierungspotenzial aufweist" (ebd.: 283).

Die bislang umfangreichste Studie zur Verarbeitung und Akzeptanz des Mediopunktes wurde von Gutermuth (2020) durchgeführt. Gutermuth (2020) setzte sich im Rahmen des Projektes *LES is more – Leichte und Einfache Sprache in der politischen Medienpräsenz* mit der Frage auseinander, ob Texte in Einfacher und Leichter Sprache besser verarbeitet werden als Originaltexte, wobei ein Schwerpunkt der Studie auf der Rezeption des Mediopunktes lag. In der Studie wurden Texte zum Transparenzgesetz, die in ES und LS übersetzt wurden, von vier Adressatengruppen gelesen (Studierende, Senioren, Menschen mit Migrationshintergrund und Menschen mit kognitiven Einschränkungen). Für ein umfassendes Verständnis der kognitiven Dekodierungsprozesse wurde ein multimethodischer Ansatz gewählt, was bedeutet, dass die Texte von den Probanden zunächst inhaltlich wiedergegeben und anschließend in Hinblick auf ihre Verständlichkeit bewertet wurden. Die Aufzeichnung der Augenbewegungen gab darüber hinaus weitere Einblicke in die beim Lesen ablaufenden kognitiven Verarbeitungsprozesse. Die Triangulation aus Rating, freier Reproduktion und Eye-Tracking erlaubt es, quantitative und qualitative Daten miteinander in Beziehung zu setzen.

Die Auswertung des Ratings zeigte eine positive Korrelation zwischen Lesekompetenz und Verständlichkeit: je geringer die Lesekompetenz, desto schlechter bewerteten die Probanden die Verständlichkeit der Texte, und zwar ungeachtet der Sprachvarietät. Zudem wurden die Texte in LS von allen Probandengruppen als besser verständlich bewertet als die Texte in Einfacher- und

Originalsprache. Unabhängig von der Probandengruppe gilt somit, dass je geringer die Lesekompetenz, je komplexer die Varietät und je länger der Text, desto niedriger das Rating. Zudem zeigt Gutermuth (2020) auf, dass insbesondere Menschen mit Migrationshintergrund auch von der ES profitieren, während dies bei Menschen mit kognitiven Einschränkungen nicht der Fall ist. Dies führt sie darauf zurück, dass Menschen mit Migrationshintergrund einen niedrigeren Barriereindex haben (s. Kap. 2.5) und im Unterschied zu Menschen mit kognitiven Einschränkungen in der Lage sind, „Einfache Sprache auf Basis von Inferenzziehung zu verarbeiten" (Gutermuth 2020: 195). Die Studie ergab zudem, dass die Probanden die Inhalte der komplexitätsreduziertesten Texte am vollständigsten und die Inhalte der Originaltexte am schlechtesten wiedergaben. Gutermuth (2020) begründet dies damit, dass die Reduktion der Komplexität eine „kapazitätsentlastende[] Wirkung" (ebd.: 206) hat: Sprachlich weniger komplexe Strukturen „[geben] mehr Kapazitäten für höherrangige Rezeptionsprozesse, wie Behalten und Erinnern, frei" (ebd.). Während die Reproduktionsleistungen der Senioren und der Menschen mit kognitiven Einschränkungen signifikant schlechter waren als die Reproduktionsleistungen der Kontrollgruppe, war die Reproduktionsleistung der Menschen mit Migrationshintergrund nicht signifikant schlechter als die der Kontrollgruppe. Bei der Analyse der Gesamtlesezeit ergab sich hingegen ein anderes Bild: Obgleich alle Probandengruppen die Texte unabhängig der Sprachvarietät langsamer lasen als die Kontrollgruppe, war hier nur der Unterschied zu den Menschen mit Migrationshintergrund signifikant. Die längere Gesamtlesezeit bei den Menschen mit Migrationshintergrund deutet somit auf ein sinnentnehmendes Lesen hin, was sich in besseren Reproduktionsleistungen widerspiegelt. Dass die Texte von Menschen mit kognitiven Einschränkungen schneller gelesen wurden als von Menschen mit Migrationshintergrund, führt Gutermuth (2020) darauf zurück, dass die Menschen mit kognitiven Einschränkungen mit den Texten in Einfacher- und Originalsprache aufgrund ihrer Kognitionsbarriere überfordert waren, was zum Abbruch des Leseprozesses und zu schlechten Reproduktionsleistungen führt. Der multimethodische Ansatz zeigt somit auf, dass schnelles Lesen nicht immer ein Indiz für ein besseres Textverstehen ist. Die Analyse der Gesamtlesezeit bestätigte, dass die Originaltexte von allen Probandengruppen am langsamsten gelesen wurden (vgl. ebd.: 211).

Zudem ergab die Studie, dass Menschen mit kognitiven Einschränkungen und Senioren am meisten von der Komplexitätsreduktion der LS profitierten. Angesichts dessen, dass die komplexitätsreduzierten Texte vollständiger wiedergegeben, schneller gelesen und als besser verständlich bewertet wurden, kann zweifelsohne geschlussfolgert werden, dass mit der Komplexitätsreduktion das Ziel, den Zugang zu Inhalten zu erleichtern, erfüllt wird. Die Analyse der Kompositarezeption ergab, dass die Erstfixationsdauer bei Komposita ungeachtet der Schreibweise in den LS-Texten signifikant kürzer war als bei den Texten in Einfacher- und Originalsprache. Diesen positiven Effekt führt Gutermuth (2020) darauf zurück, dass die weniger komplexen syntaktischen Strukturen mehr Kapazitäten für die Dekodierung komplexer Begriffe wie Komposita freigeben. Auch die anderen Messgrößen (gesamte erste Lesezeit und Gesamtlesezeit) war bei Einbettung der Komposita in LS-Texten signifikant kürzer als beim Lesen der Komposita im Originaltext. Die Analyse der Gesamtlesezeit spiegelte sich in der Analyse der Kompositarezeption wider: So wurden die Komposita nicht wie erwartet von den Menschen mit kognitiven Einschränkungen, sondern von den Menschen mit Migrationshintergrund am langsamsten gelesen, was Gutermuth (2020) auch hier darauf zurückführt, dass die Kognitionsbarriere zu einem eher oberflächlichen und weniger sinnentnehmenden Lesen bzw. zum Leseabbruch geführt hat. Die Studie zeigt, dass sich die Ergebnisse auf Textebene, d. h. auf Makroebene, auf Wortebene, d. h. auf Mikroebene, widerspiegeln. Insgesamt hat die LS somit ihre vorgesehene Funktion insofern eindeutig erfüllt, als sie unabhängig der Probandengruppe als leichter rezipierbar bewertet wurde und sich dies auch in signifikant besseren Reproduktionsleistungen sowie in durchschnittlich kürzeren Lesezeiten widerspiegelte. Hinsichtlich der Segmentierung fällt auf, dass die Dauer der ersten Fixation ungeachtet der Probandengruppe bei der Mediopunktschreibung kürzer war als bei den unsegmentierten Komposita. Der Effekt war bei den Menschen mit Migrationshintergrund signifikant, wobei bei dieser Probandengruppe zudem die gesamte erste Lesezeit bei der Mediopunktschreibung signifikant kürzer war als bei den unsegmentierten Komposita. Die Ergebnisse sprechen somit dafür, dass Menschen mit Migrationshintergrund von der Mediopunktschreibung signifikant profitierten. Bei den anderen Probandengruppen wirkte sich der Mediopunkt lediglich im frühen Verarbeitungsprozess positiv auf die Verarbeitung des Kompositums aus. Für die Messgrößen gesamte erste Lesezeit und Gesamtlesezeit, die als Indikator für die fortschrittliche Verarbeitung und den semantischen Verstehensprozess fungieren, waren bei den anderen Probandengruppen keine signifikanten Effekte zu erkennen, so dass die Segmentierung mit dem Mediopunkt die weiterführenden Verarbeitungs- und Verstehensprozesse folglich nicht nachweisbar zu erleichtern schien. Der Mediopunkt hatte somit bei allen Gruppen insbesondere hinsichtlich der frühen Verarbeitung einen leseerleichternden Effekt. Im Gegensatz zu den Senioren hatten allerdings nur die Menschen mit kognitiven Einschränkungen und die Menschen mit Migrationshintergrund generell ein Problem bei der Kompositarezeption, wobei dieses, wie die Analyse der gesamten ersten Lesezeit und der Gesamtlesezeit zeigte, nur bei den Menschen mit Migrationshintergrund durch die Segmentierung mit dem Mediopunkt gelöst wurde. Das Ergebnis, dass Komposita in LS-Texten schneller gelesen wurden als in Originaltexten, führt somit zu der Annahme, dass je einfacher die Texte sind, desto mehr Kapazität bleibt für die Kompositaverarbeitung.

Unsegmentierte Komposita wurden von Menschen mit Migrationshintergrund in den LS-Texten schneller gelesen als in den Texten in Einfacher- und Originalsprache, was darauf zurückzuführen ist, dass durch die „maximale[] Komplexreduzierung für die phrasale, syntaktische und textuelle Ebene" (ebd.: 228) mehr Kapazitäten für die Verarbeitung der komplexeren morphologischen Strukturen (in diesem Fall unsegmentierte Komposita) freigegeben werden. Da unsegmentierte Komposita in LS-Texten für diese Gruppe keine Verstehenshürde darstellten, war eine Segmentierung in derart komplexitätsreduzierten Texten für diese Zielgruppe nicht unbedingt erforderlich. Bei der Zielgruppe Menschen mit kognitiven Einschränkungen war dieser aus der maximalen Komplexitätsreduktion entstehende Effekt nicht nachzuweisen. Dies ist darauf zurückzuführen, dass die Gesamtkapazität bei dieser Zielgruppe trotz radikaler Komplexitätsreduktion allein schon durch den Lesevorgang voll ausgeschöpft war und somit keine überschüssigen Kapazitäten für die Dekodierung unsegmentierter Komposita freigegeben werden konnten. Daraus ergibt sich, dass die Segmentierung von Komposita und damit die Vereinfachung der morphologischen Ebene für diese Zielgruppe unverzichtbar ist. Die

© Frank & Timme   Verlag für wissenschaftliche Literatur

Unterschiede zwischen den beiden Gruppen sind auch hier vermutlich auf die unterschiedlichen Kommunikationsbarrieren zurückzuführen.

Aus den Ergebnissen entwickelte Gutermuth (2020) eine „tentative *Kapazitätsformel für Leichte Sprache*" (ebd.: 243). Demnach ist der LS-Text das Ergebnis des Zusammenwirkens aus komplexitätsreduzierenden Übersetzungsstrategien auf vier sprachlichen Ebenen: morphologische Komplexität (m), phrasale Komplexität (p), syntaktische Komplexität (s) und textuelle Komplexität (t). Die Gesamtkapazität der beim Lesen ablaufenden Prozesse wird vom Arbeitsgedächtnis zur Verfügung gestellt. Der Verarbeitungsbedarf, der für die Verarbeitung von LS-Texten erforderlich ist, ist die Summe der Bedarfe der vier Verarbeitungsebenen:

$$B(LS) = B(m) + B(p) + B(s) + B(t).$$

Der Verarbeitungsbedarf des Textes darf dabei die zur Verfügung stehende und sich aus den vier Ebenen zusammengesetzte Gesamtkapazität (Kapa LS) nicht überschreiten:

$$B(LS) \leq Kapa(LS).$$

Dies gilt ebenso für die einzelnen Ebenen: Auch hier darf der Bedarf nicht größer sein als die auf der Ebene zur Verfügung stehende Kapazität ($B(x) \leq Kapa(x)$). Wird die Kapazität auf einer Ebene nicht ausgeschöpft, steht mehr freie Kapazität zur Verfügung, so dass der Bedarf auf anderen Ebenen größer werden kann. Die Verarbeitung des LS-Textes gelingt allerdings nur dann, wenn die Gesamtkapazität nicht überschritten wird. Wendet man die Formel

$$B(LS) \leq \uparrow Kapa(m) + \downarrow Kapa(p) + \downarrow Kapa(s) + \downarrow Kapa(t)$$

auf die Ergebnisse der Studie an, zeigt sich, dass die maximale Komplexitätsreduktion auf der phrasalen (p), syntaktischen (s) und textuellen (t) Ebene zur Kapazitätsentlastung des Arbeitsgedächtnisses führt, was die Dekodierung komplexerer morphologischer Strukturen ermöglicht. Bei Menschen mit kognitiven Einschränkungen ist die Kapazität hingegen auch bei dem komplexitätsreduziertesten Text voll ausgeschöpft, so dass keine überschüssigen Kapazitäten freigesetzt werden können. Durch die Segmentierung kann die Verarbeitung der morphologischen Strukturen somit erleichtert werden.

Die Ergebnisse von Gutermuth (2020) bestätigen die von Wellmann (2018) und Düver (2015) gefundenen Verarbeitungsvorteile der Mediopunktschreibung. Demgegenüber steht allerdings der Bericht von Hallik/Janssen (2017), in dem wiederum für die Segmentierung mit dem Bindestrich plädiert wird. Hallik/Janssen (2017) beziehen sich dabei auf Meinungen einer Prüfgruppe, welche die Entscheidung, den Bindestrich statt den Mediopunkt zu verwenden, damit begründet, dass der Mediopunkt noch nicht etabliert sei und weiten Teilen der Bevölkerung nicht bekannt sein dürfte. Letzteres lässt darauf schließen, dass in der Praxis nicht grundsätzlich davon ausgegangen wird, dass der Mediopunkt intuitiv verstanden wird. Da der Mediopunkt „kein gängiges Zeichen ist und außerhalb von Texten für spezifische Zielgruppen nicht verwendet wird" (Hallik/Janssen 2017: 385), sind die Autoren, im Unterschied zu Bredel/Maaß (2017), Wellmann (2018) und Düver (2015), zudem der Ansicht, dass der Bindestrich im Vergleich zum Mediopunkt „weniger Hürden aufbaut" (ebd.). Zu ähnlichen Befunden kam auch die LeiSA-Studie, in welcher sowohl funktionale Analphabeten als auch Menschen mit geistiger Behinderung bei einer Befragung mehrheitlich die unsegmentierte Schreibung bevorzugten. Die „generelle Ablehnung" (Bock 2018: 40) einer Trennung mit Bindestrich oder Mediopunkt war dabei u. a. auf die mangelnde Vertrautheit der „anders aussehen[den]" (ebd.) Wörter und das daraus resultierende erschwerte Wiedererkennen der Wörter zurückzuführen. Die Ergebnisse des ebenfalls im Rahmen des LeiSA-Projektes durchgeführten Reaktionszeitexperimentes deuten hingegen in eine andere Richtung. Mit dem Reaktionszeitexperiment, in dem unsegmentierte und mit Bindestrich segmentierte Komposita präsentiert wurden, gingen die Autoren der Frage nach, ob sich die Segmentierung positiv auf die kognitive Verarbeitung von Komposita auswirkt und ob dieser potenzielle Verarbeitungsvorteil der Bindestrichschreibung auf transparente Komposita beschränkt ist. Die LeiSA-Studie war damit die erste Studie, in der die von Bredel/Maaß (2017) aufgestellte Annahme, dass sich eine Segmentierung bei opaken Komposita negativ auf das Verständnis auswirkt, mit Vertretern der Zielgruppe überprüft wurde. Hierbei ist allerdings zu beachten, dass die LeiSA-Studie im Gegensatz zu der in dieser Arbeit durchgeführten Studie weniger einen kognitionswissenschaftlichen, sondern mehr einen psychologisch-sozialpädagogischen Hintergrund hatte.

Die Autoren der LeiSA-Studie stellten dabei einerseits die mit den Netzwerkregeln konforme Hypothese auf, dass die Segmentierung mit dem Bindestrich einen leseerleichternden Effekt hat und dies bei Lesern mit geringeren Lesekompetenzen sowohl bei transparenten als auch bei opaken Komposita der Fall ist (vgl. Pappert/Bock 2020: 1109). Die zweite, dem entgegenstehende Hypothese basiert hingegen auf psycholinguistischen Erkenntnisse und besagt, dass der Verarbeitungsvorteil der Segmentierung nur bei transparenten Komposita auftritt. Da angenommen wird, dass das Verständnis opaker Komposita aufgrund der mit der Segmentierung einhergehenden Dekomposition behindert wird, sagt die Hypothese somit eine Interaktion zwischen Segmentierung und semantischer Transparenz voraus. Darüber hinaus wurde die „generelle Annahme" (ebd.: 1110) überprüft, dass auch unbeeinträchtigte Leser von den LS-Regeln profitieren. Sollte dies auf die Regel der Segmentierung zutreffen, würde dies bedeuten, dass auch unbeeinträchtigte Leser die segmentierte Schreibung besser verarbeiten als die unsegmentierte Schreibung, was sich in kürzeren Reaktionszeiten und geringeren Fehlerraten widerspiegeln würde.

Die Studie wurde sowohl mit unbeeinträchtigten Lesern als auch mit funktionalen Analphabeten und Menschen mit geistiger Behinderung durchgeführt, wobei zu berücksichtigen ist, dass die Lesekompetenzen der Zielgruppenvertreter äußerst heterogen waren (vgl. ebd.: 1111). In der Studie wurden transparente und opake zwei- bis viersilbige bimorphemische Komposita, entweder unsegmentiert oder mit Bindestrich segmentiert, sowie Pseudowörter präsentiert. Aufgabe der Probanden war es, so schnell wie möglich per Tastendruck zu entscheiden, ob ihnen das Wort bekannt war. Im Unterschied zu der gängigen Bindestrichschreibung gemäß Netzwerkregeln wurden die Komposita allerdings alle in Versalien (LUFT-PUMPE) präsentiert, wodurch der Effekt der Binnenmajuskel verloren geht. Ausgewertet wurden sowohl die Fehlerraten als auch die Reaktionszeiten. Die Vertreter der Zielgruppen machten bei den opaken signifikant mehr Fehler als bei den transparenten Komposita. Die Segmentierung der Komposita sowie die Interaktion zwischen Transparenz und Segmentierung hatte hingegen keinen signifikanten Effekt auf die Fehlerraten.

Zudem führten die opaken Komposita zu signifikant längeren Reaktionszeiten als die transparenten Komposita. Darüber hinaus waren die Reaktionszeiten bei den segmentierten Komposita signifikant kürzer als bei den unsegmentierten Komposita. Dass die Fehlerraten bei segmentierten Komposita nicht signifikant geringer waren als bei unsegmentierten Komposita, führen die Autoren auf das relativ lange Zeitfenster (20 Sek.), das den Probanden zum Drücken der Taste gegeben wurde, zurück. Die Studie ergab somit, dass Leser mit geringen Lesekompetenzen sowohl bei transparenten als auch bei opaken Komposita von der Segmentierung mit dem Bindestrich profitieren und folglich „[s]owohl SONNEN-SCHIRM als auch OHR-WURM mit Trennung […] leichter zu lesen [sind] als SONNENSCHIRM und OHRWURM ohne Trennung" (Bock 2018: 39). Es gibt demnach keinen Grund dafür, ausschließlich transparente Komposita in LS zu segmentieren (vgl. Pappert/Bock 2020: 1116). Darüber hinaus war zu erkennen, dass der Effekt der Transparenz (längere Reaktionszeiten und höhere Fehlerraten) bei den Zielgruppenvertretern ungeachtet der Segmentierung auftritt. Des Weiteren konnten die Autoren aufzeigen, dass die Zielgruppen opake Komposita ungeachtet der Segmentierung, entgegen der in der Literatur häufig postulierten ganzheitlichen Verarbeitung, dekompositionell zu verarbeiten scheinen, was sich sowohl bei unsegmentierten als auch bei segmentierten Komposita in verlängerten Reaktionszeiten gegenüber den transparenten Komposita widerspiegelt (vgl. ebd.: 1114 ff.).

Bei den unbeeinträchtigten Lesern führten die transparenten Komposita ebenfalls zu signifikant kürzeren Reaktionszeiten als die opaken Komposita. Dieser Unterschied fand sich sowohl für unsegmentierte Komposita (*Sonnenschirm* wurde schneller verarbeitet als *Ohrwurm*) als auch für segmentierte Komposita (*Hand-Puppe* wurde schneller verarbeitet als *Augen-Weide*) (vgl. ebd.). Zudem führten die unsegmentierten Komposita zu signifikant kürzeren Reaktionszeiten als die segmentierten Komposita. Das Ergebnis, dass unbeeinträchtigte Leser von der Segmentierung weder bei transparenten noch bei opaken Komposita profitieren, deuten die Autoren als Evidenz gegen die generelle Annahme, dass die LS-Regeln den Leseprozess ungeachtet der Lesekompetenzen, und somit auch für unbeeinträchtigte Leser, erleichtern.

Die Autoren schlussfolgern, dass sich die Segmentierung nur bei beeinträchtigten Lesern positiv auf die kognitive Verarbeitung von transparenten und opaken Komposita auswirkt, wohingegen sie bei unbeeinträchtigten Lesern keinen positiven Effekt hat. Die Ergebnisse bestätigten somit die vom Netzwerk aufgestellte Regel, dass Komposita ungeachtet ihrer Transparenz segmentiert werden sollten (vgl. ebd.: 1120). Die Autoren weisen jedoch darauf hin, dass die Ergebnisse nur einen ersten Schritt für die systematische Regelüberprüfung darstellen und es eine Vielzahl von zusätzlichen Störfaktoren gibt, welche die Ergebnisse beeinflusst haben könnten und die es in künftigen Studien zu berücksichtigen gilt. Zu diesen gehören die konsequente Versalienschreibung, das Vorhandensein von Fugenelementen im Stimulusmaterial sowie die Faktoren Vertrautheit, Wortlänge und Bigrammfrequenzen, die ebenfalls mit dem Faktor *Segmentierung* interagiert haben könnten. Obgleich der in beiden Gruppen gefundene Effekt der Transparenz darauf hindeutet, dass der Zugriff auf die Bedeutung des Kompositums auch tatsächlich stattfand, weisen die Autoren darauf hin, dass die semantische Verarbeitung und das Leseverstehen anhand der lexikalischen Entscheidungsaufgabe nicht hinreichend überprüft werden kann. Hierzu bedarf es ergänzender Methoden und Aufgaben, in denen die semantische Verarbeitung des Kompositums im Satzkontext erforderlich ist. Dementsprechend gilt es auch die „Unabhängigkeit von Kontext und Segmentierung" (ebd.: 1122) zu hinterfragen, denn die kontextuelle Einbettung kann womöglich dazu führen, dass die Identifikation des Kompositums deutlich erleichtert wird und die Segmentierung somit auch bei Lesern mit geringen Lesekompetenzen nicht mehr notwendig ist. Darüber hinaus gehen die Autoren davon aus, dass der positive Effekt der Segmentierung mit den Lesekompetenzen der Probanden interagiert, wobei die Gruppengröße des LeiSA-Projektes nicht ausreichte, um zu untersuchen, ob Leser mit besseren Lesekompetenzen mehr von der Segmentierung profitierten als Leser mit geringeren Lesekompetenzen. Diese beiden Aspekte sowie die Frage, ob die Schreibung mit dem Bindestrich oder dem Mediopunkt besser verstanden bzw. bei der Zielgruppe auf mehr Akzeptanz stößt, gilt es in künftigen Studien zu untersuchen (vgl. ebd.: 1122).

In Bezug auf die Handhabung in der Praxis zeigt Fuchs (2018) in ihrer Fallstudie zum faktischen Gebrauch optischer Gliederungssignale auf, dass in den von ihr untersuchten Wahlprogrammen in LS sowohl Komposita mit Fugenelementen als auch Komposita mit verkürzten Teilausdrücken mehrheitlich separiert wurden. Daraus lässt sich schließen, dass sich „die Praxis etabliert hat, Komposita auch bei von der Originalstruktur abweichenden Teilausdrücken optisch zu gliedern" (Fuchs 2018: 423). Da anzunehmen ist, dass die Mehrheit der analysierten Texte einer Zielgruppenprüfung unterzogen wurde[26], lässt sich schließen, dass die von der Originalschreibweise abweichende Form von der Zielgruppe als leichter verständlich angesehen wurde als die ungegliederte Variante. Fuchs (2018) kommt zu dem Fazit, dass in der derzeitigen Praxis keine einheitliche wortinterne Gliederung zu erkennen ist und die Segmentierung von verschiedenen Agenturen unterschiedlich gehandhabt wird (vgl. ebd.: 422). Darüber hinaus weist sie darauf hin, dass teilweise auch bereits zweisilbige Komposita gegliedert werden und dass von der Empfehlung, die Hierarchie der Konstituenten durch eine Kombination von Bindestrich und Mediopunkt zu verdeutlichen, in den analysierten Texten kein Gebrauch gemacht wird. Dass die Regel, zweisilbige Komposita ungegliedert in LS zu übernehmen, in der Praxis bis dato noch nicht umgesetzt wurde, mag u. a. daran liegen, dass das Kriterium der Zweisilbengrenze erst in dem 2017 veröffentlichten Sammelband eingeführt bzw. wissenschaftlich begründet wurde und die analysierten Wahlprogramme ebenfalls in etwa zur selben Zeit erschienen sind. Die ungegliederte Schreibweise findet sich in den Wahlprogrammen lediglich bei stark lexikalisierten Ausdrücken (*Bundestag*) sowie bei Eigennamen (*Deutschland*), wobei bei diesen keine konsistente Regelbefolgung zu erkennen ist (vgl. ebd.: 416 ff.).

Die Ergebnisse von Fuchs (2018) können mit einem stichprobenartigen Blick auf das aktuelle Textangebot bestätigt werden. Bei der Betrachtung zufällig ausgewählter Texte wird einerseits deutlich, dass der Mediopunkt teilweise schon fest zum Zeichenrepertoire vieler Agenturen gehört und textsortenübergreifend verwendet wird (vgl. Mädchenhaus Bielefeld 2017; Stadt Würzburg 2017; Stadt Hannover 2020; Stadt Mannheim 2020; Stadt München 2020). Andererseits ist in vielen Texten nach wie vor eine Präferenz für die orthografisch

---

26   Vgl. https://www.sags-einfach.de/prufgruppen (20.01.2020), http://www.klarunddeutlich.de/cms/website.php?id=/de/index/unsereleistungen.htm (20.01.2020) und E-Mail-Korrespondenz vom 8.12.2020.

irreguläre Bindestrichschreibung zu erkennen (vgl. BMBF 2020; Bundesrat 2020; LVR 2020; Stadt Marburg 2020; Stadt Hamburg 2020).

Der stichprobenartige Blick auf die Praxis zeigt allerdings auch, dass aktuell noch weitere, bislang nicht erwähnte Segmentierungsmöglichkeiten Anwendung finden. So findet sich bspw. bei der Bindestrichschreibung neben der Schreibung mit Binnenmajuskel bei Substantivkomposita (*Erwerbs-Fähigkeit, Eltern-Beitrag*) und der Schreibung mit Binnenminuskel bei Adjektivkomposita (*lang-jährig, beitrags-frei, förderungs-fähig*) auch die Kombination aus Binnenminuskel und -majuskel (*Arbeits-losen-Geld, Arbeits-losen-Versicherung*) (vgl. Jobcenter Köln 2020; Stadt Köln 2020; Deutsche Rentenversicherung 2020). Darüber hinaus findet sich auch bei Substantivkomposita die Bindestrichschreibung mit Binnenminuskel (*Kranken-versicherung, Arbeitslosen-geld, Familien-mitglieder*) (vgl. Jobcenter Freiburg 2020). Bei der Betrachtung des Internetauftrittes der Stadt Köln sind zudem erhebliche Mängel in dem Textangebot festzustellen. Überaus problematisch ist, dass der Grundsatz „Falsches Deutsch vermeiden" (Maaß 2015a: 179) missachtet wurde. In dem Beispiel in Abb. 8 wurde die synthetische Form *vom*, bei welcher die Präposition *von* mit dem definiten Artikel *der* verschmilzt, gemieden. Anstelle der ausgeschriebenen Vollform *von dem* wurde jedoch die kürzere, grammatisch inkorrekte Version gewählt, die allerdings gegen sämtliche Grundprinzipien LS verstößt und das Akzeptanzproblem zweifelsohne verschärft.

Abb. 8: Webauftritt der Stadt Köln in Leichter Sprache

Die Wiederholung an anderen Textstellen bestätigt, dass die derartige Schreibweise beabsichtigt und nicht versehentlich zu Stande gekommen ist. Trotz dieses gravierenden Mangels soll darauf hingewiesen werden, dass zahlreiche andere Großstädte wie Hamburg, Berlin oder Mainz im Internet gar keine Informationen zum Elternbeitrag in der Kita in LS zur Verfügung stellen.

Weitere Ergebnisse zur Verwendung des Bindestrichs und des Mediopunktes lieferte die „Umfrage zur ‚Bindestrich-Regel' des Netzwerks Leichte Sprache e.V." (Mikhail/Lampe-Bernholt 2019). Ziel der Umfrage war es, herauszufinden, welche Methoden Übersetzer zur Erleichterung des Verstehens und zur Steigerung der Lesbarkeit bei langen, komplexen Wörtern anwenden und inwiefern diese von den Prüfern der Texte verstanden bzw. als gut lesbar bewertet werden. Die Umfrage wurde mit 80 Übersetzern und 197 Prüfern durchgeführt, wobei anzumerken ist, dass die Teilnehmer ausschließlich Übersetzer und Prüfer aus dem Netzwerk Leichte Sprache waren. Dies ist für die Interpretation der Ergebnisse insofern relevant, als das Netzwerk den Mediopunkt bis dato kategorisch ablehnte und ausschließlich die Trennung mit Bindestrich vorsah. Es ist somit nicht verwunderlich, dass die Mehrheit der Übersetzer und Prüfer mit dem Bindestrich vertrauter war als mit dem Mediopunkt. Zudem ist zu berücksichtigen, dass die Umfrage ausschließlich mit der Zielgruppe *Menschen mit Lernschwierigkeiten* durchgeführt wurde und diese, wie erwähnt, nur eine der heterogenen Zielgruppen darstellt. Eine Übertragung der Ergebnisse auf andere Zielgruppe ist daher nicht möglich. Hintergrund der Umfrage war der in der Praxis zu sehende steigende Gebrauch des Mediopunktes, der dazu führte, dass sich auch das Netzwerk Leichte Sprache mit einer potenziellen Lockerung des Mediopunktverbots auseinandersetzen musste. Bevor im Folgenden näher auf die Ergebnisse eingegangen wird, ist zu betonen, dass es sich um eine ehrenamtlich durchgeführte Umfrage handelt, an die „keine wissenschaftlichen Maßstäbe angelegt werden dürfen" (ebd.: 4). Zudem werden die Ergebnisse dieser nicht repräsentativen Studie rein deskriptiv vorgestellt. Signifikanzen werden nicht berichtet.

Die Autoren kamen zu dem Ergebnis, dass zwar 96 % der Übersetzer den Mediopunkt, jedoch nur ¾ der Übersetzer die Empfehlungen zum Gebrauch des Mediopunktes der Forschungsstelle Leichte Sprache kennen. Darüber hinaus ergab die Umfrage, dass die meisten Übersetzer versuchen, lange Wörter zur Vereinfachung umzuformulieren oder durch ein „kurzes, einfaches Wort zu ersetzen" (ebd.: 15). Insgesamt betrachtet ist die Handhabung der Segmentierung allerdings äußerst heterogen. Zwar segmentieren die Übersetzer häufiger mit Bindestrich als mit Mediopunkt, dies ist jedoch angesichts dessen, dass es sich um eine nur im Netzwerk durchgeführte und somit um eine nicht repräsentative Umfrage handelt, nicht verwunderlich. Nichtsdestotrotz gaben auch einige Übersetzer an, zur Segmentierung ausschließlich den Mediopunkt zu verwenden. Dass der Wunsch zur Verwendung des Mediopunktes auch bei Übersetzern des Netzwerks vorhanden ist, zeigen darüber hinaus einzelne Kommentare, in denen bspw. zum Ausdruck kommt, dass Übersetzer zwar lieber den Mediopunkt verwenden würden, sich aber an die Netzwerkregeln halten (vgl. ebd.: 16). Zudem waren die meisten Übersetzer der Meinung, dass LS „richtiges Deutsch sein muss" (ebd.: 25). Als Hauptgrund dafür, dass LS *kein* richtiges Deutsch sein müsse, wurde der Aspekt der Textverständlichkeit angeführt, der vor der Korrektheit der Texte Vorrang habe. Hinsichtlich des Verhältnisses von Wissenschaft und Praxis war zwar die Mehrheit der Übersetzer der Ansicht, dass die Praxis an neue wissenschaftliche Erkenntnisse angepasst werden solle, dennoch gaben auch viele Übersetzer an, dass sie die Meinung der Prüfer den wissenschaftlichen Ergebnissen vorziehen (vgl. ebd.: 29).

Die Auswertung der von den Prüfern ausgefüllten Umfragebögen ergab, dass zweigliedrige Komposita wie *Sozialgericht* oder *Personalausweis*, die aus mehr als zwei Silben bestehen und somit laut Bredel/Maaß (2017) getrennt werden sollten, auch ohne Segmentierung von der Mehrheit der Prüfer als gut lesbar bewertet wurden und eine Segmentierung in diesen Fällen nicht zwingend notwendig ist. Sogar mehrgliedrige Komposita wie *Supermarkterpresser* wurden von 18 % der Prüfer ohne Segmentierung verstanden. Die Segmentierungen mit Bindestrich und Mediopunkt wurden ebenfalls als gut lesbar eingestuft, die Mediopunktschreibung jedoch seltener als die unsegmentierte Schreibung. Dass die Bindestrichschreibung in allen Fällen häufiger als gut verständlich bewertet wurde als die Mediopunktschreibung, mag darauf zurückzuführen sein, dass die Prüfer ausschließlich den Bindestrich gewöhnt sind, was dazu führen kann, dass Unbekanntes, in diesem Fall der Mediopunkt, „oft intuitiv abgelehnt [wird]" (ebd.: 30). Die Umfrage ergab zudem, dass eine Segmentierung insbesondere bei langen Wörtern zweifellos erforderlich ist, wie bei dem Kompositum *Bundesgleichstellungsgesetz*, welches von 91 % der Prüfer ohne Segmentierung als schlecht lesbar eingestuft wurde (vgl. ebd.: 39).

Des Weiteren führte die Umfrage zu dem Ergebnis, dass Sätze, in denen das Kompositum umformuliert wurde, am besten verstanden wurden. Die Autoren kommen zu dem Fazit, dass alle verständnisfördernden Methoden auf Zustimmung gestoßen sind, wobei zudem sichtbar wurde, dass Wörter ohne Segmentierung häufiger verstanden werden, „als man als Übersetzer_in vermutet" (ebd.: 74). Da auch die Mediopunktschreibung von durchschnittlich 20 % der Prüfer verstanden und akzeptiert wurde, kommen die Autoren zu dem Schluss, dass ein kategorisches Verbot des Mediopunktes nicht zeitgemäß und eine Modifizierung der aktuellen Regel erforderlich sei. Eine Antwort auf die Frage, ob der Bindestrich oder der Mediopunkt „besser hilft" (ebd.: 79), kann mit der Umfrage allerdings nicht geliefert werden. Angesichts dessen, dass die Prüfer beide Segmentierungen als gut lesbar einstuften, schlussfolgern die Autoren, dass es nicht sinnvoll ist, sich auf eine Segmentierung zu beschränken, sondern schlagen vor, Übersetzern in dem überarbeiteten Regelwerk mehrere Segmentierungsmöglichkeiten zur Wahl zu stellen (vgl. ebd.: 79). Sie fügen hinzu, dass es in einigen Fällen berechtigt sein kann, den Bindestrich nur dann zu verwenden, wenn er gemäß der amtlichen Regelung der deutschen Rechtschreibung korrekt ist. Dies gilt z. B., wenn der Text für Deutschlernende mit Migrationshintergrund ist oder wenn „Auftraggeber, wie z. B. Öffentliche Verwaltung, Schulen und Universitäten, dies vorschreiben" (ebd.: 79). Mit dem Vorschlag, dass in diesen Fällen der Mediopunkt eingesetzt werden könnte, wird indirekt angedeutet, dass der Mediopunkt dem Anspruch LS, korrektes Deutsch zu sein, mehr gerecht wird als der Bindestrich. Dennoch raten sie den Übersetzern, „immer erst zu versuchen, das schwierige Wort/die schwierigen Wörter umzuformulieren" (ebd.: 70). Zudem weisen sie darauf hin, dass der Bindestrich nur funktional ist, wenn die Bedeutung des Gesamtkomplexes dadurch nicht verfälscht wird, wie es bei der kleinteiligen Segmentierung von Vorsilben der Fall ist. Als Beispiel nennen sie das Kompositum *Ein-Bahn-Straße*, bei dem durch die Freistellung des Wortes *Bahn* eine Bedeutung der Einzelkonstituente aktiviert wird, die für das Verstehen des Gesamtkomplexes kontraproduktiv ist[27]. Im Verlauf des Berichts wird auch auf die Heterogenität

....

27 So lautete ein Kommentar zur Schreibweise Ein-Bahn-Straße: „Denke an ein Zug oder ähnliches" (ebd.: 76).

der Zielgruppe hingewiesen. Da Verständlichkeit und Lesbarkeit von Prüfer zu Prüfer unterschiedlich bewertet werden, können die Kriterien nicht verallgemeinert werden. Dennoch sind die Autoren der Meinung, dass getrennte Regelwerke für verschiedene Zielgruppen weder sinnvoll noch praktikabel sind. Diese Problematik könne nur durch Regeln gelöst werden, die offen sind „für die flexible Anwendung verschiedener Möglichkeiten" (ebd.: 78).

Trotz unterschiedlicher Ergebnisse haben alle präsentierten Studien eines gemein: In allen Studien wurde aufgezeigt, dass segmentierte Komposita scheinbar anders verarbeitet werden als unsegmentierte Komposita. Zudem haben die Studien (Wellmann 2018; Gutermuth 2020; Pappert/Bock 2020), in denen die Verarbeitung von Komposita sowohl bei beeinträchtigten als auch bei unbeeinträchtigten Lesern untersucht wurde, allesamt aufgezeigt, dass es Unterschiede in der kognitiven Verarbeitung von Komposita bei Lesern mit und ohne Lesebeeinträchtigung zu geben scheint. Für ein Verstehen dieser kongruenten Befunde bedarf es einer Vorstellung dessen, wie Komposita im mentalen Lexikon von Menschen mit und ohne Lesebeeinträchtigung repräsentiert sind bzw. kognitiv verarbeitet werden und inwiefern diese Verarbeitung durch eine Segmentierung beeinflusst wird. Dieses erforderliche Verständnis soll durch die Modellannahmen und empirischen Befunde, die im folgenden Kapitel dargestellt werden, geschaffen werden.

3.8 Theorien und empirische Befunde zur Verarbeitung von Komposita

Die kognitive Verarbeitung von Komposita hat in den vergangenen Jahren große Aufmerksamkeit in der linguistischen Forschung erfahren. Der besondere Stellenwert des Themas spiegelt sich sowohl in sprachvergleichenden Arbeiten (z. B. Placke 2001; Scalise/Vogel 2010; Hüning/Schlücker 2010; Lieber/Štekauer 2011) als auch in zahlreichen einzelsprachlichen Studien zur Komposition wider (z. B. Fuhrhop 2000; Libben/Jarema 2006; Kuperman et al. 2009; Schlücker/Hüning 2009; Gaeta/Grossmann 2009; Klos 2011; Nübling/Szczepaniak 2013). Neben Untersuchungen mit unbeeinträchtigten Lesern wurden in den vergangenen Jahren auch vermehrt Studien zur Verarbeitung von Komposita bei Aphasie durchgeführt (u. a. Blanken 2000; Badecker 2001; Lorenz 2008; Seyboth 2014; Lorenz et al. 2014; s. Kap. 3.8.2). Während sich die Studien mit beeinträchtigten Probanden primär auf die Produktion komplexer Wörter bei Sprachstörungen fokussieren, beschäftigt sich die sprachvergleichende und einzelsprachliche Kompositionsforschung insbesondere mit dem Aspekt der einzel- oder ganzheitlichen Repräsentation und Verarbeitung, der Einordnung von Komposita zwischen Morphologie und Syntax sowie den Funktionen von Fugenelementen. Der deutschen Sprache kommt dabei eine zentrale Bedeutung zu, denn diese gilt „aus sprachvergleichender Perspektive als eine in hohem Maße kompositionsfreudige Sprache" (Schlücker 2012: 2).

Im Folgenden sollen zentrale Modelle und Studien zur mentalen Repräsentation und Verarbeitung von Komposita dargestellt werden. Dabei wird zunächst auf Modelle der einzel- und ganzheitlichen Verarbeitung und anschließend auf Modelle der dualen und multiplen Verarbeitung eingegangen. Daraufhin werden zentrale Ergebnisse aus Studien mit beeinträchtigten Probanden präsentiert. In Kap. 3.8.3 wird schließlich ein Überblick über die aus der Blickbewegungsforschung gewonnenen Erkenntnisse der Kompositaverarbeitung gegeben, da diese für die in dieser Arbeit durchgeführte Eye-Tracking-Studie von besonderer Relevanz sind. Die im Folgenden dargestellten Befunde sollen dabei als Fundierung für die in Kap. 5 aufgestellten Hypothesen dienen.

3.8.1 Mentale Repräsentation und Verarbeitung von Komposita bei unbeeinträchtigter Sprachverarbeitung

Nicht nur im Deutschen, sondern auch im Englischen, Niederländischen und Italienischen gilt die Komposition als „the easiest and most effective way to create and transfer new meanings" (Libben 2006: 2). Während die Produktivität der Komposition außer Frage steht, ist die Repräsentation und Verarbeitung von Komposita in der psycholinguistischen Forschung auf vielfältige Weise modelliert und kontrovers diskutiert worden. Die Modelle lassen sich dabei entlang eines Kontinuums anordnen, an dessen einen Extrem die ganzheitliche Verarbeitung morphologisch komplexer Wörter steht (u. a. Butterworth 1983; Bybee 1985, 1995; Lukatela et al. 1987; s. Kap. 3.8.1.1) und an dessen anderem Extrem von einer Dekomposition morphologisch komplexer Wörter ausgegangen wird (u. a. Taft/Forster 1975, 1976; Taft 1979, 1988; Marslen-Wilson et al. 1994; Andrews 1986; s. Kap. 3.8.1.2). In der Mitte des Kontinuums befinden sich mehrere Modelle der dualen bzw. multiplen Verarbeitung, in denen, unter Berücksichtigung unterschiedlicher Einflussfaktoren (Frequenz, Länge, Transparenz), von einem Zusammenspiel von ganz- und einzelheitlicher Repräsentation ausgegangen wird (u. a. Caramazza et al. 1985, 1988; Schreuder/Baayen 1995; Libben 2006, 2010; Kuperman et al. 2009; s. Kap. 3.8.1.3). Bevor die unterschiedlichen Ansätze exemplarisch an konkreten Modellen dargestellt werden, ist zu betonen, dass anhand von zahlreichen Studien sowohl empirische Evidenz für als auch gegen die einzelnen Modelle geliefert werden konnte. Ein konsensfähiges Modell, das sich nicht durch aussagekräftige Daten widerlegen lässt und als Erklärung für alle, teils widersprüchlichen Befunde fungiert, gibt es bislang nicht. Dass die Befunde teils auf eine ganzheitliche, teils auf eine einzelheitliche und teils auf eine parallele Repräsentation von Komposita hinweisen, lässt darauf schließen, dass die mentale Repräsentation und Verarbeitung von Komposita kein stets gleich ablaufender, einheitlicher Prozess ist, sondern sowohl durch zahlreiche semantisch-lexikalische Parameter als auch durch pragmatische, diskursive Faktoren beeinflusst wird.

3.8.1.1 Modelle der ganzheitlichen Verarbeitung

In Modellen der ganzheitlichen Verarbeitung wird angenommen, dass morphologisch komplexe Wörter im mentalen Lexikon als Ganzes gespeichert und verarbeitet werden. Komposita werden demnach nicht über ihre Morpheme, sondern als Ganzes abgerufen. Eines der bedeutendsten Modelle ist die *Full-Listing-Hypothese* von Butterworth (1983).

Gemäß der Full-Listing-Hypothese besteht für Komposita, ebenso wie für Simplizia, im mentalen Lexikon ein ausschließlich ganzheitlicher Lexikoneintrag, der seinerseits ein ganzheitliches semantisches Konzept aktiviert. Laut Butterworth (1983) wird dabei nur in Ausnahmefällen von der Dekomposition Gebrauch gemacht, und zwar nur, wenn für neue komplexe Wörter keine lexikalischen Einträge präsent sind oder die ganzheitliche Verarbeitung „aus sonstigen Gründen nicht zugänglich ist" (Butterworth 1983: 263). Die einzelheitliche Verarbeitung fungiert dann als „fall-back procedure" (ebd.). Evidenz aus der Leseforschung, die darauf hindeutet, dass sich morphologische

Verwandtschaft zwischen Wörtern positiv auf deren Erkennen auswirkt, wie sie von Murrell/Morton (1974) geliefert wurde und somit gegen die Full-Listing-Hypothese spricht, entkräftet Butterworth (1983) mit der Erklärung, dass ähnliche Effekte nicht nur bei morphologischer, sondern auch bei semantischer Verwandtschaft auftreten (vgl. ebd.: 271). Empirische Befunde für die Full-Listing-Hypothese lieferte u. a. die Untersuchung von Manelis/Tharp (1977), in welcher die Autoren identische Reaktionszeiten bei der Benennung simplizischer und komplexer Wörter fanden, was sie dahingehend interpretieren, dass der Zugriff auf Wörter ungeachtet deren Komplexität ganzheitlich stattfindet.

Ein zentraler Ausgangspunkt der Diskussion zur Kompositaverarbeitung ist die Frage nach dem angestrebten Ökonomieprinzip, d. h. die Frage, ob die Verarbeitung komplexer Wörter dem ökonomischen Prinzip der Speicherung oder der Verarbeitung folgt (vgl. Olsen 2012: 139; Dietrich/Gerwien [3]2017: 40). Während mit der Ökonomie des Speicherplatzes das Ziel verfolgt wird, die Zahl der lexikalischen Einträge (u. a. durch Dekomposition in einzelne Morpheme) so gering wie möglich zu halten, um so wenig wie möglich von „dem kostbaren Speicherplatz im Gedächtnis [zu verbrauchen]" (Dietrich/Gerwien [3]2017: 40), zielt die Ökonomie der Verarbeitung darauf ab, den „Rechenaufwand" (ebd.) zu minimieren. Dies wird u. a. erreicht, indem komplexe Wörter direkt als Ganzes aufgerufen werden. Die Modelle der ganzheitlichen Repräsentation und Verarbeitung von Komposita gehen folglich von einer Ökonomie der Verarbeitung aus, denn das Aktivieren eines einzigen lexikalischen Eintrags verläuft schneller und erfordert weniger Rechenaufwand als das Aktivieren einzelner Morpheme und deren Zusammensetzung. Während frühere Studien wie die Untersuchung von Manelis/Tharp (1977) zwar durchaus empirische Evidenz für die Full-Listing-Hypothese lieferten, wurde in den letzten 40 Jahren jedoch in zahlreichen Untersuchungen aufgezeigt, dass es zweifellos Unterschiede in der Verarbeitung von simplizischen und komplexen Wörtern gibt.

Gegen die Modellvorstellung einer ausschließlich ganzheitlichen Repräsentation und Verarbeitung von Komposita sprechen bspw. die Ergebnisse von Seyboth (2014). Ihre Untersuchungen zur Verarbeitung von Komposita und Simplizia führten bei kontrollierter Wortlänge und Wortfrequenz zu langsameren Reaktionszeiten bei Komposita im Vergleich zu Simplizia. Die

Unterschiede dienen somit als Evidenz gegen die Full-Listing-Hypothese, die keine Unterschiede zwischen der Verarbeitung von Simplizia und Komposita vorsieht. Darüber hinaus konnte Seyboth (2014) für Simplizia Frequenzeffekte nachweisen (höherfrequente Simplizia wurden schneller benannt als niedrigfrequente), für Komposita hingegen nicht. Die Unterschiede hinsichtlich der Reaktionszeiten und Frequenzeffekte deuten auf eine unterschiedliche Verarbeitung von Simplizia und Komposita hin, die weder durch eine durchgängig ganzheitliche noch durch eine durchgängig einzelheitliche Repräsentation von Komposita zu erklären sind. Seyboth (2014) geht stattdessen davon aus, dass bei der Repräsentation und Verarbeitung sowohl ganzheitliche als auch einzelheitliche Prozesse zum Tragen kommen (s. Kap. 3.8.1.3). Auch in zahlreichen anderen Studien wurden Unterschiede in der Verarbeitung von simplizischen und komplexen Wörtern aufgezeigt, die als Evidenz gegen die Full-Listing-Hypothese dienen und auf die im Folgenden exemplarisch eingegangen wird.

3.8.1.2 Modelle der einzelheitlichen Verarbeitung

Das andere Extrem der Kompositaverarbeitung stellen die dekompositionellen Modelle dar, in denen davon ausgegangen wird, dass morphologisch komplexe Wörter im mentalen Lexikon in Form ihrer Konstituenten repräsentiert sind. Die Modelle der einzelheitlichen Verarbeitung, die somit der Ökonomie des Speicherplatzes entsprechen, werden auch als *Full-Parsing-Modelle* bezeichnet (vgl. Dietrich/Gerwien ³2017: 39). Das bekannteste Dekompositionsmodell ist das *Affix-Stripping-Modell* (vgl. Taft/Forster 1975, 1976; Taft 1979, 1988).

In diesem speziell für die Sprachrezeption entwickelten Modell wird zwischen zwei Eingangssystemen (eins für die visuelle und eins für die auditive Präsentation der Stimuli) sowie einem zentralen System unterschieden, welche zusammen das Lexikon bilden (vgl. Taft 1988: 657). Für morphologisch komplexe Wörter besteht kein separater lexikalischer Eintrag, sondern die Wörter sind in den Eingangssystemen lediglich in ihrer Stammform repräsentiert, so bspw. das Wort *inject* einmal als *ject* (visuelles Eingangssystem) und einmal als /jɛkt/ (auditives Eingangssystem). Eingehende Stimuli werden zunächst einer morphologischen Analyse unterzogen, im Rahmen derer Prä- und Suffixe von dem Wort abgetrennt werden (*affix-stripping*) (vgl. Taft/Forster 1975: 638). Erst nachdem der morphologische Stamm des Stimulus erfolgreich einer Repräsentation im Eingangssystem zugeordnet wurde, werden die Informationen aus dem auditiven und visuellen System an das zentrale System weitergegeben. In diesem sind weitere Informationen wie Aussprache, Schreibweise sowie semantische und syntaktische Eigenschaften des morphologisch komplexen Wortes enthalten (vgl. Taft 1988: 657).

Als Evidenz für die Full-Parsing-Hypothese führen Taft/Forster (1975) das Ergebnis an, dass Probanden die Stämme eines derivierten Wortes (z. B. *juvenate* von *rejuvenate*) später als Pseudowörter erkannten als Wörter, die keine Stämme eines derivierten Wortes waren (z. B. *luvenate*). Dies führen sie darauf zurück, dass bei derivierten Pseudowörtern zunächst ein realer, aber unpassender Stamm im Lexikon gefunden wird und das Pseudowort erst in einer späteren Verarbeitungsphase als solches erkannt wird. Bei nicht derivierten Pseudowörtern wird hingegen bereits in einer frühen Verarbeitungsphase kein Eintrag gefunden und das Wort somit schneller abgelehnt. Angesichts der möglichen Kritik, dass das Ergebnis sich auch damit begründen ließe, dass das Pseudowort *juvenate* deshalb später als solches erkannt wird, weil es einem realen Wort ähnlicher ist als *luvenate*, konzipierten die Autoren ein weiteres Experiment, in dem die Ähnlichkeit zu einem realen Wort kontrolliert wurde (vgl. Taft/Forster 1975: 639 f.). Das Ergebnis, dass reale Stämme auch hier später als Pseudowort erkannt wurden als Pseudostämme, deuten die Autoren ebenfalls als Evidenz für einen Dekompositionsansatz (vgl. ebd.: 641). Da jedoch nicht auszuschließen war, dass die Probanden evtl. deshalb länger zögerten, weil sie sich unsicher waren, ob das Wort nicht doch als freies Morphem vorkommt, wurden die Items in einem weiteren Experiment mit einem unpassenden Präfix kombiniert (*dejuvenate*) (vgl. ebd.: 642 f.). Auch in diesem Experiment wurden die realen Stämme später als Pseudowort erkannt als die Pseudostämme. Gemäß der Full-Parsing-Hypothese lässt sich auch dies damit erklären, dass bei dem Item *dejuvenate* zunächst das Präfix *de-* von dem Wortstamm abgetrennt wird, bevor anschließend nach dem lexikalischen Eintrag des Wortstammes *juvenate* gesucht wird. Wird dieser gefunden, wird im nächsten Schritt geprüft, ob *de-* ein passendes Präfix ist oder, falls nicht, ein Ganzworteintrag vorhanden ist und das Wort (*dejuvenate*) somit kein morphologisch komplexes, sondern ein simplizisches Wort ist. Ist dies nicht der Fall, wird das Wort als Pseudowort zurückgewiesen. Im Falle der realen Stämme

© Frank & Timme Verlag für wissenschaftliche Literatur

sind daher zusätzliche Verarbeitungsschritte erforderlich, die sich in einer verlängerten Reaktionszeit widerspiegeln. Taft (1988) verweist darauf, dass die Befunde im Widerspruch zu Ergebnissen von Caramazza et al. (1988) stehen, in denen reale italienische Stämme mit Pseudosuffixen (*cantovi*) später als Pseudowörter erkannt wurden als Pseudostämme mit Pseudosuffixen (*canzovi*). Caramazza et al. (1988) interpretieren dies als Evidenz gegen das Affix-Stripping-Modell, denn gemäß diesem sollte das Pseudosuffix *ovi* erst gar nicht von den beiden Stämmen abgetrennt werden, so dass beide Wörter gleich schnell als Pseudowort erkannt werden müssten. Taft (1988) erklärt die Befunde von Caramazza et al. (1988) damit, dass die Dekomposition von links nach rechts verläuft und bei präfigierten Wörtern erst das Präfix, bei suffigierten Wörtern hingegen erst der Stamm abgerufen wird. Folglich wird der Stamm *cant* zuerst und selbst dann aktiviert, wenn er in Kombination mit einem Pseudosuffix präsentiert wird. Hingegen wird bei präfigierten Wörtern der Stamm nur dann aktiviert, wenn das Präfix als „echtes" (Taft 1988: 660) Präfix erkannt wird. So würde *tejoice* direkt als Pseudowort abgelehnt werden, *dejoice* hingegen zunächst als morphologisch komplexes Wort erkannt und das Präfix von dem Stamm abgetrennt werden (vgl. ebd.). Evidenz für die Full-Parsing-Hypothese lieferten Taft/Forster (1976) auch speziell für die Verarbeitung von Komposita. So konnten sie zeigen, dass zusammengesetzte Pseudowörter, gebildet aus einem Wort und einem Pseudowort (*footmilge*), langsamer erkannt wurden als Pseudowörter, die aus zwei Pseudowörtern (*mowdflisk*) oder aus einem Pseudowort und einem Wort (*trowbreak*) gebildet wurden. Das Ergebnis, dass Pseudowörter, deren Konstituenten lexikalischen Status haben, langsamer als Pseudowörter erkannt wurden als solche, deren Konstituenten keinen lexikalischen Status haben, gilt als Evidenz für eine morphembasierte Verarbeitung. Zudem zeigen die Ergebnisse, dass der lexikalische Status des ersten Lexems relevanter zu sein scheint als der des zweiten Lexems (vgl. Taft/Forster 1976: 608 f.). Die Autoren schließen daraus, dass das Kompositum zunächst in seine Konstituenten zerlegt wird und anschließend nur die erste Konstituente im mentalen Lexikon gesucht wird. Wird ein entsprechender lexikalischer Eintrag gefunden, geben die in diesem Eintrag enthaltenen Informationen Auskunft darüber, ob das Lexem mit dem zweiten Lexem zusammen ein Kompositum bildet. Mit dem ersten Lexem wird somit eine Liste aktiviert, in der alle Lexeme gelistet sind, mit denen das erste Lexem ein Kompositum bilden kann; nur wenn das zweite Lexem in dieser Liste enthalten ist, wird das Kompositum als Wort erkannt. So würden bspw. für das Lexem *Stadt* Komposita wie *Stadtbahn*, *Stadtplan* oder *Stadtbibliothek* aktiviert werden, d. h. die Lexeme *Bahn*, *Plan* und *Bibliothek* wären in der Liste enthalten; Pseudowörter wie **spir* oder **tralf*, aber auch Lexeme wie *Zahn*, *Tablette* oder *Ofen* hingegen nicht (vgl. ebd.). Hinsichtlich der Zeit, die für das Erkennen eines Wortes benötigt wird, gehen Taft/Forster (1976) sogar so weit, dass sie den lexikalischen Status der zweiten Konstituente als „irrelevant" (ebd.: 609) bezeichnen. Dass diese Aussage nicht haltbar ist und das zweite Lexem durchaus einen Einfluss auf die Verarbeitung hat, zeigte bspw. eine Studie von Andrews (1986). Die Autorin replizierte das Experiment von Taft/Forster (1976) und zeigte auf, dass die Ergebnisse von Taft/Forster (1976) u. a. auf eine unzureichende Kontrolle der Frequenz der zweiten Konstituente zurückzuführen waren (vgl. Andrews 1986: 733 ff.). Sie fand hingegen Hinweise darauf, dass bei der Verarbeitung beide Konstituenten gleichermaßen aktiviert werden (vgl. ebd.: 735).

Zu ähnlichen Ergebnissen kam Monsell (1985), der ein Priming-Experiment mit transparenten, opaken und Pseudokomposita[28] durchführte. Gemäß des Affix-Stripping-Modells wären Priming-Effekte nur für die erste Konstituente zu erwarten. Das Experiment zeigte jedoch, dass die Konstituentenposition für die Priming-Effekte nicht von Relevanz war, denn bimorphemische Komposita konnten sowohl mit dem ersten als auch dem zweiten Morphem geprimt werden (vgl. Monsell 1985: 186 ff.). Auch Sandra (1990) und Zwitserlood (1994) konnten bei transparenten niederländischen Komposita Priming-Effekte sowohl für das erste als auch das zweite Lexem nachweisen (s. Kap. 3.8.1.4).

Als klare empirische Evidenz für einen Dekompositionsansatz (wie das Affix-Stripping-Modell) gilt die Studie von Prinzmetal (1990). In dieser wurden englische Komposita verwendet, die aus jeweils sieben Buchstaben bestanden, wobei entweder der dritte oder vierte Buchstabe die Morphemgrenze

---

28 Pseudokomposita sind Wörter, die zufällig ein freies Morphem enthalten, ohne dass der Rest ebenfalls ein einzelnes Wort bildet (im Englischen z. B. *boycott*, *trombone*). Beispiele für deutsche Pseudokomposita sind *Insekt* (*Sekt*) oder *Diskette* (*Kette*).

markierte (*anthill, shuteye*). Die beiden Morpheme wurden in unterschiedlichen Farben dargestellt, wobei der vierte Buchstabe des Kompositums stets der „kritische" (Prinzmetal 1990: 588) Buchstabe war, der in einer Mischfarbe zwischen den beiden Morphemfarben dargestellt wurde. So wurden in dem Wort *anthill* die Buchstaben *ant* in grün, die Buchstaben *ill* in rot und der vierte Buchstabe *h* in einer Mischung aus grün und rot dargestellt. Das Experiment ergab, dass die Probanden die Mischfarbe mehrheitlich als die Farbe bezeichneten, in der das entsprechende Morphem eingefärbt war. In dem genannten Beispiel wurde die Mischung aus grün-rot somit mehrheitlich als rot bezeichnet, was auf eine dekompositionelle Verarbeitung hindeutet (vgl. ebd.: 593 f.). Die Studien von Taft/Forster (1976) und Prinzmetal (1990) sollen hier nur exemplarisch für zahlreiche Studien (u. a. Sandra 1990; Zwitserlood 1994; Isel et al. 2003; Dohmes et al. 2004; Koester et al. 2007; Smolka/Libben 2017) stehen, in denen empirische Evidenz gegen die Full-Listing-Hypothese geliefert wurde.

Auf der anderen Seite gibt es jedoch ebenso Studien, in denen die Full-Parsing-Hypothese in Frage gestellt wurde. Neben der bereits zitierten Studie von Manelis/Tharp (1977) sei hier exemplarisch noch die Studie von Rubin et al. (1979) genannt. Rubin et al. (1979) untersuchten in lexikalischen Entscheidungsaufgaben die Reaktionszeiten von präfigierten (*mistake*) und pseudo-präfigierten Wörtern (*premium*) unter verschiedenen kontextuellen Bedingungen. Sie fanden heraus, dass pseudo-präfigierte Wörter in einem von präfigierten Stimuli geprägten Kontext langsamer als Pseudowörter erkannt wurden als präfigierte Wörter. Unter realen kontextuellen Bedingungen, d. h. in einem ausgeglichenen Kontext ohne übermäßiges Vorkommen von Präfixen, wurden hingegen beide Worttypen gleich schnell als Pseudowörter erkannt (vgl. Rubin et al. 1979: 764). Rubin et al. (1979) schlussfolgern, dass bei der Verarbeitung morphologisch komplexer Wörter je nach Kontext verschiedene Strategien zur Anwendung kommen, von der morphembasierten Zerlegung jedoch unter normalen kontextuellen Bedingungen kein Gebrauch gemacht wird (vgl. ebd.: 764). Auch Taft (1988) selbst fand in einem weiteren Experiment Evidenz gegen das Modell in der ursprünglichen Form: So zeigte sich, dass Probanden Stämme, die mit einem falschen Präfix kombiniert wurden (*exjuvenate*) schneller als Pseudowort erkannten als die alleinstehenden Stämme (*juvenate*). Das Affix-Stripping-Modell sagt jedoch das Gegenteil voraus, denn das Erkennen und Abstreifen des Präfixes stellt einen zusätzlichen Verarbeitungsschritt dar (vgl. Taft 1988: 665). Angesichts der teils widersprüchlichen Befunde und der Tatsache, dass sich viele der mit dem Modell implizierten Annahmen nicht empirisch belegen lassen (wie bspw. die ausschließlich das erste Morphem betreffenden Priming-Effekte), kommt Taft (1988) zu dem Fazit, dass die ursprüngliche Version des Modells dahingehend modifiziert werden könnte, dass neben den Stämmen auch Präfixe im Input-System repräsentiert sind (vgl. ebd.: 666).

Darüber hinaus gibt es noch weitere Modelle, in denen ebenfalls die Dekomposition morphologisch komplexer Wörter postuliert wird, wie bspw. in dem *Expanded Stem-Affix Modell* von Marslen-Wilson et al. (1994). Im Gegensatz zu dem Modell von Taft/Forster (1975) ist hier jedoch die semantische Transparenz des morphologisch komplexen Wortes ausschlaggebend dafür, ob dieses als Entität oder auf Basis seiner Morpheme repräsentiert ist. Während transparente Wörter in einzelne Morpheme zerlegt werden und als solche gespeichert sind, sind opake Wörter, deren Bedeutung sich nicht aus den Konstituenten ableiten lässt, ganzheitlich im mentalen Lexikon repräsentiert. Das Modell stellt bereits eine Zwischenstufe zwischen den Modellen der einzelheitlichen und den Modellen der dualen Verarbeitung dar (s. Kap. 3.8.1.3). Da es eine Vielzahl von Autoren gibt, die ebenso wie Marslen-Wilson et al. (1994) die Notwendigkeit der Berücksichtigung der semantischen Transparenz betonen, wird auf das Verhältnis von Dekomposition und semantischer Transparenz in Kap. 3.8.1.4 nochmals detaillierter eingegangen.

Als weitere Evidenz für die Full-Parsing-Strategie werden oftmals sog. Strandings angeführt. Bei Strandings werden bei der Sprachproduktion versehentlich lexikalische Morpheme, die Bestandteile komplexer Wörter sind, vertauscht, wobei die „zugehörigen Bestandteile an ihren ursprünglichen Positionen [stranden]" (Dietrich/Gerwien [3]2017: 39). So kommt es bspw. bei Komposita zu Versprechern wie *herrenloser Ärmelpullover* (statt *ärmelloser Herrenpullover*) oder *venige Lästensucherei* statt (*lästige Venensucherei*) (vgl. ebd.). Laut Vertretern der Full-Parsing-Strategie deuten Strandings darauf hin, dass die einzelnen Bestandteile der morphologisch komplexen Wörter im mentalen Lexikon als separate Einheiten gespeichert sind. Diese werden beim

© Frank & Timme   Verlag für wissenschaftliche Literatur

Zugriff neu zusammengesetzt, wobei es in dieser Phase leicht zu versehentlichen Vertauschungen kommen kann. Vertreter der Full-Listing-Hypothese wie Butterworth (1983) argumentieren hingegen, dass die Vertauschung auch in einer späteren Phase der Wortproduktion wie z. B. der „phonologischen Kodierung" (Dietrich/Gerwien [3]2017: 39) vorkommen kann, was daran zu sehen ist, dass nicht nur morphemische, sondern auch simplizische Bestandteile vertauscht werden können (*Fran Sancisco* statt *San Francisco* oder auch *I want to get a cash checked* statt *I want to get a check cashed*) (vgl. Butterworth 1983: 266 f.).

Ein weiteres Repräsentationsmodell, das speziell für die Repräsentation und Verarbeitung von Komposita entwickelt wurde, stammt von Spalding et al. (2010). In dem sog. RICE (*Relational Interpretation Competitive Evaluation*) Modell wird davon ausgegangen, dass die Relationen, die für die Interpretation eines Kompositums erforderlich sind, zusammen mit den Konstituenten des Kompositums gespeichert sind. Bei der Verarbeitung eines Kompositums werden zunächst alle möglichen konstituentenbezogenen Relationen aktiviert bzw. vorgeschlagen. Die Relationsvorschläge (lokal, kausal etc. s. Kap. 3.3.1) gehen primär von der modifizierenden Komponente aus und konkurrieren miteinander. Nach Aktivierung der Vorschläge wird ausgehend von der Kopf-Konstituente der Vorschlag ausgewählt, der am plausibelsten ist, d. h. derjenige, der sich am besten mit der Bedeutung des Kopfes in Einklang bringen lässt. Da das Ausschließen von unpassenden Relationen Zeit kostet, hängt die für die Verarbeitung des Kompositums benötigte Zeit davon ab, wie viele Relationen aktiviert und demnach ausgeschlossen werden müssen. Die Autoren bezeichnen ihr Modell folglich auch als „suggest-evaluate framework" (Spalding et al. 2010: 286). Zudem nehmen sie an, dass die Verarbeitung unbekannter Komposita auf den Relationen basiert, die mit den einzelnen Konstituenten assoziiert sind. Welche der Relationen schließlich ausgewählt wird, hängt von der Frequenz ab, mit der die Konstituenten in vorherigen Kombinationen verwendet wurden. Das Wissen über die übliche Verwendung des Modifikators bezeichnen die Autoren als „modifier's relational distribution" (ebd.: 302). Dies impliziert, dass sich die Bedeutung eines neuen Kompositums leichter erschließen lässt, wenn die Konstituenten (und insb. der Modifikator) hochfrequente Wörter sind, die typischerweise in einer bestimmten Bedeutungsrelation verwendet werden. So wird der Modifikator *mountain* z. B. zu 80 % als lokaler Modifikator verwendet (B ist in A), was zur Folge hat, dass das Kompositum „*mountain bird* (a bird in the mountains)" (Gagné/Spalding 2006: 153) leichter zu verarbeiten ist als das Kompositum „*mountain magazine* (a magazine about mountains)" (ebd.). Die Bedeutung neugebildeter Komposita wird demnach maßgeblich durch die Herstellung von Analogien hergeleitet. Da auch bei unbekannten Komposita zunächst alle Bedeutungsrelationen aktiviert werden und miteinander konkurrieren, werden neue Komposita laut Gagné/Spalding (2006) in gleicher Weise verarbeitet wie bekannte Komposita: „That is, these compounds are decomposed and then re-composed using a relation to link the constituents" (ebd.: 162). Da die Dekomposition dabei auch bei bekannten Komposita obligatorisch ist, kommen Gagné/Spalding (2006) zu der Schlussfolgerung, dass es deutlich mehr Ähnlichkeiten zwischen unbekannten und bekannten Komposita gibt, als in vielen Theorien angenommen wird, und auch die Verarbeitung hochfrequenter, bekannter Komposita demnach nicht über eine ganzheitliche Route verläuft.

3.8.1.3 Modelle der dualen Verarbeitung

Die unterschiedlichen Befunde, die teils auf eine ganzheitliche und teils auf eine einzelheitliche Repräsentation von Komposita hinweisen, haben dazu geführt, dass neben den beiden extremen Ansätzen vermehrt sog. Hybrid-Modelle erarbeitet wurden. In diesen wird weder die eine noch die andere Option ausgeschlossen, sondern stattdessen der Fokus auf die Interaktion zwischen den Verarbeitungswegen gelegt. Auf die drei bekanntesten Hybrid-Modelle wird im Folgenden eingegangen.

3.8.1.3.1 Das Augmented Addressed Morphology Model

Eines der ersten Modelle, in denen eine parallele ganz- und einzelheitliche Verarbeitung morphologisch komplexer Wörter postuliert wird, ist das *Augmented Addressed Morphology Model* (Caramazza et al. 1988; Chialant/Caramazza 1995). In diesem wird davon ausgegangen, dass das Wort sowohl als Entität (*whole-word access procedure*) als auch dessen Morpheme aktiviert werden (*morpheme access procedure*). Die Aktivierungsprozesse verlaufen

© Frank & Timme   Verlag für wissenschaftliche Literatur

parallel über zwei Routen. Ob das Wort ganzheitlich oder morphembasiert verarbeitet wird, hängt davon ab, welche der beiden orthografischen Repräsentationen zuerst den Schwellenwert erreicht, der für das Aktivieren des lexikalischen Eintrags erforderlich ist. Ausschlaggebend dafür ist zum einen die Frequenz und zum anderen die Bekanntheit des Wortes. So werden hochfrequente sowie bekannte Wörter ganzheitlich verarbeitet, niedrigfrequente und unbekannte Wörter hingegen dekompositionell. Grund dafür ist, dass die ganzheitliche Repräsentation prinzipiell schneller aktiviert wird als die morphembasierte. Die morphembasierte Verarbeitung findet demnach nur statt, wenn die ganzheitliche Verarbeitung scheitert, d. h. innerhalb einer bestimmten Zeitspanne mit dieser kein lexikalischer Eintrag aktiviert werden kann. Zudem ist die Funktionsweise des Modells „maximal transparent" (Chialant/Caramazza 1995: 63). Demnach werden für die Verarbeitung zunächst nur Informationen verwendet, die der Oberflächenform des Wortes explizit zu entnehmen sind. Da irreguläre Formen (wie bspw. unregelmäßige Verbformen) von der Oberfläche eines eingehenden Stimulus nicht abgeleitet werden können (z. B. die Form *went* von *go* oder *took* von *take*), müssen irreguläre Formen eigenständig repräsentiert sein und werden folglich ganzheitlich verarbeitet. Nur reguläre Formen (z. B. *overtakes*) können morphembasiert verarbeitet werden. Die maximal transparente Funktionsweise impliziert auch, dass ausschließlich semantisch transparente Wörter morphembasiert verarbeitet werden können, wohingegen auf opake Wörter nur als Entität zugegriffen werden kann (vgl. ebd.).

3.8.1.3.2 Das Meta-Model for Morphological Processing

Ein weiteres Modell der dualen Repräsentation und Verarbeitung von morphologisch komplexen Wörtern ist das *Meta-Model for Morphological Processing* von Schreuder/Baayen (1995). Schreuder/Baayen (1995) gehen davon aus, dass der Parsing-Prozess aus drei Schritten besteht: Segmentierung, Lizenzierung und Kombination. Des Weiteren wird ebenso wie in dem *Augmented Addressed Morphology Model* postuliert, dass opake Wörter eigenständig repräsentiert sind.

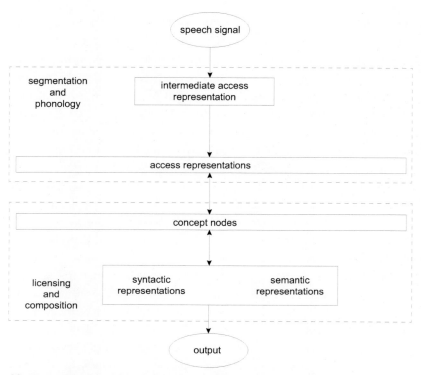

Abb. 9: Meta-Model for Morphological Processing (Schreuder/Baayen 1995)

Zu Beginn des Wortverarbeitungsprozesses wird das Sprachsignal in eine intermediäre Zugriffsrepräsentation (*intermediate access representation*) und im nächsten Schritt in eine lexikalische Zugriffsrepräsentation umgewandelt (s. Abb. 9). Die lexikalische Zugriffspräsentation besteht für ganze Formen, freie und ungebundene Stämme, Affixe sowie Klitika[29] und enthält modalitätsspezifische Informationen. Jede lexikalische Zugriffspräsentation besitzt dabei ein eigenes Aktivierungslevel. Die für die Aktivierung der Zugriffsrepräsentation benötigte Zeit hängt primär von der Komplexität des Abbildungsprozesses ab. So können bspw. phonologisch und semantisch transparente Wörter oder

---

29 Ein Klitikon ist ein „[s]chwachtoniges Morphem, das sich – meist in reduzierter Form […] – an ein akzentuiertes Wort ‚anlehnt', z. B. 's in 's gibt für dt. es gibt" (Bußmann ³2002: 192).

Wörter, die nur aus zwei morphologischen Einheiten bestehen, schneller zergliedert werden als intransparente oder morphologisch hoch komplexe Wörter. Bei morphologisch komplexen Wörtern wird sowohl die lexikalische Zugriffsrepräsentation des ganzen Wortes als auch die lexikalische Zugriffsrepräsentation der einzelnen Morpheme aktiviert. Jede Zugriffsrepräsentation ist mit mindestens einem Konzeptknoten (*concept node*) verbunden, der wiederum Verbindungen zu syntaktischen und semantischen Repräsentationen aufweist. Der Konzeptknoten bildet somit die Verbindungsstelle zwischen lexikalischer und syntaktischer bzw. semantischer Repräsentation. Die Doppelpfeile innerhalb des Modells bringen zum Ausdruck, dass die Aktivierung der Zugriffsrepräsentation und der Konzeptknoten nicht uni-, sondern bidirektional erfolgt. Die Konzeptknoten und Zugriffsrepräsentationen werden folglich auch durch „Feedback" (Schreuder/Baayen 1995: 135) von den syntaktischen und semantischen Repräsentationen aktiviert, die ihrerseits häufig durch Wörter mit übereinstimmenden syntaktischen und semantischen Merkmalen aktiviert werden. Diese bidirektionalen Verbindungen und die Rückkopplung zu den Konzeptknoten und der Zugriffsrepräsentationen führen dazu, dass hochfrequente komplexe Wörter öfters aktiviert werden und somit ein höheres Aktivierungslevel besitzen. Damit steigt wiederum die Wahrscheinlichkeit, dass hochfrequente Wörter schließlich nicht mehr morphembasiert, sondern ganzheitlich verarbeitet werden, denn je höher das Aktivierungsniveau ist, desto schneller wird das Wort als ganze Wortform über die direkte Route erkannt. Nach Aktivierung eines Konzeptknotens wird unter Berücksichtigung der syntaktischen Repräsentation überprüft, ob die Kombination „lizensiert" (ebd.: 137) ist. Ist dies der Fall, wird die Bedeutung des Gesamtkomplexes hergeleitet, indem bei transparenten Wörtern die semantischen Merkmale der einzelnen Morpheme kombiniert werden. Ist dies problemlos möglich, muss kein neuer Konzeptknoten gebildet werden. In den Fällen, in denen sich die Bedeutung des Gesamtwortes nicht herleiten lässt, wird ein neuer, eigenständiger Konzeptknoten gebildet. Dieser neue Konzeptknoten wird mitsamt den semantischen Repräsentationen gespeichert, d. h. das Wort fortan immer als Ganzes über diesen Konzeptknoten abgerufen. Bei der ganzheitlichen Verarbeitung wird folglich immer nur ein Konzeptknoten aktiviert, der zusammen mit den damit assoziierten syntaktischen und semantischen Repräsentationen schließlich den „Output" (ebd.: 136), d. h. die lexikalische Repräsentation, bildet.

Bei unbekannten oder neugebildeten morphologisch komplexen Wörtern liegt weder eine Zugangsrepräsentation vor, noch ist ein entsprechender Konzeptknoten vorhanden. Das eingehende Sprachsignal wird zunächst in seine einzelnen Morpheme zerlegt und die jeweiligen Zugangsrepräsentationen der einzelnen Morpheme aktiviert. Die Zugriffsrepräsentationen aktivieren daraufhin die jeweiligen Konzeptknoten und diese wiederum die assoziierten syntaktischen und semantischen Repräsentationen. Im Falle eines Wortes, das aus zwei Morphemen besteht, sind zu diesem Zeitpunkt somit zwei verschiedene syntaktische und semantische Repräsentationen aktiv. Im nächsten Schritt wird geprüft, ob die Kombination der beiden Morpheme (z. B. Adjektiv und simplizisches Substantiv) lizensiert ist. Ist dies der Fall, wird der „Wortkategorieknoten" (ebd.: 139) der ersten Konstituente (also die Information, dass das Adjektiv ein Adjektiv ist) deaktiviert. Es bleibt nur der Wortkategorieknoten der zweiten Konstituente aktiv, d. h. das neue Wort wird in diesem Fall als Substantiv klassifiziert. Das Ergebnis dieses Kompositionsprozesses ist ein neuer Konzeptknoten, der einschließlich der assoziierten Repräsentationen weiterverarbeitet wird. Auf diese Weise erhält das unbekannte Wort eine neue Zugriffsrepräsentation. Niedrig frequente Wörter und Neubildungen werden somit am effizientesten dekompositionell über den Zugriff auf ihre Konstituenten verarbeitet. Da die ganzheitliche und einzelheitliche Verarbeitung sich in einem Art Wettlauf befinden, wird das Modell auch als *Morphological Race Model* bezeichnet. Die Entscheidung, welche Art der Repräsentation gewinnt, ist abhängig von der Frequenz, der Bekanntheit sowie der semantischen Transparenz des Wortes.

Evidenz dafür, dass im Zuge des Verarbeitungsprozesses einzel- und ganzheitliche Prozesse interagieren, liefert u. a. die Studie von Inhoff et al. (2008). Die Autoren manipulierten bei englischen bimorphemischen Komposita sowohl die Position als auch die Frequenz der semantisch dominanten Konstituente[30]. Sie kamen anhand von Blickbewegungsmessungen zu dem Ergebnis,

....

30 Konstituente, die einen stärkeren semantischen Bezug zum Kompositum hat, also *human* in *humankind* und *book* in *handbook*.

dass die Frequenzeffekte bei der semantisch dominanten Konstituente unabhängig der Position größer waren als bei der nicht dominanten Konstituente. Der Vergleich der Frequenzeffekte zeigte zudem, dass diese für semantisch dominante Konstituenten in Erstposition stärker waren als für semantisch dominante Konstituenten in Zweitposition. Die Ergebnisse deuten darauf hin, dass bei der Verarbeitung des Kompositums die Bedeutung der einzelnen Lexeme aktiviert wird und diese Dekomposition zu Verarbeitungsvorteilen führt. Das Wissen darüber, welches der Lexeme das dominante ist, setzt jedoch voraus, dass das Kompositum auch als Ganzes verarbeitet wird. Inhoff et al. (2008) deuten dies sowohl als Evidenz gegen Modelle der seriellen Verarbeitung als auch gegen Modelle der zeitlich parallel, unabhängig voneinander verlaufenden Verarbeitungsrouten. Vielmehr gehen sie davon aus, dass bei der Verarbeitung von Komposita Lexem- und Ganzwortformen interagieren. Auch in weiteren Studien werden Frequenzeffekte als Beleg für eine morphembasierte und/oder duale Repräsentation und Verarbeitung betrachtet (u. a. Levelt et al. 1999; Juhasz et al. 2003; Bien et al. 2005; Marelli/Luzzatti 2012). Diese wurden bei unbeeinträchtigten Lesern sowohl für die einzelnen Konstituenten als auch für das Gesamtwort gefunden. Studien zum Wortfrequenzeffekt werden exemplarisch in Kap. 3.8.3 vorgestellt.

3.8.1.3.3 Maximization of Opportunity

Während die bislang darstellten Modelle sowohl auf Komposita als auch auf andere morphologisch komplexe Wörter anwendbar sind, wurde das Modell der dualen Repräsentation von Libben (2006) speziell für die Verarbeitung von Komposita erarbeitet. Im Unterschied zu ganzheitlichen und einzelheitlichen Modellen, die sich auf die „Ökonomie des Speicherplatzes" (Libben 2006: 6) bzw. die „Ökonomie der Verarbeitung" (ebd.) beziehen, weist Libben (2006) die Hypothese, dass die Ökonomie einen zentralen Stellenwert im mentalen Lexikon einnimmt, entschieden zurück. Er geht stattdessen von einer „Maximization of Opportunity" (ebd.) aus. Das primäre Ziel bei der Strukturierung des mentalen Lexikons ist demnach nicht, den verbrauchten Speicherplatz oder den Verarbeitungsaufwand zu minimieren, sondern die Repräsentations- und Verarbeitungsmöglichkeiten zu maximieren. Demnach werden bei der Verarbeitung von Komposita zunächst alle zur Verfügung stehenden Repräsentationsmöglichkeiten aktiviert, d. h. nicht nur die Vollform und dessen einzelne Morpheme, sondern auch alle Homophone und Homographen, die bei der Bedeutungsfindung von Nutzen sein könnten. Es werden somit deutlich mehr Einträge im Lexikon aktiviert, als für die Verarbeitung notwendig sind. Die dabei entstehende Redundanz ist jedoch kein Nachteil, sondern durch die parallele Aktivierung entsteht vielmehr ein zeitlicher Verarbeitungsvorteil. So muss bei Modellen, in denen binnen einem Bruchteil einer Sekunde zwischen Dekomposition und ganzheitlichem Zugriff entschieden werden muss, im Falle einer falschen Entscheidung, d. h. einer nicht erfolgreichen Verarbeitung, eine zeitaufwendige Reanalyse erfolgen, wobei sich bei Modellen der einzelheitlichen Verarbeitung die dekompositionelle Verarbeitung hochfrequenter Komposita als ebenso unökonomisch erweist, wie bei Modellen der ganzheitlichen Verarbeitung der ganzheitliche Zugriff auf niedrigfrequente und neue Komposita. Indem alle Routen und Einträge parallel aktiviert werden, kann gewährleistet werden, dass das kognitive System auf alle für die Verarbeitung potenziell hilfreichen Informationen zugreifen kann. Ein weiterer Aspekt der Theorie ist, dass Komposita, die oft genug aktiviert wurden, schließlich als Vollform gespeichert und als solche abgerufen, d. h. lexikalisiert werden. Dennoch bleiben auch nach der Lexikalisierung die morphologische Dekomposition sowie die Verbindungen zwischen der ganzheitlichen Repräsentation und den Konstituenten weiterhin bestehen. Als empirische Evidenz für diese Annahme führt Libben (2006) die Ergebnisse einer von ihm durchgeführten Studie an, die zeigte, dass ambige englische Komposita wie *busheater* (*bus heater* vs. *bush eater*) bei einer lexikalischen Entscheidungsaufgabe längere Reaktionszeiten hervorriefen als neugebildete, nicht-ambige Komposita (*gluechip*). Die längeren Latenzzeiten weisen darauf hin, dass das lexikalische Verarbeitungssystem eine Suche nach allen in dem Wort enthaltenen morphologischen Einheiten startet und alle möglichen Interpretationsmöglichkeiten aufruft, was bei ambigen länger dauert als bei nicht-ambigen Komposita. Laut Libbens Theorie wird somit bei der Verarbeitung von lexikalisierten Komposita sowohl auf das Wort als Ganzes als auch auf die einzelnen Konstituenten zugegriffen. Während die parallele Aktivierung bei Komposita, bei denen eine semantische Relation zwischen den Konstituenten und dem Gesamtwort besteht, keine Unstimmigkeiten hervorruft, stellt sich die Frage, was passiert, wenn im Fall von opaken

Komposita Einträge aktiviert werden, die keine semantische Verbindung zu dem Gesamtwort aufweisen und sich folglich nicht miteinander vereinbaren lassen. Für diese Fälle nennt Libben (2006), unter Berücksichtigung bereits bestehender Modelle, verschiedene Möglichkeiten:

a) Opake Komposita werden nicht dekompositionell verarbeitet.
b) Opake Komposita sind im mentalen Lexikon nicht in gleicher Weise (d. h. weniger stark morphologisch) strukturiert wie transparente Komposita.
c) Die Verbindung zwischen der Vollform und den Konstituenten ist weniger stark oder nicht vorhanden.

Diesen Möglichkeiten ist gemeinsam, dass in allen Fällen die Aktivierung der Konstituenten herabgesetzt wird, weil diese entweder a) nicht vorhanden ist, b) die morphologische Strukturierung oder c) die Verbindung zu den Konstituenten weniger stark ausgeprägt ist als bei transparenten Komposita. Davon unterscheidet Libben (2006) eine vierte Möglichkeit, die auf der Argumentation in Libben/de Almeida (2002) und Libben et al. (2004) basiert. Demnach führen opake Komposita nicht zwingend zur Verringerung der Konstituentenaktivierung, sondern vielmehr zu einer semantischen Inkongruenz zwischen den gleichermaßen aktivierten Einträgen. Diese Inkongruenz wird gelöst, indem die semantisch unpassende Repräsentation (z. B. der Eintrag für *straw* in *strawberry*) inhibiert wird. Dass die Inhibierung Zeit in Anspruch nimmt, ist an verlängerten Latenzzeiten nachzuweisen. Bei dieser vierten Möglichkeit wird somit davon ausgegangen, dass bei der Verarbeitung zunächst, ebenso wie bei transparenten Komposita, alle Einträge aktiviert werden und die inadäquaten Einträge erst in einer späteren Verarbeitungsphase deaktiviert werden. Dieser Inhibierungsprozess kann bei aphasischen Personen gestört sein, was bspw. daran zu erkennen ist, dass Aphasiker opake Komposita oftmals ausgehend von der Bedeutung der Konstituenten interpretieren (vgl. Libben et al. 2004, s. Kap. 3.8.2).

Libben (2010) weitet das Modell der *Maximization of Opportunity* weiter durch den Begriff der „Morphological Transcendence" (Libben 2010: 322) aus. *Morphological Transcendence* besagt, dass die semantische Inkongruenz zwischen dem Kompositum und den Konstituenten dazu führt, dass für die opaken Konstituenten ein neuer Eintrag entsteht. Dieser neue Eintrag ist jedoch stets gebunden und kann nicht frei vorkommen. So beinhaltet das Wort *blackboard* bspw. nicht die Konstituente *board*, sondern die gebundene Konstituente *-board*. Die Konstituente *board* besteht als eigenständiger Eintrag, der jedoch keine Verbindung zu dem Kompositum *blackboard* aufweist (vgl. ebd.). Neue Konstituenteneinträge werden nicht nur für vollständig opake Komposita geschaffen, sondern auch für Komposita, deren Bedeutung sich im Laufe der Zeit geändert hat und sich in Folge dessen nicht mehr mit der Bedeutung der Konstituenten deckt. Auch zufällige Wortbildungen oder verloren gegangene Etymologien können dieses sog. semantische „Bleaching" (ebd.: 323) bedingen. Mit der *Morphological Transcendence* werden laut Libben (2010) die bei vollständig und teilweise opaken Komposita auftretenden semantischen Konflikte zwischen unabhängigen Konstituenten und Komposita gelöst.

Als Evidenz für Libbens Theorie gelten die Ergebnisse von Kuperman et al. (2009). Die Autoren fanden für niederländische Komposita Frequenz- und Positionseffekte, wobei diese für die linke Konstituente bereits in einer sehr frühen Phase, für die rechte Konstituente hingegen erst in einer späteren Phase der Verarbeitung auftraten. Zudem fanden sie Einflüsse der Kompositumsfrequenz, und zwar sowohl in frühen als auch in späteren Verarbeitungsphasen. Kuperman et al. (2009) schließen daraus, basierend auf der *Maximization of Opportunity*, dass bei der Verarbeitung eines Kompositums sowohl die Morpheme als auch orthografisch und semantisch ähnliche Wörter aktiviert werden. Die Verarbeitung findet somit über multiple, miteinander interagierende Routen und unter Verwendung aller verfügbaren Informationen statt. Zudem deutet der frühe Einfluss der Kompositumsfrequenz darauf hin, dass ein Leser die Bedeutung des Wortes in bestimmten Fällen bereits erschließen kann, ohne dafür alle Buchstaben gelesen bzw. alle Lexeme verarbeitet zu haben. Statt von einer dualen Verarbeitung gehen sie somit, ebenso wie Libben (2006), von einer Verarbeitung über multiple Routen aus.

Weitere Evidenz für die *Maximization of Opportunity* und die *Morphological Transcendence* liefert Olsen (2012) für die Verarbeitung deutscher Komposita. In ihrer Fallstudie untersuchte sie die Bedeutung von Komposita mit den Lexemen *Ecke* und *Abend* als Erst- und Zweitkonstituente. Das Substantiv

Ecke tritt als Zweitkonstituente nicht nur in Komposita wie *Straßenecke* auf, deren Interpretation „auf der in Ecke enkodierten lexikalisch-semantischen Relation basieren" (Olsen 2012: 158), sondern auch in Komposita, die „auf anderen konzeptuell prominenten Relationen [...] [basieren]" (ebd.). Zu diesen gehören die Relation LOCATION (*Küchenecke*) und PURPOSE (*Spielecke*.) Als Erstkonstituente tritt *Ecke* zudem in metaphorischer Bedeutung (*Eckpunkt*) oder in der Bedeutung einer „‚Richtlinie' oder eines ‚Standards'" (ebd.: 152) auf (*Eckwert*, *Eckzins*, *Eckdaten*). Ähnliches gilt für das Substantiv *Abend* als Zweitkonstituente, das nur in wenigen Zusammensetzungen (z. B. in *Mittwochabend*) „auf eine einzige konzeptuelle Entität beschränkt [ist], nämlich ‚Tag'" (ebd.: 161). In den meisten Zusammensetzungen tritt jedoch die temporale Bedeutung zurück und stattdessen der Zweck bzw. die Aktivität des Abends in den Vordergrund (*Spieleabend*, *Elternabend*). Gemäß der *Maximization of Opportunity* kann das lexikalische Verarbeitungssystem somit in all diesen Fällen sowohl auf das Kompositum als Ganzes als auch auf die Konstituenten zugreifen. In Zusammensetzungen, in denen sich die Bedeutung der Konstituente (*Ecke*-) mit der lexikalischen Repräsentation des unabhängigen Lexems *Ecke* deckt, treten keine Diskrepanzen auf. Wird *Eck*- hingegen in metaphorischer Bedeutung verwendet, führt die dekompositionelle Zugangsroute zu einem semantischen Konflikt. Dieser Konflikt kann gelöst werden, indem ein Inhibitionsvorgang ausgelöst wird, der den Zugang zu dem Konzept ECKE blockiert, und ein neuer gebundener Eintrag erstellt wird, in welchem das gebundene Lexem *Eck*- mit einer spezifischen, von der freien Verwendung abweichenden Bedeutung enthalten ist. Olsen (2012) führt die Substantive ECKE und ABEND als Beispiele dafür an, dass die Konstituenten von Komposita je nach Gebrauch der Lexeme in spezifischen Kompositastrukturen mehrere eigene Einträge im mentalen Lexikon entwickeln. Diese existieren neben den freien Lexemen, dessen ursprüngliche Bedeutung weiterhin im Lexikon intakt bleibt. Die gebundenen Einträge sind dabei meist durch einen spezifischen Abstraktionsgrad gekennzeichnet. So impliziert die gebundene Konstituente -*abend* z. B. ein Treffen von Leuten aus einem bestimmten Anlass. Die Entwicklung der gebundenen Einträge in ihrer kompositionellen Bedeutung hängt somit auch von pragmatischem Wissen und persönlichem Erfahrungswissen ab.

3.8.1.4 Dekomposition und semantische Transparenz

Wie in Kap. 3.8.1.2 sowie in den Ausführungen zur *Morphological Transcendence* (s. Kap. 3.8.1.3.3) angedeutet, wird in vielen der erwähnten Studien auf die Abhängigkeit der Dekomposition von der semantischen Transparenz hingewiesen. Die empirische Evidenz für die Beziehung zwischen Dekomposition und semantischer Transparenz ist jedoch widersprüchlich.

Gegen die Abhängigkeit der Dekomposition von der semantischen Transparenz spricht die Studie von Monsell (1985). Monsell (1985) fand für englische Komposita nicht nur Priming-Effekte für transparente und opake, sondern auch für Pseudokomposita (*boy* primte das Pseudokompositum *boycott*) (vgl. Monsell 1985: 188). Er liefert somit Evidenz gegen die Annahme, dass nur transparente Komposita morphembasiert, opake hingegen als Ganzes verarbeitet werden. Auch für das Deutsche fanden Dohmes et al. (2004) Priming-Effekte für transparente, opake und Pseudokomposita. Während die Effekte bei den Pseudokomposita jedoch bei einer verzögerten Reiz-Stimuli-Präsentation (sog. verzögertes Priming) verschwanden, blieben sie bei transparenten und opaken Komposita erhalten. Dohmes et al. (2004) schlussfolgern, dass Komposita unabhängig der Transparenz dekompositionell verarbeitet werden. Zu ähnlichen Ergebnissen kommt auch die Studie von Smolka/Libben (2017), in der Priming-Effekte bei transparenten und opaken Komposita sowohl für die erste als auch die zweite Konstituente auftraten.

Im Widerspruch dazu stehen jedoch die Ergebnisse von Zhou/Marslen-Wilson (2000). Die Autoren konnten englische transparente Komposita sowohl mit dem ersten als auch dem zweiten Lexem primen (sowohl *bath* als auch *room* primten *bathroom*). Bei opaken Komposita (*blackmail, butterfly*) und Pseudokomposita traten hingegen keine Priming-Effekte auf (*blackmail* wurde weder durch *black* noch durch *mail* geprimt (vgl. Zhou/Marslen-Wilson 2000: 54). Sie betrachten die Ergebnisse jedoch nicht primär als Beleg für eine morphembasierte Repräsentation transparenter Komposita, sondern führen die Priming-Effekte auf semantische Ähnlichkeiten zwischen Kompositum und Konstituenten zurück, die bei opaken und Pseudokomposita fehlen.

Auch Sandra (1990) fand für niederländische Komposita lediglich Priming-Effekte bei transparenten Komposita, bei opaken und Pseudokomposita hingegen nicht. Er schlussfolgert daraus, dass opake Komposita als Entitäten im Lexikon gespeichert sind. Für transparente Komposita bestehen laut Sandra (1990) zwei Alternativen: Sie sind entweder morphembasiert gespeichert, was zur Folge hat, dass ihre Bedeutung jedes Mal neu bestimmt wird, oder aber sie haben ebenfalls einen eigenen Eintrag, mit der Besonderheit, dass sich die Transparenz des Kompositums in Form von morphologischen Bahnen (*morphological pathways*) zwischen dem Kompositum und dessen Konstituenten widerspiegelt (vgl. Sandra 1990: 557 f.). Hierbei ist jedoch zu beachten, dass die Opazität bei den von Sandra (1990) verwendeten Komposita in den meisten Fällen nur auf eine der Konstituente zutraf, es handelte sich somit überwiegend um teilweise opake Komposita. So ist bei *sunday* oder *strawberry* nur die erste, bei *staircase* oder *jailbird* nur die zweite Konstituente opak (vgl. Libben et al. 2003: 52; Zwitserlood 1994: 363). Wie Sandra (1990) fand auch Zwitserlood (1994) Priming-Effekte für niederländische Komposita. Im Gegensatz zu Sandra (1990) verwendete sie dabei jedoch neben den teilweise opaken auch völlig opake Komposita. Priming-Effekte ergaben sich für transparente Komposita sowie für die teilweise opaken Komposita, jedoch nicht für voll opake und Pseudokomposita. Die Ergebnisse für die teilweise opaken Komposita widersprechen somit den Befunden von Sandra (1990), was Zwitserlood (1994) zum einen damit erklärt, dass Sandra (1990) lediglich die opake, nicht aber die transparente Konstituente testete. Zum anderen führt sie die Widersprüche auf die unterschiedlichen Intervalle zwischen Prime und Target zurück. So war das Intervall in der Studie von Sandra (1990) mit einer Sekunde circa dreimal so lang wie in der Studie von Zwitserlood (1994) (300 ms), was dazu geführt haben könnte, dass der Priming-Effekt bei der Target-Präsentation bereits verschwunden und somit nicht mehr nachzuweisen war. Zwitserlood (1994) kommt zu der Schlussfolgerung, dass sowohl transparente als auch opake Komposita auf der morphologischen Ebene morphembasiert repräsentiert sind. Aufgrund der fehlenden semantischen Verbindungen zwischen Konstituenten und Kompositum sind opake Komposita auf der semantischen Ebene hingegen wie monomorphemische Wörter repräsentiert (vgl. Zwitserlood 1994: 365). Transparente und teilweise opake Komposita sind auf der semantischen Ebene ebenfalls eigenständig repräsentiert, diese eigenständige Repräsentation ist jedoch mit der Repräsentation der Konstituenten verbunden.

In der Studie von Libben et al. (2003) zeigten sich hingegen Priming-Effekte sowohl für die erste als auch die zweite Konstituente von transparenten und opaken Komposita, wobei Komposita mit opaken Köpfen (d. h. des Typs TO und OO) zu längeren Verarbeitungszeiten führten als Komposita mit transparenten Köpfen (TT und OT). Libben et al. (2003) deuten dies zum einen als Hinweis dafür, dass die Konstituenten zumindest auf der Formebene unabhängig von dem Grad ihrer Transparenz aktiviert werden. Zum anderen werten sie die Ergebnisse als Indiz dafür, dass es bei der Verarbeitung von Komposita zur Interaktion zwischen der semantischen Transparenz der Konstituentenposition und dem sprachspezifischen Prinzip der Links- oder Rechtsköpfigkeit kommt.

Auch die Studie von Marelli/Luzatti (2012) lieferte Evidenz dafür, dass die Verarbeitung von italienischen Komposita, neben der Frequenz und der Länge des Wortes, maßgeblich von dessen semantischer Transparenz beeinflusst wird. Sie deuten ihre Ergebnisse als Evidenz für Modelle multipler Verarbeitungsrouten bei denen, wie von Libben (2006) oder Kuperman et al. (2009) vorgeschlagen, bereits in einer frühen Verarbeitungsphase gleichzeitig auf multiple Informationsquellen zugegriffen wird.

In der Studie von Isel et al. (2003) konnte auch für deutsche Komposita eine Abhängigkeit zwischen semantischer Transparenz und Dekomposition aufgezeigt werden. Bei auditiv präsentierten Komposita traten Priming-Effekte für die linke Konstituente nur dann auf, wenn der Kopf des Kompositums transparent war (d. h. nur bei Komposita des Typs TT und OT), oder aber die linke Konstituente nicht mit der in der Komposition üblichen Prosodie, sondern mit der Prosodie des freien Lexems präsentiert wurde. Isel et al. (2003) schließen daraus, dass der lexikalische Zugriff zumindest bei Komposita mit einem opaken Kopf unabhängig von der Verarbeitung der linken Konstituente stattfinden muss und die Transparenz des Kopfes ausschlaggebend dafür ist, ob die linke Konstituente des Kompositums aktiviert wird. Des Weiteren schlussfolgern sie, dass nur Komposita mit einem transparenten Kopf dekompositionell verarbeitet werden, während für Komposita mit einem opaken Kopf die ganzheitliche Route gewählt wird. Die für die Verarbeitung entscheidende Komponente ist somit stets der Kopf, der folglich als Zugriffscode fungiert (vgl. Isel et al. 2003: 286). Da ihre Befunde weder mit Modellen der ganzheitlichen oder einzelheitlichen noch mit Modellen der dualen Verarbeitung hinreichend erklärt werden können, schlagen Isel et al. (2003) für die auditive Verarbeitung von Komposita das sog. „Prosody-Assisted Processing Device" (ebd.) vor. In einem ersten Schritt wird eine von links nach rechts ablaufende prosodische Analyse durchgeführt. Wird das erste Morphem dabei als Simplex erkannt, wird es über die ganzheitliche Route verarbeitet. Wird das Morphem hingegen als Teil eines Kompositums erkannt, wird parallel zu der ganzheitlichen eine dekompositionelle Route aktiviert. Über diese dekompositionelle Route wird dann als erstes der Kopf extrahiert. Im zweiten Verarbeitungsschritt arbeiten nun beide Routen so lange parallel, bis eine der beiden Routen zur erfolgreichen Identifikation und Aktivierung des passenden lexikalischen Eintrags geführt hat. Bei Komposita mit einem opaken Kopf ist dies in der Regel zuerst die ganzheitliche und bei Komposita mit einem transparenten Kopf die dekompositionelle Route. Auch Koester et al. (2007) lieferten Evidenz dafür, dass deutsche transparente und opake Komposita unterschiedlich verarbeitet werden. Mittels Elektroenzephalografie (EEG) und Elektrookulografie (EOG)[31] zeigten die Autoren auf, dass eine semantische Komposition, d. h. eine semantische Integration der Konstituentenbedeutung, nur bei niedrigfrequenten transparenten, nicht aber bei opaken Komposita stattfindet. Dieser bei niedrigfrequenten und nicht-lexikalisierten transparenten Komposita erforderliche semantische Kompositionsprozess spiegelt sich in einem erhöhten Verarbeitungsaufwand wider. Dass die semantische Integration der Konstituentenbedeutung bei opaken Komposita nicht stattfindet, wird damit begründet, dass die Bedeutung opaker Komposita aus der Bedeutung der Konstituenten nicht erschlossen werden kann und eine semantische Integration der Konstituenten somit kontraproduktiv wäre. Zudem stützen sich die Autoren auf Ergebnisse anderer Studien (Isel et al. 2003; Sandra 1990; Zwitserlood 1994), die ebenfalls aufzeigten, dass bei opaken Komposita keine semantische Dekomposition stattfindet. Wird auf die Konstituenten nicht separat zugegriffen, kann auch keine daran anschließende Integration der Konstituenten erfolgen. Die Auto-

---

31 Die Elektrookulografie ist ein Verfahren zur „Ableitung der Spannungsdifferenz zwischen vorderem und hinterem Augenpol zur Registrierung von Augenbewegungen" (Margraf/Maier ²2012: 273).

ren untermauern ihre Annahmen weiter damit, dass sowohl transparente als auch opake Komposita *morphologisch* komplex sind, jedoch nur transparente Komposita darüber hinaus auch *semantisch* komplex sind. Angesichts dessen, dass transparente und opake Komposita sich in ihrer semantischen, nicht aber in ihrer morphologischen Komplexität unterscheiden, schlussfolgern sie, dass sowohl bei transparenten als auch bei opaken Komposita eine *morphologische* Dekomposition stattfindet. Die bei opaken Komposita fehlende *semantische* Dekomposition deutet jedoch darauf hin, dass diese im Gegensatz zu den transparenten Komposita über eine ganzheitliche Route verarbeitet werden. Bei niedrigfrequenten und nicht-lexikalisierten transparenten Komposita, bei denen zusätzlich zu der morphologischen Dekomposition somit auch eine semantische Komposition stattfindet, erfolgt der Zugriff hingegen über die einzelheitliche Route. Die Ergebnisse stützen folglich die Dual-Route-Modelle, nicht aber die Full-Listing- oder Full-Parsing-Modelle.

Weitere Evidenz dafür, dass sich die semantische Dekomposition bei transparenten Komposita positiv, bei opaken Komposita hingegen negativ auf die Verarbeitung auswirkt, wurde von Ji et al. (2011) geliefert. Ji et al. (2011) zeigten mit Reaktionszeitexperimenten auf, dass sowohl transparente als auch opake englische Komposita schneller verarbeitet werden als gleichlange monomorphemische Wörter. Werden die Morphemgrenzen hingegen durch Einfügen eines Leerzeichens bzw. durch unterschiedliche Farben für das erste und zweite Morphem markiert und somit die Dekomposition erzwungen, bleibt der Verarbeitungsvorteil bei transparenten Komposita erhalten, wohingegen er bei opaken Komposita verschwindet. Sie schlussfolgern daraus, dass die Segmentierung und die damit verbundene morphembasierte Verarbeitung bei opaken Komposita zu Verarbeitungsnachteilen führt. Diesen Verarbeitungsnachteil begründen sie damit, dass die aus der Dekomposition resultierende Bedeutung im Widerspruch zu der durch den direkten Zugriff gewonnenen Bedeutung steht und dass der Verarbeitungsvorteil gegenüber monomorphemischen Wörtern dadurch aufgehoben wird.

Zhou/Marslen-Wilson (2000) und Ji et al. (2011) liefern somit für englische, Sandra (1990) und Zwitserlood (1994) für niederländische, Marelli/ Luzatti (2012) für italienische und Isel et al. (2003) und Koester et al. (2007) für deutsche Komposita Evidenz dafür, dass transparente und opake Komposita

© Frank & Timme   Verlag für wissenschaftliche Literatur

unterschiedlich im Lexikon gespeichert sind und die Transparenz des Kompositums ausschlaggebend dafür ist, ob dieses morphembasiert oder ganzheitlich verarbeitet wird. Dies entspricht auch dem in der Kognitionspsychologie anerkannten Ökonomieprinzip (vgl. Dietrich/Gerwien [3]2017: 40): Da die Bedeutung opaker Komposita aus den Konstituenten nicht hervorgeht, ist eine dekompositionelle Verarbeitung äußerst unökonomisch. Da dieses Argument „unbestritten ist" (ebd.), kommen auch Dietrich/Gerwien ([3]2017) zu dem Fazit, dass „ein komplexes Wort im Lexikon [als Ganzes] gespeichert [wird], wenn es nicht transparent ist" (ebd.).

Obgleich die Befunde teilweise widersprüchlich sind und die Beziehung zwischen semantischer Transparenz und Dekomposition bis heute nicht eindeutig geklärt ist, stützen die Studien mehrheitlich die in den Hybrid-Modellen (Caramazza et al. 1988; Chialant/Caramazza 1995; Schreuder/Baayen 1995) und Modellen der multiplen Verarbeitung (Libben 2006, 2010; Kuperman et al. 2009) vertretene Annahme, dass transparente Komposita in Form ihrer Konstituenten repräsentiert sind, opake Komposita im mentalen Lexikon hingegen einen Ganzworteintrag besitzen.

3.8.2 Mentale Repräsentation und Verarbeitung von Komposita bei eingeschränkter Lesekompetenz

Die in Kap. 3.8.1 dargestellten Studien wurden ausschließlich mit unbeeinträchtigten Probanden durchgeführt. Studien zur Verarbeitung von Komposita bei Sprachbeeinträchtigungen liegen, mit Ausnahme der genannten Studien (u. a. Pappert/Bock 2020; Gutermuth 2020), überwiegend für aphasische Patienten vor. Die zentralen Ergebnisse der Studien zur Verarbeitung von Komposita bei Lesern mit eingeschränkter Lesekompetenz sollen im Folgenden dargestellt werden. Hierbei ist jedoch zu beachten, dass im Fokus der Studien mit Aphasikern überwiegend die Produktion und weniger die Rezeption von Komposita steht und die Ergebnisse ebenso vielfältig und widersprüchlich sind wie bei unbeeinträchtigter Sprachverarbeitung.

Einer der Gründe, weshalb aphasische Sprachstörungen in der Kompositionsforschung auf besonderes Interesse stoßen, ist, dass die Produktions- und Rezeptionsprobleme bei den meisten Aphasikern nicht auf die Wortlänge, sondern auf die morphologische Struktur der Komposita zurückzuführen sind. Folglich können aus den Ergebnissen auch Rückschlüsse auf die generelle Repräsentation und Verarbeitung von Komposita im mentalen Lexikon gezogen werden (vgl. Costard 2002: 2). In den Studien wurde insbesondere untersucht, inwiefern die Verarbeitung von Komposita bei aphasischen Patienten durch Frequenz, Komponentenposition und Transparenz beeinflusst wird. In den meisten Studien zum Einfluss der Frequenz wurde allerdings nicht die Kompositums-, sondern die Konstituentenfrequenz untersucht. Ein Einfluss der Kompositumsfrequenz konnte lediglich von Bi et al. (2007) bei zwei chinesischsprachigen Aphasikern festgestellt werden; in einer Studie von Badecker (2001) mit einem englischsprachigen Aphasiker zeigte sich der Effekt hingegen nicht. Auch in der Gruppenstudie von Seyboth (2014) mit 32 deutschsprachigen Aphasikern wurden höherfrequente Komposita nicht häufiger korrekt benannt als niedrigfrequente Komposita. Der Einfluss der Komponentenfrequenz ist hingegen gut belegt, wobei Frequenzeffekte in den meisten Studien ausschließlich für die erste und nicht für die zweite Komponente festgestellt wurden. So zeigten Rochford/Williams (1965) für englischsprachige Aphasiker und Ahrens (1977) sowie Blanken (2000) in Gruppenstudien mit deutschsprachigen Aphasikern auf, dass hochfrequente Komponenten häufiger korrekt benannt wurden als niedrigfrequente Komponenten. Zudem ergaben die Studien, dass der Frequenzeinfluss der ersten Konstituente größer war als der der zweiten. Die Autoren schließen daraus, dass der Zugang und Abruf des Kompositums maßgeblich von der Frequenz der ersten Komponente beeinflusst wird. Da in der Studie von Blanken (2000) jedoch auch Frequenzänderungen der zweiten Konstituente bei gleichbleibender hochfrequenter erster Konstituente signifikante Unterschiede ergaben, geht Blanken (2000) im Unterschied zu Rochford/Williams (1965) davon aus, dass auch für die zweite Konstituente eine gewisse „Frequenzsensivität" (Blanken 2000: 96) besteht. War die erste Komponente niedrigfrequent, führten Frequenzänderungen der zweiten Komponente hingegen nicht zu signifikanten Unterschieden. Darüber hinaus gibt es jedoch auch Einzelfallstudien, in denen kein Einfluss der Komponentenfrequenz nachgewiesen werden konnte (Delazer/Semenza 1998; Bi et al. 2007; Badecker 2001). Somit bleibt festzuhalten, dass der Frequenzeffekt in drei Gruppenstudien (Englisch, Deutsch, Deutsch) gefunden wurde, in drei Einzelfallstudien (Italienisch, Chinesisch, Englisch) jedoch ausblieb.

  © Frank & Timme   Verlag für wissenschaftliche Literatur

Diese Widersprüche können zum einen auf sprachspezifische Unterschiede und zum anderen auf individuelle Ausprägungen der Sprachstörung zurückzuführen sein.

Neben der Frequenz wird in einigen Studien auch auf die Bedeutung der Komponentenposition hingewiesen, wobei die Ergebnisse auch hier äußerst widersprüchlich ist: So machten die 41 deutschsprachigen Aphasiker in der Studie von Ahrens (1977) sowie der englischsprachige Aphasiker in der Studie von Badecker (2001) bei der Nennung der ersten Komponente weniger Fehler als bei der Nennung der zweiten Komponente. Die 15 deutschsprachigen Aphasiker in der Studie von Hittmair-Delazer et al. (1994) nannten hingegen häufiger die zweite Komponente und ließen die erste Komponente aus, als es umgekehrt der Fall war. Diese Tendenz fand sich auch in der Einzelfallstudie von Blanken (1997). Auch dort nannte der deutschsprachige Aphasiker oftmals zuerst den Kopf des Kompositums, bevor er anschließend das gesamte Kompositum nannte (*Beutel → Teebeutel*). Die Präferenz für das Nennen der zweiten Komponente bestätigte sich auch in der Gruppenstudie von Blanken (2000), in der die Elaborationen ebenfalls überwiegend von der zweiten Komponente ausgingen und oftmals entweder zuerst die zweite Komponente und anschließend das Kompositum oder aber nur die zweite Komponente genannt wurde. Blanken (1997) schließt daraus, dass der Prozess der lexikalischen Aktivierung bei dem semantisch allgemeineren Grundwort anzusetzen scheint und somit „eine inverse Struktur vorliegt, derart, daß die Determinativkomponente zuletzt aktiviert wird bzw. langsamer verfügbar ist, jedoch als erste geäußert werden muss" (Blanken 1997: 211). Auch Seyboth (2014), die das Ergebnis von Blanken (1997) replizierte, deutet die Dominanz des Grundwortes als Hinweis für einen nicht-seriellen, sondern semantisch gesteuerten Abruf. Sowohl Hittmair-Delazer et al. (1994) als auch Blanken (2000) erklären die Positionseffekte damit, dass der Kopf dem Bestimmungswort hierarchisch übergeordnet ist und dieser im Deutschen rechts steht. Laut Hittmair-Delazer et al. (1994) kann das ausschließliche Nennen des Kopfes somit im Grunde nicht als Fehler klassifiziert werden. Darüber hinaus gibt es jedoch auch Einzelstudien, in denen keine Positionseffekte auftraten (u. a. Delazer/Semenza 1998).

Die Studien, in denen Positionseffekte gefunden wurden, geben Aufschluss darüber, dass bei Aphasikern das Wissen über den Kompositionsstatus des

Wortes vorhanden war. So zeigten die Studien von Hittmair-Delazer et al. (1994) und Semenza et al. (1997), dass Aphasiker, die nicht auf das korrekte Kompositum zugreifen konnten, dazu tendierten, N+N-Komposita durch andere N+N-Komposita oder N+N-Neologismen zu ersetzen. Ebenso wurden Verb-Substantiv-Komposita mehrheitlich durch Verb-Substantiv-Komposita oder Verb-Substantiv-Neologismen ersetzt. Simplizia wurden hingegen meist durch Simplizia ersetzt. Ähnliche Effekte zeigten sich bei Semenza et al. (1992). Auch dort wurde *Taschenlampe* durch *Lichtflamme* oder *Rollschuh* durch *Tretkarren* ersetzt.

Sowohl die Frequenz- als auch die Positionseffekte sprechen gegen Modelle der ganzheitlichen Verarbeitung. Da die Frequenz und die Position jedoch nur zwei von zahlreichen Einflussfaktoren sind und bspw. die semantische Transparenz in vielen der genannten Studien (u. a. Rochford/Williams 1965; Ahrens 1977) nicht berücksichtigt wurde, stützt das Ergebnis des morphembasierten Zugriffs sowohl die Modelle der einzelheitlichen als auch der dualen bzw. multiplen Verarbeitung, wobei eine konkretere Zuordnung aufgrund der begrenzten Aussagefähigkeit und der mangelnden Berücksichtigung relevanter Einflussfaktoren nicht möglich ist.

Blanken (2000) untersuchte hingegen neben der Frequenz auch den Einfluss der Transparenz und fand heraus, dass Frequenzeffekte ausschließlich bei transparenten Komposita auftraten und somit abhängig von dem Grad der Transparenz sind. Er kommt zu dem Schluss, dass die Opazität den morphembasierten Zugriff weitgehend verhindert. Da es jedoch auch bei opaken Komposita in Einzelfällen Hinweise auf einen morphembasierten Zugriff gab, spricht er sich gegen ein „alles-oder-nichts-Prinzip" (Blanken 2000: 98) und für Modelle der dualen Verarbeitung aus. Der Einfluss der Transparenz wurde darüber hinaus auch in den Studien von Dressler/Denes (1989), Libben (1993), McEwen et al. (2001), Lorenz (2008), Seyboth (2014), Lorenz et al. (2014) und Lorenz/Zwitserlood (2014) untersucht. Die Ergebnisse von Dressler/Denes (1989) bestätigten die Hypothese, dass transparente Komposita von italienischsprechenden Aphasikern leichter abgerufen werden können als opake und dass Aphasiker eine generelle Präferenz für die leichtere morphologische Strategie zeigen, bei der sie die Komposita anhand der Konstituenten definierten, und diese auch dann anwenden, wenn sie, wie bei opaken Komposita, nicht zielführend ist.

Auch Libben (1993) zeigte in einer Einfallfallstudie mit einer englischsprachigen Aphasikerin, dass die Patientin dazu tendierte, Komposita ungeachtet der semantischen Transparenz dekompositionell zu interpretieren und die Bedeutung aus den separat aktivierten Konstituenten zu schließen, was im Falle der transparenten Komposita zu korrekten und im Falle der opaken Komposita zu falschen Antworten führte. Die Komposita wurden nur dann nicht dekompositionell verarbeitet, wenn der Zugriff auf die Komponenten aus besonderen Gründen, z. B. sehr seltenes Vorkommen der Konstituenten, erschwert war. Die Ergebnisse sprechen dafür, dass die Patientin zwar sowohl über die einzelheitliche als auch die ganzheitliche Route verfügte, jedoch nicht in der Lage war, die Routen angemessen, d. h. je nach Bedarf, zu aktivieren bzw. zu unterdrücken. Vielmehr führte die dominierende dekompositionelle Route wo immer möglich zu einem automatischen Zugriff auf die Konstituenten.

Ähnliche Ergebnisse brachte die Einzelfallstudie von McEwen et al. (2001), in der sowohl transparente als auch opake Komposita ebenfalls mehrheitlich dekompositionell verarbeitet wurden. Zudem zeigte die Studie, dass die Aphasikerin eine Präferenz für das Benennen von transparenten Komposita und Konstituenten hatte. So nannte sie bei dem Wort *pothole* zuerst die zweite Konstituente, also das transparente *hole*, in dem Wort *potholder* hingegen zuerst die erste Konstituente, also das transparente *pot*. McEwen et al. (2001) schließen daraus, dass die Patientin das Wort nicht nur dekompositionell, sondern auch als Ganzes verarbeitet haben muss, denn erst die Verarbeitung des ganzen Wortes ermöglicht es, zu entscheiden, welche der Konstituenten die transparente ist. Auch die Einzelfallstudie von Seyboth (2014) mit einem deutschsprachigen Aphasiker zeigte, dass der Patient bei transparenten und opaken Komposita dazu neigte, lediglich einzelne Komponenten zu nennen, wobei die isolierten Komponentennennungen bei transparenten Komposita häufiger auftraten als bei opaken.

Lorenz (2008) konnte in einer Benennuntersuchung mit deutschsprachigen Patienten zeigen, dass Komposita schwieriger abgerufen wurden als gleichlange Simplizia und dass der Anteil der morphembasierten Fehler[32] bei transparenten Komposita höher war als bei opaken Komposita. Sie deutet die Ergebnisse als Indiz für ein Modell der dualen Verarbeitung, gemäß dem transparente Komposita dekompositionell, opake Komposita hingegen holistisch verarbeitet werden. Eine von Lorenz et al. (2014) durchgeführte Studie mit vier weiteren deutschsprachigen Aphasikern ergab, dass die Aphasiker Komposita zwar unabhängig von der semantischen Transparenz abrufen konnten, die semantische Transparenz allerdings, ebenso wie in der Studie von Lorenz (2008), einen Einfluss auf die Fehlertypen hatte. Bei transparenten Komposita traten mehr morphembasierte, bei opaken Komposita hingegen mehr semantische Fehler auf. Diese Ergebnisse wurden in der Studie von Lorenz/Zwitserlood (2014) bestätigt. Zudem zeigte sich in der Studie von Lorenz et al. (2014), dass insbesondere die Transparenz des Kopfes ausschlaggebend für die Benennleistung war. So waren bei Komposita mit transparenten Köpfen (OT, *Spiegelei*) mehr morphembasierte und weniger semantische Fehler zu verzeichnen als bei Komposita mit opakem Kopf (TO, *Handschuh*). Die Transparenz des Bestimmungsgliedes hatte bei transparentem Kopf hingegen keinen Einfluss auf die Fehlerraten; d. h. es bestanden keine Unterschiede zwischen Komposita des Typs transparent-transparent und opak-transparent. Laut Lorenz et al. (2014) sprechen auch diese Ergebnisse für eine duale Verarbeitung, bei welcher für opake Komposita die ganzheitliche und für transparente Komposita die einzelheitliche Route gewählt wird. Das Ergebnis, dass bei transparenten Komposita weniger semantische Fehler auftraten als bei opaken Komposita, erklären sie damit, dass bei transparenten Komposita auf semantischer Ebene automatisch auch die semantischen Konzepte der Konstituenten aktiviert werden; bei opaken Komposita ist dies hingegen nicht der Fall. Kann aufgrund der Sprachstörung nicht auf die gesamte Wortform zugegriffen werden, besteht so bei transparenten Komposita zumindest noch die Möglichkeit, auf der semantischen Ebene eine der Teilkomponenten aufzurufen, wodurch sich semantische Fehler verringern lassen.

---

32 Bei den morphembasierten Fehlern wurde ein Morphem korrekt benannt, während das andere ersetzt oder ausgelassen wurde.

Obgleich es auch Einzelfallstudien gibt, in denen keine Abhängigkeit zwischen Transparenz und Benennleistung festzustellen war (z. B. Delazer/ Semenza 1998), sprechen die Ergebnisse mehrheitlich dafür, dass die semantische Transparenz einen Einfluss auf die Verarbeitung von Komposita hat. Zusammenfassend ist festzuhalten, dass in den meisten Studien zur Verarbeitung von Komposita bei Aphasie aufgezeigt wurde, dass Komposita schwerer zugänglich sind als Simplizia (Ahrens 1977; Blanken 1997, 2000; Delazer/ Semenza 1998; Badecker 2001; Mondini et al. 2004; Lorenz 2008; Lorenz et al. 2014; Seyboth 2014), was auf Unterschiede in der Repräsentation und Verarbeitung von Komposita und Simplizia hindeutet. Blanken (1997) sowie Delazer/Semenza (1998) erklären dies damit, dass bei Komposita die Komponenten einzeln aktiviert und zusammengesetzt werden müssen und der notwendige Zugriff auf zwei Formkomponenten schwieriger ist und mehr Potential für Fehler bietet als der Zugriff auf nur eine Formkomponente. Mondini et al. (2004) gehen hingegen davon aus, dass bei Aphasikern der Prozess der Kombination zweier Komponenten zu einer einzelnen lexikalischen Repräsentation gestört ist oder aber die Fähigkeit, mehr als eine Komponente gleichzeitig zu verarbeiten, eingeschränkt ist. Die Studien deuten zudem mehrheitlich darauf hin, dass beide Verarbeitungsrouten prinzipiell vorhanden sind und aktiviert werden können, Aphasiker jedoch die morphembasierte Verarbeitung bevorzugen und demnach transparente Komposita leichter abrufen können als opake. Die Befunde können am ehesten mit Modellen der dualen Verarbeitung erklärt werden. So scheint es, dass transparente Komposita generell einzelheitlich repräsentiert sind. Bei opaken Komposita sollte die semantische Opazität die Aktivierung der Konstituenten blockieren, was dazu führt, dass diese ganzheitlich repräsentiert sind. Die Fähigkeit, die jeweils adäquate Route zu aktivieren bzw. die nicht zielführende Route zu blockieren, ist bei Aphasikern gestört. Modelle der ausschließlich ganzheitlichen bzw. einzelheitlichen Verarbeitung können die teils unterschiedlichen Ergebnisse hingegen nicht erklären. Darüber hinaus deuten viele der genannten Studien darauf hin, dass das Wissen über den morphologischen Status selbst dann vorhanden ist, wenn das Kompositum nicht korrekt abgerufen werden kann. Da die Studien jedoch angesichts der Heterogenität der Probanden, der unterschiedlichen Studiendesigns und Stimuli nur schwer miteinander vergleichbar sind, können empirisch fundierte, allgemeingültige Aussagen über die Verarbeitung von Komposita bei Aphasie bislang nicht getroffen werden.

Insbesondere für die Analyse der in dieser Arbeit durchgeführten Studie ist allerdings zu beachten, dass in mehreren Studien ein Zusammenhang zwischen dekompositioneller bzw. ganzheitlicher Verarbeitung von Komposita und Lesekompetenzen nachgewiesen wurde. Häikiö et al. (2011) kommen zu dem Schluss, dass Leser mit geringeren Lesekompetenzen Komposita generell morphembasiert verarbeiten und die kognitive Verarbeitung des Kompositums durch das Aufzeigen der Morphemgrenzen durch Bindestriche erleichtert werden kann. Der morphembasierte Zugriff scheint jedoch mit steigenden Lesekompetenzen zunehmend durch den ganzheitlichen Zugriff ersetzt zu werden. So konnten sie zeigen, dass finnische Zweitklässler mit geringeren Lesekompetenzen von der Segmentierung mit dem Bindestrich profitieren, wohingegen die segmentierte Schreibung bei Viert- und Sechstklässlern zu längeren Fixationszeiten führte als die unsegmentierte Schreibung. Dies begründen sie damit, dass Leser mit geringen Lesekompetenzen die morphembasierte Verarbeitung bevorzugen, wohingegen die morphembasierte Verarbeitung bei Lesern mit fortgeschrittenen Lesekompetenzen den Leseprozess verlangsamt, da diese auf kurze (7–9-buchstabige) Komposita generell ganzheitlich zugreifen (vgl. Häikiö et al. 2011). Auch Hasenäcker/Schröder (2019) konnten nachweisen, dass deutsche Grundschüler Komposita ungeachtet der Frequenz dekompositionell verarbeiten, wohingegen Erwachsene lexikalisierte Komposita primär ganzheitlich verarbeiten. Folglich nutzen Leser mit geringen Lesekompetenzen zur Identifikation des Kompositums zuerst die Informationen der ersten Konstituente. Mit zunehmender Leseerfahrung werden die Konstituenten hingegen nicht mehr von links nach rechts, sondern parallel aktiviert. Auch Lemhöfer et al. (2011) zeigten, dass erwachsene niederländische Muttersprachler auf kurze Komposita primär ganzheitlich und auf lange Komposita (> 9 Buchstaben) mehrheitlich morphembasiert zugreifen. Diese Interaktion ist bei L2-Lernern, d. h. bei Lesern mit geringeren Lesekompetenzen, hingegen nicht zu finden, da diese sowohl kurze als auch lange Komposita morphembasiert verarbeiten.

Dafür sprechen auch die Befunde des LeiSA-Projektes, die gezeigt haben, dass Leser mit geringen Leseerfahrungen Komposita häufiger dekompositionell verarbeiten und demnach stärker auf die Segmentierung angewiesen zu sein scheinen als erfahrene Leser, welche die Komposita primär ganzheitlich verarbeiten (s. Kap. 3.7). Diese unterschiedlichen Verarbeitungsweisen gilt es bei der Generalisierung von Ergebnissen zu berücksichtigen. So ist es fraglich, ob die bei geübten Lesern auftretenden Effekte überhaupt auf andere Gruppen, wie z. B. die heterogenen Zielgruppen LS, übertragen werden können (vgl. Pappert/Bock 2020: 1108).

Zusammenfassung:

Die Studien zur Verarbeitung von Komposita deuten sowohl bei unbeeinträchtigten Lesern als auch bei Lesern mit geringeren Lesekompetenzen mehrheitlich darauf hin, dass die Verarbeitung von Komposita durch eine Vielzahl von Faktoren gesteuert wird und nicht mit einem „alles-oder-nichts-Prinzip" (Blanken 2000: 98) erklärt werden kann. Vielmehr kann im Sinne der multiplen Verarbeitungsmodelle davon ausgegangen werden, dass bei der Verarbeitung von Komposita mehrere Faktoren interagieren. Hierbei handelt es sich einerseits um wortinhärente Faktoren wie Frequenz, Transparenz, semantische Beziehungen zwischen Konstituenten und Kompositum sowie Lexikalisiertheit und andererseits um die individuellen Wissensressourcen des Rezipienten. Zu den individuellen Wissensressourcen zählen u. a. Wissen über Analogiebildungen, Kollokations- und Konnotationswissen, Kontext- und Diskurswissen sowie Grad der Vertrautheit und individuelle Gebrauchsfrequenz, denn diese tragen ebenfalls maßgeblich dazu bei, ob das Kompositum als Entität oder morphembasiert verarbeitet wird (s. auch Kap. 3.8.4).

Die Mehrzahl der genannten Studien nutzten als Methode den lexikalischen Entscheidungstest oder die Benennungsaufgabe, im Rahmen derer überwiegend Reaktionszeiten, Priming-Effekte und Fehlerraten gemessen wurden. Die Befunde ermöglichen zwar eine Vorstellung davon, wie Komposita im mentalen Lexikon repräsentiert sind, für die Hypothesenfundierung im Rahmen dieser Arbeit sind sie angesichts der unterschiedlichen Methodik jedoch nur bedingt geeignet. Aufgrund dessen soll im Folgenden nochmals explizit auf die aus der Blickbewegungsforschung stammenden Befunde zur Kompositaverarbeitung eingegangen werden und dabei erläutert werden, durch welche Faktoren die Blickbewegungen beim Lesen von Komposita gesteuert werden.

3.8.3 Komposita in der Blickbewegungsforschung

Blickbewegungen werden zum einen durch räumliche und zum anderen durch zeitliche Parameter gesteuert. Die räumlichen Parameter determinieren die Fixationspunkte sowie die Länge der Sakkaden[33] und liefern somit die Antwort auf die Frage, *wohin* eine Sakkade ausgeführt wird. Die zeitlichen Parameter bestimmen die Länge der Fixationszeiten und liefern somit die Antwort auf die Frage, *wann* eine Sakkade ausgeführt wird.

Da sich das Auge beim Lesen sprunghaft über den Text bewegt und Wörter nur selektiv fixiert werden, ist zunächst zu bestimmen, durch welche Faktoren die Fixationswahrscheinlichkeit eines Wortes beeinflusst wird. Zu den räumlichen Faktoren mit Einfluss auf die Fixationswahrscheinlichkeit zählen die Wortlänge, die Wortfrequenz sowie die durch den Kontext gegebene Vorhersagbarkeit des Wortes. Als sicher gilt dabei die Erkenntnis, dass die Fixationswahrscheinlichkeit mit zunehmender Wortlänge steigt (O'Regan 1979; Rayner/Pollatsek 1987; Vitu et al. 1995; Rayner 1998). Darüber hinaus wurde aufgezeigt, dass hochfrequente Wörter öfter übersprungen werden als niedrigfrequente Wörter (Inhoff/Topolski 1994; Rayner et al. 1996; Rayner 1998; Hyönä/Pollatsek 1998) und dass eine hohe Vorhersagbarkeit der Wörter durch den Kontext die Fixationswahrscheinlichkeit senkt (Ehrlich/Rayner 1981; Hyönä 1983; Balota et al. 1985; Rayner/Well 1996; Rayner 1998).

Die Worthäufigkeit hat somit nicht nur Einfluss auf die räumliche, sondern auch auf die zeitliche Blickbewegungssteuerung, denn sie ist ausschlaggebend dafür, wie lange ein Punkt fixiert und wann eine Sakkade ausgeführt wird. Der Worthäufigkeitseffekt, der sich in längeren initialen Fixationsdauern und Gesamtlesezeiten bei seltenen Wörtern manifestiert, wurde sowohl für Simplizia als auch für morphologisch komplexe Wörter nachgewiesen (u. a. Just/Carpenter 1980; Inhoff/Rayner 1986). Neben der Worthäufigkeit haben auch die genannten Parameter Wortlänge und Vorhersagbarkeit Einfluss auf die Fixationsdauern. Eine zunehmende Wortlänge spiegelt sich in längeren Gesamtlesezeiten wider. Diese sind jedoch nicht durch eine längere initiale Fixationsdauer, sondern durch eine höhere Wahrscheinlichkeit der Refixation bedingt (vgl. Vitu et al. 1990; Rayner et al. 1996). Zudem wurde aufgezeigt, dass eine hohe

---

33   Sakkaden sind Sprünge von einer Textstelle zur nächsten (s. Kap. 4.5).

© Frank & Timme   Verlag für wissenschaftliche Literatur

Vorhersagbarkeit der Wörter durch den Kontext zu kürzeren Fixationszeiten führt (vgl. Inhoff 1984; Balota et al. 1985) und mehrdeutige Wörter, deren Ambiguität nicht durch einen vorausgehenden Kontext aufgelöst wurde, länger fixiert werden als eindeutige Wörter bzw. als mehrdeutige Wörter, die in einen disambiguierenden Kontext eingebettet sind (vgl. Duffy et al. 1988). Darüber hinaus werden die Blickbewegungen durch die morphologische Komplexität der Wörter beeinflusst. So gilt es als gesichert, dass Komposita bei kontrollierter Wortlänge mit einer 26 ms längeren initialen Fixationsdauer einhergehen und langsamer verarbeitet werden als Simplizia (vgl. Inhoff et al. 1996). Inhoff et al. (1996) schließen daraus, dass die in der frühen Verarbeitungsphase stattfindende Worterkennung bei Komposita schwieriger ist als bei Simplizia. Inhoff et al. (1996) konnten zudem Unterschiede in der initialen Fixationsposition aufzeigen: Bei Komposita lag die initiale Fixationsposition 0,7 Buchstaben weiter rechts und somit näher an der Wortmitte als bei Simplizia.

Dass die Fixationsposition nicht nur durch die Ganzwort-, sondern auch die Konstituentenfrequenz beeinflusst wird, zeigte die Studie von Hyönä/Pollatsek (1998). Die Autoren untersuchten bimorphemische finnische Komposita und variierten die Frequenz des ersten Lexems bei kontrollierter Wortlänge und -vertrautheit. Dabei fanden sie heraus, dass bei Komposita mit häufigem erstem Lexem die initiale Landeposition 0,2 Buchstaben und die Landeposition der ersten Refixation 0,5 Buchstaben weiter rechts lag als bei seltenem erstem Lexem. Zudem ergab die Studie, dass Komposita mit seltenem erstem Lexem zu längeren Fixationsdauern und Gesamtlesezeiten führten und somit langsamer verarbeitet wurden als Komposita mit häufigem erstem Lexem. Auch die Wahrscheinlichkeit einer zweiten und dritten Refixation war bei Komposita mit seltenem erstem Lexem höher als bei Komposita mit häufigem erstem Lexem. Pollatsek et al. (2000) zeigten darüber hinaus, dass auch die Häufigkeit des zweiten Lexems einen Einfluss auf die Verarbeitungszeit hat. So führten häufige zweite Lexeme bei kontrollierter Gesamtfrequenz zu kürzeren Gesamtlesezeiten und zu selteneren Refixationen. Unterschiede in der initialen Fixationsdauer und der ersten Landeposition ergaben sich hingegen nicht; lediglich bei der zweiten Fixation lag die Landeposition bei häufigem zweitem Lexem ca. 0,25 Buchstaben weiter rechts als bei seltenem zweitem Lexem. Hyönä/Pollatsek (1998) und Pollatsek et al. (2000) erklären die nach links verschobenen Fixationspositionen und die erhöhte Refixationswahrscheinlichkeit bei seltenen Lexemen mit der *processing difficulty hypothesis*. Diese besagt, dass foveale und parafoveale Verarbeitungsschwierigkeiten sowohl einen Einfluss auf die Wahrnehmungspanne als auch auf die Sakkadensteuerung haben (s. auch Kap. 4.4). So wird die Wahrnehmungsspanne mit steigenden fovealen und parafovealen Verarbeitungsschwierigkeiten kleiner, was dazu führt, dass bei seltenen, d. h. schwer zu verarbeitenden Lexemen weniger parafoveale Informationen aufgenommen werden können als bei häufigen Lexemen. Diese verringerte Aufnahme an parafovealen Informationen führt dazu, dass die darauffolgende Sakkade kürzer ist und damit weiter links landet als bei häufigem Lexem. Eine durch Verarbeitungsschwierigkeiten bedingte kurze Wahrnehmungsspanne spiegelt sich somit in einer kürzeren Sakkadenlänge wider. Dass die zweite Fixationsposition bei häufigem Lexem weiter rechts landet, ist zudem darauf zurückzuführen, dass aufgrund der schnellen Verarbeitung keine erneute Fixation des ersten Lexems erforderlich ist und die Sakkade direkt auf das zweite Lexem gesteuert werden kann. Dieser Zusammenhang zwischen Verarbeitungsschwierigkeiten und Länge der Wahrnehmungsspanne wurde bereits von Henderson/Ferreira (1990) in zwei Satzleseexperimenten nachgewiesen, wobei diese zudem aufzeigten, dass die fovealen Verarbeitungsschwierigkeiten sowohl lexikalisch als auch syntaktisch bedingt sein können. Die Ergebnisse, dass die Zeit zur Identifikation des Zielwortes durch die Frequenz der ersten und zweiten Komponente beeinflusst wird, werten Pollatsek et al. (2000) als Hinweis für eine dekompositionelle Verarbeitung. Dass die Frequenz des ersten Lexems die Verarbeitung bereits in einer frühen Phase, d. h. bei der initialen Fixation beeinflusst, die Frequenz des zweiten Lexems hingegen erst Auswirkungen auf die Refixationsdauer, d. h. auf die spätere Verarbeitungsphase hat, deuten die Autoren im Sinne einer sequenziellen Verarbeitung, bei der zuerst die erste und anschließend die zweite Konstituente verarbeitet wird (*sequential decomposition model*). Eine solche Modellierung steht jedoch im Widerspruch zu weiteren Befunden von Pollatsek et al. (2000), die darauf hindeuten, dass auch die Frequenz des Gesamtwortes einen Einfluss auf die initiale Fixationsdauer, die Dauer der Refixation sowie die Gesamtlesezeit hat. Aufgrund dessen ergänzen die Autoren das *sequential decomposition model* um eine Route der direkten Verarbeitung und gehen im Sinne der dualen Verarbeitungsmodelle schließlich davon aus, dass die Route der dekompositionellen und der direkten Verarbeitung miteinander interagieren.

Blickbewegungsstudien, die sich explizit mit der Verarbeitung von Komposita beschäftigten, wurden bislang nur vereinzelt durchgeführt. Neben den bereits dargestellten Experimenten von Hyönä/Pollatsek (1998) und Pollatsek et al. (2000), in denen der Einfluss von Wortlänge und -frequenz bei finnischen Komposita untersucht wurde, sollen im Folgenden jedoch noch die Ergebnisse von Inhoff et al. (2000), Placke (2001), Pfeiffer (2002), Bertram et al. (2011) und Bertram/Hyönä (2013) skizziert werden, da diese einen zentralen Ausgangspunkt für die Hypothesenfundierung der vorliegenden Arbeit bilden.

Inhoff et al. (2000) lieferten Evidenz dafür, dass die Segmentierung von Komposita bereits auf der Darstellungsebene einen Verarbeitungsvorteil liefert. Die Autoren verwendeten dreigliedrige deutsche Komposita, die sie in drei verschiedenen Schreibweisen präsentierten (*Datenschutzexperte* vs. *Daten schutz experte* vs. *DatenSchutzExperte*). Sie kamen sowohl in dem Experiment auf Wortebene als auch in dem Experiment auf Satzebene zu dem Ergebnis, dass die segmentierte Darstellung ohne Binnenmajuskel (*Daten schutz experte*) am schnellsten verarbeitet wurde, d. h. zu kürzeren initialen Fixationen, Blickzeiten (Summe der Fixationsdauern des ersten Lesedurchgangs) und Gesamtlesezeiten führte als die anderen Varianten. Zudem war die Anzahl an Fixationen gegenüber der Originalschreibweise reduziert. Das Ergebnis, dass die entsprechenden Parameter auch bei der Schreibung mit Binnenmajuskel (*DatenSchutzExperte*) etwas kürzer bzw. geringer waren als bei der unsegmentierten Schreibung, lässt die Schlussfolgerung zu, dass sich die Markierung der Morphemgrenzen bei dreigliedrigen Komposita zunächst positiv auf die Verarbeitung auswirkt. Inhoff et al. (2000) begründen die kürzeren Verarbeitungszeiten bei den orthografisch regelwidrigen Schreibweisen damit, dass die Segmentierung (insb. die Segmentierung durch Spatien) den Zugang zu den einzelnen Konstituentenformen erleichtert und schlussfolgern daraus, dass das Erkennen des Kompositums stets die Identifikation der einzelnen Konstituenten voraussetzt. Eine differenziertere Betrachtung der Fixationsdauern zeigte jedoch auch, dass die jeweils letzte Fixation bei der Schreibung mit Spatien (*Daten schutz experte*) deutlich länger war als bei den beiden anderen Varianten. Einerseits wird die Verarbeitung somit zunächst durch die Segmentierung erleichtert, andererseits geht ein Teil dieses Verarbeitungsvorteils am Wortende wieder verloren. Die verlängerte finale Fixationsdauer ist darauf zurückzuführen, dass bei der Darstellung mit Spatien, im Gegensatz zu den anderen Varianten, das Ende des Kompositums nicht markiert ist. Dies bestätigte sich auch durch die Analyse der Posttargets. So wurden die Posttargets bei der Spatienschreibung deutlich länger fixiert als bei der Standardschreibung und der Schreibung mit Binnenmajuskel. In einem weiteren Experiment konnten Inhoff et al. (2000) aufzeigen, dass das Ausmaß des Verarbeitungsvorteils der segmentierten Schreibweise von der Art der Verzweigung abhängt. So waren die Effekte bei den im Deutschen häufiger vorkommenden „konventionellen" (Inhoff et al. 2000: 41) linksverzweigten Komposita stärker ausgeprägt als bei den rechtsverzweigten Komposita. Im Unterschied zu den linksverzweigten Komposita mit der Struktur AB(C), wie *Datenschutzexperte*, besteht bei den rechtsverzweigten Komposita mit der Struktur A(BC), wie *Stadtparkplatz*, die Gefahr, dass der Leser das zweite Morphem fälschlicherweise mit dem ersten und nicht dem dritten Morphem als semantische Einheit zusammenfügt. Es handelt sich somit um einen Garden-Path-Effekt auf Wortebene, da die Verbindung von *Stadt* und *Park* zu *Stadtpark* den Leser in eine semantisch falsche Richtung führt und dieses falsche Konzept beim Lesen des dritten Morphems korrigiert werden muss. Bei diesen strukturell untypischen Komposita führte die segmentierte Variante zwar ebenfalls zu einer signifikant kürzeren Erstfixationsdauer, jedoch nicht zu signifikant kürzeren Blick- und Gesamtlesezeiten. Die Ergebnisse sind ein Indiz dafür, dass die Verarbeitungszeit durch die Transparenz der semantischen Beziehungen zwischen den Lexemen beeinflusst wird. Ist die semantische Struktur ungewöhnlich oder auf den ersten Blick nicht ersichtlich, hat die Segmentierung keinen signifikant positiven Einfluss auf die Verarbeitung des Kompositums.

Auch die Studie von Placke (2001) ergab, dass transparente Komposita dekompositionell verarbeitet werden und die Verarbeitungszeit erheblich von der Lokalisation der Lexemgrenze abhängig ist. In einem ersten Satzleseexperiment mit bimorphemischen deutschen Komposita variierte Placke (2001) die Länge und Häufigkeit des ersten Lexems bei kontrollierter Häufigkeit und Gesamtlänge des Kompositums. Ebenso wie in der Studie von Hyönä/Pollatsek (1998) stellte er eine verkürzte initiale Fixationsdauer und kürzere Gesamtlese-

© Frank & Timme   Verlag für wissenschaftliche Literatur

zeiten bei Komposita mit häufigem erstem Lexem fest. Darüber hinaus ergab sich bei langen ersten Lexemen eine längere Blickzeit als bei kurzen ersten Lexemen. Da diese unterschiedlichen Blickzeiten nur durch den Einfluss lexikalischer Faktoren des ersten Lexems zu erklären sind, weisen die Ergebnisse laut Placke (2001) eindeutig auf eine Aktivierung der Lexeme und damit auf eine Dekomposition des Kompositums hin. Darüber hinaus zeigte sich eine Abhängigkeit zwischen Refixationswahrscheinlichkeit und initialer Landeposition: So war in der Regel nur dann eine Refixation erforderlich, wenn die initiale Fixation nicht um die Lexemgrenze landete, was darauf hinweist, dass die Verarbeitungszeit in entscheidendem Maße von der Lokalisation der Lexemgrenze abhängt. Ob die initiale Fixation auf der Lexemgrenze landet, hängt laut Placke (2001) von dem Grad der parafovealen Aktivierung ab. Wird das erste Lexem bereits stark parafoveal aktiviert, ist die Wahrscheinlichkeit höher, dass die Sakkade auf die Lexemgrenze programmiert werden kann und somit keine Refixation mehr erforderlich ist. Ist die parafoveale Aktivierung, wie im Falle von seltenen Lexemen, weniger stark ausgeprägt, ist die Wahrscheinlichkeit höher, dass die erste Fixation weiter vorne landet und eine Refixation des Wortes erfordert. Bei bimorphemischen Komposita bildet die Lexemgrenze laut Placke (2001) somit die *optimal viewing position*, also den Fixationspunkt, von dem aus ein Wort am schnellsten erkannt wird (s. Kap. 4.7).

In einem zweiten Satzleseexperiment wurde neben der Länge des ersten Lexems auch die Häufigkeit des zweiten Lexems bei kontrollierter Häufigkeit des ersten Lexems sowie des Kompositums variiert. Der im ersten Experiment aufgetretene Frequenzeffekt trat auch für das zweite Lexem auf, da sich auch hier kürzere Blick- und Gesamtlesezeiten bei häufigem zweitem Lexem zeigten. Dass seltene zweite Lexeme zu längeren Blickzeiten führten, lag aber nicht an einer verlängerten Dauer der einzelnen Fixationen, sondern an einer erhöhten Refixationswahrscheinlichkeit. Auch dieses Experiment ergab, dass eine im Bereich der Lexemgrenze landende erste Fixation zu Verarbeitungsvorteilen führte. Die erfolgreiche Identifikation der Lexemgrenze nimmt somit einen zentralen Stellenwert in der Kompositaverarbeitung ein und ist ausschlaggebend dafür, ob eine Refixation erforderlich ist oder das Kompositum innerhalb einer Fixation verarbeitet werden kann. Kann die Lexemgrenze parafoveal nicht aktiviert werden, wird die Sakkade zur Mitte des ersten Lexems ausgeführt, was in der Regel eine Refixation nach sich zieht und somit zu längeren Verarbeitungs-zeiten führt. In einem weiteren Experiment zeigte Placke (2001), dass sich die Segmentierung eines Kompositums angesichts dessen, dass sie das Auffinden der Lexemgrenze erleichtert, positiv auf die Verarbeitung auswirkt. Hierfür verwendete er zusammengeschriebene englische Komposita (*basketball*), regulär getrennt geschriebene Komposita (*movie star*), monomorphemische Wörter (*badminton*) sowie Adjektiv-Substantiv-Kombinationen (*dense smoke*), die er jeweils zusammen- und getrennt geschrieben präsentierte. Dabei ergaben sich sowohl für Komposita als auch für monomorphemische Wörter weiter rechts liegende initiale Fixationspositionen bei der zusammengeschriebenen Schreib-weise; die Segmentierung führte also dazu, dass die erste Fixation weiter links landete. Die Befunde stimmen damit mit den Ergebnissen von Pfeiffer (2002) überein. Zudem ergab sich für zusammengeschriebene Targets eine länge-re initiale Fixationsdauer, wobei der Unterschied bei Komposita größer war als bei monomorphemischen Wörtern. Darüber hinaus zeigte der Vergleich von Komposita und Simplizia, dass Komposita generell, d. h. ungeachtet der Schreibweise, langsamer verarbeitet wurden. Placke (2001) führt dies auf die komplexe Struktur von Komposita zurück, die neben der Dekomposition auch eine Interaktion zwischen den Lexembedeutungen und der Kompositumsbe-deutung erfordert. Bei Simplizia sind diese zusätzlichen Verarbeitungsschritte hingegen nicht erforderlich. Beim Vergleich der getrennt geschriebenen Kom-posita mit den Adjektiv-Substantiv-Kombinationen zeigte sich hingegen ein umgekehrtes Bild. Die verkürzten Verarbeitungszeiten bei regulär getrennt ge-schriebenen Komposita im Vergleich zu den getrennt geschriebenen Adjektiv-Substantiv-Kombinationen erklärt Placke (2001) damit, dass es im Zuge der Verarbeitung zu einem Punkt kommt, an dem das transparente Kompositum (*coffee break*) als semantischer Ausdruck erkannt wird und die semantischen Beziehungen zwischen den Lexemen und dem Gesamtausdruck die weitere Verarbeitung erleichtern. Bei den Adjektiv-Substantiv-Kombinationen wird dieser Status eines semantischen Gesamtausdrucks, also diese „Schwelle" (Placke 2001: 187), hingegen nicht erreicht, so dass hier keine unterstützen-de Interaktion durch die einzelnen Lexembedeutungen stattfindet, sondern die Bedeutung nur auf Basis der beiden separaten Wörter erschlossen werden kann. Auch in diesem Experiment konnte Placke (2001) aufzeigen, dass die

Identifikation der Lexemgrenze ein entscheidender Faktor in der Komposita-verarbeitung ist. So landete bei den regulär getrennt geschriebenen Komposita (*coffee break*), bei denen die Lexemgrenze bereits parafoveal lokalisiert werden konnte, die initiale Fixationsposition mehrheitlich auf dem Leerzeichen zwischen den Lexemen; bei den Adjektiv-Substantiv-Kombinationen fiel die initiale Fixationsposition hingegen mehrheitlich auf die Mitte des Adjektivs. Dass auch bei getrennt geschriebenen Komposita die initiale Fixationsposition mehrheitlich im Bereich der Lexemgrenze landete, ist Evidenz für eine parafoveale Aktivierung und Sakkadenprogrammierung und zugleich Evidenz gegen Modelle der Sakkadensteuerung, in denen die semantischen Relationen zwischen den Wörtern nicht berücksichtigt werden, sondern angenommen wird, dass die Aufmerksamkeit stets nur auf ein Wort gerichtet sein kann. Den Einfluss der Segmentierung untersuchte Placke (2001) auch in einem weiteren Experiment, in welchem er sowohl zusammengeschriebene Komposita (*toothpaste*) als auch regulär getrennt geschriebene Komposita (*slow motion*) sowie regulär mit Bindestrich geschriebene Komposita (*alarm-clock*) verwendete, die er jeweils in allen drei Varianten präsentierte. Er stellte die Hypothesen auf, dass bei zusammengeschriebenen Komposita im Vergleich zu getrennt oder mit Bindestrich geschriebenen Komposita eine verlängerte initiale Fixationsdauer zu beobachten ist und eine falsche Schreibweise zu längeren Verarbeitungszeiten (Erstfixationsdauer, Blick- und Gesamtlesezeit) führt. Während sich die erste Hypothese bestätigte – die initiale Fixationsdauer war bei zusammengeschriebenen Komposita länger als bei Komposita mit Bindestrich und diese wiederum länger als bei getrennt geschriebenen Komposita – zeigten sich die längeren Verarbeitungszeiten bei falscher Schreibweise nur für die regulär zusammengeschriebenen Komposita. Für die mit Bindestrich und die getrennt geschriebenen Komposita wurde kein Einfluss der Korrektheit bezüglich der Schreibweise gefunden. Dieses Ergebnis lässt sich durch die Auswertung eines Fragebogens erklären, die zeigte, dass die Leser nur bei den regulär zusammengeschriebenen Komposita eine sichere Vorstellung der richtigen Schreibweise hatten. Überraschenderweise wurden in diesem Experiment, im Widerspruch zu den Ergebnissen von Inhoff et al. (2000), keine Verarbeitungsvorteile bei den segmentierten Komposita gefunden. So wurden nicht die getrennt, sondern die zusammengeschriebenen Komposita (*toothpaste*) am schnellsten verarbeitet.

Die getrennt geschriebenen Komposita (*slow motion*) wurden am langsamsten verarbeitet. Placke (2001) führt diesen Widerspruch auf sprachspezifische Unterschiede zurück. So sind bimorphemische englische Komposita im Vergleich zu deutschen dreigliedrigen Komposita nicht nur kürzer, sondern auch „zu gebräuchlich" (ebd.: 230), als dass sich eine Segmentierung als vorteilhaft erweisen würde. Zudem werden sie, u. a. aufgrund ihrer Kürze, oftmals mit nur einer Fixation gelesen. Darüber hinaus zeigte sich in diesem Experiment ebenfalls, dass bei beiden getrennt geschriebenen Varianten, sowohl für die korrekten als auch die falschen Schreibweisen, eine große Anzahl der initialen Sakkaden um die Lexemgrenze landete. Dies deutet darauf hin, dass der Kompositionsstatus bereits parafoveal erkannt und die Sakkade folglich direkt zum identifizierten Lexemübergang programmiert wurde. Laut Placke (2001) gibt es somit zwei Faktoren, die bei der Kompositaverarbeitung von entscheidender Bedeutung sind: Erstens die Lokalisation der Lexemgrenze und zweitens das Erkennen des Kompositionsstatus und damit das Erkennen der semantischen Verbindung zwischen den Lexemen. Durch das Erkennen der semantischen Verbindung zwischen den Konstituenten wird eine Interaktion zwischen der Lexem- und der Gesamtwortbedeutung aktiviert, welche bei transparenten Komposita zu Verarbeitungsvorteilen führt.

Basierend auf den Studien von Inhoff et al. (2000) und Placke (2001) stellte Pfeiffer (2002) die Hypothese auf, dass sich die Markierung der Morphemgrenzen mit einem orthografisch regelwidrigen Bindestrich und der Binnenmajuskel positiv auf die Verarbeitung eines Kompositums auswirkt. Die Studie, in der in Sätzen eingebettete, „‚häufige' und ‚seltene'" (Pfeiffer 2002: 27) Komposita präsentiert wurden, ergab jedoch das Gegenteil: So zeigten die Blick- und Gesamtlesezeiten, dass zusammengeschriebene Komposita (*Hotelzimmer*) schneller gelesen wurden als mit Bindestrich segmentierte Komposita (*Hotel-Zimmer*), wobei zu beachten ist, dass die Haupteffekte nicht signifikant waren. Des Weiteren fand Pfeiffer (2002) bei den Gesamtlesezeiten eine signifikante Interaktion zwischen Wortvertrautheit und Schreibweise. Im Unterschied zu den häufigen Komposita, bei denen die Blick- und Gesamtlesezeit bei der Standardschreibweise kürzer war als bei der Bindestrichschreibung, war die Gesamtlesezeit bei den seltenen Komposita bei der Bindestrichschreibung kürzer als bei der Standardschreibweise, wobei sich die Blickzeit zwischen den Schreibweisen „praktisch nicht [unterscheidet]" (ebd.: 34). Insgesamt zeigte die Studie, dass der Leseprozess bei geläufigen Komposita durch den Bindestrich behindert wird. Bei weniger geläufigen Komposita wirkt sich der Bindestrich hingegen – wenn auch nur leicht – positiv auf die Verarbeitung aus. Darüber hinaus zeigte Pfeiffer (2002), dass die meisten Probanden bei der Bindestrichschreibweise zunächst den Erstbestandteil des Kompositums fixierten. Bei dem zusammengeschriebenen Kompositum lag die erste Landeposition des Auges im Vergleich dazu weiter hinten und nicht zwingend auf dem ersten Bestandteil. Während sich die Fixation bei zusammengeschriebenen Komposita demnach primär an dem Gesamtwort ausrichtet, richtet sie sich bei der Bindestrichschreibweise an der Konstituente vor dem Bindestrich aus (vgl. ebd.: 36, 41). Aus der Interaktion zwischen Wortvertrautheit und Schreibweise schließt Pfeiffer (2002) zudem, dass der Bindestrich Prozesse auf zwei unterschiedlichen Ebenen auslöst. So führt er auf okulomotorischer Ebene dazu, dass das Kompositum parafoveal in Form seiner Konstituenten, also als zwei getrennte Wörter, wahrgenommen wird, wodurch die Wahrscheinlichkeit einer zusätzlichen Fixation erhöht wird. Auf lexikalischer Ebene führt der Bindestrich zur Dekomposition und folglich zur morphembasierten Verarbeitung des Kompositums. Die Markierung der Morphemgrenzen erleichtert somit nur die Verarbeitung solcher Komposita, auf die dekompositionell, d. h. über die Bedeutung der Konstituenten zugegriffen wird. Gemäß den Modellen der dualen Verarbeitung (s. Kap. 3.8.1.3) handelt es sich hierbei mehrheitlich um weniger geläufige Komposita. Die parafoveale Markierung der Morphemgrenzen und die damit einhergehende zusätzliche Fixation ist für die Verarbeitung geläufiger Komposita hingegen ein Nachteil, da auf diese in der Regel direkt zugegriffen wird und der Verarbeitungsprozess durch die erzwungene Dekomposition verlangsamt wird.

Interessante Ergebnisse brachte auch die Studie von Bertram et al. (2011). Bertram et al. (2011) präsentierten dreigliedrige dänische und finnische Komposita mit und ohne Bindestrich, wobei der irreguläre Bindestrich entweder an der Haupttrennfuge oder an der Grenze zwischen den mittelbaren Konstituenten eingefügt wurde (für das Deutsche z. B. *Bus-haltestelle* bzw. *Bushalte-stelle*[34]).

....

34 Da Substantive im Dänischen und Finnischen klein geschrieben werden, entfällt der Effekt der irregulären Binnenmajuskel.

Zwischen den mittelbaren Konstituenten wirkte sich der Bindestrich in beiden Sprachen nachteilig auf die Verarbeitung aus. Für das Dänische zeigte sich, dass sich der Bindestrich an der Haupttrennfuge ebenfalls nachteilig auf die Verarbeitung auswirkte, wobei dies nur zu Beginn des Experiments der Fall war. In der zweiten Hälfte des Experiments verschwand der Effekt und die unsegmentierten und mit Bindestrich segmentierten Komposita wurden gleich schnell verarbeitet. Bei finnischen Komposita ging der Bindestrich an der Haupttrennfuge weder zu Beginn noch am Ende des Experimentes mit einem Verarbeitungsnachteil einher. Stattdessen wirkte er sich in der zweiten Hälfte des Experiments sogar positiv auf die Verarbeitung aus. Somit kam es auch hier zu einem „Lerneffekt" (Bertram et al. 2011: 539). Die genauere Betrachtung der Ergebnisse zeigte allerdings auch, dass sich der Verarbeitungsvorteil der Bindestrichschreibung nur auf die Verarbeitung der ersten Konstituente bezog. In der späteren Verarbeitungsphase wirkte sich der Bindestrich hingegen negativ auf die Verarbeitung des Kompositums aus, was die Autoren damit begründen, dass der Bindestrich in beiden Sprachen gegen die orthografischen Regeln verstößt und die Verarbeitung durch die orthografische Irregularität verlangsamt wird.

Die Studie von Bertram/Hyönä (2013), in der finnische lange (12 Buchstaben) und kurze zweigliedrige Komposita mit und ohne Bindestrich in Sätzen präsentiert wurden, ergab hingegen, dass unbeeinträchtigte Leser bei langen Komposita von der Segmentierung profitierten, wohingegen sich die Segmentierung bei kurzen Komposita nachteilig auf den Leseprozess auswirkte. Die Autoren erklären dies damit, dass der Bindestrich das Identifizieren der Morphemgrenze und das Erkennen der ersten Konstituente erleichtert. Bei Komposita, die aufgrund ihrer Länge die foveale Wahrnehmungsspanne überschreiten, ist die Wahrscheinlichkeit hoch, dass diese auch von geübten Lesern morphembasiert verarbeitet werden und sich der Bindestrich dabei als vorteilhaft erweist. Bei kurzen Komposita wird das Worterkennen hingegen durch den Bindestrich verlangsamt, da er die Aufmerksamkeit auf die erste Konstituente lenkt und somit dem effizienteren ganzheitlichen Zugriff entgegensteht. Dieser wäre bei geübten Lesern allerdings aufgrund der ausgeprägten fovealen Wahrnehmungsspanne problemlos möglich.

Zusammenfassung

Die Kompositaverarbeitung zeichnet sich auch in der Blickbewegungsforschung durch eine äußerst heterogene Befundlage aus. Dass die zur Verarbeitung von Komposita existierenden Modelle ebenso vielfältig und widersprüchlich sind wie die Ergebnisse der einzelnen Studien, ist auf mehrere Faktoren zurückzuführen. Hierzu gehören u. a. unterschiedliche Untersuchungsdesigns, experimentelle Methodiken, Kontexte, Kontrollvariablen, Probandenvoraussetzungen und nicht zuletzt die Sprache, in der die Studie durchgeführt wurde. Die divergierenden Befunde bestätigen jedoch auch, dass die Verarbeitung von Komposita von diversen semantisch-lexikalischen und situativen Faktoren sowie individuellen Voraussetzungen beeinflusst wird und dementsprechend variiert.

Dennoch haben die mithilfe moderner Datenerhebungsverfahren gewonnenen Erkenntnisse maßgeblich dazu beigetragen, dass heutzutage weitgehend Konsens darüber herrscht, dass die in der frühen Kompositaforschung entwickelten Modelle der ausschließlich einzel- oder ganzheitlichen Verarbeitung nicht haltbar und überholt sind. Im Sinne von Modellen der multiplen Verarbeitung wird somit auch in dieser Arbeit davon ausgegangen, dass bei der Verarbeitung von Komposita alle zur Verfügung stehenden lexikalischen Informationen genutzt werden, wobei die Verarbeitungsstränge nicht strikt parallel und unabhängig voneinander ablaufen, sondern insbesondere bei unbeeinträchtigten Lesern ganzheitliche und einzelheitliche Routen miteinander interagieren: Während auf opake Komposita sowie auf kurze Komposita mit hochfrequenten Lexemen primär ganzheitlich zugegriffen wird, erleichtert die dekompositionelle Verarbeitung und die Interaktion von Lexem- und Kompositumsbedeutung den Zugriff auf seltene sowie auf unbekannte oder neugebildete transparente Komposita.

3.8.4   Die Bedeutung des Kontextes

Bevor in Kap. 4 näher auf die Methode der Blickbewegungsmessung eingegangen wird, soll zunächst noch ein kontrovers diskutierter Punkt in der Kompositionsforschung, nämlich die Kontextualisierung von Substantivkomposita thematisiert werden. Anstelle eines ausführlichen Forschungsüberblicks werden jedoch nur die zentralen Punkte zusammengetragen.

Der Begriff *Kontext* (von lat. *con-textus* ‚Zusammenhang‘, zu *texere* ‚flechten‘) bezeichnet „alle Elemente einer Kommunikationssituation, die systematisch die Produktion und das Verständnis einer Äußerung bestimmen" (Bußmann ³2002: 374). Bußmann (³2002) unterscheidet zwischen (a) dem allgemeinen Kontext der Sprechsituation (äußere Gegebenheiten wie Ort, Zeit und Handlungszusammenhang der Äußerung), (b) dem persönlichen und sozialen Kontext (Interessen, Wissen bzw. wechselseitigen Wissensannahmen von Sprecher und Hörer) sowie (c) dem sprachlichen Kontext, der „die Ausdrücke grammatisch und semantisch verknüpft [...] und in den situativen K[ontext] einbettet" (ebd.). Da die textexterne Umgebung, also der allgemeine Kontext, sowie der persönliche und soziale Kontext je nach Sprechsituation variieren kann und die Einbettung in eine echte situative Umgebung in neurolinguistischen Experimenten nicht gegeben ist, bezieht sich die Rolle des Kontexts in der Kompositionsforschung folglich auf den einer Textstelle vorausgehenden oder folgenden textinternen sprachlichen Kontext. Der Kontext als sprachliche, textuelle Umgebung wird auch als *Kotext* bezeichnet. Die Ausdrücke können synonym verwendet werden, aus Gründen der Einheitlichkeit wird in dieser Arbeit jedoch ausschließlich der Ausdruck *Kontext* verwendet, der sich allerdings nur auf den *sprachlichen Kontext* bezieht. Folglich ist jedoch auch einschränkend anzumerken, dass in Experimenten, in denen die Rolle des Kontexts untersucht wird, nur ein Teilaspekt des sehr umfassenden Phänomens Kontext berücksichtigt wird. Die Experimente sind somit auch „nur begrenzt, nämlich nur in Bezug auf den unmittelbaren Kotext aussagekräftig" (Peschel 2002: 45).

In der Kompositionsforschung vertreten viele Linguisten (u. a. Downing 1977; Weyher 1998; Meyer 1993; Matussek 1994; Placke 2001; Peschel 2002; Dunbar 2005; Kavka 2011; Schlücker 2012) die Annahme, dass viele N+N-Komposita nur in einem entsprechenden Kontext korrekt interpretiert werden können. Diese Annahme stützt sich auf die in Kap. 3.3.1 erläuterte prinzipielle Mehrdeutigkeit von N+N-Komposita (*Holzkiste*). Da die Möglichkeiten der Komposition nahezu grenzenlos sind und semantische Bildungsrestriktionen fehlen, „sind [prinzipiell] alle Kombinationen von Nomina im Typ NN möglich und sie sind prinzipiell auch interpretierbar" (Günther 1981: 278). Dies hat zugleich zur Folge, dass die Relation zwischen den Konstituenten grammatikalisch offen und daher semantisch unterspezifiziert ist (vgl. Olsen 2012: 136). Bei potenziell mehrdeutigen Komposita ist das Wissen über die Bedeutungsrelation zwischen den Konstituenten jedoch die Voraussetzung für die korrekte Interpretation des Kompositums. Bei der Dekodierung greift der Leser somit auf verschiedene sprachliche und außersprachliche Wissensressourcen zurück. Während sich die außersprachlichen Wissensressourcen, wie das außersprachliche Hintergrund- und Situationswissen, bei den einzelnen Rezipienten stark unterscheiden können, ist das durch den sprachlichen Kontext gelieferte Wissen, „sofern allen Sprachbenutzern […] dieselbe textuelle Basis vorliegt, […] vergleichsweise kongruent" (Klos 2011: 172). Dass dem Kontext bei mehrdeutigen Komposita eine Disambiguierungsfunktion zukommt, lässt sich an folgenden Beispielen illustrieren:

[1]   Der Bienenstich war sehr lecker.
      Der Bienenstich tat sehr weh.
[2]   Der Frauenschuh wurde zur Orchidee des Jahres gewählt.
      Sie suchte einen Frauenschuh, der farblich zu ihrem Kleid passte.

Dies gilt allerdings nicht nur für opake Komposita, denn auch bei ambigen Komposita, die je nach Segmentierung unterschiedliche Bedeutungen haben, wird die richtige Bedeutung aus den kontextuellen Hinweisen erschlossen und somit Fehlsegmentierungen vorgebeugt. So wird der Leser aufgrund der kontextuellen Hinweise erkennen, dass „aus dem Radio […] die neue Wirklichkeit dröhnend durch die Wachstube[35]" und nicht durch die *Wachs-Tube* drang. Bei den meisten lexikalisierten Komposita ist zwar definitionsgemäß eine – und zwar die im Wörterbuch aufgeführte – Lesart dominierend, jedoch kann, wie folgendes Beispiel zeigt, durch einen entsprechenden Kontext auch eine durchaus plausible „andere als die lexikalisierte Interpretation eines Kompositums hervorgerufen werden" (Schlücker 2012: 15).

....

35   Die Zeit, 2011, <https://www.zeit.de/politik/ausland/2011-12/sowjetunion-ende-jahrestag> (11.06.2020).

[3]   Sie kochte die Nudeln in einem kleinen Topf, der mit Blumen bemalt war. Diesen Blumentopf hatte sie von ihrer Oma geerbt.

Wie folgende, aus der *Zeit* entnommene Beispiele zeigen, können durch die Disambiguierungsfunktion des Kontextes jedoch nicht nur Wortzusammensetzungen, sondern auch polyseme Konstituenten auf eine bestimmte Lesart eingeschränkt werden:

[4]   Die Bank, die ich gerade eben zu meiner Lieblingsbank erkoren hatte, gilt nun also auch als Lieblingsbank von Kleinkriminellen und Terroristen. (Jacobs 2018)

[5]   Marie Wolf vermisst ihre Lieblingsbank. Über Nacht ist ihr liebster Sitzplatz im Dortmunder Kreuzviertel einfach verschwunden. (Trudslev 2018)

An den Beispielen wird deutlich, dass der sprachliche Kontext insofern mit dem Kompositum interagieren kann, als er vor- und nachsteuernde Hinweise zu dessen Interpretation gibt. Zudem können mit dem sprachlichen Kontext andere Lesarten geschaffen werden, als es bei der isolierten Präsentation von Komposita der Fall ist. Laut Peschel (2002) gilt dies auch für Komposita mit relationaler Zweitkonstituente[36], da auch bei diesen nicht vorhersagbar ist, ob die Zweitkonstituente tatsächlich relational zu interpretieren ist oder nicht durch den Kontext eine andere, nicht-relationale Lesart hervorgerufen wird (vgl. Peschel 2002: 22). Als Beispiel nennt Peschel (2002) das Kompositum *Tierfreund*. Wird mit diesem bspw. in einem Kinderbuch auf die tierischen Freunde eines Tieres referiert, kommt es zur Verschiebung von der üblichen relationalen Lesart (*Freund der Tiere*) zu einer identikativen Lesart (*Freund, der ein Tier ist*) (vgl. ebd.: 23). Peschel (2002) spricht in diesen Fällen von einer durch den Kontext hervorgerufenen „Konterdetermination" (ebd.). Diese sind

....

36 Eine relationale Konstituente bzw. ein relationales Nomen ist ein „Nomen, dessen Referenz in relationaler Abhängigkeit zur Besetzung einer Argumentstelle bestimmt wird, z. B. […] *Präsident (von)*" (Bußmann ³2002: 562). Bei Komposita mit relationaler Zweitkonstituente eröffnet die Zweitkonstituente eine Leerstelle, die von der Erstkonstituente ausgefüllt wird, die Beziehung zwischen den Konstituenten ist somit in der Regel eindeutig (s. Kap. 3.3.1).

zwar überaus selten vorzufinden, zeigen aber, welchen Einfluss der Kontext selbst auf lexikalisierte Komposita haben kann.

In den genannten Beispielen erfüllen Komposita primär eine Benennungsfunktion, d. h. sie bilden „Benennungseinheiten für etablierte Konzepte, die Subkonzepte des vom Kopf denotierten Konzepts sind" (Schlücker 2012: 16). Darüber hinaus haben Komposita jedoch häufig noch eine kohärenz- und kohäsionsstiftende Funktion, d. h. sie dienen zur Herstellung von Satz- und Textzusammenhängen (sog. Textfunktion) (vgl. ebd.). Da sie zudem zur syntaktischen Kompression und Ausdrucksökonomie beitragen, werden sie häufig eingesetzt, um z. B. in Überschriften komplexe Zusammenhänge in zusammengefasster Form wiederzugeben, was häufig zur Bildung von Ad-Hoc-Komposita führt. Ein viel zitiertes Beispiel ist das Kompositum *Atomspatzen*[37], welches sich ohne Kontext „[l]exikalisch-semantisch oder mit Hilfe der Grundrelationen […] nicht spezifischer deuten [lässt] als ‚Spatzen, die etwas mit Atom zu tun haben'" (Fandrych/Thurmair 1994: 41). Gleiches gilt für das Kompositum *Pausenbrotprozess*, mit dem ebenfalls auf komplexe Sachverhalte verwiesen wird, wobei eine Interpretation des Kompositums ohne entsprechenden Kontext bzw. Vorwissen nicht möglich ist. Ad-Hoc-Komposita, bei denen eine derartige „lokale Uninterpretiertheit" (ebd.) besteht, kann somit nur durch das Hinzuziehen von kontextuellen Hinweisen ein konkreter semantischer Gehalt zugewiesen werden. Dies bestätigt auch die Untersuchung von Dunbar (2005), die ebenfalls aufzeigt, dass neugebildete N+N-Komposita nicht allein über die Bedeutung der Konstituenten und Wortstrukturregeln dekodiert werden können. Obgleich den Probanden die Bedeutung der einzelnen Konstituenten bekannt war, waren sie nicht in der Lage, isoliert präsentierte, unbekannte Ad-Hoc-Komposita wie *Goldilocks scenario* oder *Goldilocks economy* gemäß der intendierten Bedeutung zu interpretieren. Dass der sprachliche Kontext für die Dekodierung neugebildeter Komposita unerlässlich ist, bestätigte auch die von Dunbar (2005) durchgeführte Korpusanalyse. So wurden die Ad-Hoc-Komposita in allen analysierten Texten definiert, was zeigt, dass auch die Autoren von den Lesern nicht erwarteten, die Bedeutung eigenständig erschließen zu können (vgl. Dunbar 2005: 226 f.). Für die Interpretation

---

37 Für eine Diskussion des Beispiels s. Wildgen 1982: 242.

nicht-lexikalisierter, isoliert präsentierter Komposita wenden Rezipienten verschiedene Strategien an, wobei in der Regel zunächst auf die Analogiebildung zurückgegriffen wird. Bei dieser wird die Relation zwischen den Konstituenten hergestellt, indem deren Bedeutungen „auf irgendeine Weise miteinander verbunden werden" (Costello/Keane 2005: 204). Als Vorlage hierfür dienen Komposita, von denen angenommen wird, dass sie ähnliche semantische Eigenschaften aufweisen (vgl. Ryder 1994; Costello/Keane 2005). Diese Strategie wird sowohl für Ad-Hoc-Komposita der Erstsprache als auch im Fremdspracherwerb angewandt. Während die Analogiebildung bei isoliert präsentierten transparenten Komposita häufig zum Erfolg führt, ist sie bei teilweise und völlig opaken Komposita ohne adäquate kontextuelle Hinweise nur selten zielführend (*Lampenfieber* bzw. für den Fremdspracherwerb *hotline*, *deadline*, *overhear*). Die bisherigen Ausführungen haben gezeigt, dass der sprachliche Kontext für nicht-lexikalisierte, neugebildete und mehrdeutige Komposita unabdingbar ist, da er in diesen Fällen die steuernde Funktion hat, dem Leser die korrekte Interpretation des Kompositums nahezulegen (vgl. Meyer 1993: 38). Des Weiteren wirkt der Kontext auch insofern fazilitierend, als er Vorwissen bzw. Bedeutungswissen aktivieren kann, das bei isolierter Rezeption möglicherweise nicht präsent ist, wie z. B., dass *Löwenzahn* auf eine Pflanze referiert. Diese fazilitierende Wirkung kommt insbesondere bei Komposita zum Tragen, die noch nicht fest im mentalen Lexikon des Lesers verankert sind.

Obgleich außer Frage steht, dass der Kontext bei nicht-lexikalisierten, polysemen und unbekannten Komposita die Bedeutungserschließung erleichtern kann und eine kontextlose Präsentation insbesondere bei opaken unbekannten Komposita eine Interpretation nahelegt, die der tatsächlichen Bedeutung nicht entspricht (*Fingerhut*), kann die „klärende Macht des Kontextes" (Klos 2011: 173) nicht generalisiert werden. So gibt es unbestreitbar auch Komposita, die als „äußerst stabile Benennungseinheiten" (ebd.: 32) in diversen Kontexten dieselbe Bedeutung haben, denn wäre dem nicht so, „müsste von einem ständigen Scheitern der Kommunikation ausgegangen werden" (ebd.). Diese können folglich, vergleichbar mit eineindeutigen Simplizia, ohne Kontext interpretiert werden. Zudem stellt das Textverstehen eine komplexe Handlung dar, bei der aufsteigende und absteigende Prozesse interagieren. Das Lesen eines Textes ist somit „kein passiver Vorgang der Bedeutungsabbildung, sondern ein aktiver Prozess der Bedeutungskonstruktion" (Christmann 2017: 37). Demnach ist auch der Kontext kein statisches Konstrukt, sondern der Leser wirkt aktiv am Kontextualisierungsprozess mit, indem er die Textinhalte und die Kontextualisierungshinweise unter Rückgriff auf seine Erwartungen filtert und „aktiv-konstruktiv mit dem Vorwissen verbinde[t]" (ebd.). Folglich kann die semantische Unterdeterminiertheit von Komposita nicht allein durch kontextuelle Informationen kompensiert werden. Vielmehr müssen hierzu Kommunikationssituation, sprachlicher Kontext sowie Sprach-, Sach- und Erfahrungswissen des Lesers miteinander interagieren (vgl. Fandrych/Thurmair 1994: 41). Auf der anderen Seite impliziert dies jedoch auch, dass Leser auch bei isoliert präsentierten Komposita versuchen, diese mit Rückgriff auf ihr Sprach- und Weltwissen zu deuten. Daraus folgt, dass auch Ad-Hoc-Komposita wie *Ampel-Koalition*, *Sommermärchen*, *PISA-Schock* oder *Briefkastenfirma* unter bestimmten Voraussetzungen auch ohne Kontext verstanden werden.

Zudem ist zu beachten, dass der Begriff Kontext, wie erwähnt, ein weit gefasstes Konzept ist und Leser insbesondere zur Interpretation von komplexen Ad-Hoc-Komposita, wie dem Kompositum *Pausenbrotprozess*, oftmals mehr kontextuelle Informationen benötigen, als vom unmittelbaren sprachlichen Kontext auf Satzebene bereitgestellt werden (vgl. Klos 2011: 180). Darüber hinaus ist zu berücksichtigen, dass nicht jede kontextuelle Einbettung automatisch verständnisfördernd und disambiguierend ist. So wird ein Satz wie *Nach der vierstündigen Besprechung benötigte der Direktor eine Denkpause* dem Leser bei der Interpretation des polysemen Kompositums *Denkpause* ([a] ‚Pause vom Denken' und [b] ‚Pause zum Denken') kaum behilflich sein. Dies bestätigte auch die Studie von Klos (2011). Klos (2011) untersuchte, welchen Einfluss ein nachträglich bereitgestellter Kontext auf die Dekodierung von Ad-Hoc-Komposita hat. Hierzu forderte sie Probanden auf, isoliert präsentierte Ad-Hoc-Komposita zu interpretieren. Im Anschluss legte sie ihnen den Textausschnitt vor, aus dem die Substantivkomposita stammten. Hierbei ging sie der Frage nach, inwiefern die Leser die ursprüngliche Interpretation im Nachhinein revidierten, modifizierten oder bestätigten. Sie kam zum einen zu dem Ergebnis, dass die ursprüngliche Definition nach dem Lesen des Textausschnittes in vielen Fällen revidiert und spezifiziert wurde. Zum anderen zeigte sie jedoch auch, dass der sprachliche Kontext in einigen Fällen für eine eindeutige Bedeutungserschließung unzureichend war und somit keine „garantierte Disambiguierungs- bzw. Spezifizierungshilfe ist" (ebd.: 210). Letzteres demonstrierte sie an dem Kompositum *Autofieber*, welches in einem SPIEGEL-Artikel ausschließlich in dem Satz *Kann Amerika vom Autofieber geheilt werden?* vorkommt. Das Beispiel zeigt, dass sich auch die Bedeutung von Ad-Hoc-Komposita trotz textueller Einbettung nicht auf eine einzige Lesart reduzieren lässt (vgl. ebd.: 180). Zudem ergab die Studie, dass es für die Bedeutungserschließung oftmals nicht nur eines Satzes, sondern eines längeren Textausschnitts bedarf.

Als Zwischenfazit ist festzuhalten, dass die Kritik an einer ausschließlich isolierten Präsentation berechtigt ist und es zweifellos Fälle gibt, in denen durch kontextuelle Einbettung lokale Uninterpretiertheit kompensiert werden kann. Dennoch lassen sich auch Beispiele anführen, in denen der rein sprachliche Kontext als Disambiguierungshilfe nicht ausreicht. Der Grund für die in der Kompositionsforschung geäußerte Kritik an einzelwortbasierten Studien ist jedoch nicht nur die kontextabhängige Bedeutung von Komposita, sondern insbesondere auch die fehlende Authentizität der isolierten Präsentation von Komposita. So ist es unbestritten, dass Wörter im Sprachgebrauch nicht in völliger Isolation existieren, sondern in einem sprachlichen Kontext verarbeitet werden. Folglich wird die Einzelwortpräsentation den Ansprüchen einer natürlichen Lesesituation nicht gerecht, was sich wiederum negativ auf die generelle Übertragbarkeit der Ergebnisse auswirkt. Durch die Einbettung in einen Satzkontext kann hingegen die Ähnlichkeit zwischen Versuchsbedingungen und natürlichen Rezeptionsbedingungen und somit die ökologische Validität erheblich gesteigert werden.

Da die genannten Kritikpunkte – wenn auch mit Einschränkungen – berechtigt sind, soll in dieser Arbeit der Forderung nach kontextueller Einbettung Rechnung getragen werden und somit untersucht werden, ob die vor- und nachsteuernden Hinweise, die mit dem Kontext geliefert werden, den Verarbeitungsprozess erleichtern. Dass sich die Einbettung in einen adäquaten sprachlichen Kontext positiv auf das Worterkennen und -verstehen auswirkt, konnte bereits in mehreren psycho- und neurolinguistischen Experimenten nachgewiesen werden (für einen Überblick s. Rayner/Pollatsek 1989: 219 ff.). So zeigten u. a. Meyer/Schvaneveldt (1971) für monoseme und Swinney (1979) für polyseme Wörter, dass die Reaktionszeiten bei lexikalischen Entscheidungen kürzer waren, wenn den Wörtern ein konzeptuell eng benachbartes Wort voranging. Die Studie von Swinney (1979) ergab allerdings auch, dass die disambiguierenden Kontexteffekte nicht unmittelbar nach der Rezeption, sondern erst bei einem Interstimulus-Intervall von 750 ms auftraten. Dies ist darauf zurückzuführen, dass auch bei eingebetteter Darstellung zunächst ein multipler Zugriff auf alle Bedeutungen des Wortes stattfindet und erst in einem zweiten Schritt selektiv die kontextrelevante Bedeutung aktiviert wird (vgl. Swinney 1979: 658; Hillert 1993: 209 f.). Des Weiteren konnte an Wörtern mit maskierten Buchstabenfolgen gezeigt werden, dass ein maskiertes Wort umso schneller erkannt wird, je eher es innerhalb des Satzkontextes vorhergesagt werden kann (vgl. Marslen-Wilson/Welsh 1978). Die Ergebnisse liefern Evidenz für die Interaktionshypothese, die „ein Feedback zwischen Kontext und Wortwahrnehmung vorhersagt" (Hillert 1993: 212). Weitere Hinweise für einen fazilitierenden Kontexteinfluss lieferten u. a. die Studien von West/Stanovich (1978), Stanovich/West (1983), West et al. (1983) und Schwantes (1985) die u. a. zeigten, dass Wörter, denen ein passender Kontextsatz vorausging, schneller benannt wurden als isoliert präsentierte Wörter. Dieser fazilitierende Kontexteffekt trat sowohl bei erfahrenen als auch bei unerfahrenen Lesern auf, wobei unerfahrene Leser tendenziell mehr von der kontextuellen Darstellung profitierten als erfahrene Leser. Dies bestätigten auch die Ergebnisse einer lexikalischen Entscheidungsaufgabe von Schwantes et al. (1980), die zeigte, dass je mehr Kontextinformationen bereitgestellt wurden, desto schneller wurde das Wort von den unerfahrenen Lesern erkannt. Bei erfahrenen Lesern fand sich ebenfalls ein Unterschied zwischen isolierter und kontextueller Präsentation; die Menge an Kontextinformationen wirkte sich bei den erfahrenen Lesern jedoch kaum auf die Worterkennung aus. Ebenso fanden sie Inhibierungseffekte durch unpassende Kontextinformationen: Je mehr unpassende Informationen geliefert wurden, desto später wurde das Wort von den unerfahrenen Lesern erkannt. Bei den erfahrenen Lesern traten hier wiederum kaum Effekte auf. Unabhängig von der Lesekompetenz schlussfolgern Schwantes et al. (1980), dass durch den Kontext Bedeutungen voraktiviert werden, welche die Worterkennung erleichtern.

Da sowohl die Benennungsaufgabe als auch die lexikalische Entscheidungsaufgabe als alleinige Datenerhebungsverfahren methodische Mängel aufweisen und darüber hinaus den Ansprüchen der ökologischen Validität nicht gerecht werden, spiegeln Benennungslatenzen sowie Reaktionszeiten die beim Lesen ablaufenden kognitiven Prozesse nicht hinreichend wider (vgl. Morris 1994). Folglich wurde der Frage nach dem Einfluss des Kontextes vermehrt auch in Blickbewegungsstudien nachgegangen. So wurde, wie in Kap. 3.8.3 erwähnt, aufgezeigt, dass eine kontextuell bedingte hohe Vorhersagbarkeit der Wörter zu einer kürzeren Fixationsdauer führt und die Wahrscheinlichkeit erhöht, dass das Wort übersprungen wird. Ebenso werden Rechtschreibfehler bei Wörtern, die durch den Kontext vorhersagbar sind, häufiger übersehen als bei Wörtern, die durch den Kontext nur schlecht vorhersagbar sind (vgl. Ehrlich/Rayner 1981).

Balota et al. (1985) führen die Kontexteffekte primär auf die parafoveale Informationsaufnahme zurück. Beim Lesen von Wörtern im Kontext können Informationen parafoveal aufgenommen und Wörter somit bereits parafoveal aktiviert werden. Ist das Wort in einem Kontext vorhersagbar und stimmen die parafoveal aufgenommenen mit den erwarteten Informationen überein, kann das Wort schneller gelesen bzw. komplett übersprungen werden. Der erleichterte lexikalische Zugriff ist somit weniger auf die foveale, sondern mehr auf die parafoveale Informationsaufnahme zurückzuführen, denn ein kongruenter Kontext, in dem das Wort vorhersagbar ist, erhöht den Anteil der bereits parafoveal aktivierten Informationen (vgl. Rayner/Pollatsek 1989). Mit zunehmendem Grad der parafovealen Informationsaufnahme steigt zugleich die Wahrscheinlichkeit, dass das Wort nicht mehr foveal fixiert, sondern komplett übersprungen wird, was zu einer Zeitersparnis von bis zu 200 ms führt (vgl. ebd.: 229).

Auch die Studie von Vitu et al. (1990) zeigte, dass die Worterkennung durch den sprachlichen Kontext beschleunigt wird. So war die Fixationsdauer bei kontextueller Darstellung 100 ms kürzer als bei isolierter Darstellung. Darüber hinaus konnten Vitu et al. (1990) den auf Wortebene nachgewiesenen Effekt der *optimal landing position* (s. Kap. 4.7) auch auf Satzebene aufzeigen: Je weiter die initiale Landeposition von der *optimal landing position* entfernt ist, desto höher ist die Wahrscheinlichkeit einer Refixation. Dieser Effekt ist beim Lesen von in Sätzen eingebetteten Wörtern jedoch schwächer ausgeprägt als beim Lesen isolierter Wörter. In der Studie von O'Regan et al. (1984) wurde die Verarbeitung des Wortes auf Wortebene mit jedem Buchstaben, den die Augen von der *optimal landing position* abweichen, um ca. 20 ms verzögert. Während dieser zweite Effekt der *optimal landing position* von Vitu et al. (1990) beim Lesen isolierter Wörter repliziert wurde, blieb er beim Lesen von in Sätzen eingebetteten Wörtern weitgehend aus und war nur in schwacher Form zu erkennen. Vitu et al. (1990) führen die unterschiedlich stark ausgeprägten Effekte der *optimal landing position* auf Wort- und Satzebene sowie das schnellere Lesen der Wörter im Kontext auf drei Faktoren zurück: Im Gegensatz zur isolierten Präsentation wird die Wortverarbeitung beim Lesen von eingebetteten Wörtern erstens durch den Leserhythmus, zweitens durch die „parafoveale Vorverarbeitung" (Vitu et al. 1990: 584, 591) und drittens durch den sprachlichen Kontext erleichtert. Diese fazilitierenden Effekte verringern die Fixationsdauer sowie die Wahrscheinlichkeit der Refixation, und zwar unabhängig davon, ob das Auge nah an oder weit entfernt von der *optimal landing position* landet (vgl. ebd.: 588). Die Autoren schließen daraus, dass die *optimal landing position* für das Erkennen von in Sätzen eingebetteten Wörtern weniger wichtig ist als für das Erkennen von isoliert präsentierten Wörtern. Auch O'Regan (1992) schlussfolgert aus den Ergebnissen, dass sich das Lesen von Wörtern im Kontext deutlich vom Lesen isolierter Wörter unterscheidet (vgl. O'Regan 1992: 347).

Marelli et al. (2011) konnten fazilitierende Kontexteffekte auch bei einer Aphasikerin nachweisen. Als Stimuli verwendeten sie italienische Verb-Substantiv-Komposita. Bei isolierter Präsentation war die Benennleistung für die Verb-Konstituente deutlich schlechter als für die Substantiv-Konstituente. Wurden die Komposita hingegen im Satz präsentiert, wurden beide Konstituenten gleich gut abgerufen. Dies lässt sich damit erklären, dass der Kontext syntaktische Hinweise liefert, die den Zugang zu den lexikalischen Eigenschaften des Kompositums erleichtern. Bei der isolierten Präsentation findet zunächst ein automatischer Zugriff auf das Verb statt. Da im Zuge dessen automatisch auch die grammatischen Eigenschaften des Verbs aktiviert werden, wird der Zugriff auf das mit dem Verb verbundene Substantiv erschwert. Das Verb-Substantiv-Kompositum kann folglich nicht korrekt abgerufen werden, was zu Fehlleistungen führt. Das Lesen von Sätzen stellt hingegen eine natürliche Lesesituation dar, in der eine schrittweise Verarbeitung der Wörter im Satzkontext stattfindet: Zum einen beeinflussen die Wörter am Satzanfang die Verarbeitung der darauffolgenden Wörter, zum anderen werden mit dem syntaktischen Kontext Erwartungen ausgelöst. In dem Satzexperiment ging allen Verb-Substantiv-Komposita entweder ein Artikel oder ein Verb voraus. Da der Leser nach einem Verb bzw. einem Artikel kein Verb, sondern ein Substantiv erwartet, werden die unpassenden grammatischen Eigenschaften der Verbkonstituente in diesem Fall durch die syntaktischen Strukturen unterdrückt. Die Verbkonstituente wird folglich nicht als Verb klassifiziert, sondern direkt als Teil des Substantivs verarbeitet. In Anlehnung an die Modelle der parallelen Verarbeitung zeigen Marelli et al. (2011) auf, dass die experimentellen Bedingungen Einfluss darauf haben, ob Verb-Substantiv-Komposita über die ganzheitliche oder die morphembasierte Route verarbeitet werden: Während bei der isolierten Präsentation auf die einzelnen Konstituenten zugegriffen wird, werden bei der kontextuellen Darstellung syntaktische Hinweise geliefert, die dazu führen, dass das Kompositum als Ganzes abgerufen werden kann.

3.9   Zwischenfazit

In diesem zweiten Hauptteil der Arbeit wurde auf das Wortbildungsverfahren der Komposition eingegangen und Besonderheiten herausgearbeitet, welche dazu führen, dass Komposita insbesondere für Menschen mit geringen Lesefähigkeiten mit einem erhöhten kognitiven Verarbeitungsaufwand einhergehen. Angesichts dieser potenziellen Verarbeitungsschwierigkeiten werden Komposita in LS optisch gegliedert, wobei in der Praxis und Wissenschaft die Segmentierung mit dem Bindestrich mit der Segmentierung mit dem Mediopunkt konkurriert. Die beiden Segmentierungsmöglichkeiten bieten jeweils Vor- und Nachteile, wobei die gravierendsten Nachteile, die mit der orthografisch irregulären Bindestrichschreibung einhergehen, aus sprachwissenschaftlicher Sicht mit dem Mediopunkt beseitigt werden können. Die mit dem Mediopunkt verbundenen Vorteile sind zwar sprachwissenschaftlich fundiert, es fehlt jedoch an empirischen Ergebnissen, die diese theoretischen

Annahmen stützen und somit die Segmentierung mit dem orthografisch irregulären Bindestrich belastbar anzweifeln können. Aus theoretischer Sicht ist der Mediopunkt allerdings nicht in allen Kompositionen zu verwenden, sondern nur, wenn bestimmte Voraussetzungen erfüllt sind, die jedoch ebenfalls noch der empirischen Überprüfung bedürfen. Zudem ist zu beachten, dass die Segmentierung zwar zu einer besseren Lesbarkeit der Komposita führt, dies jedoch im Umkehrschluss nicht bedeutet, dass dadurch automatisch auch die Verständlichkeit erhöht wird. Erste empirische Studien deuten zwar darauf hin, dass Komposita mit Mediopunkt besser verarbeitet werden als Komposita mit Bindestrich, es gilt jedoch zu berücksichtigen, dass die Studien teilweise methodische Defizite aufweisen. Zudem zeigen die Studien auf, dass eine Segmentierung nicht für alle Zielgruppen LS erforderlich ist und die Notwendigkeit der Segmentierung von weiteren Faktoren, wie der Komplexität auf anderen sprachlichen Ebenen, abhängt. Dennoch haben die bislang durchgeführten Studien allesamt gezeigt, dass segmentierte Komposita anders verarbeitet werden als unsegmentierte Komposita und dass es zudem Unterschiede in der kognitiven Verarbeitung von Komposita bei Lesern mit und ohne Lesebeeinträchtigung gibt. Um diese kongruenten Befunde nachvollziehen zu können, ist es erforderlich, zu verstehen, wie Komposita im mentalen Lexikon von beeinträchtigten und unbeeinträchtigten Lesern repräsentiert sind bzw. kognitiv verarbeitet werden und inwiefern sich die Segmentierung auf die Verarbeitung auswirkt. Folglich wurden im weiteren Verlauf des Kapitels zentrale kognitionswissenschaftliche Modelle und Studien zur mentalen Repräsentation und Verarbeitung von Komposita dargestellt. Diese zeigen, dass die komplexen Verarbeitungsprozesse weder vollständig mit Modellen der ganzheitlichen Verarbeitung noch mit Modellen der einzelheitlichen Verarbeitung von Komposita erklärt werden können. Aufgrund dessen wird heutzutage vermehrt davon ausgegangen, dass Komposita sowohl ganzheitlich als auch einzelheitlich repräsentiert sein können und im Zuge des Verarbeitungsprozesses ganzheitliche und einzelheitliche Routen interagieren. Ob Komposita schließlich als Entität oder morphembasiert abgerufen und verarbeitet werden, hängt dabei von zahlreichen Faktoren wie der Frequenz, der Bekanntheit, der semantischen Transparenz sowie der Lesekompetenz und den individuellen Wissensressourcen der Leser ab. Auch in der Blickbewegungsforschung wurde nachgewiesen, dass Komposita langsamer verarbeitet werden als gleichlange Simplizia und dass die Fixationsdauer beim Lesen von Komposita u. a. durch die Wortlänge, die Vorhersagbarkeit durch den Kontext, die initiale Landeposition sowie durch die Lokalisation der Lexemgrenze beeinflusst wird. Dennoch ist zu betonen, dass der Leseprozess nicht nur durch lexikalische und semantische Faktoren, sondern auch durch rezipientenseitige Faktoren (d. h. von Top-down-Prozessen) beeinflusst wird (s. auch Kap. 4.8). Zudem wurde in der Blickbewegungsforschung aufgezeigt, dass eine Segmentierung von Komposita zwar teilweise mit einem Verarbeitungsvorteil einhergeht, sie aber zugleich auch zu einer Dekomposition des Leseprozesses führt und somit nur die Verarbeitung solcher Komposita erleichtert, auf die dekompositionell, d. h. über die Bedeutung der Konstituenten, zugegriffen wird. Darüber hinaus werden Komposita, die in einem kongruenten Kontext eingebettet sind, schneller verarbeitet als isoliert präsentierte Komposita. Allerdings ist auch bei dieser Aussage zu beachten, dass der Verstehensprozess eine Wechselwirkung zwischen Text- und Lesermerkmalen darstellt, d. h. nicht nur durch lexikalische Worteigenschaften oder den Kontext, sondern auch durch die kognitive Struktur und das Vor- und Erwartungswissen des Lesers gesteuert wird. Der fazilitierende Kontexteffekt ist somit nicht zu generalisieren, denn er setzt u. a. das aktive Mitwirken des Rezipienten voraus.

Im Rahmen dieser Arbeit soll u. a. untersucht werden, ob dieser fazilitierende Kontexteffekt, der sich in Anlehnung an den Wortüberlegenheitseffekt (vgl. Rayner/Pollatsek 1989: 78 ff.) als „Satzüberlegenheitseffekt" (Christmann/ Groeben 1999: 151) bezeichnen ließe, anhand von Blickbewegungsdaten replizziert werden kann. Bevor in Kap. 5 näher auf die einzelnen Experimente eingegangen wird, werden im folgenden Kapitel zunächst einige Grundlagen zu der in dieser Arbeit verwendeten Methode der Blickbewegungsmessung erläutert.

   © Frank & Timme   Verlag für wissenschaftliche Literatur

4 Experimentelle Grundlagen und Techniken: Eye-Tracking

> „We are drowning in a sea of data and starving for knowledge.“
>
> *Sydney Brenner*

Das Eye-Tracking (auch Augenbewegungsmessung, Blickbewegungsmessung oder Okulometrie genannt), das auch in der vorliegenden Studie zur Anwendung kam, ist eine Methode zur Aufzeichnung von Augenbewegungen, die seit Mitte des 19. Jahrhunderts zum Einsatz kommt. Mit der Entwicklung neuer Verfahren, die eine örtlich und zeitlich hochauflösende Messung der Augenbewegungen ermöglichten, erlebte das Eye-Tracking zu Beginn der 70iger Jahre einen erheblichen Aufschwung (vgl. Placke 2001: 5). Heutzutage kommen Blickbewegungsmessungen in vielen Forschungsbereichen zum Einsatz, die im Folgenden skizziert werden.

4.1 Anwendungsgebiete

Innerhalb der Anwendungsbereiche des Eye-Trackings wird zwischen dem diagnostischen und dem interaktiven Eye-Tracking unterschieden (vgl. Duchowski [2]2007: 205). Beim diagnostischen Eye-Tracking werden objektive und quantitative Daten über die visuelle Wahrnehmung und Aufmerksamkeit des Probanden aufgezeichnet, wobei das System nicht auf die Augenbewegungen des Probanden reagiert. Beim interaktiven Eye-Tracking werden die Augenbewegungen hingegen als Input zur Steuerung von Anwendungen genutzt. Das System registriert die Daten nicht nur, sondern interagiert mit dem Benutzer (vgl. ebd.). Sowohl die diagnostischen als auch die interaktiven Systeme werden in unterschiedlichen Anwendungsgebieten als Analyse-, Prüfungs- und Diagnoseinstrumente eingesetzt. Diagnostische Zwecke erfüllt das Eye-Tracking u. a. in der Psychiatrie und Neurologie, wo es häufig in Kombination mit fMRT[38] eingesetzt wird, sowie in der Neuro- und Entwicklungspsychologie, wo es bspw. der frühzeitigen Diagnose von Autismus dient. In der kognitiven und klinischen Linguistik wird durch die Blickbewegungsanalyse ferner das Leseverhalten von Legasthenikern untersucht (vgl. Pfeiffer/Weidner [2]2013: 187; Radach et al. 2012: 191 f.). Als Instrument zur Werbeerfolgskontrolle hat das Eye-Tracking auch in der Kognitions- und Werbepsychologie einen hohen diagnostischen Stellenwert. So kann durch die Aufzeichnung der Blickverläufe im Bereich des Marketings u. a. die Wahrnehmung von digitalen Medien und Printanzeigen evaluiert werden. Ferner kann die Benutzerfreundlichkeit (sog. Usability) von Webseiten, PC-Spielen und Softwares bewertet und hinsichtlich ihres Designs bzw. ihrer Benutzeroberfläche optimiert werden. Darüber hinaus wird das Eye-Tracking in der Markt- und Konsumentenforschung zur Analyse des Orientierungs- und Konsumverhaltens angewendet und gibt so Aufschluss darüber, inwiefern die Kaufentscheidung durch die Produktplatzierung beeinflusst werden kann (vgl. Kroeber-Riel et al. [11]2019: 290 ff.).

In der Leseforschung wird das Eye-Tracking seit den 70iger Jahren zur Untersuchung der beim Lesen ablaufenden kognitiven Prozesse eingesetzt. Die meisten Blickbewegungsstudien, die zur Erforschung des Leseprozesses durchgeführt wurden, konzentrierten sich dabei jedoch auf die kognitive Verarbeitung kurzer Wortsequenzen; den Fragen, welche Blickmuster bei der Verarbeitung längerer Texteinheiten zu erkennen sind und wie sich unterschiedliche Lesebedingungen und -ziele in den Augenbewegungen widerspiegeln, wurde bislang nur wenig Aufmerksamkeit geschenkt (vgl. Jakobsen/Jensen 2008: 103 f.).

Da die Daten zeitlich parallel zum Rezeptionsprozess erhoben werden, gehört das Eye-Tracking zu den Online-Verfahren (vgl. Krings 2005: 348).

....

38 Die funktionelle Magnetresonanztomographie (fMRT) ist ein Untersuchungsverfahren, das eine „Darstellung aktiver Hirnareale mit einer nicht-invasiven Magnetresonanztechnik" (Beisteiner [2]2011: 275) erlaubt. Im Gegensatz zur Computertomographie und Magnetresonanztomographie ist die fMRT kein rein bildgebendes, sondern ein funktionell bildgebendes Verfahren. Dies bedeutet, dass sie neben der Abbildung der Hirnstrukturen auch die „Verortung motorischer, sensorischer und kognitiver Funktionen [verspricht]" (Woermann/Mertens 2003: 170).

Krings (2005) spricht in diesem Fall von sog. peraktional erhobenen Daten, die zu unterscheiden sind von den postaktionalen Daten, welche im Anschluss an ein Experiment anhand eines Offline-Verfahrens wie bspw. der retrospektiven Kommentierung erhoben werden. Da das Eye-Tracking im Gegensatz zu der lexikalischen Entscheidungs- oder Benennungsaufgabe somit eine kontinuierliche Echtzeitmessung der Verarbeitung erlaubt und es ermöglicht, zwischen frühen und späten Phasen der Verarbeitung zu differenzieren, hat sich die Methode innerhalb der letzten 50 Jahre als Standardverfahren in der Leseforschung etabliert (vgl. Jensen 2008: 157; Placke 2001: 7). In den letzten Jahren hat das diagnostische Eye-Tracking auch vermehrt Eingang in die Translationsprozessforschung gefunden. Mit der Aufzeichnung des Blickverlaufs lassen sich besonders lang bzw. wiederholt fixierte Wörter detektieren, die folglich als offensichtlich problematische Wörter im Ausgangstext angesehen werden können (vgl. Göpferich 2008: 62). Ebenso erlaubt es Aussagen über die Zeitspanne, die zwischen der erstmaligen Fixierung eines Wortes und dessen Übersetzung vergeht (sog. eye-voice span), sowie Aussagen über das Vorgehen des Übersetzers bei der Internetrecherche (vgl. ebd.: 59, 62). In Zukunft sollen Übersetzer auch vermehrt von dem interaktiven Eye-Tracking profitieren. Die Interaktion zwischen Mensch und Übersetzungstechnologie soll es ermöglichen, dass dem Übersetzer beim Auftreten von Übersetzungsschwierigkeiten automatisch Übersetzungsvorschläge angezeigt werden (vgl. Carl 2008: 193). Während sich derartige interaktive Systeme noch in der Entwicklung befinden, ist das interaktive Eye-Tracking in anderen Bereichen wie dem Ingenieurwesen bereits fest etabliert. Eine entscheidende Rolle kommt den interaktiven Verfahren in der Flugsicherung und der Automobilindustrie zu, wo sie primär der Sicherheitsprüfung der eingesetzten Mensch-Maschine-Systeme dienen. Als fester Bestandteil vieler Fahrerassistenzsysteme (FAS) kann mit dem Eye-Tracking bspw. die Aufmerksamkeit des Fahrers gemessen und müdigkeitsbedingte Fahrunfälle durch Warnsignale verhindert werden. Darüber hinaus stellt das interaktive Eye-Tracking einen Ersatz für die PC-Maus dar und ermöglicht mit der sog. „Augenmaus" (Joos et al. 2003: 160) die Computersteuerung für körperlich beeinträchtigte Menschen. Anstelle der Cursorbewegung und des Mausklicks wird die Interaktion bei der Augenmaus durch eine Fixation auf eine bestimmte Stelle bzw. ein Objekt ausgelöst. Die

Augensteuerung funktioniert intuitiv, d. h. der Mauszeiger kann durch bloßes Anschauen des Objekts gesteuert werden, wodurch dem Nutzer eine äußerst schnelle, ergonomische Systembedienung ermöglicht wird (vgl. TobiiDynavox 2017: 4; Duchowski 2002: 464).

4.2 Eye-Tracking-Systeme

Für die Aufzeichnung der Blickbewegungen werden spezielle Augenbewegungsmessgeräte, die sog. Eye-Tracker eingesetzt. Die früheren Systeme waren lange darauf angewiesen, dass der Proband während der Aufzeichnung keine Bewegungen ausführt, so dass für die Untersuchung in der Regel eine Fixierung des Kopfes erforderlich war. Durch den Einsatz weitwinkliger Kameras und der Weiterentwicklung der Algorithmen konnte jedoch bei den heutigen Eye-Trackern, wie bei dem in der Studie verwendeten SMI RED, „eine sehr hohe Bewegungsfreiheit" (Geise 2011: 178) geschaffen werden. Zwar ist die Sitzposition der Probanden vor dem Gerät bei den neueren ferngesteuerten Systemen nach wie vor eingeschränkt, jedoch können Kopfbewegungen in einem bestimmten Erfassungsbereich[39] kompensiert werden, ohne dass der Eye-Tracker den Fixationsort der Probanden verliert (vgl. ebd.: 178f.). Bei den modernen Systemen wird zwischen mobilen Eye-Tackern (sog. Head Mounted Systeme) und stationären Eye-Trackern (sog. Remote Eye-Tracker) unterschieden (vgl. Blake 2013: 373). Während die mobilen Geräte in Form von Brillen oder Helmen auf dem Kopf getragen werden und somit nur weniger Zentimeter von dem Auge des Probanden entfernt sind (s. Abb. 10), sind die stationären Systeme (auch monitorbasierte Systeme genannt) in den PC-Bildschirm integriert oder außen an diesem befestigt[40] (s. Abb. 11, 12, 13).

....

39 Bei dem in der Studie verwendeten Gerät lag dieser bei 32 x 21 cm.
40 Eye-Tracker, die außen am Monitor befestigt werden, können zwar auch als mobil bezeichnet werden, die Mobilität bezieht sich hierbei allerdings nur auf das Gerät und nicht den Probanden.

Abb. 10: Head-Mounted Eye-Tracker
(Quelle: Ergoneers)

Abb. 11: Remote Eye-Tracker (a)

Abb. 12: Remote Eye-Tracker (b)
(Quelle: Tobii AB 2020)

Abb. 13: Remote Eye-Tracker (c)

Ein Vorteil der mobilen Geräte ist, dass die Augenbewegungen auch in einer dynamischen Umgebung, bspw. beim Umherlaufen, registriert werden können. Die Messungen sind somit nicht an Labore gebunden, sondern können unter natürlichen Bedingungen (z. B. vor Produktregalen oder im Fahr- bzw. Flugsimulator) durchgeführt werden. Dem Vorteil der Flexibilität und Bewegungsfreiheit steht allerdings ein großer Nachteil gegenüber: Da das Gerät von den Probanden getragen wird, sind sie sich der Testsituation stärker bewusst als bei einer berührungsfreien Aufzeichnung. Eine Möglichkeit zur verdeckten Beobachtung ist nicht gegeben, was die realistischen Bedingungen wiederum einschränkt (vgl. Holmqvist/Nyström 2011: 53 ff.). Als weiterer Nachteil gilt, dass die Brille bzw. der Helm bei einigen Systemen die freie Sicht der Probanden behindert (vgl. Goldberg/Wichansky 2003: 505). Der Vorteil der ferngesteuerten Systeme liegt in der Berührungsfreiheit zwischen Gerät und Proband und somit in der Möglichkeit zur verdeckten Beobachtung. Da der Proband nicht durch störende Apparaturen beeinträchtigt oder abgelenkt wird, lässt sich eine natürliche Lesesituation herstellen, die „wichtig für die generelle Übertragbarkeit der Ergebnisse [ist]" (Hansen-Schirra/Gutermuth 2019: 173). Diese ökologische Validität, also die Ähnlichkeit zwischen Versuchsbedingungen und natürlichen Lebensbedingungen, ist ein wesentliches Gütekriterium empirischer Forschung (vgl. ebd.). Da bei ferngesteuerten Systemen jedoch Stimuli nur auf dem Monitor präsentiert werden können und außerhalb des Bildschirms liegende Bereiche nicht erfasst werden, sind die Nutzungsmöglichkeiten der ferngesteuerten Systeme erheblich eingeschränkt. Die Wahl des Geräts richtet sich daher nach der spezifischen Fragestellung. Untersuchungen, die in einer statischen Umgebung am PC stattfinden, wie Software- oder Webseitenanalysen, werden meist mit monitorbasierten Systemen durchgeführt. Für die Regal- oder Plakatwahrnehmung sowie für Untersuchungen im Fahr- oder Flugsimulator bedarf es hingegen mobiler Systeme (vgl. Robinski 2013: 16).

4.3   Funktionsweise

Der Aufbau der monitorbasierten Eye-Tracking-Systeme variiert je nach Untersuchungszweck und örtlichen Gegebenheiten. Vor der Messung des Blickverlaufs ist es erforderlich, die Augenhöhe des Probanden und den Eye-Tracker aufeinander abzustimmen. Ziel dieser sog. Kalibrierung ist es, „auf Basis von aufgezeichneten Blickvektoren eine mathematische Beschreibung der Bildschirmebene zu finden" (Poitschke 2011: 44). Beim monitorbasierten Eye-Tracking werden hierzu die Koordinaten von bis zu neun Kalibrierpunkten einer Bildschirmebene ermittelt. Wird ein Punkt fixiert, kann die Blickrichtung und der Blickpunkt des Probanden mit einer geschätzten Blickgerade ermittelt werden (vgl. ebd.: 45). Zur Ermittlung der Koordinaten der einzelnen Kalibrierpunkte wird der Proband aufgefordert, die Punkte nacheinander zu fixieren oder einem über den Bildschirm wandernden Punkt zu folgen. Eine gründliche Kalibrierung dient der Minimierung von Messungenauigkeiten, sie kann jedoch sehr zeitaufwendig sein. Ist das Gerät auf die Augenbewegungen des Probanden abgestimmt, wird der Stimulus auf dem Bildschirm präsentiert und der Blickverlauf des Probanden erfasst. Die derzeit gängigen Systeme basieren auf der sog. Cornea-Reflex-Methode. Bei dieser wird das Auge mit einer Infrarotkamera bestrahlt, die bis zu 1000 Bilder pro Sekunde aufnimmt. Das Licht wird auf der Netzhaut gespiegelt und tritt in Form von Reflexionen auf der Hornhaut (der sog. Cornea) wieder aus dem Auge heraus (s. Abb. 14). Diese beim Austreten an der Hornhautoberfläche entstehende Reflexion wird auch als „erstes Purkinje-Bild" (Joos et al. 2003: 151) bezeichnet. Das reflektierte Licht wird von speziellen Sensoren (sog. CCD-Sensoren [*Charge Coupled Device*]) aufgefangen und die Position von Pupille und Cornea-Reflex detektiert. Aus dem Abstand des Cornea-Reflexes zur Pupille wird anschließend die Blickrichtung ermittelt sowie anhand von mathematischen Modellen der exakte Blickpunkt berechnet (vgl. Ball 2014: 53). Anschließend können die Daten mit einer Software analysiert und visualisiert werden (vgl. Penzo 2005: 3; Kroeber-Riel et al. [11]2019: 287 ff.).

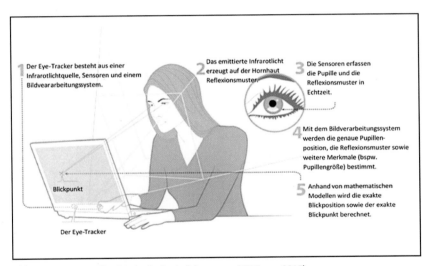

Abb. 14: Cornea-Reflex-Methode (in Anlehnung an UX Focus 2015)

4.4   Gesichts- und Blickfeld

Beim Sehvorgang dringt das auf die Hornhaut treffende Licht durch die Iris und die Pupille hindurch und gelangt zur Linse, von der es gebündelt wird. Das gebündelte Licht trifft auf die Photorezeptoren (Stäbchen und Zapfen) der Netzhaut (Retina). Dort werden die Lichtimpulse zu Nervensignalen umgewandelt und über den Sehnerv zum Gehirn weitergeleitet, wo sie schließlich zu optischen Eindrücken verarbeitet werden (s. Abb. 15) (vgl. Dahlmann/Patzelt [3]2014: 4ff.).

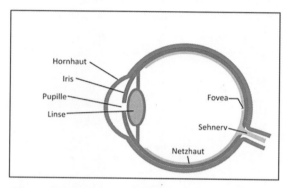

Abb. 15: Das menschliche Auge (in Anlehnung an Pfeiffer 2011)

Die „sehschärfste Region" (Dietrich [2]2007: 265) der Netzhaut ist die sog. Fovea. Da der foveale Bereich, in dem die Sinneszellen besonders dicht angeordnet sind, jedoch mit 0,02 % und einem Durchmesser von etwa 1,5 mm nur einen sehr kleinen Teil der Netzhaut ausmacht, ist es zum Scharfsehen erforderlich, die Augen bzw. den fovealen Bereich stets auf den Bereich zu richten, dem die visuelle Aufmerksamkeit gilt (s. Abb. 16) (vgl. ebd.). Das Gesichtsfeld ist der gesamte visuelle Wahrnehmungsbereich, der bei ruhendem Kopf mit ruhendem Auge aufgenommen wird. Es beträgt laut Dietrich ([2]2007) horizontal ca. 150°, wobei der foveale Bereich, also das Zentrum des Gesichtsfeldes, auf zwei Grad begrenzt ist[41] (vgl. ebd.). Visuelle Reize können mit abnehmender Sehschärfe auch in

....

41 Über die Ausdehnung des mono- und binokularen Gesichts- und Blickfeldes finden sich in der einschlägigen Literatur unterschiedliche Angaben.

dem parafovealen Bereich wahrgenommen werden, der sich an den Bereich des fovealen Sehens „beidseitig anschließt und rund 5° beträgt" (ebd.). Das effiziente Lesen findet somit in einem „zentrale[n] Gesichtsfeldausschnitt" (Zihl [2]2006: 94) statt, der auch als „Lesefenster" (ebd.) bezeichnet wird. Das Lesefenster ist asymmetrisch um die Fovea angeordnet: Beim Lesen eines Textes von links nach rechts umfasst die Wahrnehmungsspanne (sog. *perceptual span*) ca. drei bis vier Buchstaben links und ca. 15 Buchstaben rechts von der Fovea (s. Abb. 16). Das asymmetrische Lesefenster „ermöglicht die simultane Aufnahme eines längeren Textausschnitts und bildet die Grundlage für die regelrechte und kontinuierliche Weiterführung der Fixation" (ebd.). Dabei ist zu beachten, dass die Ausdehnung der Sehbereiche und die Wahrnehmungsspanne nicht statisch ist, sondern von verschiedenen Bedingungen wie Lichteinfall, Sehstärke und Alter des Lesers abhängt (vgl. Bergua 2017: 156). Die Ausprägung der Wahrnehmungsspanne hängt auch von der individuellen Lesekompetenz ab; so verfügen geübte Leser über eine größere Wahrnehmungsspanne als Leser mit geringer Lesekompetenz (vgl. Rayner 1994: 208). Ferner verringert sich die Wahrnehmungsspanne mit zunehmender Schwierigkeit des Textes bzw. des fixierten Wortes (vgl. Rayner 1986: 230 f.). Starke äußere Reize wie Bewegungen, farbliche Veränderungen in der Umwelt oder Blitze werden auch außerhalb des parafovealen Sehbereichs, und zwar im sog. peripheren Gesichtsfeld (s. Abb. 16) wahrgenommen (vgl. Dietrich [2]2007: 265). Der periphere Wahrnehmungsbereich grenzt beidseitig an das parafoveale Gesichtsfeld an und endet jeweils innen am schläfenseitigen Rand (sog. temporaler Rand) und links am nasalen Rand (vgl. ebd.). Die vertikale Ausdehnung beträgt ca. 60° nach oben und 70° nach unten. Da sich die Gesichtsfelder beider Augen zentral um ca. 120° überschneiden, „beträgt [das gesamte beidäugige] Gesichtsfeld also rund 180°" (ebd.).

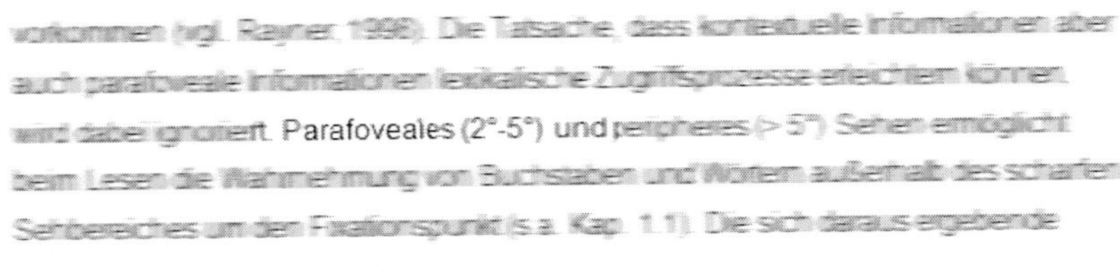

Abb. 16: Bereich des fovealen, parafovealen und peripheren Sehens beim Lesen (vgl. Eichner 2013)

Wird im peripheren Gesichtsfeld eine Bewegung oder Veränderung wahrgenommen, werden laufende Handlungen und Prozesse ggf. unterbrochen und der foveale Sehbereich und damit die Aufmerksamkeit auf den peripher wahrgenommenen Reiz gelenkt. Dieser Orientierungsprozess kann zum einen in gefährlichen Situationen, z. B. im Straßenverkehr, reflexartige Handlungen auslösen und sich somit als lebensnotwendig erweisen; zum anderen kann er aber auch äußerst ablenkend sein, da er bspw. bei der Recherchearbeit dazu führt, dass die Aufmerksamkeit regelmäßig auf peripher wahrgenommene Objekte, d. h. auf am Seitenrand stehende Werbungen oder Banner gelenkt wird. Von dem aus den drei genannten Bereichen bestehenden Gesichtsfeld ist das Blickfeld zu unterscheiden, das den gesamten Bereich umfasst, der bei ruhendem Kopf durch Augenbewegungen wahrgenommen werden kann und ca. 240° beträgt (vgl. ebd.).

Für die Leseforschung ergibt sich daraus, dass der Blick des Lesers auf ein ca. 18 Buchstaben langes Lesefenster gerichtet ist, von denen drei bis vier Buchstaben foveal fixiert, also scharf wahrgenommen werden. Die restlichen Buchstaben fallen asymmetrisch in den parafovealen Bereich, wobei die Schärfe mit steigender Entfernung von der Fovea abnimmt. Dass rechts von der Fovea deutlich mehr Buchstaben wahrgenommen werden als links von der Fovea, hat keine physiologischen Gründe, sondern „wird mit dem Lesenlernen kognitiv installiert" (ebd.: 266). Da die scharfe Wahrnehmung von Informationen nur in dem fovealen Bereich möglich ist, ist es beim Lesen erforderlich, die Position des Auges so zu verändern, dass die gerade zu verarbeitende Textstelle möglichst exakt auf die Fovea fällt. Die Bewegungen, die dabei vom Auge ausgeführt werden, werden nachfolgend dargestellt.

4.5   Augenbewegungen

Für die Analyse der komplexen beim Lesen ablaufenden kognitiven Prozesse werden verschiedene Parameter herangezogen, auf die im Folgenden näher eingegangen wird. Einer der ersten zentralen Befunde der Augenbewegungsmessungen ist, dass das Lesen kein linearer Prozess ist, sondern sprunghaft verläuft. Diese ruckartigen Sprünge von einer Textstelle zur nächsten werden

   © Frank & Timme   Verlag für wissenschaftliche Literatur

als Sakkaden bezeichnet (vgl. Rayner 1978: 618, 620). Drückt man beim Lesen die Zeigefinger leicht auf das linke und rechte Augenlid, können die einzelnen Sakkaden als leichtes Zucken gespürt werden. Mit einer Dauer von ca. 30 ms und einer Maximalgeschwindigkeit von 1000 °/s ist eine Sakkade „die schnellste Bewegung, die vom menschlichen Körper ausgeführt werden [kann]" (Joos et al. 2003: 154). Während der Sakkade ist das Auge „blind" (Duchowski [2]2007: 42), der Sehvorgang wird unterdrückt und es findet keine visuelle Informationsverarbeitung statt (sog. sakkadische Suppression) (vgl. Rayner 1998: 372). Die sakkadische Suppression setzt dabei „bereits kurz vor der Sakkade ein und hält bis kurz nach der Sakkade an" (Ilg/Thier [2]2006: 305). Pro Sekunde werden im Durchschnitt drei Sakkaden ausgeführt, wobei die Geschwindigkeit und Dauer proportional zu der Größe der Sakkade ist (vgl. Clement/Sørensen 2008: 150; Joos et al. 2003: 154; Ilg/Thier [2]2006: 301).

Bei den Sakkaden wird zwischen Vorwärts- und Rückwärtssakkaden unterschieden. Vorwärtssakkaden, auch progressive Sakkaden genannt, werden in Leserichtung ausgeführt und haben eine maximale Länge von etwa 20 Buchstaben, wobei die durchschnittliche Länge bei kompetenten Lesern bei etwa sechs bis acht Buchstaben liegt (vgl. Radach et al. 2012: 186). Rückwärtssakkaden, auch regressive Sakkaden oder Regressionen genannt, werden gegen die Leserichtung ausgeführt und sind nur ca. drei bis vier Zeichen lang (vgl. ebd.). Laut Rayner (1998) sind etwa 85–90 % der Sakkaden progressiv und 10–15 % der Sakkaden regressiv (vgl. Rayner 1998: 375). Regressionen, die nur wenige Buchstaben lang sind, deuten in vielen Fällen darauf hin, dass die ausgeführte Sakkade zu lang war oder, sofern innerhalb des Wortes zurückgesprungen wird (sog. Intrawortsakkaden), dass das gerade fixierte Wort Verarbeitungsprobleme bereitet (vgl. ebd.). Lange Regressionen, d. h. solche, die mehr als zehn Zeichen lang sind oder in eine vorherige Zeile gehen, sind ein Hinweis darauf, dass der Text im ersten Lesedurchgang nicht verstanden wurde (vgl. ebd.). Diese temporären, im ersten Lesedurchgang entstehenden Verstehensprobleme können, wie in Kap. 3.6.2 aufgeführt, durch lexikalische oder syntaktische Ambiguität, das Verfehlen der Morphemgrenze sowie durch überlange Zeilen oder hohe Informationskomplexität bedingt sein. Das Ziel und damit die Richtung und Länge der Sakkade wird bereits vor der Ausführung festgelegt und kann während des Blicksprungs nicht mehr bewusst verändert werden. Die Wahl des nächsten Fixationspunktes hängt dabei primär von der Länge der rechtsstehenden Wörter ab, die parafoveal erfasst wird (vgl. McConkie/Rayner 1975). Sakkaden dienen nicht der Informationsaufnahme, sondern lediglich der Neuausrichtung des Auges auf Stellen, die dann scharf wahrgenommen werden (vgl. Göpferich 2008: 57). Diese Ausrichtung der Fovea auf bestimmte Stellen zur Informationsaufnahme wird Fixation genannt, die fokussierten und scharf wahrgenommen Punkte sind demnach die Fixationspunkte (vgl. Ilg/Thier ²2006: 297). Angesichts der sakkadischen Suppression findet die visuelle Wahrnehmung und Verarbeitung des gerade fixierten Objekts (Wort, Morphem, Silbe etc.) nur während der Fixation statt (vgl. Penzo 2005: 2). Fixationen gelten somit, im Gegensatz zu Sakkaden, als Indikatoren für kognitive Prozesse (vgl. Jensen 2008: 158). Die Fixationsdauer, d. h. die Zeit, während der das Auge relativ bewegungslos auf einer Stelle fixiert bleibt, hängt von verschiedenen Parametern wie Lesekompetenz und Textschwierigkeit ab (vgl. Sjørup 2008: 59). Bei durchschnittlicher Lesekompetenz und -geschwindigkeit wird ein Fixationspunkt ca. 200 bis 300 ms lang fixiert (vgl. Rayner 1998: 373). Bei Verstehensschwierigkeiten wird das entsprechende Objekt länger fixiert (vgl. Jensen 2008: 158). Von einem kompetenten Leser werden pro Fixation ca. 1,2 Wörter erfasst. Bei schwierigen Texten oder Lesern mit geringer Lesekompetenz ist die Anzahl der Wörter pro Fixation geringer (vgl. Just/Carpenter 1980: 330).

Der am Ende einer Zeile erfolgende Sprung zum Beginn der nächsten Zeile wird als Zeilenrücksprung (*return sweep*) bezeichnet. Return Sweeps sind häufig ungenau, d. h. das erste Wort der anvisierten Zeile wird verfehlt und das Auge landet stattdessen rechts von diesem. Diese Ungenauigkeit wird durch Korrektursakkaden korrigiert, bei denen das Auge auf das erste Wort der Zeile zurückspringt. Korrektursakkaden spiegeln sich in einer verlängerten Fixationsdauer des ersten Wortes der entsprechenden Zeile wider (vgl. ebd.: 347). Neben den Sakkaden und Fixationen spielt in der Leseforschung auch die Pupillenweite eine besondere Rolle, denn es „[gilt] als relativ sicher […], dass es einen Zusammenhang zwischen der Pupillenweite und der kognitiven Beanspruchung gibt" (Göpferich 2008: 59)[42]. Neben den genannten Parametern

---

42 Auf die Bedeutung der Pupillenweite wird weiter unten näher eingegangen.

führt das Auge noch diverse weitere Bewegungen aus, wie den Lidschlag zur Befeuchtung bzw. den Lidschluss zum Schutz des Auges oder das während der Fixation zu beobachtende leichte Zittern der Augen (sog. Fixationstremor). Da diese rein physiologisch bedingt sind und für die Studie nicht relevant sind, wird auf die Bewegungen nicht weiter eingegangen.

Vor der Studie ist es erforderlich, sog. Interessenbereiche (*Areas of Interest*, AOIs) festzulegen. Bei den AOIs handelt es sich um die „Blickgebiete" (Rötting 2001: 141) bzw. Stimulusbereiche, die für die Forschungsfrage relevant sind. Im Folgenden werden die für die Analyse des Leseprozesses relevanten Messgrößen nochmals separat aufgeführt und definiert. Dabei ist jedoch zu beachten, dass es für die Messgrößen bislang keine einheitlichen Benennungen gibt und diese je nach Disziplin teils unterschiedlich bezeichnet und definiert werden.

1. First fixation duration: die Dauer der ersten Fixation auf die AOI, ungeachtet dessen, ob das Wort im Anschluss erneut fixiert wird oder nicht (vgl. Rayner 1998: 377; Rötting 2001: 112; Wolfer 2016: 171). Die Erstfixationsdauer liefert Hinweise auf Prozesse, die in der frühen Verarbeitungsphase stattfinden (vgl. Marelli/Luzzatti 2012: 656 f.).

2. First pass reading time (auch first pass gaze duration genannt): die Summe der Fixationsdauern von der ersten Fixation einer AOI bis zum ersten Verlassen der AOI (vgl. Liversedge et al. 1998: 58; Rötting 2001: 120; Wolfer 2016: 171). Sie gilt als Maß für die Dauer der gesamten Wortverarbeitung (vgl. Marelli/Luzzatti 2012: 659).

3. Total reading time: die Summe aller Fixationsdauern auf die AOI, einschließlich der Fixationen nach dem ersten Lesedurchgang. Die zwischen den Lesedurchgängen stattfindenden Regressionen werden nicht mit eingerechnet (vgl. Liversedge et al. 1998: 58; Wolfer 2016: 171).

4. Total dwell time (auch total gaze duration genannt): die Summe aller Fixations- und Sakkadendauern innerhalb der AOI (vgl. Holmqvist/Nyström 2011: 389; SMI 2017: 295, 345).

5. Regression path duration: die Summe aller Fixationen auf die AOI (total reading time) einschließlich der Summe aller Regressionen (d. h. aller nach der Erstfixation stattfindenden Fixationen links der AOI) (vgl. Liversedge et al. 1998: 63; Wolfer 2016: 171). Sie gilt als Maß für den kognitiven Verarbeitungsaufwand, der für die semantische Integration des Wortes in den Gesamtkontext erforderlich ist (vgl. Marelli/Luzzatti 2012: 661).

Bevor im folgenden Kapitel die verschiedenen Darstellungsweisen von Eye-Tracking-Daten skizziert werden, soll zunächst noch auf den Zusammenhang zwischen Pupillenweite und kognitiver Beanspruchung eingegangen werden. In mehreren Studien, in denen Probanden zunehmend schwierigere Aufgaben zu lösen hatten, konnte nachgewiesen werden, dass die Pupillengröße mit zunehmender kognitiver Beanspruchung steigt (u. a. Just/Carpenter 1993; Hyönä et al. 1995; Iqbal et al. 2004). Bei den Aufgaben handelte es sich um komplexe kognitive Aufgaben wie das Nachsprechen von unterschiedlich langen und komplexen Sätzen (für einen Überblick s. Beatty 1982), Such- und Wahrnehmungsaufgaben, Gedächtnisaufgaben sowie das Hören, Nachsprechen und Übersetzen von auditiv präsentierten Wörtern (vgl. Hyönä et al. 1995). Darüber hinaus gibt es aber auch mehrere linguistische Studien, in denen der Zusammenhang zwischen Pupillenweite und kognitivem Aufwand bei der Satzverarbeitung nachgewiesen wurde. So zeigten Schluroff et al. (1986) auf, dass Sätze, in denen lexikalische Ambiguität vorliegt, mit einer größeren Pupillenweite einhergehen als Sätze ohne lexikalische Ambiguität, was sie als Indiz dafür werten, dass erstere einen höheren kognitiven Verarbeitungsaufwand erfordern. Auch Just/Carpenter (1993) wiesen nach, dass sich die Pupille mit zunehmender Komplexität von Satzkonstruktionen vergrößert. Diese Ergebnisse wurden von Piquado et al. (2010) auch für auditiv präsentierte Sätze unterschiedlicher Komplexität und Länge repliziert. Die erste Studie, in der die kognitive Beanspruchung während des lexikalischen Zugriffs anhand der Pupillenweite untersucht wurde, stammt von Hyönä/Pollatsek (2000). Hyönä/Pollatsek (2000) wiesen nach, dass die Pupillengröße beim Lesen von Komposita größer war als beim Lesen monomorphemischer Wörter, was sie als Indiz dafür deuten, dass die Verarbeitung von Komposita mit einem höheren kognitiven Aufwand verbunden ist. Die Hypothese wurde dabei nicht nur durch die größere Pupillenweite, sondern auch durch eine längere Gesamtlesezeit bestätigt. Die Autoren sprechen sich folglich dafür aus, in Blickbewegungsstudien zur Wortverarbeitung auch die Pupillenweite als zusätzliche Messgröße heranzuziehen. Sie weisen jedoch darauf hin, dass es sich um die ersten Ergebnisse handelt, die einen direkten Zusammenhang zwischen Pupillengröße und kognitivem Aufwand während des lexikalischen Zugriffs aufzeigen, und diese zunächst durch weitere Studienergebnisse bestätigt werden müssen. Dies geschah bspw. in der Studie von Fernández et al. (2017), in der ebenfalls aufgezeigt wurde, dass die Pupillenweite bei kürzeren Wörtern kleiner war als bei längeren Wörtern. Ebenso ergab die Studie, dass die Pupillenweite bei hochfrequenten und erwartbaren Wörtern kleiner war als bei niedrigfrequenten und weniger erwartbaren Wörtern. Hierbei ist allerdings zu betonen, dass die Stimuli in beiden Studien, ebenso wie in der Studie von Just/Carpenter (1993), in Sätze eingebettet waren, was wiederum bedeutet, dass die Pupillenweite in Aufgaben gemessen wurde, die eine semantische Integration des Wortes in den Satzkontext erforderten. Der Zusammenhang zwischen Pupillenweite und Lesen von isoliert präsentierten Wörtern wurde zwar in der Studie von Hess/Polt (1968) untersucht, in der Studie wurde allerdings mit der Pupillenweite nicht die kognitive Beanspruchung, sondern die emotionale Reaktion auf Wörter untersucht. Es zeigte sich, dass die Pupillenweite bei Wörtern, die emotional gefärbt waren oder eine sexuelle Konnotation hatten, größer war als bei emotional neutralen Wörtern. Studien, in denen der Zusammenhang zwischen Pupillenweite und kognitiver Beanspruchung auf Wortebene untersucht wurde, liegen hingegen nicht vor. Hinsichtlich des Zusammenhangs zwischen kognitivem Aufwand und Pupillenweite wird jedoch wiederholt darauf hingewiesen, dass die Pupillenweite als alleiniges Maß für die kognitive Beanspruchung nicht geeignet ist und nur in Zusammenhang mit anderen validen Parametern (z. B. Fixationsanzahl, Gesamtlesezeit) interpretiert werden sollte. Dass die anhand der Pupillenweite sichtbare kognitive Beanspruchung in der Sprachwissenschaft bislang nicht auf Einzelwortebene, sondern ausschließlich anhand von ökologisch validen Sätzen untersucht wurde, hat mehrere Gründe: Sofern dem Lesen isolierter Wörter keine kognitive Aufgabe wie z. B. eine Gedächtnisaufgabe folgt, ist beim Lesen von isoliert präsentierten Wörtern weder eine semantische Integration in einen Satzkontext noch eine andere kognitiv anspruchsvolle Leistung erforderlich. Folglich kann nicht davon ausgegangen werden, dass das ausschließliche Lesen von Einzelwörtern valide Aussagen über die kognitive Anstrengung erlaubt (vgl. Van Assche et al. 2012, s. Kap. 3.8.4). Ein weiterer Aspekt ist, dass in mehreren Studien (u. a. Beatty 1982; Hoeks/Levelt 1993) aufgezeigt wurde, dass eine Pupillenreaktion nicht sofort, sondern mit einer leichten Verzögerung von ca. 300 ms auftritt. Hyönä/Pollatsek (2000) argumentieren, dass dieser Aspekt auf Satzebene unproblematisch ist, und zwar deshalb, weil umfassend belegt ist, dass die Wortverarbeitung bei in Sätzen eingebetteten Wörtern bereits parafoveal, also beim Fixieren des voranstehenden Wortes, stattfindet (sog. *parafoveal preview benefit*). Folglich wird das die Pupillenreaktion triggernde Ereignis schon vor der fovealen Wortfixation wahrgenommen, so dass der verzögerte Effekt bei der eigentlichen Fixation zu erkennen sein müsste (vgl. Hyönä/Pollatsek 2000). Diese Möglichkeit zur parafovealen Informationsaufnahme ist auf Wortebene nicht gegeben, so dass die Pupillenweite als Maß für die kognitive Beanspruchung auf Wortebene ungeeignet ist. Allerdings ist auch auf Satzebene zu beachten, dass die Pupillenweite durch eine Vielzahl weiterer Faktoren beeinflusst werden kann und die Aussage, dass eine größere Pupillenweite stets ein Indikator für eine größere kognitive Beanspruchung ist, somit nur unter Vorbehalt zu treffen ist (s. hierzu auch Kap. 5.5.8).

4.6   Darstellungsweisen

Für die Auswertung der mit dem Eye-Tracker aufgezeichneten Daten können diese sowohl in Tabellen- oder Diagrammform als auch als Grafik ausgegeben werden. Die drei gängigsten grafischen Darstellungsweisen sind die sog. Heat Maps, Gaze Plots und Gaze Replays. Bei der Visualisierung mit einer Heat Map (auch Hot Spots oder Gaze Spots genannt) wird die Intensität, mit der die einzelnen Stellen des Stimulus betrachtet werden, mithilfe eines Farbgradienten dargestellt. Stellen, die wiederholt oder besonders lange fixiert werden, sind dabei in warmen Farben (meist rot oder orange) abgebildet (sog. Hot Spots).

Die Farbwärme nimmt graduell ab, so dass Bereiche mit einer mittleren Fixationsdichte und -intensität in gelb und Bereiche mit einer geringen Fixationsdichte bzw. einer kurzen Blickdauer in grün oder blau eingefärbt sind. Eine Heat Map ermöglicht es somit, Bereiche zu identifizieren, die die größte Aufmerksamkeit auf sich ziehen (s. Abb. 17). Heat Maps können dabei entweder für einzelne Probanden getrennt oder aber für mehrere bzw. alle Probanden aggregiert erstellt werden (vgl. Honsel 2012: 38; Duchowski et al. 2012: 13 f.). Bei der Gaze-Plots-Darstellung (auch Gaze Traces oder Scan Path genannt) werden die Augenbewegungen in Form von Linien und Kreisen visualisiert, wobei die Linien für die Sakkaden und die Kreise für die Fixationen und deren Reihenfolge stehen. Mit der Kreisgröße wird zudem die Dauer der Fixation veranschaulicht (s. Abb. 18): Je länger das Auge auf einer Stelle verweilt, desto größer wird der Kreis, wobei der Blickverlauf bei einigen Softwares zusätzlich durch Nummern innerhalb der Kreise angezeigt wird (vgl. Honsel 2012: 37 f.; Göpferich 2008: 56). Bei dem Gaze Replay werden die aufgezeichneten Blickpfade in Echtzeit oder Zeitlupe als Videofilm abgespielt. Das Gaze Replay ist im Gegensatz zu den Heat Maps und den Gaze Plots somit keine statische, sondern eine dynamische Visualisierungsform (vgl. Honsel 2012: 37). Der jeweils betrachtete Stimulus wird durch einen wandernden Punkt markiert, wobei die Fixationsdauer wie bei der Gaze-Plot-Darstellung durch die Größe des Punktes visualisiert wird (vgl. Honsel 2012: 37; Göpferich 2008: 56).

Abb. 17: Heat Map

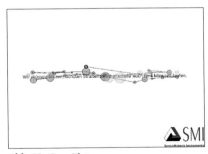

Abb. 18: Gaze Plots

4.7 Zentrale Annahmen und Erkenntnisse der Leseforschung

In der Leseforschung wird angenommen, dass es einen direkten Zusammenhang gibt zwischen den genannten Blickparametern und den „perzeptiven und kognitiven Prozessen, die während der einzelnen Augenbewegungen ablaufen" (Göpferich 2008: 57). Diese Zusammenhänge zwischen Wortfixierung und Informationsverarbeitung fassen Just/Carpenter (1980) unter der *Immediacy Assumption* und der *Eye-Mind-Assumption* zusammen. Die *Immediacy Assumption* besagt, dass der Versuch der Wortverarbeitung unmittelbar mit dessen Wahrnehmung einsetzt (vgl. Just/Carpenter 1980: 330). Da die Zuordnung eines Inhaltswortes zu dessen Referenten jedoch in einigen Fällen noch weitere Informationen erfordert, ergänzen Just/Carpenter (1980), dass die erfolgreiche kognitive Verarbeitung auf allen Ebenen nicht immer sofort bei der Wortwahrnehmung, sondern vielmehr „so schnell wie möglich" (ebd.: 341) stattfindet. Die zweite Annahme, die *Eye-Mind-Assumption*, besagt, dass die Dauer der Fixation eines Objekts der Dauer der Informationsaufnahme und -verarbeitung entspricht. Die Zeit, die eine Wortsequenz fixiert wird, entspricht somit der Zeit, die benötigt wird, um die darin enthaltenen Informationen zu verarbeiten. Das Auge springt folglich erst dann weiter, wenn das gerade fixierte Wort vollständig verarbeitet wurde. Die Wortverarbeitung erfolgt dabei nicht isoliert, sondern unter Zuhilfenahme der zuvor rezipierten Informationen (vgl. ebd.: 330). In dieser Zeitspanne findet laut Just/Carpenter (1980) neben der lexikalischen Verarbeitung somit zugleich die semantische Verarbeitung statt. Eine länger dauernde lexikalische und semantische Verarbeitung spiegelt sich folglich in einer längeren Fixationsdauer wider. Es gibt jedoch auch gegenläufige Ansätze, in denen angenommen wird, dass die während der Fixation aufgenommenen Informationen vor der semantischen Verarbeitung zunächst in einem internen Speicher zwischengespeichert werden (vgl. Bouma/de Voogd 1974: 281). Rayner et al. (1989) gehen wiederum davon aus, dass es eine Verzögerung gibt zwischen der Fixation und dem Zeitpunkt, zu dem die aus der Fixation aufgenommenen Informationen verarbeitet werden. Diese Verzögerung, mit der sie Zweifel an der *Eye-Mind-Assumption* äußern, bezeichnen sie als „eye-mind span" (Rayner et al. 1989: 25 ff.). Ferner haben

Rayner et al. (1989) aufgezeigt, dass nicht nur die foveal, sondern auch die parafoveal aufgenommenen Informationen teilweise bereits vor der fovealen Fixierung mit in die kognitive Verarbeitung einfließen (ebd.: 25). Sie sprechen dabei von einem sog. „parafoveal preview effect" (ebd.: 26), wobei sie betonen, dass die parafoveal aufgenommenen Informationen noch nicht semantisch verarbeitet werden. Zudem sehen Rayner et al. (1989) eine Sakkade nicht als Indiz dafür an, dass die Wortverarbeitung abgeschlossen ist, sondern sie nehmen an, dass die Wortverarbeitung fortgesetzt wird, während das Auge bereits die nächste Textstelle fixiert. Diese zeitliche Überlappung bezeichnen sie als „spillover effect" (ebd.: 26 f.).

Darüber hinaus gilt es als gesichert, dass die Wahrscheinlichkeit und die Position von Refixationen maßgeblich von der *optimal viewing position* (O'Regan/Lévy-Schoen 1987) und der *preferred viewing position* (Rayner 1979) abhängen. Die *optimal viewing position* (auch *optimal landing position* genannt) bezeichnet dabei den Fixationsort, von dem aus ein Wort am schnellsten erkannt werden kann. Es handelt sich dabei in der Regel um die Wortmitte. Die *preferred viewing position*, d. h. der Punkt, der typischerweise als erstes fixiert wird, liegt dabei etwas links von der *optimal viewing position,* also zwischen Wortanfang und Wortmitte. Folglich gilt, dass je weiter die initiale Landeposition von der Wortmitte entfernt ist, desto höher ist die Wahrscheinlichkeit einer zweiten Fixation auf das Wort (vgl. O'Regan 1992: 339). Dass die Augen meist nicht auf der für die Worterkennung optimalen Position landen, ist laut Radach/McConkie (1998) auf verschiedene Faktoren zurückzuführen, wie die Sakkadenlänge und -programmierung sowie die Möglichkeit der parafovealen Informationsaufnahme (vgl. Radach/McConkie 1998: 79).

Zu den grundlegenden anhand des Eye-Trackings gewonnenen Erkenntnissen gehört zudem die in Kap. 2.8.2 angedeutete asymmetrische Fixation von Inhalts- und Funktionswörtern. Während Inhaltswörter beim Lesen zu 85 % fixiert werden, werden Funktionswörter mehrheitlich übersprungen und nur zu 35 % fixiert (vgl. Rayner 1998: 375). Dem entspricht auch die Erkenntnis, dass es einen eindeutigen Zusammenhang zwischen der Fixationswahrscheinlichkeit und der Wortlänge gibt (vgl. ebd.). Während lange Wörter ($\geq$ acht Buchstaben) fast immer fixiert werden, werden kurze Wörter (zwei bis drei Buchstaben) nur in 25 % der Fälle fixiert (vgl. ebd.). Insgesamt werden beim

Lesen durchschnittlich ein Drittel der Wörter übersprungen (vgl. Hyrskykari 2006: 48). Trotz widersprüchlicher Modellierungen besteht in der Leseforschung weitgehend Konsens darüber, dass längere Fixationen als Indikator für länger dauernde kognitive Verarbeitungsprozesse gelten, die entweder auf eine hohe Komplexität oder auf Enkodierungsschwierigkeiten zurückzuführen sind (vgl. Rayner/Pollatsek 1989: 118; Duchowski 2002: 457; Rayner et al. 2006: 242; Geise 2011: 194 f., 205). Folglich gilt, dass je komplexer die Grammatik und der Inhalt eines Textes ist, desto länger sind die Fixationen und desto weniger Wörter werden pro Minute gelesen. Zudem nimmt mit steigender Komplexität die Anzahl der Regressionen zu, während die Anzahl und Länge der Vorwärtssakkaden abnimmt. Ebenso wie lange Fixationen können daher auch häufige Regressionen auf eine hohe Informationskomplexität hinweisen (vgl. Rayner/Pollatsek 1989: 118). Zudem besteht ein Zusammenhang zwischen Fixationsdauer und Wortfrequenz. Wörter mit hoher Gebrauchsfrequenz werden schneller verarbeitet und somit kürzer fixiert als Wörter mit geringer Gebrauchsfrequenz (vgl. Just/Carpenter 1980: 339). Ferner ist die Fixationsdauer in rhematischen Textteilen länger als in thematischen (vgl. Rayner 1978: 633). Neben der Wortbekanntheit und -häufigkeit hängt die Fixationsdauer noch von diversen weiteren Textfaktoren ab, wie den semantischen Eigenschaften und Beziehungen zwischen den Wörtern, der Vorhersehbarkeit aus dem Kontext, anaphorischen Verweisen, Koreferenzen, der Stellung des Wortes im Satz sowie lexikalischer und syntaktischer Ambiguität (vgl. Göpferich 2008: 57). Ferner ist die Fixationsdauer auch von der individuellen Lesekompetenz sowie von „Beschränkungen des Augenbewegungsapparates und individuellen Augenbewegungsmustern" (ebd.: 58) abhängig. Darüber hinaus gibt es allerdings noch zahlreiche weitere physische, psychische und situative Faktoren, die ebenfalls Einfluss auf den Leseprozess haben können, wie z. B. persönliches Interesse, Vorwissen, Motivation, Befindlichkeit oder Raumklimabedingungen. In der Forschung besteht kein Konsens darüber, in welchem Ausmaß der Leseprozess durch die einzelnen Faktoren beeinflusst wird. Grundsätzlich lassen sich zwei divergierende Ansätze unterscheiden, auf die im Folgenden näher eingegangen wird.

4.8 Modell der Blickbewegungssteuerung beim Lesen

Die Blickbewegungen beim Lesen werden sowohl von visuellen als auch von lexikalischen, semantischen und kontextuellen Faktoren gesteuert. Diese unterschiedlichen Einflussfaktoren und die sich daraus ergebenen Konsequenzen für die Blickbewegungssteuerung und den Leseprozess wurden unterschiedlich modelliert (u. a. Strategy-Tactics-Model von O'Regan 1990, 1992; SWIFT-Model von Engbert et al. 2005; Glenmore-Model von Reilly/Radach 2006). Hierbei wird zwischen den okulomotorischen Modellen und den Verarbeitungsmodellen unterschieden. Während die okulomotorischen Modelle primär den Einfluss der visuellen Parameter (insb. der Wortlänge) auf die Sakkadensteuerung untersuchen und sich somit auf die Steuerung der Augenbewegungen konzentrieren, liegt der Fokus der Verarbeitungsmodelle weniger auf den Augenbewegungen, sondern mehr auf den lexikalischen, semantischen und kontextuellen Faktoren, die den Leseprozess und die dabei ablaufenden kognitiven Prozesse steuern (vgl. Reichle et al. 2003). In anderen Modellen, wie z. B. bei Vitu/O'Regan (1995), wird angenommen, dass der Leseprozess sowohl durch kognitive als auch durch okulomotorische Faktoren bestimmt wird, wobei das konkrete Verhältnis zwischen den einzelnen Faktorengruppen unklar ist. Eines der wenigen und zugleich einflussreichsten Modelle, in denen ebenfalls weder ausschließlich die einen noch die anderen Faktoren, sondern das Zusammenspiel der Faktoren und deren Einfluss auf die Augenbewegungen und die kognitiven Prozesse untersucht wurde, ist das E-Z-Reader-Modell von Reichle et al. (1998, 1999, 2003).

Reichle et al. (1998, 1999) gehen in ihrem E-Z-Reader-Modell[43] davon aus, dass der Leseprozess seriell abläuft, wobei die Aufmerksamkeit beim Lesen immer nur auf einem Wort liegt. Erst wenn ein Wort *n* verarbeitet wurde, wird die Aufmerksamkeit auf das Wort *n+1* verlagert. Eine weitere zentrale Annahme ist, dass die Sakkadenprogrammierung unabhängig von der Aufmerksamkeitsverlagerung abläuft. Die Sakkade wird somit bereits auf das

---

43 Der Name *E-Z-Reader-Modell* geht auf einen fiktiven Charakter namens Easy Reader zurück, der mit seinen Lesefähigkeiten beeindruckte.

Wort *n+1* programmiert, während das Wort *n* noch verarbeitet wird. Das E-Z-Reader-Modell erklärt die Steuerung der Augenbewegungen anhand von fünf nacheinander ablaufenden Prozessen. In einem ersten Schritt wird ein Vertrautheitscheck (*familiarity check*) mit dem Wort *n* durchgeführt (vgl. Reichle et al. 1998: 133). Auf dieser ersten Verarbeitungsstufe wird zunächst nur die orthografische Wortform identifiziert und das Wort auf Grundlage dessen als bekannt oder unbekannt eingeordnet. Die vollständige lexikalische Verarbeitung des Wortes findet jedoch erst durch die im Anschluss an den Vertrautheitscheck stattfindende Aktivierung der semantischen und phonologischen Informationen statt, die somit den „lexikalischen Zugang" (ebd.) liefert.

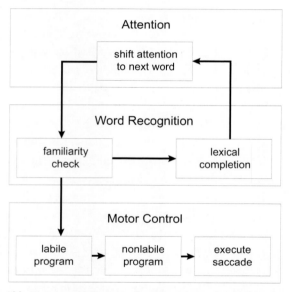

Abb. 19: Schematische Darstellung des E-Z-Reader-Modells nach Reichle et al. (1998)

Parallel dazu wird mit dem Abschluss des Vertrautheitschecks die nächste Sakkade nach *n+1* programmiert. Die Aufmerksamkeitsverlagerung nach *n+1* findet jedoch erst statt, wenn die lexikalische Verarbeitung von *n* abgeschlossen ist. Sakkadenprogrammierung und Aufmerksamkeitsverlagerung laufen somit getrennt voneinander ab. Die Sakkadenprogrammierung besteht ebenfalls aus

© Frank & Timme   Verlag für wissenschaftliche Literatur

zwei Phasen: einer frühen labilen Phase, während der das Ziel der Sakkade noch korrigiert werden kann, und einer späteren stabilen Phase, in der eine Neuprogrammierung nicht mehr möglich ist. Direkt nach Abschluss der stabilen Phase wird im letzten Schritt die Sakkade nach $n+1$ ausgeführt (s. Abb. 19). Je häufiger ein Wort vorkommt, desto weniger Zeit wird für den Vertrautheitscheck und die lexikalische Verarbeitung benötigt, d. h. umso schneller wird die Aufmerksamkeit nach $n+1$ verlagert. Da mit dem Modell in der ursprünglichen Form nicht erklärt werden kann, wieso manche Wörtern refixiert, andere hingegen nur einmal fixiert werden, ergänzen Reichle et al. (1998) das Modell um das sog. „Refixationsprogramm" (ebd.: 141). Sobald ein Wort fixiert wird und somit der Vertrautheitscheck startet, startet parallel dazu das Refixationsprogramm, d. h. es wird eine erneute Sakkade auf das Wort (Intrawortsakkade) programmiert. Refixation und Vertrautheitscheck befinden sich in einer Art Wettlauf (*horse race*), wobei es nur dann zur Refixation kommt, wenn der Vertrautheitscheck nicht vor der stabilen Phase der Intrawortsakkade abgeschlossen wurde. Reichle et al. (2003) fügen jedoch hinzu, dass das Refixationsprogramm nicht automatisch, sondern in Abhängigkeit von der Wortlänge und -frequenz gestartet wird. Mit dem Modell kann so bspw. auch erklärt werden, wieso die Refixationswahrscheinlichkeit, wie erwähnt, von der initialen Fixationsposition abhängt: Je näher die initiale Landeposition an der *optimal viewing position* liegt, desto schneller kann das Wort erkannt und der Vertrautheitscheck abgeschlossen werden. Liegt die initiale Fixationsposition hingegen weiter von der Wortmitte entfernt, steigt die Wahrscheinlichkeit, dass das Refixationsprogramm ‚gewinnt' und eine erneute Sakkade auf das Wort ausgeführt wird. Ist das Intervall zwischen dem Vertrautheitscheck und der lexikalischen Verarbeitung kürzer als die für die Sakkadenprogrammierung benötigte Zeit, kommt es zu *parafoveal preview benefits*. Die Aufmerksamkeit liegt in diesen Fällen bereits auf dem Wort $n+1$, bevor die Sakkade ausgeführt wurde. Diese Entkopplung von Aufmerksamkeitsverlagerung und Sakkadenprogrammierung ist laut Reichle et al. (1999) die Voraussetzung für das Überspringen von Wörtern: Ist der Vertrautheitscheck des Wortes $n+1$ bereits abgeschlossen, während sich die Programmierung der Sakkade auf $n+1$ noch in der labilen Phase befindet, wird die Sakkade gelöscht und stattdessen direkt auf das Wort $n+2$ programmiert. Das Wort $n+1$ wird folglich übersprungen.

Ein wesentlicher Kritikpunkt an dem Modell ist die Annahme einer seriellen Verlagerung der Aufmerksamkeit, die impliziert, dass die Aufmerksamkeit nur auf einem Wort liegen kann. Diese Annahme stimmt nicht mit Studien überein, in denen gezeigt wurde, dass auch die parafoveale Informationsaufnahme einen Einfluss auf die Fixationsdauer des fovealen Wortes haben kann (u. a. Underwood et al. 2000; Inhoff et al. 2000a). So konnten Inhoff et al. (2000a) bspw. aufzeigen, dass randomisierte Buchstabenfolgen oder semantisch unpassende Wörter als Posttargets zu längeren Fixationsdauern des Targets führten. Folglich wird in anderen Modellen der Blickbewegungssteuerung angenommen, dass die Aufmerksamkeit nicht nur auf einen Punkt fixiert ist, sondern innerhalb der erwähnten Wahrnehmungsspanne liegt und in dieser mit zunehmender Entfernung vom Fixationspunkt abnimmt (vgl. LaBerge et al. 1997; Engbert et al. 2005).

Zudem ist, wie in Kap. 2.5 erwähnt, stets zu beachten, dass der Textverstehensprozess nicht nur von textgeleiteten Merkmalen (bottom-up) geleitet wird, sondern auch Top-down-Prozesse, wie das Vorwissen und die Zielsetzung des Lesers sowie die Erwartungen an einen Text, einen erheblichen Einfluss auf die lexikalische Wortverarbeitung und somit auch auf die Augenbewegungen beim Lesen haben. Dieser Kritikpunkt wird auch von Reichle et al. (1998) selbst angesprochen. So sind auch Reichle et al. (1998) der Ansicht, dass der Leseprozess durch Bottom-up- und Top-down-Einflüsse gesteuert wird und gestehen folglich ein, dass das Modell nur einen Teil des Leseprozesses erklärt und teilweise Defizite aufweist (vgl. Reichle et al. 1998: 130, 153). Sie weisen darauf hin, dass ein verbessertes Modell auch das Zusammenspiel von Bottom-up- und Top-down-Prozessen berücksichtigen müsste; die Entwicklung eines solchen Modells jedoch eine komplexe Forschungsaufgabe darstellt (vgl. ebd.: 153). Heutzutage besteht weitgehend Konsens darüber, dass Bottom-up- und Top-down-Einflüsse gemeinsam den Textverstehensprozess und somit auch die Steuerung der Blickbewegungen beim Lesen beeinflussen. Das Textverstehen ist somit ein konstruktiver Prozess einer Text-Leser-Interaktion und folglich ein Zusammenspiel von Text- und Lesermerkmalen. So gilt es zu berücksichtigen, dass bspw. Refixationen nicht nur, wie in dem E-Z-Reader-Modell vorhergesagt, von der initialen Fixationsposition und der Wortlänge und -frequenz, sondern insbesondere auch von den rezipientenseitigen Top-down-Prozessen abhängen (vgl. Eichner 2013: 24). Für ein vollumfängliches Verstehen der Blickbewegungen beim Lesen bedarf es somit der Berücksichtigung des Zusammenspiels von Bottom-up- und Top-down-Einflüssen. Ein komplexes Modell, in dem diese Wechselwirkung von Bottom-up- und Top-down-Prozessen berücksichtigt wird, findet sich z. B. bei Dambacher (2010), auf das an dieser Stelle aber nur verwiesen wird.

4.9 Grenzen

Obgleich das Eye-Tracking in der Leseforschung fest etabliert ist, wird vermehrt darauf hingewiesen, dass es als alleiniges Verfahren zur Bestimmung der Textverständlichkeit und des kognitiven Verarbeitungsaufwandes nicht geeignet ist (vgl. Göpferich 2008; Gutermuth 2020). Dies liegt zum einen daran, dass die Augenbewegungen von einer Vielzahl von Faktoren abhängen, von denen viele und insbesondere die physiologischen und psychischen Faktoren (Müdigkeit, Stress, Motivation, Interesse, Vorwissen) nicht direkt messbar sind. Zum anderen wird der Zusammenhang zwischen Fixationsdauer und kognitiver Beanspruchung kritisch betrachtet. So wird oftmals kritisiert, dass längere Fixationsdauern nicht zwingend durch Verstehensschwierigkeiten bedingt sein müssen, sondern prinzipiell diverse Ursachen haben können, wie Tagträumen oder Konzentration auf auditive, taktile oder olfaktorische Reize. In diesen Fällen verweilen die Augen ebenfalls auf einem Punkt, ohne dass der Ort der Fixation der Ort der Aufmerksamkeit ist (vgl. Robinski 2013: 20; Geise 2011: 192, 195 f., 241; Göpferich 2008: 59). Die Fixationsdauer kann daher nicht uneingeschränkt als valides Maß für den kognitiven Verarbeitungsaufwand gelten. Gleiches gilt auch für den Zusammenhang zwischen kognitiver Beanspruchung und Pupillenweite, denn auch hier ist nicht auszuschließen, dass in der Testsituation neben der kognitiven Beanspruchung noch andere Faktoren wie Müdigkeit, Emotionen oder Lichtintensität Einfluss auf die Pupillenweite haben (s. hierzu auch Kap. 5.5.8). Da mit dem Eye-Tracking allein somit keine zweifelsfreien Aussagen über den konkreten Grund einer langen Verweildauer gemacht werden können, bietet es sich an, das Eye-Tracking mit weiteren Datenerhebungsmethoden zu kombinieren. Für die Methodentriangulation geeignete Verfahren sind bspw. retrospektive Interviews oder *thinking-aloud protocols*[44].

4.10 Zwischenfazit

In diesem dritten Hauptteil der Arbeit wurde die Blickbewegungsmessung vorgestellt, die im nun folgenden empirischen Teil zur Anwendung kommt. Dass sich das Eye-Tracking in der Leseforschung zur Analyse der komplexen, beim Lesen ablaufenden kognitiven Prozesse eignet, ist insbesondere darauf zurückzuführen, dass es nicht nur einen konkreten Zeitpunkt der Verarbeitung abbildet, sondern eine detaillierte Abbildung der zeitlichen Abläufe und Phasen der Verarbeitungsprozesse erlaubt. Hierfür werden verschiedene Parameter herangezogen, die es ermöglichen, zwischen frühen und späten Verarbeitungsprozessen zu differenzieren. So liefert z. B. die Erstfixationsdauer Hinweise auf Prozesse, die in der frühen Verarbeitungsphase stattfinden, wohingegen die Gesamtlesezeit als Maß für den kognitiven Verarbeitungsaufwand gilt, der für die semantische Integration des Wortes in den Satz erforderlich ist. Regressionen deuten wiederum auf Verarbeitungsprobleme hin. Ebenso wird davon ausgegangen, dass auch die Pupillengröße mit zunehmender kognitiver Beanspruchung steigt; es gilt jedoch zu beachten, dass Studien vermehrt auch darauf hinweisen, dass es neben der kognitiven Beanspruchung noch eine Vielzahl weiterer Faktoren gibt, die einen Einfluss auf die Pupillengröße haben können. Zudem wird in der Leseforschung angenommen, dass die Zeit, die ein Wort fixiert wird, der Zeit entspricht, die für die Verarbeitung der darin enthaltenen Information benötigt wird. Folglich gelten sowohl längere Fixationen als auch häufige Regressionen als Indikator für länger dauernde

------

44 *Thinking-aloud protocols*, auch Protokolle des lauten Denkens genannt, sind das Ergebnis der sog. „Methode des lauten Denkens" (Siever 2015: 72). Das laute Denken ist das in der Translationswissenschaft am häufigsten angewandte Verfahren zur Erhebung von verbalen Daten. Hierbei werden Probanden dazu aufgefordert, ihre Gedanken während des Übersetzungsprozesses unselektiert auszusprechen. Die Verbalisierungen werden aufgezeichnet und zu *thinking-aloud protocols* transkribiert (vgl. Göpferich 2008: 10; Krings 2005: 351). Das introspektive Verfahren liefert umfassende Einblicke in „bewusst ablaufende[] aufgabenbezogene[] kognitive[] Prozesse[] der Versuchspersonen" (Krings 2005: 351).

© Frank & Timme   Verlag für wissenschaftliche Literatur

kognitive Verarbeitungsprozesse bzw. weisen auf eine für den Leser hohe Informationskomplexität hin. Es besteht allerdings auch Konsens darüber, dass die Blickbewegungen beim Lesen von einer Vielzahl unterschiedlicher visueller, lexikalischer, semantischer und kognitiver Faktoren beeinflusst werden. Bei der Modellierung der Blickbewegungssteuerung ist somit zu berücksichtigen, dass das Lesen nicht nur von den lexikalischen bzw. semantischen Eigenschaften und Inhalten des Textes abhängt, sondern der Lese- bzw. Verstehensprozess als Text-Leser-Interaktion zu modellieren ist und somit aus Bottom-up- und Top-down-Prozessen besteht. Demnach wirken auch die individuellen Merkmale des Lesers (wie die Erwartungen und persönlichen Ziele beim Lesen) und dessen kognitiven Voraussetzungen auf die Blickbewegungssteuerung beim Lesen ein. Refixationen und Regressionen sowie verlängerte Fixationsdauer können somit nicht allein durch die textuellen Merkmale erklärt werden. Dies bedeutet zugleich, dass auch das Eye-Tracking, sofern es nicht durch andere Datenerhebungsmethoden ergänzt wird, nur bedingt Rückschlüsse auf die Textverständlichkeit und den kognitiven Verarbeitungsaufwand beim Lesen erlaubt. So geben Eye-Tracking-Daten zwar Aufschluss darüber, wo ein Proband besonders lange hinguckt; Rückschlüsse über die konkrete Motivation, die hinter einer langen Fixation oder einer erhöhten Anzahl an Regressionen liegt, lassen sich jedoch aus den Daten ebenso wenig ziehen wie Rückschlüsse über die individuelle Lesemotivation, Erwartungen oder Ziele des Lesers.

Dennoch lassen sich aus den in diesem Kapitel vorgestellten Erkenntnissen bereits erste Annahmen über das Leseverhalten der primären Adressatenschaft der LS ableiten, die jedoch noch der empirischen Überprüfung bedürfen. So gehen Bredel/Maaß (2016a) davon aus, dass bei Lesern mit geringen Lesekompetenzen im Vergleich zu Lesern mit durchschnittlicher Lesekompetenz kürzere Vorwärtssakkaden, längere Fixationen, mehr Regressionen und eine geringere Anzahl der pro Minute gelesenen Wörter zu beobachten sind (vgl. Bredel/Maaß 2016a: 119). Ferner nehmen sie an, dass neben den quantitativen auch qualitative Unterschiede bestehen. Dass geübte Leser 65 % der Funktionswörter überspringen und diese generell kürzer fixieren als Inhaltswörter, ist u. a. auf eine ausgebaute Text- und Leseerfahrung sowie gute Sprachkompetenzen zurückzuführen (vgl. ebd.: 120). Geübte Leser haben ein „höheres Aktivierungsniveau" (Kercher 2013: 73), d. h. sie sind in der Lage, Wörter im Text zu antizipieren sowie bekannte Wörter schneller zu erkennen. Bei der primären Zielgruppe sind die Möglichkeiten zur Aktivierung bekannter Wörter und zum selektiven Überspringen von Funktionswörtern hingegen aufgrund der geringen Lese- und Sprachkompetenzen stark begrenzt. Dies führt dazu, dass sie Informationen nicht selektiv entnehmen, sondern die einzelnen Wörter „in linearer Abfolge [entziffern]" (Bredel/Maaß 2016a: 120) und die syntaktische Integration sowie die semantische Einordnung in den Textzusammenhang erst nach der linearen Entzifferung der einzelnen Wörter erfolgt. Darüber hinaus ist zu vermuten, dass ungeübte Leser Textstellen, die Verstehensschwierigkeiten bereiten und die sie folglich erneut fixieren wollen, im Unterschied zu kompetenten Lesern nicht immer exakt treffen und somit vermehrt Korrektursakkaden ausführen müssen (vgl. Rayner 1998: 375). Die Frage, ob sich die Annahmen bzgl. des Leseverhaltens der Zielgruppe bestätigen lassen, soll ebenfalls im Rahmen der folgenden Studie beantwortet werden.

5 Empirischer Teil: Studien zur kognitiven Verarbeitung von Komposita in Leichter Sprache

„Dem Anwenden muss das Erkennen vorausgehen."

Max Planck

5.1 Hintergrund und Zielsetzung

Insgesamt haben die Studien zur kognitiven Verarbeitung von segmentierten Komposita aufgezeigt, dass sich die Bindestrichschreibung für unbeeinträchtigte Leser negativ auf die Verarbeitung auswirkt (s. Kap. 3.8). Ebenso wurde deutlich, dass der negative Effekt der Bindestrichschreibung bei vertrauten Komposita stärker ausgeprägt ist als bei weniger vertrauten Komposita und dass der Verarbeitungsnachteil nicht ausschließlich auf den Bindestrich als Segmentierungszeichen, sondern auch auf die Binnenmajuskel zurückzuführen ist. Bei der Segmentierung mit Spatien und ohne Binnenmajuskel wird hingegen der lexikalische Zugriff zunächst erleichtert, hier wirkt sich allerdings die fehlende Markierung des Gesamtwortendes wiederum negativ auf die Verarbeitung aus. Aus den Studien lässt sich folglich schließen, dass sich eine Segmentierung ohne Binnenmajuskel, die gleichzeitig das Gesamtwortende markiert und somit auf die inhaltliche Zusammengehörigkeit der Konstituenten hinweist, durchaus positiv auf die Verarbeitung des Kompositums auswirken kann (s. Kap. 3.8.3). Dies gilt insbesondere für niedrigfrequente Komposita, auf die, im Unterschied zu hochfrequenten Komposita, auch ohne Segmentierung nicht zwingend ganzheitlich zugegriffen wird. Bei der Mediopunktschreibung würde – theoretisch gesehen – der Vorteil, der durch die Markierung der Morphemgrenzen ohne Binnenmajuskel entsteht, erhalten bleiben und gleichzeitig dem Nachteil der fehlenden Markierung des Gesamt-wortendes entgegengewirkt werden.

Die Notwendigkeit der Segmentierung ist u. a. mit dem Wortlängeneffekt zu begründen. Der Wortlängeneffekt, der u. a. besagt, dass die Anzahl an Fixationen und die für das Wortlesen benötigte Zeit mit zunehmender Wort-länge steigt, wurde in zahlreichen Blickbewegungsstudien belegt (Rayner et al. 1996; Kliegl et al. 2004; Rayner et al. 2011). Zudem konnten mehrere Studien aufzeigen, dass der Wortlängeneffekt abhängig von der Leseerfahrung und -kompetenz ist. So ist er bei ungeübten Lesern (z. B. Erstklässlern) und Lesern mit eingeschränkter Lesefähigkeit deutlich stärker ausgeprägt als bei geübten Lesern (vgl. Hutzler/Wimmer 2004; Zoccolotti et al. 2005; Huestegge et al. 2009; Blythe et al. 2011; Martelli et al. 2014). Der Wortlängeneffekt ist mit der begrenzten Kapazität des phonologischen Arbeitsgedächtnisses zu erklären (vgl. Baddeley et al. 1975). Demnach werden im phonologischen Arbeitsge-dächtnis nur so viele Informationen behalten, wie im Zeitfenster von 1,5 bis 2 Sekunden aufgenommen werden können. Der Umfang des phonologischen Speichers ist somit nicht von der Wortanzahl, sondern von der individuellen Aufnahmegeschwindigkeit abhängig (vgl. Seitz [18]2017: 178). Bei Wörtern, die aufgrund ihrer Länge nicht mehr im phonologischen Speicher aufgenom-men, d. h. nicht mehr innerhalb des Zeitfensters verarbeitet werden können, ist „das Worterkennen und -verstehen insgesamt gefährdet" (Bredel/Maaß 2017: 221). Da die Kapazität des phonologischen Arbeitsgedächtnisses bei bestimmten Zielgruppen[45] reduziert ist, ist anzunehmen, dass die Schwelle, ab der lange Wörter nicht mehr dekodiert werden können, niedriger ist als bei Lesern mit durchschnittlicher Lesekompetenz. Auch die reduzierte Lese-geschwindigkeit der primären Zielgruppen trägt dazu bei, dass sie innerhalb des Zeitfensters deutlich weniger Informationen aufnehmen können und der Wortlängeneffekt somit früher aufritt und stärker ausgeprägt ist als bei Lesern mit durchschnittlicher Lesekompetenz. Auf Grundlage des Befundes, dass die Fixationsdauer mit jeder Silbe um 52 ms ansteigt (vgl. Just/Carpenter 1980:

....

45 Zum Arbeitsgedächtnis bei kognitiver Beeinträchtigung s. Mähler, 2007; zur Kapazität des Arbeitsgedächtnis bei Hörschädigungen s. Waters/Doehring 1990; Büttner 2003; Marshall et al. 2015.

338), setzen Bredel/Maaß (2017) die „kritische Größe" (Bredel/Maaß 2017: 221), ab der das Wort nicht mehr im genannten 1,5-Sekunden-Fenster verarbeitet werden kann und das phonologische Arbeitsgedächtnis demnach zu entlasten ist, bei mehr als zwei Silben (vgl. ebd.)[46]. Aufgrund dessen wird in LS dazu geraten, Wörter, die länger als zwei Silben sind – sofern bestimmte Bedingungen erfüllt sind (s. Kap. 3.6.2.2) – zu gliedern. Die Anzahl der Silben pro Segment wird somit verringert, so dass lange Wörter in „kleinen ‚Portionen'" (ebd.) rezipiert werden können und das Arbeitsgedächtnis entlastet werden kann.

In der Kognitionswissenschaft wurden in den Studien zur mentalen Repräsentation und Verarbeitung von Komposita, abgesehen von der Studie von Inhoff et al. (2000), hauptsächlich bimorphemische Komposita untersucht. Dass bislang nur sehr wenige Studien zur Verarbeitung drei- und viergliedriger Komposita durchgeführt wurden, erklärt Libben (2006) wie folgt: „there seem to be so many unresolved issues in the processing of bimorphemic words that researchers have tended to shy away from yet more complicated word types" (Libben 2006: 18). Diese Tendenz spiegelt sich auch in den bislang durchgeführten Studien zur kognitiven Verarbeitung und Akzeptanz von segmentierten Komposita in LS wider, in denen ebenfalls fast ausschließlich bimorphemische Komposita untersucht wurden (Düver 2015; Bock 2018; Wellmann 2018, s. Kap. 3.7). Abgesehen von der Studie von Gutermuth (2020), in welcher in einem der Texte zwar ein dreigliedriges Kompositum vorkam, bei der Auswertung allerdings nicht zwischen zwei- und dreigliedrigen Komposita unterschieden wurde, liegen Studien zur Verarbeitung von drei- und viergliedrigen segmentierten Komposita in LS bislang nicht vor. Da die potenziellen Verstehensprobleme von Komposita jedoch insbesondere auf deren Komplexität und Länge zurückzuführen sind und „die Hürde, die es zu überwinden gilt" (Maaß 2015a: 89) mit zunehmender Wortlänge größer wird, stellen Studien zur Verarbeitung von drei- und viergliedrigen segmentierten Komposita ein dringendes Desiderat dar. Erste Hinweise darauf, dass der durch die Segmentierungshilfe entstehende Verarbeitungsvorteil mit zunehmender Wortlänge steigt, liefern die Ergebnisse des LeiSA-Pro-

....

46 3 Silben à 52 ms = 156 ms < 1,5 Sek.

jektes (s. Kap. 3.7). Fazit der Studie, in der zwei- bis viersilbige Komposita unsegmentiert und mit Bindestrich präsentiert wurden, ist, dass „[j]e mehr Silben die Wörter hatten, umso mehr hat der Bindestrich geholfen" (Bock 2018: 39). In der Studie wurden allerdings ausschließlich Komposita mit zwei Morphemen getestet (vgl. Pappert/Bock 2020: 1125 ff.). Eine weitere Frage, die abgesehen von der LeiSA-Studie bislang vernachlässigt wurde, ist die nach der Segmentierung von opaken Komposita. Bredel/Maaß (2017) weisen darauf hin, dass der Gebrauch des Mediopunktes bei opaken Komposita abzuwägen ist und es empirischen Studien vorbehalten bleibt, zu ermitteln, ob die Adressaten LS mehr von der Zusammenschreibung oder der Aufgliederung profitieren (vgl. Bredel/Maaß 2017: 225). Ziel der nachfolgenden Studie ist es, erste empirische Erkenntnisse zu liefern, die zur Schließung der genannten Forschungslücken beitragen können. In allen vier Teilexperimenten soll dabei die verständlichkeitsfördernde Wirkung des Mediopunktes sowie die von Bredel/Maaß (2016a) aufgestellte These, dass „die Fixationszeit durch eine Gliederungshilfe gegenüber der Zusammenschreibung verringert werden kann" (Bredel/Maaß 2016a: 129) empirisch überprüft werden. Darüber hinaus soll der Frage nachgegangen werden, ob der Mediopunkt dem Bindestrich nicht nur in theoretischer Hinsicht, sondern auch empirisch überlegen ist. Durch das Hinzufügen weiterer erklärender Variablen soll zudem untersucht werden, inwiefern der potenzielle Verarbeitungsvorteil der segmentierten Komposita von der Morphemanzahl, der semantischen Transparenz und der kontextuellen Einbettung abhängt. Bevor in Kap. 5.3 näher auf das Studiendesign eingegangen wird, erfolgt, wie in Kap. 2.6 erwähnt, zuvor noch eine detailliertere Beschreibung der Zielgruppe prälingual stark hörgeschädigter Schüler in Deutschland.

5.2 Charakterisierung der Zielgruppe hörgeschädigter Schüler

Hörschädigungen sind Gegenstand unterschiedlicher Fachdisziplinen, wie der Medizin, der Heil- und Sonderpädagogik, der Psychologie, der Linguistik, den Rehabilitationswissenschaften, den Bildungswissenschaften, der Audiologie oder der *Deaf Studies* (Gehörlosenstudien). Die Interdisziplinarität des Forschungsfeldes hat zur Folge, dass für die Gruppe der hörgeschädigten Menschen je nach Fachdisziplin unterschiedliche Bezeichnungen verwendet werden (s. Kap. 2.6.4). Die daraus resultierende terminologische Vielfalt erfordert somit zunächst eine terminologische Einordnung.

Da die Erhebungen in dieser Studie ausschließlich mit Schülern durchgeführt wurden, orientiert sich die Arbeit primär an den Definitionen aus der Hörgeschädigtenpädagogik. Laut dem derzeit gültigen Beschluss der Kultusministerkonferenz (Empfehlungen zum Förderschwerpunkt Hören) bezieht sich die Bezeichnung „Schüler(innen) mit Förderschwerpunkt Hören" auf alle Schüler mit einer „Hörschädigung oder Beeinträchtigung der auditiven Wahrnehmung" (KMK 1996: 3) und damit sowohl auf Schüler, die eine Förderschule besuchen, als auch auf Schüler, die in der Integration, also „im gemeinsamen Unterricht" (ebd.: 20) beschult werden. Zur Bezeichnung der Beeinträchtigung der Schüler werden in dem Bericht die Ausdrücke *Hörschädigung, Hörbeeinträchtigung* und *Hörbehinderung* verwendet (s. Kap. 2.6.4). In dieser Arbeit werden die Bezeichnungen *Hörschädigung* und *Hörbehinderung* synonym verwendet und fungieren als Oberbegriff für die unterschiedlichen Ausprägungen des Hörverlusts[47]. Bevor in Kap. 5.2.2 auf den Zusammenhang zwischen Hörstatus und Lesekompetenz eingegangen wird, sollen zunächst einige grundlegende Informationen zur Gruppe der hörgeschädigten Schüler geliefert werden.

Ausgehend von den Angaben des Statistischen Bundesamtes (2018/19) macht der Anteil an Schüler mit Hörschädigung an Förder- und Regelschulen insgesamt 0,24 % aller Schüler an allgemeinbildenden Schulen in Deutschland aus. Der Anteil an Schülern an Hörgeschädigtenschulen beträgt dabei 0,125 % und der Anteil an Schülern an Regelschulen 0,115 %. Damit bilden die Schüler mit Förderschwerpunkt Hören die zweitkleinste Gruppe unter den Schülern mit sonderpädagogischem Förderbedarf. In Deutschland gibt es insgesamt 61 Bildungseinrichtungen für Hörgeschädigte (vgl. Arbeitsgemeinschaft der Leiterinnen und Leiter der Bildungseinrichtungen für Gehörlose und Schwerhö-

---

47 Ausdrücke wie *Resthörigkeit* und *Taubheit* sind zwar ebenso gängig, werden in dieser Arbeit jedoch aufgrund der primären Orientierung an der Hörgeschädigtenpädagogik gemieden.

rige 2018). Laut Angaben des Statistischen Bundesamtes wurden im Schuljahr 2018/2019 insgesamt 10.455 Schüler an Hörgeschädigtenschulen unterrichtet (vgl. Statistisches Bundesamt 2019a). Im Vergleich zum Vorjahr ist dabei ein Rückgang von 1,5 % zu verzeichnen. Insgesamt sind die Schülerzahlen, über einen Zeitraum von 20 Jahren betrachtet, allerdings relativ stabil geblieben und schwanken zwischen ca. 10.000 und 11.000 (vgl. Statistisches Bundesamt 2017b). Das Geschlechterverhältnis ist in den letzten 20 Jahren ebenfalls stabil geblieben und liegt bei 60 % männlichen und 40 % weiblichen Schülern. Die durchschnittliche Klassengröße liegt bei 8,14 Schülern (vgl. Statistisches Bundesamt 2019a).

Zudem gab es im Schuljahr 2018/2019 insgesamt 9.591 Schüler mit dem Förderschwerpunkt Hören, die „zumeist wegen günstiger audiologischer Voraussetzungen" (Hennies 2009: 291) an einer Regelschule unterrichtet werden (sog. Integrationsschüler mit sonderpädagogischer Förderung). Darüber hinaus gibt es jedoch noch hörgeschädigte Schüler, die ohne sonderpädagogische Förderung an Regelschulen unterrichtet werden. Da diese in der Statistik nicht erfasst sind, ist von einem noch deutlich größeren Anteil an hörgeschädigten Schülern auszugehen (vgl. ebd.: 57). Während die Zahl der Schüler an Förderschulen relativ konstant ist, hat sich die Zahl der Integrationsschüler in den letzten 20 Jahren mehr als verdoppelt[48]. Auffällig ist, dass sich der von Hennies (2009) beschriebene Trend, dass die Zahl der Integrationsschüler mit dem Förderschwerpunkt Hören rückläufig ist, ab dem Schuljahr 2005/2006 einstellt und sich von da an eine gegenläufige Tendenz abzeichnet, d. h. die Zahl, mit Ausnahme des Schuljahres 2017/2018, bis zum Schuljahr 2019/2020 kontinuierlich ansteigt. Während in den Schuljahren 2002 bis 2006 nur ca. ein Fünftel der hörgeschädigten Schüler eine Regelschule besuchten, ist der Anteil bis zum Jahr 2020 auf fast 50 % gestiegen (s. Abb. 20).

....
48   Ich danke Erika Kirschenmann vom Statistischen Bundesamt für das Zusenden der Daten.

© Frank & Timme   Verlag für wissenschaftliche Literatur

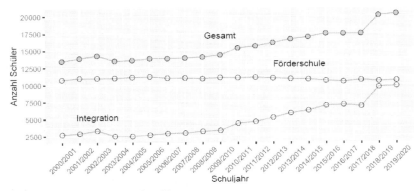

Abb. 20: Entwicklung der Schülerzahlen

Die Entwicklung der Schülerzahlen an Förder- und Regelschulen wurde darüber hinaus auch von der Kultusministerkonferenz (KMK) erhoben. Ein Vergleich der beiden Quellen zeigt, dass die Angaben zu den Schülerzahlen an Förderschulen sehr nah beieinander liegen und teilweise identisch sind. Die KMK geht allerdings von deutlich mehr integrativ beschulten Schülern aus als das Statistische Bundesamt. Die Differenz zwischen den Quellen steigt bis 2018 kontinuierlich: Während die KMK im Jahr 2004/2005 noch 384 Integrationsschüler mehr zählte, betrug die Differenz im Schuljahr 2012/2013 bereits 1.171 und im Schuljahr 2017/2018 sogar 3.547 Schüler. Für das Schuljahr 2018/2019 geht das Statistische Bundesamt von 9.591 hörgeschädigten Schülern an Regelschulen aus, die KMK hingegen von 11.420 (vgl. KMK 2020). Aufgrund der divergierenden Angaben kann die Gesamtzahl nicht sicher bestimmt werden, die Entwicklung geht jedoch eindeutig in die gleiche Richtung. Der deutliche Trend zur Integration ist – ohne auf dieses Thema näher einzugehen – zweifellos auf den sich im Bildungsbereich vollzogenen Wandel zur integrativen Beschulung zurückzuführen. So hat die KMK nach dem Inkrafttreten der UN-BRK (s. Kap. 2.3) zunächst eine *Förderstrategie für leistungsschwächere Schülerinnen und Schüler* beschlossen (Beschluss der KMK vom 4. März 2010) und im Jahr 2011 mit dem Beschluss *Inklusive Bildung von Kindern und Jugendlichen mit Behinderungen in Schulen* die gemeinsame Beschulung von Kindern mit und ohne Behinderung weiter vorangetrieben.

Angesichts des in der Hörgeschädigtenpädagogik herrschenden Methodenstreits (s. Kap. 2.6.4) werden an den Hörgeschädigtenschulen unterschiedliche Unterrichtsformen angewandt. Die Bandbreite der methodischen Ansätze reicht von rein hörgerichteten Methoden (ausschließliche Verwendung von Lautsprache) bis hin zu bilingualen Unterrichtsformen, in denen Laut- und Gebärdensprache gleichermaßen verwendet werden. Die bilingualen Ansätze machen jedoch nur etwa 2 % der Unterrichtskonzepte aus und werden klar von den Schulen mit lautsprachlichen Unterrichtsformen dominiert (vgl. Hennies 2009). Zudem gibt es Schulen, in denen der Unterricht in Lautsprache abgehalten wird, die Lautsprache als dominierende Unterrichtssprache jedoch in unterschiedlich starkem Maße durch Lautsprachunterstützende Gebärden (LUG), Lautsprachbegleitende Gebärden (LBG) oder Deutsche Gebärdensprache (DGS) unterstützt wird (für Definitionen s. Hänel-Faulhaber 2018). Laut Große (2003) ist der Unterricht jedoch auch in den Klassen, in denen Gebärden unterstützend zum Einsatz kommen, primär auf den hörgerichteten Lautspracherwerb ausgerichtet. Insgesamt zeigt die Studie[49], dass dem hörgerichteten Lautspracherwerb in 90 % der Klassen höchste Priorität beigemessen wird. Die Überlegenheit der hörgerichteten Methode ist u. a. auf die bessere Frühdiagnostik sowie auf die Entwicklung moderner Hörgeräte und des CI zurückzuführen, denn insbesondere die Fortschritte in der hörtechnischen Entwicklung haben dazu geführt, dass in der Hörgeschädigtenpädagogik vermehrt die Ansicht vertreten wird, dass die – wenn auch geringen – Hörmöglichkeiten als Ressourcen ausgeschöpft werden sollten. Es wird somit vermehrt dafür plädiert, dass hörgeschädigte Kinder anstelle der Gebärden- die Lautsprache als Erstsprache erwerben sollen.

5.2.1 Hörstatus

Zur Klassifizierung von Hörschädigungen wird in der Regel der mittlere Hörverlust (MHV) in Dezibel (dB) angegeben. In den gängigsten Klassifizierungen wird der Grad der Hörschädigung in fünf Stadien eingeteilt (s. Tab. 3), wobei die Terminologie je nach Fachgebiet variiert (vgl. Hildmann 2009: 10 f.).

....

49   Die Studie wurde in 1.016 Klassen durchgeführt, was, basierend auf den Angaben des Statistischen Bundesamtes, ca. 71 % aller Klassen an Hörgeschädigtenschulen entspricht.

Tab. 3 zeigt, dass bei einer hochgradigen Schwerhörigkeit, die in den meisten Einteilungen bei einem Hörverlust von 60 dB beginnt, weder Gespräche noch Staubsaugergeräusche gehört werden. Kann die betroffene Person weder laute Musik noch das Vorbeifahren eines Lastwagens hören, spricht man von einer an Gehörlosigkeit grenzenden Schwerhörigkeit, die ab einem Hörverlust von 90 dB beginnt.

Einteilung	dB-Pegel MHV	Geräuschbeispiel
vernachlässigbare Hörschädigung	0–20	Ticken einer Uhr, tropfender Wasserhahn
geringgradige Schwerhörigkeit	20–40	Flüstern, Fingertippen
mittelgradige Schwerhörigkeit	40–60	Menschliche Stimme, Vogelzwitschern
hochgradige Schwerhörigkeit	60–80	Türklingel, Staubsauger, PKW
an Taubheit grenzende Schwerhörigkeit	90	Startendes Flugzeug, Kreissäge, Presslufthammer

Tab. 3: Einteilung von Hörschädigungen (vgl. Deutsche Gesellschaft der Hörgeschädigten 2004; Wayner 2013)

Zu den Schülern mit dem Förderschwerpunkt Hören gehören auch Schüler mit einer sog. Auditiven Verarbeitungs- und Wahrnehmungsstörung (AVWS). Eine AVWS ist keine periphere, sondern eine zentrale Hörstörung, bei der zentrale Prozesse des Hörens (wie die Verarbeitung der Höreindrücke) gestört sind (vgl. Nickisch et al. 2007). Die erheblichen Schwierigkeiten im Bereich des Hörens äußern sich u. a. in einer eingeschränkten Merkspanne für auditive Informationen und führen ebenfalls zu Schwierigkeiten beim sinnentnehmenden Lesen. Die in dieser Arbeit synonym verwendeten Begriffe *Hörschädigung* und *Hörbehinderung* umfassen Gehörlosigkeit, Schwerhörigkeit und auditive Verarbeitungs- und Wahrnehmungsstörungen. Zur Differenzierung des Hörverlusts werden darüber hinaus die Ausdrücke *gehörlos* und *schwerhörig* verwendet. Der Hörstatus von Schülern mit AVWS wird in dieser Arbeit in Anlehnung an Große (2003) *als zentral hörbehindert*[50] bezeichnet. Eine Zusammensetzung der Schülerschaft in Hinblick auf die Art und den Grad der Hörschädigung findet sich bei Große (2003), wonach schwerhörige Schüler ca. 50 % und prälingual gehörlose und resthörige[51] Schüler kumuliert etwa 40 % der Schülerschaft mit Hörschädigung bilden. Schüler mit einer zentralen Hörbehinderung (AVWS) machen einen Anteil von knapp 8 % aus. Weitere 2,8 % der Schüler sind postlingual ertaubt (vgl. Große 2003: 30). Der Anteil der Schüler mit Hörgerät liegt laut Große (2003) bei 56,9 % und der Anteil der Schüler, die mit einem CI versorgt sind, bei 7,4 % (vgl. ebd.: 33). Dieser Wert dürfte allerdings angesichts der rasanten medizinisch-technischen Entwicklung und der infolgedessen steigenden Tendenz zur Cochlea-Implantation nicht mehr aktuell sein. Die steigende Tendenz zur Cochlea-Implantation bestätigen auch die Angaben des Verbandes der Universitätsklinika Deutschland: Während 2011 2.447 Implantationen an deutschen Universitätsklinika durchgeführt wurden, waren es im Jahr 2015 bereits 2.897 (vgl. Verband der Universitätsklinika Deutschland 2013, 2016). Da sich die Angaben von Große (2003) allerdings auf alle 72 teilnehmenden Bildungs- und Fördereinrichtungen für Hörbehinderte beziehen, von denen jedoch nur 54 Hörgeschädigtenschulen sind, und darüber hinaus offizielle Vergleichszahlen fehlen, können die Angaben zur Verteilung der Schülerschaft an den Hörgeschädigtenschulen nur als grober Richtwert angesehen werden. Zudem weist Große (2003) selbst auf terminologische Probleme hin. So setzt er zwar „ein[en] essentielle[n] Konsens im Begriffsverständnis der Experten voraus [...]" (Große 2003: 27), merkt aber zugleich an, dass in den einzelnen Bundesländern teilweise „unterschiedliche Bezeichnungen für analoge Sachverhalte [...] Verwendung [finden]" (ebd.). Abschließend bleibt festzuhalten, dass die Gruppe der Schüler mit dem Förderschwerpunkt Hören äußerst heterogen ist. Die Heterogenität bezieht sich sowohl auf den Grad der Hörbehinderung als auch auf die Art der hörtechnischen Versorgung (Hörgerät bzw. CI) und infolgedessen auch auf die Lesekompetenzen. In Hinblick

---

50 In anderen Studien (z. B. Hennies 2009) wird stattdessen der Ausdruck *dysauditiv* verwendet.

51 Die Bezeichnung *Resthörige* bezieht sich bei Große (2003) auf hochgradig schwerhörige Schüler mit unterschiedlichem Grad an Resthörvermögen.

auf die verbesserte Frühdiagnostik und medizinisch-technische Versorgung ist zu beachten, dass die „immer leistungsfähigeren und den individuellen Erfordernissen angepassten technischen Hörhilfen" (ebd.: 32) auch zu immer heterogeneren schriftsprachlichen Kompetenzen führen, was sich vermutlich auch auf die Anforderungen an das Bildungswesen auswirken wird.

5.2.2 Zusammenhang zwischen Hörstatus und Lesekompetenz

Mehrere Studien zur Lesekompetenz hörgeschädigter Schüler sowie repräsentative Stichproben haben gezeigt, dass die Lesekompetenzen von Schulabgängern mit einer hochgradigen Hörbehinderung in den Bereichen Lexik, Morphologie, Syntax und Text im Durchschnitt den Kompetenzen hörender Grundschüler entsprechen (vgl. Wudtke 1993: 212; Krammer 2001: 31 ff., 96 ff.; Holzinger 2006: 32; Hennies 2019: 207). Ebenso haben mehrere nationale und internationale Studien[52] belegt, dass hörgeschädigte Schüler hinsichtlich Lesekompetenz und Kapazität des phonologischen Arbeitsgedächtnisses deutlich hinter der Vergleichsgruppe gleichaltriger Schüler ohne Hörschädigung zurückliegen. Die Lesefähigkeit von Schulabgängern mit Hörbehinderung liegt damit im Bereich der PISA-Kompetenzstufe I bis II. Als unterste Stufe der textbezogenen Lesefähigkeit entspricht die Stufe I der Kompetenz, „in einem kurzen Textabschnitt explizit genannte Informationen zu finden" (Schaffner et al. 2004: 96). Stufe II umfasst darüber hinaus die Fähigkeit, logischen Zusammenhängen innerhalb eines Textausschnitts zu folgen und „Informationen im Text zu lokalisieren oder zu interpretieren" (ebd.).

Hennies (2009) konnte aufzeigen, dass die Schriftsprachkompetenz hörgeschädigter Schüler in entscheidendem Maße vom individuellen Hörvermögen abhängt, d. h, dass die Schüler umso niedrigere Lese- und Schreibkompetenzen haben, je höher ihr Hörverlust ist. Er kommt zu dem Ergebnis, dass die Lesekompetenz von mehr als 50 % der hochgradig hörbehinderten Schüler „unterhalb des basalen Niveaus, das dem Mindeststandard entspricht [liegt]" (Hennies 2009: 294) und durch „massive Probleme" (ebd.) gekennzeichnet

---

52 Da sich die meisten Studien zur Schriftsprachkompetenz hörgeschädigter Schüler primär auf die Textproduktion und weniger auf die -rezeption fokussieren, wird auf diese nicht weiter eingegangen.

ist. Neben dem Grad der Hörschädigung haben auch ein nicht-deutschsprachiges Elternhaus sowie zusätzliche Beeinträchtigungen, wie weitere Förderschwerpunkte oder Mehrfachbehinderungen, Einfluss auf die Lesekompetenz hörgeschädigter Schüler (vgl. ebd.). Auch die bislang größte internationale Studie zur Lesekompetenz schwerhöriger und gehörloser Schüler, der Stanford Achievement Test, der in regelmäßigen Abständen mit mehreren tausend Schülern im Alter von 8 bis 18 Jahren durchgeführt wird, bestätigt den Zusammenhang zwischen Hörstatus und Lesekompetenz. Die Lesekompetenz von Schülern mit einem Hörverlust von 90 dB oder mehr (*profound*) ist dabei deutlich schwächer als die Lesekompetenz von Schülern mit einem hochgradigen (*severe*, 71–90 dB) und mittelgradigen Hörverlust (*less-than-severe*, < 71 dB) (vgl. Holt 1993; Holt et al. 1997; Mitchell/Karchmer 2003). So erreichen die gehörlosen Schüler ihre höchste Lesekompetenz im Durchschnitt mit 17 Jahren – eine Leistung, die von den hochgradig schwerhörigen Schülern mit 15 Jahren, den mittelgradig schwerhörigen Schülern mit 13 Jahren und den hörenden Schülern mit 9–10 Jahren erreicht wird (vgl. Holt 1993: 173 f.). Die Lesekompetenz gehörloser Schulabgänger ist demnach auch laut dieser Studie mit der Kompetenz hörender Viertklässler vergleichbar. Die Studie zeigt allerdings nicht nur auf, dass der Leistungsunterschied zwischen Gehörlosen und hörenden Schülern acht Schuljahre beträgt, sondern verdeutlicht darüber hinaus, dass auch zwischen den Kompetenzen hoch- und mittelgradig schwerhöriger Schüler und hörender Schüler immer noch ein erheblicher Abstand von vier bis sechs Jahren liegt.

Zudem haben mehrere Studien belegt, dass gehörlose Schüler mit CI im Durchschnitt bessere Schriftsprachkompetenzen aufweisen als gehörlose Schüler ohne CI (u. a. Geers 2003; Thoutenhoofd et al. 2005; Vermeulen et al. 2007). Die besseren Leistungen von Schülern mit CI sind primär auf günstigere Voraussetzungen für den Lautspracherwerb zurückzuführen (vgl. Geers 2003; Spencer 2004; Archbold et al. 2008). Dennoch liegen auch die Lesekompetenzen der Schüler mit CI immer noch weit unter den Leistungen hörender Vergleichsgruppen. Zudem weist Hennies (2019) darauf hin, dass trotz enormer Fortschritte in der Diagnostik und der hörtechnischen Versorgung in den letzten 20 Jahren keine Verbesserung der Schriftsprachkompetenz hörbehinderter Schüler erkennbar ist. Dies ist u. a. damit zu begründen, dass auch eine verbesserte Diagnostik und leistungsfähige Hörgeräte bzw. Implantate die Hörverluste nur ansatzweise kompensieren können und weder Hörgeräte noch Implantate den Zugang zu einem normalen Laut- und Schriftspracherwerb verschaffen wie hörende Kinder ihn haben (vgl. Archbold et al. 2008: 1473; Faulkner/Pisoni 2013: 1 ff.; Marshall et al. 2015: 2).

Die erwähnte Studie von Hennies (2009) zeigt auf, dass die Defizite in der Lesekompetenz hörgeschädigter Schüler bereits auf „Lexemebene beginnen" (Hennies 2009: 101), wobei Wudtke (1993) darüber hinaus explizit auf Probleme mit der Identifizierung „relevante[r] Segmente (Morpheme, Sprach-, Sprechsilben)" (Wudtke 1993: 213) und der Anwendung deutscher Wortbildungsregeln hinweist. Vor dem Hintergrund der Erkenntnisse der Lese- und Sprachforschung (s. Kap. 3.8.2, 3.8.3, 4.5), die zeigen, dass Komposita insbesondere für Leser mit geringen Lesekompetenzen schwerer zugänglich sind als Simplizia, ist davon auszugehen, dass hörgeschädigte Schüler insbesondere Probleme mit der Rezeption von morphologisch komplexen Wörtern haben. Diese Annahme wird bei Wudtke (1993) bestätigt:

„Lesen wird zum Ratespiel und versagt, wenn zusammengesetzte ‚produzierbare Wörter' selber erlesen werden sollen: *zerbrechbar, einfarbig, Umweltverschmutzung* [...], *handgreiflich, Buschfeuer, Buschauffeur.* Mißlingen aber morphemische und artikulatorische Segmentierungen, dann wird jedes neue Wort zum unableitbaren Ereignis und fordert das Gedächtnis heraus [...]" (Wudtke 1993: 213).

Im Rahmen der nun folgenden vier Eye-Tracking-Experimente soll somit u. a. der Frage nachgegangen werden, ob dieses ‚Ratespiel' und damit die Verarbeitung von Komposita für die Zielgruppe durch eine Segmentierung erleichtert werden kann. Auf die 19 Probanden der Zielgruppe wird dabei nochmals detaillierter in Kap. 5.3.3 eingegangen.

5.3 Studiendesign

Die Blickbewegungen der Probanden wurden in vier Leseexperimenten[53] aufgezeichnet. In den ersten beiden Experimenten (1 und 2) wurde zusätzlich zu der Schreibweise die Morphemanzahl als zweite unabhängige Variable getestet. In dem dritten und vierten Experiment wurde neben der optischen Segmentierung die semantische Transparenz des Kompositums als zweite unabhängige Variable getestet. Während die Komposita in Experiment 1 und 3 isoliert präsentiert wurden, wurden sie in Experiment 2 und 4 in Sätzen eingebettet. Die Studie wurde sowohl mit unbeeinträchtigten Lesern als auch mit hörgeschädigten Schülern durchgeführt.

Im Gegensatz zu klinischen Studien bezieht sich der Ausdruck *Kontrollgruppe* in der vorliegenden Arbeit nicht auf eine Stichprobe, die, im Unterschied zur Versuchsgruppe, keiner experimentellen Behandlung unterzogen wurde, um im Vergleich mit der Versuchsgruppe Erkenntnisse über den Effekt der experimentellen Behandlung zu gewinnen. Stattdessen sollen in der vorliegenden Studie sowohl bei der Ziel- als auch bei der Kontrollgruppe unter den gleichen Bedingungen entsprechende Effekte auftreten. Da es bislang nur wenige empirische Ergebnisse zur kognitiven Verarbeitung des Mediopunktes bei unbeeinträchtigten Lesern gibt, wird die Kontrollgruppe zusätzlich zu der Zielgruppe betrachtet, wodurch die bestehende Lücke in der Grundlagenforschung weiter geschlossen werden soll. Darüber hinaus können durch die Betrachtung unterschiedlicher Gruppen die neuropsychologischen Fähigkeiten und Blickbewegungen von Personen mit und ohne Leseeinschränkungen verglichen werden. Durch die Erhebung der Blickbewegungen der Kontrollgruppe soll zudem überprüft werden, ob die bei der Zielgruppe auftretenden Effekte auch über die Gruppe von hörgeschädigten Schülern hinaus auftreten. Dies ist für die LS-Forschung insbesondere deshalb nützlich, da in dieser Studie mit den hörgeschädigten Schülern nur Vertreter einer der heterogenen Zielgruppen untersucht werden und die Erhebung mit nur einer – im Vergleich zur Gesamtpopulation – homogenen Stichprobe somit keine generalisierten

---

53 Die Studie wurde durch die Ethikkommission der Deutschen Gesellschaft für Sprachwissenschaft (DGfS) genehmigt.

Aussagen erlauben würde. Hierbei ist allerdings zu beachten, dass Kontroll- und Zielgruppe in dieser Arbeit nicht nach Alter gematcht sind. Der Ausdruck *Kontrollgruppe*, wie er in dieser Arbeit verwendet wird, ist zudem von dem Gebrauch des Ausdrucks im LS-Kontext abzugrenzen, denn in diesem wird *Kontrollgruppe* häufig als Synonym für Prüfgruppe verwendet und bezieht sich somit auf eine Personengruppe mit oder ohne kognitive Beeinträchtigung, welche die Texte in Hinblick auf ihre Verständlichkeit prüft.

5.3.1 Komplexität des Untersuchungsgegenstandes

Als Stimuli wurden N+N-Komposita verwendet, die in jedem der vier Experimente in drei Schreibweisen (Standard, Bindestrich, Mediopunkt) präsentiert wurden. Eine Beschränkung des Untersuchungsgegenstandes auf Substantivkomposita motiviert sich aus mehreren Gründen: Erstens stellen Substantivkomposita mit über 80 % den weitaus größten Anteil der Komposita dar und sind somit der im Alltag der LS-Leserschaft am häufigsten vorkommende Kompositionstyp (vgl. Wellmann 1991: 9). Zudem treten Substantivkomposita in allen unterschiedlichen Lebensbereichen auf, so dass sie für die primären Adressaten ein realitätsnaher Untersuchungsgegenstand sind. Des Weiteren sind sie hinsichtlich ihrer morphologischen Komplexität sowie ihrer semantischen Relationen zwischen Erst- und Zweitglied äußerst vielfältig (s. Kap. 3.3.1). Dies ermöglicht es, die Gruppe der Substantivkomposita nach unterschiedlichen Kriterien (u. a. morphologische Komplexität, semantische Transparenz) zu unterteilen und die Studie so auf verschiedene Fragestellungen auszurichten.

Bei der Auswahl der Stimuli wurde berücksichtigt, dass es sich bei der semantischen Transparenz von Komposita um ein graduelles Phänomen handelt (vgl. Klos 2011: 70). Dies bedeutet, dass zwischen den beiden Extrempolen (vollmotivierte und demotivierte Wortbildungen) mehrere, graduell abnehmende Motivationsgrade bestehen (vgl. Fleischer/Barz [4]2012: 45) (s. Kap. 3.3.1). Um aussagekräftigere Ergebnisse zu erzielen, wurden in der Studie ausschließlich vollmotivierte und demotivierte Wortbildungen verwendet. Teilmotivierte Wortbildungen, bei denen die Opazität nur auf eine Konstituente zutrifft, wurden ausgeschlossen. Bei den transparenten Stimuli lag der Referent somit innerhalb und bei den opaken Stimuli stets außerhalb der Denotation der zweiten unmittelbaren Konstituente, so dass die Bedeutung der opaken Komposita weder aus dem Gesamtkomplex noch aus den einzelnen Konstituenten erschlossen werden konnte (s. Kap. 3.3.1). Die Auswahl des Stimulusmaterials (Komposita und Distraktoren) basierte auf vorherigen Studien zur Verarbeitung deutscher transparenter und opaker Komposita (Inhoff et al. 2000; Placke 2001; Pfeiffer 2002; Koester et al. 2007; Seyboth 2014; Smolka/ Libben 2017; Hasenäcker/Schröder 2019, Wellmann 2018, s. Kap. 3.8). Die in den genannten Studien als Stimuli verwendeten Komposita wurden in Hinblick auf verschiedene, für die vorliegende Studie relevante Kriterien gefiltert und bei Bedarf durch weitere Komposita (u. a. aus Wellmann 1991) ergänzt. So entstand zunächst ein vorläufiges Set an potenziellen Stimuli, welches anschließend in einem Rating in Hinblick auf verschiedene Parameter bewertet wurde. Auf den genauen Auswahlprozess der Stimuli wird in Kap. 5.4.2 und 5.6.2 eingegangen.

Bei den drei- und viergliedrigen Komposita wurde bei der Mediopunktschreibung „die flache Gesamtdurchgliederung gewählt" (Bredel/Maaß 2017: 223). Als Alternative zu der flachen Gesamtdurchgliederung (*Narkose·fach·arzt, Fuß·ball·national·mannschaft*) schlagen Bredel/Maaß (2017) bei Komposita mit mehr als zwei Konstituenten drei alternative Schreibweisen vor:

1. Die Segmentierung der unmittelbaren Konstituenten mit dem Bindestrich (*Narkose-Facharzt*)
2. Die Verwendung des Bindestrichs zwischen den unmittelbaren und des Mediopunktes zwischen den mittelbaren Konstituenten (*Narkose-Fach·arzt*)
3. Die ausschließliche Segmentierung der unmittelbaren Konstituenten mit dem Mediopunkt (*Narkose·facharzt*)

Die erste und zweite Variante müsste allerdings gemäß der deutschen Rechtschreibung als orthografisch falsch bezeichnet werden (s. Kap. 3.6.2.2). Da die Regel zur Verwendung des Bindestrichs „zur Gliederung unübersichtlicher Zusammensetzungen" (Rat für deutsche Rechtschreibung 2018: 48, s. Kap. 3.5.1) in diesem Fall nicht greift, stellen die ersten beiden Varianten für diese

Studie keine Option dar[54]. Zwar geht mit der flachen Gesamtdurchgliederung der Vorteil, die binäre Struktur sichtbar zu machen, verloren, der Vorteil der korrekten Orthografie überwiegt den Nachteil der fehlenden hierarchischen Markierung jedoch deutlich. Die verbleibende dritte Alternative wäre zwar für Komposita, deren unmittelbare Konstituenten aus höchstens zwei Silben bestehen, geeignet, da diese Bedingung jedoch nicht für alle der ausgewählten Komposita zutrifft, sondern deren unmittelbare Konstituenten aus bis zu vier Silben bestehen, wurde aus Gründen der Einheitlichkeit die flache Gesamtdurchgliederung gewählt. Dennoch wäre im Rahmen weiterer Studien zu überprüfen, von welcher Variante die Probanden am meisten profitieren. Kuhlmann (2013) argumentiert in diesem Zusammenhang gegen die doppelte Trennung, da bei dieser „vom Lesenden zunächst herausgefunden werden [muss], wozu der mittlere Teil inhaltlich gehört: Arbeitslosen-Geld oder Arbeits-Losengeld, Kindergarten-Platz oder Kinder-Gartenplatz usw." (Kuhlmann 2013: 87)[55]. Dieses Argument ist zweifelsohne berechtigt. Es ist jedoch davon auszugehen, dass die doppelte Trennung bei rechtsverzweigten dreigliedrigen Komposita eine größere Verstehensschwierigkeit darstellt als bei linksverzweigten dreigliedrigen Komposita. Dies ist darauf zurückzuführen, dass in mehreren Studien (u. a. Krott et al. 2004; Pollatsek et al. 2010; Bertram et al. 2011; Geilfuß-Wolfgang 2013) nachgewiesen wurde, dass Leser bei dreigliedrigen Komposita in der Regel eine Linksverzweigung erwarten, da diese im Deutschen deutlich häufiger vorkommt als die Rechtsverzweigung und als unmarkiert gilt (vgl. Krott et al. 2004: 89; Geilfuß-Wolfgang 2013: 152). In der Studie von Geilfuß-Wolfgang (2013) wurde dies daran sichtbar, dass linksverzweigte Komposita mit der Struktur (AB)C als besser lesbar bewertet wurden als rechtsverzweigte Komposita mit der Struktur A(BC). Auch

---

54 Bei komplexen Komposita, die auch in der Gemeinsprache einen Bindestrich enthalten, wäre allerdings die Kombination aus Bindestrich und Mediopunkt zu präferieren (*Arbeiter·wohlfahrt·Versicherungs·unternehmen*). Derartige Komposita kommen in der Studie aber nicht vor.

55 Diese Problematik bei dreigliedrigen Komposita tritt insbesondere bei deutschen Komposita auf. Im Englischen werden diese potenziellen Interpretationsprobleme bspw. dadurch minimiert, dass in dreigliedrigen Komposita mindestens ein Spatium an der Hauptwortgrenze vorhanden sein muss (*basketball hoop*) (vgl. Libben 2008: 77). Interpretationsprobleme bestehen somit nur bei Komposita, bei denen bereits die morphemisch komplexe Konstituente mit Spatium geschrieben wird (*credit card industry*).

wurde bei rechtsverzweigten Komposita das Einfügen eines Bindestrichs an der Haupttrennfuge (A-[BC]) als leseerleichternd angesehen. Während der Unterschied zwischen den Schreibweisen A(BC) und A-(BC) bei rechtsverzweigten Komposita signifikant war, war dies bei linksverzweigten Komposita nicht der Fall, d. h. die Schreibung (AB)-C wurde nicht als signifikant besser lesbar beurteilt als die Schreibung (AB)C. Dass der Bindestrich bei linksverzweigten Komposita zu keiner besseren Lesbarkeit führt, ist hier ebenfalls darauf zurückzuführen, dass die Leser die konventionelle Linksverzweigung erwarten und somit ohnehin auf die rechtsstehende Konstituente fokussiert sind. Die Rezeption von Komposita mit einer simplizischen rechten Einheit ist daher leichter als die Rezeption von Komposita mit einer simplizischen linken Einheit (vgl. Donalies 2011: 40). Da auch in dieser Arbeit ausschließlich dreigliedrige Komposita mit einer simplizischen rechten Einheit verwendet wurden, ist davon auszugehen, dass die Leser die ersten beiden Konstituenten gemäß ihrer Erwartungen als Bestimmungswort interpretieren und das Markieren der Grenze zwischen den mittelbaren Konstituenten bei kanonischen linksverzweigten Komposita keine Verstehensschwierigkeit darstellt. Der Einwand von Kuhlmann (2013) kann somit relativiert werden. Ein Verzicht auf die zweite Trennung hätte zudem zur Folge gehabt, dass die Problematik des Wortlängeneffektes (s. Kap. 5.1), d. h. die Gefährdung des Worterkennens und -verstehens, die ab der „kritische[n] Größe" (Bredel/Maaß 2017: 221) von mehr als zwei Silben besteht, bestehen bliebe. Es bleibt festzuhalten, dass es bei dreigliedrigen Komposita (bislang) keine Schreibweise gibt, mit der alle potenziellen Verstehenshürden beseitigt und gleichzeitig die orthografische Richtigkeit gewahrt werden kann. Mit der optischen Markierung der Grenzen zwischen allen Konstituenten wird in dieser Arbeit primär das Ziel verfolgt, die Silbenzahl pro Segment zu reduzieren und das Arbeitsgedächtnis zu entlasten.

5.3.2 Methodik

Der technische Aufbau und Ablauf war für alle der vier folgenden Eye-Tracking-Experimente identisch. Für die Aufzeichnung der Blickbewegungen wurde der RED250 Mobile Eye-Tracker der Firma *Senso Motoric Instruments* (SMI) verwendet, der unterhalb des Stimulusbildschirms fixiert wurde. Zu dem Eye-Tracking-System gehörte darüber hinaus ein Laptop sowie ein Softwarepaket. Das Softwarepaket bestand aus dem SMI Experiment Center zum Planen und Erstellen des Experiments, der Aufzeichnungssoftware iViewRED sowie der Analysesoftware BeGaze. Die Augenbewegungen wurden mit einer Frequenz von 250 Hz und einer Blickpositionsgenauigkeit von 0,4° erfasst. Die Messung erfolgte binokular; ausgewertet wurden jedoch nur die Daten für das linke Auge[56]. Die Stimuli wurden auf einem 15,6-Zoll-Farbmonitor mit einer Auflösung von 1920 x 1080 Pixeln präsentiert. An den Laptop wurden ein externer Monitor sowie eine zweite Maus angeschlossen. Über den externen Monitor wurde der Versuchsablauf gestartet und kontrolliert. Der Abstand der Probanden zum Bildschirm betrug ca. 60 cm. Die Stimuli in Experiment 1 und 3 wurden in Schriftgröße 60 und die Sätze in Experiment 2 und 4 in Schriftgröße 19 in einer Zeile in der Mitte des Bildschirms präsentiert. Als Schriftart wurde die serifenlose Schrift *Calibri*[57] gewählt.

5.3.3 Probanden der Zielgruppe

Im Folgenden wird eine detailliertere Beschreibung der Probanden der Zielgruppe gegeben. Hierbei wird insbesondere auf die Merkmale eingegangen, die nachweisbar Einfluss auf die Lesekompetenz hörgeschädigter Schüler haben. Neben Alter, Geschlecht und Klassenstufe sind dies primär der Hörstatus, die hörtechnische Versorgung sowie die Herkunft der Eltern. Die Erhebungen wurden an einer LWL-Förderschule (Förderschwerpunkt Hören und Kommunikation) mit 16 Schülern und 3 Schülerinnen im Alter von 13 bis 17 Jahren (MW: 15) durchgeführt. Das unausgeglichene Geschlechterverhältnis (85 % männlich zu 15 % weiblich) ist primär darauf zurückzuführen, dass an der kooperierenden Schule durchweg ein höherer Anteil an Jungen zu verzeichnen war, was der Geschlechterverteilung an Hörgeschädigtenschulen entspricht (s. Kap. 5.2). Die Schüler besuchten zum Zeitpunkt der Erhebungen (Schuljahr

---

56 Laut Tatler (2007) und Hooge et al. (2018) sollte für die Auswertung das auf Basis der Kalibrierung ermittelte Auge mit der höheren Messgenauigkeit (*accuracy*) gewählt werden. Dies war bei der Mehrheit der Probanden das linke Auge.

57 Sowohl in dem theoretisch fundierten Regelwerk als auch in den Praxisempfehlungen aus dem LeiSA-Projekt wird für LS-Rezipienten die serifenlose Schriftart Calibri empfohlen.

2018/2019) die Klassenstufen sieben bis zehn, wobei die achte und neunte Klasse mit sieben bzw. sechs Schülern am stärksten vertreten war (s. Abb. 21).

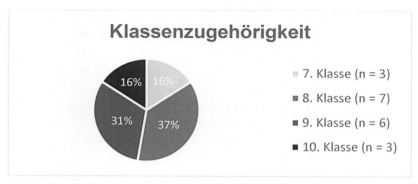

Abb. 21: Klassenzugehörigkeit der Probanden

Die in Kap. 5.2 erwähnte Heterogenität hörgeschädigter Schüler spiegelte sich auch in der Probandengruppe wider. Die Probanden waren zu 26,3 % (n = 5) mittelgradig schwerhörig, zu 47,4 % (n = 9) hochgradig schwerhörig, zu 5,3 % (n = 1) gehörlos und zu 21,1 % (n = 4) zentral hörbehindert. Von den 19 Probanden waren 18 prälingual hörgeschädigt. Lediglich bei einer Probandin mit mittelgradiger Hörschädigung setzte der Hörverlust erst postlingual ein. Mit Ausnahme eines hochgradig hörgeschädigten Schülers, der mit einem CI versorgt war, trugen alle 15 Schüler mit peripherer Hörstörung ein Hörgerät (73,7 %). Alle 19 Schüler wurden in hörende Familien hineingeboren. Für die Einteilung der Probanden nach Hörverlust wird der prälingual gehörlose Proband den Schülern mit hochgradiger Hörschädigung zugeordnet. Die Probandin mit postlingualer mittelgradiger Schwerhörigkeit wird der Gruppe der prälingual mittelgradig hörgeschädigten Schüler zugeordnet.

Vier Probanden hatten einen Migrationshintergrund. Von diesen gaben alle an, dass Deutsch ihre dominante Sprache sei und diese auch zuhause gesprochen werde. Alle vier Schüler mit Migrationshintergrund waren hochgradig schwerhörig und trugen ein Hörgerät. Hinsichtlich der sprachlichen Kompetenz in der Lautsprache unterschieden sie sich nicht von den hochgradig schwerhörigen Schülern ohne Migrationshintergrund[58]. Die Differenzierung zwischen Schüler mit und ohne Migrationshintergrund ist allerdings sehr pauschal, da bspw. nicht erhoben wurde, ob die Schüler mit Migrationshintergrund mehrsprachig aufgewachsen sind und/oder ob sie auch schriftsprachliche Kompetenzen in anderen Sprachen erworben haben. Da diese Faktoren einen erheblichen Einfluss auf die Lesekompetenzen im Deutschen haben können, kann der Frage nach dem Einfluss des Migrationshintergrundes auf die kognitive Verarbeitung von segmentierten Komposita in dieser Arbeit somit nicht adäquat nachgegangen werden.

Wie in den meisten Schulen mit dem Förderschwerpunkt Hören steht auch in der kooperierenden Schule der hörgerichtete Lautspracherwerb im Mittelpunkt, d. h. alle vier Klassen werden in Lautsprache mit unterstützenden Gebärden unterrichtet. An der kooperierenden Förderschule werden pro Klasse zwischen acht und neun Schüler unterrichtet, was der durchschnittlichen Klassengröße an Förderschulen entspricht (s. Kap. 5.2). Mehrfachbehinderungen im Sinne eines weiteren Förderschwerpunkts waren bei keinem Probanden vorhanden. Die infolge der Hörschädigung auftretenden audiogenen Sprachstörungen einiger Probanden wurden nicht als zusätzliche Behinderung gewertet. Weitere Faktoren mit nachgewiesenem Einfluss auf die Lesekompetenzen hörgeschädigter Schüler sind die sonderpädagogische Förderbiografie, der sozioökonomische Hintergrund der Schüler sowie das Bildungsniveau der Eltern (vgl. Hennies 2009: 35 ff.). Die sonderpädagogische Förderbiografie wurde für die Studie allerdings nicht erfasst, da sich Methoden, Dauer und Umfang von Förderbiografien stark unterscheiden und sich die Individualität von Förderkonzepten für eine eindeutige Zuordnung und sinnvolle Gruppierung meist als zu komplex erweist. Der sozioökonomische Hintergrund der Schüler sowie das Bildungsniveau der Eltern wurden ebenfalls nicht erhoben, da dies nur anhand eines Elternfragebogens möglich gewesen wäre. Bei der Konzeption der Studie wurde sich bewusst gegen das Aushändigen eines Elternfragebogens

....

58   Zu der sprachlichen Kompetenz in der Lautsprache wurden keine Erhebungen durchgeführt. Es handelt sich um eine subjektive Einschätzung der Studienleiterin, die im Gespräch mit den Schülern gewonnen wurde.

entschieden, da sich die Frage nach dem sozioökonomischen Status womöglich negativ auf die Einwilligung der Eltern in die Studie ausgewirkt hätte.

5.3.4 Versuchsablauf

Der Versuchsablauf gestaltete sich folgendermaßen: Zu Beginn wurden die Probanden über den Ablauf der Studie sowie über die Einhaltung der Datenschutzbestimmungen aufgeklärt. Nachdem die Probanden mit dem Verfahren der Blickbewegungsmessung vertraut gemacht wurden, hatten sie die Möglichkeit, Verständnisfragen zur Studie und zur Datenaufzeichnung zu stellen. Nach der Aushändigung und Unterzeichnung der Einwilligungserklärung folgten der Lesetest sowie die neuropsychologische Testung, die zusammen ca. 30 Minuten dauerten (s. Kap. 5.3.5 und 5.3.6). Jedes der darauffolgenden Eye-Tracking-Experimente startete mit der Kalibrierung. Bei dieser erschienen nacheinander fünf Fixationspunkte auf dem Bildschirm (mittig, oben links, oben rechts, unten rechts, unten links), die von dem Probanden fixiert werden mussten. Nach Abgleichung der Fixationspunkte mit der Blickposition des Auges folgte die Validierung, die Aufschluss über die Qualität der Kalibrierung gab. Hierbei wurde der Proband instruiert, die vier nacheinander erscheinenden Fixationspunkte erneut zu fixieren und die Fixation durch Betätigen der Leertaste zu bestätigen. Nach erfolgreicher Kalibrierung begann das jeweilige Experiment. Zwischen Experiment 1 und 4 sowie zwischen Experiment 3 und 2 wurde jeweils eine zwei- bis fünfminütige Pause eingelegt. Die Pause zwischen Experiment 2 und 3 betrug aus methodischen Gründen zehn Minuten. Die Studie, die aus dem Lesetest, der neuropsychologischen Testung und den vier Eye-Tracking-Experimenten bestand, dauerte pro Teilnehmer ca. 90 Minuten. Am Ende der Studie bekamen die Probanden der Kontrollgruppe eine geringe Aufwandsentschädigung. Die Probanden der Zielgruppe erhielten in Absprache mit der Schulleiterin ebenfalls eine kleine Aufmerksamkeit.

Die Erhebungen mit der Kontrollgruppe fanden an der Technischen Hochschule Köln statt. Dadurch, dass die Experimente mit allen 47 Probanden in demselben, für die Studiendurchführung umgestalteten Seminarraum stattfanden, konnte der Einfluss umwelt- bzw. untersuchungsbedingter Störvariablen weitgehend ausgeschlossen werden. Da die Studienleiterin während der Studie hinter dem Kontrollmonitor saß und darüber hinaus keine weiteren

Personen anwesend waren, konnten Bewegungen im peripheren Sichtfeld als externe Störvariable ebenfalls ausgeschaltet werden. Die Erhebungen mit der Zielgruppe wurden während der regulären Unterrichtszeiten in den Räumlichkeiten der Förderschule durchgeführt. Umwelt- bzw. untersuchungsbedingte Störvariablen wurden auch hier möglichst gering gehalten, indem die Studie mit allen Probanden zur gleichen Tageszeit in demselben Lehrraum und somit in einer kontrollierten, vertrauten Umgebung stattfand. Da während der Pausen keine Experimente durchgeführt wurden, konnte auch der in den Pausen steigende Geräuschpegel als Störvariable ausgeschaltet werden. Die Probanden der Zielgruppe führten den Lesetest, die neuropsychologische Testung und die vier Experimente an zwei unterschiedlichen Erhebungszeitpunkten durch. Die Experimente wurden dabei so aufgeteilt, dass die Dauer der beiden Erhebungszeitpunkte in etwa identisch war. Daraus ergab sich folgende Experimentanordnung:

1. Erhebungszeitpunkt:

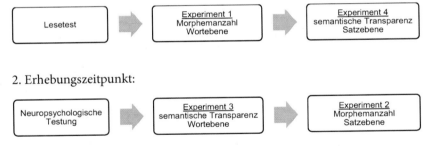

2. Erhebungszeitpunkt:

Eine derartige Experimentanordnung ermöglichte es, den Probanden am Ende der ersten Sitzung einen Ausblick auf die voraussichtliche Dauer des zweiten Teils der Studie geben zu können. Ein weiterer Vorteil der obigen Aufteilung war, dass die Probanden am zweiten Erhebungstag bereits mit dem Ablauf der Experimente und den Aufgabenstellungen vertraut waren. Die Kombination von Wort- und Satzexperimenten, die aus jeweils unterschiedlichen Items bestanden, wurde jedoch auch aus weiteren methodischen Gründen den Alternativen vorgezogen. So konnte mit der gewählten Aufteilung verhindert werden, dass der Proband dieselben Items an einem Tag erst auf Wort- und kurze Zeit später auf Satzebene liest, was womöglich zu Spillover-Effekten geführt hätte. Des Weiteren konnte mit der Kopplung von unterschiedlichen wort- und satzbasierten Items ein zu monotoner Versuchsablauf vermieden werden, der sich womöglich negativ auf die Motivation der Probanden ausgewirkt hätte.

Die an einem Tag durchgeführten Erhebungen dauerten im Schnitt ca. 45 Minuten, wobei die Bearbeitungsdauer eines Experimentes zwischen den einzelnen Probanden stark variierte. Grund für die schwankende Bearbeitungsdauer waren zum einen die unterschiedlichen Lesekompetenzen (s. Kap. 5.3.5.3). Zum anderen haben einige Probanden auch während der Experimente sowohl experimentbezogene Fragen als auch Fragen ohne Bezug zur Studie gestellt[59]. Lediglich zwei Probanden erfragten die Bedeutung einzelner Wörter; hierbei handelte es sich jedoch ausschließlich um Wörter aus den Distraktor- oder Nonsenssätzen (s. Kap. 5.5.2 und 5.7.2) (*überqueren, rückwärts*). Die Mehrheit der Probanden stellte während der Experimente keine Fragen.

Die Probanden der Kontrollgruppe absolvierten die Studie an einem Tag, wobei die Anordnung der Eye-Tracking-Experimente beibehalten wurden. Zur Vermeidung der erwähnten Spillover-Effekte folgte nach dem zweiten Eye-Tracking-Experiment (Experiment 4), d. h. nachdem alle Items einmal gelesen wurden, eine zehnminütige Pause.

5.3.5 Vortest zur Ermittlung der Lesefertigkeit
5.3.5.1 Das Salzburger Lese-Screening

Aufgrund der sowohl klassenübergreifenden als auch klasseninternen Heterogenität der Probandengruppe erlaubte die Klassenzugehörigkeit keine Rückschlüsse auf die Lesekompetenzen der Schüler. Somit war es erforderlich, vor der Studie die allgemeinen Lesefertigkeiten der Probanden zu erheben, um ausgehend davon eine Baseline für die Lesekompetenzen und -geschwindigkeit der Probanden zu ermitteln. Diese ermöglichte darüber hinaus eine Zuordnung der Probanden zu Lesekompetenzniveaus. Die Lesefertigkeiten wurden mit dem Salzburger Lese-Screening für die Schulstufen 2–9 (SLS 2–9) (Wimmer/Mayringer 2014/2016) ermittelt. Das SLS 2–9 dient der Identifikation

---

59 Beim Lesen des Wortes *Hund* fragte z. B. ein Proband die Studienleiterin, ob man in ihrem Beruf Haustiere haben dürfte.

von Schülern mit „Schwächen in basaler Lesefertigkeit" (ebd.: 9)[60]. Bei dem standardisierten Testverfahren wird über die Anzahl der nach drei Minuten gelesenen und korrekt beurteilten Sätze ein Rohwert ermittelt, der anschließend anhand einer Normtabelle in einen Lesequotienten (LQ) überführt wird. Der LQ gibt an, wie stark sich die Lesefertigkeit des Schülers vom Durchschnitt der Normierungsstichprobe unterscheidet. Die Skalierung des LQ entspricht der Skalierung des IQ mit dem Mittelwert 100 und der Standardabweichung 15, wodurch eine Vergleichbarkeit zwischen Lese- und Intelligenzquotienten ermöglicht wird. Für die Beschreibung der Lesefertigkeiten bietet sich laut Wimmer/Mayringer (2014/2016) folgende Terminologie an:

Lesequotient (LQ)	Leistung
≥ 130	sehr gut
120–129	gut
110–119	überdurchschnittlich
90–109	durchschnittlich
80–89	unterdurchschnittlich
70–79	schwach
≤ 69	sehr schwach

Ausgehend von der empirisch belegten und von den Normierungsdaten bestätigten Erkenntnis, dass Jungen im Durchschnitt etwas schwächere Lesefertigkeiten haben als Mädchen, wird in den Normtabellen nicht nur zwischen Schulstufen, sondern auch zwischen Geschlechtern unterschieden.

5.3.5.2 Durchführung

Zu Beginn des Lesescreenings trugen die Probanden ihre personenbezogenen Daten (Name, Vorname, Klasse, Datum) in das Testheft ein und gaben an, ob sie zuhause primär Deutsch oder eine andere Sprache sprechen. Nach einem aus 28 Sätzen bestehenden Übungsblatt folgte die dreiminütige Bearbeitung

---

60 Mayringer/Wimmer (2005) bezeichnen die basale Lesefertigkeit als das „fehlerfreie und [...] relativ schnelle und mühelose Lesen der Wörter eines Textes" (Mayringer/Wimmer 2005: 3), das weder an Sprachkompetenz noch an Wissensvoraussetzungen gekoppelt ist (vgl. ebd.).

des Tests, der aus insgesamt 100 Sätzen zunehmender Länge und Komplexität bestand. So waren die ersten 30 Sätze ausschließlich kurze Hauptsätze, die erst ab der zweiten Seite vermehrt durch Konditional-, Relativ- und Finalsätze erweitert wurden. Aufgabe der Probanden war es, die Sätze still und möglichst schnell zu lesen und am Ende jedes Satzes zu markieren, ob die Aussage des Satzes richtig oder falsch ist (s. Abb. 22).

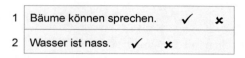

Abb. 22: Auszug aus dem SLS 2–9

5.3.5.3 Auswertung

Die Auswertung des Lesescreenings zeigt deutliche Unterschiede in der basalen Lesefertigkeit der Probandengruppe. Insgesamt acht Probanden verfügten über sehr schwache Lesefertigkeiten, wobei der LQ von vier der acht Probanden unterhalb des in der Normtabelle aufgeführten niedrigsten Rohwertes lag (≤ 62). Bei drei Probanden entsprach der LQ einer schwachen und bei weiteren vier Probanden einer unterdurchschnittlichen Lesefertigkeit. Während somit knapp 80 % (15 von 19) der Probanden unterdurchschnittliche Lesefertigkeiten aufwiesen, gab es allerdings auch drei Probanden mit durchschnittlichen und einen Probanden mit guten Lesefertigkeiten (s. Abb. 23).

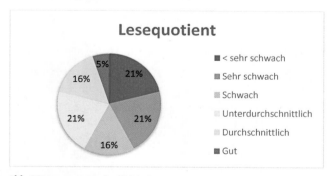

Abb. 23: Auswertung des SLS 2–9

Die 19 Probanden wurden auf Basis des in Kap. 5.2.1 (Tab. 3) genannten Klassifikationskriteriums des Hörverlusts drei Hörstatusgruppen zugeteilt:

1. Gravierende AVWS (n = 4)
2. Mittelgradige Hörschädigung (n = 5)
3. Hochgradige Hörschädigung (n = 10)

Ein Vergleich des mittleren LQ der drei Gruppen zeigt, dass die Gruppe der Probanden mit AVWS im Durchschnitt die höchsten Lesefertigkeiten aufweist (MW: 83,5, SA: 12,9), gefolgt von den Probanden mit hochgradiger Hörschädigung (MW: 65,3, SA: 38,4). Die Gruppe der Probanden mit einer mittelgradigen Hörschädigung verfügt mit einem mittleren LQ von 48,2 (SA: 44,7) über die geringsten Lesekompetenzen. Die Unterschiede zwischen den drei Teilgruppen sind jedoch nicht signifikant (s. Tab. 4).

Grad der Hörschädigung	Δ Mittelwert (p-Wert)
Mittelgradige Hörschädigung vs. AVWS	-35,3 (p = 0,352)
Hochgradige Hörschädigung vs. AVWS	-18,2 (p = 0,688)
Hochgradige vs. Mittelgradige Hörschädigung	17,1 (p = 0,681)

Tab. 4: Mittelwertvergleich des LQ bei unterschiedlichem Grad der Hörschädigung

Das Ergebnis der Studie von Hennies (2009), dass Schüler mit schlechterem Hörvermögen niedrigere Lesekompetenzen aufweisen, wird in der Studie nicht bestätigt. Stattdessen ist bei ausschließlicher Betrachtung der 15 Probanden mit mittel- und hochgradiger Hörschädigung vielmehr eine leicht gegenläufige Tendenz zu beobachten: Schüler mit hochgradigem Hörverlust haben tendenziell bessere Lesekompetenzen als Schüler mit mittelgradigem Hörverlust (s. Tab. 4). Dies bestätigt auch der LQ des gehörlosen Probanden, also des Probanden mit dem höchsten Hörverlust, dessen LQ von 96 weit über dem Durchschnitt der Stichprobe (MW: 64,6, SA: 36,9) liegt und zugleich höher ist als der LQ des lesestärksten Probanden aus der Gruppe mit mittelgradiger Hörschädigung. Der LQ der Probandin mit postlingualer mittelgradiger Hörschädigung entspricht einer sehr schwachen Lesefertigkeit und liegt damit unter dem Durchschnitt der gesamten Stichprobe. Das Lesescreening bestätigt zudem, dass sich die Lesekompetenzen der Probandin mit postlingualer mittelgradiger Hörschädigung nicht substanziell von dem mittleren LQ der anderen Probanden mit mittelgradiger Hörschädigung unterscheiden, was, hinsichtlich der Lesekompetenzen, eine begründete Zuordnung der Probandin zu dieser Gruppe rechtfertigt. Die oben getroffene Aussage, dass Schüler mit schlechterem Hörvermögen tendenziell bessere Lesefertigkeiten aufweisen, relativiert sich allerdings, sobald die vier Probanden mit AVWS mit in die Analyse einbezogen werden, da diese im Durchschnitt über höhere Lesekompetenzen verfügen als die Probanden mit mittel- und hochgradigem Hörverlust (s. Tab. 4). Bei der Interpretation der Ergebnisse ist jedoch zu beachten, dass die Stichprobe mit 19 Probanden sehr klein ist und der geringe Stichprobenumfang somit keine statistisch fundierten Schlussfolgerungen auf die Gesamtpopulation erlaubt. Eine differenziertere Betrachtung der LQ zeigt, dass auch innerhalb der drei Hörstatusgruppen deutliche Unterschiede in der basalen Lesefertigkeit bestehen und der Hörverlust daher keine Rückschlüsse auf die Lesekompetenzen erlaubt. So schwankt der LQ der Gruppe der mittelgradig hörgeschädigten Schüler zwischen < sehr schwach[61] und durchschnittlich (Spannweite 90) und der LQ der Gruppe der hochgradig hörgeschädigten Schüler zwischen < sehr schwach und gut (Spannweite 121). Die Gruppen sind somit zwar hinsichtlich des Hörverlusts vergleichbar, nicht aber hinsichtlich der Lesekompetenzen. Lediglich die Lesefertigkeiten der Probanden mit AVWS sind mit schwach bis durchschnittlich etwas weniger stark gestreut (Spannweite 31).

Ein Vergleich der LQ innerhalb der vier Klassenstufen bestätigt, dass die Schüler einer Klasse hinsichtlich ihrer Lesefertigkeiten äußerst heterogen sind. So schwankt der LQ in der siebten Klasse von unterdurchschnittlich bis gut (Spannweite 40), in der achten Klasse von < sehr schwach bis durchschnittlich (Spannweite 90), in der neunten Klasse von sehr schwach bis durchschnittlich (Spannweite 37) und in der zehnten Klasse von < sehr schwach bis unterdurchschnittlich (Spannweite 88). Die schwach negative Korrelation zwischen Klasse und LQ ist nicht signifikant ($r = -0,154$, $p = 0,529$). Das Lesescreening bestätigt,

....
61   < sehr schwach bezieht sich auf Werte unterhalb des niedrigsten tabellierten Rohwertes.

dass eine Gruppierung der Probanden nach Klassenstufen für die statistische Auswertung nicht geeignet ist. Der bei Schülern ohne Hörschädigung nachgewiesene Zusammenhang, dass die Lesekompetenz mit Dauer des Schulbesuchs ansteigt (vgl. Klicpera/Gasteiger-Klicpera 1993: 54), trifft auf die Stichprobe nicht zu. So sind die mittleren Lesekompetenzen der Zehntklässler (MW: 54,0, SA: 47,3) bspw. deutlich schwächer als die mittleren Lesekompetenzen der Siebtklässler (MW: 99,3, SA: 20,2).

Da die Lesekompetenzen sowohl innerhalb der drei Hörstatusgruppen als auch innerhalb der Klassen äußerst heterogen sind und in Hinblick auf die Fragestellungen weder der Hörstatus noch die Dauer des Schulbesuchs, sondern die Lesekompetenzen von entscheidender Bedeutung sind, werden die Schüler für die statistische Auswertung der Blickbewegungsdaten nicht anhand ihres Hörverlusts oder ihrer Klassenstufe, sondern auf Grundlage ihrer Lesekompetenzen gruppiert. Da sich die Probanden hinsichtlich ihrer Lesekompetenz nicht in klar voneinander abgrenzbare homogene Gruppen aufteilen lassen, sondern vielmehr ein fließender Übergang von schwächeren zu stärkeren Probanden besteht, bietet es sich an, die Probanden, in Anlehnung an die Eye-Tracking-Studie von Häikiö et al. (2011), mittels Median-Split in eine – auf die untersuchte Stichprobe bezogene – Gruppe mit niedrigeren und eine Gruppe mit höheren Lesekompetenzen einzuteilen. Die Gruppierung in zwei Gruppen ermöglicht es, aus den angepassten Modellen möglichst verlässliche (d. h. statistisch signifikante) Aussagen über Effekte innerhalb der Gruppen abzuleiten. Dies ist bei einer Aufteilung mittels Median-Split am besten möglich, da aufgrund des größeren Stichprobenumfangs innerhalb der Gruppen womöglich auch relativ kleine Effekte signifikant sind, deren Signifikanz sich bei einer Aufteilung in mehr als zwei Gruppen evtl. nicht nachweisen ließe. Aus der Gruppierung der Probanden mittels Median-Split resultiert eine aus zehn Probanden bestehende Gruppe mit niedrigeren Lesekompetenzen und eine aus neun Probanden bestehende Gruppe mit höheren Lesekompetenzen.

Die heterogenen Lesekompetenzen der Probandengruppe sind für die Studie jedoch nicht als Nachteil, sondern vielmehr als Vorteil anzusehen. So können die Daten nicht nur in Beziehung zu den Daten der Kontrollgruppe gesetzt werden, sondern die Heterogenität der Zielgruppe erlaubt es darüber hinaus, auch innerhalb der Zielgruppe zu untersuchen, ob signifikante Unterschiede zwischen den Blickbewegungen der leseschwächeren und lesestärkeren Probanden vorliegen. So wäre es bspw. denkbar, dass nur Probanden mit schwächeren Lesekompetenzen nachweisbar von der Segmentierung mit dem Mediopunkt bzw. Bindestrich profitieren und das Lesen der Komposita für Probanden mit besseren Lesekompetenzen womöglich die Kapazität des phonologischen Arbeitsgedächtnisses gar nicht überschreitet, so dass keine Notwendigkeit besteht, die Zahl der Silben pro Segment zu verringern und das Arbeitsgedächtnis zu entlasten.

Mit der Kontrollgruppe wurde der Lesetest ebenfalls durchgeführt. Während die Probanden der Zielgruppe im Mittel 48 Sätze lesen, lesen die Probanden der Kontrollgruppe im Mittel 72 Sätze. Der Unterschied zwischen Kontroll- und Zielgruppe ist damit hochsignifikant ($t = 6,704$, $p < 0,001$). Der mittlere LQ der Kontrollgruppe liegt bei 105, was durchschnittlichen Lesekompetenzen entspricht, wobei etwa ¾ der Probanden über durchschnittliche bis sehr gute Lesekompetenzen verfügen. Bei der Zielgruppe liegt die Standardabweichung bei 15 Sätzen, bei der Kontrollgruppe hingegen bei 12 Sätzen. Die auch bei der Kontrollgruppe relativ hohe Standardabweichung zeigt, dass auch in dieser manche Probanden äußerst schnell, andere wiederum langsamer lesen. Im Gegensatz zur Zielgruppe, bei der die Ergebnisse der neuropsychologischen Testung signifikant mit dem LQ korrelieren (s. Kap. 5.3.6.3), besteht bei der Kontrollgruppe keine signifikante Korrelation zwischen den Testergebnissen und dem LQ (s. Kap. 5.3.6.3). Dass ein geringerer LQ somit bei der Kontrollgruppe, im Gegensatz zur Zielgruppe, nicht auf eine geringere kognitive Leistungsfähigkeit hinweist, ist auch darauf zurückzuführen, dass einige der Probanden, die in den drei Minuten weniger Sätze lasen als der Durchschnitt, im Nachhinein kommentierten, dass sie bei einigen Sätzen ‚hängen' geblieben seien, weil sie über den Inhalt ‚ein wenig schmunzeln mussten'[62].

....

62 Als Beispiel hierfür lässt sich der Satz *Menschen essen gerne Gras* anführen. Ein Proband gab im Nachhinein an, dass er kurz darüber nachgedacht habe, ob Gras im Sinne von Marihuana gemeint sei, und hier dann ggf. sowohl *ja* als auch *nein* richtig sein könne. Um untersuchen zu können, bei welchen Probanden dies der Fall war, wäre der Einsatz von *thinking-aloud protocols* hilfreich gewesen (s. Kap. 4.9).

© Frank & Timme   Verlag für wissenschaftliche Literatur

5.3.6 Neuropsychologische Testung

5.3.6.1 Grundlagen

Zur Erfassung der kognitiven Leistungsfähigkeit wurde mit beiden Testgruppen eine standardisierte neuropsychologische Testung durchgeführt, die aus insgesamt vier Subtests bestand. Der erste, dritte und vierte Subtest wurde aus der *SOP Neuropsychologische Testung Version 1.3 – 18.01.2018* der *FOR 2107*[63] entnommen. Der zweite Test stammt aus dem *Wechsler Intelligenztest für Erwachsene* (WAIS-IV). Die Auswertung der Testbatterie (s. Kap. 5.3.6.2) soll nicht nur Aufschluss über kognitive Fähigkeiten wie Arbeitsgedächtniskapazität, verbale Intelligenz oder kognitive Flexibilität geben, sondern darüber hinaus im weiteren Verlauf der Arbeit dazu dienen, die möglicherweise hohe Varianz in den Blickbewegungsdaten zu erklären. Zudem sollen die neuropsychologischen Leistungen im Anschluss an die Blickbewegungsmessungen in Relation zu den erhobenen Variablen gesetzt und somit mögliche Zusammenhänge zwischen den kognitiven Fähigkeiten und der kognitiven Verarbeitung von Komposita aufgezeigt werden (s. Kap. 5.9). Die vier Tests[64] wurden in der nachfolgend dargestellten Reihenfolge durchgeführt.

1) Trail Making Test (TMT)

Der *Trail Making Test* (Reitan 1992) ist ein international weit verbreitetes Testverfahren, welches bei Erwachsenen und Kindern zur „Diagnostik verschiedener neuropsychologischer Funktionsbereiche wie Arbeitsgedächtnis, Aufmerksamkeit, visuomotorische Verarbeitungsgeschwindigkeit, kognitive Flexibilität und Exekutivfunktionen" (Tischler/Petermann 2010: 79) eingesetzt wird. Der TMT besteht aus zwei Teilen (TMT-A und TMT-B). Aufgabe im ersten Teil (TMT-A) ist es, die Zahlen 1–25, die in zufälliger Anordnung auf einem

----

63 Die *FOR 2107* ist eine DFG-geförderte Forschergruppe, dessen Ziel „in der Integration klinischer und neurobiologischer Effekte von genetischen Faktoren und Umweltfaktoren (und deren Interaktion) in der Ätiologie und dem Verlauf [affektiver Störungen S.D.] [besteht]" (FOR 2107 2019 o. S.).

64 Die neuropsychologische Testbatterie wurde im Rahmen des Forschungsprojekts *Einfach komplex – Leichte Sprache* zusammengestellt und in jedes der vier Teilprojekte integriert. Die Auswahl projektspezifischer Tests ermöglicht eine gezielte Überprüfung ausgewählter kognitiver Fähigkeiten.

DIN-A4-Blatt verteilt sind, so schnell wie möglich in aufsteigender Reihenfolge miteinander zu verbinden[65]. Aufgabe im zweiten Teil (TMT-B) ist es, die Zahlen 1–13 und die Buchstaben A–L, die ebenfalls in zufälliger Anordnung auf einem DIN-A4-Blatt verteilt sind, in möglichst kurzer Zeit alternierend und in aufsteigender Reihenfolge miteinander zu verbinden (1-A-2-B-3-C…). Während der TMT-A hauptsächlich visuelle Aufmerksamkeit und psychomotorische Geschwindigkeit erfasst, überprüft der TMT-B primär geteilte Aufmerksamkeit, Arbeitsgedächtnis, kognitive Flexibilität und exekutive Funktionen. Beide Teile beginnen mit einem Übungsbeispiel ohne Zeiterfassung. Die Auswertung erfolgt für die beiden Testteile getrennt nach Zeit. Fehler in der Durchführung werden von der Versuchsleiterin aufgezeigt und korrigiert und führen somit automatisch zu einer verlängerten Bearbeitungsdauer. Die Tests werden spätestens nach jeweils drei Minuten von der Versuchsleiterin abgebrochen. Die Auswertung und Interpretation des Testergebnisses erfolgt anhand der im Manual angegebenen Bearbeitungszeiten. Die Leistungen werden in vier Kategorien eingeteilt (s. Kap. 5.3.6.2). Als unterdurchschnittlich wird ein Ergebnis > 39 Sekunden (TMT-A) bzw. > 85 Sekunden (TMT-B) gewertet (vgl. Reitan/Wolfson [2]1993: 315 ff.).

2) Zahlenspanne

Der Test *Zahlenspanne* ist ein Standardverfahren zur Diagnostik der Arbeitsgedächtniskapazität. Der Test setzt sich aus zwei Teilen zusammen[66]. Aufgabe des Probanden im ersten Teil (Zahlenspanne vorwärts) ist es, die von der Versuchsleiterin vorgelesenen Zahlenreihen in gleicher Reihenfolge wiederzugeben. Die kürzeste Zahlensequenz besteht aus zwei, die längste aus neun Ziffern. Die aus jeweils anderen Zahlen bestehenden Sequenzen verlängern sich pro Stufe um eine Zahl, wobei pro Stufe zwei Zahlenreihen gleicher Länge zu wiederholen sind. Aufgabe im zweiten Teil (Zahlenspanne rückwärts) ist es, die von der Versuchsleiterin vorgelesenen Zahlenreihen rückwärts wiederzugeben. Der

....

65 Die Kinderversion (9–14 Jahren) besteht nur aus 15 Zahlen. Zur besseren Vergleichbarkeit wurde in der Studie allerdings ausschließlich die Erwachsenenversion durchgeführt.

66 In der Originalversion besteht der Test aus drei Teilen. Der dritte Teil (Zahlen nachsprechen sequenziell) wurde aufgrund des begrenzten zeitlichen Umfangs der Studie nicht durchgeführt.

zweite Teil beginnt mit einem aus zwei Ziffern bestehenden Übungsblock. Die kürzeste Zahlensequenz besteht hier ebenfalls aus zwei Ziffern, die längste aus acht. Analog zu Teil A sind pro Stufe zwei Zahlenreihen gleicher Länge rückwärts zu wiederholen. Die Teile werden getrennt ausgewertet, wobei die höchste Anzahl von Zahlen, die ohne Fehler in einem der zwei Versuche wiederholt wird, die erreichte Punktzahl darstellt (vgl. Petermann 2008b: 62). Zur Auswertung kann die Punktzahl in altersnormierte Prozentränge und IQ-Werte umgerechnet werden. Während mit beiden Teilen das Speichern und Wiederabrufen von Informationen durch unmittelbaren auditiven Aufruf und damit das auditive Kurzzeitgedächtnis geprüft wird, wird mit dem *Zahlen nachsprechen rückwärts* zusätzlich die Aufmerksamkeit und die Leistung des Arbeitsgedächtnisses geprüft[67] (vgl. Petermann 2008a: 76).

3) Wortflüssigkeitstest

Der Regensburger Wortflüssigkeitstest (RWT) ist ein diagnostisches Verfahren zur Erfassung der verbalen Wortflüssigkeit (vgl. Aschenbrenner et al. 2000: 5). Wortflüssigkeit wird definiert als die „Generierung von Wörtern nach festgelegten Kriterien innerhalb einer bestimmten Zeit" (Seiferth/Thienel ²2013: 361). Die Wortflüssigkeit liegt an der Schnittstelle sprachlicher und kognitiver Fähigkeiten und dient insbesondere als Maß der kognitiven Flexibilität. Mit dem RWT kann somit der „Gedächtnisabruf (mit lexikalischen Beschränkungen)" (Aschenbrenner et al. 2000: 10), die „Fähigkeit zur spontanen Produktion von Wörtern" (ebd.) und das „intakte[] lexikalische[] und semantische[] Wissen" (ebd.) geprüft werden und darüber hinaus die „Geschwindigkeit kognitiver Verarbeitungsprozesse" (ebd.) erfasst werden. Der Test besteht aus 14 Untertests, von denen für die vorliegende Studie drei ausgewählt wurden. Im ersten Untertest wird die semantische Wortflüssigkeit erhoben. Aufgabe des Probanden ist es, innerhalb von einer Minute möglichst viele Wörter aus der Kategorie *Tiere* aufzuschreiben. Im zweiten Untertest, in dem die formallexi-

---

67 Bei der Zielgruppe wurde auf das Nachsprechen der Zahlenreihen verzichtet, da dies aufgrund der Schwerhörigkeit mit dem Großteil der Probanden nur schwer realisierbar gewesen wäre. Darüber hinaus ist der Test ausschließlich für Personen im Alter von 16 bis 89 Jahren konzipiert.

kalische Wortflüssigkeit überprüft wird, besteht die Aufgabe darin, innerhalb von einer Minute möglichst viele Wörter mit dem Anfangsbuchstaben P niederzuschreiben. Bei dem dritten Untertest handelte es sich um einen semantischen Wortflüssigkeitstest mit Kategorienwechsel. Aufgabe des Probanden ist es hierbei, innerhalb einer Minute alternierend Wörter aus den semantischen Kategorien *Sportarten* und *Früchte* aufzuschreiben. Dieser sog. „semantische Kategorienwechsel" (ebd.: 14) ist im Vergleich zu den ersten beiden Tests komplexer, da er neben der Wortgenerierungsfähigkeit „zusätzliche Anforderungen an die Exekutivfunktionen [stellt]" (ebd.: 13). Gewertet wird jeweils die Anzahl der korrekten Wörter bzw. Wortpaare. Wiederholungen und Eigennamen werden nicht gewertet. Zur Leistungsbeurteilung werden die Ergebnisse „in einem normorientierten Verfahren mit einer Eichstichprobe verglichen" (ebd.: 17). Hierfür werden die Rohwerte in Prozentränge überführt. Entspricht die Leistung bspw. einem Prozentrang von 30, bedeutet dies, dass 30 % der Probanden der Normstichprobe niedrigere oder gleiche Werte und 70 % der Probanden höhere Werte erreicht haben (vgl. ebd.). Die Normtabellen wurden für Kinder und Erwachsene getrennt erstellt. In den Normtabellen für Kinder wird zusätzlich zwischen vier Altersgruppen (8–9 / 10–11 / 12–13 / 14–15) und in den Normtabellen für Erwachsene zwischen fünf Altersgruppen (18–29 / 30–41 / 42–53 / 54–65 / >65) unterschieden. Zudem wurden für die einzelnen Tests geschlechts- sowie bildungsspezifische Prozentrang-Tabellen erstellt. Zur Vermeidung falsch-positiver Beurteilungen beziehen sich Aschenbrenner et al. (2000) auf eine Klassifizierung von Lezak (1995), gemäß der Leistungen, die einem Prozentrang von ≤ 10 entsprechen, als unterdurchschnittlich anzusehen sind. Leistungen, die einem Prozentrang ≥ 84 entsprechen, werden als überdurchschnittlich eingestuft.

4) Mehrfachwortschatztest (MWT-B)

Der Mehrfachwahl-Wortschatz-Intelligenztest (MWT-B) ist ein standardisiertes Testverfahren zur Messung des allgemeinen Intelligenzniveaus (vgl. Lehrl ⁴1999). In Deutschland gilt er als „der am häufigsten von Ärzten eingesetzte Intelligenztest" (Wittorf et al. 2014: 95). Der Test besteht aus 37, in der Schwierigkeit steigenden Zeilen à fünf Wörter. In jeder Zeile steht ein umgangs-, bildungs- oder wissenschaftssprachliches Wort unter vier ähnlichen, fiktiven

Wörtern in randomisierter Reihenfolge. Aufgabe des Probanden ist es, das jeweils korrekte Wort durchzustreichen. Es besteht dabei kein Zeitlimit. Aus der Gesamtzahl der richtig markierten Wörter ergibt sich ein Rohwert (0–37 Punkte), der anhand einer Normtabelle in Standardwerte, Prozentränge und IQ-Werte transformiert werden kann (s. Tab. 5). Bei der Auswertung ist allerdings zu berücksichtigen, dass die Normtabelle auf den Daten einer repräsentativen Stichprobe deutschsprachiger Erwachsener im Alter von 20 bis 64 Jahren beruht (vgl. Lehrl [4]1999: 34). Repräsentative Aussagen über das Intelligenzniveau von Kindern können somit nicht getroffen werden.

Gesamtpunktzahl	Intelligenzstufe	IQ
0–5	Sehr niedrige Intelligenz	Bis 72
6–20	Niedrige Intelligenz	73–90
21–30	Durchschnittliche Intelligenz	91–109
31–33	Hohe Intelligenz	110–127
34–37	Sehr hohe Intelligenz	128 und höher

Tab. 5: Umrechnung der Rohwerte in Intelligenzstufen

Aufgrund der Tatsache, dass die einzelnen Tests jeweils unterschiedliche neuropsychologische Funktionen überprüfen, werden die Testergebnisse im Folgenden nicht zu einem Gesamtwert addiert, sondern getrennt ausgewertet, was wiederum differenziertere Aussagen über die einzelnen kognitiven Fähigkeiten der Probanden ermöglicht. Dennoch ist es interessant, dass auch die einzelnen Testergebnisse sowohl in der Kontroll- als auch der Zielgruppe teilweise hochsignifikant miteinander korrelieren. So zeigt die Testauswertung der Kontrollgruppe bspw., dass das Ergebnis im Untertest *Zahlenspanne rückwärts* nicht nur mit dem Ergebnis im Untertest *Zahlenspanne vorwärts* ($r = 0{,}369$, $p = 0{,}011$), sondern auch mit der Leistung im TMT-B signifikant korreliert ($r = 0{,}293$, $p = 0{,}046$). Dies bedeutet, dass Probanden, die eine bessere Leistung im Untertest *Zahlenspanne rückwärts* erzielen, tendenziell auch eine bessere Leistung im Untertest *Zahlenspanne vorwärts* sowie im TMT-B erzielen. Diese signifikanten Korrelationen sind insofern nicht überraschend, als sowohl mit dem Test *Zahlenspanne vorwärts* als auch mit dem Test *Zahlenspanne rückwärts* die Aufmerksamkeitsspanne und sowohl mit dem *Zahlenspanne rückwärts* als auch mit dem TMT-B das Arbeitsgedächtnis geprüft wird. Auch die Korrelation zwischen TMT-A und TMT-B ist hochsignifikant ($r = 0,631$, $p < 0,001$), was zeigt, dass es eine substanzielle Beziehung zwischen der Verarbeitungsgeschwindigkeit und dem Arbeitsgedächtnis bzw. den exekutiven Funktionen gibt. Die Leistungen zwischen den einzelnen Wortflüssigkeitstests korrelieren ebenfalls hochsignifikant miteinander. Darüber hinaus korrelieren sowohl die semantische Wortflüssigkeit ($r = 0,475$, $p = 0,001$) als auch der semantische Kategorienwechsel signifikant mit dem MWT-B ($r = 0,325$, $p = 0,026$), was bedeutet, dass eine bessere Wortgenerierungsfähigkeit und kognitive Flexibilität tendenziell auch mit einem höheren allgemeinen Intelligenzniveau einhergeht. Zudem ist die Korrelation zwischen semantischem Wortflüssigkeitstest mit Kategorienwechsel und TMT-A marginal signifikant ($r = 0,280$, $p = 0,056$), was darauf hindeutet, dass eine bessere kognitive Flexibilität tendenziell mit einer besseren visuomotorischen Verarbeitungsgeschwindigkeit einhergeht.

Für die Zielgruppe ergibt sich ebenfalls eine substanzielle Beziehung zwischen der Verarbeitungsgeschwindigkeit (TMT-A) und dem Arbeitsgedächtnis bzw. den exekutiven Funktionen (TMT-B) ($r = 0,473$, $p = 0,041$). Darüber hinaus korreliert der TMT-B signifikant mit der formallexikalischen Wortflüssigkeit ($r = 0,665$, $p = 0,002$), dem semantischen Kategorienwechsel ($r = 0,513$, $p = 0,025$) und dem MWT-B ($r = 0,478$, $p = 0,038$) sowie marginal signifikant mit der semantischen Wortflüssigkeit ($r = 0,429$, $p = 0,067$). Dies bedeutet, dass ein besseres Arbeitsgedächtnis und bessere exekutive Funktionen tendenziell mit einer besseren Wortgenerierungsfähigkeit und kognitiven Flexibilität sowie einem höheren allgemeinen Intelligenzniveau einhergehen. Auch die Korrelation zwischen der semantischen Wortflüssigkeit und dem MWT-B ($r = 0,677$, $p = 0,001$) sowie zwischen der formallexikalischen Wortflüssigkeit und dem MWT-B ($r = 0,714$, $p = 0,001$) ist hochsignifikant, was zeigt, dass eine bessere Wortgenerierungsfähigkeit und kognitive Flexibilität ebenfalls mit einem höheren allgemeinen Intelligenzniveau einhergeht. Wie bei der Kontrollgruppe korrelieren die Leistungen zwischen der semantischen und formallexikalischen Wortflüssigkeit ($r = 0,475$, $p = 0,040$) sowie zwischen der semantischen Wortflüssigkeit und dem semantischen Kategorienwechsel ($r = 0,720$, $p = 0,001$) ebenfalls signifikant miteinander. Im Unterschied zur Kontrollgruppe ist die

Korrelation zwischen formallexikalischer Wortflüssigkeit und semantischem Kategorienwechsel allerdings nicht signifikant (r = 0,314, p = 0,190).

5.3.6.2 Auswertung

Im Folgenden werden die Ergebnisse der neuropsychologischen Testbatterie sowohl deskriptiv als auch in Hinblick auf signifikante Unterschiede zwischen den beiden Gruppen ausgewertet.

Die Daten wurden mithilfe des Shapiro-Wilk-Tests auf Normalverteilung und mithilfe des Levene-Tests auf Varianzhomogenität geprüft. Bei Verletzung der Normalverteilungsannahme sowie bei fehlender Varianzhomogenität wurde ein nicht-parametrischer Test gewählt. Tab. 6 gibt einen Überblick über die resultierenden Mittelwerte und Standardabweichungen der einzelnen Testergebnisse, getrennt nach Kontroll- und Zielgruppe. Zudem wurde getestet, ob sich die Verteilung der Testergebnisse zwischen den beiden Stichproben signifikant voneinander unterscheidet.

Tab. 6: Neuropsychologische Testergebnisse (Rohwerte) der Kontroll- und Zielgruppe MW(SA)

	Kontrollgruppe (n = 47)	Zielgruppe (n = 19)	p-Wert (Wert der Teststatistik)
Psychomotorische Geschwindigkeit • TMT-A (in Sek.)	25,38 (8,92)	47,79 (17,34)	< 0,001 ($|z| = 5,284$)
Arbeitsgedächtnis und exekutive Funktionen • TMT-B (in Sek.)	55,36 (19,87)	96,63 (29,1)	< 0,001 ($|z| = 4,989$)
Wortgenerierungsfähigkeit und kognitive Flexibilität • Semantische Wortflüssigkeit (Tiere)	18,17 (3,31)	11,26 (2,86)	< 0,001 ($|t| = 7,970$)
• Formallexikalische Wortflüssigkeit (P)	9,81 (3,0)	4,42 (2,82)	< 0,001 ($|t| = 6,724$)
• Semantischer Kategorienwechsel	6,36 (1,09)	3,32 (1,6)	< 0,001 ($|z| = 5,902$)

	Kontrollgruppe (n = 47)	Zielgruppe (n = 19)	p-Wert (Wert der Teststatistik)
Allgemeines Intelligenzniveau • MWT-B	24,74 (4,0)	11,95 (4,77)	< 0,001 ($|t|$ = 11,125)
Kurzzeitgedächtnis • Zahlen nachsprechen vorwärts *Arbeitsgedächtnis, Aufmerksamkeit, mentale Rotation* • Zahlen nachsprechen rückwärts	8,21 (0,75) 5,53 (1,54)		

Wie aus Tab. 6 ersichtlich wird, weisen die Probanden der Zielgruppe in allen Tests eine signifikant schlechtere Leistung auf als die Probanden der Kontrollgruppe. So benötigen die Probanden der Zielgruppe für den TMT-A und TMT-B fast doppelt so lange wie die Probanden der Kontrollgruppe. Ähnliches gilt für den MWT-B: Auch hier ist die Anzahl der korrekten Antworten bei der Kontrollgruppe im Durchschnitt etwas mehr als doppelt so hoch wie bei der Zielgruppe. Diese Tendenz spiegelt sich auch in der anhand der Wortflüssigkeit gemessenen kognitiven Flexibilität wider. Auch hier schreiben die Probanden der Kontrollgruppe im Schnitt doppelt so viele Wörter auf wie die Probanden der Zielgruppe. Lediglich der Unterschied bei der semantischen Wortflüssigkeit ist nicht ganz so stark ausgeprägt: Während die Probanden der Kontrollgruppe bei der formallexikalischen Wortflüssigkeit (*P*) und dem semantischen Kategorienwechsel (*Sport-Frucht*) im Mittel ca. doppelt so viele korrekte Antworten geben wie die Probanden der Zielgruppe (Faktor 2,2 bzw. 1,9), geben sie bei der semantischen Wortflüssigkeit (*Tiere*) nur etwa 61,4 % mehr korrekte Antworten als die Probanden der Zielgruppe. Dieses Ergebnis ist kongruent mit den Ergebnissen anderer Studien, in denen lesebeeinträchtigte Kinder ebenfalls in der semantischen Wortflüssigkeit (*Tiere*) die besten Leistungen erbrachten (u. a. Friede 2011). Abb. 24 verdeutlicht die Unterschiede in den einzelnen Tests.

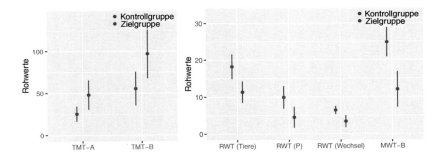

Abb. 24: Ergebnisse der neuropsychologischen Testung (Kontroll- und Zielgruppe)

In Tab. 7 wird darüber hinaus zwischen den leseschwächeren und lesestärkeren Probanden der Zielgruppe differenziert.

	Gruppe 1 (n = 10)	Gruppe 2 (n = 9)	p-Wert (Wert der Teststatistik)
Psychomotorische Geschwindigkeit • TMT-A (in Sek.)	52,7 (14,77)	42,33 (19,18)	0,202 ($\lvert t \rvert$ = 1,328)
Arbeitsgedächtnis und exekutive Funktionen • TMT-B (in Sek.)	112,8 (24,77)	78,67 (22,91)	0,006 ($\lvert t \rvert$ = 3,106)
Wortgenerierungsfähigkeit und kognitive Flexibilität • Semantische Wortflüssigkeit (Tiere)	9,3 (2,31)	13,44 (1,51)	< 0,001 ($\lvert t \rvert$ = 4,567)
• Formallexikalische Wortflüssigkeit (P)	2,8 (2,49)	6,22 (1,99)	0,004 ($\lvert t \rvert$ = 3,289)
• Semantischer Kategorienwechsel	2,6 (1,71)	4,11 (1,05)	0,040 ($\lvert z \rvert$ = 2,058)
Allgemeines Intelligenzniveau • MWT-B	8,9 (3,28)	15,33 (3,81)	0,001 ($\lvert t \rvert$ = 3,957)

Tab. 7: Neuropsychologische Testergebnisse (Rohwerte) der leseschwächeren Probanden (Gruppe 1) und lesestärkeren Probanden (Gruppe 2) MW(SA)

Die Unterschiede zwischen den Probanden der Zielgruppe mit geringerem LQ und den Probanden mit höherem LQ sind hingegen geringer ausgeprägt (s. Tab. 7). Dennoch sind die Unterschiede zwischen den Gruppen mit Ausnahme des TMT-A ebenfalls signifikant, was die Unterteilung der Zielgruppe in zwei Gruppen rechtfertigt. Der Unterschied zwischen den Gruppen ist bei der formallexikalischen Wortflüssigkeit (*P*) am stärksten ausgeprägt; hier geben die lesestärkeren Probanden mehr als doppelt so viele korrekte Antworten wie die leseschwächeren Probanden (Faktor 2,2). Bei dem TMT-A ist der Unterschied am geringsten ausgeprägt; hier ist die Bearbeitungszeit der lesestärkeren Probanden nur um ca. 25 % kürzer als die Bearbeitungszeit der leseschwächeren Probanden. Abb. 25 verdeutlicht die Unterschiede in den einzelnen Tests.

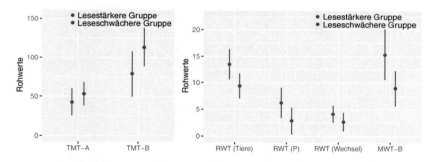

Abb. 25: Ergebnisse der neuropsychologischen Testung (lesestärkere und -schwächere Probanden)

Für eine differenziertere Interpretation der Ergebnisse ist es zudem sinnvoll, die Leistungen nochmals anhand der im Manual angegebenen Skalen zu klassifizieren. Für den TMT können die Ergebnisse in die vier Kategorien *perfectly normal* (TMT-A: 0–26 Sek.; TMT-B: 0–65 Sek.), *normal* (TMT-A: 27–39 Sek.; TMT-B: 66–85 Sek.), *mild to moderately impaired* (TMT-A: 40–51 Sek.; TMT-B: 86–120 Sek.) und *severely impaired* (TMT-A: ≥ 52 Sek.; TMT-B: ≥ 121 Sek.) eingeteilt werden (vgl. Reitan/Wolfson [2]1993: 315 ff.). Da ausschließlich die Erwachsenenversion durchgeführt wurde, ist die Einteilung für die Beurteilung der Leistungen der Zielgruppe allerdings ungeeignet. Bei der Zuordnung der Leistungen der Kontrollgruppe zu den vier Bereichen zeigt sich, dass die Leistung im TMT-A bei ⅔ der Probanden dem bestmöglichen Bereich *perfectly normal* entspricht. Knapp 30 % der Leistungen sind als *normal* zu bezeichnen. Die Leistung von zwei Probanden ist als unterdurchschnittlich zu bezeichnen, wobei die Leistung des einen Probanden dem Bereich *mild to moderately impaired* und des anderen Probanden dem Bereich *severely impaired* zuzuordnen ist. Obgleich die überwiegende Mehrheit durchschnittlich und überdurchschnittlich abgeschnitten hat, zeigt die differenziertere Analyse, dass zwei der 47 Probanden erhebliche Probleme mit der Aufgabe zu haben schienen. Die Analyse der Eye-Tracking-Daten wird zeigen, ob diese auch die Komposita langsamer verarbeiten. Auch wenn die Skala nicht als Maßstab für die Leistung der Zielgruppe herangezogen werden kann, soll dennoch erwähnt werden, dass auch hier die Leistungen von 10 % der Probanden dem bestmöglichen Bereich *perfectly normal* und die Leistungen von ca. ¼ der Probanden dem Bereich *normal* zugeordnet werden können. Die Leistung von jeweils etwas mehr als 30 % der Probanden wäre gemäß der Skala als *mild to moderately impaired* bzw. als *severely impaired* zu bezeichnen.

Für den TMT-B ergibt die Analyse, dass die Leistung der Kontrollgruppe in etwas mehr als ⅘ der Fälle (83 %) dem bestmöglichen Bereich *perfectly normal* und in 8,5 % der Fälle dem Bereich *normal* zuzuordnen ist. Im Gegensatz zum TMT-A sind es hier jedoch nicht nur zwei, sondern vier Probanden, deren Leistung als unterdurchschnittlich zu werten ist: So ist die Leistung von drei Probanden (6,4 %) als *mild to moderately impaired* und von einem Probanden (2,1 %) als *severely impaired* zu bezeichnen. Bei der Zielgruppe wären die Leistungen von ca. 20 % der Probanden dem bestmöglichen Bereich *perfectly normal* und die Leistungen von ca. 15 % der Probanden dem Bereich *normal* zuzuordnen. Ebenso wie im TMT-A wären somit ca. 35 % der Leistungen als durchschnittlich bzw. überdurchschnittlich und 65 % der Leistungen als unterdurchschnittlich einzustufen. Die Leistung von etwas mehr als 40 % der Probanden wäre gemäß der Skala als *mild to moderately impaired* und die Leistung von etwas mehr als 20 % der Probanden als *severely impaired* zu bezeichnen.

Bei dem Test *Zahlenspanne vorwärts* erbringen 85 % der Probanden der Kontrollgruppe überdurchschnittliche und 15 % der Probanden durchschnittliche Leistungen. Anders sieht es bei dem Test *Zahlenspanne rückwärts* aus: Hier sind die Leistungen von ⅔ der Probanden als durchschnittlich, von knapp 30 % der Probanden als überdurchschnittlich und von zwei Probanden (4,3 %)

als unterdurchschnittlich zu bezeichnen, was bestätigt, dass das rückwärts Nachsprechen nicht mit einer derartigen Leichtigkeit erfolgt wie das vorwärts Nachsprechen der Zahlen.

Auch die Leistungen der Wortflüssigkeitstests werden im Folgenden nochmals anhand der Normtabellen in die Bereiche unterdurchschnittlich, durchschnittlich und überdurchschnittlich eingeteilt. Da für den Untertest *Tiere* und für den Untertest *Sportart-Frucht* auch Normtabellen für Kinder erstellt wurden, können die Normtabellen auch als Maßstab für die Leistung der Zielgruppe herangezogen werden. Der formallexikalische Test (*P*) wurde hingegen nur an einer erwachsenen Stichprobe genormt, so dass die entsprechenden Normtabellen für die Bewertung der Leistungen der Zielgruppe nicht geeignet sind. Die Auswertung der Leistungen der Kontrollgruppe ergibt, dass die formallexikalische Wortflüssigkeit bei 10 % der Probanden im unterdurchschnittlichen und bei 90 % der Probanden im durchschnittlichen Bereich liegt. Deutlich schlechter fallen die Leistungen bei der semantischen Wortflüssigkeit (*Tiere*) aus: Dort schneiden 40 % der Probanden unterdurchschnittlich und lediglich 60 % der Probanden durchschnittlich ab. Die Leistungen bei dem semantischen Kategorienwechsel sind bei ¼ der Probanden unterdurchschnittlich und bei ¾ der Probanden durchschnittlich. Die Leistungen der Zielgruppe sind hinsichtlich der semantischen Wortflüssigkeit und des semantischen Kategorienwechsels bei allen Probanden als unterdurchschnittlich einzustufen. Interessant ist, dass die Leistungen bei der formallexikalischen Wortflüssigkeit, für die es, wie erwähnt, keine Normtabelle für Kinder und Jugendliche gibt, deutlich besser sind als bei den anderen beiden Untertests: Hier sind die Ergebnisse – gemessen an der Normtabelle für Erwachsene – nur bei 65 % der Probanden als unterdurchschnittlich und bei 35 % der Probanden als durchschnittlich zu bezeichnen.

Zuletzt sollen auch die Ergebnisse des MWT-B anhand der im Manual angegebenen Normtabelle den in Tab. 5 dargestellten Intelligenzstufen zugeordnet werden. Die Leistungen von mehr als 80 % der Kontrollgruppe entsprechen einer durchschnittlichen Intelligenz. Abweichungen gibt es gleichermaßen nach oben und unten: So entspricht die Leistung von 8,5 % der Probanden einer hohen und von 8,5 % der Probanden einer niedrigen Intelligenz. Obgleich die Intelligenzstufen für die Bewertung der Leistungen der Zielgruppe nicht geeignet sind, soll dennoch zum Vergleich erwähnt werden, dass die Leistungen der Mehrheit der Zielgruppe (ca. 85 %) demnach einer niedrigen Intelligenz entsprächen, wobei es ebenfalls eine Abweichung nach oben (durchschnittliche Intelligenz) sowie zwei Abweichungen nach unten (sehr niedrige Intelligenz) gibt.

5.3.6.3 Zusammenhang zwischen neuropsychologischer Testung und Lesetest

Wie bereits angedeutet, korrelieren die Ergebnisse der neuropsychologischen Testung (Kap. 5.3.6.2) nur für die Zielgruppe signifikant mit den Ergebnissen des Lesetests (Kap. 5.3.5.3). Auf die einzelnen Korrelationen wird im Folgenden näher eingegangen.

Addiert man die Ergebnisse der Tests zu einem Gesamtergebnis der neuropsychologischen Testung, ergibt sich für die Zielgruppe eine signifikante, positive Korrelation und damit eine substanzielle Beziehung zwischen Gesamtergebnis der neuropsychologischen Testung und LQ (r = 0,494, p = 0,031). Diese deutet darauf hin, dass Probanden mit besserem LQ auch bessere Ergebnisse in der neuropsychologischen Testung erzielen. Da mit den Untertests jedoch unterschiedliche kognitive Fähigkeiten erfasst werden, ist diese Aussage nur haltbar, wenn auch die Ergebnisse der einzelnen Tests signifikant mit dem LQ korrelieren. Berechnet man folglich die Korrelationen zwischen LQ und Testergebnis für die Tests getrennt, zeigt sich, dass die einzelnen Testergebnisse mit Ausnahme des TMT-A signifikant oder marginal signifikant mit dem LQ korrelieren. Mit Korrelationskoeffizienten zwischen r = 0,425 und r = 0,721 handelt es sich dabei stets um mittlere bis hohe Korrelationen (s. Tab. 8). Dieser Befund stimmt mit den Ergebnissen anderer Studien überein, in denen ebenfalls signifikante Zusammenhänge zwischen bspw. der Arbeitsgedächtniskapazität und den Lesekompetenzen prälingual hörgeschädigter Schüler nachgewiesen wurden (für einen Überblick s. Cain 2006).

		TMT-A	TMT-B	RWT (semantisch)	RWT (formal-lexikalisch)	RWT (Wechsel)	RWT (gesamt)	MWT-B
Lese-quotient (Ziel-gruppe)	r	0,181	0,425	0,690	0,539	0,510	0,721	0,633
	p	0,458	0,070	0,001	0,017	0,026	< 0,001	0,004

Tab. 8: Korrelationen zwischen LQ und Ergebnissen der neuropsychologischen Testbatterie (Zielgruppe)

Die Aussage, dass Probanden mit besserem LQ auch bessere Ergebnisse in der neuropsychologischen Testung erzielen, kann somit bestätigt werden. Lediglich zwischen der psychomotorischen Geschwindigkeit und dem LQ konnte keine signifikante Korrelation nachgewiesen werden.

Anders sieht es bei der Kontrollgruppe aus. Hier ist die Beziehung zwischen Gesamtergebnis der neuropsychologischen Testung und LQ nicht einmal ansatzweise signifikant (r = -0,106, p = 0,480). Dennoch ist es auch hier erforderlich, die Korrelationen zwischen LQ und Testergebnis für die einzelnen Untertests getrennt zu berechnen. Überraschenderweise zeigt sich jedoch auch hierbei, dass im Gegensatz zur Zielgruppe keines der Testergebnisse signifikant positiv mit dem LQ korreliert.

		TMT-A	TMT-B	Zahlen vorwärts	Zahlen rückwärts	RWT (semantisch)	RWT (formal-lexikalisch)	RWT (Wechsel)	RWT (gesamt)	MWT-B
Lese-quotient (Kon-troll-gruppe)	r	0,050	-0,089	-0,236	-0,072	-0,271	-0,239	-0,241	-0,296	0,094
	p	0,739	0,551	0,110	0,630	0,065	0,105	0,103	0,043	0,530

Tab. 9: Korrelationen zwischen LQ und Ergebnissen der neuropsychologischen Testbatterie (Kontrollgruppe)

Lediglich die Korrelation zwischen der semantischen Wortflüssigkeit bzw. der Wortflüssigkeit insgesamt und dem LQ ist (marginal) signifikant. Auffällig ist, dass die Korrelation nicht wie erwartet positiv, sondern negativ ist, was tendenziell bedeutet, dass je höher der LQ ist, desto schlechter ist das Ergebnis des semantischen Wortflüssigkeitstests bzw. des Wortflüssigkeitstests insgesamt. Angesichts der fehlenden signifikant positiven Korrelationen und der nur gering ausgeprägten Beziehungen kann für die Kontrollgruppe somit nicht gesagt werden, dass Probanden, die langsamer lesen, gleichzeitig auch eine geringere kognitive Leistungsfähigkeit, eine langsamere visuomotorische Verarbeitungsgeschwindigkeit, eine geringere kognitive Flexibilität und Arbeitsgedächtniskapazität oder eine geringere verbale Intelligenz haben. Um Aufschluss über mögliche Zusammenhänge zwischen den kognitiven Fähigkeiten und der kognitiven Verarbeitung von Komposita zu erhalten, werden die Ergebnisse der neuropsychologischen Testung nach Auswertung der Eye-Tracking-Daten in Kap. 5.9 zu diesen in Beziehung gesetzt.

Die Frage, welchen Einfluss die Faktoren Segmentierung, Morphemanzahl, semantische Transparenz und Kontext auf die kognitive Verarbeitung von Komposita haben, soll im Rahmen der folgenden vier Eye-Tracking-Experimente beantwortet werden. Trotz der genannten Vorteile der kontextuellen Einbettung (s. Kap. 3.8.4) ist davon auszugehen, dass auch die Einzelwortpräsentation zu gewinnbringenden Erkenntnissen führt, denn diese bietet den Vorteil einer exakten methodischen Kontrolle. Da Störfaktoren bei der Satzkonstruktion nie vollumfänglich beseitigt werden können, d. h. die Stimulussätze nie zu 100 Prozent identisch sind, kann nicht ausgeschlossen werden, dass die Blickbewegungen durch bestimmte nicht kontrollierbare Faktoren beeinflusst werden. Bei der Einzelwortpräsentation liegt der Aufmerksamkeitsfokus hingegen ausschließlich auf dem Zielwort, wodurch es möglich ist, die Hypothese anhand eines „methodisch speziell auf dieses Problem konzipierten Wortmaterials" (Placke 2001: 3) zu untersuchen. Aufgrund der genannten Vor- und Nachteile wurden für die Studie sowohl Experimente auf Wort- als auch auf Satzebene konzipiert.

5.4 Experiment 1

5.4.1 Fragestellung und Hypothesen

Da der erhöhte kognitive Aufwand und die postulierten Verarbeitungsschwierigkeiten u. a. auf die morphologische Komplexität und Länge von Komposita zurückzuführen sind, die Verarbeitung von drei- und viergliedrigen segmentierten und unsegmentierten Komposita bislang jedoch in der LS-Forschung noch nicht hinreichend untersucht wurde, liegt das Hauptaugenmerk der ersten beiden Experimente auf folgender Fragestellung:

Welchen Einfluss haben die optische Segmentierung und die Morphemanzahl auf die kognitive Verarbeitung von Komposita?

Gemäß der in Kap. 3 dargestellten theoretischen und empirischen Erkenntnisse führt der Bindestrich auf okulomotorischer Ebene dazu, dass das Kompositum parafoveal nicht mehr als eine Einheit wahrgenommen wird, wodurch die Wahrscheinlichkeit einer zusätzlichen Fixation und somit die Lesezeit erhöht wird. Auf lexikalischer Ebene führt die mit dem Bindestrich einhergehende Dekomposition zur morphembasierten Verarbeitung des Kompositums. So ergab u. a. die Studie von Placke (2001) (s. Kap. 3.8.3), dass die Blick- und Gesamtlesezeiten bei regulär zusammengeschriebenen Komposita signifikant kürzer waren als bei regulär mit Bindestrich geschriebenen Komposita und dass der Bindestrich die Wahrscheinlichkeit einer erneuten Fixation erhöht. Des Weiteren fand sich bei regulär zusammengeschriebenen Komposita ein signifikanter Einfluss der Korrektheit, was bedeutet, dass die irreguläre Bindestrichschreibung zu einer Verlängerung der Blick- und Gesamtlesezeit führte. Die Ergebnisse sprechen eindeutig dafür, dass sich die Bindestrichschreibung für Unbeeinträchtigte negativ auf die Verarbeitung auswirkt. Zu einem ähnlichen Ergebnis kam auch die Studie von Pfeiffer (2002), in der sich die Hypothese, dass die Bindestrichschreibung schneller verarbeitet wird als die reguläre Schreibung, nicht bestätigte (s. Kap. 3.8.3). Ferner zeigte Pfeiffer (2002) auf, dass der durch den Bindestrich und die Binnenmajuskel hervorgerufene dekompositionelle Leseprozess insbesondere bei vertrauten Komposita mit längeren Verarbeitungszeiten einhergeht. Diese Interaktion zwischen Wortvertrautheit und Schreibweise ist u. a. darauf zurückzuführen, dass geübte Leser auf geläufige Komposita mehrheitlich direkt zugreifen und der Leseprozess durch die erzwungene morphembasierte Verarbeitung verlangsamt wird. Da auch in der vorliegenden Studie ausschließlich vertraute Komposita verwendet wurden, ist davon auszugehen, dass unbeeinträchtigte Leser auf diese ebenfalls über die ganzheitliche Route zugreifen. Des Weiteren ist aus Blickbewegungsstudien (s. Kap. 3.8.3) bekannt, dass Leser mit ausgeprägter Leseerfahrung hochfrequente Wörter schneller verarbeiten als niedrigfrequente Wörter, was darauf zurückzuführen ist, dass geübte Leser häufig vorkommende, bekannte Wörter schneller als solche erkennen und somit kürzer fixieren als seltene bzw. unbekannte Wörter. Da sich Komposita mit orthografisch irregulärem Bindestrich und Binnenmajuskel deutlich von der grafischen Gestalt des standardsprachlichen Wortes unterscheiden, ist anzunehmen, dass diese von geübten Lesern zwar auf inhaltlicher Ebene als bekannt, auf grafischer Ebene jedoch zunächst als unbekannt eingestuft werden. Aufgrund der auffälligen Abweichung von der Norm kann somit angenommen werden, dass der bei der regulären Schreibweise gegebene zeitliche Vorteil des schnellen Erkennens des Wortes bei der Bindestrichschreibung nicht zum Tragen kommt und der Bindestrich die Verarbeitung des Kompositums für unbeeinträchtigte Leser folglich erschwert. Aus den theoretischen Grundlagen und empirischen Ergebnissen (s. Kap. 3.8) lässt sich allerdings auch schließen, dass sich durch das Aufzeigen der Morphemgrenzen Segmentierungsprobleme vorbeugen lassen und sich die Segmentierung bei Lesern mit geringen Lesekompetenzen daher positiv auf die Verarbeitung von Komposita auswirkt.

Vor dem Hintergrund der in Kap. 3.6.2.1 ausgeführten theoretischen Vorteile des Mediopunktes ist davon auszugehen, dass die mit dem Bindestrich verbundenen Nachteile mit der weitgehend wortbilderhaltenden Mediopunktschreibung minimiert werden können, was auf das weniger invasive Segmentierungszeichen sowie die reguläre wortinterne Kleinschreibung zurückzuführen ist. Da der weniger gravierende Eingriff in die Wortgestalt Grund zur Annahme bietet, dass der Mediopunkt weniger stark zur Dekomposition instruiert, und genau diese Dekomposition in den Studien von Placke (2001) und Pfeiffer (2002) (s. Kap. 3.8.3) zu einer erhöhten Refixationswahrscheinlichkeit und verlängerten Verarbeitungszeiten führte, ist davon auszugehen, dass die Mediopunktschreibung besser verarbeitet wird als die Bindestrichschreibung. Als Evidenz dafür dient auch die Studie von Inhoff et al. (2000), die aufzeigte, dass die segmentierte Darstellung ohne Binnenmajuskel (*Daten schutz experte*) deutlich schneller verarbeitet wurde als die Originalschreibweise und die Schreibung mit Binnenmajuskel (*Daten-SchutzExperte*). Inhoff et al. (2000) führen dies darauf zurück, dass die Segmentierung den Zugriff auf die Konstituenten erleichtert und schlussfolgern daraus, dass das Identifizieren der Konstituenten eine zentrale Voraussetzung für das Erkennen des Gesamtkomplexes ist (s. Kap. 3.8.3). Ein Nachteil der Darstellung mit Spatien war jedoch die fehlende grafische Markierung des Gesamtwortendes, die sich in einer Verlängerung der jeweils letzten Fixation sowie in einer längeren Blickzeit der Posttargets widerspiegelte. Die Studie brachte somit zwei wesentliche Erkenntnisse: Einerseits führt die Segmentierung mit Spatien zu deutlichen Verarbeitungsvorteilen, andererseits geht ein Teil dieses Vorteils durch die fehlende Markierung des Gesamtwortendes wieder verloren. Eine Übertragung der Erkenntnisse von Inhoff et al. (2000) auf die Segmentierung mit dem Mediopunkt zeigt auf, dass bei dieser der Vorteil, der durch die Markierung der Morphemgrenzen ohne Binnenmajuskel entsteht, bestehen bleibt. Angesichts dessen, dass mit dem Mediopunkt, im Gegensatz zum Spatium, auf die inhaltliche Zusammengehörigkeit der Konstituenten hingewiesen und damit das Gesamtwortende markiert wird, wird jedoch zugleich dem oben genannten Nachteil der Spatiendarstellung entgegengewirkt. Die Vor- und Nachteile der von Inhoff et al. (2000), Placke (2001) und Pfeiffer (2002) untersuchten Schreibweisen werden im Folgenden tabellarisch zusammengefasst. Da die Mediopunktschreibung noch nicht hinreichend empirisch untersucht wurde, werden die angenommenen Vorteile des Mediopunktes, die aus den theoretischen Erkenntnissen und genannten Studien abgeleitet wurden, mit (✓) als voraussichtlich zutreffend gekennzeichnet.

© Frank & Timme   Verlag für wissenschaftliche Literatur

Schreibweise \ Vorteil	Leicht kürzere Gesamtlesezeit (im Vergleich zur Standardschreibweise)	Deutlich kürzere Gesamtlesezeit (im Vergleich zur Standardschreibweise)	Orthografische Korrektheit	visuelle Markierung des Gesamtwortendes
Datenschutzexperte	–	–	✓	✓
DatenSchutzExperte	✓	x	x	✓
Daten schutz experte	✓	✓	x	x
Daten-Schutz-Experte	x	x	x	✓
Daten·schutz·experte	(✓)	(✓)	(✓)	(✓)

Tab. 10: Gegenüberstellung der Vorteile der Schreibweisen

Auch die Ergebnisse von Gutermuth (2020) (s. Kap. 3.7) sprechen dafür, dass der Mediopunkt sowohl bei unbeeinträchtigten als auch bei beeinträchtigten Lesern insbesondere hinsichtlich der frühen Verarbeitung einen leseerleichternden Effekt hat. Zudem deuten die Ergebnisse darauf hin, dass die Segmentierung mit dem Mediopunkt bei Menschen mit Migrationshintergrund auch die weiterführenden Verarbeitungs- und Verstehensprozesse unterstützt. Da Menschen mit Migrationshintergrund, ebenso wie die Probanden in der vorliegenden Studie, eine Sprach- aber keine Kognitionsbarriere haben, ist zu vermuten, dass die Effekte auch bei hörgeschädigten Schülern auftreten. Vor dem Hintergrund der genannten Ergebnisse sowie der theoretischen Ausführungen in Kap. 3.7 und 3.8 wird somit davon ausgegangen, dass sich sowohl der Mediopunkt als auch der Bindestrich bei der Zielgruppe positiv auf die kognitive Verarbeitung von Komposita auswirkt, wobei zudem angenommen wird, dass die Mediopunktschreibung aufgrund der genannten Vorteile besser verarbeitet wird als die Bindestrichschreibung.

In der Verständlichkeitsforschung ist belegt, dass der Verarbeitungsaufwand in Relation zur Wortlänge zunimmt (s. Kap. 5.1). Die verlängerte Verarbeitungszeit ist u. a. auf die zu leistende Segmentierung zurückzuführen. So muss der Leser bei viergliedrigen Komposita drei Morphemgrenzen lokalisieren, was aufgrund dessen, dass bei einigen mehrgliedrigen Komposita auf den ersten Blick mehrere Segmentierungsmöglichkeiten bestehen, nicht immer beim ersten Lesen gelingt (z. B.: *Altbaucharme)*. Da die erste Fixation in der Regel nicht auf dem ersten Buchstaben, sondern zwischen Wortanfang und -mitte landet (s. Kap. 4.7), besteht bei langen Komposita zudem die Gefahr, dass der Leser weitere in dem Kompositum enthaltene Wörter entdeckt, die das Erfassen der korrekten Morphemgrenzen erschweren (*Altbauerhaltung* [*Bauer, Halt, Erhalt*] bzw. *Fahrerlaubnisbehörde* [*Fahrer, Laub, Hör*]). Wird das Wort im Erstzugriff falsch segmentiert, merken die Leser jedoch spätestens beim Lesen des Wortrestes, dass sie sich getäuscht haben und das Wort anders zu segmentieren ist. Da das Auffinden der Morphemgrenzen und die Identifikation der Konstituenten zwei entscheidende Aspekte der Kompositaverarbeitung sind, kann die optische Markierung dazu beitragen, dass die Morphemgrenzen bereits parafoveal aktiviert werden, was den Zugang zu den Konstituenten und damit die Verarbeitung des Gesamtkomplexes erleichtert. Dies bietet Grund zu der Annahme, dass je höher die Anzahl der zu identifizierenden Morphemgrenzen ist, desto größer ist bei der Zielgruppe der durch die optische Markierung entstehende Verarbeitungsvorteil. Für diesen Zusammenhang sprechen auch die Ergebnisse der LeiSA-Studie (s. Kap. 3.7), die ebenfalls darauf hindeuten, dass der durch die Segmentierung entstehende Verarbeitungsvorteil mit zunehmender Wortlänge steigt. Da Unbeeinträchtigte allerdings mit der unsegmentierten Standardschreibweise vertraut sind und nicht auf die Segmentierung angewiesen sind, sondern diese womöglich als irritierend empfinden, wird unter Berücksichtigung der Forschungsergebnisse von Placke (2001) und Pfeiffer (2002) angenommen, dass unbeeinträchtigte Leser die Standardschreibung am besten verarbeiten. Auf Grundlage der genannten theoretischen und empirischen Erkenntnisse werden für die Kontrollgruppe folgende Hypothesen aufgestellt:

Hypothese-K-1: Die Standardschreibung wird am besten verarbeitet[68].

Hypothese-K-2: Die Mediopunktschreibung wird besser verarbeitet als die Bindestrichschreibung.

....

68 In allen Experimenten wird davon ausgegangen, dass sich ein Verarbeitungsvorteil u. a. in einer geringeren Fixationsanzahl und einer kürzeren Gesamtlesezeit widerspiegelt.

Da angenommen wird, dass sich die Segmentierung bei beeinträchtigten Lesern positiv auf die Verarbeitung von Komposita auswirkt, lassen sich aus den theoretischen und empirischen Erkenntnissen für die Zielgruppe folgende Hypothesen ableiten:

Hypothese-Z-1: Die optische Segmentierung wirkt sich positiv auf die kognitive Verarbeitung von Komposita aus.

Hypothese-Z-2: Die Mediopunktschreibung wird besser verarbeitet als die Bindestrichschreibung.

Hypothese-Z-3: Der Verarbeitungsvorteil, der durch die Segmentierungshilfe entsteht, steigt mit der Anzahl der Morpheme.

5.4.2 Material

Als Stimuli wurden jeweils neun zwei-, drei- und viergliedrige transparente N+N-Komposita verwendet, die jeweils in drei Schreibweisen (unsegmentiert, mit Bindestrich, mit Mediopunkt) präsentiert wurden (zu den Quellen der Stimuli s. Kap. 5.3.1). Die Zielwörter wurden hinsichtlich ihrer Silbenzahl und ihrer Wortlänge kontrolliert. Neben der Länge des Kompositums wurde auch die Länge der einzelnen Morpheme kontrolliert. Darüber hinaus wurde anhand der Datenbank dlexDB die Wortfrequenz der Komposita sowie die Frequenz der einzelnen Konstituenten kontrolliert. Einen Überblick über die mittleren Kennwerte der ausgewählten Stimuli bietet Tab. 11.

Morphemanzahl / Parameter	Zwei Morpheme	Drei Morpheme	Vier Morpheme
Silbenzahl	3	4	7
Wortlänge (in Buchstaben)	9,44 (1,01)	14,22 (1,2)	23,22 (1,3)
Länge 1. Morphem	4,33 (0,87)	4,22 (0,97)	5,11 (1,45)
Länge 2. Morphem	5,11 (0,93)	4,11 (0,6)	4,89 (1,05)
Länge 3. Morphem		5,89 (1,17)	6,44 (2,3)
Länge 4. Morphem			6,78 (2,11)
Frequenz Kompositum (absolut $\log_{10}$)	2,34 (0,34)	1,19 (0,53)	0,41 (0,6)
Frequenz 1. Morphem (absolut $\log_{10}$)	3,28 (0,85)	3,39 (0,98)	3,97 (0,69)
Frequenz 2. Morphem (absolut $\log_{10}$)	3,53 (0,73)	3,81 (0,39)	3,65 (0,75)
Frequenz 3. Morphem (absolut $\log_{10}$)		3,03 (0,83)	3,97 (0,62)
Frequenz 4. Morphem (absolut $\log_{10}$)			3,32 (0,9)

Tab. 11: Mittelwerte (Standardabweichungen) der kontrollierten Wortparameter

Die an der Universität Potsdam erstellte lexikalische Datenbank dlexDB basiert auf dem Kernkorpus des DWDS, ein zeitlich über das gesamte 20. Jahrhundert gestreutes und nach Textsorten ausgewogenes Korpus, das mehr als 100 Mio. laufende Wörter aus 80.000 Dokumenten umfasst (vgl. Heister et al. 2011: 11; Geyken et al. 2017: 330). Dennoch gibt es einige durchaus gängige Wörter, für die es – angesichts der Tatsache, dass sie nicht in den Texten vorkamen, die als Grundlage für das dlexDB-Korpus dienten – keine Häufigkeitsangabe in der dlexDB gibt. Beispiele für Komposita, die zwar im Duden, nicht aber in der Datenbank vorkommen, sind *Fahrkartenautomat, Kundencenter, Fahrgastverband* oder *Abgabefrist*. Aufgrund des insgesamt sehr seltenen Vorkommens viergliedriger Komposita, die je nach Textsorte nur ca. 1,5 % der Substantivkomposita eines Textes ausmachen (vgl. Wellmann 1991: 20), waren auch fünf der neun viergliedrigen Komposita nicht in der Datenbank enthalten. Das Fehlen von Frequenzwerten ist bei viergliedrigen Komposita allerdings keine Seltenheit, sondern vielmehr die Regel: So sind auch die meisten Komposita aus dem von Wellmann (1991) zusammengestellten Korpus[69], wie bspw. *Kernkraftwerkgegner*, *Hochleistungsspritzpistole* oder *Weltzahnärztekongress*, ebenfalls nicht in der dlexDB enthalten. Der Aspekt der fehlenden Häufigkeitsangaben wurde folglich auch bereits in anderen Studien thematisiert (u. a. Placke 2001). Grundsätzlich wäre es zwar möglich gewesen, die Komposita mit fehlender Häufigkeitsangabe von vornherein auszuschließen, dies hätte jedoch zur Folge gehabt, dass die Studie auf zwei- und dreigliedrige Komposita reduziert wäre und folglich an Aussagekraft verloren hätte. Zudem ist zu beachten, dass die Frequenz nicht gleichbedeutend mit der Vertrautheit eines Wortes ist. Um die Studie trotz der Problematik der fehlenden Frequenzangaben realisieren zu können, war es somit erforderlich, die Komposita zusätzlich in Hinblick auf ihre Vertrautheit bewerten zu lassen. Anhand der Vertrautheitswerte (s. Kap. 5.4.2.1) konnte so nachgewiesen werden, dass es sich bei den Komposita, die nicht in der dlexDB enthalten waren, zwar um in der Schriftlichkeit selten vorkommende, aber für Muttersprachler des Deutschen dennoch vertraute Wörter handelte. Aus diesem Grund wurden auch Komposita, bei denen die Frequenzangabe fehlte, die aber dennoch im Mittel als vertraut bewertet wurden, mit in die Studie aufgenommen. Die Vertrautheit diente somit als weitere Kontrollvariable, die ebenfalls dazu beitragen sollte, potenzielle Störvariablen zu minimieren.

Ein weiterer bei der Stimulusauswahl zu berücksichtigender Faktor war das Vorkommen von Fugenelementen. Im Deutschen werden ca. ein Drittel aller Substantivkomposita mit Fugenelement gebildet (vgl. Wellmann 1991: 54, 69; Krott et al. 2004: 86). Wie in Kap. 3.3.1 ausgeführt, dienen Fugenelemente u. a. zur Markierung der Morphemgrenzen. Bei drei- und viergliedrigen Komposita treten Fugenelemente überwiegend an der Haupttrennfuge, also zwischen den unmittelbaren Konstituenten auf. Durch die Markierung der Haupttrennfuge

....

69 Es handelt sich hierbei um drei von Wellmann et al. (1974) untersuchte Korpora, die allerdings nicht frei zugänglich sind und somit in dieser Arbeit nicht als Datenbank genutzt werden konnten.

mit einem Fugenelement wird die Art der Verzweigung (links-, rechts- oder beidseitige Verzweigung) transparent und somit die semantische Interpretation des Kompositums erleichtert (vgl. Borgwaldt 2013). Folglich war auch bei der Auswahl der Stimuli bei einem Großteil der hochfrequenten, vertrauten drei- und viergliedrigen Komposita mit einem Fugenelement zu rechnen. Zwar enthielt die vorläufige Stimulusauswahl durchaus drei- und viergliedrige Komposita ohne Fugenelement (*Fahrplanauskunft, Sozialhilfegrundantrag*), die meisten davon wurden jedoch als deutlich weniger vertraut bewertet als die mehrgliedrigen Komposita mit Fugenelement. Eine weitere bislang nicht erwähnte Bedingung bei der Stimulusauswahl war, dass es sich bei dem Kompositum um ein Konkretum handelte, dass sich durch ein eindeutiges, frei zugängliches Bild darstellen ließ. Ein prinzipielles Ausschließen der Komposita mit Fugenelement hätte die Anzahl der kontrollierten Stimuli und damit die statistische Aussagekraft der Studie stark reduziert. Von den drei- und viergliedrigen Stimuli, welche die genannten Kontrollparameter erfüllten und sich durch ein lizenzfreies Bild darstellen ließen, enthielten somit insgesamt vier Komposita eine s-Fuge, jeweils zwei Komposita eine n-Fuge bzw. er-Fuge und ein Kompositum eine e-Fuge. Da jedoch die n- und er-Fugen mit der Pluralform des Bestimmungswortes übereinstimmten (*Kinder, Straßen, Kranken*), wurden durch die Segmentierung weder uninterpretierbare Wortreste noch eine „nicht intendierte Plurallesart" (Bredel/Maaß 2016a: 334) erzeugt. Das Aufnehmen von Komposita mit Fugenelement entspricht zudem dem Vorgehen in vergleichbaren Studien, insbesondere der LeiSA-Studie (Pappert/Bock 2020). Dennoch ist nicht auszuschließen, dass die Fugenelemente einen Einfluss auf die Blickbewegungen haben. Es bleibt festzuhalten, dass die Variablen mit Einfluss auf die lexikalische Verarbeitung so gut wie möglich kontrolliert wurden, die Kontrolle aller Variablen jedoch angesichts des geringen zur Verfügung stehenden Wortmaterials nicht möglich war. Der Einfluss der nicht kontrollierten Variable *Fugenelement* wird jedoch bei der späteren Analyse als Effekt mit in das statistische Modell inkludiert und somit separat untersucht (s. Kap. 5.5.8 und Kap. 5.7.8).

5.4.2.1 Rating

Neben der Wort- und Lexemfrequenz wurde die Vertrautheit und Abstraktheit der Zielwörter anhand eines Ratings erhoben. Mithilfe des Ratings sollte sichergestellt werden, dass ausschließlich Komposita verwendet wurden, die den Probanden im Mittel gleich vertraut und zudem im Mittel gleich abstrakt waren. An dem Rating nahmen 25 Studierende (23 weiblich, 2 männlich) im Alter von 19 bis 30 Jahren (MW: 21,68, SA: 2,61) teil. Alle Teilnehmer waren deutsche Muttersprachler. Die Durchführung des Ratings erfolgte mit dem Programm *Presentation* auf einem 19-Zoll-Bildschirm. Das Rating umfasste 106 Substantive. Diese setzten sich aus 66 zwei- bis viergliedrigen Komposita und 40 monomorphemischen Wörtern zusammen. Die 66 N+N-Komposita stellten eine Vorauswahl möglicher Stimuli dar. Die monomorphemischen Wörter setzten sich zur Hälfte aus hochfrequenten Wörtern (> 1,2 Lemmafrequenz $\log_{10}$) (z. B. *Auge*) und zur Hälfte aus niedrigfrequenten Wörtern (< 0,1 Lemmafrequenz $\log_{10}$) (z. B. *Trog*) zusammen (vgl. Schiffl 2020). In dem Rating wurden auch die Komposita aus Experiment 3 sowie die Sätze aus Experiment 2 und 4 bewertet. Das Rating begann mit einem aus zwei Stimuli bestehenden Übungsblock und war anschließend in zwei Blöcke à 53 Stimuli unterteilt. Zur Vermeidung von Spillover-Effekten wurden die Stimuli in zwei unterschiedlichen Randomisierungen präsentiert. Den Probanden wurde dabei je ein Wort für drei Sekunden in weißer Schrift auf einem schwarzen Bildschirmhintergrund präsentiert. Im Anschluss beurteilten die Probanden die Vertrautheit und die Abstraktheit des Wortes anhand einer siebenstufigen Likert-Skala von „ÜBERHAUPT NICHT" (1) bis „VÖLLIG/SEHR" (7) (für ein vergleichbares Vorgehen s. Placke 2001; Janssen et al. 2008, Inhoff et al. 2008, Keating/Jegersky 2015, zur Likert-Skala s. auch Döring/Bortz 2016).

Von den 66 Komposita wurden für die Studie die Komposita ausgewählt, die im Mittel gleich vertraut und gleich konkret waren (s. Tab. 12). Ein weiteres Auswahlkriterium war, dass die dazugehörigen Sätze (s. Kap. 5.5.2) so natürlich wie möglich klangen und so verständlich wie möglich waren. Für die 27 Komposita korrelierten Frequenz und Vertrautheit signifikant positiv (r = 0,431, p = 0,025). Die Korrelation zwischen Morphemanzahl und Frequenz (r = -0,641, p < 0,001) war ebenso wie die Korrelation zwischen Morphemanzahl und Vertrautheit signifikant negativ (r = -0,705, p < 0,001). Tab. 12 zeigt, dass

die Vertrautheit ebenso wie die Frequenz mit steigender Morphemanzahl abnimmt. Der Vertrautheitswert der viergliedrigen Komposita, für die kein Fre-
quenzwert vorhanden war, lag im Mittel bei 5,49 (SA: 0,32) – ein Wert der bei
einer siebenstufigen Skala als durchaus vertraut einzustufen ist. Dies bestätigt
die dem Rating zugrundeliegende Annahme, dass es sich auch bei diesen Wörtern, trotz fehlender Frequenzwerte in der Datenbank, um durchaus gängige
Ausdrücke handelt. Die Analyse zeigt, dass die Parameter Frequenz und Vertrautheit zwar Ähnliches abbilden, jedoch, wie die viergliedrigen Komposita
verdeutlichen, nicht redundant sind.

Parameter / Morphemanzahl	Frequenz	Vertraut-heit	Abstrakt-heit	Natürlich-keit	Verständ-lichkeit
2 Morpheme	2,34 (0,34)	6,84 (0,18)	1,44 (0,31)	6,61 (0,28)	6,96 (0,06)
3 Morpheme	1,19 (0,53)	6,52 (0,37)	1,39 (0,45)	6,31 (0,32)	6,81 (0,14)
4 Morpheme	0,41 (0,60)	5,84 (0,61)	2,28 (0,50)	6,11 (0,32)	6,85 (0,21)

Tab. 12: Mittelwerte (Standardabweichungen) der kontrollierten Wortparameter[70]

5.4.2.2 Versuchsplan

Auf Grundlage der genannten Kontrollparameter wurden jeweils neun zwei-,
drei- und viergliedrige Komposita ausgewählt, die, dargestellt in drei Schreibweisen, zu insgesamt 81 Items führten. Daraus ergab sich ein zweifaktorieller
Versuchsplan (3x3-Design) mit den beiden unabhängigen Variablen *Segmentierung* und *Morphemanzahl* (s. Tab. 13).

---

70 Die Werte für die Natürlichkeit und Verständlichkeit beziehen sich auf die Sätze, in welche
die Komposita in Experiment 2 eingebettet wurden (s. Kap. 5.5.2).

1. UV / 2. UV	Standard	Bindestrich	Mediopunkt
2 Morpheme	Apfelbaum	Apfel-Baum	Apfel·baum
3 Morpheme	Zahnarztpraxis	Zahn-Arzt-Praxis	Zahn·arzt·praxis
4 Morpheme	Straßenbahn-haltestelle	Straßen-Bahn-Halte-Stelle	Straßen·bahn·halte·stelle

Tab. 13: 3x3-Versuchsplan

Zusätzlich zu den 27 Komposita wurden 43 ein- bis dreisilbige monomorphemische Wörter als Distraktoren ausgewählt (Verhältnis Zielwörter/Distraktoren: 40/60) (zu den Quellen der Distraktoren s. Kap. 5.3.1). Zu jedem der 70 Wörter wurde eine Bildfolie erstellt. Diese bestand aus drei randomisiert angeordneten Bildern sowie einem unten rechts platzierten Fragezeichen, welches gewählt werden konnte, wenn das Wort nicht verstanden wurde. Bei den Komposita stellte eines der drei Bilder den Inhalt des Kompositums dar. Bei den anderen beiden Bildern handelte es sich um Abbildungen von Grund- und Bestimmungswort (s. Abb. 26). Bei den Distraktoren stellte ebenfalls jeweils eines der drei Bilder den Inhalt des Wortes dar, die anderen beiden Bilder wiesen hingegen keine Verbindung zu dem Wort auf[71].

Abb. 26: Beispiel Poststimulus Distractor Task

....

71 Die Bilder wurden aus den Bilddatenbanken pixabay (https://pixabay.com) und pexels (https://www.pexels.com) entnommen. Es handelt sich um lizenzfreie Bilder zur freien kommerziellen Nutzung.

Zur Vermeidung von Priming-Effekten wurden die 81 Stimuli auf drei Listen aufgeteilt, so dass jeder Proband jedes Kompositum in nur einer der drei Schreibweisen las. Von den 27 Komposita las jeder Proband jeweils drei Komposita aus jeder Zelle des Versuchsplans.

5.4.3 Durchführung

Nach erfolgreicher Kalibrierung startete das Experiment mit einem aus sechs Items bestehenden Übungsblock. Die Probanden wurden instruiert, das auf dem Bildschirm erscheinende Wort zu lesen. Im Anschluss gelangten sie per Mausklick zur nächsten Folie, auf der sie mit der Maus das zu dem Stimulus passende Bild oder – sofern ihnen das Wort unbekannt war – das Fragezeichen anklicken sollten. Die Auswahl des korrekten Bildes diente der Verständnisüberprüfung (sog. *poststimulus distractor task*) (vgl. Keating/Jegerski 2015). Nach dem Übungsblock folgte der Experimentalblock, der aus 70 Items und 70 Bildfolien bestand. Die Bearbeitung von Übungs- und Experimentalblock dauerte je nach Lesegeschwindigkeit zwischen vier und sechs Minuten.

5.4.4 Probanden

Die Studie mit der Kontrollgruppe wurde mit 47 Studierenden (23,4 % männlich und 76,6 % weiblich) im Alter von 20 bis 45 Jahren (MW: 26, SA: 6) durchgeführt. Es handelte sich um deutsche Muttersprachler ohne Hörschädigung, die nicht an dem Rating teilgenommen hatten[72]. Die Studie mit der Zielgruppe wurde mit 19 Schülern (s. Kap. 5.3.3) durchgeführt.

5.4.5 Statistisches Vorgehen

Zur Analyse der Blickbewegungsparameter wurden in allen nachfolgenden Experimenten multiple lineare gemischte Modelle (Linear Mixed Effects Models [LMMs]) mit fixen und zufälligen Effekten angepasst. Hierfür wurde das *lme4*-Paket (Bates et al. 2019) in der Umgebung R (R Core Team 2018) (Version 4.0.2) verwendet. LMMs erlauben es, den Einfluss mehrerer unabhängiger Variablen auf eine abhängige Variable zu untersuchen. Des Weiteren ermöglichen sie es, neben den fixen Effekten auch zufällige (d. h. nicht kontrollierte bzw.

....

72 Die Probanden wurden über einen E-Mail-Verteiler der Hochschule rekrutiert.

nicht kontrollierbare) Effekte in die Analyse mit einzubeziehen. Zufällige Effekte (Random Effects) können bspw. individuenspezifisch sein. Anstatt lediglich eine individuenübergreifende Regressionsfunktion für alle Probanden anzupassen, werden hierfür beim LMM zusätzlich individuenspezifische intercepts (sog. *random intercepts*) und ggf. slopes (sog. *random slopes*) in das Modell aufgenommen. Die Einbeziehung der zufälligen Effekte ermöglicht es, die Heterogenität der Probanden zu modellieren, was angesichts der großen Heterogenität der Zielgruppe für diese Studie von besonderer Relevanz ist (vgl. Baayen et al. 2008; Balling 2008; Fahrmeir et al. ²2009). Folglich wurde bei allen Modellen auf Signifikanz der Random Effects getestet. Aufgrund der großen Anzahl möglicher Modellspezifikationen und der damit verbundenen möglichen Konvergenzprobleme wurde die Anzahl der Random Effects, sofern erforderlich, reduziert (vgl. Matuschek et al. 2017). Die Notwendigkeit der Reduktion ist häufig darauf zurückzuführen, dass speziell in eigenständig konzipierten Experimenten bspw. itemspezifische Random Intercepts nur von geringer Bedeutung sind, was zu einer Überparametrisierung des Modells führen kann (vgl. Jaeger 2009, 2011).

Um unverzerrte Schätzer für die fixen und zufälligen Effekte zu erhalten, wurde bei der Anpassung der Modelle die *Restricted Maximum Likelihood* (REML) Methode verwendet (vgl. Fahrmeir et al. ²2009). Damit gewährleistet werden konnte, dass die Modellkomplexität nicht größer ist als durch die Daten gerechtfertigt, wurden Modelle mit und ohne Interaktionseffekte mithilfe des AIC miteinander verglichen, wobei jeweils das Modell mit dem geringeren AIC ausgewählt wurde.

Das Signifikanzniveau für die α-Fehlerwahrscheinlichkeit von Signifikanztests wurde auf $\alpha = 0{,}05$ festgelegt. Zur α-Adjustierung wurde die Bonferroni-Korrektur durchgeführt. Ebenso beziehen sich Konfidenzintervalle stets auf ein Vertrauensniveau von $\alpha = 0{,}95$. Werte zwischen $p = 0{,}051$ und $p = 0{,}100$ werden, wie in psycholinguistischen Studien mit relativ kleiner Stichprobe üblich, als marginal signifikant bezeichnet. Mit der Festsetzung des marginalen Signifikanzniveaus auf $\alpha = 0{,}100$ können so, insbesondere bei der Zielgruppe, auch relativ kleine Effekte signifikant werden, deren Signifikanz sich bei einer konservativen Festsetzung des Signifikanzniveaus auf $\alpha = 0{,}05$ nicht nachweisen ließe (vgl. Pritschet et al. 2016).

Als Indikatoren für die kognitive Verarbeitung der Komposita wurden in allen Experimenten folgende Blickbewegungsparameter herangezogen: Fixationsanzahl, Single Fixation[73], Revisits[74], Anteil der Regressionen, Erstfixationsdauer und Gesamtlesezeit[75]. Darüber hinaus wird die Pupillenweite ausgewertet, wobei auf diese, wie in Kap. 4.5 erläutert, nur in den Experimenten auf Satzebene näher eingegangen wird.

5.4.6 Datenbereinigung

Die im folgenden beschriebenen Schritte der Datenaufbereitung waren für alle vier Experimente identisch. Vor der Analyse wurde das Rohdatenmaterial zunächst nach verschiedenen Kriterien aufbereitet. Zunächst wurden die von der iViewRED Software aufgezeichneten Rohdaten mit dem geschwindigkeitsbasierten Algorithmus der Auswertungssoftware BeGaze in Blickbewegungsereignisse (Sakkaden und Fixationen) überführt (vgl. Duchowski 2007: 141 ff.; Eichner 2013: 18; SMI 2017: 72, 324). Exportiert wurden nur die Fixationen und Sakkaden für die zuvor definierten AOIs. Die kategorialen Variablen wurden numerisch kodiert. Anschließend wurden die Daten anhand von verschiedenen Kriterien bereinigt. In Anlehnung an Inhoff/Radach (1998) wurden alle Fixationen, die kürzer als 50 ms waren, von den Analysen ausgeschlossen. Daraufhin wurden in den aufbereiteten Datensätzen alle ungültigen Werte identifiziert und dokumentiert. Hierbei handelte es sich bei den Poststimulus Distractor Tasks um Werte außerhalb des zulässigen Bereichs und beim Lesen der Stimuli um Trials, bei denen durch doppeltes Betätigen der Leertaste bzw. Maustaste versehentlich direkt zur übernächsten Folie gesprungen und das Zielwort folglich nicht fixiert wurde. Darüber hinaus wurden nur Probanden mit in die Analyse einbezogen, die für jede Zelle des Versuchsplans gültige Daten für mindestens drei Zielwörter lieferten (vgl. Placke 2011: 89). Probanden mit einer Tracking-Rate unter 80 % wurden ebenfalls von den Blickbewegungsanalysen ausgeschlossen (vgl. Eichner 2013: 87).

....

73 *Single Fixation* bezieht sich auf die Anzahl an mit nur einer Fixation gelesenen Komposita.

74 Die Anzahl an *Revisits* gibt an, wie oft die AOI nach dem ersten Verlassen erneut aufgesucht wird, d. h. eine Regression, die nach dem Verlassen der AOI wieder in die AOI geht.

75 Der Ausdruck *Gesamtlesezeit* (auch [*Total*] *Dwell Time* oder *Gaze Duration* genannt) bezeichnet in dieser Arbeit, in Anlehnung an die im BeGaze Manual verwendete Terminologie und die terminologische Verwendung von Holmqvist/Nyström (2011), die kumulierte Dauer aller Fixationen und Sakkaden innerhalb der AOI.

Von den 47 Probanden der Kontrollgruppe und 19 Probanden der Zielgruppe wurden in Experiment 1 insgesamt 1782 Targets gelesen und 9524 Fixationen aufgenommen. Insgesamt 1,99 % der Fixationen landeten außerhalb der AOI und fiel somit nicht auf das Kompositum. Durch Blinzeln innerhalb der AOI gingen weitere 8,27 % der Fixationen verloren. Darüber hinaus wurden 3,78 % der Fixationen aufgrund von unpräziser Kalibrierung und unzureichenden Trackingwerten aus dem Datensatz entfernt. Insgesamt wurden somit 14,04 % der Fixationen von den weiteren Analysen ausgeschlossen.

5.4.7 Ergebnisse

Für die Analyse der Blickbewegungsparameter wurde ein LMM[76] mit den unabhängigen Variablen *Segmentierung* (mit den Ausprägungen Standard, Bindestrich, Mediopunkt) und *Morphemanzahl* (mit den Ausprägungen 2, 3, 4) als feste Effekte verwendet. Darüber hinaus wurden die Variablen *Proband* und *Item* als zufällige Effekte getestet. Ebenfalls getestet wurden mögliche Interaktionen der festen Effekte. Die Modelle wurden für Kontroll- und Zielgruppe getrennt geschätzt. Darüber hinaus wurde jeweils ein Modell für die Probanden der Zielgruppe mit den schwächeren und ein Modell für die Probanden der Zielgruppe mit den stärkeren Lesekompetenzen geschätzt. Bevor in Kap. 5.4.7.2 auf die Ergebnisse der Kontrollgruppe und in Kap. 5.4.7.4 auf die Ergebnisse der Zielgruppe eingegangen wird, soll zuvor ein kurzer Vergleich der beiden Testgruppen erfolgen. Um zu testen, ob sich die Verteilungen der einzelnen Variablen zwischen den beiden Testgruppen signifikant voneinander unterscheiden, wurde für die einzelnen Variablen ein Gruppenvergleich durchgeführt. Da für die Stichprobe nicht davon ausgegangen werden kann, dass alle Voraussetzungen eines t-Tests erfüllt sind, wurde dafür ein Mann-Whitney-U-Test gerechnet. Angesichts dessen, dass es in der Studie nicht primär um den Vergleich der beiden Testgruppen geht, werden die Ergebnisse nur in zusammengefasster Form präsentiert. Bevor die Ergebnisse der geschätzten Modelle dargestellt werden, sei an dieser Stelle darauf hingewiesen, dass lediglich auf hinsichtlich der Fragestellung relevante Ergebnisse eingegangen wird.

....

76 Mithilfe des LMMs lässt sich bspw. die erwartete Fixationsanzahl für verschiedene Ausprägungen der unabhängigen Variablen berechnen.

5.4.7.1 Vergleich zwischen der Kontroll- und der Zielgruppe

Ein Vergleich der Fixationsanzahl zwischen der Kontroll- und Zielgruppe zeigt, dass die mittlere Fixationsanzahl bei beiden Gruppen bei der Standardschreibung am geringsten (4,39 bzw. 5,54) und bei der Bindestrichschreibung am höchsten ist (4,79 bzw. 5,78). Der Unterschied zwischen den Gruppen ist signifikant ($z = -6,473$, $p < 0,001$, $r = 0,155$), wobei die Zielgruppe die Komposita mit im Mittel 23,2 % mehr Fixationen liest als die Kontrollgruppe. Darüber hinaus springt die Zielgruppe nach dem ersten Lesedurchgang signifikant häufiger auf das Kompositum zurück als die Kontrollgruppe ($z = 4,425$, $p < 0,001$, $r = 0,108$). Während die mittlere Anzahl an Revisits bei der Kontrollgruppe bei allen Schreibweisen identisch ist, ist sie bei der Zielgruppe bei der Standardschreibung am höchsten und bei der Mediopunktschreibung am geringsten. Auch der Anteil der Regressionen bestätigt, dass die Zielgruppe im Mittel deutlich häufiger zurückspringt als die Kontrollgruppe; der Unterschied ist allerdings nicht signifikant ($z = -1,018$, $p = 0,309$, $r = 0,024$)[77]. Abb. 27 zeigt, dass beide Gruppen bei der Mediopunktschreibung die wenigsten (KG: 27,15 %, ZG: 28,09 %) und bei der Bindestrichschreibung die meisten Regressionen ausführen (KG: 30,39 %, ZG: 32,17 %).

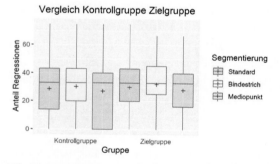

Abb. 27: Verteilung des Anteils der Regressionen für die verschiedenen Schreibweisen und Gruppen[78]

....

77 Nicht signifikante Unterschiede zwischen den Gruppen werden im weiteren Verlauf nicht mehr genannt.

78 Bei der Farbwahl der Diagramme wurde berücksichtigt, dass 8–9 % der männlichen und 1 % der weiblichen Bevölkerung von Farbfehlsichtigkeit betroffen sind (vgl. Mangold [2]2015: 36).

© Frank & Timme   Verlag für wissenschaftliche Literatur

Auch die Gesamtlesezeit unterscheidet sich zwischen den Gruppen signifikant (z = -6,406, p < 0,001, r = 0,153), wobei die Zielgruppe die Komposita im Mittel 25,0 % langsamer liest als die Kontrollgruppe. Während die Kontrollgruppe die Standardschreibung am schnellsten (1063,1 ms) und die Mediopunktschreibung am langsamsten (1075,6 ms) liest, ist der Mittelwert bei der Zielgruppe bei der Bindestrichschreibung am kleinsten (1317,9 ms) und bei der Standardschreibung am höchsten (1343,0 ms). Abb. 28 verdeutlicht allerdings, dass die Unterschiede sowohl bei der Kontroll- als auch bei der Zielgruppe nur minimal ausgeprägt sind.

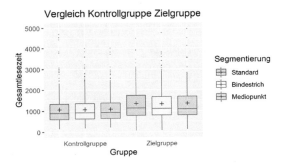

Abb. 28: Verteilung der Gesamtlesezeit für die verschiedenen Schreibweisen und Probandengruppen[79]

Die Erstfixationsdauer, die Rückschlüsse auf in der frühen Verarbeitungsphase stattfindende Prozesse erlaubt, ist bei der Kontrollgruppe bei der Bindestrichschreibung am kürzesten (182,7 ms) und bei der Standardschreibung am längsten (196,8 ms). Bei der Zielgruppe ist es umgekehrt: Hier ist die Erstfixationsdauer bei der Standardschreibung am kürzesten (185,7 ms) und bei der Bindestrichschreibung am längsten (190,3 ms). Insgesamt ist die Erstfixati-

....

Für ein barrierefreies Grafikdesign wurden die Diagrammfarben daher mithilfe des Tools *ColorBrewer* so gewählt, dass auch farbfehlsichtige Leser zwischen den Farben differenzieren können (zu differenzierbaren Farbtönen bei Farbfehlsichtigkeit s. Brewer 1999).

79 Aus Darstellungsgründen ist bei der Kontrollgruppe ein Ausreißer bei den viergliedrigen unsegmentierten Komposita (6100 ms) und bei der Zielgruppe ein Ausreißer bei den dreigliedrigen mit Mediopunkt segmentierten Komposita (7679 ms) nicht dargestellt.

onsdauer bei der Zielgruppe signifikant kürzer als bei der Kontrollgruppe ($z =$ -2,963, p = 0,003, r = 0,071). Dass die Erstfixationsdauer trotz signifikant höherer Fixationsanzahl und signifikant längerer Gesamtlesezeit bei der Zielgruppe signifikant kürzer ist als bei der Kontrollgruppe, könnte ein Hinweis darauf sein, dass eine kurze Erstfixationsdauer womöglich kein Indiz für eine schnelle Verarbeitung des Kompositums ist. Diesen Aspekt gilt es bei der weiteren Auswertung zu berücksichtigen. Die Pupillenweite ist bei beiden Gruppen bei der Bindestrichschreibung am kleinsten und bei der Mediopunktschreibung am größten, was den bei der Fixationsanzahl und der Gesamtlesezeit sichtbaren Tendenzen widerspricht. Dieser Widerspruch bestätigt, dass die Pupillenweite als Maß für die kognitive Beanspruchung auf Wortebene nicht geeignet ist, denn gemäß der theoretischen Annahmen (s. Kap. 4.5) müsste diese bei der am leichtesten zu verarbeitenden Schreibweise am kleinsten sein. Aufgrund dessen wird die Interpretation der Pupillenweite in den Experimenten auf Wortebene vernachlässigt.

5.4.7.2 Kontrollgruppe

Im Folgenden wird zunächst auf die wesentlichen Ergebnisse der angepassten LMMs für die Kontrollgruppe eingegangen und diese anschließend in Kap. 5.4.7.3 in Relation zu den Hypothesen sowie zu weiteren Forschungsergebnissen gesetzt.

Tab. 14 gibt einen deskriptiven Überblick über die erhobenen Variablen der Blickbewegungsmessung. Dargestellt sind die Mittelwerte und Standardabweichungen für die neun Bedingungen des Versuchsplans.

	2 Morpheme			3 Morpheme			4 Morpheme		
	S[80]	BS[81]	Mp[82]	S	BS	Mp	S	BS	Mp
Anzahl Fixationen	3,01 (1,36)	3,19 (1,51)	3,14 (1,3)	3,92 (2,13)	4,73 (2,42)	3,88 (1,66)	6,23 (3,06)	6,44 (2,19)	6,77 (2,53)
Anteil Refixation[83] (%)	93,6 (8,45)	95 (6,7)	96,4 (4,86)	96,5 (4,76)	99,3 (0,98)	97,9 (2,9)	99,3 (0,98)	99,3 (0,98)	98,6 (1,95)
Revisits	0 (0)	0,01 (0,12)	0,01 (0,09)	0,03 (0,17)	0,01 (0,08)	0 (0)	0,01 (0,08)	0,01 (0,08)	0,02 (0,25)
Regression (%)	26,13 (22,61)	25,03 (21,33)	21,83 (20,53)	26,75 (19,54)	30,35 (18,48)	27 (19,84)	33,09 (14,91)	35,81 (11,83)	32,58 (12,53)
Erstfixationsdauer (ms)	205 (118,3)	196,79 (93,15)	199,82 (129,8)	207,55 (118,59)	185,1 (83,22)	190,28 (89,01)	177,76 (72,54)	166,07 (76,24)	179,9 (70,77)
Gesamtlesezeit (ms)	819,9 (495,3)	785,63 (469,88)	822,74 (470,75)	991,47 (697,86)	1076,64 (655,38)	899,1 (408,85)	1377,9 (833,19)	1331,36 (565,74)	1503,12 (665,13)
Pupillenweite (mm)	3,40 (0,58)	3,35 (0,51)	3,41 (0,55)	3,35 (0,49)	3,36 (0,52)	3,37 (0,52)	3,36 (0,51)	3,34 (3,34)	3,37 (0,47)

80 Standard
81 Bindestrich
82 Mediopunkt
83 Für den deskriptiven Überblick wurde der Übersichtlichkeit halber anstelle der Anzahl an Single Fixation der Anteil der refixierten Komposita angegeben. Dies ist damit zu begründen, dass alle anderen analysierten Variablen positiv mit dem kognitiven Aufwand korrelieren und der Anteil der refixierten Komposita eine analoge Interpretation erlaubt.

Tab. 14: Mittelwerte (Standardabweichungen) der erhobenen Variablen (Kontrollgruppe)

Fixationsanzahl

Zur Ermittlung von Unterschieden in der kognitiven Verarbeitung der Schreibweisen wurde zunächst die Fixationsanzahl der drei Schreibweisen verglichen.

Interpretation der geschätzten Kovarianz-Parameter:

Im Folgenden wird eine detaillierte Interpretation der zufälligen Effekte am Beispiel der *Random Intercepts* für Probanden gegeben, die Interpretation der nachfolgenden Random Intercepts erfolgt analog[84].

Die geschätzte Varianz der Random Intercepts beträgt 1,622, woraus sich die geschätzte Standardabweichung $\sqrt{1{,}622} = 1{,}274$ ableiten lässt. Das bedeutet, dass jeder Proband einen eigenen, probandenspezifischen Intercept hat, der in etwa 68,3 % der Fälle um bis zu 1,274 kleiner oder größer als der Fixed (d. h. probandenübergreifende) Intercept ist und in etwa 95 % der Fälle um bis zu 2,497 kleiner oder größer als letzterer ist[85]. Der *Likelihood ratio test*, der gerechnet wurde, um die Notwendigkeit der Berücksichtigung probandenspezifischer Heterogenität zu testen, kommt zu dem Ergebnis, dass die geschätzte Varianz der Random Intercepts zum Signifikanzniveau $\alpha = 0{,}05$ signifikant von 0 verschieden ist (LRT = 439,325, p < 0,001). Die Nullhypothese, welche besagt, dass die *Likelihood* des Modells mit Random Intercepts sich nicht signifikant von der *Likelihood* des Modells ohne Random Intercepts unterscheidet, kann somit verworfen werden.

Interpretation der geschätzten Haupt- und Interaktionseffekte:

Hinsichtlich des Haupteffektes Segmentierung lässt sich aus dem angepassten Modell schließen, dass die erwartete Fixationsanzahl bei der Standard- und Bindestrichschreibung ceteris paribus (d. h. insbesondere ohne Beachtung jeglicher Interaktionseffekte) leicht geringer ist als bei der Mediopunktschreibung ($\beta = -0{,}539$, t = -2,705, p = 0,007 bzw. $\beta = -0{,}326$, t = -1,637, p = 0,102), wobei der Effekt nur bei der Standardschreibung signifikant ist. Die Interaktionseffekte, die zwischen den dreigliedrigen Komposita und der Bindestrichschreibung

---

84 In den weiteren Modellen wird auf die Interpretation nur explizit eingegangen wird, wenn dies hinsichtlich der Fragestellung als besonders relevant erscheint.

85 1,96*Standardabweichung (vgl. Fahrmeir et al. [8]2016: 274 ff.).

sowie zwischen den dreigliedrigen Komposita und der Standardschreibung signifikant sind (s. Tab. 15), deuten jedoch darauf hin, dass die erwartete Fixationsanzahl bei dreigliedrigen mit Bindestrich segmentierten Komposita signifikant höher ist als bei dreigliedrigen mit Mediopunkt segmentierten Komposita.

Um detailliertere Aussagen über einzelne Effekte treffen zu können, wurden darüber hinaus in Anlehnung an Wolfer (2017) mithilfe des R-Pakets *effects* (Fox 2020) Effektschätzer und Konfidenzintervalle bestimmt. Sofern keine Signifikanzen berichtet werden, sind die Unterschiede nicht signifikant. Zu beachten ist, dass dies jedoch keinesfalls bedeutet, dass keine Effekte vorliegen, sondern lediglich, dass deren Signifikanz mithilfe der untersuchten Stichprobe nicht nachgewiesen werden kann (s. hierzu auch Wolfer 2016). Dies ist u. a. auf die konservative Bonferroni-Korrektur des Signifikanzniveaus zurückzuführen, welche bei einer hohen Anzahl von Tests[86] dazu führen kann, dass selbst starke Tendenzen, die in der Stichprobe zweifellos vorliegen, nicht signifikant sind (s. Bland/Altman 1995; vgl. auch Pappert/Bock 2020). Die gefundenen Effekte halten folglich einer Bonferroni-Korrektur meist nicht stand. Da die Tendenzen für die Fragestellung jedoch häufig relevant sind, wird im Folgenden auch auf nicht signifikante Effekte und Tendenzen eingegangen.

Aus den Effektschätzern[87] lässt sich ableiten, dass die erwartete Fixationsanzahl bei zweigliedrigen Komposita bei der Standardschreibung absolut um β = -0,117 (t = -0,588) oder relativ um 3,5 % geringer; bei der Bindestrichschreibung hingegen absolut um β = 0,067 (t = 0,336) oder relativ um 2,2 % höher ist als bei der Mediopunktschreibung. Anders verhält es sich bei den dreigliedrigen Komposita: Hier ist die erwartete Fixationsanzahl bei der Standardschreibung absolut um β = 0,043 (t = 0,214) oder relativ um 1,0 % höher und bei der Bindestrichschreibung absolut um β = 0,851 (t = 4,271, p = 0,001) oder relativ um 21,9 % signifikant höher als bei der Mediopunktschreibung. Bei den viergliedrigen Komposita ist die erwartete Fixationsanzahl wiederum bei der Standardschreibung absolut um β = -0,539 (t = -2,705) oder relativ um 8,0 % und bei der Bindestrichschreibung absolut um β = -0,326 (t = -1,637)

....

86 In der vorliegenden Arbeit beläuft sich die Anzahl an Tests, die pro Modell gerechnet wurden, auf bis zu 66.

87 In allen weiteren Modellen erfolgt die Darstellung der Effektschätzer analog.

oder relativ um 4,9 % geringer als bei der Mediopunktschreibung. Die erwartete Fixationsanzahl unter dem geschätzten Modell ist in Abb. 29 dargestellt. Zudem zeigen die Effektschätzer, dass die Fixationsanzahl bei der Standardschreibung insgesamt signifikant geringer ist als bei der Bindestrichschreibung (β = -0,402, t = -3,493, p = 0,002), wobei der Unterschied differenziert nach Morphemanzahl nur bei den dreigliedrigen Komposita signifikant ist (β = -0,809, t = -4,057, p = 0,002; relativer Unterschied: 17,1 %).

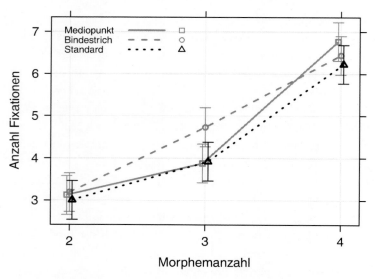

Abb. 29: Interaktionseffekte auf die geschätzte Fixationsanzahl bei der Kontrollgruppe

Tab. 15: Angepasste LMMs mit den abhängigen Variablen Fixationsanzahl (LMM^{Fixationsanzahl}), Single Fixation (LMM$^{Single\ Fixation}$), Revisits (LMM^{Revisits}), Regressionen (LMM^{Regressionen}), Erstfixationsdauer (LMM^{Erstfixationsdauer}), Gesamtlesezeit (LMM^{Gesamtlesezeit}) und Pupillenweite (LMM^{Pupillenweite})

	Fixed Effect	Estimate	Std. Error	t-value	p-value	sig[88]
LMM^{Fixationsanzahl}	(Intercept)	6,766	0,233	29,016	< 0,001	***
	Morphemanzahl2	-36,415	0,200	-18,24	< 0,001	***
	Morphemanzahl3	-28,865	0,199	-14,485	< 0,001	***
	Segm.Bindestrich	-0,326	0,199	-1,637	0,102	
	Segm.Standard	-0,539	0,199	-2,705	0,007	**
	Morphemanzahl2: Segm.Bindestrich	0,393	0,282	1,394	0,163	
	Morphemanzahl3: Segm.Bindestrich	11,773	0,282	4,178	< 0,001	***
	Morphemanzahl2: Segm.Standard	0,422	0,282	1,495	0,135	
	Morphemanzahl3: Segm.Standard	0,582	0,282	2,064	0,039	*
LMM$^{Single\ Fixation}$	(Intercept)	0,006	0,011	0,591	0,555	
	Morphemanzahl2	0,040	0,011	3,703	< 0,001	***
	Morphemanzahl3	0,012	0,011	1,086	0,278	
	Segm.Bindestrich	-0,002	0,011	-0,229	0,819	
	Segm.Standard	0,012	0,011	1,074	0,283	
LMM^{Revisits}	(Intercept)	0,011	0,008	1,408	0,160	
	Morphemanzahl2	-0,005	0,008	-0,564	0,573	
	Morphemanzahl3	<0,001	0,008	0,000	1,000	
	Segm.Bindestrich	<-0,001	0,008	-0,001	0,999	
	Segm.Standard	0,002	0,008	0,281	0,778	
LMM^{Regressionen}	(Intercept)	32,233	1,235	26,103	< 0,001	***
	Morphemanzahl2	-9,497	1,236	-7,685	< 0,001	***
	Morphemanzahl3	-5,792	1,235	-4,69	< 0,001	***
	Segm.Bindestrich	3,258	1,236	2,637	0,008	**
	Segm.Standard	1,518	1,236	1,228	0,220	

....

88   Signifikanzniveaus: 0 '***' 0,001 '**' 0,01 '*' 0,05 '.' 0,1 ' ' 1.

	Fixed Effect	Estimate	Std. Error	t-value	p-value	sig[88]
LMM^Erstfixations-dauer	(Intercept)	179,896	8,561	21,014	< 0,001	***
	Morphemanzahl2	20,168	11,270	1,790	0,074	.
	Morphemanzahl3	10,379	11,249	0,923	0,356	
	Segm.Bindestrich	-13,823	11,249	-1,229	0,219	
	Segm.Standard	-2,140	11,249	-0,190	0,849	
	Morphemanzahl2: Segm.Bindestrich	10,545	15,924	0,662	0,508	
	Morphemanzahl3: Segm.Bindestrich	8,643	15,909	0,543	0,587	
	Morphemanzahl2: Segm.Standard	7,067	15,924	0,444	0,657	
	Morphemanzahl3: Segm.Standard	19,410	15,909	1,220	0,223	
LMM^Gesamtlesezeit	(Intercept)	1503,12	68,69	21,883	< 0,001	***
	Morphemanzahl2	-683,24	54,53	-12,530	< 0,001	***
	Morphemanzahl3	-604,02	54,43	-11,098	< 0,001	***
	Segm.Bindestrich	-171,76	54,43	-3,156	0,002	**
	Segm.Standard	-125,21	54,43	-2,301	0,022	*
	Morphemanzahl2: Segm.Bindestrich	137,51	77,04	1,785	0,075	.
	Morphemanzahl3: Segm.Bindestrich	349,30	76,97	4,538	< 0,001	***
	Morphemanzahl2: Segm.Standard	125,20	77,04	1,625	0,104	
	Morphemanzahl3: Segm.Standard	217,58	76,97	2,827	0,005	**
LMM^Pupillenweite	(Intercept)	3,405	0,067	51,021	< 0,001	***
	Morphemanzahl2	0,028	0,008	3,500	< 0,001	***
	Morphemanzahl3	0,017	0,007	2,418	0,016	*
	Segm.Bindestrich	-0,024	0,008	-3,148	0,002	**
	Segm.Standard	-0,001	0,008	-0,116	0,908	

Single Fixation

Die bei der Fixationsanzahl sichtbare Tendenz spiegelt sich auch in der Anzahl an Komposita wider, die mit nur einer Fixation gelesen wurden. So ist die erwartete Anzahl an Single Fixation bei der Standardschreibung höher, bei der Bindestrichschreibung hingegen minimal geringer als bei der Mediopunktschreibung (s. Tab. 15).

Revisits

Die mittlere Anzahl an Revisits ist bei allen drei Schreibweisen identisch. Da auch das Modell bestätigt, dass die Probanden nur in 0,9 % der Fälle nach dem ersten Lesedurchgang auf das Kompositum zurückspringen, keiner der geschätzten Effekte einen signifikanten Einfluss auf die Revisits hat und keine nennenswerten Unterschiede zwischen den Schreibweisen bestehen, wird auf die Darstellung des Modells verzichtet. Vor dem Hintergrund, dass nach dem Zielwort, d. h. nach Verlassen der AOI, keine Informationen folgen, ist die geringe Anzahl an Revisits auf Wortebene allerdings wenig verwunderlich.

Anteil der Regressionen

Der erwartete Anteil der Regressionen ist bei der Standardschreibung höher ($\beta = 1{,}518$, $t = 1{,}228$, $p = 0{,}220$) und bei der Bindestrichschreibung signifikant höher als bei der Mediopunktschreibung ($\beta = 3{,}258$, $t = 2{,}637$, $p = 0{,}008$). Zudem ist zu erkennen, dass der Anteil regressiver Fixationen mit steigender Morphemanzahl signifikant zunimmt (s. Tab. 15). Die Effektschätzer zeigen, dass der erwartete Anteil der Regressionen bei zweigliedrigen Komposita bei der Bindestrichschreibung absolut um $\beta = 3{,}206$ ($t = 1{,}493$) oder relativ um 14,7 % und bei der Standardschreibung absolut um $\beta = 4{,}305$ ($t = 2{,}005$) oder relativ um 19,7 % höher ist als bei der Mediopunktschreibung. Während der erwartete Anteil der Regressionen bei dreigliedrigen Komposita nur bei der Bindestrichschreibung absolut um $\beta = 3{,}348$ ($t = 1{,}562$) oder relativ um 12,2 % höher, bei der Standardschreibung hingegen absolut um $\beta = -0{,}248$ ($t = -0{,}116$) oder relativ um 0,7 % geringer ist als bei der Mediopunktschreibung, ist er bei viergliedrigen Komposita sowohl bei der Standardschreibung absolut um $\beta = 0{,}504$ ($t = 0{,}235$) oder relativ um 1,5 % als auch bei der Bindestrichschreibung absolut um β = 3,227 (t = -1,506) oder relativ um 9,8 % höher als bei der Mediopunktschreibung (s. Abb. 30).

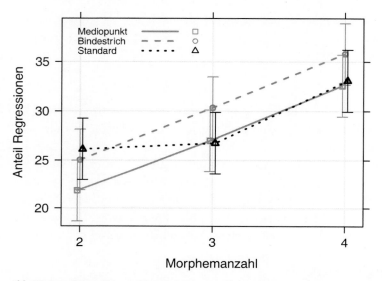

Abb. 30: Interaktionseffekte auf den geschätzten Anteil der Regressionen bei der Kontrollgruppe

Erstfixationsdauer

Zudem ist dem Modell hinsichtlich des Haupteffektes Segmentierung zu entnehmen, dass die erwartete Erstfixationsdauer bei der Standardschreibung minimal und bei der Bindestrichschreibung deutlich kürzer ist als bei der Mediopunktschreibung (s. Tab. 15). Bei zwei- und dreigliedrigen Komposita ist die Erstfixationsdauer deutlich länger als bei viergliedrigen Komposita, wobei der Unterschied nur bei zweigliedrigen Komposita marginal signifikant ist (β = 20,168, t = 1,790, p = 0,074). Während die Erstfixationsdauer bei zwei- und dreigliedrigen Komposita bei der Standardschreibung absolut um β = 4,93 (t = 0,437) bzw. β = 17,27 (t = 1,535) oder relativ um 2,5 % bzw. 9,5 % länger; bei der Bindestrichschreibung hingegen absolut um β = -3,28 (t = -0,291) bzw. β = -5,18 (t = -0,460) oder relativ um 1,5 % bzw. 2,6 % kürzer ist als bei der Mediopunktschreibung, ist sie bei viergliedrigen Komposita sowohl bei der Standardschreibung absolut um β = -2,14 (t = -0,190) oder relativ um 1,1 %

© Frank & Timme   Verlag für wissenschaftliche Literatur

als auch bei der Bindestrichschreibung absolut um $\beta = -13{,}82$ ($t = -1{,}229$) oder relativ um 7,8 % kürzer als bei der Mediopunktschreibung. Ferner ist die Erstfixationsdauer insgesamt betrachtet bei der Bindestrichschreibung absolut um $\beta = -14{,}11$ ($t = -2{,}173$, $p = 0{,}090$) oder relativ um 7,1 % marginal signifikant kürzer als bei der Standardschreibung.

Gesamtlesezeit

Aus dem Modell $LMM^{Gesamtlesezeit}$ lässt sich hinsichtlich des Haupteffektes Segmentierung folgern, dass die erwartete Gesamtlesezeit sowohl bei der Standard- als auch bei der Bindestrichschreibung ceteris paribus signifikant kürzer ist als bei der Mediopunktschreibung (s. Tab. 15). Bezieht man jedoch die Interaktionseffekte, die zwischen den dreigliedrigen Komposita und der Bindestrichschreibung sowie zwischen den dreigliedrigen Komposita und der Standardschreibung signifikant sind, mit ein, wird deutlich, dass die dreigliedrigen mit Bindestrich segmentierten Komposita signifikant langsamer gelesen werden als die dreigliedrigen mit Mediopunkt segmentierten Komposita. Aus den Effektschätzern lässt sich zudem ableiten, dass die erwartete Gesamtlesezeit bei zweigliedrigen Komposita bei der Bindestrichschreibung absolut um $\beta = -34{,}247$ ($t = -0{,}628$) oder relativ um 4,1 % kürzer ist als bei der Mediopunktschreibung, wohingegen zwischen der Standard- und Mediopunktschreibung kein Unterschied besteht. Während die erwartete Gesamtlesezeit bei den dreigliedrigen Komposita bei der Standardschreibung absolut um $\beta = 92{,}368$ ($t = 1{,}697$) oder relativ um 10,2 % länger und bei der Bindestrichschreibung absolut um $\beta = 177{,}542$ ($t = 3{,}262$, $p = 0{,}041$) oder relativ um 19,8 % signifikant länger ist als bei der Mediopunktschreibung, ist sie bei den viergliedrigen Komposita bei der Standardschreibung absolut um $\beta = -125{,}212$ ($t = -2{,}301$) oder relativ um 8,3 % kürzer und bei der Bindestrichschreibung absolut um $\beta = -171{,}760$ ($t = -3{,}156$, $p = 0{,}059$) oder relativ um 11,4 % marginal signifikant kürzer als bei der Mediopunktschreibung. Die erwartete Gesamtlesezeit unter dem Modell ist in Abb. 31 dargestellt.

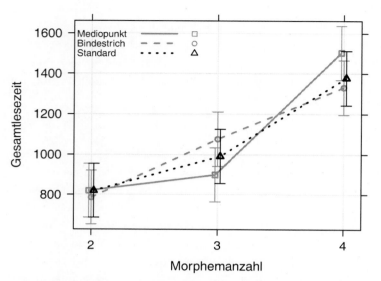

Abb. 31: Interaktionseffekte auf die geschätzte Gesamtlesezeit bei der Kontrollgruppe

5.4.7.3 Diskussion der Ergebnisse (Kontrollgruppe)

Im Folgenden werden die Ergebnisse diskutiert. Dabei soll insbesondere der Bezug zu weiteren Forschungsergebnissen sowie zu den in Kap. 5.4.1 aufgestellten Hypothesen hergestellt werden und diese auf Basis der Ergebnisse bestätigt oder verworfen werden.

Die Analysen zeigen, dass die Kontrollgruppe die Standardschreibung leichter verarbeitet als die Mediopunkt- und Bindestrichschreibung. So ist die Fixationsanzahl bei der Standardschreibung signifikant geringer als bei der Mediopunkt- und Bindestrichschreibung und darüber hinaus werden bei der Standardschreibung deutlich mehr Komposita mit nur einer Fixation gelesen als bei den segmentierten Komposita. Auch die Gesamtlesezeit ist insgesamt betrachtet bei der Standardschreibung am kürzesten, wobei die Unterschiede über alle (d. h. zwei-, drei- und viergliedrige) Komposita hinweg deutlich geringer ausgeprägt sind als bei den anderen Parameter und der Unterschied insgesamt betrachtet nur zwischen der Standard- und Mediopunktschreibung signifikant ist. Die Hypothese-K-1, dass die Standardschreibung am besten verarbeitet wird, kann somit zwar weitgehend bestätigt werden, dennoch ist zu beachten, dass die Blickbewegungsparameter nicht alle eindeutig in diese Richtung weisen. So ist der Anteil der Regressionen bspw. bei der Standardschreibung zwar geringer als bei der Bindestrichschreibung, allerdings leicht höher als bei der Mediopunktschreibung. Ebenso ist die Gesamtlesezeit bei den zwei- und viergliedrigen Komposita bei der Standardschreibung länger als bei der Bindestrichschreibung, bei den dreigliedrigen Komposita wiederum deutlich kürzer als bei der Bindestrich- allerdings länger als bei der Mediopunktschreibung. Da die genannten Unterschiede hinsichtlich des Anteils der Regressionen und der Gesamtlesezeit jedoch nicht signifikant sind und insbesondere bei der Gesamtlesezeit nur sehr gering ausgeprägt sind, reichen sie nicht aus, um die Hypothese zu widerlegen.

Ein interessantes und zunächst unerwartetes Blickbewegungsverhalten zeigt sich bei der Erstfixationsdauer[89]. Während die Anzahl an Fixationen und Single Fixation, der Anteil der Regressionen eindeutig und die Gesamtlesezeit tendenziell, bzw. vor allem bei dreigliedrigen Komposita, darauf hindeutet, dass die Standardschreibung leichter verarbeitet wird als die Bindestrichschreibung, ist die Erstfixationsdauer bei der Bindestrichschreibung marginal signifikant kürzer als bei der Standardschreibung. Auch bei der Mediopunktschreibung ist die Erstfixationsdauer kürzer als bei der Standardschreibung. Um herauszufinden, ob es sich dabei um ein nur in dieser Studie auftretendes Phänomen handelt, ist es nützlich, Bezüge zu ähnlich aufgebauten Eye-Tracking-Studien herzustellen. Ein Bezug zu Studien zur Segmentierung von Komposita in LS lässt sich allerdings nur bedingt herstellen. So wird in der Studie von Wellmann (2018) die Bindestrichschreibung zwar getestet, die Erstfixationsdauer wird jedoch nicht ausgewertet (vgl. Wellmann 2018: 38). In der Studie von Gutermuth (2020) wird die Bindestrichschreibung nicht getestet, dennoch stimmen die Ergebnisse der Mediopunkt- und Standardschreibung bei genauerer Betrachtung exakt mit dem in dieser Studie gefundenen Phänomen überein: Auch bei Gutermuth (2020) führt die Mediopunktschreibung bei der Kontrollgruppe

....

89   Die Erstfixationsdauer wird bereits an dieser Stelle ausführlich erläutert und diskutiert. Dies ermöglicht es, bei der Analyse der Erstfixationsdauer in den Experimenten 2–4 auf die in diesem Abschnitt vorgestellten Ergebnisse zurückzugreifen.

zu einer kürzeren Erstfixationsdauer, die gesamte erste Lesezeit ist jedoch bei der Mediopunktschreibung länger als bei der Standardschreibung, wobei die Unterschiede zwischen Mediopunkt- und Standardschreibung ebenso wie in dieser Studie nicht signifikant sind (vgl. Gutermuth 2020: 223 f.). Die kurze Erstfixationsdauer bei der Mediopunktschreibung wird dahingehend gedeutet, dass sich der Mediopunkt positiv auf den „Beginn des Verarbeitungsprozesses" (ebd.: 224) auswirkt (s. Kap. 3.7).

Der Befund der kürzeren Fixationsdauer bei der Bindestrichschreibung ist jedoch kein Einzelphänomen, sondern tritt in diversen Blickbewegungsstudien zur Verarbeitung von segmentierten Komposita auf (vgl. Inhoff et al. 2000; Placke 2001; Inhoff/Radach 2002; Juhasz et al. 2005; Cherng 2008; Häikiö et al. 2011; Bertram/Hyönä 2013). So konnten sowohl für das Deutsche als auch für das Englische und Finnische verlängerte Blick- und Gesamtlesezeiten, aber verkürzte initiale Fixationsdauern für getrennt geschriebene gegenüber zusammengeschriebenen Komposita nachgewiesen werden. Dieses zunächst widersprüchlich erscheinende Phänomen erklären die Autoren der Studien unabhängig voneinander wie folgt (vgl. Inhoff et al. 2000; Juhasz et al. 2005; Cherng 2008; Häikiö et al. 2011): Die Segmentierung beschleunigt die lexikalische Dekomposition und erleichtert somit den Zugriff auf die erste Konstituente, was an der im Vergleich zur unsegmentierten Schreibung kürzeren Erstfixationsdauer zu erkennen ist (vgl. Häikiö et al. 2011). Durch diesen erzwungenen morphembasierten Zugriff wird, wie an der Gesamtlesezeit und der Fixationsanzahl zu erkennen ist, die Verarbeitung des Gesamtkomplexes jedoch nicht beschleunigt, sondern verlangsamt. Die unsegmentierte Schreibung begünstigt hingegen eine ganzheitliche Verarbeitung, denn ist das Kompositum zusammengeschrieben, landet die erste Fixation mehr im Wortzentrum und somit auf der *preferred landing position* (s. Kap. 4.7). Die bei den unsegmentierten Komposita längere Erstfixationsdauer ist folglich darauf zurückzuführen, dass nicht nur die erste Konstituente, sondern bereits das Kompositum als Ganzes verarbeitet wird. Dies konnte in den Studien zudem durch eine geringere Notwendigkeit der Refixation bei unsegmentierten Komposita gestützt werden. Durch die Segmentierung wird somit zwar die isolierte Verarbeitung der ersten Konstituente beschleunigt, insgesamt wird der Leseprozess aber durch die erzwungene morphembasierte Verarbeitung verlangsamt, was an der verlängerten Gesamtlesezeit und der erhöhten Fixationsanzahl sichtbar wird.

Folglich ist die bei der Bindestrichschreibung marginal signifikant kürzere Erstfixationsdauer auch in dieser Studie vermutlich darauf zurückzuführen, dass die Leser bei der Bindestrichschreibung während der ersten Fixation primär die erste Konstituente verarbeiten, was zu einer kürzeren Erstfixationsdauer führt. Dies führt aber automatisch dazu, dass das Wort erneut fixiert werden muss, was sich in einer signifikant höheren Fixationsanzahl und geringeren Anzahl an Single Fixation widerspiegelt. Die Analyse der Gesamtlesezeit lässt diesbezüglich allerdings keine eindeutigen Schlussfolgerungen zu, da diese zwar insgesamt betrachtet bei der Bindestrichschreibung minimal länger als bei der Standardschreibung ist, die Effekte allerdings nur sehr gering ausgeprägt sind.

Bei den unsegmentierten Komposita ist anzunehmen, dass die Probanden im Gegensatz zur Bindestrichschreibung nicht nur die erste Konstituente verarbeiten, sondern bereits der direkte Zugriff auf die Bedeutung des Kompositums stattfindet. Dies führt zwar zu einer längeren Erstfixationsdauer, jedoch zugleich zu einer geringeren Notwendigkeit der Refixation und somit zu einer signifikant geringeren Fixationsanzahl. Der Bindestrich beschleunigt zwar den Zugriff auf die erste Konstituente und ist förderlich für die lexikalische Dekomposition, er lenkt aber von der Verarbeitung des Wortkomplexes über die in der Regel präferierte, ganzheitliche Route ab (s. Kap. 3.8.3). Diese Abhängigkeit zwischen Segmentierung und morphembasiertem Zugriff lässt sich durch die in Abb. 32 gezeigten Heat Maps veranschaulichen. An diesen ist zu erkennen, dass bei der Standardschreibung primär die Wortmitte fixiert wird, wohingegen es so scheint, als würden die Konstituenten bei der Bindestrichschreibung als einzelne Substantive gelesen werden. Dieser morphembasierte Zugriff ist bei der Mediopunktschreibung hingegen nicht zu erkennen. Ein tentativer Modellierungsvorschlag zu dem Zusammenhang zwischen der Erstfixationsdauer und der kognitiven Verarbeitung von segmentierten und unsegmentierten Komposita wird in Kap. 5.8 erarbeitet.

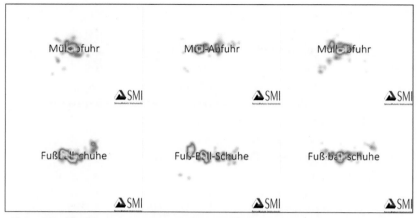

Abb. 32: Heat Maps für die Stimuli Müllabfuhr und Fußballschuhe (Kontrollgruppe)

Obgleich es sich hierbei um die in der Literatur gängige Erklärung handelt, soll nichtsdestotrotz noch auf eine weitere Überlegung eingegangen werden. Da es denkbar ist, dass sowohl der Bindestrich als auch die Binnenmajuskel den Leser bei der ersten Fixation irritieren, könnte die kurze Erstfixationsdauer auch auf einen Irritationseffekt hindeuten. Dieser hätte zur Folge, dass das Wort zwangsweise erneut fixiert werden muss, da mit der ersten kurzen Fixation angesichts der Irritation noch nicht genügend Informationen aufgenommen werden konnten (vgl. Wellmann 2018: 65 f.). Hierfür spricht auch die Varianz, die bei der ersten Fixation bei der Bindestrichschreibung deutlich geringer ist als bei der Mediopunkt- und Standardschreibung. Für diese Argumentation würden auch die Ergebnisse von Juhasz et al. (2005) sprechen, die ebenfalls aufzeigten, dass die Erstfixationsdauer bei Komposita, die regulär zusammengeschrieben werden, kürzer war, wenn sie orthografisch inkorrekt mit Spatium geschrieben wurden. Auch die in der Studie von Gutermuth (2020) berichteten intuitiven Reaktionen der Kontrollgruppe deuten darauf hin, dass die kürzere Erstfixationsdauer auch für einen potenziellen Irritationseffekt stehen könnte. So wurde der Mediopunkt bspw. als „seltsam" (Gutermuth 2020: 234) beschrieben, was ebenfalls auf einen solchen Effekt hinweisen könnte, der womöglich auch auf den Bindestrich übertragbar ist.

Vor diesem Hintergrund lässt sich nun auch erklären, weshalb die Erstfixationsdauer bei Probanden mit besseren Lesekompetenzen (Kontrollgruppe) nicht wie erwartet kürzer, sondern signifikant länger ist als bei Probanden mit geringeren Lesekompetenzen (Zielgruppe). Angesichts dessen, dass die Gesamtlesezeit sowie die Fixationsanzahl bei der Kontrollgruppe signifikant kürzer bzw. geringer ist als bei der Zielgruppe, war das Ergebnis, dass die Erstfixationsdauer mit steigenden Lesekompetenzen länger wird, zunächst verwunderlich. Vor dem theoretischen Hintergrund und den bisherigen Befunden ist nun aber deutlich geworden, dass eine längere Erstfixationsdauer in Kombination mit einer kürzeren Gesamtlesezeit und einer geringeren Fixationsanzahl auf eine primär ganzheitliche Verarbeitung des Kompositums hindeutet. Die signifikanten Unterschiede zwischen der Kontroll- und der Zielgruppe lassen somit die Vermutung zu, dass unbeeinträchtigte Leser Komposita, im Unterschied zu leseschwächeren Probanden, primär ganzheitlich verarbeiten, was sich in einer längeren Erstfixationsdauer, aber ebenso in einer im Vergleich zu leseschwächeren Probanden kürzeren Gesamtlesezeit und geringeren Fixationsanzahl widerspiegelt (s. hierzu auch Kap. 5.9.2).

Die vorherigen Ausführungen haben jedoch deutlich gezeigt, dass die Segmentierung mit dem Bindestrich einer ganzheitlichen Verarbeitung entgegensteht, was wiederum bedeuten würde, dass die Bindestrichschreibung sowohl von der Kontroll- als auch von der Zielgruppe morphembasiert verarbeitet wird. Wenn die Komposita jedoch von beiden Gruppen über die gleiche Route verarbeitet werden, wie kann es dann sein, dass die Erstfixationsdauer bei der Gruppe mit den besseren Lesekompetenzen signifikant länger ist? Um diese Frage zu beantworten, ist es erforderlich, die Unterschiede in Abhängigkeit von der Schreibweise zu betrachten. Hierbei wird ersichtlich, dass die Unterschiede in der Erstfixationsdauer zwischen Kontroll- und Zielgruppe für die Standardschreibung signifikant ($z = -2{,}587$, $p = 0{,}010$, $r = 0{,}107$) und für die Mediopunktschreibung marginal signifikant ($z = -1{,}770$, $p = 0{,}077$, $r = 0{,}073$) sind. Bei der Bindestrichschreibung ist die Erstfixationsdauer bei der Kontrollgruppe hingegen nur minimal und nicht signifikant länger als bei der Zielgruppe ($z = -0{,}757$, $p = 0{,}449$, $r = 0{,}031$), was die Annahme bestätigt, dass die Bindestrichschreibung sowohl von der Kontroll- als auch von der Zielgruppe primär morphembasiert verarbeitet wird und die Bindestrichschreibung demnach unabhängig der Lesekompetenzen einer ganzheitlichen Verarbeitung entgegensteht.

Auch die Hypothese-K-2, dass die Mediopunktschreibung leichter verarbeitet wird als die Bindestrichschreibung, kann weitgehend bestätigt werden. So ist die Fixationsanzahl bei der Mediopunktschreibung geringer als bei der Bindestrichschreibung, wobei der Unterschied bei den dreigliedrigen Komposita signifikant ist. Darüber hinaus werden die mit Mediopunkt segmentierten Komposita häufiger mit nur einer Fixation gelesen als die mit Bindestrich segmentierten Komposita. Zudem springt die Kontrollgruppe bei der Bindestrichschreibung signifikant häufiger zurück als bei der Mediopunktschreibung. Auch die Erstfixationsdauer ist bei der Bindestrichschreibung ungeachtet der Morphemanzahl kürzer als bei der Mediopunktschreibung, was in Kombination mit der höheren Fixationsanzahl, dem signifikant höheren Anteil der Regressionen sowie der geringeren Anzahl an Single Fixation darauf hindeutet, dass sich die Segmentierung mit dem Bindestrich zwar positiv auf den Beginn des Verarbeitungsprozesses auswirkt (d. h. die erste Konstituente schneller verarbeitet wird als bei der Mediopunktschreibung), die Bindestrichschreibung aber, wie an den anderen Blickbewegungsparametern zu erkennen ist, insgesamt betrachtet keinen positiven Effekt auf die Verarbeitung des Kompositums hat. Dennoch ist zu beachten, dass auch hier nicht alle Parameter eindeutig in dieselbe Richtung weisen. So ist bei den viergliedrigen Komposita die Fixationsanzahl bei der Bindestrichschreibung geringer als bei der Mediopunktschreibung und auch die Gesamtlesezeit ist bei den zwei- und viergliedrigen Komposita bei der Bindestrichschreibung kürzer als bei der Mediopunktschreibung, wobei der Unterschied bei den zweigliedrigen Komposita nur gering ausgeprägt ist, bei den viergliedrigen Komposita jedoch marginal signifikant ist. Bei den dreigliedrigen Komposita ist die Gesamtlesezeit hingegen bei der Bindestrichschreibung signifikant länger als bei der Mediopunktschreibung. Dennoch kann der tendenziell leseerleichternde Effekt der Mediopunkt- im Vergleich zur Bindestrichschreibung aufgrund der Mehrheit der signifikanten Ergebnisse, die in diese Richtung deuten, als bestätigt angesehen werden – wenn auch nicht uneingeschränkt. Dass die Gesamtlesezeit bei den viergliedrigen Komposita bei der Bindestrichschreibung marginal signifikant kürzer ist als bei der Mediopunktschreibung, ist vermutlich darauf zurückzuführen, dass der Bindestrich im Deutschen bei langen, komplexen Komposita, in denen er der übersichtlicheren Gliederung dient, optional eingesetzt werden kann (s. Kap. 3.5.1) und somit durchaus gängig ist. Folglich ist anzunehmen, dass er bei langen, mehrgliedrigen Komposita womöglich nicht zwingend als falsch angesehen wird und in einigen Fällen an der Haupttrennfuge evtl. sogar erwartet wurde. Dies würde auch erklären, wieso die Gesamtlesezeit bei den viergliedrigen Komposita bei der Bindestrichschreibung sogar kürzer als bei der Standardschreibung ist. Es handelt sich bei dieser Erklärung jedoch um eine rein theoretische Annahme, die sich nur mithilfe von ergänzenden Methoden, wie bspw. retrospektiven Interviews, bestätigen ließe. Dieses Ergebnis ist kongruent mit der Studie von Bertram/Hyönä (2013) (s. Kap. 3.8.3). Die Autoren begründen die kürzere Verarbeitungszeit der Bindestrichschreibung damit, dass Leser in langen, mehrgliedrigen Komposita in einem ersten Verarbeitungsschritt auf die erste Konstituente zugreifen und die Identifikation der ersten Konstituente durch den Bindestrich erleichtert wird. Dies ist bei kurzen, bekannten Komposita nicht der Fall, da bei diesen alle Buchstaben in der Wahrnehmungsspanne der ersten Fixation liegen und somit während der ersten Fixation identifiziert werden können, wodurch der Zugriff über die direkte Route gefördert wird. Der Bindestrich wirkt sich in diesem Fall nachteilig auf die Verarbeitung aus, da er die Aufmerksamkeit auf die erste Konstituente lenkt und beschränkt. Diese Fokussierung auf die erste Konstituente führt entweder zu einer umständlicheren dekompositionellen Verarbeitung oder aber zu einem verzögerten Zugriff über die ganzheitliche Route. Dies wird bei den zweigliedrigen Komposita zwar durch die höhere Fixationsanzahl und die geringere Anzahl an Single Fixation bestätigt, die bei der Bindestrichschreibung kürzere Gesamtlesezeit steht allerdings im Widerspruch zu den Ergebnissen von Bertram/Hyönä (2013). Hierbei ist allerdings zu beachten, dass die Kompositá in der Studie von Bertram/Hyönä (2013) in Sätzen präsentiert wurden. Folglich soll die Frage nach dem Zusammenhang von Zugriffsweise und Gesamtlesezeit nochmals in Experiment 2 und 4 aufgegriffen werden. Um auf die Anfangs gestellte Frage zurückzukehren, welchen Einfluss die Segmentierung und die Morphemanzahl auf die kognitive Verarbeitung von Komposita bei unbeeinträchtigten Lesern haben, lässt sich das vorübergehende Fazit ziehen, dass sich bei isolierter Präsentation weder die

Mediopunkt- noch die Bindestrichschreibung signifikant positiv auf die Verarbeitung auswirkt. Ein Verarbeitungsvorteil der Mediopunkt- gegenüber der Bindestrichschreibung ist insbesondere bei dreigliedrigen Komposita gegeben. Bei viergliedrigen Komposita ist diese Tendenz nicht vorhanden und auch bei zweigliedrigen Komposita deuten die Blickbewegungsparameter nur teilweise auf einen Verarbeitungsvorteil der Mediopunktschreibung hin.

5.4.7.4 Zielgruppe

Im Folgenden wird zunächst auf die Ergebnisse der LMMs für die Zielgruppe eingegangen und diese anschließend in Kap. 5.4.7.5 ebenfalls in Relation zu den Hypothesen sowie zu weiteren Forschungsergebnissen gesetzt. Tab. 16 gibt einen deskriptiven Überblick über die erhobenen Variablen der Blickbewegungsmessung für den zweifaktoriellen Versuchsplan.

	2 Morpheme			3 Morpheme			4 Morpheme		
	S	BS	Mp	S	BS	Mp	S	BS	Mp
Anzahl Fixationen	3,68 (1,71)	3,67 (2,00)	3,72 (1,49)	5,52 (2,85)	5,58 (2,15)	5,7 (4,56)	7,39 (3,43)	8,09 (4,07)	7,48 (3,11)
Anteil Refixation (%)	90,6 (4,51)	90,7 (4,55)	98,1 (0,99)	100 (0)	100 (0)	96,2 (1,94)	96,3 (1,92)	98,1 (1,01)	100 (0)
Revisits	0,06 (0,23)	0,04 (0,19)	0,02 (0,14)	0,09 (0,35)	0,09 (0,3)	0,04 (0,19)	0,02 (0,14)	0 (0)	0,04 (0,27)
Regression (%)	25,85 (22,21)	24,46 (21,97)	28,91 (21,06)	30,74 (17,62)	37,30 (14,42)	25,09 (19,43)	33,15 (14,64)	34,85 (13,94)	30,22 (12,51)
Erstfixationsdauer (ms)	222,08 (196,06)	207,68 (149,93)	198,95 (148,06)	174,09 (95,15)	166,66 (73,31)	189,89 (85,16)	161,57 (57,02)	196,07 (156,18)	170,98 (81,26)
Gesamtlesezeit (ms)	1002,91 (509,14)	903,07 (569,66)	933,49 (494,42)	1337,23 (771,77)	1290,09 (719,71)	1382,32 (1285,6)	1682,55 (927,44)	1759,91 (925,68)	1702,14 (784,37)
Pupillenweite (mm)	3,4 (0,48)	3,36 (0,52)	3,42 (0,48)	3,37 (0,47)	3,31 (0,49)	3,38 (0,43)	3,33 (0,45)	3,3 (0,5)	3,44 (0,44)

Tab. 16: Mittelwerte (Standardabweichungen) der erhobenen Variablen (Zielgruppe)

Fixationsanzahl

Ebenso wie bei der Kontrollgruppe wurde zur Ermittlung von Unterschieden in der kognitiven Verarbeitung zunächst die Fixationsanzahl der drei Schreibweisen verglichen. Aus dem angepassten Modell lässt sich schließen, dass die erwartete Fixationsanzahl bei der Standardschreibung geringer (β = -0,089, t = -0,328, p = 0,743), bei der Bindestrichschreibung hingegen höher ist als bei der Mediopunktschreibung (β = 0,189, t = 0,693, p = 0,489). Während die erwartete Fixationsanzahl bei zwei- und dreigliedrigen Komposita bei der Bindestrichschreibung absolut um β = -0,009 (t = -0,020) bzw. β = -0,041 (t = -0,086) oder relativ um 0,3 % bzw. 0,7 % und bei der Standardschreibung absolut um β = -0,038 (t = -0,079) bzw. β = -0,139 (t = -0,293) oder relativ um 1,1 % bzw. 2,5 % geringer ist als bei der Mediopunktschreibung, ist sie bei viergliedrigen Komposita bei der Standardschreibung ebenfalls absolut um β = -0,093 (t = -0,197) oder relativ um 1,2 % geringer; bei der Bindestrichschreibung hingegen absolut um β = 0,611 (t = 1,297) oder relativ um 8,2 % deutlich höher als bei der Mediopunktschreibung. Die erwartete Fixationsanzahl ist in Abb. 33 dargestellt.

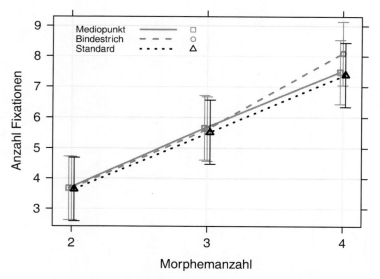

Abb. 33: Interaktionseffekte auf die geschätzte Fixationsanzahl bei der Zielgruppe

Tab. 17: Angepasste LMMs mit den abhängigen Variablen Fixationsanzahl (LMM^{Fixationsanzahl}), Single Fixation (LMM$^{\text{Single Fixation}}$), Revisits (LMM^{Revisits}), Regressionen (LMM^{Regressionen}), Erstfixations-dauer (LMM^{Erstfixationsdauer}), Gesamtlesezeit (LMM^{Gesamtlesezeit}) und Pupillenweite (LMM^{Pupillenweite})

	Fixed Effect	Estimate	Std. Error	t-value	p-value	sig
LMM^{Fixationsanzahl}	(Intercept)	7,621	0,484	15,731	< 0,001	***
	Morphemanzahl2	-3,995	0,272	-14,676	< 0,001	***
	Morphemanzahl3	-2,057	0,272	-7,556	< 0,001	***
	Segm.Bindestrich	0,189	0,273	0,693	0,489	
	Segm.Standard	-0,089	0,273	-0,328	0,743	
LMM$^{\text{Single Fixation}}$	(Intercept)	0,005	0,021	0,227	0,821	
	Morphemanzahl2	0,051	0,019	2,681	0,008	**
	Morphemanzahl3	-0,006	0,019	-0,297	0,767	
	Segm.Bindestrich	0,017	0,019	0,889	0,374	
	Segm.Standard	0,024	0,019	1,268	0,205	
LMM^{Revisits}	(Intercept)	0,007	0,026	0,274	0,785	
	Morphemanzahl2	0,021	0,024	0,877	0,381	
	Morphemanzahl3	0,058	0,024	2,407	0,017	*
	Segm.Bindestrich	0,011	0,024	0,437	0,662	
	Segm.Standard	0,023	0,024	0,975	0,331	
LMM^{Regressionen}	(Intercept)	30,222	2,615	11,556	< 0,001	***
	Morphemanzahl2	-1,419	3,327	-0,426	0,670	
	Morphemanzahl3	-5,230	3,327	-1,572	0,117	
	Segm.Bindestrich	4,630	3,311	1,398	0,163	
	Segm.Standard	2,926	3,311	0,884	0,377	
	Morphemanzahl2:Segm.Bindestrich	-8,970	4,694	-1,911	0,057	.
	Morphemanzahl3:Segm.Bindestrich	7,691	4,706	1,634	0,103	
	Morphemanzahl2:Segm.Standard	-5,983	4,705	-1,271	0,204	
	Morphemanzahl3:Segm.Standard	2,822	4,694	0,601	0,548	

	Fixed Effect	Estimate	Std. Error	t-value	p-value	sig
LMM^{Erstfixations-dauer}	(Intercept)	170,980	17,747	9,634	< 0,001	***
	Morphemanzahl2	27,528	23,392	1,177	0,240	
	Morphemanzahl3	18,464	23,392	0,789	0,430	
	Segm.Bindestrich	25,089	23,280	1,078	0,282	
	Segm.Standard	-9,406	23,280	-0,404	0,686	
	Morphemanzahl2: Segm.Bindestrich	-15,914	33,002	-0,482	0,630	
	Morphemanzahl3: Segm.Bindestrich	-48,080	33,082	-1,453	0,147	
	Morphemanzahl2: Segm.Standard	32,532	33,078	0,983	0,326	
	Morphemanzahl3: Segm.Standard	-5,953	33,002	-0,180	0,857	
LMM^{Gesamtlesezeit}	(Intercept)	1702,14	151,74	11,217	< 0,001	***
	Morphemanzahl2	-782,58	119,93	-6,526	< 0,001	***
	Morphemanzahl3	-333,75	119,93	-2,783	0,006	**
	Segm.Bindestrich	57,77	119,34	0,484	0,629	
	Segm.Standard	-19,59	119,34	-0,164	0,870	
	Morphemanzahl2: Segm.Bindestrich	-74,26	169,19	-0,439	0,661	
	Morphemanzahl3: Segm.Bindestrich	-129,57	169,60	-0,764	0,445	
	Morphemanzahl2: Segm.Standard	89,00	169,57	0,525	0,600	
	Morphemanzahl3: Segm.Standard	-11,57	169,19	-0,068	0,946	
LMM^{Pupillenweite}	(Intercept)	3,310	0,086	38,526	< 0,001	***
	Morphemanzahl2	0,056	0,013	4,172	< 0,001	***
	Morphemanzahl3	0,011	0,019	0,892	0,373	
	Segm.Bindestrich	-0,038	0,013	-3,045	0,002	**
	Segm.Standard	0,001	0,013	0,051	0,959	

Single Fixation

Die erwartete Anzahl an Single Fixation ist bei der Standard- und Bindestrich-schreibung geringfügig höher als bei der Mediopunktschreibung (s. Tab. 17).

Revisits

Aus dem Modell LMM^{Revisits} lässt sich folgern, dass die erwartete Anzahl an Revisits sowohl bei der Standardschreibung ($\beta = 0,023$, $t = 0,975$, $p = 0,331$) als auch bei der Bindestrichschreibung ($\beta = 0,011$, $t = 0,437$, $p = 0,662$) höher ist als bei der Mediopunktschreibung. Dem Ergebnis, dass die Anzahl an Revisits bei zweigliedrigen Komposita höher und bei dreigliedrigen Komposita signifikant höher ist als bei viergliedrigen Komposita (s. Tab. 17), ist keine Bedeutung beizumessen, da dies durch rein experimenttechnische Gründe bedingt ist. So ist die gesetzte AOI bei viergliedrigen Komposita aufgrund der Wortlänge und gewählten Schriftgröße (60 Punkt) teilweise so lang, dass sie beinahe den gesamten Bildschirm ausfüllt, so dass ein Verlassen der AOI nach rechts oder links hier aus Gründen des Experimentdesigns kaum möglich ist. Aus den Effektschätzern lässt sich ableiten, dass die erwartete Anzahl an Revisits bei zwei- und dreigliedrigen Komposita sowohl bei der Standardschreibung ($\beta = 0,038$, $t = 0,901$ bzw. $\beta = 0,052$, $t = 1,242$) als auch bei der Bindestrichschreibung höher ist als bei der Mediopunktschreibung ($\beta = 0,015$, $t = 0,362$ bzw. $\beta = 0,054$, $t = 1,300$). Bei viergliedrigen Komposita ist die erwartete Anzahl an Revisits sowohl bei der Standardschreibung ($\beta = -0,019$, $t = -0,447$) als auch bei der Bindestrichschreibung ($\beta = -0,037$, $t = -0,893$) geringer als bei der Mediopunktschreibung, wobei dieses Ergebnis, wie erwähnt, zu vernachlässigen ist.

Anteil der Regressionen

Hinsichtlich des Haupteffektes Segmentierung lässt sich aus dem Modell LMM^{Regressionen} schließen, dass der erwartete Anteil der Regressionen bei der Standardschreibung ceteris paribus um 2,9 % ($t = 0,884$, $p = 0,377$) und bei der Bindestrichschreibung ceteris paribus um 4,6 % ($t = 1,398$, $p = 0,163$) höher ist als bei der Mediopunktschreibung. Der Interaktionseffekt zwischen den zweigliedrigen Komposita und der Bindestrichschreibung ist marginal signifikant ($\beta = -8,970$, $t = -1,911$, $p = 0,057$). Während der erwartete Anteil der Regressionen bei zweigliedrigen Komposita bei der Standardschreibung absolut um β = -3,057 (t = -0,914) oder relativ um 10,8 % und bei der Bindestrich-schreibung absolut um β = -4,341 (t = -1,304) oder relativ um 14,9 % geringer ist als bei der Mediopunktschreibung, ist er bei dreigliedrigen Komposita bei der Standardschreibung absolut um β = 5,748 (t = 1,728) oder relativ um 22,8 % höher und bei der Bindestrichschreibung absolut um β = 12,321 (t = 3,685, p = 0,009) oder relativ um 49,2 % signifikant höher als bei der Mediopunktschrei-bung. Auch bei viergliedrigen Komposita ist der Anteil der Regressionen bei der Standardschreibung absolut um β = 2,926 (t = 0,884) oder relativ um 9,6 % und bei der Bindestrichschreibung absolut um β = 4,630 (t = 1,398) oder relativ um 15,6 % höher als bei der Mediopunktschreibung (s. Abb. 34).

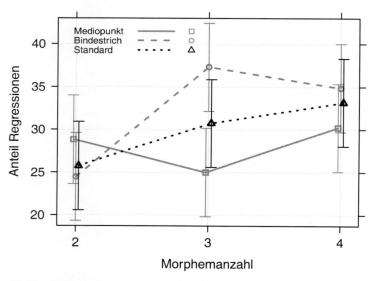

Abb. 34: Interaktionseffekte auf den geschätzten Anteil der Regressionen bei der Zielgruppe

Erstfixationsdauer

Des Weiteren ist dem Modell hinsichtlich des Haupteffektes Segmentierung zu entnehmen, dass die erwartete Erstfixationsdauer bei der Standardschreibung kürzer, bei der Bindestrichschreibung hingegen deutlich länger ist als bei der Mediopunktschreibung (s. Tab. 17). Das Modell zeigt zudem, dass die Erst-fixationsdauer bei zweigliedrigen Komposita am längsten und bei viergliedrigen Komposita am kürzesten ist (s. Tab. 17). Aus den Effektschätzern lässt sich ableiten, dass die Erstfixationsdauer bei zweigliedrigen Komposita bei der Bindestrichschreibung absolut um $\beta = 9{,}18$ (t = 0,392) oder relativ um 4,5 % und bei der Standardschreibung absolut um $\beta = 23{,}13$ (t = 0,984) oder relativ um 11,6 % länger ist als bei der Mediopunktschreibung. Während die Erstfixationsdauer bei dreigliedrigen Komposita bei der Standardschreibung absolut um $\beta = -15{,}36$ (t = -0,657) oder relativ um 7,9 % und bei der Bindestrichschreibung absolut um $\beta = -22{,}99$ (t = -0,978) oder relativ um 12,2 % kürzer ist als bei der Mediopunktschreibung, ist sie bei viergliedrigen Komposita bei der Standardschreibung ebenfalls absolut um $\beta = -9{,}41$ (t = -0,404) oder relativ um 5,3 % kürzer; bei der Bindestrichschreibung hingegen absolut um $\beta = 25{,}09$ (t = 1,078) oder relativ um 14,6 % länger als bei der Mediopunktschreibung.

Gesamtlesezeit

Aus dem Modell $LMM^{Gesamtlesezeit}$ lässt sich hinsichtlich des Haupteffektes Segmentierung schließen, dass die erwartete Gesamtlesezeit bei der Standardschreibung kürzer ist als bei der Mediopunktschreibung (s. Tab. 17). Bei der Bindestrichschreibung ist die erwartete Gesamtlesezeit hingegen länger als bei der Mediopunktschreibung (s. Tab. 17). Während die erwartete Gesamtlesezeit bei den zweigliedrigen Komposita bei der Standardschreibung absolut um $\beta = 69{,}4$ (t = 0,576) oder relativ um 7,5 % länger; bei der Bindestrichschreibung hingegen absolut um $\beta = -16{,}5$ (t = -0,137) oder relativ um 1,8 % kürzer ist als bei der Mediopunktschreibung, ist sie bei den dreigliedrigen Komposita sowohl bei der Standardschreibung absolut um $\beta = -31{,}2$ (t = -0,260) oder relativ um 2,3 % als auch bei der Bindestrichschreibung absolut um $\beta = -71{,}8$ (t = -0,596) oder relativ um 5,2 % kürzer als bei der Mediopunktschreibung. Anders verhält es sich bei den viergliedrigen Komposita: Hier ist die erwartete Gesamtlesezeit bei der Standardschreibung absolut um $\beta = -19{,}6$ (t = -0,164) oder relativ um 1,1 % kürzer; bei der Bindestrichschreibung hingegen absolut um $\beta = 57{,}8$ (t = 0,484) oder relativ um 3,4 % länger als bei der Mediopunktschreibung. Die erwartete Gesamtlesezeit ist in Abb. 35 dargestellt.

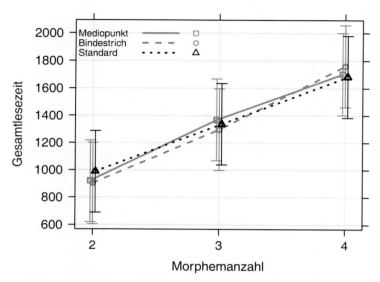

Abb. 35: Interaktionseffekte auf die geschätzte Gesamtlesezeit bei der Zielgruppe

5.4.7.5 Diskussion der Ergebnisse (Zielgruppe)

Da die Analyse der Blickbewegungsdaten nur im Falle der regressiven Fixationen signifikante Ergebnisse lieferte, können die Hypothesen für die Zielgruppe nicht anhand von statistisch signifikanten Ergebnissen bestätigt bzw. verworfen werden. Dennoch sollen die Hypothesen anhand der sichtbaren Tendenzen im Folgenden diskutiert werden. Die Hypothese-Z-1, dass sich die Segmentierung positiv auf die Verarbeitung der Komposita auswirkt, kann nicht eindeutig bestätigt werden. So ist die Fixationsanzahl sowie die Anzahl an Komposita, die mit nur einer Fixation gelesen werden, bei der Standardschreibung geringer als bei der Mediopunkt- und Bindestrichschreibung, was darauf hindeutet, dass die Segmentierung, insgesamt betrachtet, die Verarbeitung der Komposita nicht erleichtert. Dies stützt die Interpretation von Gutermuth (2020), dass unsegmentierte Komposita von der Zielgruppe (bei Gutermuth Menschen mit Migrationshintergrund) durchaus gut verarbeitet werden können, sofern sie nicht in einen sprachlich oder inhaltlich komplexen Text eingebettet sind (vgl. Gutermuth 2020: 228, s. Kap. 3.7). Die Analyse der Erstfixationsdauer zeigt, dass diese bei zweigliedrigen Komposita bei den segmentierten Komposita kürzer als bei den unsegmentierten Komposita ist. Ebenso wie bei der Kontrollgruppe deutet dies darauf hin, dass die Segmentierung den dekompositionellen Zugriff auf die erste Konstituente erleichtert, welche infolgedessen schneller verarbeitet wird als bei den unsegmentierten Komposita. Die morphembasierte Verarbeitung führt allerdings gleichzeitig zur Notwendigkeit der Refixation, was daran zu erkennen ist, dass die Fixationsanzahl bei den unsegmentierten Komposita geringer ist als bei den segmentierten Komposita und auch die Anzahl an Single Fixation bei der Standardschreibung höher ist als bei der Bindestrich- und Mediopunktschreibung. Dieser Befund bestätigt somit die Ergebnisse aus anderen Blickbewegungsstudien zur Verarbeitung von segmentierten Komposita (Inhoff et al. 2000; Juhasz et al. 2005; Cherng 2008; Häikiö et al. 2011) (s. Kap. 3.8.2 und 3.8.3). Da die Gesamtlesezeit allerdings bei den segmentierten Komposita deutlich kürzer als bei der Standardschreibung ist, lässt sich nicht schlussfolgern, dass die dekompositionelle Verarbeitung bei der Zielgruppe zu einer längeren Verarbeitung führt als die ganzheitliche Verarbeitung. Dass beeinträchtigte Leser Komposita primär morphembasiert verarbeitet, stimmt ebenfalls mit den Befunden der in Kap. 3.8.2 vorgestellten Studien überein (vgl. Häikiö et al. 2011; Hasenäcker/Schröder 2019). Bei den dreigliedrigen Komposita ist die Erstfixationsdauer bei der Bindestrichschreibung kürzer, bei der Mediopunktschreibung hingegen länger als bei der Standardschreibung, wohingegen sie bei den viergliedrigen Komposita bei beiden Segmentierungen länger ist als bei den unsegmentierten Komposita. Da die Fixationsanzahl und der Anteil der Regressionen sowie die Gesamtlesezeit allerdings weder bei den drei- noch bei den viergliedrigen Komposita eindeutige Schlussfolgerungen über Verarbeitungsvorteile oder -nachteile zulassen, sondern sich vielmehr widersprechen, und die Ergebnisse zudem nicht signifikant sind, soll die Bedeutung der Erstfixationsdauer an dieser Stelle nicht überinterpretiert werden. Angesichts der signifikanten Korrelation zwischen LQ und Erstfixationsdauer, die darauf hindeutet, dass die Erstfixationsdauer mit zunehmender Lesekompetenz steigt ($r = 0,094$, $p = 0,040$), und der Tatsache, dass sich die Erstfixationsdauer zwischen den leseschwächeren und lesestärkeren Probanden der Zielgruppe signifikant unterscheidet (s. Kap. 5.4.7.6), ist es stattdessen sinnvoll, die Daten nochmals für die beiden Gruppen getrennt zu betrachten und die Bedeutung der Erstfixationsdauer für die Gruppen getrennt zu diskutieren. Die Analyse der Gesamtlesezeit zeigt, dass die zweigliedrigen Komposita mit Segmentierung schneller gelesen werden als ohne Segmentierung und auch bei den dreigliedrigen Komposita wird die Bindestrichschreibung schneller gelesen als die Standardschreibung, was ebenfalls für einen Verarbeitungsvorteil der segmentierten Komposita spricht. Bei den viergliedrigen Komposita ist die Gesamtlesezeit jedoch bei den unsegmentierten Komposita kürzer als bei den segmentierten Komposita. Der Anteil der Regressionen ist hingegen bei der Standardschreibung höher als bei der Mediopunkt- aber geringer als bei der Bindestrichschreibung, was wiederum auf einen – zumindest bei der Mediopunktschreibung – vorhandenen Verarbeitungsvorteil hindeutet. Insgesamt betrachtet kann die Hypothese, dass sich die Segmentierung positiv auf die Verarbeitung von Komposita auswirkt, somit weder eindeutig bestätigt noch verworfen werden.

Gleiches gilt für die Hypothese-Z-2, dass die Mediopunktschreibung besser verarbeitet wird als die Bindestrichschreibung. Obgleich auch hier mit Ausnahme der Regressionen signifikante Ergebnisse fehlen, deuten die Blickbewegungsparameter zwar mehrheitlich darauf hin, dass die Mediopunktschreibung besser verarbeitet wird als die Bindestrichschreibung, jedoch sind die Ergebnisse auch hier nicht eindeutig. Insgesamt wird die Bindestrichschreibung häufiger fixiert als die Mediopunktschreibung. Betrachtet man die Fixationsanzahl differenziert nach Morphemanzahl, trifft dies zwar nur noch auf die viergliedrigen Komposita zu, dennoch ist der Unterschied und die Effektstärke zwischen Mediopunkt- und Bindestrichschreibung hier mit mehr als 8 % deutlich höher als bei den zwei- und dreigliedrigen Komposita, bei denen sich die Fixationsanzahl zwischen den Schreibweisen nur um 0,68 % bzw. 1,54 % unterscheidet. Auch der Anteil der Regressionen ist bei der Bindestrichschreibung deutlich höher als bei der Mediopunktschreibung, wobei der Unterschied bei dreigliedrigen Komposita signifikant ist. Für einen Verarbeitungsvorteil der Mediopunktschreibung spricht auch die Anzahl an Revisits, die bei der Bindestrichschreibung ebenfalls höher ist als bei der Mediopunktschreibung. Die Gesamtlesezeit ist hingegen nur bei viergliedrigen Komposita bei der Bindestrichschreibung länger als bei der Mediopunktschreibung, was in Kombination mit der höheren Fixationsanzahl darauf hindeutet,

dass die viergliedrigen mit Mediopunkt segmentierten Komposita besser verarbeitet werden als die viergliedrigen mit Bindestrich segmentierten Komposita. Darüber hinaus ist auch die Erstfixationsdauer insgesamt betrachtet bei
der Bindestrichschreibung länger als bei der Mediopunktschreibung, was in
Kombination mit der höheren Fixationsanzahl zwar tendenziell darauf hindeutet, dass der Bindestrich keine leseerleichternde Wirkung entfaltet, da die
Gesamtlesezeit diese Tendenz jedoch nicht bestätigt, besteht hier ebenfalls die
Notwendigkeit, die Daten für differenziertere Aussagen für die lesestärkeren
und leseschwächeren Probanden getrennt zu analysieren. Die Aussage, dass die
Mediopunktschreibung besser verarbeitet wird als die Bindestrichschreibung
trifft allerdings nicht uneingeschränkt zu. So wird die Bindestrichschreibung
häufiger mit nur einer Fixation gelesen als die Mediopunktschreibung und
auch die Gesamtlesezeit ist bei zwei- und dreigliedrigen Komposita bei der
Bindestrichschreibung kürzer als bei der Mediopunktschreibung. Da allerdings keiner der Unterschiede auch nur annähernd signifikant ist, kann die
Hypothese, dass der Mediopunkt besser verarbeitet wird als der Bindestrich,
weder eindeutig bestätigt noch verworfen werden.

Die Hypothese-Z-3, dass der mit der Segmentierung einhergehende Ver-
arbeitungsvorteil mit der Morphemanzahl steigt, kann verworfen werden.
Vielmehr deutet der Anteil der Regressionen tendenziell darauf hin, dass der
Verarbeitungsvorteil bei den dreigliedrigen Komposita am stärksten ausgeprägt ist; die Gesamtlesezeit weist hingegen auf einen nur bei zweigliedrigen
Komposita vorhandenen Verarbeitungsvorteil hin. Die Ergebnisse deuten
allerdings darauf hin, dass der Verarbeitungsvorteil der Mediopunkt- im
Vergleich zur Bindestrichschreibung mit der Morphemanzahl steigt. So ist
die Fixationsanzahl bei viergliedrigen Komposita bei der Mediopunktschreibung deutlich geringer als bei der Bindestrichschreibung, wohingegen dies
bei zwei- und dreigliedrigen Komposita nicht der Fall ist. Gleiches gilt für die
Erstfixationsdauer, da auch hier der prozentuale Unterschied zwischen den
Schreibweisen und die Effektstärke bei viergliedrigen mehr als dreimal so hoch
bzw. stark ist wie bei zweigliedrigen Komposita (14,6 % vs. 4,5 %). Gegen die
Annahme spricht jedoch der Anteil der Regressionen. Hier ist der Unterschied
zwischen den Schreibweisen sowie die Effektstärke bei dreigliedrigen Komposita am höchsten und knapp dreimal so hoch bzw. stark wie bei viergliedrigen

Komposita, was darauf hindeutet, dass die Probanden von der Segmentierung mit dem Mediopunkt bei dreigliedrigen Komposita am meisten profitierten. Aus der Gesamtlesezeit lassen sich keine eindeutigen Schlüsse ziehen, da der Verarbeitungsvorteil der Mediopunkt- gegenüber der Bindestrichschreibung hier nur bei viergliedrigen Komposita zu erkennen ist.

5.4.7.6 Zielgruppe nach LQ

Da die hohen Standardabweichungen (s. Tab. 16) als weiteres Indiz für die heterogenen Lesekompetenzen der Zielgruppe angesehen werden können, werden die Ergebnisse im Folgenden nochmals für die lesestärkeren und leseschwächeren Probanden der Zielgruppe getrennt dargestellt. Dies ermöglicht eine differenziertere Beantwortung der Frage, ob die Probanden in unterschiedlichem Maße von den Segmentierungen profitieren. Tab. 18 und 19 geben einen deskriptiven Überblick über die erhobenen Variablen der Blickbewegungsmessung für die neun Bedingungen des Versuchsplans.

	2 Morpheme			3 Morpheme			4 Morpheme		
	S	BS	Mp	S	BS	Mp	S	BS	Mp
Anzahl Fixationen	4,38 (1,79)	4,52 (2,33)	4,38 (1,65)	7,22 (2,95)	6,42 (2,37)	7,73 (5,7)	9,33 (3,43)	10,19 (4,28)	8,15 (3,28)
Anteil Refixation (%)	96,2 (0,95)	92,6 (1,85)	96,2 (0,95)	100 (0)	100 (0)	100 (0)	96,3 (0,96)	100 (0)	100 (0)
Revisits	0,08 (0,27)	0,04 (0,19)	0,04 (0,2)	0,19 (0,48)	0,12 (0,33)	0,04 (0,2)	0,04 (0,19)	0 (0)	0,07 (0,39)
Regression (%)	26,19 (22,15)	30,52 (22,92)	28,46 (21,77)	35,52 (13,62)	35,42 (16,33)	30,58 (16,89)	32,85 (13,27)	37,15 (14,46)	29,3 (13,8)
Erstfixations-dauer (ms)	208,24 (212,86)	172,7 (143,79)	204,59 (175,37)	166,96 (113,79)	141,5 (76,31)	182,79 (68,9)	151,31 (58,79)	169,86 (68,4)	172,87 (83,52)
Gesamt-lesezeit (ms)	1226,55 (573)	1098,6 (707,74)	1089,14 (589,86)	1742,04 (849,1)	1559,43 (866,1)	1968,87 (1615,11)	2140,85 (1009,04)	2248,7 (988,16)	1874,76 (743,37)
Pupillenweite (mm)	3,48 (0,56)	3,42 (0,58)	3,49 (0,56)	3,41 (0,52)	3,35 (0,57)	3,39 (0,48)	3,39 (0,52)	3,34 (0,56)	3,41 (0,53)

Tab. 18: Mittelwerte (Standardabweichungen) der erhobenen Variablen für die leseschwächeren Probanden (Gruppe 1)

	2 Morpheme			3 Morpheme			4 Morpheme		
	S	BS	Mp	S	BS	Mp	S	BS	Mp
Anzahl Fixationen	3 (1,33)	2,81 (1,11)	3,07 (0,96)	3,81 (1,33)	4,78 (1,58)	3,74 (1,53)	5,44 (2,1)	6 (2,51)	6,81 (2,83)
Anteil Refixation (%)	85,2 (3,4)	88,9 (2,66)	100 (0)	100 (0)	100 (0)	92,6 (1,85)	96,3 (0,96)	96,3 (0,96)	100 (0)
Revisits	0,04 (0,19)	0,04 (0,19)	0 (0)	0 (0)	0,07 (0,27)	0,04 (0,19)	0 (0)	0 (0)	0 (0)
Regression (%)	25,52 (22,69)	18,41 (19,55)	29,33 (20,76)	25,96 (19,99)	39,11 (12,36)	19,81 (20,53)	33,44 (16,14)	32,56 (13,28)	31,15 (11,27)
Erstfixations-dauer (ms)	235,41 (181,48)	242,66 (150,35)	193,52 (119,22)	181,21 (73,49)	190,89 (62,5)	196,72 (99,2)	171,84 (54,34)	222,28 (208,85)	169,09 (80,49)
Gesamt-lesezeit (ms)	787,54 (323,35)	707,54 (284,94)	783,61 (326,8)	932,42 (390,98)	1030,73 (415,06)	817,5 (349,2)	1224,25 (546,78)	1271,11 (523,5)	1529,52 (799,77)
Pupillenweite (mm)	3,28 (0,31)	3,27 (0,38)	3,33 (0,31)	3,29 (0,35)	3,26 (0,36)	3,36 (0,32)	3,24 (0,28)	3,23 (0,37)	3,27 (0,27)

Tab. 19: Mittelwerte (Standardabweichungen) der erhobenen Variablen für die lesestärkeren Probanden (Gruppe 2)

Fixationsanzahl

Abb. 36 zeigt, dass die Fixationsanzahl bei der Gruppe mit dem geringeren LQ (Gruppe 1) bei der Mediopunktschreibung am geringsten (6,77) und bei der Bindestrichschreibung am höchsten ist (7,05). Bei der lesestärkeren Gruppe (Gruppe 2) ist die Anzahl an Fixationen hingegen bei der Standardschreibung am geringsten (4,09), wobei sie hier bei der Bindestrich- und Mediopunktschreibung mit 4,53 und 4,54 fast identisch ist. Der Unterschied zwischen den Gruppen ist signifikant (z = -8,637, p < 0,001, r = 0,393), wobei Gruppe 1 die Komposita mit im Mittel 58,3 % mehr Fixationen liest als Gruppe 2.

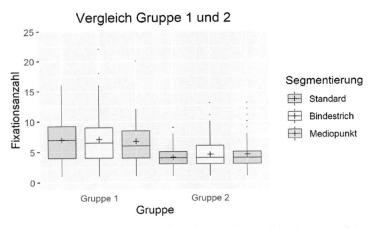

Abb. 36: Verteilung der Fixationsanzahl für die verschiedenen Schreibweisen und Gruppen[90]

Aus dem Modell LMM[Fixationsanzahl] lässt sich hinsichtlich des Haupteffektes Segmentierung schließen, dass die erwartete Fixationsanzahl in Gruppe 1 bei der Standardschreibung höher und bei der Bindestrichschreibung signifikant höher ist als bei der Mediopunktschreibung (s. Tab. 20). Zudem ist der Interaktionseffekt zwischen den dreigliedrigen Komposita und der Bindestrichschreibung signifikant negativ (β = -3,208, t = -2,747, p = 0,007). In Gruppe 2 ist die

....

90 Aus Darstellungsgründen ist bei der Gruppe 1 ein Ausreißer bei den dreigliedrigen mit Mediopunkt segmentierten Komposita (32) nicht dargestellt.

erwartete Fixationsanzahl hingegen bei der Standardschreibung signifikant und bei der Bindestrichschreibung marginal signifikant geringer als bei der Mediopunktschreibung (s. Tab. 21). Bezieht man die Interaktionseffekte, die zwischen den zweigliedrigen Komposita und der Standardschreibung sowie zwischen den dreigliedrigen Komposita und der Bindestrich- und der Standardschreibung signifikant sind, mit ein, wird jedoch deutlich, dass die Fixationsanzahl bei dreigliedrigen Komposita bei der Bindestrichschreibung deutlich höher ist als bei der Mediopunktschreibung. In Gruppe 1 ist die erwartete Fixationsanzahl bei zweigliedrigen Komposita bei der Bindestrichschreibung absolut um $\beta = 0{,}253$ (t = 0,306) oder relativ um 5,9 % höher als bei der Mediopunktschreibung, wohingegen zwischen der Standard- und Mediopunktschreibung kein Unterschied besteht. Während die erwartete Fixationsanzahl bei dreigliedrigen Komposita bei der Standardschreibung absolut um $\beta = -0{,}389$ (t = -0,472) oder relativ um 5,1 % und bei der Bindestrichschreibung absolut um $\beta = -1{,}171$ (t = -1,405) oder relativ um 15,4 % geringer ist als bei der Mediopunktschreibung, ist sie bei viergliedrigen Komposita bei der Standardschreibung absolut um $\beta = 1{,}185$ (t = 1,449) oder relativ um 14,5 % und bei der Bindestrichschreibung absolut um $\beta = 2{,}037$ (t = 2,491) oder relativ um 25,0 % höher als bei der Mediopunktschreibung.

In Gruppe 2 ist die erwartete Fixationsanzahl bei zweigliedrigen Komposita bei der Standardschreibung absolut um $\beta = -0{,}074$ (t = -0,175) oder relativ um 2,3 % und bei der Bindestrichschreibung absolut um $\beta = -0{,}259$ (t = -0,611) oder relativ um 8,5 % geringer als bei der Mediopunktschreibung. Bei dreigliedrigen Komposita ist es umgekehrt: Hier ist die erwartete Fixationsanzahl sowohl bei der Standardschreibung absolut um $\beta = 0{,}074$ (t = 0,175) oder relativ um 1,9 % als auch bei der Bindestrichschreibung absolut um $\beta = 1{,}037$ (t = 2,444) oder relativ um 27,8 % höher als bei der Mediopunktschreibung. Bei den viergliedrigen Komposita ist die erwartete Fixationsanzahl hingegen bei der Bindestrichschreibung absolut um $\beta = -0{,}815$ (t = -1,921) oder relativ um 11,9 % geringer und bei der Standardschreibung absolut um $\beta = -1{,}370$ (t = -3,230, p = 0,051) oder relativ um 20,1 % marginal signifikant geringer als bei der Mediopunktschreibung. Die erwartete Fixationsanzahl unter den geschätzten Modellen ist in Abb. 37 dargestellt.

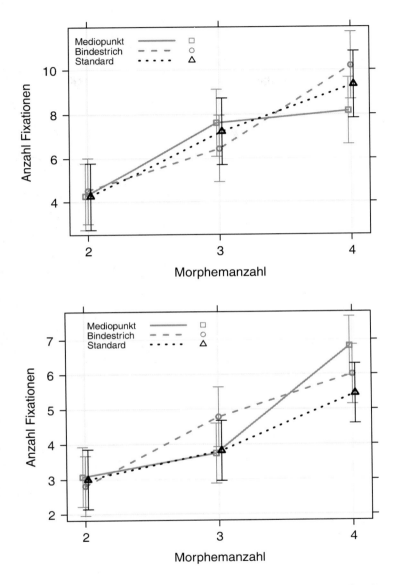

Abb. 37: Interaktionseffekte auf die geschätzte Fixationsanzahl bei den leseschwächeren Probanden (oben) und den lesestärkeren Probanden (unten)

Tab. 20: Angepasste LMMs für die leseschwächeren Probanden mit den abhängigen Variablen Fixationsanzahl (LMM^{Fixationsanzahl}), Single Fixation (LMM$^{Single Fixation}$), Revisits (LMM^{Revisits}), Regressionen (LMM^{Regressionen}), Erstfixationsdauer (LMM^{Erstfixationsdauer}), Gesamtlesezeit (LMM^{Gesamtlesezeit}) und Pupillenweite (LMM^{Pupillenweite})

	Fixed Effect	Estimate	Std. Error	t-value	p-value	sig
LMM^{Fixationsanzahl}	(Intercept)	8,148	0,764	10,671	< 0,001	***
	Morphemanzahl2	-3,883	0,826	-4,701	< 0,001	***
	Morphemanzahl3	-0,537	0,826	-0,650	0,517	
	Segm.Bindestrich	2,037	0,818	2,491	0,013	*
	Segm.Standard	1,185	0,818	1,449	0,149	
	Morphemanzahl2:Segm.Bindestrich	-1,784	1,162	-1,535	0,126	
	Morphemanzahl3:Segm.Bindestrich	-3,208	1,168	-2,747	0,007	**
	Morphemanzahl2:Segm.Standard	-1,185	1,168	-1,015	0,311	
	Morphemanzahl3:Segm.Standard	-1,575	1,162	-1,355	0,177	
LMM$^{Single Fixation}$	(Intercept)	0,006	0,025	0,222	0,826	
	Morphemanzahl2	0,041	0,021	1,909	0,058	.
	Morphemanzahl3	-0,011	0,021	-0,523	0,601	
	Segm.Bindestrich	0,009	0,022	0,416	0,678	
	Segm.Standard	0,011	0,022	0,520	0,604	
LMM^{Revisits}	(Intercept)	0,023	0,046	0,488	0,628	
	Morphemanzahl2	0,017	0,043	0,403	0,687	
	Morphemanzahl3	0,079	0,043	1,821	0,079	.
	Segm.Bindestrich	-0,004	0,043	-0,084	0,933	
	Segm.Standard	0,047	0,043	1,084	0,279	
LMM^{Regressionen}	(Intercept)	30,656	2,966	10,338	< 0,001	***
	Morphemanzahl2	-4,891	2,613	-1,872	0,063	.
	Morphemanzahl3	0,669	2,612	0,256	0,798	
	Segm.Bindestrich	5,119	2,621	1,953	0,052	.
	Segm.Standard	2,208	2,620	0,843	0,400	

	Fixed Effect	Estimate	Std. Error	t-value	p-value	sig
LMM^{Erstfixations-dauer}	(Intercept)	172,870	24,839	6,960	< 0,001	***
	Morphemanzahl2	31,098	32,691	0,951	0,343	
	Morphemanzahl3	9,298	32,691	0,284	0,776	
	Segm.Bindestrich	-3,015	32,374	-0,093	0,926	
	Segm.Standard	-21,559	32,374	-0,666	0,506	
	Morphemanzahl2: Segm.Bindestrich	-28,249	46,008	-0,614	0,540	
	Morphemanzahl3: Segm.Bindestrich	-37,798	46,233	-0,818	0,414	
	Morphemanzahl2: Segm.Standard	25,205	46,222	0,545	0,586	
	Morphemanzahl3: Segm.Standard	6,351	46,008	0,138	0,890	
LMM^{Gesamtlesezeit}	(Intercept)	1874,76	241,50	7,763	< 0,001	***
	Morphemanzahl2	-825,25	206,16	-4,003	< 0,001	***
	Morphemanzahl3	54,49	206,16	0,264	0,792	
	Segm.Bindestrich	373,94	204,14	1,832	0,068	.
	Segm.Standard	266,10	204,14	1,304	0,194	
	Morphemanzahl2: Segm.Bindestrich	-324,84	290,12	-1,120	0,264	
	Morphemanzahl3: Segm.Bindestrich	-742,27	291,56	-2,546	0,012	*
	Morphemanzahl2: Segm.Standard	-128,68	291,45	-0,442	0,659	
	Morphemanzahl3: Segm.Standard	-453,30	290,12	-1,562	0,120	
LMM^{Pupillenweite}	(Intercept)	3,341	0,158	21,170	< 0,001	***
	Morphemanzahl2	0,062	0,019	3,304	< 0,001	***
	Morphemanzahl3	-0,009	0,016	-0,580	0,562	
	Segm.Bindestrich	-0,043	0,018	-2,457	0,014	*
	Segm.Standard	0,021	0,017	1,219	0,223	

Tab. 21: Angepasste LMMs für die lesestärkeren Probanden mit den abhängigen Variablen Fixationsanzahl (LMM^{Fixationsanzahl}), Single Fixation (LMM$^{\text{Single Fixation}}$), Revisits (LMM^{Revisits}), Regressionen (LMM^{Regressionen}), Erstfixationsdauer (LMM^{Erstfixationsdauer}), Gesamtlesezeit (LMM^{Gesamtlesezeit}) und Pupillenweite (LMM^{Pupillenweite})

	Fixed Effect	Estimate	Std. Error	t-value	p-value	sig
LMM^{Fixationsanzahl}	(Intercept)	6,812	0,435	15,686	< 0,001	***
	Morphemanzahl2	-3,741	0,424	-8,817	< 0,001	***
	Morphemanzahl3	-3,074	0,424	-7,246	< 0,001	***
	Segm.Bindestrich	-0,815	0,424	-1,921	0,056	.
	Segm.Standard	-1,370	0,424	-3,230	0,001	**
	Morphemanzahl2: Segm.Bindestrich	0,556	0,600	0,926	0,355	
	Morphemanzahl3: Segm.Bindestrich	1,852	0,600	3,086	0,002	**
	Morphemanzahl2: Segm.Standard	1,296	0,600	2,160	0,032	*
	Morphemanzahl3: Segm.Standard	1,444	0,600	2,407	0,017	*
LMM$^{\text{Single Fixation}}$	(Intercept)	0,004	0,033	0,123	0,903	
	Morphemanzahl2	0,062	0,032	1,947	0,053	.
	Morphemanzahl3	< 0,001	0,032	0,000	1,000	
	Segm.Bindestrich	0,025	0,032	0,779	0,437	
	Segm.Standard	0,037	0,032	1,168	0,244	
LMM^{Revisits}	(Intercept)	-0,008	0,024	-0,343	0,734	
	Morphemanzahl2	0,025	0,021	1,152	0,251	
	Morphemanzahl3	0,0370	0,021	1,728	0,085	.
	Segm.Bindestrich	0,025	0,021	1,152	0,251	
	Segm.Standard	< 0,001	0,021	0,000	1,000	
LMM^{Regressionen}	(Intercept)	31,148	3,593	8,669	< 0,001	***
	Morphemanzahl2	-1,815	4,753	-0,382	0,703	
	Morphemanzahl3	-11,333	4,753	-2,384	0,018	*
	Segm.Bindestrich	1,407	4,753	0,296	0,767	
	Segm.Standard	2,296	4,753	0,483	0,630	
	Morphemanzahl2: Segm.Bindestrich	-12,333	6,722	-1,835	0,068	.

	Fixed Effect	Estimate	Std. Error	t-value	p-value	sig
LMM^Regressionen	Morphemanzahl3: Segm.Bindestrich	17,889	6,722	2,661	0,008	**
	Morphemanzahl2: Segm.Standard	-6,111	6,722	-0,909	0,364	
	Morphemanzahl3: Segm.Standard	3,852	6,722	0,573	0,567	
LMM^Erstfixationsdauer	(Intercept)	169,089	24,990	6,766	< 0,001	***
	Morphemanzahl2	24,433	33,652	0,726	0,469	
	Morphemanzahl3	27,633	33,652	0,821	0,412	
	Segm.Bindestrich	53,193	33,652	1,581	0,115	
	Segm.Standard	2,748	33,652	0,082	0,935	
	Morphemanzahl2: Segm.Bindestrich	-4,052	47,591	-0,085	0,932	
	Morphemanzahl3: Segm.Bindestrich	-59,026	47,591	-1,240	0,216	
	Morphemanzahl2: Segm.Standard	39,137	47,591	0,822	0,412	
	Morphemanzahl3: Segm.Standard	-18,259	47,591	-0,384	0,702	
LMM^Gesamtlesezeit	(Intercept)	1529,51	107,00	14,295	< 0,001	***
	Morphemanzahl2	-745,90	114,17	-6,534	< 0,001	***
	Morphemanzahl3	-712,02	114,17	-6,237	< 0,001	***
	Segm.Bindestrich	-258,40	114,17	-2,263	0,025	*
	Segm.Standard	-305,27	114,17	-2,674	0,008	**
	Morphemanzahl2: Segm.Bindestrich	182,33	161,45	1,129	0,260	
	Morphemanzahl3: Segm.Bindestrich	471,63	161,45	2,921	0,004	**
	Morphemanzahl2: Segm.Standard	309,20	161,45	1,915	0,057	.
	Morphemanzahl3: Segm.Standard	420,19	161,45	2,603	0,010	**
LMM^Pupillenweite	(Intercept)	3,281	0,078	41,807	< 0,001	***
	Morphemanzahl2	0,049	0,018	2,710	0,007	**
	Morphemanzahl3	0,042	0,017	2,524	0,012	*
	Segm.Bindestrich	-0,035	0,017	-2,036	0,042	*
	Segm.Standard	-0,034	0,018	-1,914	0,056	.

Single Fixation

Die Anzahl an Single Fixation ist in beiden Gruppen bei der Standard- und Bindestrichschreibung geringfügig höher als bei der Mediopunktschreibung (s. Tab. 20 und 21).

Revisits

Dem angepassten Modell LMM[Revisits] ist zu entnehmen, dass die erwartete Anzahl an Revisits in Gruppe 1 bei der Standardschreibung höher ist als bei der Mediopunktschreibung (β = 0,047, t = 1,084, p = 0,279), wobei sie bei der Bindestrich- und Mediopunktschreibung fast identisch ist (β = -0,004, t = -0,084, p = 0,933). In Gruppe 2 ist die erwartete Anzahl an Revisits bei der Bindestrichschreibung höher als bei der Mediopunktschreibung (β = 0,025, t = 1,152, p = 0,251), wobei sie hier bei der Mediopunkt- und Standardschreibung identisch ist. Zudem ergibt die Analyse, dass die Probanden mit geringerem LQ die Komposita nach dem ersten Lesedurchgang signifikant häufiger erneut fixieren als die Probanden mit höherem LQ (z = 2,151, p = 0,031, r = 0,098).

Anteil der Regressionen

Aus dem Modell LMM[Regressionen] lässt sich schließen, dass der erwartete Anteil der Regressionen in Gruppe 1 bei der Standardschreibung höher (β = 2,208, t = 0,843, p = 0,400) und bei der Bindestrichschreibung marginal signifikant höher ist als bei der Mediopunktschreibung (β = 5,119, t = 1,953, p = 0,052). Auch in Gruppe 2 ist der Anteil der Regressionen sowohl bei der Standardschreibung (β = 2,296, t = 0,483, p = 0,630) als auch bei der Bindestrichschreibung (β = 1,407, t = 0,296, p = 0,767) höher als bei der Mediopunktschreibung. Aus den Interaktionseffekten, die zwischen den zweigliedrigen Komposita und der Bindestrichschreibung marginal signifikant (β = -12,333, t = -1,835, p = 0,068) und zwischen den dreigliedrigen Komposita und der Bindestrichschreibung signifikant sind (β = 17,889, t = 2,661, p = 0,008), lässt sich schließen, dass der Anteil der Regressionen bei zweigliedrigen Komposita geringer, bei dreigliedrigen Komposita hingegen deutlich höher als bei der Mediopunktschreibung ist.

In Gruppe 1 ist der erwartete Anteil der Regressionen ungeachtet der Morphemanzahl bei der Bindestrichschreibung höher als bei der Mediopunktschreibung, wobei der Effekt bei den zweigliedrigen Komposita am geringsten

($\beta = 2,326$, $t = 0,506$; relativer Unterschied: 8,2 %) und bei den viergliedrigen Komposita am stärksten ausgeprägt ist ($\beta = 7,852$, $t = 1,723$; relativer Unterschied: 26,6 %). Bei der Standardschreibung ist der Anteil der Regressionen bei zweigliedrigen Komposita geringer ($\beta = -2,269$, $t = -0,489$; relativer Unterschied: 8,2 %); bei drei- und viergliedrigen Komposita hingegen höher als bei der Mediopunktschreibung ($\beta = 5,211$, $t = 1,133$ bzw. $\beta = 3,556$, $t = 0,780$; relativer Unterschied: 17,2 % bzw. 12,3 %).

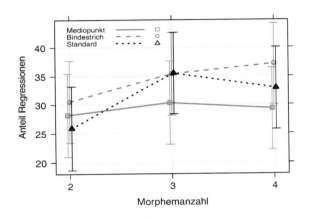

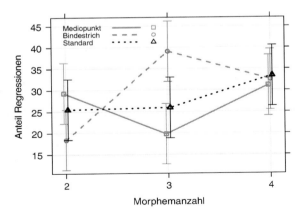

Abb. 38: Interaktionseffekte auf den geschätzten Anteil der Regressionen bei den leseschwächeren Probanden (oben) und den lesestärkeren Probanden (unten)

In Gruppe 2 ist der erwartete Anteil der Regressionen bei den zweigliedrigen Komposita sowohl bei der Standardschreibung (β = -3,815, t = -0,803; relativer Unterschied: 13,0 %) als auch bei der Bindestrichschreibung (β = -10,926, t = -2,299; relativer Unterschied: 37 %) geringer als bei der Mediopunktschreibung. Bei den drei- und viergliedrigen Komposita ist der erwartete Anteil der Regressionen hingegen sowohl bei der Standardschreibung (β = 6,148, t = 1,293 bzw. β = 2,296, t = 0,483; relativer Unterschied: 31,3 % bzw. 7,4 %) als auch bei der Bindestrichschreibung höher (β = 19,296, t = 4,060, p = 0,002 bzw. β = 1,407, t = 0,296; relativer Unterschied: 97,5 % bzw. 4,8 %) als bei der Mediopunktschreibung, wobei der Unterschied zwischen Bindestrich- und Mediopunktschreibung bei den dreigliedrigen Komposita signifikant ist.

Zudem springt die Gruppe mit den schwächeren Lesekompetenzen signifikant häufiger zurück als die Gruppe mit den besseren Lesekompetenzen (z = -2,131, p = 0,033, r = 0,097), wobei der Anteil der Regressionen bei den leseschwächeren Probanden im Mittel 12,1 % höher ist als bei den lesestärkeren Probanden. Der erwartete Anteil der Regressionen ist in Abb. 38 dargestellt.

Erstfixationsdauer

Die erwartete Erstfixationsdauer ist in Gruppe 1 sowohl bei der Standard- als auch der Bindestrichschreibung kürzer als bei der Mediopunktschreibung (s. Tab. 20), wobei sie unter Berücksichtigung der Interaktionseffekte bei der Bindestrichschreibung am kürzesten ist. In Gruppe 2 ist sie hingegen bei der Standardschreibung länger und bei der Bindestrichschreibung beinahe marginal signifikant länger als bei der Mediopunktschreibung (s. Tab. 21). Während die erwartete Erstfixationsdauer in Gruppe 1 bei zweigliedrigen Komposita bei der Bindestrichschreibung kürzer (β = -31,264, t = -0,956; relativer Unterschied: 15,2 %); bei der Standardschreibung hingegen minimal länger ist als bei der Mediopunktschreibung (β = 3,646, t = 0,111; relativer Unterschied: 2,0 %), ist sie bei drei- und viergliedrigen Komposita sowohl bei der Standardschreibung (β = -15,209, t = -0,465 bzw. β = -21,559, t = -0,666; relativer Unterschied: 8,2 % bzw. 12,7 %) als auch bei der Bindestrichschreibung kürzer als bei der Mediopunktschreibung (β = -40,813, t = -1,236 bzw. β = -3,015, t = -0,093;

relativer Unterschied: 22,5 % bzw. 1,7 %). Anders verhält es sich in Gruppe 2: Während die Erstfixationsdauer hier bei zweigliedrigen Komposita sowohl bei der Standardschreibung (β = 41,89, t = 1,245; relativer Unterschied: 21,1 %) als auch bei der Bindestrichschreibung (β = 49,14, t = 1,460; relativer Unterschied: 25,3 %) länger ist als bei der Mediopunktschreibung, ist sie bei dreigliedrigen Komposita sowohl bei der Standardschreibung (β = -15,51, t = -0,461; relativer Unterschied: 8,1 %) als auch bei der Bindestrichschreibung kürzer als bei der Mediopunktschreibung (β = -5,83, t = -0,173; relativer Unterschied: 3,0 %). Bei viergliedrigen Komposita ist die Erstfixationsdauer wiederum bei der Standardschreibung minimal (β = 2,75, t = 0,082; relativer Unterschied: 1,8 %) und bei der Bindestrichschreibung deutlich länger (β = 53,19, t = 1,581; relativer Unterschied: 31,4 %) als bei der Mediopunktschreibung. Die Erstfixationsdauer unterscheidet sich zwischen den Gruppen signifikant (z = -3,182, p < 0,001, r = 0,145), wobei sie bei der leseschwachen Gruppe im Mittel 13 % kürzer ist als bei der lesestarken Gruppe.

Gesamtlesezeit

Der deskriptive Vergleich zeigt, dass die Gesamtlesezeit in Gruppe 1 bei der Bindestrichschreibung am kürzesten (1636,5 ms) und bei der Standardschreibung am längsten ist (1709,1 ms) (s. Abb. 39). In Gruppe 2 ist die Gesamtlesezeit hingegen bei der Standardschreibung am kürzesten (981,4 ms) und bei der Mediopunktschreibung am längsten (1043,5 ms). Die Probanden mit geringerem LQ lesen die Komposita signifikant langsamer als die Probanden mit höherem LQ (z = -8,539, p < 0,001, r = 0,389), wobei die Gesamtlesezeit bei Gruppe 1 im Mittel 64,9 % länger ist als bei Gruppe 2.

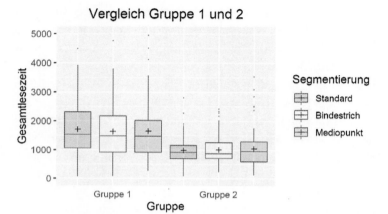

Abb. 39: Verteilung der Gesamtlesezeit für die verschiedenen Schreibweisen und Gruppen[91]

Aus dem Modell LMM^Gesamtlesezeit lässt sich hinsichtlich des Haupteffektes Segmentierung schließen, dass die erwartete Gesamtlesezeit in Gruppe 1 bei der Standardschreibung länger und bei der Bindestrichschreibung marginal signifikant länger ist als bei der Mediopunktschreibung (s. Tab. 20). Aus dem zwischen den dreigliedrigen Komposita und der Bindestrichschreibung signifikanten Interaktionseffekt lässt sich allerdings folgern, dass die Gesamtlesezeit bei dreigliedrigen Komposita bei der Bindestrichschreibung kürzer ist als bei der Mediopunktschreibung. In Gruppe 2 ist die erwartete Gesamtlesezeit hingegen bei der Standard- und Bindestrichschreibung signifikant kürzer als bei der Mediopunktschreibung (s. Tab. 21). Unter Einbeziehung der Interaktionseffekte, die zwischen den dreigliedrigen Komposita und der Bindestrichschreibung sowie zwischen den dreigliedrigen Komposita und der Standardschreibung signifikant sind, lässt sich jedoch schließen, dass die Gesamtlesezeit bei dreigliedrigen Komposita bei der Standard- und Bindestrichschreibung deutlich länger ist als bei der Mediopunktschreibung. Während die erwartete Gesamtlesezeit in Gruppe 1 bei zweigliedrigen Komposita bei der Bindestrichschreibung absolut um β = 49,1 (t = 0,238) oder relativ um 4,7 % und bei der

---

91 Aus Darstellungsgründen ist bei Gruppe 1 ein Ausreißer bei den dreigliedrigen mit Mediopunkt segmentierten Komposita (7679 ms) nicht dargestellt.

Standardschreibung absolut um β = 137,4 (t = 0,661) oder relativ um 13,0 % länger ist als bei der Mediopunktschreibung, ist sie bei dreigliedrigen Komposita bei der Standardschreibung absolut um β = -187,2 (t = -0,908) oder relativ um 9,7 % und bei der Bindestrichschreibung absolut um β = -368,3 (t = -1,769) oder relativ um 19,1 % kürzer als bei der Mediopunktschreibung. Bei den viergliedrigen Komposita ist die erwartete Gesamtlesezeit wiederum, ebenso wie bei den zweigliedrigen Komposita, bei der Standardschreibung absolut um β = 266,1 (t = 1,304) oder relativ um 14,2 % und bei der Bindestrichschreibung absolut um β = 373,9 (t = 1,832) oder relativ um 19,9 % länger als bei der Mediopunktschreibung.

In Gruppe 2 ist die erwartete Gesamtlesezeit bei zweigliedrigen Komposita bei der Bindestrichschreibung absolut um β = -76,07 (t = -0,666) oder relativ um 9,7 % kürzer, bei der Standardschreibung hingegen absolut um β = 3,93 (t = 0,034) oder relativ um 0,5 % länger als bei der Mediopunktschreibung. Anders verhält es sich bei den drei- und viergliedrigen Komposita: Während die erwartete Gesamtlesezeit bei dreigliedrigen Komposita bei der Standardschreibung absolut um β = 114,93 (t = 1,007) oder relativ um 14,1 % und bei der Bindestrichschreibung absolut um β = 213,23 (t = 1,868) oder relativ um 26,2 % länger ist als bei der Mediopunktschreibung, ist sie bei viergliedrigen Komposita bei der Bindestrichschreibung absolut um β = -258,40 (t = -2,263) oder relativ um 16,9 % und bei der Standardschreibung absolut um β = -305,27 (t = -2,674) oder relativ um 20,0 % kürzer als bei der Mediopunktschreibung (s. Abb. 40).

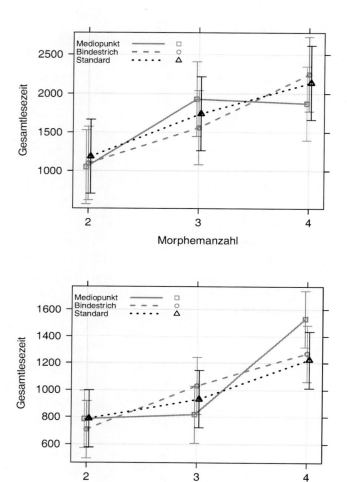

Abb. 40: Interaktionseffekte auf die geschätzte Gesamtlesezeit bei den leseschwächeren Probanden (oben) und den lesestärkeren Probanden (unten)

5.4.7.7 Diskussion der Ergebnisse (Zielgruppe LQ)

Im Folgenden soll der Frage nachgegangen werden, inwiefern die in Kap. 5.4.1 aufgestellten Hypothesen für die Gruppe mit dem geringeren LQ und die Gruppe mit dem höheren LQ bestätigt oder verworfen werden können.

Für die Gruppe mit dem geringeren LQ kann die erste Hypothese-Z-1, dass sich die Segmentierung positiv auf die kognitive Verarbeitung von Komposita auswirkt (s. Kap. 5.4.1), lediglich für die Mediopunkt-, nicht aber für die Bindestrichschreibung bestätigt werden. So ist sowohl die Fixationsanzahl als auch der Anteil der Regressionen bei der Mediopunktschreibung geringer, bei der Bindestrichschreibung hingegen höher als bei der Standardschreibung. Die Erstfixationsdauer ist ebenso wie bei der Kontrollgruppe bei der Bindestrichschreibung am kürzesten. Im Gegensatz zu der Kontrollgruppe ist sie allerdings nicht bei der Standard-, sondern bei der Mediopunktschreibung am längsten. Angesichts dessen, dass sowohl die Fixationsanzahl als auch der Anteil der Regressionen bei der Bindestrichschreibung am höchsten ist, lässt sich schließen, dass die Bindestrichschreibung auch hier die morphembasierte Verarbeitung der initialen Konstituente beschleunigt, die Verarbeitung des gesamten Kompositums aber, zumindest im Vergleich zur Mediopunktschreibung, verlangsamt wird. Hierbei ist jedoch zu beachten, dass die Gesamtlesezeit nicht nur bei der Mediopunkt-, sondern auch bei der Bindestrichschreibung kürzer ist als bei der Standardschreibung, was wiederum ein Indiz dafür ist, dass sich auch die Segmentierung mit dem Bindestrich positiv auf die Verarbeitung des Kompositums auswirkt und Probanden mit geringem LQ für die Verarbeitung unsegmentierter Komposita länger benötigen als für die Verarbeitung segmentierter Komposita. Die theoretischen Vorteile der Segmentierung von Komposita können somit für die leseschwächeren Probanden mit empirischen Daten bestätigt werden (s. Kap. 3.5.2 und Kap. 3.6.2). Da sowohl die Fixationsanzahl und der Anteil der Regressionen als auch die Gesamtlesezeit darauf hindeutet, dass die Mediopunktschreibung am besten verarbeitet wird, ist es möglich, dass bei der Mediopunktschreibung mit der ersten Fixation auch bereits visuelle Information rechts von der ersten Konstituente aufgenommen werden. Dies führt dazu, dass die erste Fixation deutlich länger, die Gesamtlesezeit und die Fixationsanzahl aber insgesamt kürzer bzw. geringer ist als bei der Bindestrichschreibung. Dieser Zusammenhang lässt sich an den folgenden Heat Maps visualisieren, die veranschaulichen, dass bei der Bindestrichschreibung die Konstituenten getrennt fokussiert werden, wohingegen bei der Mediopunktschreibung primär die Wortmitte fixiert wird (für einen tentativen Modellierungsvorschlag zu dem Zusammenhang zwischen der Erstfixationsdauer und der kognitiven Verarbeitung von segmentierten und unsegmentierten Komposita s. Kap. 5.8):

Abb. 41: Heat Maps für den Stimulus Autobahn (leseschwächere Probanden)

Auch die Anzahl an Revisits, die ebenfalls bei beiden Segmentierungen geringer als bei der Standardschreibung ist, deutet auf einen bei beiden Segmentierungen vorhandenen Verarbeitungsvorteil hin. Dass die Probanden insbesondere bei viergliedrigen Komposita von dem Mediopunkt profitieren, lässt sich an folgenden Heat Maps visualisieren, die zeigen, dass die Verarbeitung der Standardschreibung mit deutlich mehr Aufwand verbunden zu sein scheint als die Verarbeitung der Mediopunktschreibung:

Abb. 42: Heat Maps für den Stimulus Flughafenankunftshalle (leseschwächere Probanden)

Betrachtet man die Ergebnisse differenziert nach Morphemanzahl, fällt auf, dass bei dreigliedrigen Komposita kein Verarbeitungsvorteil nachzuweisen ist. Stattdessen ist die Fixationsanzahl hier bei der Standardschreibung am geringsten. Die Gesamtlesezeit ist bei der Mediopunktschreibung länger, bei der Bindestrichschreibung hingegen kürzer als bei der Standardschreibung. Da der Anteil der Regressionen allerdings sowohl bei der Mediopunkt- als auch der Bindestrichschreibung geringer als bei der Standardschreibung ist, lassen sich für dreigliedrige Komposita keine eindeutigen Aussagen treffen.

Für die Gruppe mit den besseren Lesekompetenzen kann die erste Hypothese-Z-1 hingegen nicht bestätigt werden. So ist sowohl die Fixationsanzahl als auch die Gesamtlesezeit insgesamt betrachtet bei der Standardschreibung kürzer als bei der Mediopunkt- und Bindestrichschreibung, was darauf hindeutet, dass die unsegmentierten Komposita am besten verarbeitet werden. Dies lässt sich in Anlehnung an Häikiö et al. 2011 und Hasenäcker/Schröder (2019) damit erklären, dass lesestärkere Probanden Komposita im Unterschied zu leseschwächeren Probanden vermehrt ganzheitlich verarbeiten und die Segmentierung dazu führt, dass der Verarbeitungsprozess durch die erzwungene Dekomposition verlangsamt wird (s. Kap. 3.8.2). Dementsprechend werden die unsegmentierten Komposita auch häufiger mit nur einer Fixation gelesen als die mit Mediopunkt und Bindestrich segmentierten Komposita. Die Anzahl an Revisits ist wiederum bei der Bindestrichschreibung höher als bei der Standardschreibung, wobei hier zwischen der Standard- und Mediopunktschreibung kein Unterschied besteht. Der Anteil der Regressionen, der bei der Mediopunktschreibung geringer, bei der Bindestrichschreibung allerdings höher als bei der Standardschreibung ist, deutet hingegen auf einen Verarbeitungsvorteil der Mediopunktschreibung hin. Dies trifft allerdings nur auf die drei- und viergliedrigen Komposita zu; bei den zweigliedrigen Komposita ist der Anteil der Regressionen wiederum bei der Standardschreibung geringer als bei der Mediopunktschreibung. Die Erstfixationsdauer ist bei der Mediopunktschreibung am kürzesten und bei der Bindestrichschreibung am längsten. Angesichts dessen, dass die Fixationsanzahl und die Gesamtlesezeit bei der Mediopunktschreibung am höchsten bzw. längsten ist und darüber hinaus auch die Anzahl an Single Fixation bei der Mediopunktschreibung am geringsten ist, kann die kurze Erstfixationsdauer nicht als Verarbeitungsvorteil gedeutet werden. Vielmehr deutet sie darauf hin, dass in diesem Fall die Mediopunktschreibung eine dekompositionelle Verarbeitung begünstigt und den Aufmerksamkeitsfokus der ersten Fixation auf die erste Konstituente lenkt. Diese wird dann zwar schneller verarbeitet als bei der Standardschreibung, die Verarbeitung des gesamten Kompositums wird aber, wie an der höheren Fixationsanzahl und der längeren Gesamtlesezeit zu erkennen ist, nicht beschleunigt. Dieser Zusammenhang zwischen der Erstfixationsdauer und der kognitiven Verarbeitung wird in Kap. 5.8 in einen tentativen Modellierungsvorschlag überführt. Betrachtet man die Parameter jedoch differenziert nach Morphemanzahl, wird deutlich, dass die kurze Erstfixationsdauer der Mediopunktschreibung nur auf die zwei- und viergliedrigen Komposita zutrifft. Bei den dreigliedrigen Komposita ist die Erstfixationsdauer hingegen bei der Mediopunktschreibung am längsten und bei der Standardschreibung am kürzesten. Da bei den dreigliedrigen Komposita sowohl die Fixationsanzahl als auch der Anteil der Regressionen und die Gesamtlesezeit bei der Standardschreibung höher bzw. länger ist als bei der Mediopunktschreibung, kann die kurze Erstfixationsdauer bei der Standardschreibung hier ebenfalls nicht als Verarbeitungsvorteil gedeutet werden. Die kurze Erstfixationsdauer könnte hier somit ein Hinweis darauf sein, dass die korrekte Segmentierung des Kompositums ohne Segmentierungshilfe nicht sofort gelingt, was dazu führt, dass bei der ersten Fixation die Verarbeitung der ersten Konstituente nicht abgeschlossen werden kann und das Wort erneut fixiert werden muss. Diese Annahme lässt sich durch die Studie von Placke (2001) stützen, die aufzeigte, dass die Verarbeitung in entscheidendem Maße von der Lokalisation der Morphemgrenzen und damit der korrekten Segmentierung abhängt (s. Kap. 3.8.3). Für die Annahme, dass die korrekte Segmentierung ohne Segmentierungshilfe möglicherweise nicht auf Anhieb gelingt und somit noch keine kognitive Verarbeitung der Konstituenten stattfindet, spricht auch das Ergebnis, dass die Erstfixationsdauer bei der Standardschreibung bei den drei- und viergliedrigen Komposita deutlich kürzer ist als bei den zweigliedrigen Komposita. Bei der Mediopunktschreibung besteht hingegen zwischen der Erstfixationsdauer bei den zwei- und dreigliedrigen Komposita kein Unterschied, was darauf hindeutet, dass die Segmentierung ungeachtet der Morphemanzahl dazu führt, dass mit der ersten Fixation die erste Konstituente verarbeitet wird. Dass das Kompositum von Anfang an korrekt segmentiert wird, wirkt sich bei den dreigliedrigen Komposita, im Gegensatz zu den zweigliedrigen Komposita, positiv auf die Gesamtverarbeitung aus, wie an der geringeren Fixationsanzahl, dem geringeren Anteil der Regressionen und der kürzeren Gesamtlesezeit zu erkennen ist. Die Segmentierung mit dem Bindestrich scheint sich hingegen nicht positiv auf die Verarbeitung dreigliedriger Komposita auszuwirken, da bei dieser die Fixationsanzahl und die Gesamtlesezeit höher bzw. länger ist als bei der Standardschreibung. Dass sich die Segmentierung und die damit einhergehende dekompositionelle Verarbeitung bei der Mediopunktschreibung positiv, bei der Bindestrichschreibung hingegen negativ auf die Verarbeitung auswirkt, lässt sich auch an den in Abb. 43 dargestellten Heat Maps veranschaulichen. Diese stützen die Vermutung, dass die Bindestrichschreibung deutlich schwieriger zu verarbeiten ist als die Mediopunkt- und Standardschreibung.

Abb. 43: Heat Maps für den Stimulus Schornsteinfeger (lesestärkere Probanden)

Auch die Fixationsanzahl ist bei dreigliedrigen Komposita bei der Mediopunktschreibung geringer, bei der Bindestrichschreibung hingegen deutlich höher als bei der Standardschreibung, was für einen Verarbeitungsvorteil der Mediopunkt-, nicht aber der Bindestrichschreibung spricht. Dies bestätigt auch die Gesamtlesezeit, die bei dreigliedrigen Komposita ebenfalls bei der Standardschreibung länger als bei der Mediopunkt-, aber kürzer als bei der Bindestrichschreibung ist. Ein eindeutiger Verarbeitungsvorteil ist somit nur bei dreigliedrigen mit Mediopunkt segmentierten Komposita zu erkennen. Während bei zweigliedrigen Komposita hingegen die Fixationsanzahl, der Anteil der Regression und die Gesamtlesezeit für einen Verarbeitungsvorteil der Bindestrichschreibung sprechen, deuten die Fixationsanzahl und Gesamtlesezeit bei viergliedrigen Komposita darauf hin, dass die Standardschreibung am besten verarbeitet wird.

Die zweite Hypothese-Z-2, dass die Mediopunktschreibung besser verarbeitet wird als die Bindestrichschreibung, kann für die leseschwächere Gruppe bestätigt werden. So wird die Mediopunktschreibung mit signifikant weniger Fixationen und marginal signifikant schneller gelesen als die Bindestrichschreibung. Des Weiteren springen die Probanden bei der Mediopunktschreibung marginal signifikant seltener zurück als bei der Bindestrichschreibung. Für einen Verarbeitungsvorteil der Mediopunktschreibung spricht, in Kombination mit der längeren Gesamtlesezeit und der höheren Fixationsanzahl, auch die Erstfixationsdauer, die ungeachtet der Morphemanzahl bei der Bindestrichschreibung kürzer ist als bei der Mediopunktschreibung. Die Tatsache, dass die anderen Blickbewegungsparameter eindeutig auf einen Verarbeitungsvorteil der Mediopunktschreibung hindeuten, bestätigt somit, dass die Bindestrichschreibung zwar die morphembasierte Verarbeitung der initialen Konstituente, nicht aber die Verarbeitung des gesamten Kompositums beschleunigt. Dieses Ergebnis ist kongruent mit dem Ergebnis von Wellmann (2018) und zeigt, dass die postulierten theoretischen Vorteile des Mediopunktes (s. Kap. 3.6.2.1) mit empirischen Daten bestätigt werden können. Lediglich die bei der Bindestrichschreibung minimal höhere Anzahl an Single Fixation spricht gegen einen Verarbeitungsvorteil der Mediopunktschreibung. Da der Unterschied jedoch nicht signifikant ist und die Anzahl an Single Fixation nicht zu den primär mit der kognitiven Verarbeitung assoziierten Parametern gehört, lässt sich der Befund nicht als signifikante Evidenz gegen die Hypothese anführen. Während sich der Verarbeitungsvorteil bei zwei- und viergliedrigen Komposita eindeutig nachweisen lässt, sprechen die Fixationsanzahl, die Gesamtlesezeit und in Kombination damit auch die längere Erstfixationsdauer hingegen bei dreigliedrigen Komposita gegen einen Verarbeitungsvorteil der Mediopunktschreibung. Da lediglich der geringere Anteil der Regressionen auf einen Verarbeitungsvorteil der Mediopunktschreibung hindeutet, kann die Hypothese für dreigliedrige Komposita nicht bestätigt werden.

Für die lesestärkere Gruppe kann die Hypothese-Z-2 wiederum nur für die dreigliedrigen Komposita bestätigt werden. Diese werden mit Mediopunkt mit deutlich weniger Fixationen und deutlich schneller gelesen als mit Bindestrich und auch der Anteil der Regressionen ist bei der Mediopunktschreibung signifikant geringer als bei der Bindestrichschreibung. Darüber hinaus ist auch die Erstfixationsdauer bei der Bindestrichschreibung kürzer als bei der Mediopunktschreibung. Wie erwähnt, deutet die kurze Erstfixationsdauer in

Kombination mit einer höheren Fixationsanzahl, einem höheren Anteil der Regressionen sowie einer längeren Gesamtlesezeit somit darauf hin, dass die erste Konstituente zwar schneller verarbeitet wird als bei der Mediopunktschreibung, sich die Verarbeitung des gesamten Kompositums aber verzögert. Ebenso ist auch die Anzahl an Revisits bei der Bindestrichschreibung höher als bei der Mediopunktschreibung. Der Verarbeitungsvorteil der Mediopunktgegenüber der Bindestrichschreibung lässt sich für diese Gruppe ebenfalls an den in Abb. 43 dargestellten Heat Maps veranschaulichen. Für die zwei- und viergliedrigen Komposita kann die Hypothese hingegen nicht bestätigt werden, da die Parameter hier, mit Ausnahme des bei den viergliedrigen Komposita höheren Anteils der Regressionen bei der Bindestrichschreibung, eindeutig gegen einen Verarbeitungsvorteil der Mediopunktschreibung sprechen.

Die dritte Hypothese-Z-3, dass der durch die Segmentierung entstehende Verarbeitungsvorteil mit der Morphemanzahl steigt, kann für die leseschwächere Gruppe weitgehend bestätigt werden. So deuten die Unterschiede bei der Fixationsanzahl und Gesamtlesezeit darauf hin, dass der mit der Segmentierung verbundene Verarbeitungsvorteil bei viergliedrigen Komposita deutlich stärker ausgeprägt ist als bei zwei- und dreigliedrigen Komposita. Lediglich der Unterschied bei dem Anteil an Regressionen, der bei dreigliedrigen stärker ausgeprägt ist als bei viergliedrigen Komposita, spricht gegen die Hypothese. Für die lesestärkere Gruppe kann die Hypothese-Z-3 hingegen nicht bestätigt werden, was insbesondere darauf zurückzuführen ist, dass bei viergliedrigen Komposita kein Verarbeitungsvorteil zu erkennen ist. Vergleicht man den Verarbeitungsvorteil der zwei- und dreigliedrigen Komposita miteinander, ist ein mit der Morphemanzahl steigender Verarbeitungsvorteil nur bei der Gesamtlesezeit zu erkennen.

Dass die Gruppierung in schwächere und stärkere Leser zu aufschlussreicheren und differenzierteren Ergebnissen führt, lässt sich anhand der signifikanten Unterschiede zwischen den Gruppen bestätigen. So liest die leseschwächere Gruppe die Komposita ungeachtet der Schreibweise mit signifikant weniger Fixationen und signifikant langsamer und springt zudem signifikant häufiger zurück als die lesestärkere Gruppe. Zudem fixieren die Probanden mit geringerem LQ die Komposita nach dem ersten Lesedurchgang signifikant häufiger erneut als die Probanden mit höherem LQ. Die Erstfixationsdauer ist nicht nur bei der Kontrollgruppe signifikant länger als bei der Zielgruppe, sondern in gleicher Weise auch innerhalb der Zielgruppe bei Probanden mit höherem LQ signifikant länger als bei Probanden mit geringerem LQ. Die bei lesestärkeren Probanden signifikant längere Erstfixationsdauer ist in Kombination mit der signifikant geringeren Fixationsanzahl und der signifikant kürzeren Gesamtlesezeit damit zu erklären, dass eine längere Erstfixationsdauer zusammen mit einer kürzeren Gesamtlesezeit und geringeren Fixationsanzahl auf eine primär ganzheitliche Verarbeitung des Kompositums hindeutet (s. Kap. 5.8 für einen tentativen Modellierungsvorschlag). Die signifikanten Unterschiede zwischen Gruppe 1 und 2 lassen somit die Vermutung zu, dass Probanden mit höherem LQ Komposita vermehrt ganzheitlich verarbeiten, was zu einer längeren Erstfixationsdauer, aber ebenso zu einer kürzeren Gesamtlesezeit und geringeren Fixationsanzahl führt. Dieser Zusammenhang zwischen Lesekompetenz und ganzheitlicher bzw. dekompositioneller Verarbeitung wurde auch in den Studien von Häikiö et al. (2011) und Hasenäcker/Schröder (2019) nachgewiesen (s. Kap. 3.8.2). Während sich die Erstfixationsdauer zwischen Kontroll- und Zielgruppe nur bei der Standard- und Mediopunktschreibung signifikant unterscheidet, ist der Unterschied zwischen Gruppe 1 und 2 nur bei der Standardschreibung ($z = -2{,}145$, $p = 0{,}032$, $r = 0{,}169$) und Bindestrichschreibung ($z = -3{,}400$, $p = 0{,}001$, $r = 0{,}268$) signifikant. Dass der Unterschied bei der Mediopunktschreibung nicht signifikant ist ($z = -0{,}579$, $p = 0{,}563$, $r = 0{,}046$), ist womöglich darauf zurückzuführen, dass es in Gruppe 2 nicht die Bindestrich-, sondern die Mediopunktschreibung zu sein scheint, welche die dekompositionelle Verarbeitung am stärksten begünstigt. Es ist somit vorstellbar, dass die Mediopunktschreibung von beiden Gruppen morphembasiert verarbeitet wird, weshalb sich die Erstfixationsdauer nicht signifikant unterscheidet. Da die Erstfixationsdauer in Gruppe 1 bei der Mediopunkt- deutlich länger als bei der Bindestrichschreibung ist, erstere aber besser verarbeitet wird, wurde zwar vermutet, dass die Probanden bei der Mediopunktschreibung auch bereits Informationen rechts von der ersten Konstituente aufnehmen, ob die Komposita dabei dennoch morphembasiert verarbeitet werden, lässt sich anhand der bisherigen Ergebnisse allerdings noch nicht eindeutig beantworten. Zudem handelt es sich nur um erste Vermutungen, die es durch die folgenden Experimente zu stützen oder zu widerlegen gilt.

5.4.7.8 Poststimulus Distractor Task

Bevor in Kap. 5.4.8 eine abschließende Diskussion der Ergebnisse erfolgt, wird zunächst noch auf die Ergebnisse des Poststimulus Distractor Tasks eingegangen. Bei der Kontrollgruppe wird auf eine detaillierte Analyse der Ergebnisse verzichtet, da bei dieser nur 1,6 % der Antworten falsch waren, wobei die Unterschiede zwischen den Schreibweisen nur minimal sind und keine Tendenzen aufweisen. Aufgrund der äußerst geringen Anzahl an falschen Antworten und den hohen Lesekompetenzen der Probanden ist davon auszugehen, dass die falschen Antworten durch versehentliches Anklicken des falschen Bildes oder durch Ungenauigkeiten beim Hingucken bedingt sind und nicht auf Verstehensschwierigkeiten hindeuten.

Von der Zielgruppe wurden insgesamt 12,1 % der Bilder falsch ausgewählt (d. h. 62 falsche Antworten bei 513 gezeigten Bildern). Dabei wurden bei den zweigliedrigen Komposita die meisten falschen Antworten bei der Mediopunktschreibung, bei den dreigliedrigen Komposita bei der Bindestrichschreibung und bei den viergliedrigen Komposita bei der Standardschreibung gegeben. Die Anzahl der Fehler ist in Abb. 44 dargestellt.

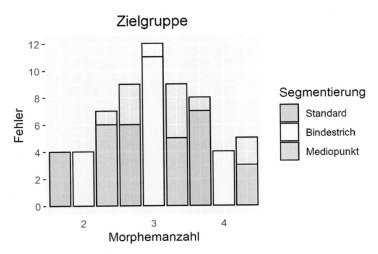

Abb. 44: Anzahl der Fehler. Der untere Teil des Balkens zeigt die Anzahl der falsch ausgewählten Bilder an. Der obere, transparentere Teil des Balkens zeigt die Anzahl der Fälle an, in denen die Probanden angegeben haben, dass sie das Wort nicht verstanden haben.

Diese Tendenzen spiegeln teilweise die Ergebnisse hinsichtlich des Anteils der Regressionen wider. So wurden bei den zweigliedrigen Komposita die meisten Regressionen bei der Mediopunktschreibung und bei den dreigliedrigen Komposita die meisten Regressionen bei der Bindestrichschreibung ausgeführt. Bei den viergliedrigen Komposita wurde hingegen nicht bei der Standard-, sondern bei der Bindestrichschreibung am häufigsten zurückgesprungen. Die falschen Antworten, die bei den mit Bindestrich geschriebenen dreigliedrigen Komposita gegeben wurden, machen mit insgesamt 22 % aller falsch ausgewählten Bilder den höchsten Anteil der falschen Antworten aus (s. Abb. 44). Demnach scheint es, als würde die Bindestrichschreibung dort am meisten irritieren, was ebenfalls dadurch bestätigt wird, dass der Anteil der Regressionen von allen neun Bedingungen bei den dreigliedrigen mit Bindestrich segmentierten Komposita am höchsten ist. Auffällig ist auch, dass die Fehlerquote bei den viergliedrigen Komposita verhältnismäßig niedrig ist. Diese niedrige Fehlerquote bei viergliedrigen Komposita widerspricht zwar zunächst der Annahme der LS-Forschung, dass „je länger das Wort, desto größer ist die Hürde, die es zu überwinden gilt." (Maaß 2015a: 89). Bei genauerer Betrachtung der Fehleranzahl bei der Standardschreibung ist jedoch zu erkennen, dass bei dieser tatsächlich, wie in der Forschung angenommen, die komplexeren mehrgliedrigen Komposita zu einer höheren Fehlerquote führen als die zweigliedrigen Komposita. Gleichzeitig zeigt sich in Abb. 44 auch, dass eine Segmentierung insbesondere bei viergliedrigen Komposita hilft, da bei diesen ein deutlicher Vorteil der Segmentierungen im Vergleich zur Standardschreibung zu erkennen ist. Diese Tendenz kann jedoch durch die Blickbewegungsdaten nicht gestützt werden. Zudem fällt auf, dass ⅓ der bei der Mediopunktschreibung gemachten Fehler aus einem Nicht-Verstehen des Wortes resultieren, d. h. nicht das falsche Bild, sondern das Fragezeichen ausgewählt wurde.

Betrachtet man die Antworten für die LQ-Gruppen getrennt, fällt auf, dass knapp ⅔ der falschen Antworten von der Gruppe mit dem geringeren LQ und ca. ⅓ der falschen Antworten von der Gruppe mit dem höheren LQ gegeben wurden. Von der Gruppe mit dem geringeren LQ wurden die falschen Antworten zu 40 % bei der Mediopunkt-, zu 37,5 % bei der Standard- und zu 22,5 % bei der Bindestrichschreibung gegeben. Insgesamt wurden von dieser Gruppe

50 % der Fehler bei den dreigliedrigen Komposita und jeweils 25 % der Fehler bei den zwei- und viergliedrigen Komposita gemacht (s. Abb. 45). Das Ergebnis, dass in dieser Gruppe die meisten falschen Antworten bei den dreigliedrigen mit Mediopunkt segmentierten Komposita gegeben wurden, stützt die Blickbewegungsdaten, die ebenfalls darauf hindeuten, dass die dreigliedrigen mit Mediopunkt segmentierten Komposita für die Probanden am schwierigsten zu verarbeiten sind.

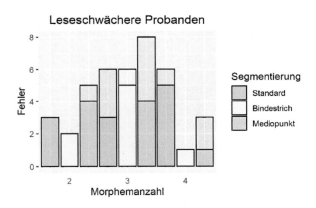

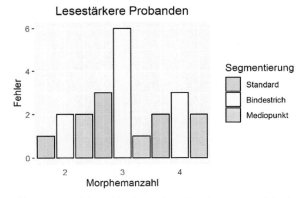

Abb. 45: Anzahl der Fehler für die leseschwächere Gruppe (oben) und die lesestärkere Gruppe (unten)

Bei der Gruppe mit dem höheren LQ wurden hingegen die wenigsten falschen Antworten bei der Mediopunktschreibung (22,7 %) und die meisten falschen Antworten bei der Bindestrichschreibung (50 %) gegeben. Hier wurden 22,7 % der Fehler bei den zweigliedrigen, 45,5 % der Fehler bei den dreigliedrigen und 31,8 % der Fehler bei den viergliedrigen Komposita gemacht (s. Abb. 45). Im Unterschied zu Gruppe 1 wurden bei den dreigliedrigen mit Mediopunkt segmentierten Komposita die wenigsten und bei den dreigliedrigen mit Bindestrich segmentierten Komposita die meisten falschen Antworten gegeben. Dies stimmt ebenfalls mit den Blickbewegungsdaten überein, die zeigen, dass die Probanden die dreigliedrigen mit Mediopunkt segmentierten Komposita deutlich besser verarbeiten als die unsegmentierten und mit Bindestrich segmentierten Komposita. In beiden Gruppen wurden somit bei den dreigliedrigen Komposita fast doppelt so viele Fehler gemacht wie bei den zwei- und viergliedrigen Komposita. Da allerdings keiner der Unterschiede zwischen den Schreibweisen signifikant ist und den Daten zudem nicht entnommen werden kann, ob die Wörter tatsächlich nicht verstanden wurden oder vielleicht nur versehentlich falsch angeklickt wurden, soll den Ergebnissen nicht zu viel Bedeutung beigemessen werden. Es handelt sich lediglich um Tendenzen, welche die Ergebnisse der Blickbewegungsmessungen teilweise stützen, aber keine fundierten Rückschlüsse auf kognitive Verarbeitungsschwierigkeiten zulassen.

5.4.8 Zwischenfazit

Mit dem ersten Experiment wurde der Frage nachgegangen, ob sich die mit der Segmentierung einhergehende Komplexitätsreduzierung auf Wortebene bei unterschiedlich komplexen Komposita positiv auf die Verständlichkeit auswirkt. Zudem wurde mit dem Experiment die verständlichkeitsfördernde Wirkung des Bindestrichs und des Mediopunkts überprüft.

Die Ergebnisse haben gezeigt, dass eine Segmentierung von Komposita für die Kontrollgruppe nicht notwendig ist, diese aber dennoch, insgesamt betrachtet, die Mediopunktschreibung besser verarbeitet als die Bindestrichschreibung. Die Hypothesen K-1 und K-2 konnten somit bestätigt werden. Für eine bessere Verständlichkeit der Mediopunktschreibung sprechen auch die von einigen Probanden nach der Studie gemachten Aussagen. Obgleich sie nicht um eine Beurteilung der Schreibweisen gebeten wurden, wiesen vier Probanden von sich aus darauf hin, dass der Bindestrich sie beim Lesen der Wörter irritiert habe und beim Lesen störe, wohingegen dies bei der Schreibung mit dem ‚kleinen Punkt' nicht der Fall gewesen sei. Die Aussagen stützen somit die theoretisch fundierte Annahme, dass die Mediopunktschreibung aufgrund des kleineren Segmentierungszeichens und der Binnenminuskel weniger invasiv und weniger störend ist (s. Kap. 3.6.2.1). Auch die Blickbewegungsdaten der Zielgruppe deuten, insgesamt betrachtet, mehrheitlich darauf hin, dass die Mediopunktschreibung besser verarbeitet wird als die Bindestrichschreibung, obgleich die Ergebnisse auch hier nicht widerspruchsfrei sind. Es lassen sich allerdings keine eindeutigen Aussagen darüber treffen, ob die Zielgruppe überhaupt nachweisbar von der Segmentierung profitiert. Da dies höchstwahrscheinlich auf die heterogenen Lesekompetenzen zurückzuführen ist, war es für detailliertere Aussagen hilfreich, die Daten für die leseschwächeren und -stärkeren Probanden der Zielgruppe getrennt zu analysieren. So zeigen die Blickbewegungsdaten der leseschwächeren Probanden, dass diese eindeutig von der Segmentierung profitieren. Der Verarbeitungsvorteil der segmentierten Komposita ist dabei allerdings nur bei der Mediopunktschreibung eindeutig nachzuweisen, was ebenfalls dafürspricht, dass die theoretisch fundierte Segmentierung mit dem Mediopunkt der Segmentierung mit dem Bindestrich überlegen ist. Hierbei ist zudem darauf hinzuweisen, dass, obgleich der Mediopunkt den Probanden im Gegensatz zum Bindestrich nicht bekannt war, keiner der Probanden nach der Bedeutung des Mediopunkts gefragt hat. Dies stützt die Annahme von Bredel/Maaß (2017), dass der Mediopunkt auch bei geringen Lesekompetenzen intuitiv verstanden wird und somit als Segmentierungszeichen funktioniert (vgl. Bredel/Maaß 2017: 218 ff.). Zudem ist bei leseschwächeren Probanden zu erkennen, dass der durch die Segmentierung entstehende Verarbeitungsvorteil mit der Morphemanzahl steigt. Dieser Befund stützt die den LS-Regeln zugrundeliegende Annahme, dass „[j]e länger ein Wort ist, desto mehr Probleme bereitet es" (Maaß 2015a: 96). Die Segmentierung scheint also insofern nützlich zu sein, als sie nachweisbar dabei hilft, das Wort in „kleinen Portionen" (Bredel/Maaß 2017: 221) zu rezipieren. Im Gegensatz dazu scheint eine Segmentierung für die Probanden mit besseren Lesekompetenzen nicht zwingend erforderlich zu sein. Lediglich bei den dreigliedrigen Komposita ist ein klarer Verarbeitungsvorteil der Mediopunktschreibung gegenüber der

Standard- und Bindestrichschreibung zu erkennen. Bei zwei- und viergliedrigen Komposita kann hingegen weder ein Verarbeitungsvorteil gegenüber der Standard- noch gegenüber der Bindestrichschreibung nachgewiesen werden.

Die Befunde stimmen mit den Ergebnissen der LeiSA-Studie (s. Kap. 3.7) insofern überein, als sie ebenfalls aufzeigen, dass Leser mit geringen Lesekompetenzen von einer Segmentierung der Komposita profitieren. Darüber hinaus wurde in beiden Studien eindeutig gezeigt, dass unbeeinträchtigte Leser unsegmentierte Komposita besser verarbeiten als segmentierte Komposita, was Pappert/Bock (2020) als Indiz dafür deuten, dass die „generelle Annahme" (Pappert/Bock 2020: 1110), dass auch unbeeinträchtigte Leser von den LS-Regeln profitieren, im Falle der Segmentierung nicht zutrifft. Zudem sind die Ergebnisse der leseschwächeren Probanden kongruent mit den Ergebnissen der Studie von Wellmann (2018), in welcher ebenfalls aufgezeigt wurde, dass die Probanden die Mediopunktschreibung schneller verarbeiten als die Bindestrich- und die Standardschreibung (s. Kap. 3.7). Insgesamt konnte die Hypothese-Z-1, dass lesebeeinträchtigte Probanden von der Segmentierung profitieren, somit zwar bestätigt werden, jedoch konnte auch gezeigt werden, dass die Notwendigkeit der Segmentierung in hohem Maße von individuellen Lesekompetenzen abhängt. Auch die Hypothese-Z-2, dass die Mediopunkt- besser verarbeitet wird als die Bindestrichschreibung, konnte bestätigt werden; es gilt jedoch zu beachten, dass die Ergebnisse nicht widerspruchsfrei sind und teilweise auch auf einen Verarbeitungsvorteil der Bindestrichschreibung hindeuten.

Mit dem folgenden Experiment wird nun der Frage nachgegangen, ob sich die Befunde auf Satzebene bestätigen lassen. Darüber hinaus soll geprüft werden, inwieweit das Lesen von Komposita durch die kontextuellen Informationen erleichtert wird. Die Einbettung der gleichen Stimuli im Satzkontext soll zudem dazu dienen, mögliche andere alternative Erklärungsfaktoren für die Ergebnisse auf Wortebene aufzudecken bzw. auszuschließen.

5.5 Experiment 2

5.5.1 Fragestellung und Hypothesen

Wie in Kap. 3.8.4 dargelegt, weisen mehrere Studien darauf hin, dass Wörter, die in einen kongruenten Kontext eingebettet sind, schneller gelesen und verarbeitet werden als isoliert präsentierte Wörter. Einer der wesentlichen Gründe für die Erleichterung der Wortidentifikation im Satz sind die kontextuellen Beschränkungen, die dazu führen, dass polyseme Konstituenten und Wörter auf eine Lesart eingeschränkt werden. Darüber hinaus wird die Fixationsdauer durch eine höhere Vorhersagbarkeit aus dem Kontext sowie eine semantische Verbundenheit des Wortes zu einem vorangegangenen Wort verkürzt (s. Kap. 3.8.3). Weitere Gründe für den Satzüberlegenheitseffekt sind die parafoveale Informationsaufnahme, der Leserhythmus sowie die Tatsache, dass das Auge, im Gegensatz zum Lesen isoliert dargebotener Wörter, beim Lesen von Sätzen nicht stationär auf ein Wort fixiert ist, sondern mit dem Kontext interagiert, d. h. die gerade aufgenommenen Informationen wiederrum die Verarbeitung der nachstehenden Wörter beeinflussen (vgl. Vitu et al. 1990). Der Satzüberlegenheitseffekt spiegelte sich in mehreren Studien in einer kürzeren Fixationszeit und geringeren Fixationsanzahl wider (u. a. Vitu et al. 1990; O'Regan 1992). Die Erleichterung der Wortidentifikation durch den Kontext wird insbesondere in interaktiven Theorieansätze und den damit verbundenen Interaktionshypothesen postuliert (s. bspw. das Logogenmodell von Morton 1969). In diesen wird angenommen, dass die an der Sprachrezeption beteiligten Teilprozesse weitgehend parallel ablaufen und die Ergebnisse höherer Teilprozesse auf niedrigere Teilprozesse zurückwirken können. Die interaktiven Theorieansätze gehen somit von einem Feedback zwischen Kontext und Worterkennen bzw. -verarbeitung aus (s. Kap. 3.8.4). Dies impliziert zugleich, dass sich das Erkennen kontextuell eingebundener Wörtern deutlich von dem Erkennen isoliert präsentierter Wörter unterscheidet (vgl. Ferstl/Flores d'Arcais 1998: 177). Auch in der Kompositionsforschung wird auf die Notwendigkeit der Betrachtung von Komposita im Kontext hingewiesen (s. Kap. 3.8.4). Die Interaktion zwischen Kontext und Kompositum besteht u. a. darin, dass der Kontext durch „bestimmte Signale wie das Auftreten bestimmter Lexeme und expliziter Relationen eine Erwartung an die Bedeutung

des dann auftretenden Kompositums aufbaut bzw. vorsteuert" (Fandrych/
Thurmair 1994: 42). Auf diese Weise kann mit kontextuellen Signalen auch
Vorwissen des Lesers aktiviert werden, was insbesondere für das Verstehen
opaker Komposita von Relevanz sein kann (s. Exp. 4). Die Bedeutung des
Kontextes wird auch in dem Regelbuch der Forschungsstelle thematisiert.
So weist Maaß (2015a) darauf hin, dass geübte Leser sich die Informationen,
die für das korrekte Segmentieren und Verstehen von Komposita benötigt
werden, aus dem Kontext erschließen (vgl. Maaß 2015a: 96). Die Interpretation von Komposita, die potenziell auf mehrere Weisen segmentiert werden
können und bei denen somit temporäre Ambiguität vorliegt (s. Kap. 2.8.2
und 5.4.1), wird folglich durch die kontextuellen Hinweise in eine Richtung
gelenkt. Dass bei ungeübten Lesern in diesen Fällen häufig Segmentierungsprobleme auftreten, ist insbesondere darauf zurückzuführen, dass sie in dem
Kompositum ein ihnen bekanntes Wort erkennen, dieses jedoch keine Konstituente des Kompositums ist und daher die korrekte Segmentierung behindert.
Derartige „strukturelle Schwierigkeiten" (Bredel/Maaß 2017: 213) lassen sich
durch das Anzeigen der Morphemgrenzen vermeiden.

Der wohl entscheidendste Faktor, der dafürspricht, die kognitive Verarbeitung von Komposita im Kontext zu untersuchen, ist die ökologische Validität. Da die künstlich erzeugte Einzelwortpräsentation den Ansprüchen einer
natürlichen Lesesituation nicht gerecht wird und Experimente auf Wort- und
Satzebene auch in anderen Studien zu deutlich unterschiedlichen Ergebnissen
geführt haben (vgl. Vitu et al. 1990; O'Regan 1992; für einen Überblick s. Nicholson 1993), wird für diese Studie angenommen, dass erhebliche Unterschiede zwischen den Ergebnissen auf Wort- und Satzebene zu verzeichnen sind.
Da Komposita „in den seltensten Fällen kontextlos auf[treten]" (Fandrych/
Thurmair 1994: 41), kann durch die kontextuelle Einbettung die Ähnlichkeit
zwischen Versuchsbedingungen und natürlichen Rezeptionsbedingungen
gesteigert werden, was wiederum die Übertragung der Ergebnisse auf eine
alltägliche Lesesituation ermöglicht.

Studien dazu, ob auch der primären Zielgruppe das Verstehen von
N+N-Komposita durch die vom Kontext bereitgestellten Informationen
erleichtert wird, gibt es bislang nicht. Hinweise darauf, dass Leser mit eingeschränkten Lesefähigkeiten beim Lesen von Komposita von den kontex-

tuellen Informationen profitieren, liegen bislang nur für italienische Verb-Substantiv-Komposita vor (vgl. Marelli et al. 2011). Die Einzelfallstudie von Marelli et al. (2011) ergab, dass die Leseleistung der Probandin mit schwerer Dyslexie bei Komposita, die im Kontext eingebettet waren, besser war als bei isoliert präsentierten Komposita. Die unterschiedlichen Leistungen in den beiden Experimenten führen Marelli et al. (2011) darauf zurück, dass die lexikalischen Eigenschaften des Kompositums durch die syntaktischen Hinweise aktiviert werden, wodurch die korrekte Interpretation des Kompositums erleichtert wird (s. Kap. 3.8.4). Daraus ergibt sich die empirisch noch nicht untersuchte Frage, ob sich die Ergebnisse von Marelli et al. (2011) mit anderen Zielgruppen LS und mit deutschen N+N-Komposita replizieren lassen. Erste Erkenntnisse hierzu sollen mit dem folgenden Experiment geliefert werden. Dabei wird davon ausgegangen, dass der Satzüberlegenheitseffekt auch bei der Bindestrichschreibung auftritt, angesichts der in Kap. 3.5.2.2 genannten Nachteile der Bindestrichschreibung und der Hypothesenfundierung in Kap. 5.4.1 wird jedoch angenommen, dass die orthografisch falsche Bindestrichschreibung auf Satzebene auch mit einem Irritationseffekt einhergeht. Dies würde dazu führen, dass der mit dem Kontext einhergehende Verarbeitungsvorteil weniger stark zum Tragen kommt und somit bei der Bindestrichschreibung geringer ausgeprägt ist als bei der Mediopunkt- und Standardschreibung.

Vor dem Hintergrund der in Kap. 3.7 und 3.8 beschriebenen Forschungsergebnisse werden für die Kontrollgruppe folgende Hypothesen aufgestellt:

Hypothese-K-1: Die Standardschreibung wird am besten verarbeitet.

Hypothese-K-2: Analog zu Exp. 1 wird die Bindestrichschreibung auch im Kontext langsamer verarbeitet als die Mediopunktschreibung[92].

Hypothese-K-3: In Sätzen eingebettete Komposita werden schneller verarbeitet als isoliert präsentierte Komposita.

---

92 Für eine Fundierung dieser Hypothese s. Kap. 5.4.1.

Hypothese-K-4: Der mit dem Kontext einhergehende Verarbeitungsvorteil ist bei der Bindestrichschreibung geringer ausgeprägt als bei der Mediopunkt- und Standardschreibung.

Hypothese-K-5: Die Ergebnisse auf Satzebene unterscheiden sich von den Ergebnissen auf Wortebene.

Da angenommen wird, dass Leser mit geringen Lesekompetenzen auch bei der Einbettung der Komposita im Kontext von der Segmentierung profitieren, lassen sich aus den genannten theoretischen und empirischen Erkenntnissen für die Zielgruppe folgende Hypothesen ableiten:

Hypothese-Z-1: Die optische Segmentierung wirkt sich positiv auf die kognitive Verarbeitung von Komposita aus.

Hypothese-Z-2: Analog zu Exp. 1 wird die Mediopunktschreibung besser verarbeitet als die Bindestrichschreibung[92].

Hypothese-Z-3: Der Verarbeitungsvorteil, der durch die Segmentierungshilfe entsteht, steigt mit der Anzahl der Morpheme.

Hypothese-Z-4: In Sätzen eingebettete Komposita werden schneller verarbeitet als isoliert präsentierte Komposita.

Hypothese-Z-5: Der mit dem Kontext einhergehende Verarbeitungsvorteil ist bei der Bindestrichschreibung geringer ausgeprägt als bei der Mediopunkt- und Standardschreibung.

Hypothese-Z-6: Die Ergebnisse auf Satzebene unterscheiden sich von den Ergebnissen auf Wortebene.

5.5.2 Material

Vor der endgültigen Auswahl der Stimulussätze wurden diese in einem Rating (s. Kap. 5.4.2.1) auf einer siebenstufigen Likert-Skala in Hinblick auf ihre Natürlichkeit und Verständlichkeit bewertet. Präsentiert wurden insgesamt 140 Sätze, von denen 66 ein Kompositum und 60 ein hoch- oder niedrigfrequentes monomorphemisches Wort enthielten. Bei den Komposita und monomorphemischen Wörtern, die anhand des Ratings ausgewählt wurden und somit als Stimulusmaterial fungierten, handelte es sich um die gleichen Komposita und Distraktoren wie in Experiment 1. Zur vollen Ausschöpfung der siebenstufigen Skala bestand dieser Teil des Ratings zu ¹/₁₀ aus sog. Nonsens-Sätzen, also aus Sätzen, die entweder syntaktisch oder semantisch keinen Sinn ergeben. Für die Studie wurden die Sätze ausgewählt, die im Mittel gleich natürlich und gleich verständlich waren. Die Verständlichkeit der finalen Stimulussätze unterschied sich zwischen den zwei-, drei- und viergliedrigen Komposita nicht signifikant und lag, ungeachtet der Morphemanzahl, im Mittel bei etwas über 6,8. Die Natürlichkeit der Sätze unterschied sich hingegen zwischen den zwei- und viergliedrigen Komposita signifikant (Δ = -0,502, p = 0,005). Um die Vergleichbarkeit der Sätze zu gewährleisten, wurden ausschließlich Sätze gewählt, die im Mittel eine Natürlichkeit von mind. 5,68 und eine Verständlichkeit von mind. 6,16 aufwiesen.

Neben der Natürlichkeit und Verständlichkeit der Sätze wurde die Satzlänge, die Zielwortposition sowie die Länge des Pre- und Posttargets kontrolliert. So wurden alle Komposita in Sätze von maximal 78 Zeichen (inkl. Leerzeichen) eingebettet. Das Kompositum wurde hierbei in etwa in der Satzmitte eingefügt. Um die kontextuelle Umgebung der Zielwörter möglichst ähnlich zu gestalten und ein Überspringen des Wortes vor und nach dem Zielwort zu vermeiden, bestand sowohl das Wort vor als auch nach dem Kompositum aus mind. vier Buchstaben. Zudem wurde darauf geachtet, dass die Sätze in Bezug auf Tempora, Modi und Genus Verbi mit den LS-Regeln konvergieren. So wurden alle Sätze im Präsens oder Präsens Perfekt, im Indikativ und im Aktiv formuliert. Negation wurde ebenfalls gemieden (s. Kap. 2.8.2). Als weitere Kontrollvariable fungierte der Flesch-Index[93]. Der mittlere Flesch-Wert aller Sätze lag bei 52,15

....

93 Der Flesch-Index wurde mit folgendem Tool berechnet: https://fleschindex.de/berechnen/.

(SA: 20,70). Da sich der Flesch-Index aus der durchschnittlichen Silbenzahl pro Wort und der durchschnittlichen Satzlänge ergibt, war jedoch davon auszugehen, dass der Flesch-Index[94] der Sätze mit steigender Morphemanzahl der Komposita sinkt. Diese Annahme wurde durch die signifikant negative Korrelation zwischen Morphemanzahl und Flesch-Wert ($r = -0,639$, $p < 0,001$) bestätigt. Tab. 22 gibt einen Überblick über die mittleren Flesch-Werte der zwei-, drei- und viergliedrigen Komposita.

Parameter Morphemanzahl	Natürlichkeit	Verständlichkeit	Flesch-Index
2 Morpheme	6,61 (0,28)	6,87 (0,27)	64,56 (19,89)
3 Morpheme	6,31 (0,32)	6,81 (0,14)	59,11 (11,82)
4 Morpheme	6,11 (0,32)	6,85 (0,21)	32,78 (14,39)

Tab. 22: Mittelwerte (Standardabweichungen) der kontrollierten Wortparameter

Darüber hinaus wurde der Satzbau kontrolliert. So wurden alle Sätze gemäß der kanonischen Hauptsatzstruktur (SVO) gebildet, wobei das Kompositum entweder das Subjekt oder das Objekt des Satzes war. Eine einheitliche Positionierung der Komposita an der Subjekt- oder Objektposition wäre zulasten der ökologischen Validität gegangen. So hätte bspw. die Positionierung des Kompositums als Subjekt des Satzes unter Beibehaltung der genannten Kontrollparameter in vielen Fällen zu einer unnatürlichen Satzkonstruktion geführt. Die daraus resultierenden Unterschiede in der Satznatürlichkeit hätten eine zusätzliche nicht kontrollierte Variable dargestellt, wobei Sätze mit geringerer Natürlichkeit den Leser womöglich irritiert hätten, was sich wiederum auf die Verarbeitung der Komposita ausgewirkt hätte. Zudem hätten unnatürlich klingende Sätze die Differenzierung zwischen korrekten Sätzen und Nonsens-Sätzen erschwert. Dass viele konkrete Substantive in aktiv formulierten Sätzen in Subjektposition unüblich sind, ist auf die im Deutschen

....

94 Je höher der Flesch-Index, desto verständlicher der Satz.

nicht akzeptable sekundäre Subjektivierung[95] (auch nicht-agentives Subjekt genannt) zurückzuführen. Eine natürliche Satzkonstruktion mit dem Zielwort *Straßenbahnhaltestelle* in Subjektposition, die darüber hinaus nicht gegen die Regeln auf Wortebene (Grundwortschatz bzw. prototypische Vertreter eines Wortfeldes verwenden) verstößt, hätte im Deutschen das Verb *sein* oder eine Passivkonstruktion gefordert. Diese beiden Strukturen kamen jedoch nicht in Frage, da das Verb *sein* in der dritten Person Singular nicht mit der Kontrollvariable des mind. vierbuchstabigen Posttargets kompatibel war und Passivkonstruktionen für die Wahrung einer einheitlichen Satzkonstruktion gemieden wurden. Unter Einhaltung aller zuvor genannten Kontrollvariablen wurde sich somit aus Gründen der ökologischen Validität dafür entschieden, das Zielwort je nach dem, wie es für eine natürliche Satzkonstruktion erforderlich war, entweder in Subjekt- oder Objektposition einzufügen (s. hierzu auch die Diskussion im Fazit, Kap. 6.4). Die Stimulierstellung stellte somit einen Spagat zwischen ökologischer Validität und empirischer Validität dar. Da sich die Fragestellung jedoch primär auf die kognitive Verarbeitung des Kompositums und nicht auf die Verarbeitung des gesamten Satzes bezieht, sollte die variierende Position des Kompositums keinen Einfluss auf die Aussagekraft der Ergebnisse haben.

Von jedem Satz wurden drei Versionen erstellt, die sich lediglich in der Schreibweise des Kompositums unterschieden (*Apfelbaum*, *Apfel-Baum*, *Apfel·baum*). Zusätzlich zu den 43 Sätzen, welche die Distraktoren aus Experiment 1 enthielten, wurden zehn Nonsens-Sätze präsentiert, d. h. grammatikalisch korrekte Sätze mit semantisch falscher Aussage. Da die Probanden nach dem Lesen eines jeden Satzes per Tastendruck entscheiden sollten, ob der gerade gelesene Satz Sinn ergibt, sollte mit den Nonsens-Sätzen zum einen sichergestellt werden, dass die Probanden die Sätze nicht nur fixieren, sondern sinnentnehmend lesen, und zum anderen die Aufmerksamkeit auf-

---

95   „Von einer *sekundären Subjektivierung* spricht man dann, wenn das Oberflächensubjekt eines Satzes nicht mit seinem Tiefensubjekt übereinstimmt [...]. Sätze mit sekundärer Subjektivierung kommen im Deutschen [...] sehr selten vor. Dies ist darauf zurückzuführen, dass das Deutsche eine Sprache mit relativ freier Wortstellung ist und als Subjekt ein Agens bevorzugt (‚primäre Subjektivierung') [...]. Solche Konstruktionen [Sätze mit sekundärer Subjektivierung S.D.] wirken im Deutschen schwerfällig [...]" (Göpferich 2004: 724).

recht erhalten werden[96] (vgl. Placke 2001: 87, 108). Die Sätze mit den Komposita, den Distraktoren und die Nonsens-Sätze wurden in randomisierter Reihenfolge präsentiert. Die Stimuli wurden analog zu Experiment 1 auf drei Listen aufgeteilt. Die Probanden bearbeiteten dabei die gleiche Liste wie in Experiment 1. Folglich lasen sie die Komposita auf Wortebene in der gleichen Schreibweise wie auf Satzebene. So las jeder Proband von den 27 in Sätzen eingebetteten Komposita jeweils neun Komposita mit Mediopunkt, neun mit Bindestrich und neun unsegmentiert (jeweils drei pro Ausprägung der Variable *Morphemanzahl*). Damit ergab sich für das Experiment zunächst, analog zu Experiment 1, ein zweifaktorieller Versuchsplan mit den beiden unabhängigen Variablen *Segmentierung* und *Morphemanzahl*. Um darüber hinaus Aussagen über den Einfluss des Kontextes auf die kognitive Verarbeitung der Komposita treffen zu können, wurde im Anschluss ein weiteres Modell geschätzt, in welchem zusätzlich zu der *Segmentierung* und der *Morphemanzahl* die *Präsentationsweise* als weitere unabhängige Variable in das Modell aufgenommen wurde. Für das erweiterte Modell ergab sich somit ein dreifaktorieller Versuchsplan (3x3x2-Design) mit den drei unabhängigen Variablen *Segmentierung*, *Morphemanzahl* und *Präsentationsweise* (s. Tab. 23).

Tab. 23: 3x3x2-Versuchsplan

3. UV	Isoliert		
1. UV / 2. UV	Standard	Bindestrich	Mediopunkt
2 Morpheme	Apfelbaum	Apfel-Baum	Apfel·baum
3 Morpheme	Zahnarztpraxis	Zahn-Arzt-Praxis	Zahn·arzt·praxis
4 Morpheme	Straßenbahn-haltestelle	Straßen-Bahn-Halte-Stelle	Straßen·bahn·halte·stelle

....

96 Dass in Experiment 1 keine zusätzlichen Nicht-Wörter präsentiert wurden, ist darauf zurückzuführen, dass das Präsentieren von Nicht-Wörtern mit dem Poststimulus Distractor Task in Experiment 1 (Wort-Bild-Zuordnung) nicht kompatibel war. Angesichts dessen, dass die Antworten der Nonsens-Sätze nicht ausgewertet wurden, hätte das Hinzufügen eines weiteren Tasks auf Wortebene die Studie folglich nur unnötig kompliziert gemacht und zudem zu keinem erheblichen wissenschaftlichen Mehrwert geführt.

3. UV	Satz		
1. UV 2. UV	Standard	Bindestrich	Mediopunkt
2 Morpheme	Apfelbaum	Apfel-Baum	Apfel·baum
3 Morpheme	Zahnarztpraxis	Zahn-Arzt-Praxis	Zahn·arzt·praxis
4 Morpheme	Straßenbahn- haltestelle	Straßen-Bahn- Halte-Stelle	Straßen·bahn· halte·stelle

5.5.3 Durchführung

Nach erfolgreicher Kalibrierung begann das Experiment mit einem aus acht Items bestehenden Übungsblock, der dazu diente, die Probanden mit der Aufgabenstellung sowie mit der Art der Nonsens-Sätze vertraut zu machen. Die Probanden wurden instruiert, den auf dem Bildschirm erscheinenden Satz zu lesen und im Anschluss per Leertaste zur nächsten Folie zu wechseln. Nach jedem Satz wurde auf dem Bildschirm die Frage „Macht der Satz Sinn?" eingeblendet. Diese sollte der Proband im Falle der Stimuli-Sätze durch Betätigen der Taste 1 mit Ja und im Falle der Nonsens-Sätze durch Betätigen der Taste 2 mit Nein beantworten. Die Bearbeitung des Übungs- und Experimentalblocks dauerte je nach Lesegeschwindigkeit zwischen fünf und vierzehn Minuten. Durchführung und Präsentationsweise unterschieden sich somit erheblich von dem Experiment auf Wortebene. Im Gegensatz zu dem Experiment auf Wortebene wurde ein kompletter Satz und nicht ein einzelnes Wort präsentiert, was u. a. auch einen Effekt auf die Pupillenweite haben könnte. Diesen Aspekt gilt es bei der Auswertung der Ergebnisse zu beachten (s. hierzu auch Kap. 5.5.8).

5.5.4 Probanden

Da an dem Experiment dieselben Probanden teilnahmen wie an Experiment 1, sind die entsprechenden Informationen hierzu Kap. 5.4.4 zu entnehmen.

5.5.5 Statistisches Vorgehen

Das Vorgehen bei der statistischen Auswertung entspricht dem Vorgehen in Experiment 1. In einem weiteren Schritt wurde in den LMMs als zusätzlicher fester Faktor die Variable *Präsentationsweise* eingefügt. Dies ermöglicht es, die Blickbewegungsdaten für die Komposita mit und ohne Kontext zu vergleichen.

5.5.6   Datenbereinigung

Von den 47 Probanden der Kontrollgruppe und 19 Probanden der Zielgruppe wurden insgesamt 1782 Stimulussätze und 660 Nonsens-Sätze gelesen. Ausgewertet wurden nur die Fixationen der Stimulussätze (insg. 20352) und von diesen wiederum nur die 5396 Fixationen, die auf das Kompositum fielen. In 0,52 % der Fälle wurde das Kompositum nicht fixiert. Durch Blinzeln innerhalb der AOI gingen 9,25 % der Fixationen verloren. Weitere 3,7 % der Fixationen wurden aufgrund von unpräziser Kalibrierung und zu geringen Trackingwerten aus dem Datensatz entfernt. Von den aufgezeichneten Daten wurden basierend auf den in Kap. 5.4.6 genannten Kriterien insgesamt 13,47 % der Fixationen von den weiteren Analysen ausgeschlossen. Des Weiteren wurden alle ungültigen Werte aus dem Poststimulus Distractor Task identifiziert.

5.5.7   Ergebnisse

Ebenso wie in Experiment 1 werden zunächst die Ergebnisse der deskriptiven Statistik sowie signifikante Unterschiede zwischen den Gruppen berichtet, bevor in Kap. 5.5.7.2 und 5.5.7.5 auf die Ergebnisse der LMMs eingegangen wird. In Kap. 5.5.7.3 und 5.5.7.6 werden die Ergebnisse schließlich mit den Ergebnissen aus Experiment 1 verglichen.

5.5.7.1 Vergleich zwischen der Kontroll- und der Zielgruppe

Die Fixationsanzahl ist bei der Kontroll- und der Zielgruppe, ebenso wie in Experiment 1, bei der Standardschreibung am geringsten (KG: 2,52, ZG: 3,41) und bei der Bindestrichschreibung am höchsten (KG: 3,23, ZG: 4,01) (s. Abb. 46). Der Unterschied zwischen den Gruppen ist signifikant ($z = -7,826$, $p < 0,001$, $r = 0,189$), wobei die Zielgruppe die Komposita im Mittel mit 28,4 % mehr Fixationen liest als die Kontrollgruppe.

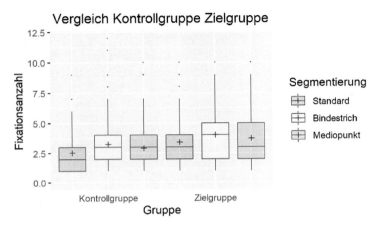

Abb. 46: Verteilung der Fixationsanzahl für die verschiedenen Schreibweisen und Gruppen[97]

Auch die Anzahl an Komposita, die mit nur einer Fixation gelesen werden, ist bei der Kontrollgruppe signifikant höher als bei der Zielgruppe ($z = -5{,}027$, $p < 0{,}001$, $r = 0{,}121$). So liest die Kontrollgruppe insgesamt 18,9 % der Komposita mit nur einer Fixation, während es bei der Zielgruppe nur 8,9 % sind. In beiden Gruppen wird die Standardschreibung am häufigsten (KG: 25,4 %, ZG: 12,7 %) und die Bindestrichschreibung am seltensten mit nur einer Fixation gelesen (KG: 15,6 %, ZG: 6,9 %). Zudem springt die Zielgruppe nach dem ersten Lesedurchgang signifikant häufiger auf das Kompositum zurück als die Kontrollgruppe ($z = 6{,}056$, $p < 0{,}001$, $r = 0{,}146$). Beide Gruppen fixieren die Bindestrichschreibung nach dem ersten Lesedurchgang am häufigsten erneut (KG: 0,88, ZG: 1,19). Während bei der Kontrollgruppe die Mediopunktschreibung nach dem ersten Lesedurchgang am seltensten erneut fixiert wird (0,79), ist die Anzahl an Revisits bei der Zielgruppe bei der Standardschreibung am geringsten (1,08). Des Weiteren ist auch der Anteil der Regressionen bei der Zielgruppe signifikant höher als bei der Kontrollgruppe ($z = -3{,}296$, $p = 0{,}001$, $r = 0{,}079$), wobei die Zielgruppe im Mittel 19,7 % häufiger zurückspringt als die Kontrollgruppe. Sowohl die Kontroll- als auch die Zielgruppe springt bei

---

97 Aus Darstellungsgründen sind bei der Zielgruppe zwei Ausreißer bei den viergliedrigen mit Bindestrich segmentierten Komposita (14, 15) nicht dargestellt.

der Bindestrichschreibung am häufigsten (KG: 18,12 %, ZG: 20,68 %) und bei der Mediopunktschreibung am seltensten zurück (KG: 15,39 %, ZG: 18,86 %). Darüber hinaus ist die Erstfixationsdauer bei der Kontrollgruppe im Mittel um 10,2 % kürzer als bei der Zielgruppe. Der Unterschied zwischen den Gruppen ist signifikant (z = -5,934, p < 0,001, r = 0,143). Zudem ist zu erkennen, dass die Erstfixationsdauer in beiden Gruppen bei der Bindestrichschreibung am kürzesten ist (KG: 188,71 ms, ZG: 229,07 ms). Während sie bei der Kontrollgruppe bei der Mediopunktschreibung am längsten ist (195,09 ms), ist sie bei der Zielgruppe bei der Standardschreibung am längsten (247,81 ms). Die signifikant unterschiedlichen Lesekompetenzen werden auch daran deutlich, dass die Zielgruppe die Komposita im Mittel um 43,0 % langsamer liest als die Kontrollgruppe (z = -13,598, p < 0,001, r = 0,328). Wie in Abb. 47 zu erkennen ist, liest die Kontrollgruppe die unsegmentierten Komposita im Mittel fast doppelt so schnell wie die Zielgruppe. Die Gesamtlesezeit ist in beiden Gruppen bei der Standardschreibung am kürzesten (KG: 568,22 ms, ZG: 1048,03 ms) und bei der Bindestrichschreibung am längsten (KG: 701,42 ms, ZG: 1176,48 ms).

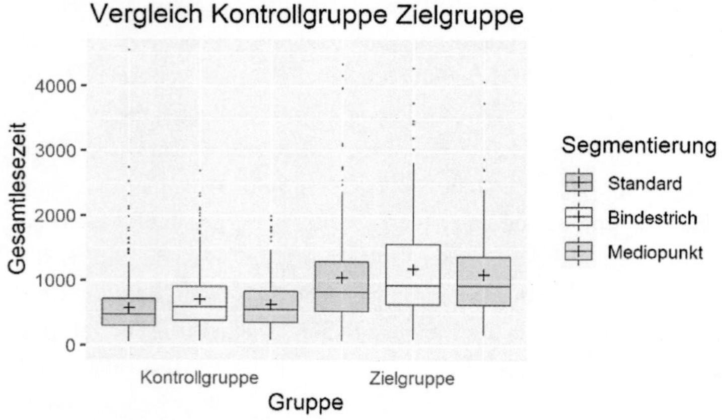

Abb. 47: Verteilung der Gesamtlesezeit für die verschiedenen Schreibweisen und Gruppen[98]

98 Aus Darstellungsgründen ist bei der Kontrollgruppe ein Ausreißer bei den dreigliedrigen unsegmentierten Komposita (4552 ms) und bei der Zielgruppe ein Ausreißer bei den viergliedrigen mit Mediopunkt segmentierten Komposita (5272 ms) nicht dargestellt.

Dass die Erstfixationsdauer bei der Zielgruppe signifikant länger ist als bei der Kontrollgruppe, steht zunächst im Widerspruch zu der bei der Zielgruppe signifikant kürzeren Erstfixationsdauer in Experiment 1 (s. Kap. 5.4.7.1), die als Indiz für eine morphembasierte Verarbeitung gewertet wurde. Wie in Experiment 1 aufgezeigt, kann eine signifikant kürzere Erstfixationsdauer allerdings nur in Kombination mit einer signifikant höheren Fixationsanzahl und einer längeren Gesamtlesezeit als Indiz für eine morphembasierte Verarbeitung gewertet werden (s. Kap. 5.4.7.3). Da die Fixationsanzahl und die Gesamtlesezeit aber bei der Kontrollgruppe, ebenso wie in Experiment 1, signifikant geringer bzw. kürzer ist als bei der Zielgruppe, kann die bei der Kontrollgruppe signifikant kürzere Erstfixationsdauer hier nicht als Indiz für eine im Vergleich zur Zielgruppe primär morphembasierte Verarbeitung betrachtet werden. Vielmehr lässt sich daraus schließen, dass eine signifikant kürzere Erstfixationsdauer in Kombination mit einer signifikant geringeren Fixationsanzahl und einer signifikant kürzeren Gesamtlesezeit darauf hindeutet, dass die Verarbeitung der Komposita im Kontext bei der Kontrollgruppe angesichts der besseren Lesekompetenzen zu allen Verarbeitungsphasen schneller abläuft als bei der Zielgruppe. Diese Annahme gilt es im Rahmen der weiteren Analysen und Experimente zu überprüfen (s. Kap. 5.8 und Kap. 5.9.2 für einen tentativen Modellierungsvorschlag).

Als letzter Indikator für die kognitive Verarbeitung der Komposita wurde die Pupillenweite verglichen, die bei der Kontrollgruppe signifikant kleiner ist als bei der Zielgruppe ($z = -4{,}198$, $p < 0{,}001$, $r = 0{,}031$). Bei beiden Gruppen ist die mittlere Pupillenweite bei der Standardschreibung am größten (KG: 3,226 mm, ZG: 3,262 mm). Bei der Kontrollgruppe ist die Pupillenweite im Mittel bei der Bindestrichschreibung am kleinsten (3,213 mm), bei der Zielgruppe hingegen bei der Mediopunktschreibung (3,221 mm).

5.5.7.2 Kontrollgruppe

Im Folgenden werden analog zu Experiment 1 zunächst die wesentlichen Ergebnisse der angepassten Modelle dargestellt. Anschließend werden die Ergebnisse in Beziehung zu den Ergebnissen aus Experiment 1 gesetzt. Tab. 24 gibt einen deskriptiven Überblick über die erhobenen Blickbewegungsparameter. Dargestellt sind die Mittelwerte und Standardabweichungen für die neun Bedingungen des zweifaktoriellen Versuchsplans.

	2 Morpheme			3 Morpheme			4 Morpheme		
	S	BS	Mp	S	BS	Mp	S	BS	Mp
Anzahl Fixationen	1,76 (0,99)	2,01 (1,07)	1,92 (0,92)	2,22 (1,05)	2,99 (1,29)	2,67 (1,15)	3,54 (1,37)	4,66 (1,87)	4,14 (1,44)
Anteil Refixation (%)	49,6 (33,25)	61,8 (32,11)	64 (32,03)	75,7 (25,75)	92,2 (10,14)	87,9 (15)	97,1 (3,94)	98,6 (1,95)	100 (0)
Revisits	0,58 (0,77)	0,59 (0,73)	0,6 (0,72)	0,69 (0,79)	0,82 (0,69)	0,71 (0,69)	1,11 (0,69)	1,22 (0,71)	1,05 (0,68)
Regression (%)	10,19 (18,99)	13,32 (20,72)	11,57 (19,51)	14,01 (20,3)	18,4 (19,81)	13,7 (19,06)	21,81 (17,52)	22,48 (16,11)	20,86 (16,54)
Erstfixationsdauer (ms)	203,2 (99,64)	192,56 (77,68)	206,49 (117,74)	197,93 (98,16)	194,91 (77,25)	190,2 (92,58)	181,71 (98,56)	178,8 (71,99)	188,76 (82,95)
Gesamtlesezeit (ms)	368,5 (252,2)	428,64 (281,04)	415,59 (117,74)	526,71 (469,42)	653,58 (355,02)	569,12 (303,6)	799,47 (443,89)	1012,36 (471,04)	882,28 (320,64)
Pupillenweite (mm)	3,22 (0,39)	3,25 (0,41)	3,25 (0,45)	3,23 (0,42)	3,21 (0,4)	3,22 (0,41)	3,23 (0,42)	3,2 (0,42)	3,22 (0,41)

Tab. 24: Mittelwerte (Standardabweichungen) der erhobenen Variablen (Kontrollgruppe)

© Frank & Timme   Verlag für wissenschaftliche Literatur

Fixationsanzahl

Zur Ermittlung von Unterschieden in der kognitiven Verarbeitung der Schreibweisen wurde zunächst die Fixationsanzahl verglichen. Hinsichtlich des Haupteffektes Segmentierung lässt sich aus dem angepassten Modell schließen, dass die erwartete Fixationsanzahl bei der Standardschreibung signifikant geringer ist als bei der Mediopunktschreibung (β = -0,591, t = -4,220, p < 0,001). Bei der Bindestrichschreibung ist die erwartete Fixationsanzahl hingegen signifikant höher als bei der Mediopunktschreibung (β = 0,518, t = 3,704, p < 0,001). Die Effektschätzer zeigen, dass die erwartete Fixationsanzahl bei zweigliedrigen Komposita bei der Standardschreibung absolut um β = -0,154 (t = -1,080) oder relativ um 8,3 % geringer; bei der Bindestrichschreibung hingegen absolut um β = 0,082 (t = 0,579) oder relativ um 4,2 % höher ist als bei der Mediopunktschreibung. Bei dreigliedrigen Komposita ist die erwartete Fixationsanzahl bei der Standardschreibung absolut um β = -0,447 (t = -3,194, p = 0,052) oder relativ um 16,9 % marginal signifikant geringer; bei der Bindestrichschreibung absolut um β = 0,326 (t = 2,334) oder relativ um 12,0 % höher als bei der Mediopunktschreibung. Bei viergliedrigen Komposita ist die Fixationsanzahl ebenfalls bei der Standardschreibung absolut um β = -0,591 (t = -4,220, p = 0,001) oder relativ um 14,3 % signifikant geringer; bei der Bindestrichschreibung hingegen absolut um β = 0,518 (t = 3,704, p = 0,008) oder relativ um 12,6 % signifikant höher als bei der Mediopunktschreibung. Zudem ist die Fixationsanzahl bei der Standardschreibung insgesamt absolut um β = -0,706 (t = -8,665, p < 0,001) oder relativ um 22,0 % signifikant geringer als bei der Bindestrichschreibung, wobei der Unterschied nach Bonferroni-Korrektur nur bei drei- und viergliedrigen Komposita signifikant ist (β = -0,773, t = -5,524, p < 0,001 bzw. β = -1,109, t = -7,918, p < 0,001; relativer Unterschied: 25,8 % bzw. 23,8 %). Die erwartete Fixationsanzahl ist in Abb. 48 dargestellt.

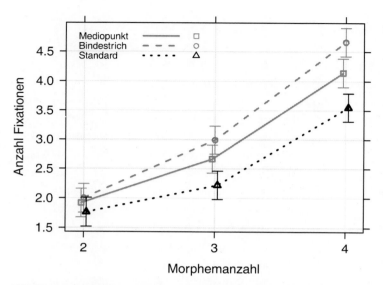

Abb. 48: Interaktionseffekte auf die geschätzte Fixationsanzahl bei der Kontrollgruppe

Tab. 25: Angepasste LMMs mit den abhängigen Variablen Fixationsanzahl (LMM^{Fixationsanzahl}), Single Fixation (LMM$^{\text{Single Fixation}}$), Revisits (LMM^{Revisits}), Regressionen (LMM^{Regressionen}), Erstfixationsdauer (LMM^{Erstfixationsdauer}), Gesamtlesezeit (LMM^{Gesamtlesezeit}) und Pupillenweite (LMM^{Pupillenweite})

	Fixed Effect	Estimate	Std. Error	t-value	p-value	sig
LMM^{Fixationsanzahl}	(Intercept)	4,141	0,123	33,812	< 0,001	***
	Morphemanzahl2	-2,225	0,140	-15,859	< 0,001	***
	Morphemanzahl3	-1,475	0,140	-10,555	< 0,001	***
	Segm.Bindestrich	0,518	0,140	3,704	< 0,001	***
	Segm.Standard	-0,591	0,140	-4,220	< 0,001	***
	Morphemanzahl2: Segm.Bindestrich	-0,436	0,199	-2,190	0,029	*
	Morphemanzahl3: Segm.Bindestrich	-0,192	0,198	-0,969	0,333	
	Morphemanzahl2: Segm.Standard	0,437	0,198	2,188	0,029	*
	Morphemanzahl3: Segm.Standard	0,144	0,198	0,726	0,468	

	Fixed Effect	Estimate	Std. Error	t-value	p-value	sig
LMM^Single Fixation	(Intercept)	-0,017	0,024	-0,725	0,469	
	Morphemanzahl2	0,401	0,024	16,720	< 0,001	***
	Morphemanzahl3	0,133	0,024	5,580	< 0,001	***
	Segm.Bindestrich	-0,002	0,024	-0,086	0,931	
	Segm.Standard	0,097	0,024	4,070	< 0,001	***
LMM^Revisits	(Intercept)	1,093	0,051	21,437	< 0,001	***
	Morphemanzahl2	-0,536	0,048	-11,107	< 0,001	***
	Morphemanzahl3	-0,383	0,048	-8,011	< 0,001	***
	Segm.Bindestrich	0,090	0,048	1,865	0,062	.
	Segm.Standard	0,007	0,048	0,140	0,889	
LMM^Regressionen	(Intercept)	20,858	1,661	12,555	< 0,001	***
	Morphemanzahl2	-9,311	2,188	-4,256	< 0,001	***
	Morphemanzahl3	-7,156	2,180	-3,283	0,001	**
	Segm.Bindestrich	1,624	2,180	0,745	0,456	
	Segm.Standard	0,970	2,184	0,444	0,657	
	Morphemanzahl2: Segm.Bindestrich	0,048	3,103	0,015	0,988	
	Morphemanzahl3: Segm.Bindestrich	3,071	3,083	0,996	0,319	
	Morphemanzahl2: Segm.Standard	-2,193	3,115	-0,704	0,481	
	Morphemanzahl3: Segm.Standard	-0,631	3,089	-0,204	0,838	
LMM^Erstfixationsdauer	(Intercept)	188,756	8,032	23,501	< 0,001	***
	Morphemanzahl2	17,732	10,739	1,651	0,099	.
	Morphemanzahl3	1,445	10,700	0,135	0,893	
	Segm.Bindestrich	-9,954	10,700	-0,930	0,352	
	Segm.Standard	-7,100	10,719	-0,662	0,508	
	Morphemanzahl2: Segm.Bindestrich	-3,982	15,230	-0,261	0,794	
	Morphemanzahl3: Segm.Bindestrich	14,665	15,131	0,969	0,333	
	Morphemanzahl2: Segm.Standard	3,399	15,288	0,222	0,824	
	Morphemanzahl3: Segm.Standard	14,891	15,159	0,982	0,326	

	Fixed Effect	Estimate	Std. Error	t-value	p-value	sig
LMM^{Gesamtlesezeit}	(Intercept)	882,28	37,62	23,453	< 0,001	***
	Morphemanzahl2	-467,74	37,22	-12,567	< 0,001	***
	Morphemanzahl3	-313,16	37,08	-8,445	< 0,001	***
	Segm.Bindestrich	130,08	37,08	3,508	< 0,001	***
	Segm.Standard	-80,91	37,15	-2,178	0,030	*
	Morphemanzahl2: Segm.Bindestrich	-117,21	52,79	-2,220	0,027	*
	Morphemanzahl3: Segm.Bindestrich	-45,62	52,44	-0,870	0,385	
	Morphemanzahl-2:Segm.Standard	32,09	52,99	0,605	0,545	
	Morphemanzahl3: Segm.Standard	37,96	52,54	0,722	0,470	
LMM^{Pupillenweite}	(Intercept)	3,214	0,056	57,139	< 0,001	***
	Morphemanzahl2	0,029	0,006	4,960	< 0,001	***
	Morphemanzahl3	0,013	0,005	2,455	0,014	*
	Segm.Bindestrich	0,002	0,005	0,461	0,645	
	Segm.Standard	-0,007	0,006	-1,210	0,226	

Single Fixation

Die bei der Fixationsanzahl sichtbare Tendenz spiegelt sich auch in der Anzahl an Single Fixation wider. Diese ist bei der Standardschreibung signifikant höher, bei der Bindestrichschreibung hingegen minimal geringer als bei der Mediopunktschreibung (s. Tab. 25). Zudem wird die Standardschreibung signifikant häufiger mit nur einer Fixation gelesen als die Bindestrichschreibung ($\beta = 0,099$, t = 4,148, p < 0,001).

Revisits

Die erwartete Anzahl an Revisits ist bei der Standardschreibung minimal höher ($\beta = 0,007$, t = 0,140, p = 0,889) und bei der Bindestrichschreibung marginal signifikant höher als bei der Mediopunktschreibung ($\beta = 0,090$, t = 1,865, p = 0,062). Während die erwartete Anzahl an Revisits bei zweigliedrigen Komposita bei der Standardschreibung absolut um $\beta = -0,021$ (t = -0,246) oder relativ um 3,5 % und bei der Bindestrichschreibung absolut um $\beta = -0,018$ (t = -0,216) oder relativ um 3,0 % geringer ist als bei der Mediopunktschreibung, ist sie bei dreigliedrigen Komposita bei der Standardschreibung ebenfalls absolut um β = -0,015 (t = -0,186) oder relativ um 2,1 % geringer, bei der Bindestrichschreibung hingegen absolut um β = 0,113 (t = 1,371) oder relativ um 16,1 % höher als bei der Mediopunktschreibung. Bei viergliedrigen Komposita ist die erwartete Anzahl an Revisits sowohl bei der Standardschreibung absolut um β = 0,057 (t = 0,682) oder relativ um 5,3 % als auch bei der Bindestrichschreibung absolut um β = 0,170 (t = 2,056) oder relativ um 16,2 % höher als bei der Mediopunktschreibung.

Anteil der Regressionen

Aus dem angepassten Modell $LMM^{Regressionen}$ lässt sich hinsichtlich des Haupteffektes Segmentierung schließen, dass der erwartete Anteil der Regressionen bei der Standardschreibung ceteris paribus um 0,970 % (t = 0,444, p = 0,657) und bei der Bindestrichschreibung um 1,624 % (t = 0,745, p = 0,456) höher ist als bei der Mediopunktschreibung. Die Effektschätzer zeigen, dass der erwartete Anteil der Regressionen bei zweigliedrigen Komposita bei der Standardschreibung absolut um β = -1,223 (t = -0,551) oder relativ um 10,4 % geringer; bei der Bindestrichschreibung hingegen absolut um β = 1,672 (t = 0,757) oder relativ um 14,8 % höher ist als bei der Mediopunktschreibung. Bei drei- und viergliedrigen Komposita ist der erwartete Anteil der Regressionen hingegen sowohl bei der Standardschreibung absolut um β = 0,339 (t = 0,155) bzw. β = 0,970 (t = 0,444) oder relativ um 2,2 % bzw. 4,3 % als auch bei der Bindestrichschreibung absolut um β = 4,695 (t = 2,154) bzw. β = 1,624 (t = 0,745) oder relativ um 34,3 % bzw. 7,7 % höher als bei der Mediopunktschreibung (s. Abb. 49).

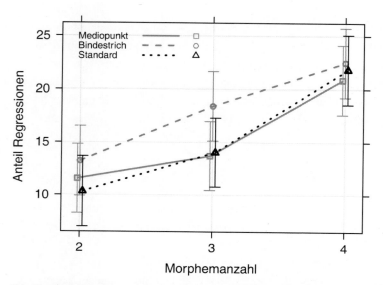

Abb. 49: Interaktionseffekte auf den geschätzten Anteil der Regressionen bei der Kontrollgruppe

Erstfixationsdauer

Hinsichtlich der Haupteffekte lässt sich aus dem Modell schließen, dass die erwartete Erstfixationsdauer sowohl bei der Standard- als auch bei der Bindestrichschreibung kürzer ist als bei der Mediopunktschreibung (s. Tab. 25). Bei zweigliedrigen Komposita ist die erwartete Erstfixationsdauer marginal signifikant um 17,732 ms (t = 1,651, p = 0,099) länger als bei viergliedrigen Komposita. Während die erwartete Erstfixationsdauer bei zwei- und viergliedrigen Komposita bei der Standardschreibung absolut um β = -3,70 (t = -0,339) bzw. β = -7,10 (t = -0,662) oder relativ um 1,5 % bzw. 3,7 % und bei der Bindestrichschreibung absolut um β = -13,94 (t = -1,286) bzw. β = -9,95 (t = -0,930) oder relativ um 6,3 % bzw. 5,3 % kürzer ist als bei der Mediopunktschreibung, ist sie bei dreigliedrigen Komposita sowohl bei der Standardschreibung absolut um β = 7,79 (t = 0,727) oder relativ um 4,2 % als auch bei der Bindestrichschreibung absolut um β = 4,71 (t = 0,440) oder relativ um 2,6 % länger als bei der Mediopunktschreibung.

Gesamtlesezeit

Dem Modell LMM^{Gesamtlesezeit} ist hinsichtlich des Haupteffektes Segmentierung zu entnehmen, dass die erwartete Gesamtlesezeit bei der Standardschreibung um 80,91 ms (t = -2,178, p = 0,030) signifikant kürzer, bei der Bindestrichschreibung hingegen um 130,08 ms (t = 3,508, p < 0,001) signifikant länger ist als bei der Mediopunktschreibung. Der Interaktionseffekt zwischen zweigliedrigen Komposita und der Bindestrichschreibung ist signifikant (s. Tab. 25). Aus den Effektschätzern lässt sich ferner ableiten, dass die erwartete Gesamtlesezeit bei zwei- und dreigliedrigen Komposita bei der Standardschreibung absolut um β = -48,8 (t = -1,292) bzw. β = -43,0 (t = -1,156) oder relativ um 11,8 % bzw. 7,6 % kürzer; bei der Bindestrichschreibung hingegen absolut um β = 12,9 (t = 0,343) bzw. β = 84,5 (t = 2,277) oder relativ um 2,9 % bzw. 14,9 % länger ist als bei der Mediopunktschreibung. Auch bei viergliedrigen Komposita ist die erwartete Gesamtlesezeit bei der Standardschreibung absolut um β = -80,9 (t = -2,178) oder relativ um 9,2 % kürzer und bei der Bindestrichschreibung absolut um β = 130,1 (t = 3,508, p = 0,017) oder relativ um 14,7 % signifikant länger als bei der Mediopunktschreibung.

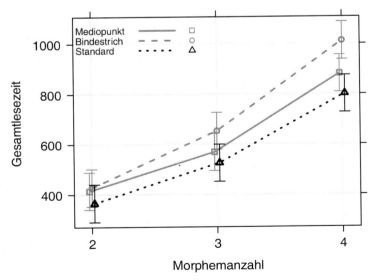

Abb. 50: Interaktionseffekte auf die geschätzte Gesamtlesezeit bei der Kontrollgruppe

Zudem ist die Gesamtlesezeit, insgesamt betrachtet, bei der Standardschreibung absolut um β = -133,4 (t = -6,169, p < 0,001) oder relativ um 19,2 % signifikant kürzer als bei der Bindestrichschreibung, wobei der Unterschied nach Bonferroni-Korrektur nur bei drei- und viergliedrigen Komposita signifikant ist (β = -127,4, t = -3,429, p = 0,023 bzw. β = -211,0, t = -5,679, p < 0,001). Die erwartete Gesamtlesezeit ist in Abb. 50 dargestellt.

Pupillenweite

Die Pupillenweite ist bei der Standardschreibung kleiner und bei der Bindestrichschreibung größer als bei der Mediopunktschreibung (s. Tab. 25). Während sie bei zwei- und viergliedrigen Komposita bei der Standardschreibung kleiner (β = -0,004, t = -0,317 bzw. β = -0,013, t = -1,648) und bei der Bindestrichschreibung größer (β = 0,011, t = 0,942 bzw. β = 0,016, t = 2,093) ist als bei der Mediopunktschreibung, ist sie bei dreigliedrigen Komposita bei der Standardschreibung größer (β = 0,002, t = 0,160) und bei der Bindestrichschreibung kleiner (β = -0,024, t = -2,546) als bei der Mediopunktschreibung. Zudem ist die Pupillenweite bei viergliedrigen Komposita bei der Bindestrichschreibung signifikant größer als bei der Standardschreibung (β = 0,029, t = 3,687, p = 0,008).

5.5.7.3 Vergleich mit und ohne Kontext: Kontrollgruppe

Um den Einfluss der Einbettung der Komposita in Sätzen beurteilen zu können, werden die Ergebnisse im Folgenden mit den Ergebnissen aus Experiment 1 verglichen. Dazu wurde in den jeweiligen Modellen (s. Kap. 5.5.7.2) neben den bereits genannten Haupt- und Interaktionseffekten der Haupteffekt der Variable *Präsentationsweise* auf die jeweiligen abhängigen Variablen geschätzt.

Fixationsanzahl

Aus dem Modell, in dem zusätzlich der Effekt der Präsentationsweise auf die Fixationsanzahl geschätzt wurde, lässt sich schließen, dass die Fixationsanzahl bei isolierter Präsentation signifikant höher ist als bei kontextueller Präsentation (β = 1,716, t = 27,060, p < 0,001). Dies gilt für alle drei Schreibweisen (s. Tab. 26).

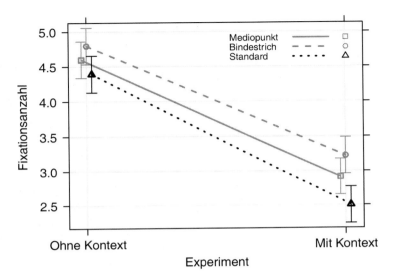

Abb. 51: Interaktionseffekte von Segmentierung und Präsentationsweise auf die geschätzte Fixationsanzahl bei der Kontrollgruppe

Während die Standardschreibung ohne Kontext nahezu doppelt so häufig fixiert wird wie mit Kontext, wird die Mediopunktschreibung ohne Kontext um 37 % und die Bindestrichschreibung um 33 % häufiger fixiert als mit Kontext. Der mit dem Kontext einhergehende Verarbeitungsvorteil ist somit bei der Standardschreibung am stärksten und bei der Bindestrichschreibung am geringsten ausgeprägt. Abb. 51 zeigt, dass die Fixationsanzahl in beiden Experimenten bei der Standardschreibung am geringsten und bei der Bindestrichschreibung am höchsten ist. In beiden Experimenten ist die Fixationsanzahl bei der Bindestrichschreibung signifikant höher als bei der Standardschreibung. Auf Satzebene ist zudem der Unterschied zwischen Standard- und Mediopunktschreibung sowie zwischen Bindestrich- und Mediopunktschreibung signifikant.

		β	Std. Error	t-ratio	p-value	sig
LMM^{Fixationsanzahl}	Standard	1,889	0,110	17,165	< 0,001	***
	Bindestrich	1,574	0,110	14,340	< 0,001	***
	Mediopunkt	1,687	0,110	15,391	< 0,001	***
LMM^{Single Fixation}	Standard	-0,221	0,019	-11,369	< 0,001	***
	Bindestrich	-0,136	0,019	-7,011	< 0,001	***
	Mediopunkt	-0,136	0,019	-7,018	< 0,001	***
LMM^{Revisits}	Standard	-0,783	0,036	-21,859	< 0,001	***
	Bindestrich	-0,869	0,036	-24,320	< 0,001	***
	Mediopunkt	-0,779	0,036	-21,834	< 0,001	***
LMM^{Regressionen}	Standard	13,299	1,28	10,401	< 0,001	***
	Bindestrich	12,338	1,27	9,679	< 0,001	***
	Mediopunkt	11,765	1,27	9,242	< 0,001	***
LMM^{Erstfixationsdauer}	Standard	2,600	6,43	0,405	1,000	
	Bindestrich	-6,203	6,41	-0,968	1,000	
	Mediopunkt	-5,068	6,40	-0,792	1,000	
LMM^{Gesamtlesezeit}	Standard	501,11	30,0	16,679	< 0,001	***
	Bindestrich	367,04	29,9	12,255	< 0,001	***
	Mediopunkt	453,37	29,9	15,157	< 0,001	***
LMM^{Pupillenweite}	Standard	0,187	0,009	21,772	< 0,001	***
	Bindestrich	0,163	0,008	20,796	< 0,001	***
	Mediopunkt	0,184	0,008	22,750	< 0,001	***

Tab. 26: Effekt der Präsentationsweise auf die verschiedenen abhängigen Variablen für die drei Schreibweisen

Single Fixation

Auch die erwartete Anzahl an Single Fixation ist im Kontext signifikant höher als ohne Kontext ($\beta = 0{,}164$, t = 14,603, p < 0,001), wobei auch dies für alle drei Schreibweisen gilt (s. Tab. 26). Während die unsegmentierten Komposita im Kontext mehr als 20 Prozentpunkte häufiger mit nur einer Fixation gelesen werden als ohne Kontext, werden die mit Bindestrich und Mediopunkt segmentierten Komposita im Kontext jeweils etwas mehr als 10 Prozentpunkte häufiger mit nur einer Fixation gelesen als bei isolierter Präsentation. Sowohl mit als auch ohne Kontext werden bei der Standardschreibung die meisten und bei der Bindestrichschreibung die wenigsten Komposita mit nur einer Fixation gelesen. Während die Unterschiede auf Wortebene nicht signifikant sind, ist auf Satzebene sowohl der Unterschied zwischen Standard- und Bindestrichschreibung als auch der Unterschied zwischen Standard- und Mediopunktschreibung signifikant.

Revisits

Die erwartete Anzahl an Revisits ist bei isolierter Präsentation signifikant geringer als bei kontextueller Präsentation (β = -0,810, t = -39,272, p < 0,001), wobei auch dies auf alle drei Schreibweisen zutrifft (s. Tab. 26). Wie bereits erwähnt, werden die Komposita ungeachtet der Schreibweise ohne Kontext nur in den wenigsten Fällen nach dem ersten Lesedurchgang erneut fixiert. Angesichts der Tatsache, dass nach dem Verlassen der AOI, d. h. nach dem Kompositum, im Gegensatz zum Lesen des Satzes keine Informationen folgen, ist dies allerdings wenig verwunderlich. Während es ohne Kontext keine Unterschiede zwischen den Schreibweisen gibt, ist die Anzahl an Revisits im Kontext bei der Mediopunktschreibung am geringsten und bei der Bindestrichschreibung am höchsten.

Anteil der Regressionen

Der erwartete Anteil der Regressionen ist bei isolierter Präsentation signifikant höher als bei kontextueller Präsentation (β = 12,465, t = 16,932, p < 0,001), wobei dies ebenfalls für alle drei Schreibweisen gilt (s. Tab. 26). Während der Anteil der Regressionen ohne Kontext bei der Standard- und Mediopunktschreibung fast doppelt so hoch ist wie mit Kontext, ist er bei der Bindestrichschreibung ca. 30 Prozentpunkte höher als bei kontextueller Darstellung. Abb. 52 zeigt zudem, dass die Probanden sowohl mit als auch ohne Kontext bei der Bindestrichschreibung am häufigsten und bei der Mediopunktschreibung am seltensten zurückspringen.

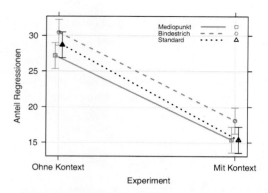

Abb. 52: Interaktionseffekte von Segmentierung und Präsentationsweise auf den geschätzten Anteil der Regressionen bei der Kontrollgruppe

Erstfixationsdauer

Die erwartete Erstfixationsdauer ist bei isolierter Präsentation hingegen minimal kürzer als bei kontextueller Präsentation (β = -2,903, t = -0,785, p = 0,433). Bei der Standardschreibung ist die Erstfixationsdauer ohne Kontext länger als mit Kontext, bei der Bindestrich- und Mediopunktschreibung hingegen ohne Kontext kürzer als mit Kontext (s. Tab. 26). Die Erstfixationsdauer ist in beiden Experimenten bei der Bindestrichschreibung am kürzesten. Während sie ohne Kontext bei der Standardschreibung am längsten ist, ist sie mit Kontext bei der Mediopunktschreibung am längsten (s. Abb. 53).

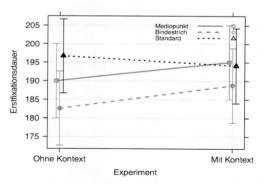

Abb. 53: Interaktionseffekte von Segmentierung und Präsentationsweise auf die geschätzte Erstfixationsdauer bei der Kontrollgruppe

Gesamtlesezeit

Die erwartete Gesamtlesezeit ist ohne Kontext signifikant länger als mit Kontext (β = 440,39, t = 25,410, p < 0,001), wobei dies ebenfalls auf alle Schreibweisen zutrifft (s. Tab. 26). Die unsegmentierten und mit Mediopunkt segmentierten Komposita werden mit Kontext im Mittel nahezu doppelt so schnell gelesen wie ohne Kontext. Die Bindestrichschreibung wird im Kontext im Mittel um ⅓ schneller gelesen als isoliert, womit der mit dem Kontext einhergehende Verarbeitungsvorteil, ebenso wie bei der Fixationsanzahl und dem Anteil der Regressionen, bei der Bindestrichschreibung am geringsten ausgeprägt ist. Die Standardschreibung wird sowohl ohne als auch mit Kontext am schnellsten gelesen. Bei isolierter Präsentation wird die Mediopunktschreibung am längsten fixiert; bei kontextueller Präsentation hingegen die Bindestrichschreibung. Während die Unterschiede auf Wortebene nicht signifikant sind, unterscheidet sich die Gesamtlesezeit auf Satzebene zwischen allen drei Schreibweisen signifikant.

Pupillenweite

Die erwartete Pupillenweite ist beim Lesen der Komposita ohne Kontext signifikant größer als beim Lesen der Komposita mit Kontext (β = 0,177, t = 37,491, p < 0,001), wobei dies ebenfalls für alle drei Schreibweisen gilt (s. Tab. 26) (für eine Diskussion dieses Ergebnisses s. Kap. 5.5.8).

5.5.7.4 Diskussion der Ergebnisse (Kontrollgruppe)

Die Analysen haben gezeigt, dass die Probanden der Kontrollgruppe die Standardschreibung signifikant besser verarbeiten als die Bindestrich- und Mediopunktschreibung. So ist die Fixationsanzahl bei der Standardschreibung signifikant geringer als bei der Bindestrich- und Mediopunktschreibung und zudem wird die Standardschreibung signifikant häufiger mit nur einer Fixation gelesen als die Bindestrich- und Mediopunktschreibung. Da die unsegmentierten Komposita darüber hinaus signifikant schneller gelesen werden als die segmentierten Komposita, kann die Hypothese-K-1, dass die Kontrollgruppe die Standardschreibung am besten verarbeitet, als bestätigt angesehen werden. Für einen Verarbeitungsnachteil der Bindestrich- im Vergleich zur Standardschreibung spricht zudem der höhere Anteil der Regressionen sowie die Anzahl an Revisits, die bei der Bindestrichschreibung ebenfalls höher ist als bei der Standardschreibung. Bei der Mediopunktschreibung sind diese Parameter hingegen minimal geringer als bei der Standardschreibung. Die Erstfixationsdauer ist, ebenso wie in Experiment 1, auch auf Satzebene bei der Bindestrichschreibung ungeachtet der Morphemanzahl kürzer als bei der Standardschreibung. Wie in Kap. 5.4.7.3 erläutert, bestärkt dies die Hypothese, dass bei der Bindestrichschreibung mit der ersten Fixation nur die erste Konstituente verarbeitet wird. Der Aufmerksamkeitsfokus ist somit auf eine kürzere, höherfrequente Einheit beschränkt, wodurch die initiale Verarbeitung der ersten Konstituente beschleunigt wird. In den auf Satzebene durchgeführten Studien von Inhoff/Radach (2002), Pfeiffer (2002) und Juhasz et al. (2005) wurde aufgezeigt, dass die Landeposition bei mit Bindestrich segmentierten Komposita weiter links liegt als bei unsegmentierten Komposita. Dieser Zusammenhang zwischen Landeposition und dekompositioneller bzw. ganzheitlicher Verarbeitung kann in dieser Studie bestätigt werden, denn die Post-hoc-Analyse zeigt, dass die initiale Landeposition bei der Bindestrichschreibung weiter links liegt als bei der Standardschreibung (β = -5,07, t = -0,844, p = 1,000). Darüber hinaus deutet auch die signifikante Korrelation zwischen Landeposition und Erstfixationsdauer darauf hin, dass je weiter die erste Fixation links landet, desto kürzer ist die Erstfixationsdauer (r = 0,190, p < 0,001). Landet die erste Fixation hingegen, wie bei den unsegmentierten Komposita, weiter rechts, so ist diese länger und deutet somit auf eine ganzheitliche Verarbeitung hin. Bei den unsegmentierten Komposita liegt die erste Fixation folglich näher an der Wortmitte, was dazu führt, dass die Probanden im Gegensatz zur Bindestrichschreibung nicht nur die erste Konstituente verarbeiten, sondern bereits der direkte Zugriff auf die Bedeutung des Kompositums stattfindet. Dies führt zwar zu einer längeren Erstfixationsdauer, jedoch zugleich auch zu einer geringeren Notwendigkeit der Refixation und zu einer kürzeren Gesamtlesezeit, was zeigt, dass die Verarbeitung über die direkte Route bei unbeeinträchtigten Lesern schneller abläuft als die morphembasierte Verarbeitung. Somit ist die bei der Bindestrichschreibung kürzere Erstfixationsdauer vermutlich darauf zurückzuführen, dass die Leser bei der Bindestrichschreibung mit der ersten Fixation primär die erste Konstituente verarbeiten, was durch die bei den segmentierten Komposita weiter links liegende Landeposition bestätigt wird. Dies führt automatisch dazu, dass das Wort erneut fixiert werden muss, was sich in einer signifikant höheren Fixationsanzahl, einer geringeren Anzahl an Single Fixation und einer signifikant längeren Gesamtlesezeit widerspiegelt (für einen tentativen Modellierungsvorschlag zu dem Zusammenhang zwischen der Erstfixationsdauer und der kognitiven Verarbeitung von segmentierten und unsegmentierten Komposita s. Kap. 5.8). Da die Segmentierung mit dem Bindestrich und die Binnenmajuskel einer ganzheitlichen Verarbeitung entgegensteht, müssen die Konstituentenbedeutungen bei der morphembasierten Verarbeitung zudem noch zusammengesetzt werden, was ebenfalls ein Grund für die signifikant längere Gesamtlesezeit sein könnte. Vor dem Hintergrund, dass sowohl die Fixationsanzahl als auch die Gesamtlesezeit bei der Bindestrichschreibung signifikant höher bzw. signifikant länger als bei der Standard- und Mediopunktschreibung ist und auch der Anteil der Regressionen bei der Bindestrichschreibung höher als bei der Standard- und signifikant höher als bei der Mediopunktschreibung ist, lässt sich schlussfolgern, dass die Bindestrichschreibung zwar die initiale Verarbeitung der ersten Konstituente beschleunigt, der Leseprozess aber insgesamt, wie an der signifikant höheren Fixationsanzahl und der signifikant längeren Gesamtlesezeit sichtbar ist, durch die erzwungene morphembasierte Verarbeitung verlangsamt wird. Eine kurze Erstfixationsdauer kann in diesem Fall nicht als Verarbeitungsvorteil gedeutet werden (vgl. Inhoff et al. 2000; Juhasz et al. 2005; Cherng 2008; Häikiö et al. 2011). Auch die in Abb. 54 gezeigten Heat Maps deuten darauf hin, dass die Verarbeitung des Kompositums bei der Bindestrichschreibung vermehrt morphembasiert abzulaufen scheint, wohingegen es so scheint, als würde bei der Standard- und Mediopunktschreibung der Fokus der Fixationen primär auf der Wortmitte liegen.

Abb. 54: Heat Maps für die Stimuli Autobahn und Flughafensicherheitscheck (Kontrollgruppe)

Lediglich der Anteil der Regressionen bestätigt die Hypothese nur teilweise. Dieser ist, hypothesenkonform, bei zweigliedrigen Komposita bei der Standardschreibung mit 10,4 % bzw. 22,0 % Differenz deutlich geringer als bei der Mediopunkt- und Bindestrichschreibung. Bei drei- und viergliedrigen Komposita ist der Anteil der Regressionen zwar nach wie vor geringer als bei der Bindestrichschreibung (23,9 % bzw. 3,1 %), allerdings leicht höher als bei der Mediopunktschreibung (2,2 % bzw. 4,3 %). Der leicht höhere Anteil der Regressionen im Vergleich zur Mediopunktschreibung ist womöglich darauf zurückzuführen, dass der Anteil der Regressionen mit der Länge und Komplexität eines Wortes steigt (vgl. Just/Carpenter 1980; Rayner/Pollatsek 1989; Pollatsek et al. 2004). Bei drei- und viergliedrigen Komposita muss der Leser mehr Morphemgrenzen identifizieren als bei zweigliedrigen Komposita, was, sofern dies nicht auf Anhieb gelingt, zur Notwendigkeit von regressiven Korrektursakkaden führt. Die perzeptionsstützende und weniger invasive Gliederung mit dem Mediopunkt hilft dem Leser somit vermutlich dabei, das Kompositum „in kleinen ‚Portionen' zu rezipieren" (Bredel/Maaß 2017: 221) und beugt einem Verfehlen der Morphemgrenzen im ersten Lesedurchgang vor. Dafür spricht auch die Anzahl an Revisits, die bei viergliedrigen Komposita bei der Mediopunktschreibung geringer ist als bei der Standardschreibung. Da die Fixationsanzahl und die Gesamtlesezeit aber bei der Standardschreibung signifikant geringer bzw. kürzer ist als bei der Mediopunktschreibung, deutet der leicht höhere Anteil der Regressionen hier nicht auf Verstehensschwierigkeiten hin, sondern ist, wie erwähnt, Teil des natürlichen Leseprozesses (s. dazu auch: O'Regan/Lévy-Schoen 1987; Radach/McConkie 1998; Vitu 2005). Die Pupillenweite, die bei der Standardschreibung kleiner als bei der Mediopunkt- und Bindestrichschreibung ist, deutet ebenfalls darauf hin, dass unsegmentierte Komposita leichter verarbeitet werden als segmentierte Komposita.

Die Hypothese-K-$\dot{2}$, dass die Bindestrichschreibung auch im Kontext langsamer verarbeitet wird als die Mediopunktschreibung, kann ebenfalls durch signifikante Ergebnisse bestätigt werden. So wird die Mediopunktschreibung mit signifikant weniger Fixationen gelesen als die Bindestrichschreibung und auch die Anzahl an mit nur einer Fixation gelesenen Komposita ist bei der Mediopunktschreibung höher als bei der Bindestrichschreibung. Des Weiteren springen die Probanden bei der Mediopunktschreibung deutlich seltener zurück als bei der Bindestrichschreibung und lesen die Mediopunktschreibung signifikant schneller als die Bindestrichschreibung. Darüber hinaus fixieren die Probanden das Kompositum nach dem ersten Lesedurchgang bei der Bindestrichschreibung marginal signifikant häufiger erneut als bei der Mediopunktschreibung und auch die bei der Bindestrichschreibung größere Pupillenweite spricht dafür, dass die mit Bindestrich segmentierten Komposita im Satz schwieriger zu verarbeiten sind als die mit Mediopunkt segmentierten Komposita. Die Erstfixationsdauer ist bei der Bindestrichschreibung kürzer als bei der Mediopunktschreibung. Vor dem Hintergrund, dass die Fixationsanzahl, der Anteil der Regressionen und die Gesamtlesezeit jedoch bei der Bindestrichschreibung signifikant höher bzw. länger ist als bei der Mediopunktschreibung, deutet die kürzere Erstfixationsdauer darauf hin, dass bei der Bindestrichschreibung während der ersten Fixation nur die erste Konstituente verarbeitet wird. Die morphembasierte Verarbeitung der ersten Konstituente wird bei der Bindestrichschreibung folglich erleichtert, die Verarbeitung des Gesamtkomplexes wird aber, wie an der signifikant längeren Gesamtlesezeit, der signifikant höheren Fixationsanzahl und dem signifikant höheren Anteil der Regressionen zu erkennen ist, verlangsamt (s. Kap. 5.8 für einen tentativen Modellierungsvorschlag). Dies zeigt, dass bei der Segmentierung mit dem Bindestrich eine dekompositionelle Wortverarbeitung erzwungen wird, während dies bei dem weitgehend wortbilderhaltenden Mediopunkt nicht zwingend der Fall zu sein scheint. Dass die Mediopunktschreibung insgesamt besser verarbeitet wird als die Bindestrichschreibung, lässt sich auch an den Heat Maps in Abb. 55 veranschaulichen.

Abb. 55: Heat Maps für den Stimulus Schornsteinfeger (Kontrollgruppe)

Insgesamt deuten die Ergebnisse somit überwiegend darauf hin, dass unbeeinträchtigte Leser, ungeachtet der Morphemanzahl, die korrekte und damit die gewohnte Schreibweise am besten verarbeiten. Ungewohnte Segmentierungen führen hingegen zu einer höheren Fixationsanzahl und längeren Lesezeiten. Bei dem negativen Effekt der Bindestrich- im Vergleich zur Mediopunktschreibung könnte es sich, in Anlehnung an Placke (2001), um einen Effekt der falschen Orthografie handeln, der die Wortverarbeitung irritiert und hinauszögert.

Zuletzt soll noch auf die Hypothesen-K-3 bis K-5 eingegangen werden, welche sich auf die Rolle des Kontextes beziehen. Die dritte Hypothese-K-3, dass in Sätzen eingebettete Komposita schneller verarbeitet werden als isoliert präsentierte Komposita, kann zweifellos bestätigt werden. So ist die Fixationsanzahl, der Anteil der Regressionen und die Gesamtlesezeit bei allen drei Schreibweisen bei kontextueller Präsentation signifikant geringer als bei isolierter Präsentation. Dass Komposita bei kontextueller Präsentation signifikant schneller verarbeitet werden als bei isolierter Präsentation, stützt somit die Ergebnisse von Balota et al. (1985), Rayner/Pollatsek (1989) und Vitu et al. (1990) (s. Kap. 3.8.4). Zudem werden bei kontextueller Präsentation signifikant mehr Komposita mit nur einer Fixation gelesen als bei isolierter Präsentation. Die Parameter deuten somit eindeutig darauf hin, dass die kontextuelle Einbettung ungeachtet der Schreibweise zu einem signifikanten Verarbeitungsvorteil führt. Lediglich die Erstfixationsdauer unterscheidet sich zwischen den Präsentationsweisen nicht signifikant. Dass die Erstfixationsdauer bei isolierter Präsentation minimal kürzer ist als bei kontextueller Präsentation, ist vermutlich darauf zurückzuführen, dass im Kontext signifikant mehr Komposita mit nur einer Fixation gelesen werden als bei isolierter Präsentation und die erste Fixation eines refixierten Wortes kürzer ist als die erste Fixation eines mit nur einer Fixation gelesenen Wortes (vgl. O'Regan/Lévy-Schoen 1987; Vitu et al. 1990; Sereno 1992). Für diese Erklärung spricht auch, dass die Fixationsanzahl ohne Kontext signifikant höher ist als mit Kontext.

Auch die Hypothese-K-4, dass der kontextuelle Verarbeitungsvorteil bei der Bindestrichschreibung geringer ausgeprägt ist als bei der Mediopunkt- und Standardschreibung, kann bestätigt werden. So ist der Verarbeitungsvorteil bei kontextueller Einbettung zwar auch bei der Bindestrichschreibung vorhanden, jedoch ist der Unterschied zwischen Wort- und Satzebene sowohl bei der Fixationsanzahl als auch bei der Gesamtlesezeit deutlich geringer ausgeprägt als bei der Mediopunkt- und Standardschreibung.

Die letzte Hypothese-K-5, dass sich das Lesen isoliert präsentierter Wörter erheblich von einer natürlichen Lesesituation unterscheidet und die Ergebnisse auf Satzebene folglich von den Ergebnissen auf Wortebene abweichen, kann ebenfalls bestätigt werden. So ist die Gesamtlesezeit bei der Bindestrichschreibung ohne Kontext kürzer, mit Kontext hingegen signifikant länger als bei der Mediopunktschreibung. Dies bestätigt sich auch bei Betrachtung der zwei-, drei- und viergliedrigen Komposita: So werden die zwei- und viergliedrigen mit Bindestrich segmentierten Komposita ohne Kontext schneller, mit Kontext hingegen deutlich langsamer gelesen als die mit Mediopunkt und die unsegmentierten Komposita. Zudem ist die Fixationsanzahl bei den viergliedrigen Komposita ohne Kontext bei der Bindestrichschreibung geringer, mit Kontext hingegen signifikant höher als bei der Mediopunktschreibung. In Hinblick auf die Anzahl an Single Fixation gibt es zwar keine Unterschiede, allerdings sind die Unterschiede zwischen den Schreibweisen nur auf Satzebene signifikant. Die divergierenden Ergebnisse werfen unweigerlich die Frage auf, welche Ergebnisse als aussagekräftiger anzusehen sind. Da sich das Lesen isoliert präsentierter Wörter erheblich von einer natürlichen Lesesituation unterscheidet und die erforderliche ökologische Validität im Vergleich zum Lesen ganzer Sätze weitgehend fehlt, lässt sich – auch unter Berücksichtigung der weiteren in der Literatur angemerkten Kritikpunkte beim Präsentieren isolierter Wörter – zweifelsohne sagen, dass lediglich die Ergebnisse auf Satzebene als ökologisch valide anzusehen sind und eine Übertragung auf natürliche Leseprozesse erlauben (s. Kap. 3.8.4 und Kap. 5.5.1). Ein weiteres Indiz dafür ist, dass bei der kontextuellen Präsentation erheblich mehr signifikante Unterschiede zu konstatieren sind, während diese bei isolierter Präsentation weitgehend fehlen. Darüber hinaus können auf Satzebene Rückschlüsse aus der Variable Revisits gezogen werden, welche auf Wortebene, wie erwähnt, keine aussagekräftigen Schlussfolgerungen erlaubt.

5.5.7.5 Zielgruppe

Im Folgenden werden zunächst die Ergebnisse für die gesamte Zielgruppe vorgestellt, bevor in Kap. 5.5.7.8 zwischen leseschwächeren und -stärkeren Probanden differenziert wird. Deskriptive Statistiken für ausgewählte Variablen sind in Tab. 27 dargestellt.

	2 Morpheme			3 Morpheme			4 Morpheme		
	S	BS	Mp	S	BS	Mp	S	BS	Mp
Anzahl Fixationen	2,46 (1,36)	2,55 (1,17)	2,66 (1,33)	2,9 (1,66)	3,6 (1,56)	3,39 (1,4)	4,8 (2,05)	5,83 (2,55)	5,06 (1,8)
Anteil Refixation (%)	76,9 (9,24)	84,9 (6,79)	84 (6,72)	84,6 (6,77)	96,2 (1,94)	96,1 (1,91)	100 (0)	98,1 (1,01)	98,1 (0,97)
Revisits	0,98 (0,94)	0,92 (0,9)	0,98 (1,02)	0,94 (1,07)	1,21 (1,01)	0,98 (1,05)	1,31 (0,87)	1,44 (0,72)	1,38 (0,82)
Regression (%)	12,23 (19,73)	14,04 (18,69)	16,58 (19,37)	15,79 (18,84)	21,3 (19,74)	14,55 (19,03)	28,65 (15,55)	26,59 (16,33)	25,27 (14,84)
Erstfixations- dauer (ms)	231,01 (114,45)	257,95 (146,2)	234,24 (171,82)	277,5 (213,55)	238,74 (134)	262,23 (235,1)	235,39 (200,58)	191,22 (88,67)	195,8 (76,24)
Gesamt- lesezeit (ms)	682,1 (611,67)	755,66 (557,71)	727,12 (562,15)	904,57 (683,21)	1097,5 (625,31)	1002,24 (547,12)	1538,56 (886,6)	1667,02 (820,01)	1546,13 (884,7)
Pupillenweite (mm)	3,25 (0,49)	3,29 (0,56)	3,2 (0,42)	3,26 (0,47)	3,25 (0,4)	3,24 (0,39)	3,27 (0,4)	3,25 (0,34)	3,23 (0,45)

Tab. 27: Mittelwerte (Standardabweichungen) der erhobenen Variablen (Zielgruppe)

Fixationsanzahl

Aus dem Modell LMM^{Fixationsanzahl} lässt sich schließen, dass die erwartete Fixationsanzahl bei der Standardschreibung marginal signifikant geringer (β = -0,316, t = -1,700, p = 0,090); bei der Bindestrichschreibung hingegen höher als bei der Mediopunktschreibung ist (β = 0,298, t = 1,612, p = 0,108). Aus den Effektschätzern lässt sich ableiten, dass die erwartete Fixationsanzahl bei zweigliedrigen Komposita bei der Standardschreibung absolut um β = -0,190 (t = -0,589) oder relativ um 7,2 % und bei der Bindestrichschreibung absolut um β = -0,104 (t = -0,323) oder relativ um 3,8 % geringer ist als bei der Mediopunktschreibung. Bei drei- und viergliedrigen Komposita ist die erwartete Fixationsanzahl bei der Standardschreibung ebenfalls absolut um β = -0,497 (t = -1,545) bzw. β = -0,260 (t = -0,820) oder relativ um 14,5 % bzw. 5,1 % geringer; bei der Bindestrichschreibung hingegen absolut um β = 0,211 (t = 0,659) bzw. β = 0,777 (t = 2,449) oder relativ um 6,2 % bzw. 15,2 % höher als bei der Mediopunktschreibung. Darüber hinaus ist die Fixationsanzahl bei der Bindestrichschreibung signifikant höher als bei der Standardschreibung (β = 0,614, t = 3,346, p = 0,003), wobei der Unterschied nach Bonferroni-Korrektur nur bei viergliedrigen Komposita signifikant ist (β = 1,037, t = 3,303, p = 0,037). Die erwartete Fixationsanzahl unter dem Modell ist in Abb. 56 dargestellt.

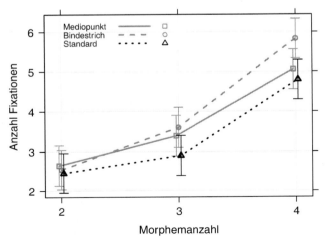

Abb. 56: Interaktionseffekte auf die geschätzte Fixationsanzahl bei der Zielgruppe

Tab. 28: Angepasste LMMs mit den abhängigen Variablen Fixationsanzahl (LMM^Fixationsanzahl), Single Fixation (LMM^Single Fixation), Revisits (LMM^Revisits), Regressionen (LMM^Regressionen), Erstfixationsdauer (LMM^Erstfixationsdauer), Gesamtlesezeit (LMM^Gesamtlesezeit) und Pupillenweite (LMM^Pupillenweite)

	Fixed Effect	Estimate	Std. Error	t-value	p-value	sig
LMM^Fixationsanzahl	(Intercept)	5,237	0,208	25,150	< 0,001	***
	Morphemanzahl2	-2,689	0,184	-14,581	< 0,001	***
	Morphemanzahl3	-1,935	0,184	-10,511	< 0,001	***
	Segm.Bindestrich	0,298	0,185	1,612	0,108	
	Segm.Standard	-0,316	0,186	-1,700	0,090	.
LMM^Single Fixation	(Intercept)	< -0,001	0,033	0,000	1,000	
	Morphemanzahl2	0,169	0,030	5,613	< 0,001	***
	Morphemanzahl3	0,065	0,030	2,160	0,031	*
	Segm.Bindestrich	-0,008	0,030	-0,265	0,791	
	Segm.Standard	0,051	0,030	1,686	0,093	.
LMM^Revisits	(Intercept)	1,367	0,103	13,283	< 0,001	***
	Morphemanzahl2	-0,417	0,104	-4,021	< 0,001	***
	Morphemanzahl3	-0,334	0,104	-3,226	0,001	**
	Segm.Bindestrich	0,077	0,104	0,735	0,463	
	Segm.Standard	-0,036	0,104	-0,341	0,733	
LMM^Regressionen	(Intercept)	25,309	2,610	9,697	< 0,001	***
	Morphemanzahl2	-8,527	3,508	-2,431	0,015	*
	Morphemanzahl3	-10,645	3,491	-3,050	0,002	**
	Segm.Bindestrich	1,284	3,442	0,373	0,709	
	Segm.Standard	3,339	3,442	0,970	0,332	
	Morphemanzahl2: Segm.Bindestrich	-3,975	4,902	-0,811	0,418	
	Morphemanzahl3: Segm.Bindestrich	5,374	4,890	1,099	0,272	
	Morphemanzahl2: Segm.Standard	-7,817	4,913	-1,591	0,112	
	Morphemanzahl3: Segm.Standard	-2,141	4,902	-0,437	0,663	
LMM^Erstfixationsdauer	(Intercept)	193,788	23,840	8,129	< 0,001	***
	Morphemanzahl2	40,094	31,056	1,291	0,197	
	Morphemanzahl3	67,564	30,905	2,186	0,029	*

	Fixed Effect	Estimate	Std. Error	t-value	p-value	sig
LMM^{Erstfixationsdauer}	Segm.Bindestrich	-2,568	30,473	-0,084	0,933	
	Segm.Standard	41,597	30,473	1,365	0,173	
	Morphemanzahl2: Segm.Bindestrich	27,257	43,393	0,628	0,530	
	Morphemanzahl3: Segm.Bindestrich	-21,028	43,297	-0,486	0,627	
	Morphemanzahl2: Segm.Standard	-44,835	43,498	-1,031	0,303	
	Morphemanzahl3: Segm.Standard	-25,820	43,396	-0,595	0,552	
LMM^{Gesamtlesezeit}	(Intercept)	1533,584	119,273	12,858	< 0,001	***
	Morphemanzahl2	-822,884	119,901	-6,863	< 0,001	***
	Morphemanzahl3	-540,801	119,329	-4,532	< 0,001	***
	Segm.Bindestrich	133,433	117,675	1,134	0,257	
	Segm.Standard	4,975	117,675	0,042	0,966	
	Morphemanzahl2: Segm.Bindestrich	-91,978	167,520	-0,549	0,583	
	Morphemanzahl3: Segm.Bindestrich	-34,870	167,180	-0,209	0,835	
	Morphemanzahl2: Segm.Standard	-43,417	167,933	-0,259	0,796	
	Morphemanzahl3: Segm.Standard	-103,026	167,559	-0,615	0,539	
LMM^{Pupillenweite}	(Intercept)	3,245	0,094	34,529	< 0,001	***
	Morphemanzahl2	0,002	0,013	0,157	0,876	
	Morphemanzahl3	-0,003	0,012	-0,281	0,779	
	Segm.Bindestrich	0,007	0,013	0,563	0,573	
	Segm.Standard	0,027	0,013	2,074	0,038	*

Single Fixation

Die bei der Fixationsanzahl sichtbare Tendenz spiegelt sich auch in der Anzahl an Single Fixation wider. Diese ist bei der Standardschreibung marginal
signifikant höher, bei der Bindestrichschreibung hingegen geringer als bei der
Mediopunktschreibung (s. Tab. 28).

Revisits

Die erwartete Anzahl an Revisits ist bei der Standardschreibung geringer (β = -0,036, t = -0,341, p = 0,733), bei der Bindestrichschreibung hingegen höher als bei der Mediopunktschreibung (β = 0,077, t = 0,735, p = 0,463). Bei zwei- und dreigliedrigen Komposita ist die Anzahl an Revisits signifikant geringer als bei viergliedrigen Komposita (β = -0,417, t = -4,021, p < 0,001, β = -0,334, t = -3,226, p = 0,001). Die Effektschätzer zeigen, dass die erwartete Anzahl an Revisits bei zweigliedrigen Komposita bei der Bindestrichschreibung absolut um β = -0,054 (t = -0,298) oder relativ um 5,5 % geringer und bei der Standardschreibung minimal absolut um β = 0,002 (t = 0,008) oder relativ um 0,1 % höher ist als bei der Mediopunktschreibung. Bei drei- und viergliedrigen Komposita ist die erwartete Anzahl an Revisits bei der Standardschreibung absolut um β = -0,040 (t = -0,218) bzw. β = -0,069 (t = -0,382) oder relativ um 4,1 % bzw. 4,9 % geringer, bei der Bindestrichschreibung hingegen absolut um β = 0,222 (t = 1,228) bzw. β = 0,061 (t = 0,341) oder relativ um 22,5 % bzw. 4,4 % höher als bei der Mediopunktschreibung.

Anteil der Regressionen

Hinsichtlich des Haupteffektes Segmentierung lässt sich aus dem angepassten Modell schließen, dass der erwartete Anteil der Regressionen bei der Standard- und Bindestrichschreibung höher ist als bei der Mediopunktschreibung (s. Tab. 28). Bei zweigliedrigen Komposita ist der Anteil der Regressionen bei der Standardschreibung absolut um β = -4,478 (t = -1,276) oder relativ um 26,8 % und bei der Bindestrichschreibung absolut um β = -2,691 (t = -0,770) oder relativ um 16,1 % geringer als bei der Mediopunktschreibung. Bei drei- und viergliedrigen Komposita ist der Anteil der Regressionen hingegen sowohl bei der Standardschreibung absolut um β = 1,199 (t = 0,344) bzw. β = 3,339 (t = 0,970) oder relativ um 8,2 % bzw. 13,0 % als auch bei der Bindestrichschreibung absolut um β = 6,658 (t = 1,916) bzw. β = 1,284 (t = 0,373) oder relativ um 44,9 % bzw. 5,1 % höher als bei der Mediopunktschreibung. Während der Anteil der Regressionen bei der Standard- und Bindestrichschreibung mit steigender Morphemanzahl zunimmt, ist er bei der Mediopunktschreibung zwar auch bei den viergliedrigen Komposita am höchsten; hier jedoch bei den dreigliedrigen Komposita am geringsten (s. Abb. 57).

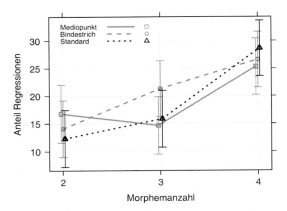

Abb. 57: Interaktionseffekte auf den geschätzten Anteil der Regressionen bei der Zielgruppe

Erstfixationsdauer

Hinsichtlich der Haupteffekte lässt sich aus dem angepassten Modell folgern, dass die erwartete Erstfixationsdauer bei der Standardschreibung länger; bei der Bindestrichschreibung hingegen minimal kürzer ist als bei der Mediopunktschreibung (s. Tab. 28). Zudem ist die erwartete Erstfixationsdauer bei zweigliedrigen Komposita um 40,094 ms (t = 1,291, p = 0,197) und bei dreigliedrigen Komposita signifikant um 67,564 ms (t = 2,186, p = 0,029) länger als bei viergliedrigen Komposita. Die Effektschätzer zeigen, dass die erwartete Erstfixationsdauer bei zweigliedrigen Komposita bei der Standardschreibung absolut um β = -3,24 (t = -0,104) oder relativ um 1,3 % kürzer; bei der Bindestrichschreibung hingegen absolut um β = 24,69 (t = 0,798) oder relativ um 10,7 % länger ist als bei der Mediopunktschreibung. Bei drei- und viergliedrigen Komposita ist die Erstfixationsdauer hingegen bei der Standardschreibung absolut um β = 15,78 (t = 0,511) bzw. β = 41,60 (t = 1,365) oder relativ um 6,1 % bzw. 21,1 % länger; bei der Bindestrichschreibung allerdings absolut um β = -23,60 (t = -0,767) bzw. β = -2,57 (t = -0,084) oder relativ um 8,8 % bzw. 1,5 % kürzer als bei der Mediopunktschreibung.

Gesamtlesezeit

Dem Modell LMM^Gesamtlesezeit ist hinsichtlich des Haupteffektes Segmentierung zu entnehmen, dass die erwartete Gesamtlesezeit bei der Standardschreibung minimal; bei der Bindestrichschreibung hingegen deutlich länger ist als bei der

Mediopunktschreibung (s. Tab. 28), wobei für eine ganzheitliche Interpretation des Effektes in diesem Fall auch die Interaktionseffekte zu berücksichtigen sind: So lässt sich aus den Effektschätzern schließen, dass die Gesamtlesezeit bei zwei- und dreigliedrigen Komposita bei der Bindestrichschreibung absolut um $\beta = 41{,}45$ (t = 0,347) bzw. $\beta = 98{,}56$ (t = 0,830) oder relativ um 5,8 % bzw. 9,9 % länger; bei der Standardschreibung hingegen absolut um $\beta = -38{,}44$ (t = -0,321) bzw. $\beta = -98{,}05$ (t = -0,822) oder relativ um 5,5 % bzw. 9,9 % kürzer ist als bei der Mediopunktschreibung, was auf die stark negativen Interaktionseffekte zwischen Standardschreibung und zwei- bzw. dreigliedrigen Komposita zurückzuführen ist. Bei viergliedrigen Komposita ist die Gesamtlesezeit bei der Standardschreibung absolut um $\beta = 4{,}98$ (t = 0,042) oder relativ um 0,3 % minimal länger; bei der Bindestrichschreibung hingegen absolut um $\beta = 133{,}43$ (t = 1,134) oder relativ um 8,7 % deutlich länger als bei der Mediopunktschreibung (s. Abb. 58).

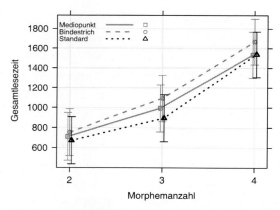

Abb. 58: Interaktionseffekte auf die geschätzte Gesamtlesezeit bei der Zielgruppe

Pupillenweite

Die erwartete Pupillenweite ist bei der Bindestrichschreibung größer und bei der Standardschreibung signifikant größer als bei der Mediopunktschreibung (s. Tab. 28). Während die Pupillenweite bei zweigliedrigen Komposita bei der Standardschreibung ($\beta = 0{,}019$, t = 0,709) und der Bindestrichschreibung ($\beta = 0{,}018$, t = 0,669) größer ist als bei der Mediopunktschreibung, ist sie bei dreigliedrigen Komposita bei der Standardschreibung ($\beta = -0{,}014$, t = -0,565) und Bindestrich-

© Frank & Timme   Verlag für wissenschaftliche Literatur

schreibung (β = -0,034, t = -1,475) kleiner als bei der Mediopunktschreibung. Bei viergliedrigen Komposita ist sie wiederum bei der Bindestrichschreibung größer (β = 0,029, t = 1,567) und der Standardschreibung marginal signifikant größer (β = 0,057, t = 2,995, p = 0,100) als bei der Mediopunktschreibung.

5.5.7.6 Vergleich mit und ohne Kontext: Zielgruppe

Zur Beurteilung des Einflusses des Kontextes werden die Ergebnisse im Folgenden den Ergebnissen aus Experiment 1 gegenübergestellt. Dazu wurde in den Modellen (Kap. 5.5.7.5) neben den bereits genannten Haupt- und Interaktionseffekten der Haupteffekt der Variable *Präsentationsweise* auf die jeweiligen abhängigen Variablen geschätzt.

Fixationsanzahl

Aus dem angepassten Modell mit der zusätzlichen unabhängigen Variable *Präsentationsweise* lässt sich schließen, dass die erwartete Fixationsanzahl bei isolierter Präsentation signifikant höher ist als bei kontextueller Präsentation (β = 1,981, t = 13,604, p < 0,001), wobei dies für alle drei Schreibweisen gilt (s. Tab. 29). Die Standardschreibung wird ohne Kontext im Mittel fast 40 %, die Mediopunktschreibung 33 % und die Bindestrichschreibung knapp 30 % häufiger fixiert als im Kontext, womit der kontextuelle Verarbeitungsvorteil bei der Bindestrichschreibung am geringsten ist.

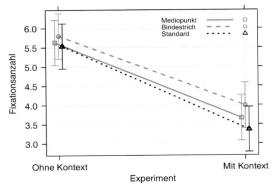

Abb. 59: Interaktionseffekte von Segmentierung und Präsentationsweise auf die geschätzte Fixationsanzahl bei der Zielgruppe

Abb. 59 zeigt, dass die Fixationsanzahl sowohl mit als auch ohne Kontext bei der Standardschreibung am geringsten und bei der Bindestrichschreibung am höchsten ist. Während auf Wortebene keiner der Unterschiede signifikant ist, ist auf Satzebene der Unterschied zwischen der Standard- und Bindestrich- schreibung signifikant.

		β	Std. Error	t-ratio	p-value	sig
LMM^Fixationsanzahl	Standard	2,172	0,252	8,634	< 0,001	***
	Bindestrich	1,808	0,251	7,210	< 0,001	***
	Mediopunkt	1,963	0,254	7,726	< 0,001	***
LMM^Single Fixation	Standard	-0,085	0,025	-3,343	0,013	*
	Bindestrich	-0,033	0,025	-1,307	1,000	
	Mediopunkt	-0,057	0,026	-2,216	0,405	
LMM^Revisits	Standard	-1,027	0,076	-13,500	< 0,001	***
	Bindestrich	-1,151	0,076	-15,177	< 0,001	***
	Mediopunkt	-1,088	0,078	-14,164	< 0,001	***
LMM^Regressionen	Standard	10,990	1,97	5,571	< 0,001	***
	Bindestrich	11,533	1,97	5,865	< 0,001	***
	Mediopunkt	9,230	1,99	4,633	< 0,001	***
LMM^Erstfixations-dauer	Standard	-62,346	15,8	-3,937	0,001	***
	Bindestrich	-38,873	15,8	-2,462	0,210	
	Mediopunkt	-43,449	16,0	-2,716	0,101	
LMM^Gesamtlesezeit	Standard	306,19	70,0	4,376	< 0,001	***
	Bindestrich	150,89	69,7	2,163	0,462	
	Mediopunkt	260,38	70,7	3,684	0,004	**
LMM^Pupillenweite	Standard	0,092	0,017	5,557	< 0,001	***
	Bindestrich	0,056	0,016	3,618	0,005	**
	Mediopunkt	0,114	0,016	7,020	< 0,001	***

Tab. 29: Effekt der Präsentationsweise auf die verschiedenen abhängigen Variablen für die drei Schreibweisen

 © Frank & Timme   Verlag für wissenschaftliche Literatur

Single Fixation

Die erwartete Anzahl an Single Fixation ist bei kontextueller Präsentation signifikant höher als bei isolierter Präsentation ($\beta = 0{,}058$, $t = 3{,}960$, $p < 0{,}001$). Der Effekt ist allerdings nur bei der Standardschreibung signifikant (s. Tab. 29). Bei der Standardschreibung werden die Komposita im Kontext 8,4 Prozentpunkte und bei der Mediopunktschreibung 5,3 Prozentpunkte häufiger mit nur einer Fixation gelesen als ohne Kontext. Bei der Bindestrichschreibung werden die Komposita im Kontext lediglich 3,2 Prozentpunkte häufiger mit nur einer Fixation gelesen als ohne Kontext. In beiden Experimenten ist die Anzahl an Single Fixation bei der Standardschreibung am höchsten. Während die Anzahl an Single Fixation ohne Kontext bei der Mediopunktschreibung am geringsten ist, wird im Kontext die Bindestrichschreibung am seltensten mit nur einer Fixation gelesen.

Revisits

Auch die Anzahl an Revisits ist bei kontextueller Präsentation signifikant höher als bei isolierter Präsentation ($\beta = -1{,}089$, $t = -24{,}768$, $p < 0{,}001$), wobei auch dies für alle drei Schreibweisen gilt (s. Tab. 29). Ebenso wie bei der Kontrollgruppe werden die Komposita ungeachtet der Schreibweise ohne Kontext nur in den seltensten Fällen nach dem ersten Lesedurchgang erneut fixiert, was, wie in Kap. 5.5.7.3 erläutert, zu erwarten gewesen ist. Während die Anzahl an Revisits ohne Kontext bei der Mediopunktschreibung am geringsten und bei der Standardschreibung am höchsten ist, ist sie im Kontext bei der Standardschreibung am geringsten und bei der Bindestrichschreibung am höchsten.

Anteil der Regressionen

Der erwartete Anteil der Regressionen ist ohne Kontext signifikant höher mit Kontext ($\beta = 10{,}595$, $t = 9{,}287$, $p < 0{,}001$), wobei dies ebenfalls auf alle drei Schreibweisen zutrifft (s. Tab. 29). Bei allen drei Schreibweisen wird im Mittel im Kontext um den Faktor ⅓ weniger zurückgesprungen als ohne Kontext. Abb. 60 zeigt, dass der Anteil der Regressionen in beiden Experimenten bei der Bindestrichschreibung am höchsten und bei der Mediopunktschreibung am geringsten ist.

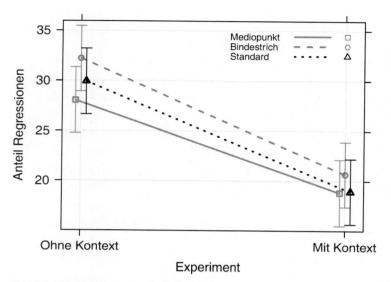

Abb. 60: Interaktionseffekte von Segmentierung und Präsentationsweise auf den geschätzten Anteil der Regressionen bei der Zielgruppe

Erstfixationsdauer

Die erwartete Erstfixationsdauer ist hingegen mit Kontext signifikant länger als ohne Kontext (β = -48,234, t = -5,265, p < 0,001). Dies gilt zwar für alle drei Schreibweisen, der Unterschied ist jedoch nur bei der Standardschreibung eindeutig signifikant (s. Tab. 29). Der Unterschied zwischen den Experimenten ist bei der Standardschreibung mit 62 ms am größten und bei der Bindestrichschreibung mit 39 ms am geringsten ausgeprägt. Während die Erstfixationsdauer ohne Kontext bei der Standardschreibung am kürzesten und bei der Bindestrichschreibung am längsten ist, ist sie mit Kontext bei der Standardschreibung am längsten und bei der Bindestrichschreibung am kürzesten.

Gesamtlesezeit

Die erwartete Gesamtlesezeit ist mit Kontext signifikant kürzer als ohne Kontext (β = 238,815, t = 5,895, p < 0,001), wobei der Unterschied nur bei der Standard- und Mediopunktschreibung signifikant ist (s. Tab. 29). Der Unterschied ist bei der Bindestrichschreibung mit 141 ms am geringsten und bei der

Standardschreibung mit 295 ms am größten ausgeprägt. Abb. 61 zeigt, dass die Bindestrichschreibung ohne Kontext minimal schneller, mit Kontext hingegen deutlich langsamer gelesen wird als die Standard- und Mediopunktschreibung.

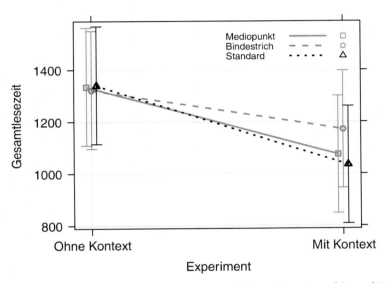

Abb. 61: Interaktionseffekte von Segmentierung und Präsentationsweise auf die geschätzte Gesamtlesezeit bei der Zielgruppe

Pupillenweite

Die erwartete Pupillenweite ist ohne Kontext signifikant größer als mit Kontext ($\beta = 0{,}086$, $t = 9{,}226$, $p < 0{,}001$), wobei dies für alle drei Schreibweisen gilt (s. Tab. 29) (für eine Diskussion dieses Ergebnisses s. Kap. 5.5.8).

5.5.7.7 Diskussion der Ergebnisse (Zielgruppe)

Da die Analyse der Blickbewegungsdaten nur für die Fixationsanzahl, die Anzahl an Single Fixation und die Pupillenweite signifikante Ergebnisse lieferte, können die ersten drei Hypothesen nur teilweise anhand von statistisch signifikanten Ergebnissen bestätigt bzw. widerlegt werden. Die erste Hypothese-Z-1, dass sich die optische Segmentierung bei der Zielgruppe positiv auf die kognitive Verarbeitung der Komposita auswirkt, kann nicht eindeutig bestätigt werden. Die Fixationsanzahl sowie die Gesamtlesezeit ist bei der Standardschreibung geringer bzw. kürzer als bei der Bindestrich- und Mediopunktschreibung, wobei der Unterschied bei der Fixationsanzahl nur zwischen der Standard- und Bindestrichschreibung signifikant ist. Zudem ist der Unterschied bei der Gesamtlesezeit zwischen Standard- und Bindestrichschreibung knapp dreimal so groß wie der Unterschied zwischen Standard- und Mediopunktschreibung. Darüber hinaus werden bei der Standardschreibung mehr Komposita mit nur einer Fixation gelesen als bei den segmentierten Komposita. Auch die Anzahl an Revisits ist bei der Standardschreibung leicht geringer als bei der Mediopunktschreibung und deutlich geringer als bei der Bindestrichschreibung, was ebenfalls gegen einen Verarbeitungsvorteil der segmentierten Komposita spricht. Die Erstfixationsdauer ist, ebenso wie bei der Kontrollgruppe, bei der Bindestrichschreibung am kürzesten und bei der Standardschreibung am längsten. Wie in Kap. 5.4.7.3 ausgeführt, bestärkt dies die Annahme, dass bei mit Bindestrich segmentierten Komposita mit der ersten Fixation zunächst nur die erste Konstituente verarbeitet wird. Die Aufmerksamkeit liegt somit auf einer kürzeren, höherfrequenten Einheit, wodurch der Beginn des Verarbeitungsprozesses beschleunigt wird, was, wie erwähnt, kongruent mit den Befunden von u. a. Inhoff et al. (2000), Juhasz et al. (2005) und Häikiö et al. (2011) ist. Diese Annahme wird auch dadurch bestätigt, dass die initiale Landeposition bei der Bindestrichschreibung (β = -6,60, t = -0,589, p = 1,000) und der Mediopunktschreibung (β = -5,12, t = -0,451, p = 1,000) tendenziell weiter links liegt als bei der Standardschreibung, was ebenfalls die Ergebnisse von Inhoff/Radach (2002), Pfeiffer (2002) und Juhasz et al. (2005) widerspiegelt (s. Kap. 3.8.3). Auch die signifikante Korrelation zwischen Landeposition und Erstfixationsdauer, die darauf hindeutet, dass je weiter die erste Fixation links landet, desto kürzer ist die Erstfixationsdauer (r = 0,133, p = 0,004), spricht dafür, dass eine kurze Erstfixationsdauer ein Indiz für eine morphembasierte Verarbeitung der ersten Konstituente ist. Vor dem Hintergrund, dass aber bei der Standardschreibung die Fixationsanzahl signifikant geringer und die Gesamtlesezeit kürzer ist als bei der Bindestrichschreibung, lässt sich schlussfolgern, dass die Bindestrichschreibung zwar die initiale Verarbeitung der ersten Konstituente beschleunigt, die Verarbeitung aber insgesamt, wie an der signifikant höheren Fixationsanzahl und der längeren Gesamtlesezeit sichtbar ist, durch die erzwungene morphembasierte Verarbeitung verlangsamt wird (vgl. Placke 2001; Pfeiffer 2002). Eine kurze Erstfixationsdauer kann in diesem Fall nicht als Verarbeitungsvorteil gedeutet werden. Dieser Zusammenhang zwischen der Erstfixationsdauer und der kognitiven Verarbeitung wird in Kap. 5.8 in einen tentativen Modellierungsvorschlag überführt. Die Unterschiede zwischen Standard- und Mediopunktschreibung sind deutlich geringer ausgeprägt, so dass sich hier keine eindeutigen Aussagen über mögliche Zusammenhänge zwischen Erstfixationsdauer und Zugriffsweise treffen lassen. Der Anteil der Regressionen ist hingegen nur bei der Bindestrichschreibung, nicht aber bei der Mediopunktschreibung höher als bei der Standardschreibung. Betrachtet man die Ergebnisse differenziert nach Morphemanzahl, fällt auf, dass der Anteil der Regressionen und die Gesamtlesezeit allerdings bei viergliedrigen Komposita bei der Standardschreibung höher bzw. länger ist als bei der Mediopunktschreibung, was wiederum darauf hindeutet, dass sich die Segmentierung mit Mediopunkt bei viergliedrigen Komposita positiv auf die Verarbeitung auswirkt. Dafür spricht auch die Pupillenweite, die bei der Standardschreibung signifikant größer ist als bei der Mediopunktschreibung.

Die Hypothese-Z-2, dass die Mediopunktschreibung besser verarbeitet wird als die Bindestrichschreibung, kann hingegen bestätigt werden. So ist sowohl die Fixationsanzahl als auch die Gesamtlesezeit bei der Bindestrichschreibung höher bzw. länger als bei der Mediopunktschreibung. Zudem wird die Mediopunktschreibung häufiger mit nur einer Fixation gelesen als die Bindestrichschreibung. Darüber hinaus springen die Probanden nach dem ersten Lesedurchgang bei der Bindestrichschreibung deutlich häufiger auf das Kompositum zurück als bei der Mediopunktschreibung und auch der bei der Mediopunktschreibung geringere Anteil der Regressionen sowie die kleinere Pupillenweite deuten darauf hin, dass die Segmentierung mit dem Mediopunkt leichter verarbeitet wird als die Segmentierung mit dem Bindestrich. Betrachtet man die zwei-, drei- und viergliedrigen Komposita getrennt, fällt allerdings auf, dass der Verarbeitungsvorteil der Mediopunktschreibung nur bei drei- und viergliedrigen Komposita eindeutig auftritt. Bei zweigliedrigen Komposita ist hingegen sowohl die Fixationsanzahl und der Anteil der Regressionen als auch die Anzahl an Revisits bei der Bindestrich- leicht geringer als bei der Mediopunktschreibung, wobei die bei der Mediopunktschreibung kürzere Gesamtlesezeit, die höhere Anzahl an mit nur einer Fixation gelesenen Komposita und die kleinere Pupillenweite wiederum für einen Verarbeitungsvorteil der Mediopunktschreibung sprechen. Die Erstfixationsdauer ist insgesamt betrachtet bei der Bindestrichschreibung kürzer als bei der Mediopunktschreibung. Vor dem Hintergrund, dass aber alle anderen Blickbewegungsparameter auf einen Verarbeitungsvorteil der Mediopunktschreibung hindeuten, kann die kurze Erstfixationsdauer hier ebenfalls als Indiz dafür gewertet werden, dass bei der Bindestrichschreibung im Zuge der ersten Fixation nur die erste Konstituente verarbeitet wird. Hierfür spricht auch die bei der Bindestrichschreibung weiter links liegende Landeposition. Bei der Bindestrichschreibung wird somit die isolierte Verarbeitung des ersten Bestandteils beschleunigt, die Verarbeitung des Gesamtkomplexes wird aber, wie an der höheren Fixationsanzahl, der höheren Anzahl an Revisits, der längeren Gesamtlesezeit, der geringeren Anzahl an Single Fixation und dem höheren Anteil der Regressionen zu erkennen ist, verlangsamt (s. Kap. 5.8 für einen tentativen Modellierungsvorschlag). Während die Segmentierung mit dem Bindestrich eine dekompositionelle Verarbeitung erzwingt, scheint dies bei dem weitgehend wortbilderhaltenden Mediopunkt nicht zwingend der Fall zu sein. Der Mediopunkt steht einem ganzheitlichen Zugriff somit nicht oder nur weniger stark entgegen als der Bindestrich. Der negative Effekt der Bindestrich- gegenüber der Mediopunktschreibung lässt sich an den in Abb. 62 dargestellten Heat Maps visualisieren.

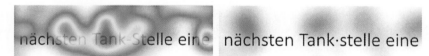

Abb. 62: Heat Maps für den Stimulus Tankstelle (Zielgruppe)

Da die Blickbewegungsdaten nicht eindeutig erkennen lassen, dass sich die Segmentierung bei der Zielgruppe positiv auf die kognitive Verarbeitung der Komposita auswirkt, kann auch die dritte Hypothese-Z-3, dass der Verarbeitungsvorteil der Segmentierung mit der Morphemanzahl steigt, nicht eindeutig bestätigt werden. Lediglich hinsichtlich des Anteils der Regressionen ist festzustellen, dass ein Verarbeitungsvorteil erst bei drei- und viergliedrigen

Komposita zu erkennen ist, wobei dieser bei viergliedrigen Komposita, hypo-thesenkonform, deutlich größer ausgeprägt ist als bei dreigliedrigen Kompo-sita. Tendenziell deuten die Ergebnisse allerdings darauf hin, dass der Verar-beitungsvorteil der Mediopunkt- im Vergleich zur Bindestrichschreibung mit der Morphemanzahl steigt. So ist der Unterschied zwischen Mediopunkt- und Bindestrichschreibung bei der Fixationsanzahl bei viergliedrigen Komposita mehr als doppelt so groß wie bei dreigliedrigen Komposita. Der Unterschied in der Gesamtlesezeit, der bei zweigliedrigen Komposita am schwächsten und bei viergliedrigen Komposita am stärksten ausgeprägt ist, deutet ebenfalls auf einen mit der Morphemanzahl steigenden Verarbeitungsvorteil der Mediopunkt-gegenüber der Bindestrichschreibung hin. Hinsichtlich der Regressionen ist der Unterschied zwischen den Segmentierungen hingegen bei dreigliedrigen Komposita fast neunmal so hoch wie bei viergliedrigen Komposita.

Zuletzt soll noch auf die Hypothesen-Z-4 bis Z-6 eingegangen werden, wel-che sich auf die Rolle des Kontextes beziehen. Die vierte Hypothese-Z-4, dass in Sätzen eingebettete Komposita schneller verarbeitet werden als isoliert prä-sentierte Komposita, kann bestätigt werden. So ist sowohl die Fixationsanzahl als auch der Anteil der Regressionen bei isolierter Präsentation ungeachtet der Schreibweise signifikant höher als bei kontextueller Darstellung. Darüber hin-aus werden bei allen drei Schreibweisen im Kontext mehr Komposita mit nur einer Fixation gelesen als bei isolierter Präsentation, wobei der Unterschied nur bei der Standardschreibung signifikant ist. Der nachgewiesene fazilitierende Kontexteffekt bestätigt damit die Ergebnisse von Balota et al. (1985), Rayner/Pollatsek (1989) und Vitu et al. (1990) (s. Kap. 3.8.4). Des Weiteren werden die Komposita in allen drei Schreibweisen im Kontext schneller gelesen als ohne Kontext. Auffällig ist hierbei, dass der Unterschied nur bei der Standard- und Mediopunktschreibung signifikant ist; die mit Bindestrich segmentierten Komposita werden hingegen mit Kontext nicht signifikant schneller gelesen als ohne Kontext. Nicht zuletzt wird der kontextuelle Verarbeitungsvorteil auch an der Pupillenweite deutlich, welche bei allen drei Schreibweisen ohne Kontext signifikant größer ist als mit Kontext, wobei diese Aussage, wie in Kap. 5.5.8 ausgeführt wird, nur unter Vorbehalt zu treffen ist. Die Erstfixationsdauer ist hingegen bei allen drei Schreibweisen ohne Kontext kürzer als mit Kontext, der Unterschied ist jedoch nur bei der Standardschreibung signifikant. Dies ist vermutlich, in Anlehnung an die Studien von O'Regan/Lévy-Schoen (1987), Vitu et al. (1990) und Sereno (1992), ebenso wie bei der Kontrollgruppe, darauf zurückzuführen, dass die Anzahl an mit nur einer Fixation gelesenen Komposita im Kontext signifikant höher ist als bei isolierter Präsentation (s. Kap. 5.5.7.4). Diese Erklärung wird dadurch gestützt, dass die Fixationsanzahl bei isolierter Präsentation signifikant höher ist als bei kontextueller Darstellung.

Die fünfte Hypothese-Z-5, dass der kontextuelle Verarbeitungsvorteil bei der Bindestrichschreibung geringer ausgeprägt ist als bei der Mediopunkt- und Standardschreibung, kann ebenfalls eindeutig bestätigt werden. So ist der Unterschied zwischen isolierter und kontextueller Darstellung nicht nur bei der Fixationsanzahl, sondern auch bei der Erstfixationsdauer bei der Bindestrichschreibung deutlich geringer als bei der Mediopunkt- und Standardschreibung. Am deutlichsten ist der Unterschied an der Gesamtlesezeit sichtbar: Hier ist der Verarbeitungsvorteil bei kontextueller Einbettung bei der Bindestrichschreibung nur halb so groß wie bei der Mediopunkt- und Standardschreibung (12,9 % vs. 24,18 % bzw. 29,58 %). Darüber hinaus ist der Unterschied zwischen den Präsentationsweisen bei der Anzahl an Single Fixation bei der Bindestrichschreibung ca. 20 Prozentpunkte geringer als bei der Mediopunkt- und Standardschreibung. Auch der Unterschied bei der Pupillenweite ist bei der Bindestrichschreibung nur ca. halb so groß wie bei der Mediopunkt- und Standardschreibung. Lediglich der anhand der Regressionen sichtbare Verarbeitungsvorteil ist bei der Bindestrichschreibung etwas größer als bei der Mediopunkt- und Standardschreibung.

Auch die letzte Hypothese-Z-6, dass sich die Ergebnisse von den Ergebnissen auf Wortebene unterscheiden, kann bestätigt werden. So ist die Fixationsanzahl bei dreigliedrigen Komposita bei isolierter Präsentation bei der Bindestrichschreibung geringer, bei kontextueller Präsentation hingegen höher als bei der Mediopunktschreibung. Auch die Anzahl an Single Fixation ist insgesamt bei der Bindestrichschreibung ohne Kontext höher, mit Kontext hingegen geringer als bei der Mediopunktschreibung. Zudem ist die Gesamtlesezeit, insgesamt betrachtet, ohne Kontext bei der Bindestrichschreibung kürzer, mit Kontext hingegen länger als bei der Mediopunktschreibung, wobei die Unterschiede zwischen den Schreibweisen mit Kontext deutlich größer ausgeprägt sind als ohne Kontext. Während auf Wortebene die Gesamtlesezeit bei zweigliedrigen Komposita bei der Bindestrichschreibung kürzer, bei der Standardschreibung hingegen länger ist als bei der Mediopunktschreibung, ist es auf Satzebene umgekehrt: Hier ist die Gesamtlesezeit bei der Bindestrichschreibung länger und bei der Standardschreibung kürzer als bei der Mediopunktschreibung. Auch bei dreigliedrigen Komposita ist die Gesamtlesezeit ohne Kontext bei der Bindestrichschreibung kürzer, mit Kontext hingegen deutlich länger als bei der Standard- und Mediopunktschreibung. Während die Erstfixationsdauer ohne Kontext bei der Standardschreibung am kürzesten und bei der Bindestrichschreibung am längsten ist, ist sie mit Kontext bei der Bindestrichschreibung am kürzesten und bei der Standardschreibung am längsten. Zudem ist die Erstfixationsdauer auf Wortebene bei zweigliedrigen Komposita bei der Standardschreibung länger, bei drei- und viergliedrigen Komposita hingegen kürzer als bei der Mediopunktschreibung, wohingegen es auf Satzebene genau umgekehrt ist: Hier ist die Erstfixationsdauer bei der Standardschreibung bei zweigliedrigen Komposita kürzer, bei drei- und viergliedrigen Komposita hingegen länger als bei der Mediopunktschreibung. Bei viergliedrigen Komposita ist die Erstfixationsdauer ohne Kontext bei der Bindestrichschreibung ebenfalls länger, mit Kontext hingegen kürzer als bei der Mediopunkt- und Standardschreibung. Unterschiede zeigen sich auch bei dem Anteil der Regressionen: So wird ohne Kontext bei zweigliedrigen Komposita bei der Bindestrichschreibung seltener, bei viergliedrigen Komposita hingegen häufiger zurückgesprungen als bei der Standardschreibung. Im Kontext ist es wiederum umgekehrt. Die divergierenden Ergebnisse bestätigen, dass sich das Lesen isoliert präsentierter Wörter erheblich von einer natürlichen Lesesituation unterscheidet (s. Kap. 3.8.4).

5.5.7.8 Zielgruppe nach LQ

Für eine differenziertere Beantwortung der Hypothesen werden die Ergebnisse der Zielgruppe im Folgenden nochmals für die beiden LQ-Gruppen getrennt dargestellt. Deskriptive Statistiken für ausgewählte Variablen sind in Tab. 30 und 31 dargestellt.

	2 Morpheme			3 Morpheme			4 Morpheme		
	S	BS	Mp	S	BS	Mp	S	BS	Mp
Anzahl Fixationen	2,62 (1,5)	2,56 (1,34)	2,88 (1,42)	3,19 (1,98)	4,04 (1,82)	3,4 (1,56)	5,11 (1,95)	6,22 (2,75)	4,96 (1,7)
Anteil Refixation (%)	80,8 (4,03)	77,8 (4,66)	87,5 (2,63)	88,5 (2,65)	92,3 (1,85)	92 (1,84)	100 (0)	96,3 (0,96)	96 (0,96)
Revisits	1 (1,02)	0,85 (1,03)	0,96 (1)	0,96 (1,25)	1,35 (1,13)	1,04 (0,98)	1,15 (0,82)	1,41 (0,69)	1,36 (0,91)
Regression (%)	12,96 (20,65)	10,37 (15,77)	16,42 (19,3)	15,96 (18,3)	24,12 (18,74)	13,48 (20,38)	27,22 (15,41)	30,04 (15,9)	20,84 (15,56)
Erstfixations- dauer(ms)	234,02 (133,22)	281,37 (162,98)	247,98 (217,46)	272,61 (246,61)	235,49 (149,21)	270,71 (304,12)	219,37 (172,93)	175,42 (83,25)	210,2 (98,33)
Gesamt- lesezeit (ms)	828,2 (781,73)	890,37 (697,73)	859,59 (688,1)	1109,74 (816,43)	1366,94 (731,32)	1167,36 (682,56)	1849,56 (1006,71)	1979,85 (873,39)	1721,3 (844,24)
Pupillenweite (mm)	3,22 (0,61)	3,38 (0,73)	3,16 (0,53)	3,27 (0,54)	3,29 (0,48)	3,26 (0,48)	3,25 (0,47)	3,3 (0,41)	3,27 (0,53)

Tab. 30: Mittelwerte (Standardabweichungen) der erhobenen Variablen für die leseschwächeren Probanden (Gruppe 1)

	2 Morpheme			3 Morpheme			4 Morpheme		
	S	BS	Mp	S	BS	Mp	S	BS	Mp
Anzahl Fixationen	2,31 (1,23)	2,54 (0,99)	2,46 (1,24)	2,62 (1,24)	3,19 (1,15)	3,38 (1,27)	4,48 (2,14)	5,44 (2,31)	5,15 (1,92)
Anteil Refixation (%)	73,1 (5,11)	92,3 (1,85)	80,8 (4,03)	80,8 (4,03)	100 (0)	100 (0)	100 (0)	100 (0)	100 (0)
Revisits	0,96 (0,87)	1 (0,75)	1 (1,06)	0,92 (0,89)	1,07 (0,87)	0,92 (1,13)	1,48 (0,89)	1,48 (0,75)	1,41 (0,75)
Regression (%)	11,5 (19,14)	17,85 (20,94)	16,73 (19,82)	15,62 (19,71)	18,59 (20,64)	15,58 (17,99)	30,07 (15,86)	23,15 (16,31)	29,37 (13,12)
Erstfixations- dauer(ms)	228,09 (94,63)	233,62 (124,99)	221,55 (118,34)	282,39 (179,34)	241,87 (120,34)	254,09 (147,03)	251,4 (227,09)	207,02 (92,62)	182,46 (45,74)
Gesamt- lesezeit (ms)	536 (328,26)	615,75 (317,33)	604,84 (389,07)	699,41 (445,12)	838,04 (353,93)	843,48 (312,97)	1227,56 (622,89)	1354,18 (636,09)	1383,94 (905,83)
Pupillenweite (mm)	3,29 (0,3)	3,2 (0,27)	3,23 (0,26)	3,25 (0,37)	3,19 (0,28)	3,21 (0,27)	3,29 (0,3)	3,19 (0,21)	3,19 (0,35)

Tab. 31: Mittelwerte (Standardabweichungen) der erhobenen Variablen für die lesestärkeren Probanden (Gruppe 2)

Fixationsanzahl

Der deskriptive Vergleich der Fixationsanzahl zeigt, dass diese in beiden Gruppen bei der Bindestrichschreibung am höchsten und bei der Standardschreibung am geringsten ist. Der Unterschied zwischen den Gruppen ist marginal signifikant ($z = -1{,}794$, $p = 0{,}073$, $r = 0{,}083$), wobei die leseschwächere Gruppe die Komposita im Mittel mit 10,7 % mehr Fixationen liest als die lesestärkere Gruppe. Hinsichtlich des Haupteffektes Segmentierung lässt sich aus dem angepassten Modell schließen, dass die erwartete Fixationsanzahl in Gruppe 1 bei der Standardschreibung höher ($\beta = 0{,}165$, $t = 0{,}337$, $p = 0{,}736$) und bei der Bindestrichschreibung signifikant höher ist als bei der Mediopunktschreibung ($\beta = 1{,}276$, $t = 2{,}615$, $p = 0{,}010$), wobei für eine ganzheitliche Interpretation des Effektes in diesem Fall auch die Interaktionseffekte zu berücksichtigen sind. Aus dem zwischen den zweigliedrigen Komposita und der Bindestrichschreibung signifikanten Interaktionseffekt lässt sich so z. B. schließen, dass die Fixationsanzahl bei zweigliedrigen Komposita bei der Bindestrichschreibung geringer ist als bei der Mediopunktschreibung. In Gruppe 2 ist die erwartete Fixationsanzahl bei der Standardschreibung signifikant geringer ($\beta = -0{,}532$, $t = -2{,}218$, $p = 0{,}028$) und bei der Bindestrichschreibung höher als bei der Mediopunktschreibung ($\beta = 0{,}063$, $t = 0{,}264$, $p = 0{,}792$). Zudem wird die Bindestrichschreibung in Gruppe 1 marginal signifikant ($\beta = 0{,}635$, $t = 2{,}279$, $p = 0{,}071$) und in Gruppe 2 signifikant ($\beta = 0{,}595$, $t = 2{,}489$, $p = 0{,}041$) häufiger fixiert als die Standardschreibung. Die Effektschätzer zeigen, dass die erwartete Fixationsanzahl in Gruppe 1 bei zweigliedrigen Komposita bei der Standardschreibung absolut um $\beta = -0{,}232$ ($t = -0{,}466$) oder relativ um 8,1 % und bei der Bindestrichschreibung absolut um $\beta = -0{,}285$ ($t = -0{,}578$) oder relativ um 9,9 % geringer ist als bei der Mediopunktschreibung. Während die erwartete Fixationsanzahl bei dreigliedrigen Komposita bei der Standardschreibung absolut um $\beta = -0{,}219$ ($t = -0{,}446$) oder relativ um 6,5 % geringer und bei der Bindestrichschreibung absolut um $\beta = 0{,}627$ ($t = 1{,}275$) oder relativ um 18,2 % höher ist als bei der Mediopunktschreibung, ist sie bei viergliedrigen Komposita sowohl bei der Standardschreibung absolut um $\beta = 0{,}165$ ($t = 0{,}337$) oder relativ um 3,2 % als auch bei der Bindestrichschreibung absolut um $\beta = 1{,}276$ ($t = 2{,}615$) oder relativ um 25,7 % höher als bei der Mediopunktschreibung (s. Abb. 63). In Gruppe 2 ist die erwartete Fixationsanzahl bei zwei- und viergliedrigen Komposita bei der Standardschreibung absolut um β = -0,154 (t = -0,367) bzw. β = -0,667 (t = -1,620) oder relativ um 6,1 % bzw. 13,0 % geringer, bei der Bindestrichschreibung hingegen absolut um β = 0,077 (t = 0,183) bzw. β = 0,296 (t = 0,720) oder relativ um 3,3 % bzw. 5,6 % höher als bei der Mediopunktschreibung. Bei dreigliedrigen Komposita ist die erwartete Fixationsanzahl sowohl bei der Bindestrichschreibung absolut um β = -0,190 (t = -0,457) oder relativ um 5,6 % als auch bei der Standardschreibung absolut um β = -0,769 (t = -1,834) oder relativ um 22,8 % geringer als bei der Mediopunktschreibung (s. Abb. 63).

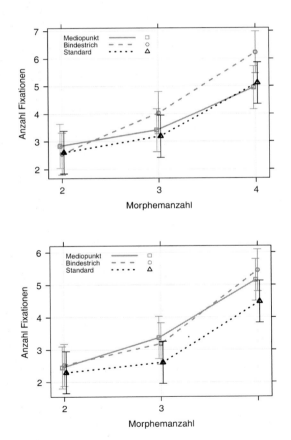

Abb. 63: Interaktionseffekte auf die geschätzte Fixationsanzahl bei den leseschwächeren Probanden (oben) und den lesestärkeren Probanden (unten)

Tab. 32: Angepasste LMMs für die leseschwächeren Probanden mit den abhängigen Variablen Fixationsanzahl (LMM^Fixationsanzahl), Single Fixation (LMM^Single Fixation), Revisits (LMM^Revisits), Regressionen (LMM^Regressionen), Erstfixationsdauer (LMM^Erstfixationsdauer), Gesamtlesezeit (LMM^Gesamtlesezeit) und Pupillenweite (LMM^Pupillenweite)

	Fixed Effect	Estimate	Std. Error	t-value	p-value	sig
LMM^Fixationsanzahl	(Intercept)	4,947	0,396	12,489	< 0,001	***
	Morphemanzahl2	-2,106	0,502	-4,198	< 0,001	***
	Morphemanzahl3	-1,542	0,497	-3,103	0,002	**
	Segm.Bindestrich	1,276	0,488	2,615	0,010	**
	Segm.Standard	0,165	0,488	0,337	0,736	
	Morphemanzahl2: Segm.Bindestrich	-1,561	0,693	-2,253	0,025	*
	Morphemanzahl3: Segm.Bindestrich	-0,649	0,693	-0,937	0,350	
	Morphemanzahl2: Segm.Standard	-0,396	0,696	-0,569	0,570	
	Morphemanzahl3: Segm.Standard	-0,384	0,693	-0,554	0,580	
LMM^Single Fixation	(Intercept)	0,020	0,055	0,357	0,724	
	Morphemanzahl2	0,160	0,044	3,609	< 0,001	***
	Morphemanzahl3	0,067	0,044	1,518	0,130	
	Segm.Bindestrich	0,019	0,045	0,434	0,665	
	Segm.Standard	0,012	0,045	0,263	0,793	
LMM^Revisits	(Intercept)	1,304	0,148	8,786	< 0,001	***
	Morphemanzahl2	-0,370	0,158	-2,348	0,020	*
	Morphemanzahl3	-0,187	0,158	-1,184	0,238	
	Segm.Bindestrich	0,081	0,159	0,510	0,610	
	Segm.Standard	-0,083	0,159	-0,524	0,601	
LMM^Regressionen	(Intercept)	20,939	3,741	5,597	< 0,001	***
	Morphemanzahl2	-4,171	4,980	-0,838	0,403	
	Morphemanzahl3	-7,315	4,930	-1,484	0,139	
	Segm.Bindestrich	9,098	4,840	1,880	0,062	.
	Segm.Standard	6,283	4,840	1,298	0,196	
	Morphemanzahl2: Segm.Bindestrich	-15,495	6,876	-2,253	0,025	*

	Fixed Effect	Estimate	Std. Error	t-value	p-value	sig
LMM[Regressionen]	Morphemanzahl3: Segm.Bindestrich	1,441	6,874	0,210	0,834	
	Morphemanzahl2: Segm.Standard	-10,041	6,908	-1,454	0,148	
	Morphemanzahl3: Segm.Standard	-3,898	6,874	-0,567	0,571	
LMM[Erstfixationsdauer]	(Intercept)	205,491	40,136	5,120	< 0,001	***
	Morphemanzahl2	40,046	50,871	0,787	0,432	
	Morphemanzahl3	61,694	50,368	1,225	0,222	
	Segm.Bindestrich	-30,069	49,457	-0,608	0,544	
	Segm.Standard	13,879	49,457	0,281	0,779	
	Morphemanzahl2: Segm.Bindestrich	65,906	70,243	0,938	0,349	
	Morphemanzahl3: Segm.Bindestrich	-3,892	70,234	-0,055	0,956	
	Morphemanzahl2: Segm.Standard	-27,661	70,574	-0,392	0,695	
	Morphemanzahl3: Segm.Standard	-10,721	70,234	-0,153	0,879	
LMM[Gesamtlesezeit]	(Intercept)	1680,20	197,99	8,486	< 0,001	***
	Morphemanzahl2	-870,17	197,59	-4,404	< 0,001	***
	Morphemanzahl3	-539,31	195,66	-2,756	0,006	**
	Segm.Bindestrich	299,65	192,17	1,559	0,120	
	Segm.Standard	169,36	192,17	0,881	0,379	
	Morphemanzahl2: Segm.Bindestrich	-219,31	272,82	-0,804	0,422	
	Morphemanzahl3: Segm.Bindestrich	-93,37	272,85	-0,342	0,733	
	Morphemanzahl2: Segm.Standard	-170,96	274,12	-0,624	0,534	
	Morphemanzahl3: Segm.Standard	-220,28	272,85	-0,807	0,420	
LMM[Pupillenweite]	(Intercept)	3,277	0,174	18,844	< 0,001	***
	Morphemanzahl2	-0,031	0,021	-1,477	0,140	
	Morphemanzahl3	-0,023	0,019	-1,203	0,229	
	Segm.Bindestrich	0,022	0,020	1,108	0,268	
	Segm.Standard	0,008	0,021	0,374	0,709	

Tab. 33: Angepasste LMMs für die lesestärkeren Probanden mit den abhängigen Variablen Fixationsanzahl (LMM^Fixationsanzahl), Single Fixation (LMM^Single Fixation), Revisits (LMM^Revisits), Regressionen (LMM^Regressionen), Erstfixationsdauer (LMM^Erstfixationsdauer), Gesamtlesezeit (LMM^Gesamtlesezeit) und Pupillenweite (LMM^Pupillenweite)

	Fixed Effect	Estimate	Std. Error	t-value	p-value	sig
LMM^Fixationsanzahl	(Intercept)	5,181	0,263	19,688	< 0,001	***
	Morphemanzahl2	-2,598	0,239	-10,866	< 0,001	***
	Morphemanzahl3	-1,971	0,238	-8,270	< 0,001	***
	Segm.Bindestrich	0,063	0,240	0,264	0,792	
	Segm.Standard	-0,532	0,240	-2,218	0,028	*
LMM^Single Fixation	(Intercept)	-0,017	0,038	-0,449	0,654	
	Morphemanzahl2	0,179	0,041	4,393	< 0,001	***
	Morphemanzahl3	0,064	0,041	1,571	0,118	
	Segm.Bindestrich	-0,038	0,041	-0,932	0,352	
	Segm.Standard	0,089	0,041	2,164	0,032	*
LMM^Revisits	(Intercept)	1,428	0,147	9,743	< 0,001	***
	Morphemanzahl2	-0,460	0,136	-3,380	0,001	***
	Morphemanzahl3	-0,476	0,136	-3,513	0,001	***
	Segm.Bindestrich	0,072	0,136	0,533	0,595	
	Segm.Standard	0,013	0,136	0,093	0,926	
LMM^Regressionen	(Intercept)	29,370	3,678	7,985	< 0,001	***
	Morphemanzahl2	-12,536	4,930	-2,543	0,012	*
	Morphemanzahl3	-13,690	4,930	-2,777	0,006	**
	Segm.Bindestrich	-6,222	4,882	-1,275	0,204	
	Segm.Standard	0,704	4,882	0,144	0,886	
	Morphemanzahl2:Segm.Bindestrich	7,338	6,970	1,053	0,294	
	Morphemanzahl3:Segm.Bindestrich	9,134	6,938	1,317	0,189	
	Morphemanzahl2:Segm.Standard	-5,935	6,970	-0,851	0,395	
	Morphemanzahl3:Segm.Standard	-0,665	6,970	-0,095	0,924	

	Fixed Effect	Estimate	Std. Error	t-value	p-value	sig
LMM^{Erstfixationsdauer}	(Intercept)	182,46	27,33	6,677	< 0,001	***
	Morphemanzahl2	40,02	37,07	1,080	0,282	
	Morphemanzahl3	72,56	37,07	1,957	0,052	.
	Segm.Bindestrich	24,56	36,71	0,669	0,504	
	Segm.Standard	68,94	36,71	1,878	0,062	.
	Morphemanzahl2: Segm.Bindestrich	-12,49	52,42	-0,238	0,812	
	Morphemanzahl3: Segm.Bindestrich	-37,70	52,17	-0,723	0,471	
	Morphemanzahl2: Segm.Standard	-62,48	52,42	-1,192	0,235	
	Morphemanzahl3: Segm.Standard	-40,64	52,42	-0,775	0,439	
LMM^{Gesamtlesezeit}	(Intercept)	1383,94	104,16	13,287	< 0,001	***
	Morphemanzahl2	-779,17	139,64	-5,580	< 0,001	***
	Morphemanzahl3	-540,53	139,64	-3,871	< 0,001	***
	Segm.Bindestrich	-29,76	138,29	-0,215	0,830	
	Segm.Standard	-156,37	138,29	-1,131	0,259	
	Morphemanzahl2: Segm.Bindestrich	40,67	197,44	0,206	0,837	
	Morphemanzahl3: Segm.Bindestrich	24,39	196,52	0,124	0,901	
	Morphemanzahl2: Segm.Standard	87,54	197,44	0,443	0,658	
	Morphemanzahl3: Segm.Standard	12,31	197,44	0,062	0,950	
LMM^{Pupillenweite}	(Intercept)	3,212	0,084	38,072	< 0,001	***
	Morphemanzahl2	0,038	0,016	2,379	0,018	*
	Morphemanzahl3	0,017	0,015	1,181	0,238	
	Segm.Bindestrich	-0,011	0,015	-0,767	0,444	
	Segm.Standard	0,049	0,016	3,160	0,002	**

Single Fixation

Die erwartete Anzahl an Single Fixation ist in Gruppe 1 sowohl bei der Standard- als auch bei der Bindestrichschreibung minimal höher als bei der Mediopunktschreibung (s. Tab. 32). In Gruppe 2 ist sie bei der Standardschreibung signifikant höher, bei der Bindestrichschreibung hingegen geringer als bei der Mediopunktschreibung (s. Tab. 33). Zudem ist die Anzahl an Single Fixation in Gruppe 2 bei der Standardschreibung auch signifikant höher als bei der Bindestrichschreibung ($\beta = 0,127$, $t = 3,102$, $p = 0,007$).

Revisits

Die erwartete Anzahl an Revisits ist in Gruppe 1 bei der Standardschreibung geringer; bei der Bindestrichschreibung hingegen höher als bei der Mediopunktschreibung (s. Tab. 32). In Gruppe 2 ist die Anzahl an Revisits sowohl bei der Standard- als auch der Bindestrichschreibung höher als bei der Mediopunktschreibung (s. Tab. 33). Zudem ist die Anzahl an Revisits in Gruppe 1 bei dreigliedrigen Komposita geringer und bei zweigliedrigen Komposita signifikant geringer als bei viergliedrigen Komposita (s. Tab. 32). In Gruppe 2 ist die Anzahl an Revisits bei zwei- und dreigliedrigen Komposita signifikant geringer als bei viergliedrigen Komposita (s. Tab. 33). Darüber hinaus zeigen die Effektschätzer, dass die Anzahl an Revisits in Gruppe 1 bei zweigliedrigen Komposita bei der Standardschreibung absolut um $\beta = 0,042$ ($t = 0,150$) oder relativ um 4,4 % höher und bei der Bindestrichschreibung absolut um $\beta = -0,106$ ($t = -0,381$) oder relativ um 11,1 % geringer ist als bei der Mediopunktschreibung. Bei drei- und viergliedrigen Komposita ist die Anzahl an Revisits bei der Standardschreibung absolut um $\beta = -0,080$ ($t = -0,288$) bzw. $\beta = -0,211$ ($t = -0,770$) oder relativ um 7,7 % bzw. 15,5 % geringer, bei der Bindestrichschreibung hingegen absolut um $\beta = 0,305$ ($t = 1,102$) bzw. $\beta = 0,048$ ($t = 0,175$) oder relativ um 29,3 % bzw. 3,5 % höher als bei der Mediopunktschreibung. In Gruppe 2 ist die Anzahl an Revisits bei zweigliedrigen Komposita bei der Standardschreibung absolut um $\beta = -0,039$ ($t = -0,161$) oder relativ um 3,9 % geringer als bei der Mediopunkt- und Bindestrichschreibung. Während die Anzahl an Revisits bei dreigliedrigen Komposita bei der Bindestrichschreibung absolut um $\beta = 0,141$ ($t = 0,595$) oder relativ um 15,1 % höher ist als bei der Standard- und Mediopunktschreibung, ist sie bei viergliedrigen Komposita sowohl bei der Standard- als auch bei der Bindestrichschreibung absolut um β = 0,074 (t = 0,315) oder relativ um 5,3 % höher als bei der Mediopunktschreibung.

Anteil der Regressionen

Hinsichtlich des Haupteffektes Segmentierung lässt sich aus dem angepassten Modell schließen, dass der erwartete Anteil der Regressionen in Gruppe 1 bei der Standardschreibung höher und bei der Bindestrichschreibung marginal signifikant höher ist als bei der Mediopunktschreibung (s. Tab. 32). Zudem ist der Interaktionseffekt zwischen den zweigliedrigen Komposita und der Bindestrichschreibung signifikant negativ (s. Tab. 32). In Gruppe 2 ist der erwartete Anteil der Regressionen bei der Bindestrichschreibung geringer, bei der Standardschreibung hingegen minimal höher als bei der Mediopunktschreibung (s. Tab. 33). Während der erwartete Anteil der Regressionen in Gruppe 1 bei zweigliedrigen Komposita sowohl bei der Standardschreibung (β = -3,759, t = -0,762; relativer Unterschied: 22,6 %) als auch bei der Bindestrichschreibung (β = -6,398, t = -1,307; relativer Unterschied: 38,1 %) geringer ist als bei der Mediopunktschreibung, ist er bei drei- und viergliedrigen Komposita sowohl bei der Standardschreibung (β = 2,384, t = 0,488 bzw. β = 6,283, t = 1,298; relativer Unterschied: 17,6 % bzw. 30,1 %) als auch bei der Bindestrichschreibung höher als bei der Mediopunktschreibung (β = 10,538, t = 2,159 bzw. β = 9,098, t = 1,879; relativer Unterschied: 77,9 % bzw. 43,5 %). In Gruppe 2 ist der erwartete Anteil der Regressionen bei zweigliedrigen Komposita bei der Standardschreibung geringer (β = -5,231, t = -1,051; relativer Unterschied: 31,0 %), bei der Bindestrichschreibung hingegen höher (β = 1,115, t = 0,224; relativer Unterschied: 6,5 %) als bei der Mediopunktschreibung.

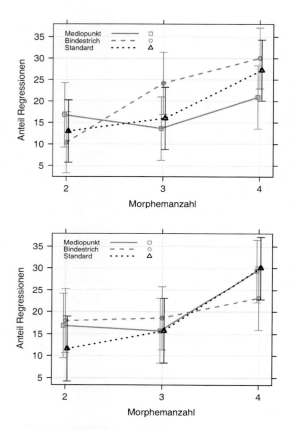

Abb. 64: Interaktionseffekte auf den geschätzten Anteil der Regressionen bei den leseschwächeren Probanden (oben) und den lesestärkeren Probanden (unten)

Während der erwartete Anteil der Regressionen bei dreigliedrigen Komposita bei der Standardschreibung minimal (β = 0,039, t = 0,008) und bei der Bindestrichschreibung deutlich höher ist als bei der Mediopunktschreibung (β = 2,912, t = 0,591; relativer Unterschied: 18,5 %), ist er bei viergliedrigen Komposita bei der Standardschreibung ebenfalls minimal höher (β = 0,704, t = 0,144; relativer Unterschied: 2,4 %), bei der Bindestrichschreibung (β = -6,222, t = -1,275; relativer Unterschied: 21,4 %) hingegen deutlich geringer als bei der Mediopunktschreibung. Der erwartete Anteil der Regressionen ist in Abb. 64 dargestellt.

Erstfixationsdauer

Aus dem Modell LMM^{Erstfixationsdauer} lässt sich hinsichtlich der Haupteffekte folgern, dass die erwartete Erstfixationsdauer in Gruppe 1 bei der Standardschreibung minimal länger, bei der Bindestrichschreibung hingegen kürzer ist als bei der Mediopunktschreibung (s. Tab. 32). In Gruppe 2 ist die Erstfixationsdauer hingegen bei der Bindestrichschreibung länger und bei der Standardschreibung marginal signifikant länger als bei der Mediopunktschreibung (s. Tab. 33). Zudem ist die Erstfixationsdauer in beiden Gruppen bei zwei- und dreigliedrigen Komposita länger als bei viergliedrigen Komposita, wobei in Gruppe 2 der Unterschied zwischen drei- und viergliedrigen Komposita marginal signifikant ist (s. Tab. 32 und 33). Während die Erstfixationsdauer in Gruppe 1 bei zweigliedrigen Komposita bei der Standardschreibung kürzer (β = -13,78, t = -0,273), bei der Bindestrichschreibung hingegen länger ist als bei der Mediopunktschreibung (β = 35,84, t = 0,717), ist sie bei drei- und viergliedrigen Komposita bei der Standardschreibung länger (β = 3,16, t = 0,063 bzw. β = 13,88, t = 0,281); bei der Bindestrichschreibung hingegen kürzer als bei der Mediopunktschreibung (β = -33,96, t = -0,681 bzw. β = -30,07, t = -0,608). In Gruppe 2 ist die Erstfixationsdauer bei zwei- und viergliedrigen Komposita sowohl bei der Standard- (β = 6,46, t = 0,173 bzw. β = 68,94, t = 1,878) als auch bei der Bindestrichschreibung länger (β = 12,07, t = 0,323 bzw. β = 24,56, t = 0,669) als bei der Mediopunktschreibung. Bei dreigliedrigen Komposita ist die Erstfixationsdauer bei der Standardschreibung ebenfalls länger (β = 28,30, t = 0,757), bei der Bindestrichschreibung hingegen kürzer als bei der Mediopunktschreibung (β = -13,14, t = -0,354).

Gesamtlesezeit

Der deskriptive Vergleich der Gesamtlesezeit zeigt, dass diese in Gruppe 1 bei der Mediopunktschreibung am kürzesten und bei der Bindestrichschreibung am längsten ist. In Gruppe 2 ist die Gesamtlesezeit hingegen bei der Standardschreibung am kürzesten und bei der Mediopunktschreibung am längsten, wobei der Unterschied zwischen Mediopunkt- und Bindestrichschreibung wie Abb. 65 zeigt mit 9 ms nur minimal ausgeprägt ist. Die mit steigendem LQ signifikant abnehmende Gesamtlesezeit (z = -5,236, p < 0,001, r = 0,241) spiegelt die unterschiedlichen Lesekompetenzen der Gruppen wider: So liest die Gruppe 2 die Komposita im Mittel um 31,1 % schneller als die Gruppe 1.

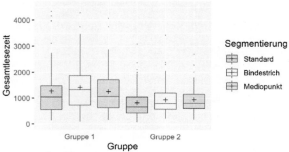

Abb. 65: Verteilung der Gesamtlesezeit für die verschiedenen Schreibweisen[99]

Aus dem angepassten Modell lässt sich hinsichtlich des Haupteffektes Segmentierung schließen, dass die erwartete Gesamtlesezeit in Gruppe 1 sowohl bei der Standard- als auch bei der Bindestrichschreibung länger ist als bei der Mediopunktschreibung (s. Tab. 32). In Gruppe 2 ist die erwartete Gesamtlesezeit bei der Standardschreibung deutlich und bei der Bindestrichschreibung geringfügig kürzer als bei der Mediopunktschreibung (s. Tab. 33). Während die erwartete Gesamtlesezeit in Gruppe 1 bei zwei- und dreigliedrigen Komposita bei der Standardschreibung absolut um β = -1,6 (t = -0,008) bzw. β = -50,9 (t = -0,263) oder relativ um 0,2 % bzw. 4,5 % minimal kürzer und bei der Bindestrichschreibung absolut um β = 80,3 (t = 0,414) bzw. β = 206,3 (t = 1,065) oder relativ um 9,9 % bzw. 18,1 % deutlich länger ist als bei der Mediopunktschreibung, ist sie bei viergliedrigen Komposita sowohl bei der Standardschreibung absolut um β = 169,4 (t = 0,881) oder relativ um 10,1 % als auch bei der Bindestrichschreibung absolut um β = 299,7 (t = 1,559) oder relativ um 17,9 % deutlich länger als bei der Mediopunktschreibung. In Gruppe 2 ist die erwartete Gesamtlesezeit bei zweigliedrigen Komposita bei der Standardschreibung absolut um β = -68,83 (t = -0,488) oder relativ um 11,4 % kürzer, bei der Bindestrichschreibung hingegen absolut um β = 10,92 (t = 0,077) oder relativ um 1,8 % länger als bei der Mediopunktschreibung. Bei drei- und viergliedrigen

---

99 Aus Darstellungsgründen ist bei der Gruppe 2 ein Ausreißer bei den viergliedrigen mit Mediopunkt segmentierten Komposita (5272 ms) nicht dargestellt.

Komposita ist die Gesamtlesezeit wiederum bei der Standardschreibung absolut um β = -144,07 (t = -1,022) bzw. β = -156,37 (t = -1,131) oder relativ um 17,1 % bzw. 11,3 % deutlich kürzer und bei der Bindestrichschreibung absolut um β = -5,36 (t = -0,038) bzw. β = -29,76 (t = -0,215) oder relativ um 0,6 % bzw. 2,2 % minimal kürzer als bei der Mediopunktschreibung. Die erwartete Gesamtlesezeit ist in Abb. 66 dargestellt.

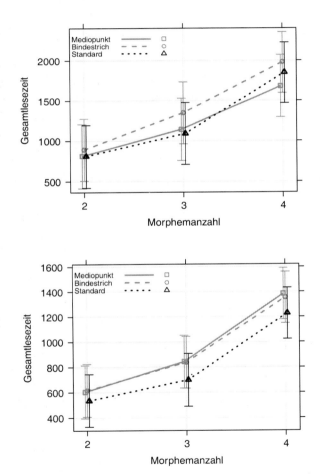

Abb. 66: Interaktionseffekte auf die geschätzte Gesamtlesezeit bei den leseschwächeren Probanden (oben) und den lesestärkeren Probanden (unten)

Pupillenweite

Die erwartete Pupillenweite ist in Gruppe 1 bei der Standard- und Bindestrich-schreibung größer als bei der Mediopunktschreibung (s. Tab. 32). In Gruppe 2 ist die erwartete Pupillenweite bei der Bindestrichschreibung kleiner; bei der Standardschreibung hingegen signifikant größer als bei der Mediopunkt-schreibung (s. Tab. 33). In Gruppe 1 ist die Pupillenweite bei zweigliedrigen Komposita bei der Standardschreibung minimal kleiner (β = -0,007, t = -0,163) und bei der Bindestrichschreibung größer (β = 0,066, t = 1,576) als bei der Mediopunktschreibung. Während die Pupillenweite bei dreigliedrigen Kom-posita sowohl bei der Standard- (β = -0,038, t = -0,993) als auch bei der Bin-destrichschreibung (β = -0,035, t = -0,977) kleiner ist als bei der Mediopunkt-schreibung, ist sie bei viergliedrigen Komposita sowohl bei der Standard- (β = 0,044, t = 1,461) als auch bei der Bindestrichschreibung größer (β = 0,040, t = 1,382) als bei der Mediopunktschreibung. In Gruppe 2 ist die Pupillenweite bei zwei- und dreigliedrigen Komposita bei der Bindestrichschreibung kleiner (β = -0,034, t = -1,064 bzw. β = -0,032, t = -1,185), bei der Standardschreibung jedoch größer als bei der Mediopunktschreibung (β = 0,050, t = 1,557 bzw. β = 0,015, t = 0,499). Bei viergliedrigen Komposita ist sie hingegen bei der Bin-destrichschreibung größer (β = 0,012, t = 0,555) und bei der Standardschrei-bung marginal signifikant größer als bei der Mediopunktschreibung (β = 0,069, t = 3,084, p = 0,076). Zudem ist die Pupillenweite bei der Standardschreibung insgesamt auch signifikant größer als bei der Bindestrichschreibung (β = 0,061, t = 3,908, p < 0,001).

5.5.7.9 Vergleich mit und ohne Kontext: Zielgruppe LQ

Um beurteilen zu können, wie sich der Kontext bei den einzelnen Gruppen auf die Verarbeitung der Komposita auswirkt, werden die Ergebnisse im Folgenden in Beziehung zu den Ergebnissen aus Experiment 1 gesetzt. Dazu wurde in den jeweiligen Modellen (s. Kap. 5.5.7.8) neben den bereits genannten Haupt- und Interaktionseffekten der Haupteffekt der Variable *Präsentationsweise* auf die jeweiligen abhängigen Variablen geschätzt.

Fixationsanzahl

Aus dem angepassten Modell, in dem zusätzlich der Haupteffekt der Präsentationsweise auf die Fixationsanzahl geschätzt wurde, lässt sich schließen, dass die erwartete Fixationsanzahl bei kontextueller Präsentation signifikant geringer ist als bei isolierter Präsentation (Gr. 1: β = -3,087, t = -12,867, p < 0,001, Gr. 2: β = -0,893, t = -6,106, p < 0,001), wobei dies in beiden Gruppen für alle drei Schreibweisen gilt (s. Tab. 34 und 35). Zudem ist zu erkennen, dass der Effekt in beiden Gruppen bei der Bindestrichschreibung am geringsten ausgeprägt ist (s. Tab. 34 und 35). In Gruppe 1 wird die Standard- und Mediopunktschreibung isoliert ca. doppelt so häufig fixiert wie im Kontext. Bei der Bindestrichschreibung ist der kontextuelle Verarbeitungsvorteil etwas geringer ausgeprägt: Hier werden die Komposita ohne Kontext um den Faktor ⅖ häufiger fixiert als im Kontext. Die Fixationsanzahl ist ohne Kontext bei der Mediopunktschreibung am geringsten und bei der Bindestrichschreibung am höchsten. Im Kontext ist sie ebenfalls bei der Bindestrichschreibung am höchsten, wobei hier zwischen der Standard- und Mediopunktschreibung nur ein minimaler Unterschied besteht (s. Abb. 67).

In Gruppe 2 fällt die Differenz zwischen der Fixationsanzahl mit und ohne Kontext geringer aus als in Gruppe 1. So werden alle Schreibweisen ohne Kontext ca. um den Faktor ⅕ häufiger fixiert als mit Kontext, wobei auch hier der Unterschied bei der Bindestrichschreibung etwas unter ⅕ liegt und damit am geringsten ausgeprägt ist. Die Fixationsanzahl ist sowohl auf Wort- als auch auf Satzebene bei der Standardschreibung am geringsten. Bei isolierter Präsentation ist sie bei der Bindestrichschreibung minimal geringer als bei der Mediopunktschreibung, bei kontextueller Darstellung hingegen bei der Bindestrichschreibung höher als bei der Mediopunktschreibung (s. Abb. 67).

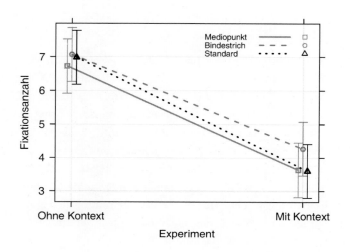

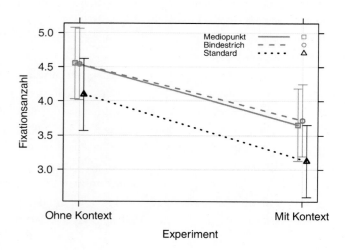

Abb. 67: Interaktionseffekte von Segmentierung und Präsentationsweise auf die geschätzte Fixationsanzahl bei den leseschwächeren Probanden (oben) und den lesestärkeren Probanden (unten)

		β	Std. Error	t-ratio	p-value	sig
LMM^{Fixationsanzahl}	Standard	3,378	0,414	8,168	< 0,001	***
	Bindestrich	2,798	0,412	6,787	< 0,001	***
	Mediopunkt	3,087	0,422	7,313	< 0,001	***
LMM^{Single Fixation}	Standard	-0,078	0,035	-2,240	0,384	
	Bindestrich	-0,090	0,035	-2,572	0,156	
	Mediopunkt	-0,076	0,036	-2,115	0,524	
LMM^{Revisits}	Standard	-0,938	0,115	-8,153	< 0,001	***
	Bindestrich	-1,150	0,115	-10,027	< 0,001	***
	Mediopunkt	-1,071	0,117	-9,129	< 0,001	***
LMM^{Regressionen}	Standard	12,80	2,75	4,652	< 0,001	***
	Bindestrich	12,87	2,74	4,692	< 0,001	***
	Mediopunkt	12,54	2,81	4,466	< 0,001	***
LMM^{Erstfixationsdauer}	Standard	-66,251	24,2	-2,734	0,098	.
	Bindestrich	-68,655	24,2	-2,842	0,070	.
	Mediopunkt	-54,432	24,7	-2,201	0,424	
LMM^{Gesamtlesezeit}	Standard	450,7	116	3,886	0,002	***
	Bindestrich	233,3	116	2,018	0,662	
	Mediopunkt	430,9	118	3,641	0,005	**
LMM^{Pupillenweite}	Standard	0,165	0,025	6,554	< 0,001	***
	Bindestrich	0,051	0,024	2,130	0,499	
	Mediopunkt	0,146	0,026	5,652	< 0,001	***

Tab. 34: Effekt der Präsentationsweise auf die verschiedenen abhängigen Variablen für die drei Schreibweisen (Gruppe 1)

		β	Std. Error	t-ratio	p-value	sig
LMM^Fixationsanzahl	Standard	0,966	0,253	3,817	0,002	**
	Bindestrich	0,819	0,252	3,245	0,019	*
	Mediopunkt	0,898	0,253	3,548	0,006	*
LMM^Single Fixation	Standard	-0,092	0,037	-2,496	0,194	
	Bindestrich	0,023	0,037	0,636	1,000	
	Mediopunkt	-0,040	0,037	-1,081	1,000	
LMM^Revisits	Standard	-1,115	0,100	-11,112	< 0,001	***
	Bindestrich	-1,151	0,100	-11,505	< 0,001	***
	Mediopunkt	-1,103	0,100	-10,989	< 0,001	***
LMM^Regressionen	Standard	9,197	2,82	3,258	0,018	*
	Bindestrich	10,218	2,81	3,632	0,005	**
	Mediopunkt	6,167	2,82	2,185	0,441	
LMM^Erstfixationsdauer	Standard	-58,40	20,5	-2,844	0,070	.
	Bindestrich	-9,25	20,5	-0,452	1,000	
	Mediopunkt	-33,27	20,5	-1,621	1,000	
LMM^Gesamtlesezeit	Standard	161,20	75,3	2,140	0,494	
	Bindestrich	67,88	75,1	0,904	1,000	
	Mediopunkt	101,58	75,3	1,348	1,000	
LMM^Pupillenweite	Standard	-0,005	0,019	-0,293	1,000	
	Bindestrich	0,060	0,017	3,457	0,008	**
	Mediopunkt	0,085	0,018	4,861	< 0,001	***

Tab. 35: Effekt der Präsentationsweise auf die verschiedenen abhängigen Variablen für die drei Schreibweisen (Gruppe 2)

Single Fixation

In beiden Gruppen werden bei kontextueller Präsentation signifikant bzw. marginal signifikant mehr Komposita mit nur einer Fixation gelesen als bei isolierter Präsentation (Gr. 1: $\beta = 0,081$, t = 4,021, p < 0,001, Gr. 2: $\beta = 0,036$, t = 1,685, p = 0,093). In Gruppe 1 ist die erwartete Anzahl an Single Fixation bei allen drei Schreibweisen ohne Kontext geringer als mit Kontext (s. Tab. 34). Anders verhält es sich in Gruppe 2: Hier ist die erwartete Anzahl an Single Fixation bei der Standard- und Mediopunktschreibung ohne Kontext geringer als mit Kontext, wobei der Unterschied bei der Standardschreibung deutlich stärker ausgeprägt ist (s. Tab. 35). Bei der Bindestrichschreibung werden hingegen mehr isolierte als kontextuell präsentierte Wörter mit nur einer Fixation gelesen (s. Tab. 35). In Gruppe 1 ist die Anzahl an Single Fixation in beiden Experimenten bei der Mediopunktschreibung am geringsten. Auf Satzebene ist sie bei der Bindestrichschreibung am höchsten, wobei die Anzahl an Single Fixation auf Wortebene bei der Bindestrich- und Standardschreibung identisch ist. In Gruppe 2 ist die Anzahl an Single Fixation in beiden Experimenten bei der Standardschreibung am höchsten. Während die Anzahl an Single Fixation auf Wortebene bei der Mediopunktschreibung am geringsten ist, wird auf Satzebene die Bindestrichschreibung am seltensten mit nur einer Fixation gelesen.

Revisits

Die erwartete Anzahl an Revisits ist in beiden Gruppen bei kontextueller Präsentation signifikant höher als bei isolierter Präsentation (Gr. 1: β = 1,053, t = 15,790, p < 0,001, Gr. 2: β = 1,123, t = 19,517, p < 0,001), wobei dies für alle drei Schreibweisen gilt (s. Tab. 34 und 35). In beiden Gruppen ist die Anzahl an Revisits im Kontext bei der Bindestrichschreibung am höchsten. Während sie in Gruppe 1 bei der Standardschreibung am geringsten ist, ist sie in Gruppe 2 bei der Mediopunktschreibung am geringsten. Ohne Kontext ist die Anzahl an Revisits in Gruppe 1 bei der Standardschreibung höher als bei der Mediopunkt- und Bindestrichschreibung; in Gruppe 2 hingegen bei der Bindestrichschreibung höher als bei der Standard- und Mediopunktschreibung.

Anteil der Regressionen

In beiden Gruppen ist der erwartete Anteil der Regressionen bei kontextueller Präsentation signifikant geringer als bei isolierter Präsentation (Gr. 1: β = -12,737, t = -7,990, p < 0,001, Gr. 2: β = -8,531, t = -5,245, p < 0,001). In Gruppe 1 sind die Unterschiede bei allen drei Schreibweisen signifikant, in Gruppe 2 hingegen nur bei der Standard- und Bindestrichschreibung (s. Tab. 34 und 35). In Gruppe 1 ist der Anteil der Regressionen bei allen drei Schreibweisen mit Kontext um ca. den Faktor ⅖ geringer als ohne Kontext, wobei der Unterschied bei der Mediopunktschreibung bei etwas mehr als ⅖ liegt und damit am stärksten ausgeprägt ist. Bei der Bindestrichschreibung liegt der Unterschied bei etwas unter ²⁄₅, womit der Verarbeitungsvorteil am geringsten ausgeprägt ist.

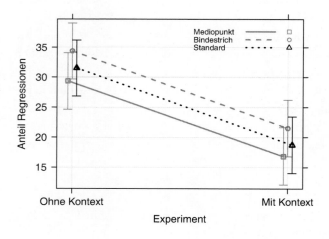

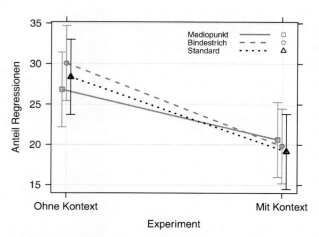

Abb. 68: Interaktionseffekte von Segmentierung und Präsentationsweise auf den geschätzten Anteil der Regressionen bei den leseschwächeren Probanden (oben) und den lesestärkeren Probanden (unten)

In beiden Experimenten ist der Anteil der Regressionen bei der Mediopunktschreibung am geringsten und bei der Bindestrichschreibung am höchsten (s. Abb. 68). In Gruppe 2 wird bei der Standard- und Bindestrichschreibung mit Kontext ca. um den Faktor ⅓ seltener zurückgesprungen als ohne Kontext. Bei der Mediopunktschreibung ist der Unterschied mit ca. ¼ etwas geringer ausgeprägt.

Erstfixationsdauer

Die erwartete Erstfixationsdauer ist hingegen in beiden Gruppen bei kontextueller Präsentation signifikant länger als bei isolierter Präsentation (Gr. 1: β = 63,240, t = 4,503, p < 0,001, Gr. 2: β = 33,584, t = 2,833, p = 0,005). In Gruppe 1 ist der Unterschied bei der Bindestrich- und Standardschreibung marginal signifikant (s. Tab. 34), wobei der Unterschied bei der Mediopunktschreibung am geringsten und bei der Bindestrichschreibung am stärksten ausgeprägt ist. In Gruppe 2 ist der Unterschied nur bei der Standardschreibung marginal signifikant. Zudem ist in dieser Gruppe der Unterschied zwischen den Präsentationsweisen bei der Bindestrichschreibung deutlich geringer ausgeprägt als bei der Standard- und Mediopunktschreibung (s. Tab. 35). In Gruppe 1 ist die Erstfixationsdauer in beiden Experimenten bei der Bindestrichschreibung am kürzesten und bei der Mediopunktschreibung am längsten (s. Abb. 69).

In Gruppe 2 ist die Erstfixationsdauer hingegen in beiden Experimenten bei der Mediopunktschreibung am kürzesten. Während sie ohne Kontext bei der Bindestrichschreibung am längsten ist, ist sie mit Kontext bei der Standardschreibung am längsten (s. Abb. 69).

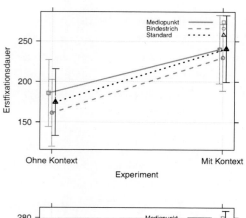

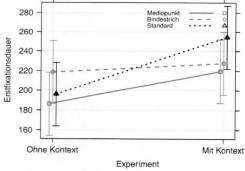

Abb. 69: Interaktionseffekte von Segmentierung und Präsentationsweise auf die geschätzte Erstfixationsdauer bei den leseschwächeren Probanden (oben) und den lesestärkeren Probanden (unten)

Gesamtlesezeit

In beiden Gruppen ist die erwartete Gesamtlesezeit bei kontextueller Präsentation signifikant kürzer als bei isolierter Präsentation (Gr. 1: β = -370,51, t = -5,500, p < 0,001, Gr. 2: β = -110,12, t = -2,537, p = 0,012). In Gruppe 1 ist die erwartete Gesamtlesezeit bei allen drei Schreibweisen ohne Kontext länger als mit Kontext, wobei der Unterschied nur bei der Standard- und Mediopunktschreibung signifikant ist (s. Tab. 34). Bei der Standard- und Mediopunktschreibung ist die Gesamtlesezeit im Kontext um den Faktor ¼ kürzer als bei isolierter Präsentation. Bei der Bindestrichschreibung ist der Unterschied etwas geringer ausgeprägt.

Hier ist die Gesamtlesezeit im Kontext um den Faktor ⅙ kürzer als bei isolierter Präsentation. In Gruppe 2 ist die Gesamtlesezeit ebenfalls bei allen drei Schreibweisen ohne Kontext länger als mit Kontext, wobei der Unterschied, ebenso wie in Gruppe 1, bei der Bindestrichschreibung deutlich geringer ausgeprägt als bei der Standard- und Mediopunktschreibung. Das geschätzte Modell (s. Abb. 70) zeigt, dass in Gruppe 1 in beiden Experimenten die Mediopunktschreibung am schnellsten gelesen wird. Während auf Wortebene die Standardschreibung am langsamsten gelesen wird, wird auf Satzebene die Bindestrichschreibung am langsamsten gelesen. In Gruppe 2 wird die Standardschreibung in beiden Experimenten am schnellsten und die Mediopunktschreibung am langsamsten gelesen.

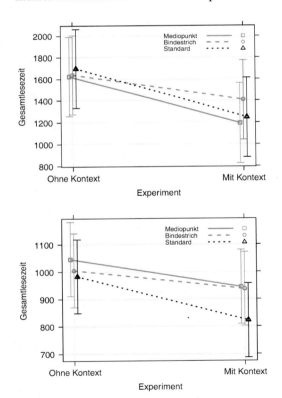

Abb. 70: Interaktionseffekte von Segmentierung und Präsentationsweise auf die geschätzte Gesamtlesezeit bei den leseschwächeren Probanden (oben) und den lesestärkeren Probanden (unten)

Pupillenweite

Die erwartete Pupillenweite ist in beiden Gruppen bei kontextueller Präsentation signifikant kleiner als bei isolierter Präsentation (Gr. 1: β = -0,117, t = -8,106, p < 0,001, Gr. 2: β = -0,048, t = -4,620, p < 0,001). In Gruppe 1 ist die erwartete Pupillenweite bei allen drei Schreibweisen ohne Kontext größer als mit Kontext, wobei der Unterschied nur bei der Standard- und Mediopunktschreibung signifikant ist (s. Tab. 34). In Gruppe 2 ist die erwartete Pupillenweite nur bei der Bindestrich- und Mediopunktschreibung ohne Kontext signifikant größer als mit Kontext. Bei der Standardschreibung ist die Pupillenweite hingegen ohne Kontext minimal und nicht signifikant kleiner als mit Kontext (s. Tab. 35) (für eine Diskussion dieses Ergebnisses s. Kap. 5.5.8).

5.5.7.10 Diskussion der Ergebnisse (Zielgruppe LQ)

Die erste Hypothese-Z-1, dass sich die Segmentierung positiv auf die Verarbeitung der Komposita auswirkt (s. Kap. 5.5.1), kann für die leseschwächere Gruppe nur für die Segmentierung mit dem Mediopunkt, nicht aber für die Segmentierung mit dem Bindestrich bestätigt werden. So wird die Standardschreibung langsamer als die Mediopunktschreibung, aber schneller als die Bindestrichschreibung gelesen und auch der Anteil der Regressionen ist bei der Standardschreibung höher als bei der Mediopunkt-, aber geringer als bei der Bindestrichschreibung. Des Weiteren ist auch die Pupillenweite bei der Standardschreibung größer als bei der Mediopunkt-, aber kleiner als bei der Bindestrichschreibung. Die Erstfixationsdauer ist ebenso wie bei der Kontrollgruppe bei der Bindestrichschreibung am kürzesten und bei der Standardschreibung am längsten. Wie in Kap. 5.4.7.3 dargelegt, stützt dies die Hypothese, dass bei der Bindestrichschreibung mit der ersten Fixation zunächst nur der Bestandteil vor dem Bindestrich verarbeitet wird. Der Aufmerksamkeitsfokus beschränkt sich somit auf eine kürzere, höherfrequente Einheit, wodurch die initiale Verarbeitung beschleunigt wird. Dafür, dass eine kurze Erstfixationsdauer als Indiz für eine morphembasierte Verarbeitung der ersten Konstituente gedeutet werden kann, spricht auch, dass die initiale Landeposition bei der Bindestrichschreibung weiter links liegt als bei der Standard- (β = -11,83, t = -0,728, p = 1,000) und Mediopunktschreibung (β = -14,21, t = -0,858, p = 1,000) sowie die signifikante Korrelation zwischen Landeposition und Erstfixations-

© Frank & Timme   Verlag für wissenschaftliche Literatur

dauer, die zeigt, dass je weiter die erste Fixation links landet, desto kürzer ist die Dauer der ersten Fixation (r = 0,133, p = 0,004) (vgl. Inhoff/Radach 2002; Pfeiffer 2002; Juhasz et al. 2005). Vor dem Hintergrund, dass aber die Fixationsanzahl marginal signifikant höher ist als bei der Standardschreibung und sowohl der Anteil der Regressionen und die Anzahl an Revisits als auch die Gesamtlesezeit bei der Bindestrichschreibung ebenfalls deutlich höher bzw. länger als bei der Standard- und Mediopunktschreibung ist, lässt sich folgern, dass die Bindestrichschreibung zwar die initiale Verarbeitung der ersten Konstituente beschleunigt, der Leseprozess aber insgesamt, wie an den genannten Parametern sichtbar ist, verlangsamt wird. Eine kurze Erstfixationsdauer kann in diesem Fall somit nicht als Verarbeitungsvorteil gedeutet werden. Anders sieht es bei der Mediopunktschreibung aus. Hier ist die Erstfixationsdauer zwar ebenfalls kürzer als bei der Standardschreibung, da aber sowohl die Gesamtlesezeit als auch der Anteil der Regressionen bei der Mediopunktschreibung kürzer bzw. geringer als bei der Standardschreibung ist, kann die kurze Erstfixationsdauer nicht als Verarbeitungsnachteil gesehen werden. Vielmehr deutet sie darauf hin, dass das Kompositum zwar ebenfalls morphembasiert verarbeitet wird, dies für die leseschwächeren Probanden jedoch im Gegensatz zur Kontrollgruppe kein Verarbeitungsnachteil ist, sondern die Verarbeitung des Gesamtkomplexes stattdessen erleichtert wird, wie an der kürzeren Gesamtlesezeit und dem geringeren Anteil der Regressionen sichtbar ist. Wird mit der ersten Fixation lediglich die erste Konstituente verarbeitet, zieht dies jedoch automatisch die Notwendigkeit einer Refixation nach sich, was die höhere Fixationsanzahl bei der Mediopunkt- im Vergleich zur Standardschreibung erklärt. Dieser Zusammenhang zwischen der Erstfixationsdauer und der kognitiven Verarbeitung von unsegmentierten und segmentierten Komposita wird in Kap. 5.8 in einen tentativen Modellierungsvorschlag überführt. Das Ergebnis, dass leseschwächere Probanden die Komposita primär morphembasiert verarbeiten und die morphembasierte Verarbeitung durch das Aufzeigen der Morphemgrenze erleichtert wird, stützt die Ergebnisse von Häikiö et al. (2011) und Hasenäcker/Schröder (2019) (s. Kap. 3.8.2). Gegen die Hypothese spricht allerdings, dass die Anzahl an Revisits bei der Standardschreibung bei drei- und viergliedrigen Komposita deutlich geringer ist als bei der Bindestrich- und Mediopunktschreibung. Bei zweigliedrigen Komposita springen die Probanden hingegen nach dem ersten Lesedurchgang bei den segmentierten Komposita seltener auf das Kompositum zurück als bei den unsegmentierten Komposita, was wiederum für die Hypothese spricht.

Für die lesestärkere Gruppe kann die erste Hypothese-Z-1 hingegen eindeutig widerlegt werden. So ist die Fixationsanzahl bei der Standardschreibung signifikant geringer als bei der Bindestrich- und Mediopunktschreibung und auch die Gesamtlesezeit ist bei den unsegmentierten deutlich kürzer als bei den segmentierten Komposita. Des Weiteren lesen die Probanden die Standardschreibung signifikant häufiger mit nur einer Fixation als die Bindestrich- und Mediopunktschreibung und springen bei der Standardschreibung seltener zurück als bei der Bindestrichschreibung. Bei zweigliedrigen Komposita springen sie darüber hinaus bei der Standardschreibung auch seltener zurück als bei der Mediopunktschreibung. Die Erstfixationsdauer ist bei der Mediopunkt- und Bindestrichschreibung kürzer als bei der Standardschreibung. Vor dem Hintergrund, dass aber sowohl die Fixationsanzahl als auch die Gesamtlesezeit bei den unsegmentierten Komposita geringer bzw. kürzer als bei den segmentierten Komposita ist und zudem bei der Standardschreibung mehr Komposita mit nur einer Fixation gelesen werden als bei der Mediopunkt- und Bindestrichschreibung, ist eine kurze Erstfixationsdauer nicht als Verarbeitungsvorteil zu werten. Vielmehr deutet sie darauf hin, dass die segmentierten Komposita im Gegensatz zur Standardschreibung morphembasiert verarbeitet werden; die dekompositionelle Verarbeitung jedoch, wie die anderen Parameter zeigen, für die Probanden mit besseren Lesekompetenzen kontraproduktiv ist (vgl. Inhoff et al. 2000; Juhasz et al. 2005; Häikiö et al. 2011). So wird mit der Segmentierung zwar die Verarbeitung der ersten Konstituente beschleunigt, insgesamt wird die Verarbeitung jedoch verzögert (für einen tentativen Modellierungsvorschlag zu dem Zusammenhang zwischen der Erstfixationsdauer und der kognitiven Verarbeitung von segmentierten und unsegmentierten Komposita s. Kap. 5.8). Lediglich die Anzahl an Revisits und der Anteil der Regressionen deutet darauf hin, dass insbesondere die viergliedrigen mit Mediopunkt segmentierten Komposita leichter verarbeitet werden als die unsegmentierten Komposita. So springen die Probanden nach dem ersten Lesedurchgang bei den viergliedrigen mit Mediopunkt segmentierten Komposita deutlich seltener auf das Kompositum zurück als bei den unsegmentierten Komposita und auch der Anteil

 © Frank & Timme   Verlag für wissenschaftliche Literatur

der Regressionen ist bei drei- und viergliedrigen Komposita geringer als bei der Standardschreibung. Die Pupillenweite, die bei der Standardschreibung signifikant größer als bei der Bindestrich- und Mediopunktschreibung ist, spricht zwar für die Hypothese, da die Aussagekraft der Pupillenweite jedoch, wie in Kap. 4.5 und 5.5.8 ausgeführt, umstritten und widersprüchlich ist und die primär mit der kognitiven Verarbeitung assoziierten Parameter eindeutig gegen einen Verarbeitungsvorteil der Segmentierungen sprechen, kann die Hypothese einzig und allein mit der signifikant größeren Pupillenweite nicht angenommen werden. Die Auswertung der Pupillenweite zeigt somit, dass diese im Widerspruch zu den anhand der anderen Blickbewegungsparametern sichtbaren Tendenzen steht und folglich als alleiniges Maß für die kognitive Beanspruchung nicht geeignet ist (vgl. Just/Carpenter 1993; Hyönä/Pollatsek 2000). Dies wird in dieser Gruppe auch daran deutlich, dass die Pupillenweite bei zweigliedrigen signifikant größer ist als bei viergliedrigen Komposita.

Die zweite Hypothese-Z-2, dass die Mediopunktschreibung leichter verarbeitet wird als die Bindestrichschreibung, kann für die leseschwächere Gruppe eindeutig bestätigt werden. So wird die Bindestrichschreibung mit signifikant mehr Fixationen und deutlich langsamer gelesen als die Mediopunktschreibung. Darüber hinaus springen die Probanden bei der Bindestrichschreibung marginal signifikant häufiger zurück als bei der Mediopunktschreibung und auch die Anzahl an Revisits ist bei der Bindestrichschreibung höher als bei der Mediopunktschreibung. Die Pupillenweite ist bei der Bindestrich- ebenfalls größer als bei der Mediopunktschreibung. Auch die Erstfixationsdauer, die bei der Bindestrichschreibung kürzer als bei der Mediopunktschreibung ist, deutet in Kombination mit der signifikant höheren Fixationsanzahl, dem marginal signifikant höheren Anteil der Regressionen, der längeren Gesamtlesezeit und der höheren Anzahl an Revisits darauf hin, dass bei der Bindestrichschreibung zwar die Verarbeitung der ersten Konstituente beschleunigt wird, die Verarbeitung des gesamten Kompositums allerdings verzögert wird (s. auch Kap. 5.8). Die kurze Erstfixationsdauer kann somit nicht als Verarbeitungsvorteil betrachtet werden (vgl. Inhoff et al. 2000; Juhasz et al. 2005; Cherng 2008; Häikiö et al. 2011). Betrachtet man die Parameter für die zwei-, drei- und viergliedrigen Komposita getrennt, fällt auf, dass der Verarbeitungsvorteil der Mediopunktschreibung nur bei drei- und viergliedrigen Komposita eindeutig nachzuweisen ist. Bei zweigliedrigen Komposita ist zwar die Gesamtlesezeit bei der Mediopunkt- auch kürzer als bei der Bindestrichschreibung, die Fixationsanzahl, der Anteil der Regressionen und die Anzahl an Revisits ist hingegen bei der Bindestrichschreibung geringer als bei der Mediopunktschreibung. Die Erstfixationsdauer ist bei zweigliedrigen Komposita bei der Bindestrich- länger als bei der Mediopunktschreibung, wobei die Landeposition der ersten Fixation weiter links liegt als bei der Mediopunktschreibung (β = -35,235, t = -1,224, p = 1,000). Da die anderen Parameter nicht einheitlich auf einen Verarbeitungsvorteil der Mediopunkt- oder Bindestrichschreibung hindeuten, kann die längere Erstfixationsdauer hier weder als Indiz für eine schnelle, ganzheitliche Verarbeitung der Bindestrichschreibung noch als Indiz für eine insgesamt schwierigere Verarbeitung derselben angesehen werden.

Für die lesestärkere Gruppe kann die Hypothese-Z-2 nur für die Fixationsanzahl sowie für die Anzahl an Single Fixation und Revisits bestätigt werden. Der Anteil der Regressionen sowie die Gesamtlesezeit ist hingegen bei der Bindestrichschreibung minimal geringer bzw. kürzer als bei der Mediopunktschreibung. Die Erstfixationsdauer ist bei der Mediopunkt- kürzer als bei der Bindestrichschreibung. Da die anderen Parameter aber nicht eindeutig auf einen Verarbeitungsvorteil der Mediopunkt- oder Bindestrichschreibung hinweisen, lässt sich die kürzere Erstfixationsdauer nur insoweit deuten, als die erste Konstituente bei der Mediopunktschreibung schneller verarbeitet wird als bei der Bindestrichschreibung. Ob die Verarbeitung des Kompositums dadurch beschleunigt oder verlangsamt wird, lässt sich angesichts der nicht eindeutigen Ergebnisse nicht schlussfolgern. Betrachtet man die Ergebnisse für die zwei-, drei- und viergliedrigen Komposita getrennt, ergibt sich nur bei den zwnegliedrigen Komposita ein klarer Verarbeitungsvorteil der Mediopunktschreibung. So sprechen bei den zweigliedrigen Komposita die geringere Fixationsanzahl, der geringe Anteil der Regressionen, die kürzere Gesamtlesezeit sowie die höhere Anzahl an Single Fixation und in Kombination damit auch die kürzere Erstfixationsdauer für einen Verarbeitungsvorteil der Mediopunktschreibung. Die bei der Bindestrichschreibung längere Erstfixationsdauer kann in Kombination mit den anderen Parametern, die eindeutig für einen Verarbeitungsvorteil der Mediopunktschreibung sprechen, als Indiz dafür gesehen werden, dass bei der Bindestrichschreibung nicht nur das Kompositum insgesamt, sondern auch bereits die erste Konstituente langsamer verarbeitet wird als bei der Mediopunktschreibung und sich der Bindestrich somit im Vergleich zum Mediopunkt insgesamt negativ auf die kognitive Verarbeitung auswirkt. Dass die mit Mediopunkt segmentierten zweigliedrigen Komposita insgesamt leichter verarbeitet werden als die mit Bindestrich segmentierten Komposita, lässt sich anhand der in Abb. 71 gezeigten Heat Maps visualisieren.

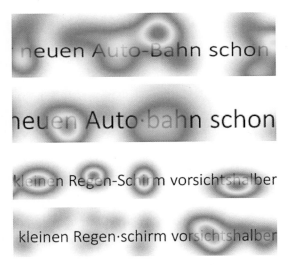

Abb. 71: Heat Maps für die Stimuli Autobahn und Regenschirm (lesestärkere Probanden)

Da bei den drei- und viergliedrigen Komposita einige Parameter für einen Verarbeitungsvorteil der Mediopunktschreibung, andere Parameter jedoch für einen Verarbeitungsvorteil der Bindestrichschreibung sprechen, allerdings keiner der Unterschiede signifikant ist, kann die Hypothese somit für die lesestärkere Gruppe weder eindeutig verworfen noch eindeutig bestätigt werden.

Die dritte Hypothese-Z-3, dass der Verarbeitungsvorteil, der durch die Segmentierung entsteht, mit der Morphemanzahl steigt, kann für die leseschwächere Gruppe nur teilweise bestätigt werden. So ist der an der Fixationsanzahl und Gesamtlesezeit ablesbare Verarbeitungsvorteil der Mediopunktschreibung nur bei den viergliedrigen Komposita klar zu erkennen, was darauf hindeutet, dass die Probanden insbesondere bei langen, mehrgliedrigen Komposita nachweisbar von der Segmentierung mit dem Mediopunkt profitieren. Von der Segmentierung mit dem Bindestrich profitieren sie bei viergliedrigen Komposita hingegen nicht. Für die Hypothese spricht auch der Anteil der Regressionen, da auch bei diesem nur bei drei- und viergliedrigen Komposita ein eindeutiger Verarbeitungsvorteil der Mediopunktschreibung festzustellen ist, wobei der Verarbeitungsvorteil bei viergliedrigen Komposita, hypothesenkonform, deutlich stärker ausgeprägt ist als bei dreigliedrigen Komposita.

Für die lesestärkere Gruppe kann die Hypothese-Z-3 nur für den Anteil der Regressionen bestätigt werden. Bei diesem ist ebenso wie in Gruppe 1 nur bei drei- und viergliedrigen Komposita ein klarer Verarbeitungsvorteil der Mediopunktschreibung zu erkennen, wobei dieser ebenfalls bei viergliedrigen stärker ausgeprägt ist als bei dreigliedrigen Komposita. Eindeutige Hinweise darauf, dass der durch die Segmentierung entstehende Verarbeitungsvorteil mit der Morphemanzahl steigt, gibt es allerdings angesichts der berichteten widersprüchlichen Ergebnisse nicht, so dass die Hypothese insgesamt verworfen werden kann. Die Analyse ergibt zudem, dass der Anteil der Regressionen und die Anzahl an Revisits in beiden Gruppen bei viergliedrigen Komposita deutlich höher ist als bei zwei- und dreigliedrigen Komposita, was die Annahme aus der LS-Forschung, dass das Lesen langer, komplexer Wörter für Leser mit geringen Lesekompetenzen mit erheblich größerem kognitiven Aufwand verbunden ist, eindeutig bestätigt (vgl. Maaß 2015a: 89).

Insgesamt lässt sich schlussfolgern, dass die leseschwächeren Probanden die Mediopunktschreibung leichter verarbeiten als die Bindestrichschreibung, wohingegen dies bei den lesestärkeren Probanden nur bei zweigliedrigen Komposita nachweisbar der Fall ist. Zudem deuten die Ergebnisse mehrheitlich darauf hin, dass nur die leseschwächeren Probanden nachweisbar von einer Segmentierung der Komposita profitieren. Die Ergebnisse der lesestärkeren Probanden der Zielgruppe ähneln somit denen der Kontrollgruppe, die ebenfalls nicht von der Segmentierung profitierte. Zudem stimmen die Ergebnisse mit der Studie von Gutermuth (2020) überein (s. Kap. 3.7).

Zuletzt soll noch auf die Hypothesen-Z-4 bis Z-6 eingegangen werden, welche sich auf die Rolle des Kontextes beziehen. Die vierte Hypothese-Z-4, dass die Verarbeitung des Kompositums durch die Einbettung im Kontext erleichtert wird, kann für die leseschwächere Gruppe für alle drei Schreibweisen uneingeschränkt bestätigt werden. So werden die im Satz eingebetteten Komposita ungeachtet der Schreibweise mit signifikant weniger Fixationen gelesen als die isoliert präsentierten Komposita. Zudem werden die Komposita mit Kontext in allen Schreibweisen deutlich schneller gelesen, wobei der Unterschied nur bei der Standard- und Mediopunktschreibung signifikant ist. Darüber hinaus springen die Probanden beim Lesen der Komposita im Kontext bei allen Schreibweisen signifikant seltener zurück und lesen im Kontext deutlich mehr Komposita mit nur einer Fixation als beim Lesen der isoliert präsentierten Komposita. Auch die im Kontext kleinere Pupillenweite spricht für einen Verarbeitungsvorteil der eingebetteten Komposita, wobei der Unterschied hier ebenfalls nur bei der Standard- und Mediopunktschreibung signifikant ist. Die Aussagekraft der Pupillenweite ist allerdings mit Vorsicht zu betrachten (s. Kap. 5.5.8). Die Erstfixationsdauer ist hingegen ohne Kontext kürzer als mit Kontext, wobei der Unterschied nur bei der Standard- und Bindestrichschreibung marginal signifikant ist. Die ohne Kontext kürzere Erstfixationsdauer ist vermutlich ebenfalls dadurch bedingt, dass die Anzahl an Komposita, die mit nur einer Fixation gelesen werden, mit Kontext deutlich höher ist als ohne Kontext (s. Kap. 5.5.7.4), wobei die Annahme hier ebenfalls durch die auf Wortebene signifikant höhere Fixationsanzahl gestützt wird.

Auch für die Gruppe mit den besseren Lesekompetenzen kann die Hypothese-Z-4 bestätigt werden. Auch diese Gruppe liest die Komposita ungeachtet der Schreibweise im Kontext mit signifikant weniger Fixationen und springt bei allen drei Schreibweisen im Kontext seltener zurück als beim Lesen der isoliert präsentierten Komposita, wobei der Unterschied hinsichtlich des Anteils der Regressionen nur bei der Standard- und Bindestrichschreibung signifikant ist. Darüber hinaus werden die Komposita mit Kontext deutlich schneller gelesen als ohne Kontext, wobei der Unterschied bei der Standardschreibung am stärksten und bei der Bindestrichschreibung am geringsten ausgeprägt ist. Ein weiteres Indiz für die Hypothese ist die bei der Mediopunkt- und Bindestrichschreibung im Kontext signifikant kleinere Pupillenweite (s. hierzu allerdings auch Kap. 5.5.8). Der in beiden Gruppen nachgewiesene fazilitierende Kontexteffekt bestätigt somit die Ergebnisse von Balota et al. (1985), Rayner/ Pollatsek (1989) und Vitu et al. (1990) (s. Kap. 3.8.4). Die Erstfixationsdauer ist bei der Standard- und Mediopunktschreibung, ebenso wie bei den leseschwächeren Probanden, ohne Kontext deutlich kürzer als mit Kontext, was hier ebenfalls auf die im Kontext geringere Fixationsanzahl sowie die höhere Anzahl an mit nur einer Fixation gelesenen Komposita zurückzuführen ist (vgl. O'Regan/Lévy-Schoen 1987; Vitu et al. 1990; Sereno 1992). Die Anzahl an mit nur einer Fixation gelesenen Komposita ist allerdings nur bei der Standard- und Mediopunktschreibung im Kontext höher als ohne Kontext. Bei der Bindestrichschreibung ist sie hingegen beim Lesen der Stimuli ohne Kontext höher als beim Lesen der eingebetteten Komposita, was gegen einen mit dem Kontext einhergehenden Verarbeitungsvorteil bei der Bindestrichschreibung spricht. Ebenso ist auch die Erstfixationsdauer bei der Bindestrichschreibung ohne Kontext nicht eindeutig, sondern nur minimal kürzer als mit Kontext.

Die fünfte Hypothese-Z-5, dass der kontextuelle Verarbeitungsvorteil bei der Bindestrichschreibung geringer ausgeprägt ist als bei der Mediopunkt- und Standardschreibung, kann für die leseschwächere Gruppe für die Fixationsanzahl, die Gesamtlesezeit und die Pupillenweite bestätigt werden. So ist der an der Fixationsanzahl sichtbare kontextuelle Verarbeitungsvorteil bei der Bindestrichschreibung ca. 9 % geringer als bei der Mediopunkt- und ca. 17 % geringer als bei der Standardschreibung. Der Unterschied hinsichtlich der Gesamtlesezeit ist bei der Bindestrichschreibung nur ca. halb so groß wie bei der Mediopunkt- und Standardschreibung. Auch bei der Pupillenweite ist der Unterschied bei der Mediopunkt- und Standardschreibung ca. dreimal so groß wie bei der Bindestrichschreibung, wobei die Aussagekraft der Pupillenweite mit Vorsicht zu betrachten ist (s. Kap. 5.5.8). Für die Anzahl an Single Fixation, den Anteil der Regressionen und die Erstfixationsdauer kann die Hypothese hingegen nicht bestätigt werden. Bei diesen Parametern ist der kontextuelle Verarbeitungsvorteil bei der Bindestrichschreibung minimal höher als bei der Standard- und Mediopunktschreibung.

Für die lesestärkere Gruppe kann die Hypothese-Z-5 hingegen mit Ausnahme der Regressionen bestätigt werden. So ist der anhand der Fixationsanzahl sichtbare kontextuelle Verarbeitungsvorteil bei der Bindestrichschreibung knapp 9 % geringer als bei der Mediopunktschreibung und ca. 15 % geringer als bei der Standardschreibung. Hinsichtlich der Gesamtlesezeit ist der Unterschied bei der Bindestrichschreibung weniger als halb so groß wie bei der Standardschreibung und ca. 30 % geringer als bei der Mediopunktschreibung.

Auch der Unterschied bzgl. der Erstfixationsdauer, der bei der Standardschreibung mehr als sechsmal so groß und bei der Mediopunktschreibung mehr als dreimal so groß ist wie bei der Bindestrichschreibung, deutet darauf hin, dass der durch den Kontext entstehende Verarbeitungsvorteil bei der Bindestrichschreibung deutlich geringer ausgeprägt ist als bei der Standard- und Mediopunktschreibung. Dies bestätigt auch die Anzahl an Single Fixation, die nur bei der Standard- und Mediopunktschreibung auf einen Verarbeitungsvorteil der kontextuell präsentierten Komposita hindeutet, bei der Bindestrichschreibung hingegen mit Kontext geringer ist als ohne Kontext. Auch bei der Pupillenweite ist der Unterschied bei der Bindestrichschreibung geringer ausgeprägt als bei der Mediopunktschreibung, wobei dieses Ergebnis mit Vorsicht zu interpretieren ist (s. Kap. 5.5.8). Lediglich der Unterschied bei den Regressionen ist bei der Bindestrichschreibung höher als bei der Standard- und Mediopunktschreibung.

Die letzte Hypothese-Z-6, dass sich das Lesen isolierter Wörter von einer natürlichen Lesesituation unterscheidet und die Ergebnisse deutlich von den Ergebnissen auf Wortebene abweichen, kann für die leseschwächere Gruppe nur teilweise bestätigt werden. So werden die zweigliedrigen mit Bindestrich segmentierten Komposita ohne Kontext mit mehr Fixationen und langsamer gelesen als die mit Mediopunkt segmentierten Komposita, mit Kontext hingegen mit weniger Fixationen, aber dennoch langsamer als die mit Mediopunkt segmentierten Komposita. Des Weiteren ist der Anteil der Regressionen bei zweigliedrigen Komposita ohne Kontext bei der Bindestrichschreibung höher, mit Kontext hingegen geringer als bei der Mediopunktschreibung. Bei dreigliedrigen Komposita wird die Bindestrichschreibung isoliert mit weniger Fixationen und schneller, im Kontext hingegen mit mehr Fixationen und langsamer gelesen als die Mediopunktschreibung. Bei den viergliedrigen Komposita gibt es hingegen keine Unterschiede: Hier wird die Bindestrichschreibung sowohl ohne als auch mit Kontext mit mehr Fixationen und langsamer gelesen als die Mediopunktschreibung. Bei drei- und viergliedrigen Komposita springen die Probanden zudem bei der Bindestrichschreibung sowohl ohne als auch mit Kontext häufiger zurück als bei der Mediopunktschreibung. Ein weiterer Unterschied zeigt sich in der Effektstärke der Gesamtlesezeit: So brauchen die Probanden zum Lesen der Bindestrichschreibung zwar sowohl isoliert als auch im Kontext länger als zum Lesen der Mediopunktschreibung, der Unterschied zwischen den Schreibweisen ist allerdings bei den im Kontext präsentierten Komposita deutlich stärker ausgeprägt. Unterschiede gibt es auch zwischen der Standard- und Mediopunktschreibung. So ist die Fixationsanzahl ohne Kontext bei der Standardschreibung höher, im Kontext hingegen geringer als bei der Mediopunktschreibung. Zudem ist die Gesamtlesezeit bei zweigliedrigen unsegmentierten Komposita ohne Kontext länger, mit Kontext hingegen minimal kürzer als bei der Mediopunktschreibung und auch die Erstfixationsdauer ist bei drei- und viergliedrigen unsegmentierten Komposita ohne Kontext kürzer, mit Kontext hingegen länger als bei der Mediopunktschreibung.

Für die lesestärkere Gruppe kann die Hypothese-Z-6 für die meisten Parameter bestätigt werden. So wird die Bindestrichschreibung ohne Kontext mit weniger, im Kontext hingegen mit mehr Fixationen gelesen als die Mediopunktschreibung, wobei dies differenziert nach Morphemanzahl für die zwei- und viergliedrigen Komposita gilt. Bei dreigliedrigen Komposita ist die Fixationsanzahl ohne Kontext bei der Bindestrich- und Standardschreibung höher, mit Kontext hingegen geringer als bei der Mediopunktschreibung. Darüber hinaus ist die Anzahl an Single Fixation ohne Kontext bei der Bindestrichschreibung höher; mit Kontext hingegen geringer als bei der Mediopunktschreibung. Der Anteil der Regressionen ist ohne Kontext bei der Standard- und Bindestrichschreibung höher, mit Kontext hingegen geringer als bei der Mediopunktschreibung. Während der Anteil der Regressionen bei zweigliedrigen Komposita ohne Kontext bei der Bindestrichschreibung geringer, mit Kontext hingegen höher ist als bei der Mediopunktschreibung, ist es bei viergliedrigen Komposita genau umgekehrt: Hier springen die Probanden ohne Kontext bei der Bindestrichschreibung häufiger, mit Kontext hingegen seltener zurück als bei der Mediopunktschreibung. Auch hinsichtlich der Gesamtlesezeit lassen sich die Ergebnisse nicht replizieren: Diese ist bei zweigliedrigen Komposita ohne Kontext bei der Bindestrichschreibung kürzer und bei der Standardschreibung länger als bei der Mediopunktschreibung, wohingegen es mit Kontext ebenfalls umgekehrt ist. Auch bei dreigliedrigen Komposita ist die Gesamtlesezeit ohne Kontext bei der Standard- und Bindestrichschreibung länger als bei der Mediopunktschreibung, mit Kontext hingegen bei der Standardschreibung deutlich und bei der Bindestrichschreibung minimal kürzer als bei der Mediopunktschreibung. Auch die Erstfixationsdauer ist ohne Kontext bei der Bindestrichschreibung länger, mit Kontext hingegen kürzer als bei der Standardschreibung. Zudem ist die Erstfixationsdauer bei dreigliedrigen Komposita ohne Kontext bei der Standardschreibung kürzer, mit Kontext hingegen länger als bei der Mediopunktschreibung.

Dass die Gruppierung in schwächere und stärkere Leser zu aufschlussreicheren und differenzierteren Ergebnissen führt, lässt sich auch in diesem Experiment anhand der signifikanten Unterschiede zwischen den Gruppen bestätigen. So liest die leseschwächere Gruppe die Komposita ungeachtet der Schreibweise mit signifikant mehr Fixationen und signifikant langsamer als die lesestärkere Gruppe. Dass die lesestärkeren Probanden die Komposita mit signifikant weniger Fixationen lesen und darüber hinaus mehr Komposita mit nur einer Fixation lesen, ist kongruent mit den Ergebnissen von Häikiö et al. (2009), die aufzeigen, dass Schüler mit besseren Lesekompetenzen mindestens sieben Buchstaben rechts von der Fixationsposition wahrnehmen und identifizieren können. Schüler mit geringeren Lesekompetenzen nehmen hingegen nur fünf Buchstaben rechts von der Fixationsposition auf, was impliziert, dass ihre Wahrnehmungsspanne nicht ausreicht, um lange Komposita mit nur einer oder zwei Fixationen zu lesen.

Während die Erstfixationsdauer bei Probanden mit besseren Lesekompetenzen auf Wortebene signifikant länger ist als bei Probanden mit geringeren Lesekompetenzen (je besser die Lesekompetenzen, desto länger die Erstfixationsdauer), haben die Analysen ergeben, dass dies für das Lesen von Komposita im Kontext genau umgekehrt ist: Auf Satzebene ist die initiale Fixationsdauer bei Probanden mit besseren Lesekompetenzen kürzer als bei Probanden mit geringeren Lesekompetenzen. Diese Tendenz zeigt sich sowohl beim Vergleich von Kontroll- und Zielgruppe als auch innerhalb der Zielgruppe beim Vergleich der lesestärkeren und -schwächeren Probanden. Es wurde allerdings deutlich, dass eine kürzere Erstfixationsdauer, wie in Experiment 1, nur in Kombination mit einer höheren Fixationsanzahl und einer längeren Gesamtlesezeit als Indiz für eine morphembasierte Verarbeitung zu werten ist (s. Kap. 5.4.7.3). Da die Fixationsanzahl und die Gesamtlesezeit allerdings in Experiment 2 bei den lesestärkeren Probanden (Kontrollgruppe bzw. Gruppe 2), ebenso wie in Experiment 1, signifikant geringer bzw. kürzer ist als bei den leseschwächeren

Probanden (Zielgruppe bzw. Gruppe 1), kann die signifikant kürzere Erst-fixationsdauer hier nicht als Indiz für eine im Vergleich zu den schwächeren Lesern primär morphembasierte Verarbeitung betrachtet werden. Vielmehr bestätigen die Tendenzen die Annahme aus Kap. 5.5.7.1, dass eine kürzere Erstfixationsdauer in Kombination mit einer signifikant geringeren Fixations-anzahl und einer signifikant kürzeren Gesamtlesezeit darauf hindeutet, dass die Verarbeitung der Komposita im Kontext bei den lesestärkeren Probanden angesichts der besseren Lesekompetenzen sowohl in den frühen als auch den späteren Verarbeitungsphasen schneller abläuft als bei den leseschwächeren Probanden. Ein tentativer Modellierungsvorschlag zu dem Zusammenhang zwischen der Erstfixationsdauer und der kognitiven Verarbeitung von seg-mentierten und unsegmentierten Komposita wird in Kap. 5.8 geliefert. Für das Lesen von eingebetteten Komposita gilt folglich, dass je besser die Lesekom-petenzen sind, desto kürzer ist die Erstfixationsdauer. Die im Kontext kürzere Erstfixationsdauer bei Probanden mit besseren Lesekompetenzen ist vermut-lich darauf zurückzuführen, dass diese u. a. über einen größeren Bestand an Frames verfügen, der dazu führt, dass die Wörter auf Basis der aktivierten Frames schneller erkannt werden als von schwachen Lesern, was sich zugleich in einer signifikant kürzeren Gesamtlesezeit und geringeren Fixationsanzahl widerspiegelt (vgl. Bredel/Maaß 2016a).

5.5.7.11 Poststimulus Distractor Task

Bevor in Kap. 5.5.8 eine abschließende Diskussion der Ergebnisse erfolgt, soll zunächst noch auf die Ergebnisse des Poststimulus Distractor Tasks eingegan-gen werden. Ebenso wie in Experiment 1 wird auch in diesem Experiment bei der Kontrollgruppe auf eine detaillierte Analyse der Ergebnisse verzichtet, da von der Kontrollgruppe mit Ausnahme eines Satzes mit unsegmentierten und eines Satzes mit Bindestrich segmentierten Komposita alle Antworten richtig waren. Die beiden falschen Antworten, die bei der Standard- und Bindestrich-schreibung jeweils 0,2 % aller Antworten ausmachen, deuten somit eher auf einen versehentlich falschen Tastendruck als auf ein nicht-Verstehen des Satzes hin. Von der Zielgruppe wurden insgesamt 14,2 % der Fragen nach dem Sinn des Satzes falsch beantwortet (d. h. 73 Fehler bei 513 gezeigten Fragen). Der Anteil an falschen Antworten ist bei der Bindestrichschreibung mit 11,7 %

am geringsten und bei der Mediopunktschreibung mit 15,8 % am höchsten. Bei der Standardschreibung wurden insgesamt 15,2 % der Fragen falsch beantwortet. Die bei dem Poststimulus Distractor Task sichtbaren Tendenzen spiegeln die Tendenzen der Blickbewegungsparameter somit nicht wider. Die Tendenz aus Experiment 1, dass die dreigliedrigen mit Bindestrich segmentierten Komposita mit der höchsten Fehlerquote einhergehen, wird in Experiment 2 ebenfalls nicht bestätigt. In diesem Experiment machen die dreigliedrigen mit Mediopunkt segmentierten Komposita 13,7 % und die zwei- und dreigliedrigen unsegmentierten sowie die viergliedrigen mit Mediopunkt segmentierten Komposita jeweils 12,3 % aller Fehler aus. Abb. 72 zeigt die Anzahl der Fehler.

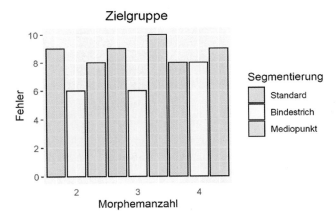

Abb. 72: Anzahl der Fehler

Betrachtet man die Anteile an falschen Antworten für die beiden LQ-Gruppen getrennt, ist zu erkennen, dass 91,8 % (n = 67) der falschen Antworten von den Probanden mit den geringeren Lesekompetenzen (Gruppe 1) und 8,2 % von den Probanden mit den höheren Lesekompetenzen (Gruppe 2) gegeben wurden. Bei der Gruppe 1 wurde bei jeder Schreibweise ca. ¼ aller Fragen falsch beantwortet, wobei der Wert bei der Bindestrich- und Standardschreibung leicht unter und bei der Mediopunktschreibung leicht über 25 % liegt, was die Blickbewegungsdaten ebenfalls nicht bestätigt. Insgesamt wurden dabei jeweils ⅓ der Fehler bei den zwei-, drei- und viergliedrigen Komposita gemacht.

Bei der Gruppe 2 beträgt der Anteil an Fehlern bei der Standardschreibung 4,9 % und bei der Bindestrich- und Mediopunktschreibung jeweils 1,2 %, was ebenfalls im Widerspruch zu den Tendenzen der Blickbewegungen steht. Von den insgesamt sechs falschen Antworten[100] der Gruppe 2 wurden drei bei den dreigliedrigen und zwei bei den viergliedrigen Komposita gegeben. Da jedoch keiner der genannten Unterschiede zwischen den Schreibweisen signifikant ist und ebenso wie bei der Kontrollgruppe nicht ausgeschlossen werden kann, dass die Fehler durch versehentlich falsches Tastendrücken zustande gekommen sind, soll den Ergebnissen nicht zu viel Bedeutung beigemessen werden. Es handelt sich lediglich um Tendenzen, die die Ergebnisse der Blickbewegungsmessungen in diesem Fall allerdings nicht stützen und keine validen Rückschlüsse auf kognitive Verarbeitungsschwierigkeiten zulassen.

5.5.8   Zwischenfazit

Mit dem zweiten Experiment wurde der Frage nachgegangen, inwiefern sich die Segmentierung der Komposita auf Satzebene verständnisfördernd auswirkt. Darüber hinaus wurde geprüft, ob das Lesen von Komposita durch die vom Kontext bereitgestellten Informationen erleichtert wird. Ebenso wie in Experiment 1 haben auch die Ergebnisse auf Satzebene eindeutig gezeigt, dass die Probanden der Kontrollgruppe die Standardschreibung am besten verarbeiten und folglich nicht von der Segmentierung der Komposita profitieren. Analog zu Experiment 1 wurde deutlich, dass die Bindestrichschreibung auch mit Kontext signifikant langsamer verarbeitet wird als die Mediopunktschreibung. Die Hypothesen K-1 und K-2 wurden somit bestätigt. Darüber hinaus konnte nicht nur für die Kontrollgruppe, sondern auch für die lesestärkeren und leseschwächeren Probanden der Zielgruppe aufgezeigt werden, dass sowohl segmentierte als auch unsegmentierte Komposita im Kontext signifikant schneller verarbeitet werden als bei isolierter Präsentation, so dass auch die Hypothesen K-3 und Z-4 bestätigt wurden. Zudem konnte für alle Probandengruppen gezeigt werden, dass der mit dem Kontext einhergehende Verarbeitungsvorteil bei der Bindestrichschreibung deutlich geringer ausgeprägt ist als bei der Mediopunkt- und der Standardschreibung. Dies bestätigt ebenfalls

---

100 Angesichts der sehr kleinen Fallzahlen sind die Ergebnisse hier mit Vorsicht zu interpretieren.

die Annahme, dass der Bindestrich beim Lesen der Komposita stärker irritiert als der Mediopunkt, was vermutlich auf das größere Segmentierungszeichen und die irreguläre Binnenmajuskel zurückzuführen ist (s. Kap. 3.6.2.1). Die Hypothesen K-4 und Z-5 wurden somit ebenfalls bestätigt.

Auch die Zielgruppe verarbeitet, insgesamt betrachtet, die mit Bindestrich segmentierten Komposita schlechter als die unsegmentierten Komposita. Ebenso wie bei der Kontrollgruppe ergibt der Vergleich zwischen Bindestrich- und Mediopunktschreibung, dass die mit Bindestrich segmentierten Komposita auch im Kontext nachweisbar langsamer verarbeitet werden als die mit Mediopunkt segmentierten Komposita, so dass die Hypothese Z-2 ebenfalls bestätigt wurde. Die Frage, ob die Standard- oder Mediopunktschreibung besser verarbeitet wird, und somit die Frage, ob die Segmentierung überhaupt notwendig ist, lässt sich hingegen nicht eindeutig beantworten. Aufgrund dessen war es für detailliertere Aussagen sinnvoll, die Blickbewegungen der leseschwächeren und -stärkeren Probanden getrennt zu analysieren.

Die Analyse der Blickbewegungsdaten der leseschwächeren Probanden zeigt auf, dass sich die zentralen Ergebnisse auf Wortebene (s. Kap. 5.4.7.6) auf Satzebene widerspiegeln: Auch hier ist zu erkennen, dass die Probanden nachweisbar von der Segmentierung der Komposita profitieren, dies jedoch nur bei der Mediopunktschreibung der Fall ist. Die Segmentierung mit dem Bindestrich hat hingegen keine nachweisbar leseerleichternde Wirkung. Die Ergebnisse zeigen somit auch hier, dass der Mediopunkt funktioniert. Darüber hinaus stützen sie die den LS-Regeln zugrundeliegende Annahme, dass das Lesen langer, komplexer Wörter deutlich mehr Probleme bereitet als das Lesen kurzer Wörter (vgl. Maaß 2015a: 89). Die der Arbeit zugrunde liegende Frage, ob die Segmentierung mit dem Mediopunkt der Segmentierung mit dem Bindestrich überlegen ist (d. h. die Hypothese K-2 bzw. Z-2), kann somit auch für dieses Experiment für unbeeinträchtigte Leser sowie für die leseschwächeren Probanden der Zielgruppe eindeutig bejaht werden. Die Blickbewegungsdaten der lesestärkeren Probanden der Zielgruppe bestätigen hingegen eindeutig die bereits auf Wortebene sichtbare Tendenz, dass die Rezeption der Komposita für sie keine Probleme bereitet und sie demnach auch nicht von der Segmentierung profitieren. Die Hypothese Z-1 trifft auf die lesestärkeren Probanden somit nicht zu; stattdessen wurde gezeigt, dass das Leseverhalten der lesestärkeren Probanden dem der Kontrollgruppe ähnelt. Analog zu Experiment 1 kann für die lesestärkeren Probanden auch auf Satzebene aufgrund gegenläufiger Tendenzen keine klare Aussage darüber getroffen werden, ob die Bindestrich- oder Mediopunktschreibung besser verarbeitet wird.

Das Ergebnis, dass die leseschwächeren Probanden nachweisbar von der Segmentierung mit dem Mediopunkt profitieren, stimmt mit den Ergebnissen der Studie von Gutermuth (2020) überein, in welcher gezeigt wurde, dass sich der Mediopunkt bei Menschen mit Migrationshintergrund signifikant positiv auf die kognitive Verarbeitung von in Sätzen eingebetteten Komposita auswirkt (s. Kap. 3.7). Die Ergebnisse für die lesestärkeren Probanden der Zielgruppe sind hingegen weitgehend kongruent mit den Ergebnissen der Senioren in der Studie von Gutermuth (2020). Obgleich auch Senioren zu den heterogenen Zielgruppen LS gehören, konnte für diese, ebenso wie für die lesestärkeren Schüler mit Hörschädigung, kein Problem bei der Kompositarezeption festgestellt werden. Es scheint somit, dass die Lesekompetenzen der lesestärkeren Schüler mit Hörschädigung, ebenso wie die Lesekompetenzen der Senioren, für die problemlose Dekodierung komplexer Wörter ausreichen und eine Segmentierung nicht erforderlich ist.

Das Ergebnis, dass die segmentierten und insbesondere die mit Bindestrich segmentierten Komposita im Vergleich zu unsegmentierten Komposita stärker morphembasiert verarbeitet werden, was u. a. an der weiter links liegenden Landeposition zu erkennen ist, stützt den Befund von Pfeiffer (2002) (s. Kap. 3.8.3). In der Studie von Pfeiffer (2002) wurde bei der Bindestrichschreibung ebenfalls zunächst der Erstbestandteil des Kompositums fixiert, wohingegen die erste Landeposition bei unsegmentierten Komposita weiter rechts und nicht zwingend auf der ersten Konstituente lag. Darüber hinaus ist auch die zunächst unerwartet kurze Erstfixationsdauer bei den segmentierten und insbesondere den mit Bindestrich segmentierten Komposita kongruent mit einer Reihe anderer Blickbewegungsstudien. So konnte bspw. auch in den Studien von O'Regan et al. (1984), Vitu et al. (1990, 1995) und Rayner et al. (1996) gezeigt werden, dass eine optimale Landeposition (Wortmitte) zwar zu einer längeren initialen Fixationsdauer führt, angesichts der Tatsache, dass das Wort aber bereits mit der ersten Fixation erkannt wird, ist die Wahrscheinlichkeit einer erneuten Fixation signifikant geringer und die Gesamtlesezeit demnach signifikant kürzer, als wenn die erste Fixation auf einer für die Wortidentifikation weniger optimalen Landeposition, d. h. weiter links, landet (s. Kap. 4.7). Die Annahme, dass der Bindestrich zu einer Dekomposition des Leseprozesses führt, kann somit anhand von signifikanten, theoretisch fundierten Ergebnissen bestätigt werden.

Vergleicht man die Effektstärke des mit dem Kontext einhergehenden Verarbeitungsvorteils zwischen der Kontroll- und Zielgruppe, lassen sich zunächst keine einheitlichen Tendenzen erkennen. Einerseits ist der an der Gesamtlesezeit und der Anzahl an Single Fixation gemessene Verarbeitungsvorteil bei der Kontrollgruppe signifikant größer als bei der Zielgruppe[101], andererseits ist der kontextuelle Verarbeitungsvorteil hinsichtlich der Fixationsanzahl bei der Zielgruppe größer und hinsichtlich der Erstfixationsdauer bei der Zielgruppe signifikant größer als bei der Kontrollgruppe. Aussagen darüber, ob unbeeinträchtigte oder beeinträchtigte Leser mehr von der kontextuellen Einbettung profitieren, lassen sich somit zunächst nicht treffen. Dies ändert sich, sobald man die Effektstärke des mit dem Kontext einhergehenden Verarbeitungsvorteils zwischen den leseschwächeren und lesestärkeren Probanden der Zielgruppe vergleicht. So ist sowohl der an der Fixationsanzahl als auch der an der Gesamtlesezeit sichtbare Verarbeitungsvorteil bei der Gruppe 1 signifikant größer als bei der Gruppe 2. Auch der an der Anzahl an Single Fixation, der Erstfixationsdauer und dem Anteil der Regressionen sichtbare Verarbeitungsvorteil deutet darauf hin, dass der kontextuelle Verarbeitungsvorteil bei der Gruppe mit dem schwächeren LQ stärker ausgeprägt ist als bei der Gruppe mit dem besseren LQ. Dass Probanden mit schwächeren Lesekompetenzen stärker auf die Einbettung im Kontext angewiesen sind und stärker von steuernden Hinweisen des Kontextes profitieren, ist kongruent mit den Ergebnissen der Studien von West/Stanovich (1978), Schwantes et al. (1980), West et al. (1983), Briggs et al. (1984) und Schwantes (1985), in denen sich ebenfalls negative Korrelationen zwischen den Lesekompetenzen und der Stärke der fazilitierenden Kontexteffekte fanden. Schwantes et al. (1980) begründen dies damit, dass

---

101 Aus dem Ergebnis, dass sich die Konfidenzintervalle der Regressionskoeffizienten nicht überschneiden, lässt sich schließen, dass sich die Effekte zum Signifikanzniveau $\alpha = 0{,}05$ signifikant voneinander unterscheiden (vgl. Brandstätter 1999; Cumming 2008; Röder et al. 2016).

Probanden mit geringeren Lesekompetenzen bei der Worterkennung stärker auf kontextuelle Informationen angewiesen sind als Probanden mit besseren Lesekompetenzen. Probanden mit besseren Lesekompetenzen verfügen hingegen über stärkere automatische Wortverarbeitungsfähigkeiten. Schwantes et al. (1980) erklären die Unterschiede mit dem Logogenmodell von Morton (1969) (s. Kap. 5.5.1), in dem davon ausgegangen wird, dass ein lexikalischer Eintrag durch visuelle und kontextuelle Informationen aktiviert wird. Da Probanden mit geringer Leseerfahrung visuelle Informationen nicht so schnell abrufen und aktivieren können wie erfahrene Leser, profitieren sie stärker von den kontextuellen Informationen als erfahrene Leser, bei denen die Worterkennung und -verarbeitung weitgehend automatisch abläuft[102]. Die Ergebnisse der vorliegenden Studie stimmen somit mit den zahlreichen von Stanovich (1986) zitierten Studien überein: „The finding has consistently been that not only do the poorer readers in these studies use context, but they often show somewhat larger contextual effects than do the better readers" (Stanovich 1986: 366).

Wie bereits erwähnt, haben die Analysen einheitlich gezeigt, dass die Pupillenweite auf Wortebene signifikant größer ist als auf Satzebene. Dieses Ergebnis soll im Folgenden näher diskutiert werden.

In der Studie von Gieshoff (2018) wurde die Hypothese, dass sichtbare Lippenbewegungen der Redner die kognitive Belastung beim Simultandolmetschen verringern, nicht bestätigt. Die Auswertung der Pupillenweite ergab vielmehr eine gegenläufige Tendenz. So ergab die Studie u. a., dass die Pupillenweite beim Dolmetschen mit sichtbaren Lippenbewegungen größer war als beim Dolmetschen ohne sichtbare Lippenbewegungen, obgleich ersteres von den Teilnehmern als einfacher bewertet wurde (vgl. Gieshoff 2018: 255). Aus diesen widersprüchlichen Ergebnissen schließt Gieshoff (2018), dass der Effekt der sichtbaren Lippenbewegungen auch auf einen allgemeinen Erregungszustand hindeuten könnte und dass die größere Pupillenweite womöglich nicht zwingenderweise, wie in der Literatur postuliert, auf die kognitive Belastung zurückzuführen ist. Dies wird mit den Ansätzen von Lavie et al. (2004) und

----

102 Die Ausführungen beziehen sich nur auf die Stärke des Effekts der kontextuellen Einbettung und nicht auf die Lesegeschwindigkeit des Satzes. Ein größerer Effekt bedeutet demnach nicht, dass Probanden mit geringeren Lesekompetenzen die Sätze schneller lesen.

Kahnemann (1973) begründet. So ist zu beachten, dass Pupillenreaktionen nicht nur auf den kognitiven Aufwand, sondern auf unterschiedliche Faktoren und Emotionen zurückzuführen sind (vgl. Gieshoff 2018: 92). Laut Kahnemann (1973) deutet eine vergrößerte Pupillenweite stets auf einen allgemeinen Erregungszustand hin (vgl. Gieshoff 2018: 92). Bei Gieshoff (2018) war die Pupillenweite zu Beginn des Experimentes deutlich größer als am Ende des Experimentes, was in Anlehnung an Kahnemann (1973) u. a. damit erklärt wird, dass die Teilnehmer zu Beginn des Experimentes noch nicht wussten, was auf sie zukommt und ob sie die Aufgabe bewältigen können, was eine erhöhte Nervosität und einen erhöhten Erregungszustand bedingt (vgl. Gieshoff 2018: 225, 233). Als weitere Erklärung für die nicht hypothesenkonforme Pupillenweite nennt Gieshoff (2018), in Anlehnung an Lavie et al. (2004), dass das Vorhandensein von Lippenbewegungen zu einem erhöhten „perceptual load" (Gieshoff 2018: 231) führt, was wiederum bedingt, dass weniger Ressourcen für kognitive Prozesse zur Verfügung stehen und der kognitive Aufwand somit steigt.

In Anlehnung an die Argumentation von Gieshoff (2018) könnte die auf Wortebene signifikant größere Pupillenweite somit auch in der vorliegenden Studie auf die Anordnung der Experimente zurückzuführen sein. Da das erste Experiment auf Wortebene vor dem ersten Experiment auf Satzebene durchgeführt wurde, ist es vorstellbar, dass die Teilnehmer insbesondere zu Beginn der Studie nervöser waren und sich der Erregungszustand erst im Laufe der Studie legte. Dies gilt nicht nur für den Erregungszustand während der gesamten Studie, sondern auch für den Erregungszustand innerhalb eines Experimentes, so dass es möglich ist, dass die Pupillenweite, wie in der Studie von Gieshoff (2018), zu Beginn eines jeden Experimentes größer war als am Ende des jeweiligen Experimentes. Um diese Annahme zu verifizieren, wäre es in künftigen Studien erforderlich, die Anordnung der Stimuli im Experiment als weitere Variable mit aufzunehmen. Auch ist es vorstellbar, dass das Studiendesign von Experiment 1 und 3, d. h. das Vorhandensein von Bildern und das Auswählen eines Bildes, einen gewissen Erregungszustand ausgelöst haben könnte bzw. der Erregungszustand höher war als beim Lesen eines Satzes und beim Drücken einer von beiden Tasten. Ein Grund für den in den Experimenten auf Wortebene höheren Erregungszustand wäre auch, dass in diesen stets andere Bilder präsentiert wurden, während der nach dem Stimulus erscheinende Satz immer der gleiche und die Aufgabe somit im Vergleich zu Experiment 1 und 3 verhältnismäßig monoton war, was sich ebenfalls auf die Pupillenweite ausgewirkt haben könnte. Diese Vermutung könnte auch durch den Ansatz von Lavie et al. (2004) gestützt werden. So ist anzunehmen, dass das Vorhandensein von Bildern nicht nur den Erregungszustand, sondern auch den ‚perceptual load' erhöht hat, da dieser mit der Anzahl an Stimuli steigt (vgl. Gieshoff 2018: 231). Darüber hinaus könnten sich auch die Präsentationsmodi auf die Pupillenweite ausgewirkt haben. Im Gegensatz zu den Experimenten auf Wortebene wurde auf Satzebene ein kompletter Satz und nicht ein einzelnes Wort präsentiert. Die Präsentation ist somit natürlicher und nicht vergleichbar mit dem kontextlosen Präsentieren von Stimuli. Die unnatürliche Präsentationsweise und damit zusammenhängend das Vorhandensein von deutlich mehr Leerraum auf der Folie könnten weitere Faktoren sein, die die auf Wortebene größere Pupillenweite bedingt haben. Folglich könnte nicht nur das Vorhandensein von Bildern, sondern auch die unnatürliche Präsentationsweise zu einem erhöhten ‚perceptual load' führen, wodurch sich wiederum der ‚cognitive load' und damit die Pupillenweite vergrößert (vgl. ebd.). Die Ausführungen von Gieshoff (2018) und die Übertragung auf die vorliegende Studie haben gezeigt, dass die signifikant größere Pupillenweite auf Wortebene durch mehrere Faktoren bedingt sein kann, wobei mit dem Erregungszustand und dem ‚perceptual load' hier nur zwei davon vorgestellt wurden. Da es folglich neben den Stimuli noch eine Vielzahl an Faktoren gibt, die einen Einfluss auf die Pupillenweite haben können, ist die Aussage, dass eine größere Pupillenweite stets ein Indikator für eine größere kognitive Beanspruchung ist, somit nur unter Vorbehalt zu treffen.

In Kap. 5.4.2 wurde angedeutet, dass das Vorhandensein der nicht kontrollierten Variable *Fugenelement* womöglich einen Einfluss auf die Verarbeitung der segmentierten Komposita haben könnte. Obgleich der Zusammenhang zwischen kognitiver Verarbeitung von segmentierten Komposita und dem Vorhandensein von Fugenelementen in dieser Arbeit nicht untersucht wird, soll dennoch im Rahmen einer Post-hoc-Analyse geprüft werden, ob der Faktor *Fugenelement* einen signifikanten Einfluss auf die kognitive Verarbeitung hatte. Da die Studie jedoch nicht auf die Fragestellung ausgelegt war, erlauben die Ergebnisse des entsprechend angepassten Modells keine weiteren Rück-

© Frank & Timme   Verlag für wissenschaftliche Literatur

schlüsse. Zur Beurteilung des Einflusses der Fugenelemente auf die Verarbeitung der Komposita wurde ein weiteres Modell geschätzt, in welchem neben den unabhängigen Variablen *Segmentierung* und *Morphemanzahl* die Variable *Fugenelement* als weitere unabhängige Variable in das Modell mitaufgenommen wurde. Zur übersichtlicheren Darstellung und angesichts dessen, dass die Studie nicht auf die Fragestellung ausgelegt ist, soll hier allerdings nur auf die drei primär mit der kognitiven Verarbeitung assoziierten Parameter (Fixationsanzahl, Erstfixationsdauer, Gesamtlesezeit) eingegangen werden. Die Analyse auf Wortebene (Experiment 1) ergibt, dass die Variable Fugenelement zwar bei der Kontrollgruppe einen signifikanten Einfluss auf die Fixationsanzahl hat (s. Tab. 36), dieser ist allerdings nur für die Standardschreibung signifikant (β = -0,881, t = -3,209, p = 0,021) und deutet zudem darauf hin, dass Komposita mit Fugenelement mit weniger Fixationen gelesen werden als Komposita ohne Fugenelement. Für die Zielgruppe ist der Einfluss nicht signifikant (s. Tab. 36). Der Einfluss der Variable Fugenelement auf die Erstfixationsdauer ist hingegen weder für die Kontroll- noch für die Zielgruppe signifikant (s. Tab. 36). Die Analyse ergibt zudem, dass die Variable Fugenelement bei der Kontrollgruppe einen signifikanten Einfluss auf die Gesamtlesezeit hat (s. Tab. 36). Interessanterweise deutet die Analyse allerdings darauf hin, dass Komposita mit Fugenelement von der Kontrollgruppe ungeachtet der Schreibweise schneller gelesen werden als ohne Fugenelement, wobei der Effekt bei der Standardschreibung (β = -174,24, t = -2,321, p = 0,306) größer ausgeprägt ist als bei der Bindestrichschreibung (β = -120,70, t = -1,604, p = 1,000) und der Mediopunktschreibung (β = -110,96, t = -1,478, p = 1,000). Die Ergebnisse deuten somit nicht darauf hin, dass segmentierte Komposita mit Fugenelement langsamer verarbeitet werden als segmentierte Komposita ohne Fugenelement. Bei der Zielgruppe hat die Variable Fugenelement keinen signifikanten Einfluss auf die Gesamtlesezeit (s. Tab. 36), tendenziell werden hier jedoch die Komposita mit Fugenelement ebenfalls schneller gelesen als ohne Fugenelement. Aus den Effektschätzern wird allerdings deutlich, dass dies nur für die Standardschreibung (β = -321,8, t = -1,954, p = 0,770) und die Mediopunktschreibung (β = -183,4, t = -1,114, p = 1,000) gilt. Bei der Bindestrichschreibung ist die Gesamtlesezeit hingegen bei den Komposita mit Fugenelement tendenziell länger (β = 182,8, t = 1,110, p = 1,000).

		Wortebene				Satzebene			
		Kon-troll-gruppe	Ziel-gruppe	Grup-pe 1	Grup-pe 2	Kon-troll-gruppe	Ziel-gruppe	Grup-pe 1	Grup-pe 2
Fixa-tions-anzahl	β	-0,322	0,018	-0,025	-0,105	0,179	-0,092	-0,430	0,217
	p	0,039	0,961	0,969	0,756	0,103	0,711	0,259	0,504
Erstfixa-tions-dauer	β	-5,809	4,406	-6,899	13,973	-5,633	12,272	19,997	9,403
	p	0,510	0,809	0,788	0,601	0,502	0,605	0,605	0,747
Gesamt-lesezeit	β	-135,33	-107,46	-112,17	-130,90	68,3	142,818	53,67	222,63
	p	0,001	0,251	0,489	0,148	0,019	0,118	0,721	0,042

Tab. 36: Einfluss der Fugenelemente auf die Fixationsanzahl, Erstfixationsdauer und Gesamtlesezeit

Betrachtet man die Ergebnisse für die Zielgruppe mit den schwächeren Lesekompetenzen (Gruppe 1) und den besseren Lesekompetenzen (Gruppe 2) getrennt, zeigt sich, dass die Variable Fugenelement weder einen signifikanten Einfluss auf die Fixationsanzahl noch auf die Erstfixationsdauer hat (s. Tab. 36). Der Einfluss der Variable Fugenelement auf die Gesamtlesezeit ist ebenfalls nicht signifikant, der Regressionskoeffizient deutet allerdings in beiden Gruppen tendenziell darauf hin, dass die Komposita mit Fugenelement schneller gelesen werden. Die Effektschätzer zeigen allerdings, dass dies nur für die Standard- (Gr. 1: $β = -450,2$, $t = -1,614$, $p = 1,000$, Gr. 2: $β = -355,16$, $t = -2,164$, $p = 0,473$) und Mediopunktschreibung (Gr. 1: $β = -267,1$, $t = -0,934$, $p = 1,000$, Gr. 2: $β = -70,84$, $t = -0,454$, $p = 1,000$) gilt. Bei der Bindestrichschreibung werden Komposita mit Fugenelement hingegen tendenziell langsamer gelesen als ohne Fugenelement (Gr. 1: $β = 402,1$, $t = 1,406$, $p = 1,000$, Gr. 2: $β = 6,64$, $t = 0,043$, $p = 1,000$). Insgesamt zeigt sich somit, dass alle wesentlichen Unterschiede bei den segmentierten Komposita von dem Vorhandensein eines Fugenelementes unbeeinflusst blieben.

Gleiches gilt für die Ergebnisse auf Satzebene: Hier hat die Variable Fugenelement weder bei der Kontroll- noch bei der Zielgruppe einen signifikanten Einfluss auf die Fixationsanzahl. Der Einfluss auf die Erstfixationsdauer ist ebenfalls nicht signifikant (s. Tab. 36). Der Einfluss auf die Gesamtlesezeit ist ebenso wie auf Wortebene nur bei der Kontrollgruppe signifikant (s. Tab. 36); die Effektschätzer deuten hier, im Gegensatz zu Experiment 1, zwar darauf hin, dass die Gesamtlesezeit bei Komposita ohne Fugenelement kürzer ist als bei Komposita mit Fugenelement, der Effekt ist jedoch bei der Standardschreibung deutlich stärker ausgeprägt (β = 120,9, t = 2,361, p = 0,276) als bei der Bindestrichschreibung (β = 73,1, t = 1,426, p = 1,000) und der Mediopunktschreibung (β = 11,0, t = 0,214, p = 1,000). Bei der Zielgruppe ist der Einfluss nicht signifikant (s. Tab. 36). Auch bei getrennter Betrachtung der Ergebnisse für die Gruppe mit den schwächeren (Gruppe 1) und besseren Lesekompetenzen (Gruppe 2) hat die Variable Fugenelement in keiner der beiden Gruppen einen signifikanten Einfluss auf die Fixationsanzahl oder die Erstfixationsdauer (s. Tab. 36). Der Einfluss auf die Gesamtlesezeit ist nur für die Gruppe mit dem höheren LQ signifikant, wobei die Effektschätzer zeigen, dass der Effekt bei der Standardschreibung deutlich stärker ausgeprägt ist (β = 456,1, t = 2,302, p = 0,334) als bei der Bindestrichschreibung (β = 146,6, t = 0,780, p = 1,000) und der Mediopunktschreibung (β = 92,6, t = 0,493, p = 1,000). In der Gruppe mit dem geringeren LQ hat die Variable Fugenelement hingegen keinen signifikanten Einfluss auf die Gesamtlesezeit (s. Tab. 36). Da die Analysen nicht darauf hindeuten, dass segmentierte Komposita mit Fugenelement signifikant schlechter verarbeitet werden als segmentierte Komposita ohne Fugenelement, ist nicht davon auszugehen, dass die Ergebnisse durch die nicht kontrollierte Variable Fugenelement verfälscht wurden.

In den beiden nachfolgenden Experimenten soll nun der Frage nachgegangen werden, inwiefern die aus den ersten beiden Experimenten gewonnenen Erkenntnisse von der semantischen Transparenz des Kompositums abhängen.

5.6   Experiment 3

5.6.1   Fragestellung und Hypothesen

Wie in Kap. 3.8 dargestellt, deuten die Ergebnisse bisheriger Studien mehrheitlich darauf hin, dass opake Komposita so weit lexikalisiert sind, dass sie im mentalen Lexikon einen Ganzworteintrag besitzen, der keine Verbindung zu den einzelnen Konstituenten aufweist. Aufgrund der fehlenden semantischen

Verbindungen zwischen Konstituenten und Kompositum werden opake Komposita nicht morphembasiert, sondern, wie monomorphemische Wörter, über die direkte Route verarbeitet. Studien, in denen der Einfluss des Mediopunktes auf die Verarbeitung opaker Komposita untersucht wurde, liegen bislang nicht vor. Um einen ersten Beitrag zur Schließung dieser Lücke in der Grundlagenforschung leisten zu können, liegt das Hauptaugenmerk der Experimente 3 und 4 auf folgender Fragestellung:

Welchen Einfluss haben die optische Segmentierung und die semantische Transparenz auf die kognitive Verarbeitung von Komposita?

Laut Bredel (2008) ist davon auszugehen, dass die Verwendung des Bindestrichs bei opaken Komposita zur Lockerung der Verknüpfungsstruktur und somit zur Aktivierung der „autonome[n] Bedeutung der Einzelbestandteile" (Bredel 2008: 116) führt. Diese Aktivierung erklärt Bredel (2008) nicht nur mit okulomotorischen Faktoren, sondern mit einer spezifischen Abfolge mentaler Prozesse, die sich beim Einlesen von Bindestrichkonstruktionen abspielt (vgl. ebd.: 115 ff.). So wird der Leser durch das Einfügen des Bindestrichs dazu instruiert, „die morphologische Verkettung abzubrechen, die eingelesene Buchstabenkette im Arbeitsspeicher abzulegen und erst dann mit einer Folgeeinheit zu verknüpfen" (ebd.: 116). Die daraus resultierende „Dekomposition von Worterkennung und Wortverknüpfung" (ebd.) ist für das Verständnis opaker Komposita jedoch kontraproduktiv, da die intransparente Semantik keine autonome Interpretation der Konstituenten zulässt. Dass die Verarbeitungszeit durch die Transparenz der semantischen Beziehungen zwischen den Konstituenten beeinflusst wird, zeigte auch die Studie von Inhoff et al. (2000) (s. Kap. 3.8.3). So wirkte sich die Segmentierung durch Spatien bei Komposita, deren Struktur ungewöhnlich oder auf den ersten Blick nicht ersichtlich war, nicht signifikant positiv auf die Verarbeitung aus.

Da die optische Freistellung einzelner Wortbestandteile dazu führt, dass sich das Wort erkennbar von dem Originalwortbild unterscheidet, besteht zudem die Gefahr, dass das Kompositum insbesondere von unerfahrenen Lesern zunächst als unbekannt eingestuft wird. Dies wiederum kann Anlass dazu geben, in dem unbekannten Wort nach bekannten Lexemen zu suchen, aus

 © Frank & Timme   Verlag für wissenschaftliche Literatur

denen dann die Bedeutung des unbekannten Kompositums hergeleitet werden kann. Da die Bedeutung opaker Komposita jedoch aus den Konstituenten nicht abgeleitet werden kann, führt die Interpretation der Einzelausdrücke zur Generierung unerwünschter Lesarten. Durch die Segmentierung wird bei opaken Komposita folglich eine Bedeutung der freigestellten und für den Leser bekannten Konstituenten aktiviert, die für die Verarbeitung des Kompositums irreführend ist (s. Kap. 3.5.2.2). Eine gute Perzipierbarkeit und Lesbarkeit des Wortes stellt in diesen Fällen somit ein Hindernis für den Verstehensprozess dar. Wenngleich unbeeinträchtigten Lesern die bei falscher Lesart erforderliche Umsteuerung problemlos gelingt und sie auch das segmentierte Kompositum spätestens beim zweiten Lesedurchgang ‚erkennen‘ und verstehen, wird für die vorliegende Arbeit dennoch angenommen, dass die kontraproduktive Aktivierung der Konstituentenbedeutung zu einer unmittelbaren Verzögerung des Leseflusses führt, die sich u. a. in einer verlängerten Gesamtlesezeit sowie einer erhöhten Fixationsanzahl widerspiegelt. Dabei wird angenommen, dass die Aktivierung der Konstituentenbedeutung bei der Bindestrichschreibung zum einen auf den größeren Abstand zwischen den Konstituenten und zum anderen auf die irreguläre Binnenmajuskel zurückzuführen ist, welche die separierten Konstituenten stärker als einzelne Teilausdrücke kennzeichnet und somit die Gefahr birgt, dass die Konstituenten als autonome Substantive klassifiziert werden (s. Kap. 3.5.2.2). Da die Segmentierung mit dem Mediopunkt weniger invasiv und weitgehend wortbilderhaltend ist, wird davon ausgegangen, dass die mit der Segmentierung einhergehende dekompositionelle Verarbeitung des Kompositums bei der Mediopunktschreibung geringer ausgeprägt ist und die Mediopunktschreibung folglich weniger stark zu einer irreführenden Interpretation der Konstituenten instruiert als die Bindestrichschreibung. Aus den Ausführungen ergeben sich für die Kontrollgruppe folgende Hypothesen:

Hypothese-K-1: Die Standardschreibung wird unabhängig von der Transparenz des Kompositums am besten verarbeitet.

Hypothese-K-2: Die Mediopunktschreibung wird unabhängig von der Transparenz des Kompositums besser verarbeitet als die Bindestrichschreibung.

Hypothese-K-3: Der durch die Segmentierungshilfe entstehende Verarbeitungsnachteil ist bei opaken Komposita stärker ausgeprägt als bei transparenten Komposita.

Wie bereits erwähnt, wurde in der LeiSA-Studie der Einfluss der semantischen Transparenz auf die kognitive Verarbeitung[103] von Komposita bei Vertretern der primären Zielgruppe untersucht. Die Studie lieferte erste Hinweise darauf, dass die Zielgruppe opake mit Bindestrich segmentierte Komposita leichter verarbeitet als opake unsegmentierte Komposita. Diese Ergebnisse widersprechen allerdings sowohl den theoretischen Ausführungen von Bredel (2008) als auch den Studien, in denen aufgezeigt wurde, dass sich die semantische Dekomposition bei Vertretern der Zielgruppe (Aphasikern) bei opaken Komposita negativ auf die Verarbeitung auswirkt (s. Kap. 3.8.2). Für das folgende Experiment wird angenommen, dass die optische Segmentierung auch Leser mit geringen Lesekompetenzen zur irreführenden Interpretation der Einzelausdrücke instruiert und das Verstehen und somit die Verarbeitung erschwert. Für die Zielgruppe wird somit ebenfalls angenommen, dass der Vorteil der besseren Perzipierbarkeit und Lesbarkeit bei opaken Komposita zulasten der Verständlichkeit geht (zur Differenzierung zwischen Lesbarkeit und Verständlichkeit s. Kap. 3.6.2.2). Daraus ergeben sich für die Zielgruppe folgende Hypothesen:

Hypothese-Z-1: Bei transparenten Komposita wirkt sich die optische Segmentierung positiv auf die kognitive Verarbeitung[103] aus.

Hypothese-Z-2: Bei transparenten Komposita wird die Mediopunktschreibung besser verarbeitet als die Bindestrichschreibung.

Hypothese-Z-3: Bei opaken Komposita führt die Segmentierung (Bindestrich/Mediopunkt) nicht zu Verarbeitungsvorteilen.

....

103 Die kognitive Verarbeitung bezieht sich auf die Lesbarkeit und Verständlichkeit (s. Kap. 3.6.2.2).

© Frank & Timme   Verlag für wissenschaftliche Literatur

Hypothese-Z-4: Opake Komposita, die mit einem Mediopunkt segmentiert sind, werden besser verarbeitet als opake Komposita, die mit einem Bindestrich segmentiert sind.

5.6.2 Material

Im Gegensatz zu Experiment 1 und 2, in denen lediglich transparente Komposita verwendet wurden, wurden in Experiment 3 und 4 neun *transparente* und neun *opake* zweigliedrige N+N-Komposita als Stimuli verwendet, die jeweils in drei Schreibweisen (Standard, Bindestrich, Mediopunkt) präsentiert wurden (zu den Quellen der Stimuli s. Kap. 5.3.1). Analog zu Experiment 1 wurde die Silbenzahl, die Wortlänge, die Wortfrequenz sowie die Länge und Frequenz der einzelnen Konstituenten kontrolliert. Im Unterschied zu Experiment 1 korrelierten Worthäufigkeit und Vertrautheit der Stimuli nicht signifikant (r = -0,077, p = 0,761). Tab. 37 gibt einen Überblick über die Mittelwerte und Standardabweichungen der kontrollierten Wortparameter.

Transparenz Parameter	Transparent	Opak
Silbenzahl	3	3
Wortlänge (gesamt)	10,44 (1,67)	10,56 (2,0)
Länge 1. Morphem	5,56 (1,51)	4,56 (1,24)
Länge 2. Morphem	4,89 (1,05)	6 (1,66)
Frequenz Kompositum (absolut $\log_{10}$)	2,23 (0,47)	2,21 (0,64)
Frequenz 1. Morphem (absolut $\log_{10}$)	3,66 (0,91)	3,49 (0,58)
Frequenz 2. Morphem (absolut $\log_{10}$)	3,7 (0,26)	2,97 (1,26)
Vertrautheit	6,76 (0,25)	6,59 (0,19)
Abstraktheit	1,43 (0,28)	2,44 (0,79)
Natürlichkeit	6,66 (0,21)	6,08 (0,46)
Verständlichkeit	6,95 (0,07)	6,83 (0,11)

Tab. 37: Mittelwerte (Standardabweichungen) der kontrollierten Wortparameter

Darüber hinaus wurde das Stimulusmaterial, zusammen mit den Komposita aus Experiment 1, in einem Rating in Hinblick auf Vertrautheit und Abstraktheit bewertet (s. Kap. 5.4.2.1). So sollte sichergestellt werden, dass ausschließlich Komposita verwendet wurden, die im Mittel gleich vertraut und gleich abstrakt waren (s. Tab. 37)[104].

Auf Grundlage der Kontrollparameter wurden neun transparente und neun opake zweigliedrige Komposita ausgewählt, die dargestellt in drei Schreibweisen zu insgesamt 54 Items führten. Es ergab sich somit ein zweifaktorieller Versuchsplan (3x2-Design) mit den beiden unabhängigen Variablen *Segmentierung* und *Transparenz* (s. Tab. 38).

1. UV 2. UV	Standard	Bindestrich	Mediopunkt
Transparent	Handtasche	Hand-Tasche	Hand·tasche
Opak	Ohrfeige	Ohr-Feige	Ohr·feige

Tab. 38: 3x2-Versuchsplan

Bei der Auswahl der opaken Stimuli wurde darauf geachtet, dass ausschließlich vollständig opake Komposita verwendet wurden. Teilweise opake Komposita, bei denen nur die erste *oder* zweite Konstituente als opak zu bezeichnen ist, wurden ausgeschlossen. So konnte verhindert werden, dass mögliche Effekte auf den unterschiedlichen Grad der Opazität der Stimuli zurückzuführen sind. Da jedes vollständig opake Kompositum noch eine andere als die im Wörterbuch aufgeführte Lesart besitzt, waren somit alle opaken Komposita semantisch ambig. Das Kontrollieren der semantischen Ambiguität erwies sich folglich als redundant. Die Kategorisierung der Stimuli als vollständig opak basierte auf vorherigen Forschungsarbeiten (s. Kap. 5.3.1) und wurde durch Definitionen aus allgemeinsprachlichen Wörterbüchern (Duden [8]2015) verifiziert.

....

104 Die Werte für die Natürlichkeit und Verständlichkeit beziehen sich auf die Sätze, in welche die Komposita in Experiment 4 eingebettet wurden. Auf den Teil des Ratings wird in Kap. 5.7.2 eingegangen.

Zusätzlich zu den 18 Komposita wurden 28 ein- bis viersilbige monomorphemische Wörter als Distraktoren ausgewählt (Verhältnis Zielwörter/Distraktoren: 40/60) (zu den Quellen der Distraktoren s. Kap. 5.3.1). Zu jedem der 18 Komposita und 28 Distraktoren wurde analog zu Experiment 1 eine Bildfolie erstellt. Diese bestand aus drei randomisiert angeordneten Bildern sowie einem unten rechts stehenden Fragezeichen. Bei den Komposita stellte jeweils eines der drei Bilder den Inhalt des Kompositums dar. Bei den anderen beiden Bildern handelte es sich um Abbildungen der Konstituenten. Bei den Distraktoren stellte ebenfalls eines der drei Bilder den Inhalt des Wortes dar, die anderen beiden Bilder wiesen hingegen keine Verbindung zu dem Wort auf. Bei vier Komposita trat an der Morphemgrenze eine n-Fuge auf. Da die n-Fugen jedoch in allen Fällen mit der Pluralform der ersten Konstituente übereinstimmen (*Bauern, Straßen, Stunden, Löwen*), werden durch die Segmentierung weder uninterpretierbare Wortbausteine freigestellt noch unbeabsichtigte Plurallesarten hervorgerufen. Dennoch wird die nicht kontrollierte Variable *n-Fuge* bei der Auswertung als zufälliger Effekt mit in das statistische Modell aufgenommen und somit analysiert, ob das Vorkommen der n-Fuge einen Einfluss auf die Verarbeitung der Komposita hat (s. Kap. 5.7.8). Die 54 Zielwörter wurden analog zu Experiment 1 auf drei Listen aufgeteilt, so dass jeder Proband zwar alle 18 Komposita, zur Vermeidung von Priming-Effekten allerdings jedes Kompositum in nur einer der drei Schreibweisen las. Von den neun transparenten und neun opaken Komposita las jeder Proband somit jeweils drei Komposita mit Mediopunkt, drei mit Bindestrich und drei in der Originalschreibweise.

5.6.3 Durchführung

Experiment 3 stimmt im Ablauf mit Experiment 1 überein (s. Kap. 5.4.3) (zur Anordnung der Experimente und zum Gesamtablauf der Studie s. Kap. 5.3.4).

5.6.4 Probanden

Da an dem Experiment dieselben Probanden teilnahmen wie an Experiment 1, sind die entsprechenden Informationen hierzu Kap. 5.4.4 zu entnehmen.

5.6.5 Statistisches Vorgehen

Das Vorgehen bei der statistischen Auswertung entspricht dem Vorgehen in den beiden vorherigen Experimenten. Für die Analyse der Blickbewegungsparameter wurde ebenfalls ein lineares gemischtes Modell verwendet mit den unabhängigen Variablen *Segmentierung* (mit den Ausprägungen Standard, Bindestrich, Mediopunkt) und *Transparenz* (mit den Ausprägungen transparent, opak) als feste Effekte. Darüber hinaus wurden die Variablen *Proband* und *Item* als zufällige Effekte getestet. Ebenfalls getestet wurden mögliche Interaktionen der festen Effekte. Die Modelle wurden für Kontroll- und Zielgruppe getrennt geschätzt. Darüber hinaus wurde je ein Modell für die Zielgruppe mit dem geringeren und ein Modell für die Zielgruppe mit dem höheren LQ geschätzt.

5.6.6 Datenbereinigung

Von den 47 Probanden der Kontrollgruppe und 19 Probanden der Zielgruppe wurden insgesamt 1170 Targets gelesen und 3781 Fixationen aufgenommen. Vor der Analyse wurden die Daten nach den in Kap. 5.4.6 beschriebenen Kriterien bereinigt. Hierbei wurden zunächst nur die Fixationen selektiert, die auf den Targets, d. h. innerhalb der AOI landeten. In 2,38 % der Fälle wurde das Kompositum nicht fixiert. Durch Blinzeln innerhalb der AOI gingen weitere 8,78 % der Fixationen verloren. Weitere 4,97 % der Fixationen wurden aufgrund von unpräziser Kalibrierung und unzureichenden Trackingwerten von der Auswertung ausgeschlossen. Insgesamt wurden durch die Kriterien somit 16,13 % der Fixationen von den Analysen ausgeschlossen.

5.6.7 Ergebnisse

Ebenso wie in den vorherigen Experimenten werden zunächst die Ergebnisse der deskriptiven Statistik sowie signifikante Unterschiede zwischen den Testgruppen beschrieben, bevor in Kap. 5.6.7.2 und 5.6.7.4 auf die Ergebnisse der LMMs eingegangen wird.

5.6.7.1 Vergleich zwischen der Kontroll- und der Zielgruppe

Sowohl in der Kontroll- als auch in der Zielgruppe ist die Fixationsanzahl bei der Standardschreibung am geringsten (2,6 bzw. 3,32). Während die Fixationsanzahl bei der Kontrollgruppe bei der Bindestrichschreibung am höchsten ist

© Frank & Timme   Verlag für wissenschaftliche Literatur

(2,79), ist sie bei der Zielgruppe bei der Mediopunktschreibung am höchsten (3,48). Der Unterschied zwischen Kontroll- und Zielgruppe ist signifikant (z = -6,751, p < 0,001, r = 0,198), wobei die Zielgruppe die Komposita im Mittel mit 24,6 % mehr Fixationen liest als die Kontrollgruppe. Zudem springen die Probanden der Zielgruppe bei allen Schreibweisen häufiger zurück als die Probanden der Kontrollgruppe. Beide Gruppen springen im Mittel bei der Bindestrichschreibung am seltensten zurück (KG: 21,64 %, ZG: 23,95 %). Während die Kontrollgruppe bei der Mediopunktschreibung am häufigsten zurückspringt (23,41 %), springt die Zielgruppe bei der Standardschreibung am häufigsten zurück (25,20 %). Insgesamt ist der Anteil der Regressionen bei der Zielgruppe 9,4 % höher als bei der Kontrollgruppe. Die Erstfixationsdauer ist bei der Zielgruppe um 4,5 % kürzer als bei der Kontrollgruppe. Während die Erstfixationsdauer bei der Kontrollgruppe bei der Mediopunktschreibung am kürzesten (195,62 ms) und bei der Standardschreibung am längsten (200,22 ms) ist, ist sie bei der Zielgruppe bei der Standardschreibung am kürzesten (194,01 ms) und bei der Bindestrichschreibung am längsten (221,04 ms). Auch die Gesamtlesezeit ist bei der Kontrollgruppe signifikant kürzer als bei der Zielgruppe (z = -6,819, p < 0,001, r = 0,200), wobei die Kontrollgruppe die Komposita im Mittel um 25,5 % schneller liest als die Zielgruppe. Die Standard- und Mediopunktschreibung wird von der Kontrollgruppe im Mittel 250 ms und die Bindestrichschreibung 170 ms schneller gelesen als von der Zielgruppe. Während die Kontrollgruppe die Standardschreibung im Mittel am schnellsten (646,51 ms) und die Bindestrichschreibung am langsamsten (671,73 ms) liest, liest die Zielgruppe die Bindestrichschreibung am schnellsten (839,86 ms) und die Mediopunktschreibung am langsamsten (909,55 ms) (s. Abb. 73).

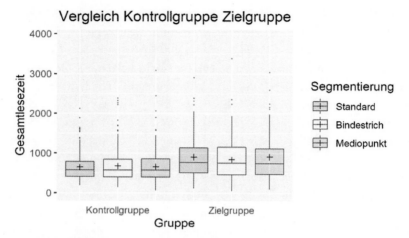

Abb. 73: Verteilung der Gesamtlesezeit für die verschiedenen Schreibweisen und Gruppen[105]

5.6.7.2 Kontrollgruppe

Im Folgenden werden analog zu Experiment 1 und 2 zunächst die Ergebnisse der LMMs dargestellt. Anschließend werden die in Kap. 5.6.1 aufgestellten Hypothesen anhand der Ergebnisse verworfen oder bestätigt. Tab. 39 gibt einen deskriptiven Überblick über die erhobenen Blickbewegungsparameter. Dargestellt sind die Mittelwerte und Standardabweichungen zu den sechs Bedingungen des zweifaktoriellen Versuchsplans.

---

105 Aus Darstellungsgründen ist bei der Zielgruppe ein Ausreißer bei den opaken mit Mediopunkt segmentierten Komposita (6279 ms) nicht dargestellt.

	Transparent			Opak		
	Standard	Bindestrich	Mediopunkt	Standard	Bindestrich	Mediopunkt
Anzahl Fixationen	2,51 (1,13)	2,75 (1,31)	2,77 (1,35)	2,69 (1,04)	2,84 (1,39)	2,74 (1,11)
Anteil Refixation (%)	85,8 (17,18)	91,4 (11)	87,9 (15)	92,2 (10,14)	89,3 (13,38)	91,4 (11)
Revisits	0 (0)	0 (0)	0 (0)	0 (0)	0,1 (0,09)	0 (0)
Regression (%)	17,29 (21,59)	18,21 (21,35)	21,5 (22,52)	26,78 (23,69)	25,06 (22,41)	25,33 (22,23)
Erstfixationsdauer (ms)	220,84 (149,25)	198,04 (95,21)	200,71 (100,22)	179,6 (99,68)	197,73 (96,09)	190,5 (89,73)
Gesamtlesezeit (ms)	654,17 (348,14)	678,56 (378,45)	663,7 (395,87)	638,86 (314,86)	664,89 (378,68)	653,04 (327,27)
Pupillenweite (mm)	3,32 (0,57)	3,32 (0,51)	3,32 (0,51)	3,35 (0,51)	3,31 (0,54)	3,33 (0,54)

Tab. 39: Mittelwerte (Standardabweichungen) der erhobenen Variablen (Kontrollgruppe)

Fixationsanzahl

Das Modell zeigt, dass die erwartete Fixationsanzahl bei der Standardschreibung marginal signifikant geringer (β = -0,151, t = -1,844, p = 0,066), bei der Bindestrichschreibung hingegen höher ist bei der Mediopunktschreibung (β = 0,037, t = 0,449, p = 0,654). Während die Fixationsanzahl bei transparenten Komposita bei der Bindestrichschreibung absolut um β = -0,031 (t = -0,266) oder relativ um 1,1 % und bei der Standardschreibung absolut um β = -0,262 (t = -2,262) oder relativ um 9,4 % geringer ist als bei der Mediopunktschreibung, ist sie bei opaken Komposita bei der Standardschreibung ebenfalls absolut um β = -0,040 (t = -0,344) oder relativ um 1,5 % geringer; bei der Bindestrichschreibung hingegen absolut um β = 0,105 (t = 0,903) oder relativ um 3,7 % höher als bei der Mediopunktschreibung (s. Abb. 74). Zudem ist die erwartete Fixationsanzahl über alle (d. h. sowohl transparente als auch opake) Komposita hinweg bei unsegmentierten Komposita absolut um β = -0,188 (t = -2,292, p = 0,067) oder relativ um 6,8 % marginal signifikant geringer als bei mit Bindestrich segmentierten Komposita.

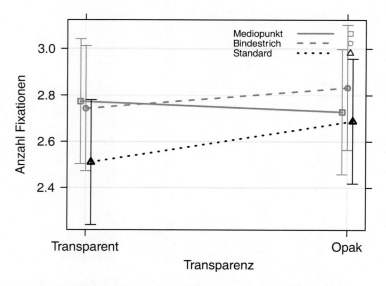

Abb. 74: Interaktionseffekte auf die geschätzte Fixationsanzahl bei der Kontrollgruppe

© Frank & Timme   Verlag für wissenschaftliche Literatur

Tab. 40: Angepasste LMMs mit den abhängigen Variablen Fixationsanzahl (LMM^{Fixationsanzahl}), Single Fixation (LMM$^{\text{Single Fixation}}$), Revisits (LMM^{Revisits}), Regressionen (LMM^{Regressionen}), Erstfixationsdauer (LMM^{Erstfixationsdauer}), Gesamtlesezeit (LMM^{Gesamtlesezeit}) und Pupillenweite (LMM^{Pupillenweite})

	Fixed Effect	Estimate	Std. Error	t-value	p-value	sig
LMM^{Fixationsanzahl}	(Intercept)	2,788	0,129	21,622	< 0,001	***
	TransparenzTransparent	-0,074	0,067	-1,110	0,268	
	Segm.Bindestrich	0,037	0,082	0,449	0,654	
	Segm.Standard	-0,151	0,082	-1,844	0,066	.
LMM$^{\text{Single Fixation}}$	(Intercept)	0,091	0,026	3,577	< 0,001	***
	TransparenzTransparent	0,026	0,020	1,321	0,187	
	Segm.Bindestrich	-0,007	0,024	-0,279	0,780	
	Segm.Standard	0,006	0,024	0,241	0,810	
LMM^{Revisits}	(Intercept)	0,001	0,002	0,501	0,616	
	TransparenzTransparent	-0,002	0,002	-1,000	0,318	
	Segm.Bindestrich	0,004	0,003	1,227	0,220	
	Segm.Standard	< -0,001	0,003	-0,001	0,999	
LMM^{Regressionen}	(Intercept)	25,288	2,026	12,481	< 0,001	***
	TransparenzTransparent	-3,792	2,559	-1,482	0,139	
	Segm.Bindestrich	-0,213	2,563	-0,083	0,934	
	Segm.Standard	1,492	2,559	0,583	0,560	
	TransparenzTransparent: Segm.Bindestrich	-3,110	3,622	-0,859	0,391	
	TransparenzTransparent: Segm.Standard	-5,698	3,615	-1,576	0,115	
LMM$^{\text{Erstfixations-dauer}}$	(Intercept)	190,500	9,547	19,954	< 0,001	***
	TransparenzTransparent	10,207	12,396	0,823	0,411	
	Segm.Bindestrich	7,366	12,418	0,593	0,553	
	Segm.Standard	-10,902	12,396	-0,880	0,379	
	TransparenzTransparent: Segm.Bindestrich	-10,038	17,547	-0,572	0,567	
	TransparenzTransparent: Segm.Standard	31,034	17,514	1,772	0,077	.

	Fixed Effect	Estimate	Std. Error	t-value	p-value	sig
LMM^{Gesamtlesezeit}	(Intercept)	650,659	43,038	15,118	< 0,001	***
	TransparenzTransparent	13,045	30,147	0,433	0,665	
	Segm.Bindestrich	13,567	30,203	0,449	0,653	
	Segm.Standard	-11,801	30,147	-0,391	0,696	
	TransparenzTransparent: Segm.Bindestrich	-1,090	42,678	-0,026	0,980	
	TransparenzTransparent: Segm.Standard	2,267	42,593	0,053	0,958	
LMM^{Pupillenweite}	(Intercept)	3,360	0,066	51,155	< 0,001	***
	TransparenzTransparent	-0,001	0,012	-0,096	0,923	
	Segm.Bindestrich	0,001	0,015	0,085	0,933	
	Segm.Standard	< 0,001	0,015	0,028	0,978	

Single Fixation

Die erwartete Anzahl an Single Fixation ist bei der Standardschreibung minimal höher und bei der Bindestrichschreibung minimal geringer als bei der Mediopunktschreibung (s. Tab. 40). Während die erwartete Anzahl an Single Fixation bei transparenten Komposita bei der Standardschreibung absolut um $\beta = 0{,}021$ (t = 0,630) oder relativ um 17,6 % höher und bei der Bindestrichschreibung absolut um $\beta = -0{,}033$ (t = -0,970) oder relativ um 27,3 % geringer ist als bei der Mediopunktschreibung, ist sie bei opaken Komposita bei der Standardschreibung absolut um $\beta = -0{,}010$ (t = -0,287) oder relativ um 11,1 % geringer; bei der Bindestrichschreibung hingegen absolut um $\beta = 0{,}019$ (t = 0,575) oder relativ um 22,2 % höher als bei der Mediopunktschreibung.

Revisits

Da die Probanden insgesamt nur einmal, genauer genommen bei den opaken mit Bindestrich segmentierten Komposita, nach dem ersten Lesedurchgang auf das Zielwort zurückgesprungen sind (0,01 %), wird analog zu Experiment 1 auf die Darstellung des Modells verzichtet (s. Tab. 40).

Anteil der Regressionen

Aus dem angepassten Modell LMM^{Regressionen} lässt sich hinsichtlich des Haupteffektes Segmentierung schließen, dass der erwartete Anteil der Regressionen ceteris paribus bei der Standardschreibung höher und bei der Bindestrichschreibung geringer ist als bei der Mediopunktschreibung (s. Tab. 40), wobei für eine ganzheitliche Interpretation des Effektes in diesem Fall auch die Interaktionseffekte zu berücksichtigen sind: So lässt sich aus den Effektschätzern schließen, dass der Anteil der Regressionen bei transparenten Komposita bei der Standardschreibung absolut um β = -4,206 (t = -1,647) oder relativ um 19,5 % und bei der Bindestrichschreibung absolut um β = -3,323 (t = -1,299) oder relativ um 15,3 % geringer ist als bei der Mediopunktschreibung, wohingegen er bei opaken Komposita bei der Standardschreibung absolut um β = 1,492 (t = 0,583) oder relativ um 5,9 % höher und bei der Bindestrichschreibung absolut um β = -0,213 (t = -0,083) oder relativ um 0,8 % geringer ist als bei der Mediopunktschreibung. Der Anteil der Regressionen ist zwar bei allen drei Schreibweisen bei transparenten Komposita geringer als bei opaken Komposita, der Unterschied ist allerdings nur bei der Standardschreibung signifikant.

Erstfixationsdauer

Des Weiteren ist dem Modell LMM^{Erstfixationsdauer} hinsichtlich des Haupteffektes Segmentierung zu entnehmen, dass die erwartete Erstfixationsdauer ceteris paribus bei der Standardschreibung kürzer; bei der Bindestrichschreibung hingegen länger ist als bei der Mediopunktschreibung (s. Tab 39), wobei für eine ganzheitliche Interpretation des Effektes in diesem Fall ebenfalls der marginal signifikant positive Interaktionseffekt zwischen den transparenten Komposita und der Standardschreibung zu berücksichtigen ist: So wird deutlich, dass die Erstfixationsdauer bei transparenten Komposita bei der Standardschreibung absolut um β = 20,132 (t = 1,627) oder relativ um 10,0 % länger und bei der Bindestrichschreibung absolut um β = -2,672 (t = -0,216) oder relativ um 1,5 % kürzer ist als bei der Mediopunktschreibung, wohingegen sie bei opaken Komposita bei der Standardschreibung absolut um β = -10,902 (t = -0,880) oder relativ um 5,8 % kürzer und bei der Bindestrichschreibung absolut um β = 7,366 (t = 0,593) oder relativ um 3,7 % länger ist als bei der Mediopunktschreibung. Die Erstfixationsdauer ist bei allen drei Schreibweisen bei transparenten

Komposita länger als bei opaken Komposita, wobei der Unterschied nur bei der Standardschreibung signifikant (β = 41,241, t = 3,333, p = 0,014) ist und bei der Bindestrichschreibung mit 0,31 ms nur minimal ausgeprägt ist.

Gesamtlesezeit

Aus dem Modell lässt sich hinsichtlich des Haupteffektes Segmentierung zudem folgern, dass die erwartete Gesamtlesezeit ceteris paribus bei der Standardschreibung kürzer und bei der Bindestrichschreibung länger ist als bei der Mediopunktschreibung (s. Tab. 40). Die erwartete Gesamtlesezeit ist sowohl bei transparenten als auch bei opaken Komposita bei der Standardschreibung absolut um β = -9,533 (t = -0,317) bzw. β = -11,801 (t = -0,391) oder relativ um 1,5 % bzw. 1,8 % kürzer und bei der Bindestrichschreibung absolut um β = 12,477 (t = 0,414) bzw. β = 13,567 (t = 0,449) oder relativ um 1,8 % bzw. 2,0 % länger als bei der Mediopunktschreibung (s. Abb. 75).

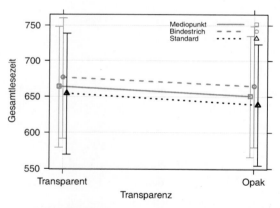

Abb. 75: Interaktionseffekte auf die geschätzte Gesamtlesezeit bei der Kontrollgruppe

5.6.7.3 Diskussion der Ergebnisse (Kontrollgruppe)

Die Analysen haben gezeigt, dass die Kontrollgruppe die unsegmentierten Komposita zwar insgesamt leichter verarbeitet als die segmentierten Komposita, die Unterschiede allerdings nicht signifikant sind. Bei den transparenten Komposita ist sowohl die Fixationsanzahl und der Anteil der Regressionen als auch die Gesamtlesezeit bei der Standardschreibung geringer als bei der Bindestrich- und Mediopunktschreibung. Da darüber hinaus bei der Standardschreibung mehr Komposita mit nur einer Fixation gelesen werden als bei der Bindestrich- und Mediopunktschreibung, deuten die Parameter bei den transparenten Komposita eindeutig darauf hin, dass die gewohnte Standardschreibung am besten verarbeitet wird. Ebenso wie in Experiment 1 und 2 ist die Erstfixationsdauer auch in diesem Experiment bei den transparenten Komposita bei der Bindestrichschreibung kürzer als bei der Mediopunkt- und Standardschreibung. Angesichts dessen, dass auch die Landeposition der ersten Fixation bei der Bindestrichschreibung signifikant weiter links liegt als bei der Mediopunktschreibung (β = -36,0, t = -2,435, p = 0,045) und der Standardschreibung (β = -46,4, t = -3,140, p = 0,005) sowie den Ergebnissen, dass die Fixationsanzahl, der Anteil der Regressionen und die Gesamtlesezeit bei der Standardschreibung geringer bzw. kürzer ist als bei den segmentierten Komposita, kann die kurze Erstfixationsdauer hier ebenfalls als Indiz für eine dekompositionelle Verarbeitung der mit Bindestrich segmentierten Komposita gesehen werden. Dass die bei der Bindestrichschreibung signifikant weiter links liegende Landeposition auf eine morphembasierte Verarbeitung hindeutet, die damit einhergehende Dekomposition jedoch bei kurzen transparenten Komposita die Verarbeitung behindert, ist u. a. kongruent mit den Studien von Inhoff et al. (2000), Placke (2001), Inhoff/Radach (2002), Juhasz et al. (2005), Häikiö et al. (2011) und Bertram/Hyönä (2013) (s. Kap. 3.8.2 und 3.8.3). Auffällig ist zudem, dass die Varianz der Erstfixationsdauer bei der Bindestrichschreibung deutlich geringer ist als bei der Mediopunkt- und Standardschreibung. Dies bestätigt die Vermutung aus Experiment 1, dass die Aufmerksamkeit des Lesers durch die Segmentierung mit dem Bindestrich auf die erste Konstituente gelenkt wird, wodurch die initiale Verarbeitung des ersten Bestandteils beschleunigt wird. Der Zugriff über die Konstituenten führt aber gleichzeitig zur Notwendigkeit einer Refixation. Da kurze, lexikalisierte Komposita jedoch primär über die ganzheitliche Route verarbeitet werden, führt die erzwungene Dekomposition zu einer höheren Fixationsanzahl und längeren Gesamtlesezeit. Die Verarbeitung wird somit insgesamt verlangsamt (s. Kap. 5.4.7.3). Dieser Zusammenhang zwischen der Erstfixationsdauer und der kognitiven Verarbeitung wird in Kap. 5.8 in einen tentativen Modellierungsvorschlag überführt. Da die Mediopunktschreibung sowohl hinsichtlich der Erstfixationsdauer und der Landeposition als auch hinsichtlich der Gesamtlesezeit zwischen der Standard- und Bindestrichschreibung liegt, ist anzunehmen, dass die weniger invasive Mediopunktschreibung einem ganzheitlichen Zugriff weniger stark entgegensteht. Auch die Heat Maps (Abb. 76) deuten darauf hin, dass die Verarbeitung des Kompositums bei der Bindestrichschreibung vermehrt morphembasiert abzulaufen scheint, wohingegen es so scheint, als würde bei der Standard- und Mediopunktschreibung der Fokus der Fixationen auf der Wortmitte liegen.

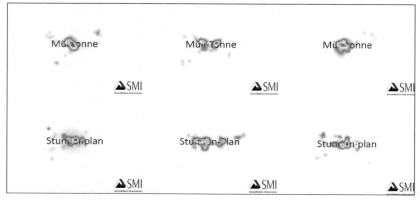

Abb. 76: Heat Maps für die Stimuli Mülltonne und Stundenplan (Kontrollgruppe)

Die opaken unsegmentierten Komposita werden ebenfalls mit weniger Fixationen und schneller gelesen als die mit Mediopunkt und Bindestrich segmentierten Komposita, was ebenso wie bei den transparenten Komposita darauf hindeutet, dass diese am besten verarbeitet werden. Die Anzahl an Single Fixation ist, entgegen der Hypothese, sowohl bei der Mediopunkt- als auch der Bindestrichschreibung höher als bei der Standardschreibung. Darüber hinaus springen die Probanden bei opaken Komposita bei der Standardschreibung häufiger zurück als bei der Bindestrich- und Mediopunktschreibung.

Die Erstfixationsdauer ist bei den opaken Komposita bei der Bindestrichschreibung deutlich länger als bei der Standard- und Mediopunktschreibung. Gemäß der in Experiment 1 und 2 angeführten Argumentation würde eine lange Erstfixationsdauer demnach bedeuten, dass auf das Kompositum direkt als Ganzes zugegriffen wird, was sich in einer weiter rechts liegenden Landeposition sowie in einer geringeren Fixationsanzahl und kürzeren Gesamtlesezeit widerspiegeln würde. Diese Argumentation ist jedoch für die opaken mit Bindestrich segmentierten Komposita nicht haltbar. So ergibt die Post-hoc-Analyse, dass die Landeposition der ersten Fixation bei der Bindestrichschreibung deutlich weiter links liegt als bei der Mediopunkt- (β = -28,912, t = -1,381, p = 1,000) und Standardschreibung (β = -49,260, t = -2,358, p = 0,280), was ein Indiz für eine morphembasierte Verarbeitung ist (s. Kap. 5.5.7.4). Auch die signifikante Korrelation zwischen Erstfixationsdauer und Landeposition, die aufzeigt, dass je weiter die erste Fixation bei opaken Komposita links landet, desto länger ist die Erstfixationsdauer (r = -0,173, p < 0,001), deutet darauf hin, dass die Erstfixationsdauer bei opaken Komposita, im Gegensatz zu transparenten Komposita, bei einer morphembasierten länger ist als bei einer ganzheitlichen Verarbeitung (d. h. bei einer weiter rechts liegenden Landeposition). Auch die Fixationsanzahl und die Gesamtlesezeit ist bei der Bindestrichschreibung nicht geringer bzw. kürzer, sondern höher bzw. länger als bei der Standard- und Mediopunktschreibung. Die lange Erstfixationsdauer bei der Bindestrichschreibung kann hier somit nicht als Indiz für eine ganzheitliche, schnellere Verarbeitung, sondern vielmehr als Indiz für eine schwierigere, langsamere Verarbeitung gesehen werden (für den Zusammenhang zwischen Erstfixationsdauer und kognitiver Verarbeitung von segmentierten und unsegmentierten Komposita s. den tentativen Modellierungsvorschlag in Kap. 5.8). Die lange Erstfixationsdauer bei der Bindestrichschreibung deutet somit in Kombination mit der höheren Fixationsanzahl und der längeren Gesamtlesezeit darauf hin, dass nicht nur die Verarbeitung des Gesamtkomplexes, sondern bereits die initiale Verarbeitungsphase mit höherem kognitiven Aufwand verbunden ist. Diese Relation zwischen Zugriffsweise und Verarbeitungsaufwand lässt sich anhand der in Abb. 77 gezeigten Heat Maps visualisieren.

Abb. 77: Heat Maps für den Stimulus Ohrfeige (Kontrollgruppe)

Die Hypothese-K-1, dass unbeeinträchtigte Leser die ihnen vertraute unsegmentierte Schreibung am schnellsten verarbeiten, kann somit für die transparenten Komposita eindeutig, für die opaken Komposita zwar nicht uneingeschränkt, aber dennoch für die primär mit der kognitiven Verarbeitung assoziierten Parameter (Fixationsanzahl, Erstfixationsdauer und Gesamtlesezeit) bestätigt werden.

Insgesamt betrachtet deuten die Ergebnisse zudem darauf hin, dass die Mediopunktschreibung schneller verarbeitet wird als die Bindestrichschreibung. So werden die mit Mediopunkt segmentierten Komposita mit weniger Fixationen und schneller gelesen als die mit Bindestrich segmentierten Komposita. Der Vergleich von transparenten und opaken Komposita zeigt jedoch, dass der Verarbeitungsvorteil der Mediopunktschreibung hauptsächlich bei den opaken Komposita zum Tragen kommt. Bei diesen ist sowohl die Fixationsanzahl als auch die Gesamtlesezeit bei der Mediopunktschreibung geringer bzw. kürzer als bei der Bindestrichschreibung. Die Erstfixationsdauer ist hingegen bei der Bindestrichschreibung länger als bei der Mediopunktschreibung. Da diese jedoch, im Gegensatz zu der Standardschreibung in den Experimenten 1 und 2, nicht mit einer geringeren Fixationsanzahl und einer kürzeren Gesamtlesezeit einhergeht, kann sie nicht als Indiz für eine ganzheitliche, schnellere Verarbeitung gesehen werden, sondern deutet darauf hin, dass nicht nur die Verarbeitung des gesamten Kompositums, sondern bereits die Verarbeitung der ersten Konstituente mit höherem kognitivem Aufwand verbunden ist (s. Kap. 5.8 für einen tentativen Modellierungsvorschlag). Bei den transparenten Komposita spricht allerdings nur die kürzere Gesamtlesezeit sowie die höhere Anzahl an Single Fixation bei der Mediopunktschreibung dafür, dass diese besser verarbeitet wird als die Bindestrichschreibung. Darüber hinaus ist die Erstfixationsdauer bei der Bindestrichschreibung kürzer als bei der Mediopunktschreibung, was angesichts der längeren Gesamtlesezeit und der geringeren Anzahl an Single Fixation, ebenso wie in Experiment 1 und 2, als Indiz dafür gedeutet werden kann, dass durch die Bindestrichschreibung die Verarbeitung der ersten Konstituente beschleunigt, die Verarbeitung des Gesamtkomplexes hingegen verlangsamt wird (s. Kap. 5.8). Die Vermutung, dass bei der Bindestrichschreibung während der ersten Fixation primär die erste Konstituente verarbeitet wird, bestätigt auch die Landeposition der ersten Fixation, die bei der Bindestrichschreibung weiter links liegt als bei der Mediopunktschreibung (β = -43,093, t = -2,062, p = 0,593). Die kurze Erstfixationsdauer kann somit in Kombination mit einer längeren Gesamtlesezeit und einer geringeren Anzahl an mit nur einer Fixation gelesenen Komposita nicht als Verarbeitungsvorteil gedeutet werden. Vielmehr ist sie ein Indiz für eine dekompositionelle Verarbeitung, welche aber bei kurzen hochfrequenten Komposita zu längeren Verarbeitungszeiten führt als die ganzheitliche Verarbeitung (vgl. Pfeiffer 2002; Bertram/Hyönä 2013; Lemhöfer et al. 2011; Hasenäcker/ Schröder 2019, s. Kap. 3.8.2 und Kap. 3.8.3). Dennoch ist bei transparenten Komposita sowohl die Fixationsanzahl als auch der Anteil der Regressionen bei der Bindestrichschreibung geringer bzw. kürzer als bei der Mediopunktschreibung, was wiederum gegen einen Verarbeitungsvorteil der Mediopunktschreibung spricht. Die zweite Hypothese-K-2, dass sowohl opake als auch transparente mit Mediopunkt segmentierte Komposita schneller verarbeitet werden als opake und transparente mit Bindestrich segmentierte Komposita, kann somit für die opaken Komposita eindeutig, für die transparenten Komposita hingegen nur teilweise bestätigt werden.

Mit der dritten Hypothese-K-3 wurde angenommen, dass sich die Segmentierung insbesondere bei opaken Komposita negativ auf die Verarbeitung auswirkt, was dazu führt, dass die Unterschiede zwischen den Schreibweisen bei opaken Komposita deutlich stärker ausgeprägt sind als bei transparenten Komposita. Angesichts der oben aufgezeigten widersprüchlichen Tendenzen kann diese Hypothese nicht bestätigt werden. Lediglich bei der Gesamtlesezeit, die sowohl bei transparenten als auch bei opaken Komposita bei der Standardschreibung kürzer und bei der Bindestrichschreibung länger ist als bei der Mediopunktschreibung, sind die Unterschiede zwischen den drei Schreibweisen bei opaken Komposita größer ausgeprägt als bei transparenten Komposita. Als eindeutige Bestätigung für die Hypothese reichen sie allerdings nicht aus.

5.6.7.4 Zielgruppe

Im Folgenden werden analog zu den ersten beiden Experimenten zunächst die Ergebnisse der LMMs dargestellt und diese anschließend in Kap. 5.6.7.5 in Beziehung zu den Hypothesen sowie zu weiteren Forschungsergebnissen gesetzt. Tab. 41 gibt einen deskriptiven Überblick über die erhobenen Blickbewegungsparameter. Dargestellt sind die Mittelwerte und Standardabweichungen für den zweifaktoriellen Versuchsplan.

	Transparent			Opak		
	Standard	Bindestrich	Mediopunkt	Standard	Bindestrich	Mediopunkt
Anzahl Fixationen	3,23 (1,35)	3,23 (1,55)	3,2 (1,43)	3,42 (1,61)	3,48 (1,54)	3,75 (2,22)
Anteil Refixation (%)	90,6 (4,51)	88,7 (5,31)	88,9 (5,33)	88,7 (5,31)	92,6 (3,7)	88,7 (5,31)
Revisits	0 (0)	0,02 (0,14)	0 (0)	0 (0)	0,02 (0,14)	0,02 (0,14)
Regression (%)	22,58 (19,92)	21,81 (21,4)	20,28 (20,41)	27,81 (19,68)	26,06 (21,25)	28,25 (22,11)
Erstfixations- dauer (ms)	200,57 (158,35)	236,8 (213,27)	188,59 (97,39)	187,45 (90,1)	205,56 (132,22)	215,84 (161,86)
Gesamt- lesezeit (ms)	876,93 (479,91)	850,9 (560,43)	825,45 (469,51)	933,52 (584,22)	829,03 (461,47)	995,25 (947,59)
Pupillenweite (mm)	3,5 (0,66)	3,42 (0,61)	3,46 (0,56)	3,48 (0,64)	3,5 (0,54)	3,5 (0,66)

Tab. 41: Mittelwerte (Standardabweichungen) der erhobenen Variablen (Zielgruppe)

Fixationsanzahl

Die erwartete Fixationsanzahl ist sowohl bei der Standardschreibung (β = -0,162, t = -0,930, p = 0,353) als auch bei der Bindestrichschreibung (β = -0,112, t = -0,648, p = 0,518) geringer als bei der Mediopunktschreibung. Zudem ist sie bei transparenten Komposita signifikant geringer als bei opaken Komposita (β = -0,324, t = -2,282, p = 0,023). Während die Fixationsanzahl bei transparenten Komposita bei der Standardschreibung absolut um β = 0,014 (t = 0,057) oder relativ um 0,6 % und bei der Bindestrichschreibung absolut um β = 0,038 (t = 0,156) oder relativ um 1,3 % höher ist als bei der Mediopunktschreibung, ist sie bei opaken Komposita bei der Standardschreibung absolut um β = -0,340 (t = -1,376) oder relativ um 9,1 % und bei der Bindestrichschreibung absolut um β = -0,265 (t = -1,077) oder relativ um 7,2 % geringer als bei der Mediopunktschreibung.

Tab. 42: Angepasste LMMs mit den abhängigen Variablen Fixationsanzahl (LMM^{Fixationsanzahl}), Single Fixation (LMM$^{\text{Single Fixation}}$), Revisits (LMM^{Revisits}), Regressionen (LMM^{Regressionen}), Erstfixationsdauer (LMM^{Erstfixationsdauer}), Gesamtlesezeit (LMM^{Gesamtlesezeit}) und Pupillenweite (LMM^{Pupillenweite})

	Fixed Effect	Estimate	Std. Error	t-value	p-value	sig
LMM^{Fixationsanzahl}	(Intercept)	3,636	0,286	12,698	< 0,001	***
	TransparenzTransparent	-0,324	0,142	-2,282	0,023	*
	Segm.Bindestrich	-0,112	0,174	-0,648	0,518	
	Segm.Standard	-0,162	0,174	-0,930	0,353	
LMM$^{\text{Single Fixation}}$	(Intercept)	0,112	0,053	2,115	0,044	*
	TransparenzTransparent	0,004	0,027	0,157	0,876	
	Segm.Bindestrich	-0,021	0,033	-0,653	0,514	
	Segm.Standard	-0,006	0,033	-0,193	0,847	
LMM^{Revisits}	(Intercept)	0,012	0,011	1,153	0,250	
	TransparenzTransparent	-0,006	0,011	-0,573	0,567	
	Segm.Bindestrich	0,009	0,013	0,703	0,483	
	Segm.Standard	-0,009	0,013	-0,708	0,479	

	Fixed Effect	Estimate	Std. Error	t-value	p-value	sig
LMM^Regressionen	(Intercept)	28,180	3,175	8,876	< 0,001	***
	TransparenzTransparent	-7,902	3,792	-2,084	0,038	*
	Segm.Bindestrich	-2,124	3,792	-0,560	0,576	
	Segm.Standard	-0,434	3,809	-0,114	0,909	
	TransparenzTransparent:Segm.Bindestrich	3,879	5,363	0,723	0,470	
	TransparenzTransparent:Segm.Standard	2,676	5,375	0,498	0,619	
LMM^Erstfixations-dauer	(Intercept)	214,232	24,426	8,771	< 0,001	***
	TransparenzTransparent	-25,643	25,406	-1,009	0,314	
	Segm.Bindestrich	-8,669	25,406	-0,341	0,733	
	Segm.Standard	-28,389	25,518	-1,112	0,267	
	TransparenzTransparent:Segm.Bindestrich	56,226	35,929	1,565	0,119	
	TransparenzTransparent:Segm.Standard	38,762	36,009	1,076	0,283	
LMM^Gesamtlesezeit	(Intercept)	985,06	117,50	8,383	< 0,001	***
	TransparenzTransparent	-159,61	85,07	-1,876	0,062	.
	Segm.Bindestrich	-156,03	85,07	-1,834	0,068	.
	Segm.Standard	-61,73	85,45	-0,722	0,471	
	TransparenzTransparent:Segm.Bindestrich	183,91	120,31	1,529	0,127	
	TransparenzTransparent:Segm.Standard	103,02	120,57	0,854	0,394	
LMM^Pupillenweite	(Intercept)	3,453	0,124	27,850	< 0,001	***
	TransparenzTransparent	0,004	0,018	0,235	0,815	
	Segm.Bindestrich	-0,008	0,022	-0,380	0,704	
	Segm.Standard	-0,007	0,022	-0,316	0,752	

Single Fixation

Die erwartete Anzahl an Single Fixation ist sowohl bei der Standard- als auch bei der Bindestrichschreibung geringer als bei der Mediopunktschreibung (s. Tab. 42). Die Effektschätzer zeigen, dass die erwartete Anzahl an Single Fixation bei transparenten Komposita bei der Standardschreibung absolut um $\beta =$

-0,013 (t = -0,276) oder relativ um 11,5 % geringer, bei der Bindestrichschreibung hingegen minimal absolut um $\beta = 0,0003$ (t = 0,006) oder relativ um 0,3 % höher ist als bei der Mediopunktschreibung. Bei opaken Komposita ist die erwartete Anzahl an Single Fixation bei der Standard- und Mediopunktschreibung identisch; bei der Bindestrichschreibung hingegen absolut um $\beta = -0,043$ (t = -0,924) oder relativ um 36,7 % geringer als bei der Mediopunktschreibung. Während bei der Standard- und Mediopunktschreibung mehr opake als transparente Komposita mit nur einer Fixation gelesen werden, werden bei der Bindestrichschreibung mehr transparente als opake Komposita mit nur einer Fixation gelesen.

Revisits

Da bei der Standardschreibung keines, bei der Mediopunktschreibung nur eins der opaken Komposita und bei der Bindestrichschreibung nur eins der opaken und eins der transparenten Komposita nach dem ersten Lesedurchgang erneut fixiert wird, wird auf die Darstellung des Modells verzichtet (s. Tab. 42). Die geringe Anzahl an Revisits ist auf Wortebene, wie in Kap. 5.5.7.3 erwähnt, zu erwarten gewesen.

Anteil der Regressionen

Hinsichtlich der Haupteffekte lässt sich aus dem Modell schließen, dass der erwartete Anteil der Regressionen ceteris paribus bei der Standard- und Bindestrichschreibung leicht geringer ist als bei der Mediopunktschreibung (s. Tab. 42), wobei für eine ganzheitliche Interpretation des Effektes in diesem Fall auch die Interaktionseffekte zu berücksichtigen sind: So lässt sich aus den Effektschätzern schließen, dass der erwartete Anteil der Regressionen bei transparenten Komposita bei der Standardschreibung absolut um $\beta = 2,242$ (t = 0,591) oder relativ um 10,8 % und bei der Bindestrichschreibung absolut um $\beta = 1,754$ (t = 0,463) oder relativ um 8,4 % höher ist als bei der Mediopunktschreibung; bei opaken Komposita ist er hingegen bei der Standardschreibung absolut um $\beta = -0,434$ (t = -0,114) oder relativ um 1,8 % und bei der Bindestrichschreibung absolut um $\beta = -2,125$ (t = -0,560) oder relativ um 7,4 % geringer als bei der Mediopunktschreibung (s. Abb. 78). Zudem ist der Anteil der Regressionen bei transparenten Komposita signifikant geringer als bei opaken Komposita ($\beta = -7,902$, t = -2,084, p = 0,038).

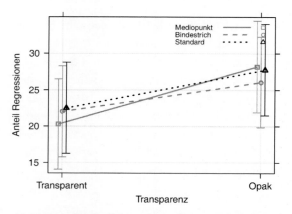

Abb. 78: Interaktionseffekte auf den geschätzten Anteil der Regressionen bei der Zielgruppe

Erstfixationsdauer

Ferner ist dem Modell LMM[Erstfixationsdauer] hinsichtlich des Haupteffektes Segmentierung zu entnehmen, dass die erwartete Erstfixationsdauer ceteris paribus sowohl bei der Standard- als auch bei der Bindestrichschreibung kürzer ist als bei der Mediopunktschreibung (s. Tab. 42), wobei für eine ganzheitliche Interpretation des Effektes in diesem Fall auch die stark positiven Interaktionseffekte zu berücksichtigen sind: So lässt sich aus den Effektschätzern schließen, dass die erwartete Erstfixationsdauer bei transparenten Komposita bei der Standardschreibung absolut um $\beta = 10{,}37$ (t = 0,408) oder relativ um 5,3 % und bei der Bindestrichschreibung absolut um $\beta = 47{,}56$ (t = 1,872) oder relativ um 24,9 % deutlich länger ist als bei der Mediopunktschreibung; bei opaken Komposita ist sie hingegen bei der Standardschreibung absolut um $\beta = -28{,}39$ (t = -1,112) oder relativ um 13,1 % und bei der Bindestrichschreibung absolut um $\beta = -8{,}67$ (t = -0,341) oder relativ um 3,7 % kürzer als bei der Mediopunktschreibung. Zudem ist die erwartete Erstfixationsdauer nur bei der Standard- und Bindestrichschreibung bei den transparenten Komposita länger als bei den opaken Komposita.

Gesamtlesezeit

Aus dem Modell LMM[Gesamtlesezeit] lässt sich hinsichtlich des Haupteffektes Segmentierung folgern, dass die Gesamtlesezeit bei der Standardschreibung kürzer und bei der Bindestrichschreibung marginal signifikant kürzer ist als bei der Mediopunktschreibung (s. Tab. 42). Zudem ist die Gesamtlesezeit bei transparenten Komposita marginal signifikant kürzer als bei opaken Komposita (β = -159,61, t = -1,876, p = 0,062). Während die Gesamtlesezeit bei transparenten Komposita bei der Standardschreibung absolut um β = 41,29 (t = 0,485) oder relativ um 5,1 % und bei der Bindestrichschreibung absolut um β = 27,88 (t = 0,328) oder relativ um 3,4 % länger ist als bei der Mediopunktschreibung, ist sie bei opaken Komposita bei der Standardschreibung absolut um β = -61,73 (t = -0,722) oder relativ um 6,3 % und bei der Bindestrichschreibung absolut um β = -156,03 (t = -1,834) oder relativ um 15,8 % kürzer als bei der Mediopunktschreibung (s. Abb. 79).

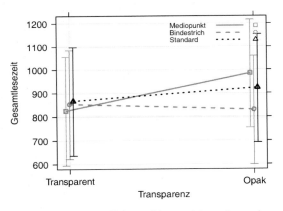

Abb. 79: Interaktionseffekte auf die geschätzte Gesamtlesezeit bei der Zielgruppe

5.6.7.5 Diskussion der Ergebnisse (Zielgruppe)

Angesichts dessen, dass die Unterschiede zwischen den Schreibweisen nicht signifikant sind, können die Hypothesen nicht anhand von signifikanten Ergebnissen bestätigt bzw. verworfen werden. Dennoch werden die Hypothesen im Folgenden auf Basis der sichtbaren Tendenzen diskutiert.

Die Hypothese-Z-1, dass sich die Segmentierung bei transparenten Komposita positiv auf die kognitive Verarbeitung auswirkt, kann trotz mangelnder signifikanter Ergebnisse bestätigt werden, wobei der Verarbeitungsvorteil bei der Mediopunktschreibung eindeutiger zu erkennen ist als bei der Bindestrichschreibung. So ist die Fixationsanzahl bei der Standardschreibung höher als bei der Mediopunktschreibung, jedoch geringer als bei der Bindestrichschreibung. Der Anteil der Regressionen ist hingegen sowohl bei der Mediopunkt- als auch bei der Bindestrichschreibung geringer als bei der Standardschreibung. Gleiches gilt für die Gesamtlesezeit, die ebenfalls bei beiden Segmentierungen kürzer ist als bei der Standardschreibung. Zudem werden bei der Mediopunkt- und Bindestrichschreibung mehr Komposita mit nur einer Fixation gelesen als bei der Standardschreibung. Die Erstfixationsdauer ist bei der Standardschreibung länger als bei der Mediopunktschreibung, aber kürzer als bei der Bindestrichschreibung. Da die kürzere Erstfixationsdauer bei der Mediopunktschreibung jedoch im Gegensatz zu der Bindestrichschreibung in Experiment 2 nicht mit einer höheren Fixationsanzahl, einer längeren Gesamtlesezeit und einer geringeren Anzahl an Single Fixation einhergeht, kann die kurze Erstfixationsdauer hier nicht als Verarbeitungsnachteil gedeutet werden. Vielmehr deutet sie in Kombination mit der im Vergleich zur Standardschreibung geringeren Fixationsanzahl, dem geringeren Anteil der Regressionen, der kürzeren Gesamtlesezeit und der höheren Anzahl an mit nur einer Fixation gelesenen Komposita darauf hin, dass die Mediopunktschreibung in allen Verarbeitungsphasen leichter verarbeitet wird als die Standardschreibung (für einen tentativen Modellierungsvorschlag zu dem Zusammenhang zwischen der Erstfixationsdauer und der kognitiven Verarbeitung von segmentierten und unsegmentierten Komposita s. Kap. 5.8). Anders ist es bei der Bindestrichschreibung: Hier ist die Erstfixationsdauer länger als bei der Standard- und Mediopunktschreibung. Da die Fixationsanzahl gegen, die Gesamtlesezeit hingegen für einen Verarbeitungsvorteil der Bindestrichschreibung spricht, allerdings keiner der Unterschiede signifikant ist und zudem die Landeposition bei der Bindestrichschreibung weiter links liegt als bei der Standardschreibung (β = -14,55, t = -0,379, p = 1,000), lassen sich aus der längeren Erstfixationsdauer keine eindeutigen Rückschlüsse ziehen. Somit ist es für eindeutigere Aussagen erforderlich, die Daten für die lesestärkere und -schwächere Gruppe getrennt zu betrachten.

Die zweite Hypothese-Z-2, dass transparente mit Mediopunkt segmentierte Komposita leichter verarbeitet werden als transparente mit Bindestrich segmentierte Komposita, kann ebenfalls weitgehend bestätigt werden. So wird die Mediopunktschreibung sowohl mit weniger Fixationen als auch schneller gelesen als die Bindestrichschreibung, was die Ergebnisse von Wellmann (2018) bestätigt

(s. Kap. 3.7). Darüber hinaus springen die Probanden bei der Mediopunktschreibung seltener zurück als bei der Bindestrichschreibung. Die Erstfixationsdauer ist bei der Mediopunktschreibung deutlich kürzer als bei der Bindestrichschreibung, was zusammen mit einer geringeren Fixationsanzahl und einer kürzeren Gesamtlesezeit auf einen insgesamt geringeren kognitiven Aufwand der Mediopunktschreibung hindeutet (s. Kap. 5.8 für einen tentativen Modellierungsvorschlag).

Die dritte Hypothese-Z-3, dass die Verarbeitung opaker Komposita durch eine Segmentierung erschwert wird, kann nur teilweise bestätigt werden. Für die Hypothese spricht, dass die unsegmentierten opaken Komposita mit weniger Fixationen gelesen werden als die segmentierten Komposita. Zudem lesen die Probanden die unsegmentierten opaken Komposita deutlich häufiger mit nur einer Fixation als die mit Bindestrich segmentierten Komposita, wobei zwischen der Standard- und Mediopunktschreibung kein Unterschied besteht. Die Gesamtlesezeit und der Anteil der Regressionen deuten hingegen auf einen nur bei der Mediopunktschreibung auftretenden Verarbeitungsnachteil hin. Auch die Erstfixationsdauer ist bei der Standardschreibung kürzer als bei der Bindestrich- und Mediopunktschreibung, was in Kombination mit der geringeren Fixationsanzahl und der kürzeren Gesamtlesezeit darauf hindeutet, dass die unsegmentierten Komposita insgesamt schneller verarbeitet werden als die mit Mediopunkt segmentierten Komposita (s. hierzu auch den tentativen Modellierungsvorschlag in Kap. 5.8). Angesichts der sich widersprechenden Tendenzen bei der Bindestrichschreibung lassen sich für diese keine klaren Aussagen treffen. Die Landeposition der ersten Fixation ist bei der Bindestrichschreibung (β = -48,34, t = -1,265, p = 1,000) und Mediopunktschreibung (β = -41,70, t = -1,086, p = 1,000) deutlich weiter links als bei den unsegmentierten Komposita, was ebenfalls ein Indiz dafür ist, dass bei den segmentierten Komposita die Aufmerksamkeit der ersten Fixation auf der ersten Konstituente liegt und diese morphembasiert verarbeitet werden (vgl. Inhoff/Radach 2002; Pfeiffer 2002; Juhasz et al. 2005). Im Gegensatz zu Experiment 2 und den transparenten Komposita scheint bei den opaken segmentierten Komposita bereits die erste Konstituente schwieriger zu verarbeiten sein als bei den opaken unsegmentierten Komposita. Für diese Annahme spricht auch die marginal signifikante Korrelation zwischen Erstfixationsdauer und Landeposition, die darauf hindeutet, dass je weiter die erste Fixation bei opaken Komposita links landet, desto länger ist die Erstfixationsdauer (r = -0,140, p = 0,077). Die Daten lassen sich durch die Ergebnisse des Poststimulus Distractor Tasks stützen, bei dem insgesamt 40,6 % der Fehler bei den segmentierten opaken Komposita gemacht wurden (s. Kap. 5.6.7.8). Die ganzheitliche Verarbeitung der unsegmentierten Komposita lässt sich auch an den Heat Maps in Abb. 80 veranschaulichen.

Abb. 80: Heat Maps für den Stimulus Rotkehlchen (Zielgruppe)

Die vierte Hypothese-Z-4, dass opake mit Mediopunkt segmentierte Komposita besser verarbeitet werden als opake mit Bindestrich segmentierte Komposita, kann hingegen nicht bestätigt werden. So werden die opaken mit Bindestrich segmentierten Komposita mit weniger Fixationen und schneller gelesen als die opaken mit Mediopunkt segmentierten Komposita. Darüber hinaus springen die Probanden bei der Bindestrichschreibung seltener zurück als bei der Mediopunktschreibung. Die Anzahl an Single Fixation, die bei der Mediopunktschreibung deutlich höher als bei der Bindestrichschreibung ist, spricht hingegen für einen Verarbeitungsvorteil der Mediopunktschreibung. Die Erstfixationsdauer ist bei der Bindestrichschreibung kürzer als bei der Mediopunktschreibung, was in Kombination mit der geringeren Fixationsanzahl und der kürzeren Gesamtlesezeit darauf hindeutet, dass nicht nur die Verarbeitung des Gesamtkomplexes, sondern bereits die Verarbeitung der ersten Konstituente beschleunigt wird (für den Zusammenhang zwischen Erstfixationsdauer, Fixationsanzahl und Gesamtlesezeit s. den tentativen Modellierungsvorschlag in Kap. 5.8).

5.6.7.6 Zielgruppe nach LQ

Angesichts der heterogenen Lesekompetenzen der Probanden werden die Ergebnisse der Zielgruppe auch in diesem Experiment im Folgenden nochmals für die leseschwächere und lesestärkere Gruppe getrennt dargestellt. Deskriptive Statistiken für ausgewählte Variablen sind in Tab. 43 und 44 dargestellt.

	Transparent			Opak		
	Standard	Bindestrich	Mediopunkt	Standard	Bindestrich	Mediopunkt
Anzahl Fixationen	3,77 (1,31)	3,81 (1,6)	3,89 (1,5)	4,23 (1,39)	4,15 (1,23)	4,81 (2,42)
Anteil Refixation (%)	96,2 (0,95)	92,3 (1,85)	92,6 (1,85)	96,2 (0,95)	96,3 (0,96)	96,2 (0,95)
Revisits	0 (0)	0,04 (0,2)	0 (0)	0 (0)	0 (0)	0,04 (0,2)
Regression (%)	24,92 (17,69)	20,85 (19,96)	24,3 (18,77)	33,19 (12,4)	31,70 (19,51)	30,31 (18,03)
Erstfixationsdauer (ms)	189,84 (174,67)	268,64 (277,56)	166,75 (72,99)	150,08 (50,64)	186,72 (111,43)	222 (205,06)
Gesamtlesezeit (ms)	1035,03 (532,4)	1074,43 (663,28)	966,03 (520,6)	1163,32 (645,05)	966,49 (441,81)	1353,6 (1173,35)
Pupillenweite (mm)	3,6 (0,77)	3,47 (0,71)	3,46 (0,66)	3,52 (0,78)	3,54 (0,64)	3,6 (0,75)

Tab. 43: Mittelwerte (Standardabweichungen) der erhobenen Variablen für die leseschwächeren Probanden (Gruppe 1)

	Transparent			Opak		
	Standard	Bindestrich	Mediopunkt	Standard	Bindestrich	Mediopunkt
Anzahl Fixationen	2,7 (1,2)	2,67 (1,3)	2,52 (0,98)	2,63 (1,42)	2,81 (1,55)	2,74 (1,43)
Anteil Refixation (%)	85,2 (3,4)	85,2 (3,4)	85,2 (3,4)	81,5 (4,07)	88,9 (2,66)	81,5 (4,07)
Revisits	0 (0)	0 (0)	0 (0)	0 (0)	0,04 (0,19)	0 (0)
Regression (%)	20,33 (21,95)	22,74 (23,04)	16,26 (21,54)	22,63 (23,87)	20,41 (21,76)	26,26 (25,63)
Erstfixationsdauer(ms)	210,9 (143,47)	206,14 (122,09)	210,43 (114,1)	223,44 (105,02)	224,4 (149,95)	209,91 (109,05)
Gesamtlesezeit (ms)	724,68 (372,86)	635,64 (327,21)	684,87 (370,52)	712,22 (422,94)	691,57 (446,83)	650,16 (469,02)
Pupillenweite (mm)	3,37 (0,44)	3,35 (0,4)	3,46 (0,34)	3,42 (0,31)	3,45 (0,34)	3,34 (0,42)

Tab. 44: Mittelwerte (Standardabweichungen) der erhobenen Variablen für die lesestärkeren Probanden (Gruppe 2)

Fixationsanzahl

Während die mittlere Fixationsanzahl in Gruppe 1 bei der Bindestrichschreibung am geringsten und bei der Mediopunktschreibung am höchsten ist, ist sie in Gruppe 2 bei der Mediopunktschreibung am geringsten und bei der Bindestrichschreibung am höchsten (s. Abb. 81). Der Unterschied zwischen den Gruppen ist signifikant ($z = -8,247$, $p < 0,001$, $r = 0,461$), wobei die leseschwächeren Probanden die Komposita mit im Mittel 53,3 % mehr Fixationen lesen als die lesestärkeren Probanden.

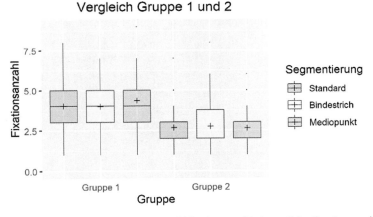

Abb. 81: Verteilung der Fixationsanzahl für die verschiedenen Schreibweisen und Gruppen[106]

Die erwartete Fixationsanzahl ist in Gruppe 1 sowohl bei der Standardschreibung ($\beta = -0,360$, $t = -1,197$, $p = 0,233$) als auch bei der Bindestrichschreibung ($\beta = -0,353$, $t = -1,178$, $p = 0,241$) geringer als bei der Mediopunktschreibung. In Gruppe 2 ist sie hingegen sowohl bei der Standard- ($\beta = 0,037$, $t = 0,208$, $p = 0,835$) als auch der Bindestrichschreibung ($\beta = 0,111$, $t = 0,624$, $p = 0,533$) höher als bei der Mediopunktschreibung. Zudem ist die Fixationsanzahl in Gruppe 1 bei transparenten Komposita signifikant geringer als bei opaken

....

106 Aus Darstellungsgründen ist bei der Gruppe 1 ein Ausreißer bei den opaken mit Mediopunkt segmentierten Komposita (12) nicht dargestellt.

Komposita (β = -0,563, t = -2,297, p = 0,023). In Gruppe 2 ist die Fixationsanzahl ebenfalls bei transparenten Komposita geringer als bei opaken Komposita, der Unterschied ist jedoch nicht signifikant (β = -0,099, t = -0,680, p = 0,498). Die Effektschätzer zeigen, dass die Fixationsanzahl in Gruppe 1 bei transparenten und opaken Komposita bei der Standardschreibung (β = -0,149, t = -0,350 bzw. β = -0,578, t = -1,346) und Bindestrichschreibung (β = -0,077, t = -0,180 bzw. β = -0,631, t = -1,484) geringer ist als bei der Mediopunktschreibung. Anders verhält es sich in Gruppe 2: Hier ist die Fixationsanzahl bei transparenten Komposita sowohl bei der Standard- (β = 0,185, t = 0,733) als auch der Bindestrichschreibung (β = 0,148, t = 0,586) höher als bei der Mediopunktschreibung. Bei opaken Komposita ist die Fixationsanzahl hingegen bei der Standardschreibung geringer (β = -0,111, t = -0,440); bei der Bindestrichschreibung allerdings ebenfalls höher als bei der Mediopunktschreibung (β = 0,074, t = 0,293). Des Weiteren zeigt sich, dass die Fixationsanzahl in Gruppe 1 bei allen drei Schreibweisen bei transparenten Komposita geringer ist als bei opaken Komposita. In Gruppe 2 ist die Fixationsanzahl hingegen nur bei der Bindestrich- und Mediopunktschreibung bei transparenten Komposita geringer als bei opaken Komposita.

Tab. 45: Angepasste LMMs für die leseschwächeren Probanden mit den abhängigen Variablen Fixationsanzahl (LMM^{Fixationsanzahl}), Single Fixation (LMM$^{Single\ Fixation}$), Revisits (LMM^{Revisits}), Regressionen (LMM^{Regressionen}), Erstfixationsdauer (LMM^{Erstfixationsdauer}), Gesamtlesezeit (LMM^{Gesamtlesezeit}) und Pupillenweite (LMM^{Pupillenweite}).

	Fixed Effect	Estimate	Std. Error	t-value	p-value	sig
LMM^{Fixationsanzahl}	(Intercept)	4,612	0,301	15,341	< 0,001	***
	TransparenzTransparent	-0,563	0,245	-2,297	0,023	*
	Segm.Bindestrich	-0,353	0,299	-1,178	0,241	
	Segm.Standard	-0,360	0,301	-1,197	0,233	
LMM$^{Single\ Fixation}$	(Intercept)	0,049	0,045	1,100	0,284	
	TransparenzTransparent	0,022	0,033	0,676	0,500	
	Segm.Bindestrich	-0,004	0,040	-0,107	0,915	
	Segm.Standard	-0,014	0,040	-0,346	0,730	

Sehr geehrte Damen und Herren,

wenn dieses Buch Ihr Interesse an unserem Verlagsprogramm geweckt hat, senden wir Ihnen gern regelmäßig Informationen zu neuen Büchern. Bitte kreuzen Sie die Sie interessierenden Fachgebiete an und senden Sie diese Karte an uns zurück. Vielen Dank.

☐ Translationswissenschaft

☐ Sprachwissenschaft

☐ Literaturwissenschaft

☐ Romanistik

☐ Slawistik

☐ Kulturwissenschaft

☐ Kunst-, Musik-, Theaterwissenschaft

☐ Philosophie, Theologie, Religionswissenschaft

☐ Geschichte

☐ Pädagogik, Inklusion, Sozialpädagogik, Psychologie

☐ Medien- und Kommunikationswissenschaft

☐ Soziologie, Politikwissenschaft

Bitte senden Sie mir die Informationen an meine E-Mail-Anschrift:

Ich habe die Karte folgendem Buch entnommen:

Datum: Unterschrift:

Vorname, Name

Straße

PLZ, Ort

Bemerkungen:

F Frank & Timme

www.frank-timme.de · info@frank-timme.de · Tel. +49-(0)30-88 66 79 12

Antwort

Frank & Timme GmbH
Verlag für
wissenschaftliche Literatur
Wittelsbacherstraße 27a
D-10707 Berlin

Entgelt
zahlt
Empfänger

	Fixed Effect	Estimate	Std. Error	t-value	p-value	sig
LMM^{Regressionen}	(Intercept)	30,102	3,884	7,750	< 0,001	***
	TransparenzTransparent	-5,806	4,670	-1,243	0,216	
	Segm.Bindestrich	1,601	4,670	0,343	0,732	
	Segm.Standard	2,885	4,713	0,612	0,541	
	TransparenzTransparent: Segm.Bindestrich	-4,695	6,605	-0,711	0,478	
	TransparenzTransparent: Segm.Standard	-2,463	6,635	-0,371	0,711	
LMM^{Erstfixations-dauer}	(Intercept)	219,59	36,22	6,063	< 0,001	***
	TransparenzTransparent	-52,83	43,72	-1,209	0,229	
	Segm.Bindestrich	-32,86	43,72	-0,752	0,453	
	Segm.Standard	-71,92	44,11	-1,631	0,105	
	TransparenzTransparent: Segm.Bindestrich	133,96	61,82	2,167	0,032	*
	TransparenzTransparent: Segm.Standard	92,60	62,10	1,491	0,138	
LMM^{Gesamtlesezeit}	(Intercept)	1327,10	182,36	7,277	< 0,001	***
	TransparenzTransparent	-361,07	157,46	-2,293	0,023	*
	Segm.Bindestrich	-360,61	157,46	-2,290	0,024	*
	Segm.Standard	-190,28	158,86	-1,198	0,233	
	TransparenzTransparent: Segm.Bindestrich	466,89	222,67	2,097	0,038	*
	TransparenzTransparent: Segm.Standard	232,78	223,68	1,041	0,300	
LMM^{Pupillenweite}	(Intercept)	3,454	0,223	15,505	< 0,001	***
	TransparenzTransparent	0,010	0,027	0,357	0,721	
	Segm.Bindestrich	-0,009	0,033	-0,283	0,777	
	Segm.Standard	-0,011	0,033	-0,342	0,733	

Tab. 46: Angepasste LMMs für die lesestärkeren Probanden mit den abhängigen Variablen Fixationsanzahl (LMM^{Fixationsanzahl}), Single Fixation (LMM$^{Single Fixation}$), Revisits (LMM^{Revisits}), Regressionen (LMM^{Regressionen}), Erstfixationsdauer (LMM^{Erstfixationsdauer}), Gesamtlesezeit (LMM^{Gesamtlesezeit}) und Pupillenweite (LMM^{Pupillenweite})

	Fixed Effect	Estimate	Std. Error	t-value	p-value	sig
LMM^{Fixationsanzahl}	(Intercept)	2,679	0,359	7,467	< 0,001	***
	TransparenzTransparent	-0,099	0,145	-0,680	0,498	
	Segm.Bindestrich	0,111	0,178	0,624	0,533	
	Segm.Standard	0,037	0,178	0,208	0,835	
LMM$^{Single Fixation}$	(Intercept)	0,173	0,095	1,815	0,097	.
	TransparenzTransparent	-0,012	0,043	-0,289	0,773	
	Segm.Bindestrich	-0,037	0,052	-0,707	0,481	
	Segm.Standard	< 0,000	0,052	0,000	1,000	
LMM^{Regressionen}	(Intercept)	26,259	4,867	5,396	< 0,001	***
	TransparenzTransparent	-10,000	5,967	-1,676	0,096	.
	Segm.Bindestrich	-5,852	5,967	-0,981	0,328	
	Segm.Standard	-3,630	5,967	-0,608	0,544	
	TransparenzTransparent: Segm.Bindestrich	12,333	8,438	1,462	0,146	
	TransparenzTransparent: Segm.Standard	7,704	8,438	0,913	0,363	
LMM$^{Erstfixations-dauer}$	(Intercept)	209,907	33,689	6,231	< 0,001	***
	TransparenzTransparent	0,519	25,805	0,020	0,984	
	Segm.Bindestrich	14,496	25,805	0,562	0,575	
	Segm.Standard	13,533	25,805	0,524	0,601	
	TransparenzTransparent: Segm.Bindestrich	-18,778	36,493	-0,515	0,608	
	TransparenzTransparent: Segm.Standard	-13,059	36,493	-0,358	0,721	
LMM^{Gesamtlesezeit}	(Intercept)	650,16	121,83	5,336	< 0,001	***
	TransparenzTransparent	34,71	65,69	0,528	0,598	
	Segm.Bindestrich	41,41	65,69	0,630	0,529	
	Segm.Standard	62,06	65,69	0,945	0,346	

	Fixed Effect	Estimate	Std. Error	t-value	p-value	sig
LMM[Gesamtlesezeit]	TransparenzTransparent: Segm.Bindestrich	-90,64	92,91	-0,976	0,331	
	TransparenzTransparent: Segm.Standard	-22,26	92,91	-0,240	0,811	
LMM[Pupillenweite]	(Intercept)	3,401	0,125	27,215	< 0,001	***
	TransparenzTransparent	0,106	0,033	3,202	0,001	**
	Segm.Bindestrich	0,072	0,033	2,201	0,028	*
	Segm.Standard	0,081	0,033	2,474	0,014	*
	TransparenzTransparent: Segm.Bindestrich	-0,162	0,047	-3,468	0,001	***
	TransparenzTransparent: Segm.Standard	-0,166	0,047	-3,565	< 0,001	***

Single Fixation

Die erwartete Anzahl an Single Fixation ist in Gruppe 1 sowohl bei der Standard-
als auch der Bindestrichschreibung geringer als bei der Mediopunktschreibung
(s. Tab. 45). In Gruppe 2 ist sie bei der Bindestrichschreibung ebenfalls geringer
als bei der Mediopunktschreibung. Bei der Standard- und Mediopunktschreibung ist sie hingegen identisch (s. Tab. 46). Aus den Effektschätzern lässt sich
ableiten, dass die Anzahl an Single Fixation in Gruppe 1 bei transparenten
Komposita bei der Standardschreibung geringer (β = -0,028, t = -0,487) ist
als bei der Mediopunktschreibung, wohingegen sie bei der Bindestrich- und
Mediopunktschreibung fast identisch ist (β = 0,001, t = 0,023). Bei opaken
Komposita ist die Anzahl an Single Fixation hingegen bei der Bindestrichschreibung minimal geringer (β = -0,009, t = -0,165) als bei der Mediopunktschreibung, wohingegen sie bei der Standard- und Mediopunktschreibung
identisch ist. In Gruppe 2 ist die Anzahl an Single Fixation bei transparenten
Komposita bei allen drei Schreibweisen identisch. Bei opaken Komposita ist
die Anzahl an Single Fixation bei der Standard- und Mediopunktschreibung
ebenfalls identisch; bei der Bindestrichschreibung hingegen geringer als bei
der Standard- und Mediopunktschreibung (β = -0,074, t = -0,996). Während
die Anzahl an Single Fixation in Gruppe 1 bei den segmentierten Komposita
bei transparenten Komposita höher ist als bei opaken Komposita, gibt es bei

den unsegmentierten Komposita keinen Unterschied zwischen der Anzahl an Single Fixation bei transparenten und opaken Komposita. In Gruppe 2 ist die Anzahl an Single Fixation bei der Standard- und Mediopunktschreibung bei transparenten Komposita geringer; bei der Bindestrichschreibung hingegen höher als bei opaken Komposita. Die Gruppe mit dem höheren LQ liest die Komposita zudem signifikant häufiger mit nur einer Fixation als die Gruppe mit dem schwächeren LQ (z = -3,044, p = 0,002, r = 0,170).

Anteil der Regressionen

Die unterschiedlichen Lesekompetenzen spiegeln sich auch in dem signifikanten Unterschied hinsichtlich des Anteils der Regressionen wider (z = -2,411, p = 0,016, r = 0,135). So springen die Probanden mit geringerem LQ im Mittel 28,5 % häufiger zurück als die Probanden mit höherem LQ. Aus dem angepassten Modell lässt sich hinsichtlich des Haupteffektes Segmentierung schließen, dass in Gruppe 1 der erwartete Anteil der Regressionen bei der Standard- und Bindestrichschreibung höher ist als bei der Mediopunktschreibung (s. Tab. 45), wobei für eine ganzheitliche Interpretation des Effektes in diesem Fall auch die Interaktionseffekte zu berücksichtigen sind: So lässt sich aus den Effektschätzern schließen, dass der erwartete Anteil der Regressionen bei transparenten Komposita bei der Standardschreibung minimal höher (β = 0,421, t = 0,090) und bei der Bindestrichschreibung geringer ist als bei der Mediopunktschreibung (β = -3,094, t = -0,662), wohingegen er bei opaken Komposita sowohl bei der Standard- (β = 2,885, t = 0,612) als auch bei der Bindestrichschreibung (β = 1,601, t = 0,343) höher ist als bei der Mediopunktschreibung. In Gruppe 2 ist der erwartete Anteil der Regressionen unter Einbeziehung der Interaktionseffekte hingegen sowohl bei der Standard- als auch bei der Bindestrichschreibung höher als bei der Mediopunktschreibung. Während der Anteil der Regressionen bei transparenten Komposita sowohl bei der Standard- (β = 4,074, t = 0,683) als auch bei der Bindestrichschreibung (β = 6,482, t = 1,086) höher ist als bei der Mediopunktschreibung, ist er bei opaken Komposita sowohl bei der Standard- (β = -3,630, t = -0,608) als auch bei der Bindestrichschreibung (β = -5,852, t = -0,981) geringer als bei der Mediopunktschreibung (s. Abb. 82).

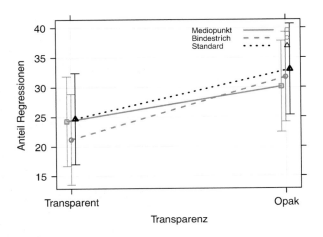

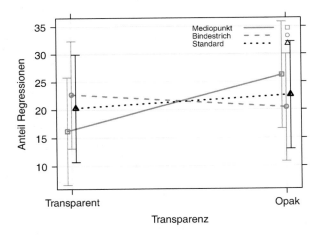

Abb. 82: Interaktionseffekte auf den geschätzten Anteil der Regressionen bei den leseschwächeren Probanden (oben) und den lesestärkeren Probanden (unten)

In beiden Gruppen ist der Anteil der Regressionen bei transparenten Komposita geringer als bei opaken Komposita, wobei der Unterschied in Gruppe 2 marginal signifikant ist (Gr. 1: β = -5,806, t = -1,243, p = 0,216, Gr. 2: β = -10,000, t = -1,676, p = 0,096).

Erstfixationsdauer

Aus dem angepassten Modell lässt sich hinsichtlich der Haupteffektes Segmentierung schließen, dass die erwartete Erstfixationsdauer in Gruppe 1 bei der Standard- und Bindestrichschreibung kürzer ist als bei der Mediopunktschreibung (s. Tab. 45), wobei für eine ganzheitliche Interpretation des Effektes in diesem Fall der signifikant positive Interaktionseffekt zwischen den transparenten Komposita und der Bindestrichschreibung zu berücksichtigen ist (s. Tab. 45): So lässt sich aus den Effektschätzern schließen, dass die erwartete Erstfixationsdauer bei transparenten Komposita bei der Standardschreibung absolut um $\beta = 20,676$ (t = 0,473) oder relativ um 12,0 % länger und bei der Bindestrichschreibung absolut um $\beta = 101,092$ (t = 2,312) oder relativ um 60,5 % deutlich länger ist als bei der Mediopunktschreibung; bei opaken Komposita ist sie hingegen bei der Bindestrichschreibung absolut um $\beta = -32,864$ (t = -0,752) oder relativ um 15,0 % und bei der Standardschreibung absolut um $\beta = -71,923$ (t = -1,631) oder relativ um 32,7 % kürzer als bei der Mediopunktschreibung. In Gruppe 2 ist die erwartete Erstfixationsdauer hingegen sowohl bei der Standard- als auch bei der Bindestrichschreibung länger als bei der Mediopunktschreibung (s. Tab. 46). Während die Erstfixationsdauer bei transparenten Komposita bei der Standardschreibung absolut um $\beta = 0,474$ (t = 0,018) oder relativ um 0,5 % minimal länger; bei der Bindestrichschreibung hingegen absolut um $\beta = -4,281$ (t = -0,166) oder relativ um 1,9 % kürzer ist als bei der Mediopunktschreibung, ist sie bei opaken Komposita sowohl bei der Standardschreibung absolut um $\beta = 13,533$ (t = 0,524) oder relativ um 6,2 % als auch bei der Bindestrichschreibung absolut um $\beta = 14,496$ (t = 0,562) oder relativ um 6,7 % länger als bei der Mediopunktschreibung. Der Unterschied zwischen der lesestärkeren und leseschwächeren Gruppe ist signifikant (z = -3,186, p = 0,001, r = 0,178), wobei die Erstfixationsdauer bei der lesestärkeren Gruppe im Mittel 8,7 % länger ist als bei der leseschwächeren Gruppe.

Gesamtlesezeit

Hinsichtlich der Haupteffekte lässt sich aus dem Modell schließen, dass die erwartete Gesamtlesezeit in Gruppe 1 bei der Standardschreibung kürzer und bei der Bindestrichschreibung signifikant kürzer ist als bei der Mediopunktschreibung (s. Tab. 45). Aus dem signifikanten Interaktionseffekt zwischen transparenten Komposita und Bindestrichschreibung lässt sich schließen, dass die Bindestrichschreibung bei opaken Komposita schneller, bei transparenten Komposita hingegen langsamer gelesen wird als die Mediopunktschreibung. Während die erwartete Gesamtlesezeit in Gruppe 1 bei transparenten Komposita sowohl bei der Standard- (β = 42,498, t = 0,270) als auch bei der Bindestrichschreibung (β = 106,278, t = 0,675) länger ist als bei der Mediopunktschreibung, ist sie bei opaken Komposita sowohl bei der Standard- (β = -190,285, t = 1,198) als auch bei der Bindestrichschreibung (β = -360,612, t = -2,290) kürzer als bei der Mediopunktschreibung. In Gruppe 2 ist die erwartete Gesamtlesezeit ceteris paribus bei der Standard- und Bindestrichschreibung länger als bei der Mediopunktschreibung (s. Tab. 46), wobei für eine ganzheitliche Interpretation des Effektes in diesem Fall auch die Interaktionseffekte zu berücksichtigen sind: So lässt sich aus den Effektschätzern schließen, dass die Gesamtlesezeit bei transparenten Komposita bei der Standardschreibung länger (β = 39,8, t = 0,606), bei der Bindestrichschreibung hingegen kürzer (β = -49,2, t = -0,749) ist als bei der Mediopunktschreibung. Bei opaken Komposita ist sie hingegen sowohl bei der Standard- (β = 62,1, t = 0,945) als auch bei der Bindestrichschreibung (β = 41,4, t = 0,630) länger als bei der Mediopunktschreibung (s. Abb. 83).

Des Weiteren lässt sich aus dem Modell schließen, dass die Gesamtlesezeit in Gruppe 1 bei transparenten Komposita signifikant kürzer ist als bei opaken Komposita (β = -361,07, t = -2,293, p = 0,023). In Gruppe 2 ist die Gesamtlesezeit hingegen bei transparenten Komposita länger als bei opaken Komposita (β = 34,71, t = 0,528, p = 0,598). Der Unterschied zwischen den Gruppen ist signifikant (z = -7,281, p < 0,001, r = 0,407). So werden die Komposita von den leseschwächeren Probanden im Mittel um 59,8 % langsamer gelesen als von den lesestärkeren Probanden.

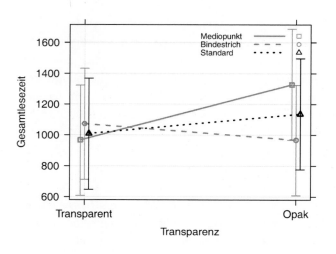

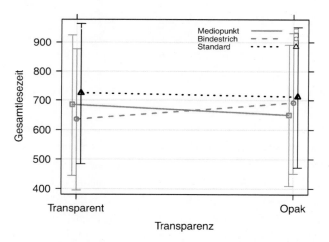

Abb. 83: Interaktionseffekte auf die geschätzte Gesamtlesezeit bei den leseschwächeren Probanden (oben) und den lesestärkeren Probanden (unten)

5.6.7.7 Diskussion der Ergebnisse (Zielgruppe LQ)

Die erste Hypothese-Z-1, dass sich die Segmentierung positiv auf die kognitive Verarbeitung transparenter Komposita auswirkt (s. Kap. 5.6.1), kann für die leseschwächere Gruppe mit Ausnahme der Fixationsanzahl für alle Blickbewegungsparameter tendenziell bestätigt werden, wobei der Verarbeitungsvorteil nur bei der Mediopunktschreibung eindeutig zu erkennen ist. So lesen die Probanden die unsegmentierten transparenten Komposita seltener mit nur einer Fixation als die mit Bindestrich und Mediopunkt segmentierten Komposita und springen darüber hinaus bei der Standardschreibung häufiger zurück als bei der Mediopunkt- und Bindestrichschreibung. Die Gesamtlesezeit, die bei der Standardschreibung länger als bei der Mediopunkt- aber kürzer als bei der Bindestrichschreibung ist, deutet jedoch auf einen lediglich bei der Mediopunktschreibung vorhandenen Verarbeitungsvorteil hin. Auch die Erstfixationsdauer spricht für einen nur bei der Mediopunktschreibung auftretenden Verarbeitungsvorteil. Diese ist bei der Mediopunktschreibung kürzer als bei der Standardschreibung, was in Kombination mit der kürzeren Gesamtlesezeit darauf hindeutet, dass sich die Segmentierung mit dem Mediopunkt sowohl in der frühen als auch in der späten Verarbeitungsphase positiv auf den Leseprozess auswirkt (für einen tentativen Modellierungsvorschlag zu dem Zusammenhang zwischen der Erstfixationsdauer und der kognitiven Verarbeitung von Komposita s. Kap. 5.8). Die Fixationsanzahl ist hingegen bei der Standardschreibung geringer als bei der Mediopunktschreibung. Dies lässt vermuten, dass die Mediopunktschreibung zwar dekompositionell verarbeitet wird, was zu einer höheren Fixationsanzahl führt, die dekompositionelle Verarbeitung bei den leseschwächeren Probanden allerdings schneller abläuft als die ganzheitliche Verarbeitung. Diese Annahme ist kongruent mit einer Vielzahl von Studien (u. a. Häikiö et al. 2011; Lemhöfer et al. 2011; Hasenäcker/Schröder 2019; Pappert/Bock 2020), in denen ebenfalls nachgewiesen wurde, dass Leser mit geringen Lesekompetenzen Komposita ungeachtet der Länge und Frequenz morphembasiert verarbeiten (s. Kap. 3.8.2). Anders ist es bei der Bindestrichschreibung: Hier ist die Erstfixationsdauer länger als bei der Standardschreibung. Da darüber hinaus allerdings nicht nur die Fixationsanzahl höher, sondern auch die Gesamtlesezeit länger ist als bei der Standardschreibung, deutet die längere Erstfixationsdauer hier nicht auf einen Verarbeitungsvorteil, sondern auf einen sowohl in der frühen als auch der späten Verarbeitungsphase auftretenden Verarbeitungsnachteil hin (s. hierzu auch den tentativen Modellierungsvorschlag in Kap. 5.8). Da die Unterschiede jedoch nicht signifikant sind, kann die Hypothese hier ebenfalls nicht anhand von signifikanten Ergebnissen bestätigt werden.

Für die lesestärkere Gruppe kann die Hypothese-Z-1 für die Fixationsanzahl und Gesamtlesezeit bestätigt werden. So werden die transparenten unsegmentierten Komposita mit mehr Fixationen gelesen als die mit Bindestrich und Mediopunkt segmentierten Komposita und auch die Gesamtlesezeit ist bei der Standardschreibung länger als bei der Mediopunkt- und Bindestrichschreibung. Der Anteil der Regressionen, der nur bei der Mediopunktschreibung geringer ist als bei der Standardschreibung, spricht hingegen nur für einen Verarbeitungsvorteil der Mediopunktschreibung. Die Erstfixationsdauer ist bei den segmentierten Komposita kürzer als bei der Standardschreibung, was in Kombination mit der geringeren Fixationsanzahl und kürzeren Gesamtlesezeit ebenfalls für einen Verarbeitungsvorteil der segmentierten Komposita spricht (s. Kap. 5.8). Da die Unterschiede allerdings, wie in Gruppe 1, nicht signifikant sind, kann die Hypothese ebenfalls nur tendenziell, nicht aber durch signifikante Ergebnisse bestätigt werden.

Die zweite Hypothese-Z-2, dass transparente mit Mediopunkt segmentierte Komposita besser verarbeitet werden als transparente mit Bindestrich segmentierte Komposita, kann für die leseschwächere Gruppe nur hinsichtlich der Gesamtlesezeit bestätigt werden. Die Gesamtlesezeit ist bei der Mediopunktschreibung deutlich kürzer als bei der Bindestrichschreibung, was für einen Verarbeitungsvorteil der Mediopunktschreibung spricht. In Kombination mit der kürzeren Gesamtlesezeit kann auch die bei der Mediopunktschreibung deutlich kürzere Erstfixationsdauer als Indiz dafür gewertet werden, dass nicht nur die Verarbeitung des Gesamtkomplexes, sondern bereits die Verarbeitung der ersten Konstituente mit weniger kognitivem Aufwand verbunden ist als bei der Bindestrichschreibung (s. hierzu den tentativen Modellierungsvorschlag in Kap. 5.8). Die Fixationsanzahl, die bei der Bindestrichschreibung minimal geringer als bei der Mediopunktschreibung ist, sowie der geringere Anteil der Regressionen sprechen hingegen für einen Verarbeitungsvorteil der Bindestrichschreibung.

Für die lesestärkere Gruppe kann die Hypothese-Z-2 für die Fixationsanzahl und den Anteil der Regressionen bestätigt werden. So wird die Mediopunktschreibung mit weniger Fixationen gelesen als die Bindestrichschreibung und auch der Anteil der Regressionen ist bei der Mediopunkt- deutlich geringer als bei der Bindestrichschreibung. Für die Gesamtlesezeit, die bei der Bindestrichschreibung kürzer als bei der Mediopunktschreibung ist, kann die Hypothese nicht bestätigt werden.

Die dritte Hypothese-Z-3, die besagt, dass die Verarbeitung opaker Komposita durch eine Segmentierung erschwert wird, kann für die leseschwächere Gruppe nur für die Mediopunktschreibung bestätigt werden. So ist die Fixationsanzahl und die Gesamtlesezeit bei der Standardschreibung geringer bzw. kürzer als bei der Mediopunktschreibung, was für einen Verarbeitungsnachteil der Mediopunktschreibung spricht. Der Anteil der Regressionen, der bei der Bindestrich- und der Mediopunktschreibung geringer ist als bei der Standardschreibung, deutet jedoch nicht auf einen Verarbeitungsnachteil der segmentierten Komposita hin. Die Erstfixationsdauer ist bei der Standardschreibung kürzer als bei der Mediopunkt- und Bindestrichschreibung. Die längere Erstfixationsdauer bei der Mediopunktschreibung kann, wie in Kap. 5.8 modelliert wird, zusammen mit der höheren Fixationsanzahl und der längeren Gesamtlesezeit dahingehend gedeutet werden, dass nicht nur die Verarbeitung der ersten Konstituente, sondern die Verarbeitung des gesamten Kompositums durch die Segmentierung erschwert wird. Dies sollte theoretisch gesehen auch für die Bindestrichschreibung gelten. Die bei der Bindestrichschreibung kürzere Gesamtlesezeit und geringere Fixationsanzahl spricht allerdings gegen die Hypothese. Die Annahme, dass die Verarbeitung der segmentierten Komposita im Vergleich zur Standardschreibung dennoch primär morphembasiert stattfindet, wird allerdings dadurch gestützt, dass die Landeposition bei segmentierten Komposita[107] deutlich weiter links liegt als bei unsegmentierten Komposita (s. Kap. 5.5.7.4). Zudem deutet auch die signifikante Korrelation zwischen Erstfixationsdauer und Landeposition darauf hin, dass je weiter die erste Fixation bei opaken Komposita links landet, desto länger ist die Erstfixationsdauer (r = -0,240, p = 0,033). Es scheint somit, dass sich die Segmentierung, im Gegensatz zu den Komposita aus Experiment 1 und 2 und den transparenten Komposita in diesem Experiment, bei den opaken Komposita nicht förderlich auf die Verarbeitung der ersten Konstituente auswirkt. Da allerdings nach Bonferroni-

....

107 Bindestrich: β = -24,6, t = -0,482, p = 1,000, Mediopunkt: β = -88,5, t = -1,714, p = 1,000.

Korrektur keiner der genannten Unterschiede signifikant ist, kann weder ein eindeutiger Verarbeitungsnachteil noch ein eindeutiger Verarbeitungsvorteil der opaken unsegmentierten Komposita nachgewiesen werden.

Für die lesestärkere Gruppe kann die Hypothese-Z-3 ebenfalls nur für einzelne Parameter bestätigt werden. Während die bei der Standardschreibung geringere Fixationsanzahl auf einen Verarbeitungsvorteil der Standardschreibung hindeutet, spricht die Gesamtlesezeit, die bei der Standardschreibung länger als bei den segmentierten Komposita ist, gegen einen Verarbeitungsvorteil der Standardschreibung. Der Anteil der Regressionen ist lediglich bei der Mediopunkt-, nicht aber bei der Bindestrichschreibung höher als bei der Standardschreibung, was wiederum auf einen Verarbeitungsnachteil der opaken mit Mediopunkt segmentierten Komposita hindeutet. Die Anzahl an Single Fixation, die nur bei der Bindestrichschreibung geringer als bei der Standardschreibung ist, deutet hingegen nur auf einen bei der Bindestrichschreibung auftretenden Verarbeitungsnachteil hin. Die Erstfixationsdauer ist nur bei der Mediopunktschreibung kürzer als bei der Standardschreibung. Da die Fixationsanzahl bei der Mediopunkt- und Bindestrichschreibung allerdings höher, die Gesamtlesezeit hingegen kürzer ist als bei der Standardschreibung und die Unterschiede zudem nur minimal sind, kann die Erstfixationsdauer weder als Indiz für noch gegen einen Verarbeitungsvorteil gewertet werden. Da ebenso wie in der leseschwächeren Gruppe keiner der genannten Unterschiede signifikant ist, kann somit auch in dieser Gruppe weder ein Verarbeitungsnachteil noch ein Verarbeitungsvorteil der opaken unsegmentierten Komposita nachgewiesen werden.

Die letzte Hypothese-Z-4, dass opake mit Mediopunkt segmentierte Komposita schneller verarbeitet werden als opake mit Bindestrich segmentierte Komposita, kann für die Gruppe mit dem geringeren LQ nicht bestätigt werden. So springen die Probanden bei der Mediopunktschreibung zwar seltener zurück als bei der Bindestrichschreibung und lesen die Bindestrichschreibung seltener mit nur einer Fixation als die Mediopunktschreibung, die bei der Bindestrichschreibung geringere Fixationsanzahl sowie die kürzere Gesamtlesezeit und in Kombination damit auch die kürzere Erstfixationsdauer sprechen allerdings gegen einen Verarbeitungsvorteil der Mediopunktschreibung (s. hierzu auch die Modellierung in Kap. 5.8).

Für die lesestärkere Gruppe kann die Hypothese-Z-4 hingegen für vier von fünf Blickbewegungsparametern bestätigt werden. So werden die opaken mit Bindestrich segmentierten Komposita mit mehr Fixationen und langsamer gelesen als die mit Mediopunkt segmentierten Komposita und darüber hinaus wird die Mediopunktschreibung häufiger mit nur einer Fixation gelesen als die Bindestrichschreibung. Zudem ist die Erstfixationsdauer bei der Bindestrichschreibung länger als bei der Mediopunktschreibung, was in Kombination mit der höheren Fixationsanzahl und der längeren Gesamtlesezeit darauf hindeutet, dass nicht nur das Kompositum, sondern auch bereits die erste Konstituente langsamer verarbeitet wird als bei der Mediopunktschreibung (s. Kap. 5.8). Der geringere Anteil der Regressionen bei der Bindestrichschreibung spricht hingegen gegen die Hypothese.

Dass die Unterteilung der Zielgruppe in schwächere und stärkere Leser zu aufschlussreicheren und detaillierteren Ergebnissen führt, lässt sich auch in diesem Experiment anhand der signifikanten Unterschiede zwischen den Gruppen bestätigen. So liest die leseschwächere Gruppe die Komposita mit signifikant mehr Fixationen und signifikant langsamer als die lesestärkere Gruppe. Des Weiteren springen die Probanden mit geringeren Lesekompetenzen beim Lesen der Komposita signifikant häufiger zurück und lesen darüber hinaus signifikant weniger Komposita mit nur einer Fixation als die Probanden mit besseren Lesekompetenzen. Die Erstfixationsdauer ist bei der lesestärkeren Gruppe signifikant länger als bei der leseschwächeren Gruppe, was angesichts der signifikant kürzeren Gesamtlesezeit und der signifikant geringeren Fixationsanzahl ebenso wie in Experiment 1 ein Indiz dafür ist, dass die Probanden mit besseren Lesekompetenzen die Komposita im Vergleich zu Probanden mit geringeren Lesekompetenzen vermehrt ganzheitlich verarbeiten (vgl. Häikiö et al. 2011; Lemhöfer et al. 2011; Hasenäcker/Schröder 2019, s. Kap. 3.8.2). Auffällig ist hier wiederum, dass der Unterschied in der Erstfixationsdauer nur für die Standardschreibung signifikant ($z = -3,015$, $p = 0,003$, $r = 0,293$) und für die Mediopunktschreibung marginal signifikant ist ($z = -1,798$, $p = 0,072$, $r = 0,174$). Bei der Bindestrichschreibung ist der Unterschied zwischen lesestärkeren und leseschwächeren Probanden nur minimal ausgeprägt und nicht signifikant ($z = -0,698$, $p = 0,485$, $r = 0,068$), was die Annahme bestätigt, dass die Bindestrichschreibung sowohl von lesestärkeren als auch leseschwächeren Probanden primär morphembasiert verarbeitet wird und die Bindestrichschreibung einer ganzheitlichen Verarbeitung entgegensteht (vgl. Pfeiffer 2002; Bertram/Hyönä 2013). Die Tendenz, dass die lesestärkeren Probanden die Komposita primär ganzheitlich verarbeiten und die Erstfixationsdauer demnach länger ist als bei Probanden mit geringeren Lesekompetenzen, bestätigt auch der Vergleich von Kontroll- und Zielgruppe, da auch hier, wie in Experiment 1, die Erstfixationsdauer bei der Kontrollgruppe deutlich länger ist als bei der Zielgruppe. Dafür sprechen auch die Ergebnisse von Häikiö et al. 2011 (s. Kap. 3.8.2). Die Autoren bestätigen, dass Leser mit geringen Lesekompetenzen Komposita primär morphembasiert verarbeiten. Durch das Anzeigen der Morphemgrenzen bei der Bindestrichschreibung wird die erste Fixation auf die erste Konstituente gerichtet und dadurch die dekompositionelle Verarbeitung insgesamt beschleunigt. Dies ist bei Lesern mit besseren Lesekompetenzen nicht der Fall, da diese Komposita insgesamt über die ganzheitliche Route verarbeiten und die Segmentierung mit dem Bindestrich die dekompositionelle Verarbeitung erzwingt. Diese erfordert jedoch zusätzliche Verarbeitungsschritte (das Aktivieren zweier Repräsentationen und das Zusammensetzen der Bedeutungen) und führt somit zu einer längeren Verarbeitungszeit. Ein tentativer Modellierungsvorschlag zu dem Zusammenhang zwischen der Erstfixationsdauer, der Zugriffsweise und der Verarbeitung von segmentierten und unsegmentierten Komposita wird in Kap. 5.8 geliefert.

5.6.7.8 Poststimulus Distractor Task

Bevor die Ergebnisse abschließend diskutiert werden, wird zunächst noch auf die Ergebnisse des Poststimulus Distractor Tasks eingegangen. Ebenso wie in Experiment 1 und 2 wird auf eine detaillierte Darstellung der Ergebnisse der Kontrollgruppe verzichtet, da die Bilder von der Kontrollgruppe zu 99,1 % richtig ausgewählt wurden. Die acht (0,9 %) falschen Antworten sind zu 50 % der Bindestrich- und zu jeweils 25 % der Mediopunkt- und Standardschreibung zuzuordnen. Dennoch ist die Anzahl der falschen Antworten zu gering, um fundierte Aussagen über eine möglicherweise mit der Schreibweise verbundene Irritation treffen zu können. Vielmehr deuten die falschen Antworten eher auf eine Ungenauigkeit beim Hingucken oder ein versehentlich falsches Auswählen hin.

Von der Zielgruppe wurden 9,3 % der Bilder falsch ausgewählt (d. h. 32 falsche Antworten bei 342 gezeigten Bildern). Von den falschen Antworten sind 38 % der Bindestrich-, 34 % der Mediopunkt- und 28 % der Standardschreibung zuzuordnen. Vergleicht man den Anteil der falschen Antworten für transparente und opake Komposita getrennt, zeigt sich, dass ca. ²/₅ der falschen Antworten bei den transparenten und ³/₅ der falschen Antworten bei den opaken Komposita gegeben wurden (s. Abb. 84). Von den falschen Antworten bei den opaken Komposita sind 42,1 % der Bindestrich-, 31,6 % der Standard- und 26,3 % der Mediopunktschreibung zuzuordnen, was den Tendenzen der Blickbewegungsdaten allerdings nicht entspricht. Abb. 84 zeigt die Anzahl der Fehler.

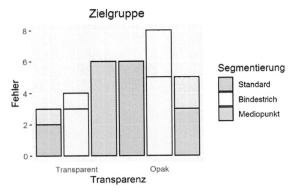

Abb. 84: Anzahl der Fehler. Der untere Teil des Balkens zeigt die Anzahl der falsch ausgewählten Bilder an. Der obere, transparentere Teil des Balkens zeigt die Anzahl der Fälle an, in denen die Probanden angegeben haben, dass sie das Wort nicht verstanden haben.

Dass insgesamt 40,6 % der falschen Antworten bei den segmentierten opaken Komposita gegeben wurde, könnte ein Hinweis auf die mit der Segmentierung einhergehende Irritation sein. Darauf deutet auch die Betrachtung einzelner opaker Komposita hin. So wurden z. B. bei den Komposita *Löwenzahn* und *Schneebesen* nur bei den segmentierten Schreibweisen Fehler gemacht, wohingegen die unsegmentierten Items stets richtig ausgewählt wurden. Betrachtet man die Anzahl der falschen Antworten für die LQ-Gruppen separat, zeigt sich, dass etwas mehr als ⁴/₅ der falschen Antworten von der Gruppe mit dem geringeren LQ gegeben wurden, wobei von diesen je 34,6 % auf die Standard- und Bindestrichschreibung und 30,8 % auf die Mediopunktschreibung fallen. Während bei der Standard- und Bindestrichschreibung mehr falsche Antworten bei opaken als bei transparenten Komposita gegeben wurden (Standard: ⅓ transp., ⅔ opak; Bindestrich: ca. ⅖ transp., ca. ⅗ opak), fallen bei der Mediopunktschreibung je die Hälfte der falschen Antworten auf die transparenten und opaken Komposita (s. Abb. 85). Bei der Standardschreibung stimmt die höhere Anzahl an falschen Antworten bei den opaken Komposita mit den Blickbewegungsdaten überein, bei der Bindestrichschreibung sind die Blickbewegungsdaten hingegen für eindeutige Aussagen zu widersprüchlich.

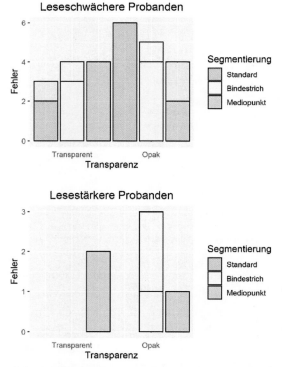

Abb. 85: Anzahl der Fehler für die leseschwächere Gruppe (oben) und die lesestärkere Gruppe (unten)

Der Gruppe mit dem höheren LQ sind lediglich 18,8 % aller falschen Antworten zuzuordnen, wobei diese zu 50 % bei der Bindestrich- und zu 50 % bei der Mediopunktschreibung gegeben wurden. Bei der Bindestrichschreibung wurden die falschen Antworten ausschließlich bei den opaken Komposita gegeben, bei der Mediopunktschreibung hingegen zu ⅔ bei den transparenten und nur zu ⅓ bei den opaken Komposita (s. Abb. 85). Die hohe Anzahl an Fehlern bei den opaken mit Bindestrich segmentierten Komposita stimmt mit den Tendenzen der Eye-Tracking-Daten überein. Da jedoch ebenso wie bei der Kontrollgruppe nicht auszuschließen ist, dass die Antworten versehentlich falsch gegeben wurden und sie die Blickbewegungsanalysen nur vereinzelt stützen, soll den Ergebnissen nicht zu viel Bedeutung beigemessen werden.

5.6.8 Zwischenfazit

In dem dritten Experiment wurde der Frage nachgegangen, inwiefern die aus Experiment 1 und 2 gewonnenen Erkenntnisse von der semantischen Transparenz des Kompositums abhängen. Die Analysen haben, ebenso wie in den ersten beiden Experimenten, bestätigt, dass sich eine Segmentierung von Komposita für unbeeinträchtigte Leser weder bei transparenten noch bei opaken Komposita nachweisbar positiv auf die Verarbeitung auswirkt. Die Hypothese K-1 wurde somit bestätigt. Im Gegensatz zu Experiment 1 und 2 deuten die Ergebnisse allerdings bei den transparenten Komposita nicht eindeutig auf einen Verarbeitungsvorteil der Mediopunkt- gegenüber der Bindestrichschreibung hin. Bei den opaken Komposita kann hingegen eindeutig gezeigt werden, dass die Mediopunktschreibung besser verarbeitet wird als die Bindestrichschreibung. Die Hypothese K-2 konnte somit nur teilweise bestätigt werden.

Die Blickbewegungsdaten der Zielgruppe deuten, insgesamt betrachtet, darauf hin, dass die transparenten mit Mediopunkt segmentierten Komposita besser verarbeitet werden als die unsegmentierten Komposita. Bei der Bindestrichschreibung ist ein derartiger Verarbeitungsvorteil bei den transparenten Komposita tendenziell auch zu erkennen, allerdings sind die Ergebnisse nicht so eindeutig wie bei der Mediopunktschreibung. Folglich weisen auch bei dem Vergleich zwischen Mediopunkt- und Bindestrichschreibung alle primär mit der kognitiven Verarbeitung assoziierten Parameter eindeutig darauf hin, dass die Probanden der Zielgruppe die transparenten mit Mediopunkt segmentierten Komposita besser verarbeiten als die mit Bindestrich segmentierten Komposita. Die Hypothesen Z-1 und Z-2 wurden somit bestätigt. Bei opaken Komposita scheint die Segmentierung mit dem Mediopunkt hingegen zu irritieren. Diese Irritation ist bei der Bindestrichschreibung zwar auch zu erkennen, die Ergebnisse sind hier jedoch teilweise widersprüchlich. Die Ergebnisse bestätigen allerdings nicht, dass die mit der Segmentierung einhergehende Irritation bei der Bindestrichschreibung stärker ausgeprägt ist als bei der Mediopunktschreibung, so dass die Hypothesen Z-3 und Z-4 widerlegt werden konnten. Aufgrund der widersprüchlichen Tendenzen der einzelnen Blickbewegungsparameter sowie der heterogenen Lesekompetenzen ist es folglich auch in diesem Experiment für detailliertere Aussagen hilfreich gewesen, die Daten nochmals für die leseschwächere und lesestärkere Gruppe getrennt zu analysieren. Für die leseschwächeren Probanden bestätigen die Daten weitgehend das Ergebnis aus Experiment 1 (s. Kap. 5.4.7.6), dass die Verarbeitung der Komposita durch die Segmentierung erleichtert wird, wobei im Unterschied zu Experiment 1 für die transparenten Komposita kein eindeutiger Verarbeitungsvorteil der Mediopunkt- gegenüber der Bindestrichschreibung nachgewiesen werden kann. Zudem scheint sich bei opaken Komposita nur die Segmentierung mit dem Mediopunkt, nicht aber die Segmentierung mit dem Bindestrich nachweisbar negativ auf die Verarbeitung auszuwirken.

Im Gegensatz zu Experiment 1 kann jedoch nicht nur in der leseschwächeren, sondern auch in der lesestärkeren Gruppe bei transparenten Komposita ein Verarbeitungsvorteil der segmentierten Komposita nachgewiesen werden. Ob die mit Mediopunkt oder Bindestrich segmentierten Komposita besser verarbeitet werden, lässt sich jedoch aufgrund gegenläufiger Tendenzen und nicht signifikanten Unterschieden nicht sagen. Ebenso wie bei der leseschwächeren Gruppe scheint sich die Segmentierung bei opaken Komposita, entgegen der Hypothese Z-3, auch bei lesestärkeren Probanden nicht nachweisbar negativ auf die Verarbeitung auszuwirken. Die Frage, ob opake mit Mediopunkt oder mit Bindestrich segmentierte Komposita besser verarbeitet werden, kann weder für die leseschwächere noch für die lesestärkere Gruppe eindeutig beantwortet werden, wobei die Ergebnisse bei der leseschwächeren Gruppe tendenziell auf einen Verarbeitungsvorteil der Bindestrichschreibung, bei der lesestärkeren Gruppe hingegen tendenziell auf einen Verarbeitungsvorteil der Mediopunktschreibung hindeuten. Die Hypothese Z-4 kann somit für die leseschwächeren Probanden tendenziell verworfen und für die lesestärkeren Probanden tendenziell bestätigt werden,

Dass der verständnisfördernde Effekt der Segmentierung sowohl bei transparenten als auch bei opaken Komposita auftritt, stimmt mit den Befunden der LeiSA-Studie überein (s. Kap. 3.7), die ebenfalls ergab, dass Leser mit geringen Lesekompetenzen ungeachtet der Transparenz von der Segmentierung profitieren. Dass leseschwächere Probanden auch bei opaken Komposita von der Segmentierung profitieren, ist womöglich darauf zurückzuführen, dass leseschwächere Probanden Komposita allgemein, d. h. ungeachtet der Transparenz, eher morphembasiert verarbeiten. Diese Erklärung ist kongruent mit der Annahme von Pappert/Bock (2020), die ebenfalls darauf hindeuten, dass Probanden mit geringen Lesekompetenzen Komposita stets dekompositionell verarbeiten. Des Weiteren sind die Ergebnisse insofern mit den Ergebnissen der LeiSA-Studie (s. Kap. 3.7) kongruent, als auch diese keinen positiven Effekt der Segmentierung bei unbeeinträchtigten Lesern aufzeigen konnte. Die Autoren schlussfolgern ebenfalls, dass sich die Segmentierung nur bei Lesern mit geringen Lesekompetenzen positiv auf die kognitive Verarbeitung von transparenten und opaken Komposita auswirkt, wohingegen unbeeinträchtigte Leser von der Segmentierung weder bei transparenten noch bei opaken Komposita profitieren. Angesichts des auch bei opaken Komposita auftretenden positiven Effekts der Segmentierung gibt es laut Pappert/Bock (2020) somit keinen Grund, ausschließlich transparente Komposita in LS zu segmentieren. Hierbei ist allerdings zu beachten, dass das Experiment der LeiSA-Studie lediglich auf Wortebene durchgeführt wurde und die Autoren selbst darauf hinweisen, dass es zur weiteren Überprüfung der Ergebnisse ergänzender Methoden bedarf, in denen die semantische Integration des Kompositums in den Satz erforderlich ist. Dieses Desiderat soll ansatzweise mit dem folgenden Experiment geschlossen werden. In Experiment 4 wird somit zu klären sein, inwieweit die Zielgruppe auch beim Lesen von opaken in Sätzen eingebetteten Komposita von der Segmentierung profitiert und ob hier, im Gegensatz zur isolierten Präsentation, ein eindeutiger Verarbeitungsvorteil der Mediopunkt- oder Bindestrichschreibung zu erkennen ist. Darüber hinaus wird, analog zu Experiment 2, der Frage nachgegangen, ob die kognitive Verarbeitung von unsegmentierten und segmentierten transparenten und opaken Komposita durch die Einbettung im Kontext erleichtert wird.

5.7 Experiment 4

5.7.1 Fragestellung und Hypothesen

Im folgenden Experiment wird u. a. untersucht, ob die in Kap. 3.8.4 und 5.5.1 beschriebenen fazilitierenden Kontexteffekte auch bei den transparenten und opaken Komposita aus Experiment 3 auftreten. Im Unterschied zu Experiment 1 und 2, in denen der Einfluss der Morphemanzahl, der Segmentierung und des Kontextes auf die kognitive Verarbeitung von Komposita untersucht wurde, wird im folgenden Experiment der Frage nachgegangen, inwiefern neben der Segmentierung und dem Kontext die semantische Transparenz des Kompositums einen Einfluss auf dessen kognitive Verarbeitung hat. Der Fokus liegt somit zwar insbesondere auf den opaken Komposita; um Aussagen darüber treffen zu können, inwiefern sich die Verarbeitung opaker Komposita von der Verarbeitung transparenter Komposita unterscheidet, wurden jedoch darüber hinaus auch transparente Komposita präsentiert. Im Unterschied zu Experiment 1 und 2 sind die präsentierten Komposita jedoch ausschließlich zweigliedrig (s. Kap. 5.6.2).

Die nachfolgend aufgestellten Hypothesen leiten sich primär von dem Satzüberlegenheitseffekt sowie dem Aspekt der ökologischen Validität ab. Da diese beiden Aspekte bereits ausführlich in Kap. 3.8.4 und Kap. 5.5.1 behandelt wurden, wird an dieser Stelle nur auf die dortigen Ausführungen verwiesen. Vor dem Hintergrund, dass sich die theoretischen Ausführungen in Kap. 5.5.1 jedoch primär auf transparente Komposita bezogen, wird im Folgenden nochmals auf die theoretischen und empirischen Erkenntnisse eingegangen, die sich auf die Verarbeitung von opaken Komposita im Kontext beziehen.

Dass auch die Verarbeitung opaker Komposita durch einen kongruenten Kontext beschleunigt wird, lässt sich u. a. aus Studien mit polysemen Wörtern ableiten. So wurde in Studien mit polysemen Wörtern (u. a. Swinney 1979; Seidenberg et al. 1982) die passende Wortbedeutung schneller ausgewählt, wenn das ambige Wort in einem semantisch kongruenten Satz eingebettet war. Da polyseme Komposita und Konstituenten durch die kontextuellen Informationen bereits zu einer sehr frühen Verarbeitungsphase auf eine Lesart eingeschränkt werden, kommt dem Kontext bei opaken Komposita primär eine Disambiguierungsfunktion zu. Dass der Kontext die steuernde Funktion hat, dem Leser die richtige Interpretation des Kompositums nahezulegen, lässt sich an folgenden Beispielen verdeutlichen:

[6]   Die Kinder sammeln Löwenzahn.

[7]   Am Ende der dreistündigen Safari zeigte der Guide den Touristen noch einen echten Löwenzahn.

Die Interpretation des Kompositums wird durch die beim Lesen stattfindenden Bottom-up- und Top-down-Prozesse von vornherein in die richtige Richtung gelenkt und somit selektiv die kontextrelevante Bedeutung aktiviert. Zudem kann mit dem Kontext Vorwissen bzw. Bedeutungswissen aktiviert werden, das insbesondere bei Lesern mit geringer Leseerfahrung bei der isolierten Rezeption möglicherweise nicht präsent ist (s. Kap. 3.8.4). Bei Komposita, die bei Lesern mit geringen Wortschatzkenntnissen noch nicht fest im mentalen Lexikon verankert sind, würde eine kontextlose Interpretationsweise womöglich eine Bedeutung nahelegen, die der tatsächlichen Bedeutung nicht entspricht (*Eselsohr*). Diese Gefahr besteht insbesondere bei opaken Komposita, da diese definitionsgemäß semantisch ambig sind, d. h. jedem opaken Kompositum auch eine andere bzw. wörtliche Bedeutung zugeschrieben werden kann. Durch die Einbettung in einen kongruenten Kontext wird somit die Gefahr, dass bei opaken Komposita eine nicht intendierte Lesart generiert wird, deutlich verringert. So kann z. B. das Wissen, dass das Kompositum *Fingerhut* auf eine Blume referiert, mit dem Satz *Im Garten wächst jede Menge Fingerhut* deutlich stärker aktiviert werden als mit dem Satz *Das Mädchen sieht einen Fingerhut*. An diesem Beispiel wird jedoch auch deutlich, dass ,Kontext' kein statisches Konstrukt ist, sondern die Kontextualisierungshinweise die Bedeutungskodierung mehr oder weniger stark beeinflussen können und nicht jeder Satz automatisch auch eine Disambiguierungsfunktion erfüllt (s. Kap. 3.8.4). Wie an dem Kompositum *Löwenzahn* deutlich wurde, ist es durch die kontextuelle Einbettung andererseits aber auch möglich, einem nennfesten Kompositum eine nicht-lexikalisierte Bedeutung zuzuschreiben. Dass Komposita, im Unterschied zu monomorphemischen Wörtern, in entsprechendem Kontext auch in nicht-lexikalisierter Bedeutung interpretiert werden können, ist deshalb möglich, weil Komposita semantisch unterdeterminiert sind und beinahe unendlich vielfältige Beziehungen zwischen den Konstituenten bestehen können. Da diese fehlende semantische Determiniertheit insbesondere bei Ad-Hoc- und polysemen Komposita nur durch die vom Kontext bereitgestellten Informationen kompensiert werden kann, wird oftmals betont, dass der Kontext für die Bedeutungsbestimmung neugebildeter und polysemer Komposita unerlässlich ist (s. Kap. 3.8.4).

Hinweise darauf, dass auch Lesern mit eingeschränkten Lesefähigkeiten die Verarbeitung von opaken Komposita durch die vom Kontext bereitgestellten Informationen erleichtert wird, lieferte die Studie von Marelli et al. (2011). Die bessere Leistung der Probandin bei in Sätzen eingebetteten opaken Komposita begründen die Autoren damit, dass auf Komposita, die in Sätzen eingebettet sind, im Unterschied zu isoliert präsentierten Komposita, vermehrt ganzheitlich zugegriffen wird und dies bei opaken Komposita zielführender ist als die Verarbeitung über die dekompositionelle Route. Die LeiSA-Studie (s. Kap. 3.7) lieferte zwar Hinweise darauf, dass die Zielgruppe LS opake mit Bindestrich segmentierte Komposita leichter verarbeitet als opake unsegmentierte Komposita, die Komposita wurden allerdings nur isoliert präsentiert. Studien mit der Zielgruppe, in denen die Verarbeitung opaker mit Bindestrich segmentierter Komposita im Kontext untersucht wurde, liegen bislang nicht vor.

Gemäß den theoretischen Ausführungen von Bredel (2008) wird durch den „strategischen" (Bredel 2008: 116) Einsatz des Bindestrichs die Struktur des Gesamtkomplexes gelockert und die autonome Bedeutung der Konstituenten aktiviert. So kann z. B. in der Werbesprache erreicht werden, dass lexikalisierte Komposita in einer nicht-lexikalisierten Lesart gedeutet werden (*Eis-Zeit*) und somit auch opake Komposita eine nicht-lexikalisierte Bedeutung erhalten. Werden segmentierte Komposita, die in einer nicht-lexikalisierten Lesart gedeutet werden, dann jedoch in einen in Hinblick auf die lexikalisierte Bedeutung semantisch kongruenten Kontext eingebettet, besteht die Gefahr, dass es zu einem Garden-Path-Effekt auf Wortebene kommt (s. Kap. 3.6.2.2 und 3.8.3). Sobald die Leser merken, dass die nicht-lexikalisierte Bedeutung mit der

Semantik des Satzes nicht kompatibel ist, wird die ursprüngliche Interpretation revidiert. Die Umsteuerung führt zu einer Verzögerung des Leseflusses, denn der Leser ist, wie bei Garden-Path-Sätzen, dazu gezwungen, im Wort oder Satz zurückzuspringen, um die falsche Interpretation mithilfe des Kontextes zu korrigieren (vgl. Schotter/Rayner 2015: 14). Da zu dem Effekt der Segmentierung bei in Sätzen eingebetteten opaken Komposita jedoch noch keine empirischen Studien vorliegen, handelt es sich hierbei lediglich um theoretisch fundierte Annahmen. Erste Erkenntnisse hierzu sollen mit dem folgenden Experiment geliefert werden. Dabei wird angenommen, dass bei opaken mit Bindestrich segmentierten Komposita die durch den Bindestrich hervorgerufene Irritation durch die kontextuelle Einbettung verstärkt wird. Ein verständnisfördernder Effekt des Kontextes ist nicht zu erwarten. Vor dem Hintergrund der theoretischen Erkenntnisse und bisherigen Forschungsergebnisse wird davon ausgegangen, dass dieser mit dem Kontext einhergehende Verarbeitungsnachteil nur bei der Bindestrichschreibung auftritt. Für die Mediopunktschreibung wird, wie in Kap. 5.6.1 ausgeführt, angenommen, dass diese weniger stark zur Interpretation der Einzelausdrücke instruiert als die Bindestrichschreibung. Da durch den Kontext Frames aufgerufen und Erwartungen an das Kompositum aufgebaut werden, wird davon ausgegangen, dass die möglicherweise durch die Segmentierung mit dem Mediopunkt hervorgerufene Irritation bei opaken Komposita (s. Exp. 3) durch die kontextuelle Einbettung kompensiert wird. Folglich wird angenommen, dass der kognitive Verarbeitungsvorteil durch die kontextuelle Einbettung bei der Mediopunktschreibung, ebenso wie bei der Standardschreibung, sowohl bei transparenten als auch bei opaken Komposita auftritt. Analog zu den vorherigen Experimenten wird – aufgrund der in Kap. 3.5.2.2 genannten Nachteile der orthografisch falschen Bindestrichschreibung sowie der Hypothesenfundierung in Kap. 5.6.1 – auch in diesem Experiment davon ausgegangen, dass die Mediopunktschreibung auch im Kontext besser verarbeitet wird als die Bindestrichschreibung. Ebenso wie in Experiment 2 wird davon ausgegangen, dass sich das Lesen isolierter Wörter von einer natürlichen Lesesituation unterscheidet und somit Divergenzen zwischen den Ergebnissen auf Wort- und Satzebene zu konstatieren sind. Vor dem Hintergrund der in Kap. 3.8 beschriebenen Forschungsergebnisse und theoretischen Ausführungen werden für die Kontrollgruppe folgende Hypothesen aufgestellt:

Hypothese-K-1: Die Standardschreibung wird unabhängig von der Transparenz des Kompositums am besten verarbeitet.

Hypothese-K-2: Die Mediopunktschreibung wird unabhängig von der Transparenz des Kompositums auch im Kontext besser verarbeitet als die Bindestrichschreibung[108].

Hypothese-K-3: Unsegmentierte Komposita werden unabhängig von ihrer Transparenz im Kontext schneller verarbeitet als bei isolierter Präsentation.

Hypothese-K-4: Auch bei der Mediopunktschreibung tritt der kontextuelle Verarbeitungsvorteil sowohl bei transparenten als auch bei opaken Komposita auf.

Hypothese-K-5: Der mit dem Kontext einhergehende Verarbeitungsvorteil ist bei der Bindestrichschreibung bei transparenten Komposita zwar vorhanden, jedoch geringer ausgeprägt als bei der Mediopunkt- und Standardschreibung[109].

Hypothese-K-6: Opake mit Bindestrich segmentierte Komposita werden im Kontext langsamer verarbeitet als ohne Kontext.

Hypothese-K-7: Die Ergebnisse auf Satzebene unterscheiden sich von den Ergebnissen auf Wortebene.

Die für die Zielgruppe dargestellten Annahmen werden in folgende Hypothesen überführt:

Hypothese-Z-1: Die optische Segmentierung wirkt sich bei transparenten Komposita positiv auf die kognitive Verarbeitung aus.

....
108 Für eine Fundierung dieser Hypothese s. Kap. 5.4.1 und Kap. 5.6.1.
109 Für eine Fundierung dieser Hypothese s. Kap. 5.5.1.

Hypothese-Z-2: Bei transparenten Komposita wird die Mediopunktschreibung besser verarbeitet als die Bindestrichschreibung.

Hypothese-Z-3: Die kognitive Verarbeitung opaker Komposita wird auch im Kontext durch eine Segmentierung (Mediopunkt/Bindestrich) erschwert.

Hypothese-Z-4: Opake Komposita, die mit einem Mediopunkt segmentiert sind, werden besser verarbeitet als opake Komposita, die mit einem Bindestrich segmentiert sind.

Hypothese-Z-5: Unsegmentierte Komposita werden unabhängig von ihrer Transparenz im Kontext schneller verarbeitet als bei isolierter Präsentation.

Hypothese-Z-6: Auch bei mit Mediopunkt segmentierten Komposita tritt der kontextuelle Verarbeitungsvorteil sowohl bei transparenten als auch bei opaken Komposita auf.

Hypothese-Z-7: Der mit dem Kontext einhergehende Verarbeitungsvorteil ist bei der Bindestrichschreibung bei transparenten Komposita zwar vorhanden, jedoch geringer ausgeprägt als bei der Mediopunkt- und Standardschreibung[109].

Hypothese-Z-8: Opake mit Bindestrich segmentierte Komposita werden im Kontext langsamer verarbeitet als ohne Kontext.

Hypothese-Z-9: Die Ergebnisse auf Satzebene unterscheiden sich von den Ergebnissen auf Wortebene.

5.7.2 Material

Vor der endgültigen Auswahl der Stimulussätze wurden diese in einem Rating (s. Kap. 5.4.2.1) auf einer siebenstufigen Likert-Skala in Hinblick auf ihre

Natürlichkeit und Verständlichkeit bewertet. Das Rating wurde zusammen mit den Sätzen aus Experiment 2 durchgeführt (s. Kap. 5.5.2). Für die Studie wurden aus dem Rating die Stimulussätze ausgewählt, die im Mittel gleich natürlich und gleich verständlich waren (s. Tab. 47). Die Komposita und monomorphemischen Wörter, die anhand des Ratings ausgewählt wurden, waren die gleichen Stimuli wie in Experiment 3. Neben der Natürlichkeit und Verständlichkeit wurde die Satzlänge, die Zielwortposition sowie die Länge des Pre- und Posttargets kontrolliert. Alle Komposita wurden in Sätze von maximal 79 Zeichen (inkl. Leerzeichen) eingebettet. Das Kompositum wurde in etwa in der Satzmitte eingefügt. Um die kontextuelle Umgebung der Zielwörter möglichst ähnlich zu gestalten und ein Überspringen des Wortes vor und nach dem Zielwort zu vermeiden, bestand sowohl das Wort vor als auch nach dem Kompositum aus mind. vier Buchstaben. Zudem wurde, analog zu Experiment 2, darauf geachtet, dass die Sätze in Bezug auf Tempora, Modi und Genus Verbi mit den LS-Regeln konvergieren (Zwei-Tempus-System [Präsens, Präsens Perfekt], ein Ein-Modus-System [Indikativ] und ein Ein-Genus-Verbi-System [Aktiv], s. Kap. 2.8.2). Negation wurde gemieden. Kontrolliert wurde zudem der Flesch-Index der Sätze (s. Kap. 5.5.2). Der mittlere Flesch-Wert aller Sätze lag unabhängig von der Transparenz des Kompositums bei 64,11 (SA: 5,75). Da es keinen signifikanten Zusammenhang zwischen der Transparenz des Kompositums und dem Flesch-Index des Satzes gab, fungierte der Flesch-Index als Kontrollvariable.

Parameter / Transparenz	Natürlichkeit	Verständlichkeit	Flesch-Index
Transparent	6,66 (0,21)	6,95 (0,07)	66,22 (4,66)
Opak	6,08 (0,46)	6,83 (0,11)	62,00 (6,21)

Tab. 47: Mittelwerte (Standardabweichungen) der kontrollierten Wortparameter

Eine weitere Kontrollvariable war der Satzbau. So wurden alle Itemsätze gemäß der kanonischen Hauptsatzstruktur (SVO) konstruiert, wobei das Kompositum entweder das Subjekt oder das Objekt des Satzes bildete (für eine Diskussion s. Kap. 5.5.2).

Von jedem Satz wurden drei Versionen erstellt, die sich lediglich in der Schreibweise des Kompositums unterschieden (*Ohrfeige, Ohr-Feige, Ohr·feige*). Neben den 18 Komposita wurden auch die 28 monomorphemischen Distraktoren in Sätzen präsentiert. Als weitere Distraktoren wurden an zufälligen Positionen sechs Nonsens-Sätze eingefügt (s. Kap. 5.5.2). Die Sätze mit den Komposita, den Distraktoren und die Nonsens-Sätze wurden in randomisierter Reihenfolge präsentiert. Die drei Versionen eines jeden Stimulussatzes wurden auf drei Listen aufgeteilt, wobei die Bildung der Satzlisten analog zu Experiment 3 erfolgte. Die Zuordnung der Listen auf die Probanden wurde beibehalten, so dass die Probanden die Komposita auf Wort- und Satzebene in gleicher Schreibweise lasen. So las jeder Proband von den 18 Komposita jeweils sechs mit Mediopunkt, sechs mit Bindestrich und sechs unsegmentiert. Damit ergab sich, analog zu Experiment 3, ein zweifaktorieller Versuchsplan mit den beiden unabhängigen Variablen *Segmentierung* und *Transparenz*. Zur Beurteilung des Einflusses des Kontextes auf die kognitive Verarbeitung der Komposita wurde anschließend ein weiteres Modell geschätzt, in welchem die *Präsentationsweise* als weitere unabhängige Variable in das Modell aufgenommen wurde. Für das erweiterte Modell ergab sich somit ein dreifaktorieller Versuchsplan (3x2x2-Design) mit den drei unabhängigen Variablen *Segmentierung, Transparenz* und *Präsentationsweise* (s. Tab. 48).

3. UV	Isoliert			Satz		
1. UV 2. UV	Standard	Bindestrich	Mediopunkt	Standard	Bindestrich	Mediopunkt
Transparent	Mülltonne	Müll-Tonne	Müll·tonne	Mülltonne	Müll-Tonne	Müll·tonne
Opak	Ohrfeige	Ohr-Feige	Ohr·feige	Ohrfeige	Ohr-Feige	Ohr·feige

Tab. 48: 3x2x2-Versuchsplan

5.7.3 Durchführung

Experiment 4 ist im Ablauf identisch mit Experiment 2 (s. Kap. 5.5.3) (zur Anordnung der Experimente und zum Gesamtablauf der Studie s. Kap. 5.3.4).

5.7.4   Probanden

Da an dem Experiment dieselben Probanden teilnahmen wie an Experiment 1, sind die entsprechenden Informationen hierzu Kap. 5.4.4 zu entnehmen.

5.7.5   Statistisches Vorgehen

Zur Auswertung der Daten wurden die gleichen Schritte angewandt wie in den vorherigen Experimenten. In einem weiteren Schritt wurde in den LMMs als zusätzlicher fester Faktor die Variable *Präsentationsweise* eingefügt. Dies ermöglicht es, die Blickbewegungsdaten für die Komposita mit und ohne Kontext zu vergleichen.

5.7.6   Datenbereinigung

Von den 47 Probanden der Kontrollgruppe und 19 Probanden der Zielgruppe wurden insgesamt 1188 Stimulussätze und 396 Nonsens-Sätze gelesen. Ausgewertet wurden nur die Fixationen der Stimulussätze (insg. 14888) und von diesen wiederum nur die 3235 Fixationen, die auf das Kompositum fielen. In 1,11 % der Fälle wurde das Kompositum nicht fixiert. Durch Blinzeln innerhalb der AOI gingen 11,14 % der Fixationen verloren. Des Weiteren wurden 6,83 % der Fixationen aufgrund von unpräziser Kalibrierung und unzureichenden Trackingwerten aus dem Datensatz entfernt. Insgesamt wurde der Datensatz somit um 19,08 % der Fixationen bereinigt.

5.7.7   Ergebnisse

Analog zu Experiment 3 wird im Folgenden zunächst ein kurzer Vergleich der beiden Testgruppen gegeben, bevor anschließend auf die Ergebnisse der LMMs eingegangen wird. In Kap. 5.7.7.3 und 5.7.7.6 werden die Ergebnisse schließlich in Relation zu den Ergebnissen aus Experiment 3 gesetzt.

5.7.7.1 Vergleich zwischen der Kontroll- und der Zielgruppe

Die Fixationsanzahl ist in beiden Gruppen bei der Standardschreibung am geringsten (KG: 2,25, ZG: 2,91) und bei der Bindestrichschreibung am höchsten (KG: 3,09, ZG: 3,44) (s. Abb. 86).

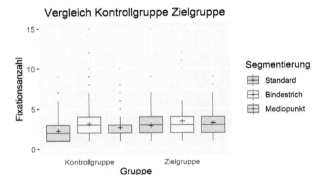

Abb. 86: Verteilung der Fixationsanzahl für die verschiedenen Schreibweisen und Gruppen[110]

Der Unterschied zwischen den Gruppen ist signifikant ($z = -4{,}247$, $p < 0{,}001$, $r = 0{,}126$), wobei die Zielgruppe die Komposita mit im Mittel 19,1 % mehr Fixationen liest als die Kontrollgruppe. Der Unterschied zwischen den Gruppen ist bei der Standardschreibung (Faktor ¼) am deutlichsten und bei der Bindestrichschreibung (Faktor ⅒) am geringsten ausgeprägt. Zudem werden in beiden Gruppen bei der Standardschreibung die meisten (KG: 30,9 %, ZG: 22,1 %) und bei der Bindestrichschreibung die wenigsten Komposita mit nur einer Fixation gelesen (KG: 14,6 %, ZG: 10,7 %). Der Vergleich ergibt, dass beide Gruppen die Standardschreibung nach dem ersten Lesedurchgang am seltensten (KG: 0,84, ZG: 1,08) und die Bindestrichschreibung am häufigsten erneut fixieren (KG: 1,10, ZG: 1,32), wobei die Zielgruppe signifikant häufiger auf das Kompositum zurückspringt als die Kontrollgruppe ($z = 2{,}778$, $p = 0{,}005$, $r = 0{,}082$). Auch der Anteil der Regressionen ist bei der Zielgruppe signifikant höher als bei der Kontrollgruppe ($z = -1{,}948$, $p = 0{,}051$, $r = 0{,}058$), wobei die Zielgruppe im Mittel 14,4 % mehr Regressionen ausführt als die Kontrollgruppe. Während der Anteil der Regressionen bei der Kontrollgruppe bei der Standardschreibung am geringsten (17,85 %) und bei der Bindestrichschreibung am höchsten ist (20,06 %), springt die Zielgruppe bei der Mediopunktschreibung am seltensten (21,61 %) und bei der Standardschreibung

110 Aus Darstellungsgründen ist bei der Kontrollgruppe ein Ausreißer bei den opaken mit Bindestrich segmentierten Komposita (21) und bei der Zielgruppe ein Ausreißer bei den opaken mit Mediopunkt segmentierten Komposita (17) nicht dargestellt.

(22,23 %) am häufigsten zurück. Die Erstfixationsdauer ist bei der Kontrollgruppe signifikant kürzer als bei der Zielgruppe (z = -4,366, p < 0,001, r = 0,130), wobei die erste Fixation bei der Kontrollgruppe im Mittel 8,0 % kürzer ist als bei der Zielgruppe. Der Unterschied ist für die Standard- und Mediopunktschreibung signifikant (z = -3,017, p = 0,003, r = 0,155 bzw. z = -2,886, p = 0,004, r = 0,148) und für die Bindestrichschreibung marginal signifikant (z = -1,656, p = 0,098, r = 0,085). In beiden Gruppen ist die Erstfixationsdauer bei der Standardschreibung am kürzesten (KG: 201,14 ms, ZG: 251,85 ms) und bei der Bindestrichschreibung am längsten (KG: 209,63 ms, ZG: 315,02 ms). Die unterschiedlichen Lesekompetenzen der beiden Gruppen werden auch in diesem Experiment durch die signifikant unterschiedlichen Gesamtlesezeiten bestätigt (z = -8,784, p < 0,001, r = 0,261). So liest die Kontrollgruppe die unsegmentierten Komposita fast doppelt so schnell wie die Zielgruppe und auch die mit Mediopunkt segmentierten Komposita werden von der Kontrollgruppe um mehr als den Faktor ⅓ schneller gelesen als von der Zielgruppe. Die Bindestrichschreibung wird von der Kontrollgruppe um den Faktor ⅓ schneller gelesen als von der Zielgruppe, womit der Unterschied am geringsten ausgeprägt ist. Abb. 87 zeigt, dass beide Gruppen die Standardschreibung im Mittel am schnellsten (KG: 507,26 ms, ZG: 952,76 ms) und die Bindestrichschreibung am langsamsten lesen (KG: 723,78 ms, ZG: 1013,17 ms).

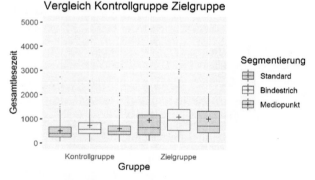

Abb. 87: Verteilung der Gesamtlesezeit für die verschiedenen Schreibweisen und Gruppen[111]

....

111 Aus Darstellungsgründen ist bei der Kontrollgruppe ein Ausreißer bei den opaken mit Bindestrich segmentierten Komposita (12479 ms) und bei der Zielgruppe zwei Ausreißer bei den opaken mit Mediopunkt segmentierten Komposita (6247 ms, 5644 ms) nicht dargestellt.

Die Pupillenweite ist bei der Zielgruppe signifikant kleiner als bei der Kontrollgruppe ($z = -8{,}189$, $p < 0{,}001$, $r = 0{,}071$). Während die Pupillenweite bei der Kontrollgruppe bei der Bindestrichschreibung am kleinsten (3,254 mm) und bei der Mediopunktschreibung am größten ist (3,288 mm), ist sie bei der Zielgruppe bei der Bindestrichschreibung am größten (3,204 mm) und bei der Standardschreibung am kleinsten (3,129 mm).

Die bei der Kontrollgruppe signifikant kürzere Erstfixationsdauer bestätigt die Tendenz aus Experiment 2, in welchem die Erstfixationsdauer bei der Kontrollgruppe ebenfalls signifikant kürzer war als bei der Zielgruppe (s. Kap. 5.5.7.1). Dass auch in diesem Experiment auf Satzebene die Fixationsanzahl bei der Kontrollgruppe signifikant geringer und die Gesamtlesezeit signifikant kürzer ist als bei der Zielgruppe, stützt die Vermutung, dass die Verarbeitung der Komposita im Kontext bei der Kontrollgruppe angesichts der signifikant besseren Lesekompetenzen zu allen Verarbeitungsphasen schneller abläuft als bei der Zielgruppe. Dies bestätigt wiederum die Annahme, dass eine kürzere Erstfixationsdauer somit nur (wie in Experiment 1 und 3) in Kombination mit einer signifikant höheren Fixationsanzahl und einer signifikant längeren Gesamtlesezeit auf eine primär morphembasierte Verarbeitung hindeutet (s. Kap. 5.6.7.3).

5.7.7.2 Kontrollgruppe

Im Folgenden werden die Ergebnisse der LMMs dargestellt. Tab. 49 gibt einen deskriptiven Überblick über die erhobenen Variablen. Dargestellt sind die Mittelwerte und Standardabweichungen zu den sechs Bedingungen des zweifaktoriellen Versuchsplans.

	Transparent			Opak		
	Standard	Bindestrich	Mediopunkt	Standard	Bindestrich	Mediopunkt
Anzahl Fixationen	2,28 (1,12)	2,67 (1,41)	2,75 (1,32)	2,22 (1,35)	3,5 (2,58)	2,61 (1,4)
Anteil Refixation (%)	72,5 (27,51)	81,3 (21,13)	83,5 (19,15)	65,6 (29,56)	89,4 (13,36)	83 (19,05)
Revisits	0,84 (0,8)	0,94 (1,01)	1,04 (0,91)	0,85 (0,85)	1,26 (1,33)	0,92 (0,86)
Regression (%)	18,22 (21,12)	17,16 (20,28)	20,67 (21,7)	17,47 (22,17)	22,91 (19,53)	18,36 (20,54)
Erstfixationsdauer (ms)	202,18 (115,28)	196,18 (83,96)	202,03 (104,44)	200,03 (97,02)	222,9 (230,12)	201,6 (111,44)
Gesamtlesezeit (ms)	502,03 (357,33)	582,12 (383,09)	603,72 (352,32)	512,77 (403,94)	863,43 (1153,77)	579,02 (413,14)
Pupillenweite (mm)	3,23 (0,47)	3,26 (0,44)	3,29 (0,45)	3,29 (0,48)	3,25 (0,45)	3,29 (0,45)

Tab. 49: Mittelwerte (Standardabweichungen) der erhobenen Variablen (Kontrollgruppe)

Fixationsanzahl

Hinsichtlich des Haupteffektes Segmentierung lässt sich aus dem Modell schließen, dass die erwartete Fixationsanzahl bei der Standardschreibung signifikant geringer, bei der Bindestrichschreibung hingegen signifikant höher ist als bei der Mediopunktschreibung (s. Tab. 50). Während die Fixationsanzahl bei transparenten Komposita bei der Bindestrichschreibung absolut um $\beta = -0{,}088$ (t = -0,483) oder relativ um 2,9 % und bei der Standardschreibung absolut um $\beta = -0{,}478$ (t = -2,608) oder relativ um 17,1 % geringer ist als bei der Mediopunktschreibung, ist sie bei opaken Komposita zwar ebenso bei der Standardschreibung absolut um $\beta = -0{,}393$ (t = -2,099) oder relativ um 15,3 % geringer; bei der Bindestrichschreibung hingegen absolut um $\beta = 0{,}890$ (t = 4,847, p < 0,001) oder relativ um 34,1 % signifikant höher als bei der Mediopunktschreibung. Zudem ist die Fixationsanzahl bei opaken Komposita bei der Bindestrich- absolut um $\beta = 1{,}283$ (t = 6,933, p < 0,001) oder relativ um 58,4 % signifikant höher als bei der Standardschreibung und insgesamt bei der Bindestrichschreibung absolut um $\beta = 0{,}836$ (t = 6,422, p < 0,001) oder relativ um 36,9 % signifikant höher als bei der Standardschreibung.

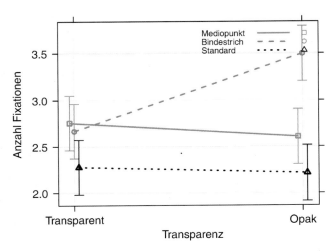

Abb. 88: Interaktionseffekte auf die geschätzte Fixationsanzahl bei der Kontrollgruppe

Abb. 88 zeigt, dass der Unterschied zwischen den Schreibweisen bei opaken Komposita deutlich größer ist als bei transparenten Komposita. Während die Fixationsanzahl bei der Standard- und Mediopunktschreibung bei transparenten Komposita höher ist als bei opaken Komposita, ist sie bei der Bindestrichschreibung bei transparenten Komposita signifikant geringer als bei opaken Komposita (β = -0,830, t = -4,557, p < 0,001).

Tab. 50: Angepasste LMMs mit den abhängigen Variablen Fixationsanzahl (LMM[Fixationsanzahl]), Single Fixation (LMM[Single Fixation]), Revisits (LMM[Revisits]), Regressionen (LMM[Regressionen]), Erstfixationsdauer (LMM[Erstfixationsdauer]), Gesamtlesezeit (LMM[Gesamtlesezeit]) und Pupillenweite (LMM[Pupillenweite])

	Fixed Effect	Estimate	Std. Error	t-value	p-value	sig
LMM[Fixationsanzahl]	(Intercept)	2,606	0,152	17,158	< 0,001	***
	TransparenzTransparent	0,148	0,184	0,806	0,421	
	Segm.Bindestrich	0,890	0,184	4,847	< 0,001	***
	Segm.Standard	-0,393	0,187	-2,099	0,036	*
	TransparenzTransparent: Segm.Bindestrich	-0,979	0,259	-3,777	< 0,001	***
	TransparenzTransparent: Segm.Standard	-0,085	0,262	-0,325	0,746	
LMM[Single Fixation]	(Intercept)	0,166	0,028	5,839	< 0,001	***
	TransparenzTransparent	0,003	0,028	0,124	0,902	
	Segm.Bindestrich	-0,021	0,034	-0,634	0,526	
	Segm.Standard	0,141	0,034	4,128	< 0,001	***
LMM[Revisits]	(Intercept)	0,912	0,091	10,059	< 0,001	***
	TransparenzTransparent	0,124	0,113	1,094	0,274	
	Segm.Bindestrich	0,343	0,113	3,043	0,002	**
	Segm.Standard	-0,067	0,115	-0,585	0,559	
	TransparenzTransparent: Segm.Bindestrich	-0,439	0,159	-2,759	0,006	**
	TransparenzTransparent: Segm.Standard	-0,132	0,161	-0,820	0,412	
LMM[Regressionen]	(Intercept)	18,352	1,837	9,993	< 0,001	***
	TransparenzTransparent	2,331	2,498	0,933	0,351	

	Fixed Effect	Estimate	Std. Error	t-value	p-value	sig
LMM^Regressionen	Segm.Bindestrich	4,563	2,489	1,833	0,067	.
	Segm.Standard	-0,841	2,536	-0,331	0,740	
	TransparenzTransparent:Segm.Bindestrich	-8,115	3,513	-2,310	0,021	*
	TransparenzTransparent:Segm.Standard	-1,642	3,549	-0,463	0,644	
LMM^Erstfixationsdauer	(Intercept)	200,726	12,237	16,403	< 0,001	***
	TransparenzTransparent	0,918	15,616	0,059	0,953	
	Segm.Bindestrich	22,174	15,565	1,425	0,155	
	Segm.Standard	-1,517	15,859	-0,096	0,924	
	TransparenzTransparent:Segm.Bindestrich	-27,783	21,960	-1,265	0,206	
	TransparenzTransparent:Segm.Standard	1,806	22,188	0,081	0,935	
LMM^Gesamtlesezeit	(Intercept)	575,79	56,95	10,110	< 0,001	***
	TransparenzTransparent	28,74	66,55	0,432	0,666	
	Segm.Bindestrich	287,63	66,34	4,336	< 0,001	***
	Segm.Standard	-68,88	67,60	-1,019	0,309	
	TransparenzTransparent:Segm.Bindestrich	-310,86	93,58	-3,322	0,001	***
	TransparenzTransparent:Segm.Standard	-36,29	94,56	-0,384	0,701	
LMM^Pupillenweite	(Intercept)	3,287	0,063	52,310	< 0,001	***
	TransparenzTransparent	0,009	0,005	1,690	0,091	.
	Segm.Bindestrich	-0,008	0,006	-1,268	0,205	
	Segm.Standard	-0,020	0,007	-2,890	0,004	**

Single Fixation

Die erwartete Anzahl an Single Fixation ist bei der Standardschreibung signifikant höher (β = 0,141, t = 4,128, p < 0,001), bei der Bindestrichschreibung hingegen geringer (β = -0,021, t = -0,634, p = 0,526) als bei der Mediopunktschreibung. Während die erwartete Anzahl an Single Fixation bei transparenten Komposita bei der Bindestrichschreibung absolut um β = 0,022 (t = 0,456) oder relativ um 13,3 % höher und bei der Standardschreibung absolut um $\beta = 0,110$ (t = 2,307) oder relativ um 66,7 % höher ist als bei der Mediopunktschreibung, ist sie bei opaken Komposita bei der Standardschreibung absolut um $\beta = 0,173$ (t = 3,566, p = 0,006) oder relativ um 102,4 % signifikant höher; bei der Bindestrichschreibung hingegen absolut um $\beta = -0,064$ (t = -1,341) oder relativ um 37,6 % geringer als bei der Mediopunktschreibung (s. Abb. 89).

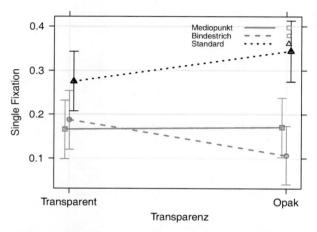

Abb. 89: Interaktionseffekte auf die geschätzte Anzahl an Single Fixation bei der Kontrollgruppe

Die Anzahl an Single Fixation ist insgesamt nicht nur bei der Standardschreibung signifikant höher als bei der Mediopunktschreibung, sondern bei der Standardschreibung auch absolut um $\beta = 0,162$ (t = 4,781, p < 0,001) oder relativ um 111,6 % signifikant höher als bei der Bindestrichschreibung. Betrachtet man die Unterschiede bedingt auf die Transparenz, ist der Unterschied zwischen Standard- und Bindestrichschreibung jedoch nur bei opaken Komposita signifikant ($\beta = 0,238$, t = 4,935, p < 0,001).

Revisits
Dem Modell LMM[Revisits] ist hinsichtlich des Haupteffektes Segmentierung zu entnehmen, dass die Anzahl an Revisits bei der Standardschreibung geringer, bei der Bindestrichschreibung hingegen signifikant höher ist als bei der Me-

diopunktschreibung (s. Tab. 50). Zudem ist der Interaktionseffekt zwischen transparenten Komposita und der Bindestrichschreibung signifikant negativ (s. Tab. 50). Die Effektschätzer zeigen, dass die Anzahl an Revisits bei transparenten Komposita bei der Bindestrichschreibung absolut um β = -0,090 (t = -0,854) oder relativ um 9,3 % und bei der Standardschreibung absolut um β = -0,199 (t = -1,770) oder relativ um 19,2 % geringer ist als bei der Mediopunktschreibung. Bei opaken Komposita ist sie ebenfalls bei der Standardschreibung absolut um β = -0,067 (t = -0,585) oder relativ um 7,3 % geringer, bei der Bindestrichschreibung hingegen absolut um β = 0,343 (t = 3,043, p = 0,036) oder relativ um 37,6 % signifikant höher als bei der Mediopunktschreibung (s. Abb. 90). Zudem ist die Anzahl an Revisits insgesamt bei der Standardschreibung nicht nur signifikant geringer als bei der Mediopunktschreibung, sondern auch absolut um β = -0,257 (t = -3,212, p = 0,004) oder relativ um 23,4 % signifikant geringer als bei der Bindestrichschreibung. Betrachtet man die Unterschiede bedingt auf die Transparenz, ist die Anzahl an Revisits bei opaken Komposita nicht nur bei der Bindestrichschreibung signifikant höher als bei der Mediopunktschreibung, sondern bei der Bindestrichschreibung auch signifikant um β = 0,410 (t = 3,611, p = 0,005) oder relativ um 48,5 % höher als bei der Standardschreibung.

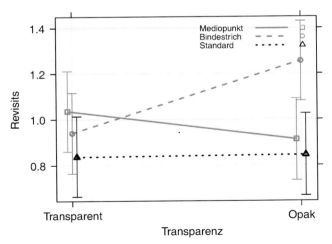

Abb. 90: Interaktionseffekte auf die geschätzte Anzahl an Revisits bei der Kontrollgruppe

Anteil der Regressionen

Des Weiteren lässt sich aus dem Modell LMM[Regressionen] hinsichtlich der Haupteffekte folgern, dass der Anteil der Regressionen bei der Standardschreibung geringer; bei der Bindestrichschreibung hingegen marginal signifikant höher ist als bei der Mediopunktschreibung (s. Tab. 50). Während der Anteil der Regressionen bei transparenten Komposita bei der Standardschreibung absolut um β = -2,483 (t = -1,000) oder relativ um 12,1 % und bei der Bindestrichschreibung absolut um β = -3,552 (t = -1,433) oder relativ um 17,4 % geringer ist als bei der Mediopunktschreibung, ist er bei opaken Komposita bei der Standardschreibung ebenfalls absolut um β = -0,840 (t = -0,331) oder relativ um 4,9 % geringer; bei der Bindestrichschreibung hingegen absolut um β = 4,563 (t = 1,833) oder relativ um 24,5 % höher als bei der Mediopunktschreibung. Abb. 91 zeigt, dass der Anteil der Regressionen bei der Standard- und Mediopunktschreibung bei transparenten Komposita höher ist als bei opaken Komposita; bei der Bindestrichschreibung hingegen bei transparenten Komposita geringer ist als bei opaken Komposita.

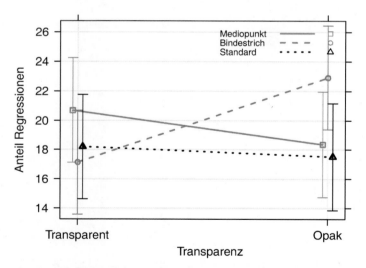

Abb. 91: Interaktionseffekte auf den geschätzten Anteil der Regressionen bei der Kontrollgruppe

Erstfixationsdauer

Aus dem angepassten Modell lässt sich hinsichtlich des Haupteffektes Segmentierung zudem schließen, dass die erwartete Erstfixationsdauer bei der Standardschreibung minimal kürzer, bei der Bindestrichschreibung hingegen deutlich länger ist als bei der Mediopunktschreibung (s. Tab. 50). Während die erwartete Erstfixationsdauer bei transparenten Komposita bei der Standardschreibung minimal absolut um $\beta = 0{,}289$ (t = 0,019) oder relativ um 0 % länger; bei der Bindestrichschreibung hingegen absolut um $\beta = -5{,}608$ (t = -0,362) oder relativ um 3,0 % kürzer ist als bei der Mediopunktschreibung, ist sie bei opaken Komposita bei der Standardschreibung absolut um $\beta = -1{,}517$ (t = -0,096) oder relativ um 1,0 % kürzer und bei der Bindestrichschreibung absolut um $\beta = 22{,}174$ (t = 1,425) oder relativ um 10,9 % länger als bei der Mediopunktschreibung.

Gesamtlesezeit

Hinsichtlich des Haupteffektes Segmentierung lässt sich zudem folgern, dass die Gesamtlesezeit bei der Standardschreibung kürzer, bei der Bindestrichschreibung hingegen signifikant länger ist als bei der Mediopunktschreibung (s. Tab. 50). Zudem ist der Interaktionseffekt zwischen den transparenten Komposita und der Bindestrichschreibung signifikant negativ (s. Tab. 50). Bei transparenten Komposita ist die Gesamtlesezeit bei der Bindestrichschreibung absolut um $\beta = -23{,}23$ (t = -0,352) oder relativ um 4,0 % und bei der Standardschreibung absolut um $\beta = -105{,}16$ (t = -1,589) oder relativ um 17,5 % kürzer als bei der Mediopunktschreibung. Anders verhält es sich bei opaken Komposita: Zwar ist die Gesamtlesezeit auch hier bei der Standardschreibung absolut um $\beta = -68{,}88$ (t = -1,019) oder relativ um 12,0 % kürzer; bei der Bindestrichschreibung hingegen absolut um $\beta = 287{,}63$ (t = 4,336, p < 0,001) oder relativ um 49,8 % signifikant länger als bei der Mediopunktschreibung. Zudem ist die Gesamtlesezeit über alle (d. h. sowohl transparente als auch opake) Komposita hinweg nicht nur bei der Mediopunkt- signifikant kürzer als bei der Bindestrichschreibung, sondern auch bei der Standardschreibung um $\beta = -219$ (t = -4,661, p < 0,001) signifikant kürzer als bei der Bindestrichschreibung. Bei opaken Komposita ist die Gesamtlesezeit bei der Standardschreibung absolut um $\beta = -356{,}51$ (t = -5,333, p < 0,001) oder relativ um 41,3 % signifikant kürzer als bei der Bindestrichschreibung. Während die Gesamtlesezeit bei der Bindestrichschreibung bei opaken Komposita länger ist als bei transparenten Komposita, ist sie bei der Mediopunktschreibung bei opaken Komposita kürzer als bei transparenten Komposita (s. Abb. 92). Signifikant ist der Unterschied allerdings, ebenso wie bei der Fixationsanzahl, ausschließlich bei der Bindestrichschreibung (β = -282,12, t = -4,288, p < 0,001). Zudem ist zu erkennen, dass der Unterschied zwischen Bindestrich- und Mediopunktschreibung bei opaken Komposita deutlich stärker ausgeprägt ist als bei transparenten Komposita.

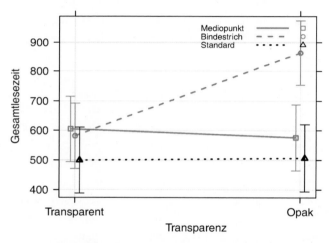

Abb. 92: Interaktionseffekte auf die geschätzte Gesamtlesezeit bei der Kontrollgruppe

Pupillenweite

Die Pupillenweite ist bei der Bindestrichschreibung kleiner und bei der Standardschreibung signifikant kleiner als bei der Mediopunktschreibung (s. Tab. 50). Während die Pupillenweite bei transparenten Komposita bei der Standard- (β = -0,025, t = -2,561) und Bindestrichschreibung (β = -0,021, t = -2,311) kleiner ist als bei der Mediopunktschreibung, ist sie bei opaken Komposita zwar ebenfalls bei der Standardschreibung kleiner (β = -0,015, t = -1,519), bei der Bindestrichschreibung hingegen größer als bei der Mediopunktschreibung (β = 0,004, t = 0,444). Zudem ist die Pupillenweite bei der

Standard- und Mediopunktschreibung bei transparenten Komposita größer, bei der Bindestrichschreibung hingegen kleiner als bei opaken Komposita.

5.7.7.3 Vergleich mit und ohne Kontext: Kontrollgruppe

Um den Einfluss des Kontexts beurteilen zu können, werden die Ergebnisse im Folgenden mit den Ergebnissen aus Experiment 3 verglichen. Dazu wurde in den jeweiligen Modellen (s. Kap. 5.7.7.2) neben den genannten Haupt- und Interaktionseffekten der Haupteffekt der *Präsentationsweise* auf die jeweiligen abhängigen Variablen geschätzt.

Fixationsanzahl

Aus dem angepassten Modell, in dem zusätzlich der Haupteffekt der Präsentationsweise auf die Fixationsanzahl geschätzt wurde, lässt sich schließen, dass die erwartete Fixationsanzahl bei kontextueller Präsentation geringer ist als bei isolierter Präsentation (β = -0,040, t = -0,596, p = 0,551). Aus den Effektschätzern wird deutlich, dass die erwartete Fixationsanzahl bei der Mediopunkt-schreibung ohne Kontext um β = 0,064 (t = 0,559, p = 1,000) höher und bei der Standardschreibung sogar um β = 0,351 (t = 3,048, p = 0,035) signifikant höher ist als mit Kontext.

Bei der Bindestrichschreibung ist die erwartete Fixationsanzahl hingegen ohne Kontext absolut um β = -0,295 (t = -2,580, p = 0,150) deutlich geringer als mit Kontext. Der Kontext wirkt sich somit nur bei der Standard- und Mediopunktschreibung positiv auf die Verarbeitung aus. Betrachtet man die Unterschiede bedingt auf die Transparenz, ist die Fixationsanzahl bei der Standardschreibung sowohl bei transparenten als auch bei opaken Komposita ohne Kontext höher als mit Kontext, wobei der Unterschied nur bei transparenten Komposita marginal signifikant ist (s. Tab. 51). Bei der Mediopunktschreibung ist die Fixationsanzahl bei transparenten Komposita ohne Kontext höher, bei opaken Komposita hingegen minimal geringer als mit Kontext. Anders ist es bei der Bindestrichschreibung: Hier werden sowohl die transparenten als auch die opaken Komposita im Kontext mit deutlich mehr Fixationen gelesen als ohne Kontext (s. Abb. 93). Während die Unterschiede ohne Kontext nur zwischen der Standard- und Bindestrichschreibung marginal signifikant sind, sind sie im Kontext zwischen allen drei Schreibweisen signifikant.

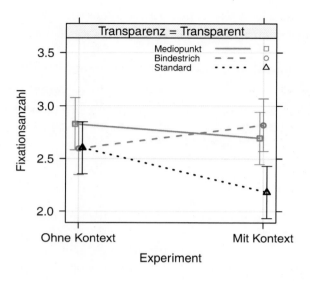

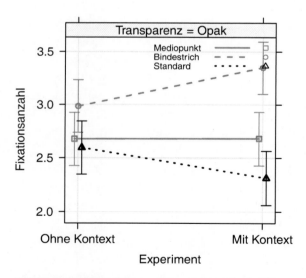

Abb. 93: Interaktionseffekte von Segmentierung und Präsentationsweise auf die geschätzte Fixationsanzahl transparenter Komposita (oben) und opaker Komposita (unten) bei der Kontrollgruppe

Tab. 51: Effekt der Präsentationsweise auf die verschiedenen abhängigen Variablen für die drei Schreibweisen

	Transparenz	Schreibweise	β	Std. Error	t-ratio	p-value	sig
LMM$^{Fixations-}$ ^{anzahl}	Transparent	Standard	0,421	0,132	3,188	0,096	.
		Bindestrich	-0,224	0,132	-1,698	1,000	
		Mediopunkt	0,135	0,132	1,020	1,000	
	Opak	Standard	0,282	0,133	2,119	1,000	
		Bindestrich	-0,363	0,132	-2,760	0,386	
		Mediopunkt	-0,005	0,133	-0,036	1,000	
LMM^{Single} ^{Fixation}	Transparent	Standard	-0,188	0,034	-5,500	< 0,001	***
		Bindestrich	-0,038	0,034	-1,126	1,000	
		Mediopunkt	-0,053	0,034	-1,563	1,000	
	Opak	Standard	-0,210	0,034	-6,123	< 0,001	***
		Bindestrich	-0,061	0,034	-1,796	1,000	
		Mediopunkt	-0,076	0,034	-2,219	1,000	
LMM^{Revisits}	Transparent	Standard	-0,810	0,066	-12,248	< 0,001	***
		Bindestrich	-1,063	0,066	-16,103	< 0,001	***
		Mediopunkt	-0,944	0,066	-14,300	< 0,001	***
	Opak	Standard	-0,876	0,066	-13,152	< 0,001	***
		Bindestrich	-1,128	0,066	-17,129	< 0,001	***
		Mediopunkt	-1,010	0,066	-15,221	< 0,001	***
LMM$^{Regres-}$ ^{sionen}	Transparent	Standard	1,265	2,09	0,607	1,000	
		Bindestrich	-1,320	2,08	-0,634	1,000	
		Mediopunkt	1,010	2,08	0,485	1,000	
	Opak	Standard	7,089	2,10	3,376	0,050	*
		Bindestrich	4,503	2,08	2,168	1,000	
		Mediopunkt	6,834	2,09	3,267	0,073	.
LMM$^{Erstfixa-}$ ^{tionsdauer}	Transparent	Standard	12,018	11,6	1,034	1,000	
		Bindestrich	0,876	11,6	0,076	1,000	
		Mediopunkt	6,790	11,6	0,585	1,000	
	Opak	Standard	-13,040	11,7	-1,114	1,000	
		Bindestrich	-24,182	11,6	-2,089	1,000	
		Mediopunkt	-18,267	11,7	-1,567	1,000	

	Transparenz	Schreibweise	β	Std. Error	t-ratio	p-value	sig
LMM$^{Gesamtle-}$ sezeit	Transparent	Standard	194,025	44,7	4,340	0,001	***
		Bindestrich	-0,184	44,6	-0,004	1,000	
		Mediopunkt	116,159	44,6	2,603	0,615	
	Opak	Standard	89,995	45,0	1,999	1,000	
		Bindestrich	-104,214	44,5	-2,341	1,000	
		Mediopunkt	12,129	44,8	0,270	1,000	
LMM^{Pupil-} lenweite	Transparent	Standard	0,084	0,015	5,804	< 0,001	***
		Bindestrich	0,072	0,014	5,119	< 0,001	***
		Mediopunkt	0,064	0,014	4,586	< 0,001	***
	Opak	Standard	0,095	0,015	6,414	< 0,001	***
		Bindestrich	0,081	0,014	6,032	< 0,001	***
		Mediopunkt	0,074	0,014	5,207	< 0,001	***

Single Fixation

Die Anzahl an Single Fixation ist bei kontextueller Präsentation signifikant höher als bei isolierter Präsentation ($\beta = 0{,}104$, $t = 6{,}064$, $p < 0{,}001$). Diese Tendenz zeigt sich bei allen drei Schreibweisen, der Unterschied ist allerdings nur für die Standardschreibung signifikant. Zudem ist der Effekt bei der Mediopunkt- stärker ausgeprägt als bei der Bindestrichschreibung. Betrachtet man die Unterschiede bedingt auf die Transparenz, ist die Anzahl an Single Fixation bei allen drei Schreibweisen sowohl bei transparenten als auch bei opaken Komposita ohne Kontext geringer als mit Kontext, wobei die Unterschiede nur bei transparenten und opaken unsegmentierten Komposita signifikant sind (s. Tab. 51). In beiden Experimenten werden die unsegmentierten Komposita am häufigsten und die mit Bindestrich segmentierten Komposita am seltensten mit nur einer Fixation gelesen. Der mit dem Kontext einhergehende Verarbeitungsvorteil ist bei der Standardschreibung am stärksten ausgeprägt: Dort werden die Komposita im Kontext 20 Prozentpunkte seltener refixiert als bei isolierter Präsentation. Bei der Bindestrich- und Mediopunktschreibung ist der Unterschied mit 5 bzw. 6,5 Prozentpunkten hingegen deutlich geringer ausgeprägt. Während die Unterschiede zwischen den Schreibweisen ohne Kontext nicht signifikant sind, ist mit Kontext sowohl der Unterschied zwischen Standard- und Bindestrichschreibung als auch der Unterschied zwischen Standard- und Mediopunktschreibung signifikant.

Revisits

Auch die Anzahl an Revisits ist auf Satzebene signifikant höher als auf Wortebene (β = 0,973, t = 29,283, p < 0,001), wobei dies bei allen Schreibweisen ungeachtet der Transparenz zutrifft (s. Tab. 51). Während ohne Kontext keiner der Unterschiede signifikant ist, ist mit Kontext bei opaken Komposita der Unterschied zwischen Bindestrich- und Mediopunktschreibung sowie zwischen Bindestrich- und Standardschreibung signifikant.

Anteil der Regressionen

Der erwartete Anteil der Regressionen ist bei kontextueller signifikant geringer als bei isolierter Präsentation (β = -3,204, t = -3,065, p = 0,002). Die Probanden springen bei allen Schreibweisen ohne Kontext häufiger zurück als mit Kontext, wobei der Unterschied bei der Standard- und Mediopunktschreibung deutlich stärker ausgeprägt ist als bei der Bindestrichschreibung. Betrachtet man die Unterschiede bedingt auf die Transparenz, ist der Anteil der Regressionen bei der Standard- und Mediopunktschreibung sowohl bei transparenten als auch bei opaken Komposita bei isolierter höher als bei kontextueller Darstellung, wobei die Effekte nur für die opaken unsegmentierten und die opaken mit Mediopunkt segmentierten Komposita signifikant bzw. marginal signifikant sind (s. Tab. 51). Bei der Bindestrichschreibung ist der Anteil der Regressionen hingegen bei transparenten Komposita ohne Kontext geringer als mit Kontext (s. Tab. 51).

Erstfixationsdauer

Die erwartete Erstfixationsdauer ist hingegen bei kontextueller Präsentation länger als bei isolierter Präsentation (β = 5,919, t = 1,017, p = 0,309). Die Erstfixationsdauer ist bei der Standardschreibung ohne Kontext um β = -0,594 (t = -0,057), bei der Mediopunktschreibung um β = -5,627 (t = -0,557) und bei der Bindestrichschreibung sogar um β = -11,764 (t = -1,171) kürzer als mit Kontext. Betrachtet man die Unterschiede bedingt auf die Transparenz, fällt auf, dass die Erstfixationsdauer bei allen drei Schreibweisen bei den transparenten Komposita ohne Kontext länger, bei den opaken Komposita hingegen ohne Kontext kürzer ist als mit Kontext, wobei der Unterschied bei der Bindestrichschreibung bei den transparenten Komposita nur minimal ausgeprägt ist (s. Abb. 94).

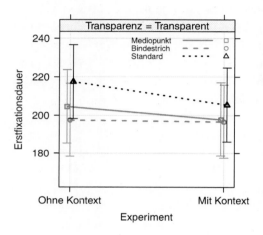

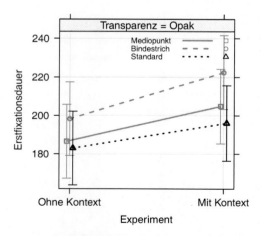

Abb. 94: Interaktionseffekte von Segmentierung und Präsentationsweise auf die geschätzte Erstfixationsdauer transparenter Komposita (oben) und opaker Komposita (unten) bei der Kontrollgruppe

Bei opaken Komposita ist der Unterschied hingegen bei der Bindestrichschreibung deutlich stärker ausgeprägt als bei der Mediopunkt- und Standardschreibung (s. Tab. 51).

Gesamtlesezeit

Die erwartete Gesamtlesezeit ist bei kontextueller Präsentation signifikant kürzer als bei isolierter Präsentation (β = -51,09, t = -2,274, p = 0,023). Die Effektschätzer zeigen, dass die Gesamtlesezeit allerdings nur bei der Standard- und Mediopunktschreibung mit Kontext kürzer ist als ohne Kontext, wobei der Unterschied nur bei der Standardschreibung signifikant ist. Bei der Bindestrichschreibung ist die Gesamtlesezeit hingegen, ebenso wie die Fixationsanzahl, mit Kontext länger als ohne Kontext. Bei der Standard- und Mediopunktschreibung ist die Gesamtlesezeit sowohl bei transparenten als auch bei opaken Komposita mit Kontext kürzer als ohne Kontext, wobei der Unterschied nur bei den transparenten unsegmentierten Komposita signifikant ist (s. Tab. 51). Anders ist es bei der Bindestrichschreibung: Hier ist die Gesamtlesezeit im Kontext bei transparenten Komposita minimal, bei opaken Komposita hingegen deutlich länger als ohne Kontext (s. Abb. 95). Während die Unterschiede zwischen den Schreibweisen ohne Kontext nicht signifikant sind, ist mit Kontext der Unterschied zwischen Standard- und Bindestrichschreibung und zwischen Mediopunkt- und Bindestrichschreibung signifikant.

Pupillenweite

Die erwartete Pupillenweite ist mit Kontext signifikant kleiner als ohne Kontext (β = -0,078, t = -10,938, p < 0,001), wobei dies bei allen drei Schreibweisen für die transparenten und opaken Komposita gilt (s. Tab. 51) (für eine Diskussion dieses Ergebnisses s. Kap. 5.5.8).

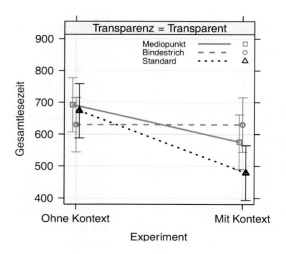

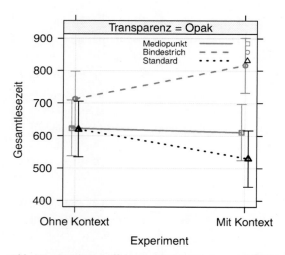

Abb. 95: Interaktionseffekte von Segmentierung und Präsentationsweise auf die geschätzte Gesamtlesezeit transparenter Komposita (oben) und opaker Komposita (unten) bei der Kontrollgruppe

5.7.7.4 Diskussion der Ergebnisse (Kontrollgruppe)

Die Analysen bestätigen die Ergebnisse der vorherigen Experimente, dass die Kontrollgruppe die Standardschreibweise signifikant besser verarbeitet als die Bindestrich- und Mediopunktschreibung. So ist die Fixationsanzahl bei der Standardschreibung signifikant geringer als bei der Bindestrich- und Mediopunktschreibung und zudem werden die unsegmentierten Komposita signifikant häufiger mit nur einer Fixation gelesen als die segmentierten Komposita. Darüber hinaus springen die Probanden bei der Standardschreibung seltener zurück als bei der Mediopunkt- und Bindestrichschreibung und auch die Gesamtlesezeit ist bei der Standardschreibung kürzer als bei der Mediopunkt- und signifikant kürzer als bei der Bindestrichschreibung. Des Weiteren ist auch die Anzahl an Revisits bei der Standardschreibung geringer als bei der Mediopunkt- und signifikant geringer als bei der Bindestrichschreibung. Auch die im Vergleich zur Bindestrich- und Mediopunktschreibung kleinere Pupillenweite deutet darauf hin, dass die Standardschreibung am besten verarbeitet wird. Die Ergebnisse sind, wie in Kap. 3.8 aufgezeigt, darauf zurückzuführen, dass unbeeinträchtigte Leser sowohl opake als auch kurze transparente Komposita ganzheitlich verarbeiten und die mit der Segmentierung einhergehende Dekomposition die Verarbeitung folglich behindert (vgl. Koester et al. 2007; Bertram/Hyönä 2013). Die Erstfixationsdauer ist bei transparenten Komposita, wie in Experiment 1–3, bei der Bindestrichschreibung am kürzesten. Vor dem Hintergrund, dass auch die Landeposition bei der Bindestrich- (β = -7,921, t = -0,597, p = 1,000) und Mediopunktschreibung (β = -3,934, t = -0,297, p = 1,000) weiter links liegt als bei der Standardschreibung, kann mit der kurzen Erstfixationsdauer die in den Experimenten 1–3 aufgestellte Annahme bestätigt werden, dass die Segmentierung, und insbesondere die Segmentierung mit dem Bindestrich, zu einer morphembasierten Verarbeitung führt und mit der ersten Fixation primär die erste Konstituente verarbeitet wird (s. Kap. 5.4.7.3). Dass die Verarbeitung des Kompositums dadurch aber insgesamt verlangsamt wird, wird auch in diesem Experiment durch die bei der Standardschreibung signifikant geringere Fixationsanzahl und signifikant kürzere Gesamtlesezeit bestätigt (vgl. Inhoff/Radach 2002; Pfeiffer 2002; Juhasz et al. 2005). Ein weiteres Indiz dafür, dass die Bindestrichschreibung ungeachtet der Lesekompetenzen zu einer morphembasierten Verarbeitung führt, ist, dass die

Varianz der Erstfixationsdauer bei der Bindestrichschreibung deutlich geringer ist als bei der Mediopunkt- und Standardschreibung. Anders ist es bei opaken Komposita: Hier ist die Erstfixationsdauer bei der Bindestrichschreibung deutlich länger als bei der Standard- und Mediopunktschreibung. Da jedoch die Fixationsanzahl, die Anzahl an Revisits und die Gesamtlesezeit bei der Bindestrichschreibung signifikant höher bzw. signifikant länger ist als bei der Standard- und Mediopunktschreibung, darüber hinaus der Anteil der Regressionen bei der Bindestrichschreibung deutlich höher als bei der Standard- und Mediopunktschreibung ist und auch die Anzahl an Single Fixation bei der Bindestrichschreibung geringer als bei der Mediopunkt- und signifikant geringer als bei der Standardschreibung ist, kann die lange Erstfixationsdauer nicht als Indiz für eine ganzheitliche, schnellere Verarbeitung, sondern als Indiz für eine insgesamt langsamere Verarbeitung angesehen werden. Dieser Zusammenhang zwischen der Erstfixationsdauer und der kognitiven Verarbeitung von segmentierten und unsegmentierten Komposita wird in Kap. 5.8 in einen tentativen Modellierungsvorschlag überführt. Die lange Erstfixationsdauer bei der Bindestrichschreibung ist vermutlich darauf zurückzuführen, dass mit der ersten Fixation nur die erste Konstituente verarbeitet wird, die semantische Integration jedoch im Unterschied zu der ganzheitlichen Verarbeitung der unsegmentierten Komposita nicht gelingt. Da während des Leseprozesses bestimmte Frames aktiviert werden, ist anzunehmen, dass eine morphembasierte Verarbeitung der ersten Konstituente bei opaken Komposita zu einer semantischen Inkongruenz zwischen dem Satzinhalt bzw. den aktivierten Frames und der Konstituentenbedeutung führt. Diese ist dadurch bedingt, dass opake Komposita keine semantische Relation zu ihren Konstituenten haben (*Die Kinder pflücken Löwen-*). Dass inkongruente Kontexte zu einer längeren Erstfixationsdauer führen, ist in der Literatur hinreichend belegt (vgl. Morris 1994). Der Verarbeitungsnachteil der Bindestrichschreibung lässt sich an folgenden Heat Maps visualisieren (s. Abb. 96).

Da die bessere Verarbeitung der Standardschreibung sowohl bei transparenten als auch bei opaken Komposita eindeutig zu erkennen ist, kann die erste Hypothese-K-1, dass unbeeinträchtigte Leser die unsegmentierte Schreibung unabhängig von der Transparenz des Kompositums am besten verarbeiten, bestätigt werden.

Abb. 96: Heat Maps für den Stimulus Hochzeiten (Kontrollgruppe)

Auch die Hypothese-K-2, dass die Bindestrichschreibung im Kontext langsamer verarbeitet wird als die Mediopunktschreibung, kann größtenteils bestätigt werden. So wird die Mediopunktschreibung mit signifikant weniger Fixationen und signifikant schneller gelesen als die Bindestrichschreibung und auch der Anteil der Regressionen ist bei der Mediopunkt- geringer als bei der Bindestrichschreibung. Darüber hinaus werden die mit Mediopunkt segmentierten Komposita häufiger mit nur einer Fixation gelesen als die mit Bindestrich segmentierten Komposita und auch das Ergebnis, dass die Probanden nach dem ersten Lesedurchgang bei der Bindestrichschreibung häufiger auf das Kompositum zurückspringen als bei der Mediopunktschreibung, spricht für einen Verarbeitungsvorteil. Vergleicht man allerdings die transparenten mit den opaken Komposita, fällt auf, dass der Verarbeitungsvorteil der Mediopunktschreibung nur bei den opaken Komposita vorhanden ist. Während bei den transparenten Komposita alle genannten Parameter darauf hindeuten, dass die Bindestrichschreibung minimal aber nicht signifikant besser verarbeitet wird als die Mediopunktschreibung, sprechen bei den opaken Komposita alle Parameter für einen Verarbeitungsvorteil der Mediopunktschreibung. Zudem ist die Erstfixationsdauer nur bei den opaken Komposita bei der Bindestrichschreibung deutlich länger als bei der Mediopunktschreibung. Vor dem Hintergrund, dass die Fixationsanzahl, die Anzahl an Revisits und die

Gesamtlesezeit jedoch bei der Mediopunktschreibung signifikant geringer bzw. kürzer, der Anteil der Regressionen ebenfalls deutlich geringer als bei der Bindestrichschreibung ist und auch die Anzahl an Single Fixation höher als bei der Bindestrichschreibung ist, kann die lange Erstfixationsdauer bei der Bindestrichschreibung hier somit nicht als Indiz für eine ganzheitliche, schnellere Verarbeitung, sondern als Indiz für eine insgesamt schwierigere, langsamere Verarbeitung gedeutet werden (s. den tentativen Modellierungsvorschlag in Kap. 5.8). Dies lässt sich auch an den Heat Maps in Abb. 97 verdeutlichen.

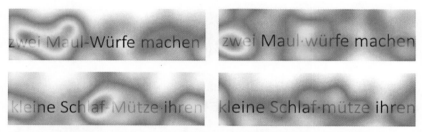

Abb. 97: Heat Maps für die Stimuli Maulwürfe und Schlafmütze (Kontrollgruppe)

Wie erwähnt, ist die lange Erstfixationsdauer bei der Bindestrichschreibung vermutlich darauf zurückzuführen, dass die semantische Integration bei der morphembasierten Verarbeitung im Gegensatz zu der ganzheitlichen Verarbeitung nicht gelingt. Die signifikanten Unterschiede zwischen der Bindestrich- und Mediopunktschreibung deuten darauf hin, dass der weitgehend wortbilderhaltende Mediopunkt die Verarbeitung weniger stark behindert als die Bindestrichschreibung. Auffällig ist auch, dass bei den transparenten Komposita keiner der Unterschiede zwischen Bindestrich- und Mediopunktschreibung signifikant ist, wohingegen bei den opaken Komposita sowohl die Anzahl an Fixationen und Revisits als auch die Gesamtlesezeit bei der Mediopunktschreibung nach Bonferroni-Korrektur signifikant geringer bzw. kürzer ist als bei der Bindestrichschreibung.

Die Ergebnisse zeigen, dass der Mediopunkt, insgesamt betrachtet, nicht nur hinsichtlich der Erstfixationsdauer, sondern auch hinsichtlich der Fixationsanzahl, der Anzahl an Single Fixation und Revisits, dem Anteil der Regressionen und der Gesamtlesezeit zwischen der Standard- und Bindestrichschreibung steht. Es scheint folglich, dass die weniger invasive Mediopunktschreibung einem ganzheitlichen Zugriff und somit einer effizienteren, schnelleren Verarbeitung weniger stark entgegensteht als die Bindestrichschreibung. Die Ergebnisse bestätigen somit, dass die korrekte und insbesondere die gewohnte Schreibweise von unbeeinträchtigten Lesern am besten verarbeitet wird. Nicht gewohnte Segmentierungen spiegeln sich hingegen in einer erhöhten Fixationsanzahl und längeren Gesamtlesezeit wider (vgl. Placke 2001). Als Grund für den bei opaken Komposita auftretenden signifikant negativen Effekt der Bindestrichschreibung im Vergleich zur Mediopunktschreibung lässt sich vermutlich die deutliche Zweiteilung anführen, welche die dekompositionelle Verarbeitung erzwingt und die Wortverarbeitung somit irritiert und hinauszögert (s. Kap. 3.5.2.2, 3.8.3).

Zuletzt soll noch auf die Hypothesen-K-3 bis K-7 eingegangen werden, welche sich auf die Rolle des Kontextes beziehen. Die dritte Hypothese-K-3, dass unsegmentierte Komposita unabhängig von ihrer Transparenz mit Kontext schneller verarbeitet werden als ohne Kontext, kann zweifellos bestätigt werden. So werden sowohl die transparenten als auch die opaken Komposita im Kontext mit weniger Fixationen und schneller gelesen als ohne Kontext, wobei der Unterschied nach Bonferroni-Korrektur nur bei den transparenten Komposita signifikant ist. Zudem ist die Anzahl an Single Fixation im Kontext ungeachtet der Transparenz signifikant höher als ohne Kontext. Des Weiteren springen die Probanden beim Lesen der Stimuli im Kontext seltener zurück als beim Lesen der isoliert präsentierten Stimuli, wobei der Unterschied hier nur bei den opaken Komposita signifikant ist. Die Erstfixationsdauer ist bei den transparenten Komposita bei isolierter Präsentation länger, bei den opaken Komposita hingegen kürzer als bei kontextueller Präsentation. Die ohne Kontext kürzere Erstfixationsdauer bei den opaken Komposita ist vermutlich darauf zurückzuführen, dass die Anzahl an Komposita, die mit nur einer Fixation gelesen werden, im Kontext signifikant höher ist als ohne Kontext und die Erstfixationsdauer bei nicht refixierten Wörtern, angesichts dessen, dass nicht nur ein Teil, sondern bereits das gesamte Kompositum verarbeitet wird, länger ist als bei refixierten Wörtern (s. Kap. 5.5.7.4). Dafür spricht auch, ebenso wie in den Experimenten 1 und 2, dass die Fixationsanzahl bei isolierter Präsentation höher ist als bei kontextueller Darstellung. Der nachgewiesene fazilitierende Kontexteffekt bestätigt somit die Ergebnisse von Balota et al. (1985), Rayner/ Pollatsek (1989) und Vitu et al. (1990) (s. Kap. 3.8.4).

Die vierte Hypothese-K-4, dass der kontextuelle Verarbeitungsvorteil auch bei der Mediopunktschreibung sowohl bei transparenten als auch bei opaken Komposita auftritt, kann ebenfalls bestätigt werden. Sowohl die Gesamtlesezeit als auch der Anteil der Regressionen ist beim Lesen der Stimuli im Kontext kürzer bzw. geringer als beim Lesen der Stimuli ohne Kontext, wobei der Unterschied hinsichtlich des Anteils der Regressionen bei den opaken Komposita marginal signifikant ist. Gleiches gilt für die Anzahl an Single Fixation, die im Kontext ebenfalls sowohl bei den transparenten als auch bei den opaken Komposita höher ist als ohne Kontext. Darüber hinaus werden die transparenten Komposita im Kontext mit deutlich weniger Fixationen gelesen als ohne Kontext, wobei bei den opaken Komposita kein Unterschied besteht. Die Parameter deuten somit ebenso wie bei der Standardschreibung darauf hin, dass das Lesen der mit Mediopunkt segmentierten Komposita im Kontext leichter zu sein scheint als bei isolierter Präsentation. Die Erstfixationsdauer ist ebenso wie bei der Standardschreibung bei den transparenten Komposita bei isolierter Präsentation länger, bei den opaken Komposita hingegen kürzer als bei kontextueller Präsentation. Die bei opaken Komposita im Kontext längere Erstfixationsdauer ist hier vermutlich ebenfalls darauf zurückzuführen, dass die Anzahl an Komposita, die mit nur einer Fixation gelesen werden, im Kontext höher ist als ohne Kontext und die Erstfixationsdauer bei nicht refixierten Wörtern länger ist als bei refixierten Wörtern (s. Kap. 5.5.7.4). Die bei transparenten Komposita im Kontext kürzere Erstfixationsdauer deutet darauf hin, dass sich der Kontext auch bereits positiv auf den Beginn des Verarbeitungsprozesses auswirkt. Dies ist vermutlich darauf zurückzuführen, dass durch die kontextuelle Einbettung bereits bestimmte Frames aktiviert werden, welche das Kompositum im Gegensatz zur isolierten Präsentation erwartbar machen. Erwartbare Wörter werden wiederum schneller erkannt und kürzer fixiert, was die kürzere Fixationsanzahl und Gesamtlesezeit erklärt (vgl. Inhoff 1984; Balota et al. 1985; Rayner/Pollatsek 1989).

Die fünfte Hypothese-K-5, dass der mit dem Kontext einhergehende Verarbeitungsvorteil bei der Bindestrichschreibung bei transparenten Komposita zwar vorhanden, jedoch geringer ausgeprägt ist als bei der Mediopunkt- und Standardschreibung, kann nicht bestätigt werden. So ist die Fixationsanzahl und der Anteil der Regressionen, im Unterschied zur Mediopunkt- und Standardschreibung, bei isolierter Präsentation nicht höher, sondern geringer als bei kontextueller Präsentation, was gegen einen kontextuellen Verarbeitungsvorteil bei der Bindestrichschreibung spricht. Auch die Gesamtlesezeit ist bei transparenten Komposita im Kontext nicht kürzer, sondern länger als ohne Kontext. Lediglich die im Kontext höhere Anzahl an Single Fixation deutet darauf hin, dass die Bindestrichschreibung mit Kontext besser verarbeitet wird als ohne Kontext.

Die Hypothese-K-6, dass opake mit Bindestrich segmentierte Komposita im Kontext langsamer verarbeitet werden als ohne Kontext, kann bestätigt werden. So werden die opaken mit Bindestrich segmentierten Komposita – im Gegensatz zu der Standard- und Mediopunktschreibung – im Kontext mit mehr Fixationen und deutlich langsamer gelesen als ohne Kontext, was zeigt, dass die kontextuelle Einbettung bei opaken mit Bindestrich segmentierten Komposita die Wortverarbeitung nicht beschleunigt, sondern verzögert. Lediglich die Anzahl an Single Fixation sowie der Anteil der Regressionen deutet ebenso wie bei der Standard- und Mediopunktschreibung auf einen Verarbeitungsvorteil der eingebetteten Komposita hin. Die Erstfixationsdauer ist bei der Bindestrich- ebenso wie bei der Standard- und Mediopunktschreibung bei isolierter Präsentation kürzer als bei kontextueller Präsentation. Im Gegensatz zu der Standard- und Mediopunktschreibung, die im Kontext mit weniger Fixationen und schneller gelesen werden, ist bei der Bindestrichschreibung hingegen kein Verarbeitungsvorteil der kontextuell präsentierten Komposita nachzuweisen. Die im Kontext längere Erstfixationsdauer kann hier somit nicht mit dem kontextuellen Verarbeitungsvorteil begründet werden, sondern ist vermutlich darauf zurückzuführen, dass die Komposita wie auf Wortebene morphembasiert verarbeitet werden, die semantische Integration jedoch im Gegensatz zur isolierten Präsentation nicht gelingt. Da die Verarbeitung der ersten Konstituente bei der Präsentation ohne Kontext nicht zu einer semantischen Inkongruenz führen kann, ist anzunehmen, dass die erste Konstituente ohne Kontext zunächst problemlos verarbeitet wird. Auf Satzebene werden während des Leseprozesses hingegen bestimmte Frames aufgerufen, so dass eine morphembasierte Verarbeitung der ersten Konstituente bei opaken Komposita zu einer semantischen Inkongruenz der aktivierten Frames führt. Verarbeitungsschwierigkeiten aufgrund von semantischer Inkongruenz führen wiederum zu einer längeren Erstfixationsdauer (vgl. Morris 1994). Die bei opaken mit Bindestrich segmentierten Komposita auftretende Irritation wird auch daran deutlich, dass sowohl der Anteil der Regressionen als auch die Fixationsanzahl ausschließlich bei der Bindestrichschreibung bei opaken Komposita höher bzw. signifikant höher ist als bei transparenten Komposita. Bei der Standard- und Mediopunktschreibung ist die Fixationsanzahl und der Anteil der Regressionen hingegen bei opaken geringer als bei transparenten Komposita. Gleiches gilt für die Gesamtlesezeit, die ebenfalls nur bei der Bindestrichschreibung bei opaken Komposita signifikant höher ist als bei transparenten Komposita.

Die letzte Hypothese-K-7, dass sich das Lesen isolierter Wörter von einer natürlichen Lesesituation unterscheidet und die Ergebnisse aufgrund dessen von den Ergebnissen auf Wortebene abweichen, kann nur teilweise bestätigt werden. So wird bei opaken Komposita ohne Kontext bei der Standardschreibung häufiger, mit Kontext hingegen seltener zurückgesprungen als bei der Mediopunktschreibung. Bei der Bindestrichschreibung wird hingegen ohne Kontext seltener und mit Kontext häufiger zurückgesprungen als bei der Mediopunktschreibung. Ebenso ist die Anzahl an Single Fixation bei transparenten Komposita ohne Kontext bei der Bindestrichschreibung geringer, bei opaken Komposita hingegen höher als bei der Mediopunktschreibung. Im Kontext ist es umgekehrt: Hier werden die transparenten mit Bindestrich segmentierten Komposita häufiger, die opaken mit Bindestrich segmentierten Komposita hingegen seltener mit nur einer Fixation gelesen als die jeweiligen mit Mediopunkt segmentierten Komposita. Weitere Unterschiede sind bei der Gesamtlesezeit zu erkennen, die bei transparenten Komposita ohne Kontext bei der Bindestrichschreibung länger, mit Kontext hingegen kürzer ist als bei der Mediopunktschreibung. Zudem ist die Gesamtlesezeit bei opaken Komposita zwar unabhängig der Präsentationsart bei der Bindestrichschreibung länger als bei der Mediopunktschreibung, auffällig ist jedoch, dass der Unterschied zwischen den Schreibweisen im Kontext mehr als zwanzigmal so groß ist wie ohne Kontext (286,35 ms vs. 13,26 ms). Auch darüber hinaus gibt es deutliche Unterschiede in der Ausprägung der Effekte. So ist der Unterschied zwischen Standard- und Mediopunktschreibung bei der Fixationsanzahl mit Kontext fast dreimal so groß wie ohne Kontext und der Unterschied zwischen Mediopunkt- und Bindestrichschreibung mit Kontext mehr als zehnmal so groß wie bei isolierter Präsentation. Des Weiteren sind die Unterschiede zwischen den Schreibweisen nur im Kontext signifikant. Gleiches gilt für die Gesamtlesezeit. Auch hier sind die Unterschiede nur im Kontext signifikant und auch hier ist der Unterschied zwischen Standard- und Mediopunktschreibung im Kontext knapp neunmal und zwischen Mediopunkt- und Bindestrichschreibung ca. zehnmal so groß wie ohne Kontext. Dies bestätigt auch die Anzahl an Single Fixation, denn auch hier sind die Unterschiede zwischen Standard- und Mediopunktschreibung sowie zwischen Mediopunkt- und Bindestrichschreibung im Kontext deutlich größer als die entsprechenden Unterschiede ohne Kontext.

5.7.7.5 Zielgruppe

Im Folgenden werden zunächst die Ergebnisse der LMMs dargestellt und diese anschließend mit den Ergebnissen aus Experiment 3 verglichen. Tab. 52 gibt einen deskriptiven Überblick der erhobenen Parameter. Dargestellt sind die Mittelwerte und Standardabweichungen zu den neun Bedingungen des zweifaktoriellen Versuchsplans.

	Transparent			Opak		
	Standard	Bindestrich	Mediopunkt	Standard	Bindestrich	Mediopunkt
Anzahl Fixationen	2,76 (1,64)	3,33 (2,1)	3,06 (1,49)	3,06 (2,31)	3,55 (1,72)	3,38 (2,72)
Anteil Refixation (%)	76,5 (9,17)	84,6 (6,77)	86,8 (6,07)	79,2 (8,73)	94,1 (2,83)	76,9 (9,24)
Revisits	1,06 (1,16)	1,27 (1,03)	1,02 (0,84)	1,09 (1,04)	1,37 (0,96)	1,15 (1,33)
Regression (%)	21,43 (23,94)	21,58 (21,9)	24,3 (20,87)	23 (21,8)	22,22 (18,62)	18,87 (20,81)
Erstfixationsdauer (ms)	247,2 (209,03)	364,4 (553,69)	248,98 (239,01)	256,32 (179,85)	264,68 (322,7)	274,74 (236,56)
Gesamtlesezeit (ms)	865,33 (822,6)	1080,49 (754,31)	947,16 (649,98)	1036,88 (959,75)	1093,65 (735,16)	1080,46 (1174,69)
Pupillenweite (mm)	3,13 (0,41)	3,25 (0,41)	3,16 (0,33)	3,13 (0,42)	3,16 (0,49)	3,19 (0,46)

Tab. 52: Mittelwerte (Standardabweichungen) der erhobenen Variablen (Zielgruppe)

Fixationsanzahl

Aus dem angepassten Modell lässt sich schließen, dass die erwartete Fixationsanzahl bei der Standardschreibung geringer (β = -0,314, t = -1,150, p = 0,251), bei der Bindestrichschreibung hingegen höher ist als bei der Mediopunktschreibung (β = 0,228, t = 0,832, p = 0,406). Die erwartete Fixationsanzahl ist sowohl bei transparenten als auch bei opaken Komposita bei der Standardschreibung absolut um β = -0,305 (t = -0,785) bzw. β = -0,324 (t = -0,838) oder relativ um 10,1 % bzw. 9,4 % geringer; bei der Bindestrichschreibung hingegen absolut um β = 0,282 (t = 0,730) bzw. β = 0,172 (t = 0,441) oder relativ um 9,1 % bzw. 5,0 % höher als bei der Mediopunktschreibung (s. Abb. 98).

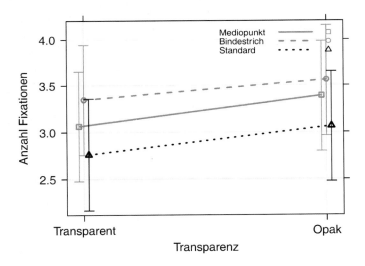

Abb. 98: Interaktionseffekte auf die geschätzte Fixationsanzahl bei der Zielgruppe

Tab. 53: Angepasste LMMs mit den abhängigen Variablen Fixationsanzahl (LMM^Fixationsanzahl), Single Fixation (LMM^Single Fixation), Revisits (LMM^Revisits), Regressionen (LMM^Regressionen), Erstfixationsdauer (LMM^Erstfixationsdauer), Gesamtlesezeit (LMM^Gesamtlesezeit) und Pupillenweite (LMM^Pupillenweite)

	Fixed Effect	Estimate	Std. Error	t-value	p-value	sig
LMM^Fixationsanzahl	(Intercept)	3,368	0,256	13,179	< 0,001	***
	TransparenzTransparent	-0,281	0,223	-1,259	0,209	
	Segm.Bindestrich	0,228	0,274	0,832	0,406	
	Segm.Standard	-0,314	0,273	-1,150	0,251	
LMM^Single Fixation	(Intercept)	0,178	0,046	3,885	< 0,001	***
	TransparenzTransparent	0,008	0,041	0,188	0,851	
	Segm.Bindestrich	-0,073	0,051	-1,443	0,150	
	Segm.Standard	0,040	0,051	0,794	0,428	
LMM^Revisits	(Intercept)	1,134	0,130	8,701	< 0,001	***
	TransparenzTransparent	-0,094	0,118	-0,796	0,427	
	Segm.Bindestrich	0,235	0,145	1,622	0,106	
	Segm.Standard	-0,009	0,144	-0,063	0,959	
LMM^Regressionen	(Intercept)	18,872	3,021	6,247	< 0,001	***
	TransparenzTransparent	5,436	4,135	1,315	0,190	
	Segm.Bindestrich	3,379	4,175	0,809	0,419	
	Segm.Standard	4,134	4,135	1,000	0,318	
	TransparenzTransparent: Segm.Bindestrich	-6,141	5,878	-1,045	0,297	
	TransparenzTransparent: Segm.Standard	-6,973	5,862	-1,190	0,235	
LMM^Erstfixationsdauer	(Intercept)	271,92	52,92	5,138	< 0,001	***
	TransparenzTransparent	-24,59	54,47	-0,452	0,652	
	Segm.Bindestrich	-11,23	55,03	-0,204	0,838	
	Segm.Standard	-17,25	54,47	-0,317	0,752	
	TransparenzTransparent: Segm.Bindestrich	123,79	77,54	1,597	0,111	
	TransparenzTransparent: Segm.Standard	25,48	77,22	0,330	0,742	

	Fixed Effect	Estimate	Std. Error	t-value	p-value	sig
LMM^{Gesamtlesezeit}	(Intercept)	1071,98	144,07	7,441	< 0,001	***
	TransparenzTransparent	-126,67	149,62	-0,847	0,398	
	Segm.Bindestrich	11,40	151,16	0,075	0,940	
	Segm.Standard	-36,95	149,62	-0,247	0,805	
	TransparenzTransparent: Segm.Bindestrich	119,43	212,98	0,561	0,575	
	TransparenzTransparent: Segm.Standard	-35,46	212,13	-0,167	0,867	
LMM^{Pupillenweite}	(Intercept)	3,150	0,080	39,185	< 0,001	***
	TransparenzTransparent	0,025	0,017	1,511	0,131	
	Segm.Bindestrich	0,014	0,020	0,705	0,481	
	Segm.Standard	-0,007	0,021	-0,351	0,726	

Single Fixation

Die erwartete Anzahl an Single Fixation ist bei der Standardschreibung höher, bei der Bindestrichschreibung hingegen geringer als bei der Mediopunktschreibung (s. Tab. 53). Während die erwartete Anzahl an Single Fixation bei transparenten Komposita bei der Standardschreibung absolut um β = 0,104 (t = 1,455) oder relativ um 78,7 % und bei der Bindestrichschreibung absolut um β = 0,024 (t = 0,340) oder relativ um 18,4 % höher ist als bei der Mediopunktschreibung, ist sie bei opaken Komposita bei der Standardschreibung absolut um β = -0,025 (t = -0,344) oder relativ um 10,5 % und bei der Bindestrichschreibung absolut um β = -0,173 (t = -2,399) oder relativ um 74,2 % geringer als bei der Mediopunktschreibung. Zudem lässt sich aus den Effektschätzern ableiten, dass die Anzahl an Single Fixation über alle (d. h. sowohl transparente als auch opake) Komposita hinweg bei unsegmentierten Komposita absolut um β = 0,114 (t = 2,229, p = 0,080) oder relativ um 103,7 % marginal signifikant höher ist als bei mit Bindestrich segmentierten Komposita. Während bei der Standard- und Bindestrichschreibung mehr transparente als opake Komposita mit nur einer Fixation gelesen werden, werden bei der Mediopunktschreibung mehr opake als transparente Komposita mit nur einer Fixation gelesen.

Revisits

Zudem ist die erwartete Anzahl an Revisits bei unsegmentierten Komposita minimal geringer; bei mit Bindestrich segmentierten Komposita hingegen höher als bei mit Mediopunkt segmentierten Komposita (s. Tab. 53). Während die erwartete Anzahl an Revisits bei transparenten Komposita bei der Standardschreibung absolut um β = 0,038 (t = 0,187) oder relativ um 3,9 % und bei der Bindestrichschreibung absolut um β = 0,243 (t = 1,191) oder relativ um 23,5 % höher ist als bei der Mediopunktschreibung, ist sie bei opaken Komposita bei der Standardschreibung absolut um β = -0,056 (t = -0,273) oder relativ um 4,3 % geringer, bei der Bindestrichschreibung hingegen absolut um β = 0,226 (t = 1,094) oder relativ um 20,0 % höher als bei der Mediopunktschreibung (s. Abb. 99).

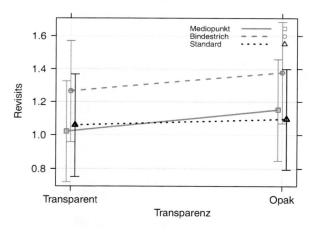

Abb. 99: Interaktionseffekte auf die geschätzte Anzahl an Revisits bei der Zielgruppe

Anteil der Regressionen

Hinsichtlich des Haupteffektes Segmentierung lässt sich aus dem Modell folgern, dass der erwartete Anteil der Regressionen sowohl bei der Bindestrich- als auch bei der Standardschreibung höher ist als bei der Mediopunktschreibung (s. Tab. 53). Während der erwartete Anteil der Regressionen bei transparenten Komposita bei der Standardschreibung absolut um β = -2,838 (t = -0,683) oder relativ um 11,5 % und bei der Bindestrichschreibung absolut um β = -2,762 (t = -0,668) oder relativ um 11,5 % geringer ist als bei der Mediopunktschrei-

© Frank & Timme   Verlag für wissenschaftliche Literatur

bung, ist er bei opaken Komposita bei der Standardschreibung absolut um $\beta = 4{,}134$ (t = 1,000) oder relativ um 21,7 % und bei der Bindestrichschreibung absolut um $\beta = 3{,}379$ (t = 0,809) oder relativ um 18,0 % höher als bei der Mediopunktschreibung. Zudem ist der Anteil der Regressionen bei der Standard- und Bindestrichschreibung bei opaken Komposita höher, bei der Mediopunktschreibung hingegen geringer als bei transparenten Komposita.

Erstfixationsdauer

Aus dem Modell LMM^{Erstfixationsdauer} lässt sich hinsichtlich der Haupteffekte schließen, dass die erwartete Erstfixationsdauer ceteris paribus bei der Standard- und Bindestrichschreibung kürzer ist als bei der Mediopunktschreibung (s. Tab. 53). Unter Einbeziehung der stark positiven Interaktionseffekte ist sie jedoch bei der Bindestrichschreibung insgesamt länger als bei der Mediopunktschreibung. Während die Erstfixationsdauer bei transparenten Komposita bei der Standardschreibung absolut um $\beta = 8{,}233$ (t = 0,150) oder relativ um 3,6 % und bei der Bindestrichschreibung absolut um $\beta = 112{,}556$ (t = 2,065) oder relativ um 45,7 % länger ist als bei der Mediopunktschreibung, ist sie bei opaken Komposita bei der Standardschreibung absolut um $\beta = -17{,}249$ (t = -0,317) oder relativ um 6,3 % und bei der Bindestrichschreibung absolut um $\beta = -11{,}235$ (t = -0,204) oder relativ um 4,0 % kürzer als bei der Mediopunktschreibung. Zudem ist die Erstfixationsdauer bei der Bindestrichschreibung bei transparenten Komposita länger, bei der Mediopunktschreibung hingegen kürzer als bei opaken Komposita.

Gesamtlesezeit

Des Weiteren ist dem angepassten Modell hinsichtlich des Haupteffektes Segmentierung zu entnehmen, dass die erwartete Gesamtlesezeit bei der Standardschreibung kürzer, bei der Bindestrichschreibung hingegen länger ist als bei der Mediopunktschreibung (s. Tab. 53). Die erwartete Gesamtlesezeit ist sowohl bei transparenten als auch bei opaken Komposita bei der Standardschreibung absolut um $\beta = -72{,}41$ (t = -0,482) bzw. $\beta = -36{,}95$ (t = -0,247) oder relativ um 7,6 % bzw. 3,5 % kürzer; bei der Bindestrichschreibung hingegen absolut um $\beta = 130{,}82$ (t = 0,874) bzw. $\beta = 11{,}40$ (t = 0,075) oder relativ um 13,9 % bzw. 1,0 % länger als bei der Mediopunktschreibung.

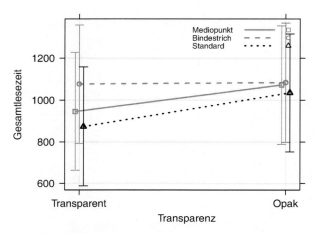

Abb. 100: Interaktionseffekte auf die geschätzte Gesamtlesezeit bei der Zielgruppe

Abb. 100 zeigt, dass die Gesamtlesezeit bei allen drei Schreibweisen bei opaken Komposita länger ist als bei transparenten Komposita. Zudem ist zu erkennen, dass der Unterschied zwischen Bindestrich- und Mediopunktschreibung bei transparenten Komposita mehr als zehnmal so hoch ist wie bei opaken Komposita.

Pupillenweite

Die Pupillenweite ist bei der Standardschreibung kleiner und bei der Bindestrichschreibung größer als bei der Mediopunktschreibung (s. Tab. 53). Während die Pupillenweite bei transparenten Komposita bei der Standardschreibung (β = -0,041, t = -1,367) und Bindestrichschreibung (β = -0,004, t = -0,155) kleiner ist als bei der Mediopunktschreibung, ist sie bei opaken Komposita bei der Standard- (β = 0,024, t = 0,830) und Bindestrichschreibung (β = 0,032, t = 1,134) größer als bei der Mediopunktschreibung.

5.7.7.6 Vergleich mit und ohne Kontext: Zielgruppe

Zur Beurteilung des Einflusses des Kontextes werden die Ergebnisse im Folgenden den Ergebnissen aus Experiment 3 gegenübergestellt. Dazu wurde in den jeweiligen Modellen (s. Kap. 5.7.7.5) neben den bereits genannten Haupt- und Interaktionseffekten der Haupteffekt der Variable *Präsentationsweise* auf die jeweiligen abhängigen Variablen geschätzt.

Fixationsanzahl

Aus dem Modell, in dem zusätzlich der Haupteffekt der Präsentationsweise auf die Fixationsanzahl geschätzt wurde, lässt sich schließen, dass die erwartete Fixationsanzahl bei kontextueller Präsentation geringer ist als bei isolierter Präsentation (β = -0,188, t = -1,390, p = 0,165), wobei dies nur für die Mediopunkt- und Standardschreibung gilt: Bei der Mediopunktschreibung ist die erwartete Fixationsanzahl ohne Kontext relativ um 7,7 % höher und bei der Standardschreibung relativ um 13,7 % höher als mit Kontext.

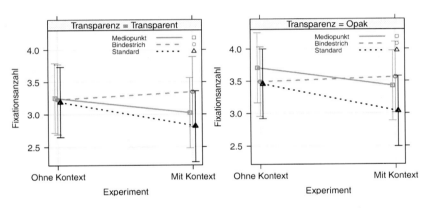

Abb. 101: Interaktionseffekte von Segmentierung und Präsentationsweise auf die geschätzte Fixationsanzahl transparenter Komposita (links) und opaker Komposita (rechts) bei der Zielgruppe

Bei der Bindestrichschreibung ist die erwartete Fixationsanzahl hingegen bei isolierter Präsentation relativ um 2,6 % geringer als bei kontextueller Präsentation. Betrachtet man die Unterschiede bedingt auf die Transparenz, ist die Fixationsanzahl bei der Standard- und Mediopunktschreibung sowohl bei transparenten als auch bei opaken Komposita ohne Kontext höher als mit Kontext (s. Abb. 101). Bei der Bindestrichschreibung ist die erwartete Fixationsanzahl hingegen sowohl bei transparenten als auch bei opaken Komposita ohne Kontext geringer als mit Kontext (s. Tab. 54).

Tab. 54: Effekt der Präsentationsweise auf die verschiedenen abhängigen Variablen für die drei Schreibweisen

	Transparenz	Schreibweise	β	Std. Error	t-ratio	p-value	sig
LMM^Fixationsanzahl	Transparent	Standard	0,376	0,272	1,382	1,000	
		Bindestrich	-0,116	0,271	-0,427	1,000	
		Mediopunkt	0,231	0,269	0,858	1,000	
	Opak	Standard	0,424	0,270	1,567	1,000	
		Bindestrich	-0,068	0,271	-0,249	1,000	
		Mediopunkt	0,279	0,271	1,032	1,000	
LMM^Single Fixation	Transparent	Standard	-0,116	0,050	-2,310	1,000	
		Bindestrich	-0,019	0,050	-0,371	1,000	
		Mediopunkt	-0,071	0,050	-1,421	1,000	
	Opak	Standard	-0,111	0,050	-1,421	1,000	
		Bindestrich	-0,014	0,050	-0,281	1,000	
		Mediopunkt	-0,067	0,050	-1,323	1,000	
LMM^Revisits	Transparent	Standard	-1,034	0,119	-8,672	< 0,001	***
		Bindestrich	-1,257	0,119	-10,567	< 0,001	***
		Mediopunkt	-1,034	0,118	-9,008	< 0,001	***
	Opak	Standard	-1,122	0,119	-9,450	< 0,001	***
		Bindestrich	-1,345	0,119	-11,302	< 0,001	***
		Mediopunkt	-1,121	0,119	-9,437	< 0,001	***
LMM^Regressionen	Transparent	Standard	-0,539	3,29	-0,164	1,000	
		Bindestrich	-1,316	3,28	-0,401	1,000	
		Mediopunkt	-0,782	3,26	-0,240	1,000	
	Opak	Standard	6,311	3,27	1,927	1,000	
		Bindestrich	5,534	3,28	1,686	1,000	
		Mediopunkt	6,068	3,28	1,852	1,000	
LMM^Erstfixations-dauer	Transparent	Standard	-71,451	36,3	-1,969	1,000	
		Bindestrich	-100,262	36,2	-2,769	0,382	
		Mediopunkt	-68,003	36,0	-1,890	1,000	
	Opak	Standard	-54,381	36,1	-1,505	1,000	
		Bindestrich	-83,193	36,2	-2,298	1,000	
		Mediopunkt	-50,934	36,1	-1,409	1,000	

	Transparenz	Schreibweise	β	Std. Error	t-ratio	p-value	sig
LMM^{Gesamtlesezeit}	Transparent	Standard	-46,62	105	-0,446	1,000	
		Bindestrich	-225,10	104	-2,157	1,000	
		Mediopunkt	-85,85	104	-0,828	1,000	
	Opak	Standard	-83,88	104	-0,806	1,000	
		Bindestrich	-262,36	104	-2,514	0,804	
		Mediopunkt	-123,12	104	-1,182	1,000	
LMM^{Pupillenweite}	Transparent	Standard	0,265	0,031	8,569	< 0,001	***
		Bindestrich	0,191	0,030	6,418	< 0,001	***
		Mediopunkt	0,275	0,030	9,165	< 0,001	***
	Opak	Standard	0,314	0,030	10,357	< 0,001	***
		Bindestrich	0,240	0,030	8,105	< 0,001	***
		Mediopunkt	0,324	0,029	11,066	< 0,001	***

Single Fixation

Die erwartete Anzahl an Single Fixation ist bei kontextueller Präsentation signifikant höher als bei isolierter Präsentation ($\beta = 0{,}066$, $t = 2{,}652$, $p = 0{,}008$). Bei allen drei Schreibweisen werden mit Kontext mehr Komposita mit nur einer Fixation gelesen als ohne Kontext, wobei der Unterschied bei der Standardschreibung am stärksten und bei der Bindestrichschreibung am geringsten ausgeprägt ist. In beiden Experimenten wird die Bindestrichschreibung am seltensten mit nur einer Fixation gelesen. Während ohne Kontext die Mediopunktschreibung am häufigsten mit nur einer Fixation gelesen wird, werden mit Kontext mehr unsegmentierte als mit Mediopunkt segmentierte Komposita mit nur einer Fixation gelesen.

Revisits

Auch die erwartete Anzahl an Revisits ist bei kontextueller Präsentation signifikant höher als bei isolierter Präsentation ($\beta = 1{,}152$, $t = 19{,}403$, $p < 0{,}001$), wobei dies bei allen drei Schreibweisen sowohl auf die transparenten als auch auf die opaken Komposita zutrifft (s. Tab. 54). Dass die Komposita ungeachtet der Schreibweise, von wenigen Ausnahmen abgesehen, nur mit Kontext nach dem ersten Lesedurchgang erneut fixiert werden, ist, wie erläutert, zu erwarten gewesen (s. Kap. 5.5.7.3).

Anteil der Regressionen

Der erwartete Anteil der Regressionen ist bei kontextueller Präsentation geringer als bei isolierter Präsentation (β = -2,545, t = -1,551, p = 0,121). Dies gilt für alle drei Schreibweisen, wobei der mit dem Kontext einhergehende Verarbeitungsvorteil bei der Standardschreibung am größten und bei der Bindestrichschreibung am geringsten ausgeprägt ist.

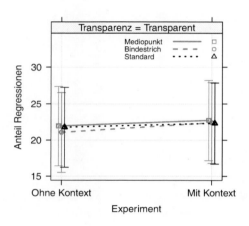

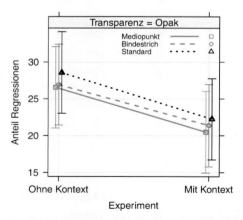

Abb. 102: Interaktionseffekte von Segmentierung und Präsentationsweise auf den geschätzten Anteil der Regressionen transparenter Komposita (oben) und opaker Komposita (unten) bei der Zielgruppe

© Frank & Timme   Verlag für wissenschaftliche Literatur

Bei allen drei Schreibweisen ist der erwartete Anteil der Regressionen bei den transparenten Komposita ohne Kontext geringfügig geringer, bei den opaken Komposita hingegen ohne Kontext deutlich höher als mit Kontext (s. Abb. 102).

Erstfixationsdauer

Die erwartete Erstfixationsdauer ist bei kontextueller Präsentation hingegen signifikant länger als bei isolierter Präsentation (β = 71,33, t = 3,952, p < 0,001). Aus den Effektschätzern wird deutlich, dass dies für alle drei Schreibweisen gilt, wobei der Unterschied nur bei der Bindestrichschreibung marginal signifikant ist und bei dieser deutlich stärker ausgeprägt ist als bei der Standard- und Mediopunktschreibung. Bei allen drei Schreibweisen ist die Erstfixationsdauer sowohl bei transparenten als auch bei opaken Komposita ohne Kontext kürzer als mit Kontext. Der Unterschied zwischen kontextueller und isolierter Präsentation ist bei der Bindestrichschreibung am größten und bei der Mediopunktschreibung am geringsten ausgeprägt.

Gesamtlesezeit

Die erwartete Gesamtlesezeit ist bei kontextueller Präsentation signifikant länger als bei isolierter Präsentation (β = 137,7, t = 2,644, p = 0,008). Die Effektschätzer zeigen, dass die erwartete Gesamtlesezeit bei allen drei Schreibweisen sowohl bei den transparenten als auch bei den opaken Komposita ohne Kontext kürzer ist als mit Kontext (s. Tab. 54). Bei der Standardschreibung ist die erwartete Gesamtlesezeit bei isolierter Präsentation um β = -65,8 (t = -0,729, p = 1,000) und bei der Mediopunktschreibung um β = -104,34 (t = -1,162, p = 1,000) kürzer als im Kontext. Bei der Bindestrichschreibung ist die erwartete Gesamtlesezeit ohne Kontext um β = -244,49 (t = -2,708, p = 0,104) beinahe marginal signifikant kürzer als mit Kontext, womit der Unterschied zwischen den Präsentationsweisen bei der Bindestrichschreibung mit Abstand am größten ausgeprägt ist.

Pupillenweite

Die erwartete Pupillenweite ist bei kontextueller Präsentation signifikant kleiner als bei isolierter Präsentation (β = -0,268, t = -17,719, p < 0,001), wobei dies bei allen drei Schreibweisen sowohl für die transparenten als auch die opaken Komposita gilt (für eine Diskussion dieses Ergebnisses s. Kap. 5.5.8).

5.7.7.7 Diskussion der Ergebnisse (Zielgruppe)

Angesichts dessen, dass die Unterschiede in den Blickbewegungsdaten nur in wenigen Fällen signifikant sind, können die Hypothesen für die Zielgruppe nur vereinzelt anhand von statistisch signifikanten Ergebnissen bestätigt bzw. verworfen werden. Dennoch werden die Hypothesen im Folgenden auf Basis der sichtbaren Tendenzen diskutiert.

Die erste Hypothese-Z-1, dass sich die Segmentierung transparenter Komposita positiv auf deren Verarbeitung auswirkt, kann für das Lesen der Stimuli im Kontext nicht bestätigt werden. So ist sowohl die Fixationsanzahl und der Anteil der Regressionen als auch die Gesamtlesezeit bei der Standardschreibung geringer bzw. kürzer als bei der Bindestrich- und Mediopunktschreibung, wobei der Unterschied zwischen Bindestrich- und Standardschreibung knapp dreimal so groß ist wie zwischen Mediopunkt- und Standardschreibung. Darüber hinaus spricht auch die bei der Standardschreibung kleinere Pupillenweite sowie die Anzahl an Single Fixation, die bei der Standardschreibung höher als bei der Bindestrich- und Mediopunktschreibung ist, gegen einen Verarbeitungsvorteil der segmentierten transparenten Komposita. Dass die Zielgruppe beim Lesen kurzer transparenter Komposita, die im Kontext präsentiert werden, nicht von der Segmentierung profitiert, stützt die Interpretation von Gutermuth (2020), dass unsegmentierte Komposita von der Zielgruppe (bei Gutermuth Menschen mit Migrationshintergrund) durchaus gut verarbeitet werden können, sofern sie in einen maximal komplexitäts- reduzierten Text eingebettet sind (vgl. Gutermuth 2020: 228, s. Kap. 3.7). Die Erstfixationsdauer ist bei der Mediopunktschreibung kürzer, bei der Bin- destrichschreibung hingegen deutlich länger als bei der Standardschreibung. Die kurze Erstfixationsdauer bei der Mediopunktschreibung deutet somit darauf hin, dass bei dieser zwar die Verarbeitung der ersten Konstituente im Vergleich zur Standardschreibung beschleunigt wird, die Verarbeitung des Gesamtkomplexes aber, wie an der längeren Gesamtlesezeit und höheren Fixationsanzahl sichtbar ist, verlangsamt wird. Die kurze Erstfixationsdauer kann daher nicht als Verarbeitungsvorteil gedeutet werden. Die im Vergleich zur Standardschreibung längere Erstfixationsdauer bei der Bindestrichschreibung deutet hingegen in Kombination mit der höheren Fixationsanzahl und der längeren Gesamtlesezeit darauf hin, dass durch den Bindestrich weder die Verarbeitung des Gesamtkomplexes noch die Verarbeitung der ersten Konstituente beschleunigt wird (für den Zusammenhang zwischen Erstfixationsdauer, Fixationsanzahl und Gesamtlesezeit s. den tentativen Modellierungsvorschlag in Kap. 5.8). Lediglich die Anzahl an Revisits, die bei der Standardschreibung höher als bei der Mediopunktschreibung, aber geringer als bei der Bindestrichschreibung ist, spricht für einen Verarbeitungsvorteil der Mediopunktschreibung.

Die zweite Hypothese-Z-2, dass transparente mit Mediopunkt segmentierte Komposita besser verarbeitet werden als transparente mit Bindestrich segmentierte Komposita, kann aufgrund mangelnder signifikanter Ergebnisse zwar nicht eindeutig bestätigt werden, dennoch deuten die Blickbewegungsparameter überwiegend auf einen Verarbeitungsvorteil der Mediopunktschreibung hin. So wird die Mediopunktschreibung mit weniger Fixationen und deutlich schneller gelesen als die Bindestrichschreibung. Des Weiteren springen die Probanden nach dem ersten Lesedurchgang bei der Mediopunktschreibung seltener auf das Kompositum zurück als bei der Bindestrichschreibung. Auch die Erstfixationsdauer ist bei der Bindestrichschreibung deutlich länger als bei der Mediopunktschreibung, was in Kombination mit der längeren Gesamtlesezeit und der höheren Fixationsanzahl darauf hindeutet, dass sich die Segmentierung mit dem Bindestrich im Vergleich zur Segmentierung mit dem Mediopunkt weder in der frühen noch in der späteren Verarbeitungsphase positiv auf die kognitive Verarbeitung des Kompositums auswirkt (s. Kap. 5.8 für einen tentativen Modellierungsvorschlag). Die theoretische Annahme von Bredel/Maaß (2016a, 2017), dass die Mediopunktschreibung besser verarbeitet wird als die Bindestrichschreibung (s. Kap. 3.6.2.1), kann somit auch in diesem Experiment weitgehend bestätigt werden. Gegen die Hypothese spricht die Anzahl an Single Fixation, die bei der Bindestrichschreibung höher als bei der Mediopunktschreibung ist, sowie der Anteil der Regressionen, der bei der Bindestrichschreibung geringer als bei der Mediopunktschreibung ist. Da die primär mit der Verarbeitung assoziierten Parameter allerdings eindeutig auf einen Verarbeitungsvorteil der Mediopunktschreibung hindeuten, reichen die beiden Parameter nicht aus, um die Hypothese insgesamt zu widerlegen. Dass die Mediopunktschreibung insgesamt besser verarbeitet wird als die Bindestrichschreibung, lässt sich auch an den Heat Maps in Abb. 103 visualisieren[112].

Abb. 103: Heat Maps für den Stimulus Schaukelpferd (Zielgruppe)

Die dritte Hypothese-Z-3, dass die Verarbeitung opaker Komposita auch im Kontext durch eine Segmentierung erschwert wird, kann für die Bindestrichschreibung mit Ausnahme des Anteils der Regressionen bestätigt werden. So wird die Bindestrichschreibung mit mehr Fixationen und langsamer gelesen als die Standardschreibung und auch die Anzahl an Revisits ist bei der Bindestrich- höher als bei der Standardschreibung. Darüber hinaus werden die unsegmentierten Komposita häufiger mit nur einer Fixation gelesen als die mit Bindestrich segmentierten Komposita. Die Erstfixationsdauer ist bei der Bindestrich- länger als bei der Standardschreibung. In Kombination mit der höheren Fixationsanzahl, der höheren Anzahl an Revisits, der längeren

....

112 Die Heat Maps wurden über die Probanden der Gruppe (in diesem Fall der Zielgruppe) hinweg gemittelt. Der in der rechten Heat Map zu erkennende Drift nach oben ist auf die kleine Stichprobe, die wenigen Daten und die teilweise ungenaue Kalibrierung zurückzuführen (für eine Diskussion s. Kap. 6.2). Obgleich die Heat Maps die Ergebnisse mehrheitlich stützen, ist zu beachten, dass die Aussagekraft der Heat Maps mit Vorsicht zu betrachten ist. So liefern Heat Maps zwar einen Überblick über Stimulusbereiche mit der höchsten Fixationsdichte (s. Kap. 4.6), sie lassen jedoch keine Rückschlüsse auf andere Parameter (z. B. die benötigte Lesezeit) zu. Heat Maps sagen somit zwar etwas über den Aufmerksamkeitsfokus, nicht aber über den gesamten Verarbeitungsaufwand aus. Es handelt sich daher lediglich um Beobachtungen, die aber nicht für sich alleine stehen bzw. interpretiert werden können (s. hierzu auch Robinski 2013).

Gesamtlesezeit und der geringeren Anzahl an Single Fixation deutet die lange Erstfixationsdauer auch hier darauf hin, dass nicht nur die Verarbeitung des gesamten Kompositums, sondern bereits die Verarbeitung der ersten Konstituente mit höherem kognitivem Aufwand verbunden ist (s. den tentativen Modellierungsvorschlag in Kap. 5.8). Die lange Erstfixationsdauer bei der Bindestrichschreibung ist vermutlich, wie in Kap. 5.7.7.4 ausgeführt, darauf zurückzuführen, dass mit der ersten Fixation nur die erste Konstituente verarbeitet wird, die semantische Integration jedoch im Gegensatz zu der ganzheitlichen Verarbeitung der unsegmentierten Komposita nicht gelingt. Für die Mediopunktschreibung kann die Hypothese nicht eindeutig bestätigt werden. Einerseits ist die Anzahl an Fixationen und Revisits sowie die Gesamtlesezeit bei der Mediopunktschreibung hypothesenkonform höher bzw. länger als bei der Standardschreibung und auch die bei der Mediopunktschreibung längere Erstfixationsdauer spricht in Kombination mit der höheren Fixationsanzahl und längeren Gesamtlesezeit für einen Verarbeitungsnachteil der opaken mit Mediopunkt segmentierten Komposita (s. den tentativen Modellierungsvorschlag in Kap. 5.8). Andererseits wird die Mediopunktschreibung häufiger mit nur einer Fixation gelesen und auch der Anteil der Regressionen ist deutlich geringer als bei der Standardschreibung. Auch die Pupillenweite, die bei der Mediopunktschreibung kleiner als bei der Standardschreibung ist, spricht gegen einen Verarbeitungsvorteil der Standardschreibung.

Die Hypothese-Z-4, dass opake mit Mediopunkt segmentierte Komposita schneller verarbeitet werden als mit Bindestrich segmentierte Komposita, kann hingegen eindeutig bestätigt werden. So werden die opaken mit Bindestrich segmentierten Komposita mit mehr Fixationen und langsamer gelesen als die mit Mediopunkt segmentierten Komposita und auch die Anzahl an Single Fixation ist bei der Bindestrich- deutlich geringer als bei der Mediopunktschreibung. Darüber hinaus springen die Probanden bei der Bindestrichschreibung deutlich häufiger zurück als bei der Mediopunktschreibung und auch die bei der Bindestrichschreibung größere Pupillenweite deutet darauf hin, dass diese schlechter verarbeitet wird als die Mediopunktschreibung. Dies bestätigt auch die Anzahl an Revisits, die bei der Bindestrichschreibung ebenfalls höher ist als bei der Mediopunktschreibung. Die Erstfixationsdauer ist bei der Bindestrich- kürzer als bei der Mediopunktschreibung. Vor dem Hintergrund, dass die Fixationsanzahl, die Anzahl an Revisits, der Anteil der Regressionen und die Gesamtlesezeit bei der Mediopunktschreibung deutlich geringer bzw. kürzer als bei der Bindestrichschreibung ist und bei der Mediopunktschreibung zudem deutlich mehr Komposita mit nur einer Fixation gelesen werden als bei der Bindestrichschreibung, kann die kurze Erstfixationsdauer bei der Bindestrichschreibung als Indiz für eine dekompositionelle Verarbeitung gesehen werden, durch die der Leseprozess aber, wie an den genannten Parametern sichtbar ist, verlangsamt wird (s. Kap. 5.8). Auch hier zeigt sich, dass die von Bredel/Maaß (2016a, 2017) theoretisch fundierten Vorteile des Mediopunktes (s. Kap. 3.6.2.1) sowohl auf transparente als auch auf opake Komposita zutreffen. Für die Annahme, dass bei der Bindestrichschreibung während der ersten Fixation primär die erste Konstituente fixiert wird, spricht auch, dass die Landeposition bei der Bindestrichschreibung deutlich weiter links liegt als bei der Standardschreibung (β = -22,061, t = -1,030, p = 1,000) und der Mediopunktschreibung (β = -21,227, t = -0,986, p = 1,000) (s. Kap. 5.5.7.4). Dass die Bindestrichschreibung schwieriger zu verarbeiten ist als die Mediopunktschreibung, lässt sich auch an den Heat Maps in Abb. 104 visualisieren.

Abb. 104: Heat Maps für die Stimuli Schlafmütze und Schneeglöckchen (Zielgruppe)

Zuletzt soll noch auf die Hypothesen-Z-5 bis Z-9 eingegangen werden, die sich auf die Rolle des Kontextes beziehen. Die fünfte Hypothese-Z-5, dass unsegmentierte Komposita im Kontext schneller verarbeitet werden als ohne Kontext, kann ebenfalls weitgehend bestätigt werden. So werden sowohl die transparenten als auch die opaken isoliert präsentierten Komposita mit mehr Fixationen gelesen als die im Kontext präsentierten Komposita und auch die Anzahl an Single Fixation ist im Kontext höher als ohne Kontext. Der nachgewiesene fazilitierende Kontexteffekt bestätigt somit die Ergebnisse von Balota et al. (1985), Rayner/Pollatsek (1989) und Vitu et al. (1990) (s. Kap. 3.8.4). Zudem springen die Probanden beim Lesen der eingebetteten opaken Komposita deutlich seltener zurück als beim Lesen der isolierten Komposita. Bei den transparenten Komposita wird hingegen mit Kontext minimal häufiger zurückgesprungen als ohne Kontext. Auch die Pupillenweite ist mit Kontext signifikant kleiner als ohne Kontext. Hierbei ist allerdings zu beachten, dass dieser Effekt, wie in Kap. 5.5.8 ausgeführt, auch auf andere Faktoren zurückzuführen sein kann und die Aussagekraft der Interpretationen somit mit Vorsicht zu betrachten ist. Dass die Erstfixationsdauer beim Lesen der kontextuell präsentierten Stimuli, ebenso wie in Experiment 2 und bei der Kontrollgruppe, länger ist als beim Lesen der isolierten Stimuli, ist, wie vermutet, darauf zurückzuführen, dass die Anzahl an Komposita, die mit nur einer Fixation gelesen werden, im Kontext höher ist als ohne Kontext (s. Kap. 5.5.7.4). Lediglich die Gesamtlesezeit, die ohne Kontext geringfügig kürzer ist als mit Kontext, spricht gegen die Hypothese und steht zudem im Widerspruch zu dem Ergebnis aus Experiment 2. Da die Unterschiede allerdings nur gering und nicht signifikant sind, erlauben sie keine eindeutigen Aussagen über einen möglicherweise vorhandenen Verarbeitungsvor- oder -nachteil.

Die sechste Hypothese-Z-6, dass der kognitive Verarbeitungsvorteil durch die kontextuelle Einbettung auch bei der Mediopunktschreibung bei transparenten und opaken Komposita auftritt, kann ebenfalls weitgehend bestätigt werden. So werden sowohl die transparenten als auch die opaken mit Mediopunkt segmentierten Komposita ohne Kontext mit deutlich mehr Fixationen gelesen als mit Kontext und auch die Anzahl an mit nur einer Fixation gelesenen Komposita ist unabhängig der Transparenz mit Kontext höher als ohne Kontext. Auch die im Kontext signifikant kleinere Pupillenweite ist ein Indiz dafür, dass das Lesen der in Sätzen eingebetteten Komposita mit weniger Verarbeitungsaufwand verbunden ist als das Lesen der isoliert präsentierten Komposita, wobei diese Aussage, wie in Kap. 5.5.8 erläutert, nur unter Vorbehalt getroffen werden kann. Darüber hinaus ist die Erstfixationsdauer, ebenso wie bei der Standardschreibung, sowohl bei transparenten als auch bei opaken

Komposita bei kontextueller Präsentation länger als bei isolierter Präsentation. Die deutlich längere Erstfixationsdauer ist vermutlich darauf zurückzuführen, dass im Kontext mehr Komposita mit nur einer Fixation gelesen werden und die Erstfixationsdauer bei nicht refixierten Wörtern, aufgrund dessen, dass nicht nur ein Teil, sondern bereits das gesamte Kompositum verarbeitet wird, länger ist als bei refixierten Wörtern (s. Kap. 5.5.7.4). Der Anteil der Regressionen, der bei transparenten Komposita ohne Kontext leicht geringer ist als mit Kontext, spricht gegen einen Verarbeitungsvorteil der eingebetteten Komposita. Bei opaken Komposita springen die Probanden hingegen beim Lesen der Komposita im Kontext deutlich seltener zurück als beim Lesen der Komposita ohne Kontext, was ein Indiz für einen Verarbeitungsvorteil der eingebetteten Komposita ist. Auch die Gesamtlesezeit, die ebenso wie bei der Standardschreibung ohne Kontext kürzer ist als mit Kontext, spricht gegen die Hypothese.

Bei transparenten mit Bindestrich segmentierten Komposita ist der kontextuelle Verarbeitungsvorteil nicht klar zu erkennen. Für einen Verarbeitungsvorteil spricht die im Kontext signifikant kleinere Pupillenweite sowie die Erstfixationsdauer, die bei der Bindestrichschreibung ohne Kontext kürzer ist als mit Kontext. Die im Kontext längere Erstfixationsdauer ist vermutlich auf die höhere Anzahl an Single Fixation zurückzuführen (s. Kap. 5.5.7.4). Die primär mit der kognitiven Verarbeitung assoziierten Parameter, sprich die Fixationsanzahl und die Gesamtlesezeit, sowie der Anteil der Regressionen sprechen allerdings gegen einen kontextuellen Verarbeitungsvorteil. So werden die transparenten mit Bindestrich segmentierten Komposita, im Gegensatz zu der Standard- und Mediopunktschreibung, mit Kontext häufiger fixiert als ohne Kontext und auch die Gesamtlesezeit ist mit Kontext deutlich länger als ohne Kontext, wobei der Unterschied bei der Bindestrichschreibung ca. dreimal so stark ausgeprägt ist wie bei der Mediopunktschreibung und ca. fünfmal so stark ausgeprägt ist wie bei der Standardschreibung. Der erste Teil der siebten Hypothese-Z-7, der besagt, dass der Verarbeitungsvorteil bei kontextueller Einbettung bei transparenten mit Bindestrich segmentierten Komposita ebenfalls vorhanden ist, kann somit nicht bestätigt werden. Die Hypothese-Z-7, dass der Verarbeitungsvorteil bei der Bindestrichschreibung weniger stark ausgeprägt ist als bei der Standard- und Mediopunktschreibung, kann infolgedessen bestätigt werden.

Die achte Hypothese-Z-8, dass opake mit Bindestrich segmentierte Komposita im Kontext schlechter verarbeitet werden als ohne Kontext, kann für die Fixationsanzahl und die Gesamtlesezeit bestätigt werden. So werden die opaken mit Bindestrich segmentierten Komposita im Kontext sowohl mit mehr Fixationen als auch deutlich langsamer gelesen als die isoliert präsentierten Komposita, was eindeutig für einen Verarbeitungsnachteil bei kontextueller Präsentation spricht. Die Erstfixationsdauer ist bei opaken mit Bindestrich segmentierten Komposita, ebenso wie bei der Standard- und Mediopunktschreibung, bei isolierter Präsentation kürzer als bei kontextueller Präsentation. Da bei der Bindestrichschreibung jedoch kein Verarbeitungsvorteil der kontextuellen Präsentation zu erkennen ist und die Komposita stattdessen im Kontext mit mehr Fixationen und langsamer gelesen werden als ohne Kontext, kann die ohne Kontext kürzere Erstfixationsdauer nicht durch den kontextuellen Verarbeitungsvorteil begründet werden, sondern ist vermutlich darauf zurückzuführen, dass mit der ersten Fixation ebenfalls nur die erste Konstituente verarbeitet wird, die semantische Integration jedoch im Gegensatz zur isolierten Präsentation nicht gelingt. Da die Verarbeitung der ersten Konstituente bei isolierter Präsentation nicht zu einer semantischen Inkongruenz führt, ist anzunehmen, dass die erste Konstituente bei dieser zunächst problemlos verarbeitet wird. Wie in Kap. 5.7.7.4 ausgeführt, führt die morphembasierte Verarbeitung auf Satzebene allerdings zu einer semantischen Inkongruenz der aktivierten Frames. Der Anteil der Regressionen und die Pupillenweite sind hingegen ebenso wie bei der Standard- und Mediopunktschreibung auch bei der Bindestrichschreibung ohne Kontext höher bzw. größer als mit Kontext, so dass die Hypothese für diese beiden Parameter nicht bestätigt werden kann.

Die letzte Hypothese-Z-9, dass sich das Lesen isoliert präsentierter Wörter erheblich von einer natürlichen Lesesituation unterscheidet und sich die Ergebnisse aus Experiment 3 auf Satzebene folglich nicht replizieren lassen, kann größtenteils bestätigt werden. So ist die Fixationsanzahl und die Gesamtlesezeit bei transparenten Komposita ohne Kontext bei der Standardschreibung höher bzw. länger, mit Kontext hingegen geringer bzw. kürzer als bei der Mediopunktschreibung. Bei den opaken mit Bindestrich segmentierten Komposita ist es genau umgekehrt: Hier ist die Fixationsanzahl und die Gesamtlesezeit ohne Kontext bei der Bindestrichschreibung geringer bzw. kürzer, mit Kontext allerdings höher bzw. länger als bei der Mediopunktschreibung. Auch die Anzahl an Single Fixation ist bei transparenten Komposita ohne Kontext bei der Standardschreibung geringer, mit Kontext hingegen höher als bei der Mediopunktschreibung. Zudem ist der Anteil der Regressionen bei transparenten Komposita ohne Kontext sowohl bei der Standard- als auch bei der Bindestrichschreibung höher, im Kontext hingegen geringer als bei der Mediopunktschreibung. Bei opaken Komposita ist es wiederum umgekehrt: Während der Anteil der Regressionen hier ohne Kontext sowohl bei der Standard- als auch der Bindestrichschreibung geringer ist als bei der Mediopunktschreibung, ist er mit Kontext bei beiden Schreibweisen höher als bei der Mediopunktschreibung.

5.7.7.8 Zielgruppe nach LQ

Für eine differenzierte Beantwortung der Hypothesen werden die Blickbewegungsdaten im Folgenden für die leseschwächere und lesestärkere Gruppe getrennt dargestellt. Deskriptive Statistiken für ausgewählte Variablen sind in Tab. 55 und 56 dargestellt.

© Frank & Timme   Verlag für wissenschaftliche Literatur

	Transparent			Opak		
	Standard	Bindestrich	Mediopunkt	Standard	Bindestrich	Mediopunkt
Anzahl Fixationen	3,44 (1,92)	3,56 (2,68)	3,31 (1,69)	3,88 (2,79)	4,04 (2,05)	3,69 (3,46)
Anteil Refixation (%)	84 (3,36)	80 (4)	88,5 (2,65)	92,3 (1,85)	92 (1,84)	69,2 (5,54)
Revisits	1,44 (1,39)	1,2 (1,19)	0,96 (0,87)	1,35 (1,13)	1,36 (1,11)	1,19 (1,58)
Regression (%)	28,08 (24,14)	19,96 (23,31)	21,35 (18,19)	25,54 (22,15)	25,2 (17,69)	18,81 (20,47)
Erstfixations-dauer (ms)	292,16 (290)	466,16 (768,95)	276,62 (334,43)	258,33 (240,42)	271,36 (443,1)	322,44 (318,73)
Gesamt-lesezeit (ms)	1244,74 (1007,37)	1277,61 (893,16)	1121,46 (758,34)	1242,79 (904,36)	1235,43 (890,09)	1373,59 (1546,62)
Pupillenweite (mm)	3,21 (0,39)	3,37 (0,43)	3,2 (0,35)	3,18 (0,49)	3,17 (0,61)	3,3 (0,56)

Tab. 55: Mittelwerte (Standardabweichungen) der erhobenen Variablen für die leseschwächeren Probanden (Gruppe 1)

	Transparent			Opak		
	Standard	Bindestrich	Mediopunkt	Standard	Bindestrich	Mediopunkt
Anzahl Fixationen	2,12 (0,99)	3,11 (1,4)	2,81 (1,24)	2,26 (1,35)	3,08 (1,2)	3,08 (1,72)
Anteil Refixation (%)	69,2 (5,54)	88,9 (2,66)	85,2 (3,4)	66,7 (6)	96,2 (0,95)	84,6 (3,39)
Revisits	0,69 (0,74)	1,33 (0,88)	1,07 (0,83)	0,85 (0,91)	1,38 (0,8)	1,12 (1,07)
Regression (%)	15,04 (22,36)	23,07 (20,84)	27,15 (23,15)	20,56 (21,6)	19,35 (19,37)	18,92 (21,54)
Erstfixationsdauer (ms)	203,96 (51,84)	270,17 (190,73)	222,36 (72,16)	254,39 (95,42)	258,25 (140,32)	227,04 (88,51)
Gesamtlesezeit (ms)	500,52 (311,08)	897,97 (554,77)	779,32 (482,01)	838,6 (986,2)	957,32 (530,03)	787,32 (494,21)
Pupillenweite (mm)	3,01 (0,42)	3,11 (0,34)	3,13 (0,29)	3,05 (0,28)	3,15 (0,29)	3,06 (0,27)

Tab. 56: Mittelwerte (Standardabweichungen) der erhobenen Variablen für die lesestärkeren Probanden (Gruppe 2)

Fixationsanzahl

Abb. 105 zeigt, dass die Fixationsanzahl in beiden Gruppen bei der Bindestrichschreibung am höchsten ist. Während sie in Gruppe 1 bei der Mediopunktschreibung am geringsten ist, ist sie in Gruppe 2 bei der Standardschreibung am geringsten.

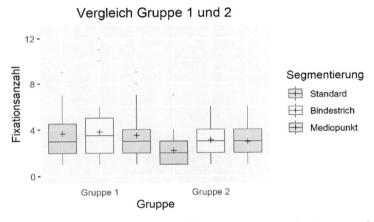

Abb. 105: Verteilung der Fixationsanzahl für die verschiedenen Schreibweisen und Gruppen[113]

Die Fixationsanzahl unterscheidet sich zwischen den Gruppen signifikant (z = -3,446, p = 0,001, r = 0,2), wobei Gruppe 1 die Komposita mit im Mittel 33,3 % mehr Fixationen liest als Gruppe 2. Betrachtet man die Schreibweisen getrennt voneinander, ist der Unterschied allerdings nur für die Standardschreibung signifikant (z = -4,052, p < 0,001, r = 0,4). Aus dem Modell lässt sich schließen, dass die erwartete Fixationsanzahl in Gruppe 1 sowohl bei der Standard- (β = 0,162, t = 0,330, p = 0,742) als auch bei der Bindestrichschreibung (β = 0,300, t = 0,607, p = 0,545) höher ist als bei der Mediopunktschreibung.

---

113 Aus Darstellungsgründen ist bei der Gruppe 1 ein Ausreißer bei den opaken unsegmentierten Komposita (15) und ein Ausreißer bei den opaken mit Mediopunkt segmentierten Komposita (17) nicht dargestellt.

In Gruppe 2 ist die erwartete Fixationsanzahl bei der Bindestrichschreibung ebenfalls höher ($\beta = 0{,}151$, $t = 0{,}615$, $p = 0{,}540$); bei der Standardschreibung hingegen signifikant geringer als bei der Mediopunktschreibung ($\beta = -0{,}757$, $t = -3{,}083$, $p = 0{,}002$). Die Effektschätzer zeigen, dass die erwartete Fixationsanzahl in Gruppe 1 sowohl bei transparenten als auch bei opaken Komposita bei der Standardschreibung ($\beta = 0{,}132$, $t = 0{,}188$ bzw. $\beta = 0{,}192$, $t = 0{,}276$) und Bindestrichschreibung ($\beta = 0{,}252$, $t = 0{,}358$ bzw. $\beta = 0{,}348$, $t = 0{,}494$) höher ist als bei der Mediopunktschreibung (s. Abb. 106).

In Gruppe 2 ist die erwartete Fixationsanzahl hingegen sowohl bei transparenten als auch bei opaken Komposita bei der Standardschreibung geringer als bei der Mediopunktschreibung ($\beta = -0{,}703$, $t = -2{,}011$ bzw. $\beta = -0{,}814$, $t = -2{,}331$). Während die erwartete Fixationsanzahl bei transparenten Komposita bei der Bindestrichschreibung höher ist als bei der Mediopunktschreibung ($\beta = 0{,}296$, $t = 0{,}857$), ist sie bei opaken Komposita bei der Bindestrich- und Mediopunktschreibung identisch (s. Abb. 106).

Zudem zeigen die Effektschätzer, dass die Fixationsanzahl in Gruppe 2 über alle (d. h. transparente und opake) Komposita hinweg bei der Standardschreibung nicht nur signifikant geringer ist als bei der Mediopunktschreibung, sondern auch signifikant geringer ist als bei der Bindestrichschreibung ($\beta = -0{,}908$, $t = -3{,}698$, $p < 0{,}001$). Betrachtet man die Unterschiede bedingt auf die Transparenz, ist der Unterschied zwischen Bindestrich- und Standardschreibung allerdings nach Bonferroni-Korrektur nur bei transparenten Komposita marginal signifikant ($\beta = 0{,}999$, $t = 2{,}860$, $p = 0{,}073$). Während in Gruppe 1 die transparenten Komposita in allen drei Schreibweisen mit weniger Fixationen gelesen werden als die opaken Komposita, werden in Gruppe 2 nur die unsegmentierten und mit Mediopunkt segmentierten transparenten Komposita mit weniger Fixationen gelesen als die jeweiligen opaken Komposita (s. Abb. 106).

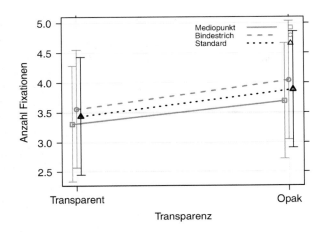

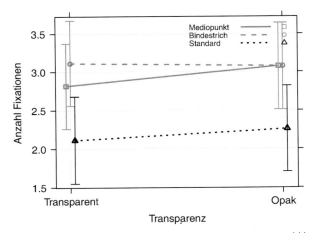

Abb. 106: Interaktionseffekte auf die geschätzte Fixationsanzahl bei den leseschwächeren Probanden (oben) und den lesestärkeren Probanden (unten)

Tab. 57: Angepasste LMMs für die leseschwächeren Probanden mit den abhängigen Variablen Fixationsanzahl (LMM[Fixationsanzahl]), Single Fixation (LMM[Single Fixation]), Revisits (LMM[Revisits]), Regressionen (LMM[Regressionen]), Erstfixationsdauer (LMM[Erstfixationsdauer]), Gesamtlesezeit (LMM[Gesamtlesezeit]) und Pupillenweite (LMM[Pupillenweite])

	Fixed Effect	Estimate	Std. Error	t-value	p-value	sig
LMM[Fixationsanzahl]	(Intercept)	3,718	0,400	9,285	< 0,001	***
	TransparenzTransparent	-0,436	0,403	-1,080	0,282	
	Segm.Bindestrich	0,300	0,494	0,607	0,545	
	Segm.Standard	0,162	0,492	0,330	0,742	
LMM[Single Fixation]	(Intercept)	0,211	0,060	3,519	0,001	***
	TransparenzTransparent	0,002	0,059	0,033	0,973	
	Segm.Bindestrich	-0,071	0,072	-0,981	0,328	
	Segm.Standard	-0,094	0,072	-1,309	0,193	
LMM[Revisits]	(Intercept)	1,127	0,199	5,657	< 0,001	***
	TransparenzTransparent	-0,101	0,197	-0,511	0,610	
	Segm.Bindestrich	0,203	0,242	0,838	0,403	
	Segm.Standard	0,315	0,241	1,308	0,193	
LMM[Regressionen]	(Intercept)	18,808	4,141	4,542	< 0,001	***
	TransparenzTransparent	2,538	5,857	0,433	0,665	
	Segm.Bindestrich	6,392	5,915	1,081	0,282	
	Segm.Standard	6,731	5,857	1,149	0,252	
	TransparenzTransparent: Segm.Bindestrich	-7,778	8,365	-0,930	0,354	
	TransparenzTransparent: Segm.Standard	0,003	8,324	0,000	1,000	
LMM[Erstfixations-dauer]	(Intercept)	316,96	104,48	3,034	0,006	**
	TransparenzTransparent	-45,14	105,65	-0,427	0,670	
	Segm.Bindestrich	-55,57	106,89	-0,520	0,604	
	Segm.Standard	-63,43	105,65	-0,600	0,549	
	TransparenzTransparent: Segm.Bindestrich	238,53	151,52	1,574	0,118	
	TransparenzTransparent: Segm.Standard	99,63	150,10	0,664	0,508	

	Fixed Effect	Estimate	Std. Error	t-value	p-value	sig
LMM^Gesamtlesezeit	(Intercept)	1362,7	237,6	5,734	< 0,001	***
	TransparenzTransparent	-251,5	260,4	-0,966	0,336	
	Segm.Bindestrich	-148,7	263,4	-0,565	0,573	
	Segm.Standard	-130,2	260,4	-0,500	0,618	
	TransparenzTransparent: Segm.Bindestrich	292,5	373,3	0,783	0,435	
	TransparenzTransparent: Segm.Standard	277,4	369,9	0,750	0,455	
LMM^Pupillenweite	(Intercept)	3,181	0,135	23,573	< 0,001	***
	TransparenzTransparent	0,058	0,026	2,276	0,023	*
	Segm.Bindestrich	-0,006	0,032	-0,174	0,862	
	Segm.Standard	-0,002	0,032	-0,059	0,953	

Tab. 58: Angepasste LMMs für die lesestärkeren Probanden mit den abhängigen Variablen Fixationsanzahl (LMM^Fixationsanzahl), Single Fixation (LMM^Single Fixation), Revisits (LMM^Revisits), Regressionen (LMM^Regressionen), Erstfixationsdauer (LMM^Erstfixationsdauer), Gesamtlesezeit (LMM^Gesamtlesezeit) und Pupillenweite (LMM^Pupillenweite)

	Fixed Effect	Estimate	Std. Error	t-value	p-value	sig
LMM^Fixationsanzahl	(Intercept)	3,004	0,246	12,238	< 0,001	***
	TransparenzTransparent	-0,123	0,201	-0,613	0,541	
	Segm.Bindestrich	0,151	0,246	0,615	0,540	
	Segm.Standard	-0,757	0,246	-3,083	0,002	**
LMM^Single Fixation	(Intercept)	0,144	0,069	2,079	0,046	*
	TransparenzTransparent	0,014	0,057	0,239	0,812	
	Segm.Bindestrich	-0,075	0,070	-1,079	0,282	
	Segm.Standard	0,170	0,070	2,432	0,016	*
LMM^Revisits	(Intercept)	1,140	0,166	6,855	< 0,001	***
	TransparenzTransparent	-0,086	0,130	-0,659	0,511	
	Segm.Bindestrich	0,264	0,159	1,659	0,099	.
	Segm.Standard	-0,322	0,159	-2,025	0,045	*

	Fixed Effect	Estimate	Std. Error	t-value	p-value	sig
LMM^Regressionen	(Intercept)	19,041	4,506	4,226	< 0,001	***
	TransparenzTransparent	8,107	5,716	1,418	0,158	
	Segm.Bindestrich	0,423	5,768	0,073	0,942	
	Segm.Standard	1,515	5,716	0,265	0,791	
	TransparenzTransparent: Segm.Bindestrich	-4,497	8,081	-0,556	0,579	
	TransparenzTransparent: Segm.Standard	-13,506	8,086	-1,670	0,097	.
LMM^Erstfixations-dauer	(Intercept)	227,035	22,830	9,945	< 0,001	***
	TransparenzTransparent	-4,675	31,986	-0,146	0,884	
	Segm.Bindestrich	31,215	32,286	0,967	0,335	
	Segm.Standard	27,351	31,986	0,855	0,394	
	TransparenzTransparent: Segm.Bindestrich	16,599	45,235	0,367	0,714	
	TransparenzTransparent: Segm.Standard	-45,748	45,235	-1,011	0,313	
LMM^Gesamtlesezeit	(Intercept)	782,124	133,298	5,867	< 0,001	***
	TransparenzTransparent	-2,809	153,038	-0,018	0,985	
	Segm.Bindestrich	170,000	154,412	1,101	0,273	
	Segm.Standard	56,480	153,038	0,369	0,713	
	TransparenzTransparent: Segm.Bindestrich	-51,348	216,340	-0,237	0,813	
	TransparenzTransparent: Segm.Standard	-340,475	216,518	-1,573	0,118	
LMM^Pupillenweite	(Intercept)	3,124	0,094	33,384	< 0,001	***
	TransparenzTransparent	-0,018	0,018	-1,004	0,316	
	Segm.Bindestrich	0,038	0,022	1,759	0,079	.
	Segm.Standard	-0,017	0,024	-0,736	0,462	

Single Fixation

Während in Gruppe 1 bei der Standardschreibung die wenigsten (11,8 %) und bei der Mediopunktschreibung die meisten Komposita (21,2 %) mit nur einer Fixation gelesen werden, werden in Gruppe 2 bei der Bindestrichschreibung die wenigsten (7,5 %) und bei der Standardschreibung die meisten Komposita mit nur einer Fixation gelesen (32,1 %). Dem Modell ist zu entnehmen, dass die erwartete Anzahl an Single Fixation in Gruppe 1 sowohl bei der Standard- als auch bei der Bindestrichschreibung geringer ist als bei der Mediopunktschreibung (s. Tab. 57). In Gruppe 2 ist die Anzahl an Single Fixation ebenfalls bei der Bindestrichschreibung geringer, bei der Standardschreibung hingegen signifikant höher als bei der Mediopunktschreibung (s. Tab. 58). Zudem ist die Anzahl an Single Fixation in Gruppe 2 bei der Standardschreibung nicht nur signifikant höher als bei der Mediopunktschreibung, sondern auch signifikant höher als bei der Bindestrichschreibung (β = 0,246, t = 3,511, p = 0,002). Während die Anzahl an Single Fixation in Gruppe 1 bei transparenten Komposita sowohl bei der Standard- (β = 0,045, t = 0,451) als auch bei der Bindestrichschreibung (β = 0,088, t = 0,870) höher ist als bei der Mediopunktschreibung, ist sie bei opaken Komposita sowohl bei der Standard- (β = -0,232, t = -2,330) als auch bei der Bindestrichschreibung (β = -0,228, t = -2,270) deutlich geringer als bei der Mediopunktschreibung. Anders ist es in Gruppe 2: Hier ist die Anzahl an Single Fixation sowohl bei transparenten als auch bei opaken Komposita bei der Standardschreibung höher (β = 0,160, t = 1,608 bzw. β = 0,179, t = 1,801) und bei der Bindestrichschreibung geringer als bei der Mediopunktschreibung (β = -0,037, t = -0,376 bzw. β = -0,115, t = -1,150). Des Weiteren ist die Anzahl an Single Fixation in Gruppe 1 bei der Standard- und Bindestrichschreibung bei transparenten Komposita höher als bei opaken Komposita, bei der Mediopunktschreibung bei transparenten hingegen geringer als bei opaken Komposita. Während die Anzahl an Single Fixation in Gruppe 2 bei der Standard- und Mediopunktschreibung bei den transparenten Komposita minimal geringer ist als bei den opaken Komposita, ist sie bei der Bindestrichschreibung bei den transparenten Komposita knapp dreimal so hoch wie bei den opaken Komposita.

Revisits

Aus dem Modell lässt sich schließen, dass die erwartete Anzahl an Revisits in Gruppe 1 sowohl bei der Standard- als auch bei der Bindestrichschreibung höher ist als bei der Mediopunktschreibung (s. Tab. 57). In Gruppe 2 ist die erwartete Anzahl an Revisits bei der Standardschreibung signifikant geringer

(β = -0,322, t = -2,025, p = 0,045), bei der Bindestrichschreibung hingegen marginal signifikant höher als bei der Mediopunktschreibung (β = 0,264, t = 1,659, p = 0,099). Die Effektschätzer zeigen, dass die erwartete Anzahl an Revisits in Gruppe 1 bei transparenten und opaken Komposita sowohl bei der Standardschreibung absolut um β = 0,477 (t = 1,387) bzw. β = 0,156 (t = 0,458) oder relativ um 49,58 % bzw. 13,1 % als auch bei der Bindestrichschreibung absolut um β = 0,235 (t = 0,682) bzw. β = 0,171 (t = 0,495) oder relativ um 24,43 % bzw. 14,27 % höher ist als bei der Mediopunktschreibung. Während die Anzahl an Revisits bei der Mediopunkt- und Bindestrichschreibung bei transparenten Komposita geringer ist als bei opaken Komposita, ist sie bei der Standardschreibung bei transparenten Komposita höher als bei opaken Komposita. In Gruppe 2 ist die erwartete Anzahl an Revisits bei transparenten und opaken Komposita bei der Standardschreibung absolut um β = -0,377 (t = -1,662) bzw. β = -0,268 (t = -1,184) oder relativ um 35,1 % bzw. 23,9 % geringer; bei der Bindestrichschreibung hingegen absolut um β = 0,259 (t = 1,155) bzw. β = 0,269 (t = 1,177) oder relativ um 24,1 % bzw. 24,0 % höher als bei der Mediopunktschreibung. Zudem lässt sich aus den Effektschätzern ableiten, dass die Anzahl an Revisits in Gruppe 2 insgesamt bei der Standardschreibung nicht nur signifikant geringer als bei der Mediopunktschreibung, sondern auch signifikant um β = -0,587 (t = -3,684, p = 0,001) geringer ist als bei der Bindestrichschreibung, wobei der Unterschied nach Bonferroni-Korrektur nur bei den transparenten Komposita marginal signifikant ist (β = -0,636, t = -2,806, p = 0,086). Die Anzahl an Revisits ist in Gruppe 2 bei allen drei Schreibweisen bei den opaken Komposita höher als bei den transparenten Komposita. Insgesamt ist die Anzahl an Revisits in der leseschwächeren Gruppe 16,1 % höher als in der lesestärkeren Gruppe, wobei sich die Anzahl an Revisits zwischen den Gruppen nur bei den unsegmentierten Komposita signifikant unterscheidet. Diese werden von der leseschwächeren Gruppe nach dem ersten Lesedurchgang signifikant häufiger erneut fixiert als von der lesestärkeren Gruppe (z = 2,650, p = 0,008, r = 0,260).

Anteil der Regressionen

Hinsichtlich des Haupteffektes Segmentierung lässt sich aus dem Modell schließen, dass der erwartete Anteil der Regressionen in Gruppe 1 sowohl bei der Standard- als auch bei der Bindestrichschreibung höher ist als bei der Mediopunktschreibung (s. Tab. 57). Während der erwartete Anteil der Regressionen in Gruppe 1 bei den transparenten Komposita bei der Standardschreibung höher (β = 6,734, t = 1,138) und bei der Bindestrichschreibung geringer ist als bei der Mediopunktschreibung (β = -1,386, t = -0,234), ist er bei opaken Komposita sowohl bei der Standardschreibung (β = 6,731, t = 1,149) als auch bei der Bindestrichschreibung (β = 6,392, t = 1,079) höher als bei der Mediopunktschreibung. In Gruppe 2 ist der erwartete Anteil der Regressionen bei der Standard- und Bindestrichschreibung ebenfalls höher als bei der Mediopunktschreibung (s. Tab. 58), wobei für eine ganzheitliche Interpretation des Effektes in diesem Fall auch der marginal signifikant negative Interaktionseffekt zwischen den transparenten Komposita und der Standardschreibung zu berücksichtigen ist (s. Tab. 58): So zeigen die Effektschätzer, dass der Anteil der Regressionen bei transparenten Komposita sowohl bei der Bindestrichschreibung (β = -4,074, t = -0,720) als auch bei der Standardschreibung (β = -11,992, t = -2,098) geringer ist als bei der Mediopunktschreibung.

Bei den opaken Komposita ist der Anteil der Regressionen hingegen sowohl bei der Standardschreibung (β = 1,515, t = 0,265) als auch bei der Bindestrichschreibung (β = 0,423, t = 0,073) höher als bei der Mediopunktschreibung (s. Abb. 107). Insgesamt betrachtet unterscheidet sich der Anteil der Regressionen zwischen den Gruppen nicht signifikant voneinander. Betrachtet man jedoch die Schreibweisen getrennt, zeigt sich, dass die lesestärkere Gruppe bei der Standardschreibung signifikant seltener zurückspringt als die leseschwächere Gruppe (z = -1,981, p = 0,048, r = 0,194).

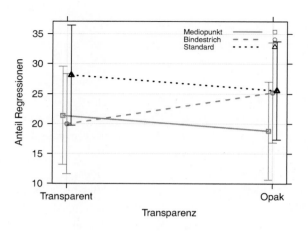

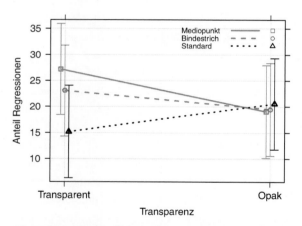

Abb. 107: Interaktionseffekte auf den geschätzten Anteil der Regressionen bei den leseschwächeren Probanden (oben) und den lesestärkeren Probanden (unten)

Erstfixationsdauer

Des Weiteren ist dem Modell LMM^{Erstfixationsdauer} hinsichtlich des Haupteffektes Segmentierung zu entnehmen, dass die Erstfixationsdauer in Gruppe 1 bei der Standard- und Bindestrichschreibung kürzer ist als bei der Mediopunktschreibung (s. Tab. 57), wobei für eine ganzheitliche Interpretation des Effektes in diesem Fall auch die Interaktionseffekte zu berücksichtigen sind:

So lässt sich aus den Effektschätzern schließen, dass die Erstfixationsdauer bei transparenten Komposita bei der Standardschreibung absolut um $\beta = 36,20$ (t = 0,340) oder relativ um 13,2 % und bei der Bindestrichschreibung absolut um $\beta = 182,95$ (t = 1,711) oder relativ um 67,3 % länger ist als bei der Mediopunktschreibung; bei opaken Komposita ist sie hingegen sowohl bei der Standardschreibung absolut um $\beta = -63,43$ (t = -0,600) oder relativ um 19,9 % als auch bei der Bindestrichschreibung absolut um $\beta = -55,57$ (t = -0,520) oder relativ um 17,7 % kürzer als bei der Mediopunktschreibung. In Gruppe 2 ist die Erstfixationsdauer hingegen sowohl bei der Standard- als auch bei der Bindestrichschreibung länger als bei der Mediopunktschreibung (s. Tab. 58). Während die Erstfixationsdauer bei transparenten Komposita bei der Standardschreibung absolut um $\beta = -18,40$ (t = -0,575) oder relativ um 8,1 % kürzer, bei der Bindestrichschreibung hingegen absolut um $\beta = 47,81$ (t = 1,509) oder relativ um 21,6 % länger ist als bei der Mediopunktschreibung, ist sie bei opaken Komposita sowohl bei der Standardschreibung absolut um $\beta = 27,35$ (t = 0,855) oder relativ um 11,9 % als auch bei der Bindestrichschreibung absolut um $\beta = 31,22$ (t = 0,967) oder relativ um 13,7 % länger als bei der Mediopunktschreibung. Zudem ist die Erstfixationsdauer in Gruppe 1 bei der Standard- und Bindestrichschreibung bei transparenten Komposita länger, bei der Mediopunktschreibung hingegen kürzer als bei opaken Komposita. In Gruppe 2 ist sie bei der Standard- und Mediopunktschreibung bei transparenten Komposita kürzer, bei der Bindestrichschreibung dagegen länger als bei opaken Komposita. Der Unterschied zwischen den Gruppen ist signifikant (z = -2,938, p = 0,003, r = 0,166), wobei die Erstfixationsdauer bei der lesestärkeren Gruppe im Mittel um 23,7 % kürzer ist als bei der leseschwächeren Gruppe.

Gesamtlesezeit

Der deskriptive Vergleich zeigt, dass die Gesamtlesezeit in beiden Gruppen bei der Standardschreibung am kürzesten und bei der Bindestrichschreibung am längsten ist (s. Abb. 108). Der Unterschied zwischen den Gruppen ist signifikant (z = -4,635, p < 0,001, r = 0,262), wobei Gruppe 1 die Komposita im Mittel 57,3 % langsamer liest als Gruppe 2.

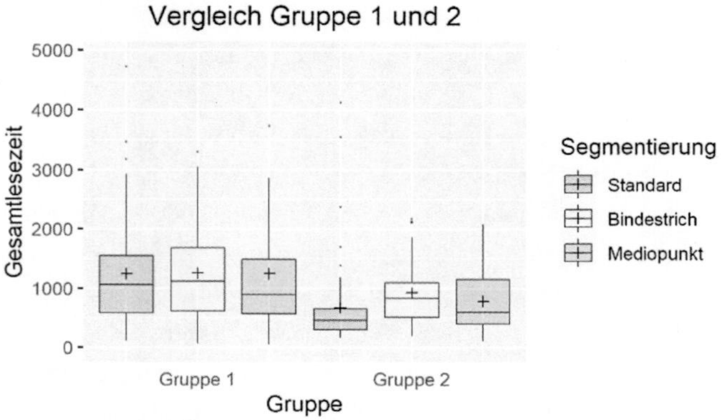

Abb. 108: Verteilung der Gesamtlesezeit für die verschiedenen Schreibweisen und Gruppen[114]

Aus dem Modell lässt sich hinsichtlich des Haupteffektes Segmentierung allerdings schließen, dass die erwartete Gesamtlesezeit in Gruppe 1 bei der Standard- und Bindestrichschreibung kürzer ist als bei der Mediopunktschreibung (s. Tab. 57), wobei für eine ganzheitliche Interpretation des Effektes in diesem Fall auch die stark positiven Interaktionseffekte zwischen den transparenten Komposita und der Standard- bzw. Bindestrichschreibung zu berücksichtigen sind: So zeigen die Effektschätzer, dass die erwartete Gesamtlesezeit bei transparenten Komposita sowohl bei der Standardschreibung (β = 147,13, t = 0,560) als auch bei der Bindestrichschreibung (β = 143,76, t = 0,546) länger ist als bei der Mediopunktschreibung; bei opaken Komposita ist sie hingegen bei der Standardschreibung (β = -130,21, t = -0,500) und der Bindestrichschreibung (β = -148,72, t = -0,564) kürzer als bei der Mediopunktschreibung. In Gruppe 2 ist die erwartete Gesamtlesezeit unter Einbeziehung der Interaktionseffekte bei der Standardschreibung kürzer und bei der Bindestrichschreibung länger als bei der Mediopunktschreibung. Während die Gesamtlesezeit bei transparenten Komposita bei der Standardschreibung kürzer (β = -284,00, t = -1,856) und bei der Bindestrichschreibung länger ist als bei der Mediopunktschreibung (β = 118,65, t = 0,783), ist sie bei opaken Komposita sowohl bei der Standardschrei-

....

114 Aus Darstellungsgründen sind bei der Gruppe 1 zwei Ausreißer bei den opaken mit Mediopunkt segmentierten Komposita (6248 ms, 5644 ms) nicht dargestellt.

© Frank & Timme   Verlag für wissenschaftliche Literatur

bung (β = 56,48, t = 0,369) als auch bei der Bindestrichschreibung (β = 170,00, t = 1,101) länger als bei der Mediopunktschreibung. Zudem lässt sich aus den Effektschätzern ableiten, dass die Gesamtlesezeit in Gruppe 2 insgesamt bei der Standardschreibung marginal signifikant kürzer ist als bei der Bindestrichschreibung (β = -258, t = -2,386, p = 0,055). Die transparenten Komposita werden mit Bindestrich absolut um β = 402,65 (t = 2,631) oder relativ um 81,4 % und die opaken Komposita absolut um β = 113,52 (t = 0,742) oder relativ um 13,5 % langsamer gelesen als die jeweiligen unsegmentierten Komposita.

Pupillenweite

Die erwartete Pupillenweite ist in Gruppe 1 sowohl bei der Standard- als auch bei der Bindestrichschreibung minimal kleiner als bei der Mediopunktschreibung (s. Tab. 57). In Gruppe 2 ist sie bei der Standardschreibung kleiner und bei der Bindestrichschreibung marginal signifikant größer als bei der Mediopunktschreibung (s. Tab. 58). Zudem ist die Pupillenweite in Gruppe 1 bei transparenten Komposita signifikant größer als bei opaken Komposita (β = 0,058, t = 2,276, p = 0,023). In Gruppe 2 ist die Pupillenweite hingegen bei transparenten Komposita kleiner als bei opaken Komposita (β = -0,018, t = -1,004, p = 0,316). Während die erwartete Pupillenweite in Gruppe 1 bei transparenten Komposita bei der Standardschreibung kleiner (β = -0,037, t = -0,810) und bei der Bindestrichschreibung größer ist als bei der Mediopunktschreibung (β = 0,015, t = 0,329), ist sie bei opaken Komposita bei der Standardschreibung größer (β = 0,029, t = 0,650), bei der Bindestrichschreibung hingegen kleiner als bei der Mediopunktschreibung (β = -0,023, t = -0,530). In Gruppe 2 ist die Pupillenweite bei transparenten Komposita sowohl bei der Standard- (β = -0,051, t = -1,495) als auch bei der Bindestrichschreibung (β = -0,024, t = -0,789) kleiner als bei der Mediopunktschreibung. Bei opaken Komposita ist die Pupillenweite hingegen bei der Standardschreibung größer (β = 0,014, t = 0,445) und bei der Bindestrichschreibung signifikant größer als bei der Mediopunktschreibung (β = 0,100, t = 3,307, p = 0,015). Zudem ist die Pupillenweite insgesamt betrachtet bei der Bindestrichschreibung auch marginal signifikant größer als bei der Standardschreibung (β = 0,055, t = 2,368, p = 0,055). Der Vergleich ergibt darüber hinaus, dass die Pupillenweite in Gruppe 1 signifikant größer ist als in Gruppe 2 (z = -6,731, p < 0,001, r = 0,213).

5.7.7.9 Vergleich mit und ohne Kontext: Zielgruppe LQ

Um beurteilen zu können, wie sich der Kontext bei den einzelnen Gruppen auf die Verarbeitung der Komposita auswirkt, werden die Ergebnisse im Folgenden mit den Ergebnissen aus Experiment 3 verglichen. Dazu wurde in den jeweiligen Modellen (s. Kap. 5.7.7.8) neben den genannten Haupt- und Interaktionseffekten der Haupteffekt der Variable *Präsentationsweise* auf die jeweiligen abhängigen Variablen geschätzt.

Fixationsanzahl

Das angepasste Modell, in dem zusätzlich der Haupteffekt der Präsentationsweise auf die Fixationsanzahl geschätzt wurde, zeigt, dass die erwartete Fixationsanzahl in Gruppe 1 bei isolierter Präsentation marginal signifikant höher ist als bei kontextueller Präsentation ($\beta = 0{,}454$, $t = 1{,}920$, $p = 0{,}056$). Die erwartete Fixationsanzahl ist bei allen drei Schreibweisen ohne Kontext höher als mit Kontext, wobei der Unterschied bei der Mediopunktschreibung am stärksten ausgeprägt ist. So werden die mit Mediopunkt segmentierten Komposita im Kontext mit 19,4 % weniger Fixationen gelesen als ohne Kontext, wohingegen der Unterschied zwischen kontextueller und isolierter Präsentation bei der Standardschreibung nur 8,5 % und bei der Bindestrichschreibung nur 4,5 % beträgt. Bei allen drei Schreibweisen ist die Fixationsanzahl sowohl bei transparenten als auch bei opaken Komposita bei isolierter Präsentation höher als bei kontextueller Präsentation (s. Tab. 59). In Gruppe 2 ist die erwartete Fixationsanzahl hingegen insgesamt betrachtet bei isolierter Präsentation minimal geringer als bei kontextueller Darstellung ($\beta = -0{,}060$, $t = -0{,}450$, $p = 0{,}653$). Aus den Effektschätzern wird jedoch deutlich, dass dies nur für die Bindestrich- und Mediopunktschreibung gilt. Bei diesen ist die erwartete Fixationsanzahl sowohl bei transparenten als auch bei opaken Komposita bei isolierter Präsentation geringer als bei kontextueller Präsentation, wobei der Unterschied bei der Bindestrichschreibung stärker ausgeprägt ist als bei der Mediopunktschreibung (s. Tab. 60). Bei der Standardschreibung ist die Fixationsanzahl hingegen sowohl bei transparenten als auch bei opaken Komposita ohne Kontext höher als mit Kontext (s. Abb. 109).

© Frank & Timme   Verlag für wissenschaftliche Literatur

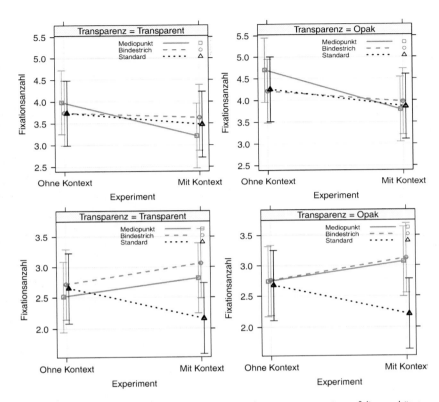

Abb. 109: Interaktionseffekte von Segmentierung und Präsentationsweise auf die geschätzte Fixationsanzahl transparenter Komposita (links) und opaker Komposita (rechts) bei den leseschwächeren Probanden (oben) und lesestärkeren Probanden (unten) der Zielgruppe

Tab. 59: Effekt der Präsentationsweise auf die verschiedenen abhängigen Variablen für die drei Schreibweisen (leseschwächere Probanden)

	Transparenz	Schreibweise	β	Std. Error	t-ratio	p-value	sig
LMM^Fixationsanzahl	Transparent	Standard	0,265	0,478	0,555	1,000	
		Bindestrich	0,109	0,478	0,228	1,000	
		Mediopunkt	0,777	0,472	1,647	1,000	
	Opak	Standard	0,401	0,476	0,844	1,000	
		Bindestrich	0,245	0,476	0,515	1,000	
		Mediopunkt	0,913	0,474	1,925	1,000	
LMM^Single Fixation	Transparent	Standard	-0,065	0,067	-0,978	1,000	
		Bindestrich	-0,082	0,067	-1,224	1,000	
		Mediopunkt	-0,146	0,066	-2,214	1,000	
	Opak	Standard	-0,083	0,066	-1,256	1,000	
		Bindestrich	-0,100	0,066	-1,504	1,000	
		Mediopunkt	-0,164	0,066	-2,478	0,908	
LMM^Revisits	Transparent	Standard	-1,342	0,197	-6,813	< 0,001	***
		Bindestrich	-1,211	0,197	-6,142	< 0,001	***
		Mediopunkt	-1,007	0,195	-5,176	< 0,001	***
	Opak	Standard	-1,443	0,196	-7,355	< 0,001	***
		Bindestrich	-1,311	0,196	-6,682	< 0,001	***
		Mediopunkt	-1,107	0,196	-5,663	< 0,001	***
LMM^Regressionen	Transparent	Standard	-1,914	4,44	-0,431	1,000	
		Bindestrich	-0,449	4,44	-0,101	1,000	
		Mediopunkt	3,068	4,39	0,699	1,000	
	Opak	Standard	6,395	4,42	1,446	1,000	
		Bindestrich	7,860	4,42	1,777	1,000	
		Mediopunkt	11,376	4,41	2,581	0,683	
LMM^Erstfixations-dauer	Transparent	Standard	-135,94	68,5	-1,984	1,000	
		Bindestrich	-157,15	68,6	-2,292	1,000	
		Mediopunkt	-125,06	67,7	-1,848	1,000	
	Opak	Standard	-95,05	68,2	-1,393	1,000	
		Bindestrich	-116,26	68,2	-1,704	1,000	
		Mediopunkt	-84,17	68,0	-1,238	1,000	

	Transparenz	Schreibweise	β	Std. Error	t-ratio	p-value	sig
LMM Gesamtlesezeit	Transparent	Standard	-213,7	183	-1,170	1,000	
		Bindestrich	-254,9	183	-1,395	1,000	
		Mediopunkt	-121,8	180	-0,676	1,000	
	Opak	Standard	-152,0	182	-0,836	1,000	
		Bindestrich	-193,2	182	-1,063	1,000	
		Mediopunkt	-60,1	181	-0,332	1,000	
LMM Pupillenweite	Transparent	Standard	0,216	0,047	4,549	< 0,001	***
		Bindestrich	0,134	0,047	2,857	0,288	
		Mediopunkt	0,238	0,047	5,085	< 0,001	***
	Opak	Standard	0,319	0,046	6,939	< 0,001	***
		Bindestrich	0,238	0,046	5,132	< 0,001	***
		Mediopunkt	0,341	0,045	7,536	< 0,001	***

Tab. 60: Effekt der Präsentationsweise auf die verschiedenen abhängigen Variablen für die drei Schreibweisen (lesestärkere Probanden)

	Transparenz	Schreibweise	β	Std. Error	t-ratio	p-value	sig
LMM Fixationsanzahl	Transparent	Standard	0,493	0,267	1,847	1,000	
		Bindestrich	-0,340	0,266	-1,278	1,000	
		Mediopunkt	-0,301	0,266	-1,135	1,000	
	Opak	Standard	0,470	0,266	1,769	1,000	
		Bindestrich	-0,363	0,267	-1,358	1,000	
		Mediopunkt	-0,324	0,267	-1,215	1,000	
LMM Single Fixation	Transparent	Standard	-0,166	0,074	-2,249	1,000	
		Bindestrich	0,043	0,074	0,580	1,000	
		Mediopunkt	0,003	0,074	0,047	1,000	
	Opak	Standard	-0,139	0,074	-1,892	1,000	
		Bindestrich	0,070	0,074	0,942	1,000	
		Mediopunkt	0,030	0,074	0,413	1,000	
LMM Revisits	Transparent	Standard	-0,737	0,134	-5,485	< 0,001	***
		Bindestrich	-1,306	0,134	-9,758	< 0,001	***
		Mediopunkt	-1,060	0,134	-7,921	< 0,001	***

	Transparenz	Schreibweise	β	Std. Error	t-ratio	p-value	sig
LMM[Revisits]	Opak	Standard	-0,810	0,134	-6,052	< 0,001	***
		Bindestrich	-1,378	0,134	-10,250	< 0,001	***
		Mediopunkt	-1,132	0,134	-8,421	< 0,001	***
LMM[Regressionen]	Transparent	Standard	0,914	4,83	0,189	1,000	
		Bindestrich	-2,346	4,81	-0,488	1,000	
		Mediopunkt	-4,566	4,81	-0,950	1,000	
	Opak	Standard	6,384	4,81	1,328	1,000	
		Bindestrich	3,124	4,83	0,647	1,000	
		Mediopunkt	0,904	4,83	0,187	1,000	
LMM[Erstfixations-dauer]	Transparent	Standard	-10,136	25,7	-0,395	1,000	
		Bindestrich	-47,077	25,3	-1,844	1,000	
		Mediopunkt	-12,501	25,5	-0,490	1,000	
	Opak	Standard	-14,559	25,5	-0,570	1,000	
		Bindestrich	-51,500	25,7	-2,007	1,000	
		Mediopunkt	-16,923	25,7	-0,660	1,000	
LMM[Gesamtlesezeit]	Transparent	Standard	114,94	106	1,084	1,000	
		Bindestrich	-197,55	106	-1,871	1,000	
		Mediopunkt	-49,13	106	-0,465	1,000	
	Opak	Standard	-16,29	106	-0,154	1,000	
		Bindestrich	-328,78	106	-3,099	0,140	
		Mediopunkt	-180,36	106	-1,700	1,000	
LMM[Pupillenweite]	Transparent	Standard	0,332	0,033	10,178	< 0,001	***
		Bindestrich	0,260	0,030	8,554	< 0,001	***
		Mediopunkt	0,324	0,031	10,444	< 0,001	***
	Opak	Standard	0,310	0,033	9,550	< 0,001	***
		Bindestrich	0,238	0,031	7,784	< 0,001	***
		Mediopunkt	0,302	0,031	9,848	< 0,001	***

Single Fixation

Die Anzahl an Single Fixation ist in Gruppe 1 bei kontextueller Präsentation signifikant höher als bei isolierter Präsentation ($\beta = 0,107$, $t = 3,235$, $p = 0,001$). Diese Tendenz zeigt sich auch in Gruppe 2, der Unterschied ist allerdings nicht signifikant (β = 0,027, t = 0,724, p = 0,470). Die Effektschätzer zeigen, dass die Anzahl an Single Fixation in Gruppe 1 bei allen drei Schreibweisen bei transparenten und opaken Komposita mit Kontext höher ist als ohne Kontext, wobei die Unterschiede bei der Mediopunktschreibung am stärksten ausgeprägt sind (s. Tab. 59). Während die Anzahl an Single Fixation in Gruppe 2 bei der Standardschreibung sowohl bei opaken als auch bei transparenten Komposita bei kontextueller Präsentation höher ist als bei isolierter Präsentation, ist sie bei der Bindestrichschreibung sowohl bei transparenten als auch bei opaken Komposita bei kontextueller Präsentation geringer als bei isolierter Präsentation. Bei der Mediopunktschreibung ist die Anzahl an Single Fixation nur bei opaken Komposita bei kontextueller Präsentation geringer als bei isolierter Präsentation (s. Tab. 60).

Revisits

Ebenso wie in Experiment 1 werden die Komposita ungeachtet der Schreibweise, von wenigen Ausnahmen abgesehen, nur mit Kontext nach dem ersten Lesedurchgang erneut fixiert, was, wie in Kap. 5.5.7.3 ausgeführt, zu erwarten war. Die erwartete Anzahl an Revisits ist bei kontextueller Präsentation signifikant höher als bei isolierter Präsentation (Gr. 1: β = 1,236, t = 12,654, p < 0,001, Gr. 2: β = 1,071, t = 15,773, p < 0,001), wobei dies in beiden Gruppen bei allen drei Schreibweisen sowohl auf die transparenten als auch auf die opaken Komposita zutrifft (s. Tab. 59 und 60).

Anteil der Regressionen

Der erwartete Anteil der Regressionen ist in Gruppe 1 bei kontextueller Präsentation signifikant geringer als bei isolierter Präsentation (β = -4,421, t = -1,997, p = 0,047). In Gruppe 2 ist der erwartete Anteil der Regressionen bei kontextueller Präsentation ebenfalls geringer als bei isolierter Darstellung, der Unterschied ist allerdings nicht signifikant (β = -0,726, t = -0,302, p = 0,763). Die Probanden der Gruppe 1 springen bei allen drei Schreibweisen ohne Kontext öfter zurück als mit Kontext, wobei der kontextuelle Verarbeitungsvorteil bei der Mediopunktschreibung am größten und bei der Standardschreibung am kleinsten ausgeprägt ist.

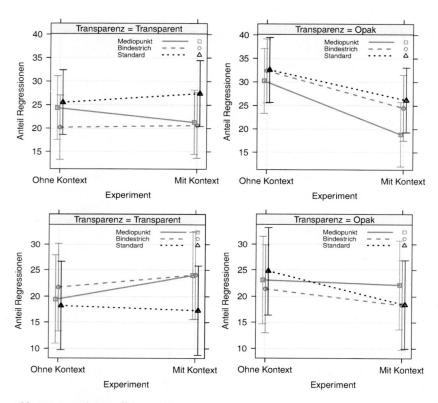

Abb. 110: Interaktionseffekte von Segmentierung und Präsentationsweise auf den geschätzten Anteil der Regressionen transparenter Komposita (links) und opaker Komposita (rechts) bei den leseschwächeren Probanden (oben) und lesestärkeren Probanden (unten) der Zielgruppe

Bei der Mediopunktschreibung ist der Anteil der Regressionen sowohl bei transparenten als auch bei opaken Komposita bei isolierter Präsentation höher als bei kontextueller Präsentation, wobei der Unterschied bei den opaken Komposita ca. viermal so groß ist wie bei den transparenten Komposita. Bei der Bindestrich- und der Standardschreibung ist der Anteil der Regressionen hingegen bei transparenten Komposita bei isolierter Präsentation leicht geringer, bei opaken Komposita wiederum deutlich höher als bei kontextueller Präsentation (s. Tab. 59). In Gruppe 2 ist der Anteil der Regressionen

© Frank & Timme   Verlag für wissenschaftliche Literatur

bei der Standard- und Bindestrichschreibung bei kontextueller Präsentation geringer als bei isolierter Präsentation, wobei der kontextuelle Verarbeitungsvorteil bei der Standardschreibung deutlich größer ausgeprägt ist als bei der Bindestrichschreibung. Bei der Mediopunktschreibung ist der Anteil der Regressionen hingegen mit Kontext höher als ohne Kontext. Abb. 110 zeigt, dass der Anteil der Regressionen bei der Standardschreibung sowohl bei transparenten als auch bei opaken Komposita ohne Kontext höher ist als mit Kontext. Bei der Bindestrich- und Mediopunktschreibung ist der Anteil der Regressionen bei transparenten Komposita bei isolierter Präsentation geringer, bei opaken Komposita hingegen höher als bei kontextueller Darstellung (s. Tab. 60).

Erstfixationsdauer

Die erwartete Erstfixationsdauer ist in beiden Gruppen bei kontextueller Präsentation signifikant länger als bei isolierter Präsentation (Gr. 1: β = 118,78, t = 3,497, p = 0,001, Gr. 2: β = 25,442, t = 1,992, p = 0,047). Die Effektschätzer zeigen, dass die erwartete Erstfixationsdauer in beiden Gruppen bei allen drei Schreibweisen sowohl bei den transparenten als auch bei den opaken Komposita bei kontextueller Präsentation länger ist als bei isolierter Präsentation (s. Tab. 59 und 60). Auffällig ist, dass der Unterschied zwischen kontextueller und isolierter Präsentation bei beiden Gruppen bei der Bindestrichschreibung am größten ausgeprägt ist. In Gruppe 1 ist die Erstfixationsdauer bei allen drei Schreibweisen im Kontext um den Faktor ⅖ länger als ohne Kontext. In Gruppe 2 sind die Unterschiede deutlich geringer ausgeprägt. Hier ist der Unterschied zwischen isolierter und kontextueller Präsentation bei der Bindestrichschreibung mit knapp 50 ms am größten und bei der Standardschreibung mit 12 ms am geringsten ausgeprägt.

Gesamtlesezeit

Die erwartete Gesamtlesezeit ist in beiden Gruppen bei kontextueller Präsentation marginal signifikant bzw. signifikant länger als bei isolierter Präsentation (Gr. 1: β = 165,35, t = 1,827, p = 0,068, Gr. 2: β = 109,31, t = 2,051, p = 0,041). In Gruppe 1 ist die erwartete Gesamtlesezeit für alle drei Schreibweisen ohne Kontext kürzer als mit Kontext. Bei der Mediopunktschreibung ist die Gesamtlesezeit im Kontext relativ um 7,9 %, bei der Standardschreibung um 13,15 % und bei der Bindestrichschreibung um 23,26 % länger als ohne Kontext. Der Unterschied ist dabei sowohl bei den transparenten als auch bei den opaken Komposita bei der Bindestrichschreibung am stärksten ausgeprägt (s. Tab. 59).

In Gruppe 2 ist die erwartete Gesamtlesezeit nur bei der Bindestrich- und Mediopunktschreibung ohne Kontext kürzer als mit Kontext, wobei der Unterschied nur bei der Bindestrichschreibung marginal signifikant ist. Bei der Standardschreibung ist die Gesamtlesezeit hingegen bei isolierter Präsentation länger als bei kontextueller Darstellung. Abb. 111 zeigt, dass die Gesamtlesezeit bei der Standardschreibung nur bei transparenten Komposita bei isolierter Präsentation länger ist als bei kontextueller Darstellung. Bei der Bindestrich- und Mediopunktschreibung ist die Gesamtlesezeit hingegen sowohl bei transparenten als auch bei opaken Komposita bei isolierter Präsentation kürzer als bei der Darstellung im Kontext, wobei die Effekte sowohl bei transparenten als auch bei opaken Komposita bei der Bindestrichschreibung deutlich stärker ausgeprägt sind als bei der Mediopunktschreibung. So werden bspw. die opaken mit Bindestrich segmentierten Komposita ohne Kontext relativ um 33,3 % und die transparenten mit Bindestrich segmentierten Komposita um 22,9 % schneller gelesen als mit Kontext, wohingegen die opaken mit Mediopunkt segmentierten Komposita ohne Kontext relativ um 17,2 % und die transparenten mit Mediopunkt segmentierten Komposita um 6,5 % schneller gelesen werden als mit Kontext.

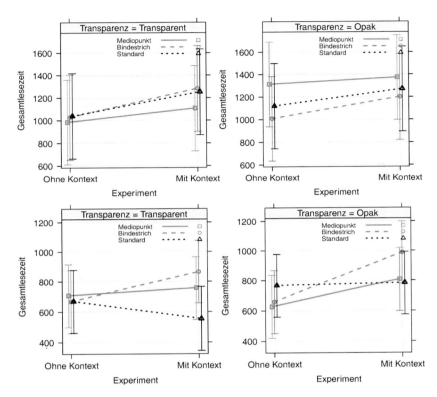

Abb. 111: Interaktionseffekte von Segmentierung und Präsentationsweise auf die geschätzte Gesamtlesezeit transparenter Komposita (links) und opaker Komposita (rechts) bei den leseschwächeren Probanden (oben) und lesestärkeren Probanden (unten) der Zielgruppe

Pupillenweite

Die erwartete Pupillenweite ist in beiden Gruppen bei kontextueller Präsentation signifikant kleiner als bei isolierter Präsentation (Gr. 1: β = -0,251, t = -10,705, p < 0,001, Gr. 2: β = -0,293, t = -18,564, p < 0,001). In beiden Gruppen ist die Pupillenweite bei allen Schreibweisen sowohl bei transparenten als auch bei opaken Komposita mit Kontext kleiner als ohne Kontext, wobei der Unterschied lediglich bei den transparenten mit Bindestrich segmentierten Komposita in Gruppe 1 *nicht* signifikant ist (s. Tab. 59 und 60) (für eine Diskussion dieses Ergebnisses s. Kap. 5.5.8).

5.7.7.10 Diskussion der Ergebnisse (Zielgruppe LQ)

Die erste Hypothese-Z-1, dass sich die Segmentierung positiv auf die Verarbeitung transparenter Komposita auswirkt (s. Kap. 5.7.1), kann für die leseschwächere Gruppe weitgehend bestätigt werden. So wird die Mediopunktschreibung mit weniger Fixationen und schneller gelesen als die Standardschreibung und auch der bei der Mediopunktschreibung geringere Anteil der Regressionen und die geringere Anzahl an Revisits sprechen dafür, dass die mit Mediopunkt segmentierten Komposita besser verarbeitet werden als die unsegmentierten Komposita. Die Ergebnisse zeigen somit, dass leseschwächere Probanden auch auf Satzebene von der Segmentierung mit dem Mediopunkt profitieren. Bei der Bindestrichschreibung ist die Fixationsanzahl hingegen höher als bei der Standardschreibung und auch die Gesamtlesezeit ist, im Unterschied zur Mediopunktschreibung, nicht deutlich, sondern nur minimal kürzer als bei der Standardschreibung. Für einen Verarbeitungsvorteil der Bindestrichschreibung sprechen allerdings der geringere Anteil der Regressionen sowie die geringere Anzahl an Revisits. Auch die bei der Mediopunktschreibung kürzere Erstfixationsdauer spricht zusammen mit der geringeren Anzahl an Fixationen und Revisits, dem geringeren Anteil der Regressionen und der kürzeren Gesamtlesezeit dafür, dass sich die Segmentierung mit dem Mediopunkt während der frühen und späteren Verarbeitungsphase positiv auf die Verarbeitung des Kompositums auswirkt (s. hierzu den tentativen Modellierungsvorschlag in Kap. 5.8). Anders ist es bei der Bindestrichschreibung: Hier ist die Erstfixationsdauer länger als bei der Standardschreibung, was in Kombination mit der höheren Fixationsanzahl zwar dafür sprechen würde, dass sich die Segmentierung weder in der frühen noch in der späteren Verarbeitungsphase positiv auf die Verarbeitung des Kompositums auswirkt. Dies kann jedoch durch die Gesamtlesezeit weder bestätigt noch widerlegt werden, da diese bei der Standardschreibung nur relativ um 0,2 % länger als bei der Bindestrichschreibung ist und somit keine Schlussfolgerungen zulässt. Gegen die Hypothese spricht allerdings die Pupillenweite, die bei der Standardschreibung kleiner als bei der Mediopunkt- und Bindestrichschreibung ist.

Für die Gruppe mit den besseren Lesekompetenzen kann die Hypothese-Z-1 verworfen werden. So werden die unsegmentierten Komposita mit weniger Fixationen und schneller gelesen als die segmentierten Komposita, wobei der

Effekt bei der Bindestrichschreibung stärker zum Vorschein tritt als bei der Mediopunktschreibung und bei der Fixationsanzahl marginal signifikant ist. Zudem wird die Standardschreibung häufiger mit nur einer Fixation gelesen als die Mediopunkt- und Bindestrichschreibung. Des Weiteren springen die Probanden bei der Standardschreibung seltener zurück als bei der Bindestrich- und Mediopunktschreibung und auch die Anzahl an Revisits ist bei der Standardschreibung geringer als bei den segmentierten Komposita, wobei der Unterschied zwischen Standard- und Bindestrichschreibung hier ebenfalls marginal signifikant ist. Auch die Pupillenweite ist bei den unsegmentierten Komposita kleiner als bei den segmentierten Komposita. Die Erstfixationsdauer ist bei den unsegmentierten Komposita kürzer als bei den segmentierten Komposita, was in Kombination mit der geringeren Fixationsanzahl und der kürzeren Gesamtlesezeit zeigt, dass sich die Segmentierung weder in der frühen noch in der späteren Verarbeitungsphase positiv auf die Verarbeitung des Kompositums auswirkt (s. Kap. 5.8 für einen tentativen Modellierungsvorschlag). Auch die Heat Maps in Abb. 112 veranschaulichen, dass die Bindestrichschreibung am schwierigsten zu verarbeiten ist. Die Annahme von Gutermuth (2020), dass Komposita bei der Präsentation in maximal komplexitätsreduzierten Sätzen auch unsegmentiert bleiben können, trifft somit in dieser Studie nur auf die lesestärkeren Probanden zu.

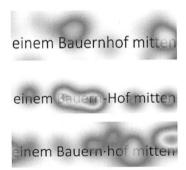

Abb. 112: Heat Maps für den Stimulus Bauernhof (lesestärkere Probanden)

Die zweite Hypothese-Z-2, dass die Mediopunktschreibung bei transparenten Komposita besser verarbeitet wird als die Bindestrichschreibung, kann für die leseschwächere Gruppe weitgehend bestätigt werden. So wird die Mediopunktschreibung mit weniger Fixationen und deutlich schneller gelesen als die Bindestrichschreibung. Darüber hinaus ist die Erstfixationsdauer bei der Mediopunkt- deutlich kürzer als bei der Bindestrichschreibung, was zusammen mit der geringeren Fixationsanzahl und der kürzeren Gesamtlesezeit darauf hindeutet, dass sich die Segmentierung mit dem Mediopunkt sowohl in der frühen als auch in der späteren Verarbeitungsphase positiv auf die Verarbeitung des Kompositums auswirkt (s. Kap. 5.8). Des Weiteren spricht auch die bei der Mediopunktschreibung kleinere Pupillenweite dafür, dass diese leichter zu verarbeiten ist als die Bindestrichschreibung. Dies bestätigt auch die Anzahl an Revisits, die bei der Mediopunktschreibung ebenfalls geringer ist als bei der Bindestrichschreibung. Die höhere Anzahl an Single Fixation sowie der minimal geringere Anteil der Regressionen bei der Bindestrichschreibung sprechen allerdings gegen einen Verarbeitungsvorteil der Mediopunktschreibung. Allerdings ist zu beachten, dass die Hypothese auch hier nur anhand von Tendenzen und nicht anhand von signifikanten Unterschieden bestätigt werden kann.

Gleiches gilt für die lesestärkere Gruppe. Auch hier sprechen die primär mit der kognitiven Verarbeitung assoziierten Blickbewegungsparameter für einen Verarbeitungsvorteil der Mediopunktschreibung, angesichts der fehlenden Signifikanz kann die Hypothese-Z-2 jedoch auch hier nicht eindeutig bestätigt werden. So ist auch in dieser Gruppe die Fixationsanzahl und die Gesamtlesezeit bei der Bindestrichschreibung deutlich höher bzw. länger als bei der Mediopunktschreibung. Zudem werden die mit Bindestrich segmentierten Komposita seltener mit nur einer Fixation gelesen als die mit Mediopunkt segmentierten Komposita, was ebenfalls auf einen Verarbeitungsvorteil der Mediopunktschreibung hindeutet. Dies bestätigt auch die Anzahl an Revisits, die bei der Mediopunkt- ebenfalls geringer ist als bei der Bindestrichschreibung. Der Verarbeitungsvorteil der Mediopunktschreibung ist auch an den in Abb. 112 gezeigten Heat Maps zu erkennen. Die Erstfixationsdauer ist bei der Bindestrichschreibung länger als bei der Mediopunktschreibung, was zusammen mit der höheren Fixationsanzahl und längeren Gesamtlesezeit ebenfalls darauf hindeutet, dass sich der Bindestrich weder in der frühen noch in der späten Verarbeitungsphase positiv auf die Verarbeitung des Kompositums auswirkt

(s. den tentativen Modellierungsvorschlag in Kap. 5.8). Die postulierten theoretischen Vorteile des Mediopunktes (s. Kap. 3.6.2.1) können somit anhand empirischer Daten bestätigt werden.

Die dritte Hypothese-Z-3, dass die Verarbeitung opaker Komposita auch im Kontext durch eine Segmentierung erschwert wird, kann für die Gruppe mit dem geringeren LQ nur für die Bindestrich-, nicht aber die Mediopunktschreibung weitgehend bestätigt werden. So ist die Fixationsanzahl bei der Bindestrichschreibung höher, bei der Mediopunktschreibung hingegen geringer als bei der Standardschreibung. Des Weiteren ist die Anzahl an Single Fixation bei der Mediopunktschreibung deutlich höher als bei der Standardschreibung und auch der bei der Mediopunktschreibung geringere Anteil der Regressionen deutet nicht darauf hin, dass diese schlechter verarbeitet wird als die Standardschreibung. Zudem springen die Probanden nach dem ersten Lesedurchgang bei der Bindestrichschreibung häufiger, bei der Mediopunktschreibung hingegen deutlich seltener auf das Kompositum zurück als bei der Standardschreibung. Die Anzahl an Single Fixation ist bei der Bindestrichschreibung minimal höher und der Anteil der Regressionen minimal geringer als bei der Standardschreibung, wobei die Unterschiede aufgrund der geringen Ausprägung weder als Indiz für noch gegen die Hypothese zu werten sind. Lediglich die Gesamtlesezeit, die bei der Mediopunktschreibung länger, bei der Bindestrichschreibung hingegen minimal kürzer ist als bei den unsegmentierten Komposita, deutet darauf hin, dass die Verarbeitung opaker Komposita durch die Segmentierung mit dem Mediopunkt erschwert wird. Die Erstfixationsdauer ist bei der Standardschreibung kürzer als bei der Bindestrich- und Mediopunktschreibung. Bei der Bindestrichschreibung deutet die längere Erstfixationsdauer zusammen mit der höheren Anzahl an Fixationen und Revisits darauf hin, dass sich die Segmentierung weder in der frühen noch in der späten Veràrbeitungsphase positiv auf den Leseprozess auswirkt, wobei diese Annahme durch die minimal kürzere Gesamtlesezeit bei der Bindestrichschreibung nicht gestützt wird. Bei der Mediopunktschreibung kann die längere Erstfixationsdauer in Kombination mit der geringeren Anzahl an Fixationen und Revisits, dem geringeren Anteil der Regressionen und der höheren Anzahl an Single Fixation aber der längeren Gesamtlesezeit hingegen weder als Verarbeitungsvorteil noch als Verarbeitungsnachteil der

Mediopunktschreibung betrachtet werden. Da die Ergebnisse nicht eindeutig und zudem nicht signifikant sind, lassen sich aus der Erstfixationsdauer somit keine Schlüsse ziehen.

Ein ähnliches Bild ergibt sich in der Gruppe mit dem höheren LQ. Der Verarbeitungsnachteil der Bindestrichschreibung kann hier, mit Ausnahme der Regressionen, für alle Parameter bestätigt werden. Für die Mediopunktschreibung kann die Hypothese-Z-3 hingegen nur hinsichtlich der Anzahl an Fixationen, Single Fixation und Revisits bestätigt werden. Die Fixationsanzahl ist bei der Standardschreibung geringer als bei der Bindestrich- und Mediopunktschreibung und auch die Anzahl an Single Fixation ist bei den unsegmentierten höher als bei den segmentierten Komposita, wobei der Unterschied zwischen Standard- und Bindestrichschreibung marginal signifikant ist. Die Anzahl an Revisits ist ebenfalls sowohl bei der Mediopunkt- als auch der Bindestrichschreibung höher als bei der Standardschreibung. Die Gesamtlesezeit, die bei der Mediopunktschreibung kürzer, bei der Bindestrichschreibung hingegen deutlich länger ist als bei der Standardschreibung, sowie die Pupillenweite, die ebenfalls bei der Mediopunktschreibung kleiner, bei der Bindestrichschreibung hingegen deutlich größer als bei der Standardschreibung ist, deuten auf einen nur bei der Bindestrichschreibung vorhandenen Verarbeitungsnachteil hin. Auch die bei der Bindestrichschreibung längere Erstfixationsdauer deutet in Kombination mit der höheren Fixationsanzahl, der marginal signifikant geringeren Anzahl an Single Fixation, der höheren Anzahl an Revisits und der deutlich längeren Gesamtlesezeit eindeutig darauf hin, dass sich die Segmentierung mit dem Bindestrich nicht nur insgesamt, sondern auch bereits bei der Verarbeitung der ersten Konstituente negativ auswirkt (s. Kap. 5.8). Für die Annahme, dass die Verarbeitung bei der Bindestrichschreibung primär morphembasiert stattfindet und mit der ersten Fixation nur die erste Konstituente verarbeitet wird, spricht zudem das Ergebnis, dass die Landeposition bei der Bindestrichschreibung deutlich weiter links liegt als bei der Mediopunktschreibung (β = -76,7, t = -2,504, p = 0,201) und signifikant weiter links liegt als bei der Standardschreibung (β = -95,3, t = -3,140, p = 0,031). Die lange Erstfixationsdauer bei der Bindestrichschreibung ist vermutlich darauf zurückzuführen, dass die semantische Integration im Gegensatz zu der ganzheitlichen Verarbeitung der unsegmentierten Komposita misslingt (s. Kap. 5.7.7.4). Bei

 © Frank & Timme   Verlag für wissenschaftliche Literatur

der Mediopunktschreibung ist die Erstfixationsdauer hingegen deutlich kürzer als bei der Standardschreibung. Die kurze Erstfixationsdauer kann in Kombination mit der höheren Fixationsanzahl, der höheren Anzahl an Revisits und der geringeren Anzahl an Single Fixation nicht als Verarbeitungsvorteil gedeutet werden, sondern deutet darauf hin, dass die Mediopunktschreibung zwar die Verarbeitung der ersten Konstituente beschleunigt, sich aber insgesamt negativ auf die Verarbeitung des Kompositums auswirkt. Diese Annahme wird allerdings durch die kürzere Gesamtlesezeit der Mediopunktschreibung nicht gestützt. Aufgrund der nicht eindeutigen Ergebnisse kann die kurze Erstfixationsdauer weder als Verarbeitungsvorteil noch als Verarbeitungsnachteil gedeutet werden. Auch die in Abb. 113 gezeigten Heat Maps veranschaulichen, dass das Lesen insbesondere durch die Segmentierung mit dem Bindestrich erschwert wird.

Abb. 113: Heat Maps für den Stimulus Hochzeiten (lesestärkere Probanden)

Die Ergebnisse sprechen somit dafür, dass insbesondere die Segmentierung mit dem Bindestrich bei opaken Komposita dazu führt, dass eine irreführende Bedeutung der Konstituenten aktiviert wird, wodurch die Verarbeitung erschwert wird (vgl. Bredel/Maaß 2017). Lediglich der Anteil der Regressionen, der bei der Mediopunkt- und Bindestrichschreibung geringer ist als bei den unsegmentierten Komposita, spricht gegen einen Verarbeitungsnachteil der opaken segmentierten Komposita.

Die vierte Hypothese-Z-4, dass opake mit Mediopunkt segmentierte Komposita schneller verarbeitet werden als opake mit Bindestrich segmentierte

Komposita, kann für die leseschwächere Gruppe weitgehend bestätigt werden. So lesen die Probanden die Bindestrichschreibung mit mehr Fixationen und springen deutlich häufiger zurück als bei der Mediopunktschreibung. Zudem werden bei der Mediopunktschreibung deutlich mehr Komposita mit nur einer Fixation gelesen und auch die bei der Bindestrichschreibung höhere Anzahl an Revisits spricht dafür, dass diese schwerer zu verarbeiten ist als die Mediopunktschreibung. Die Erstfixationsdauer ist bei der Bindestrichschreibung erheblich kürzer als bei der Mediopunktschreibung. In Kombination mit der höheren Anzahl an Fixationen und Revisits, dem höheren Anteil der Regressionen sowie der geringeren Anzahl an Single Fixation deutet die kürzere Erstfixationsdauer darauf hin, dass sich der Bindestrich zwar positiv auf den Beginn des Verarbeitungsprozesses auswirkt, für die Verarbeitung des gesamten Kompositums im Vergleich zur Mediopunktschreibung aber nicht förderlich ist. Dem widerspricht allerdings auch hier das Ergebnis, dass die Gesamtlesezeit entgegen der Hypothese bei der Bindestrichschreibung kürzer als bei der Mediopunktschreibung ist, so dass die Bedeutung der kürzeren Erstfixationsdauer nicht eindeutig geklärt werden kann. Dass die Mediopunktschreibung leichter verarbeitet wird als die Bindestrichschreibung, lässt sich auch an folgenden Heat Maps visualisieren.

Abb. 114: Heat Maps für die Stimuli Rotkehlchen und Schneeglöckchen (leseschwächere Probanden)

Für die Gruppe mit dem höheren LQ kann die Hypothese-Z-4 ausnahmslos bestätigt werden. So lesen die Probanden die mit Bindestrich segmentierten Komposita erheblich langsamer als die mit Mediopunkt segmentierten Komposita und springen bei der Bindestrichschreibung häufiger zurück als bei der

Mediopunktschreibung. Des Weiteren deutet auch die bei der Bindestrichschreibung geringere Anzahl an Single Fixation sowie die signifikant größere Pupillenweite auf einen Verarbeitungsvorteil der Mediopunktschreibung hin und auch die bei der Mediopunktschreibung geringere Anzahl an Revisits spricht dafür, dass diese leichter zu verarbeiten ist als die Bindestrichschreibung. Ebenso kann die bei der Bindestrichschreibung längere Erstfixationsdauer in Kombination mit der höheren Anzahl an Revisits, der geringeren Anzahl an Single Fixation sowie der längeren Gesamtlesezeit als Indiz dafür gesehen werden, dass sich die Segmentierung mit dem Bindestrich weder in der frühen noch in der späteren Verarbeitungsphase positiv auf die Verarbeitung des Kompositums auswirkt. Dafür, dass die lange Erstfixationsdauer hier kein Indiz für eine ganzheitliche Verarbeitung ist, spricht auch die initiale Landeposition, die bei der Bindestrichschreibung wie erwähnt deutlich weiter links liegt als bei der Mediopunkt- und Standardschreibung. Zwar ist der Unterschied nach Bonferroni-Korrektur bei den opaken Komposita nicht mehr signifikant, insgesamt ist dem Modell allerdings zu entnehmen, dass die Bindestrichschreibung einen signifikant negativen Effekt auf die Landeposition hat (β = -76,70, t = -2,504, p = 0,013), d. h. die Landeposition signifikant weiter links liegt als bei der Mediopunktschreibung. Lediglich die Fixationsanzahl, die bei beiden Segmentierungen identisch ist, kann nicht als Indiz für einen Verarbeitungsvorteil der Mediopunktschreibung herangezogen werden. Ein weiteres Indiz dafür, dass opake im Vergleich zu transparenten mit Bindestrich segmentierten Komposita einen erhöhten Verarbeitungsaufwand erfordern, ist, dass die Pupillenweite bei der Bindestrichschreibung bei opaken Komposita marginal signifikant größer ist als bei transparenten Komposita. Bei der Mediopunktschreibung ist die Pupillenweite hingegen bei opaken Komposita kleiner als bei transparenten Komposita, was darauf hindeutet, dass die opaken mit Mediopunkt segmentierten Komposita nicht nachweisbar schwieriger zu verarbeiten sind als die transparenten Komposita. Dafür spricht auch, dass in beiden Gruppen bei der Mediopunktschreibung mehr opake als transparente Komposita mit nur einer Fixation gelesen werden und der Anteil der Regressionen bei den opaken geringer als bei den transparenten Komposita ist. Die Ergebnisse stützen somit eindeutig die theoretische Annahme, dass der Mediopunkt angesichts dessen, dass er weniger invasiv ist, den Leseprozess deutlich weniger behindert als der Bindestrich (s. Kap. 3.6.2.1). Der Verarbeitungsvorteil der Mediopunktschreibung ist auch an den in Abb. 113 gezeigten Heat Maps zu erkennen.

Zuletzt soll noch auf die Hypothesen-Z-5 bis Z-9 eingegangen werden, welche sich auf die Rolle des Kontextes beziehen. Die fünfte Hypothese-Z-5, dass unsegmentierte Komposita unabhängig von der Transparenz mit Kontext schneller verarbeitet werden als ohne Kontext, kann für die leseschwächere Gruppe nur teilweise bestätigt werden. So werden die Komposita im Kontext mit weniger Fixationen gelesen als ohne Kontext und auch die Pupillenweite ist ohne Kontext signifikant größer als mit Kontext, wobei die Aussagekraft der Pupillenweite mit Vorsicht zu betrachten ist (s. Kap. 5.5.8). Darüber hinaus werden die im Satz eingebetteten Komposita häufiger mit nur einer Fixation gelesen als die isoliert präsentierten Komposita. Die Erstfixationsdauer ist beim Lesen der isolierten Stimuli deutlich kürzer als beim Lesen der im Kontext präsentierten Stimuli. Dies ist, wie in Kap. 5.5.7.4 erläutert, vermutlich darauf zurückzuführen, dass die Anzahl an Komposita, die mit nur einer Fixation gelesen werden, im Kontext deutlich höher ist als bei isolierter Präsentation. Hierfür spricht auch, dass die Fixationsanzahl bei isolierter Präsentation deutlich höher ist als bei kontextueller Darstellung. Der Anteil der Regressionen ist bei den transparenten Komposita hingegen ohne Kontext minimal geringer als mit Kontext, bei den opaken Komposita allerdings ohne Kontext deutlich höher als mit Kontext. Allerdings spricht die Gesamtlesezeit, die ohne Kontext kürzer ist als mit Kontext, gegen einen Verarbeitungsvorteil der kontextuell präsentierten Komposita, so dass die Hypothese-Z-5 weder eindeutig bestätigt noch verworfen werden kann.

Für die Gruppe mit dem höheren LQ kann die Hypothese-Z-5 hingegen eindeutig bestätigt werden. So werden die Komposita ohne Kontext deutlich häufiger fixiert als mit Kontext und auch der Anteil der Regressionen ist ohne Kontext deutlich höher als beim Lesen der Komposita mit Kontext. Darüber hinaus spricht auch die im Kontext deutlich höhere Anzahl an Single Fixation sowie die signifikant kleinere Pupillenweite sowie dafür, dass unsegmentierte Komposita im Kontext leichter verarbeitet werden als ohne Kontext, wobei die Interpretation der Pupillenweite mit Vorsicht zu betrachten ist (s. Kap. 5.5.8). Ebenso wie in Gruppe 1 ist auch die Erstfixationsdauer beim Lesen der isolierten Stimuli kürzer als beim Lesen der im Kontext präsentierten Stimuli. Dass die Erstfixationsdauer bei isolierter kürzer als bei kontextueller Darstellung ist, ist, wie erwähnt, vermutlich darauf zurückzuführen, dass die Anzahl an Komposita, die mit nur einer Fixation gelesen werden, im Kontext höher ist als ohne Kontext (s. Kap. 5.5.7.4). Dafür spricht auch in dieser Gruppe, dass die Fixationsanzahl bei isolierter höher ist als bei kontextueller Darstellung. Angesichts dessen, dass alle Parameter darauf hindeuten, dass die Verarbeitung der Komposita durch die Einbettung im Kontext erleichtert wird, kann die im Kontext längere Erstfixationsdauer in Kombination mit den anderen Parametern als Indiz dafür gesehen werden, dass die unsegmentierten Komposita im Kontext primär ganzheitlich verarbeitet werden und die direkte Verarbeitungsroute beim Lesen der Komposita im Kontext bei Probanden mit besseren Lesekompetenzen die effizientere zu sein scheint (vgl. Häikiö et al. 2011; Hasenäcker/Schröder 2019). Insgesamt deuten die Daten somit darauf hin, dass Wörter, die in einen kongruenten Kontext eingebettet sind, schneller gelesen und verarbeitet werden als isoliert präsentierte Wörter (vgl. Balota et al. 1985; Rayner/Pollatsek 1989; Vitu et al. 1990, s. Kap. 3.8.4). Im Unterschied zu Gruppe 1 ist die Gesamtlesezeit nur bei der Bindestrich- und Mediopunktschreibung ohne Kontext kürzer als mit Kontext, wobei der Unterschied nur bei der Bindestrichschreibung marginal signifikant ist. Bei der Standardschreibung ist die Gesamtlesezeit hingegen, hypothesenkonform, insgesamt ohne Kontext länger als mit Kontext.

Die sechste Hypothese-Z-6, dass der Verarbeitungsvorteil durch die kontextuelle Einbettung auch bei der Mediopunktschreibung bei transparenten und opaken Komposita auftritt, kann für die leseschwächere Gruppe mit Ausnahme der Gesamtlesezeit für alle Parameter bestätigt werden. So lesen die Probanden die Komposita ohne Kontext mit deutlich mehr Fixationen als mit Kontext und springen beim Lesen der Komposita im Satz deutlich seltener zurück als beim Lesen der isolierten Komposita. Des Weiteren lesen die Probanden die kontextuell präsentierten Komposita deutlich häufiger mit nur einer Fixation und auch die Pupillenweite ist beim Lesen der eingebetteten Komposita signifikant kleiner als beim Lesen der isolierten Stimuli (s. hierzu allerdings auch die Diskussion in Kap. 5.5.8). Die Erstfixationsdauer ist ohne Kontext kürzer als mit Kontext, was vermutlich darauf zurückzuführen ist, dass die Anzahl an Komposita, die mit nur einer Fixation gelesen werden, im Kontext deutlich höher ist als bei isolierter Präsentation (s. Kap. 5.5.7.4). Hierfür spricht auch, dass die Fixationsanzahl bei isolierter Präsentation deutlich höher ist als bei kontextueller Darstellung. Lediglich die Gesamtlesezeit ist ohne Kontext kürzer als mit Kontext, der Unterschied ist allerdings deutlich geringer ausgeprägt als bei der Standard- und Bindestrichschreibung.

Für die lesestärkere Gruppe kann die Hypothese-Z-6 hingegen nicht bestätigt werden. So ist hier sowohl die Fixationsanzahl als auch die Gesamtlesezeit beim Lesen der Komposita ohne Kontext geringer bzw. kürzer als beim Lesen der Komposita mit Kontext. Auch die Anzahl an Single Fixation, die bei isolierter Präsentation höher als bei kontextueller Präsentation ist, spricht gegen einen Verarbeitungsvorteil der mit Kontext präsentierten Komposita. Für einen Verarbeitungsvorteil der eingebetteten Komposita spricht lediglich die signifikant kleinere Pupillenweite, die Aussagekraft der Pupillenweite ist jedoch mit Vorsicht zu betrachten (s. Kap. 5.5.8). Der Anteil der Regressionen ist bei transparenten Komposita ohne Kontext geringer, bei opaken Komposita hingegen ohne Kontext höher als beim Lesen der Komposita mit Kontext. Die Erstfixationsdauer ist hingegen bei isolierter kürzer als bei kontextueller Präsentation. Die bei opaken Komposita im Kontext längere Erstfixationsdauer ist in Kombination mit der längeren Gesamtlesezeit und höheren Fixationsanzahl, wie in Kap. 5.7.7.4 ausgeführt, vermutlich darauf zurückzuführen, dass hier ebenso eine morphembasierte Verarbeitung stattfindet, die semantische Integration jedoch im Gegensatz zur Darstellung ohne Kontext nicht gelingt. Dass die Erstfixationsdauer bei transparenten Komposita ohne Kontext kürzer ist als mit Kontext, ist hingegen nicht mit der semantischen Inkongruenz zu erklären. Angesichts dessen, dass sowohl die Fixationsanzahl und der Anteil der Regressionen als auch die Gesamtlesezeit eindeutig auf einen Verarbeitungsnachteil bei kontextueller Einbettung hinweisen, deutet die längere Erstfixationsdauer bei kontextueller Präsentation darauf hin, dass sich die kontextuelle Einbettung in diesem Fall weder auf die frühe noch auf die späte Verarbeitungsphase positiv auszuwirken scheint. Hierbei ist allerdings zu beachten, dass die Unterschiede nicht signifikant sind, so dass es sich hier lediglich um eine Tendenz handelt.

Die siebte Hypothese-Z-7, dass der Verarbeitungsvorteil bei kontextueller Einbettung bei den transparenten mit Bindestrich segmentierten Komposita geringer ausgeprägt ist als bei der Mediopunkt- und Standardschreibung, kann für die leseschwächere Gruppe nur hinsichtlich der Fixationsanzahl und Pupillenweite bestätigt werden. So werden die transparenten mit Bindestrich segmentierten Komposita zwar ohne Kontext auch mit mehr Fixationen gelesen als mit Kontext, der Unterschied ist jedoch deutlich geringer ausgeprägt als bei der Standard- und Mediopunktschreibung. Auch die Pupillenweite ist ohne Kontext größer als mit Kontext, im Gegensatz zu der Standard- und Mediopunktschreibung ist der Unterschied allerdings nicht signifikant. Zudem ist zu berücksichtigen, dass dieses Ergebnis mit Vorsicht zu interpretieren ist (s. Kap. 5.5.8). Dass der Verarbeitungsvorteil bei transparenten mit Bindestrich segmentierten Komposita ebenso wie bei der Standard- und Mediopunktschreibung weitgehend vorhanden ist, zeigt auch die im Kontext höhere Anzahl an Single Fixation. Der Effekt ist zwar auch hier geringer ausgeprägt als bei der Mediopunktschreibung, jedoch leicht stärker ausgeprägt als bei der Standardschreibung, so dass die Hypothese anhand der Anzahl an Single Fixation nur teilweise bestätigt werden kann. Auch die Erstfixationsdauer ist bei der Bindestrichschreibung ohne Kontext kürzer als mit Kontext, was vermutlich auf die im Kontext höhere Anzahl an Single Fixation zurückzuführen ist. Die Parameter Gesamtlesezeit und Anteil der Regressionen, die bei transparenten Komposita ohne Kontext kürzer bzw. geringer sind als mit Kontext, sprechen allerdings gegen einen mit dem Kontext einhergehenden Verarbeitungsvorteil.

Für die lesestärkere Gruppe kann die Hypothese-Z-7 hingegen nicht bestätigt werden. So wird die Bindestrichschreibung im Kontext mit mehr Fixationen und deutlich langsamer gelesen als ohne Kontext. Darüber hinaus wird die Bindestrichschreibung im Kontext seltener mit nur einer Fixation gelesen als ohne Kontext und auch der Anteil der Regressionen ist mit Kontext höher als ohne Kontext, was ebenfalls gegen einen Verarbeitungsvorteil der kontextuell präsentierten Komposita spricht. Lediglich die ohne Kontext signifikant größere Pupillenweite deutet auf einen kontextuellen Verarbeitungsvorteil hin; dieses Ergebnis ist allerdings mit Vorsicht zu interpretieren (s. Kap. 5.5.8). Der Unterschied hinsichtlich der Pupillenweite ist, hypothesenkonform, bei

der Bindestrichschreibung deutlich geringer ausgeprägt als bei der Medio-
punkt- und Standardschreibung. Die Erstfixationsdauer ist ebenso wie bei der
Standard- und Mediopunktschreibung ohne Kontext kürzer als mit Kontext.
Angesichts dessen, dass die anderen Parameter allerdings eindeutig gegen einen Verarbeitungsvorteil bei kontextueller Einbettung sprechen, kann die bei
isolierter Präsentation kürzere Erstfixationsdauer in diesem Fall nicht mit der
geringeren Anzahl an Single Fixation erklärt werden. Stattdessen deutet die
kürzere Erstfixationsdauer, wie erwähnt, darauf hin, dass der unerwartete Verarbeitungsnachteil der kontextuellen Einbettung sowohl in der frühen als auch
der späteren Verarbeitungsphase zum Tragen kommt. Da die Unterschiede
allerdings nicht signifikant sind, handelt es sich auch hier lediglich um eine
Vermutung.

Die Beobachtung, dass die Probanden der Zielgruppe insbesondere die
mit Mediopunkt und Bindestrich segmentierten Komposita mit Kontext
nicht signifikant schneller lesen als ohne Kontext, widerspricht auf den ersten
Blick den Ergebnissen aus Experiment 2. Bei genauerer Betrachtung fällt allerdings auf, dass der kontextuelle Verarbeitungsnachteil in beiden Gruppen
sowohl bei den transparenten als auch bei den opaken Komposita bei der Bindestrichschreibung deutlich stärker ausgeprägt ist als bei der Standard- und
Mediopunktschreibung. Da die Ergebnisse hinsichtlich der Gesamtlesezeit,
im Unterschied zu den Ergebnissen aus Experiment 2, zudem – mit Ausnahme der Bindestrichschreibung, die in Gruppe 2 im Kontext marginal signifikant langsamer gelesen wird als ohne Kontext – nicht signifikant sind und die
anderen Parameter auf einen kontextuellen Verarbeitungsvorteil hindeuten,
können insbesondere bei der Standard- und Mediopunktschreibung aus der
Gesamtlesezeit keine Rückschlüsse über einen möglicherweise vorhandenen kontextuellen Verarbeitungsvor- oder -nachteil gezogen werden. Die
unerwartet längere Gesamtlesezeit ist womöglich darauf zurückzuführen,
dass weitere, in der Studie nicht berücksichtigte Faktoren bei Probanden mit
geringen Lesekompetenzen einen Einfluss auf die Gesamtlesezeit ausgeübt
haben könnten.

Die achte Hypothese-Z-8, dass opake mit Bindestrich segmentierte Komposita im Kontext schlechter verarbeitet werden als ohne Kontext, kann für
die leseschwächere Gruppe nur für die Gesamtlesezeit, die ohne Kontext deut-

© Frank & Timme   Verlag für wissenschaftliche Literatur

lich kürzer ist als mit Kontext, bestätigt werden. Hinsichtlich der Anzahl an Fixationen und Single Fixation, dem Anteil der Regressionen und der Pupillenweite kann die Hypothese nicht bestätigt werden, da die genannten Parameter tendenziell darauf hindeuten, dass opake mit Bindestrich segmentierte Komposita ohne Kontext schlechter verarbeitet werden als mit Kontext. Die Erstfixationsdauer ist im Kontext deutlich länger als bei isolierter Präsentation, was vermutlich auf die im Kontext höhere Anzahl an Single Fixation und damit zusammenhängend die im Kontext geringere Fixationsanzahl zurückzuführen ist (s. Kap. 5.5.7.4).

Für die lesestärkere Gruppe kann die Hypothese-Z-8 hingegen sowohl für die Fixationsanzahl und die Gesamtlesezeit als auch für die Anzahl an Single Fixation bestätigt werden. So werden die opaken mit Bindestrich segmentierten Komposita im Kontext mit mehr Fixationen und beinahe marginal signifikant langsamer gelesen als ohne Kontext und auch die Anzahl an Single Fixation ist mit Kontext geringer als ohne Kontext. Der ohne Kontext höhere Anteil der Regressionen sowie die ohne Kontext signifikant größere Pupillenweite sprechen allerdings gegen einen Verarbeitungsnachteil der kontextuell präsentierten Komposita; die Aussagekraft der Pupillenweite ist allerdings mit Vorsicht zu betrachten (s. Kap. 5.5.8). Die Erstfixationsdauer ist ohne Kontext kürzer als mit Kontext. Da bei den mit Bindestrich segmentierten Komposita aber im Gegensatz zu den unsegmentierten Komposita kein kontextueller Verarbeitungsvorteil zu erkennen ist, sondern diese im Kontext mit mehr Fixationen und deutlich langsamer gelesen werden als ohne Kontext und die Anzahl an Single Fixation im Kontext geringer als ohne Kontext ist, kann die im Kontext längere Erstfixationsdauer nicht durch den kontextuellen Verarbeitungsvorteil begründet werden. Die längere Erstfixationsdauer ist vermutlich auf die misslingende semantische Integration zurückzuführen (s. Kap. 5.7.7.4).

Die letzte Hypothese-Z-9, dass die Ergebnisse von den Ergebnissen auf Wortebene abweichen, kann für die leseschwächere Gruppe für die Fixationsanzahl, die Anzahl an Single Fixation sowie die Gesamtlesezeit bestätigt werden. So ist die Fixationsanzahl bei transparenten und opaken Komposita ohne Kontext sowohl bei der Standard- als auch der Bindestrichschreibung geringer, mit Kontext hingegen höher als bei der Mediopunktschreibung. Zudem werden die opaken unsegmentierten Komposita ohne Kontext mit mehr

Fixationen, im Kontext hingegen mit weniger Fixationen gelesen als die opaken mit Bindestrich segmentierten Komposita. Die transparenten unsegmentierten Komposita werden ohne Kontext seltener, mit Kontext hingegen häufiger mit nur einer Fixation gelesen als die Mediopunktschreibung. Zudem werden die opaken unsegmentierten Komposita mit Kontext deutlich seltener mit nur einer Fixation gelesen als die mit Mediopunkt segmentierten Komposita, wohingegen die Anzahl an Single Fixation ohne Kontext bei der Standard- und Mediopunktschreibung identisch ist. Auffällig ist zudem, dass die opaken mit Bindestrich segmentierten Komposita ohne Kontext nur minimal, mit Kontext hingegen deutlich seltener mit nur einer Fixation gelesen werden als die mit Mediopunkt segmentierten Komposita. Zudem werden die transparenten mit Bindestrich segmentierten Komposita ohne Kontext deutlich langsamer, mit Kontext hingegen minimal schneller gelesen als die transparenten unsegmentierten Komposita.

Für die lesestärkere Gruppe kann die Hypothese-Z-9 weitgehend bestätigt werden. So ist die Fixationsanzahl ohne Kontext bei der Mediopunktschreibung geringer, mit Kontext hingegen signifikant höher als bei der Standardschreibung. Die Bindestrichschreibung wird zwar sowohl mit als auch ohne Kontext mit mehr Fixationen gelesen als die Standardschreibung, der Unterschied ist allerdings nur mit Kontext signifikant. Zudem ist die Fixationsanzahl bei transparenten Komposita ohne Kontext bei der Standardschreibung höher, mit Kontext hingegen geringer als bei der Bindestrich- und Mediopunktschreibung. Auch die Anzahl an Single Fixation ist bei transparenten Komposita mit Kontext bei der Standardschreibung höher und bei der Bindestrichschreibung geringer als bei der Mediopunktschreibung, wohingegen sie ohne Kontext bei allen drei Schreibweisen identisch ist. Bei opaken Komposita besteht ohne Kontext zwischen der Standard- und Mediopunktschreibung ebenfalls kein Unterschied; die Bindestrichschreibung wird jedoch seltener mit nur einer Fixation gelesen als die Standard- und Mediopunktschreibung. Im Kontext werden die opaken unsegmentierten Komposita hingegen häufiger mit nur einer Fixation gelesen als die Mediopunktschreibung und signifikant häufiger mit nur einer Fixation gelesen als die Bindestrichschreibung. Unterschiede zeigen sich auch bei dem Anteil der Regressionen. Dieser ist bei transparenten Komposita ohne Kontext bei der Bindestrich- und Standardschreibung höher, mit Kontext hingegen geringer als bei der Mediopunktschreibung. Bei opaken Komposita ist es umgekehrt: Hier ist der Anteil der Regressionen ohne Kontext bei der Standard- und Bindestrichschreibung geringer, mit Kontext hingegen höher als bei der Mediopunktschreibung. Auch die Erstfixationsdauer ist bei transparenten Komposita ohne Kontext bei der Bindestrichschreibung kürzer und der Standardschreibung minimal länger, mit Kontext hingegen bei der Bindestrichschreibung länger und der Standardschreibung kürzer als bei der Mediopunktschreibung. Dass sich die Ergebnisse aus Experiment 3 auf Satzebene nicht replizieren lassen, bestätigt auch die Gesamtlesezeit: Diese ist bei transparenten Komposita ohne Kontext bei der Bindestrichschreibung kürzer und der Standardschreibung länger, mit Kontext hingegen bei der Bindestrichschreibung länger und der Standardschreibung kürzer als bei der Mediopunktschreibung. Bei opaken Komposita ist die Gesamtlesezeit hingegen sowohl mit als auch ohne Kontext bei der Bindestrich- und Standardschreibung länger als bei der Mediopunktschreibung. Allerdings werden die opaken mit Bindestrich segmentierten Komposita ohne Kontext minimal schneller, mit Kontext hingegen deutlich langsamer gelesen als die opaken unsegmentierten Komposita. Ebenso wie bei der Anzahl an Fixationen und Single Fixation ist der Unterschied zwischen Standard- und Bindestrichschreibung auch bei der Gesamtlesezeit nur im Kontext signifikant.

Dass die Gruppierung der Zielgruppe in schwächere und stärkere Leser zu differenzierteren Ergebnissen führt, lässt sich auch in diesem Experiment anhand der signifikanten Unterschiede zwischen den Gruppen bestätigen. So liest die leseschwächere Gruppe die Komposita mit signifikant mehr Fixationen und signifikant langsamer und springt darüber hinaus beim Lesen der Komposita häufiger zurück als die lesestärkere Gruppe, was die Annahmen zum Leseverhalten von leseschwächeren Probanden von Bredel/Maaß (2016a) bestätigt (s. Kap. 4.10). Bei dem Anteil der Regressionen und der Anzahl an Revisits ist der Unterschied zwischen den Gruppen allerdings nur bei der Standardschreibung signifikant, was die theoretische Annahme belegt, dass das Lesen der unsegmentierten Komposita für die leseschwächeren Probanden signifikant schwieriger ist als für die lesestärkeren Probanden (s. Kap. 3.4–3.9). Auch die Pupillenweite ist bei der leseschwächeren Gruppe signifikant größer als bei der lesestärkeren Gruppe, was ebenfalls ein Hinweis darauf ist, dass das Lesen der Komposita für diese Gruppe mit höherem kognitivem Aufwand verbunden ist. Ebenso wie in Experiment 2 ist die Erstfixationsdauer auch in diesem Experiment auf Satzebene bei der lesestärkeren Gruppe signifikant kürzer als bei der leseschwächeren Gruppe. Dass die Erstfixationsdauer auf Satzebene bei Probanden mit besseren Lesekompetenzen kürzer ist als bei Probanden mit geringeren Lesekompetenzen, zeigt sich sowohl beim Vergleich von Kontroll- und Zielgruppe als auch innerhalb der Zielgruppe beim Vergleich der lesestärkeren und leseschwächeren Leser. Es wurde allerdings aufgezeigt, dass eine kürzere Erstfixationsdauer, wie in Experiment 1 und 3, nur in Kombination mit einer signifikant höheren Fixationsanzahl und einer längeren Gesamtlesezeit als Indiz für eine morphembasierte Verarbeitung zu werten ist (s. Kap. 5.4.7.3). Da die Fixationsanzahl und die Gesamtlesezeit allerdings in Experiment 4, ebenso wie in den Experimenten 1–3, bei den lesestärkeren Probanden (Kontrollgruppe bzw. Gruppe 2) signifikant geringer bzw. kürzer ist als bei den leseschwächeren Probanden (Zielgruppe bzw. Gruppe 1), kann die signifikant kürzere Erstfixationsdauer hier nicht als Indiz für eine im Vergleich zu leseschwächeren Lesern primär morphembasierte Verarbeitung betrachtet werden. Vielmehr bestätigen die Ergebnisse, dass eine deutlich kürzere Erstfixationsdauer in Kombination mit einer signifikant geringeren Fixationsanzahl und einer signifikant kürzeren Gesamtlesezeit darauf hindeutet, dass die Verarbeitung der Komposita im Kontext bei lesestärkeren Probanden angesichts der besseren Lesekompetenzen zu allen Verarbeitungsphasen schneller abläuft als bei leseschwächeren Probanden (s. hierzu auch den tentativen Modellierungsvorschlag in Kap. 5.8). Die Analysen bestätigen somit die in Experiment 2 aufgestellte Annahme, dass für das Lesen von eingebetteten Komposita gilt, dass je besser die Lesekompetenzen sind, desto kürzer ist die initiale Fixationsdauer (s. Kap. 5.5.7.10). Die im Kontext kürzere Erstfixationsdauer bei Probanden mit besseren Lesekompetenzen ist vermutlich darauf zurückzuführen, dass diese u. a. über einen größeren Bestand an Frames verfügen, der dazu führt, dass die Wörter auf Basis der aktivierten Frames schneller erkannt werden als von leseschwächeren Probanden, was sich zugleich in einer signifikant kürzeren Gesamtlesezeit und Fixationsanzahl widerspiegelt (vgl. Bredel/Maaß 2016a).

5.7.7.11 Poststimulus Distractor Task

Bevor die Ergebnisse in Kap. 5.7.8 abschließend diskutiert werden, wird zunächst noch auf die Ergebnisse des Poststimulus Distractor Tasks eingegangen. Ebenso wie bei den anderen Experimenten wird auf eine detaillierte Analyse der Antworten der Kontrollgruppe verzichtet, da diese die Frage nach dem Sinn des Satzes zu 98,8 % richtig beantwortet haben. Auffällig ist jedoch, dass insgesamt 60 % aller falschen Antworten bei der Bindestrichschreibung (⅔ opak, ⅓ transparent) und 30 % bei der Mediopunktschreibung (⅔ opak, ⅓ transparent) gegeben wurden. Ein Vergleich mit den falschen Antworten aus Experiment 2 zeigt, dass die prozentuale Anzahl an falschen Antworten, die allein bei den opaken mit Bindestrich segmentierten Komposita gegeben wurde (0,47 %), damit mehr als doppelt so hoch ist wie die prozentuale Anzahl an falschen Antworten, die in Experiment 2 bei allen drei Schreibweisen zusammen gegeben wurde (0,16 %). Die hohe Fehlerzahl bei den opaken mit Bindestrich segmentierten Komposita spiegelt die Ergebnisse der Blickbewegungsdaten wider, die ebenfalls eindeutig darauf hindeuten, dass die opaken mit Bindestrich segmentierten Komposita mit dem höchsten Verarbeitungsaufwand einhergehen bzw. der Bindestrich bei opaken Komposita irritiert.

Von der Zielgruppe wurden 18,5 % der Fragen nach dem Sinn des Satzes falsch beantwortet (d. h. 60 Fehler bei 324 gezeigten Fragen). Diese sind zu 35,3 % der Bindestrich-, zu 33,3 % der Mediopunkt- und zu 31,4 % der Standardschreibung zuzuordnen. Die falschen Antworten wurden zu 47 % bei den transparenten und zu 53 % bei den opaken Komposita gegeben. Dies stützt ebenfalls die Tendenzen der Blickbewegungsdaten, die darauf hindeuten, dass opake schwieriger zu verarbeiten sind als transparente Komposita. Die meisten falschen Antworten sind den opaken mit Bindestrich segmentierten Komposita zuzuordnen (21,6 %), was ebenfalls den Tendenzen der Blickbewegungsanalysen entspricht. Betrachtet man die Anzahl der falschen Antworten für die LQ-Gruppen getrennt, zeigt sich, dass 88,3 % der falschen Antworten von der Gruppe mit dem geringeren LQ und 11,7 % der falschen Antworten von der Gruppe mit dem höheren LQ gegeben wurden. Die falschen Antworten der Gruppe 1 sind zu 47,17 % den transparenten und zu 52,83 % den opaken Komposita zuzuordnen, wobei die falschen Antworten der opaken Komposita zu 35,71 % auf die Bindestrich- und zu je 32,14 % auf die Standard- und

Mediopunktschreibung fallen. Die Blickbewegungsdaten deuten zwar ebenfalls weitgehend auf einen Verarbeitungsnachteil der opaken mit Bindestrich segmentierten Komposita hin, sind allerdings teilweise widersprüchlich, so dass sie keine eindeutigen Schlussfolgerungen erlauben. Bei den transparenten Komposita fallen die falschen Antworten zu 40 % auf die Standard-, zu 36 % auf die Mediopunkt- und zu 24 % auf die Bindestrichschreibung. Abb. 115 zeigt die Anzahl der Fehler.

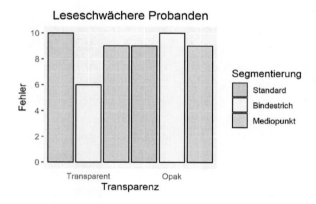

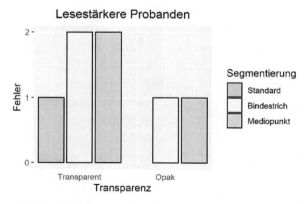

Abb. 115: Anzahl der Fehler für die leseschwächere Gruppe (oben) und die lesestärkere Gruppe (unten)

Die hohe Anzahl an falschen Antworten bei den transparenten unsegmentierten Komposita bestätigt die Ergebnisse der Blickbewegungsanalysen, die ebenfalls darauf hinweisen, dass unsegmentierte Komposita für leseschwächere Probanden teilweise schwierig zu verarbeiten sind. In der Gruppe 2 sind die falschen Antworten zu 71,43 % den transparenten und zu 28,57 % den opaken Komposita zuzuordnen. Bei den transparenten Komposita wurden die falschen Antworten zu je 40 % bei der Bindestrich- und Mediopunkt- und zu 20 % bei der Standardschreibung und bei den opaken Komposita zu je 50 % bei der Bindestrich- und Mediopunktschreibung gegeben (s. Abb. 115). Die geringe Anzahl an falschen Antworten bei unsegmentierten Komposita entspricht ebenfalls weitgehend den Tendenzen der Blickbewegungsanalysen. Da die Unterschiede zwischen den Schreibweisen allerdings nicht signifikant sind, soll den Ergebnissen nicht zu viel Bedeutung beigemessen werden. Es handelt sich lediglich um Tendenzen, welche die Ergebnisse der Blickbewegungsmessungen teilweise stützen, aber keine fundierten Rückschlüsse auf kognitive Verarbeitungsschwierigkeiten zulassen.

5.7.8 Zwischenfazit

Die Ergebnisse aus diesem Experiment bestätigen die Ergebnisse der vorherigen Experimente, dass unbeeinträchtigte Leser unsegmentierte Komposita ungeachtet der Transparenz signifikant schneller verarbeiten als segmentierte Komposita. Die Hypothese K-1 konnte somit auch hier bestätigt werden. Dies ist vermutlich zum einen auf den Effekt der Vertrautheit zurückzuführen und zum anderen darauf, dass unbeeinträchtigte Leser auf kurze lexikalisierte Komposita primär ganzheitlich zugreifen (s. Kap. 3.8.3). Demnach ist anzunehmen, dass die Segmentierung einen morphembasierten Zugriff herbeiführt, der bei unbeeinträchtigten Lesern zu verlängerten Verarbeitungszeiten führt (s. Kap. 5.4.7.3). Ebenso wie in Experiment 3 ist jedoch auch hier der Verarbeitungsvorteil der Mediopunkt- gegenüber der Bindestrichschreibung nur bei opaken Komposita eindeutig zu erkennen. Da die Unterschiede zwischen Mediopunkt- und Bindestrichschreibung zudem nur bei den opaken Komposita signifikant sind, kann somit nur für diese ein signifikanter Verarbeitungsnachteil der Bindestrichschreibung nachgewiesen werden und die Hypothese K-2 somit nur für opake Komposita bestätigt werden. Dieses Ergebnis stützt die Annahme, dass die Mediopunktschreibung aufgrund des unauffälligeren Segmentierungszeichens und der Binnenminuskel weniger stark zur morphembasierten Verarbeitung instruiert und daher im Falle der opaken Komposita weniger stark irritiert als die Bindestrichschreibung (s. Kap. 3.6.2.1). Somit spiegelt sich die Aussage von König (2004), dass sinnentstellende Trennungen zur Notwendigkeit von Regressionen führen und den Leseprozess verlangsamen (vgl. König 2004: 76), bei den opaken mit Bindestrich segmentierten Komposita in den Blickbewegungen wider. Die Ergebnisse deuten folglich darauf hin, dass die Leser Schwierigkeiten haben, die mit Bindestrich segmentierten Komposita beim ersten Lesen in den Satz zu integrieren. Wie in Experiment 2 ist auch hier ein eindeutiger kontextueller Verarbeitungsvorteil nachzuweisen; die Hypothesen K-3 und K-4 konnten somit bestätigt werden. Interessanterweise ist dies jedoch nur bei der Standard- und Mediopunktschreibung sowohl bei transparenten als auch bei opaken Komposita der Fall. Bei der Bindestrichschreibung ist der Verarbeitungsvorteil hingegen weder bei transparenten noch bei opaken Komposita nachzuweisen, so dass die Hypothese K-6 zwar bestätigt, die Hypothese K-5 jedoch widerlegt wurde. Die mit dem Bindestrich einhergehende Irritation scheint somit insbesondere bei opaken Komposita im Kontext noch deutlich stärker ausgeprägt zu sein als ohne Kontext.

Bei der Zielgruppe fällt auf, dass sich bei den transparenten Komposita sowohl die Segmentierung mit dem Bindestrich als auch die Segmentierung mit dem Mediopunkt negativ auf die Verarbeitung der Komposita auswirkt, so dass die Hypothese Z-1 nicht bestätigt wurde. Der Verarbeitungsnachteil ist jedoch bei der Bindestrich- deutlich stärker ausgeprägt als bei der Mediopunktschreibung. Auch bei den opaken Komposita wird die Bindestrichschreibung nachweisbar schlechter verarbeitet als die Standardschreibung, wohingegen bei der Mediopunktschreibung weder ein eindeutig positiver noch ein eindeutig negativer Effekt nachzuweisen ist. Im Gegensatz zu Experiment 3 ist hier jedoch sowohl bei transparenten als auch bei opaken Komposita eindeutig zu erkennen, dass die Mediopunktschreibung besser verarbeitet wird als die Bindestrichschreibung, so dass die Hypothese Z-4 bestätigt werden konnte. Während die Blickbewegungen der Zielgruppe bei der Standard- und Mediopunktschreibung teilweise für und teilweise gegen einen Verarbeitungsvorteil der kontextuell eingebetteten Komposita sprechen, deuten sie bei der

Bindestrichschreibung eindeutig darauf hin, dass sowohl die transparenten als auch die opaken mit Bindestrich segmentierten Komposita mit Kontext schwieriger zu verarbeiten sind als ohne Kontext. Die Ergebnisse zeigen somit, dass der Bindestrich die Verarbeitung opaker in Sätzen eingebetteter Komposita nachweislich erschwert, wohingegen dies bei der Mediopunktschreibung nicht der Fall zu sein scheint. Somit konnte sowohl die Hypothese Z-6 als auch die Hypothese Z-8 bestätigt werden. Dennoch ist es, ebenso wie in den Experimenten 1–3, aufgrund der heterogenen Lesekompetenzen für differenziertere Aussagen hilfreich gewesen, die Daten nochmals für die leseschwächeren und lesestärkeren Probanden separat zu analysieren.

Die Ergebnisse der leseschwächeren Gruppe bestätigen die Ergebnisse der Experimente 1–3, da auch hier eindeutig nachgewiesen wurde, dass die Probanden bei transparenten Komposita von dem Mediopunkt profitieren. Da bei der Bindestrichschreibung nur ein tendenzieller, aber kein eindeutiger Verarbeitungsvorteil gegenüber der Standardschreibung nachzuweisen ist, kann die der Arbeit zugrunde liegende Frage, ob die Segmentierung mit dem Mediopunkt der Segmentierung mit dem Bindestrich überlegen ist (d. h. die Hypothese Z-2), auch hier für die leseschwächeren und die unbeeinträchtigten Probanden eindeutig bejaht werden. Das Ergebnis, dass der Mediopunkt besser funktioniert als der Bindestrich, gilt allerdings nicht nur für die transparenten, sondern auch für die opaken Komposita. So werden die opaken mit Bindestrich segmentierten Komposita schlechter verarbeitet als die unsegmentierten Komposita, wohingegen ein Verarbeitungsnachteil der Mediopunktschreibung bei opaken Komposita nicht eindeutig nachzuweisen ist. Dieses Ergebnis kann somit als Hinweis dafür gewertet werden, dass bei opaken Komposita nur die Segmentierung mit dem Bindestrich dazu führt, dass eine nicht zielführende Bedeutung der Einzelkonstituenten aktiviert wird, welche wiederum die Verarbeitung des Gesamtkomplexes erschwert (s. Kap. 3.5.2.2). Im Unterschied zu Experiment 2 ist ein kontextueller Verarbeitungsvorteil bei den leseschwächeren Probanden allerdings aufgrund widersprüchlicher Tendenzen nicht eindeutig nachzuweisen.

Auch für die lesestärkere Gruppe können die Ergebnisse aus Experiment 2 weitgehend bestätigt werden. So ist zu erkennen, dass die Probanden, ebenso wie die Probanden der Kontrollgruppe, bei transparenten Komposita nicht von der Segmentierung profitieren, was wahrscheinlich ebenfalls darauf zurückzuführen ist, dass kurze lexikalisierte Komposita mit steigenden Lesekompetenzen vermehrt ganzheitlich verarbeitet werden und die Segmentierung dem ganzheitlichen Zugriff entgegensteht. Die Hypothese Z-1 konnte somit für die lesestärkeren Probanden widerlegt werden und stattdessen aufgezeigt werden, dass das Blickverhalten der lesestärkeren Probanden dem der unbeeinträchtigten Probanden ähnelt. Da die Mediopunktschreibung sowohl bei transparenten als auch bei opaken Komposita besser verarbeitet wird als die Bindestrichschreibung (wodurch die Hypothesen Z-2 und Z-4 bestätigt wurden), ist anzunehmen, dass der Mediopunkt weniger stark zur morphembasierten Verarbeitung instruiert und insbesondere bei opaken Komposita weniger irritiert als der Bindestrich (s. Kap. 3.6.2.1). Für diese Annahme sprechen auch die Ergebnisse des Poststimulus Distractor Tasks, bei dem die höchste Fehlerquote ebenfalls bei opaken mit Bindestrich segmentierten Komposita zu verzeichnen war. Der mit dem Kontext einhergehende Verarbeitungsvorteil ist bei der lesestärkeren Gruppe bei der Standardschreibung sowohl bei transparenten als auch bei opaken Komposita nachzuweisen. Die Hypothese Z-5 wurde somit bestätigt; die Unterschiede zwischen den Präsentationsweisen sind jedoch geringer ausgeprägt als in Experiment 2. Bei der Mediopunkt- und Bindestrichschreibung ist der Verarbeitungsvorteil hingegen weder bei transparenten noch bei opaken Komposita klar zu erkennen, so dass die Hypothesen Z-6 und Z-7 nicht bestätigt wurden. Insgesamt weisen auch die Ergebnisse der lesestärkeren Gruppe eindeutig darauf hin, dass die bei opaken Komposita kontraproduktive Bedeutung der Konstituenten bei der Bindestrichschreibung stärker aktiviert wird als bei der Mediopunktschreibung.

Wie in Experiment 2 stimmen die Ergebnisse der leseschwächeren Probanden mit den Ergebnissen der Studie von Gutermuth (2020) überein, in welcher ebenfalls gezeigt wurde, dass Probanden mit geringen Lesekompetenzen beim Lesen von Komposita im Kontext von der Segmentierung mit dem Mediopunkt profitieren.

Das Ergebnis, dass sich der Mediopunkt bei opaken Komposita, im Gegensatz zum Bindestrich, nicht wie erwartet nachweisbar negativ auf die Verarbeitung der Komposita auswirkt, ist laut Ji et al. (2011) auf die kontextuelle Einbettung zurückführen. Ji et al. (2011) beziehen Stellung zu den Ergebnissen von Pollatsek/Hyönä (2005), in denen anhand von Eye-Tracking-Daten kein

Verarbeitungsnachteil von opaken gegenüber transparenten Komposita gefunden wurde. So argumentieren Ji et al. (2011), dass die kontextuellen Hinweise den Zugriff auf die konventionelle Bedeutung des opaken Kompositums nahelegen und dadurch gleichzeitig innovative Bedeutungen, die bei isolierter Präsentation womöglich aktiviert werden, im Kontext inhibiert werden. Die ohne Kontext auftretende Inkompatibilität zwischen Konstituentenbedeutung und Bedeutung des Kompositums wird so durch die ausbleibende lexikalische Aktivierung der Konstituentenbedeutung gemindert. Ji et al. (2011) konnten zudem nachweisen, dass Komposita schneller verarbeitet wurden als monomorphemische Wörter, wobei dieser Verarbeitungsvorteil nur dann erhalten blieb, wenn keine lexikalische Aktivierung der Konstituentenbedeutung stattfand. Der bei der Zielgruppe fehlende Effekt der Transparenz ist somit mit dem Kontext zu begründen, welcher bei der Standard- und Mediopunktschreibung den Konflikt zwischen der Konstituenten- und der Kompositumsbedeutung aufhebt.

Im Rahmen des Experimentes sollte u. a. die Frage beantwortet werden, ob die Probanden der Zielgruppe auch beim Lesen von in Sätzen eingebetteten transparenten und opaken Komposita von der Segmentierung profitieren oder ob der Kontext, wie von Pappert/Bock (2020) in Erwägung gezogen, womöglich dazu führt, dass das Erkennen des Kompositums erheblich erleichtert wird und die Segmentierung somit auch bei Probanden mit geringen Lesekompetenzen nicht mehr notwendig ist. Da allerdings weder die transparenten noch die opaken unsegmentierten Komposita im Kontext nachweisbar besser verarbeitet wurden als die segmentierten Komposita, kann bei den Probanden mit geringen Lesekompetenzen nicht davon ausgegangen werden, dass die Segmentierung überflüssig ist. Anders ist es bei der lesestärkeren Gruppe: Hier deuten die Ergebnisse eindeutig darauf hin, dass die Segmentierung weder bei transparenten noch bei opaken kontextuell präsentierten Komposita erforderlich ist, während die Probanden auf Wortebene durchaus von der Segmentierung zu profitieren schienen.

Beim Vergleich der Effektstärken des kontextuellen Verarbeitungsvorteils bei der Kontroll- und Zielgruppe lassen sich, wie in Experiment 2, keine einheitlichen Tendenzen erkennen. Während einige Parameter (z. B. Gesamtlesezeit, Anzahl an Single Fixation, Anteil der Regressionen) dafür sprechen, dass der kontextuelle Verarbeitungsvorteil bei der Kontrollgruppe stärker ausgeprägt ist als bei der Zielgruppe, deutet z. B. die Fixationsanzahl darauf hin, dass der kontextuelle Verarbeitungsvorteil bei der Zielgruppe stärker ausgeprägt ist als bei der Kontrollgruppe. Aussagen darüber, ob lesestärkere oder leseschwächere Probanden mehr von der kontextuellen Einbettung profitieren, lassen sich somit zunächst auch hier nicht treffen, wobei sich dies, ebenso wie in Experiment 2 (s. Kap. 5.5.8), ändert, sobald man die Effektstärke des kontextuellen Verarbeitungsvorteils bei den leseschwächeren und lesestärkeren Probanden der Zielgruppe vergleicht. Hierbei ist allerdings zu beachten, dass die Gesamtlesezeit, wie erwähnt, im Widerspruch zu den anderen Parametern steht. Dennoch zeigen die Unterschiede zwischen den Gruppen hinsichtlich der Fixationsanzahl, der Anzahl an Single Fixation und dem Anteil der Regressionen, dass der kontextuelle Verarbeitungsvorteil bei der leseschwächeren stärker ausgeprägt ist als bei der lesestärkeren Gruppe. Wenngleich die Ergebnisse nicht so eindeutig sind wie in Experiment 2, kann die Tendenz, dass leseschwächere Probanden stärker auf die Einbettung im Kontext angewiesen sind und stärker von dieser profitieren, auch hier bestätigt werden (für eine Diskussion s. Kap. 5.5.8).

Ebenso wie in den Experimenten 1 und 2 wird zu guter Letzt noch mit einer Post-hoc-Analyse geprüft, ob die nicht kontrollierte Variable *Fugenelement* einen Einfluss auf die Verarbeitung der segmentierten Komposita hatte. Dafür wurde ein weiteres Modell geschätzt, in welchem zusätzlich zu den unabhängigen Variablen *Segmentierung* und *Transparenz* das Modell um die unabhängige Variable *Fugenelement* erweitert wurde. Die Analysen auf Wortebene ergeben, dass die Variable Fugenelement weder in der Kontroll- noch in der Zielgruppe einen signifikanten Einfluss auf die Fixationsanzahl oder Gesamtlesezeit hat (s. Tab. 61). Der Einfluss der Variable Fugenelement auf die Erstfixationsdauer ist in der Kontrollgruppe marginal signifikant; aus den Effektschätzern lässt sich allerdings schließen, dass der Effekt bei der Standardschreibung deutlich stärker ausgeprägt ist (β = -39,811, t = -2,569, p = 0,156) als bei der Mediopunkt- und der Bindestrichschreibung (β = -9,482, t = -0,615, p = 1,000 bzw. β = 4,368, t = 0,279, p = 1,000) und bei letzteren aufgrund der nicht signifikanten Effekte hinsichtlich der Fixationsanzahl und der Gesamtlesezeit zu vernachlässigen ist. Bei der Zielgruppe hat die Variable Fugenelement keinen signifikanten Einfluss auf die Erstfixationsdauer (s. Tab. 61).

© Frank & Timme   Verlag für wissenschaftliche Literatur

		Wortebene				Satzebene			
		Kontroll-gruppe	Ziel-gruppe	Gruppe 1	Gruppe 2	Kontroll-gruppe	Ziel-gruppe	Gruppe 1	Gruppe 2
Fixations-anzahl	β	0,030	-0,196	-0,127	-0,255	-0,082	-0,279	-0,269	-0,359
	p	0,719	0,271	0,681	0,162	0,532	0,315	0,594	0,151
Erstfixations-dauer	β	-15,073	10,180	-16,67	30,556	-4,751	20,55	81,76	-48,516
	p	0,092	0,581	0,607	0,107	0,671	0,601	0,295	0,037
Gesamt-lesezeit	β	11,634	-52,54	123,3	-14,42	-52,26	-106,76	-64,69	-219,85
	p	0,593	0,394	0,291	0,766	0,272	0,322	0,737	0,048

Tab. 61: Einfluss der Fugenelemente auf die Fixationsanzahl, Erstfixationsdauer und Gesamtlesezeit

Betrachtet man die Ergebnisse für die leseschwächeren und -stärkeren Probanden der Zielgruppe getrennt, zeigen die Analysen, dass das Vorhandensein von Fugenelementen bei der leseschwächeren Gruppe (Gruppe 1) weder einen signifikanten Einfluss auf die Fixationsanzahl noch auf die Erstfixationsdauer oder die Gesamtlesezeit hat (s. Tab. 61). In der lesestärkeren Gruppe (Gruppe 2) ist der Einfluss der Fugenelemente auf die Fixationsanzahl sowie auf die Gesamtlesezeit ebenfalls nicht signifikant (s. Tab. 61). Der Einfluss auf die Erstfixationsdauer ist insgesamt betrachtet ebenfalls nicht signifikant; aus den Effektschätzern lässt sich jedoch ableiten, dass der Effekt bei der Standardschreibung marginal signifikant ist (β = 95,51, t = 2,912, p = 0,062) und die Erstfixationsdauer somit bei unsegmentierten Komposita ohne Fugenelement marginal signifikant kürzer ist als bei unsegmentierten Komposita mit Fugenelement. Insgesamt gibt es allerdings keine Anhaltspunkte dafür, dass sich das Vorhandensein von Fugenelementen auf die kognitive Verarbeitung der segmentierten Komposita ausgewirkt hat.

Gleiches gilt für die Ergebnisse auf Satzebene: Auch hier hat das Vorhandensein von Fugenelementen weder einen signifikanten Einfluss auf die Fixationsanzahl noch auf die Gesamtlesezeit oder die Erstfixationsdauer (s. Tab. 61). Es lässt sich somit auch hier schlussfolgern, dass sich das Vorhandensein von Fugenelementen weder in der Kontroll- noch in der Zielgruppe negativ auf die Verarbeitung der segmentierten Komposita ausgewirkt hat. Dies bestätigt sich auch bei Betrachtung der Modelle für die leseschwächeren und lesestärkeren Probanden der Zielgruppe: In der Gruppe mit dem geringeren LQ (Gruppe 1) wirkt sich das Vorhandensein von Fugenelementen weder signifikant auf die Fixationsanzahl noch auf die Gesamtlesezeit oder die Erstfixationsdauer aus (s. Tab. 61). In der Gruppe mit dem höheren LQ (Gruppe 2) ist der Einfluss der Fugenelemente auf die Fixationsanzahl ebenfalls nicht signifikant (s. Tab. 61). Der Einfluss auf die Gesamtlesezeit sowie auf die Erstfixationsdauer ist in dieser Gruppe zwar signifikant; der Regressionskoeffizient deutet jedoch darauf hin, dass die Gesamtlesezeit und die Erstfixationsdauer bei Komposita mit Fugenelement signifikant kürzer ist als bei Komposita ohne Fugenelement, wobei die Effekte bei den einzelnen Schreibweisen einer Bonferroni-Korrektur nicht standhalten. Somit kann auch hier festgehalten werden, dass sich das Vorhandensein von Fugenele-

© Frank & Timme   Verlag für wissenschaftliche Literatur

menten nicht signifikant negativ auf die kognitive Verarbeitung der segmentierten Komposita ausgewirkt hat.

5.8 Tentativer Modellierungsvorschlag

Bei der Analyse der Eye-Tracking-Daten wurde deutlich, dass die Ergebnisse der Erstfixationsdauer konträr zu den Erwartungen waren und den anhand der anderen Parameter sichtbaren Tendenzen sowohl bei der Kontroll- als auch bei der Zielgruppe eindeutig widersprachen. Diese Diskrepanz zwischen den Ergebnissen der Erstfixationsdauer und der Gesamtlesezeit bzw. Fixationsanzahl war jedoch nicht in allen Experimenten bzw. für alle Schreibweisen zu erkennen; stattdessen stimmte die Erstfixationsdauer teilweise auch mit den Tendenzen der anderen Parameter überein. So zeigte sich in Experiment 1 (s. Kap. 5.4.7.3) und Experiment 2 (s. Kap. 5.5.7.4), dass die Fixationsanzahl und Gesamtlesezeit bei der Standardschreibung geringer bzw. kürzer als bei der Bindestrichschreibung war; die Erstfixationsdauer war jedoch bei der Standardschreibung länger als bei der Bindestrichschreibung. Gleiches galt für die transparenten Komposita in Experiment 3 und 4 (s. Kap. 5.6.7.3 und Kap. 5.7.7.4). Bei den opaken Komposita war die Erstfixationsdauer hingegen in beiden Experimenten (3 und 4) bei der Bindestrichschreibung deutlich länger als bei der Standardschreibung, was jedoch in diesem Fall auch mit der bei der Bindestrichschreibung längeren Gesamtlesezeit und höheren Fixationsanzahl übereinstimmte. Bei differenzierterer Betrachtung der Ergebnisse zeigte sich somit, dass hinsichtlich des Verhältnisses von Erstfixationsdauer und Gesamtlesezeit bzw. Fixationsanzahl in den Blickbewegungsdaten gewisse Muster zu erkennen sind. Aufgrund dessen sollen die Verarbeitungsprozesse und das Zusammenspiel von Erstfixationsdauer, Gesamtlesezeit und Fixationsanzahl bei segmentierten und unsegmentierten Komposita im Folgenden in einem tentativen Modell zusammengefasst werden.

Vor der Modellierung ist jedoch darauf hinzuweisen, dass die Blickbewegungen beim Lesen, wie in Kap. 4.8 erläutert, durch eine Vielzahl von text- und rezipientenseitigen Faktoren gesteuert werden. Rezipientenseitige Faktoren, wie das Vorwissen und die Leseabsicht, werden bei der Modellierung nicht berücksichtigt; es steht jedoch außer Frage, dass diese einen erheblichen Einfluss auf die Blickbewegungen beim Lesen haben und somit in einem erweiterten, vollumfänglichen Modell zu berücksichtigen wären.

Sowohl auf Wort- als auch auf Satzebene wurde nachgewiesen, dass die Segmentierung von Komposita zwar zu einer erhöhten Fixationsanzahl und längeren Gesamtlesezeit führte, die Erstfixationsdauer jedoch bei segmentierten Komposita deutlich kürzer war als bei unsegmentierten Komposita[115]. In Anlehnung an Inhoff et al. (2000), Juhasz et al. (2005), Häikiö et al. (2011) und Bertram/Hyönä (2013) ist dieses widersprüchlich erscheinende Phänomen darauf zurückzuführen, dass die Segmentierung die lexikalische Dekomposition und damit die Identifikation und Verarbeitung der ersten Konstituente erleichtert, welche sich in der Erstfixationsdauer widerspiegelt. Die Segmentierung führt folglich dazu, dass die Aufmerksamkeit des Lesers während der ersten Fixation auf die erste Konstituente und damit auf eine kürzere und in der Regel höherfrequente Einheit beschränkt ist, wodurch die initiale Verarbeitung beschleunigt wird. Durch die Segmentierung wird somit zwar die isolierte Verarbeitung der ersten Konstituente erleichtert, insgesamt wird der Leseprozess aber durch die erzwungene morphembasierte Verarbeitung verlangsamt, was an der verlängerten Gesamtlesezeit und erhöhten Fixationsanzahl sichtbar ist. Wird mit der ersten Fixation nur die erste Konstituente verarbeitet, führt dies automatisch dazu, dass das Kompositum erneut fixiert werden muss, was ebenfalls ein Grund für die höhere Fixationsanzahl und längere Gesamtlesezeit ist. Eine kurze Erstfixationsdauer kann in diesem Fall nicht als Verarbeitungsvorteil gedeutet werden. Daraus lässt sich ableiten, dass eine kurze Erstfixationsdauer in Kombination mit einer hohen Fixationsanzahl und langen Gesamtlesezeit darauf hinweist, dass die Verarbeitung der ersten Konstituente zwar beschleunigt, die Verarbeitung des Gesamtkomplexes aber verlangsamt wird. Die Segmentierung (insb. die Segmentierung mit dem Bindestrich) ist somit zwar förderlich für die Dekomposition, sie lenkt

....

115 Für die Modellierung wird aus Gründen der Einfachheit und Übersichtlichkeit nur zwischen segmentierten und unsegmentierten Komposita und nicht weiter zwischen Bindestrich- und Mediopunktschreibung unterschieden; die Effekte waren jedoch bei der Bindestrichschreibung in den meisten Fällen deutlich stärker ausgeprägt als bei der Mediopunktschreibung.

aber von der Verarbeitung des Kompositums über die bei Lesern mit höheren Lesekompetenzen präferierte, ganzheitliche Route ab (s. Kap. 3.8.3). Dass eine kurze Erstfixationsdauer bei segmentierten Komposita auf eine dekompositionelle Verarbeitung hindeutet, lässt sich, wie in den Studien von Inhoff/Radach (2002), Pfeiffer (2002) und Juhasz et al. (2005), mit der initialen Landeposition verifizieren. So ist die Landeposition der ersten Fixation bei segmentierten Komposita (insb. bei der Bindestrichschreibung) deutlich weiter links als bei der Standardschreibung (s. u. a. Kap. 5.5.7.4, 5.5.7.7, 5.5.7.10, 5.7.7.4). Landet die erste Fixation hingegen, wie bei den unsegmentierten Komposita, weiter rechts, so ist diese länger und deutet somit auf eine ganzheitliche Verarbeitung hin. Bei den unsegmentierten Komposita liegt die erste Fixation folglich näher an der Wortmitte (d. h. an der *optimal viewing position*, s. Kap. 4.7), was eine ganzheitliche Verarbeitung begünstigt und somit dazu führt, dass, im Gegensatz zu segmentierten Komposita, nicht nur die erste Konstituente verarbeitet wird, sondern bereits der direkte Zugriff auf die Bedeutung des Kompositums stattfindet. Dieser direkte Zugriff, d. h. die Tatsache, dass nicht nur die erste Konstituente, sondern das Kompositum bereits als Ganzes verarbeitet wird, führt zwar zu einer längeren Erstfixationsdauer, jedoch zugleich zu einer geringeren Notwendigkeit der Refixation und somit zu einer geringeren Fixationsanzahl und kürzeren Gesamtlesezeit. Daraus lässt sich ableiten, dass die unsegmentierte Schreibung den Zugriff auf die Bedeutung des Gesamtkomplexes erleichtert und eine lange Erstfixationsdauer in Kombination mit einer kurzen Gesamtlesezeit und geringen Fixationsanzahl auf eine ganzheitliche Verarbeitung des Kompositums hindeutet, die bei Lesern mit höheren Lesekompetenzen die zielführendere ist (vgl. Pfeiffer 2002; Bertram/Hyönä 2013; Lemhöfer et al. 2011; Hasenäcker/Schröder 2019).

Im Gegensatz zu den transparenten Komposita führten bei den opaken Komposita jedoch nicht die unsegmentierten, sondern die segmentierten (und insb. die mit Bindestrich segmentierten) Komposita zu einer längeren Erstfixationsdauer. Gemäß der bisherigen Ausführungen würde eine lange Erstfixationsdauer demnach bedeuten, dass auf das Kompositum direkt als Ganzes zugegriffen wird, was sich in einer weiter rechts liegenden Landeposition sowie in einer geringeren Fixationsanzahl und kürzeren Gesamtlesezeit widerspiegeln würde. Bei den opaken Komposita war jedoch genau das Gegenteil der Fall.

So zeigte die Post-hoc-Analyse, dass die Landeposition der ersten Fixation bei segmentierten Komposita deutlich weiter links liegt als bei unsegmentierten Komposita, was ein Indiz für eine morphembasierte Verarbeitung ist (s. u. a. Kap. 5.6.7.3, 5.6.7.5, 5.6.7.7, 5.7.7.7, 5.7.7.10). Auch die Korrelation zwischen Landeposition und Erstfixationsdauer, die zeigt, dass je weiter die erste Fixation bei opaken Komposita links landet, desto länger ist die Erstfixationsdauer, bestätigt, dass die Erstfixationsdauer bei opaken Komposita, im Gegensatz zu transparenten Komposita, bei einer morphembasierten Verarbeitung länger ist als bei einer ganzheitlichen Verarbeitung (d. h. bei einer weiter rechts liegenden Landeposition) (s. Kap. 5.6.7.3, 5.6.7.5, 5.6.7.7). Aus dem Befund, dass die Fixationsanzahl und die Gesamtlesezeit bei den segmentierten Komposita nicht geringer bzw. kürzer, sondern höher bzw. länger ist als bei unsegmentierten Komposita, ist zu folgern, dass eine lange Erstfixationsdauer in Kombination mit einer längeren Gesamtlesezeit und höheren Fixationsanzahl somit kein Indiz für eine ganzheitliche, schnellere Verarbeitung, sondern ein Indiz für eine schwierigere, langsamere Verarbeitung ist. Daraus lässt sich ableiten, dass eine lange Erstfixationsdauer in Kombination mit einer hohen Fixationsanzahl und einer langen Gesamtlesezeit darauf hindeutet, dass nicht nur die Verarbeitung des Gesamtkomplexes, sondern bereits die initiale Verarbeitungsphase und somit auch die Verarbeitung der ersten Konstituente mit höherem kognitiven Aufwand verbunden ist. Im Umkehrschluss bedeutet dies wiederum, dass eine kurze Erstfixationsdauer in Kombination mit einer geringen Fixationsanzahl und einer kurzen Gesamtlesezeit demnach ein Indiz für eine insgesamt schnelle Verarbeitung des Kompositums ist. Dies traf insbesondere auf die opaken unsegmentierten Komposita zu.

Unter Berücksichtigung der Ergebnisse diverser anderer Blickbewegungsstudien (u. a. O'Regan/Lévy-Schoen 1987; Vitu et al. 1990; Sereno 1992; Placke 2001; Pfeiffer 2002; Inhoff/Radach 2002; Juhasz et al. 2005; Cherng 2008; Häikiö et al. 2011; Bertram/Hyönä 2013) lässt sich der tentative Modellierungsvorschlag wie folgt zusammenfassen und visualisieren[116]:

---

116 Während das „≙" Symbol die konventionelle Bedeutung des „Entspricht" Zeichens erfüllt, stellt das mathematische „+" Symbol das Zusammenwirken verschiedener Ausprägungen der Blickbewegungsparameter dar.

➤ Lange Erstfixationsdauer + hohe Fixationsanzahl + lange Gesamtlesezeit ≙ allgemeine Verarbeitungsschwierigkeiten
➤ Kurze Erstfixationsdauer + hohe Fixationsanzahl + lange Gesamtlesezeit ≙ schnelle Verarbeitung der ersten Konstituente, aber Verarbeitung insg. verlangsamt
➤ Kurze Erstfixationsdauer + geringe Fixationsanzahl + kurze Gesamtlesezeit ≙ insg. schnelle Verarbeitung des Kompositums
➤ Lange Erstfixationsdauer + geringe Fixationsanzahl + kurze Gesamtlesezeit ≙ ganzheitliche Verarbeitung findet statt

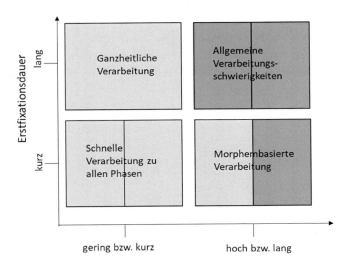

Fixationsanzahl und Gesamtlesezeit

Abb. 116: Zusammenhang zwischen Verarbeitung der Komposita und Ausprägungen der Blickbewegungsparameter. Der linke Teil der Rechtecke zeigt an, ob die erste Konstituente bei gegebener Ausprägung der Parameter schnell (grün) oder langsam (rot) verarbeitet wird; der rechte Teil der Rechtecke zeigt an, ob das Kompositum als Ganzes bei gegebener Ausprägung der Parameter schnell (grün) oder langsam (rot) verarbeitet wird.

Hierbei ist jedoch zu betonen, dass die in dieser Arbeit sichtbaren komplexen Zusammenhänge in dem Modell in sehr vereinfachter und unvollständiger

Form präsentiert wurden und das Modell noch um weitere Faktoren und Elemente zu erweitern wäre. So ist z. B. zu berücksichtigen, dass, im Gegensatz zu unbeeinträchtigten Lesern, insbesondere die leseschwächeren Probanden der Zielgruppe von der Segmentierung profitieren. Die ‚schnelle Verarbeitung zu allen Phasen' ist bei Lesern mit geringen Lesekompetenzen somit zugleich ein Zeichen für eine morphembasierte Verarbeitung, die jedoch – sofern sie in Kombination mit einer kurzen Gesamtlesezeit auftritt – bei Lesern mit geringen Lesekompetenzen die präferierte Verarbeitungsroute ist und somit schneller abläuft als die ganzheitliche Verarbeitung (vgl. Häikiö et al. 2011; Lemhöfer et al. 2011; Hasenäcker/Schröder 2019; Pappert/Bock 2020, s. Kap. 3.8.2). Für Leser mit geringen Lesekompetenzen müsste in dem Feld ‚schnelle Verarbeitung zu allen Phasen' somit noch hinzugefügt werden, dass es sich hierbei höchstwahrscheinlich um eine morphembasierte Verarbeitung handelt. In einem ausdifferenzierteren Modell wäre es zudem erforderlich, zusätzlich zwischen der Gesamtlesezeit und der Fixationsanzahl zu differenzieren. So haben die Analysen gezeigt, dass die mit der Segmentierung einhergehende dekompositionelle Verarbeitung bei Lesern mit geringen Lesekompetenzen überwiegend zu einer geringeren Fixationsanzahl und kürzeren Gesamtlesezeit führt. Dennoch weisen die Ergebnisse auch darauf hin, dass die Tatsache, dass mit der ersten Fixation lediglich die erste Konstituente verarbeitet wird, die Notwendigkeit einer Refixation nach sich zieht. Bei Lesern mit geringen Lesekompetenzen kann eine kurze Erstfixationsdauer somit auch zusammen mit einer kurzen Gesamtlesezeit und einer höheren Fixationsanzahl auftreten, was ein Indiz dafür ist, dass die Komposita dekompositionell verarbeitet werden, die dekompositionelle Verarbeitung jedoch bei Lesern mit geringen Lesekompetenzen trotz erhöhter Fixationsanzahl die effizientere und schnellere ist.

Da im Verlauf der Studie bestätigt wurde, dass es Unterschiede in der kognitiven Verarbeitung von Komposita bei Lesern mit höheren und Lesern mit geringeren Lesekompetenzen gibt, wird das tentative Modell in Kap. 5.9.2 um eine weitere Dimension erweitert, welche die Lesekompetenzen und kognitive Leistungsfähigkeit erfasst und veranschaulicht. Auf diesen Zusammenhang zwischen den Blickbewegungsdaten und der kognitiven Leistungsfähigkeit wird im folgenden Kapitel näher eingegangen.

5.9 Zusammenhang zwischen kognitiver Verarbeitung von Komposita und kognitiver Leistungsfähigkeit

Bevor in Kap. 6 ein abschließendes Gesamtfazit gezogen sowie ein Ausblick auf weitere Forschungsfragen und mögliche Folgestudien gegeben wird, soll zunächst noch der Frage nachgegangen werden, ob ein Zusammenhang zwischen den erhobenen Eye-Tracking-Daten und den neuropsychologischen Leistungen (s. Kap. 5.3.6) besteht. Die Frage, welche Rolle hierbei das ‚Verstehen‘ spielt, wird ausführlich in Kap. 6.3 diskutiert.

5.9.1 Korrelationen zwischen Blickbewegungsparametern und neuropsychologischer Testung

Betrachtet man zunächst die Kontroll- und Zielgruppe zusammen, zeigt sich, dass die Ergebnisse der einzelnen Untertests der neuropsychologischen Testung (s. Kap. 5.3.6.2) mit sämtlichen Blickbewegungsparametern hochsignifikant korrelieren. Es lässt sich somit zweifelsfrei sagen, dass Probanden mit besseren neuropsychologischen Testergebnissen die Komposita signifikant schneller verarbeiten. Die schnellere Verarbeitung spiegelt sich dabei in signifikant kürzeren Gesamtlesezeiten, einer signifikant geringeren Anzahl an Fixationen und Revisits, signifikant weniger Regressionen, einer signifikant kürzeren Erstfixationsdauer sowie einer signifikant höheren Anzahl an mit nur einer Fixation gelesenen Komposita wider. Für die einzelnen Tests ist somit festzuhalten, dass:

> ➢ Je besser die psychomotorische Geschwindigkeit (TMT-A) und je besser das Arbeitsgedächtnis und die exekutiven Funktionen (TMT-B), desto kürzer bzw. geringer ist die Gesamtlesezeit, die Erstfixationsdauer, die Fixationsanzahl, die Anzahl an Revisits sowie der Anteil der Regressionen und desto höher ist die Anzahl an mit nur einer Fixation gelesenen Komposita.[117]

....

117 Korrelieren alle drei primär mit der kognitiven Verarbeitung verbundenen Parameter (Gesamtlesezeit, Fixationsanzahl, Erstfixationsdauer) signifikant mit dem Testergebnis, wird im Folgenden allgemein von der ‚kognitiven Verarbeitung des Kompositums‘ gesprochen.

> Je besser die kognitive Flexibilität (RWT), desto schneller ist die kognitive Verarbeitung des Kompositums.

> Je höher das allgemeine Intelligenzniveau (MWT-B), desto schneller ist die kognitive Verarbeitung des Kompositums.

Da jedoch davon auszugehen ist, dass die signifikanten Korrelationen in erheblichem Maße durch die signifikanten Unterschiede zwischen Kontroll- und Zielgruppe bedingt sind, werden die Korrelationen zwischen neuropsychologischen Testergebnissen und Blickbewegungsparametern im Folgenden nochmals für die Kontroll- und Zielgruppe getrennt betrachtet. Wie Tab. 62 zeigt, korrelieren Testergebnis und Blickbewegungsparameter für die Kontrollgruppe nicht mehr ausnahmslos signifikant miteinander.

Tab. 62: Korrelationen zwischen Blickbewegungsparametern und neuropsychologischer Testung (Kontrollgruppe)

		Gesamt-lesezeit	Erstfixa-tionsdauer	Fixations-anzahl	Regres-sionen	Re-visits	Single Fixation
TMT-A	r	-0,015	-0,009	-0,026	-0,035	-0,076	0,048
	p	0,317	0,540	0,092	0,022	< 0,001	0,002
TMT-B	r	-0,014	-0,009	-0,017	-0,004	-0,060	0,041
	p	0,350	0,582	0,281	0,783	< 0,001	0,008
Zahlen (vorwärts)	r	-0,149	-0,034	-0,100	0,001	-0,015	0,083
	p	< 0,001	0,030	< 0,001	0,969	0,329	< 0,001
Zahlen (rückwärts)	r	-0,004	0,038	-0,002	-0,003	0,019	0,031
	p	0,807	0,015	0,922	0,852	0,226	0,045
Zahlen (gesamt)	r	-0,060	0,017	-0,040	-0,002	0,009	0,057
	p	< 0,001	0,275	0,010	0,895	0,560	< 0,001
RWT (seman-tisch)	r	-0,114	-0,039	-0,077	-0,008	-0,029	0,035
	p	0,000	0,012	< 0,001	0,606	0,056	0,024
RWT (formal-lexikalisch)	r	-0,049	0,000	-0,027	-0,017	-0,032	0,004
	p	0,002	0,996	0,078	0,264	0,037	0,803

		Gesamt-lesezeit	Erstfixa-tionsdauer	Fixations-anzahl	Regres-sionen	Re-visits	Single Fixation
RWT (Wechsel)	r	-0,070	-0,029	-0,042	-0,001	-0,022	0,017
	p	< 0,001	0,062	0,007	0,926	0,160	0,272
RWT (gesamt)	r	-0,094	-0,025	-0,060	-0,013	-0,034	0,023
	p	< 0,001	0,102	< 0,001	0,416	0,026	0,138
MWT-B	r	-0,125	-0,016	-0,099	0,000	0,001	0,043
	p	< 0,001	0,307	< 0,001	0,986	0,937	0,005
Gesamt	r	-0,056	-0,015	-0,048	-0,016	-0,070	0,057
	p	< 0,001	0,332	0,002	0,291	< 0,001	< 0,001

Insgesamt lässt sich schließen, dass je besser die verbale kognitive Flexibilität (RWT) und das auditive Kurzzeitgedächtnis (Zahlen nachsprechen vorwärts) ist und je höher das allgemeine Intelligenzniveau (MWT-B) ist, desto kürzer ist die Gesamtlesezeit und desto geringer ist die Fixationsanzahl. Zudem ist festzuhalten, dass je höher die kognitive Flexibilität (RWT) und je besser die psychomotorische Geschwindigkeit (TMT-A), das Arbeitsgedächtnis und die exekutiven Funktionen (TMT-B) sind, desto seltener wird nach dem ersten Lesedurchgang erneut auf das Kompositum zurück gesprungen. Ebenso korrelieren die meisten Ergebnisse signifikant mit der Anzahl an Single Fixation, was bedeutet, dass je besser die Leistung im TMT-A, TMT-B, Zahlen nachsprechen und MWT-B ist, desto häufiger wird das Kompositum mit nur einer Fixation gelesen.

Bei Betrachtung der Korrelationen für die Zielgruppe ist festzustellen, dass jeder einzelne Test signifikant negativ mit den primär mit der kognitiven Verarbeitung assoziierten Blickbewegungsparametern (Gesamtlesezeit, Erstfixationsdauer, Fixationsanzahl) korreliert. Die einzige Ausnahme bildet der semantische Kategorienwechsel, bei dem die Korrelation zwischen Testergebnis und Erstfixationsdauer mit p = 0,142 nicht signifikant ist. Für die Probanden der Zielgruppe lässt sich somit festhalten, dass

> ➤ Je besser das Arbeitsgedächtnis, die exekutiven Funktionen (TMT-B) und die kognitive Flexibilität (Wortflüssigkeit) ist und je höher das

allgemeine Intelligenzniveau (MWT-B) ist, desto schneller werden die Komposita kognitiv verarbeitet.

		Gesamt-lesezeit	Erstfixa-tionsdauer	Fixations-anzahl	Regres-sionen	Re-visits	Single Fixation
TMT-A	r	-0,042	0,067	-0,110	-0,054	0,016	0,020
	p	0,093	0,007	0,000	0,032	0,536	0,430
TMT-B	r	-0,341	-0,127	-0,139	-0,014	0,019	0,071
	p	< 0,001	< 0,001	0,000	0,588	0,450	0,005
RWT (seman-tisch)	r	-0,255	-0,068	-0,126	-0,022	0,009	-0,012
	p	< 0,001	0,006	0,000	0,383	0,718	0,647
RWT (formal-lexikalisch)	r	-0,264	-0,055	-0,152	-0,042	-0,012	0,092
	p	< 0,001	0,030	0,000	0,095	0,640	< 0,001
RWT (Wechsel)	r	-0,219	-0,037	-0,079	-0,023	0,004	-0,046
	p	< 0,001	0,142	0,002	0,368	0,870	0,066
RWT (gesamt)	r	-0,303	-0,068	-0,153	-0,036	0,000	0,026
	p	< 0,001	0,007	0,000	0,148	0,991	0,295
MWT-B	r	-0,317	-0,110	-0,154	-0,015	-0,001	0,042
	p	< 0,001	< 0,001	0,000	0,563	0,954	0,097
Gesamt	r	-0,299	-0,074	-0,163	-0,035	0,018	0,060
	p	< 0,001	0,003	< 0,001	0,166	0,484	0,018

Tab. 63: Korrelationen zwischen Blickbewegungsparametern und neuropsychologischer Testung (Zielgruppe)

Die Erstfixationsdauer korreliert, wie erwähnt, signifikant negativ mit der Wortflüssigkeit und dem allgemeinen Intelligenzniveau (je besser die Wortflüssigkeit und je höher das allgemeine Intelligenzniveau, desto kürzer ist die Erstfixationsdauer). Da die Erstfixationsdauer auch signifikant negativ mit der Leistung im TMT-B korreliert (je schneller der TMT-B absolviert wird, desto kürzer ist die Erstfixationsdauer), wäre zu erwarten, dass die Korrelation zwischen Erstfixationsdauer und Leistung im TMT-A ebenfalls negativ ist. Interessanterweise korrelieren TMT-A und Erstfixationsdauer allerdings nicht negativ, sondern signifikant positiv miteinander, was also bedeutet, dass je schneller der TMT-A absolviert wird, desto *länger* ist die Erstfixationsdauer. Die anderen Blickbewegungsparameter korrelieren hingegen hypothesenkonform signifikant negativ mit dem TMT-A. Die signifikant positive Korrelation zwischen Leistung im TMT-A und längerer Erstfixationsdauer würde zwar mit dem Befund übereinstimmen, dass die Erstfixationsdauer bei Probanden mit höherem LQ aufgrund der primär ganzheitlichen Verarbeitung der Komposita signifikant länger ist als bei Probanden mit geringerem LQ, da die Korrelationen zwischen Erstfixationsdauer und den anderen Untertests allerdings signifikant negativ sind und die signifikant längere Erstfixationsdauer bei lesestärkeren Probanden zudem nur auf Wortebene nachzuweisen war, ist es für differenziertere Aussagen sinnvoll, die Korrelationen für Wort- und Satzebene getrennt zu berechnen. Dieses Vorgehen begründet sich auch durch eine der zentralen Hypothesen dieser Arbeit, mit welcher angenommen wurde, dass sich das Lesen isoliert präsentierter Wörter erheblich von einer natürlichen Lesesituation unterscheidet und beim Lesen isolierter Wörter andere kognitive Prozesse ablaufen als beim Lesen kontextuell präsentierter Wörter. Folglich werden die Korrelationen zwischen Testergebnissen und Blickbewegungen im Folgenden nochmals für die isolierten und kontextuell präsentierten Komposita getrennt analysiert.

Betrachtet man zunächst wieder die Kontroll- und Zielgruppe zusammen, zeigt sich für die isoliert präsentierten Komposita, dass sämtliche Ergebnisse der Untertests hochsignifikant mit der Gesamtlesezeit, der Fixationsanzahl und der Anzahl an Revisits korrelieren. Es lässt sich somit auch hier festhalten, dass:

> ➤ Je schneller die psychomotorische Geschwindigkeit (TMT-A) und je besser das Arbeitsgedächtnis und die exekutiven Funktionen (TMT-B), desto kürzer bzw. geringer ist die Gesamtlesezeit, die Fixationsanzahl sowie die Anzahl an Revisits und desto höher ist die Anzahl an Single Fixation. Darüber hinaus gilt, dass je besser die Leistung im TMT-A, desto geringer ist der Anteil der Regressionen.

> Je besser die kognitive Flexibilität (Wortflüssigkeit), desto kürzer bzw. geringer ist die Gesamtlesezeit, die Fixationsanzahl sowie die Anzahl an Revisits.

> Je höher das allgemeine Intelligenzniveau (MWT-B), desto kürzer bzw. geringer ist die Gesamtlesezeit, die Fixationsanzahl, die Anzahl an Revisits sowie der Anteil der Regressionen und desto höher ist die Anzahl an Single Fixation.

Die Erstfixationsdauer korreliert nur mit dem Ergebnis des TMT-A signifikant. Auffällig ist, dass die positive Korrelation darauf hindeutet, dass je länger für die Bearbeitung des TMT-A benötigt wird, desto kürzer ist die Erstfixationsdauer. Dieses zunächst verwunderliche Ergebnis ist jedoch kongruent mit dem Ergebnis, dass die Erstfixationsdauer bei isoliert präsentierten Komposita bei der Kontrollgruppe signifikant länger ist als bei der Zielgruppe. Die signifikant positive Korrelation zwischen TMT-A und Erstfixationsdauer ist folglich ein weiteres Indiz dafür, dass Probanden mit besseren Lesekompetenzen und neuropsychologischen Leistungen Komposita primär ganzheitlich und somit im Zuge einer längeren Erstfixationsdauer verarbeiten, wohingegen die Verarbeitung bei Probanden mit geringeren Lesekompetenzen und neuropsychologischen Leistungen primär morphembasiert abläuft, was sich in einer kürzeren Erstfixationsdauer und einer höheren Fixationsanzahl und längeren Gesamtlesezeit widerspiegelt (vgl. Häikiö et al. 2011; Lemhöfer et al. 2011; Hasenäcker/Schröder 2019, s. Kap. 3.8.2, Kap. 5.8 und 5.9.2).

Auch bei Betrachtung der Korrelationen für die kontextuell präsentierten Komposita zeigt sich, dass die Ergebnisse der einzelnen Tests mit sämtlichen Parametern ausnahmslos hochsignifikant korrelieren. Es lässt sich somit zweifelsfrei sagen, dass Probanden mit besseren neuropsychologischen Testleistungen die Komposita schneller verarbeiten, was sich in signifikant kürzeren Gesamtlesezeiten, einer signifikant geringeren Anzahl an Fixationen und Revisits, signifikant weniger Regressionen, einer signifikant kürzeren Erstfixationsdauer und einer signifikant höheren Anzahl an Single Fixation widerspiegelt. Lediglich die Korrelation zwischen dem MWT-B und dem Anteil der Regressionen ist nicht signifikant. Es ist somit festzuhalten, dass:

> Je besser die psychomotorische Geschwindigkeit (TMT-A), das Arbeitsgedächtnis bzw. die exekutiven Funktionen (TMT-B), die kognitive Flexibilität (Wortflüssigkeit) und das allgemeine Intelligenzniveau (MWT-B), desto schneller werden die Komposita verarbeitet.

Dass die Erstfixationsdauer hier, ebenso wie die anderen Blickbewegungsparameter, bei Probanden mit besseren Testleistungen, im Gegensatz zu den isoliert präsentierten Komposita, signifikant kürzer ist als bei Probanden mit geringeren Testleistungen, bestätigt die in Kap. 5.5.7.1 aufgestellte Annahme, dass eine signifikant kürzere Erstfixationsdauer in Kombination mit einer signifikant geringeren Fixationsanzahl und einer signifikant kürzeren Gesamtlesezeit darauf hindeutet, dass die Verarbeitung der Komposita im Kontext bei der Kontrollgruppe angesichts der signifikant besseren Lesekompetenzen zu allen Verarbeitungsphasen schneller abläuft als bei der Zielgruppe. Diese Annahme wurde in Kap. 5.8 in einen tentativen Modellierungsvorschlag überführt, welcher in Kap. 5.9.2 folglich um die Dimension der Lesekompetenz und kognitiven Leistungsfähigkeit erweitert werden soll. Da jedoch nicht auszuschließen ist, dass die signifikanten Korrelationen in erheblichem Maße durch die signifikanten Unterschiede zwischen Kontroll- und Zielgruppe bedingt sind, werden die Korrelationen zwischen neuropsychologischen Testergebnissen und Blickbewegungsparametern im Folgenden nochmals für Kontroll- und Zielgruppe getrennt betrachtet.

Isolierte Präsentation der Komposita (Kontrollgruppe)
Zwischen den Blickbewegungsparametern auf Wortebene und den neuropsychologischen Testergebnissen lassen sich für die Kontrollgruppe folgende, zu erwartende signifikante Korrelationen feststellen:

> Je besser die semantische Wortflüssigkeit und das Kurzzeitgedächtnis (Zahlenspanne vorwärts), desto kürzer ist die Gesamtlesezeit und desto geringer ist die Fixationsanzahl.
> Je besser der semantische Kategorienwechsel, desto schneller ist die kognitive Verarbeitung des Kompositums.

> Je höher das allgemeine Intelligenzniveau, desto kürzer bzw. geringer ist die Gesamtlesezeit, die Fixationsanzahl, die Anzahl an Revisits sowie der Anteil der Regressionen und desto höher ist die Anzahl an Single Fixation.

Während eine bessere Leistung im TMT-B mit einer signifikant kürzeren Erstfixationsdauer einhergeht, ist die Korrelation zwischen der Leistung im TMT-B und dem Anteil der Regressionen wider Erwarten signifikant positiv (je schneller der TMT-B absolviert wird, desto höher ist der Anteil der Regressionen). Zwischen dem TMT-A und den Blickbewegungsparametern sowie zwischen der formallexikalischen Wortflüssigkeit und den Blickbewegungsparametern gibt es keine signifikanten Korrelationen.

Kontextuelle Präsentation der Komposita (Kontrollgruppe)
Anders sieht es bei den Korrelationen zwischen den Testergebnissen und den Blickbewegungsparametern auf Satzebene aus. Wie an folgenden signifikanten Zusammenhängen (s. Tab. 64) erkennbar ist, zeigt sich eindeutig, dass eine bessere Testleistung mit einer schnelleren kognitiven Verarbeitung der Komposita einhergeht:

> Je schneller die psychomotorische Geschwindigkeit (TMT-A) und je besser das Arbeitsgedächtnis und die exekutiven Funktionen (TMT-B), desto kürzer bzw. geringer ist die Gesamtlesezeit, der Anteil der Regressionen, die Anzahl an Fixationen und Revisits und desto höher ist die Anzahl an mit nur einer Fixation gelesenen Komposita.
> Je besser das auditive Kurzzeitgedächtnis (Zahlenspanne vorwärts), desto schneller ist die kognitive Verarbeitung des Kompositums.
> Je besser die kognitive Flexibilität (Wortflüssigkeit), desto kürzer ist die Gesamtlesezeit und desto geringer ist die Anzahl an Fixationen und Revisits, wobei die Korrelation zwischen semantischer Wortflüssigkeit und Erstfixationsdauer ebenfalls signifikant negativ ist.
> Je höher das allgemeine Intelligenzniveau (MWT-B), desto schneller ist die kognitive Verarbeitung des Kompositums. Auffällig ist, dass

© Frank & Timme   Verlag für wissenschaftliche Literatur

das allgemeine Intelligenzniveau und der Anteil der Regressionen nicht wie erwartet negativ, sondern signifikant positiv korrelieren, was bedeutet, dass Probanden mit einem besseren allgemeinen Intelligenzniveau tendenziell häufiger zurückspringen.

		Gesamt-lesezeit	Erstfixa-tionsdauer	Fixations-anzahl	Regres-sionen	Revisits	Single Fixation
TMT-A	r	-0,072	0,010	-0,096	-0,100	-0,131	0,076
	p	0,001	0,638	< 0,001	< 0,001	< 0,001	0,001
TMT-B	r	-0,042	0,024	-0,069	-0,076	-0,103	0,045
	p	0,058	0,274	0,002	0,001	< 0,001	0,041
Zahlen (vorwärts)	r	-0,121	-0,042	-0,077	0,011	-0,025	0,082
	p	< 0,001	0,058	< 0,001	0,630	0,264	< 0,001
Zahlen (rückwärts)	r	0,004	0,026	-0,002	0,024	0,035	-0,008
	p	0,850	0,238	0,939	0,276	0,113	0,727
Zahlen (gesamt)	r	-0,043	0,004	-0,031	0,023	0,018	0,026
	p	0,048	0,838	0,160	0,295	0,410	0,243
RWT (seman-tisch)	r	-0,159	-0,048	-0,090	-0,025	-0,053	0,051
	p	< 0,001	0,030	< 0,001	0,256	0,016	0,020
RWT (formal-lexikalisch)	r	-0,097	0,006	-0,074	-0,027	-0,054	0,018
	p	< 0,001	0,779	0,001	0,212	0,013	0,413
RWT (Wechsel)	r	-0,087	-0,002	-0,048	-0,007	-0,039	0,031
	p	< 0,001	0,914	0,029	0,741	0,077	0,154
RWT (gesamt)	r	-0,144	-0,022	-0,090	-0,027	-0,060	0,041
	p	< 0,001	0,309	< 0,001	0,215	0,006	0,064
MWT-B	r	-0,145	-0,053	-0,073	0,072	0,008	0,030
	p	< 0,001	0,015	0,001	0,001	0,732	0,166
Gesamt	r	-0,103	0,008	-0,107	-0,076	-0,119	0,068
	p	< 0,001	0,727	< 0,001	0,001	< 0,001	0,002

Tab. 64: Korrelationen zwischen Blickbewegungsparametern auf Satzebene und neuropsychologischer Testung (Kontrollgruppe)

Isolierte Präsentation der Komposita (Zielgruppe)

Zwischen den Blickbewegungsparametern auf Wortebene und den neuropsychologischen Testergebnissen lassen sich für die Zielgruppe folgende, zu erwartende signifikante Zusammenhänge feststellen:

> ➢ Je schneller die psychomotorische Geschwindigkeit (TMT-A) und je besser das Arbeitsgedächtnis und die exekutiven Funktionen (TMT-B), desto kürzer ist die Gesamtlesezeit und desto geringer ist die Anzahl an Fixationen. Zudem zeigt sich, dass je schneller der TMT-A absolviert wird, desto geringer ist die Anzahl an Revisits und der Anteil der Regressionen und desto höher ist die Anzahl an Single Fixation.
>
> ➢ Je besser die kognitive Flexibilität (Wortflüssigkeit), desto kürzer ist die Gesamtlesezeit und desto geringer ist die Fixationsanzahl. Zudem ist die Korrelation zwischen semantischer Wortflüssigkeit bzw. semantischem Kategorienwechsel und Anzahl an Revisits signifikant negativ.
>
> ➢ Je höher das allgemeine Intelligenzniveau (MWT-B), desto kürzer ist die Gesamtlesezeit und desto geringer ist die Fixationsanzahl.

Es zeigt sich also auch hier, dass Probanden mit besseren neuropsychologischen Testergebnissen die Komposita signifikant schneller verarbeiten. Das zunächst verwunderliche Ergebnis, dass eine bessere Leistung im TMT-A auf Wortebene mit einer längeren Erstfixationsdauer einhergeht, ist hier ebenfalls wieder kongruent mit dem Ergebnis, dass die Erstfixationsdauer in den Experimenten auf Wortebene bei Probanden mit höherem LQ signifikant länger ist als bei Probanden mit geringerem LQ. Die signifikant positive Korrelation zwischen TMT-A und Erstfixationsdauer bestätigt somit, dass die Verarbeitung der Komposita bei Probanden mit höherem LQ und neuropsychologischen Leistungen primär über die ganzheitliche Route verläuft, wohingegen die Probanden mit niedrigerem LQ und neuropsychologischen Leistungen die morphembasierte Route präferieren (vgl. Häikiö et al. 2011; Lemhöfer et al. 2011; Hasenäcker/Schröder 2019, s. Kap. 3.8.2, Kap. 5.8 und Kap. 5.9.2). Wie die negativen Korrelationen zwischen den Untertests und der Fixationsanzahl bzw. Gesamtlesezeit zeigen, spiegelt sich die morphembasierte Verarbeitung dabei in einer kürzeren Erstfixationsdauer und einer damit einhergehenden höheren Fixationsanzahl und längeren Gesamtlesezeit wider. Dass bessere Testleistungen auf Wortebene mit einer tendenziell längeren Erstfixationsdauer einhergehen, wird zudem dadurch bestätigt, dass auch die anderen Korrelationen zwischen Testergebnis und Erstfixationsdauer auf Wortebene mehrheitlich positiv sind.

Kontextuelle Präsentation der Komposita (Zielgruppe)

Betrachtet man die Korrelationen zwischen Testergebnissen der Zielgruppe und Blickbewegungsparametern auf Satzebene, zeigt sich, dass jeder einzelne Test signifikant mit der Gesamtlesezeit und der Erstfixationsdauer korreliert, wobei die formallexikalische Wortflüssigkeit sowie das Ergebnis des MWT-B auch signifikant negativ mit der Fixationsanzahl korreliert. Die einzige Ausnahme bildet die nicht signifikante Korrelation zwischen TMT-A und Erstfixationsdauer. Dass eine bessere Testleistung mit einer kürzeren Gesamtlesezeit und einer kürzeren Erstfixationsdauer einhergeht, ist ebenfalls kongruent mit dem Ergebnis, dass sowohl die Gesamtlesezeit als auch die Erstfixationsdauer auf Satzebene bei lesestärkeren Probanden signifikant kürzer ist als bei leseschwächeren Probanden. Insgesamt ist festzustellen, dass:

➢ Je besser das Arbeitsgedächtnis und die exekutiven Funktionen (TMT-B) und je besser die kognitive Flexibilität (Wortflüssigkeit), desto kürzer ist die Gesamtlesezeit und die Erstfixationsdauer.

➢ Je höher das allgemeine Intelligenzniveau (MWT-B), desto schneller ist die kognitive Verarbeitung des Kompositums.

		Gesamt-lesezeit	Erstfixa-tionsdauer	Fixations-anzahl	Regres-sionen	Re-visits	Single Fixation
TMT-A	r	0,061	0,016	-0,010	-0,022	0,041	-0,072
	p	0,087	0,662	0,790	0,545	0,246	0,045
TMT-B	r	-0,286	-0,193	0,016	0,016	0,047	0,020
	p	< 0,001	< 0,001	0,652	0,652	0,190	0,582
RWT (semantisch)	r	-0,249	-0,136	-0,052	-0,030	0,022	-0,040
	p	< 0,001	< 0,001	0,148	0,400	0,547	0,268
RWT (formal-lexikalisch)	r	-0,269	-0,121	-0,084	-0,055	-0,013	0,049
	p	< 0,001	0,001	0,018	0,125	0,724	0,172
RWT (Wechsel)	r	-0,192	-0,095	0,010	-0,042	0,019	-0,108
	p	< 0,001	0,008	0,780	0,245	0,593	0,002
RWT (gesamt)	r	-0,297	-0,147	-0,062	-0,051	0,009	-0,024
	p	< 0,001	< 0,001	0,082	0,150	0,801	0,510
MWT-B	r	-0,339	-0,169	-0,080	-0,014	0,001	0,039
	p	< 0,001	< 0,001	0,025	0,700	0,967	0,279
Gesamt	r	-0,227	-0,150	-0,009	-0,006	0,046	-0,014
	p	< 0,001	< 0,001	0,801	0,870	0,195	0,698

Tab. 65: Korrelationen zwischen Blickbewegungsparametern auf Satzebene und neuropsychologischer Testung (Zielgruppe)

Nicht hypothesenkonform ist allerdings die marginal signifikante Korrelation zwischen TMT-A und Gesamtlesezeit. Hier deutet die Korrelation darauf hin, dass je besser die Leistung im TMT-A ist, desto länger ist die Gesamtlesezeit.

Über mögliche Gründe für die teilweise widersprüchlichen Korrelationen zwischen den Ergebnissen des TMT-A und den Blickbewegungsparametern lassen sich an dieser Stelle, u. a. aufgrund fehlender einschlägiger Studien zu diesem Thema, nur Vermutungen anstellen. Studien, in denen ebenfalls die Leistung des TMT-A und TMT-B analysiert und in Relation zu anderen neuropsychologischen Variablen, wie bspw. dem IQ, gesetzt wurde, kamen nicht nur zu dem Ergebnis, dass die Leistungen im TMT-A und TMT-B nicht äquivalent sind (vgl. Rossini/Karl 1994), sondern zeigten auch, dass die Testleistung gerade bei Probanden mit durchschnittlicher oder höherer Intelligenz unabhängig von den intellektuellen Fähigkeiten ist (vgl. Waldmann et al. 1992). Ebenso konnten Ardila et al. (2000) auch bei Kindern keine Zusammenhänge zwischen der Leistung im TMT und den Leistungen in den verschiedenen Untertests des Wechsler-Intelligenztests für Kinder nachweisen. Zudem wird oftmals darauf hingewiesen, dass ein unterdurchschnittliches Ergebnis im TMT-A und TMT-B u. a. auf motorische Verarbeitungsschwierigkeiten, schlechte Koordination, visuelle Wahrnehmungsschwierigkeiten, geringe Motivation oder konzeptionelle Verwirrung zurückzuführen sein kann (vgl. Lezak 1995: 382) und der TMT-B deutlich mehr Rückschlüsse auf komplexe kognitive Prozesse erlaubt als der TMT-A (vgl. Crowe 1998). Auch Crowe (1998) konnte keine signifikante Korrelation zwischen dem Ergebnis des TMT-A und anderen kognitiven Testleistungen wie der Leistung im Zahlen nachsprechen vorwärts oder rückwärts nachweisen und schlussfolgert, dass mit dem TMT-A primär die visuelle Suche und die psychomotorische Geschwindigkeit getestet wird, wohingegen mit dem TMT-B neben der visuellen Suche auch die kognitive Flexibilität gemessen wird. Da der TMT-A somit im Unterschied zu den anderen Tests nicht mit vergleichbarem kognitivem Aufwand verbunden ist, ist zu vermuten, dass der TMT-A nur bedingt Rückschlüsse auf kognitive Verarbeitungsprozesse, wie in diesem Fall die kognitive Verarbeitung von Komposita zulässt, was wiederum die teilweise fehlenden bzw. widersprüchlichen Korrelationen zwischen Testergebnis und den entsprechenden Parametern erklären könnte.

Insgesamt haben die Ergebnisse mehrheitlich aufgezeigt, dass Probanden mit besseren neuropsychologischen Leistungen die Komposita signifikant schneller verarbeiten als Probanden mit geringeren Testleistungen. Zudem ist den Korrelationsmatrizen zu entnehmen, dass die meisten signifikanten Korrelationen bei den Parametern Gesamtlesezeit und Fixationsanzahl zu konstatieren sind, was als Indiz dafür gelten kann, dass es sich hierbei um Parameter handelt, welche den kognitiven Verarbeitungsaufwand adäquat widerspiegeln. Darüber hinaus haben die teilweise widersprüchlichen Korrelationen zwischen dem TMT-A und den Blickbewegungsparametern aufgezeigt, dass sich aus dem TMT-A deutlich weniger Rückschlüsse über kognitive Verarbeitungsprozesse und kognitive Leistungsfähigkeit ableiten lassen als aus den anderen Untertests.

Obgleich die Probanden der Kontrollgruppe bei den neuropsychologischen Tests mehrheitlich durchschnittliche Leistungen erbrachten, wurde in Kap. 5.3.6.2 aufgezeigt, dass es auch unbeeinträchtigte Probanden gab, die mit einzelnen Aufgaben Schwierigkeiten zu haben schienen. Um Aussagen darüber treffen zu können, ob die Probanden, die in einem oder mehreren Untertests ein unterdurchschnittliches Ergebnis erzielten, auch die Komposita langsamer lesen als der Durchschnitt, werden die Blickbewegungen dieser zwölf Probanden im Folgenden nochmals genauer betrachtet. Für eine übersichtlichere Darstellung wird hierbei allerdings nur auf die primär mit der kognitiven Verarbeitung assoziierten Parameter, d. h. die Gesamtlesezeit, die Fixationsanzahl und die Erstfixationsdauer eingegangen. Die genauere Analyse der Blickbewegungen der zwölf Probanden zeigt, dass elf Probanden vereinzelt Gesamtlesezeiten und Fixationsanzahlen aufweisen, die oberhalb des Mittelwertes der Kontrollgruppe liegen und somit auf eine langsamere Verarbeitung hindeuten. Bei fünf Probanden trifft dies jedoch ausschließlich auf die kontextuell präsentierten Komposita zu. Definiert man eine durchschnittliche Leistung, wie in der psychologischen und neuropsychologischen Diagnostik üblich, als Mittelwert ± Standardabweichung, so liegen Gesamtlesezeit und Fixationsanzahl bei vier der elf Probanden außerhalb des Durchschnittsbereichs (vgl. Schellig et al. 2019; Krohne/Hock [2]2015; Fisseni [3]2004). Diese vier Probanden lesen die Komposita sowohl auf Wort- als auch auf Satzebene in allen drei Schreibweisen langsamer und mit mehr Fixationen als der Durchschnitt. Von den zwölf Probanden wiesen fünf Probanden unterdurchschnittliche Leistungen im TMT, zwei im Zahlen nachsprechen, fünf im Wortflüssigkeitstest und vier im MWT-B auf[118]. Mit Ausnahme des Wortflüssigkeitstests lassen sich keine signifikanten Zusammenhänge zwischen den unterdurchschnittlichen Leistungen in den einzelnen Tests und einer überdurchschnittlich langen Gesamtlesezeit bzw. hohen Fixationsanzahl feststellen. Lediglich die unterdurchschnittliche Leistung im Wortflüssigkeitstest korreliert signifikant mit einer überdurchschnittlich langen Gesamtlesezeit (r = 0,253, p = 0,002) sowie mit

....

118 Vier Probanden erzielten in mehr als einem Test unterdurchschnittliche Ergebnisse.

einer überdurchschnittlich hohen Fixationsanzahl ($r = 0{,}234$, $p = 0{,}005$), was bedeutet, dass eine unterdurchschnittliche Leistung im Wortflüssigkeitstest tendenziell mit einer überdurchschnittlich langen Gesamtlesezeit und einer überdurchschnittlich hohen Fixationsanzahl einhergeht.

Interessanterweise ist die Erstfixationsdauer bei dem Probanden, bei dem die mittlere Gesamtlesezeit und Fixationsanzahl in allen Experimenten *unterhalb* der mittleren Gesamtlesezeit bzw. Fixationsanzahl der Kontrollgruppe liegt, in ⅓ der Fälle länger als die mittlere Erstfixationsdauer der Kontrollgruppe. Dies bestätigt, dass eine lange Erstfixationsdauer in Kombination mit einer geringeren Fixationsanzahl und kürzeren Gesamtlesezeit kein Indiz für eine langsamere Verarbeitung der Komposita ist (s. Kap. 5.8). Wie im gesamten Verlauf der Studie deutlich wurde, ist bei der Analyse der Erstfixationsdauer allerdings zu unterscheiden zwischen einer längeren Erstfixationsdauer, die mit einer kurzen Gesamtlesezeit und einer geringen Fixationsanzahl einhergeht, und einer längeren Erstfixationsdauer, die mit einer langen Gesamtlesezeit und einer hohen Fixationsanzahl einhergeht. So ist bei den Probanden, bei denen die mittlere Gesamtlesezeit und Fixationsanzahl unabhängig der Präsentationsweise über dem Mittelwert der Kontrollgruppe lag, auch die Erstfixationsdauer bei fünf von sechs Probanden mehrheitlich länger als die mittlere Erstfixationsdauer der Kontrollgruppe[119]. Bei diesen Probanden deutet die längere Erstfixationsdauer somit in Kombination mit der längeren Gesamtlesezeit und höheren Fixationsanzahl auf eine insgesamt langsamere Verarbeitung der Komposita hin. Nur bei einem Probanden ist die Erstfixationsdauer in keinem Experiment länger als die mittlere Erstfixationsdauer der Kontrollgruppe, was ein Indiz dafür sein könnte, dass dieser Proband, angesichts der längeren Gesamtlesezeit und höheren Fixationsanzahl, die Komposita primär morphembasiert verarbeitet (s. Kap. 5.8 sowie die Erweiterung des Modellierungsvorschlags in Kap. 5.9.2).

Insgesamt zeigt die Analyse der Blickbewegungen der Probanden mit unterdurchschnittlichen neuropsychologischen Leistungen auf, dass ein unterdurchschnittliches Testergebnis zwar tendenziell, aber nicht zwingend mit

....

119 Der Anteil der oberhalb des Mittelwerts liegenden Erstfixationsdauer liegt dabei je nach Proband zwischen 25 % und 91,7 %.

einer langsameren Verarbeitung der Komposita einhergeht. Zudem zeigt die Analyse, dass es nicht den ‚einen' Test gibt, der als Indiz für eine langsamere Verarbeitung zu deuten ist. So gibt es bspw. einen Probanden mit einer unterdurchschnittlichen Leistung im MWT-B, der die Komposita in keinem der Experimente langsamer verarbeitet als der Durchschnitt, allerdings auch einen Probanden mit einer unterdurchschnittlichen Leistung im MWT-B, der die Komposita in allen vier Experimenten langsamer liest als der Durchschnitt. Generell konnte zwar gezeigt werden, dass Probanden, die eine unterdurchschnittliche Wortflüssigkeitsleistung erbrachten, am ehesten zu einer langsameren Verarbeitung der Komposita neigen, angesichts dessen, dass die Anzahl an Probanden mit einer unterdurchschnittlichen Leistung im Wortflüssigkeitstest aber mit n = 5 sehr gering ist, kann anhand der Ergebnisse keine statistisch belastbare Aussage getroffen werden.

Der in diesem Kapitel nachgewiesene Zusammenhang zwischen Erstfixationsdauer und Lesekompetenzen bzw. neuropsychologischen Leistungen legt nahe, den in Kap. 5.8 vorgestellten tentativen Modellierungsvorschlag im folgenden Kapitel um eine weitere Dimension zu erweitern.

5.9.2 Erweiterung des tentativen Modellierungsvorschlags

Die in Kap. 5.9.1 dargestellten Korrelationen bestätigen die Annahme, dass Leser mit höheren Lesekompetenzen und einer höheren kognitiven Leistungsfähigkeit die Komposita primär ganzheitlich verarbeiten, wohingegen Leser mit geringeren Lesekompetenzen und einer geringeren kognitiven Leistungsfähigkeit die Komposita primär morphembasiert verarbeiten. Folglich bietet es sich an, den Modellierungsvorschlag aus Kap. 5.8 um die Dimension der ‚Lesekompetenz und kognitiven Leistungsfähigkeit' zu ergänzen, was sich wie folgt visualisieren lässt:

Lesekompetenz und kognitive Leistungsfähigkeit

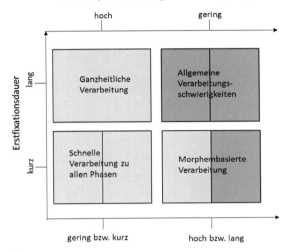

Abb. 117: Zusammenhang zwischen Verarbeitung der Komposita, Lesekompetenz und kognitiver Leistungsfähigkeit und Ausprägungen der Blickbewegungsparameter. Der linke Teil der Rechtecke zeigt an, ob die erste Konstituente bei gegebener Ausprägung der Parameter schnell (grün) oder langsam (rot) verarbeitet wird; der rechte Teil der Rechtecke zeigt an, ob das Kompositum als Ganzes bei gegebener Ausprägung der Parameter schnell (grün) oder langsam (rot) verarbeitet wird.

Anhand dieses Modells lässt sich nun u. a. auch erklären, weshalb die Erst-fixationsdauer auf Wortebene (Exp. 1 und 3) bei Lesern mit höheren Lese-kompetenzen nicht wie erwartet kürzer, sondern deutlich länger ist als bei Lesern mit geringeren Lesekompetenzen (s. Kap. 5.4.7.3 und 5.6.7.7). Da die Gesamtlesezeit sowie die Fixationsanzahl auf Wortebene bei Lesern mit hö-heren Lesekompetenzen kürzer bzw. geringer ist als bei Lesern mit geringeren Lesekompetenzen, war das Ergebnis, dass die Erstfixationsdauer auf Wort-ebene mit steigenden Lesekompetenzen länger wird, zunächst verwunderlich. Die Modellierung zeigt jedoch, dass eine längere Erstfixationsdauer in Kombi-nation mit einer geringeren Fixationsanzahl und kürzeren Gesamtlesezeit auf eine ganzheitliche Verarbeitung des Kompositums hindeutet. Die Unterschiede zwischen Lesern mit geringeren und höheren Lesekompetenzen sowie die in

Kap. 5.9.1 aufgezeigten signifikanten Korrelationen bestätigen somit, dass Leser mit höheren Lesekompetenzen und kognitiven Leistungsfähigkeiten Komposita primär ganzheitlich verarbeiten, was sich in einer im Vergleich zu Lesern mit geringeren Lesekompetenzen längeren Erstfixationsdauer, aber ebenso in einer kürzeren Gesamtlesezeit und geringeren Fixationsanzahl widerspiegelt. Bei genauerer Betrachtung der Ergebnisse wurde jedoch auch deutlich, dass die Unterschiede in der Erstfixationsdauer zwischen Lesern mit geringeren und höheren Lesekompetenzen bei den unsegmentierten Komposita deutlich stärker ausgeprägt sind als bei den segmentierten (und insb. den mit Bindestrich segmentierten) Komposita, was die Annahme bestätigt, dass die Bindestrichschreibung sowohl von Lesern mit geringeren als auch von Lesern mit höheren Lesekompetenzen primär morphembasiert verarbeitet wird und insbesondere die Segmentierung mit dem Bindestrich demnach unabhängig der Lesekompetenzen einer ganzheitlichen Verarbeitung entgegensteht (vgl. Pfeiffer 2002; Bertram/Hyönä 2013) (s. Kap. 5.4.7.3 und Kap. 5.6.7.7).

Auf Satzebene ist die Erstfixationsdauer hingegen bei Lesern mit höheren Lesekompetenzen und kognitiver Leistungsfähigkeit deutlich kürzer als bei Lesern mit geringeren Lesekompetenzen und kognitiver Leistungsfähigkeit. Da eine kürzere Erstfixationsdauer, wie in Abb. 117 aufgezeigt, jedoch nur in Kombination mit einer höheren Fixationsanzahl und längeren Gesamtlesezeit auf eine morphembasierte Verarbeitung hindeutet, die Fixationsanzahl und Gesamtlesezeit jedoch bei Lesern mit höheren Lesekompetenzen ausnahmslos geringer bzw. kürzer ist als bei Lesern mit geringeren Lesekompetenzen, kann die kürzere Erstfixationsdauer nicht als Indiz für eine morphembasierte Verarbeitung betrachtet werden. Vielmehr bestätigen die Ergebnisse der Experimente auf Satzebene sowie die signifikanten Korrelationen zwischen Eye-Tracking-Daten und kognitiver Leistungsfähigkeit, dass eine deutlich kürzere Erstfixationsdauer in Kombination mit einer geringeren Fixationsanzahl und kürzeren Gesamtlesezeit darauf hindeutet, dass die Verarbeitung der Komposita bei Lesern mit höheren Lesekompetenzen und kognitiver Leistungsfähigkeit angesichts der besseren Lesekompetenzen zu allen Verarbeitungsphasen schneller abläuft als bei Lesern mit geringeren Lesekompetenzen und kognitiver Leistungsfähigkeit (s. Kap. 5.5.7.10 und 5.7.7.1). Dass die Erstfixationsdauer auf Satzebene im Gegensatz zur Wortebene bei Lesern mit höherer Lesekompetenz kürzer ist als bei Lesern mit geringerer Lese-kompetenz, ist höchstwahrscheinlich darauf zurückzuführen, dass Leser mit höherer Lesekompetenz u. a. über einen größeren Bestand an Frames sowie über eine ausgebaute Leseerfahrung verfügen. Diese Faktoren führen dazu, dass die Wörter auf Basis der durch den Kontext aktivierten Frames erwartet und schneller erkannt werden und die Verarbeitung zu allen Phasen schneller abläuft als bei Lesern mit geringerer Leseerfahrung und -kompetenz (s. Kap. 5.5.7.10). Die ‚schnelle Verarbeitung zu allen Phasen' wird folglich durch den Kontext weiter befördert.

Das tentative Modell eignet sich somit nicht nur dafür, den Zusammenhang zwischen der Erstfixationsdauer und der Gesamtlesezeit bzw. Fixationsanzahl zu veranschaulichen, sondern es ist auch dafür geeignet, die Unterschiede in der Erstfixationsdauer von Lesern mit höherer Lesekompetenz und kognitiver Leistungsfähigkeit und Lesern mit geringerer Lesekompetenz und kognitiver Leistungsfähigkeit zu erklären.

6 Gesamtfazit und Ausblick

„No two brains are the same."
John Mazziotta

Ziel der Arbeit war es, eine Antwort auf die Frage zu liefern, ob – und wenn ja unter welchen Bedingungen – Komposita in Leichter Sprache segmentiert werden sollten und darüber hinaus der Frage nachzugehen, ob der „heilig[e]" (Mikhail 2020: o. S.) Bindestrich oder der „heiß umstrittene[]" (ebd.) Mediopunkt besser zur Segmentierung von Komposita geeignet ist.

Die Ergebnisse der vier Experimente haben gezeigt, dass die Segmentierung bei unbeeinträchtigten Lesern keinen positiven Effekt auf die Verarbeitung der Komposita hat, unbeeinträchtigte Leser jedoch die Mediopunktschreibung sowohl auf Wort- als auch auf Satzebene besser verarbeiten als die Bindestrichschreibung. Ein weiterer zentraler Befund ist, dass die Notwendigkeit der Segmentierung in erheblichem Maße von den Lesekompetenzen der Probanden abhängt. Während leseschwächere Probanden sowohl auf Wort- als auch auf Satzebene nachweislich von der Segmentierung profitieren, scheint die Segmentierung bei lesestärkeren Probanden der Zielgruppe nicht zwingend erforderlich zu sein. Der mit der Segmentierung einhergehende Verarbeitungsvorteil ist bei den leseschwächeren Probanden allerdings sowohl auf Wort- als auch auf Satzebene nur bei der Mediopunkt-, nicht aber der Bindestrichschreibung eindeutig nachzuweisen. Zudem zeigen die Ergebnisse der Zielgruppe, dass sich die Segmentierung auf Wortebene bei den opaken Komposita weder bei leseschwächeren noch bei lesestärkeren Probanden nachweislich negativ auf die Verarbeitung auszuwirken scheint. Auf Satzebene ist hingegen sowohl bei leseschwächeren als auch bei lesestärkeren Probanden eindeutig nachzuweisen, dass opake mit Bindestrich segmentierte Komposita signifikant schlechter verarbeitet werden als opake unsegmentierte Komposita; ein Verarbeitungsnachteil der Mediopunktschreibung ist bei opaken Komposita hingegen nicht nachzuweisen. Darüber hinaus zeigen die Ergebnisse, dass der Bindestrich die Leser ungeachtet der Lesekompetenzen zu einer dekompositionellen Verarbeitung instruiert, welche sich insbesondere bei opaken in Sätzen eingebetteten Komposita negativ auf den gesamten Verarbeitungsprozess auswirkt. Des Weiteren konnte gezeigt werden, dass der Kontext die Wortverarbeitung ungeachtet der Lesekompetenzen erleichtert. Interessanterweise ist dies bei unbeeinträchtigten Lesern jedoch nur bei der Standard- und Mediopunktschreibung sowohl bei den transparenten als auch bei den opaken Komposita der Fall. Bei der Bindestrichschreibung ist der kontextuelle Verarbeitungsvorteil hingegen nur bei den transparenten Komposita nachzuweisen, wobei er auch dort deutlich geringer ausgeprägt ist als bei der Mediopunkt- und Standardschreibung. Bei der Zielgruppe ist der mit dem Kontext einhergehende Verarbeitungsvorteil in Experiment 2 ebenfalls bei allen drei Schreibweisen vorhanden, jedoch auch hier bei der Bindestrichschreibung nachweislich geringer ausgeprägt als bei der Mediopunkt- und Standardschreibung. Während der kontextuelle Verarbeitungsvorteil in Experiment 4 bei der Standard- und Mediopunktschreibung ungeachtet der semantischen Transparenz vorhanden ist, ist er bei der Bindestrichschreibung weder bei transparenten noch bei opaken Komposita nachzuweisen.

Die Ergebnisse sind kongruent mit der Studie von Gutermuth (2020), in der ebenfalls ein Verarbeitungsvorteil der Mediopunktschreibung gefunden wurde, wobei dieser, ebenso wie in dieser Studie, nicht bei allen Probanden der Zielgruppe LS nachzuweisen war. Darüber hinaus sind die Ergebnisse insofern mit den Befunden der LeiSA-Studie kongruent, als sie einerseits bestätigen, dass unbeeinträchtigte Leser weder bei transparenten noch bei opaken Komposita von der Segmentierung profitieren, und als sie andererseits aufzeigen, dass der Verarbeitungsvorteil der segmentierten isoliert präsentierten Komposita bei Lesern mit geringen Lesekompetenzen nicht zwingend von der semantischen Transparenz des Kompositums abhängt. Das Ergebnis, dass hörbehinderte Schüler mit geringen Lesekompetenzen eindeutig von der Segmentierung profitieren, bestätigt die Schlussfolgerung von Pappert/Bock (2020), dass die Dekodierung von morphologisch komplexen Komposita für Leser mit geringeren Lesekompetenzen „weniger automatisiert abzulaufen scheint" (Pappert/Bock 2020: 1108) als für Leser mit fortschrittlichen Lesekompetenzen. Für letztere stellt die Dekodierung unsegmentierter Komposita keine Hürde dar, so dass eine Segmentierung nicht notwendig zu sein scheint.

Vor dem Hintergrund der theoretischen Erkenntnisse, dass die irreguläre Segmentierung mit dem Bindestrich nicht nur zu einem falschen Orthografieerwerb und somit zu unerwünschten Lerneffekten, sondern auch zu einem Übertragungs- und Akzeptanzproblem führt und darüber hinaus erhebliches Stigmatisierungspotenzial birgt (s. Kap. 3.5.2.2), kann für diese Arbeit das Fazit gezogen werden, dass, sofern sich Übersetzer für ihre Zielgruppe für eine Segmentierung entscheiden, die Segmentierung mit dem Mediopunkt der Segmentierung mit dem Bindestrich vorzuziehen ist. Zwar konnte in einigen Fällen aufgezeigt werden, dass sich auch der Bindestrich positiv auf die Verständlichkeit und Wahrnehmbarkeit auswirkt, hierbei ist jedoch zu beachten, dass die positiven Effekte des Bindestrichs nur sehr vereinzelnd auftraten und in keinem Verhältnis zu den dadurch hervorgerufenen Akzeptabilitätsproblemen und Stigmatisierungsprozessen stehen. Der Nachteil der Stigmatisierungsgefahr und der fehlenden Akzeptabilität wiegt somit deutlich stärker als der teilweise geringfügig ausgeprägte Verarbeitungsvorteil. Trotz der Vorteile des Mediopunktes ist dennoch zu beachten, dass der Mediopunkt bislang noch mit dem großen Nachteil verbunden ist, dass er aufgrund der Tatsache, dass er von Screenreadern nicht einheitlich erkannt wird, nicht als vollumfänglich barrierefrei bezeichnet werden kann. Diese praktische Barriere gilt es somit zunächst noch zu überwinden, was aus technischer Sicht jedoch keine große Hürde darstellt (s. Kap. 3.6.2.2).

Allerdings ist auch zu erwähnen, dass in den Ergebnissen einige Widersprüche zu erkennen sind. So deuten die Ergebnisse aus Experiment 1 bspw. nicht darauf hin, dass die Probanden der Zielgruppe mit höherem LQ von einer Segmentierung der isoliert präsentierten Komposita profitieren. Dem widersprechen allerdings die Ergebnisse aus Experiment 3, in welchem die Probanden mit höherem LQ die segmentierten Komposita schneller verarbeiteten als die unsegmentierten Komposita. Diese unterschiedlichen Ergebnisse mögen womöglich auf die Anordnung der Experimente und einen möglicherweise auftretenden Gewöhnungseffekt zurückzuführen sein. So wurde das Experiment 1 am ersten Erhebungszeitpunkt, das Experiment 3 hingegen am zweiten Erhebungszeitpunkt durchgeführt. Während die Probanden am ersten Erhebungstag die segmentierten Komposita somit zum ersten Mal präsentiert bekamen, wurden sie am zweiten Erhebungstag darüber informiert, dass das nun folgende Experiment (Exp. 3) vom Ablauf her identisch mit dem am ersten Erhebungstag durchgeführten Experiment (Exp. 1) war. Es ist folglich denkbar, dass die Segmentierung in Experiment 3 keine Irritation mehr hervorgerufen hat und die Probanden bereits daran gewöhnt waren, dass die Segmentierung bspw. nicht an willkürlichen Stellen oder zwischen zwei Silben, sondern stets an der Morphemgrenze auftrat. Im Gegensatz zu der Kontrollgruppe und den leseschwächeren Probanden der Zielgruppe ließ sich auch die Frage, ob die Mediopunkt- oder Bindestrichschreibung besser verarbeitet wird, bei den lesestärkeren Probanden der Zielgruppe bei den transparenten Komposita aufgrund gegenläufiger Tendenzen und nicht signifikanter Unterschiede nicht eindeutig beantworten. Die Analyse der Pupillenweite führte ebenfalls zu teilweise widersprüchlichen Ergebnissen; hierbei gilt es allerdings zu beachten, dass die Bedeutung der Pupillenweite nur in Kombination mit anderen Parametern (z. B. Fixationsanzahl, Gesamtlesezeit) valide Aussagen erlaubt und sich aus der Pupillenweite allein keine belastbaren Schlüsse ziehen lassen (vgl. Just/ Carpenter 1993; Hyönä/Pollatsek 2000). Zudem gilt es zu berücksichtigen, dass die Pupillenweite durch eine Vielzahl an Faktoren beeinflusst werden kann, was die Interpretation zusätzlich erschwert (s. Kap. 5.5.8).

Auch aus dem Vergleich der Ergebnisse aus Experiment 2 und 4 ergibt sich ein weiterer Widerspruch. So ist bei den lesestärkeren Probanden der Zielgruppe in Experiment 2 bei den segmentierten Komposita ein eindeutiger Verarbeitungsvorteil der kontextuellen gegenüber der isolierten Präsentation zu erkennen, wohingegen dieser in Experiment 4 weder bei den transparenten noch bei den opaken segmentierten Komposita eindeutig nachzuweisen ist. Über mögliche Gründe für diese Differenzen lässt sich an dieser Stelle nur spekulieren. Eine mögliche Erklärung ist, dass die lesestärkeren Probanden in Experiment 4 insbesondere bei den opaken Komposita durch die Segmentierung irritiert wurden, da bei diesen die kontraproduktive Aktivierung der Konstituentenbedeutung das Satzverstehen erschwert. Dies würde erklären, wieso bei den opaken Komposita kein kontextueller Verarbeitungsvorteil der segmentierten Komposita zu erkennen ist. Darüber hinaus ist es möglich, dass dieser mit der Segmentierung einhergehende Irritationseffekt dazu führt, dass die Probanden auch bei den segmentierten transparenten Komposita eine erhöhte Sensibilität für einen möglichen Irritationseffekt aufweisen. Dies würde bedeuten, dass sie beim parafovealen Wahrnehmen der Segmentierung vorsichtiger lesen und in gewisser Weise voreingenommen sind und der Irritationseffekt somit auf transparente Komposita überspringt, wodurch der fazilitierende Kontexteffekt aufgehoben wird. Da in diesem Fall durch einen Reiz bestimmte Folgereaktionen ausgelöst werden, könnte es sich folglich um einen Priming- bzw. Konditionierungseffekt handeln. Fraglich ist allerdings, wieso dieser Effekt bei den transparenten Komposita dann nicht auch bei den anderen Probanden auftritt. Für eine eindeutige Erklärung dieser Widersprüche bedarf es jedoch weiterer ergänzender Erhebungsmethoden wie *thinking-aloud protocols* oder einer retrospektiven Befragung der Probanden (s. Kap. 6.1). Zudem ist davon auszugehen, dass die widersprüchlichen Tendenzen auch auf die insbesondere in Experiment 3 und 4 verhältnismäßig geringe Stimulusanzahl sowie die verhältnismäßig kleine Stichprobe zurückzuführen sind. Auf diese beiden Aspekte soll in der folgenden Methodenreflexion näher eingegangen werden.

6.1   Methodenreflexion

Rückblickend betrachtet hätte, insbesondere in den Experimenten 3 und 4, eine höhere Stimulusanzahl zwar womöglich zu eindeutigeren Ergebnissen geführt, es wurde sich jedoch aus verschiedenen Gründen bewusst gegen eine Ausweitung des Stimulusmaterials entschieden. Zu diesen Gründen gehören u. a. die zahlreichen Kontrollvariablen. So wurde sowohl die Frequenz und die Länge von Kompositum und Konstituenten als auch die Silbenzahl, Vertrautheit, Abstraktheit, Natürlichkeit und Verständlichkeit des Kompositums kontrolliert. Darüber hinaus musste bei der Stimulusauswahl gewährleistet werden, dass die dreisilbigen zweigliedrigen vollständig opaken Komposita sich durch ein lizenzfreies Bild darstellen ließen und zum Wortschatz gehörloser Schüler gehören, so dass die Auswahl von vornherein sehr begrenzt war. Eine Ausweitung des Stimulusmaterials wäre somit unter Beibehaltung aller Kontrollvariablen nicht möglich gewesen. Zwar gibt es im Deutschen noch zahlreiche opake Komposita wie *Spiegelei* oder *Handschuhe*, diese erfüllen jedoch das Kriterium der vollständigen Opazität nicht. Bei einer Aufnahme dieser nur teilweise opaken Komposita wäre somit nicht auszuschließen gewesen, dass mögliche Effekte auf den unterschiedlichen Grad der Opazität zurückzuführen wären. Zudem ist zu beachten, dass die Studie mit einem Lesetest, der neuropsychologischen Testbatterie und den vier Experimenten bereits sehr zeitintensiv war. Eine Ausweitung der Experimente wäre somit hinsichtlich des zeitlichen Umfangs und der kognitiven Beanspruchung der Probanden kritisch gewesen. Zudem ist zu berücksichtigen, dass sich eine zu lange Studiendauer stets auch negativ auf die Motivation der Probanden auswirkt, was angesichts dessen, dass die Studie zu einem zweiten Erhebungszeitpunkt weitergeführt wurde, womöglich dazu geführt hätte, dass einige Probanden die Studie nach dem ersten Tag abgebrochen hätten. Ein weiterer Grund, der ebenfalls gegen die Ausweitung der Experimente sprach, ist, dass die Studie während der regulären Unterrichtszeiten durchgeführt wurde und eine verlängerte Unterrichtsunterbrechung womöglich dazu geführt hätte, dass die Schule und/oder die Eltern der Durchführung der Studie nicht zugestimmt hätten. Dieses Risiko galt es angesichts der ohnehin schon schwierigen Probandenakquise unter allen Umständen zu vermeiden. All diese Gründe sprachen dagegen, die Stimulusanzahl in den Experimenten 3 und 4 zu erhöhen. Den Einfluss der Opazität auf die kognitive Verarbeitung von Komposita in LS gilt es somit in weiteren Studien genauer zu untersuchen. In Studien, die explizit auf diese Fragestellung ausgerichtet sind, könnte dann bspw. auch der Grad der Opazität variiert werden, d. h. es könnten neben vollständig transparenten und vollständig opaken Komposita auch opak-transparente (*Schwarzarbeit*) und transparent-opake Komposita (*Kindergarten*) mit in das Stimulusmaterial aufgenommen werden.

Auch eine größere Stichprobe hätte womöglich zu eindeutigeren und vermehrt signifikanten Ergebnissen geführt. Die Rekrutierung weiterer Schüler war jedoch an der kooperierenden Schule nicht möglich und eine Ausweitung der Studie auf andere Schulen war angesichts der allgemein schwierigen Probandenakquise, der ethischen Bedingungen und des knapp bemessenen zeitlichen Rahmens ebenfalls nur schwer realisierbar. Darüber hinaus hätte sich die Durchführung der Studie an einer weiteren Schule aufgrund anderer Räumlichkeiten und damit einhergehender lokaler Versuchsbedingungen (Lärmpegel, Lichtverhältnisse etc.) negativ auf die ökologische Validität der

Studie ausgewirkt. Zudem ist fraglich, ob die Probandenrekrutierung an einer anderen Schule nicht womöglich dazu geführt hätte, dass die bereits in der kleinen Stichprobe enorme Heterogenität durch weitere Probanden einer anderen Schule noch weiter ausgeweitet worden wäre. Wünschenswert wäre es gewesen, weitere Schüler der kooperierenden Schule als Probanden zu akquirieren, dies war jedoch aufgrund nicht ausreichender Sprachkenntnisse im Deutschen oder fehlender Einwilligung seitens der Schüler oder Eltern nicht umsetzbar.

Ein weiterer wesentlicher Grund für die teils widersprüchlichen Ergebnisse sind vermutlich die auch nach Aufteilung in zwei Gruppen immer noch äußerst heterogenen Lesekompetenzen der Probanden. So konnten durch die Gruppenstudie mit Vertretern der Zielgruppe zwar zweifelsohne Trends aufgezeigt werden, es ist jedoch zu berücksichtigen, dass Probanden unterschiedlicher Klassenstufen, unterschiedlichen Alters und unterschiedlicher Hörschädigung zu Gruppen zusammengefasst wurden, deren Lesekompetenzen aufgrund des individuellen Hintergrunds (Leseförderung, lautsprachliche Erziehung) und der individuellen hörtechnischen Versorgung nach wie vor sehr heterogen sind. Die heterogenen neuropsychologischen Fähigkeiten der Probanden in Bezug auf die Arbeitsgedächtniskapazität, die verbale Intelligenz, die kognitive Flexibilität und die visuomotorische Verarbeitungsgeschwindigkeit wurden zwar dahingehend in den Analysen berücksichtigt, dass auf Basis der signifikanten Korrelation zwischen Lesekompetenzen und Ergebnissen der einzelnen Subtests i.) Probanden mit schwächeren Lesekompetenzen und schwächeren neuropsychologischen Testleistungen und ii.) Probanden mit stärkeren Lesekompetenzen und besseren neuropsychologischen Testleistungen separat analysiert wurden, aber dennoch war auch innerhalb der beiden Gruppen eine nach wie vor verhältnismäßig große Spannweite in den Ergebnissen zu verzeichnen. Eine weitergehende Eingrenzung der neuropsychologischen Leistungen und Lesekompetenzen der Probanden wäre allerdings nicht nur aufgrund der geringen Stichprobengröße nicht möglich gewesen, sondern wäre auch für die Generalisierung der Studienergebnisse nicht zielführend gewesen. So gilt es zu beachten, dass eine kleine Teilstichprobe von hinsichtlich der neuropsychologischen Leistungen und Lesekompetenzen homogenen

Probanden die tatsächlich herrschende Heterogenität der Zielgruppe nicht widerspiegeln würde.

Darüber hinaus ist allerdings auch nicht auszuschließen, dass die Ergebnisse durch weitere Störfaktoren wie bspw. Motivation, Müdigkeit, persönliche Tagesform, Stress oder Anspannung der Probanden beeinflusst wurden. Zudem ist bei Eye-Tracking-Studien stets zu berücksichtigen, dass die Daten in einer experimentellen Umgebung und nicht unter den für die Probanden natürlichen Lesebedingungen gewonnen wurden. Bredel et al. (2013) weisen in diesem Zusammenhang auf das von Labov (1972) geprägte Beobachterparadox hin, welches sie „in leicht abgewandeltet[sic!] Form wiedergeben: ‚The aim of the linguistic research in the community must be to find out how people *read* [bei Labov *talk*] when they are not being systematically observed; yet we can only obtain these data by systematic observation.‘ (Labov 1972: 209)" (Bredel et al. 2013: 241). Obgleich probiert wurde, den Ansprüchen der ökologischen Validität bestmöglich gerecht zu werden, ist dennoch nicht auszuschließen, dass die Ergebnisse durch das Lesen in einer experimentellen Umgebung beeinflusst wurden.

Neben der experimentellen Umgebung könnte sich auch die Präsentationsart der Stimuli negativ auf die ökologische Validität ausgewirkt haben. So ist zu beachten, dass das „Ein-Satz-Lesen" (Gutermuth 2020: 174) einer natürlichen Lesesituation deutlich weniger gleicht als das Lesen gesamter Texte bzw. Textausschnitte und somit auch die Darstellung auf Satzebene den Ansprüchen der ökologischen Validität nur bedingt gerecht wird.

Hinsichtlich des Untersuchungsdesigns ist zudem zu berücksichtigen, dass es – obgleich die Stimuli hinsichtlich zahlreicher Kontrollvariablen kontrolliert wurden – dennoch Faktoren gab, die bei der Stimulusauswahl nicht zu kontrollieren waren. So waren die Konstituenten zwar größtenteils morphologisch einfach, teilweise wurden jedoch aufgrund der genannten primären Kontrollvariablen auch morphologisch komplexe Konstituenten, d. h. Konstituenten mit Fugenelementen, in das Stimulusmaterial aufgenommen. Zwar wurde mithilfe von Post-hoc-Analysen ausgeschlossen, dass das Vorhandensein von Fugenelementen einen signifikanten Einfluss auf die kognitive Verarbeitung von segmentierten Komposita hatte; dennoch ist zu beachten, dass das Studiendesign nicht auf eine Untersuchung des Einflusses der Fugenelemente ausgelegt war und deshalb keine gesonderten Rückschlüsse auf einen Effekt derselben erlaubt. Interessant ist jedoch, dass die Ergebnisse teilweise darauf hingedeutet haben, dass Komposita mit Fugenelement von der Kontrollgruppe und den lesestärkeren Probanden der Zielgruppe schneller verarbeitet wurden als Komposita ohne Fugenelement (s. Kap. 5.5.8 und Kap. 5.7.8). Inwiefern das Vorhandensein von Fugenelementen einen Einfluss auf die Verarbeitung von Komposita hat, gilt es somit in weiteren Studien zu untersuchen.

Angesichts der teils nicht eindeutigen und teils widersprüchlichen Ergebnisse der Blickbewegungsmessung stellt sich allerdings auch die Frage, ob die gewählte Datenerhebungsmethode ausreichend war, um die der Arbeit zugrunde liegenden Fragestellungen eindeutig beantworten zu können. Aufgrund dessen soll die verwendete Methode im Folgenden kritisch diskutiert werden.

Die Daten wurden ausschließlich durch Aufzeichnung der Augenbewegungen erhoben, was durchaus kritisch zu betrachten ist. Die Auswertung der Blickbewegungen ermöglicht zwar objektive Aussagen darüber, wo ein Proband einen visuellen Stimulusbereich wie lange fixiert, die Daten erlauben jedoch keine Aussagen darüber, weshalb der Proband den Stimulusbereich besonders lange oder besonders kurz fixiert. Auf Grundlage der bisherigen Forschungsergebnisse (s. Kap. 4.7) ist es zwar wahrscheinlich, dass bspw. eine lange Fixation auf einen erhöhten kognitiven Verarbeitungsaufwand hindeutet, mit 100-prozentiger Sicherheit lässt sich dies jedoch nicht sagen. Vielmehr kann eine lange Fixation prinzipiell diverse Gründe haben und bspw. auch darauf zurückzuführen sein, dass der Proband gerade in Gedanken ist oder seine Aufmerksamkeit noch auf den zuvor gelesenen Satz oder die gerade gegebene Antwort gerichtet ist und er z. B. darüber nachdenkt, ob seine Antwort richtig oder falsch war bzw. ob er das passende Bild angeklickt hat. Ebenso kann eine längere Fixation auch rein physiologisch bedingt sein, bspw. wenn der Proband gerade husten oder niesen muss (vgl. Inhoff et al. 1996; Nyström et al. 2013). Eindeutige Aussagen über die Motivation, die hinter einer langen Fixation oder einer erhöhten Anzahl an Regressionen liegt, lassen sich hingegen nur durch die sog. Datentriangulation, „also die Bearbeitung gleicher Fragestellungen mit unterschiedlichen Methoden" (Krings 2005: 352) gewinnen. Bei der Datentriangulation werden anhand eines multimethodischen Ansatzes qualitative und quantitative Vorgehensweisen miteinander kombiniert, wodurch die jeweiligen Fragestellungen umfassender bearbeitet werden können. Das Miteinbeziehen und Zusammenwirken unterschiedlicher Forschungsstrategien und verschiedener Datenquellen bietet zudem eine „bessere Absicherung der Ergebnisse" (vgl. Döring/Bortz 2016: 17). In der Eye-Tracking-Forschung würde es sich demnach anbieten, das Verfahren der Blickbewegungsmessung durch „Offline-Verfahren" (Krings 2005: 348) wie retrospektive Interviews oder Fragebögen zu ergänzen. Durch die Integration von Daten aus retrospektiven Interviews oder Fragebögen wäre es im Falle der dieser Arbeit zugrunde liegenden Fragestellungen bspw. möglich gewesen, die Probanden explizit zu fragen, ob, und wenn ja weshalb, sie eine Segmentierung als irritierend empfanden und in welchen Fällen sie die Segmentierung als hilfreich wahrnahmen. Da vermehrt auch darauf hingewiesen wird, dass neben der Lesbarkeit und Verständlichkeit auch die Akzeptanz eine zentrale Rolle im Leseprozess einnimmt, könnte die Integration von Offline-Daten auch Aufschluss darüber geben, inwiefern die Segmentierung mit dem Mediopunkt von den Probanden akzeptiert wird (vgl. Hansen-Schirra/ Maaß 2020). Die Datentriangulation aus Eye-Tracking, Verständlichkeits- und Akzeptabilitätstest würde somit zum einen konkretere Aussagen zu den Faktoren kognitive Verarbeitung, Verständlichkeit und Akzeptabilität von unterschiedlich segmentierten Komposita erlauben und zum anderen Aufschluss über das Zusammenwirken der drei Faktoren geben. Die aus den Blickbewegungen und den theoretischen Erkenntnissen geschlossenen Annahmen könnten durch die Komplementierung mit Offline-Verfahren demnach verifiziert, korrigiert oder widerlegt werden. Eine Komplementierung der Datenerhebungsmethode ermöglicht es zudem, die individuelle Einschätzung der Probanden stärker in den Analysen zu berücksichtigen. Der multimethodische Ansatz hätte somit den weiteren Vorteil, dass dem häufig zu vernehmenden Kritikpunkt, der fehlenden Einbindung der Zielgruppen in den Forschungsprozess, entgegengewirkt und zugleich der Austausch zwischen Forschung und Praxis gefördert werden könnte (vgl. Bock/Lange 2017; Seidel/Michel 2017).

6.2 Anpassung des experimentellen Designs im Hinblick auf die Zielgruppe

Darüber hinaus galt es die Konzeption der Studie an die Bedürfnisse, die Wissensvoraussetzungen und die sprachlichen und kognitiven Kompetenzen der Zielgruppe anzupassen. Dies erforderte zusätzliche Restriktionen bzgl. der Studiendauer, der kognitiven Beanspruchung und der Wort- und Bildauswahl. Neben den heterogenen Lesekompetenzen und den Herausforderungen bei der Studienkonzeption mussten bei der Durchführung der Studie mit Vertretern der primären Zielgruppe jedoch noch weitere Besonderheiten und Schwierigkeiten berücksichtigt werden, auf die in zukünftigen Studien ebenfalls Rücksicht genommen werden sollte. So traten im Vergleich zur Kontrollgruppe deutlich häufiger Kalibrierungsprobleme auf, die insbesondere auf Kommunikationsprobleme zurückzuführen waren. Da einige Probanden die Instruktionen für das Fixieren und das anschließende Bestätigen der Kalibrierungspunkte nicht sofort verstanden bzw. ihnen dies nicht gelang, ohne dabei den Blick auf die Tastatur zu senken, war die Kalibrierung teilweise erst nach zahlreichen Kalibrierungsversuchen erfolgreich, was sich unter Umständen auch negativ auf die Motivation der Probanden ausgewirkt haben könnte. Darüber hinaus war es für die Probanden der Zielgruppe teilweise schwierig, während der Experimente still sitzen zu bleiben, so dass bei einigen Probanden während der Studie häufiger (unbewusste) Kopf- und Körperbewegungen zu beobachten waren. Des Weiteren kam es vereinzelt vor, dass die Probanden während der Studie Fragen stellten oder bestimmte Sätze kommentierten und dabei den Blick zur Studienleiterin wendeten. Der aus diesen Faktoren resultierende hohe Datenverlust hatte zur Folge, dass am Ende deutlich weniger Daten ausgewertet werden konnten als bei der Studienkonzeption geplant waren. Bei der Konzeption und Durchführung einer Eye-Tracking-Studie mit Vertretern der primären Zielgruppe gilt es demnach von vornherein zu beachten, dass die Kalibrierung in einigen Fällen äußerst schwierig ist bzw. teilweise auch nicht zum gewünschten Erfolg führt und dass es aufgrund der genannten Faktoren zu einem größeren Datenverlust kommen kann.

6.3 Wissenschaftlicher Erkenntnisgewinn

Die neuropsychologische Testung hat bestätigt, dass Probanden mit geringeren neuropsychologischen Leistungen Komposita langsamer verarbeiten als Probanden mit besseren neuropsychologischen Leistungen. Ein Zusammenhang zwischen Testleistungen und Lesekompetenzen konnte hingegen nur für die Zielgruppe nachgewiesen werden. Eine differenziertere Analyse der Ergebnisse hat jedoch ebenfalls gezeigt, dass die einzelnen neuropsychologischen Fähigkeiten nicht ausnahmslos signifikant mit den Blickbewegungsparametern korrelieren. Für die Kontrollgruppe konnte aufgezeigt werden, dass eine bessere kognitive Flexibilität (Wortflüssigkeit), ein besseres auditives Kurzzeitgedächtnis (Zahlen nachsprechen vorwärts) und ein höheres allgemeines Intelligenzniveau (MWT-B) mit einer kürzeren Gesamtlesezeit und geringeren Fixationsanzahl einhergeht. Für die Zielgruppe zeigte sich, dass alle Untertests signifikant negativ mit den primär mit der kognitiven Verarbeitung assoziierten Blickbewegungsparametern (Gesamtlesezeit, Erstfixationsdauer, Fixationsanzahl) korrelieren und Probanden mit besseren neuropsychologischen Fähigkeiten die Komposita signifikant schneller lesen als Probanden mit geringeren neuropsychologischen Fähigkeiten. Die differenzierte Analyse ergab jedoch auch, dass ein unterdurchschnittliches Testergebnis bei unbeeinträchtigten Lesern nicht zwingend mit einer langsameren kognitiven Verarbeitung der Komposita einhergeht. Zudem wurde deutlich, dass es nicht den ‚einen‘ Test gibt, der als Indiz für eine langsamere Verarbeitung gedeutet werden kann, sondern die wenigen unbeeinträchtigten Probanden, die ein unterdurchschnittliches Testergebnis erzielten und darüber hinaus auch die Komposita tendenziell langsamer verarbeiteten als der Durchschnitt, ganz individuelle Schwächen in der kognitiven Flexibilität, der Arbeitsgedächtniskapazität oder der verbalen Intelligenz aufwiesen. In Hinblick auf die neuropsychologische Testung ist abschließend festzuhalten, dass eine auf die jeweilige Studie zugeschnittene neuropsychologische Testbatterie insbesondere in kognitionswissenschaftlichen Studien mit der primären Zielgruppe aufgrund des erheblichen wissenschaftlichen Mehrwertes wenn immer möglich implementiert werden sollte. So dient die zusätzliche Erhebung der kognitiven Fähigkeiten, wie der Arbeitsgedächtniskapazität, nicht nur dazu, die hohe Varianz in den Blickbewegungsdaten zu erklären, sondern kann darüber hinaus in Relation zu den erhobenen Variablen gesetzt werden und somit mögliche Zusammenhänge zwischen den unterschiedlichen kognitiven Leistungen und den beim Lesen ablaufenden kognitiven Prozessen aufzeigen.

Für diese Studie ist abschließend noch zu betonen, dass, obgleich die Ergebnisse aufgezeigt haben, dass die leseschwächeren Probanden der Zielgruppe nachweisbar von der Segmentierung mit dem Mediopunkt profitieren, die Auswertung der Poststimulus Distractor Tasks eindeutig gezeigt hat, dass die leseschwächeren Probanden auch die unsegmentierten Komposita verstanden haben. Aus dem Verarbeitungsvorteil der mit Mediopunkt segmentierten Komposita lässt sich somit im Umkehrschluss nicht schließen, dass die unsegmentierten Komposita *nicht* verstanden wurden. Die Auswertung der Experimente auf Satzebene, in denen die Probanden die einzelnen Sätze als semantisch richtig oder falsch einordnen sollten, zeigt zudem, dass die Frage nach dem Sinn des Satzes in 85,77 % (Experiment 2) bzw. 81,48 % (Experiment 4) der Fälle auch am Ende der Studie noch korrekt beantwortet wurde. Dies kann als Zeichen dafür gesehen werden, dass die meisten Probanden keine Konzentrationsschwierigkeiten hatten und die Studie, trotz einer Bearbeitungsdauer von teilweise bis zu einer Stunde, für die Probanden keine zu große Belastung war.

Aus den Ergebnissen der Poststimulus Distractor Tasks lässt sich wiederum schließen, dass auch die schwächeren Leser sehr wohl in der Lage waren, auch in Sätzen mit unsegmentierten Komposita auf Satzebene Kohärenz herzustellen. Dass die Herstellung von lokaler Kohärenz auf Satzebene, also die „Verknüpfung von Teilpropositionen" (Bredel et al. 2013: 211), kein Problem darstellte, ist womöglich darauf zurückzuführen, dass alle Stimulussätze gemäß der in LS zu bevorzugenden Subjekt-Objekt-Abfolge konstruiert wurden. Die kanonische Hauptsatzstruktur (SVO) und die Vorfeldbesetzung durch das Subjekt dient in LS nicht nur der Sicherung von Kohärenz (vgl. Bredel/Maaß 2016a: 424), sondern ist zugleich die Satzstruktur, die den geringsten kognitiven Aufwand erfordert. Auf Basis des tentativen Kapazitätsmodells von Gutermuth (2020) kann somit vermutet werden, dass die syntaktische Komplexitätsreduktion dazu beigetragen hat, dass den Probanden mehr Kapazitäten für die Verarbeitung der komplexeren morphologischen Strukturen, in diesem

Fall unsegmentierte Komposita, zur Verfügung standen. Unsegmentierte Komposita werden demnach zwar verstanden, die Verarbeitung der komplexen morphologischen Strukturen kann aber durch die Segmentierung mit dem Mediopunkt weiter erleichtert und beschleunigt werden. Auf diesen Aspekt wird in Kap. 6.4 nochmals detaillierter eingegangen.

Zudem ist zu beachten, dass die Ergebnisse aufgrund der gewählten Datenerhebungsmethode keine Differenzierung zwischen Lesbarkeit und Verständlichkeit von segmentierten Komposita erlauben. So wird durch die Segmentierung die Zahl der Silben pro Segment verringert und zugleich das Erkennen der Konstituenten erleichtert, was zu einer besseren Lesbarkeit der Wörter führt. Wie in Kap. 3.6.2.2 erläutert, lässt die Lesbarkeit jedoch keine Rückschlüsse auf die Verständlichkeit und somit auf das Verstehen der Wörter zu. Da es anhand der Eye-Tracking-Daten nicht möglich ist, zwischen Lesbarkeit und Verständlichkeit zu differenzieren, wurde in der Studie stattdessen der Einfluss der unabhängigen Variablen auf die ‚kognitive Verarbeitung' untersucht, welche als Oberbegriff für die Teildimensionen der Rezeption fungiert (vgl. Bredel/Maaß 2016a: 118). Das Verstehen wurde zwar auf Wortebene mithilfe des Poststimulus Distractor Tasks verifiziert – wobei die Daten mehrheitlich darauf hindeuten, dass die Wörter verstanden wurden – da jedoch keine Reaktionszeiten ausgewertet wurden, erlaubt die Auswertung keine belastbaren Rückschlüsse auf ein erleichtertes bzw. erschwertes Verstehen der segmentierten Komposita. Zwar könnte z. B. die verhältnismäßig hohe Anzahl an falschen Antworten bei den opaken mit Bindestrich segmentierten Komposita als Indiz für ein Nicht-Verstehen des Wortes angesehen werden; da allerdings keiner der Unterschiede bei der Bildauswahl signifikant war und zudem nicht auszuschließen ist, dass die Bilder versehentlich falsch angeklickt wurden (bzw. die Bilder für die Probanden vielleicht nicht eindeutig genug waren), können auf Basis der Ergebnisse keine validen Aussagen über die Verstehensleistung getroffen werden. Die Ergebnisse der Eye-Tracking-Studie deuten zwar darauf hin, dass die lexikalischen Verstehensprozesse insbesondere bei den leseschwächeren Probanden durch den Mediopunkt erleichtert werden; um das konkrete Verstehen bzw. die Verständlichkeit untersuchen zu können, bedarf es allerdings einer Studie, die genau auf diese Fragestellung ausgerichtet ist. Da der Gesamtverstehensprozess als „mehrstufiger Prozess aus Perzeption, Informationsverarbeitung (Verstehen im engeren Sinne) und Behalten beschrieben werden [kann]" (ebd.) und das Verstehen somit weit über das reine Lesen hinausgeht, bedarf es hierzu z. B. einer zusätzlichen Behaltens- bzw. Reproduktionsleistung. Hierbei ist jedoch auch zu berücksichtigen, dass sich das Verstehen in einer natürlichen Rezeptionssituation nicht nur auf die Wort-, sondern auch auf die Textebene bezieht, d. h. der Rezipient in der Lage sein muss, die Wörter in den Satzkontext zu integrieren, die einzelnen Sätze zu kohärenten Bedeutungseinheiten zusammenzufügen und schließlich der Informations- und Argumentationsstruktur des Textes zu folgen. Folglich gilt es auch zu berücksichtigen, dass „alle Stufen des Rezeptionsprozesses [um die für den gesamten Verstehensprozess zur Verfügung stehende Kapazität] konkurrieren" (Gutermuth 2020: 243). Um Aussagen darüber treffen zu können, inwiefern eine Segmentierung das Verstehen erleichtert, ist es somit auch erforderlich, die Komplexität auf den anderen sprachlichen Ebenen und deren Auswirkung auf die Kapazität des Arbeitsgedächtnisses zu berücksichtigen (dieses Zusammenspiel wird ebenfalls in Kap. 6.4 nochmals aufgegriffen).

6.4   Forschungsausblick

Obgleich die Studie aus kognitionswissenschaftlicher Sicht bereits zielführende Ergebnisse geliefert hat, ist dennoch zu betonen, dass die Aussagekraft der Studie u. a. aufgrund der geringen Probandenzahl der Zielgruppe und der Heterogenität der Probanden begrenzt ist und eine Übertragbarkeit der Ergebnisse nur bedingt gegeben ist. Diese begrenzte Generalisierbarkeit der Ergebnisse ist neben den bislang genannten Aspekten u. a. auch darauf zurückzuführen, dass im Verlauf der Studie deutlich wurde, dass es eine Vielzahl linguistischer Parameter gibt, welche die Entscheidung für oder gegen eine Segmentierung der Komposita beeinflussen könnten. Zu diesen gehören einerseits probandenbezogene Faktoren, wie die Lesekompetenz und die Kognitionsbarrieren, und andererseits stimulusbezogene Einflussfaktoren. Zu letzteren zählen neben dem bereits erwähnten Grad der Opazität und den Fugenelementen noch zahlreiche andere Faktoren, wie die Abhängigkeit der Notwendigkeit der Segmentierung von der Kompositums- und/oder Konstituentenfrequenz oder dem Grad der Abstraktheit. Ein weiterer bislang nicht erwähnter Aspekt ist die Frage, ob die semantische Ambiguität der Konstituenten womöglich ebenfalls einen Einfluss auf die Notwendigkeit der Segmentierung hat, d. h. ob der bei den opaken Komposita vermutete Irritationseffekt womöglich auch bei Komposita mit polysemen Konstituenten (wie *Impf-Dosen* oder *Orangen-Schale*) zum Tragen kommt. In Anbetracht dessen, dass die Studie auf konkrete Komposita begrenzt war, wäre zudem zu untersuchen, inwiefern sich die Ergebnisse auf abstrakte Komposita übertragen lassen. Hier gilt es somit, ebenso wie bei opaken Komposita, zu prüfen, ob der Vorteil der besseren Lesbarkeit des Wortes womöglich zulasten der Verständlichkeit geht. Der Frage, ob und inwiefern diese Faktoren einen Einfluss auf die Notwendigkeit einer Segmentierung haben, gilt es in künftigen Studien nachzugehen. Darüber hinaus ist zu beachten, dass die Komposita in der vorliegenden Studie in Subjekt- *oder* Objektposition eingefügt wurden (für eine Begründung s. Kap. 5.5.2). Auch hier ist nicht auszuschließen, dass die uneinheitliche Position des Kompositums einen Einfluss auf die Blickbewegungsdaten hatte. Angesichts der kleinen, heterogenen Stichprobe und den verhältnismäßig wenigen Daten konnte der Einfluss von Subjekt- bzw. Objektposition jedoch nicht mehr als Parameter in das Modell aufgenommen werden, da dies zu einer Überparametrisierung des Modells geführt hätte. Ob die Positionierung des Kompositums im Satz einen Einfluss auf dessen Verarbeitung hat, gilt es somit ebenfalls in künftigen Studien zu untersuchen.

Zudem werfen die Ergebnisse, ebenso wie in der Studie von Gutermuth (2020), in welcher der Mediopunkt ebenfalls nur bei einer der Zielgruppen einen nachweisbar positiven Effekt hatte, die Frage auf, inwiefern sich das Ergebnis, dass die Segmentierung einen leseerleichternden Effekt hat, generalisieren und auf andere Probanden bzw. Probandengruppen übertragen lässt. Eine Übertragung der Ergebnisse ist nur sehr begrenzt möglich, was u. a. auch darauf zurückzuführen ist, dass in dieser Studie, im Gegensatz zu bisherigen Studien, nicht die Heterogenität zwischen den unterschiedlichen Zielgruppen LS, sondern bereits die Heterogenität innerhalb einer der Zielgruppen LS zu signifikant unterschiedlichen Ergebnissen geführt hat. Vor diesem Hintergrund stellt sich wiederum die Frage, ob die Notwendigkeit der Segmentierung tatsächlich von der jeweiligen Zielgruppe, wie bspw. von Lange/Bock

(2016) oder Christmann (2017) vorgeschlagen, oder vielleicht vielmehr von den Lesekompetenzen der Adressaten abhängt, d. h. von der Zugehörigkeit zu einer bestimmten Zielgruppe unabhängig ist. Darauf spielen auch Pappert/ Bock (2020) an, indem sie auf die womöglich bestehende Interaktion zwischen Notwendigkeit der Segmentierung und Lesekompetenzen hindeuten – eine Interaktion, die in dieser Studie eindeutig nachgewiesen werden konnte. Sollte diese Interaktion auch zielgruppenübergreifend nachzuweisen sein, würde dies bedeuten, dass künftige Studien weniger auf eine strikte Trennung nach Zielgruppen ausgerichtet sein müssten, sondern sie vermehrt der enormen Individualität der Probanden und Heterogenität *innerhalb* einer Zielgruppe gerecht werden müssten. Mit der Konzeption von Studien, die auf eine zielgruppenübergreifende Interaktion zwischen Lesekompetenzen und Notwendigkeit der Segmentierung ausgerichtet wären, würde man somit der Tatsache gerecht werden, dass sich aufgrund der enormen Heterogenität innerhalb der einzelnen Zielgruppen nicht schlussfolgern lässt, dass eine Segmentierung bspw. für die Zielgruppe prälingual Hörgeschädigte erforderlich, für die Zielgruppe Senioren hingegen nicht erforderlich ist. Vielmehr ließe sich dann womöglich schlussfolgern, dass eine Segmentierung nur für Adressaten mit sehr geringen Lesekompetenzen notwendig ist. Eine strikte Trennung nach Zielgruppen wäre somit weniger stark erforderlich. Während Leser mit sehr geringen Lesekompetenzen voraussichtlich auf allen Ebenen von der LS profitieren, wäre es z. B. vorstellbar, dass Leser mit besseren Lesekompetenzen mehr von den komplexeren aber nach wie vor verständnisoptimierten Strukturen der LS+ oder der ES profitieren. Darüber hinaus ist es denkbar, dass sich eine Gruppierung der Adressaten auf Basis ihrer Lesekompetenzen auch positiv auf das gesellschaftliche Ansehen von verständnisoptimierten Sprachvarietäten auswirkt. So würden die Adressaten nicht, wie es bislang üblich ist, auf Grundlage ihrer Barrieren und Behinderungen unterschiedlichen Gruppen zugeordnet werden, sondern anstelle der Behinderungen und Schwächen stünden vielmehr die vorhandenen Lesefähigkeiten und Potenziale im Vordergrund. Eine derartige Ressourcenorientierung würde es den Lesern somit erlauben, das jeweils an die spezifischen Lesekompetenzen angepasste komplexitätsreduzierte Sprachangebot wahrzunehmen, ohne sich dabei über- bzw. unterfordert zu fühlen. Zudem könnte ein verstärkt ressourcenorientierter Ansatz dazu beitragen, dass sich zumindest ein Teil der Leserschaft weniger stigmatisiert fühlt. Ob dies jedoch tatsächlich der Fall ist und somit auch die Notwendigkeit der Segmentierung tatsächlich von den individuellen Lesekompetenzen bzw. möglicherweise anderen Faktoren, wie neuropsychologischen Fähigkeiten, und weniger von der Zugehörigkeit zu einer Zielgruppe abhängt, gilt es ebenfalls in künftigen empirischen Studien mit verschiedenen und in sich selbst heterogenen Zielgruppen zu untersuchen.

Darüber hinaus haben die lesekompetenzabhängigen Ergebnisse der Zielgruppe eindeutig gezeigt, dass eine maximale Komplexitätsreduktion auf der morphologischen Ebene, wie es bei der LS der Fall ist, nicht für alle Probanden der Zielgruppe automatisch auch zu einer maximalen Reduktion des kognitiven Verarbeitungsaufwandes der morphologischen Strukturen führt. Dennoch ergibt der Vergleich mit der Kontrollgruppe, dass sich auch die Leistungen der Probanden mit besseren Lesekompetenzen signifikant von den Leistungen unbeeinträchtigter Leser unterscheiden. Vor dem Hintergrund, dass auch die mehrheitlich unterdurchschnittlichen Leistungen in der neuropsychologischen Testung und dem Lesetest auf starke Defizite in der visuomotorischen Verarbeitungsgeschwindigkeit, der kognitiven Flexibilität, dem Arbeitsgedächtnis, der Fähigkeit zur spontanen Wortproduktion, der verbalen Intelligenz und der Lesekompetenz hindeuten, lässt sich somit nichtsdestotrotz schließen, dass auch die lesestärkeren Probanden zur Zielgruppe LS gehören, obgleich die Notwendigkeit einer maximalen Komplexitätsreduktion für diese Probanden weniger notwendig ist als für die leseschwächeren Probanden der Zielgruppe.

Das Ergebnis, dass die Rezeption morphologisch komplexer unsegmentierter Wörter für die lesestärkeren Probanden der Zielgruppe nicht mit erhöhtem kognitivem Aufwand einhergeht, ließe sich allerdings auch mit dem tentativen prozessbasierten Kapazitätsmodell Leichter Sprache von Gutermuth (2020) und der Interaktion der sprachlichen Ebenen erklären (s. Kap. 3.7): Die Komposita wurden in der vorliegenden Arbeit entweder isoliert oder in weitgehend LS regelkonformen kurzen Hauptsätzen präsentiert, was zugleich bedeutet, dass die Komplexität auf der phrasalen, syntaktischen und textuellen Ebene maximal reduziert war. Diese starke Komplexitätsreduktion auf drei der vier sprachlichen Ebenen könnte dazu geführt haben, dass die Gesamtkapazität entlastet wurde und mehr freie Kapazitäten für die Verarbeitung der komplexeren morphologischen Strukturen (unsegmentierte Komposita) vorhanden waren. Diese notwendige Kapazitätsumverteilung kann bei Hörgeschädigten relativ problemlos stattfinden, da bei diesen keine Kognitionsbarriere vorliegt (vgl. Gutermuth 2020: 233). Die Ergebnisse wären somit kongruent mit der Hypothese von Gutermuth (2020), dass je einfacher die Texte sind, desto mehr Kapazität bleibt generell für die Kompositaverarbeitung. Dies würde für die Praxis wiederum bedeuten, dass eine Segmentierung der Komposita für Leser mit besseren Lesekompetenzen in einem stark komplexitätsreduzierten Kontext nicht notwendig ist. Daraus ergibt sich die Frage, ob Leser mit besseren Lesekompetenzen in einem Kontext, in dem die sprachlichen Ebenen weniger stark komplexitätsreduziert sind, wie bspw. in einem standardsprachlichen Text, nicht womöglich doch von einer Segmentierung der Komposita profitieren würden. Dies gilt es ebenfalls in künftigen Studien zu untersuchen. Dass die leseschwächeren Probanden auch in einem stark vereinfachten Kontext von der Segmentierung profitieren, könnte darauf hindeuten, dass die ihnen zur Verfügung stehende Gesamtkapazität auch beim Lesen von komplexitäts-reduzierten Sätzen bereits so stark ausgeschöpft ist, dass keine überschüssigen Kapazitäten freigesetzt werden können, die für eine gleichermaßen schnelle Verarbeitung unsegmentierter Komposita genutzt werden könnten. In diesem Fall kann die Verarbeitung der morphologischen Strukturen durch kapazitäts-entlastende Maßnahmen weiter erleichtert werden.

Ausgehend von der oben aufgeworfenen Frage, ob die Segmentierung bei lesestärkeren Probanden womöglich aufgrund der starken Komplexitätsreduk-tion auf den anderen sprachlichen Ebenen nicht erforderlich ist, lässt sich die Brücke schlagen zu der weniger komplexitätsreduzierten Einfachen Sprache (s. Kap. 2.4.1), also dem „Varietätenspektrum zwischen Leichter Sprache und Standardsprache" (Bredel/Maaß 2016a: 527). Bredel/Maaß (2016b) vergleichen das deutlich flexiblere Konzept der ES mit einem „Schubladensystem" (Bre-del/Maaß 2016b: 187), in dem es für jede sprachliche Kategorie übereinander angeordnete Schubladen gibt, wobei die jeweiligen Schubladen sprachliche Mittel enthalten, deren Komplexität von oben nach unten graduell zunimmt. Unter Berücksichtigung des Vorwissens, der Texterfahrung und der Lesekom-petenzen der Adressaten sowie der kommunikativen Funktion des Textes in der Zielsituation ist es somit möglich, einen Text auf den unterschiedlichen sprachlichen Ebenen durch unterschiedlich komplexe sprachliche Mittel flexibel anzureichern. Bredel/Maaß (2016b) empfehlen dabei jedoch nicht, die Schubladen alle horizontal auf einer Ebene zu öffnen, sondern schlagen vor, dass je schwieriger der Text auf einer sprachlichen Ebene (z. B. Wortschatz) ist – also je mehr Schubladen in dieser Kategorie geöffnet werden – desto eher sollte bei den anderen Kategorien (z. B. beim Satzbau) tendenziell nur in die „obere[] Schublade[]" (ebd.) gegriffen werden. So würde bspw. ein Text mit Fremd- oder Fachwörtern tendenziell nur aus Hauptsätzen bestehen, wohingegen ein Text, der aus Satzgefügen besteht, tendenziell nur prototypische Vertreter von Wortfeldern enthalten würde. Durch die graduelle Komplexitätssteigerung ermöglicht die ES somit eine flexible Anpassung an die Bedürfnisse, Wissensvoraussetzungen und kognitiven Fähigkeiten der Adressaten. Auf Basis dieses Systems wäre es in Anlehnung an den Vorschlag von Gutermuth (2020) denkbar, dass die Segmentierung von Komposita in einem Text, der hinsichtlich aller anderen Dimensionen den Regeln der LS entspricht, für Leser mit besseren Lesekompetenzen nicht notwendig ist, wohingegen die Segmentierung in bspw. syntaktisch komplexeren Texten durchaus zur Kapazitätsentlastung auf morphologischer Ebene beitragen kann. Hierbei ist jedoch zu betonen, dass die empirische Erforschung des Konzepts der ES und somit auch die Eignung des Schubladensystems noch ein erhebliches Forschungsdesiderat darstellt. So raten Bredel/Maaß (2016b) zwar sowohl bei der ES als auch bei der LS+ prinzipiell von einer Segmentierung der Komposita ab, jedoch fehlt es auch hier an aussagekräftigen Forschungsergebnissen, welche diese Regel stützen könnten. Um die theoretischen Überlegungen in Bezug auf das Verhältnis von Notwendigkeit einer Segmentierung und Komplexität auf anderen sprachlichen Ebenen verifizieren oder widerlegen zu können, bedarf es somit bspw. einer Eye-Tracking-Studie, in welcher hoch- und niedrigfrequente segmentierte und unsegmentierte Komposita in einem Kontinuum unterschiedlich komplexer Sprachvarietäten präsentiert werden (Standardsprache, Einfache Sprache, Leichte Sprache Plus, Leichte Sprache). Um differenziertere, kognitionswissenschaftlich fundierte Aussagen über die Interaktion der morphologischen, syntaktischen und textuellen Ebene treffen zu können, wäre es dabei wünschenswert, nicht nur einzelne Sätze, sondern komplette Textauszüge als Stimulusmaterial zu verwenden.

Die vorherigen Ausführungen haben somit nochmals gezeigt, dass mit der vorliegenden Arbeit nur ein Bruchteil der nach wie vor bestehenden Forschungslücken in der empirischen Erforschung Leichter Sprache bearbeitet werden konnte. Dennoch soll diese Arbeit als Wegweiser für künftige Forschungsarbeiten dienen. In Anbetracht der heterogenen Adressatengruppen und des wissenschaftlichen Mehrwertes eines multimethodischen Ansatzes würde es sich für künftige Forschungsarbeiten anbieten, eine Studie mit unterschiedlichen, nicht nach Zielgruppenzugehörigkeit, sondern nach Lesekompetenzen gruppierten Adressaten durchzuführen und die Online-Datenerhebung durch Offline-Verfahren zu stützen. Die Kombination derartiger Erhebungsverfahren ermöglicht es, die Adressaten selbst zu Wort kommen zu lassen und trägt zu einem umfassenderen Verständnis der beim Lesen ablaufenden kognitiven Prozesse bei, was wiederum eine zentrale Voraussetzung für die Weiterentwicklung der Barrierefreien Kommunikation ist. Für den Bereich der Barrierefreien Kommunikation bleibt somit abschließend festzuhalten, dass die Sprache zwar die Quelle der Missverständnisse sein kann, sie aber zugleich auch der Schlüssel zum Verstehen ist.

Literaturverzeichnis

AHRENS, ROLF (1977): „Wortfindungsstörungen für zusammengesetzte Worte (Nomina composita) bei Aphasien." *Archiv für Psychiatrie und Nervenkrankheiten* 224[1]: 73–87.

ANDERSON, STEPHEN (1992): *A-Morphous Morphology.* Cambridge: Cambridge University Press.

ANDREWS, SALLY (1986): „Morphological Influences on Lexical Access: Lexical or Nonlexical Effects?" *Journal of Memory and Language* 25[6]: 726–740.

ANTOS, GERD (2017): „Leichte Sprache als Politolekt – Anmerkungen zu den Einflussfaktoren: Verständlichkeit, Fremdheit und Transaktionskosten." BOCK/FIX/ LANGE (2017): 129–144.

Arbeitsgemeinschaft der Leiterinnen und Leiter der Bildungseinrichtungen für Gehörlose und Schwerhörige (2018): „Bildungseinrichtungen für Hörgeschädigte in Deutschland." 31.03.2020 <https://www.budiko.de/liste-bildungseinrichtungen/ deutschland/>.

ARCHBOLD, SUE/HARRIS, MARGARET/O'DONOGHUE, GERARD/NIKOLOPOULOS, THOMAS/WHITE, ALISON/RICHMOND, HAZEL LLOYD (2008): „Reading abilities after cochlear implantation: The effect of age at implantation on outcomes at 5 and 7 years after implantation." *International Journal of Pediatric Otorhinolaryngology* 72[10]: 1471–1478.

ARDILA, ALFREDO/PINEDA, DAVID/ROSSELLI, MÓNICA (2000): „Correlation Between Intelligence Test Scores and Executive Function Measures." *Archives of Clinical Neuropsychology* 15[1]: 31–36.

ASCHENBRENNER, STEFFEN/TUCHA, OLIVER/LANGE, KLAUS (2000): *RWT. Regensburger Wortflüssigkeits-Test. Handanweisung.* Göttingen [u. a.]: Hogrefe.

BAAYEN, HARALD/DAVIDSON, DOUG/BATES, DOUGLAS (2008): „Mixed-effects modeling with crossed random effects for subjects and items." *Journal of Memory and Language* 59[4]: 390–412.

BADDELEY, ALLAN D./THOMSON, NEIL/BUCHANAN, MARY (1975): „Word length and the structure of short-term memory." *Journal of Verbal Learning and Verbal Behaviour* 14: 575–589.

BADDELEY, ALLAN D. (2002): „Is Working Memory Still Working?" *European Psychologist* 7[2]: 85–97.

BADECKER, WILLIAM (2001): „Lexical composition and the production of compounds: Evidence from errors in naming." *Language and Cognitive Processes* 16[4]: 337–366.

BALL, LINDEN J. (2014): „Eye-tracking and reasoning: what your eyes tell about your inferences." *Current issues in thinking and reasoning. New approaches in reasoning research.* Hrsg. WIM DE NEYS/MAGDA OSMAN. Hove: Psychology Press. 51–69.

BALLING, LAURA (2008): „A brief introduction to regression designs and mixed-effects modelling by a recent convert." GÖPFERICH/JAKOBSEN/MEES (2008): 175–192.

BALLSTAEDT, STEFFEN-PETER (2009): *Medien in der Hochschullehre: Medienbedarf, Visualisieren, Lernverhalten.* 20.10.2019 <https://www.ballstaedt-kommunikation.de/wp-content/uploads/Skript-Medieneinsatz.pdf>.

BALOTA, DAVID/POLLATSEK, ALEXANDER/RAYNER, KEITH (1985): „The Interaction of Contextual Constraints and Parafoveal Visual Information in Reading." *Cognitive Psychology* 17[3]: 364–390.

BAMBERGER, RICHARD/VANECEK, ERICH (1984): *Lesen-Verstehen-Lernen-Schreiben. Die Schwierigkeitsstufen von Texten in deutscher Sprache.* Wien: Jugend und Volk.

BATES, DOUGLAS/MAECHLER, MARTIN/BOLKER, BEN/WALKER, STEVEN/CHRISTENSEN, RUNE HAUBO B./SINGMAN, HENRIK/DAI, BIN/SCHEIPL, FABIAN/GROTHENDIEK, GABOR/GREEN, PETER/FOX, JOHN (2019): *lme4: Linear Mixed-Effects Models using ‚Eigen' and S4.* Version: 1.1–21. 15.07.2020 <https://CRAN.R-project.org/package=lme4>.

BAYER, JOSEF (2016): „Kühn und ahnungslos: Die grüne Kampagne für ‚Leichte Sprache'." 20.9.2019 <https://www.achgut.com/artikel/kuehn_und_ahnungslos_die_gruene_ kampagne_fuer_leichte_sprache>.

Bayerisches Staatsministerium des Innern (2008): *Freundlich, korrekt und klar – Bürgernahe Sprache in der Verwaltung.* 12.03.2021 <https://www.uni-wuerzburg.de/fileadmin/verwaltungsabc/2019/broschuere_freundlich_korrekt.pdf>.

BEATTY, JACKSON (1982): „Task-evoked pupillary responses, processing load, and the structure of processing resources." *Psychological Bulletin* 91[2]: 276–292.

Behindertengleichstellungsgesetz des Bundes (BGG) (2002) 20.10.2020 <https://www.bgbl.de/xaver/bgbl/start.xav?startbk=Bundesanzeiger_BGBl&start=//*%255B@

attr_id=%27bgbl102s1467.pdf%27%255D#__bgbl__%2F%2F*%5B%40attr_
id%3D%27bgbl102s1467.pdf%27%5D__1593348738207>.

Behindertengleichstellungsgesetz des Bundes (BGG) (2016) 20.10.2020
<http://www.gesetze-im-internet.de/bgg/index.html>.

BEISTEINER, ROLAND (²2011): „Funktionelle Magnetresonanztomographie." LEHR-
NER/PUSSWALD/FERTL/STRUBREITHER/KRYPSIN-EXNER (²2011): 275–292.

BERG, THOMAS (2006): „The internal structure of four-noun compounds in English
and German." *Corpus Linguistics and Linguistic Theory* 2[2]: 197–231.

BERGUA, ANTONIO (2017): *Das menschliche Auge in Zahlen.* Berlin, Heidelberg:
Springer.

BERTRAM, RAYMOND/KUPERMAN, VICTOR/BAAYEN, HARALD/HYÖNÄ, JUKKA
(2011): „The hyphen as a segmentation cue in triconstituent compound processing: It's getting better all the time." *Scandinavian Journal of Psychology* 52[6]:
530–544.

BERTRAM, RAYMOND/HYÖNÄ, JUKKA (2013): „The Role of Hyphens at the Constituent Boundary in Compound Word Identification." *Experimental Psychology*
60[3]: 157–163.

BI, YANCHAO/HAN, ZAIZHU/SHU, HUA (2007): „Compound frequency effect in
word production: Evidence from anomia." *Brain and Language* 103[1]: 55–56.

BIEN, HEIDRUN/LEVEL, WILLEM/BAAYEN, HARALD (2005): „Frequency effects in
compound production." *Proceedings of the National Academy of Sciences of the
United States of America* 102[49]: 17876–17881.

BINDEL, ROLF WALTER (1993): *Zurück zur Sprache. Prozessorientierte Aphasie-
therapie.* Heusweiler: Pressevertrieb Saar.

BITV 2.0 (2011): *Verordnung zur Schaffung barrierefreier Informationstechnik nach
dem Behindertengleichstellungsgesetz. (Barrierefreie-Informationstechnik-Verordnung – BITV 2.0).* 30.11.2019 <http://www.gesetze-im-internet.de/bitv_2_0/
BJNR184300011.html>.

BLAKE, CHRISTOPHER (2013): „Eye-Tracking: Grundlagen und Anwendungsfelder."
*Handbuch standardisierte Erhebungsverfahren in der Kommunikationswissen-
schaft.* Hrsg. WIEBKE MÖHRING/DANIELA SCHLÜTZ. Wiesbaden: Springer.
367–387.

BLAND, JOHN MARTIN/ALTMAN, DOUGLAS G. (1995): „Multiple significance tests:
the Bonferroni method." BMJ 310: 170.

BLANKEN, GERHARD (1997): „Simplizia – Ja! Komposita – Nein! Aphasische Fehler bei der Produktion von Nomina Komposita. Eine Einzelfallstudie." *Studien zur Klinischen Linguistik. Modelle, Methoden, Intervention.* Hrsg. GERT RICKHEIT. Opladen: Westdeutscher Verlag. 195–215.

BLANKEN, GERHARD (2000): „The Production of Nominal Compounds in Aphasia." *Brain and Language* 74[1]: 84–102.

BLYTHE, HAZEL/HÄIKIÖ, TUOMO/BERTRAM, RAYMOND/LIVERSEDGE, SIMON/ HYÖNÄ, JUKKA (2011): „Reading disappearing text: Why do children refixate words?" *Vision Research* 51[1]: 84–92.

BMAS (2011): *Unser Weg in eine inklusive Gesellschaft. Der Nationale Aktionsplan der Bundesregierung zur Umsetzung der UN-Behindertenrechtskonvention.* 30.11.2020 <https://www.bmas.de/SharedDocs/Downloads/DE/Publikationen/ Schwerpunkt-NAP/BMAS-NAP-1.pdf;jsessionid=0F4FAC648FBA2FC1CA7 EBB4399C4720E.delivery1-replication?__blob=publicationFile&v=1>.

BMAS (2013): *Leichte Sprache. Ein Ratgeber.* Hrsg. Bundesministerium für Arbeit und Soziales. 20.04.2018 <https://www.bmas.de/SharedDocs/Downloads/DE/ Publikationen/a752-ratgeber-leichte-sprache.pdf?__blob=publicationFile&v=3>.

BMAS (2016): *„Unser Weg in eine inklusive Gesellschaft" Nationaler Aktionsplan 2.0 der Bundesregierung zur UN-Behindertenrechtskonvention (UN-BRK).* 20.11.2020 <https://www.bmas.de/SharedDocs/Downloads/DE/Publikationen/a750-nationaler- aktionsplan-2-0.pdf;jsessionid=DC88E8D372250E71B5E8748FEED7F1CE. delivery1-replication?__blob=publicationFile&v=1>.

BMBF (2016): *Lesen & Schreiben. Mein Schlüssel zur Welt.* 10.11.2019 <https://www. xn--mein-schlssel-zur-welt-0lc.de/de/die-kampagne-60.html>.

BMBF (2020): „Wörterbuch." 5.10.2020 <https://www.bmbf.de/bmbf/de/service/ leichte-sprache/woerterbuch/woerterbuch_node.html>.

BOCK, BETTINA M. (2014): „Leichte Sprache. Abgrenzung, Beschreibung und Problemstellung aus Sicht der Linguistik." JEKAT/JÜNGST/SCHUBERT/VILLIGER (2014): 17–52.

BOCK, BETTINA M. (2015a): „Leichte Sprache schreiben. Zur Wirksamkeit von Regellisten Leichter Sprache in verschiedenen Kommunikationsbereichen und im World Wide Web." *trans-kom* 8[1]: 79–102.

BOCK, BETTINA M. (2015b): „Anschluss ermöglichen und die Vermittlungsaufgabe ernst nehmen – 5 Thesen zur ‚Leichten Sprache'." *Didaktik Deutsch* 38: 9–17.

BOCK, BETTINA M. (2015c): „Anschluss ermöglichen und die Vermittlungsaufgabe ernst nehmen. 3 weitere Thesen zur ‚Leichten Sprache'.“ 20.11.2020 <http://bettinabock.de/wp-content/uploads/Bock-Bildungssprache-vs.-Leichte-Sprache-3-weitere-Thesen.pdf>.

BOCK, BETTINA M. (2015d): „Barrierefreie Kommunikation als Voraussetzung und Mittel für die Partizipation benachteiligter Gruppen. Ein (polito-)linguistischer Blick auf Probleme und Potenziale von ‚Leichter' und ‚einfacher' Sprache.“ *Linguistik Online* 73[4]. 20.11.2018 <https://bop.unibe.ch/linguistik-online/article/view/2196/3366>.

BOCK, BETTINA M. (2017): „Das Passiv- und Negationsverbot auf dem Prüfstand – Empirische Ergebnisse aus Verstehenstest und Korpusuntersuchung.“ *Sprachreport* 33[1]: 20–28.

BOCK, BETTINA M. (2018): *„Leichte Sprache“ – Kein Regelwerk. Sprachwissenschaftliche Ergebnisse und Praxisempfehlungen aus dem LeiSA-Projekt.* Universität Leipzig. 12.11.2018 <https://ul.qucosa.de/api/qucosa%3A31959/attachment/ATT-0/>.

BOCK, BETTINA M./FIX, ULLA/LANGE, DAISY (2017): *„Leichte Sprache“ im Spiegel theoretischer und angewandter Forschung.* Berlin: Frank & Timme.

BOCK, BETTINA M./LANGE, DAISY/FIX, ULLA (2017a): „Das Phänomen ‚Leichte Sprache' im Spiegel aktueller Forschung – Tendenzen, Fragestellungen und Herangehensweisen.“ BOCK/FIX/LANGE (2017): 11–31.

BOCK, BETTINA M./LANGE, DAISY (2017): „Empirische Untersuchungen zu Satz- und Textverstehen bei Menschen mit geistiger Behinderung und funktionalen Analphabeten.“ BOCK/FIX/LANGE (2017): 253–274.

BORGWALDT, SUSANNE (2013): „Fugenelemente und Bindestriche in neugebildeten NN-Komposita.“ NEEF/SCHERER (2013): 103–133.

BOSSE, INGO/HASEBRINK, UWE (2016): *Mediennutzung von Menschen mit Behinderungen.* Bonn: Aktion Mensch.

BOUMA, HERMAN/DE VOOGT, A. H. (1974): „On the control of eye saccades in reading.“ *Vision Research* 14[4]: 273–284.

BRANDSTÄTTER, EDUARD (1999): „Konfidenzintervalle als Alternative zu Signifikanztests.“ *Methods of Psychological Research Online* 4[2]: 1–17.

BRANDT, WOLFGANG (1988): „Lexikalische Tendenzen in der Gesetzessprache des 18. bis 20. Jahrhunderts, dargestellt am Scheidungsrecht.“ *Deutscher Wortschatz*.

Lexikologische Studien. Hrsg. Horst Haider Munske/Peter von Polenz/ Oskar Reichmann/Reiner Hildebrandt. Berlin: de Gruyter. 119–150.

Bredel, Ursula (2008): *Die Interpunktion des Deutschen. Ein kompositionelles System zur Online-Steuerung des Lesens*. Tübingen: Niemeyer.

Bredel, Ursula (2011): *Interpunktion*. Heidelberg: Winter.

Bredel, Ursula/Noack, Christina/Plag, Ingo (2013): „Morphologie lesen." Neef/Scherer (2013): 211–250.

Bredel, Ursula/Maaß, Christiane (2016a): *Leichte Sprache. Theoretische Grundlagen. Orientierung für die Praxis*. Hrsg. Dudenredaktion. Berlin: Duden.

Bredel, Ursula/Maaß, Christiane (2016b): *Ratgeber Leichte Sprache. Die wichtigsten Regeln und Empfehlungen für die Praxis*. Hrsg. Dudenredaktion. Berlin: Duden.

Bredel, Ursula/Lang, Katrin/Maaß, Christiane (2016): „Zur empirischen Überprüfbarkeit von Leichte-Sprache-Regeln am Beispiel der Negation." Mälzer (2016): 95–115.

Bredel, Ursula/Maaß, Christiane (2017): „Wortverstehen durch Wortgliederung – Bindestrich und Mediopunkt in Leichter Sprache." Bock/Fix/Lange (2017): 211–228.

Bredel, Ursula/Maaß, Christiane (2019): „Leichte Sprache." Maaß/Rink (2019): 251–271.

Breindl, Eva/Thurmair, Maria (1992): „Der Fürstbischof im Hosenrock. Eine Studie zu den nominalen Kopulativkomposita des Deutschen." *Deutsche Sprache* 20[1]: 32–61.

Brewer, Cynthia A. (1999): „Color Use Guidelines for Data Representation." *Proceedings of the Section on Statistical Graphics*. Alexandria: American Statistical Association. 55–60.

Briggs, Pamela/Austin, Sarah/Underwood, Geoffrey (1984): „The Effects of Sentence Context in Good and Poor Readers: A Test of Stanovich's Interactive-Compensatory Model." *Reading Research Quarterly* 20[1]: 54–61.

Brinker, Klaus/Cölfen, Hermann/Pappert, Steffen ([8]2014): *Linguistische Textanalyse. Eine Einführung in Grundbegriffe und Methoden*. Berlin: Erich Schmidt.

Broschart, Jürgen (2007): *Über die Sprachwissenschaft hinaus: Sprache und Linguistik aus transdisziplinärer Sicht*. Berlin: LIT.

Bücking, Sebastian (2010): „German Nominal Compounds as Underspecified Names for Kinds." Olsen (2010): 253–281.

Büttner, Gerhard (2003): „Gedächtnisentwicklung im Kindes- und Jugendalter." Sprache Stimme Gehör 27[1]: 24–30.

Bundesrat (2020): „Was ist der Bundesrat?" 5.10.2020 <https://www.bundesrat.de/DE/service-navi/ls/ls-2/ls-node2.html>.

Bundesteilhabegesetz – BTHG (2016) 6.07.2020 <https://www.gesetze-im-internet.de/bthg/BJNR323400016.html>.

Bundesverband Aphasie (2020) 10.9.2020 <https://aphasiker.de>.

Bundesverband Legasthenie und Dyskalkulie (2020) 21.10.2020 <https://www.bvl-legasthenie.de/legasthenie.html>.

Bundesvereinigung Lebenshilfe (2020) 21.10.2020 <https://www.lebenshilfe.de>.

Bundesverwaltungsamt (⁴2002): Bürgernahe Verwaltungssprache. 12.03.2021 <https://www.bva.bund.de/SharedDocs/Downloads/DE/Oeffentlichkeitsarbeit/Buergernahe_Verwaltungssprache_BBB.pdf;jsessionid=F3D04D62759FEBAAA6ABF93383BB70D7.intranet242?__blob=publicationFile&v=5>.

Bussmann, Hadumod (³2002): Lexikon der Sprachwissenschaft. Stuttgart: Kröner.

Butterworth, Brian (1983): „Lexical representation." Language Production, Vol. 2: Development, writing and other language processes. Hrsg. Brian Butterworth. London: Academic Press. 257–294.

Bybee, Joan (1985): Morphology: A Study of the Relation Between Meaning and Form. Amsterdam: John Benjamins.

Bybee, Joan (1995): „Regular Morphology and the Lexicon." Language and Cognitive Processes 10[5]: 425–455.

Cain, Kate (2006): „Chapter 3 – Children's Reading Comprehension: The Role of Working Memory in Normal and Impaired Development." Working Memory and Education. Hrsg. Susan J. Pickering. Amsterdam: Academic Press. 61–91.

Caramazza, Alfonso/Miceli, Gabriele/Silveri, Caterina/Laudanna, Alessandro (1985): „Reading mechanisms and the organisation of the lexicon: Evidence from acquired dyslexia." Cognitive Neuropsychology 2[1]: 81–114.

Caramazza, Alfonso/Laudanna, Alessandro/Romani, Cristina (1988): „Lexical access and inflectional morphology." Cognition 28[3]: 297–332.

Carl, Michael (2008): „Framework of a probabilistic gaze mapping model for reading." Göpferich/Jakobsen/Mees (2008): 193–202.

CHAMBERLAIN, CHARLENE/MAYBERRY, RACHEL (2000): „Theorizing About the Relationship Between American Sign Language and Reading." *Language Acquisition by Eye*. Hrsg. CHARLENE CHAMBERLAIN/JILL MORFORD/RACHEL MAYBERRY. Mahwah: Lawrence Erlbaum Associates. 221–259.

CHERNG, MELANIE (2008): *The Role of Hyphenation in English Compound Word Processing*. Wesleyan University: BA Thesis.

CHIALANT, DORIANA/CARAMAZZA, ALFONSO (1995): „Where is morphology and how is it processed? The case of written word recognition." FELDMAN (1995): 55–78.

CHRISTMANN, URSULA/GROEBEN, NORBERT (1999): „Psychologie des Lesens." *Handbuch Lesen*. Hrsg. BODO FRANZMANN/KLAUS HASEMANN/DIETRICH LÖFFLER/ERICH SCHÖN. München: Saur. 145–223.

CHRISTMANN, URSULA/GROEBEN, NORBERT (2013): „Zwischen Skylla und Charybdis: Kognitionspsychologische Ansätze zur Metapher." *Zugänge zu Metaphern – Übergänge durch Metaphern*. Hrsg. MARIE LESSING/DOROTHEE WIESER. München: Fink. 145–160.

CHRISTMANN, URSULA/GROEBEN, NORBERT (2019): „Verständlichkeit: die psychologische Perspektive." MAAß/RINK (2019): 123–145.

CHRISTMANN, URSULA (2017): „Wie leicht darf Leichte Sprache sein? Empirische Lücken in einem gut gemeinten Konzept." BOCK/FIX/LANGE (2017): 35–51.

CLEMENT, JESPER/SØRENSEN, HENRIK SELSØE (2008): „Do average consumers read and understand food labels? Outline of a pilot study." GÖPFERICH/JAKOBSEN/MEES (2008): 145–156.

COLTHEART, MAX (1987): *Attention and Performance XII: The Psychology of Reading*. Hillsdale: Lawrence Erlbaum Associates.

COSERIU, EUGENIO (1977): „Inhaltliche Wortbildungslehre (am Beispiel des Typs ‚coupe-papier')." *Perspektiven der Wortbildungsforschung*. Hrsg. HERBERT E. BREKLE/DIETER KASTOVSKY. Bonn: Bouvier. 48–61.

COSTARD, SYLVIA (2002): *Neurolinguistische Untersuchungen zur Repräsentation von Nominalkomposita im mentalen Lexikon*. Dissertationsschrift Universität zu Köln. 10.11.2018 <https://kups.ub.uni-koeln.de/667/>.

COSTELLO, FINTAN J./KEANE, MARK T. (2005): „Compositionality and the Pragmatic of Conceptual Combination." WERNING/MACHERY/SCHUR (2005): 203–216.

CROWE, SIMON F. (1998): „The Differential Contribution of Mental Tracking, Cognitive Flexibility, Visual Search, and Motor Speed to Performance on Parts A and B of the Trail Making Test." *Journal of Clinical Psychology* 54[4]: 585–591.

CUMMING, GEOFF (2008): „Inference by eye: Reading the overlap of independent confidence intervals." *Statistics in Medicine* 28[2]: 205–220.

DAHLMANN, CORDULA/PATZELT, JOHANNES (³2014): *Augenheilkunde*. München: Urban & Fischer.

DAMBACHER, MICHAEL (2010): *Bottom-up and top-down processes in reading*. Potsdam: Universitätsverlag Potsdam.

DELAZER, MARGARETE/SEMENZA, CARLO (1998): „The Processing of Compound Words: A Study in Aphasia." *Brain and Language* 61[1]: 54–62.

Deutscher Bundestag (2016): *Entwurf des Gesetzes zur Weiterentwicklung des Behindertengleichstellungsrechts*. BT-Drs. 18/7824. 20.11.2019 <http://dip21.bundestag.de/dip21/btd/18/078/1807824.pdf>.

Deutsche Gesellschaft der Hörgeschädigten (2004): „Einige Informationen zum Thema Hörschädigung." 27.02.2020 <https://www.deutsche-gesellschaft.de/fokus/einige-informationen-zum-thema-hoerschaedigung>.

Deutscher Gehörlosen-Bund (2020) 20.11.2020 <http://gehoerlosen-bund.de>.

Deutsche Rentenversicherung (2020): „Rente." 5.10.2020 <https://www.deutsche-rentenversicherung.de/DRV/LS/Rente/rente.html;jsessionid=CC88AE-39D35E43F8ABE29CAD380E9619.delivery1-9-replication>.

DIEKMANNSHENKE, HAJO (2017): „Zwischen ‚Leicht kompliziert' und ‚Deutsch light' – Der mediale Diskurs um die ‚Leichte Sprache'." BOCK/FIX/LANGE (2017): 111–127.

DIETRICH, RAINER (²2007): *Psycholinguistik*. Stuttgart: Springer.

DIETRICH, RAINER/GERWIEN, JOHANNES (³2017): *Psycholinguistik. Eine Einführung*. Stuttgart: Springer.

DIN EN ISO 17100 (2015): *Übersetzungsdienstleistungen – Anforderungen an Übersetzungsdienstleistungen*. Berlin: Beuth.

DIN SPEC PAS (2020): „Geschäftsplan für ein DIN SPEC-Projekt nach dem PAS-Verfahren zum Thema ‚Empfehlungen für Deutsche Leichte Sprache'." 13.03.2021 <https://www.din.de/de/forschung-und-innovation/din-spec/alle-geschaeftsplaene/wdc-beuth:din21:321488494/pdf-3151389>.

DIPPER, STEFANIE/KLABUNDE, RALF/MIHATSCH, WILTRUD (2018): *Linguistik. Eine Einführung (nicht nur) für Germanisten, Romanisten und Anglisten.* Berlin: Springer.

DÖBERT-NAUERT, MARION (1985): *Verursachungsfaktoren des Analphabetismus. Auswertung von Interviews mit Teilnehmern an der Volkshochschule Bielefeld.* Frankfurt a.M.: Pädagogische Arbeitsstelle des Deutschen Volkshochschul-Verbandes.

DÖBERT, MARION/HUBERTUS, PETER (2000): *Ihr Kreuz ist die Schrift. Analphabetismus und Alphabetisierung in Deutschland.* Münster, Stuttgart: Bundesverband Alphabetisierung e. V.

DOHMES, PETRA/ZWITSERLOOD, PIENIE/BÖLTE, JENS (2004): „The impact of semantic transparency of morphologically complex words on picture naming." *Brain and Language* 90[1–3]: 203–212.

DONALIES, ELKE (²2005): *Die Wortbildung des Deutschen. Ein Überblick.* Tübingen: Narr.

DONALIES, ELKE (2007): *Basiswissen Deutsche Wortbildung.* Tübingen: Francke.

DOWNING, PAMELA (1977): „On the creation and use of English Compound Nouns." *Language* 53[4]: 810–842.

DRESSLER, WOLFGANG/DENES, GIANFRANCO (1989): „Word Formation in Italian-Speaking Wernicke's and Broca's Aphasics." *Linguistic Analyses of Aphasic Language.* Hrsg. WOLFGANG DRESSLER/JACQUELINE A. STARK. New York: Springer. 69–81.

DUCHOWSKI, ANDREW (2002): „A breadth-first survey of eye-tracking applications." *Behavior Research Methods, Instruments, & Computers* 34[4]: 455–470.

DUCHOWSKI, ANDREW (²2007): *Eye Tracking Methodology: Theory and Practice.* London: Springer.

DUCHOWSKI, ANDREW T./PRICE, MARGAUX M./MEYER, MIRIAH/OLERO, PILAR (2012): „Aggregate gaze visualization with real-time heatmaps." *Proceedings of the Symposium on Eye Tracking Research and Applications.* ETRA 2012: 13–20.

Duden (⁵2014): *Das Herkunftswörterbuch.* Berlin: Dudenverlag.

Duden (¹¹2015): *Das Fremdwörterbuch.* Berlin: Dudenverlag.

Duden (⁸2015): *Deutsches Universalwörterbuch. Das umfassende Bedeutungswörterbuch der deutschen Gegenwartssprache.* Berlin: Dudenverlag.

Duden (²⁷2017): *Die deutsche Rechtschreibung.* Berlin: Dudenverlag.

DUFFY, SUSAN/MORRIS, ROBIN/RAYNER, KEITH (1988): „Lexical Ambiguity and Fixation Times in Reading." *Journal of Memory and Language* 27[4]: 429–446.

DUNBAR, GEORGE (2005): „The Goldilocks Scenario: Is Noun-noun Compounding Compositional?" WERNING/MACHERY/SCHUR (2005): 217–228.

DÜVER, JULIA (2015): *Empirische Untersuchung zu Formulierungen in Leichter Sprache. Grammatikalität und Akzeptabilität von Adverbialbestimmungen und Komposita.* Kiel: unveröffentlichte Bachelorarbeit.

EDLER, CORDULA (2014): *Entwicklung der Leichten Sprache in Deutschland.* 20.11.2019 <http://www.leichtesweb.de/dokumente/upload/Geschichte%20 zur%20Leichten%20Sprache_011e8.pdf>.

EHRLICH, SUSAN/RAYNER, KEITH (1981): „Contextual Effects on Word Perception and Eye Movements during Reading." *Journal of Verbal Learning and Verbal Behavior* 20[6]: 641–655.

EICHINGER, LUDWIG M. (2000): *Deutsche Wortbildung. Eine Einführung.* Tübingen: Narr.

EICHNER, MARKUS (2013): *Blickbewegung als Marker für kognitive Verarbeitung beim verstehenden Lesen.* Dissertationsschrift Justus-Liebig-Universität Gießen. 18.03.2020 <https://d-nb.info/1068374985/34>.

EISENBERG, PETER (2002): „Struktur und Akzent komplexer Komposita." *Sounds and Systems. Studies in Structure and Change. A Festschrift for Theo Vennemann.* Hrsg. DAVID RESTLE/DIETMAR ZAEFFERER. Berlin, New York: de Gruyter. 349–365.

EISENBERG, PETER (⁴2013): *Grundriss der deutschen Grammatik. Band 1: Das Wort.* Stuttgart: Metzler.

ELSHORBAGY, FATHY (2007): *Fugenelemente der deutschen Komposita.* Dissertationsschrift Heinrich-Heine-Universität Düsseldorf. 10.11.2019 <https://docserv. uni-duesseldorf.de/servlets/DerivateServlet/Derivate-8079/Fugenelemente%20 der%20deutschen%20Komposita.pdf>.

ENGBERT, RALF/NUTHMANN, ANTJE/RICHTER, EIKE/KLIEGL, REINHOLD (2005): „SWIFT: A Dynamical Model of Saccade Generation During Reading." *Psychological Review* 112[4]: 777–813.

ERBEN, JOHANNES (⁵2006): *Einführung in die deutsche Wortbildungslehre.* Berlin: Erich Schmidt.

FAHRMEIR, LUDWIG/KNEIB, THOMAS/LANG, STEFAN (²2009): *Regression. Modelle, Methoden und Anwendungen.* Heidelberg: Springer.

FAHRMEIR, LUDWIG/HEUMANN, CHRISTIAN/KÜNSTLER, RITA/PIGEOT, IRIS/TUTZ, GERHARD (⁸2016): *Statistik. Der Weg zur Datenanalyse.* Berlin: Springer.

FANDRYCH, CHRISTINA/THURMAIR, MARIA (1994): „Ein Interpretationsmodell für Nominalkomposita: linguistische und didaktische Überlegungen." *Deutsch als Fremdsprache* 31[1]: 34–45.

FAULKNER, KATHLEEN/PISONI, DAVID (2013): „Some observations about cochlear implants: challenges and future directions." *Neuroscience Discovery* 1[1]: 1–10.

FELDMAN, LAURIE BETH (1995): *Morphological Aspects of Language Processing: Cross-Linguistic Perspectives.* Hillsdale: Lawrence Erlbaum Associates.

FERNÁNDEZ, GERARDO/BIONDI, JUAN/CASTRO, SILVIA/AGAMENNONI, OSVALDO (2017): „Pupil size behavior during online processing of sentences." *Journal of Integrative Neuroscience* 15[4]: 485–496.

FERSTL, EVELYN/FLORES D'ARCAIS, GIOVANNI (1998): „The Reading of Words and Sentences." *Language Comprehension: A biological perspective.* Hrsg. ANGELA D. FRIEDERICI. Berlin: Springer. 175–212.

FISSENI, HERMANN J. (³2004): *Lehrbuch der psychologischen Diagnostik: Mit Hinweisen zur Intervention.* Göttingen: Hogrefe.

FIX, ULLA (2017): „„Schwere' Texte in ‚Leichter Sprache' – Voraussetzungen, Möglichkeiten und Grenzen (?) aus textlinguistischer Sicht." BOCK/FIX/LANGE (2017): 163–188.

FORNEFELD, BARBARA (⁵2013): *Grundwissen Geistigbehindertenpädagogik.* Stuttgart: UTB.

FOX, JOHN (2020): *Effect Displays for Linear, Generalized Linear, and Other Models.* Version: 4.2–0. 15.08.2020 <https://CRAN.R-project.org/package=effects>.

FRIEDE, SIMON (2011): *Langzeitverlauf der Aphasie bei Kindern und Jugendlichen: Sprache und soziales Umfeld.* Masterabeit RWTH Aachen.

FRÖHLICH, WALBURGA (2017): „Von der ‚Leichten Sprache' zur zielgruppengerechten Information: Leicht Lesen in Österreich." BOCK/FIX/LANGE (2017): 415–430.

FLEISCHER, WOLFGANG/BARZ, IRMHILD (⁴2012): *Wortbildung der deutschen Gegenwartssprache.* Berlin/Boston: de Gruyter.

FOR 2107 (2019): *DFG-Forschergruppe 2107.* 10.06.2020 <https://for2107.de>.

Fuchs, Julia (2018): „Zwei konkurrierende Ansätze zur optischen Gliederung komplexer Wörter in Leichter Sprache." *Sprachwissenschaft* 43[4]: 405–424.

Fuhrhop, Nanna (1998): *Grenzfälle morphologischer Einheiten.* Tübingen: Stauffenburg.

Fuhrhop, Nanna (2000): „Zeigen Fugenelemente die Morphologisierung von Komposita an?" *Deutsche Grammatik in Theorie und Praxis.* Hrsg. Rolf Thieroff/ Matthias Tamrat/Nanna Fuhrhop/Oliver Teuber. Tübingen: Niemeyer. 201–214.

Fuhrhop, Nanna (2008): „Das graphematische Wort (im Deutschen): Eine Annäherung." *Zeitschrift für Sprachwissenschaft* 27[2]: 189–228.

Gaeta, Livio/Grossmann, Maria (2009): „Compounds between syntax and lexicon." *Rivista di Linguistica* 21[1]: 3–9.

Gaeta, Livio/Schlücker, Barbara, Hrsg. (2012): *Das Deutsche als kompositionsfreudige Sprache. Strukturelle Eigenschaften und systembezogene Aspekte.* Berlin, New York: de Gruyter.

Gagné, Christina L./Spalding, Thomas L. (2006): „Conceptual Combination: Implications for the mental lexicon." Libben/Jarema (2006): 145–168.

Geers, Ann E. (2003): „Predictors of Reading Skill Development in Children with Early Cochlear Implantation." *Ear and Hearing* 24[1]: 59S–68S.

Geilfuss-Wolfgang, Jochen (2007): *Worttrennung am Zeilenende. Über die deutschen Worttrennungsregeln, ihr Erlernen in der Grundschule und das Lesen getrennter Wörter.* Tübingen: Niemeyer.

Geilfuss-Wolfgang, Jochen (2013): „Gute und schlechte Bindestriche in dreiteiligen Komposita." Neef/Scherer (2013): 135–155.

Geise, Stephanie (2011): „Eyetracking in der Kommunikations- und Medienwissenschaft: Theorie, Methode und kritische Reflexion." *Studies in Communication | Media* (2): 149–263.

Gesetz gegen Wettbewerbsbeschränkungen (GWB) (1998) 26.06.2020 <https://www.gesetze-im-internet.de/gwb/GWB.pdf>.

Gesetz zur Förderung der elektronischen Verwaltung (E-Government-Gesetz – EGovG) (2013) 26.06.2020 <https://www.gesetze-im-internet.de/egovg/EGovG.pdf>.

Gesetz zur Förderung des elektronischen Rechtsverkehrs mit den Gerichten (2013) 26.06.2020 <https://www.gesetze-im-internet.de/ervgerf_g/BJNR378600013.html>.

Gesetz zur Verbesserung des Onlinezugangs zu Verwaltungsleistungen (Onlinezugangsgesetz – OZG) (2017) 26.06.2020 <https://www.gesetze-im-internet.de/ozg/BJNR313800017.html>.

Geyken, Alexander/Barbaresi, Adrien/Didakowski, Jörg/Jurish, Bryan/Wiegand, Frank/Lemnitzer, Lothar (2017): „Die Korpusplattform des ‚Digitalen Wörterbuchs der deutschen Sprache‘ (DWDS)." *Zeitschrift für germanistische Linguistik* 45[2]: 327–344.

Gieshoff, Anne Catherine (2018): *The impact of audio-visual speech input on work-load in simultaneous interpreting*. Dissertationsschrift Johannes Gutenberg-Universität Mainz. 16.03.2021 <https://openscience.ub.uni-mainz.de/bitstream/20.500.12030/2182/1/100002183.pdf>.

Goldberg, Joseph H./Wichansky, Anna M. (2003): „Eye-Tracking in Usability Evaluation: A Practitioner's Guide." *The Mind's Eye. Cognitive and Applied Aspects of Eye Movement Research*. Hrsg. Jukka Hyönä/Ralph Radach/Heiner Deubel. Amsterdam: Elsevier. 493–516.

Göpferich, Susanne (1998): *Interkulturelles Technical Writing. Fachliches adressatengerecht vermitteln*. Tübingen: Narr.

Göpferich, Susanne (2004): „Sprachwissenschaftliche Übersetzungsanalysen und Übersetzungsvergleiche am Beispiel von technischen Texten." *Übersetzung. Translation. Traduction*. Hrsg. Harald Kittel/Armin Paul Frank/Norbert Greiner/Theo Hermans/Werner Koller/José Lambert/Fritz Paul. Berlin: de Gruyter. 719–727.

Göpferich, Susanne (2008): *Translationsprozessforschung. Stand, Methoden, Perspektiven*. Tübingen: Narr.

Göpferich, Susanne/Jakobsen, Arnt Lykke/Mees, Inger M., Hrsg. (2008): *Looking at Eyes. Eye-Tracking Studies of Reading and Translation Processing*. Copenhagen: Samsfundslitteratur.

Grande, Marion/Hussmann, Katja (³2016): *Einführung in die Aphasiologie*. Stuttgart: Thieme.

Groeben, Norbert (1982): *Leserpsychologie: Textverständnis – Textverständlichkeit*. Münster: Aschendorff.

Gros, Anne-Kathrin/Gutermuth, Silke/Oster, Katharina (2021): *Leichte Sprache – Empirische und multimodale Perspektiven*. Berlin: Frank & Timme.

GROTLÜSCHEN, ANKE/RIEKMANN, WIBKE (2011): *leo. – Level-One Studie. Literalität von Erwachsenen auf den unteren Kompetenzniveaus*. Hamburg: Universität Hamburg.

GROßE, KLAUS-DIETRICH (2003): *Das Bildungswesen für Hörbehinderte in der Bundesrepublik Deutschland: Daten und Fakten zu Realitäten und Erfordernissen*. Heidelberg: Winter.

GÜNTHER, HARTMUT (1981): „N+N: Untersuchungen zur Produktivität eines deutschen Wortbildungstyps." *Wortbildung*. Hrsg. LEONHARD LIPKA/ GÜNTHER HARTMUT. Darmstadt: WBG. 258–280.

GUTERMUTH, SILKE (2020): *Leichte Sprache für alle?: eine zielgruppenorientierte Rezeptionsstudie zu Leichter und Einfacher Sprache*. Berlin: Frank & Timme.

HACKE, WERNER ([13]2010): *Neurologie*. Heidelberg: Springer.

HÄIKIÖ, TUOMO/BERTRAM, RAYMOND/HYÖNÄ, JUKKA/NIEMI, PEKKA (2009): „Development of the letter identity span in reading: Evidence from the eye movement moving window paradigm." *Journal of Experimental Child Psychology* 102[2]: 167–181.

HÄIKIÖ, TUOMO/BERTRAM, RAYMOND/HYÖNÄ, JUKKA (2011): „The development of whole-word representations in compound word processing: Evidence from eye fixation patterns of elementary school children." *Applied Psycholinguistics* 32[3]: 533–551.

HALLIDAY, MICHAEL/MATTHIESSEN, CHRISTIAN (1999): *Construing Experience through Meaning*. London/New York: continuum.

HÄNEL-FAULHABER, BARBARA (2018): *Gebärdensprache, lautsprachunterstützende Gebärden und Bildkarten*. München: WiFF.

HANSEN-SCHIRRA, SILVIA/GUTERMUTH, SILKE (2018): „Modellierung und Messung Einfacher und Leichter Sprache." *Barrieren abbauen, Sprache gestalten*. Hrsg. SUSANNE JEKAT/MARTIN KAPPUS/KLAUS SCHUBERT. Winterthur: ZHAW Zürcher Hochschule für Angewandte Wissenschaften. 7–21.

HANSEN-SCHIRRA, SILVIA/GUTERMUTH, SILKE (2019): „Empirische Überprüfung von Verständlichkeit." MAAß/RINK (2019): 163–182.

HANSEN-SCHIRRA, SILVIA/MAAß, CHRISTIANE (2019): „Translation proper: Kommunikationsbarrieren überwinden." <https://doi.org/10.25528/015>.

HANSEN-SCHIRRA, SILVIA/MAAß, CHRISTIANE (2020): „Easy Language, Plain Language, Easy Language Plus: Perspectives on Comprehensibility and Stigmatisation." HANSEN-SCHIRRA/MAAß (2020): 17–38.

HANSEN-SCHIRRA, SILVIA/MAAß, CHRISTIANE (2020): *Easy Language Research: Text and User Perspectives.* Berlin: Frank & Timme.

HANSEN-SCHIRRA, SILVIA/NITZKE, JEAN/GUTERMUTH, SILKE/MAAß, CHRISTIANE/RINK, ISABEL (2020): „Technologies for the Translation of Specialized Texts into Easy Language." HANSEN-SCHIRRA/MAAß (2020): 99–127.

HASENÄCKER, JANA/SCHROEDER, SASCHA (2019): „Compound Reading in German: Effects of Constituent Frequency and Whole-Word Frequency in Children and Adults." *Journal of Experimental Psychology: Learning, Memory, and Cognition* 45[5]: 920–933.

HAUG, SONJA (2008): *Sprachliche Integration von Migranten in Deutschland. Integrationsreport.* Hrsg. Bundesamt für Migration und Flüchtlinge. 30.11.2018 <https://www.bamf.de/SharedDocs/Anlagen/DE/Forschung/WorkingPapers/wp14-sprachliche-integration.pdf?__blob=publicationFile&v=11>.

HALLIK, SIBYLLE/JANSSEN, ARNE (2017): „Das Projekt ‚Parlamentsdeutsch in Einfacher Sprache'." BOCK/FIX/LANGE (2017): 373–386.

HARTJE, WOLFGANG/POECK, KLAUS, Hrsg. (⁶2006): *Klinische Neuropsychologie.* Stuttgart: Thieme.

HEIMLICH, ULRICH (²2016): *Pädagogik bei Lernschwierigkeiten. Sonderpädagogische Förderung im Förderschwerpunkt Lernen.* Bad Heilbrunn: Klinkhardt.

HEISTER, JULIAN/WÜRZNER, KAY-MICHAEL/BUBENZER, JOHANNES/POHL, EDMUND/HANNEFORTH, THOMAS/GEYKEN, ALEXANDER/KLIEGL, REINHOLD (2011): „dlexDB – eine lexikalische Datenbank für die psychologische und linguistische Forschung." *Psychologische Rundschau* 62[1]: 10–20.

HENDERSON, JOHN/FERREIRA, FERNANDA (1990): „Effects of Foveal Processing Difficulty on the Perceptual Span in Reading: Implications for Attention and Eye Movement Control." *Journal of Experimental Psychology: Learning, Memory, and Cognition* 16[3]: 417–429.

HENNIES, JOHANNES (2009): *Lesekompetenz gehörloser und schwerhöriger SchülerInnen: Ein Beitrag zur empirischen Bildungsforschung in der Hörgeschädigtenpädagogik.* Dissertationsschrift Humboldt-Universität zu Berlin. 15.12.2019 <https://edoc.hu-berlin.de/bitstream/handle/18452/16801/hennies.pdf?sequence=1>.

HENNIES, JOHANNES (2019): „Prälinguale Hörbehinderung und Schriftsprachkompetenz." MAAß/RINK (2019): 201–220.

HERINGER, HANS JÜRGEN (1984): „Wortbildung: Sinn aus dem Chaos." *Deutsche Sprache* 12: 1–13.

HILDMANN, JULE (2009): *Probleme sind verkleidete Möglichkeiten – Kompetenzförderung durch Erlebnispädagogik im Unterricht.* Dissertationsschrift Ludwig-Maximilians-Universität München. 20.06.2019 <https://edoc.ub.uni-muenchen.de/12312/1/Hildmann_Jule.pdf>.

HILLERT, DIETER (1993): „Semantische Einträge und Konzeptuelle Wissensstrukturen: psycho- und neurolinguistische Evidenz." *Linguistische Berichte* 145: 204–234.

HITTMAIR-DELAZER, MARGARETE/ANDREE, BARBARA/SEMENZA, CARLO/DE BLESER, RIA/BENKE, THOMAS (1994): „Naming by German Compounds." *Journal of Neurolinguistics* 8[1]: 27–41.

HOEKS, BERT/LEVELT, WILLEM J. M. (1993): „Pupillary dilation as a measure of attention: a quantitative system analysis." *Behavior Research Methods, Instruments, and Computers* 25[1]: 16–26.

HOLMQVIST, KENNETH/NYSTRÖM, MARCUS (2011): *Eye Tracking. A Comprehensive Guide to Methods and Measures.* Oxford: Oxford University Press.

HOLT, JUDITH A. (1993): „Stanford Achievement Test – 8th Edition: Reading comprehension subgroup results." *American Annals of the Deaf* 138[2]: 172–175.

HOLT, JUDITH A./TRAXLER, CAROL B./ALLEN, THOMAS E. (1997). *Interpreting the scores: A user's guide to the 9th Edition Stanford Achievement Test for educators of deaf and hard-of-hearing students.* Washington, DC: Gallaudet University.

HOLZ-MÄNTARRI, JUSTA (1984): *Translatorisches Handeln. Theorie und Methode.* Helsinki: Suomalainen Tiedeakatemia.

HOLZINGER, DANIEL (2006): *Chancen Hörgeschädigter auf eine erfolgreiche schulische Entwicklung.* 20.7.2020 <https://www.barmherzige-brueder.at/dl/NMMnJmoJn OoJqx4KJKJmMJMll/Cheers_Endbericht_2006.pdf>.

HONSEL, KAI (2012): *Integrated Usage Mining: Eine Methode zur Analyse des Benutzerverhaltens im Web.* Wiesbaden: Gabler.

HOOGE, IGNACE T. C./HOLLEMAN, GIJS A./HAUKES, NINA C./HESSELS, ROY S. (2018): „Gaze tracking accuracy in humans: One eye is sometimes better than two." *Behavior Research Methods* 51[6]: 2712–2721.

Huber, Walter/Poeck, Klaus/Springer, Luise (²2013): *Klinik und Rehabilitation der Aphasie.* Stuttgart: Thieme.

Hubertus, Peter/Nickel, Sven (2003): „Sprachunterricht in der Erwachsenenbildung: Alphabetisierung von Erwachsenen." *Didaktik der deutschen Sprache. Ein Handbuch. Band 2.* Hrsg. Ursula Bredel/Hartmut Günther/Peter Klotz/Jakob Ossner/Gesa Siebert-Ott. Paderborn: UTB. 719–728.

Huestegge, Lynn/Radach, Ralph/Corbi, Daniel/Huestegge, Sujata (2009): „Oculomotor and linguistic determinants of reading development: A longitudinal study." *Vision Research* 49[24]: 2948–2959.

Hüning, Matthias/Schlücker, Barbara (2010): „Konvergenz und Divergenz in der Wortbildung – Komposition im Niederländischen und im Deutschen." *Kontrastive Germanistische Linguistik.* Hrsg. Antje Dammel/Sebastian Kürschner/Damaris Nübling. Hildesheim u. a.: Olms. 783–826.

Hutzler, Florian/Wimmer, Heinz (2004): „Eye movements of dyslexic children when reading in a regular orthography." *Brain and Language* 89[1]: 235–242.

Hyönä, Jukka (1983): „Effects of thematic and lexical priming on readers' eye movements." *Scandinavian Journal of Psychology* 34[4]: 293–304.

Hyönä, Jukka/Tommola, Jorma/Alaja, Anna-Mari (1995): „Pupil dilation as a measure of processing load in simultaneous interpretation and other language tasks." *Quarterly Journal of Experimental Psychology* 48A[3]: 598–612.

Hyönä, Jukka/Pollatsek, Alexander (1998): „Reading Finnish Compound Words: Eye Fixations Are Affected by Component Morphemes." *Journal of Experimental Psychology: Human Perception and Performance* 24[6]: 1612–1627.

Hyönä, Jukka/Pollatsek, Alexander (2000): „Processing of Finnish Compound Words in Reading." *Reading as a Perceptual Process.* Kennedy/Radach/Heller/Pynte (2000). 65–87.

Hyrskykari, Aulikki (2006): *Eyes in Attentive Interfaces: Experiences from Creating iDict, a Gaze-Aware Reading Aid.* Dissertationsschrift Universität Tampere. 4.10.2019 <https://www.researchgate.net/publication/33692093_Eyes_in_attentive_interfaces_experiences_from_creating_iDict_a_gaze-aware_reading_aid>.

Ilg, Uwe/Thier, Peter (²2006): „Zielgerichtete Augenbewegungen." Karnath/Thier (²2006): 296–307.

Inclusion Europe (2009): *Informationen für alle! Europäische Regeln, wie man Informationen leicht lesbar und leicht verständlich macht.* Hrsg. Inclusion Europe.

20.04.2018 <https://www.lag-abt-niedersachsen.de/uploads/migrate/Download/Infofralle.pdf>.

Inclusion Europe (2016): „Europäische Regeln | Easy-to-Read." 20.10.2019 <https://www.inclusion-europe.eu/easy-to-read-standards-guidelines/>.

INGRAM, JOHN C. L. (2007): *Neurolinguistics Introduction to Spoken Language Processing and its Disorders.* Cambridge: University Press.

INHOFF, ALBRECHT (1984): „Two Stages of Word Processing during Eye Fixations in the Reading of Prose." *Journal of Verbal Learning and Verbal Behavior* 23[5]: 612–624.

INHOFF, ALBRECHT/RAYNER, KEITH (1986): „Parafoveal word processing during eye fixations in reading: Effects of word frequency." *Perception & Psychophysics* 40[6]: 431–439.

INHOFF, ALBRECHT/TOPOLSKI, RICHARD (1994): „Use of Phonological Codes during Eye Fixations in Reading and in On-Line and Delayed Naming Tasks." *Journal of Memory and Language* 33[5]: 689–713.

INHOFF, ALBRECHT/BRIIHL, DEBORAH/SCHWARTZ, JILL (1996): „Compound word effects differ in reading, on-line naming, and delayed naming tasks." *Memory & Cognition* 24[4]: 466–476.

INHOFF, ALBRECHT/RADACH, RALPH (1998): „Definition and Computation of Oculomotor Measures in the Study of Cognitive Processes." *Eye guidance in reading and scene perception.* Hrsg. GEOFFREY UNDERWOOD. Oxford: Elsevier. 29–53.

INHOFF, ALBRECHT/RADACH, RALPH/HELLER, DIETER (2000): „Complex Compounds in German: Interword Spaces Facilitate Segmentation but Hinder Assignment of Meaning." *Journal of Memory and Meaning* 42[1]: 23–50.

INHOFF, ALBRECHT/STARR, MATTHEW/SHINDLER, KELLEY (2000a): „Is the processing of words during eye fixations in reading strictly serial?" *Perception & Psychophysics* 62[7]: 1474–1484.

INHOFF, ALBRECHT/RADACH, RALPH (2002): „The Biology of Reading: Use of Spatial Segmentation in the Reading of Complex Words." *Comments on Theoretical Biology,* 7: 121–138.

INHOFF, ALBRECHT/STARR, MATTHEW S./SOLOMON, MATTHEW/PLACKE, LARS (2008): „Eye movements during the reading of compound words and the influence of lexeme meaning." *Memory & Cognition* 36[3]: 675–687.

Initiative #BarrierefreiPosten (2019): „Tipp Nummer 2." 13.03.2021 <https://twitter.com/BarrierefreiP/status/1201628722908016640/photo/1>.

IQBAL, SHAMSI T./ZHENG, XIANJUN S./BAILEY, BRIAN P. (2004): „Task-Evoked Pupillary Response to Mental Workload in Human-Computer Interaction." *Proceedings of the Conference on Human Factors in Computing Systems. CHI 2004.* ACM Press: 1477–1480.

ISEL, FRÉDÉRIC/GUNTER, THOMAS/FRIEDERICI, ANGELA (2003): „Prosody-Assisted Head-Driven Access to Spoken German Compounds." *Journal of Experimental Psychology: Learning, Memory, and Cognition* 29[2]: 277–288.

JACOBS, LUISA (2018): „Verliebt in eine Bank." *DIE ZEIT* 27.05.2020 <https://www.zeit.de/2018/48/digitalbank-n26-geldwaesche-verdacht-sicherheitsluecken-skepsis>.

JAEGER, TIM FLORIAN (2009): „Random effect: Should I stay or should I go?" 31.08.2020 <https://hlplab.wordpress.com/2009/05/14/random-effect-structure/>.

JAEGER, TIM FLORIAN (2011): „More on random slopes and what it means if your effect is not longer significant after the inclusion of random slopes." 31.08.2020 <https://hlplab.wordpress.com/2011/06/25/more-on-random-slopes/>.

JAKOBSEN, ROMAN (1959): „On linguistic aspects of translation." *On Translation.* Hrsg. REUBEN ARTHUR BROWER. Cambridge: Harvard University Press. 232–239.

JAKOBSEN, ARNT LYKKE/JENSEN, KRISTIAN T. H. (2008): „Eye movement behaviour across four different types of reading task." GÖPFERICH/JAKOBSEN/MEES (2008): 103–124.

JANN, PETER (2000): „Perspektiven für die Gehörlosenpädagogik im 21. Jahrhundert." *Hörgeschädigtenpädagogik* 54[4]: 210–214.

JANSSEN, NIELS/BI, YANCHAO/ALFONSO CARAMAZZA (2008): „A tale of two frequencies: Determining the speed of lexical access for English and Mandarin Chinese compounds." *Language and Cognitive Processes* 23[7–8]: 1191–1223.

JEKAT, SUSANNE J./JÜNGST, HEIKE ELISABETH/SCHUBERT, KLAUS/VILLIGER, CLAUDIA, Hrsg. (2014): *Sprache barrierefrei gestalten. Perspektiven aus der Angewandten Linguistik.* (TransÜD 69.) Berlin: Frank & Timme.

JENSEN, CHRISTIAN (2008): „Assessing eye-tracking accuracy in translation studies." GÖPFERICH/JAKOBSEN/MEES (2008): 157–174.

JI, HONGBO/GAGNÉ, CHRISTINA L./SPALDING, THOMAS L. (2011): „Benefits and costs of lexical decomposition and semantic integration during the processing of transparent and opaque English compounds." *Journal of Memory and Language* 65[4]: 406–430.

Jobcenter Freiburg (2020): „Herzlich Willkommen." 5.10.2020 <https://www.jobcenter-freiburg.de/leichte-sprache/>.

Jobcenter Köln (2020): „Wörter-Buch." 5.10.2020 <https://www.jobcenterkoeln.de/de_EZ/haufig-gestellte-fragen/>.

JONES, EDWARD E./FARINA, AMERIGO/HASTORF, ALBERT H./MARKUS, HAZEL/MILLER, DALE T./SCOTT, ROBERT A. (1984): *Social Stigma. The Psychology of Marked Relationships*. New York: Freeman.

JOOS, MARKUS/RÖTTING, MATTHIAS/VELICHKOVSKY, BORIS M. (2003): „Spezielle Verfahren I: Bewegungen des menschlichen Auges: Fakten, Methoden und innovative Anwendungen." *Psycholinguistik*. Hrsg. GERT RICKHEIT/THEO HERRMANN/WERNER DEUTSCH. Berlin, New York: de Gruyter. 142–167.

JÜRGEWITZ, THOMAS (2015): „Die AFD-Bremerhaven fordert Bildung für alle statt Kabarett der ,Leichten Sprache'." *Presseerklärung 6/15*. 20.10.2019 <https://afd-bremerhaven.de/wp-content/uploads/sites/15/2015/04/afdBV6.pdf>.

JUHASZ, BARBARA/STARR, MATTHEW/INHOFF, ALBRECHT/PLACKE, LARS (2003): „The effects of morphology on the processing of compound words: Evidence from naming, lexical decisions and eye fixations." *British Journal of Psychology* 94[2]: 223–244.

JUHASZ, BARBARA/INHOFF, ALBRECHT/RAYNER, KEITH (2005): „The role of interword spaces in the processing of English compound words." *Language and Cognitive Processes* 20[1]: 291–316.

JUST, MARCEL A./CARPENTER, PATRICIA A. (1976): „Eye fixations and cognitive processes." *Cognitive Psychology* 8[4]: 441–480.

JUST, MARCEL A./CARPENTER, PATRICIA A. (1980): „A Theory of Reading: From Eye Fixations to Comprehension." *Psychological Review* 87[4]: 329–354.

JUST, MARCEL A./CARPENTER, PATRICIA A. (1993): „The Intensity Dimension of Thought: Pupillometric Indices of Sentence Processing." *Canadian Journal of Experimental Psychology* 47[2]: 310–339.

KAHNEMANN, DANIEL (1973): *Attention and Effort*. Englewood Cliffs, New Jersey: Prentice-Hall Inc.

KALVERKÄMPER, HARTWIG, Hrsg. (1998): „Rahmenbedingungen für die Fachkommunikation." *Fachsprachen – Ein internationales Handbuch zur Fachsprachenforschung und Terminologiewissenschaft*. Berlin u. a.: de Gruyter. 24–47.

KAVKA, STANISLAV (2011): „Compounding and Idiomatology." LIEBER/ŠTEKAUER (2011): 19–33.

KARNATH, HANS-OTTO/THIER, PETER, Hrsg. (²2006): *Neuropsychologie*. Heidelberg: Springer.

KEATING, GREGORY D./JEGERSKI, JILL (2015): „Experimental Designs in Sentence Processing Research. A Methodological Review and User's Guide." *Studies in Second Language Acquisition* 37[1]: 1–32.

KELLERMANN, GUDRUN (2014): „Leichte und Einfache Sprache – Versuch einer Definition." *Aus Politik und Zeitgeschichte* 64[9–11]: 7–10.

KENNEDY, ALAN/RADACH, RALPH/HELLER, DIETER/PYNTE, JOËL (2000): *Reading as a Perceptual Process*. Oxford: Elsevier.

KERCHER, JAN (2013): *Verstehen und Verständlichkeit von Politikersprache. Verbale Bedeutungsvermittlung zwischen Politikern und Bürgern*. Wiesbaden: Springer.

KILIAN, JÖRG (2017): „‚Leichte Sprache', Bildungssprache und Wortschatz – zur sprach- und fachdidaktischen Wertigkeit der Regelkonzepte für ‚leichte Wörter'." BOCK/FIX/LANGE (2017): 189–210.

KLEINSCHMIDT, KATRIN/POHL, THORSTEN (2017): „Leichte Sprache vs. adaptives Sprachhandeln." BOCK/FIX/LANGE (2017): 87–110.

KLICPERA, CHRISTIAN/GASTEIGER-KLICPERA, BARBARA (1993): *Lesen und Schreiben. Entwicklung und Schwierigkeiten*. Bern: Huber.

KLIEGL, REINHOLD/GRABNER, ELLEN/ROLFS, MARTIN/ENGBERT, RALF (2004): „Length, frequency, and predictability effects of words on eye movements in reading." *European Journal of Cognitive Psychology* 16[1–2]: 262–284.

KLOS, VERENA (2011): *Komposition und Kompositionalität. Möglichkeiten und Grenzen der semantischen Dekodierung von Substantivkomposita*. Berlin: de Gruyter.

KMK – Sekretariat der Ständigen Konferenz der Kultusminister der Länder in der Bundesrepublik Deutschland (2010): „Sonderpädagogische Förderung in Schulen 1999 bis 2008." Statistische Veröffentlichungen der Kultusministerkonferenz Dokumentation Nr. 189. 24.04.2019 <https://www.kmk.org/fileadmin/pdf/Statistik/Dokumentationen/Dok_189_SoPaeFoe_2008.pdf>.

KMK – Sekretariat der Ständigen Konferenz der Kultusminister der Länder in der Bundesrepublik Deutschland (2020): „Sonderpädagogische Förderung in Schulen 2009 bis 2018." Statistische Veröffentlichungen der Kultusministerkonferenz Dokumentation Nr. 223. 24.03.2020 <https://www.kmk.org/fileadmin/Dateien/pdf/Statistik/Dokumentationen/Dok223_SoPae_2018.pdf>.

KOESTER, DIRK/GUNTER, THOMAS C./WAGNER, SUSANNE (2007): „The morphosyntactic decomposition and semantic composition of German compound words investigated by ERPs." *Brain and Language* 102[1]: 64–79.

KRAMMER, KLAUDIA (2001): *Schriftsprachkompetenz gehörloser Erwachsener. Veröffentlichungen des Forschungszentrums für Gebärdensprache und Hörgeschädigtenkommunikation der Universität Klagenfurt, Band 3.* 9.10.2019 <https://www.aau.at/wp-content/uploads/2017/11/zgh-veroeffentlichung-bd-03.pdf>.

KRINGS, HANS PETER (2005): „Wege ins Labyrinth – Fragestellungen und Methoden der Übersetzungsprozessforschung im Überblick." *Meta* 50[2]: 342–358.

KROEBER-RIEL, WERNER/WEINBERG, PETER/GRÖPPEL-KLEIN, ANDREA ([11]2019): *Konsumentenverhalten.* München: Vahlen.

KROHNE, HEINZ WALTER/HOCK, MICHAEL ([2]2015): *Psychologische Diagnostik: Grundlagen und Anwendungsfelder.* Stuttgart: Kohlhammer.

KROTT, ANDREA/LIBBEN, GARY/JAREMA, GONIA/DRESSLER, WOLFGANG/SCHREUDER, ROBERT/BAAYEN, HARALD (2004): „Probability in the Grammar of German and Dutch: Interfixation in Triconstituent Compounds." *Language and Speech* 47[1]: 83–106.

KUHLMANN, JULIA (2013): *Ein Sprachwissenschaftlicher Blick auf das Konzept der ‚Leichten Sprache'.* Masterarbeit Universität Osnabrück. 20.10.2019 <https://www.alpha-archiv.de/fileadmin/PDFs/Qualifizierungsarbeiten/Masterarbeit_Kuhlmann_Copy.pdf>.

KUNZE, JÜRGEN, Hrsg. ([6]2010): *Atlas klinischer Symptome. Phänomenologie. Ätiologie. Differenzialdiagnose.* Stuttgart: Schattauer.

KUPERMAN, VICTOR/SCHREUDER, ROBERT/BERTRAM, RAYMOND/BAAYEN, HARALD (2009): „Reading Polymorphemic Dutch Compounds: Toward a Multiple Route Model of Lexical Processing." *Journal of Experimental Psychology: Human Perception and Performance* 35[3]: 876–895.

KUSSMAUL, PAUL ([3]2015): *Verstehen und Übersetzen. Ein Lehr- und Arbeitsbuch.* Tübingen: Narr.

LaBerge, David/Carlson, Robert/Williams, John/Bunney, Blynn (1997): „Shifting attention in visual space: tests of moving-spotlight models versus an activity-distribution model." *Journal of Experimental Psychology: Human Perception and Performance* 23[5]: 1380–1392.

Lang, Katrin (2019): „Die rechtliche Lage zu Barrierefreier Kommunikation in Deutschland." Maaß/Rink (2019): 67–93.

Lange, Daisy/Bock, Bettina M. (2016): „Was heißt ‚Leichte' und ‚einfache Sprache'? Empirische Untersuchungen zu Begriffssemantik und tatsächlicher Gebrauchspraxis." Mälzer (2016): 117–134.

Langenfeld, Christine (2006): „Maßnahmen des Nachteilsausgleichs und des besonderen Schutzes für Schüler und Schülerinnen mit Legasthenie an allgemeinbildenden Schulen." *Chancengleichheit herstellen, Diskriminierung vermeiden.* Hrsg. Bundesverband Legasthenie und Dyskalkulie. 5–28. 20.11.2019 <https://www.bvl-legasthenie.de/images/static/pdfs/bvl/Sonderheft_Recht_10_2006.pdf>.

Lasch, Alexander (2017): „Zum Verständnis morphosyntaktischer Merkmale in der funktionalen Varietät ‚Leichte Sprache'." Bock/Fix/Lange (2017): 275–299.

Lavie, Nilli/Hirst, Aleksandra/de Fockert, Jan/Viding, Essi (2004): „Load Theory of selective Attention and Cognitive Control." *Journal of Experimental Psychology: General* 133[3]: 339–354.

Lehrl, Siegfried ([4]1999): *Mehrfachwahl-Wortschatz-Intelligenztest MWT-B.* Balingen: Spitta Verlag.

Lehrner, Johann/Bodner, Thomas/Dal-Bianco, Peter/Schmidt, Reinhold ([2]2011): „Demenzsyndrome." Lehrner/Pusswald/Fertl/Strubreither/Krypsin-Exner ([2]2011): 375–394.

Lehrner, Johann/Pusswald, Gisela/Fertl, Elisabeth/Strubreither, Wilhelm/Krypsin-Exner, Ilse ([2]2011): *Klinische Neuropsychologie: Grundlagen – Diagnostik – Rehabilitation.* Wien u. a.: Springer.

Lemhöfer, Kristin/Koester, Dirk/Schreuder, Robert (2011): „When bicycle pump is harder to read than bicycle bell: Effects of parsing cues in first and second language compound reading." *Psychonomic Bulletin & Review* 18[2]: 364–370.

Levelt, Willem/Roelofs, Ardi/Meyer, Antje (1999): „A theory of lexical access in speech production." *Behavioral and Brain Sciences* 22[1]: 1–75.

Lezak, Muriel D. (1995): *Neuropsychological Assessment*. New York: Oxford University Press.

Libben, Gary (1993): „A Case of Obligatory Access to Morphological Constituents." *Nordic Journal of Linguistics* 16[2]: 111–121.

Libben, Gary (2006): „Why Study Compound Processing? An overview of the issues." Libben/Jarema (2006): 1–22.

Libben, Gary (2008): „How Do We Parse Compound Words?" *Advances in cognitive science*. Hrsg. Narayanan Srinivasan. New Delhi: SAGE Publications. 71–86.

Libben, Gary (2010): „Compound Words, Semantic Transparency, and Morphological Transcendence." Olsen (2010): 317–330.

Libben, Gary/De Almeida, Roberto (2002): „Is there a morphological parser?" *Morphology 2002*. Hrsg. Sabrina Bendjaballah/Wolfgang Dressler/Oskar Pfeiffer/Maria Voeikova. Amsterdam: John Benjamins. 213–225.

Libben, Gary/Gibson, Martha/Yoon, Yeo Bom/Sandra, Dominiek (2003): „Compound fracture: The role of semantic transparency and morphological headedness." *Brain and Language* 84[1]: 50–64.

Libben, Gary/Buchanan, Lori/Colangelo, Annette (2004): „Morphology, semantics, and the mental lexicon: The failure of deactivation hypothesis." *Logos and Language* 4[1]: 45–53.

Libben, Gary/Jarema, Gonia, Hrsg. (2006): *The Representation and Processing of Complex Words*. Oxford: Oxford University Press.

Lieber, Rochelle/Štekauer, Pavol (2011): *The Oxford Handbook of Compounding*. Oxford: Oxford University Press.

Liessmann, Konrad Paul (2016): „Schöne neue Sprachwelt." *Neue Zürcher Zeitung vom 20.7.2016*. 10.9.2019 <https://www.nzz.ch/meinung/kolumnen/kolumne-rundum-leichte-sprache-schoene-neue-sprachwelt-ld.106533>.

Linke, Angelika/Nussbaumer, Markus/Portmann, Paul R. (⁵2004): *Studienbuch Linguistik*. Tübingen: Niemeyer.

Linz, Erika (2017): „‚Leichte Sprache ist nicht Kindersprache' – Zur sozialen und pragmatischen Relevanz stilistischer Aspekte in Leichte-Sprache-Texten." Bock/Fix/Lange (2017): 147–162.

Liversedge, Simon P./Paterson, Kevin B./Pickering, Martin J. (1998): „Eye Movements and Measures of Reading Time." *Eye Guidance in Reading and Scene Perception*. Hrsg. Geoffrey Underwood. Oxford: Elsevier. 55–76.

Löffler, Cordula (2015): „Leichte Sprache als Chance zur gesellschaftlichen Teilhabe funktionaler Analphabeten." *Didaktik Deutsch* 38: 17–23.

Löffler, Cordula (2017): „Bildungsgerechtigkeit und Teilhabe aus deutschdidaktischer Perspektive." *Werte leben lernen: Gerechtigkeit – Frieden – Glück.* Hrsg. Ulrike Graf/Susanne Klinger/Reinhold Mokrosch/Arnim Regenbogen/Sonja Angelika Strube. Göttingen: V&R unipress, Universitätsverlag Osnabrück. 279–290.

Löwe, Hans ([6]1975): *Einführung in die Lernpsychologie des Erwachsenenalters.* Berlin: VEB Deutscher Verlag der Wissenschaften.

Lorenz, Antje (2008): „Die Verarbeitung von Nominalkomposita bei Aphasie." *Spektrum Patholinguistik* 1: 67–81.

Lorenz, Antje/Heide, Judith/Burchert, Frank (2014): „Compound naming in aphasia: effects of complexity, part of speech, and semantic transparency." *Language, Cognition and Neuroscience* 29[1]: 88–106.

Lorenz, Antje/Zwitserlood, Pienie (2014): „Processing of nominal compounds and gender-marked determiners in aphasia: Evidence from German." *Cognitive Neuropsychology* 31[1]: 40–74.

Lüdeling, Anke ([4]2016): *Grundkurs Sprachwissenschaft.* Stuttgart: Klett.

Lukatela, Georgije/Carello, Claudio/Turvey, Michael (1987): „Lexical representation of regular and irregular inflected nouns." *Language and Cognitive Processes* 2[1]: 1–17.

LVR (2020): „Welche Unterstützung brauchen Sie? Ein Wörterbuch in Leichter Sprache." 5.10.2020 <https://leichtesprache.lvr.de/media/www_lvr_de_ls/downloads/2018/889-Woerterbuch_BEI_NRW_barr.pdf>.

Maaß, Christiane (2015a): *Leichte Sprache. Das Regelbuch.* Münster: Lit-Verlag.

Maaß, Christiane (2015b): „Leichte Sprache – Zugang zu fachlichen Kontexten ermöglichen." *Didaktik Deutsch* 38: 3–8.

Maaß, Christiane (2016): *FAQs: Wie können Sie kritische Fragen zur Leichten Sprache beantworten?* 20.9.2019 <http://docplayer.org/82225032-Faqs-wie-koennen-sie-kritische-fragen-zur-leichten-sprache-beantworten.html>.

Maaß, Christiane (2019): „Übersetzen in Leichte Sprache." Maaß/Rink (2019): 273–302.

Maaß, Christiane (2020): *Easy Language – Plain Language – Easy Language Plus. Balancing Comprehensibility and Acceptability.* Berlin: Frank & Timme.

MAAß, CHRISTIANE/RINK, ISABEL/ZEHRER, CHRISTIANE (2014): „Leichte Sprache in der Sprach- und Übersetzungswissenschaft." JEKAT/JÜNGST/SCHUBERT/VILLIGER (2014): 53–86.

MAAß, CHRISTIANE/RINK, ISABEL (2017): „Leichte Sprache: Verständlichkeit ermöglicht Gesundheitskompetenz." *Public Health Forum* 25[1]: 50–54.

MAAß, CHRISTIANE/RINK, ISABEL (2019): *Handbuch Barrierefreie Kommunikation.* Berlin: Frank & Timme.

MAAß, CHRISTIANE/RINK, ISABEL (2019): „Über das Handbuch Barrierefreie Kommunikation." MAAß/RINK (2019): 17–25.

Mädchenhaus Bielefeld (2017): „Beratungsstelle." 5.10.2020 <https://www.maedchenhaus-bielefeld.de/files/inklusion/pdf/flyer/Folder_MHB_Beratung_LS_2017.pdf>.

MÄHLER, CLAUDIA (2007): „Arbeitsgedächtnisfunktionen bei lernbehinderten Kindern und Jugendlichen." *Zeitschrift für Entwicklungspsychologie und Pädagogische Psychologie* 39[2]: 97–106.

MÄLZER, NATHALIE (2016): „Zur Einführung." Mälzer (2016): 7–11.

MÄLZER, NATHALIE, Hrsg. (2016): *Barrierefreie Kommunikation – Perspektiven aus Theorie und Praxis.* Berlin: Frank & Timme.

MANELIS, LEON/THARP, DAVID A. (1977): „The processing of affixed words." *Memory & Cognition* 5[6]: 690–695.

MANGOLD, ROLAND ([2]2015): *Informationspsychologie.* Berlin: Springer.

MARELLI, MARCO/AGGUJARO, SILVIA/MOLTENI, FRANCO/LUZZATTI, CLAUDIO (2012): „The multiple-lemma representation of Italian compound nouns: A single case study of deep dyslexia." *Neuropsychologia* 50[5]: 852–861.

MARELLI, MARCO/LUZZATTI, CLAUDIO (2012): „Frequency effects in the processing of Italian nominal compounds: Modulation of headedness and semantic transparency." *Journal of Memory and Language* 66[4]: 644–664.

MARGRAF, JÜRGEN/MAIER, WOLFGANG ([2]2012): *Pschyrembel. Psychiatrie, Klinische Psychologie, Psychotherapie.* Berlin: de Gruyter.

MARSHALL, CHLOË/JONES, ANNA/DENMARK, TANYA/MASON, KATHRYN/ATKINSON, JOANNA/BOTTING, NICOLA/MORGAN, GARY (2015): „Deaf children's non-verbal working memory is impacted by their language experience." *Frontiers in Psychology* 6: 1–12.

MARSLEN-WILSON, WILLIAM/WELSH, ALAN (1978): „Processing interactions and lexical access during word recognition in continuous speech." *Cognitive Psychology* 10[1]: 29–63.

MARSLEN-WILSON, WILLIAM/TYLER, LORRAINE KOMISARJEVSKY/WAKSLER, RACHELLE/OLDER, LIANNE (1994): „Morphology and Meaning in the English Mental Lexicon." *Psychological Review* 101[1]: 3–33.

MARTELLI, MARIALUISA/DE LUCA, MARIA/LAMI, LAURA/PIZZOLI, CLAUDIA/ PONTILLO, MARIA/SPINELLI, DONATELLA/ZOCCOLOTTI, PIERLUIGI (2014): „Bridging the gap between different measures of the reading speed deficit in developmental dyslexia." *Experimental Brain Research* 232[1]: 237–252.

MATUSCHEK, HANNES/KLIEGL, REINHOLD/VASISHTH, SHRAVAN/BAAYEN, HARALD/BATES, DOUGLAS (2017): „Balancing Type I error and power in linear mixed models." *Journal of Memory and Language* 94: 305–315.

MATUSSEK, MAGDALENA (1994): *Wortneubildung im Text*. Hamburg: Buske.

MAYRINGER, HEINZ/WIMMER, HEINZ (2005): *Salzburger Lese-Screening (SLS)*. 25.04.2019 <https://docplayer.org/2016440-Salzburger-lese-screening-sls-heinz-mayringer-heinz-wimmer.html>.

MCCONKIE, GEORGE W./RAYNER, KEITH (1975): „The span of the effective stimulus during a fixation in reading." *Perception & Psychophysics* 17[6]: 578–586.

MCEWEN, SHANNON/WESTBURY, CHRIS/BUCHANAN, LORI/LIBBEN, GARY (2001): „Semantic Information Is Used by a Deep Dyslexic to Parse Compounds." *Brain and Cognition* 46[1–2]: 201–205.

Mensch zuerst – Netzwerk People First Deutschland e. V. (2020): *Startseite*. 15.05.2020 <http://www.menschzuerst.de>.

MEYER, DAVID E./SCHVANEVELDT, ROGER W. (1971): „Facilitation in recognizing pairs of words: Evidence of a dependence between retrieval operations." *Journal of Experimental Psychology* 90[2]: 227–234.

MEYER, RALF (1993): *Compound Comprehension in Isolation and in Context*. Tübingen: Niemeyer.

MEYER, HILBERT ([12]2005): *Leitfaden Unterrichtsvorbereitung*. Berlin: Cornelsen.

MIKHAIL, BETTINA/LAMPE-BERNHOLT, MARIA (2019): *Umfrage zur „Bindestrich-Regel" des Netzwerks Leichte Sprache e. V*. Berlin: Netzwerk Leichte Sprache e.V.

MIKHAIL, BETTINA (2020): „Update: Bindestrich-Regel vom Netzwerk Leichte Sprache e.V." 26.08.2020 <https://www.xing.com/communities/posts/update-bindestrich-regel-vom-netzwerk-leichte-sprache-ev-1019934055>.

MILES-PAUL, OTTMAR (2020): „Mitmachen bei Norm für Leichte Sprache." 13.03.2021 <https://kobinet-nachrichten.org/2020/02/13/mitmachen-bei-norm-fuer-leichte-sprache/>.

MITCHELL, ROSS E./KARCHMER, MICHAEL A. (2003): „Demographic and Achievement Characteristics of Deaf and Hard-of-Hearing Students." Oxford Handbook of Deaf Studies, Language, and Education. Hrsg. MARC MARSCHARK/PATRICIA E. SPENCER. Oxford/New York: Oxford University Press. 21–37.

MONDINI, SARA/LUZZATTI, CLAUDIO/ZONCA, GIUSY/PISTARINI, CATERINA/SEMENZA, CARLO (2004): „The mental representation of Verb-Noun compounds in Italian: Evidence from a multiple single-case study in aphasia." Brain and Language 90[1–3]: 470–477.

MONSELL, STEPHEN (1985): „Repetition and the Lexicon." Progress in the Psychology of Language Volume Two. Hrsg. ANDREW W. ELLIS. London: LEA. 147–195.

MORRIS, ROBIN (1994): „Lexical and Message-Level Sentence Context Effects on Fixation Times in Reading." Journal of Experimental Psychology: Learning, Memory, and Cognition 20[1]: 92–103.

MORTON, JOHN (1969): „Interaction of Information in Word Recognition." Psychological Review 76[2]: 165–178.

Multisprech (2019): LanguageTool : Leichte Sprache. 15.04.2019 <https://multisprech.org/einfache-sprache/einfach-schreiben/languagetool-leichte-sprache/>.

MUNSKE, HORST HAIDER (2005): „Wortschatzwandel im Deutschen." Lexikologie/Lexicology. Ein internationales Handbuch zur Natur und Struktur von Wörtern und Wortschätzen. 2. Halbband. Hrsg. D. ALAN CRUSE/FRANZ HUNDSNURSCHER/MICHAEL JOB/PETER ROLF LUTZEIER. Berlin: de Gruyter. 1385–1398.

MURRELL, GRAHAM/MORTON, JOHN (1974): „Word Recognition and Morphemic Structure." Journal of Experimental Psychology 102[6]: 963–968.

NEEF, MARTIN (2001): „Rezension Nanna Fuhrhop: Grenzfälle morphologischer Einheiten." Beiträge zur Geschichte der deutschen Sprache und Literatur 123[3]: 439–444.

NEEF, MARTIN (2005): Die Graphematik des Deutschen. Tübingen: Niemeyer.

NEEF, MARTIN/SCHERER, CARMEN (2013): *Die Schnittstelle von Morphologie und geschriebener Sprache.* Berlin: de Gruyter.

NEU, MARGRET (2004): *Analphabetismus. Ursachen und Hintergründe.* 10.11.2019 <http://www.schwarz-auf-weiss.org/uploads/media/analphabetismus-neu.pdf>.

NEUHÄUSER, GERHARD/STEINHAUSEN, HANS-CHRISTOPH ([4]2013): *Geistige Behinderung. Grundlagen, Erscheinungsformen und klinische Probleme, Behandlung, Rehabilitation und rechtliche Aspekte.* Hrsg. GERHARD NEUHÄUSER/HANS-CHRISTOPH STEINHAUSEN/FRANK HÄSSLER/KLAUS SARIMSKI. Stuttgart: Kohlhammer. 15–29.

NICHOLSON, TOM (1993): „The Case Against Context." *Reading Acquisition Processes.* Hrsg. G. BRIAN THOMPSON/WILLIAM E. TUNMER/TOM NICHOLSON. Clevedon: Multilingual matters. 91–104.

NICKISCH, ANDREAS/GROSS, MANFRED/SCHÖNWEILER, RAINER/UTTENWEILER, VIKTOR/ZEHNHOFF-DINNESEN, ANTOINETTE/BERGER, ROSWITHA/RADÜ, HANS-JOACHIM/PTOK, MARTIN (2007): „Auditive Verarbeitungs- und Wahrnehmungsstörungen" *HNO* 1[55]: 61–72.

NIEDERHAUS, CONSTANZE (2011): *Fachsprachlichkeit in Lehrbüchern. Korpuslinguistische Analysen von Fachtexten der beruflichen Bildung.* Münster: Waxmann.

NORD, CHRISTIANE (1993): *Einführung in das funktionale Übersetzen. Am Beispiel von Titeln und Überschriften.* Tübingen: Francke.

Nord, Christiane ([4]2009): *Textanalyse und Übersetzen. Theoretische Grundlagen, Methode und didaktische Anwendung einer übersetzungsrelevanten Textanalyse.* Tübingen: Groos.

NORD, CHRISTIANE (2011): *Funktionsgerechtigkeit und Loyalität.* Berlin: Frank & Timme.

NÜBLING, DAMARIS/SZCZEPANIAK, RENATA (2009): „*Religion+s+freiheit, Stabilität+s+pakt* und *Subjekt(+s+)pronomen*: Fugenelemente als Marker phonologischer Wortgrenzen." *Studien zur Fremdwortbildung.* Hrsg. PETER O. MÜLLER. Hildesheim: Olms. 195–222.

NÜBLING, DAMARIS/SZCZEPANIAK, RENATA (2013): „Linking elements in German Origin, Change, Functionalization." *Morphology* 23[1]: 67–89.

NYSTRÖM, MARCUS/ANDERSSON, RICHARD/HOLMQVIST, KENNETH/VAN DE WEIJER, JOOS (2013): „The influence of calibration method and eye physiology on eyetracking data quality." *Behavior Research Methods* 45[1]: 272–288.

OCHSENBEIN, TOBIAS (2014): „„Schlimmer als Realsatire'. Interview mit Rainer Bremer." *Neue Zürcher Zeitung vom 8.9.2014.* 20.11.2019 <https://www.nzz.ch/wissenschaft/bildung/schlimmer-als-realsatire-1.18378993>.

O'REGAN, KEVIN (1979): „Saccade size control in reading: Evidence for the linguistic control hypothesis." *Perception & Psychophysics* 25[6]: 501–509.

O'REGAN, KEVIN (1990): „Eye movements and reading." *Eye Movements and Their Role in Visual and Cognitive Processes. (Review of Oculomotor Research 4).* Hrsg. EILEEN KOWLER. Amsterdam: Elsevier. 395–453.

O'REGAN, KEVIN (1992): „Optimal Viewing Position in Words and the Strategy-Tactics Theory of Eye Movements in Reading." Rayner (1992): 333–354.

O'REGAN, KEVIN/LÉVY-SCHOEN, ARIANE/PYNTE, JOËL/BRUGAILLÈRE, B. (1984): „Convenient fixation location within isolated words of different length and structure." *Journal of Experimental Psychology: Human Perception and Performance* 10[2]: 250–257.

O'REGAN, KEVIN/LÉVY-SCHOEN, ARIANE (1987): „Eye-movement strategy and tactics in word recognition and reading." COLTHEART (1987): 363–383.

ORTNER, LORELIES (1991): „Grundformen der Komposition." ORTNER/MÜLLER-BOLLHAGEN/ORTNER/WELLMANN/PÜMPEL-MADER/GÄRTNER (1991): 112–124.

ORTNER, HANSPETER/ORTNER, LORELIES (1984): *Zur Theorie und Praxis der Kompositaforschung.* Tübingen: Narr.

ORTNER, LORELIES/MÜLLER-BOLLHAGEN, ELGIN/ORTNER, HANSPETER/WELLMANN, HANS/PÜMPEL-MADER, MARIA/GÄRTNER, HILDEGARD, Hrsg. (1991): *Deutsche Wortbildung: Typen und Tendenzen in der Gegenwartssprache. Hauptteil 4: Substantivkomposita.* Berlin: de Gruyter.

ORTNER, LORELIES/MÜLLER-BOLLHAGEN, ELGIN/PÜMPEL-MADER, MARIA/GÄRTNER, HILDEGARD (1991): „Nominale und verbale … Substantivkomposita." Ortner/Müller-Bollhagen/Ortner/Wellmann/Pümpel-Mader/Gärtner (1991): 145–656.

OLSEN, SUSAN (2004): „The Case of Copulative Compounds." *The Composition of Meaning. From lexeme to discourse.* Hrsg. ALICE G.B. TER MEULEN/WERNER ABRAHAM. Amsterdam: Benjamins. 17–37.

OLSEN, SUSAN (2010): *New Impulses in Word-Formation.* Hamburg: Buske.

OLSEN, SUSAN (2012): „Der Einfluss des mentalen Lexikons auf die Interpretation von Komposita." GAETA/SCHLÜCKER (2012): 135–170.

PAPPERT, SANDRA/BOCK, BETTINA M. (2020): „Easy-to-read German put to the test: Do adults with intellectual disability or functional illiteracy benefit from compound segmentation?" *Reading and Writing* 33[5]: 1105–1131.

PENZO, MATTEO (2005): „Introduction to Eyetracking: Seeing Through Your Users' Eyes." 20.10.2019 <https://www.uxmatters.com/mt/archives/2005/12/introduction-to-eyetracking-seeing-through-your-users-eyes.php>.

PEOPLE FIRST (2015): *People First. a voice for people with learning difficulties.* 4.6.2020 <http://peoplefirstltd.com/wp-content/uploads/2015/10/Past-Work-and-Campaigns.pdf>.

PESCHEL, CORINNA (2002): *Zum Zusammenhang von Wortneubildung und Textkonstitution.* Tübingen: Niemeyer.

PETERMANN, FRANZ, Hrsg. (2008a): *Wechsler Intelligence Scale for Adults. Fourth Edition. Manual 1: Grundlagen, Testauswertung und Interpretation.* Frankfurt: Pearson Assessment.

PETERMANN, FRANZ, Hrsg. (2008b): *Wechsler Intelligence Scale for Adults. Fourth Edition. Manual 2: Durchführung.* Frankfurt: Pearson Assessment.

PFEIFFER, MARKUS (2002): *Lesen von Komposita.* Diplomarbeit. RWTH Aachen.

PFEIFFER, ULRICH/WEIDNER, RALPH (²2013): „Augenbewegungen." *Funktionelle MRT in Psychiatrie und Neurologie.* Hrsg. FRANK SCHNEIDER/GEREON R. FINK. Heidelberg: Springer. 181–190.

PFEIFFER, THIES (2011): „Das menschliche Auge." 30.03.2020 <https://www.techfak.uni-bielefeld.de/~tpfeiffe/lehre/VirtualReality/virtuelle_realitaet_ws2011/images/03_-_Menschliches_Auge_Querschnitt.png>.

PICKERING, MARTIN J./GARROD, SIMON (2004): „Toward a mechanistic psychology of dialogue." *Behavioral and Brain Sciences* 27: 169–226.

PIQUADO, TEPRING/ISAACOWITZ, DEREK/WINGFIELD, ARTHUR (2010): „Pupillometry as a measure of cognitive effort in younger and older adults." *Psychophysiology* 47[3]: 560–569.

PLACKE, LARS (2001): *Das Lesen von Komposita. Blickbewegungsstudien zum Einfluss visueller, orthographischer und lexikalischer Faktoren auf die Verarbeitung komplexer deutscher und englischer Wörter.* Aachen: Shaker.

PLATEN, CHRISTOPH (1997): „Ökonymie“: Zur Produktnamen-Linguistik im Europäischen Binnenmarkt. Tübingen: Niemeyer.

POITSCHKE, TONY MATTHIAS (2011): Blickbasierte Mensch-Maschine-Interaktion im Automobil. Dissertationsschrift Technische Universität München. 20.09.2019 <https://mediatum.ub.tum.de/doc/1072203/document.pdf>.

POLLATSEK, ALEXANDER/HYÖNÄ, JUKKA/BERTRAM, RAYMOND (2000): „The Role of Morphological Constituents in Reading Finnish Compound Words.“ Journal of Experimental Psychology: Human Perception and Performance 26[2]: 820–833.

POLLATSEK, ALEXANDER/HYÖNÄ, JUKKA (2005): „The role of semantic transparency in the processing of Finnish compound words.“ Language and Cognitive Processes 20[1/2]: 261–290.

POLLATSEK, ALEXANDER/DRIEGHE, DENIS/STOCKALL, LINNAEA/DE ALMEIDA, ROBERTO (2010): „The interpretation of ambiguous trimorphemic words in sentence context.“ Psychonomic Bulletin and Review 17[1]: 88–94.

POLT, JAMES M./HESS, ECKHARD H. (1968): „Changes in pupil size to visually presented words.“ Psychonomic Science 12[8]: 389–390.

PRIEBE, CLAUDIA (2017): „Bedingungen und Möglichkeiten des Einsatzes Leichter Sprache in der Schule – Ein Praxisprojekt.“ BOCK/FIX/LANGE (2017): 469–472.

PRINZMETAL, WILLIAM (1990): „Neon Colors Illuminate Reading Units.“ Journal of Experimental Psychology 16[3]: 584–597.

PRITSCHET, LAURA/POWELL, DEREK/HORNE, ZACHARY (2016): „Marginally Significant Effects as Evidence for Hypotheses: Changing Attitudes Over Four Decades.“ Psychological Science 27[7]: 1036–1042.

R Core Team (2018): A Language and Environment for Statistical Computing. R Foundation for Statistical Computing. 15.07.2020 <https://www.R-project.org>.

RADACH, RALPH/McCONKIE, GEORGE (1998): „Determinants of Fixation Positions in Words During Reading.“ Eye Guidance in Reading and Scene Perception. Hrsg. GEOFFREY UNDERWOOD. Oxford: Elsevier. 77–100.

RADACH, RALPH/GÜNTHER, THOMAS/HUESTEGGE, LYNN (2012): „Blickbewegungen beim Lesen, Leseentwicklung und Legasthenie.“ Lernen und Lernstörungen 1[3]: 185–204.

Rat für deutsche Rechtschreibung (2018): Deutsche Rechtschreibung. Regeln und Wörterverzeichnis. Aktualisierte Fassung des amtlichen Regelwerks entsprechend

den *Empfehlungen des Rats für deutsche Rechtschreibung 2016*. 12.10.2019 <http://
www.rechtschreibrat.com/DOX/rfdr_Regeln_2016_redigiert_2018.pdf>.

RAYNER, KEITH (1978): „Eye Movements in Reading and Information Processing."
Psychological Bulletin 85[3]: 618–660.

RAYNER, KEITH (1979): „Eye guidance in reading: fixation locations within words."
Perception 8[1]: 21–30.

Rayner, Keith (1986): „Eye movements and the perceptual span in beginning and
skilled readers." *Journal of Experimental Child Psychology* 41[2]: 211–236.

RAYNER, KEITH (1992): *Eye Movements and Visual Cognition. Scene Perception and
Reading*. New York u. a.: Springer.

RAYNER, KEITH (1994): „Eye movements during skilled reading." *Eye Movements
in Reading*. Hrsg. JAN YGGE/GUNNAR LENNERSTRAND. Tarrytown: Pergamon.
205–218.

RAYNER, KEITH (1998): „Eye movements in reading and information processing:
20 years of research." *Psychological Bulletin* 124[3]: 372–422.

RAYNER, KEITH/SERENO, SARA C./MORRIS, ROBIN K./SCHMAUDER, A. RÉNE/
CLIFTON, CHARLES (1989): „Eye movements and on-line language comprehension processes." *Language and Cognitive Processes* 4[3–4]: 21–49.

RAYNER, KEITH/POLLATSEK, ALEXANDER (1987): „Eye Movements in Reading:
A Tutorial Review." COLTHEART (1987): 327–362.

RAYNER, KEITH/POLLATSEK, ALEXANDER (1989): *The Psychology of Reading*.
New York, London: Routledge.

RAYNER, KEITH/WELL, ARNOLD (1996): „Effects of contextual constraint on eye
movements in reading: A further examination." *Psychonomic Bulletin & Review*
3[4]: 504–509.

RAYNER, KEITH/SERENO, SARA C./RANEY, GARY E. (1996): „Eye Movement Control in Reading: A Comparison of Two Types of Models." *Journal of Experimental
Psychology: Human Perception and Performance* 22[5]: 1188–1200.

RAYNER, KEITH/CHACE, KATHRYN H./SLATTERY, TIMOTHY J./ASHBY, JANE
(2006): „Eye Movements as Reflections of Comprehension Processes in Reading."
Scientific Studies of Reading 10[3]: 241–255.

RAYNER, KEITH/SLATTERY, TIMOTHY J./DRIEGHE, DENIS/LIVERSEDGE, SIMON
(2011): „Eye movements and word skipping during reading: Effects of word

length and predictability." *Journal of Experimental Psychology: Human Perception and Performance* 37[2]: 514–528.

REICHLE, ERIK/POLLATSEK, ALEXANDER/FISHER, DONALD/RAYNER, KEITH (1998): „Toward a Model of Eye Movement Control in Reading." *Psychological Review* 105[1]: 125–157.

REICHLE, ERIK/RAYNER, KEITH/POLLATSEK, ALEXANDER (1999): „Eye movement control in reading: accounting for initial fixation locations and refixations within the E-Z Reader model." *Vision Research* 39[26]: 4403–4411.

REICHLE, ERIK/RAYNER, KEITH/POLLATSEK, ALEXANDER (2003): „The E-Z Reader model of eye-movement control in reading: Comparisons to other models." *Behavioral and Brain Sciences* 26[4]: 445–526.

REILLY, RONAN/RADACH, RALPH (2006): „Some empirical tests of an interactive activation model of eye movement control in reading." *Cognitive Systems Research* 7[1]: 34–55.

REIß, KATHARINA/VERMEER, HANS J. (1984): *Grundlegung einer allgemeinen Translationstheorie.* Tübingen: Niemeyer.

REITAN, RALPH M./WOLFSON, DEBORAH ([2]1993): *The Halstead-Reitan Neuropsychological Test Battery. Theory and Clinical Interpretation.* Tucson: Neuropsychology Press.

Richtlinie (EU) 2016/2102 des Europäischen Parlaments und des Rates vom 26. Oktober 2016 über den barrierefreien Zugang zu den Websites und mobilen Anwendungen öffentlicher Stellen (2016) 26.06.2020 <https://eur-lex.europa.eu/legal-content/DE/TXT/PDF/?uri=CELEX:32016L2102&from=DE>.

RIEGERT, JUDITH/MUSENBERG, OLIVER (2017): „Zur didaktischen Bedeutung Leichter Sprache im inklusiven Unterricht." BOCK/FIX/LANGE (2017): 387–399.

RINK, ISABEL (2014): *Nachteilsausgleich im Bereich Hörschädigung: Zur Übersetzung von Mathematikarbeiten in Leichte Sprache.* Masterarbeit Universität Hildesheim. 20.10.2019 <http://hildok.bsz-bw.de/frontdoor/index/index/docId/212;>.

RINK, ISABEL (2019): „Kommunikationsbarrieren." MAAß/RINK (2019): 29–65.

RINK, ISABEL (2020): *Rechtskommunikation und Barrierefreiheit: Zur Übersetzung juristischer Informations- und Interaktionstexte in Leichte Sprache.* Berlin: Frank & Timme.

ROBINSKI, MAXI (2013): *Eye Tracking: Empirische Ableitung und quantitative Analyse eines Indikators für Target Fixations im Hubschraubersimulator.*

Dissertationsschrift Bergische Universität Wuppertal. 4.10.2019 <http://elpub. bib.uni-wuppertal.de/servlets/DerivateServlet/Derivate-4038/dd1307.pdf>.

ROCHFORD, GERARD/WILLIAMS, MOYRA (1965): „Studies in the development and breakdown of the use of names. Part IV The effects of word frequency." *Journal of Neurology, Neurosurgery, and Psychiatry* 28[5]: 407–413.

RÖDER, INGO/KUHN, MATTHIAS/GLAUCHE, INGMAR/SCHULZE, PHILIPP/LANGE, THORALF (2016): „Grundlagen der Biometrie." 2.11.2020 <https://tu-dresden.de/ med/mf/imb/ressourcen/dateien/lehre/scriptum-informatik?lang=de>.

ROELCKE, THORSTEN (³2010): *Fachsprachen*. Berlin: Schmidt.

ROSSINI, EDWARD D./KARL, MICHAEL A. (1994): „The Trail Making Test A and B: A technical note on structural nonequivalence." *Perceptual and Motor Skills* 78[2]: 625–626.

RÖTTING, MATTHIAS (2001): *Parametersystematik der Augen- und Blickbewegungen für arbeitswissenschaftliche Untersuchungen*. Dissertationsschrift Technische Hochschule Aachen. Aachen: Shaker.

RUBIN, GARY S./BECKER, CURTIS A./FREEMAN, ROGER H. (1979): „Morphological Structure and Its Effect on Visual Word Recognition." *Journal of Verbal Learning and Verbal Behavior* 18[6]: 757–767.

RYDER, MARY ELLEN (1994): *Ordered Chaos: The Interpretation of English Noun-Noun Compounds*. Berkeley: University of California Press.

Saarland Ministerium für Bildung und Kultur (2009) 10.11.2019 <https://www. saarland.de/SharedDocs/Downloads/DE/mbk/Lehrplaene/Lehrplaene_ Grundschule/GS_Kernlehrplan_Deutsch.pdf?__blob=publicationFile&v=1>.

SANDRA, DOMINIEK (1990): „On the Representation and Processing of Compound Words: Automatic Access to Constituent Morphemes Does Not Occur." *The Quarterly Journal of Experimental Psychology* 42A[3]: 529–567.

SCALISE, SERGIO/VOGEL, IRENE (2010): *Cross-disciplinary issues in compounding*. Amsterdam: John Benjamins.

SCHAFFNER, ELLEN/SCHIEFELE, ULRICH/DRECHSEL, BARBARA/ARTELT, CORDU-LA (2004): „Lesekompetenz." *PISA 2003. Der Bildungsstand der Jugendlichen in Deutschland – Ergebnisse des zweiten internationalen Vergleichs*. Hrsg. MANFRED PRENZEL/JÜRGEN BAUMERT/WERNER BLUM/RAINER LEHMANN/DETLEV LEUTNER/MICHAEL NEUBRAND/REINHARD PEKRUN/HANS-GÜNTER ROLFF/ JÜRGEN ROST/ULRICH SCHIEFELE. Münster: Waxmann. 93–110.

Schecker, Michael (2003): „Sprache und Demenz." *Sprache und Kommunikation im Alter.* Hrsg. Reinhard Fiehler/Caja Thimm. Radolfzell: Verlag für Gesprächsforschung. 278–292.

Schellig, Dieter/Heinemann, Dörthe/Schächtele, Beate/Sturm, Walter (2019): *Handbuch neuropsychologischer Testverfahren (Band 3).* Göttingen: Hogrefe.

Scherer, Carmen (2012): „Vom *Reisezentrum* zum *Reise Zentrum.* Variation in der Schreibung von N+N-Komposita." Gaeta/Schlücker (2012): 57–81.

Scherer, Carmen (2013): „Schreibung als Fenster zur Wortstruktur? Strukturmarkierende Schreibungen bei Kontaminationen." Neef/Scherer (2013): 157–187.

Schiffl, Laura (2020): „Hierarchies in lexical complexity: Do effects of word frequency, word length and repetition exist for the visual word processing of people with cognitive impairments?" Hansen-Schirra/Maaß (2020): 227–239.

Schlücker, Barbara (2012): „Die deutsche Kompositionsfreudigkeit. Übersicht und Einführung." Gaeta/Schlücker (2012): 1–25.

Schlücker, Barbara/Hüning, Matthias (2009): „Words and phrases – nominal expressions of naming and description." *Word Structure* 2[2]: 147–293.

Schluroff, Michael/Zimmermann, Thomas E./Freeman, Robert B. Jr./ Hofmeister, Klaus/Lorscheid, Thomas/Weber, Arno (1986): „Pupillary Responses to Syntactic Ambiguity of Sentences." *Brain and Language* 27[2]: 322–344.

Schmid, Ivonne (2003): *Zum Einfluss spielorientierter Bewegungsangebote auf die Motorik erwachsener Menschen mit einer geistigen Behinderung und ihr Beitrag zur Förderung von Alltagskompetenzen.* Dissertationsschrift Martin-Luther-Universität Halle-Wittenberg. 4.10.2019 <https://d-nb.info/969410336/34>.

Schotter, Elizabeth/Rayner, Keith (2015): „The Work of the Eyes During Reading." *The Oxford Handbook of Reading.* Hrsg. Alexander Pollatsek/ Rebecca Treiman. Oxford: Oxford University Press. 44–59.

Schreuder, Robert/Baayen, Harald (1995): „Modeling Morphological Processing." Feldman (1995): 131–154.

Schubert, Klaus (2013): „Bürgernahe Sprache. Überlegungen aus fachkommunikationswissenschaftlicher Sicht." *Synaps* 29: 48–57.

Schubert, Klaus (2016): „Barriereabbau durch optimierte Kommunikationsmittel: Versuch einer Systematisierung." Mälzer (2016): 15–33.

Schulentwicklung NRW (2008). 10.11.2019 <https://www.schulentwicklung.nrw.de/lehrplaene/upload/klp_gs/LP_GS_2008.pdf>.

SCHWANTES, FREDERICK (1985): „Expectancy, Integration, and Interactional Processes: Age Differences in the Nature of Words Affected by Sentence Context." *Journal of Experimental Child Psychology* 39[2]: 212–229.

SCHWANTES, FREDERICK/BOESL, SHARON/RITZ, ELSBETH (1980): „Children's use of context in word recognition: A psycholinguistic guessing game." *Child Development* 51[3]: 730–736.

SCHWARZ, MONIKA/CHUR, JEANNETTE (⁴2004): *Semantik. Ein Arbeitsbuch.* Tübingen: Narr.

SEIDEL, ANJA/MICHEL, MARION (2017): „Leichte Sprache – Empfehlungen aus der Praxis für die wissenschaftliche Arbeit." BOCK/FIX/LANGE (2017): 503–507.

SEIDENBERG, MARK S./TANENHAUS, MICHAEL K./LEIMAN, JAMES M./BIENKOWSKI, MARIE (1982): „Automatic Access of the Meanings of Ambiguous Words in Context: Some Limitations of Knowledge-Based Processing." *Cognitive Psychology* 14[4]: 489–537.

SEIFERTH, NINA/THIENEL, RENATE (²2013): „Exekutive Funktionen." *Funktionelle MRT in Psychiatrie und Neurologie.* Hrsg. FRANK SCHNEIDER/GEREON R. FINK. Heidelberg: Springer. 359–374.

SEITZ, SIMONE (2014): „Leichte Sprache? Keine einfache Sache." *Aus Politik und Zeitgeschichte* 64[9–11]:3–6.

SEITZ, DOMINIK (¹⁸2017): „Arbeitsgedächtnis." *Dorsch – Lexikon der Psychologie.* Hrsg. MARKUS ANTONIUS WIRTZ. Bern: Hogrefe: 178.

SEMENZA, CARLO/BUTTERWORTH, BRIAN/PANZERI, MARTA/HITTMAIR-DELAZER, MARGARETE (1992): „Derivational Rules in Aphasia." *Proceedings of the Eighteenth Annual Meeting of the Berkeley Linguistics Society: General Session and Parasession on The Place of Morphology in a Grammar.* 435–440.

SEMENZA, CARLO/LUZZATTI, CLAUDIO/CARABELLI, SIMONA (1997): „Morphological Representation of Compound Nouns: A Study on Italian Aphasic Patients." *Journal of Neurolinguistics* 10[1]: 33–43.

SERENO, SARA C. (1992): „Early Lexical Effects when Fixating a Word in Reading." RAYNER (1992): 304–316.

SEYBOTH, MARGRET (2014): *Ein Ganzes oder zwei Teile? Untersuchungen zur Verarbeitung von Komposita durch Sprachgesunde, Aphasiker und Synästhetiker.*

Dissertationsschrift Universität Erfurt. 15.10.2019 <https://www.db-thueringen.de/servlets/MCRFileNodeServlet/dbt_derivate_00032012/Dissertation_MargretSeyboth_20150722.pdf>.

SICK, BASTIAN (2015): „Leichte Sprache für alle?" 20.9.2019 <http://bastiansick.de/kolumnen/zwiebelfisch/leichte-sprache-fuer-alle/>.

SIEVER, HOLGER (2010): *Übersetzen und Interpretation. Die Herausbildung der Übersetzungswissenschaft als eigenständige wissenschaftliche Disziplin im deutschen Sprachraum von 1960 bis 2000.* Frankfurt/M: Lang.

SIEVER, HOLGER (2015): *Übersetzungswissenschaft. Eine Einführung.* Tübingen: Narr.

Sjørup, Annette C. (2008): „Metaphor comprehension in translation: methodological issues in a pilot study." GÖPFERICH/JAKOBSEN/MEES (2008): 53–78.

SMI (2017): BeGaze Manu*al. Version 3.7.* 24.01.2020 <https://www.dpg.unipd.it/sites/dpg.unipd.it/files/BeGaze2.pdf>.

SMOLKA, EVA/LIBBEN, GARY (2017): „,Can you wash off the hogwash?' – semantic transparency of first and second constituents in the processing of German compounds." *Language, Cognition and Neuroscience* 32[4]: 514–531.

Sozialgesetzbuch (SGB I) (1975) 6.07.2020 <https://www.gesetze-im-internet.de/sgb_1/BJNR030150975.html>.

Sozialgesetzbuch (SGB IX) (2016) 6.07.2020 <https://www.gesetze-im-internet.de/sgb_9_2018/BJNR323410016.html>.

SPALDING, THOMAS L./GAGNÉ, CHRISTINA L./MULLALY, ALLISON/JI, HONGBO (2010): „Relation-Based Interpretation of Noun-Noun Phrases: A New Theoretical Approach." OLSEN (2010): 283–315.

SPENCER, PATRICIA E. (2004): „Individual Differences in Language Performance after Cochlear Implantation at One to Three Years of Age: Child, Family, and Linguistic Factors." *The Journal of Deaf Studies and Deaf Education* 9[4]: 395–412.

Stadt Hamburg (2020): „Infos zum Corona-Virus." 5.10.2020 <https://www.hamburg.de/hamburg-barrierefrei/leichte-sprache/service/13628202/ls-virusinfektion/>.

Stadt Hannover (2020): „HANNOVER.DE in Leichter Sprache." 5.10.2020 <https://www.hannover.de/Leichte-Sprache>.

Stadt Köln (2020): „Eltern-Beitrag für die Kinder-Tages-Pflege." 5.10.2020 <https://www.stadt-koeln.de/leben-in-koeln/soziales/eltern-beitrag-fuer-die-kinder-tages-pflege>.

Stadt Mannheim (2020): „Informationen in Leichter Sprache." 5.10.2020 <https://www.mannheim.de/de/service-bieten/informationen-in-leichter-sprache>.

Stadt Marburg (2020): „Rathaus (Stadt-Informationen)." 5.10.2020 <https://leichtesprache.marburg.de/stadt-informationen/rathaus/>.

Stadt München (2020): „Informationen in Leichter Sprache." 5.10.2020 <https://www.muenchen.de/rathaus/Stadtverwaltung/Direktorium/Koordinierungsstelle-fuer-gleichgeschlechtliche-Lebensweisen/Wir_ueber_uns/Leichte-Sprache.html>.

Stadt Würzburg (2017): „Gruß·wort vom Ober·bürgermeister." 5.10.2020 <https://www.wuerzburg.de/media/www.wuerzburg.de/org/med_408806/446025_grusswortkap_final.pdf>.

STALNAKER, ROBERT (2002): „Common Ground." *Linguistics and Philosophy* 25[5–6]: 701–721.

STANOVICH, KEITH E. (1986): „Matthew Effects in Reading: Some Consequences of Individual Differences in the Acquisition of Literacy." *Reading Research Quarterly* 21[4]: 360–407.

STANOVICH, KEITH E./WEST, RICHARD F. (1983): „On priming by a sentence context." *Journal of Experimental Psychology: General* 112[1]: 1–36.

Statistisches Bundesamt (Destatis) (2003): „Bildung und Kultur. Allgemeinbildende Schulen." Fachserie 11 Reihe 1. Wiesbaden: Statistisches Bundesamt.

Statistisches Bundesamt (Destatis) (2004): „Bildung und Kultur. Allgemeinbildende Schulen." Fachserie 11 Reihe 1. Wiesbaden: Statistisches Bundesamt.

Statistisches Bundesamt (Destatis) (2006): „Bildung und Kultur. Allgemeinbildende Schulen." Fachserie 11 Reihe 1. Wiesbaden: Statistisches Bundesamt.

Statistisches Bundesamt (Destatis) (2007): „Bildung und Kultur. Allgemeinbildende Schulen." Fachserie 11 Reihe 1. Wiesbaden: Statistisches Bundesamt.

Statistisches Bundesamt (Destatis) (2009): „Bildung und Kultur. Allgemeinbildende Schulen." Fachserie 11 Reihe 1. Wiesbaden: Statistisches Bundesamt.

Statistisches Bundesamt (Destatis) (2010): „Bildung und Kultur. Allgemeinbildende Schulen." Fachserie 11 Reihe 1. Wiesbaden: Statistisches Bundesamt.

Statistisches Bundesamt (Destatis) (2011): „Bildung und Kultur. Allgemeinbildende Schulen." Fachserie 11 Reihe 1. Wiesbaden: Statistisches Bundesamt.

Statistisches Bundesamt (Destatis) (2012): „Bildung und Kultur. Allgemeinbildende Schulen." Fachserie 11 Reihe 1. Wiesbaden: Statistisches Bundesamt.

Statistisches Bundesamt (Destatis) (2013): „Bildung und Kultur. Allgemeinbildende Schulen." Fachserie 11 Reihe 1. Wiesbaden: Statistisches Bundesamt.

Statistisches Bundesamt (Destatis) (2014): „Bildung und Kultur. Allgemeinbildende Schulen." Fachserie 11 Reihe 1. Wiesbaden: Statistisches Bundesamt.

Statistisches Bundesamt (Destatis) (2015): „Bildung und Kultur. Allgemeinbildende Schulen." Fachserie 11 Reihe 1. Wiesbaden: Statistisches Bundesamt.

Statistisches Bundesamt (Destatis) (2017a): „Bildung und Kultur. Allgemeinbildende Schulen." Fachserie 11 Reihe 1. Wiesbaden: Statistisches Bundesamt.

Statistisches Bundesamt (Destatis) (2017b): „Zeitreihen allgemeinbildende Schulen." Wiesbaden: Statistisches Bundesamt. [Einzelblatt, zugesendet von Erika Kirschenmann, Statistisches Bundesamt Destatis per E-Mail vom 23.04.2019].

Statistisches Bundesamt (Destatis) (2018): „Bildung und Kultur. Allgemeinbildende Schulen." Fachserie 11 Reihe 1. Wiesbaden: Statistisches Bundesamt.

Statistisches Bundesamt (Destatis) (2019a): „Bildung und Kultur. Allgemeinbildende Schulen." Fachserie 11 Reihe 1. Wiesbaden: Statistisches Bundesamt.

Statistisches Bundesamt (Destatis) (2019b): „Anzahl der Zuwanderer nach Deutschland von 1991–2018." 14.01.2020 <https://de.statista.com/statistik/daten/studie/28347/umfrage/zuwanderung-nach-deutschland/>.

Statistisches Bundesamt (Destatis) (2020): „Bildung und Kultur. Allgemeinbildende Schulen." Fachserie 11 Reihe 1. 27.11.2020 <https://www.destatis.de/DE/Themen/Gesellschaft-Umwelt/Bildung-Forschung-Kultur/Schulen/Publikationen/Downloads-Schulen/allgemeinbildende-schulen-2110100207005.html>.

Strohner, Hans (1990): *Textverstehen: Kognitive und kommunikative Grundlagen der Sprachverarbeitung*. Wiesbaden: Springer.

Swinney, David A. (1979): „Lexical access during sentence comprehension: (Re) Consideration of context effect." *Journal of Verbal Learning and Verbal Behavior* 18[6]: 645–659.

Taft, Marcus (1979): „Recognition of affixed words and the word frequency effect." *Memory & Cognition* 7[4]: 263–272.

Taft, Marcus (1988): „A morphological-decomposition model of lexical representation." *Linguistics* 26[4]: 657–668.

Taft, Marcus/Forster, Kenneth (1975): „Lexical Storage and Retrieval of Prefixed Words." *Journal of Verbal Learning and Verbal Behaviour* 14[6]: 638–647.

TAFT, MARCUS/FORSTER, KENNETH (1976): „Lexical Storage and Retrieval of Polymorphemic and Polysyllabic Words." *Journal of Verbal Learning and Verbal Behaviour* 15[6]: 607–620.

TATLER, BENJAMIN W. (2007): „The central fixation bias in scene viewing: Selecting an optimal viewing position independently of motor biases and image feature distributions." *Journal of Vision* 7[14]: 1–17.

TESAK, JÜRGEN (²2005): *Einführung in die Aphasiologie.* Stuttgart: Thieme.

THOUTENHOOFD, ERNST/ARCHBOLD, SUE/GREGORY, SUE/LUTMAN, MARK/ NIKOLOPOULOS, THOMAS/SACH, TRACEY (2005): *Paediatric Cochlear Implantation: Evaluating Outcomes.* London: Whurr.

TINKER, MILES A. (1963): *Legibility of Print.* Ames: Iowa State University Press.

TISCHLER, LARS/PETERMANN, FRANZ (2010): „Testbesprechung Trail Making Test (TMT)." *Zeitschrift für Psychiatrie, Psychologie und Psychotherapie* 58[1]: 79–81.

TobiiDynavox (2017): *Augensteuerung und Computerzugang auf Intensivstationen. Lösungen für eine frühe Kommunikation.* o.O: TobiiDynavox.

TRUDSLEV, ALEXANDRA (2018): „Die neue Bankenkrise." *DIE ZEIT* 27.05.2020 <https://www.zeit.de/entdecken/2018-06/parkbaenke-oeffentlicher-raum-mobile-stadt-urbanisierung>.

UNDERWOOD, GEOFFREY/BINNS, ALICE/WALKER, STEPHANIE (2000): „Attentional Demands on the Processing of Neighbouring Words." *Reading as a Perceptual Process.* KENNEDY/RADACH/HELLER/PYNTE (2000). 247–268.

UN-BRK (2017): *Die UN-Behindertenrechtskonvention. Übereinkommen über die Rechte von Menschen mit Behinderungen.* 10.10.2020 <https://www.bmas.de/ SharedDocs/Downloads/DE/Publikationen/a729-un-konvention.pdf;jsessionid= 51F11F4E973E215CD39695F97530C7E6.delivery2-replication?__blob= publicationFile&v=1>.

UWR (2020): „Warnlagebericht." 19.10.2020 <https://uwr.de/de/a/lagebericht-2>.

UX Focus (2015): „Eye tracking technology." 30.03.2020 <https://www.uxfocus.net/ blog/eye-tracking-technology-how-it-works-and-why-it-s-valuable>.

Verband der Universitätsklinika Deutschland (⁵2013): *Qualität Leben.* 27.08.2020 <https://www.uniklinika.de/fileadmin/user_upload/pdf/Broschuere_Qualitaet_ Leben__5._Auflage.pdf>.

Verband der Universitätsklinika Deutschland (⁸2016): *Qualität Leben.* 27.08.2020 <https://www.uniklinika.de/fileadmin/user_upload/pdf/Qualit_7_.pdf>.

VERMEULEN, ANNEKE M./VAN BON, WIM/SCHREUDER, ROB/KNOORS, HARRY/ SNIK, AD (2007): „Reading Comprehension of Deaf Children With Cochlear Implants." *The Journal of Deaf Studies and Deaf Education* 12[3]: 283–302.

Verordnung über die Vergabe öffentlicher Aufträge (Vergabeordnung – VgV) (2016) 26.06.2020 <https://www.gesetze-im-internet.de/vgv_2016/VgV.pdf>.

VITU, FRANÇOISE (2005): „Visual extraction processes and regressive saccades in reading." *Cognitive Processes in Eye Guidance*. Hrsg. GEOFFREY UNDERWOOD. New York: Oxford University Press. 1–32.

VITU, FRANÇOISE/O'REGAN, KEVIN/MITTAU, MIREILLE (1990): „Optimal landing position in reading isolated words and continuous text." *Perception & Psychophysics* 47[6]: 583–600.

VITU, FRANÇOISE/O'REGAN, KEVIN (1995): „A Challenge to Current Theories of Eye Movements in Reading." *Eye Movement Research. Mechanisms, Processes and Applications*. Hrsg. JOHN M. FINDLAY/ROBIN WALKER/ROBERT W. KENTRIDGE. Amsterdam: Elsevier. 381–392.

VITU, FRANÇOISE/O'REGAN, KEVIN/INHOFF, ALBRECHT/TOPOLSKI, RICHARD (1995): „Mindless reading: Eye-movement characteristics are similar in scanning letter strings and reading texts." *Perception & Psychophysics* 57[3]: 352–364.

VAN ASSCHE, EVA/DUYCK, WOUTER/HARTSUIKER, ROBERT J. (2012): „Bilingual Word Recognition in a Sentence Context." *Frontiers in Psychology* 3: 1–8.

VON BASSEWITZ, GERDT (2001): *Peterchens Mondfahrt*. München: Cormoran.

VON STOCKHAUSEN, LISA/CHRISTMANN, URSULA (2015): „Die Verarbeitung konventioneller und unkonventioneller Metaphern: eine Blickbewegungsstudie." *Metapher und Metonymie: theoretische, methodische und empirische Zugänge*. Hrsg. CONSTANZE SPIESS/KLAUS-MICHAEL KÖPCKE. Berlin: de Gruyter. 355–371.

WALDMANN, BERNARD W./DICKSON, ANDREW L./MONAHAN, MARK C./KAZELSKIS, RICHARD (1992): „The relationship between intellectual ability and adult performance on the Trail Making Test and the Symbol Digit Modalities Test." *Journal of Clinical Psychology* 48[3]: 360–363.

WARNKE, ANDREAS/HEMMINGER, UWE/ROTH, ELLEN/SCHNECK, STEFANIE (2002): *Legasthenie. Leitfaden für die Praxis*. Göttingen: Hogrefe.

WATERS, GLORIA/DOEHRING, DONALD (1990): „Reading acquisition in congenitally deaf children who communicate orally: Insights from an analysis of component reading, language, and memory skills." *Reading and its development: Component skills approaches.* Hrsg. Thomas Carr/Betty Ann Levy. San Diego: Academic Press. 323–373.

Wayner, Donna S. (2013): *Mein Kind hat einen Hörverlust. Ein Ratgeber für Eltern.* 27.02.2020 <http://www.kinderakustiker.de/wp-content/uploads/2015/11/mein-kind-hat-einen-hoerverlust-elternratgeber.pdf.pdf>.

WCAG 2.0 (2009): *Web Content Accessibility Guidelines (WCAG) 2.0. Autorisierte deutsche Übersetzung.* 26.06.2020 <https://www.w3.org/Translations/WCAG20-de/>.

WCAG 2.1 (2018): *Web Content Accessibility Guidelines (WCAG) 2.1.* 26.06.2020 <https://www.w3.org/TR/WCAG21/>.

Weniger, Dorothea (²2006): „Aphasien." *Neuropsychologie.* Karnath/Thier (²2006): 356–372.

Weinhold, Swantje (2000): *Text als Herausforderung – Zur Textkompetenz am Schulanfang.* Freiburg: Fillibach.

Wellmann, Hans/Reindl, Nikolaus/Fahrmaier, Annemarie (1974): „Zur morphologischen Regelung der Substantivkomposition im heutigen Deutsch." *Zeitschrift für deutsche Philologie* 93[1]: 358–378.

Wellmann, Hans (1991): „Morphologie der Substantivkomposita." Ortner/Müller-Bollhagen/Ortner/Wellmann/Pümpel-Mader/Gärtner (1991): 3–111.

Wellmann, Katharina (2018): *Medio·punkt mit Binde-Strich? Über das Leseverständnis getrennt geschriebener Komposita in der Leichten Sprache.* Germersheim: unveröffentlichte Masterarbeit.

Wellmann, Katharina (2020): „Medio·punkt oder Binde-Strich? Eine Eyetracking-Studie." *Leichte Sprache – Empirische und multimodale Perspektiven.* Hrsg. Anne-Kathrin Gros/Silke Gutermuth/Katharina Oster. Berlin: Frank & Timme. 23–42.

Werning, Markus/Machery, Edouard/Schur, Gerhard, Hrsg. (2005): *The Compositionality of Meaning and Content. Volume II: Applications to Linguistics, Psychology and Neuroscience.* Frankfurt: ontos.

West, Richard F./Stanovich, Keith E. (1987): „Automatic Contextual Facilitation in Readers of Three Ages." *Child Development* 49[3]: 717–727.

WEST, RICHARD F./STANOVICH, KEITH E./FEEMAN, DOROTHY J./CUNNINGHAM, ANNE E. (1983): „The Effect of Sentence Context on Word Recognition in Second- and Sixth-Grade Children." *Reading Research Quarterly* 19[1]: 6–15.

WEYHER, SONJA (1998): *Konzeptorientierte Kompositabildung in der Textgenerierung.* Aachen: Shaker.

WIESMANN, EVA (2004): *Rechtsübersetzung und Hilfsmittel zur Translation.* Tübingen: Narr.

WILDGEN, WOLFGANG (1982): „Makroprozesse bei der Verwendung nominaler Ad-hoc-Komposita im Deutschen." *Deutsche Sprache* [3]: 237–257.

WIMMER, HEINZ/MAYRINGER, HEINZ (2014/2016): *SLS 2–9. Salzburger Lese-Screening für die Schulstufen 2–9.* Hogrefe: Bern.

WIND, ANNIKA (2019): *DuMont direkt Reiseführer Mannheim.* Ostfildern: DuMont Reiseverlag.

WITTORF, ANDREAS/WIEDEMANN, GEORG/KLINGBERG, STEFAN (2014): „Mehrfachwahl-Wortschatz-Intelligenztest MWT bei Schizophrenie: Valides Maß der prämorbiden Intelligenz?" *Psychiatrische Praxis* 41[2]: 95–100.

WOERMANN, FRIEDRICH/MERTENS, MARKUS (2003): „Funktionelle Magnetresonanztomographie in der Epilepsiediagnostik." *Klinische Neurophysiologie* 34[4]: 169–175.

WOLFER, SASCHA (2016): „The impact of nominalisations on the reading process: A case-study using the Freiburg Legalese Reading Corpus." *Eyetracking and Applied Linguistics.* Hrsg. SILVIA HANSEN-SCHIRRA/SAMBOR GRUCZA. Berlin: Language Science Press. 163–186.

WOLFER, SASCHA (2017): *Verstehen und Verständlichkeit juristisch-fachsprachlicher Texte.* Tübingen: Narr.

WUDTKE, HUBERT (1993): „Schriftspracherwerb: Schreibentwicklungen gehörloser Kinder (Teil I)." *Das Zeichen* 7[24]: 212–223.

ZHOU, XIAOLIN/MARSLEN-WILSON, WILLIAM (2000): „Lexical Representation of Compound Words: Cross-Linguistic Evidence." *Psychologia* 43[1]: 47–66.

ZIELINSKI, WERNER ([3]1998): *Lernschwierigkeiten.* Stuttgart: Kohlhammer.

ZIHL, JOSEF ([2]2006): „Zerebrale Blindheit und Gesichtsfeldausfälle." KARNATH/THIER ([2]2006): 88–96.

Zoccolotti, Pierluigi/De Luca, Maria/Di Pace, Enrico/Gasperini, Filippo/Judica, Anna/Spinelli, Donatella (2005): „Word length effect in early reading and in developmental dyslexia." *Brain and Language* 93[3]: 369–373.

Zurstrassen, Bettina (2017): „Leichte Sprache – eine Sprache der Chancengleichheit?" Bock/Fix/Lange (2017): 53–69.

Zwitserlood, Pienie (1994): „The Role of Semantic Transparency in the Processing and Representation of Dutch Compounds." *Language and Cognitive Processes* 9[3]: 341–368.

Abbildungsverzeichnis

Tabellenverzeichnis

© Frank & Timme   Verlag für wissenschaftliche Literatur

© Frank & Timme   Verlag für wissenschaftliche Literatur

EASY – PLAIN – ACCESSIBLE

Γ Frank & Timme

EASY – PLAIN – ACCESSIBLE

Vol. 11   Optische Gliederung von Komposita in Leichter Sprache. Blickbewegungsstudien zum Einfluss visueller, morphologischer und semantischer Faktoren auf die Verarbeitung deutscher Substantivkomposita. 782 pages. ISBN 978-3-7329-0834-9

Γ Frank & Timme